DEMOCRACIA E SISTEMA DE JUSTIÇA

OBRA EM HOMENAGEM AOS 10 ANOS DO MINISTRO DIAS TOFFOLI NO SUPREMO TRIBUNAL FEDERAL

ALEXANDRE DE MORAES
ANDRÉ LUIZ DE ALMEIDA MENDONÇA
Coordenadores

DEMOCRACIA E SISTEMA DE JUSTIÇA

OBRA EM HOMENAGEM AOS 10 ANOS DO MINISTRO DIAS TOFFOLI NO SUPREMO TRIBUNAL FEDERAL

Belo Horizonte

FÓRUM
CONHECIMENTO JURÍDICO
2020

© 2020 Editora Fórum Ltda.

É proibida a reprodução total ou parcial desta obra, por qualquer meio eletrônico, inclusive por processos xerográficos, sem autorização expressa do Editor.

Conselho Editorial

Adilson Abreu Dallari
Alécia Paolucci Nogueira Bicalho
Alexandre Coutinho Pagliarini
André Ramos Tavares
Carlos Ayres Britto
Carlos Mário da Silva Velloso
Cármen Lúcia Antunes Rocha
Cesar Augusto Guimarães Pereira
Clovis Beznos
Cristiana Fortini
Dinorá Adelaide Musetti Grotti
Diogo de Figueiredo Moreira Neto (*in memoriam*)
Egon Bockmann Moreira
Emerson Gabardo
Fabrício Motta
Fernando Rossi
Flávio Henrique Unes Pereira

Floriano de Azevedo Marques Neto
Gustavo Justino de Oliveira
Inês Virgínia Prado Soares
Jorge Ulisses Jacoby Fernandes
Juarez Freitas
Luciano Ferraz
Lúcio Delfino
Marcia Carla Pereira Ribeiro
Márcio Cammarosano
Marcos Ehrhardt Jr.
Maria Sylvia Zanella Di Pietro
Ney José de Freitas
Oswaldo Othon de Pontes Saraiva Filho
Paulo Modesto
Romeu Felipe Bacellar Filho
Sérgio Guerra
Walber de Moura Agra

Luís Cláudio Rodrigues Ferreira
Presidente e Editor

Coordenação editorial: Leonardo Eustáquio Siqueira Araújo
Aline Sobreira de Oliveira

Av. Afonso Pena, 2770 – 15º andar – Savassi – CEP 30130-012
Belo Horizonte – Minas Gerais – Tel.: (31) 2121.4900 / 2121.4949
www.editoraforum.com.br – editoraforum@editoraforum.com.br

Técnica. Empenho. Zelo. Esses foram alguns dos cuidados aplicados na edição desta obra. No entanto, podem ocorrer erros de impressão, digitação ou mesmo restar alguma dúvida conceitual. Caso se constate algo assim, solicitamos a gentileza de nos comunicar através do *e-mail* editorial@editoraforum.com.br para que possamos esclarecer, no que couber. A sua contribuição é muito importante para mantermos a excelência editorial. A Editora Fórum agradece a sua contribuição.

Dados Internacionais de Catalogação na Publicação (CIP) de acordo com a AACR2

O13	Democracia e sistema de justiça: obra em homenagem aos 10 anos do Ministro Dias Toffoli no Supremo Tribunal Federal/ Alexandre de Moraes, André Luiz de Almeida Mendonça (Coord.).– Belo Horizonte : Fórum, 2020.
	696 p.; 17cm x 24cm
	ISBN: 978-85-450-0718-0
	1. Direito Constitucional. 2. Democracia. 3. Dias Toffoli. 4. Supremo Tribunal Federal. I. Moraes, Alexandre de. II. Mendonça, André Luiz de Almeida. III. Título.
	CDD 342
	CDU 341.2

Elaborado por Daniela Lopes Duarte - CRB-6/3500

Informação bibliográfica deste livro, conforme a NBR 6023:2018 da Associação Brasileira de Normas Técnicas (ABNT):

MORAES, Alexandre de; MENDONÇA, André Luiz de Almeida (Coord.). *Democracia e sistema de justiça*: obra em homenagem aos 10 anos do Ministro Dias Toffoli no Supremo Tribunal Federal. Belo Horizonte: Fórum, 2020. 696 p. ISBN 978-85-450-0718-0.

SUMÁRIO

PREFÁCIO
RICARDO LEWANDOWSKI 19

APRESENTAÇÃO
ALEXANDRE DE MORAES, ANDRÉ LUIZ DE ALMEIDA MENDONÇA 23

O ADVOGADO-GERAL DA UNIÃO COMO CURADOR DA NORMA:
CONSTITUCIONALIDADE, EXCEPCIONALIDADES E DESIGNAÇÃO DE
ADVOGADO DA UNIÃO *AD HOC*
ADRIANO MARTINS DE PAIVA 25

1   Introdução 25
2   Os limites constitucionais da curadoria da lei – Resgate histórico da interpretação
      do STF do §3º, do art. 103, da CF/88 27
3   A avaliação da doutrina dos precedentes do Supremo Tribunal Federal na
      interpretação do §3º, art. 103, da CF/88 35
4   Superação do conflito aparente com a designação de defensor *ad hoc* 39
5   Conclusão 43
      Referências 44

SEPARAÇÃO DE PODERES E O CONTROLE JUDICIAL NA CONCESSÃO DO
INDULTO
ALEXANDRE DE MORAES 47

1   Introdução. O instituto do indulto na tripartição de poderes 47
2   Poder Executivo e concessão do indulto 48
3   Natureza jurídica do indulto 49
4   Limites na discricionariedade na concessão do indulto: crimes contra
      Administração Pública e corrupção 57
5   Controle jurisdicional do Poder Executivo de indultar 58
6   Conclusão 62
      Referências 62

AS REDES SOCIAIS E A ÉTICA NA MAGISTRATURA
ALOYSIO CORRÊA DA VEIGA 65

      Introdução 65
      Atuação do juiz nas redes sociais 66
      Exercício da liberdade de expressão 67

Investidura no cargo de juiz 68

Princípios que informam a conduta do juiz 68

Relacionamento nas redes sociais 69

Os meios normativos que dispomos para regular a participação dos magistrados
nas redes sociais 70

Considerações finais 71

BASES PARA A COMPREENSÃO SISTÊMICA DA CORRUPÇÃO
ANDRÉ LUIZ DE ALMEIDA MENDONÇA 73

Introdução 73

1   Perspectiva histórica da corrupção: um problema atual, uma história antiga 74

2   A compreensão transdisciplinar da corrupção 77

3   Parâmetros funcionais básicos para a prevenção e combate à corrupção 79

4   As novas bases estruturais das organizações criminosas 81

5   Bases para a compreensão sistêmica da corrupção 83

5.1   Um sistema transdisciplinar 83

5.2   Um sistema interconectado 85

5.3   Um sistema comunicativo 87

Conclusões 88

Referências 89

O PODER DE INVESTIGAÇÃO DO MINISTÉRIO PÚBLICO NA JURISPRUDÊNCIA DO SUPREMO TRIBUNAL FEDERAL
ANDRÉ LUIZ NOGUEIRA DOS SANTOS, ALEXANDRE FREIRE 93

1   Introdução 93

2   O Ministério Público e o regime constitucional da investigação criminal 94

3   O poder de investigação do Ministério Público e o seu controle parametrizado
no RE nº 593.727-RG 101

4   Considerações finais 103

Referências 104

A CONTRIBUIÇÃO DO MINISTRO DIAS TOFFOLI NA FORMAÇÃO DA MODERNA JURISPRUDÊNCIA DO STF EM MATÉRIA DE DIREITO ELEITORAL (PROPAGANDA ELEITORAL, DIREITO DE ANTENA E PARTICIPAÇÃO POLÍTICA)
CARLOS VIEIRA VON ADAMEK, MÁRCIO ANTONIO BOSCARO 105

LA NECESARIA PUBLICACIÓN DE LAS AGENDAS PROFESIONALES DE ALTOS DIRECTIVOS DEL ESTADO: UN ANÁLISIS DESDE LA PERSPECTIVA DE LA REGENERACIÓN DEMOCRÁTICA Y DE LA PREVENCIÓN DE LA CORRUPCIÓN
CLAUDIO DE CASTRO PANOEIRO 119

1   Introducción 119

2	Antecedentes de la transparencia	121
3	La transparencia como elemento a la regeneración democrática y a la prevención de la corrupción	126
4	La agenda de los altos directivos como objeto de la transparencia	129
5	Conclusión	134
	Referencias	134

ORIGEN, ORGANIZACIÓN Y FUNCIONAMIENTO DE LA ABOGACÍA GENERAL DEL ESTADO DE ESPAÑA

CONSUELO CASTRO REY ... 139

1	Origen	139
2	Organización y funcionamiento	141
	Bibliografía	151

O CASO DO AMIANTO NO SUPREMO TRIBUNAL FEDERAL

DAIANE NOGUEIRA LIRA, ILDEGARD HEVELYN DE OLIVEIRA ALENCAR ... 153

1	Introdução	153
2	Histórico legislativo	154
3	A discussão no STF	156
3.1	A primeira fase: análise exclusivamente sob a perspectiva formal	156
3.2	A segunda fase: a superação da análise puramente formal	157
3.3	A audiência pública	158
3.4	A terceira fase: a declaração de inconstitucionalidade incidental da Lei nº 9.055/95 e a constitucionalidade das leis locais	159
3.4.1	A retomada dos julgamentos e os impasses	159
3.4.2	O desfecho e a solução dos impasses: o voto-vista do Ministro Dias Toffoli	161
4	As reflexões inspiradas pelo caso do amianto	163
4.1	Um julgamento, muitas reflexões	163
4.2	Sobre os limites da competência dos estados nas matérias de competência concorrente sobre as quais já exista lei geral federal	164
4.3	Sobre a possibilidade de controle incidental nas ações de controle concentrado com eficácia *erga omnes* e efeito vinculante	167
5	Conclusões	171
	Referências	172

TECNOLOGIA COMO FERRAMENTA DE APRIMORAMENTO DO SISTEMA DE JUSTIÇA

EDUARDO S. TOLEDO ... 173

EXTRAFISCALIDADE E O DOGMA DO LEGISLADOR NEGATIVO: AVANÇOS NA JURISDIÇÃO CONSTITUCIONAL

EURO SABINO DE AZEVEDO, LUCILENE RODRIGUES SANTOS ... 179

1	Introdução	179

2	Tributação e Estado Democrático de Direito	180
3	Extrafiscalidade e sistema federativo	181
4	Extrafiscalidade e princípio da isonomia	183
5	Princípio da isonomia e o dogma do legislador negativo	185
6	Princípio da separação de poderes e políticas públicas	186
7	Avanços no emprego de técnicas de decisão aditivas ou modificativas em matéria tributária	187
8	Conclusão	189
	Referências	190

APLICAÇÃO SUBSIDIÁRIA DA LEI FEDERAL DE PROCESSO ADMINISTRATIVO (LEI Nº 9.784/1999) AOS ESTADOS-MEMBROS E MUNICÍPIOS: UMA ANÁLISE A PARTIR DA FEDERAÇÃO E DA REPARTIÇÃO DE COMPETÊNCIAS LEGISLATIVAS

FERNANDO MENEZES DE ALMEIDA, MARIANA AUGUSTA DOS SANTOS ZAGO ... 193

1	Introdução	193
2	Retomando o argumento: distinção entre analogia *legis* e analogia *iuris* e a supressão de lacuna do direito estadual por analogia em relação ao Direito Federal, em especial ao art. 54 da Lei nº 9.784/1999	195
3	Federação após a Constituição Federal de 1988: continuidade, complexidade, indefinição	202
4	A aplicabilidade da Lei nº 9.784/1999 na visão do Superior Tribunal de Justiça: uma temática a ser revisitada	206
5	Conclusão	214
	Referências	215

A COLABORAÇÃO PREMIADA VISTA POR UM PROCESSUALISTA CIVIL

FLÁVIO LUIZ YARSHELL | 217

1	Introdução	217
2	Natureza jurídica do acordo de colaboração	218
3	Conteúdo do acordo de colaboração: negócio jurídico de direito material ou processual?	221
4	Regime de validade do acordo de colaboração (como negócio processual e substancial) e do respectivo ato homologatório	224
5	Limites objetivos e subjetivos da eficácia do acordo de delação e respectiva homologação. Eficácia preclusiva e imutabilidade	232
	Referências	240

A JUSTIÇA E O QUE PERMANECE – UMA BREVE REFLEXÃO SOBRE A VERDADE E SUAS AUSÊNCIAS

GABRIEL CHALITA | 243

	Introdução	243
1	Sobre a permanência	244
2	Sobre os *Olhos que condenam*	245

3	Precipitação e preconceito	247
4	Sobre a justiça	249
5	Sobre os acusadores	251
	Conclusão	254
	Referências	254

DEBATES NECESSÁRIOS À EVOLUÇÃO DA JURISPRUDÊNCIA DO SUPREMO TRIBUNAL FEDERAL ACERCA DOS ACORDOS DE COLABORAÇÃO

GILMAR FERREIRA MENDES 257

1	Introdução	257
2	A jurisprudência firmada pelo Supremo Tribunal Federal e a necessidade de sua reanálise	258
3	Debates necessários à evolução da jurisprudência do Supremo Tribunal Federal	259
3.1	Possibilidade de anulação do acordo	259
3.2	Possibilidade de questionamento por terceiros delatados	261
4	Conclusão	263
	Referências	264

JUDICIALIZAÇÃO DA PREVIDÊNCIA E DEMOCRACIA

GRÉGORE MOREIRA DE MOURA 265

	Introdução	265
	Evolução da judicialização no Brasil	266
	Judicialização da Previdência	268
	Algumas causas da judicialização da Previdência	272
	A PEC nº 6/2019 e sua influência nas ações previdenciárias	275
	Conclusão	280
	Referências	281

CONCILIAÇÃO NAS AÇÕES ORIGINÁRIAS DO SUPREMO TRIBUNAL FEDERAL

HENRIQUE DE ALMEIDA ÁVILA, RITA DIAS NOLASCO 283

	Introdução	283
1	A importância das soluções pacíficas das controvérsias pelo Judiciário	285
2	O relevante papel do Supremo Tribunal Federal como tribunal da Federação	288
3	A missão de buscar soluções pacíficas das controvérsias nos casos que colocam em risco o pacto federativo: tentativas de conciliação realizadas pelo Supremo Tribunal Federal	291
	Notas conclusivas	294
	Referências	294

A CONSTITUIÇÃO FEDERAL DE 1988, O SISTEMA DE JUSTIÇA E A INTELIGÊNCIA ARTIFICIAL: CONCILIAR A DIMENSÃO JURÍDICA COM A ÉTICA

HUMBERTO MARTINS 297

| 1 | Introdução: os desafios do Poder Judiciário e as promessas da inteligência artificial | 297 |

2	O conceito de inteligência artificial	301
3	Do conceito de sistema perito ao conceito de aprendizado de máquina	303
4	A aplicação da inteligência artificial nas atividades jurídicas	304
4.1	Descoberta preditiva	304
4.2	Pesquisa jurídica	305
4.3	Geração de documentos jurídicos	306
4.4	Geração de resumos de casos e descrições	306
4.5	Predição de resultados de processos judiciais	307
5	Conclusão	307
	Referências	308

PARTIDOS POLÍTICOS – ESTUDO EM HOMENAGEM AO MINISTRO JOSÉ ANTONIO DIAS TOFFOLI

JOSÉ LEVI MELLO DO AMARAL JÚNIOR 311

	Introdução	311
1	Partidos políticos no constitucionalismo	312
1.1	Antecedentes remotos dos partidos políticos	312
1.2	Partidos políticos nos EUA	314
1.3	Universalização do voto e partidos políticos ideológicos	316
2	Partidos políticos no quadro institucional	317
2.1	Partidos políticos e sistemas de governo	317
2.2	Partidos políticos e sistemas eleitorais	318
2.3	Partidos políticos e controle de constitucionalidade	319
	Conclusão	321
	Referências	323

CONSIDERAÇÕES SOBRE AS AUTONOMIAS ADMINISTRATIVA E FINANCEIRA DO PODER JUDICIÁRIO

JOSÉ MAURICIO CONTI 325

1	Considerações introdutórias	325
2	Independência e autonomia do Poder Judiciário	326
3	A autonomia administrativa do Poder Judiciário	328
4	A autonomia financeira do Poder Judiciário	329
4.1	Autonomia financeira do Poder Judiciário: fase de elaboração orçamentária	329
4.2	Autonomia financeira do Poder Judiciário: fase de execução orçamentária	333
5	Síntese conclusiva	334
	Referências	335

O *ELOGIO* DE PIERO CALAMANDREI COMO UMA PERENE HOMENAGEM AOS JUÍZES DE TODAS AS ÉPOCAS

JOSÉ ROGÉRIO CRUZ E TUCCI 337

	Referências	341

A SOLUÇÃO CONSENSUAL DO INTERESSE PÚBLICO

KAZUO WATANABE, DALDICE SANTANA, BRUNO TAKAHASHI 343

Introdução 343

1   O dever da Administração de solucionar seus conflitos 344

2   A pretensa indisponibilidade do interesse público 345

3   A responsabilidade da autoridade administrativa pela preservação do interesse público 348

3.1   Qual é o interesse público? 349

3.2   Quem decide em nome da Administração? 350

Conclusão 352

Referências 353

A IMPORTÂNCIA DA JUSTIÇA ELEITORAL NA SOCIEDADE CONTEMPORÂNEA

LUIS FELIPE SALOMÃO 355

1   Introdução 355

2   Principais casos julgados pelo TSE – Um pouco da história 356

3   Os novos desafios da Justiça Eleitoral 359

Referências 363

OS TRÊS PAPÉIS DESEMPENHADOS PELAS SUPREMAS CORTES NAS DEMOCRACIAS CONSTITUCIONAIS CONTEMPORÂNEAS

LUÍS ROBERTO BARROSO 365

Nota prévia 365

1   Introdução 366

2   Os papéis desempenhados pelas supremas cortes e tribunais constitucionais 366

2.1   O papel contramajoritário 368

2.2   O papel representativo 370

2.3   O papel iluminista 375

3   Conclusão 383

LEITURAS CONSTITUCIONAIS DA ABSOLVIÇÃO GENÉRICA DIANTE DA SOBERANIA DO JÚRI

LUIZ EDSON FACHIN, PAULO MARCOS DE FARIAS 385

Apresentação 385

1   Notas introdutórias acerca do Tribunal do Júri 385

2   Reforma no procedimento do Tribunal do Júri pela Lei nº 11.689/2008 e suas repercussões no sistema de quesitação 387

3   Aplicação do quesito genérico e sua compreensão pretoriana 389

4   Enfrentamento de problemática de maior dimensão quanto à eficácia do veredicto absolutório do Conselho de Sentença 392

5   Possíveis caminhos constitucionais no tema 396

6   Conclusão e importância do enfrentamento da controvérsia 399

Palavras de encerramento 400

PRINCÍPIO DA PRECAUÇÃO E GESTÃO AMBIENTAL

MARCELO KOKKE 401

Introdução 401

1   Organização do território e gestão ambiental 402

2   Análise técnica e deferência administrativa na gestão ambiental 406

3   Precaução: entre a gestão do risco e o direito do medo 411

4   Precaução e gestão do risco segundo o Supremo Tribunal Federal 416

Conclusão 420

Referências 421

ESTRUTURAÇÃO E AUTONOMIA DOS CENTROS JUDICIÁRIOS DE RESOLUÇÃO DE CONFLITO E CIDADANIA – CEJUSC COMO ATIVIDADE-FIM DO PODER JUDICIÁRIO (ALTERAÇÃO NA RESOLUÇÃO Nº 219/CNJ): MAIS UMA MEDIDA PARA A CONSOLIDAÇÃO DOS MECANISMOS CONSENSUAIS DE RESOLUÇÃO DE CONFLITO

MARCO AURÉLIO GASTALDI BUZZI 425

1   Introdução 425

2   A estruturação e autonomia dos Cejusc como importante instrumento para a superação da resistência à utilização dos mecanismos alternativos de resolução de conflitos 428

3   Considerações finais 435

Referências 436

INOVAÇÃO, TRANSPARÊNCIA E EFICIÊNCIA NO CONSELHO NACIONAL DE JUSTIÇA AO INCORPORAR A AGENDA GLOBAL 2030 NO PODER JUDICIÁRIO

MARIA TEREZA UILLE GOMES 439

Inovador 439

Transparente 443

Eficiente 443

Considerações finais 444

DIREITO ADMINISTRATIVO SANCIONADOR DEMOCRÁTICO E IMPROBIDADE ADMINISTRATIVA

MAURO LUIZ CAMPBELL MARQUES 447

Introdução 447

A cláusula do interesse público e o direito administrativo sancionador 448

O direito administrativo sancionador sob a égide do Estado Democrático de Direito 451

A consensualidade no âmbito da Lei de Improbidade Administrativa 457

Notas conclusivas 460

Referências 461

O PARADOXO DAS CLÁUSULAS PÉTREAS: ENTRE A PROTEÇÃO DOS VALORES FUNDAMENTAIS DA SOCIEDADE E A EXCLUSÃO DA PARTICIPAÇÃO DAS GERAÇÕES FUTURAS NO JOGO DEMOCRÁTICO

OG FERNANDES, FREDERICO AUGUSTO LEOPOLDINO KOEHLER, RODRIGO FALCÃO DE OLIVEIRA ANDRADE...463

1   Introito 463

2   Breve referência às cláusulas pétreas no direito estrangeiro......................464

3   A razão de ser das cláusulas de imutabilidade 465

4   As cláusulas pétreas no Brasil...466

5   Aspectos positivos e negativos das limitações materiais ao poder de reforma...........467

6   A teoria da dupla revisão 469

7   O paradoxo das cláusulas pétreas 471

8   Análise da legitimidade das cláusulas de imutabilidade no regime democrático........472

9   O papel do STF na delimitação das cláusulas pétreas 474

10   Conclusão 479

      Referências 481

DIGNIDADE HUMANA E DIREITO PRIVADO CONTEMPORÂNEO: A CONTRIBUIÇÃO METODOLÓGICA DO RECURSO EXTRAORDINÁRIO Nº 363.889

OTAVIO LUIZ RODRIGUES JR. 485

      Introdução 485

1   O Recurso Extraordinário nº 363.889: elementos descritivos e fundamentos do acórdão 486

2   A questão da dignidade humana e os efeitos do Recurso Extraordinário nº 363.889 no âmbito da doutrina e da jurisprudência.................................491

3   Dignidade humana e Recurso Extraordinário nº 363.889: quatro razões para sua dispensabilidade como instrumento de fundamentação retórica 494

      Referências 497

TRIBUNAIS SUPERIORES E *STANDARDS* DE PROVA

PAULO HENRIQUE DOS SANTOS LUCON...499

1   Introdução 499

2   Tribunais superiores e o julgamento de recursos em matéria probatória 500

3   Precedentes e *standards* probatórios 506

4   Encerramento 508

      Referências 508

COLABORAÇÃO PREMIADA: OS PARTICULARES CONTORNOS PENAIS DE UM NEGÓCIO JURÍDICO

RENATO DE MELLO JORGE SILVEIRA 511

      Introdução 511

1   As primeiras previsões e os primeiros acordos de delação premiada 512

2	A mudança de foco – Os acordos de colaboração premiada	513
3	O voto e a construção do Ministro Dias Toffoli no HC nº 127.483/PR	516
4	Um futuro possível, mais seguro e mais controlável	519
	Referências	522

O JUIZ COM TOGA E O RESPEITO À SEGURANÇA JURÍDICA

RICHARD PAE KIM 525

1	Introdução	525
2	A segurança jurídica e seu conteúdo	526
3	Considerações gerais sobre a teoria da nulidade, a ponderação e os limites interpretativos a garantir a segurança jurídica	530
4	Ministro Dias Toffoli e sua visão sobre segurança jurídica e respeito à separação de poderes	535
5	Considerações finais	547
	Referências	548

AS FRICÇÕES ENTRE O EXERCÍCIO DA JURISDIÇÃO CONSTITUCIONAL E OS DEMAIS PODERES: AUTOCONTENÇÃO E PRUDÊNCIA

RODRIGO CAPEZ 551

1	O Ministro Dias Toffoli e o papel moderador da jurisdição constitucional	551
2	As fricções inerentes ao exercício da jurisdição constitucional	552
3	A liberdade de conformação do legislador	553
4	O controle jurisdicional das opções políticas fundamentais dos demais poderes	554
5	Deslocamento do baricentro do poder e comprometimento do diálogo institucional	557
6	A autocontenção da jurisdição constitucional como forma de distensionar a relação entre os poderes	560
7	Conclusão	563
	Referências	563

A NATUREZA JURÍDICA DO ACORDO DE LENIÊNCIA DA LEI ANTICORRUPÇÃO

RODRIGO FIGUEIREDO PAIVA 565

1	Introdução	565
2	Os antecedentes históricos da Lei Anticorrupção	566
3	Do acordo de leniência enquanto *processo administrativo de negociação do acordo de leniência*	571
4	Do acordo de leniência materializado no termo de acordo de leniência	576
5	Da natureza jurídica da multa administrativa aplicada por meio do acordo de leniência	579
6	Conclusão	581

O JUDICIÁRIO E O COMBATE À CRIMINALIDADE
SEBASTIÃO ALVES DOS REIS JÚNIOR..583

1	Introdução	583
2	Desenvolvimento	583
3	Conclusão	588
	Referências	588

CONSEQUÊNCIAS JURÍDICAS DO DESCUMPRIMENTO DO ACORDO DE LENIÊNCIA PELO ESTADO E OS MECANISMOS DE GARANTIA À EXECUÇÃO CONTRATUAL E DE PROTEÇÃO À EMPRESA COLABORADORA
SEBASTIÃO BOTTO DE BARROS TOJAL..591

1   Introdução...591

2   Natureza jurídica dos acordos de leniência da Lei nº 12.846/2013.........592

3   Estrutura dos acordos de leniência em relação às obrigações estabelecidas
e o cenário de insegurança jurídica para as empresas lenientes – O descumprimento
estatal dos termos pactuados e a inexistência de disciplina das consequências
jurídicas decorrentes...597

4   Consequências jurídicas do descumprimento dos acordos pelo Estado –
A revisão-sanção das obrigações como mecanismo de proteção às empresas
colaboradoras e garantia à execução contratual.....................................601

5   Conclusões...605

Referências...606

PARTICIPAÇÃO NA GESTÃO
SERGIO PINTO MARTINS..607

1	Histórico	607
2	Evolução legislativa no Brasil	608
3	Etimologia	609
4	Denominação	609
5	Conceito	609
6	Distinção	609
7	Classificação	610
8	Autoaplicabilidade	611
9	Objetivos	613
10	Vantagens e desvantagens	614
11	Implantação	615
12	Direito estrangeiro e internacional	616
12.1	Constituições	616
12.2	Alemanha	616
12.3	Chile	617
12.4	Colômbia	617
12.5	Cuba	618
12.6	Dinamarca	618

12.7	Espanha	618
12.8	França	618
12.9	Inglaterra	619
12.10	Itália	619
12.11	Noruega	620
12.12	Peru	620
12.13	Portugal	620
12.14	Suécia	621
12.15	Venezuela	621
12.16	União Europeia	621
12.17	OIT	621
13	Conclusões	622
	Referências	624

FAKE NEWS, FAIR PLAY ELEITORAL E DEMOCRACIA
SÉRGIO SILVEIRA BANHOS 625

1	Introdução	625
2	Uma sociedade conectada	627
3	Desafios para a democracia brasileira	628
4	Conclusão	629
	Referências	630

ALGUMAS REFLEXÕES SOBRE A CRISE DO SISTEMA PENITENCIÁRIO BRASILEIRO
TARCISIO VIEIRA DE CARVALHO NETO, INGRID NEVES REALE 633

1	Considerações iniciais	633
2	Sobre a finalidade da pena	634
3	Principais indicadores do sistema penitenciário brasileiro	635
4	Custos do sistema penitenciário nacional	640
5	Estado de coisas inconstitucional – MC-ADPF nº 347/DF	641
6	Responsabilidade civil extracontratual do Estado	642
7	Prisão temporária como *ultima ratio*	644
8	Pacote de leis anticrime	645
9	Prisões federais	647
10	Resoluções da Corte Interamericana de Direitos Humanos	649
11	Associações de Proteção e Assistência aos Condenados – Apac	652
12	Medidas recentes adotadas pelos Estados Unidos e pela França no combate à superpopulação carcerária	654
12.1	Estados Unidos	654
12.2	França	654
13	Considerações finais	655
	Referências	656

A UTILIZAÇÃO DE SISTEMAS DE INFORMAÇÃO COMO MECANISMOS DE DEMOCRATIZAÇÃO DO ACESSO À JUSTIÇA E GARANTIA DA CELERIDADE PROCESSUAL

VALDETÁRIO ANDRADE MONTEIRO, FELIPE DE BRITO BELLUCO............................ 659

1   Introdução 659

2   Sistemas de informação como instrumentos de efetivação constitucional
     e do papel do Conselho Nacional de Justiça na busca da concretização
     do acesso à justiça e celeridade processual 661

3   Conclusão 663

     Referências 664

FAZER JUSTIÇA É POSSÍVEL?

VALTÉRCIO RONALDO DE OLIVEIRA 665

     Referências 674

CORRUPÇÃO E SISTEMA DE JUSTIÇA PENAL: ALGUMAS NOTAS SOBRE A SUA NECESSIDADE E (IN)SUFICIÊNCIA

VANIR FRIDRICZEWSKI.. 677

     Introdução 677

1   Compreensão do fenômeno corrupção a partir de suas consequências 677

2   Corrupção e funções do direito penal 681

3   A eficácia do sistema de justiça penal brasileiro: breves apontamentos 684

     Conclusão 687

     Referências 688

SOBRE OS AUTORES.. 691

PREFÁCIO

Segue teu destino...
Rega tuas plantas;
Ama tuas rosas.
O resto é a sombra de árvores alheias.

(Fernando Pessoa)

Em boa hora vem a lume esta coletânea de artigos jurídicos publicada em homenagem aos dez anos de judicatura de José Antonio Dias Toffoli no Supremo Tribunal Federal. Tal como nos versos do grande poeta da língua portuguesa Fernando Pessoa, nesta profícua década, seguiu seu destino, regou suas plantas e colheu inúmeras rosas. Não caminhou nas sombras de árvores alheias.

Ainda moço, deixou os árduos embates da advocacia, atendendo ao chamado do dever cívico, para militar no serviço público no qual logo atingiu os cumes mais altos ao ser nomeado Subchefe da Casa Civil para Assuntos Jurídicos da Presidência da República e, depois, Advogado-Geral da União. Na sequência, viu-se guindado ao topo da magistratura brasileira, indicado que foi para ocupar uma cadeira na Suprema Corte do país – da qual atualmente é presidente – em que tem se destacado por inovadores votos.

Entre as decisões pioneiras que capitaneou, encontra-se aquela proferida no RE nº 363.889/RJ, julgado em 2.6.2011, em que garantiu o direito da pessoa de conhecer os seus genitores naturais, por meio de exame de DNA, independentemente de quaisquer obstáculos processuais, em tese assim explicitada:

> Deve ser relativizada a coisa julgada estabelecida em ações de investigação de paternidade em que não foi possível determinar-se efetiva existência de vínculo genético a unir as partes, em decorrência da não realização do exame de DNA, meio de prova que pode fornecer segurança quase absoluta quanto à existência de tal vínculo.
>
> Não devem ser impostos óbices de natureza processual ao exercício do direito fundamental à busca da identidade genética, como natural emanação do direito de personalidade de um ser, de forma a tornar-se igualmente efetivo o direito à igualdade entre os filhos, inclusive de qualificações, bem assim o princípio da paternidade responsável.

Outra decisão importante foi a tomada pelo STF na ADI nº 4.330/DF, também de relatoria do homenageado, julgada em 26.6.2012, em que se deu interpretação conforme o art. 47, §2º, II, da Lei nº 9.504/97, para assegurar aos novos partidos, criados após a realização de eleições para a Câmara dos Deputados, o direito de acesso proporcional aos dois terços do tempo destinado à propaganda eleitoral no rádio e na televisão, considerada a representação dos parlamentares que migrarem diretamente das agremiações políticas pelas quais foram eleitos para a nova legenda, a partir do seguinte fundamento:

> Extrai-se do princípio da liberdade de criação e transformação de partidos políticos contido no *caput* do art. 17 da Constituição da República o fundamento constitucional para reputar como legítimo entendimento de que, na hipótese de criação de um novo partido, a novel legenda, para fins de acesso proporcional ao rádio e à televisão, leva consigo a representatividade dos deputados federais que, quando de sua criação, para ela migrarem diretamente dos partidos pelos quais foram eleitos. Não há razão para se conferir às hipóteses de criação de nova legenda tratamento diverso daquele conferido aos casos de fusão e incorporação de partidos (art. 47, §4º, Lei das Eleições), já que todas essas hipóteses detêm o mesmo patamar constitucional (art. 17, *caput*, Decisão no RE693.457/ RJCF/88), cabendo à lei, e também ao seu intérprete, preservar o sistema.

Também de relatoria do Ministro Toffoli, foi a importante decisão prolatada no HC nº 127.483/PA, julgado em 26.8.2015, em que a Suprema Corte começou a delinear os parâmetros da delação (hoje denominada colaboração) premiada, na qual se salientou o quanto segue:

> 1. A colaboração premiada é um negócio jurídico processual, uma vez que, além de ser qualificada expressamente pela lei como "meio de obtenção de prova", seu objeto é a cooperação do imputado para a investigação e para o processo criminal, atividade de natureza processual, ainda que se agregue a esse negócio jurídico o efeito substancial (de direito material) concernente à sanção premial a ser atribuída a essa colaboração.
>
> 2. A homologação judicial do acordo de colaboração, por consistir em exercício de atividade de delibação, limita-se a aferir a regularidade, a voluntariedade e a legalidade do acordo, não havendo qualquer juízo de valor a respeito das declarações do colaborador.
>
> 3. Por se tratar de negócio jurídico personalíssimo, o acordo de colaboração premiada não pode ser impugnado por coautores ou partícipes do colaborador na organização criminosa e nas infrações penais por ela praticadas, ainda que venham a ser expressamente nominados no respectivo instrumento no "relato da colaboração e seus possíveis resultados" (art. 6º, I, da Lei nº 12.850/13).
>
> 4. De todo modo, nos procedimentos em que figurarem como imputados, os coautores ou partícipes delatados – no exercício do contraditório – poderão confrontar, em juízo, as declarações do colaborador e as provas por ele indicadas, bem como impugnar, a qualquer tempo, as medidas restritivas de direitos fundamentais eventualmente adotadas em seu desfavor.

Igualmente, no RE nº 693.456/RJ, relatado pelo homenageado, cujo julgamento se deu em 2.9.2015, o Supremo, em repercussão geral, fixou a tese a seguir explicitada, relativa ao tormentoso tema do direito de greve dos servidores públicos:

> A administração pública deve proceder ao desconto dos dias de paralisação decorrentes do exercício do direito de greve pelos servidores públicos, em virtude da suspensão do vínculo funcional que dela decorre, permitida a compensação em caso de acordo. O desconto será, contudo, incabível se ficar demonstrado que a greve foi provocada por conduta ilícita do Poder Público.

Na ementa do julgado, o relator fez constar a seguinte ressalva:

O desconto somente não se realizará se a greve tiver sido provocada por atraso no pagamento aos servidores públicos civis ou por outras situações excepcionais que justifiquem o afastamento da premissa da suspensão da relação funcional ou de trabalho, tais como aquelas em que o ente da administração ou o empregador tenha contribuído, mediante conduta recriminável, para que a greve ocorresse ou em que haja negociação sobre a compensação dos dias parados ou mesmo o parcelamento dos descontos.

Por fim, entre inúmeros outros votos inovadores do atual Presidente da Corte, figura aquele proferido no RE nº 330.817/RJ, levado a julgamento em 8.3.2017, no qual o STF estendeu ao *e-book* a imunidade tributária conferida aos livros, mediante tese assim resumida:

O art. 150, VI, *d*, da Constituição não se refere apenas ao método gutenberguiano de produção de livros, jornais e periódicos. O vocábulo 'papel' não é, do mesmo modo, essencial ao conceito desses bens finais. O suporte das publicações é apenas o continente (*corpus mechanicum*) que abrange o conteúdo (*corpus misticum*) das obras. O corpo mecânico não é o essencial ou o condicionante para o gozo da imunidade, pois a variedade de tipos de *suporte* (tangível ou intangível) que um livro pode ter aponta para a direção de que ele só pode ser considerado como *elemento acidental* no conceito de livro. A imunidade de que trata o art. 150, VI, *d*, da Constituição, portanto, alcança o livro digital (*e-book*).

Este livro, como se vê, para além de ser uma merecida homenagem ao profícuo magistrado José Antonio Dias Toffoli, é uma obra que – mercê da qualidade e atualidade dos textos doutrinários que encerra – merece ser lida por todos aqueles que se interessam pela evolução do pensamento jurídico brasileiro contemporâneo.

Ricardo Lewandowski
Ministro do Supremo Tribunal Federal.

APRESENTAÇÃO

Há dez anos, precisamente em 23 de outubro de 2009, o então Advogado-Geral da União, José Antonio Dias Toffoli, tomava posse como o 162º Ministro do Supremo Tribunal Federal, assumindo a cadeira do saudoso Ministro Menezes Direito, falecido em setembro daquele ano. Embora jovem, o Ministro Dias Toffoli já era detentor de ampla vivência no meio jurídico, tendo atuado como advogado militante, professor e, destacadamente, como Subchefe para Assuntos Jurídicos da Casa Civil da Presidência da República (2003 a 2005) e Ministro Chefe da Advocacia-Geral da União (2007 a 2009).

Além da extrema percuciência jurídica na elaboração de seus votos, a atuação do Ministro Dias Toffoli na Corte Suprema caracteriza-se, entre outros atributos, pela serenidade, equilíbrio e profunda capacidade de diálogo com os demais Poderes e instituições, bem assim com os variados setores da sociedade civil. Essas qualidades, desejáveis em todo magistrado e em qualquer situação ou momento, ganham o *status* de imprescindíveis na atual quadra histórica, marcada pela inegável necessidade de preservar e fortalecer a estabilidade institucional da nossa jovem democracia, sobretudo a partir do seu sistema de Justiça.

A democracia brasileira mudou bastante nos últimos dez anos. Na economia, saímos de um crescimento no PIB de 7,53% em 2010 para dois anos de recessão (2015 e 2016), que geraram uma das mais profundas crises econômicas da história do país; na política, os movimentos de rua de junho de 2013 transformaram-se no símbolo de um processo de contestações sociais, influenciando fatos e processos históricos como o *impeachment* da ex-presidente Dilma Rousseff e a ascensão de novos movimentos políticos e sociais; no âmbito do combate à corrupção, operações como a famosa Lava Jato desnudaram boa parte das entranhas patrimonialistas e corrompidas que conspurcaram a relação de agentes, partidos políticos, empresas estatais e empresas privadas, causando indignação na sociedade, mas também, a partir do funcionamento das instituições, ensejando a esperança de que o Brasil pode avançar.

O sistema de Justiça brasileiro, naturalmente, não ficou imune a esses e outros acontecimentos do período. Potencializado pela constante e crescente judicialização das relações sociais e políticas, o Poder Judiciário, com o Supremo Tribunal Federal à frente por razões evidentes, e o sistema de Justiça como um todo, no qual se inserem as funções essenciais à Justiça, vivenciam hodiernamente o desafio de dar respostas institucionais válidas que, sem violar os princípios regentes da Carta de 1988, mas também sem negligenciar os anseios de uma sociedade cada vez mais complexa, contribuam responsavelmente para a estabilidade e o fortalecimento da democracia brasileira.

São dois, portanto, os propósitos primordiais desta coletânea: a par de celebrar um decênio do Ministro Dias Toffoli na Suprema Corte, a presente homenagem é destinada sobretudo a tratar de alguns dos novos desafios que esses últimos dez anos têm trazido à democracia brasileira e ao seu sistema de Justiça, por meio de estudos produzidos por destacados juristas que, gentilmente, aceitaram o convite de subscrever a obra.

Assim, alguns textos colocam em relevo a contribuição do Ministro Dias Toffoli na formação e consolidação da jurisprudência do Supremo Tribunal Federal em temas atuais e relevantes. Outros trabalham temas relacionados com os desafios contemporâneos e futuros da democracia e do sistema de Justiça, sendo exemplos as reflexões sobre o combate à corrupção, colaboração premiada, acordos de leniência, soluções consensuais, autocontenção do Poder Judiciário, Justiça Eleitoral, redes sociais, *fake news*, inteligência artificial e Agenda Global 2030.

Todos os temas tratados nesta coletânea guardam estreito vínculo com o plexo institucional que conforma o sistema de Justiça pátrio, jogando luzes sobre a sua função contemporânea para a estabilidade e o aperfeiçoamento da democracia brasileira. Esperamos que a leitura desta obra, mais do que instrutiva e edificante, possa ser inspiradora para que os tópicos aqui tratados venham a ser objeto de experimentação prática e novos aprofundamentos teóricos, a fim de que, aumentando a eficiência e a credibilidade do sistema de Justiça, a democracia se torne cada vez mais consolidada em nosso país.

Alexandre de Moraes
André Luiz de Almeida Mendonça

O ADVOGADO-GERAL DA UNIÃO COMO CURADOR DA NORMA: CONSTITUCIONALIDADE, EXCEPCIONALIDADES E DESIGNAÇÃO DE ADVOGADO DA UNIÃO *AD HOC*

ADRIANO MARTINS DE PAIVA

1 Introdução

Após 30 anos da promulgação da Constituição de 1988, oportuno abrir espaço para uma análise teórica e prática da Advocacia-Geral da União – AGU. Criada no art. 131,[1] no capítulo das funções essenciais à justiça, talvez venha a ser a instituição que tenha oferecido uma das maiores colaborações para o aperfeiçoamento do sistema de justiça brasileiro inaugurado com a nova carta constitucional.

Apesar de a AGU ter surgido como instituição em 1988, só veio a ser efetivamente instalada com a Lei Complementar nº 73, de 11.11.1993,[2] que lhe deu estrutura e distribuiu as atribuições essenciais entre os órgãos e as carreiras de advogados públicos, todas imbuídas da missão de realizar a defesa judicial e extrajudicial da União, bem como o assessoramento jurídico do Poder Executivo.

Contudo, o presente estudo tem por base um recorte específico da atuação da AGU. Aborda assim a atribuição do representante da instituição, o Advogado-Geral da União, como agente político (MENDONÇA, 2017, p. 20), que ostenta competências específicas, extraídas do próprio texto constitucional.

---

[1] "Art. 131. A Advocacia-Geral da União é a instituição que, diretamente ou através de órgão vinculado, representa a União, judicial e extrajudicialmente, cabendo-lhe, nos termos da lei complementar que dispuser sobre sua organização e funcionamento, as atividades de consultoria e assessoramento jurídico do Poder Executivo. §1º A Advocacia-Geral da União tem por chefe o Advogado-Geral da União, de livre nomeação pelo Presidente da República dentre cidadãos maiores de trinta e cinco anos, de notável saber jurídico e reputação ilibada. §2º O ingresso nas classes iniciais das carreiras da instituição de que trata este artigo far-se-á mediante concurso público de provas e títulos. §3º Na execução da dívida ativa de natureza tributária, a representação da União cabe à Procuradoria-Geral da Fazenda Nacional, observado o disposto em lei".

[2] "Art. 1º A Advocacia-Geral da União é a instituição que representa a União judicial e extrajudicialmente. Parágrafo único. À Advocacia-Geral da União cabem as atividades de consultoria e assessoramento jurídicos ao Poder Executivo, nos termos desta Lei Complementar".

Isso porque o Advogado-Geral da União, além de exercer a direção da instituição, possui a missão extraída diretamente do texto constitucional, de realizar a defesa da norma ou do ato legal impugnado nas ações diretas de inconstitucionalidade, conforme a redação do art. 103, §3º.

Essa competência foi explicitada na LC nº 73/93, no seu art. 4º, inc. IV,[3] e constitui uma atribuição exclusiva do Advogado-Geral da União que, em princípio, não deveria se confundir com a sua atribuição de representante judicial da União, tal como foi decidido no julgamento na Questão de Ordem na ADI nº 97.[4]

A função de curador da presunção da constitucionalidade da lei e atos normativos impugnados foi concebida e entendida inicialmente como exercício independente dos interesses jurídicos secundários da Administração federal ou mesmo do chefe do Poder Executivo (GUEDES; HAUSCHILD, 2009, p. 92).

Assim, desde este primeiro debate sobre o tema, o Advogado-Geral da União vem cumprindo o seu mister constitucional de modo constante e não raras vezes se coloca contrário à norma.

Com esteio nos precedentes do Supremo Tribunal Federal – STF, e na análise doutrinária produzida a partir destes precedentes, objetiva-se destacar os pontos fundamentais para compreensão dessa competência que, aparentemente, pode soar contraditória com a função do Advogado-Geral da União de representação judicial da União, mas que em última análise gera benefícios ao processo constitucional de controle concentrando, haja vista algumas condicionantes dessa atuação, as quais já se percebe como padrão ao longo destes anos.

Pretende-se também apontar uma solução para a polêmica da aparente sobreposição de atribuições da atuação do Advogado-Geral da União no exercício desse *munus*. E, para além do que já foi debatido, propor, excepcionalmente, naqueles casos em que haja ausência de defesa da norma ou ato impugnado por parte do Advogado-Geral da União ou do legitimado passivo (norma estadual), a indicação, entre os Advogados da União pertencentes aos quadros da instituição, para o exercício delegado da representação judicial *ad hoc*.

Como se verá adiante, essa proposição encontra guarida numa atuação já corriqueira da Advocacia-Geral da União, que, com base no art. 22, da Lei nº 9.028/1995, e no regulamento contido na Portaria AGU nº 254, de 17.8.2018, amplia a representação judicial *ad hoc* para a defesa dos órgãos e instituições da União, quando houver conflito de interesses com a União.

Enfim, essa ideia encontra substrato na corrente jurisprudencial do STF que entende a atuação do Advogado-Geral da União como expressão de autonomia técnica. Tal qual declarado pelo Ministro Dias Toffoli no julgamento da ADI nº 119,[5] de que o Advogado-Geral da União, quando atua como curador da norma, o faz no exercício de função constitucional autônoma e extraordinária, calcada no direito de manifestação já reconhecido pelo STF desde o julgamento da ADI nº 3.916.

---

[3] "Art. 4º São atribuições do Advogado-Geral da União: [...] IV - defender, nas ações diretas de inconstitucionalidade, a norma legal ou ato normativo, objeto de impugnação; [...]".

[4] ADI nº 97 – 7. Rel. Min. Moreira Alves, j. 22.11.89, em forma de questão de ordem, na qual se destacou a diferença das funções do Advogado-Geral da União como defensor da União (judicial e extrajudicial) e de curadora da norma, referida no §3º do art. 103 da CF/88.

[5] ADI nº 119. Rel. Min. Dias Toffoli. *DJe*, 28 mar. 2014.

2 Os limites constitucionais da curadoria da lei – Resgate histórico da interpretação do STF do §3º, do art. 103, da CF/88

A situação ainda apode causar surpresa para alguns, mas não raro ocorre. O Advogado-Geral da União, citado pelo STF para se manifestar como curador da lei, conforme o §3º, art. 103 CF/88,[6] no curso de uma ação direta de inconstitucionalidade, ao invés de defender o ato impugnado, se posiciona, em parte ou no todo, de acordo com a alegação de inconstitucionalidade.

Cabe então fazer a pergunta: a determinação da carta maior da citação para a defesa da constitucionalidade do ato impugnado significa que o Advogado-Geral da União, em qualquer hipótese, deverá apresentar manifestação pela constitucionalidade? Mesmo naqueles casos em que o ato impugnado for flagrantemente inconstitucional ou for contrário à jurisprudência reiterada do Supremo Tribunal Federal?

Esse debate persiste apesar da clareza da norma constitucional, §3º, art. 103, CF/88: "Quando o Supremo Tribunal Federal apreciar a inconstitucionalidade, em tese, de norma legal ou ato normativo, citará, previamente, o Advogado-Geral da União, que defenderá o ato ou texto impugnado".

Assim, a interpretação construída ao longo desses anos pelo STF busca uma compreensão, e, por que não, uma acomodação das funções exercidas pelo Advogado-Geral da União como representante judicial e extrajudicial da União (Administração Pública Federal direta e indireta) e de curador da norma?

Pois, como se verá a seguir, com maior ou menor extensão desse discrímen, a exceção do *munus* constitucional gravita entre duas hipóteses a saber: a submissão aos precedentes do próprio STF na tese constitucional debatida, e a atuação do Advogado-Geral da União na defesa das competências constitucionais da União.

Esse processo insurrecional se iniciou mesmo antes da criação efetiva da AGU e do cargo de Advogado-Geral da União, quando a função, já sob a égide da Constituição de 1988, ainda era exercida pelo Procurador-Geral da República no Supremo Tribunal Federal, quando, além do exercício da função de fiscal da lei, naqueles processos em que não era o legitimado ativo, deveria atuar na curadoria da norma, nos termos do citado §3º, art. 103, CF/88.

Assim como em outros casos contemporâneos a essa discussão, quando da deliberação do Pleno acerca da Questão de Ordem suscitada na ADI nº 72,[7] de 22.3.1990, na trilha do julgamento da Questão de Ordem na ADI nº 97,[8] de 22.11.1989, o STF entendeu, segundo se extrai da ementa:

> Erigido curador da presunção de constitucionalidade de lei, ao Advogado-Geral da União, ou quem lhe faça as vezes, não cabe admitir a invalidez da norma impugnada, incumbindo-lhe, sim, para satisfazer o requisito de validade do processo de ação direta, promover-lhe a defesa, veiculando os argumentos disponíveis.

---

[6] "Art. 131. [...] §3º Quando o Supremo Tribunal Federal apreciar a inconstitucionalidade, em tese, de norma legal ou ato normativo, citará, previamente, o Advogado-Geral da União, que defenderá o ato ou texto impugnado".

[7] ADI nº 72. Rel. Min. Moreira Alves. *DOU*, 25 maio 1990.

[8] ADI nº 97. Rel. Min. Moreira Alves. *DJ*, 1º jul. 1993.

Nesse julgado, o Ministro Sepúlveda Pertence chegou a declarar que era condição de validade do processamento do controle abstrato de constitucionalidade o exercício efetivo da curadoria da norma ou ato impugnado, contra argumentando:

> Assim, Sr. Presidente, entendendo, na linha do precedente, que a efetiva defesa da Advocacia da União do Ato normativo de constitucionalidade controvertida é requisito essencial de validade do processo de ação direta, sou pela devolução dos autos ao em. Procurador-Geral da República para designe outro membro do Ministério Público para satisfazê-lo; é o meu voto.

O Ministro Celso de Mello, na sua declaração de voto nesse mesmo julgamento, foi mais incisivo ainda:

> A função processual do Advogado-Geral da União nos processos de controle de constitucionalidade por via de ação, é eminentemente defensiva. Ocupa, dentro da estrutura formal desse processo objetivo, a posição de órgão agente, posto que lhe não compete opinar e nem exercer função fiscalizadora já atribuída ao Procurador-Geral da República. [...]
>
> Atuando como verdadeiro curador da norma infraconstitucional – defensor legis – e velando pela preservação de sua presunção de constitucionalidade e de sua integridade no âmbito do sistema jurídico, não cabe ao Advogado-Geral da União ostentar relação processual a ela contrária, sob pena de frontal descumprimento do múnus indisponível que lhe foi imposto pela própria Constituição.

A partir desse julgamento plasmou-se a ideia do Advogado-Geral da União, curador da norma, jungido ao papel exclusivo de defensor da norma, por meio de comando legal considerado nesse primeiro momento como instransponível.

Esse entendimento também foi externado em outros julgados da primeira década de vigência da magna carta brasileira, na ADI nº 242,[9] da relatoria do Ministro Paulo Brossard, e na ADI nº 1.254,[10] da relatoria do Ministro Sepúlveda Pertence. Ambos os precedentes sustentando a posição inflexível da norma constitucional inscrita no §3º, art. 103, CF/88.

Essa visão da indisponibilidade do *munus* do Advogado-Geral da União como defensor da norma ou ato impugnado no controle concentrado só veio a ser revisada no julgamento da ADI nº 2.101,[11] de 18.4.2001, no qual o Supremo Tribunal sinalizou pela primeira vez a sua atenuação, por meio de posicionamento do Ministro Maurício Corrêa, que encetou tal provocação: se norma ou ato semelhante ao impugnado já contar com precedente de inconstitucionalidade pelo STF? Ainda assim, o Advogado-Geral da União deveria defender a norma, contrariando a própria jurisprudência da corte constitucional, a quem compete interpretar a Constituição?

Coube, enfim, o julgamento da ADI nº 1.616[12] inaugurar uma nova interpretação do §3º, art. 103, CF/88.

---

[9] ADI nº 242. Rel. Min. Paulo Brossard. *DJ*, 23 mar. 2001.

[10] ADI nº 1.254. Rel. Min. Sepúlveda Pertence. *DJ*, 6 abr. 2000.

[11] ADI nº 2.101. Rel. Min. Maurício Corrêa. *DJ*, 26 abr. 2001.

[12] "EMENTA: DIREITO CONSTITUCIONAL. MEDIDA PROVISÓRIA Nº 1.522, DE 11.10.96. ALTERAÇÃO DO ARTIGO 38 DA LEI Nº 8.112/90. SUBSTITUIÇÃO DE SERVIDORES PÚBLICOS INVESTIDOS EM CARGOS DE DIREÇÃO E CHEFIA OU DE NATUREZA ESPECIAL. REEDIÇÕES DE MEDIDA PROVISÓRIA FORA

No julgamento de 24.5.2001, o Plenário do STF, na linha da reflexão inaugurada pelo Ministro Maurício Correa na ADI nº 2.101, entendeu, seguindo o seu voto, que, mesmo parecendo desnecessária a inovação constitucional que exige a citação do Advogado-Geral da União para defender o ato impugnado por vício de inconstitucionalidade, esse *munus* deve ser visto com temperamentos, notadamente diante dos precedentes do próprio STF que se posicionaram pela inconstitucionalidade do ato questionado. Disse então o relator:

> 16. Ora, se o Supremo Tribunal Federal exerce a altíssima competência da guarda da Constituição (CF, artigo 102) e dá a palavra final de como deve ser compreendida e interpretada, não há nenhum sentido para que o Advogado-Geral da União, não obstante a exigência constitucional, venha a pronunciar-se contra o que, em verdade, defender.
>
> 17. O munus a que se refere o imperativo constitucional (CF, artigo 103, §3º), ao que penso, deve, pela obviedade das hipóteses em que, de modo reiterado a jurisprudência do Tribunal já se consolidou a favor da tese contrária ao ato impugnado, ser entendido com temperamentos, de tal sorte que a manifestação do Advogado-Geral da União não se converta, em casos dessa ordem, como gesto insurreicional, mas de lógica e de bom senso.

Esse julgado se contrapôs expressamente ao teor da manifestação do ministro relator, o Ministro Marco Aurélio, que manteve seu posicionamento pela imposição constitucional, que, em via de mão única, aponta para o papel de defensor incondicional da norma ou ato atacado no processo de controle concentrado.

Note-se que, mesmo o Ministro Maurício Corrêa, no julgamento da ADI nº 2.101, considerando uma excrecência se admitir o Advogado-Geral da União no exercício da função de defensor *legis*, entende que essa atuação deve estar condicionada à própria Constituição. Ou seja, condicionada aos precedentes formados pelo próprio STF, que, ao fim e ao cabo, são responsáveis pela compatibilidade das normas e atos para com a Constituição.

Desde então ficou patente que a regra constitucional que condiciona o Advogado-Geral da União como defensor da norma deveria ser sopesada diante dos precedentes da própria corte constitucional sobre o tema em debate.

[DO] PRAZO CONSTITUCIONAL. COMPETÊNCIA DO CONGRESSO NACIONAL PARA DISPOR SOBRE OS EFEITOS JURÍDICOS DAÍ DECORRENTES. RESOLUÇÃO DO TRIBUNAL REGIONAL DO TRABALHO DA 6ª REGIÃO. VIOLAÇÃO AO ARTIGO 62, CAPUT E PARÁGRAFO ÚNICO, DA CONSTITUIÇÃO FEDERAL. ADVOGADO-GERAL DA UNIÃO. DEFESA DO ATO IMPUGNADO DE QUE EXISTEM PRECEDENTES DO STF. POSSIBILIDADE. 1. A Medida Provisória nº 1.522, de 11.10.96, alterou o disposto no artigo 38 da Lei nº 8.112/90. As substituições dos servidores investidos em cargos de direção e chefia ou de natureza especial passaram a ser pagas na proporção dos dias de efetiva substituição que excedam a um mês. 2. A Resolução do Tribunal Regional do Trabalho da 6ª Região, que entendeu expedidas fora do prazo algumas das reedições da Medida Provisória nº 1.522/96, repristinou o artigo 38 da Lei nº 8.112/90. Violação ao parágrafo único do artigo 62 da Constituição, por ser da competência exclusiva do Congresso Nacional disciplinar as relações jurídicas decorrentes de medida provisória tornada ineficaz pela extemporaneidade de suas reedições. 3. Violação ao disposto no artigo 62, caput, da Constituição Federal, que negou força de lei à Medida Provisória nº 1.522, de 11 de outubro de 1996. Precedentes. 4. O munus a que se refere o imperativo constitucional (CF, artigo 103, §3º) deve ser entendido com temperamentos. O Advogado- Geral da União não está obrigado a defender tese jurídica se sobre ela esta Corte já fixou entendimento pela sua inconstitucionalidade. Ação julgada procedente para declarar inconstitucional a Resolução Administrativa do Tribunal Regional do Trabalho da 6ª Região, tomada na Sessão Administrativa de 30 de abril de 1997" (ADI nº 1.616. Rel. Min. Maurício Corrêa, Tribunal Pleno, j. 24.5.2001. *DJ*, 24 ago. 2001, PP-00041, ement. v. 02040-02, PP-00303).

Já no início da segunda década de vigência da Constituição de 1988, no julgamento da ADI nº 3.916,[13] em 3.2.2010, de relatoria do Ministro Eros Grau, após novo debate sobre a natureza da função exercida pelo Advogado-Geral da União no §3º, do art. 103, da CF/88, o Pleno do STF foi um pouco mais adiante do precedente da ADI nº 1.616, e incorporou mais uma hipótese excepcional à função de curadoria da norma do Advogado-Geral da União. Pois, além de se omitir a defesa do ato impugnado outrora considerado inconstitucional em caso semelhante pelo STF, também deveria se furtar à defesa do ato impugnado, naqueles casos em que houve usurpação de competência da União, expressa no texto constitucional.

Apesar de a ementa do julgado não contemplar a discussão travada durante os debates orais, ficou bem marcado, na maioria dos votos proferidos pelos ministros da corte constitucional, que a divergência quanto à usurpação de competência legislativa da União para legislar em matéria de polícia penitenciária impunha a manifestação do Advogado-Geral da União na salvaguarda dos interesses da União. Ou melhor, na defesa da competência exclusiva do ente federal para legislar sobre matéria de organização e da manutenção das polícias civil, militar e do Corpo de Bombeiros do Distrito Federal (arts. 21, XIV, c/c art. 32, §4º, CF/88).

Assim, ainda nos debates do julgamento da ADI nº 3.916, o Ministro Cézar Peluso reconhece a função objetiva do Advogado-Geral da União na defesa do ato impugnado. Contudo, também considera que essa função não pode se sobrepor aos interesses da própria União, cuja defesa precípua cabe à Advocacia-Geral da União:

> O Senhor Ministro Cezar Peluso – Senhor Presidente, se Vossa Excelência me permite, também acho que é importante a função distinta que foi atribuída, no campo da disciplina da ação direta de inconstitucionalidade, ao Advogado-Geral da União. Pode não ter sido uma boa escolha ou uma boa opção político-jurídico-constitucional, mas, enfim, foi o que o constituinte entendeu como sendo o órgão que deveria exercer essa função de curadoria.
>
> Eu diria mais, Senhor Presidente. Essa função não é bem de curadoria, é função que atende o caráter objetivo da ação direta de inconstitucionalidade, à qual, portanto, falta, por princípio, uma parte interessada, capaz de exercer o contraditório. Em outras palavras, essa previsão atribui a função específica, distinta daqueloutra em que a Advocacia, definida

---

[13] "EMENTA: AÇÃO DIRETA DE INCONSTITUCIONALIDADE. ARTIGOS 7º, INCISOS I E III, E 13, DA LEI DISTRITAL N. 3.669. ORGANIZAÇÃO DA POLÍCIA DO DISTRITO FEDERAL. AGENTES PENITENCIÁRIOS. ALEGAÇÃO DE USURPAÇÃO DE COMPETÊNCIA DA UNIÃO. VIOLAÇÃO DO DISPOSTO NOS ARTIGOS 21, INCISO XIV, E 32, §4º, DA CONSTITUIÇÃO DO BRASIL. AÇÃO DIRETA JULGADA PARCIALMENTE PROCEDENTE. 1. Exame da constitucionalidade do disposto nos artigos 7º, incisos I e III, e 13, da Lei distrital n. 3.669, de 13 de setembro de 2005, que versa sobre a criação da Carreira de Atividades Penitenciárias. 2. A Constituição do Brasil – artigo 144, §4º – define incumbirem às polícias civis 'as funções de polícia judiciária e a apuração de infrações penais, exceto as militares'. Não menciona a atividade penitenciária, que diz com a guarda dos estabelecimentos prisionais; não atribui essa atividade específica à polícia civil. Precedente. 3. A competência para legislar sobre direito penitenciário é concorrente entre os entes da Federação, nos termos do disposto no artigo 24, inciso I, da CB/88. 4. A Lei distrital n. 3.669 cria a Carreira de Atividades Penitenciárias, nos Quadros da Administração do Distrito Federal, no âmbito da Secretaria de Justiça, Direitos Humanos e Cidadania do Distrito Federal. Não há inconstitucionalidade na criação, por lei distrital, de carreira vinculada ao Governo do Distrito Federal. 5. O Poder Legislativo distrital foi exercido no âmbito da parcela da competência concorrente para dispor sobre direito penitenciário. 6. Pedido julgado improcedente no que toca ao artigo 7º, incisos I e IIII, e procedente no que respeita ao artigo 13, caput e parágrafo único, da Lei distrital n. 3.669/05, vencidos o Ministro Relator e o Ministro Marco Aurélio quanto ao último preceito" (ADI nº 3.916. Rel. Min. Eros Grau, Tribunal Pleno, j. 3.2.2010. *DJe*, 086, divulg. 13.5.2010, public. 14.5.2010, ement. v. 02401-01, PP-00062).

como órgão que tutela em juízo os interesses da União, atende à necessidade de instrução do processo objetivo da ação direta de inconstitucionalidade, para concretizar contraposição de argumentos que permita à Corte examinar com mais profundidade à arguição. [...]

Agora, Senhor Presidente, temos dois problemas: o primeiro é que, num caso como este, de arguição de inconstitucionalidade [...], porque viola o interesse fundamental da União, a preservação da sua competência constitucional –, a Advocacia-Geral da União não pode abdicar do papel de Defensor da União, porque não há outro para exercer dentro do processo. [...] Mas enfim, exigir que, neste caso em que o interesse da União coincide com o interesse do autor – porque aí é o interesse jurídico da União –, parece-me que seria retirar da Advocacia-Geral da União a sua posição primordial, que é defender os interesses da União.

No julgamento da ADI nº 3.916, restou mais uma vez vencida a tese encampada pelo Ministro Marco Aurélio, ancorada na manutenção do equilíbrio do processo de controle concentrado. Isso porque, se o Advogado-Geral da União se voltar contra a norma ou o ato tido sob exame de constitucionalidade, estaria desidratando a defesa do ato.

Nesse mesmo julgamento, extrai-se a reflexão do Ministro Ayres Britto, na qual fez um paralelo da função do Advogado-Geral da União no controle concentrado, dentro do contexto da oposição entre a formação da norma pelo parlamento e o chefe do Executivo (legitimação democrática), e a função do STF de natureza contramajoritária (legitimação não democrática):

Ministro Ayres Britto – [...] A ADI é uma via processual de atalho, per saltum; o processo é objetivo, não há partes propriamente ditas, não há contraditório propriamente dito – Geraldo Ataliba sempre lembrava isso. Então, para o Supremo exercer a sua função contramajoritária, para que ele se contraponha a esse princípio que é ínsito à democracia – a maioria do Congresso Nacional delibera, aprova a lei; a democracia está presente – essa lei vai entrar por um modo ortodoxo no ordenamento e vai sair num modo heterodoxo. Não é o Legislativo que vai revogar a lei; é o Judiciário que vai negar eficácia à lei. Então, é uma cautela da Constituição em prol da harmonia dos Poderes. É preciso que o Advogado-Geral da União defenda o ato.

Claro que o Ministro Gilmar Mendes lembrou muito bem que é possível também se interpretar no sentido de que basta o Advogado-Geral da União ter a oportunidade de se manifestar na causa. Mas me parece que o Ministro Marco Aurélio está forrado de razão. Finalisticamente, em homenagem ao princípio da separação dos Poderes, a harmonia dos Poderes é uma sobrecautela para que o Judiciário exerça a sua função contramajoritária, senão, depois disso é que o Supremo se manifesta e aí exerce a sua função contramajoritária, se for o caso.

Como se vê, o Ministro Ayres Britto conclui seu raciocínio por admitir também a flexibilização da posição do Advogado-Geral da União no controle abstrato. Para tanto, basta que lhe seja oportunizado o direito de manifestação para garantir o cumprimento da exigência do §3º, art. 103, da CF/88.

O Ministro Cezar Peluso acresce ainda em favor da flexibilização, o argumento da inexistência de sanção de nulidade processual pelo descumprimento do dever do Advogado-Geral da União da defesa do ato impugnado:

O senhor Ministro Cezar Peluso – Senhor Presidente, eu também peço venia ao Ministro Marco Aurélio. Assento que se trata de uma norma a cuja inobservância não corresponde nenhuma sanção de caráter processual. Noutras palavrar, se o Advogado-Geral da União não se manifesta em defesa da norma impugnada, isso não acarreta nulidade processual nem impede o julgamento. [...].

Já o Ministro Gilmar Mendes destacou, na ADI nº 3.916, a flagrante incompatibilidade da defesa cega do ato ou texto impugnado com a posição institucional do Advogado-Geral da União como defensor da União e assessor direto do Presidente da República:

> O senhor ministro Gilmar Mendes (Presidente) – Também peço venia para me filiar à corrente divergente pelas razões que já pude expor. [...]
>
> Então, se fez essa fórmula do Advogado-Geral da União, que causa muitos problemas, porque ele não é um órgão isento; ao contrário, ele representa os interesses da União em juízo e, mais do que isso, ele é também o conselheiro jurídico do Presidente da República. Daí os problemas suscitados. [...].

Com a franqueza do Ministro Gilmar Mendes, pode-se concordar, em princípio, que a vinculação do Advogado-Geral aos interesses da União nem sempre vai coincidir com a defesa do ato ou texto impugnado por inconstitucionalidade. Principalmente nos casos em que o ato impugnado seja proveniente de norma estadual.

Disse então o Ministro Gilmar Mendes: "Por isso, peço vênia, entendendo que, realmente, o texto é enfático no sentido de que será citado para defender o ato, mas me parece que uma interpretação sistemática há de levar a entender que isso aqui é um direito de manifestação". E conclui com o motivo ou mesmo imperativo o Advogado-Geral da União se via forçado a atacar a norma questionada, pugnando por sua inconstitucionalidade: "No caso específico, os Ministros Cezar Peluso e Ricardo Lewandowski mostravam que, aqui, o Advogado-Geral da União está mesmo até quase que obrigado a suscitar a inconstitucionalidade, porque se está a discutir uma competência legislativa da União".

Já a Ministra Cármen Lúcia, ainda nos debates da ADI nº 3.916, entendeu que o Advogado-Geral da União pode assumir duas posições diferentes: defender o ato ou atacá-lo. Porém, diverge dos outros ministros que, no mesmo julgamento, como o Ministro Gilmar Mendes, acrescentaram ao direito de manifestação a possibilidade de também se omitir.

Assim, pode-se dizer que o resultado emblemático do julgamento da ADI nº 3.916 foi o reconhecimento, por maioria, de que a atuação do Advogado-Geral da União não se resume à sua função de defensor *legis*. Daí podendo ser melhor caracterizada como uma espécie de direito de manifestação.

Então, a caracterização do exercício da função como um direito de manifestação aponta para uma relativização do *múnus*, que recai sobre a figura do Advogado-Geral da União, superando a figura simplista de curador da norma.

E, a partir desse prisma, o Advogado-Geral da União passa a exercer um papel ativo no processo objetivo de controle concentrado – postura condizente com sua origem política de chefe máximo da Advocacia-Geral da União, responsável pela defesa judicial e extrajudicial da União, e assessoramento direto do chefe do Executivo federal.

Ao que parecia, o assunto já se encontrava superado. Porém, o tema mais uma vez voltou a ser objeto de destaque, no julgamento da ADI nº 4.983,[14] de 6.10.2016. Nesse julgado, o relator, Ministro Marco Aurélio, defensor da posição divergente e minoritária da função do Advogado-Geral da União como curador da norma, *strictu sensu*, fez constar, na primeira parte da ementa do seu voto, a sua tese divergente, e anteriormente referida no julgamento da ADI nº 1.616.

Dessa forma, consta da ementa do acórdão que o relator, ressalvando que o Advogado-Geral da União não poderia se manifestar pela procedência da ação direta, reconheceu, no mérito, por maioria, a inconstitucionalidade da Lei nº 15.299, de 8.1.2013,[15] do estado do Ceará, que regulamentava a vaquejada como prática desportiva e cultural, por considerar que essa forma de expressão cultural não mais justifica a imposição de maus tratos aos animais nela utilizados.

Segue ementa do julgado referido, que de certa forma reacende os limites da função estrita da curadoria da norma desempenhada pelo Advogado-Geral da União no controle concentrado:

> PROCESSO OBJETIVO – AÇÃO DIRETA DE INCONSTITUCIONALIDADE – ATUAÇÃO DO ADVOGADO-GERAL DA UNIÃO. Consoante dispõe a norma imperativa do parágrafo 3º do art. 103 do Diploma Maior, incumbe ao Advogado-Geral da União a defesa do ato ou texto impugnado na ação direta de inconstitucionalidade, não lhe cabendo a emissão de simples parecer, a ponto de vir concluir pela pecha da inconstitucionalidade.
>
> VAQUEJADA – MANIFESTAÇÃO CULTURAL – ANIMAIS – CRUELDADE MANIFESTA – PRESERVAÇÃO DA FAUNA E FLORA – INCONSTITUCIONALIDADE. A obrigação de o Estado garantir a todos o pleno exercício de direitos culturais, incentivando a valorização e difusão de manifestações, não prescinde da observância do disposto no inciso VII do Art. 225 da Carta Federal, o qual veda a prática que cabe por submeter os animais à crueldade. Discrepa da norma constitucional a denominada vaquejada.

Deve-se ressaltar que a peça específica de ataque à norma estadual impugnada, apresentada pelo Advogado-Geral da União, se encaixa numa das exceções admitidas pelo STF, segundo a qual o Advogado-Geral da União pode se furtar ao comando de defensor *legis* da norma impugnada; nesse caso amparado nos precedentes da própria corte suprema no mesmo sentido, no RE nº 153.531/SC,[16] na ADI nº 2.514 – SC[17] e na ADI

---

[14] ADI nº 4.983. Rel. Min. Marco Aurélio, Ata n. 31 de julgamento, public. 6.10.2016.

[15] A Lei nº 15.299/2013 regulamenta em seis artigos a atividade de vaquejada no estado cearense, estipulando entre outras medidas a proteção à saúde, integridade física dos animais, no seu transporte, manejo e trato.

[16] "COSTUME – MANIFESTAÇÃO CULTURAL – ESTÍMULO – RAZOABILIDADE – PRESERVAÇÃO DA FAUNA E DA FLORA – ANIMAIS – CRUELDADE. A obrigação de o Estado garantir a todos o pleno exercício de direitos culturais, incentivando a valorização e a difusão das manifestações, não prescinde da observância da norma do inciso VII do artigo 225 da Constituição Federal, no que veda prática que acabe por submeter os animais à crueldade. Procedimento discrepante da norma constitucional denominado 'farra do boi'" (RE nº 153.531. Rel. Min. Francisco Rezek. Rel. p/ Acórdão: Min. Marco Aurélio, Segunda Turma, j. 3.6.1997. *DJ*, 13 mar. 1998, PP-00013, ement. v. 01902-02, PP-00388).

[17] "EMENTA: AÇÃO DIRETA DE INCONSTITUCIONALIDADE. LEI N. 11.366/00 DO ESTADO DE SANTA CATARINA. ATO NORMATIVO QUE AUTORIZA E REGULAMENTA A CRIAÇÃO E A EXPOSIÇÃO DE AVES DE RAÇA E A REALIZAÇÃO DE 'BRIGAS DE GALO'. A sujeição da vida animal a experiências de crueldade não é compatível com a Constituição do Brasil. Precedentes da Corte. Pedido de declaração de inconstitucionalidade julgado procedente" (ADI nº 2.514. Rel. Min. Eros Grau, Tribunal Pleno, j. 29.6.2005. *DJ*, 9 dez. 2005, PP-00004, ement. v. 02217-01, PP-00163. *LEXSTF*, v. 27, n. 324, p. 42-47, 2005).

nº 1856 – RJ,[18] que consideraram, em casos análogos, a inconstitucionalidade de normativos estaduais que admitiam a aplicação de maus-tratos aos animais sob a alegação de que as condutas estariam acobertadas pelo exercício de manifestação cultural.

Desta feita, subsistiam precedentes no sentido contrário à norma estadual impugnada. E o Advogado-Geral da União, excepcionalmente, se curvou à interpretação do Supremo Tribunal Federal, optando, não por um parecer, mas por uma clara manifestação de ataque à lei impugnada. Isso porque, se enfatize, os precedentes do STF na matéria afastaram a presunção da constitucionalidade, permitindo ao Advogado-Geral da União o exercício do seu direito de manifestação.

Feito esse breve resgate histórico dos precedentes do STF que exploram a natureza da função do Advogado-Geral da União no exercício da função de defensor da norma ou ato impugnado no processo objetivo de controle de constitucionalidade, pode-se intuir que, ao longo das últimas três décadas de vigência da Constituição de 1988, a figura do Advogado-Geral da União transmudou-se, de um mero defensor incondicional do ato impugnado, para um examinador crítico da constitucionalidade desse ato à luz dos precedentes do STF e da Constituição.

E, como dito pelo Ministro Gilmar Mendes, a atuação do Advogado-Geral da União no controle abstrato de constitucionalidade tem natureza de um direito de manifestação, o qual pode ser exercido por meio de defesa ou ataque à norma, e cuja

---

[18] "EMENTA: AÇÃO DIRETA DE INCONSTITUCIONALIDADE – BRIGA DE GALOS (LEI FLUMINENSE Nº 2.895/98) – LEGISLAÇÃO ESTADUAL QUE, PERTINENTE A EXPOSIÇÕES E A COMPETIÇÕES ENTRE AVES DAS RAÇAS COMBATENTES, FAVORECE ESSA PRÁTICA CRIMINOSA – DIPLOMA LEGISLATIVO QUE ESTIMULA O COMETIMENTO DE ATOS DE CRUELDADE CONTRA GALOS DE BRIGA – CRIME AMBIENTAL (LEI Nº 9.605/98, ART. 32) – MEIO AMBIENTE – DIREITO À PRESERVAÇÃO DE SUA INTEGRIDADE (CF, ART. 225) – PRERROGATIVA QUALIFICADA POR SEU CARÁTER DE METAINDIVIDUALIDADE – DIREITO DE TERCEIRA GERAÇÃO (OU DE NOVÍSSIMA DIMENSÃO) QUE CONSAGRA O POSTULADO DA SOLIDARIEDADE – PROTEÇÃO CONSTITUCIONAL DA FAUNA (CF, ART. 225, §1º, VII) – DESCARACTERIZAÇÃO DA BRIGA DE GALO COMO MANIFESTAÇÃO CULTURAL – RECONHECIMENTO DA INCONSTITUCIONALIDADE DA LEI ESTADUAL IMPUGNADA – AÇÃO DIRETA PROCEDENTE. LEGISLAÇÃO ESTADUAL QUE AUTORIZA A REALIZAÇÃO DE EXPOSIÇÕES E COMPETIÇÕES ENTRE AVES DAS RAÇAS COMBATENTES – NORMA QUE INSTITUCIONALIZA A PRÁTICA DE CRUELDADE CONTRA A FAUNA – INCONSTITUCIONALIDADE. – A promoção de briga de galos, além de caracterizar prática criminosa tipificada na legislação ambiental, configura conduta atentatória à Constituição da República, que veda a submissão de animais a atos de crueldade, cuja natureza perversa, à semelhança da 'farra do boi' (RE 153.531/SC), não permite sejam eles qualificados como inocente manifestação cultural, de caráter meramente folclórico. Precedentes. – A proteção jurídico-constitucional dispensada à fauna abrange tanto os animais silvestres quanto os domésticos ou domesticados, nesta classe incluídos os galos utilizados em rinhas, pois o texto da Lei Fundamental vedou, em cláusula genérica, qualquer forma de submissão de animais a atos de crueldade. – Essa especial tutela, que tem por fundamento legitimador a autoridade da Constituição da República, é motivada pela necessidade de impedir a ocorrência de situações de risco que ameaçem ou que façam periclitar todas as formas de vida, não só a do gênero humano, mas, também, a própria vida animal, cuja integridade restaria comprometida, não fora a vedação constitucional, por práticas aviltantes, perversas e violentas contra os seres irracionais, como os galos de briga ('gallus-gallus'). Magistério da doutrina. ALEGAÇÃO DE INÉPCIA DA PETIÇÃO INICIAL. – Não se revela inepta a petição inicial, que, ao impugnar a validade constitucional de lei estadual, (a) indica, de forma adequada, a norma de parâmetro, cuja autoridade teria sido desrespeitada, (b) estabelece, de maneira clara, a relação de antagonismo entre essa legislação de menor positividade jurídica e o texto da Constituição da República, (c) fundamenta, de modo inteligível, as razões consubstanciadoras da pretensão de inconstitucionalidade deduzida pelo autor e (d) postula, com objetividade, o reconhecimento da procedência do pedido, com a consequente declaração de ilegitimidade constitucional da lei questionada em sede de controle normativo abstrato, delimitando, assim, o âmbito material do julgamento a ser proferido pelo Supremo Tribunal Federal. Precedentes" (ADI nº 1.856. Rel. Min. Celso de Mello, Tribunal Pleno, j. 26.5.2011. *DJe*, 198, divulg. 13.10.2011, public. 14.10.2011, ement. v. 02607-02, PP-00275; *RTJ*, v. 00220-01, PP-00018; *RT*, v. 101, n. 915, p. 379-413, 2012).

régua são os parâmetros constitucionais construídos ao longo dos precedentes da corte constitucional e da letra expressa do próprio texto constitucional.

A presunção de constitucionalidade da lei deve ser aferida no momento em que o Advogado-Geral da União é citado para se manifestar. E não sendo o ato impugnado flagrantemente inconstitucional, lhe caberá adotar a posição condizente com essa certeza.

A prática vem demonstrando, por uma aferição direta do texto ou o cotejo com os precedentes do STF, que o Advogado-Geral da União vem se posicionando de maneira responsável e autônoma nos processos de controle de constitucionalidade. Colaborando de modo ativo com a coesão do sistema constitucional.

Por outro lado, a jurisprudência mais recente, referida no acórdão da relatoria do Ministro Marco Aurélio, na ADI nº 4.983, traz um alerta para que possamos fechar as últimas brechas da tese ainda predominante, e consolidar de uma vez por todas o entendimento de uma atuação mais autônoma do Advogado-Geral da União na função de curador do ato impugnado na ordem constitucional.

Ao que tudo indica, após a leitura dedicada dos debates orais e dos votos escritos oferecidos na ADI nº 4.983, verifica-se que não houve um enfrentamento direto do tema por nenhum dos ministros que participaram do julgamento. Em verdade, pode-se dizer que a ementa do acórdão proferido pelo Ministro Marco Aurélio contém uma ressalva de voto, na qual o relator faz referência à sua posição restritiva na atuação do Advogado-Geral da União, reduzindo-a à mera função de defensor *legis*.

Argumento esse que ao nosso ver não teria a capacidade de contrariar a força do precedente da ADI nº 1.616 e da ADI nº 3.916, em que se discutiu diretamente a função do Advogado-Geral da União no §3º, art. 103, da CF/88, concluindo pela adequação sistemática da função precípua de curador da norma para defensor dos precedentes do STF e dos interesses da União. Posto, o mais importante sempre será o aperfeiçoamento e garantia dos ditames constitucionais e a compatibilidade do sistema normativo infraconstitucional com sua melhor aplicação.

A seguir, na esteira dos julgados da corte maior, vamos analisar como a doutrina vem examinando e se posicionando quanto ao tema – sua interpretação dos precedentes e as eventuais propostas para a solução daquilo que parte da doutrina considera um conflito aparente de normas constitucionais.

3 A avaliação da doutrina dos precedentes do Supremo Tribunal Federal na interpretação do §3º, art. 103, da CF/88

Ressalvado o entendimento do Ministro Marco Aurélio, a partir de uma análise da jurisprudência do STF em função do tempo e das alterações significativas na composição da Corte, pode-se afirmar que se consolidaram duas exceções ao *munus* do Advogado-Geral da União em defender o ato impugnado por vício de inconstitucionalidade. Tal como já identificado na doutrina:

> Há entretanto, duas exceções a esse entendimentos, já que o Supremo Tribunal Federal admite que o Advogado-Geral da União deixe de defender a constitucionalidade do ato ou norma impugnado quando já houver no tribunal declaração anterior de inconstitucionalidade, e quando a pretensão do autor coincidir com o interesse da União no caso concreto. (NEVES, 2018, p. 44)

Como visto no tópico anterior, as exceções estão lastreadas em precedentes do STF ao se admitir o posicionamento do Advogado-Geral da União contrário ao ato impugnado, quando em obediência à própria Constituição.

Isso ocorre quando o Advogado-Geral da União acata os precedentes da Corte Suprema que interpretam os dispositivos constitucionais, ou, ainda, atos impugnados que afrontam expressamente as competências da União. Ou melhor, quando se submete à Constituição. E, agindo assim, evita o dispêndio de energia na defesa de um ato que perdeu a presunção de constitucionalidade.

Embora a interpretação inicial da Constituição de 1988 adotasse a figura do Advogado-Geral da União como defensor intransigente do ato impugnado por inconstitucionalidade pela via direta, essa função foi se amoldando e se ressignificando com o tempo. E, a partir de outros dispositivos constitucionais, se pode perceber que o texto constitucional lhe reservou um papel ativo no processo de controle abstrato que lhe permite questionar a condição de defensor *legis*, quando essa posição contrarie frontalmente a própria Constituição.

As duas concepções que se formaram na doutrina, na tentativa de acompanhar as discussões realizadas durante os julgamentos do STF já referenciados, podem ser classificadas entre os que admitem uma interpretação restritiva ou impositiva da função do Advogado-Geral da União descrita no §3º, art. 103, da CF/88, e aqueles que admitem uma interpretação sistêmica ou não impositiva da norma.

Essas duas concepções assumem posições bem semelhantes quando o assunto é a caracterização da natureza das funções do Advogado-Geral da União na Constituição de 1988. Para os adeptos da corrente restritiva, a função do curador da norma pura do §3º, art. 103, não se confunde com a função de defensor da União prevista no art. 131, da CF/88. Enquanto para os adeptos da corrente extensiva, as funções do Advogado-Geral da União não são estanques. Coexistem. E, naqueles casos em que o ato impugnado afronta interesse ou mesmo competência da União, o Advogado-Geral da União deve sim se insurgir contra o ato.

No ponto da divergência, os defensores de uma interpretação restritiva e impositiva do comando constitucional se aferram à interpretação literal do texto, nos limites do §3º, art. 103, da CF/88.

Como é o entendimento de Rodrigo Tourinho Dantas e Ticiano Alves e Silva, os quais destacam que a função de defensor *legis* do controle concentrado por parte do Advogado-Geral da União não se confunde com a sua função de defensor da União, do art. 131 da CF/88:

> [...] tratando-se de Ação Direta de Inconstitucionalidade de um processo constitucional objetivo – portanto, sem partes formais que defendam interesses subjetivos – o Advogado-Geral da União não exerceria uma função ordinária e orgânica descrita no art. 131 da CF/88. Ao invés, desempenharia um múnus extraordinário, específico, de verdadeiro curador da presunção de constitucionalidade – defensor legis – do dispositivo reputado de inconstitucionalidade pelo legitimado ativo que propôs a ADI. (DANTAS; SILVA, 2010, p. 13)

Os autores ainda consideram desnecessária a manifestação do Advogado-Geral da União com fundamento em mero direito de manifestação. Já que, neste caso, não se exerceria a defesa da norma, prejudicando o processo objetivo de exame de constitucionalidade.

Entrementes, é chegado o momento de refletir acerca da real necessidade ou não, da defesa, pela Advocacia-Geral da União, do ato ou texto impugnado.

Sem embargo, o comando do parágrafo 3º do art. 103 da CF/88 – que determinou a obrigatoriedade da defesa, pelo Advogado-Geral da União, do ato ou texto impugnado – inseriu ociosa e infrutífera inovação no processo constitucional objetivo. (DANTAS; SILVA, 2010, p. 23)

Por outro lado, alegam, mesmo considerando desnecessária a atuação do Advogado-Geral da União, que a defesa do ato não estaria prejudicada pois os legitimados passivos, autores da norma impugnada, poderiam exercer a defesa da constitucionalidade da norma, por seus próprios meios. O contraditório assim estaria preservado, sem a necessidade de participação do Advogado-Geral da União. Nesse sentido:

Não fosse suficiente tudo isso acima alegado, ainda há mais. A atuação eminentemente defensiva da lei atacada pode se concretizar por meio das informações prestadas pelos legitimados passivos, assegurando não só o "contraditório" peculiar dos processos objetivos, mas ampla cognição da matéria. (DANTAS; SILVA, 2010, p. 25)

Sustentam inclusive a própria supressão do texto constitucional do §3º, art. 103, da CF/88: " Defende-se, assim, de lege ferenda, a supressão do art. 103, parágrafo 3º, da Constituição e não por via de interpretação, que se diga, tendo em vista que o AGU cumpre função desnecessária, meramente figurativa" (DANTAS; SILVA, 2010, p. 30).

A negação enfática do exercício do direito de manifestação por parte do Advogado-Geral da União no processo de controle abstrato, sob o condicionamento literal do texto constitucional, seria uma reação ao reconhecimento da sua autonomia técnica.

No mesmo sentido (LEITE, 2010, p. 65-66), em artigo contemporâneo aos precedentes da ADI nº 1.616 e da ADI nº 3.916, enfatizou a impossibilidade de separação da função de curador da norma e de defensor da União, sob a alegação de que essa sobreposição atrapalharia a função da curadoria.

Já aqueles que militam em favor de uma abordagem mais branda da imposição da função do curador reconhecem um mínimo de autonomia técnica ao Advogado-Geral da União. Quando este poderá deixar de defender o ato impugnado após uma análise preliminar da sua compatibilidade com os precedentes da corte suprema ou da eventual usurpação das competências da União.

Em artigo escrito após ao julgamento da ADI nº 3.916, de 13.5.2010, Magalhães (2012, p. 60) faz uma breve análise dos mesmos precedentes do STF citado linhas acima, demonstrando que o exercício interpretativo dos ministros conduz à uma flexibilização da literalidade da norma:

Ora, tal compressão acerca do dissenso entre juízes constitucionais é facilmente verificada na prática do Supremo Tribunal Federal, especialmente no caso do papel do AGU no controle concentrado da constitucionalidade. É inconcebível acreditar que nossos ministros divirjam quanto à semântica das palavras que compõem o texto normativo (ou que divirjam quanto aos fatos em questão, em contrastes com as teorias positivistas), mas é factível crer que divirjam quanto à norma a ser extraída da interpretação/aplicação.

No caso do art. 103, parágrafo 3º da CF/88, é patente, de acordo com a síntese dos argumentos expostos na seção anterior, que todos os ministros concordam com o significado das palavras que compõem o parágrafo, mas, mesmo com a aparente clareza semântica do texto normativo constitucional, seu contexto demonstra que uma interpretação simplesmente literal não seria a mais adequada com outros princípios interpretativos substantivos que são amparados pela mesma Constituição.

Ao se filiar à concepção do Ministro Gilmar Mendes, que reconhece que o Advogado-Geral da União, no exercício do *munus* da curadoria da norma, na verdade está exercendo um direito de manifestação, não atrelado necessariamente à defesa do ato, o autor acresce que essa sua função ostenta caráter de agente político, dotada de autonomia para avaliar a melhor defesa da Constituição e dos interesses da União:

> Portanto, o AGU se configura como um órgão governamental que defende, antes de tudo, a higidez da Constituição e oficia nos processos objetivos de controle de constitucionalidade como sujeito processual autônomo ("autônomo" no sentido de que sua manifestação não estará sempre vinculada à defesa da constitucionalidade do ato impugnado, não autônomo no sentido de ausência de subordinação ao Presidente da República), designado pela Constituição para apresentar argumentos jurídicos e políticos que sirvam de auxílio às ponderações dos Ministros, considerando que tais argumentos poderiam revelar interesses da União, importantes no julgamento da causa. (MAGALHÃES, 2012, p. 66)

Na esteira desse entendimento, destaque-se que, para contemporizar a imposição constitucional da função de defesa da norma impugnada, foram editadas a Lei nº 9.868/99[19] (ação direta de inconstitucionalidade) e a Lei nº 9.882/1999 (ação direta de descumprimento de preceito fundamental), que facultam a oitiva do Advogado-Geral da União, em vez de ser citado para defender o ato. O mesmo ocorre com a Lei nº 12.562/2011 (ADI interventiva); exceituada a manifestação nos casos da ação direta de inconstitucionalidade por omissão, devido à ausência de norma impugnada; e a ação declaratória de constitucionalidade, posto inexistir ato a ser defendido (LAZARI, 2013, p. 100-101).

Com base numa detalhada revisão das posições do STF, LAZARI (2013) também destaca a posição de exceção do Advogado-Geral da União como defensor da norma, ao tempo que enfatiza a flexibilização no *munus* de defensor *legis*:

> É óbvio que jamais se almeja exaurir o debate desde já proposto. Qualquer que seja o entendimento jurisprudencial adotado pelo STF – o atual ou o antigo –, ou qualquer que seja o vetor interpretativo seguido pelos juristas em geral, o certo é que se deve defender uma Advocacia-geral da União mais livre, desvinculado da estrita defesa do ente o qual representa, para funcionar como mais um auxiliar no pleno estímulo à força normativa da Constituição perante todo o ordenamento infraconstitucional.

Pelo que apresentado pelas duas correntes, notável o protagonismo que o Advogado-Geral da União passou a exercer no novo modelo de controle de constitucionalidade inaugurado pela Constituição de 1988. Superando os limites de um curador

---

[19] Por exemplo, o art. 8º da Lei nº 9.868/99, que, após a jurisprudência do STF que minimizou a rigidez da expressão "defenderá" do texto constitucional, §3º, do art. 103, trouxe apenas a prescrição de que o relator da ação direta de inconstitucionalidade abrirá prazo para a manifestação sucessiva do Advogado-Geral da União e do Procurador-Geral da República, sem menção à obrigatoriedade da defesa.

passivo do ato impugnado, para, numa postura ativa, eventualmente adotar posição de ataque ao ato impugnado.

Ademais, vale destacar que numa sociedade aberta e pluralista, podem coexistir vários intérpretes da Constituição. E a participação do Advogado-Geral da União no processo de controle abstrato ampliado tem o condão de enriquecer o debate e proporcionar a formação de uma decisão que melhor garanta a força normativa da nossa carta constitucional (LAZARI, 2013, p. 106).

Ressalte-se igualmente o papel cada vez mais proativo da Advocacia-Geral da União como um todo, em várias frentes de sua atuação extrajudicial e judicial, inclusive perante o STF, sempre buscando a resolução de conflitos e a correta interpretação constitucional, com destaque na missão de se buscar o equilíbrio entre os poderes (LOPES, 2018, p. 65-66).

4 Superação do conflito aparente com a designação de defensor *ad hoc*

Contudo, não se pode prescindir da defesa da norma, no caso da lei federal, ou ainda mais do silêncio do legitimado passivo, no caso do ato impugnado estadual. Nestes casos assiste em parte razão às considerações da divergência jurisprudencial e também de parte da doutrina, que destacam a ausência do direito de defesa do ato impugnado como consequência do reconhecimento do direito de manifestação do Advogado-Geral da União.

Assim, a maior fragilidade da interpretação sistemática do §3º, art. 103, da CF/88, reside mesmo na ausência da defesa técnica do ato impugnado, tal qual preconizado na interpretação literal do dispositivo. Como resultado haveria uma desproporção entre o ataque e a defesa.

A indeclinabilidade da defesa técnica gera preocupação na doutrina:

> Em que pese a ausência de partes, em sentido material, o modelo processual desenhado na Constituição Brasileira consagra de forma expressa a necessidade de antítese à qualquer pretensão exposta em juízo (art. 5º, LV). Para além de encerrar uma garantia individual, a exigência do contraditório em todos os processos também se liga à noção de inércia e imparcialidade do órgão julgador, o qual forma seu convencimento a partir dos elementos trazidos pelo autor e pelo réu.
>
> Mutatis mutandi, a indeclinabilidade da defesa técnica em sede de ação de direta de inconstitucionalidade possui raízes nos mesmos princípios que asseguram aos acusados no processo penal o irrenunciável direito à defesa. Isto porque os valores defendidos na ação criminal (presunção de inocência) e na representação de inconstitucionalidade (presunção de constitucionalidade) possuem status constitucional de grande destaque e importância no ordenamento jurídico. (MASCARENHAS, 2010)

Também no STF, mesmo no caso do Ministro Ayres Britto, que acompanhou a posição majoritária no julgamento da ADI nº 3.916, reconheceu-se a necessidade, ainda que seja no processo de controle abstrato, de se proporcionar uma defesa técnica ao ato impugnado, cuja decisão pode resultar na declaração da inconstitucionalidade da norma, dotada de eficácia *erga omnes* e vinculante, obrigando juízes e tribunais, assim como a Administração Pública (SCARLET; MARINONI; MITIDIERO, 2017, p. 1.158).

Citando novamente o Ministro Ayres Britto, na questão precedente na ADI nº 3.916, dessa vez com ênfase às cautelas necessárias e reforço no contraditório, no processo que pode resultar na exclusão do ato do ordenamento jurídico:

> Senhor Presidente, estava aqui conversando com os meus botões para encontrar uma explicação para esse §3º. E a explicação que encontrei foi esta: é uma sobrecautela da Constituição porque, de fato, a lei vai sair do ordenamento, no plano da eficácia, por um modo heterodoxo, por um modo diferente pelo qual entrou. Entrou legislativamente e sairá jurisdicionalmente pelo poder contramajoritário de que dispõe o Supremo Tribunal Federal

Nesse ponto, talvez a única forma de se atender minimamente à exigência constitucional de defesa do ato impugnado, e ao mesmo tempo preservar a autonomia técnica do Advogado-Geral da União, seria utilizar de um recurso já previsto na legislação federal e aplicado pela Advocacia-Geral da União quando da existência de conflito de interesses entre o Executivo *stricto sensu*, e um outro órgão ou poder da Administração Federal, por meio da nomeação de um defensor *ad hoc*.

Como alegado por parte da doutrina (LEITE, 2010, p. 65), o Advogado-Geral da União não exerce a função de curador da norma impugnada ao reconhecer a sua inconstitucionalidade (posição de ataque, dentro dos limites das exceções reiteradas nos precedentes destacados linhas acima). Então, seria mais honesto e condizente com o contraditório que se espera do processo objetivo de controle de constitucionalidade que o próprio Advogado-Geral da União nomeie um advogado público *ad hoc* para a defesa da constitucionalidade do ato impugnado.

Esse defensor, detentor de delegação específica, poderia ser designado entre os advogados da União que ocupam os cargos de direção superior da AGU, e com atuação perante o STF. Entre aqueles que exercem suas atribuições de apoio ao Advogado-Geral da União, perante a corte superior, notadamente na Secretaria-Geral do Contencioso, conforme prescreve o §4º, inc. IV, do art. 2º, da LC nº 73/93,[20] e incs. I e II, do art. 8º, Decreto-Lei nº 7.392, de 13.12.2010.[21]

Eliminar totalmente a figura do curador da norma, significa, de fato, reduzir o debate acerca da constitucionalidade. Vai contra a tendência da ampliação do contraditório pela carta democrática de 1988, como se constata com o incremento dos legitimados ativos no controle concentrado, ou pela previsão de novos instrumentos de controle de constitucionalidade.

Também não se pode olvidar da atuação do Advogado-Geral da União como protagonista de dupla função na efetivação do contraditório no processo de controle concentrado perante o STF.

Data vênia, a proposta parece ser uma solução juridicamente razoável para o preenchimento do vácuo da defesa técnica do ato impugnado, quando destituída da

---

[20] "Art. 2º A Advocacia-Geral da União compreende: [...] IV - (vetado): [...] §4º O Advogado-Geral da União é auxiliado por dois Secretários-Gerais: o de Contencioso e o de Consultoria".

[21] "Art. 8º À Secretaria-Geral de Contencioso compete: I - assistir o Advogado-Geral da União na representação judicial da União, no Supremo Tribunal Federal, no que se refere aos processos de controle concentrado, difuso de constitucionalidade e de competência originária, exceto nos processos de competência da Procuradoria-Geral da Fazenda Nacional; II - assistir o Advogado-Geral da União na representação judicial, perante o Supremo Tribunal Federal, dos Ministros de Estado e do Presidente da República, ressalvadas as informações deste último em mandados de segurança e injunção".

representação do Advogado-Geral da União. Com a nomeação de um advogado de carreira para a realização da defesa, à maneira como já é realizado noutros casos de conflito de interesses entre a Administração Federal direta e órgãos e instituição da União.

Portanto, essa mesma hipótese pode ser aplicada, analogicamente, na designação de *ad hoc* para a defesa do ato impugnado, quando este estiver desprovido de defesa técnica. Quando o Advogado-Geral da União, por incumbência de estatura também constitucional, deve defender os interesses da União,[22] mostra-se coerente com o sistema a indicação de um defensor específico para o ato impugnado, o qual terá a liberdade de sustentar, sem o perigo da sobreposição de funções, pela sua constitucionalidade.

Porém, essa delegação só poderia ser realizada quando não houvesse a defesa do ato estadual impugnado, ou ainda, nos casos de ato impugnado federal, por solicitação de órgão, entidade ou poder, que entenda, por razões próprias e específicas, pela defesa do ato.

Nesse sentido, a indicação de Advogado da União para exercer a função de *ad hoc* no controle concentrado tem precedente no STF. Trata-se da ADI nº 5.296-DF,[23] que pugna pela inconstitucionalidade da EC nº 74/93, proposta pelo Presidente da República (art. 103, I, da CF/88), e subscrita pelo Advogado-Geral da União. Nesse caso, guardando coerência com a petição inicial, o Advogado-Geral da União, quando notificado pelo art. 103, §3º, da CF/88, apresentou manifestação de ataque à norma. Daí surgiu a necessidade de indicação de Advogado da União para que subscrevesse manifestação de defesa da norma. A manifestação foi então apresentada por meio das informações prestadas pelo Poder Legislativo federal, interessado na preservação da referida emenda constitucional.

O conjunto normativo que trata da indicação de advogado *ad hoc*, dando azo à sua aplicação analógica, está referido na Lei nº 9.028/95, art. 22,[24] que se encontra regulamentada pela Portaria nº 254, de 27.8.2018.[25]

---

[22] Art. 131, da CF/88.

[23] A ADI nº 5.296, da relatoria da Ministra Rosa Weber, tem por ato normativo impugnado a Emenda Constitucional nº 74/2013, que incluiu o §3º no art. 134, da CF/88, concedendo autonomia financeira às Defensorias Públicas da União e do Distrito Federal. A ação foi ajuizada pela então Presidenta da República, Dilma Rousseff, subscrita pelo Advogado-Geral da União. Este por sua vez apresentou inicialmente manifestação pelo ataque à norma, condizente com sua posição de subscritor da ADI, mas designou advogados da União para viabilizar a adequada defesa ao ato legislativo impugnado. Contudo, numa manifestação posterior ao indeferimento da medida cautelar pelo Plenário, modificando sua posição inicial, o Advogado-Geral da União mudou sua posição originária, e apresentou manifestação em defesa da norma.

[24] "Art. 22. A Advocacia-Geral da União e os seus órgãos vinculados, nas respectivas áreas de atuação, ficam autorizados a representar judicialmente os titulares e os membros dos Poderes da República, das Instituições Federais referidas no Título IV, Capítulo IV, da Constituição, bem como os titulares dos Ministérios e demais órgãos da Presidência da República, de autarquias e fundações públicas federais, e de cargos de natureza especial, de direção e assessoramento superiores e daqueles efetivos, inclusive promovendo ação penal privada ou representando perante o Ministério Público, quando vítimas de crime, quanto a atos praticados no exercício de suas atribuições constitucionais, legais ou regulamentares, no interesse público, especialmente da União, suas respectivas autarquias e fundações, ou das Instituições mencionadas, podendo, ainda, quanto aos mesmos atos, impetrar habeas corpus e mandado de segurança em defesa dos agentes públicos de que trata este artigo. (Redação dada pela Lei nº 9.649, de 1998) (Vide Medida Provisória nº 2.216-37, de 2001) §1º O disposto neste artigo aplica-se aos ex-titulares dos cargos ou funções referidos no caput, e ainda: (Incluído pela Lei nº 9.649, de 1998) (Vide Medida Provisória nº 2.216-37, de 2001) I - aos designados para a execução dos regimes especiais previstos na Lei nº 6.024, de 13 de março de 1974, e nos Decretos-Leis nºs 73, de 21 de novembro de 1966, e 2.321, de 25 de fevereiro de 1987, e para a intervenção na concessão de serviço público de energia elétrica; (Redação dada pela Lei nº 12.767, de 2012) II - aos militares das Forças Armadas e aos integrantes do órgão de segurança do Gabinete de Segurança Institucional da Presidência da República, quando, em decorrência do cumprimento

Por óbvio a legislação cuida de representação de órgão ou instituição da União, em casos de conflito de interesses, num processo específico, num caso concreto. Assim, sendo diferente do controle abstrato preconizado no processamento das ações diretas perante o STF. Porém, milita em favor da sua aplicação analógica, a necessária coesão do sistema constitucional, a partir do oferecimento da garantia da defesa técnica mínima.

Caso essa proposição vingue, a fim de prevenir eventual questionamento quanto à fundamentação legal, nada impede que seja feita uma alteração, por acréscimo, na Lei nº 9.028/95, ou até mesmo nas leis ordinárias que estabelecem o procedimento para as ações de controle concentrado.[26] Para tanto, seria necessário o interesse político dos órgãos envolvidos, Advocacia-Geral da União, Supremo Tribunal Federal e Congresso Nacional.

Mesmo assim, deve-se dizer que o impacto dessa medida não teria uma repercussão prática tão grande, pois, segundo pesquisa realizada pela então Advogada-Geral da União, Grace Mendonça (2017, p. 65), no seu trabalho de dissertação de mestrado, do total de 887 manifestações encaminhadas pelo Advogado-Geral da União, entre abril de 2012 e abril de 2017, em apenas 80 delas houve o posicionamento pela procedência da ação direta, com a adoção da posição de ataque por parte do Advogado-Geral da União. E, ainda, destas manifestações contrárias ao ato impugnado, 76 delas se referiam às ações movidas contra atos estaduais.

Nesse caso, a indicação de representação *ad hoc* seria avaliada e eventualmente deferida, na maioria dos casos, nas ações diretas contra lei estatual impugnada, e dependeria ainda da ausência de defesa por parte do Estado ou do Distrito Federal, legitimado passivo.

---

de dever constitucional, legal ou regulamentar, responderem a inquérito policial ou a processo judicial. (Incluído pela Lei nº 9.649, de 1998) (Vide Medida Provisória nº 2.216-37, de 2001) §2º O Advogado-Geral da União, em ato próprio, poderá disciplinar a representação autorizada por este artigo. (Incluído pela Lei nº 9.649, de 1998) (Vide Medida Provisória nº 2.216-37, de 2001)".

[25] "Art. 1º Existente conflito de interesses entre dois ou mais órgãos ou instituições da União, caberá a designação, por ato específico do Advogado-Geral da União, de membros integrantes das carreiras de Advogado da União para o exercício de representação judicial *ad hoc* dos órgãos ou instituições envolvidas no litígio. §1º Também ensejará a designação de representante ad hoc, mesmo havendo a presença de um só órgão dos Poderes Legislativo e Judiciário, do Tribunal de Contas da União, do Ministério Público da União e da Defensoria Pública da União, quando se constatar que a tese a ser defendida contraria manifestações aprovadas pelo Consultor-Geral da União ou pelo Advogado-Geral da União, ou ainda quando se verificar conflito em potencial. §2º Nas hipóteses em que houver órgãos da União em litígio sobre matéria já apreciada pelo Consultor-Geral da União ou pelo Advogado-Geral da União, a designação de representante *ad hoc* caberá somente para representação do órgão que contrarie o entendimento da AGU. §3º Serão designados, para a representação judicial *ad hoc* de cada um dos órgãos, no mínimo, dois Advogados da União lotados em órgão de contencioso. §4º Ao membro da Advocacia-Geral da União que ocupe cargo ou função de confiança é vedada a designação para o exercício da representação judicial *ad hoc*. §5º No exercício da representação judicial de que trata esta Portaria, deverá o membro da AGU requerer ao órgão judicante a retificação da autuação do processo a fim de que todas as intimações sejam feitas em seu nome, indicando o endereço para tanto. §6º O representante judicial designado *ad hoc* deverá lançar suas atividades, para fins de registro, nos sistemas informatizados de controle das ações da AGU, selecionando para tanto as atividades próprias e específicas da atuação *ad hoc* nos referidos sistemas. §7º Não serão anexados aos mencionados sistemas os documentos, petições, estudos, notas ou pareceres cuja divulgação possa trazer prejuízos à defesa do órgão/instituição representado ou que não sejam de conhecimento público, a fim de assegurar a isonomia e a paridade de armas entre os órgãos em litígio. §8º Os atos praticados pelos membros da AGU no exercício da representação judicial *ad hoc* submetem-se à fiscalização da Corregedoria-Geral da Advocacia União".

[26] As leis nºs 9.868/99 (ação direta de inconstitucionalidade) e 9.882/1999 (ação direta de descumprimento de preceito fundamental), bem como a Lei nº 12.562/2011 (ADI interventiva).

5 Conclusão

Não há dúvida de que na vigência da nossa atual carta constitucional de 1988, que a Advocacia-Geral da União foi a instituição que mais cresceu, angariando relevância na atuação judicial e extrajudicial no cenário jurídico brasileiro, conforme as competências que lhe foram atribuídas no art. 131 e posteriormente na Lei Complementar nº 73/95.

Acompanhando o crescimento institucional da Advocacia-Geral da União, a Constituição de 1988 dotou o chefe da instituição, o Advogado-Geral da União, de prerrogativa processual inovadora a partir da redação do §3º, art. 103, da CF/88, prevendo a obrigatoriedade da sua citação para a defesa do ato no processo de controle de constitucionalidade das normas ou atos federais e estaduais impugnados por via de ação direta.

Contudo, apesar da clareza da interpretação literal da norma constitucional, que reduziria a função do Advogado-Geral da União a um mero curador da norma, sem espaço para qualquer avaliação da presunção da constitucionalidade do ato, consolidou-se no STF, por ocasião do julgamento da ADI nº 3.916, que a sua atuação nesse processo configura o exercício de um direito de manifestação.

Destarte, se o Advogado-Geral da União estiver diante de um ato impugnado flagrantemente inconstitucional, considerado tal com base em precedentes do próprio STF, ou pela usurpação da competência da União, nada mais prudente e adequado que, a partir de uma interpretação sistemática da Constituição de 1988, lhe seja franqueado o exercício da prerrogativa de defesa da norma, mas com temperamentos.

Essa refletida flexibilização da função de curador do ato impugnado no processo de controle concentrado tem gerado divergência na doutrina, que vacila entre aceitar a posição majoritária dos ministros do STF no sentido de se reconhecer a sobreposição das funções do Advogado-Geral da União, e a rejeição dessa possibilidade, com fundamento numa visão restritiva da função do defensor *legis*, que estaria encapsulada na interpretação literal do §3º, art. 103, da CF/88.

Entre as manifestações dos ministros do STF nas preliminares ou questões de ordem, destaque-se a posição do Ministro Marco Aurélio bem como de parcela da doutrina, que interpretam a posição de ataque por parte do Advogado-Geral da União no processo abstrato como aniquiladora do contraditório, dada a ausência da defesa técnica do ato impugnado.

Contudo, apesar do número reduzido, menos de 10% das manifestações em ações diretas de inconstitucionalidade do Advogado-Geral da União são pelo ataque ao ato impugnado (MENDONÇA, 2017, p. 65), a quase totalidade dessas manifestações se volta contra as leis estaduais impugnadas.

Em termos práticos, o direito de defesa técnica não prejudicaria o debate ou eliminaria o contraditório, pois os legitimados passivos, notadamente os estados, apresentariam sua defesa no processo.

Mesmo assim, na hipótese de ausência de defesa por parte do legitimado passivo, responsável pela legislação estadual impugnada, poderia se adotar uma solução já existente para os casos de conflito de interesses entre a União e os demais órgãos e instituições federais. Com esteio na interpretação analógica do art. 22, da Lei nº 9.028/95, e no regulamento contido na Portaria AGU nº 254/2018, o Advogado-Geral da União poderia indicar um defensor *ad hoc* para a defesa do ato impugnado. Podendo recair a delegação entre os advogados da União de carreira com atribuição para atuar no STF, dotados de qualificação técnica compatível com a missão relevante da defesa do ato impugnado perante o STF.

Dessa feita, na hipótese de o Advogado-Geral da União, reconhecendo a prevalência dos precedentes do STF, ou ainda a usurpação de competência legislativa da União fixada na Constituição, adotar posição de ataque contra o ato que presumivelmente deveria defender, restaria ainda a designação por delegação de defensor *ad hoc* para o ato impugnado.

Certo que essa proposição, que indica uma solução razoável para eliminar talvez a única fragilidade apontada pelos críticos da flexibilização da curadoria da norma do Advogado-Geral da União – a ausência de defesa técnica e redução do contraditório –, depende de aceitação por parte do STF.

E, eventualmente, havendo interesse político institucional, há a possibilidade de alteração das normas ordinárias federais que tratam do procedimento das ações de controle concentrado, ou mesmo, a adequação da Lei nº 9.028/95; sempre, no intuito da garantia do contraditório e da busca da máxima eficácia do texto constitucional.

Por derradeiro, o modelo vigente de controle de constitucionalidade não pode prescindir da manifestação do Advogado-Geral da União. Expressão condizente com a sua missão de defesa não só do ato impugnado, mas também dos precedentes do STF e das competências da União. Restando como mecanismo capaz de suprir a eventual ausência da defesa técnica por parte do Advogado-Geral da União, a nomeação de advogado da União de carreira, para funcionar como defensor *ad hoc*, tal como já ocorre com relativo sucesso noutros casos em que há o conflito de interesses entre o Executivo e outros órgãos e instituições federais.

Referências

DANTAS, Rodrigo Tourinho; SILVA, Ticiano Alves. O Advogado-Geral da União como a "Rainha da Inglaterra" do controle abstrato de Constitucionalidade: o conteúdo jurídico do Art. 103, 3º, da CF/88. *Lex*, ano 32, n. 376, abr. 2010.

GUEDES, Jefferson Carús; HAUSCHILD, Mauro Luciano (Coord.). *Nos limites da história*: a construção da Advocacia-Geral da União: livro comemorativo aos 15 anos. Brasília: Unip/Unafe, 2009.

LAZARI, Rafael José Nadim. A atuação do Advogado-Geral da União em sede de controle de concentrado de constitucionalidade (com ênfase na ADI e na ADC). *Revista Dialética de Direito Processual*, n. 118, p. 98-107, jan. 2013.

LEITE, Fábio Carvalho. O papel do Advogado-Geral da União no controle abstrato de constitucionalidade: curador da lei, advogado público ou parecerista? *Revista de Direito Mestrado UFC*, v. 2, 2010.

LOPES, Karina Nathércia Sousa. Papel da Advocacia-Geral da União nas resoluções dos conflitos entre os poderes: relevante interprete jurídico rumo ao resgate da dignidade da legislação. *Publicações Escola da AGU*, v. 10, n. 4, 2018.

MAGALHÃES, Breno Baía. Repensando o papel do Advogado-Geral da União no controle de constitucionalidade: aproximações teóricas. *Direitos Fundamentais e Justiça*, ano 6, n. 19, p. 50-68, abr./jun. 2012.

MASCARENHAS, Robson Silva. O Advogado-Geral da União e o dever de defesa nas ações diretas de inconstitucionalidade. *Jus.com.br*, 2010. Disponível em: https://jus.com.br/artigos/6471/o-advogado-geral-da-uniao-e-o-dever-de-defesa-nas-acoes-diretas-de-inconstitucionalidade.

MENDONÇA, Grace Maria Fernandes. *Curadoria da presunção de constitucionalidade da norma na ação direta de inconstitucionalidade*: revisitando o papel do Advogado-Geral da União. 78f. 2017. Dissertação (Mestrado) – Instituto Brasiliense de Direito Público, Brasília, 2017.

NEVES, Daniel Amorim Assumpção. *Ações constitucionais*. 4 ed. Salvador: JusPodivm, 2018.

SCARLET, Ingo Wolfgang; MARINONI, Luiz Guilherme; MITIDIERO, Daniel. *Curso de direito constitucional*. 6. ed. São Paulo: Saraiva, 2017.

Informação bibliográfica deste texto, conforme a NBR 6023:2018 da Associação Brasileira de Normas Técnicas (ABNT):

PAIVA, Adriano Martins de. O Advogado-Geral da União como curador da norma: constitucionalidade, excepcionalidades e designação de Advogado da União ad hoc. *In*: MORAES, Alexandre de; MENDONÇA, André Luiz de Almeida (Coord.). *Democracia e sistema de justiça*: obra em homenagem aos 10 anos do Ministro Dias Toffoli no Supremo Tribunal Federal. Belo Horizonte: Fórum, 2020. p. 25-45. ISBN 978-85-450-0718-0.

SEPARAÇÃO DE PODERES E O CONTROLE JUDICIAL NA CONCESSÃO DO INDULTO

ALEXANDRE DE MORAES

1 Introdução. O instituto do indulto na tripartição de poderes

A Constituição Federal, visando, principalmente, evitar o arbítrio e o desrespeito aos direitos fundamentais do homem, previu a existência dos poderes do Estado independentes e harmônicos entre si, repartindo entre eles as funções estatais para que bem pudessem exercê-las, bem como criando mecanismos de controles recíprocos, sempre como garantia da perpetuidade do Estado Democrático de Direito.[1] Assim, apesar de independentes, os poderes de Estado devem atuar de maneira harmônica, privilegiando a cooperação e a lealdade institucional e afastando as práticas de guerrilhas institucionais, que acabam minando a coesão governamental e a confiança popular na condução dos negócios públicos pelos agentes políticos. Para tanto, a Constituição Federal consagra um complexo mecanismo de controles recíprocos entre os três poderes, de modo que, ao mesmo tempo, um poder controle os demais e por eles seja controlado. Esse mecanismo denomina-se *teoria dos freios e contrapesos*.[2]

---

[1] CAETANO, Marcelo. *Direito constitucional*. 2. ed. Rio de Janeiro: Forense, 1987. v. 1. p. 244; PIÇARRA, Nuno. *A separação dos poderes como doutrina e princípio constitucional*. Coimbra: Coimbra Editora, 1989; BARACHO, José Alfredo de Oliveira. Aspecto da teoria geral do processo constitucional: teoria da separação de poderes e funções do Estado. *Revista de Informação Legislativa*, Brasília, ano 19, n. 76, out./dez. 1982. p. 97; MELO, José Luiz de Anhaia. *Da separação de poderes à guarda da Constituição*: as cortes constitucionais. 1969. Tese (Cátedra) – Fadusp, São Paulo, 1969; RODRIGUES, Marilene Talarico Martins. Tripartição de poderes na Constituição de 1988. *Cadernos de Direito Constitucional e Ciência Política*, São Paulo, ano 3, n. 11, abr./jun. 1995. p. 16; SANTOS, Márcia Walquíria Batista dos. Separação de poderes: evolução até à Constituição de 1988: considerações. *Revista de Informação Legislativa*, Brasília, ano 29, n. 115, jul./set. 1999. p. 209.

[2] BONDY, William. The separation of governmental powers. *In*: *History and theory in the constitutions*. New York: Columbia College, 1986; CANOTILHO, J. J. Gomes; MOREIRA, Vital. *Os poderes do presidente da república*. Coimbra: Coimbra Editora, 1991; MOREIRA NETO, Diogo de Figueiredo. Interferência entre poderes do Estado (fricções entre o Executivo e o Legislativo na Constituição de 1988). *Revista de Informação Legislativa*, Brasília, ano 26, n. 103, jul./set. 1989. p. 5; GARCÍA ROCA, Javier. Separación de poderes y disposiciones del ejecutivo con rango de ley: mayoría, minorías, controles. *Cadernos de Direito Constitucional e Ciência Política*, São Paulo, ano 7, n. 27, abr./jun. 1999. p. 7; ANTUNES, José Pinto. *Da limitação dos poderes*. 1951. Tese (Cátedra) – Fadusp, São Paulo, 1951; FERRAZ, Anna Cândida da Cunha. *Conflito entre poderes*: o poder congressual de sustar atos normativos

Dentro do complexo mecanismo de controles recíprocos constitucionalmente previsto, a Constituição Federal estabelece várias hipóteses em que o *Executivo sofrerá controles específicos pelo Legislativo* (CF, arts. 48, X e XI; 49, I e V; 57, III e IV; e 66, §4º, entre outros); o *Judiciário pelo Legislativo* (CF, arts. 48, IV; 93, I, "d", II; 124, parágrafo único; 121; 113; 48, VIII; 51, I; 52, I e II; entre outros); o *Legislativo pelo Executivo* (CF, arts. 63; 66; 61; 73, §2º, I; entre outros); o *Legislativo pelo Judiciário* (CF, arts. 102, I, "a"; 97; 102, I, "b", por exemplo); o *Executivo pelo Judiciário* (CF, arts. 5º, LI e LII; 102, I, "a" e "b", por exemplo).

Esse complexo sistema de freios e contrapesos, todavia, também estabelece mecanismos de controle do Executivo sobre o Poder Judiciário, como exemplo, a livre escolha e nomeação dos ministros do STF (CF, art. 101); escolha e nomeação dos ministros do STJ (CF, art. 104); e, igualmente, a possibilidade de concessão de graça, indulto ou comutação de penas aplicadas pelo Poder Judiciário (CF, art. 84, XII).

A possibilidade e amplitude do controle jurisdicional do ato presidencial de concessão de indulto é matéria extremamente importante, por estar relacionada, tanto com as principais normas de separação de poderes, quanto com o direito de liberdade.

2 Poder Executivo e concessão do indulto

Na República, a ideia da possibilidade de intervenção do chefe do Poder Executivo na aplicação e cumprimento de sanções penais, a partir de um complexo mecanismos de freios e contrapesos, surgiu com o próprio nascimento do presidencialismo, na Constituição norte-americana de 1787.

Madison, ao analisar o exame e definição do significado da máxima que impõe a separação de poderes, aponta a necessidade de se "proibir qualquer um dos braços do governo, em sua globalidade, de exercer os poderes de outro", porém admite uma "mistura parcial de poderes", exemplificando com a possibilidade de veto do Executivo sobre os projetos aprovados pelo Legislativo, o julgamento do *impeachment* pelo Senado e o *poder executivo do indulto*.[3]

Nos mesmos artigos federalistas, ao analisar os poderes do presidente da República, em relação ao *perdão presidencial*, Hamilton afirmou que o chefe do Executivo está autorizado:

> a conceder comutação de penas e perdão por crimes contra os Estados Unidos, *exceto em casos de impeachment*. A humanidade e a boa política conspiram para ditar que a benigna prerrogativa do perdão deve ser tão pouco coibida ou complicada quanto possível.[4]

A concessão de indulto não está vinculada à política criminal estabelecida pelo Legislativo, tampouco adstrita à jurisprudência formada pela aplicação da legislação penal, muito menos ao prévio parecer consultivo do Conselho Nacional de Política

---

do Poder Executivo. São Paulo: Revista dos Tribunais, 1994. p. 2021; OMMATI, Fides. Dos freios e contrapesos entre os Poderes. *Revista de Informação Legislativa*, Brasília, ano 14, n. 55, jul./set. 1977. p. 55; SOUZA JÚNIOR, José Geraldo. Reflexões sobre o princípio da separação de poderes: o "parti pris" de Montesquieu. *Revista de Informação Legislativa*, Brasília, ano 17, n. 68, out./dez. 1980. p. 15; TAVARES, José de Farias. A divisão de poderes e o constitucionalismo brasileiro. *Revista de Informação Legislativa*, Brasília, ano 17, n. 65, jan./mar. 1980. p. 53.

[3] MADISON. *Federalist papers XLVII.*

[4] HAMILTON. *Federalist papers LXXIV.*

Criminal e Penitenciária, sob pena de total esvaziamento do instituto, que configura *tradicional mecanismo de freios e contrapesos na tripartição de poderes.*

O exercício do poder de indultar não fere a separação de poderes por supostamente esvaziar a política criminal estabelecida pelo legislador e aplicada pelo Judiciário, uma vez que foi previsto exatamente como mecanismo de freios e contrapesos para possibilitar um maior equilíbrio na Justiça Criminal.[5]

Constitucionalmente, portanto, compete ao Presidente da República definir a concessão ou não do indulto, bem como seus requisitos e a extensão deste verdadeiro *ato de clemência constitucional,* a partir de critérios de conveniência e oportunidade; devendo ser, por inoportuna, afastada qualquer alegação de desrespeito à separação de poderes ou ilícita ingerência do Executivo na política criminal, genericamente, estabelecida pelo Legislativo e aplicada, concretamente, pelo Judiciário.

3 Natureza jurídica do indulto

O indulto é previsto no Brasil desde nossa primeira Constituição Imperial de 1824 e, atualmente, estabelecido no art. 84, XII (conceder indulto e comutar penas, com audiência, se necessário, dos órgãos instituídos em lei), com a limitação expressa do art. 5º XLIII (a lei considerará crimes inafiançáveis e insuscetíveis de graça ou anistia a prática da tortura, o tráfico ilícito de entorpecentes e drogas afins, o terrorismo e os definidos como crimes hediondos, por eles respondendo os mandantes, os executores e os que, podendo evitá-los, se omitirem).

Esse instituto de natureza penal sobreviveu ao período monárquico, estabelecendo-se em todos os regimes republicanos ocidentais, a começar pelos Estados Unidos da América, em sua Constituição de 1787 e em nossa Constituição republicana de 1891.

Diferentemente do modelo norte-americano, que aplica a *clemência penal* somente na espécie individual (perdão presidencial), no Brasil, consolidou-se a incidência do indulto tanto individual (graça ou perdão presidencial), quanto coletivo (decretos genéricos de indultos), como o analisado na presente hipótese.

A edição de decretos genéricos de indultos, portanto, é tradição do direito constitucional brasileiro, em que pese possa estar sujeito a diversas críticas.

No Brasil, por exemplo, antes da Constituição de 1988, houve vários indultos coletivos.

Em 4.12.1945, José Linhares, Presidente do Supremo Tribunal Federal, que exerceu a Presidência da República por convocação das Forças Armadas, após a derrubada de Getúlio Vargas, de 29.10.1945 a 31.1.1946, editou o Decreto nº 20.082/45, concedendo o benefício aos praças da Força Expedicionária Brasileira, que praticaram certos crimes quando incorporados à tropa, na Itália.

O referido decreto previu tanto o indulto coletivo total, ou seja, afastando integralmente a aplicação da pena (art. 1º), quanto o perdão presidencial específico, porém parcial, com a comutação da pena (arts. 2º e 3º):

---

[5]   PINTO FERREIRA. *Comentários à Constituição brasileira.* São Paulo: Saraiva, 1992. v. 2. p. 574 e ss.; FALCÃO, Alcino Pinto. *Constituição Federal anotada.* Rio de Janeiro: Freitas Bastos, 1990. v. 2. p. 214.

DECRETO Nº 20.082, DE 3 DE DEZEMBRO DE 1945

Concede indulto a oficiais, praças e civis, que fizeram parte integrante da FEB ou a ela prestaram serviços quando em operações na Itália, já condenados ou não, e cujos crimes não são natureza infamante.

O PRESIDENTE DA REPÚBLICA, usando da atribuição que lhe confere o artigo 75, letra f, da Constituição Federal,

DECRETA:

Art. 1º Fica concedido indulto aos oficiais e praças que, como partes integrantes da F. E. B., na Itália, hajam cometido crimes que não os de homicídio doloso ou de deserção para o inimigo, tenham sido ou não julgados e condenados.

Art. 2º Fica comutada, de dez anos e três meses de reclusão e dois meses e vinte e seis dias de detenção para cinco anos, um mês e quinze dias de reclusão e um mês e treze dias de detenção a pena a que foi condenado por homicídio doloso e lesões corporais culposas, o cabo Rômulo Testa e de oito anos e oito meses de reclusão para quatro anos e quatro meses de reclusão a pena a que foi condenado por homicídio doloso o soldado Domingos Cabral, ambos condenados por crimes praticados na Itália, quando a serviço da F. E. B.

Art. 3º Fica concedido indulto aos civis de nacionalidade italiana Di Bartolomeo Ader e Ranzzette Soliere, empregados do Serviço de Intendência da F. E. B., da Itália e do Pôsto Regulador de Livorno, condenados pela Justiça da F. E. B., como incursos respectivamente nos art. 198, §4º, V, e art. 181, §3º e 182, §5º combinado com os artigos 66, §1º, e 314 tudo do C. P. M.

Rio de Janeiro, 3 de dezembro de 1945; 124º da Independência e 57º da República.

JOSÉ LINHARES

Canrobert Pereira da Costa

A. de Sampaio Doria

Em abril de 1960, foi concedido indulto pelo Decreto nº 48.136/60, pelo Presidente Juscelino Kubitschek, que atingiu mais de dois mil beneficiados, abrangendo não só as penas privativas de liberdade, mas também as penas pecuniárias.

Decreto nº 48.136, de 20 de Abril de 1960

Concede indulto a todos os sentenciados na forma que menciona.

O PRESIDENTE DA REPÚBLICA, usando da atribuição que lhe confere o art. 87, nº XIX, da Constituição e,

CONSIDERANDO que a transferência da Capital da República para Brasília constitui acontecimento de singular relevância para a Nação Brasileira;

CONSIDERANDO que todos os brasileiros devem participar desse acontecimento, inclusive os que estão em cumprimento de penas;

CONSIDERANDO, porém, que o perdão só deve ser concedido quando o procedimento posterior à inflação da pena durante o tempo de prisão autoriza a suposição de que o indultante não voltará a delinquir de modo que não enfraqueça o dever de repressão nem a eficácia a preventiva da lei penal.

CONSIDERANDO que, de acôrdo o artigo 87, nº XIX, da Constituição, a concessão do indulto deve ser precedida de audiência dos órgãos técnicos instituídos, em lei,

DECRETA:

Art. 1º Ficam indultados todos os sentenciados primários, considerados a penas que não ultrapassem a 3 anos de prisão e que, até a presente data, tenham cumprido um terço das mesmas com boa conduta.

Parágrafo único. O benefício é extensivo aos condenados a pena pecuniária isolada ou cumulativamente imposta.

Art. 2º Os Conselhos Penitenciários examinarão de ofício, independente da solicitação dos interessados, a situação daqueles que preencheram as condições mencionadas no artigo 1º do presente decreto.

Art. 3º O parecer do Conselho Penitenciário sôbre cada caso será remetido ao Ministério da Justiça.

Rio de Janeiro, em 20 de abril de 1960; 139º da Independência e 72º da República.

JUSCELINO KUBITSCHEK

Armando Ribeiro Falcão

Em agosto de 1963, o Presidente João Goulart, em comemoração ao "Dia do Encarcerado", concedeu indulto e comutação de pena com a edição do Decreto nº 52.377.

Anos mais tarde, em junho de 1980, a visita do Papa João Paulo II motivou nova concessão do indulto pelo Presidente João Figueiredo. Pela primeira vez, o Decreto de Indulto estabeleceu requisitos especiais aos maiores de 60 anos.

Em 1982, o Decreto nº 87.833/82 – Indulto de Natal –, editado pelo Presidente João Figueiredo, beneficiou, pela primeira vez, as mulheres que tivessem filhos menores de 14 anos e os que tivessem cometido crime entre os 18 e 21 anos; estabelecendo requisitos inéditos para sua concessão e, estendendo o benefício às penas pecuniárias, novamente.

Decreto nº 87.833, de 17 de Novembro de 1982

Concede indulto, reduz penas, e dá outras providências.

O PRESIDENTE DA REPÚBLICA, no uso da faculdade que lhe confere o artigo 81, nº XXII, da Constituição, e considerando a proximidade da Festa do Natal,

DECRETA:

Art. 1º É concedido indulto aos condenados a penas privativas de liberdade não superiores a quatro anos que, até 25 de dezembro de 1982, tenham efetivamente cumprido, no mínimo, um terço da pena aplicada, se primários, ou metade, se reincidentes.

Parágrafo único. É, igualmente, concedido indulto aos condenados a penas superiores a quatro anos que tenham completado sessenta anos de idade até a data fixada neste artigo, bem como aos menores de vinte e um anos de idade na data do crime, e às mães de filhos menores de quatorze anos de idade, desde que hajam cumprido um terço da pena, se primários, ou metade, se reincidentes.

Art. 2º O indulto previsto no artigo anterior estende-se às penas pecuniárias aplicadas cumulativamente, não abrangendo, contudo, as penas acessórias.

Parágrafo único - O condenado ficará indultado da pena pecuniária quando a redução prevista no artigo 4º ensejar imediata soltura ou livramento condicional.

Art. 3º Para efeito de indulto ou redução somam-se as penas que correspondam a infrações diversas.

Parágrafo único - Sem prejuízo do disposto no art. 7º, o presente Decreto aplica-se ao somatório das penas das demais infrações.

Art. 4º São reduzidas as penas privativas de liberdade impostas aos condenados que, até a data mencionada no artigo 1º, tenham efetivamente cumprido, no mínimo, um terço da pena, se primários, ou metade, se reincidentes, observadas as seguintes proporções:

I - pena superior a quatro até oito anos: redução de um terço, se primários, ou de um quarto, se reincidentes;

II - pena superior a oito anos: redução de um quarto, se primários, ou de um quinto, se reincidentes.

Art. 5º O disposto nos artigos anteriores aplica-se, também, quando a sentença esteja em grau de recurso interposto somente pela defesa, sem prejuízo do respectivo julgamento pela instância superior. Não impedirá, igualmente, a concessão do indulto, o recurso da acusação, quando improvido.

Art. 6º Constituem, também, requisitos para que o condenado obtenha o indulto ou redução da pena:

I - não ter sido beneficiado por graça, indulto, redução ou comutação da pena nos dois anos anteriores à data da publicação deste Decreto;

II - ausência de periculosidade, ou sua cessação, caso tenha sido imposta medida de segurança;

III - ter conduta reveladora de condições pessoais para a reintegração no convívio social;

IV - ter, na forma de inciso anterior, boa conduta também na comunidade, quando beneficiado por quaisquer concessões previstas no artigo 30, §6º, incisos II, IV, VI e VII, do Código Penal;

V - ter boa conduta, reveladora de condições pessoais para a permanência no convívio social, se, beneficiado com a suspensão condicional, já cumpriu, pelo menos, metade do respectivo prazo, com perfeita observância das condições impostas e da pena acessória, se for o caso, sem haver sofrido modificação exacerbadora das condições ou prorrogação do prazo, nem suspensão ou revogação do benefício;

VI - ter boa conduta, reveladora de condições pessoais para a reintegração no convívio social, se, beneficiado com o livramento condicional, já cumpriu, pela menos, um quinto do respectivo prazo, com perfeita observância das condições impostas e da pena acessória, quando for o caso, sem advertência ou exacerbação das condições.

Parágrafo único - Para os fins deste Decreto, poderá o juiz da execução ordenar o exame para a verificação da cessação da periculosidade.

Art. 7º Este Decreto não beneficia os condenados por crime:

I - de roubo, nas modalidades previstas nos parágrafos 2º e 3º do artigo 157, do Código Penal;

II - de extorsão, nas modalidades previstas nos parágrafos 1º e 2º do artigo 158, e no artigo 159 e seus parágrafos, do Código Penal;

III - de estupro e atentado violento ao pudor;

IV - de quadrilha ou bando;

V - contra a Segurança Nacional;

VI - relativo a entorpecente ou substância que cause dependência física ou psíquica, quando reconhecida na sentença a condição de traficante.

Art. 8º Caberá ao Conselho Penitenciário, de ofício ou por provocação de qualquer interessado, verificar qualquer interessado, verificar quais os condenados que preenchem os requisitos estabelecidos por este Decreto, emitindo, desde logo, parecer, nos termos do artigo 736 do Código de Processo Penal, que será remetido ao juiz da execução, para os fins do artigo 738 do mesmo Código.

§1º Se o Conselho Penitenciário não se pronunciar até 15 de janeiro de 1983, caberá ao juiz da execução a verificação dos requisitos estabelecidos por este Decreto.

§2º As autoridades que custodiarem os condenados encaminharão aos Conselhos Penitenciários, até 30 dias após à publicação deste Decreto, relação dos presos que satisfaçam os requisitos objetivos, prestando, desde logo, informações circunstanciadas sobre a vida prisional e a conduta de cada um.

§3º A relação e as informações concernentes aos sentenciados em gozo de suspensão condicional ou de livramento condicional deverão ser enviadas pela entidade incumbida de fiscalização do cumprimento das condições do benefício, ou da observação cautelar e proteção do liberado. Na falta da entidade, tais informações poderão ser supridas por outro documento idôneo.

Art. 9º Quando se tratar de condenados pela Justiça Militar, que não estejam cumprindo pena em estabelecimento civil, o parecer do Conselho Penitenciário será substituído pela informação da autoridade sob cuja custódia estiver o preso.

Art. 10. Os Órgãos Centrais da Administração Penitenciária informarão ao Conselho Nacional de Política Penitenciária, até junho de 1983, o número de presos cumprindo penas, de processos apreciados e o número de beneficiados pelo presente Decreto, por indulto ou redução, separadamente.

Parágrafo único - As autoridades que custodiarem presos e que não se subordinarem aos Órgãos Centrais da Administração Penitenciária encaminharão a estes, por intermédio das Secretarias respectivas, até 31 de maio de 1983, os elementos acima indicados.

Art. 11. Este Decreto entrará em vigor na data de sua publicação.

Art. 12. Revogam-se as disposições em contrário.

Brasília, em 17 de novembro de 1982; 161º da Independência e 94º da República.

JOÃO FIGUEIREDO

Ibrahim Abi-Ackel

No primeiro decreto (nº 97.164/88), após a promulgação da CF/88, que estabeleceu eu seu art. 84 a competência privativa do presidente da República para concessão do indulto, o então Presidente José Sarney excluiu do benefício os condenados que tivessem deixado de reparar o dano que causaram e os autores de crimes considerados graves.

Esse decreto já estabelecia sua aplicabilidade antes do trânsito em julgado – previsão repetida no decreto ora impugnado – estabelecendo em seu art. 4º que o indulto poderia ser concedido "ainda que a sentença esteja em grau de recurso interposto pela defesa, sem prejuízo do respectivo julgamento pela instância superior. O recurso da acusação, a que se negar provimento, não impedirá a concessão do benefício".

Decreto nº 97.164, de 7 de Dezembro de 1988

Concede indulto, reduz penas e dá outras providências.

O PRESIDENTE DA REPÚBLICA, no uso da atribuição que lhe confere o art. 84, item XII, da Constituição, e considerando o advento do Natal,

DECRETA:

Art. 1º É concedido indulto:

I - aos condenados a penas privativas de liberdade não superiores a quatro anos, que cumprirem, com boa conduta prisional, até 25 de dezembro de 1988, no mínimo, um terço da pena, se não reincidentes, ou metade, se reincidentes;

II - aos condenados a penas superiores a quatro anos que satisfaçam as condições de uma das letras seguintes:

a) tenha completado setenta anos de idade, hajam praticado o crime com menos de vinte e um ano de idade, ou sejam mães de filhos menores de quatorze anos, desde que, nas três hipóteses, hajam cumprido um terço da pena, se não reincidentes, ou metade, se reincidentes;

b) encontrem-se em estado avançado de qualquer doença grave, ou de moléstia incurável e contagiosa, assim diagnosticadas por laudo médico oficial.

Art. 2º Os condenados que hajam cumprido, no mínimo, um terço da pena, se não reincidentes, ou metade, se reincidentes, e não preencham os requisitos das letras a e b do item II do artigo anterior, terão reduzido suas penas privativas de liberdade na seguinte forma:

I - pena superior a quatro e até oito anos, redução de um terço, para os não reincidentes, em um quinto para os reincidentes;

II - pena superior a oito anos e até vinte anos, um quarto para os não reincidentes, e um sexto para os reincidentes.

Art. 3º Este Decreto não beneficia:

I - os condenados que, embora solventes, hajam deixado de reparar o dano causado pela penal;

II - os sentenciados por crimes:

a) de seqüestro e cárcere privado;

b) de roubo e extorsão, em todas as suas modalidades;

c) de extorsão mediante seqüestro;

d) de receptação dolosa;

e) de estupro e atentado violento ao pudor;

f) de corrupção de menores (Lei nº 2.252, de 1º de julho de 1954);

g) de perigo comum, em sua modalidade dolosa;

h) de quadrilha ou bando;

i) relativos a entorpecentes ou substâncias que causam dependências física ou psíquica, quando reconhecida na sentença a condição de traficante;

j) de homicídio qualificado;

k) de abuso de autoridade (Lei nº 4.898, de 9 de dezembro de 1965);

l) de sonegação fiscal (Lei nº 4.729, de 14 de julho de 1965); e

m) contra a economia popular (Lei nº 1.521, de 26 de dezembro de 1951).

Art. 4º O disposto nos artigos anteriores aplica-se ainda que a sentença esteja em grau de recurso interposto pela defesa, sem prejuízo do respectivo julgamento pela instância superior. O recurso da acusação, a que se negar provimento, não impedirá a concessão do benefício.

Art. 5º Constituem requisitos para que o condenado obtenha indulto ou redução da pena:

I - não ter sido beneficiado por graça ou indulto, à data referida no art. 1º, item I:

a) nos dois anteriores, se não reincidente;

b) nos quatro anos anteriores, se reincidente;

II - haver participado, nos limites de suas possibilidades pessoais, do processo de ressocialização, quando realizado no estabelecimento em que esteja cumprido pena;

III - ter revelado, por sua conduta, condições pessoais favoráveis à permanência na comunidade, quando beneficiado por suspensão condicional, cumprida pelo menos a metade do respectivo prazo, com exata observância das condições impostas e da pena restritiva de direitos, se for o caso, desde que não tenham havido agravamento das condições, prorrogação do prazo, suspensão ou revogação do benefício;

IV - ter conduta reveladora de condições pessoais que assegurem sua reinserção social, quando beneficiado pelo livramento condicional, cumpridos, pelo menos, dois quintos do respectivo prazo, com exata observância das condições impostas, sem advertência ou agravamento das condições;

V - haver demostrado possuir comportamento satisfatório durante a execução da pena, bom desempenho no trabalho que lhe foi atribuído e aptidão para prover a própria subsistência mediante trabalho honesto;

VI - evidenciar, especialmente se condenado por crime doloso, cometido com violência ou grave ameaça à pessoa, condições pessoais que façam presumir que não mais voltará a delinqüir.

Art. 6º Este Decreto não abrange nem afeta as penas restritivas de direitos, ou as de multa, aplicadas isolada ou cumulativamente.

Art. 7º Para efeito da aplicação do presente Decreto, somam-se as penas que correspondam a infrações diversas.

Art. 8º As autoridades que custodiarem os condenados encaminharão aos juízos da execução, até trinta dias após a publicação deste Decreto, relação dos presos que satisfaçam os requisitos objetivos, prestando desde logo informações circunstanciadas sobre a vida prisional e a conduta de cada um, para os fins do art. 193 da Lei nº 7.210, de 11 de julho de 1984, e conseqüente parecer do Conselho Penitenciário.

Parágrafo único. A relação e as informações concernentes aos condenados em gozo de suspensão condicional ou de livramento condicional deverão ser enviadas pela entidade incumbida da fiscalização do cumprimento das condições do benefício ou da observação cautelar e proteção do liberado. Na falta da entidade, tais informações poderão ser supridas por outro documento idôneo.

Art. 9º Os órgão centrais da Administração Penitenciária preencherão, até 30 de abril de 1989, quatro de acordo com o modelo anexo, encaminhando-o à Secretaria de Justiça e Segurança Pública, do Ministério da Justiça.

Art. 10. Este Decreto entra em vigor na data de sua publicação.

Brasília, 7 de dezembro de 1988; 167º da Independência e 100º da República.

JOSÉ SARNEY

Paulo Brossard

No tocante à natureza jurídica do indulto coletivo, em todo o período republicano, vigente a clássica tripartição de poderes, tanto a doutrina quanto o Supremo Tribunal Federal sempre consideraram o indulto um ato discricionário e privativo do chefe do Poder Executivo.

Analisando o instituto antes da previsão constitucional de 1988, Francisco Sá Filho, embora crítico do instituto, ressalta tratar-se de um poder discricionário e privativo do presidente, tanto no direito brasileiro como no norte-americano, ressaltando que neste último, com a ressalva expressa dos casos de *impeachment*, "não tem limite, nem quanto às infrações, nem quanto aos infratores (unlimited)".[6]

Aloysio de Carvalho Filho salientou que o perdão e a comutação de penas são "exteriorizações de soberania", exercidos em caráter discricionário pelo presidente da República.[7]

---

[6] SÁ FILHO, Francisco. *Relações entre poderes do Estado*. Rio de Janeiro: Borsoi, 1959. p. 284.

[7] CARVALHO FILHO, Aloysio de. *Comentários ao Código Penal*. 5. ed. Rio de Janeiro: Forense, 1944. v. 4. p. 202.

Carlos Maximiliano, por sua vez, apontou que só o texto constitucional poderia limitar a discricionariedade do presidente da República: "O poder executivo de perdoar não tem outros limites senão os fixados no texto fundamental".[8]

Celso Ribeiro Bastos e Ives Gandra Martins consideram *absoluta* a faculdade de indulto concedida ao presidente da República, salientando inclusive que não está vinculado "à convicção daqueles que foram ouvidos", na hipótese de participação de órgãos consultivo.[9]

Igualmente, o Professor Pinto Ferreira apontou tanto a discricionariedade, quanto a amplitude do instituto, ensinando:

> O Presidente da República tem competência para conceder indulto e comutar penas, quaisquer que sejam as infrações penais praticadas, salvo as proibidas pelo Código Magno, tratando-se de crime ou contravenção penal, qualquer que seja a sanção cominada.[10]

J. J. Gomes Canotilho, Gilmar Ferreira Mendes, Ingo Wolfgang Sarlet, Lenio Streck, igualmente, salientam que "o indulto e a comutação da pena configuram típico ato de governo, que se caracteriza pela discricionariedade".[11] De modo semelhante, aponta o jurista argentino Gregorio Badeni que essa faculdade do Poder Executivo "[...] não é suscetível de revisão judicial", salvo o descumprimento dos requisitos expressamente previstos no texto da Constituição.[12]

Importante ressaltar que, o Decano do Supremo Tribunal Federal, Ministro Celso de Mello, já nos ensinava, em sede doutrinária:

> A decisão do Presidente da República, concedendo ou denegando a graça pleiteada, é insuscetível de revisão judicial. O poder de agraciar constitui liberalidade do Estado. Trata-se de favor concedido, em caráter absolutamente excepcional, aos agentes de práticas delituosas. O Presidente da República, ao exercer essa competência constitucional, pratica ato de evidente discricionariedade.[13]

É o mesmo entendimento pacificado pelo STF, que prevê a possibilidade constitucional de o presidente da República, discricionariamente, conceder clemência individual ou coletiva, seja de maneira total, seja de maneira parcial, conforme podemos conferir, a título exemplificativo, em diversos julgados analisando o texto atual da Constituição Federal de 1988, sempre em decisões unânimes.[14]

---

[8] MAXIMILIANO, Carlos. *Comentários à Constituição Brasileira de 1891*. Rio de Janeiro: Jacinto Ribeiro dos Santos Editor, 1918. p. 509-510.

[9] BASTOS, Celso Ribeiro; MARTINS, Ives Gandra. *Comentários à Constituição do Brasil*. São Paulo: Saraiva, 1997. v. 4. p. 316.

[10] PINTO FERREIRA. *Comentários à Constituição brasileira*. São Paulo: Saraiva, 1992. v. 3. p. 579.

[11] CANOTILHO, J. J. Gomes; MENDES, Gilmar Ferreira; SARLET, Ingo Wolfgang; STRECK, Lenio. *Comentários à Constituição do Brasil*. São Paulo: Saraiva, 2013. p. 1254.

[12] BADENI Gregorio. *Tratado de derecho constitucional*. 2. ed. Buenos Aires: La Ley, 2006. t. II. p. 1728-1732.

[13] MELLO, Celso de. *Constituição Federal anotada*. 2. ed. São Paulo: Saraiva, 1986. p. 266.

[14] RHC nº 71400.5/RJ. Rel. Min. Ilmar Galvão, Primeira Turma, 7.6.1994; HC nº 81.565.1/SC. Rel. Min. Sepúlveda Pertence, Primeira Turma, 19.2.2002; ADI nº 2.795.6/DF – MC. Rel. Min. Maurício Correa, Pleno, 8.5.2003; HC nº 84.829.0/PR. Rel. Min. Marco Aurélio, Primeira Turma, 22.2.2005; HC nº 90.364.9/MG. Rel. Min. Ricardo Lewandowski, Pleno, 31.10.2007; HC nº 81.810.2/SP. Rel. Min. Cezar Peluso, Pleno, 16.4.2009.

4 Limites na discricionariedade na concessão do indulto: crimes contra Administração Pública e corrupção

O aperfeiçoamento do combate à corrupção no serviço público foi uma grande preocupação do legislador constituinte, ao estabelecer, no art. 37 da Constituição Federal, verdadeiros códigos de conduta à Administração Pública e aos seus agentes, prevendo, inclusive, pela primeira vez no texto constitucional, a possibilidade de responsabilização e aplicação de graves sanções pela prática de atos de improbidade administrativa (art. 37, §4º, da CF).

A Constituição de 1988 privilegiou o combate à improbidade administrativa, para evitar que os agentes públicos atuem em detrimento do Estado, pois, como já salientava Platão, na clássica obra *República*, a punição e o afastamento da vida pública dos agentes corruptos pretendem fixar uma regra proibitiva para que os servidores públicos não se deixem "induzir por preço nenhum a agir em detrimento dos interesses do Estado".

Não há dúvidas de que a corrupção é a negativa do Estado Constitucional e seus reflexos são sentidos por toda a coletividade, que tem por missão a manutenção da retidão e da honestidade na conduta dos negócios públicos, pois não só desvia os recursos necessários para a efetiva e eficiente prestação dos serviços públicos, mas também corrói os pilares do Estado de Direito e contamina a necessária legitimidade dos detentores de cargos públicos, vital para a preservação da democracia representativa, pois, como afirmado por Marco Túlio Cícero:[15]

> fazem muito mal à República os políticos corruptos, pois não apenas se impregnam de vícios eles mesmos, mas os infundem na sociedade, e não apenas a prejudicam por se corromperem, mas também porque a corrompem, e são mais nocivos pelo exemplo do que pelo crime (As leis, III, XIV, 32).

O combate à corrupção, à ilegalidade e à imoralidade no seio do Poder Público, com graves reflexos na carência de recursos para implementação de políticas públicas de qualidade, deve ser prioridade absoluta no âmbito de todos os órgãos constitucionalmente institucionalizados.

Porém, o texto constitucional não instituiu os delitos relacionados à corrupção como insuscetíveis de graça ou indulto; tampouco, até o presente momento, o Congresso Nacional classificou-os como *crimes hediondos*, o que, consequentemente, impediria a *clemência soberana*.

Da mesma maneira, não é possível negar a aplicação de eventual Decreto de Indulto aos crimes relacionados à corrupção *lato sensu* e lavagem de dinheiro, excluindo-os de sua incidência sob a alegação de ausência de razoabilidade, desde que se verifique o respeito às necessárias proporcionalidade, justiça e adequação entre o expresso mandamento constitucional (arts. 5º, XLIII e 84, XII da Constituição Federal) e o Decreto de Indulto; e, consequentemente, a inexistência de inconstitucionalidade da norma, pois, como salientado por Augustin Gordillo,[16] a atuação do Poder Público será sempre

---

[15] TÚLIO CÍCERO, Marco. *Manual do candidato às eleições*.

[16] GORDILLO, Augustin. *Princípios gerais do direito público*. São Paulo: RT, 1977. p. 183 e ss.

legítima, quando apresentar racionalidade, ou ainda, no dizer de Roberto Dromi,[17] a razoabilidade engloba a prudência, a proporção, a não discriminação à proteção, a proporcionalidade, a causalidade, em suma, a não arbitrariedade perante o texto constitucional.

É possível, portanto, discordar de eventual opção feita pelo presidente da República de conceder indulto aos delitos relacionados à corrupção da Administração Pública, porém não é constitucionalmente possível afastá-la com base em superficial interpretação principiológica, sem afetar toda a estrutura da separação de poderes e do próprio direito penal, que baseia a gravidade do crime em sua sanção e no regime de cumprimento de pena e não nas pessoas condenadas.

5 Controle jurisdicional do Poder Executivo de indultar

Obviamente, em um sistema republicano não existe poder absoluto, ilimitado, pois seria a negativa do próprio Estado de Direito, que vincula a todos – inclusive os exercentes dos poderes estatais – com a exigência de observância às normas constitucionais.

Essa advertência, quanto à inexistência de poder ilimitado para a concessão de indulto, foi feita por Hamilton, quando afirmou:

> Caso de sugira que um poder ilimitado poderia ser ocasionalmente conferido ao Presidente, em face de contingencias como esta, podemos responder, em primeiro lugar, que é duvidoso que, numa Constituição limitada, esse tipo de poder pudesse ser delegado por lei; sem segundo, que geralmente seria imprudente tomar de antemão qualquer passo que pudesse prometer a perspectiva de impunidade. Um procedimento deste tipo, fora do curso usual, seria provavelmente interpretado como prova de intimidação e fraqueza e tenderia a estimular os culpados.[18]

Em relação ao *indulto*, há *limitações constitucionais expressas* no art. 5º XLIII, ao estabelecer:

> a lei considerará crimes inafiançáveis e insuscetíveis de graça ou anistia a prática da tortura, o tráfico ilícito de entorpecentes e drogas afins, o terrorismo e os definidos como crimes hediondos, por eles respondendo os mandantes, os executores e os que, podendo evitá-los, se omitirem.

Também o Supremo Tribunal Federal já reconheceu como limitação constitucional implícita, no julgamento da EXT nº 1.435/DF (2ª Turma, j. 29.11.2016), de relatoria do Ministro Celso de Mello, a concessão de indulto a crimes objeto do pedido extradicional, salientado:

> O exercício da clemência soberana do Estado não se estende, em nosso direito positivo, aos processos de extradição, eis que o objeto da indulgentia principis restringese, exclusivamente, ao plano dos ilícitos penais sujeitos à competência jurisdicional do Estado brasileiro.

---

[17] DROMI, Roberto. *Derecho administrativo*. 6. ed. Buenos Aires: Ciudad Argentina, 1997. p. 36 e ss.

[18] HAMILTON. *Federalist papers*, LXXIV.

Na doutrina constitucional argentina, Bidart Campos e Helio Juan Zarini consideram que não podem ser indultados os crimes previstos na própria Constituição, como o tráfico de pessoas ou delito de traição; o raciocínio é que os delitos sancionados pelo próprio poder constituinte não podem ser passíveis de modificação pelos poderes constituídos.[19]

Na doutrina mais moderna, Horacio Rosatti exclui da possibilidade de indulto também os crimes de "lesa humanidade", cuja persecução o Estado obrigou-se por compromissos internacionais.[20]

Assim, apesar de o indulto ser ato discricionário e privativo do chefe do Poder Executivo, a quem compete definir os requisitos e a extensão deste verdadeiro *ato de clemência constitucional*, a partir de critérios de conveniência e oportunidade, não constitui ato imune ao absoluto respeito à Constituição Federal e, excepcionalmente, passível de controle jurisdicional.

Esse exercício de hermenêutica, conforme tenho defendido academicamente ao comentar o art. 5º, inc. XLIII, levanos à conclusão de que compete, privativamente, ao Presidente da República conceder indulto, desde que não haja proibição expressa ou implícita no próprio texto constitucional, como ocorre em relação aos crimes hediondos e assemelhados, para quem a própria Constituição Federal entendeu necessário o afastamento das espécies de *clemencia principis*.

Portanto, em relação ao Decreto Presidencial de Indulto, será possível ao Poder Judiciário somente analisar a constitucionalidade da concessão da *clemencia principis*, e não o mérito, que deve ser entendido como juízo de conveniência e oportunidade do presidente da República, que poderá, entre as hipóteses legais e moralmente admissíveis, escolher aquela que entender como a melhor para o interesse público no âmbito da Justiça Criminal.[21]

A concessão de indulto, mesmo tendo caráter discricionário quanto ao mérito, está vinculada ao império constitucional, pois, como muito bem ressaltado por Jacques Chevallier, "o objetivo do Estado de Direito é limitar o poder do Estado pelo Direito".[22]

O Estado de Direito exige a vinculação das autoridades ao direito,[23] e, portanto, o presidente da República ao editar o Decreto de Indulto deve respeito às exigências constitucionais.

Assim como nos demais atos administrativos discricionários, como apontado por Vedel, há a existência de um controle judicial mínimo, que deverá acontecer sob o ângulo de seus elementos, pois, embora possa haver competência do agente, é preciso, ainda, que os motivos correspondam aos fundamentos fáticos e jurídicos do ato, e o fim perseguido seja legal.[24]

O Poder Judiciário deve exercer somente o juízo de verificação de exatidão do exercício de oportunidade perante a constitucionalidade do Decreto de Indulto.

---

[19]   CAMPOS, Bidart; ZARINI, Helio Juan. *Derecho constitucional*. Buenos Aires: Astrea, 1992. p. 689.

[20]   ROSATTI, Horacio. *Tratado de derecho constitucional*. 2. ed. Buenos Aires: Rubinzal-Culzoni, 2017. t. II. p. 393-394.

[21]   VEDEL, Georges. *Droit administratif*. Paris: Presses Universitaries de France, 1973. p. 318; FAGUNDES, Miguel Seabra. *O controle dos atos administrativos pelo Poder Judiciário*. São Paulo: Saraiva, 1984. p. 131.

[22]   CHEVALLIER, Jacques. *L'Etat de droit*. Paris: Montchrestien, 1992. p. 12.

[23]   LARENZ, Karl. *Derecho justo*: fundamentos de ética jurídica. Tradução de Luis Díez-Picazo. Madri: Civitas, 1985. p. 154.

[24]   VEDEL, Georges. *Droit administratif*. Paris: Presses Universitaries de France, 1973. p. 320.

A análise da constitucionalidade do Decreto de Indulto deverá, igualmente, verificar a realidade dos fatos e também a coerência lógica da decisão discricionária com os fatos. Se ausente a coerência, o indulto estará viciado por infringência ao ordenamento jurídico constitucional e, mais especificamente, ao princípio da proibição da arbitrariedade dos poderes públicos que impede o extravasamento dos limites razoáveis da discricionariedade, evitando que se converta em causa, de decisões desprovidas de justificação fática e, consequentemente, arbitrárias.[25]

A opção conveniente e oportuna para a edição do Decreto de Indulto deve ser feita legal e moralmente pelo presidente da República, e somente sua constitucionalidade deve ser apreciada pelo Poder Judiciário, conforme teoria já consagrada em relação a todos os atos discricionários do Poder Público.[26]

O Poder Judiciário tem o dever de analisar se as normas contidas no Decreto de Indulto, no exercício do caráter discricionário do Presidente da República, estão vinculadas ao império constitucional.

Nada mais do que isso!!!

Não é possível transferir a redação do indulto para o Poder Judiciário, inclusive o Supremo Tribunal Federal, de maneira que, a cada nova edição pelo Presidente da República, a Corte possa reanalisar o mérito do decreto e as legítimas opções realizadas.

Não compete ao Supremo Tribunal Federal reescrever o decreto de indulto, pois, ou o presidente da República extrapolou o exercício de sua discricionariedade, e, consequentemente, a norma é inconstitucional; ou, entre as várias opções constitucionalmente lícitas, o presidente da República escolheu validamente uma delas, e, consequentemente, esta opção válida não poderá ser substituída por uma escolha discricionária do Poder Judiciário, mesmo que possa parecer melhor, mais técnica ou mais justa.

Ao Poder Judiciário também se impõe o Império da Constituição Federal.

A interpretação judicial deve estar lastreada na Constituição, pois não há e não pode existir, como lembra Roscoe Pound, poder sem limites, nem mesmo a Suprema Corte do Poder Judiciário, uma vez que:

> a democracia não permite que seus agentes disponham de poder absoluto e sejam, como os imperadores romanos orientais, isentos das leis. Uma geração que esteja disposta a abandonar a herança jurídica dos americanos para estabelecer regime absoluto de certa maioria verificada afinal que está sob o domínio absoluto do chefe da maioria.[27]

Essa limitação independe de se tratar de qualquer dos três ramos de poder do Estado; repito: inclusive do Poder Judiciário, a quem compete o controle dos abusos, mas não o poder de reeditar o indulto, em substituição ao chefe do Poder Executivo.

Importante, nesse aspecto, relembrar o célebre ensinamento de Montesquieu: "quando o poder de julgar se une ao de legislar, a vida e a liberdade do súdito ficam expostas a controle arbitrário, pois o juiz poderia agir com toda a violência de um opressor".

---

[25] FERNÁNDEZ, Tomás-Ramón. *Arbitrariedad y discrecionalidad*. Madri: Civitas, 1991. p. 115.

[26] CHAPUS, Rene. *Droit administratif general*. 6. ed. Paris: Montchrestien, 1992. t. 1. p. 775.

[27] POUND, Roscoe. *Liberdade e garantias constitucionais*. São Paulo: Ibrasa, 1976. p. 83.

O decreto presidencial de indulto não pode inconstitucionalmente extrapolar sua discricionariedade, assim como o Poder Judiciário não possui legitimidade para substituir legítimas opções do chefe do Executivo, por aquelas que entende mais benéficas, eficientes ou justas.

São sábias as palavras do *Justice* Stone, da Suprema Corte norte-americana, quando afirmou: "embora o exercício inconstitucional do poder pelos ramos executivo e legislativo do governo esteja sujeito a revisão judicial, único controle sobre nosso próprio exercício do poder é nosso senso de auto coibição" (297 US 1 1937), pois, apesar de existirem problemas relacionados à supremacia judicial, ocasionalmente os juízes precisam ser lembrados, como o fez o referido magistrado no caso Estados Unidos *versus* Burle (1936), de que "os tribunais não são único órgão do governo que se deve presumir ter capacidade para governar".

Conforme salientam os professores ingleses Gary Slapper e David Kelly, o reexame judicial é um exercício delicado e necessariamente traz o Judiciário para a arena política, usando a palavra *política* em seu sentido amplo e apartidário, exigindo extremo equilíbrio e ponderação, como na presente hipótese, para garantir o próprio equilíbrio entre os poderes da República, pois, como destacado pelo antigo juiz decano da Câmara dos Lordes Lord Bingham, de Cornhill, em novembro de 2006: "inovação excessiva e aventura judiciais devem ser evitadas. Sem negar o valor ou a legitimidade do desenvolvimento judicial do direito, levado a extremos, tal criatividade judicial pode ela mesma destruir o estado de direito".[28]

Em sua tradicional obra *Liberdade e garantias constitucionais*,[29] Roscoe Pound discute a grande problemática da interpretação de que o direito baseia tão somente em uma suposta moralidade de época em questão, pois podemos afirmar que nem tudo que é imoral em determinada época pode ser considerado automaticamente ilegal, sem o devido processo legal, e salientou que, juntamente com a declaração de direitos, a separação dos poderes é essencial para a caracterização da liberdade.

Em outras palavras, a Corte pode não concordar com a própria existência do instituto do indulto coletivo, ou mesmo, com um ou alguns requisitos estabelecidos pelo Presidente da República, por entendê-los ineficientes ou injustos, mas sem a efetiva existência de dispositivos inconstitucionais, a Corte não deverá desrespeitar a distribuição de poderes governamentais realizada pelo legislador constituinte, como bem lembrado pelo *Justice* Brandeis:

> a convenção de 1787 adotou a doutrina da separação dos poderes não com o fito de promover eficiência, mas para evitar o exercício do poder arbitrário. O objetivo não é evitar atrito, mas garantir o povo contra a autocracia por meio do atrito inevitável resultante da distribuição dos poderes governamentais entre três departamentos.

Trata-se da finalidade constitucional de impedir a autocracia de qualquer dos poderes, inclusive do próprio Judiciário, pois a possibilidade de controlar os atos dos que manejam o poder governamental deve ser razoável, não arbitrária e desarrazoada, como exigência legal que se torna efetiva no curso dos processos ordinários nos tribunais;

---

[28] SLAPPER, Gary; KELLY, David. *O sistema jurídico inglês*. Rio de Janeiro: Forense, 2011. p. 24 e ss.

[29] POUND, Roscoe. *Liberdade e garantias constitucionais*. São Paulo: Ibrasa, 1976. p. 70-71.

tendo sido uma das principais garantias que contribui para a permanência do equilíbrio democrático com o constitucionalismo.[30]

Obviamente, ninguém ousa mais afirmar hoje que o juiz é apenas "a boca da lei", sem poder exercer sua essencial função de ampla revisão judicial, mas com a necessidade de expressar suas limitações, para que o Poder Judiciário não se transforme em "pura legislação", inclusive derrogatória de competências constitucionais expressas do chefe do Poder Executivo.[31]

O Supremo Tribunal Federal, assim como o faz o Tribunal Constitucional Federal alemão, deve distinguir sua importantíssima missão de guardião e intérprete da Constituição Federal do denominado "poder de apreciação", que *reserva* os subjetivismos inerentes à edição de atos normativos aos poderes competentes, como na presente hipótese, a Constituição Federal reserve o poder de indultar ao Executivo.[32]

6 Conclusão

A definição dos requisitos e da extensão do *ato de clemência constitucional*, a partir de critérios de conveniência e oportunidade, é de competência discricionária do Presidente da República.

O exercício do poder de indultar não fere a separação de poderes por supostamente esvaziar a política criminal estabelecida pelo legislador e aplicada pelo Judiciário, uma vez que foi previsto exatamente como mecanismo de freios e contrapesos para possibilitar um maior equilíbrio na Justiça Criminal, dentro da separação de poderes, que é uma das cláusulas pétreas de nossa Carta Magna (CF, art. 60, §4º, III).

O Decreto de Indulto não é um ato imune ao absoluto respeito à Constituição Federal e, consequentemente, torna-se passível de controle jurisdicional para apuração de eventuais inconstitucionalidades, cujos limites estabelecidos nos arts. 2º e 60, §4º, III da CF, ao definir a separação de poderes, impedem a transformação do Poder Judiciário em "pura legislação", derrogando competências constitucionais expressas do chefe do Poder Executivo e substituindo legítimas opções pelas suas.

Referências

ANTUNES, José Pinto. *Da limitação dos poderes*. 1951. Tese (Cátedra) – Fadusp, São Paulo, 1951.

BADENI Gregorio. *Tratado de derecho constitucional*. 2. ed. Buenos Aires: La Ley, 2006. t. II.

BARACHO, José Alfredo de Oliveira. Aspecto da teoria geral do processo constitucional: teoria da separação de poderes e funções do Estado. *Revista de Informação Legislativa*, Brasília, ano 19, n. 76, out./dez. 1982.

BASTOS, Celso Ribeiro; MARTINS, Ives Gandra. *Comentários à Constituição do Brasil*. São Paulo: Saraiva, 1997. v. 4.

BONDY, William. *The separation of governmental powers*: history and theory in the constitutions. New York: Columbia College, 1986.

---

[30] Conferir: POUND, Roscoe. *Liberdade e garantias constitucionais*. São Paulo: Ibrasa, 1976. p. 72-79.
[31] RIGAUX, François. *A lei dos juízes*. São Paulo: Martins Fontes, 2003. p. 71 e ss.
[32] RIGAUX, François. *A lei dos juízes*. São Paulo: Martins Fontes, 2003. p. 326-327.

CAETANO, Marcelo. *Direito constitucional*. 2. ed. Rio de Janeiro: Forense, 1987. v. 1.

CANOTILHO, J. J. Gomes; MENDES, Gilmar Ferreira; SARLET, Ingo Wolfgang; STRECK, Lenio. *Comentários à Constituição do Brasil*. São Paulo: Saraiva, 2013.

CANOTILHO, J. J. Gomes; MOREIRA, Vital. *Os poderes do presidente da república*. Coimbra: Coimbra Editora, 1991.

CARVALHO FILHO, Aloysio de. *Comentários ao Código Penal*. 5. ed. Rio de Janeiro: Forense, 1944. v. 4.

CHAPUS, Rene. *Droit administratif general*. 6. ed. Paris: Montchrestien, 1992. t. 1.

CHEVALLIER, Jacques. *L'Etat de droit*. Paris: Montchrestien, 1992.

DROMI, Roberto. *Derecho administrativo*. 6. ed. Buenos Aires: Ciudad Argentina, 1997.

FAGUNDES, Miguel Seabra. *O controle dos atos administrativos pelo Poder Judiciário*. São Paulo: Saraiva, 1984.

FALCÃO, Alcino Pinto. *Constituição Federal anotada*. Rio de Janeiro: Freitas Bastos, 1990. v. 2.

FERNÁNDEZ, Tomás-Ramón. *Arbitrariedad y discrecionalidad*. Madri: Civitas, 1991.

FERRAZ, Anna Cândida da Cunha. *Conflito entre poderes*: o poder congressual de sustar atos normativos do Poder Executivo. São Paulo: Revista dos Tribunais, 1994.

GARCÍA ROCA, Javier. Separación de poderes y disposiciones del ejecutivo con rango de ley: mayoría, minorías, controles. *Cadernos de Direito Constitucional e Ciência Política*, São Paulo, ano 7, n. 27, abr./jun. 1999.

GORDILLO, Augustin. *Princípios gerais do direito público*. São Paulo: RT, 1977.

HAMILTON. *Federalist papers*, LXXIV.

LARENZ, Karl. *Derecho justo*: fundamentos de ética jurídica. Tradução de Luis Díez-Picazo. Madri: Civitas, 1985.

MAXIMILIANO, Carlos. *Comentários à Constituição Brasileira de 1891*. Rio de Janeiro: Jacinto Ribeiro dos Santos Editor, 1918.

MELO, José Luiz de Anhaia. *Da separação de poderes à guarda da Constituição*: as cortes constitucionais. 1969. Tese (Cátedra) – Fadusp, São Paulo, 1969.

MOREIRA NETO, Diogo de Figueiredo. Interferência entre poderes do Estado (fricções entre o Executivo e o Legislativo na Constituição de 1988). *Revista de Informação Legislativa*, Brasília, ano 26, n. 103, jul./set. 1989.

OMMATI, Fides. Dos freios e contrapesos entre os Poderes. *Revista de Informação Legislativa*, Brasília, ano 14, n. 55, jul./set. 1977.

PIÇARRA, Nuno. *A separação dos poderes como doutrina e princípio constitucional*. Coimbra: Coimbra Editora, 1989.

PINTO FERREIRA. *Comentários à Constituição brasileira*. São Paulo: Saraiva, 1992. v. 2.

PINTO FERREIRA. *Comentários à Constituição brasileira*. São Paulo: Saraiva, 1992. v. 3.

POUND, Roscoe. *Liberdade e garantias constitucionais*. São Paulo: Ibrasa, 1976.

RIGAUX, François. *A lei dos juízes*. São Paulo: Martins Fontes, 2003.

RODRIGUES, Marilene Talarico Martins. Tripartição de poderes na Constituição de 1988. *Cadernos de Direito Constitucional e Ciência Política*, São Paulo, ano 3, n. 11, abr./jun. 1995.

SÁ FILHO, Francisco. *Relações entre poderes do Estado*. Rio de Janeiro: Borsoi, 1959.

SANTOS, Márcia Walquíria Batista dos. Separação de poderes: evolução até à Constituição de 1988: considerações. *Revista de Informação Legislativa*, Brasília, ano 29, n. 115, jul./set. 1999.

SLAPPER, Gary; KELLY, David. *O sistema jurídico inglês*. Rio de Janeiro: Forense, 2011.

SOUZA JÚNIOR, José Geraldo. Reflexões sobre o princípio da separação de poderes: o "parti pris" de Montesquieu. *Revista de Informação Legislativa*, Brasília, ano 17, n. 68, out./dez. 1980.

TAVARES, José de Farias. A divisão de poderes e o constitucionalismo brasileiro. *Revista de Informação Legislativa*, Brasília, ano 17, n. 65, jan./mar. 1980.

TÚLIO CÍCERO, Marco. *Manual do candidato às eleições*.

VEDEL, Georges. *Droit administratif*. Paris: Presses Universitaries de France, 1973.

Informação bibliográfica deste texto, conforme a NBR 6023:2018 da Associação Brasileira de Normas Técnicas (ABNT):

MORAES, Alexandre de. Separação de poderes e o controle judicial na concessão do indulto. *In*: MORAES, Alexandre de; MENDONÇA, André Luiz de Almeida (Coord.). *Democracia e sistema de justiça*: obra em homenagem aos 10 anos do Ministro Dias Toffoli no Supremo Tribunal Federal. Belo Horizonte: Fórum, 2020. p. 47-64. ISBN 978-85-450-0718-0.

AS REDES SOCIAIS E A ÉTICA NA MAGISTRATURA

ALOYSIO CORRÊA DA VEIGA

> *estudamos a ética não apenas para conhecermos
> o bem, mas para nos tornarmos bons.*
>
> (Aristóteles)

As minhas primeiras palavras são para manifestar a honra pelo convite para participar desta obra. O nosso homenageado, Ministro Dias Toffoli, o jurista que se destaca pela atuação relevante e diferenciada, própria dos estadistas, como bem demonstra sua brilhante passagem no Excelso Supremo Tribunal Federal e no Conselho Nacional de Justiça.

Sua cultura e suas posições firmes revelam o intelectual atento e sensível à questão social.

Manifesto ao homenageado o meu profundo respeito e a minha, cada vez maior, admiração.

Introdução

O uso das redes sociais, na atualidade, é tema com uma proposição das mais instigantes, a se mostrar assídua, de uma frequência permanente, e fazer parte da ação do homem moderno que não prescinde do meio virtual de comunicação, como instrumento necessário ao convívio social. É um componente diário, imprescindível ao cidadão.

A novidade em torno das redes sociais, suas diversas formas de exteriorização, a multiplicidade dos recursos, a repercussão social, são por demais recentes, de modo que o conhecimento sobre a relevância do tema se mostra tímido a provocar um exame com cautela e precaução.

O fenômeno é avassalador e tormentoso. É impressionante o universo de seguidores desses meios de relacionamento, como exemplo, Facebook, Instagram, LinkedIn, Twitter e WhatsApp, além de outros *sites* de relacionamento como Tinder etc.

A quantidade é, sem dúvida, astronômica. Apenas no Facebook há mais de dois bilhões de seguidores no mundo e, no Brasil, mais de 120 milhões de seguidores, ou seja, um pouco mais da metade da população brasileira.[1]

As redes sociais estão presentes na sociedade moderna, e devem ser entendidas como um meio efetivo de comunicação entre pessoas e grupos de pessoas, que se inserem na sociedade com o propósito de proporcionar uma ideal comunicação em tempo real. Não há mais como deixar de conviver com esses meios tecnológicos que se aprimoram dia a dia. É preciso descortinar a nova era e usufruir, da melhor maneira, dos meios disponíveis para retirar deles um método de celebrar a convivência ideal.

Com o uso cada vez maior desses meios tecnológicos de comunicação, surgem novos padrões de conduta e de comportamento, a desafiar uma permanente preocupação sobre as consequências das manifestações divulgadas nas redes sociais. Não se quer e nem se cogita, do rompimento com as redes sociais, mas sim da sua utilização racional, com prudência e com moderação. É o que se quer do cidadão comum.

No âmbito da Magistratura, diante da função de estado que exerce o juiz, não se pode esperar outra conduta, senão a de agir com extrema cautela, mesmo nas discussões pessoais. Os debates nas redes sociais nunca são privados. Eles se multiplicam milhares de vezes em fração de segundos.

Uma simples postagem, para usar de uma linguagem atual, viraliza em segundos para o mundo. Uma vez postada *non datur regressus ad alteram* – o mal está feito!

Por isso, é preciso pensar e reafirmar os princípios que consagram os verdadeiros valores, os costumes, as normas regentes do agir do homem, no sentido de estabelecer um primado na conduta ética para encontrar o limite nesta atuação.

Atuação do juiz nas redes sociais

O uso das redes sociais, como faz parte do cotidiano do cidadão comum, também se insere no cotidiano da vida dos juízes que, diariamente, estão integrados nos meios tecnológicos de comunicação, convivendo com um número crescente de pessoas que tomam conhecimento das opiniões postadas nestes veículos de relacionamento.

Há uma preocupação muito grande com a manifestação de opinião pelos juízes nas redes sociais, os efeitos que podem advir dos relacionamentos interpessoais, provocando sérios e graves transtornos entre os usuários de um modo geral.

Não estão claros os limites dessa atuação do magistrado. A preocupação é permanente com relação a esses limites, a questionar se nos seus momentos de folga e de lazer, quando não está no exercício da jurisdição, possa ele despir-se da função e tornar-se um cidadão comum.

O tema não é uma particularidade do Poder Judiciário no Brasil. O debate tem sido objeto de grandes discussões, em diversos países do mundo, que já estabeleceram princípios de conduta que visam orientar a participação do juiz no uso das redes sociais. A questão, portanto, é novíssima, e tem suscitado enormes perplexidades àqueles que lidam com o tema.

---

[1] OLIVEIRA, Filipe. Facebook chega a 127 milhões de usuários mensais no Brasil. *Folha de S.Paulo*, 18 jul. 2018. Disponível em: https://www1.folha.uol.com.br/tec/2018/07/facebook-chega-a-127-milhoes-de-usuarios-mensais-no-brasil.shtml.

A mesma preocupação tem sido enfrentada por diversos países, configurando um fenômeno global.

A Corregedoria Nacional do Ministério Público procedeu a um levantamento do "estado da arte" sobre o tema em diversos países, elaborando um interessante compêndio sobre as normas relativas ao "exercício da liberdade de expressão e o dever de impessoalidade real e aparente, bem como o uso de redes sociais por membros do Ministério Público e da Magistratura".[2]

Os países catalogados no compêndio foram Argentina, Austrália, Bélgica, Costa Rica, Escócia, Estados Unidos, França, Inglaterra e País de Gales, Itália, México, Nova Zelândia e Portugal. Em todos eles, sem exceção, há recomendação de cautela no uso das mídias sociais, de modo que a imparcialidade do magistrado, a dignidade da Justiça e a própria imagem institucional não restem comprometidas.

Destaque para a experiência de países como a Escócia, que aconselha os juízes a não se registrarem em redes sociais, e para a França, que proíbe seus juízes de comentar as próprias decisões ou aquelas proferidas por seus colegas, ainda que de modo anônimo ou informal.

Exercício da liberdade de expressão

A liberdade de expressão é direito fundamental do cidadão e, para tanto, o Estado deve assegurar o seu exercício. Em princípio, a liberdade de expressão não poderia sofrer limitações para quem quer que seja.

A Declaração Universal dos Direitos do Homem consagrou a livre manifestação do pensamento, sem qualquer fronteira ou restrição, como se vê do art. 19.[3]

O direito fundamental à liberdade de expressão está presente e é celebrado pelo Estado Democrático de Direito. Entre nós está contemplada na Constituição brasileira (art. 5º, inc. IX) ao estabelecer que "é livre a expressão da atividade intelectual, artística, científica e de comunicação, independentemente de censura ou licença".

O direito efetivo à liberdade de expressão não poderia, por isso, sofrer qualquer limite de modo a não haver, para qualquer cidadão, censura pelas manifestações postadas nas redes sociais. No entanto, não é bem assim! – nenhum direito é absoluto. A própria liberdade de expressão traz limite constitucional ao seu exercício. É o que estabelece o inc. IV do art. 5º ao consagrar que "é livre a manifestação do pensamento, sendo vedado o anonimato". Logo, o anonimato é uma limitação à liberdade de manifestação do pensamento.

A liberdade de expressão do juiz nas redes sociais, embora, *de lege ferenda*, não haja um normativo que regule a sua atuação, *de lege lata*, os princípios que informam a magistratura revelam limites e restrições sem que se possa argumentar com violação ao exercício da liberdade de expressão e, tampouco, entender-se como qualquer tipo de censura. Esses princípios vêm manifestados nos códigos de conduta judiciais.

---

[2] CORREGEDORIA NACIONAL DO MINISTÉRIO PÚBLICO. *Compêndio* – Direito comparado. Disponível em: http://www.cnmp.mp.br/portal/images/Comp%C3%AAndio_-_direito_comparado_-_com_t%C3%ADtulo.pdf. Acesso em: 19 jun. 2019.

[3] "Art. 19 Todo o indivíduo tem direito à liberdade de opinião e de expressão, este direito implica a liberdade de manter as suas próprias opiniões sem interferência e de procurar, receber e difundir informações e ideias por qualquer meio de expressão independentemente das fronteiras".

Investidura no cargo de juiz

O juiz é o herdeiro de uma função milenar, já presente nos povos antigos, cuja função de julgar é das mais importantes, tormentosas, complexas, na sociedade, exigindo sempre uma dedicação plena que se torna um componente que o acompanhará até o fim dos seus dias.

Do poder da investidura decorrerá, acima de tudo, devotamento. É o que o juiz promete, solenemente, ao longo da sua carreira, como determina o art. 79 da Lei Orgânica da Magistratura Nacional.

A cada passo renova ele os votos de cumprir com os deveres do cargo de conformidade com a Constituição e com as leis da República.

Exerce o juiz uma função de estado responsável pela distribuição da justiça entre os homens. Ele deixa, ao ingressar na carreira, de ser um cidadão comum. É, e sempre será juiz, cujo dever maior é o de zelar pela crença na justiça. A credibilidade da justiça dependerá da atuação do juiz, quer em público, quer em particular. A imagem da justiça se manifesta na imparcialidade, na justeza e na ética que envolve a conduta do juiz na sociedade.

Princípios que informam a conduta do juiz

Os valores que informam a conduta do juiz estão consagrados nos Princípios da Conduta Judicial de Bangalore, elaborados pelo Grupo de Integridade Judicial, constituído sob os auspícios das Nações Unidas. O início da sua elaboração remonta ao ano de 2000, em Viena. Foram estabelecidos em Bangalore, no ano de 2001 e, finalmente, aprovados em 2002 em Haia.

Os Princípios de Bangalore têm o objetivo de orientar a conduta do juiz com o fim de fortalecer a autoridade e a credibilidade do Poder Judiciário e valorizar a crença na justiça.

Os valores que informam esses princípios são: a) independência; b) imparcialidade; c) integridade; d) idoneidade; e) igualdade; f) competência e diligência.

Os princípios de Bangalore contribuíram para a adoção do Código Ibero-Americano de Ética Judicial, aprovado na XIII Cúpula Judicial Ibero-Americana e, também, foram importantes na elaboração do Código de Ética da Magistratura Nacional, aprovado na 68º Sessão Ordinária do Conselho Nacional de Justiça, no dia 6.8.2008.

Os valores consagrados pelos códigos de conduta se manifestam na vida do juiz e estão presentes, como se vê, nos Princípios de Bangalore, a demonstrar que a conduta do juiz, tanto na corte quanto fora dela, mantém e intensifica a confiança do público, do sistema de justiça e dos litigantes na imparcialidade do Judiciário.[4]

Conclui-se que as virtudes do juiz lhes são exigidas na sua vida pública e na vida particular, não bastando ser portador dessas virtudes, mas sempre aparentando tê-las, a reafirmar a fé das pessoas no Poder Judiciário.

É atual, e vale a pena lembrar, da magistral lição de Sidnei Beneti ao transmitir que: "Um bom Juiz não precisa ser um homem perfeito, mas basta que seja um ser humano,

---

[4] Princípios de Bangalore, valor 2: Imparcialidade – item 2.2.

com feixe de virtudes a largamente ultrapassar o elenco de defeitos e que, na atividade jurisdicional, dedique-se com honestidade e afinco à busca da Justiça".[5]

Relacionamento nas redes sociais

O direito dos juízes à liberdade de expressão, nela incluídas as manifestações e comentários nas redes sociais, encontra limite na independência e na imparcialidade, submetido aos valores de conduta judicial, sempre zelando pela crença do cidadão na Justiça e no Judiciário.

Essa preocupação tem sido externada em diversos países que vêm promovendo debates sobre a importância do uso das redes sociais com prudência e moderação. O que não pode é comprometer a imagem institucional.

A ONU, por meio do Escritório das Nações Unidas contra Drogas e Crime (UNDOC), divulgou o Programa Global para implementação da Declaração de Doha – que reafirma o compromisso dos Estados em prevenir e reprimir a corrupção, implementar medidas destinadas ao incremento da transparência na Administração Pública e promover a integridade e o *accountability* do sistema de justiça.

Uma das iniciativas centrais foi a criação de uma rede global de integridade judicial em abril de 2018, em Viena, na Áustria. No lançamento da rede, foi divulgado o resultado de uma pesquisa realizada em 2017, em que juízes e outros atores do meio manifestaram preocupação com o uso das mídias sociais pelos membros do Poder Judiciário.[6]

A Declaração da Integridade Judicial, redigida ao final do encontro, destacou a importância da ampliação da reflexão e a elaboração de orientações de conduta para os magistrados, que são diretrizes não vinculativas, informando-os, ao mesmo tempo, sobre os riscos e oportunidades do uso das mídias sociais.

Em continuidade, em novembro de 2018 um grupo de especialistas reuniu-se na sede da ONU em Viena, e decidiu lançar uma pesquisa sobre o tema com abrangência global para se aferir quais seriam os desafios específicos dos juízes quando usam as redes sociais.

As primeiras conclusões do grupo foram as seguintes:

1) É importante que juízes estejam envolvidos na comunidade em que atuam. Eles não devem ser proibidos de participar das mídias sociais nos tempos em que vivemos. O público pode se beneficiar dessa participação, mas de modo a que se mantenha a confiança no sistema judicial.

2) Os princípios de Bangalore de conduta judicial devem ser aplicados na vida pessoal, virtual e profissional dos juízes.

3) Os juízes devem ter conhecimento básico de mídia social em geral, incluindo como sua atuação pode ter impacto nos casos que estão sob sua apreciação.

4) Os juízes devem receber treinamento específico sobre os benefícios, riscos e armadilhas do uso pessoal da mídia social.

---

[5]   BENETI, Sidnei Agostinho. *Da conduta do juiz.* 3. ed. São Paulo: Saraiva, 2003. p. 229.

[6]   Extraído do *site* da Rede Global de Integridade Judicial: UNODC. *Joining Forces to Strengthen Judicial Integrity and Prevent Corruption in the Justice System.* Disponível em: https://www.unodc.org/ji/en/restricted/network-launch. html. Acesso em: jun. 2019.

5) O uso individual da mídia social deve preservar a autoridade moral, a integridade e a dignidade do exercício da atividade.

6) A utilização institucional das mídias sociais pode, em circunstâncias apropriadas, ser uma ferramenta valiosa de promoção de questões como a) acesso à justiça; b) administração da justiça; c) *accountability*; d) transparência; e) confiança pública nas instituições.

O grupo também formulou algumas diretrizes para reflexão dos juízes:

- Sobre a identificação dos juízes nas mídias sociais
  1) Os juízes devem divulgar seus nomes e profissões nas redes sociais.
  2) O uso de pseudônimos não é proibido, mas também não é recomendado. Dependerá da rede social utilizada.

- Sobre o comportamento dos juízes nas redes sociais
  1) Os juízes devem adotar postura e linguagem discreta, comportar-se de modo profissional e prudente nas interações nas redes sociais. Devem sempre perguntar qual o impacto de seu comportamento na dignidade judicial.
  2) As mídias sociais permitem identificar as partes e descobrir informações que não estão nos autos. Os juízes devem ter cuidado ao procurar partes, testemunhas ou outras fontes nas redes, além de realizar pesquisa pessoalmente, se isso puder influenciar a formação de seu juízo sobre o caso.
  3) O juiz deve sempre ponderar se o conteúdo de alguma publicação pode abalar a confiança do público na sua imparcialidade ou na do Poder Judiciário em geral.
  4) Se o juiz for insultado ou atacado *on-line*, deve procurar aconselhamento com colegas mais experientes. Não deve responder diretamente às provocações e ofensas.
  5) Os juízes devem estar conscientes de que o que divulgam sobre sua vida privada nas redes sociais pode ser instantânea e amplamente conhecido pelo público.
  6) Os juízes devem informar seus familiares e amigos próximos sobre suas obrigações éticas e sobre como as mídias podem ter impacto negativo sobre elas.

Os meios normativos que dispomos para regular a participação dos magistrados nas redes sociais

É importante inicialmente destacar que todos os normativos são anteriores à existência de mídias ou redes sociais. Isso nos impõe algumas reflexões:

1) O Código Ibero-Americano, embora não possua dispositivos específicos sobre a circunstância, destaca a importância de um código de natureza não propriamente punitiva, mas que estimule um compromisso institucional com a excelência e como instrumento para fortalecer a legitimação do Poder Judiciário.

2) A ética judicial é uma espécie de apelo ao compromisso íntimo do juiz com o resgate da confiabilidade do Poder Judiciário perante a sociedade.

3) A ideia seria criar uma regra unificada da qual se extraísse, ao mesmo tempo, o caráter pedagógico e disciplinar.

4) Assim como o Código Ibero-Americano, deve-se pensar um código modelo que estimule a capacitação permanente do magistrado e fortaleça sua independência como julgador. Essa capacitação permanente deve certamente envolver não somente uma formação teórica, mas, sobretudo o estudo prático de casos difíceis, para que o magistrado antecipe, na sala de aula, o contato com situações que irão exigir um comportamento adequado à função que exerce.

5) Já possuímos uma resolução normativa aplicável à matéria, ainda que de incidência indireta. Contudo, é necessário um esforço interpretativo para dimensionar os princípios aplicáveis, tornando mais clara a ligação dos atos normativos, produzidos com vistas ao mundo real que, no caso, transparece no mundo virtual.

6) Não se pode imaginar que os magistrados irão se afastar completamente das mídias sociais. Um magistrado atento ao seu tempo tem mais condições de decidir de modo eficaz. Os documentos internacionais destacam a necessidade de o juiz participar virtualmente da comunidade a que pertence.

7) A participação do magistrado deve ser precedida de uma intensa reflexão, sobre as consequências pessoais e institucionais que cada comentário, cada publicação, cada "curtida" poderá desencadear.

8) Como dito pela comissão ibero-americana ao elaborar o código, há uma natural resistência à elaboração de um normativo sobre o tema, pelo temor de que se imponham comportamentos que limitem a vida pessoal dos juízes, ameaçando a sua liberdade.

É preciso multiplicar o conteúdo teórico-prático por todo país, obtendo o compromisso de todas as escolas judiciais, quer sejam elas oficiais, quer sejam elas associativas no desenvolvimento de boas práticas e de segurança na utilização desses meios de relacionamento.

Considerações finais

Na atualidade, a preocupação se torna mais sensível e mais abrangente quando se propõe que o juiz deva agir com cautela na escolha das pessoas com quem se relaciona nas redes sociais e ter em mente que as suas manifestações não são anônimas e que, por trás da tela do computador, quando *on-line*, o mundo está a observar e a compartilhar do pensamento daquele que se manifesta do outro lado.

Ninguém deixará de observar que se trata de um juiz, cidadão é verdade, investido de uma função que se pode equiparar a um sacerdócio, em que a crença na justiça pela sociedade é um valor maior do que ele representa.

Daí, a prudência, a moderação, a temperança, o equilíbrio e a cautela são pressupostos do uso pelo juiz das redes sociais. Isso porque sua manifestação atrai a opinião pública, mais do que qualquer outro cidadão e, com isso, propugnará pelo respeito às virtudes e à ética judicial, de modo a preservar a independência, a imparcialidade e a integridade, na transparência indispensável à credibilidade da sociedade no Judiciário.

Informação bibliográfica deste texto, conforme a NBR 6023:2018 da Associação Brasileira de Normas Técnicas (ABNT):

VEIGA, Aloysio Corrêa da. As redes sociais e a ética na magistratura. *In*: MORAES, Alexandre de; MENDONÇA, André Luiz de Almeida (Coord.). *Democracia e sistema de justiça*: obra em homenagem aos 10 anos do Ministro Dias Toffoli no Supremo Tribunal Federal. Belo Horizonte: Fórum, 2020. p. 65-72. ISBN 978-85-450-0718-0.

BASES PARA A COMPREENSÃO SISTÊMICA DA CORRUPÇÃO

ANDRÉ LUIZ DE ALMEIDA MENDONÇA

Introdução

A corrupção está entre os temas mais discutidos e estudados na atualidade. Talvez seja a primeira vez na história que a humanidade busca entender suas causas e efeitos, assim como encontrar formas de preveni-la e, se é utópico aspirar a sua erradicação, ao menos buscar reduzir este problema a níveis toleráveis.

A corrupção é estudada sob várias perspectivas – na história, na sociologia, na antropologia, na psicologia, na pedagogia, na filosofia, no direito, na criminologia, na economia etc. Definitivamente, cada perspectiva contribui para a compreensão desse fenômeno e a busca de soluções para a sua prevenção e combate. Porém, tais perspectivas, consideradas isoladamente, não são capazes de contribuir decisivamente com tais objetivos. Em outras palavras, a título de exemplo, é ilusório crer que, para prevenir e combater a corrupção, serão suficientes somente mudanças legislativas, a criação de novas instituições e órgãos públicos, o aumento das sanções ou a reformulação do sistema educacional. Os resultados efetivos na prevenção e combate à corrupção dependerão da adoção de um sistema conjugado de práticas e políticas públicas no curso da história. Mas, para tanto, será imprescindível a compreensão sistêmica[1] desse fenômeno.

Aqui justamente reside o propósito do presente artigo: apresentar as bases para uma compreensão sistêmica da corrupção, a qual é essencial para o entendimento pleno do problema e que torna capaz a construção de um sistema virtuoso de soluções diante de tal fenômeno. Será essa compreensão sistêmica ou, de modo mais específico, a necessidade de haver essa compreensão condição *sine qua non* para quebrar o círculo vicioso da corrupção sistêmica.

---

[1] Explica-se a opção pelo adjetivo *sistêmico* ao invés de *sistemático*: embora tidos como sinônimos perfeitos em alguns dicionários, o estado atual da língua portuguesa tem trilhado sutil distinção entre os termos. Uma abordagem sistêmica focaliza o sistema por meio sua lógica, da sua interpenetração, com vista a um objetivo qualquer; ao passo que uma abordagem sistemática possui relação com a metodologia para a ação, ou seja, iteração de ações para cumprir um objetivo (SILVA, José. Sistemático e sistêmico. *Metakrítico*, maio 2015. Disponível em: http://metakritico.blogspot.com/2015/05/sistematico-e-sistemico-ironicamente-ou.html).

Em busca desse propósito, o presente artigo fará inicialmente uma análise histórica da corrupção. Neste tópico, ficará claro que se está diante de um fenômeno social histórico e que, por isso, integra a própria condição humana. Assim, somente seres humanos conscientes de que são parte do problema podem entender-se como parte da solução que necessita ocorrer no curso da própria história.

O segundo tópico expõe ser o ato corrupto um fenômeno complexo que demanda uma análise transdisciplinar. Somente a partir dessa compreensão será possível encontrar múltiplas soluções cumulativas e integradas para o mesmo ato concreto.

No terceiro tópico se fará uma análise positivo-crítica dos movimentos relacionados à prevenção e ao combate da corrupção. Positiva porque consideráveis têm sido os avanços normativos na luta contra a corrupção. Crítica porque esses avanços focam basicamente na criação de novos instrumentos jurídicos e órgãos públicos dedicados à aplicação desses novos mecanismos, os quais, contudo, não têm sido suficientes. A partir daí, serão apresentados princípios e paradigmas teórico-práticos no combate à corrupção que considerem uma perspectiva sistêmica.

A necessidade dessa nova perspectiva é reforçada em função das novas bases estruturais das organizações criminais. Essa é a temática do quarto tópico. Aqui ficará evidente que tais organismos passaram a adotar estruturas celulares em detrimento das estruturas hierárquicas, o que dificulta o combate à corrupção por meio dos mecanismos tradicionais ou de uma perspectiva apenas jurídica.

No quinto tópico, serão apresentadas as bases para a compreensão sistêmica da corrupção. Essa concepção é formulada com base em três pilares: (I) a transdisciplinaridade, (II) a interconectividade e (III) a comunicabilidade. Assim, a efetividade na luta contra a corrupção demandará a adoção de políticas públicas baseadas em um sistema dessa natureza.

Por fim, serão apresentadas breves conclusões e perspectivas futuras considerando-se a compreensão sistêmica da corrupção.

1 Perspectiva histórica da corrupção: um problema atual, uma história antiga

A importância atual dada ao estudo do tema e o incremento da qualidade e profundidade de seu debate podem fazer parecer que a corrupção é um problema social recente, que se solidificou de modo mais substancial apenas há poucos anos, após o término do século XX. Entretanto isso não é totalmente correto.

A história da corrupção se inicia com a própria história da humanidade. Na narrativa bíblica da criação já se observa a dificuldade do ser humano em lidar com o poder. Criados à imagem e semelhança de Deus, Adão e Eva foram dotados de autoridade sobre toda a criação. Assim, estavam legitimados para governar o mundo a partir do mandato recebido diretamente de Deus.[2]

Havia uma única restrição: "Mas da árvore do conhecimento do bem e do mal, dela não comerás; porque no dia em que dela comerdes, certamente morrerás".[3] É nesse

---

[2] BÍBLIA. Velho Testamento. *Gêneses*, 1:27-30.
[3] BÍBLIA. Velho Testamento. *Gêneses*, 2:17.

contexto que surge a "serpente", a qual contradiz Deus ao afirmar: "Certamente não morrereis. Porque Deus sabe que no dia em que dele comerdes se abrirão os vossos olhos, e sereis como Deus, sabendo o bem e o mal".[4] Assim ocorre a "queda" do ser humano perante Deus. Ansiosos em serem como Deus, Adão e Eva aceitam a proposta da "serpente". Atuam para atribuir a si próprios o poder máximo: ser como Deus. Abusam e usurpam do poder que lhes fora legitimamente concedido. Desafiam um mandato normativo expresso e mostram sua dificuldade em administrar o poder. A partir daí, a narrativa bíblica está cheia de passagens que tratam sobre a dificuldade do ser humano (I) com o poder e o dinheiro e, por conseguinte, (II) em solucionar o problema da corrupção.[5]

Na verdade, a história da humanidade está marcada por práticas corruptas.

Elas estiveram presentes na (I) *Antiguidade*, como exemplo, na Babilônia,[6] Grécia[7] e Roma[8] antigas.

A (II) *Idade Média* nasce sob a esperança do Império da Igreja, representante da vontade e ação divina na terra, que tem que ser capaz de mudar a realidade corrupta até então presente. Não obstante, o império eclesiástico acaba marcado pela presença da corrupção no próprio clero[9], ao ponto de, na sua *Divina comédia*, Dante Alighieri referir-se ao Papa Bonifácio VIII – pontífice entre 1294 e 1303 – como uma raposa de "astúcia abalizada" e de "truques perfeitos".[10]

---

[4] BÍBLIA. Velho Testamento. *Gêneses*, 3:4-5.

[5] A título de exemplo, a *Bíblia* (I) relaciona a corrupção ao pecado (*Deuteronômio*, 9:12; *Salmos*, 14:1-2; *Pedro*, 1:4-2-19 etc.); (II) contrasta a corrupção do mundo com a essência do Reino de Deus (*Romanos*, 8:21; 1 *Coríntios*, 15:50; e *Gálatas*, 6:8); (III) relaciona a corrupção à opressão (*Levítico*, 19:13; *Neemias*, 5:15; *Ezequiel*, 18:12; *Eclesiastes*, 7:7; *Isaías*, 10:1-2 e 59:13 etc.); e (IV) é manifestamente contrária à prática do suborno (*Deuteronômio*, 16:19 e 27.25; *Salmos*, 26:10; *Provérbios*, 15:27; *Isaías*, 1:23 e 5:23; *Amós*, 5:12; *Miquéias*, 3:11 e 7:13 etc.).

[6] Segundo menciona Brioschi, o profeta Esarhaddon apontava a opressão aos pobres e o favorecimento dos poderosos foi uma das causas da queda do império babilônico (BRIOSCHI, Carlo Alberto. *Breve historia de la corrupción*: de la antigüedad a nuestros días. Madrid: Taurus, 2010. p. 43).

[7] Como indica Brioschi, no ano 324 a.C., o político grego "Demóstenes, célebre por seus discursos contra Filipe II da Macedônia", apoderou-se dos tesouros atenienses (BRIOSCHI, Carlo Alberto. *Breve historia de la corrupción*: de la antigüedad a nuestros días. Madrid: Taurus, 2010. p. 43). Do mesmo modo, Plutarco menciona que Licurgo de Esparta havia adotado uma *ordenação ousada de repartimento do terreno* para "acabar com a insolência, a inveja, a corrupção, os benefícios, e principalmente os dois maiores e mais antigos males de todos esses, a riqueza e a pobreza" (PLUTARCO; PÉREZ JIMÉNEZ, A. *Vidas paralelas*. Madrid: Gredos, 1985. p. 75).

[8] Por exemplo, Brioschi relata que César "financiou sua campanha recorrendo a mãos cheias de fundos postos a sua disposição por personagens como Craso, rico construtor, recompensando-os depois com contratos públicos" (BRIOSCHI, Carlo Alberto. *Breve historia de la corrupción*: de la antigüedad a nuestros días. Madrid: Taurus, 2010. p. 55). Do mesmo modo, conforme anotam Cicerón e Gaos Schmidt, havia altos índices de corrupção judicial e política no Império Romano, inclusive nos processos eleitorais, com compra de votos e financiamento de campanhas que proporcionavam troca de favores e a prática do suborno. A esse respeito, ver CICERÓN, Marco Tulio. *Cartas políticas*. Edição de José Guillén Cabañero. Torrejón de Ardoz, Madrid: Akal/Clasica, 1992. p. 208; 211; CICERÓN, Marco Tulio. *Acerca del orador*. Introducción, versión y notas de Amparo Gaos Schmidt. 1. ed. México: Universidad Nacional Autónoma de México, Coordinación de Humanidades, 1995. p. XXVI. Ainda, conforme Argüelles, "embaixo de uma capa de cordialidade", de culto às letras e às artes, de amor à filosofia se ocultavam em todas as partes uma imensa corrupção" (ARGÜELLES, P. *Historia de la civilización romana*. México: Editorial Cvltvra, 1943. p. 73). Não é sem razão que os registros históricos permitiram à Brioschi concluir que a corrupção "foi uma das causas que favoreceram a ruína do Império do Ocidente" (BRIOSCHI, Carlo Alberto. *Breve historia de la corrupción*: de la antigüedad a nuestros días. Madrid: Taurus, 2010. p. 69).

[9] SERGIO, Giuseppe. *La idea de edad media*. Barcelona: Crítica, 2017. p. 23.

[10] ALIGHIERI, Dante. *Divina comedia*. Tradução de José Pedro Xavier Pinheiro. São Paulo: EbooksBrasil, 2003. Canto XXVII, nº 70 e ss. Disponível em: http://www.ebooksbrasil.org/eLibris/difinacomedia.html.

Na (III) *Idade Moderna,* as revoluções liberais do final do século XVIII nascem devido à necessidade de controlar o exercício abusivo do poder. Não é sem motivo o registro prévio de Montesquieu, de que "o detentor do poder é tentado a abusar dele, indo até encontrar limites".[11] Do mesmo modo, Canotilho relata que o gesto dos revolucionários franceses "era também um gesto de revolta contra os privilégios do 'senhor juiz', do 'senhor agente judicial, do 'senhor tesoureiro', do 'senhor nobre'".[12]

Ainda na (IV) *Idade Contemporânea,* época nascente do período revolucionário, não foi possível sanar o problema. A título de exemplo, o governo de Napoleão Bonaparte foi racionalmente concebido a partir da ideia de que a corrupção e o favoritismo seriam oficialmente banidos.[13] Porém, conforme nota Daly, justamente "os funcionários responsáveis por descobrir a corrupção eram seus próprios agentes".[14]

Assim, o mundo entra no século XX marcado pela corrupção. Conforme relata Brioschi, (a) na Inglaterra do início do século XX, o costume de subverter o consentimento ou o silêncio de uma pessoa não era condenado; (b) na Itália, a corrupção se institucionalizou a partir da multiplicação e defesa de interesses corporativistas e a troca de favores pessoais, familiares ou de grupos; (c) na não democrática e extinta União Soviética havia subornos e troca de favores; enquanto (d) nos Estados Unidos, (α) concomitantemente ao desenvolvimento do país crescia também a criminalidade – da qual "Al Capone" era um símbolo –, (β) foram tempos em que o sociólogo Sutherland (1939) cunhou a expressão *white collar crimes* (crimes de colarinho branco) a partir de investigações de casos nos quais importantes empresas – General Motors, Philip Morris, Chrysler, entre outras – eram acusadas de corrupção e fraude.[15]

É nesse contexto que o mundo entrou em colapso com as duas guerras mundiais. Delas sai um mundo dividido e com a necessidade urgente de neutralizar os horrores gerados pelas práticas abusivas representadas pelos campos de concentração alemães e pelos bombardeios nucleares realizados pelos Estados Unidos. Ao fim da Segunda Guerra Mundial, as atenções mundiais se concentraram na necessidade de garantir a efetividade dos direitos humanos e de impedir novas ofensivas militares de igual natureza.

É com esse propósito que a recém-criada Organização das Nações Unidas (1945) aprovou a Declaração Universal dos Direitos Humanos (1948), cujo preâmbulo reconhece "que o desconhecimento e o menosprezo dos direitos humanos originaram atos de barbárie ultrajantes para a consciência da humanidade". Além disso, embora a corrupção continuasse permeando a prática política, a *Guerra Fria* impedia que os Estados democráticos – e em uma escala muito maior o fechado mundo comunista – expressassem ou reconhecessem suas fragilidades. Isso fez com que a corrupção fosse tratada como uma prática eventual, presente em casos isolados e tratada a partir de mecanismos legais, processuais e institucionais praticamente iguais aos do início da

---

[11] MONTESQUIEU, Charles Louis de Secondat, baron de la Brède et de. *O espírito das leis.* Tradução de Fernando Henrique Cardoso e Leôncio Martins Rodrigues. Brasília: UnB, 1995. p. 118-125.

[12] CANOTILHO, J. J. Gomes. *Direito constitucional e teoria da Constituição.* 3. ed. reimpr. Coimbra: Almedina, 1999. p. 53.

[13] LYONS, Martin. *Napoleon Bonaparte and the legacy of the French revolution.* Basingtoke: Macmillan, 1994.

[14] DALY, Gavin. Conscription and corruption in Napoleonic France: the case of the seine-inférieure. *European Review of History,* v. 6, issue 2, p. 181-197, 1999. p. 190.

[15] BRIOSCHI, Carlo Alberto. *Breve historia de la corrupción*: de la antigüedad a nuestros días. Madrid: Taurus, 2010. p. 137; 164; 170; 179; 229.

democracia. Assim, os debates políticos centrais que brotam ao final da Segunda Guerra Mundial se concentram na preservação dos direitos humanos e na prevenção de novos conflitos armados, em especial no contexto de "guerra fria".

Não obstante, no final dos anos 80 do século XX, especialmente a partir da simbólica queda do Muro de Berlim, o debate sobre a qualidade da democracia ganhou corpo. É nesse contexto que as discussões sobre mecanismos de prevenção da corrupção passaram a ser parte dos debates públicos. Surgem então os primeiros documentos internacionais que tratam especificamente da corrupção, como (I) a Convenção Interamericana contra a Corrupção – OEA – (1996);[16] (II) a Convenção para Combater o Suborno de Servidores Públicos Estrangeiros em Transações Comerciais Internacionais – OCDE – (1997);[17] (III) os Acordos Penal e Civil sobre a Corrupção do Conselho da Europa – CE – (1999);[18] (IV) a Convenção da União Africana para Prevenir e Combater a Corrupção – UA – (2003);[19] e (V) a Convenção das Nações Unidas contra a Corrupção – ONU – (2003).[20] Desde então, a prevenção e o combate à corrupção tem sido um tema central nos debates nacionais e internacionais.

Assim exposto, esta breve contextualização histórica do problema da corrupção evidencia que não estamos diante de uma questão social recente, por ser inerente à própria história humana. Tal constatação pode nos levar a pensar que a erradicação da corrupção é impossível, daí que se faz a inevitável pergunta de Bauman: por que é importante saber isso? Ou, em outras palavras, e focando no nosso objeto de estudo, por que devemos debater, estudar e nos dedicar ao tema da corrupção? O próprio autor responde à sua pergunta: "uma percepção do que faz as coisas serem o que são pode nos dispor a desistir ou nos instigar à ação".[21] Assim, conforme aponta Benjamin, a partir de sua segunda tese sobre a filosofia da história, "como a cada geração, foi-nos concedida uma frágil força messiânica para a qual o passado dirige um apelo. Esse apelo não pode ser rejeitado impunemente".[22] É a partir de uma mistura de consciência, esperança e compromisso que se deve estudar, prevenir e combater a corrupção.

2 A compreensão transdisciplinar da corrupção

A corrupção é um fenômeno *social* complexo e demanda uma análise *transdisciplinar*.[23] Como tal, é natural que não haja consenso sobre sua definição. Conforme

---

[16] OEA. *Convenção Interamericana contra a Corrupção*. 1996. Disponível em: http://www.oas.org/en/sla/dil/inter_american_treaties_B-58_against_Corruption.asp.

[17] OCDE. *Convenção para Combater o Suborno de Servidores Públicos Estrangeiros em Transações Comerciais Internacionais*. 1997. Disponível em: http://www.oecd.org/corruption.

[18] CE. *Acordos Penal e Civil sobre a Corrupção do Conselho da Europa*. 1999. Disponível em: http://www.coe.int/t/dghl/monitoring/greco/.

[19] UA. *Convenção da União Africana para Prevenir e Combater a Corrupção*. 2003. Disponível em: http://www.au.int/en.

[20] ONU. *Convenção das Nações Unidas contra a Corrupção*. 2003. Disponível em: http://www.unodc.org/unodc/en/treaties/CAC/index.html.

[21] BAUMAN, Zygmunt. *Em busca da política*. Rio de Janeiro: J. Zahar, 2000. p. 10.

[22] BENJAMIN, Walter. *Sobre arte, técnica, linguagem e política*. Lisboa: Relógio D'Água, 1992. p. 158.

[23] RODRÍGUEZ GARCÍA, Nicolás. *El decomiso de activos ilícitos*. Cizur Menor (Navarra): Thomson Reuters Aranzadi, 2017. p. 34; ORSI, Omar Gabriel; MICELI, Jorge E.; RODRÍGUEZ GARCÍA, Nicolás. *Análisis de redes sociales y sistema penal*. Valencia: Tirant lo Blanch, 2017. p. 19-20; 28-30. Além disso, a corrupção se inclui entre os denominados *delitos complexos*, conforme RODRÍGUEZ GARCÍA, Nicolás. *El decomiso de activos ilícitos*. Cizur Menor (Navarra): Thomson Reuters Aranzadi, 2017. p. 34; 41; e CABEZÓN P., Andrea. *Persecución de delitos*

a perspectiva ou ramo de cada ciência que a analise, alguns aspectos seriam focados em detrimento de outros, razão pela qual é utópico pensar ser possível incluir em um único conceito a universalidade e complexidade de tal objeto de estudo. Não obstante, para a finalidade do presente trabalho, importa apresentar os parâmetros básicos para a compreensão do fenômeno.

Desde uma perspectiva geral, segundo Rose Ackerman, a corrupção é a utilização incorreta do Poder Público para a obtenção de benefícios privados.[24] De modo mais específico, e sem deixar de reconhecer as dificuldades para definir a corrupção, Nye considera tratar-se do comportamento que contraria uma norma ou se desvia de uma obrigação formal para atender a – ou a partir de – uma pretensão privada (pessoal, familiar ou de um grupo privado específico), de caráter pecuniário ou de *status*.[25] Partindo dessas definições, pode-se dizer que compõem a corrupção (I) ações ou omissões ilícitas – "uso incorreto" ou "comportamento que se desvia de uma obrigação"; (II) por meio do uso ilegítimo do "poder público" ou da "função pública"; (III) para obter um "benefício privado" de qualquer natureza, "pecuniário ou de *status*".

Além disso, a realização de tais atos comporta uma rede de responsabilidades.[26] Desde a ótica (I) *política*, além do controle social, existe o controle parlamentar e, quando viável, a própria exoneração *ad nutum* dos agentes públicos envolvidos no caso. No âmbito (II) *jurídico*, a responsabilidade pode ser estabelecida a partir de processos *administrativos, civis* ou *criminais*.

Desde essa última perspectiva, (a) na esfera *administrativa* é possível a demissão do servidor infrator, assim como a recuperação de ativos a partir de processos de negociação, como por meio dos denominados "acordos de leniência" previstos na Lei nº 12.846/2013; (b) na *civil*, por meio das sanções aplicadas com base na Lei de Improbidade Administrativa, a qual, entre outras sanções, prevê a necessidade da reparação integral do dano e da devolução dos valores correspondentes ao enriquecimento ilícito; e (c) na *criminal*, por meio da sanção penal e da perda dos bens que constituem o produto ou o instrumento do delito.

Conforme o exposto, podemos concluir que nem todos os atos de corrupção contêm danos pecuniários para a Administração Pública ou benefícios econômico-financeiros para os agentes ou partícipes do ilícito. Porém, para os fins da recuperação de ativos sempre será importante considerar tais elementos, ou, ao menos acessoriamente, as consequências de caráter pecuniário.[27]

---

complejos: capacidades de los sistemas penales en américa latina. Santiago de Chile: Centro de Estudios de Justicia de las Américas – CEJA, 2010. Disponível em: http://biblioteca.cejamericas.org/bitstream/handle/2015/2995/Libro_Persecucion_CEJA-3.pdf?sequence=1&isAllowed=y.

[24] ROSE-ACKERMAN, S. *La corrupción y los gobiernos*: causas, consecuencias y reforma. 1. ed. Madrid: Siglo Veintiuno de España, 2001. p. 125.

[25] NYE, J. S. Corruption and political development: a cost-benefit analysis. *American Political Science Review*, v. 61, n. 2, 1967. p. 419.

[26] Essa expressão é utilizada por Bustos Gisbert, o qual, a partir dessa ideia, aponta a coexistência entre a responsabilidade política e a judicial nos casos de corrupção, cada uma delas com seus atores e critérios específicos (BUSTOS GISBERT, Rafael. Corrupción de los gobernantes, responsabilidad política y control parlamentario. *UNED. Teoría y Realidad Constitucional*, n. 19, p. 135-160, 2007. Disponível em: http://revistas.uned.es/index.php/TRC/article/view/6754/6452).

[27] A respeito dos critérios para a mensuração do enriquecimento ilícito e dos prejuízos causados pelos atos corruptos, *vide* MENDONÇA, André Luiz de Almeida. Los criterios para mensuración del valor del enriquecimiento ilícito y perjuicios causados por actos de corrupción. *Revista da AGU*, v. 15, n. 4, out./dez. 2016. p. 65. Disponível em:

3 Parâmetros funcionais básicos para a prevenção e combate à corrupção

No prefácio da Convenção das Nações Unidas contra a Corrupção (2004, Nova York), o então Secretário Geral da ONU, Kofi Annan, expôs:

> A corrupção é uma praga insidiosa que tem um amplo espectro de consequências corrosivas para a sociedade. Prejudica a democracia e o Estado de Direito, dá pé a violações dos direitos humanos, distorce os mercados, mina a qualidade de vida e permite o florescimento da delinquência organizada, do terrorismo e outras ameaças à segurança humana.

Ainda, consta do preâmbulo da mesma Convenção que sua adoção tem como primeira *preocupação* "a gravidade dos problemas e das ameaças que a corrupção levanta para a estabilidade e segurança das sociedades ao minar as instituições e os valores da democracia, da ética e da justiça, e ao comprometer o desenvolvimento sustentável e o império da lei".

Dentro dessa perspectiva, a busca por uma maior eficiência e efetividade na prevenção e combate à corrupção tem gerado uma constante revisão de normas internas, como exemplo, as recentes mudanças espanholas em seu Código Penal[28] e na *Ley de Enjuiciamiento Criminal.*[29] É nesse contexto que a *Ley Orgánica* nº 1/2015 expõe em seu preâmbulo que a mudança no Código Penal da Espanha pretende introduzir "importantes modificações que têm como objetivo facilitar instrumentos legais que sejam mais eficazes na recuperação de ativos procedentes do delito". Buscando o mesmo objetivo, tanto por meio de acordos internacionais, como por meio de mudanças legislativas internas, tem se produzido a criação ou, ao menos, o aperfeiçoamento (I) de novos *institutos jurídicos*, como a colaboração premiada e os acordos de leniência; (II) de novos meios de prova, como os agentes infiltrados e as entregas supervisionadas; (III) de novos procedimentos, como os mecanismos de cooperação jurídica, a troca de informações e as equipes conjuntas de investigação; e (IV) de novas instituições, como as unidades de inteligência financeira e as oficinas de recuperação de ativos.[30] Porém, apesar das mudanças normativas experimentadas, não se pode dizer que a luta contra a corrupção tenha alcançado níveis dignos de serem considerados satisfatórios.[31]

---

https://seer.agu.gov.br/index.php/AGU/article/view/844. Para um estudo amplo a respeito da perda de bens para fins de recuperação de ativos procedentes de ilícitos e, de modo específico, da corrupção, *vide* RODRÍGUEZ GARCÍA, Nicolás. *El decomiso de activos ilícitos.* Cizur Menor (Navarra): Thomson Reuters Aranzadi, 2017.

[28] Espanha – Ley Orgánica 1/2015, de 30 de março, por la que se modifica la Ley Orgánica 10/1995, de 23 de noviembre, del Código Penal.

[29] Espanha – Ley Orgánica 13/2015, de 5 de outubro, de modificación de la Ley de Enjuiciamiento Criminal para el fortalecimiento de las garantias procesales y la regulación de las medidas de investigación tecnológica.

[30] Com relação a esse novo "desenho" normativo e institucional, *vide* RODRÍGUEZ GARCÍA, Nicolás. El progresivo diseño de espacios judiciales penales comunes para enfrentar la impunidad de la corrupción. *Revista Brasileira de Ciências Criminais*, v. 89, mar./abr. 2011. p. 239.

[31] A esse respeito, por exemplo, a investigação promovida pelo Conselho Nacional de Justiça do Brasil – CNJ, publicada em 2015 sob o título "Lei de Improbidade Administrativa: obstáculos à plena efetividade no combate aos atos de improbidade", aponta que "em termos de efetividade da decisão com o ressarcimento dos danos causados, tem se verificado uma grave falha no sistema processual. Mesmo depois de uma longa tramitação, raras têm sido as ações nas quais verificou-se uma efetiva atuação no sentido de obter-se a reparação dos danos. As ações de improbidade administrativa não têm um final, ou ao menos em uma parte considerável das tramitadas durante décadas, o que traz como consequência um baixo índice de restituições". Gomes Junior destaca como os melhores indicadores de recuperação de ativos procedentes da corrupção os que apresentam a Advocacia-Geral da União (GOMES JUNIOR, Luiz Manuel (Coord.). *Lei de Improbidade Administrativa:*

Em que pesem as dificuldades próprias à prevenção e ao combate a fenômenos e ilícitos complexos como a corrupção, é necessário fixar novos paradigmas teóricos e práticos para explicar a baixa efetividade na luta contra a corrupção.[32] Nesse sentido se destacam dois: primeiro, é essencial fazer uma "ação coordenada e expedita das redes de atores na luta contra a corrupção",[33] o que significa que as instituições públicas incumbidas dessa tarefa devem atuar a partir de uma *rede de cooperação e mútua assistência*.[34] E essa rede de cooperação deve ser não apenas concebida e idealizada, mas efetivamente praticada e exercida tanto em âmbito interno – entre instituições de um mesmo país –, como internacional, entre instituições de países diversos. É necessária a desburocratização de pessoas, ideias e procedimentos.

Em essência, demanda-se uma atuação com base nos seguintes princípios:[35]

1º) Atuação *coordenada e uniforme*: não se admite uma atuação personalizada, individualizada ou sem planejamento. A atuação deve ser harmônica a partir de diretrizes comuns e na busca dos mesmos fins, a partir de instrumentos e metodologia uniformes, tudo isso sem prejuízo da capacidade criativa, da liberdade técnica, da independência e do *empoderamento* de cada agente.

2º) Atuação *proativa*: não basta que o proceder dos agentes seja apenas ativo, bem como não se admite a passividade, lentidão ou excesso de formalismo. Ser proativo significa antecipar-se aos problemas e dificuldades a partir da adoção efetiva de medidas preventivas e reativas, independentemente da demanda externa.

3º) Atuação *cooperativa*: jamais deve ser corporativista ou egocêntrica, tanto pessoal como institucionalmente, nem mesmo subliminarmente. Tampouco a comunicação entre os órgãos deve basear-se em ameaças ou no exercício de poder. A atuação deve ser articulada e realizada dentro do espírito de colaboração, mútua assistência, reciprocidade e busca de objetivos comuns, tanto dentro de uma mesma instituição como em âmbito interinstitucional.

---

obstáculos à plena efetividade do combate aos atos de improbidade. Brasília: Conselho Nacional de Justiça, 2015. Disponível em: http://www.cnj.jus.br/files/conteudo/destaques/arquivo/2015/06/1ef013e1f4a64696eeb89f0 fbf3c1597.pdf.). É neste cenário que Rodríguez García aponta "que a corrupção e a impunidade são dois lados de uma mesma moeda, onde a institucionalidade democrática não consegue desincentivar esse tipo de prática – que apenas em uma baixíssima porcentagem são descobertas, investigadas, processadas, condenadas e executadas as consequências jurídicas acordadas na sentença –" (RODRÍGUEZ GARCÍA, Nicolás. *El decomiso de activos ilícitos*. Cizur Menor (Navarra): Thomson Reuters Aranzadi. 2017. p. 361).

[32] E aqui não serão abordadas outras questões, como aquelas relacionadas à infraestrutura, recursos financeiros e quantitativo de recursos humanos das instituições públicas incumbidas da prevenção e combate à corrupção, conforme destaca RODRÍGUEZ GARCÍA, Nicolás. *El decomiso de activos ilícitos*. Cizur Menor (Navarra): Thomson Reuters Aranzadi, 2017. p. 362.

[33] RODRÍGUEZ GARCÍA, Nicolás. *El decomiso de activos ilícitos*. Cizur Menor (Navarra): Thomson Reuters Aranzadi, 2017. p. 33.

[34] RODRÍGUEZ GARCÍA, Nicolás. *El decomiso de activos ilícitos*. Cizur Menor (Navarra): Thomson Reuters Aranzadi, 2017. p. 46.

[35] Estas pautas são extraídas do conjunto de doze princípios do Grupo Permanente de Atuação Proativa da AGU, que tem por propósito "combater toda forma de corrupção e defender o patrimônio público, a fim de fomentar a honestidade e a ética na sociedade", com especial atenção à recuperação de ativos procedentes da corrupção. Além dos prêmios e reconhecimentos já revistos, a metodologia e os resultados do grupo têm sido objeto de apresentações no seguimento da Convenção das Nações Unidas contra a Corrupção. Estes princípios têm sido construídos em colaboração com integrantes da Controladoria Geral da União, do Tribunal de Contas da União e da Receita Federal do Brasil. A consolidação deste trabalho do grupo da AGU pode ser consultada em AGU. *Conheça o Grupo Permanente de Atuação Proativa da AGU*. Brasília: AGU, 2012. Disponível em: http://www.agu.gov. br/page/content/detail/id_conteudo/203115.

4º) Atuação *especializada e profissional*: não há espaço para principiantes ou "curiosos". Os agentes que se dedicam ao combate de ilícitos complexos e praticados por verdadeiras organizações estruturadas empresarialmente, (a) devem ter uma atuação concentrada exclusivamente no combate à corrupção; (b) devem ter perfil e capacitação específica; (c) devem estar preparados para empregar a melhor técnica disponível para o exercício de suas atribuições; e (d) devem buscar e ser dotados de constante aperfeiçoamento teórico e prático.

5º) Atuação *responsável*: não se admite uma atuação simplesmente voluntariosa ou midiática. Ao contrário, atuação deve ser consciente, prudente e estratégica. Deve-se primar pela qualidade e o uso correto, necessário e adequado dos meios disponíveis, evitando-se demandas temerárias, infundadas e injustificadas.

Ainda, deve-se considerar o segundo paradigma a ser instituído com o fim de reverter a baixa efetividade no combate à corrupção. Trata-se da formulação e implantação de um sistema capaz de viabilizar que o Estado e a sociedade adotem uma postura qualificadamente diferenciada para o exercício deste dever público-social. Por exemplo, ainda são escassas as políticas públicas que tratam o fenômeno desde uma perspectiva educacional, de reformulação do sistema político-partidário, do sistema tributário ou da integração dos sistemas de informação para facilitar a identificação dos agentes corruptos e do produto do ilícito. Assim, além da criação de novos instrumentos jurídicos e organismos públicos, é necessária uma atuação individual, social e estatal sistêmica a fim de se dar funcionalidade e efetividade à luta contra a corrupção.

4 As novas bases estruturais das organizações criminosas

Conforme exposto anteriormente, a corrupção é um fenômeno social complexo e que demanda uma análise *transdisciplinar*.[36] Como destaca Hamann, esse tipo de criminalidade não requer "a existência de grandes organizações hierárquicas como os cartéis colombianos", ela se opera por meio de redes e "laços de cooperação".[37] E mais: conforme aponta Granovetter, tais redes não são apenas necessárias, são indispensáveis para que uma organização alcance seus objetivos políticos.[38] Considerando essa realidade, Miceli, Orsi e Rodríguez García consignam que, mesmo sob uma perspectiva antropológica e sociológica, as organizações que se dedicam à prática de tais ilícitos têm abandonado aqueles "modelos hierárquicos de criminalidade" e têm passado a atuar

---

[36] RODRÍGUEZ GARCÍA, Nicolás. *El decomiso de activos ilícitos*. Cizur Menor (Navarra): Thomson Reuters Aranzadi, 2017. p. 34; ORSI, Omar Gabriel; MICELI, Jorge E.; RODRÍGUEZ GARCÍA, Nicolás. *Análisis de redes sociales y sistema penal*. Valencia: Tirant lo Blanch, 2017. p. 19-20; 28-30. Mesmo a corrupção se inclui entre os denominados *delitos complexos*, conforme RODRÍGUEZ GARCÍA, Nicolás. *El decomiso de activos ilícitos*. Cizur Menor (Navarra): Thomson Reuters Aranzadi, 2017. p. 34; 41; e CABEZÓN P., Andrea. *Persecución de delitos complejos*: capacidades de los sistemas penales en américa latina. Santiago de Chile: Centro de Estudios de Justicia de las Américas – CEJA, 2010. Disponível em: http://biblioteca.cejamericas.org/bitstream/handle/2015/2995/Libro_Persecucion_CEJA-3.pdf?sequence=1&isAllowed=y.

[37] HAMANN, Jorge Henrique Linhares. Redes criminales transnacionales: principal amenaza para la seguridad internacional en la posguerra fría. *Revista Criminalidad – Revista de la Policia Nacional De Colombia*, v. 50, n. 1, p. 371-384, maio 2008. p. 376.

[38] GRANOVETTER, Mark. S. The strength of weak ties. *The American Journal of Sociology*, v. 78, n. 6, p. 1360-1380, maio 1973. p. 527.

a partir da ideia de *redes* criminais.[39] Inclusive, seguindo Appadurai, se se consideram as características da globalização e do fenômeno da internet, tais organizações agora têm uma "natureza celular", isto é, se constituem em redes – *networks*. E tais redes são:

> conectadas, embora não dirigidas verticalmente; coordenadas, embora sejam independentes; capazes de replicarem-se de forma independente, embora existam estruturas centrais de comando; nebulosas e confusas em suas características organizacionais centrais, embora absolutamente claras em suas estratégias e efeitos; [...] [assim como] claramente dependam de instrumentos de transferência de dinheiro; de um sistema oculto de organização; de paraísos fiscais no estrangeiro; de meios não oficiais de formação e mobilização; enfim, de um sistema de trabalho que em muitos aspectos é característico do mundo capitalista.[40]

Nesse contexto, pode-se afirmar que tais organizações têm uma estrutura *celular* e *invertebrada*.[41] E mesmo que pareça paradoxal, a força de tais organizações está justamente na fragilidade dos vínculos sociais entre elas estabelecidos.[42] De acordo com Miceli, Orsi e Rodríguez García, elas se estabelecem, se organizam e se promovem a partir de "vínculos pouco intensos estabelecidos com atores com os quais se tem um contato escasso ou nenhum contato e ausência de vínculos emocionais" entre seus integrantes e colaboradores.[43] E prosseguem: trata-se de um tipo organizacional "emaranhado, no qual alguns poucos membros são capazes de conjugar e coordenar as ações do resto dos integrantes, fixando objetivos delimitados e específicos"; é dizer, são capazes de "articular, com capacidade assombrosa, as vontades ou as ações de pessoas que não se conhecem ou que se conhecem muito pouco".[44] Portanto, são organizações extremamente flexíveis, fluidas e muitas vezes intangíveis, impossíveis de serem descobertas, desestruturadas ou desarticuladas a partir de métodos, estruturas ou aparatos estatais ou legais *vertebrados*.

Tal realidade é inexorável e demanda a concepção teórica e prática de uma sistemática diferenciada de prevenção e combate à corrupção. Daí a necessidade de haver uma compreensão sistêmica da corrupção, sem a qual a luta contra esse tipo de ilícito não terá sucesso.

---

[39] ORSI, Omar Gabriel; MICELI, Jorge E.; RODRÍGUEZ GARCÍA, Nicolás. *Análisis de redes sociales y sistema penal*. Valencia: Tirant lo Blanch, 2017. p. 49.

[40] Conforme Appadurai, embora sua perspectiva direta de análise sejam as organizações terroristas, as características por ele apresentadas estão de acordo com as práticas ilícitas complexas em geral, como o narcotráfico e a corrupção (APPADURAI, Arjun. *Fear of small numbers*: an essay on the geography of anger. Durham, NC: Duke University Press, 2006. p. 28. Disponível em: https://www.tandfonline.com/doi/abs/10.1080/00330120701724459).

[41] Badia I Dalmases, sob a influência de Appadurai, afirma que dentro da atual realidade globalizada, o "terrorismo global" não mais pode ser compreendido sob uma perspectiva "vertebrada", mas de um "não-estado que pode ser definido como 'celular'" (BADIA I DALMASES, Francesc. *Entender las redes terroristas de mundo pequeño*: hacia un mundo post-Al Qaeda. Barcelona: Documentos CIDOB, 2011. p. 2. Disponível em: http://www.sedmed.org/analisis_ssm/documents/ult_doc/2011/doc_seguridad_7_cast.pdf).

[42] Nesse sentido, Granovetter tem demonstrado que esse tipo de vínculo é essencial para a organização de projetos e a obtenção de oportunidades de trabalho (GRANOVETTER, Mark. S. The strength of weak ties. *The American Journal of Sociology*, v. 78, n. 6, p. 1360-1380, maio 1973).

[43] ORSI, Omar Gabriel; MICELI, Jorge E.; RODRÍGUEZ GARCÍA, Nicolás. *Análisis de redes sociales y sistema penal*. Valencia: Tirant lo Blanch, 2017. p. 51. No mesmo sentido, *vide* GRANOVETTER, Mark. S. The strength of weak ties. *The American Journal of Sociology*, v. 78, n. 6, p. 1360-1380, maio 1973.

[44] ORSI, Omar Gabriel; MICELI, Jorge E.; RODRÍGUEZ GARCÍA, Nicolás. *Análisis de redes sociales y sistema penal*. Valencia: Tirant lo Blanch, 2017. p. 51-52.

5 Bases para a compreensão sistêmica da corrupção

A compreensão sistêmica da corrupção deve estar baseada em três pilares: (I) a *transdisciplinaridade*, (II) a *interconectividade* e (III) a *comunicabilidade*.

5.1 Um sistema transdisciplinar

Como fenômeno complexo, a corrupção e sua prevenção e/ou combate requerem uma análise transdisciplinar. Por um lado, seu estudo pode e deve ser feito desde várias perspectivas científicas: do direito, da sociologia, da economia, da ciência política, da antropologia, da história etc. Por outro, a prática da corrupção demanda capacidades distintas: jurídica, contábil, bancária, empresarial, política etc., ou seja, quanto mais organizada e ramificada seja determinada *rede* corrupta, maior será a demanda por "profissionalização" e "especialização" na organização criminal, que é integrada por líderes políticos, empresários, funcionário públicos, consultores, engenheiros, advogados etc. Em contrapartida a tudo isso, a prevenção e o combate à corrupção demandam a construção sistêmica de soluções concebidas a partir de uma perspectiva transdisciplinar.

Em função disso, se é necessário implementar mudanças legislativas para a prevenção e repressão da corrupção, somente isso não é suficiente. Nesse contexto, não raramente são "vendidas" mudanças jurídicas ou se passa a advogar a criação ou reformulação de institutos jurídicos, muitas vezes travestidos de interesses corporativistas, como soluções "milagrosas", capazes de, em um passe de mágica, resolver problemas e questões complexas. Consciente desse problema, Rodríguez García adverte que, para fazer frente aos delitos complexos:

> os poderes públicos estão reagindo com ações legislativas *imediatas* – mas também às vezes precipitadas e pouco reflexivas –; *eficazes* – ao menos em teoria, porque a prática desmente as bem aventuranças de muitas das criações do legislador –; muito mais *visuais* – daí que muitas das mudanças efetuadas destacam-se por sua alta carga simbólica –; e nem sempre *consensuais*, não somente entre os distintos grupos políticos, incapazes de alcançar um real e efetivo "Pacto de Estado contra a Corrupção", mas também entre os diferentes posicionamentos doutrinários e jurisprudenciais.[45]

Se por vezes são necessárias mudanças legislativas, existem outros aspectos praticamente inexplorados. Em primeiro lugar, há necessidade de se repensar o direito. Mas não uma reflexão utilitária ou egocêntrica do direito e da justiça, e sim uma reflexão que possa ser validada intersubjetivamente pelas partes e potenciais participantes do discurso. Proceder desta forma não é o caminho mais fácil, mas é o correto, independentemente dos interesses e desejos envolvidos. Por isso, mais importante que mudanças legislativas, é necessário consolidar social e institucionalmente os valores do Estado Democrático de Direito e que o sistema de justiça se dedique seriamente à justa aplicação do direito.

Em segundo lugar, assim como há múltiplas causas e variadas são as especialidades necessárias para a prática de uma corrupção sistematizada em rede, a efetividade

---

[45] RODRÍGUEZ GARCÍA, Nicolás. *El decomiso de activos ilícitos*. Cizur Menor (Navarra): Thomson Reuters Aranzadi, 2017. p. 34.

de seu combate também não depende apenas do profundo conhecimento e da correta aplicação do direito. A título de exemplo, Miceli, Orsi e Rodríguez García reconhecem a necessidade de se abordar o fenômeno da corrupção sob um "enfoque transdisciplinar", e assim se investigar e coletar informações para provar a existência, a autoria, a extensão e as consequências do ilícito.[46] Ao realizar-se uma abordagem transdisciplinar, busca-se construir "um único sistema-objeto a partir a articulação de várias especialidades sob uma visão unificadora".[47] A esse respeito, conforme defende Espinosa Torres, "a transdisciplinaridade se dá quando um sistema-objeto pode ser abordado por várias disciplinas que se interseccionam umas às outras com seus saberes, discursos e explicações [...] [É dizer,] os conhecimentos e discursos desse estudo são transversais".[48] Do mesmo modo, Max-Neef ressalta que, enquanto a "investigação 'disciplinar concerne a um só nível', a transdisciplinar 'se dá quando há uma coordenação entre todos os níveis' de conhecimento".[49] Desse modo, pode-se concluir que "disciplina e transdisciplina não são antagônicas, mas se complementam".[50]

A partir dessa concepção, os conhecimentos não são articulados centrando-se no objeto: "corrupção". Em vários momentos deve-se sair dessa centralidade. De algum modo, o núcleo está na própria ideia de *sistema*. Essa concepção sistêmica demanda, além do estudo e conhecimento dos fenômenos sob a perspectiva jurídica, sua análise e busca de soluções desde outras ciências, como a história, a sociologia, a pedagogia, a ciência política, a teoria da negociação e as gestões da informação e do conhecimento.

Com a finalidade de ilustrar a ideia de tratamento sistêmico da questão da corrupção, podemos assemelhá-la ao que acontece quando se vai ao cardiologista para tratar o coração. Além dos exames preventivos de rotina, não é raro que a orientação médica não "trate" do coração em si, ou ao menos não de maneira direta. Diversas são as perguntas e recomendações médicas em relação à nutrição, à prática de atividades físicas, ao estresse no trabalho, ao histórico familiar, ao sistema digestivo ou ao sistema renal. Isso revela que na atuação de um médico há uma preocupação com o ser humano concebido como um todo. Quando muito, em sua prescrição se incluem medicamentos para reduzir os índices de gordura no sangue ou a pressão arterial, o que não significa que a perspectiva sistêmica de prevenção e tratamento é perdida. Porém, toda essa atenção e cuidado tiveram um foco central: cuidar do coração do paciente, ou de modo mais amplo, de seu sistema cardiovascular.

Também essa deve ser a perspectiva ao se analisar e tratar a corrupção. Para que sua prevenção e combate sejam efetivos, as perspectivas de análise devem ser variadas. A busca de soluções deve considerar uma perspectiva *sistêmica* transdisciplinar.

---

[46] ORSI, Omar Gabriel; MICELI, Jorge E.; RODRÍGUEZ GARCÍA, Nicolás. *Análisis de redes sociales y sistema penal*. Valencia: Tirant lo Blanch, 2017. p. 28-30.

[47] ORSI, Omar Gabriel; MICELI, Jorge E.; RODRÍGUEZ GARCÍA, Nicolás. *Análisis de redes sociales y sistema penal*. Valencia: Tirant lo Blanch, 2017. p. 29.

[48] ESPINOSA TORRES, María del Pilar. La interdisciplinariedad en la enseñanza del derecho y en el derecho penal. *Letras Jurídicas: Revista de los Investigadores del Instituto de Investigaciones Jurídicas UV*, n. 13, p. 165-185, 2006. p. 166.

[49] MAX-NEEF, Manfred A. *Fundamentos de la transdisciplinaridad*. Cuenca: Universidad de Cuenca, 2004. p. 7; 20.

[50] MAX-NEEF, Manfred A. *Fundamentos de la transdisciplinaridad*. Cuenca: Universidad de Cuenca, 2004. p. 20.

5.2 Um sistema interconectado

Inclusive como derivação do primeiro pilar, o segundo trata da necessária interconectividade entre cada perspectiva de análise. Assim, apesar das óticas diferenciadas, as soluções encontradas não podem ser vistas, entendidas ou postas em prática como unidades autônomas. Isso significa que cada solução não apenas se relaciona ou se conecta com outra. Na verdade, devem interconectar-se uma à outra e, ao fazerem isso, configuram um sistema único.

A diferença pode ser sutil, mas é significativa. A teoria dos *sistemas sociais* de Luhmann não se baseia nessa ideia.[51] Luhmann concebe cada sistema a partir da diferença entre sistema e entorno. Para ele, cada tipo especial de objeto pode ser denominado "sistema", o qual se distingue dos demais objetos, que são seu entorno. Em outras palavras, seu "ponto de partida consiste em que o mundo, com sua infinitude não observável, é cortado por uma linha divisória: de um lado se encontra o sistema e o outro deve ser considerado como o seu entorno".[52]

Segundo a concepção de Luhmann, cada sistema é (I) autorreferencial e (II) autopoiético. Por ser (I) *autorreferencial*, cada sistema considera diretamente seu objeto, embora possa aprender com ele. Daí que todo programa de investigação se refere à aplicação ou não do próprio sistema com relação ao próprio objeto, razão pela qual, se um sistema for descrito ou explicado por outro sistema, surgirão "contradições lógicas" que não podem ser resolvidas.[53] Portanto, a autorreferência significa que a unidade de um sistema provém de si mesmo, "independente do ângulo de observação dos outros".[54] Junto a isso, por ser (II) *autopoiético*, cada sistema tem seus próprios elementos constitutivos. Assim, cada sistema é "real e necessariamente fechado" e, por conseguinte, não é válido para outros sistemas; e ainda mais, "nenhum sistema pode desconstruir analiticamente outro".[55] Portanto, cada unidade de sentido e cada sistema só podem referir-se a si mesmos.

Ao apresentar a versão em castelhano da teoria dos sistemas sociais de Luhmann, Torres Nafarrate explica que, (I) por ser autorreferencial, cada objeto que se considera sistema está necessariamente fechado em si mesmo, embora dependa de seu entorno; enquanto que (II) por ser autopoiético, cada elemento e unidade de determinado sistema já não pode ser posteriormente dissolvido e vir a incorporar outro sistema.[56] Assim, haveria um sistema jurídico, outro sociológico, outro econômico, outro de gestão pública e assim sucessivamente. Assim, a título de exemplo, haveria um sistema de interpretação de norma, outro de validade da prova, outro de gestão da negociação, outro da informação e ainda outro do conhecimento. Cada qual seria autorreferencial e teria suas próprias

---

[51] LUHMANN, Niklas. *Sistemas sociales*: lineamientos para una teoría general. Rubí (Barcelona); México, D.F.; Santafé de Bogotá: Anthropos; Universidad Iberoamericana: Centro Editorial Javerino, 1998.

[52] LUHMANN, Niklas. *Sistemas sociales*: lineamientos para una teoría general. Rubí (Barcelona); México, D.F.; Santafé de Bogotá: Anthropos; Universidad Iberoamericana: Centro Editorial Javerino, 1998. p. 13.

[53] LUHMANN, Niklas. *Sistemas sociales*: lineamientos para una teoría general. Rubí (Barcelona); México, D.F.; Santafé de Bogotá: Anthropos; Universidad Iberoamericana: Centro Editorial Javerino, 1998. p. 37-38; 55.

[54] LUHMANN, Niklas. *Sistemas sociales*: lineamientos para una teoría general. Rubí (Barcelona); México, D.F.; Santafé de Bogotá: Anthropos; Universidad Iberoamericana: Centro Editorial Javerino, 1998. p. 55.

[55] LUHMANN, Niklas. *Sistemas sociales*: lineamientos para una teoría general. Rubí (Barcelona); México, D.F.; Santafé de Bogotá: Anthropos; Universidad Iberoamericana: Centro Editorial Javerino, 1998. p. 56-57.

[56] LUHMANN, Niklas. *Sistemas sociales*: lineamientos para una teoría general. Rubí (Barcelona); México, D.F.; Santafé de Bogotá: Anthropos; Universidad Iberoamericana: Centro Editorial Javerino, 1998. p. 21.

estruturas e elementos. Cada qual consideraria ao outro como seu entorno; e cada qual não poderia se dissolver ou vir a integrar outro sistema.

Habermas tem mantido uma posição crítica à teoria de sistema de Luhmann. Ele aponta que a autopoiese de sistemas regulados autorreferencialmente elimina a razão prática.[57] Tal concepção desvaloriza o direito e o põe em uma posição marginal.[58] Sob uma perspectiva "objetivista", se atribui uma "autonomia" que acaba tornando o direito independente.[59] Como consequência, produz-se um sistema jurídico *desconectado* com o "mundo da vida",[60] "egocêntrico",[61] assim como incapaz de integrar a sociedade e de organizar o Estado Democrático de Direito, especialmente no contexto de uma sociedade global.[62] Por isso, conclui que um sistema jurídico autorreferencial e autopoiético marginaliza "narcisisticamente" o direito, "que só pode reagir a seus próprios problemas, que não raramente são causados por fora". Não pode, então, perceber nem solucionar problemas que afetam o *conjunto* do sistema social.[63] Quando muito, um sistema assim concebido produz um "ruído" na sociedade.[64]

Por isso, Habermas adota uma concepção distinta de sistema. Concebe a ideia de um sistema *comunitário* ou um sistema em *rede*. Nele, "o direito funciona, por assim dizer, como um transformador, que é o que assegura que a rede de comunicação social global sócio integradora não se rompa".[65] Esse sistema deve ser constituído e desenvolvido a partir de "princípios racionalmente justificados e, portanto, universalistas".[66] Nele, o direito ocupa um papel central, ou seja, tem o papel de justamente (i) interconectar e integrar a sociedade à luz do princípio democrático, e (ii) garantir a construção ou reconstrução (a) teórica – enquanto "sistema de saber"– e (b) prática – enquanto "sistema de ação" –[67] da sociedade e do Estado Democrático de Direito. Sob essa concepção, a resolução dos problemas sociais, como a corrupção, passa necessariamente pelo sistema jurídico, mas não um sistema egocêntrico, autista e desconectado da realidade social e de princípios não exclusivamente jurídicos. Pelo contrário, passa por princípios teórico-práticos, universais e transdisciplinares, que se interconectam sistemicamente à luz do direito.

---

[57] HABERMAS, Jürgen. *Facticidad y validez*: sobre el derecho y el estado democrático de derecho en términos de teoría del discurso. Madrid: Trotta, 2008. p. 64.

[58] HABERMAS, Jürgen. *Facticidad y validez*: sobre el derecho y el estado democrático de derecho en términos de teoría del discurso. Madrid: Trotta, 2008. p. 111-112.

[59] HABERMAS, Jürgen. *Facticidad y validez*: sobre el derecho y el estado democrático de derecho en términos de teoría del discurso. Madrid: Trotta, 2008. p. 112.

[60] HABERMAS, Jürgen. *Facticidad y validez*: sobre el derecho y el estado democrático de derecho en términos de teoría del discurso. Madrid: Trotta, 2008. 145.

[61] HABERMAS, Jürgen. *Facticidad y validez*: sobre el derecho y el estado democrático de derecho en términos de teoría del discurso. Madrid: Trotta, 2008. p. 426.

[62] HABERMAS, Jürgen. *Facticidad y validez*: sobre el derecho y el estado democrático de derecho en términos de teoría del discurso. Madrid: Trotta, 2008. p. 112-114.

[63] HABERMAS, Jürgen. *Facticidad y validez*: sobre el derecho y el estado democrático de derecho en términos de teoría del discurso. Madrid: Trotta, 2008. p. 115.

[64] HABERMAS, Jürgen. *Facticidad y validez*: sobre el derecho y el estado democrático de derecho en términos de teoría del discurso. Madrid: Trotta, 2008. p. 115.

[65] HABERMAS, Jürgen. *Facticidad y validez*: sobre el derecho y el estado democrático de derecho en términos de teoría del discurso. Madrid: Trotta, 2008. p. 120.

[66] HABERMAS, Jürgen. *Facticidad y validez*: sobre el derecho y el estado democrático de derecho en términos de teoría del discurso. Madrid: Trotta, 2008. p. 137.

[67] A esse respeito, Habermas afirma que "o direito é ambas as coisas: sistema de saber e sistema de ação" (HABERMAS, Jürgen. *Facticidad y validez*: sobre el derecho y el estado democrático de derecho en términos de teoría del discurso. Madrid: Trotta, 2008. p. 145).

5.3 Um sistema comunicativo

A implantação de um sistema *transdisciplinar* e *interconectado* requer um sistema *comunicativo*. A demanda de uma conexão sistêmica comunicativa entre os princípios que compõem o sistema está baseada em três premissas que coexistem e também se interconectam. Primeiro, um ato de comunicação é essencialmente *intersubjetivo*. Um sistema que pretenda contribuir para a construção do Estado Democrático de Direito e a estabilização social, deve fundar-se em processos de entendimento entre pessoas e instituições que atuam comunicativamente.[68] Assim, descarta-se um sistema puramente objetivo que, segundo Habermas, *melancolicamente* se petrifica "em um mundo de relações sociais coisificadas".[69] Por fim, a articulação da linguagem em termos objetivos não tem qualquer possibilidade de conceber processos de entendimento racionalmente justificados.[70]

Em segundo lugar, um sistema comunicativo é *integrador*. Interconectada à intersubjetividade, a integração derivada da ação comunicativa significa que o sistema comunicativo se realiza por meio de procedimentos destinados ao entendimento intersubjetivo racionalmente justificado. Segundo Habermas, no sistema genuinamente comunicativo não basta a "mera aparência": demanda-se uma verdadeira "'integração social' efetuada através de valores, normas e processos de entendimento e, portanto, também a que corre através do direito".[71] Assim, ao mesmo tempo em que é intersubjetivo, o sistema comunicativo é objetivamente integrador.

Em terceiro lugar, o sistema comunicativo é *solidário*. Seguindo Schmidt, a capacidade de articulação dos sujeitos envolvidos no discurso não se desenvolve em termos individuais, mas sim de maneira solidária.[72] Habermas fala em uma *formação cooperativa da vontade.*[73]

Dessa concepção, constitui-se o princípio democrático, sem o qual não se pode falar em um Estado Democrático de Direito. Assim, sob a perspectiva democrática, os direitos individuais dos cidadãos devem ser mútua e reciprocamente reconhecidos no caso de pretenderem regular legitimamente a convivência social.[74] Isso significa que os direitos individuais pressupõem uma "atitude realizadora" de pessoas que buscam entender-se entre si sobre algo a partir de uma posição correta e justa.[75] Nas palavras de Habermas, "a autonomia privada chega até onde o sujeito jurídico tem

---

[68] HABERMAS, Jürgen. *Facticidad y validez*: sobre el derecho y el estado democrático de derecho en términos de teoría del discurso. Madrid: Trotta, 2008. p. 148-149.

[69] HABERMAS, Jürgen. *Facticidad y validez*: sobre el derecho y el estado democrático de derecho en términos de teoría del discurso. Madrid: Trotta, 2008. p. 110.

[70] HABERMAS, Jürgen. *Facticidad y validez*: sobre el derecho y el estado democrático de derecho en términos de teoría del discurso. Madrid: Trotta, 2008. p. 114.

[71] HABERMAS, Jürgen. *Facticidad y validez*: sobre el derecho y el estado democrático de derecho en términos de teoría del discurso. Madrid: Trotta, 2008. p. 110.

[72] SCHMIDT, E. Von der privat-zur sozialautonomie: Vorläufige gedanken zur abnehmenden gestaltungskraft konventioneller juristischer dogmatik im privatrechtssystem josef esser zum 70. geburtstag am 12. 3. *Juristenzeitung*, v. 35, n. 5, p. 153-161, 1980. p. 158.

[73] HABERMAS, Jürgen. *Facticidad y validez*: sobre el derecho y el estado democrático de derecho en términos de teoría del discurso. Madrid: Trotta, 2008. p. 110.

[74] HABERMAS, Jürgen. *Facticidad y validez*: sobre el derecho y el estado democrático de derecho en términos de teoría del discurso. Madrid: Trotta, 2008. p. 147.

[75] HABERMAS, Jürgen. *Facticidad y validez*: sobre el derecho y el estado democrático de derecho en términos de teoría del discurso. Madrid: Trotta, 2008. p. 185.

que começar a prestar contas e justificar-se, até onde tem que dar razões publicamente aceitáveis de seus planos de ação", podendo-se dizer que as liberdades subjetivas devem submeter-se a um racional "teste de universalização" que não pode ser substituído por preferências subjetivas ou cálculos de utilidade.[76] Demanda-se um *equilíbrio* entre direito e responsabilidades individuais diante dos demais indivíduos no corpo social. E mais: abrindo-se essa mesma perspectiva para a dimensão pública, o Estado deve aplicar a coerção segundo padrões de justiça, sem os quais não tem como cumprir sua função sociointegradora com base no princípio democrático. Assim, a solidariedade do sistema significa que, desde sua concepção até sua aplicação, todos os possíveis impactados pelo resultado do discurso não só são solidários cooperadores uns com os outros, como estão solidariamente comprometidos e também são solidariamente responsáveis pela justa e legítima construção do Estado Democrático de Direito. É nesse sentido que a efetiva prevenção e combate à corrupção demanda a participação de toda a sociedade, e não apenas das instituições públicas. Tampouco somente das instituições integrantes do sistema judicial. Em outras palavras, não basta uma análise do fenômeno sob uma perspectiva transdisciplinar e interconectada. É necessário que todos os atores –indivíduos e agentes públicos, empresas e instituições públicas – participem da busca de soluções, se dediquem a uma prática moral e legalmente conforme com os valores do Estado Democrático de Direito, e atuem para corrigir eficazmente os desvios eventualmente verificados.

Conclusões

A análise da corrupção sob a perspectiva de um sistema transdisciplinar, interconectado e comunicativo é indispensável para a efetiva prevenção e combate à corrupção. Um sistema dessa natureza demanda, ao mesmo tempo, (I) uma pretensão de validez universal, ou seja, capaz de ser válida para todo sistema de prevenção e combate à corrupção; e (II) uma pretensão de validez especial, ou seja, especialmente pensado para a necessidade de construir-se um Estado Democrático de Direito justo, sem corrupção e cuja prevenção e combate à corrupção seja ao mesmo tempo efetiva, eficiente e respeite os direitos e garantias dos acusados e das vítimas da atividade ilícita.

Dentro desse contexto, pode-se concluir:

1) A corrupção é um fenômeno humano. Ele esteve presente em todos os tempos e sistemas políticos. Não obstante, ele jamais foi tão estudado como nos últimos trinta anos. Esse estudo revela não apenas a consciência quanto ao problema, como a oportunidade de as sociedades democráticas buscarem preveni-la e combatê-la de maneira eficaz. Esse é um desafio universal e que demanda a participação e o envolvimento de todos e cada um de nós.

2) A corrupção é um fenômeno transdisciplinar. E, como tal, pode e deve ser analisada sistemicamente sob vertentes e perspectivas que se interconectam e comunicam. Essa análise permitirá que se encontrem soluções múltiplas, cumulativas e integradas em relação ao fenômeno e se crie um círculo

---

[76] HABERMAS, Jürgen. *Facticidad y validez*: sobre el derecho y el estado democrático de derecho en términos de teoría del discurso. Madrid: Trotta, 2008. p. 186-187.

virtuoso segundo o qual: não basta prevenir, é necessário processar; não basta processar, é necessário sancionar; não basta sancionar, é necessário restaurar; e, restaurando-se, previne-se. Além disso, o ato poderá ser compreendido e tratado sob diversas perspectivas. O importante será, conforme o caso concreto, encontrar uma solução sistêmica e justa para a prevenção especial e geral da corrupção.

3) É necessária uma análise a um só tempo positiva e crítica dos movimentos para a prevenção e combate à corrupção. Positiva porque consideráveis têm sido os avanços legais na luta contra a corrupção. Crítica porque esses avanços se concentram basicamente na criação de novos instrumentos jurídicos e organismos públicos dedicados à aplicação desses novos normativos, mas quase nada tem sido feito em termos transdisciplinares. Por exemplo, ainda são escassas as políticas públicas que tratam do fenômeno sob a perspectiva educacional, da reformulação do sistema político-partidário ou tributário, bem como da integração dos sistemas de informação para facilitar a identificação dos agentes corruptos e do produto do ilícito.

4) É preciso haver um pacto de Estado contra a corrupção. A efetiva prevenção e combate à corrupção demanda a participação sistêmica de toda a sociedade na busca de soluções e adoção das medidas correspondentes. A partir dessa concepção, os agentes e as instituições públicas têm a responsabilidade de liderar e conduzir esse processo. Não obstante, a efetividade desse pacto demanda a prévia aceitação e vinculação de todos os atores do processo a premissas fundamentais relacionadas à imparcialidade, ao respeito à confiança depositada pela sociedade sobre seus agentes e instituições públicas, à renúncia a interesses pessoais ou corporativistas e, enfim, à busca intransigente do interesse público primário.

Referências

AGU. *Conheça o Grupo Permanente de Atuação Proativa da AGU*. Brasília: AGU, 2012. Disponível em: http://www.agu.gov.br/page/content/detail/id_conteudo/203115.

ALIGHIERI, Dante. *Divina comedia*. Tradução de José Pedro Xavier Pinheiro. São Paulo: EbooksBrasil, 2003. Disponível em: http://www.ebooksbrasil.org/eLibris/difinacomedia.html.

APPADURAI, Arjun. *Fear of small numbers*: an essay on the geography of anger. Durham, NC: Duke University Press, 2006. Disponível em: https://www.tandfonline.com/doi/abs/10.1080/00330120701724459.

ARGÜELLES, P. *Historia de la civilización romana*. México: Editorial Cvltvra, 1943.

BADIA I DALMASES, Francesc. *Entender las redes terroristas de mundo pequeño*: hacia un mundo post-Al Qaeda. Barcelona: Documentos CIDOB, 2011. Disponível em: http://www.sedmed.org/analisis_ssm/documents/ult_doc/2011/doc_seguridad_7_cast.pdf.

BENJAMIN, Walter. *Sobre arte, técnica, linguagem e política*. Lisboa: Relógio D'Água, 1992.

BRIOSCHI, Carlo Alberto. *Breve historia de la corrupción*: de la antigüedad a nuestros días. Madrid: Taurus, 2010.

BUSTOS GISBERT, Rafael. Corrupción de los gobernantes, responsabilidad política y control parlamentario. *UNED. Teoría y Realidad Constitucional*, n. 19, p. 135-160, 2007. Disponível em: http://revistas.uned.es/index.php/TRC/article/view/6754/6452.

CABEZÓN P., Andrea. *Persecución de delitos complejos*: capacidades de los sistemas penales en américa latina. Santiago de Chile: Centro de Estudios de Justicia de las Américas – CEJA, 2010. Disponível em: http://biblioteca. cejamericas.org/bitstream/handle/2015/2995/Libro_Persecucion_CEJA-3.pdf?sequence=1&isAllowed=y.

CANOTILHO, J. J. Gomes. *Direito constitucional e teoria da Constituição*. 3. ed. reimpr. Coimbra: Almedina, 1999.

CICERÓN, Marco Tulio. *Acerca del orador*. Introducción, versión y notas de Amparo Gaos Schmidt. 1. ed. México: Universidad Nacional Autónoma de México, Coordinación de Humanidades, 1995.

CICERÓN, Marco Tulio. *Cartas políticas*. Edição de José Guillén Cabañero. Torrejón de Ardoz, Madrid: Akal/ Clasica, 1992.

DALY, Gavin. Conscription and corruption in Napoleonic France: the case of the seine-inférieure. *European Review of History*, v. 6, issue 2, p. 181-197, 1999.

ESPINOSA TORRES, María del Pilar. La interdisciplinariedad en la enseñanza del derecho y en el derecho penal. *Letras Jurídicas: Revista de los Investigadores del Instituto de Investigaciones Jurídicas UV*, n. 13, p. 165-185, 2006.

GOMES JUNIOR, Luiz Manuel (Coord.). *Lei de Improbidade Administrativa*: obstáculos à plena efetividade do combate aos atos de improbidade. Brasília: Conselho Nacional de Justiça, 2015. Disponível em: http://www. cnj.jus.br/files/conteudo/destaques/arquivo/2015/06/1ef013e1f4a64696eeb89f0fbf3c1597.pdf.

GRANOVETTER, Mark. S. The strength of weak ties. *The American Journal of Sociology*, v. 78, n. 6, p. 1360-1380, maio 1973.

HABERMAS, Jürgen. *Facticidad y validez*: sobre el derecho y el estado democrático de derecho en términos de teoría del discurso. Madrid: Trotta, 2008.

HAMANN, Jorge Henrique Linhares. Redes criminales transnacionales: principal amenaza para la seguridad internacional en la posguerra fría. *Revista Criminalidad – Revista de la Policia Nacional De Colombia*, v. 50, n. 1, p. 371-384, maio 2008.

LUHMANN, Niklas. *Sistemas sociales*: lineamientos para una teoría general. Rubí (Barcelona); México, D.F.; Santafé de Bogotá: Anthropos; Universidad Iberoamericana: Centro Editorial Javerino, 1998.

LYONS, Martin. *Napoleon Bonaparte and the legacy of the French revolution*. Basingtoke: Macmillan, 1994.

MAX-NEEF, Manfred A. *Fundamentos de la transdisciplinaridad*. Cuenca: Universidad de Cuenca, 2004.

MENDONÇA, André Luiz de Almeida. Los criterios para mensuración del valor del enriquecimiento ilícito y perjuicios causados por actos de corrupción. *Revista da AGU*, v. 15, n. 4, out./dez. 2016. Disponível em: https:// seer.agu.gov.br/index.php/AGU/article/view/844.

MONTESQUIEU, Charles Louis de Secondat, baron de la Brède et de. *O espírito das leis*. Tradução de Fernando Henrique Cardoso e Leôncio Martins Rodrigues. Brasília: UnB, 1995.

NYE, J. S. Corruption and political development: a cost-benefit analysis. *American Political Science Review*, v. 61, n. 2, 1967.

ORSI, Omar Gabriel; MICELI, Jorge E.; RODRÍGUEZ GARCÍA, Nicolás. *Análisis de redes sociales y sistema penal*. Valencia: Tirant lo Blanch, 2017.

PLUTARCO; PÉREZ JIMÉNEZ, A. *Vidas paralelas*. Madrid: Gredos, 1985.

RODRIGUES GARCÍA, Nicolas; RODRÍGUEZ LÓPEZ, Fernando. *Corrupción y desarrollo*. Valencia, España: Tirant lo Blanch, 2017.

RODRÍGUEZ GARCÍA, Nicolás. *El decomiso de activos ilícitos*. Cizur Menor (Navarra): Thomson Reuters Aranzadi, 2017.

RODRÍGUEZ GARCÍA, Nicolás. El progresivo diseño de espacios judiciales penales comunes para enfrentar la impunidad de la corrupción. *Revista Brasileira de Ciências Criminais*, v. 89, mar./abr. 2011.

ROSE-ACKERMAN, S. *La corrupción y los gobiernos*: causas, consecuencias y reforma. 1. ed. Madrid: Siglo Veintiuno de España, 2001.

SCHMIDT, E. Von der privat-zur sozialautonomie: Vorläufige gedanken zur abnehmenden gestaltungskraft konventioneller juristischer dogmatik im privatrechtssystem josef esser zum 70. geburtstag am 12. 3. *Juristenzeitung*, v. 35, n. 5, p. 153-161, 1980.

SILVA, José. Sistemático e sistémico. *Metakrítico*, maio 2015. Disponível em: http://metakritico.blogspot. com/2015/05/sistematico-e-sistemico-ironicamente-ou.html.

Informação bibliográfica deste texto, conforme a NBR 6023:2018 da Associação Brasileira de Normas Técnicas (ABNT):

MENDONÇA, André Luiz de Almeida. Bases para a compreensão sistêmica da corrupção. *In*: MORAES, Alexandre de; MENDONÇA, André Luiz de Almeida (Coord.). *Democracia e sistema de justiça*: obra em homenagem aos 10 anos do Ministro Dias Toffoli no Supremo Tribunal Federal. Belo Horizonte: Fórum, 2020. p. 73-91. ISBN 978-85-450-0718-0.

O PODER DE INVESTIGAÇÃO DO MINISTÉRIO PÚBLICO NA JURISPRUDÊNCIA DO SUPREMO TRIBUNAL FEDERAL[1]

ANDRÉ LUIZ NOGUEIRA DOS SANTOS

ALEXANDRE FREIRE

1 Introdução

A possibilidade de o Ministério Público realizar a investigação criminal não só suscitou profundos debates no Supremo Tribunal Federal como também dividiu, anos a fio pós-Constituição de 1988, a opinião de grandes juristas e da comunidade acadêmica.

Para uns, o Ministério Público não poderia investigar, por se entender que esse mister foi concebido pelo constituinte originário com exclusividade à polícia judiciária (CF, art. 144). Essa compreensão foi exteriorizada pelo Supremo Tribunal Federal, quando do julgamento do RE nº 205.473/AL.[2] Suscitou-se, na ocasião, em síntese, que a Constituição Federal não contemplou a possibilidade de o *Parquet* realizar investigações, mas tão somente requisitá-las à autoridade policial.

Para outros, o poder de investigação do Ministério Público seria, como maior ou menor largueza, inerente às suas atribuições constitucionais de titular da ação penal e de exercer o controle externo da atividade da polícia judiciária, abrindo-lhe espaço para, implicitamente, conduzir investigações (teoria dos poderes implícitos), o que foi admitido pela Segunda Turma, quando do julgamento do HC nº 91.661/PE.[3]

---

[1] O presente ensaio constitui singela homenagem ao Presidente do Supremo Tribunal Federal Dias Toffoli, em razão do relevante contributo de Sua Excelência à história do Supremo Tribunal Federal. O homenageado ao longo dos 10 anos de exercício da judicatura se revelou um juiz constitucional preocupado com a integridade, a coerência e a estabilidade da jurisprudência do Tribunal. Tem se mostrado um julgador garantidor dos direitos fundamentais e do Estado Democrático de Direito. Por essas e outras razões, a história já lhe reservou um justo lugar entre os grandes magistrados que ilustraram e ilustram o Supremo Tribunal Federal.

[2] Rel. Min. Carlos Velloso, Segunda Turma. *DJ*, 19 mar. 1999.

[3] Rel. Min. Ellen Gracie. *DJe*, 3 abr. 2009.

O tema tornou-se objeto de repercussão geral na Corte, cujo paradigma foi o RE nº 593.727/MG, que teve como relator originário o Ministro Cezar Peluso, no qual Sua Excelência não foi ao extremo de se negar ao Ministério Público o poder de atuar como investigador.

O relator assentiu, na ocasião, pela possibilidade de o órgão do Ministério Público promover atividades de investigação sobre infrações penais, como medida preparatória para a instauração de ação penal, desde que a fizesse nas seguintes condições:

> 1) mediante procedimento regulado, por analogia, pelas normas que governam o inquérito policial; 2) que, por consequência, o procedimento seja, de regra, público e sempre supervisionado pelo Poder Judiciário; 3) e que tenha por objeto fato ou fatos teoricamente criminosos, praticados por membros ou servidores da própria instituição (a), ou praticados por autoridades ou agentes policiais (b), ou, ainda, praticados por outrem, se, a respeito, a autoridade policial, cientificada, não haja instaurado inquérito policial.

Desse entendimento, divergiu o eminente Ministro Gilmar Mendes, que compatibilizou os dispositivos que tratam dos poderes de investigação do Ministério Público, consolidando importantes fundamentos assentados em julgados anteriores da Corte versando a matéria.

2 O Ministério Público e o regime constitucional da investigação criminal

Neste tópico, apresentar-se-ão algumas considerações históricas a respeito da função do Ministério Público nas investigações criminais na experiência jurídica brasileira, bem como acerca dessa atividade no direito comparado.

A respeito da origem da instituição, Hugo Nigro Mazzilli ensina:

> controverte-se sobre as origens do Ministério Público. Alguns as vêem há mais de quatro mil anos, no magiaí, funcionário real do Egito; outros buscam os primeiros traços da instituição na Antiguidade clássica, na Idade Média, ou no direito canônico. [...]

> O mais comum é invocar-se sua origem nos procuradores do rei do velho direito francês (a Ordenança de 25 de março de 1302, de Felipe IV, foi o primeiro texto legislativo a tratar objetivamente dos procuradores do rei; Felipe, porém, regulamentou o juramento e as obrigações de procuradores já existentes).

> A Revolução Francesa estruturou mais adequadamente o Ministério Público, enquanto instituição, ao conferir garantias a seus integrantes. Foram, porém, os textos napoleônicos que instituíram o Ministério Público que a França veio a conhecer na atualidade.

> Inegável é a influência da doutrina francesa na história do Ministério Público, tanto que, mesmo entre nós, ainda se usa frequentemente a expressão parquet, para referir-se à instituição.[4]

---

[4]   MAZZILLI, Hugo Nigro. *Introdução ao Ministério Público*. 6. ed. São Paulo: Saraiva, 2007. p. 37-38.

Destaca, ainda, o autor:

[o] Ministério Público brasileiro evoluiu a partir do Direito lusitano, ainda que na França tenha surgido contemporaneamente com o do Direito Português.

A instituição, porém, não surgiu de repente, num só lugar, por força de algum ato legislativo. Formou-se lenta e progressivamente, em resposta às exigências históricas. [...]

Findado a Idade Média, com o nascimento e a crescente complexidade do Estado, os soberanos começaram a instituir tribunais regulares para distribuir a Justiça em seu nome. Para contrabalançar a progressiva autonomia dos tribunais, que às vezes contrariavam os interesses da Coroa, os reis instituíram procuradores para promover a defesa de seus interesses, podendo, inclusive, recorrer.

Nessa linha é que se veem as ordenanças da Idade Média como as da França ou de Portugal. Quanto ao rei Felipe IV, ele apenas regulamentou o juramento e as obrigações de seus procuradores (procuratores nostri) em termos que levam a crer que as funções já preexistiam.

Embora possam ser buscadas raízes históricas do Ministério Público em alguns funcionários e magistrados antigos, como na Roma clássica e no antigo Egito, na verdade o Ministério Público Moderno originou-se dos procuradores do rei, e o Ministério Público brasileiro, por sua vez, desenvolveu-se efetivamente a partir dos procuradores do rei do Direito lusitano.[5]

A Constituição Federal de 1988 conferiu ao Ministério Público relevantes atribuições, como a defesa da ordem jurídica, do regime democrático e dos interesses sociais e individuais indisponíveis, constituindo-se como instituição permanente, essencial à Justiça, exercendo a guarda da ordem jurídica justa, do regime democrático constitucional de direito e dos direitos transindividuais.

Veja-se o que prescreve o texto constitucional a respeito do papel do *Parquet*:

Art. 129. São funções institucionais do Ministério Público:

I - *promover, privativamente, a ação penal pública, na forma da lei;*

II - zelar pelo efetivo respeito dos Poderes Públicos e dos serviços de relevância pública aos direitos assegurados nesta Constituição, promovendo as medidas necessárias a sua garantia;

III - promover o inquérito civil e a ação civil pública, para a proteção do patrimônio público e social, do meio ambiente e de outros interesses difusos e coletivos;

IV - promover a ação de inconstitucionalidade ou representação para fins de intervenção da União e dos Estados, nos casos previstos nesta Constituição;

V - defender judicialmente os direitos e interesses das populações indígenas;

VI - expedir notificações nos procedimentos administrativos de sua competência, requisitando informações e documentos para instruí-los, na forma da lei complementar respectiva;

VII - *exercer o controle externo da atividade policial, na forma da lei complementar mencionada no artigo anterior;*

VIII - *requisitar diligências investigatórias e a instauração de inquérito policial, indicados os fundamentos jurídicos de suas manifestações processuais.*

IX - exercer outras funções que lhe forem conferidas, desde que compatíveis com sua finalidade, sendo-lhe vedada a representação judicial e a consultoria jurídica de entidades públicas. (Grifos nossos)

---

5   MAZZILLI, Hugo Nigro. *Introdução ao Ministério Público.* 6. ed. São Paulo: Saraiva, 2007. p. 38-39.

Por sua vez, o art. 144 da Constituição consignou:

> Art. 144. A segurança pública, dever do Estado, direito e responsabilidade de todos, é exercida para a preservação da ordem pública e da incolumidade das pessoas e do patrimônio, através dos seguintes órgãos:
>
> I - polícia federal;
>
> II - polícia rodoviária federal;
>
> III - polícia ferroviária federal;
>
> IV - polícias civis;
>
> V - polícias militares e corpos de bombeiros militares.
>
> §1º A polícia federal, instituída por lei como órgão permanente, organizado e mantido pela União e estruturado em carreira, destina-se a: (Redação dada pela Emenda Constitucional nº 19, de 1998)
>
> I - apurar infrações penais contra a ordem política e social ou em detrimento de bens, serviços e interesses da União ou de suas entidades autárquicas e empresas públicas, assim como outras infrações cuja prática tenha repercussão interestadual ou internacional e exija repressão uniforme, segundo se dispuser em lei;
>
> II - prevenir e reprimir o tráfico ilícito de entorpecentes e drogas afins, o contrabando e o descaminho, sem prejuízo da ação fazendária e de outros órgãos públicos nas respectivas áreas de competência;
>
> III - exercer as funções de polícia marítima, aeroportuária e de fronteiras; (Redação dada pela Emenda Constitucional nº 19, de 1998)
>
> IV - exercer, com exclusividade, as funções de polícia judiciária da União. [...]
>
> §4º Às polícias civis, dirigidas por delegados de polícia de carreira, incumbem, ressalvada a competência da União, as funções de polícia judiciária e a apuração de infrações penais, exceto as militares. [...].

A redação dada pelo Constituinte originário aos dispositivos constitucionais não deixa dúvidas de que, ao mesmo tempo em que se concedeu atribuição institucional ao Ministério Público para promover procedimentos investigatórios e inquisitórios na proteção de direitos difusos e coletivos – todos de natureza civil –, outorgou às polícias federal e civil dos estados a competência para as atividades de polícia judiciária.

Observe-se, pois, que as funções de polícia judiciária se preordenam à apuração – para fins de repressão – dos ilícitos penais. Nesse ponto, a Lei Fundamental dispõe que essa função de apuração de infrações penais pertence aos órgãos elencados no art. 144, da Carta Magna.

Sobre o tema, Guilherme de Souza Nucci afirma:

> a Constituição Federal foi clara ao estabelecer as funções da polícia – federal e civil – para investigar e servir de órgão auxiliar do Poder Judiciário – daí o nome *polícia judiciária* –, na atribuição de apurar a ocorrência e a autoria de crimes e contravenções penais (art. 144). [...] Logo não cabe ao Ministério Público presidir os atos investigatórios, mas somente acompanha-los. Portanto, vê-se não ser constitucionalmente assegurado ao Ministério Público produzir, sozinho, a investigação criminal, denunciando quem considerar autor de infração penal, excluindo, integralmente, a polícia judiciária [...].[6]

---

[6] NUCCI, Guilherme de Souza. *Código de Processo Penal comentado*. 16. ed. Rio de Janeiro: Forense, 2017. p. 59-60.

Por sua vez, Antônio Scarance Fernandes assinala:

[A] Constituição atribuiu à polícia a função de investigar as infrações penais, mas, na linha da tendência universal, previu o "seu controle pelo Ministério Público e, por outro lado, restringiu, em parte, seus poderes de polícia em prol de maior garantia às pessoas submetidas a inquérito.

[...] Não se trata, contudo, de atividade que substituiria integralmente a atividade de polícia judiciária, exercida pela autoridade policial, prescindindo-se do inquérito policial pela própria Constituição Federal, sem exclusividade, incumbiu-se aos delegados de carreira exercer a função de polícia judiciária (art. 144, §4º). Não foi a norma excepcionada por outro preceito constitucional. O que permitiu o art. 129, VII, é o acompanhamento do inquérito policial pelo promotor. O avanço do Ministério Público em direção à investigação representa caminho que está em consonância com a tendência mundial de atribuir ao Ministério Público, como sucede em Portugal e Itália, a atividade de supervisão da investigação policial. Entre nós, contudo, *depende-se ainda de previsões específicas no ordenamento jurídico positivo, evitando-se a incerteza a respeito dos poderes do promotor durante a investigação.*[7] (Grifos nossos)

Com espírito fiel à interpretação literal ou gramatical dos preceitos constitucionais que informam a matéria, o Supremo Tribunal Federal em 15.12.1998, ao decidir o RE nº 205.473/AL, sob a relatoria do Ministro Carlos Velloso, reconheceu que a norma constitucional não contemplou a possibilidade de o *Parquet* realizar diretamente investigações, mas requisitá-las à autoridade policial. *In verbis*:

CONSTITUCIONAL. PROCESSUAL PENAL. MINISTÉRIO PÚBLICO: ATRIBUIÇÕES. INQUÉRITO. REQUISIÇÃO DE INVESTIGAÇÕES. CRIME DE DESOBEDIÊNCIA. C.F., art. 129, VIII; art. 144, §§1º e 4º. I. – Inocorrência de ofensa ao art. 129, VIII, C.F., no fato de a autoridade administrativa deixar de atender requisição de membro do Ministério Público no sentido da realização de investigações tendentes à apuração de infrações penais, mesmo porque não cabe ao membro do Ministério Público realizar, diretamente, tais investigações, mas requisitá-las à autoridade policial, competente para tal (C.F., art. 144, §§1º e 4º). Ademais, a hipótese envolvia fatos que estavam sendo investigados em instância superior. II. – R.E. não conhecido.[8]

Esse entendimento voltou a ser confirmado na Corte em 6.5.2003, no julgamento do RHC nº 81.326/DF. Na oportunidade, o relator, Ministro Nelson Jobim, consignou que a Constituição Federal atribuiu ao Ministério Público o poder de requisitar diligências investigatórias e a instauração de inquérito policial (CF, art. 129, inc. VIII), não contemplando, porém, a possibilidade de o *Parquet* realizar e presidir inquérito policial.

Para se chegar a esse desenlace, o Supremo pautou-se nas seguintes considerações lançadas pelo relator em seu voto:

A POLÍCIA JUDICIÁRIA é exercida pelas autoridades policiais, com o fim de apurar as infrações penais e a sua autoria (CPP, art. 4º).

O inquérito policial é o instrumento de investigação penal da POLÍCIA JUDICIÁRIA.

---

[7] FERNANDES, Antônio Scarance. *Processo penal constitucional*. 2. ed. São Paulo: RT, 2000. p. 243.

[8] RE nº 205.473/AL. Rel. Min. Carlos Velloso, Segunda Turma. *DJ*, 19 mar. 1999.

É um procedimento administrativo destinado a subsidiar o MINISTÉRIO PÚBLICO na instauração da ação penal.

A legitimidade histórica para condução do inquérito policial e realização das diligências investigatórias, é de atribuição exclusiva da polícia.

A Constituição Federal assegurou as funções de POLÍCIA JUDICIÁRIA e apuração de infrações penais à POLÍCIA CIVIL (CF, art. 144, §4º). [...]

A Constituição Federal dotou o MINISTÉRIO PÚBLICO do poder de requisitar diligências investigatórias e a instauração de inquérito policial (CF, art. 129, inciso VIII).

A norma constitucional não contemplou, porém, a possibilidade do mesmo realizar e presidir inquérito penal. [...]

Não cabe, portanto, aos seus membros, inquirir diretamente pessoas suspeitas de autoria de crime.

Mas, requisitar diligência à autoridade policial.[9]

Agregue-se, ainda, excerto do voto do Ministro Nelson Jobim no julgamento do RE nº 233.072/RJ:

[Q]uando da elaboração da Constituição de 1988, era pretensão de alguns parlamentares introduzir texto específico no sentido de criarmos, ou não, o processo de instrução, gerido pelo MINISTÉRIO PÚBLICO.

Isso foi objeto de longos debates na elaboração da Constituição e foi rejeitado.

Mas, o tema voltou a ser discutido quando, em 1993, votava-se no Congresso Nacional a lei complementar relativa ao MINISTÉRIO PÚBLICO DA UNIÃO e ao MINISTÉRIO PÚBLICO DOS ESTADOS, em que havia essa discussão do chamado processo de instrução que pudesse ser gerido pelo MINISTÉRIO PÚBLICO.

Há longa disputa entre o MINISTÉRIO PÚBLICO, a POLÍCIA CIVIL e a POLÍCIA FEDERAL em relação a essa competência exclusiva da polícia de realizar os inquéritos. Lembro-me que toda essa matéria foi rejeitada, naquele momento, no Legislativo [...].[10]

A conclusão a que se chega, a partir dessas considerações, é que a tradição jurídica pátria, a respeito das atividades de investigação criminal, outorgara apenas à polícia judiciária o exercício desse mister.

Conforme salientado nos votos mencionados, restou fracassada a tentativa de se incluir, no texto originário da Constituição da República de 1988, tal atribuição ao Ministério Público. Tal constatação, caracterizada pela rejeição das emendas referidas no mencionado julgamento, revela a intenção do constituinte originário de afastar das atividades de investigação criminal o órgão ministerial.

Porém, fazendo coro à corrente dos que defendiam o poder de investigação do Ministério Público, como um papel constitucional inerente àquele que detém o domínio da ação penal (*dominus litis*) e exerce o controle da polícia judiciária, é que a Segunda Turma, quando do julgamento do HC nº 91.661/PE,[11] em 10.3.2009, admitiu a intervenção

---

[9]   RHC nº 81.326/DF. Rel. Min. Nelson Jobim, Segunda Turma. *DJ*, 1º ago. 2003.

[10]   RE nº 233.072/RJ. Rel. p/ acórdão Min. Nelson Jobim, Segunda Turma. *DJ*, 3 maio 2002.

[11]   Rel. Min. Ellen Gracie. *DJe*, 3 abr. 2009.

investigativa do Ministério Público, a partir da teoria dos poderes implícitos[12] (*implied powers*), de origem norte-americana, citada na doutrina brasileira pela primeira vez em 1932 por Rui Barbosa, na clássica obra *Comentários à Constituição Federal brasileira*.[13]

Em síntese, a Corte reconheceu como legítima a atuação do *Parquet* na colheita de elementos de prova a demonstrar a existência da autoria e da materialidade de determinado delito, o que nos faz relembrar de antigo precedente do Tribunal Pleno no qual o relator para acórdão, Ministro Néri da Silveira, em voto que proferiu no MS nº 21.729/DF,[14] em 5.10.1995, ao analisar a legitimidade do Ministério Público para requisitar informações e documentos destinados a instruir procedimentos administrativos de sua competência, embora em outro contexto, já sinalizava expressamente que a ordem jurídica vigente *teria conferido explicitamente poderes amplos de investigação ao Ministério Público*, à luz do art. 129, incs. VI e VIII, da Constituição Federal, e do art. art. 8º, incs. II e IV, e §2º, da Lei Complementar nº 75/1993.

Revisitando o voto proferido pela Ministra Ellen Gracie no HC nº 91.661/PE, nota-se que a eminente relatora deixou consignado na oportunidade, que facultar poderes de investigação ao Ministério não significaria

> retirar da Polícia Judiciária as atribuições previstas constitucionalmente, *mas apenas harmonizar as normas constitucionais (arts. 129 e 144) de modo a compatibilizá-las para permitir não apenas a correta e regular apuração dos fatos supostamente delituosos, mas também a formação da opinio delicti.* (Grifos nossos)

Ainda de acordo com o entendimento de Sua Excelência:

> [o] art. 129, inciso I, da Constituição Federal, atribui ao *parquet* a privatividade na promoção da ação penal pública. Do seu turno, o Código de Processo Penal estabelece que o inquérito policial é dispensável, já que o Ministério Público pode embasar seu pedido em peças de informação que concretizem justa causa para a denúncia. 7. Ora, é princípio basilar da hermenêutica constitucional o dos "poderes implícitos", segundo o qual, quando a Constituição Federal concede os fins, dá os meios. Se a atividade fim – promoção da ação penal pública – foi outorgada ao parquet em foro de privatividade, não se concebe como não lhe oportunizar a colheita de prova para tanto, já que o CPP autoriza que "peças de informação" embasem a denúncia.

Reafirmou-se na Corte esse entendimento quando do julgamento do RHC nº 89.937/DF, em 20.10.2009, pela Segunda Turma, em que o Ministro Celso de Mello assentou:

---

[12] "[T]eoria dos poderes implícitos – inherent powers – pela qual, no exercício de sua missão constitucional enumerada, o órgão executivo deveria dispor de todas as funções necessárias, ainda que implícitas, desde que não expressamente limitadas (Myers v. Estados Unidos – US – 272 – 52, 118), consagrando-se, dessa forma, e entre nós aplicável ao Ministério Público, o reconhecimento de competências genéricas implícitas que possibilitem o exercício de sua missão constitucional, apenas sujeitas às proibições e limites estruturais da Constituição Federal" (MORAES, Alexandre de. *Direito constitucional*. 29. ed. São Paulo: Atlas, 2013. p. 626).

[13] BARBOSA, Rui. *Comentários à Constituição Federal brasileira*. São Paulo: Saraiva, 1932.

[14] MS nº 21.729/DF. Rel. p/ acórdão Min. Néri da Silveira, Tribunal Pleno. *DJ*, 19 out. 2001.

[a] outorga constitucional de funções de polícia judiciária à instituição policial não impede nem exclui a possibilidade de o Ministério Público, que é o "dominus litis", determinar a abertura de inquéritos policiais, requisitar esclarecimentos e diligências investigatórias, estar presente e acompanhar, junto a órgãos e agentes policiais, quaisquer atos de investigação penal, mesmo aqueles sob regime de sigilo, sem prejuízo de outras medidas que lhe pareçam indispensáveis à formação da sua "opinio delicti", sendo-lhe vedado, no entanto, assumir a presidência do inquérito policial, que traduz atribuição privativa da autoridade policial. [...]

A cláusula de exclusividade inscrita no art. 144, §1º, inciso IV, da Constituição da República – que não inibe a atividade de investigação criminal do Ministério Público – tem por única finalidade conferir à Polícia Federal, dentre os diversos organismos policiais que compõem o aparato repressivo da União Federal (polícia federal, polícia rodoviária federal e polícia ferroviária federal), primazia investigatória na apuração dos crimes previstos no próprio texto da Lei Fundamental ou, ainda, em tratados ou convenções internacionais. - Incumbe, à Polícia Civil dos Estados-membros e do Distrito Federal, ressalvada a competência da União Federal e excetuada a apuração dos crimes militares, a função de proceder à investigação dos ilícitos penais (crimes e contravenções), sem prejuízo do poder investigatório de que dispõe, como atividade subsidiária, o Ministério Público. - Função de polícia judiciária e função de investigação penal: uma distinção conceitual relevante, que também justifica o reconhecimento, ao Ministério Público, do poder investigatório em matéria penal. [...]

O poder de investigar compõe, em sede penal, o complexo de funções institucionais do Ministério Público, que dispõe, na condição de "dominus litis" e, também, como expressão de sua competência para exercer o controle externo da atividade policial, da atribuição de fazer instaurar, ainda que em caráter subsidiário, mas por autoridade própria e sob sua direção, procedimentos de investigação penal destinados a viabilizar a obtenção de dados informativos, de subsídios probatórios e de elementos de convicção que lhe permitam formar a "opinio delicti", em ordem a propiciar eventual ajuizamento da ação penal de iniciativa pública.[15]

Em resumo, a par do princípio da unidade da Constituição,[16] em uma compreensão das normas constitucionais de regência, pertinentes ao conjunto que elas integram, concretizou-se a tese de que a função investigatória criminal seria um poder implícito outorgado pela Lei Magna ao *Parquet*, que a ele conferiu atribuição para requisitar diligências investigatórias e a instauração de inquérito policial, bem como a de exercer o controle externo da atividade policial, abrindo-lhe espaço, implicitamente, para realização direta de tais atividades.

Por sua complexidade e multiplicidade de aspectos, o tema tornou-se objeto de repercussão geral na Corte, conforme aludido na primeira parte desse ensaio.

---

[15] RHC nº 89.937/DF. Rel. Min. Celso de Mello, Segunda Turma. *DJe*, 20 nov. 2009.

[16] As normas constitucionais devem ser vistas não como normas isoladas, mas com preceitos integrados num sistema unitário de regras e princípios, que é instituído na e pela própria Constituição. Em consequência, a Constituição só pode ser compreendida e interpretada corretamente se nós a entendermos como unidade, do que resulta, por outro lado, que em nenhuma hipótese devemos separar uma norma do conjunto em que ela se integra, até porque – relembre-se o círculo hermenêutico – o sentido da parte e o sentido do todo são interdependentes (MENDES, Gilmar Ferreira; COELHO, Inocêncio Mártires; BRANCO, Paulo Gustavo Gonet. *Curso de direito constitucional*. São Paulo: Saraiva, 2007. p. 107).

3 O poder de investigação do Ministério Público e o seu controle parametrizado no RE nº 593.727-RG

Consoante se ressaltou no tópico anterior, em 27.8.2009, por meio do RE nº 593.727/MG, sob a relatoria originária do Ministro Cezar Peluso, o poder de investigação do Ministério Público teve a sua repercussão geral reconhecida.

À época, o Ministro Dias Toffoli estava convencido de que o Ministério Público, a partir do momento em que se utilizasse de sua estrutura e garantias institucionais para implementar investigações criminais, atuaria em sigilo e isento de externa fiscalização em sua estrutura administrativa.

Ao aventar essa possibilidade, o Ministro Dias Toffoli argumentou que a Constituição Federal organizou a atividade de persecução criminal dotando a polícia judiciária de atribuição para a colheita prévia de elementos probatórios, sempre sob a tutela fiscalizatória do órgão ministerial, a fim de que este pudesse avaliar – na qualidade de defensor da ordem jurídica – a adequação do caso à deflagração de ação penal cabível. Portanto, sob essa compreensão, se o Ministério Público realizasse essa função diretamente, estar-se-ia a fazer tábula rasa dos mecanismos de controle da atividade de investigação criminal contemplados pela Constituição de 1988.

Essas preocupações foram objeto de longo debate que permeou o julgamento do RE nº 593.727/MG, a partir do voto proferido pelo relator em 21.6.2012, quando assentiu com a hipótese de o Ministério Público promover atividades de investigação de infrações penais, como medida preparatória para instauração de ação penal, mediante procedimento público e sempre supervisionado pelo Poder Judiciário, regulado, por analogia, pelas normas que governam o inquérito policial.

O Ministro Cezar Peluso propôs, ainda, que a atividade investigativa do Ministério Público seria restrita a:

> fato ou fatos teoricamente criminosos, praticados por membros ou servidores da própria instituição, ou praticados por autoridades ou agentes policiais, ou, ainda, praticados por outrem, se, a respeito, a autoridade policial, cientificada, não haja instaurado inquérito policial.

A compreensão do relator no voto proferido lançou luz ao entendimento externado pelo Ministro Celso de Mello ao julgar HC nº 89.837/DF na Segunda Turma. Sua Excelência consignou naquela assentada:

> [o] Ministério Público, sem prejuízo da fiscalização intra--orgânica e daquela desempenhada pelo Conselho Nacional do Ministério Público, está permanentemente sujeito ao controle jurisdicional dos atos que pratique no âmbito das investigações penais que promova "ex propria auctoritate", não podendo, dentre outras limitações de ordem jurídica, desrespeitar o direito do investigado ao silêncio ("nemo tenetur se detegere"), nem lhe ordenar a condução coercitiva, nem constrangê-lo a produzir prova contra si próprio, nem lhe recusar o conhecimento das razões motivadoras do procedimento investigatório, nem submetê-lo a medidas sujeitas à reserva constitucional de jurisdição, nem impedi-lo de fazer-se acompanhar de Advogado, nem impor, a este, indevidas restrições ao regular desempenho de suas prerrogativas profissionais (Lei nº 8.906/94, art. 7º, v.g.).[17]

---

[17] *DJe*, 19 nov. 2009.

Essas premissas não passaram despercebidas pelo Ministro Gilmar Mendes, que, ao relatar o HC nº 93.930/RJ,[18] destacou a necessidade e a relevância de uma atuação efetiva do Ministério Público em prol do interesse público, o que, todavia, em um Estado Democrático de Direito, não poderia ocorrer:

> sem a observância de garantias mínimas ao atingido, tais como distribuição impessoal e objetiva dos processos, procedimentalização das diligências, normas de abertura e arquivamento das investigações, de oitiva do acusado e testemunhas, de responsabilização para os excessos e abusos cometidos pelos membros do *Parquet*.

Sua Excelência, em arguto raciocínio, bem lembrou:

> o inquérito policial é concebido, também, como um instrumento de garantia do acusado, realizando justamente essa perspectiva de participação procedimental. Não obstante a ausência do contraditório, não deixa o inquérito policial de representar um procedimento legal de mediação entre o interesse do acusado e o direito de punir do Estado. Daí, a existência de garantias mínimas ao acusado, tais como a existência de prazos, a supervisão judicial, e a ciência das partes, a possibilidade de acompanhamento por meio de advogado.

No julgamento do RE nº 593.727/MG, o ilustre Ministro Gilmar Mendes sufragou o entendimento alhures, harmonizando, com extrema pertinência, no voto condutor do acórdão, os dispositivos constitucionais que tratam dos poderes de investigação do Ministério Público, tendo consolidado valorosos e importantes fundamentos proferidos em julgados anteriores do Supremo sobre a matéria, o que resultou na seguinte tese de repercussão geral:

> O Ministério Público dispõe de competência para promover, por autoridade própria, e por prazo razoável, investigações de natureza penal, desde que respeitados os direitos e garantias que assistem a qualquer indiciado ou a qualquer pessoa sob investigação do Estado, observadas, sempre, por seus agentes, as hipóteses de reserva constitucional de jurisdição e, também, as prerrogativas profissionais de que se acham investidos, em nosso País, os Advogados (Lei 8.906/94, artigo 7º, notadamente os incisos I, II, III, XI, XIII, XIV e XIX), sem prejuízo da possibilidade – sempre presente no Estado democrático de Direito – do permanente controle jurisdicional dos atos, necessariamente documentados (Súmula Vinculante 14), praticados pelos membros dessa instituição.

Embora o homenageado não tenha seguido a integralidade do denso voto de Sua Excelência, as suas observações, agregadas àquelas que foram lançadas em perspectiva no julgamento pelos demais e não menos ilustres membros da Corte, conduziram-no, com maestria ímpar, à reformulação de sua antiga posição, emitida ainda quando do exitoso exercício do cargo de Advogado-Geral da União na ADI nº 4.271/DF, para consentir com a possibilidade de o Ministério Público promover atividades de investigação criminal, naquelas hipóteses mais restritivas[19] que foram estabelecidas no voto do Ministro Cezar Peluso.

---

[18] Segunda Turma. *DJe*, 3 fev. 2011.

[19] "1) mediante procedimento regulado, por analogia, pelas normas que governam o inquérito policial; 2) que, por consequência, o procedimento seja, de regra, público e sempre supervisionado pelo Poder Judiciário; 3) e

4 Considerações finais

Os parâmetros estabelecidos na tese de repercussão geral,[20] que restou consolidada pelo Tribunal Pleno, representa, estreme de dúvidas, importante paradigma para o controle externo da atividade investigativa, *subsidiária*, do Ministério Público como um sistema de freios e contrapesos (*checks and balances*) adotado pela Constituição de 1988. Tecendo comentários sobre o princípio da separação de poderes, Canotilho,[21] afirma que "o que importa num estado constitucional de direito não será tanto saber se o legislador, o governo ou o juiz fazem actos legislativos, executivos ou jurisdicionais, mas se o que eles fazem pode ser feito de forma legítima".

Nessa perspectiva, objetivando o controle externo da atividade investigativa do Ministério Público, "sem prejuízo da fiscalização intra-orgânica e daquela desempenhada pelo Conselho Nacional do Ministério Público",[22] com vistas à implementação de um sistema de freios contrapesos, o entendimento consolidado pelo Supremo Tribunal Federal trouxe relevante contribuição acadêmica e jurídica sobre tema.

Em tempos em que o Ministério Público vem exercendo papel de relevância maior no sistema de justiça, a contribuição dada pela Suprema Corte, longe de pôr fim ao debate, que ainda produz eco a respeito do seu poder em promover atividade investigativa, veio no sentido de nortear essas ações, que devem se traduzir, não perdendo de vista a defesa da ordem jurídica e o interesse público, em um instrumento de garantia ao investigado, assim como o inquérito policial, respeitando-se, na concretização de um efetivo Estado Constitucional Democrático, os direitos e garantias fundamentais que assistem a qualquer cidadão que esteja naquela condição.

---

que tenha por objeto fato ou fatos teoricamente criminosos, praticados por membros ou servidores da própria instituição (a), ou praticados por autoridades ou agentes policiais (b), ou, ainda, praticados por outrem, se, a respeito, a autoridade policial, cientificada, não haja instaurado inquérito policial" (RE nº 593.727/MG. Tribunal Pleno. *DJe*, 8 set. 2015).

[20] A atuação do Parquet deve ser, necessariamente, subsidiária, ocorrendo, apenas, quando não for possível, ou recomendável, que se efetive pela própria polícia, em hipóteses específicas, quando, por exemplo, se verificarem situações de lesão ao patrimônio público, de excessos cometidos pelos próprios agentes e organismos policiais (*v.g.*, tortura, abuso de poder, violências arbitrárias, concussão, corrupção), de intencional omissão da Polícia na apuração de determinados delitos ou se configurar o deliberado intuito da própria corporação policial de frustrar, em função da qualidade da vítima ou da condição do suspeito. Deve-se, ainda, observar: a) pertinência do sujeito investigado com a base territorial e com a natureza do fato investigado; b) ato formal para a abertura da investigação (*v.g.*, portaria), com delimitação de seu objeto e razões que o fundamentem; c) comunicação imediata e formal ao Procurador-Chefe ou Procurador-Geral; d) autuação, numeração e controle de distribuição; e) publicidade de todos os atos, salvo sigilo decretado de forma fundamentada; f) juntada e formalização de todos os atos e fatos processuais, em ordem cronológica, principalmente diligências, provas coligidas, oitivas; g) asseguração do pleno conhecimento dos atos de investigação à parte e ao seu advogado, como bem afirmado na Súmula Vinculante nº 14; h) observação dos princípios e regras que orientam o inquérito e os procedimentos administrativos sancionatórios; i) asseguração da ampla defesa e do contraditório, este ainda que de maneira diferida, ou seja, respeitadas as hipóteses de diligências em curso e com potencial prejuízo acaso antecipado o conhecimento; j) prazo para conclusão e controle judicial no arquivamento.

[21] CANOTILHO, José Gomes. *Direito constitucional e teoria da Constituição*. 5. ed. Coimbra: Almedina, 2002. p. 254.

[22] HC nº 89.837/DF. Rel. Min. Celso de Mello, Segunda Turma. *DJe*, 19 nov. 2009.

Referências

BARBOSA, Rui. *Comentários à Constituição Federal brasileira*. São Paulo: Saraiva, 1932.

CANOTILHO, José Gomes. *Direito constitucional e teoria da Constituição*. 5. ed. Coimbra: Almedina, 2002.

FERNANDES, Antônio Scarance. *Processo penal constitucional*. 2. ed. São Paulo: RT, 2000.

MAZZILLI, Hugo Nigro. *Introdução ao Ministério Público*. 6. ed. São Paulo: Saraiva, 2007.

MENDES, Gilmar Ferreira; COELHO, Inocêncio Mártires; BRANCO, Paulo Gustavo Gonet. *Curso de direito constitucional*. São Paulo: Saraiva, 2007.

MORAES, Alexandre de. *Direito constitucional*. 29. ed. São Paulo: Atlas, 2013.

NUCCI, Guilherme de Souza. *Código de Processo Penal comentado*. 16. ed. Rio de Janeiro: Forense, 2017.

Informação bibliográfica deste texto, conforme a NBR 6023:2018 da Associação Brasileira de Normas Técnicas (ABNT):

SANTOS, André Luiz Nogueira dos; FREIRE, Alexandre. O poder de investigação do Ministério Público na jurisprudência do Supremo Tribunal Federal. *In*: MORAES, Alexandre de; MENDONÇA, André Luiz de Almeida (Coord.). *Democracia e sistema de justiça*: obra em homenagem aos 10 anos do Ministro Dias Toffoli no Supremo Tribunal Federal. Belo Horizonte: Fórum, 2020. p. 93-104. ISBN 978-85-450-0718-0.

A CONTRIBUIÇÃO DO MINISTRO DIAS TOFFOLI NA FORMAÇÃO DA MODERNA JURISPRUDÊNCIA DO STF EM MATÉRIA DE DIREITO ELEITORAL (PROPAGANDA ELEITORAL, DIREITO DE ANTENA E PARTICIPAÇÃO POLÍTICA)

CARLOS VIEIRA VON ADAMEK

MÁRCIO ANTONIO BOSCARO

O Ministro Dias Toffoli, anteriormente à sua indicação para o cargo de Advogado-Geral da União, em 2007, e de Ministro da Suprema Corte, em 2009, teve intensa e destacada atuação como advogado, perante o Tribunal Superior Eleitoral.

Assim, como especialista em direito eleitoral, proferiu vários votos, ao longo de sua trajetória como Ministro do Supremo Tribunal Federal, que se constituíram em verdadeiros paradigmas sobre a matéria e orientaram a formação da moderna jurisprudência sobre esse tema, em nosso Pretório Excelso.

Pretende-se analisar, no presente estudo, a importância desses votos, dentro do contexto maior da participação política, notadamente quanto ao acesso aos meios de comunicação de massa, porque fixaram importantes balizas para a jurisprudência que veio a se desenvolver, posteriormente, nos sucessivos pleitos que se seguiram.

Em uma abordagem preliminar, convém ressaltar que a Constituição Federal de 1988 assegurou a todo os partidos políticos acesso gratuito ao rádio e à televisão, nos termos da redação original da norma de seu art. 17, §3º, naquilo que se denomina "direito de antena", e que se constitui, efetivamente, na garantia de acesso dessas agremiações aos meios de comunicação social.

Previu, ainda, referida norma constitucional, que esse direito seria implementado da forma como disposta na legislação pertinente.

Cuida-se do direito à propaganda política, que classicamente se subdivide em propaganda partidária e propaganda eleitoral, quer se volte, respectivamente, à difusão de ideias e programas de determinado partido político, quer tenha por objetivo o convencimento do eleitorado, às vésperas de um certame eleitoral, com o fito de obter votos, que coloquem eventual candidato como o mais apto ao exercício do cargo em disputa.

Contudo, a partir da realização da reforma política de 2017, consubstanciada pela edição das leis nºs 13.478 e 13.488, restou extinta a modalidade da propaganda partidária, a contar de 1º.01.2018, remanescendo apenas a propaganda política, em tempos de campanhas eleitorais.

De qualquer forma, não se pode deixar de considerar tratar-se esse mecanismo de um direito tendente a assegurar uma verdadeira "paridade de armas" entre partidos e candidatos, de modo a permitir que a todos os concorrentes seja franqueado algum tipo de acesso aos meios de comunicação social.

Releva salientar, ainda, que também é necessária a edição de legislação ordinária a disciplinar o efetivo exercício do direito de antena, ressaltando-se que o Supremo Tribunal Federal já destacou, quando do julgamento da ADI nº 956/DF:

> O horário eleitoral gratuito não tem sede constitucional. Ele é a cada ano eleitoral uma criação do legislador ordinário, que tem autoridade para estabelecer os critérios de utilização dessa gratuidade, cujo objetivo maior é igualar, por métodos ponderados, as oportunidades dos candidatos de maior ou menor expressão econômica no momento de expor ao eleitorado suas propostas (Rel. Min. Francisco Rezek, Tribunal Pleno. *DJ*, 20 abr. 2001)

Trata-se de importante precedente, porque estabeleceu uma nítida distinção entre o horário eleitoral, como acima referido, e os "horários de que dispõem os partidos ano a ano", distinção essa que atualmente não mais tem sentido de ser.

Muitas foram as inovações legislativas ocorridas entre nós, ao longo dos anos, sempre com o intuito de disciplinar o assim denominado "direito de antena", sendo certo que praticamente todas elas, como não poderia deixar de ser, dado o intenso conflito de interesses em disputa, foram alvo de questionamentos, quanto à sua efetiva adequação às normas constitucionais que disciplinam o tema.

De início, a orientação vigente em nossa Suprema Corte ao analisar essa problemática foi mais conservadora, no sentido de prestigiar as legislações editadas. Assim, por exemplo, a Lei nº 9.100/95, voltada a disciplinar as eleições municipais de 1996, previa, em seu art. 57, que a distribuição do tempo de propaganda eleitoral seria feita na base de 1/5 dividido entre todos os partidos e coligações em disputa, e 4/5 entre aqueles que tivessem representantes na Câmara dos Deputados, de modo proporcional a essa representação.

Tal norma foi objeto de impugnação, junto ao STF, que rejeitou o pedido de suspensão liminar de sua vigência, por meio de acórdão assim ementado:

> ART. 57, DA LEI Nº 9.100, DE 29 DE SETEMBRO DE 1995. ELEIÇÕES MUNICIPAIS. DISTRIBUIÇÃO DOS PERÍODOS DE PROPAGANDA ELEITORAL GRATUITA, EM FUNÇÃO DO NÚMERO DE REPRESENTANTES DE CADA PARTIDO NO CÂMARA FEDERAL. ALEGADA AUSÊNCIA DE GENERALIDADE NORMATIVA, ALÉM DE OFENSA AO PRINCÍPIO DA ISONOMIA. Improcedência da alegação. Solução legislativa motivada pela profunda desigualdade que se verifica entre os partidos. Cautelar indeferida (ADI nº 1.408-MC. Rel. Min. Ilmar Galvão, Tribunal Pleno. *DJ*, 24 out. 1997)

Com a promulgação da Lei nº 9.504/97, novo regramento foi introduzido em nosso ordenamento jurídico, determinando, em síntese, a divisão do tempo de propaganda entre os partidos dotados de representação no parlamento nacional. Desnecessário dizer que também as normas dessa lei não tardaram a ser objeto de impugnação junto STF.

A ação direta de inconstitucionalidade com esse fito intentada, entretanto, não foi conhecida pelo Plenário da Suprema Corte, por meio de acórdão que recebeu a seguinte ementa:

> Ação direta de inconstitucionalidade. Medida Liminar. Argüição de inconstitucionalidade da expressão "um terço" do inciso I e do inciso II do §2º, do §3º e do §4º do artigo 47 da Lei nº 9.504, de 30 de setembro de 1997, ou quando não, do artigo 47, incisos I, III, V e VI, exceto suas alíneas "a" e "b" de seu §1º, em suas partes marcadas em negrito, bem como dos incisos e parágrafos do artigo 19 da Instrução nº 35 - CLASSE 12ª - DISTRITO FEDERAL, aprovada pela Resolução nº 20.106/98 do TSE que reproduziram os da citada Lei 9.504/97 atacados. - Em se tratando de instrução do TSE que se limita a reproduzir dispositivos da Lei 9.504/97 também impugnados, a argüição relativa a essa instrução se situa apenas mediatamente no âmbito da constitucionalidade, razão por que não se conhece da presente ação nesse ponto. - Quanto ao primeiro pedido alternativo sobre a inconstitucionalidade dos dispositivos da Lei 9.504/97 impugnados, a declaração de inconstitucionalidade, se acolhida como foi requerida, modificará o sistema da Lei pela alteração do seu sentido, o que importa sua impossibilidade jurídica, uma vez que o Poder Judiciário, no controle de constitucionalidade dos atos normativos, só atua como legislador negativo e não como legislador positivo. - No tocante ao segundo pedido alternativo, não se podendo, nesta ação, examinar a constitucionalidade, ou não, do sistema de distribuição de honorários com base no critério da proporcionalidade para a propaganda eleitoral de todos os mandatos eletivos ou de apenas alguns deles, há impossibilidade jurídica de se examinar, sob qualquer ângulo que seja ligado a esse critério, a inconstitucionalidade dos dispositivos atacados nesse pedido alternativo. Ação direta de inconstitucionalidade não conhecida (ADI nº 1.822/DF. Rel. Min. Moreira Alves. *DJ*, 10 dez. 1999)

Apenas alguns anos mais tarde, quando da análise de outras ações de inconstitucionalidade, ajuizadas em face de novos regramentos introduzidos em nosso ordenamento jurídico acerca da matéria, é que esse posicionamento eminentemente restritivista, porque contrário a uma maior intervenção do Poder Judiciário no exercício de seu poder de controle normativo, principiou a alterar-se.

Por ocasião do julgamento conjunto das ADI nºs 4.430 e 4.795, ambas de relatoria do Ministro Dias Toffoli (Tribunal Pleno. *DJe*, 19 set. 2013), deixou-se expressamente assentado que referido pretérito julgamento não poderia constituir óbice ao conhecimento de renovados pleitos, novamente submetidos à apreciação da Suprema Corte, quer pela "ausência de apreciação de mérito no processo objetivo anterior, bem como em face da falta de juízo definitivo sobre a compatibilidade ou não dos dispositivos atacados com a Constituição Federal".

O fundamental, entretanto, foi a assunção de uma novel postura adotada pela nossa Suprema Corte, em face de pedidos como esse, calcada na seguinte premissa:

> na atual dimensão da jurisdição constitucional, a solução ali apontada não mais guarda sintonia com o papel de tutela da Lei Fundamental exercido pela Suprema Corte, a qual estaria autorizada a apreciar a inconstitucionalidade de dada norma, ainda que seja para dela extrair interpretação conforme à Constituição Federal, com a finalidade de fazer incidir conteúdo normativo constitucional dotado de carga cogente cuja produção de efeitos independa de intermediação legislativa.

É por essa razão que em tal mudança da perspectiva do papel a ser exercido pelo STF, na análise de norma cuja constitucionalidade estivesse em discussão, os precedentes representados pelo julgamento dessas ADI constituíram um marco na análise da legislação do direito de antena, entre nós, notadamente sob a perspectiva da proteção dos direitos das minorias e de incentivo a uma maior participação política na vida pública nacional.

A corroborar essa nova forma de enfrentamento de questões desse tipo, a própria ementa do acórdão então proferido já espelhou, de maneira bastante clara, entendimento que passou a prevalecer na Suprema Corte, acerca do tema, merecendo transcrição a seguinte parte:

> A exclusão da propaganda eleitoral gratuita no rádio e na televisão das agremiações partidárias que não tenham representação na Câmara Federal representa atentado ao direito assegurado, expressamente, no §3º do art. 17 da Lei Maior, direito esse indispensável à existência e ao desenvolvimento desses entes plurais e, sem o qual, fica cerceado o seu direito de voz nas eleições, que deve ser acessível a todos os candidatos e partidos políticos.

Restou estabelecido, a partir de então, o entendimento de que a regra constitucional que prevê o acesso de agremiações políticas à propaganda em rádio e televisão não seria compatível com a proibição do acesso dos partidos políticos regularmente inscritos no TSE, à propaganda eleitoral gratuita. Explicitando tal entendimento, confira-se outra parte da ementa daquele julgamento:

> A solução interpretativa pela repartição do horário da propaganda eleitoral gratuita de forma igualitária entre todos os partidos partícipes da disputa não é suficiente para espelhar a multiplicidade de fatores que influenciam o processo eleitoral. Não há igualdade material entre agremiações partidárias que contam com representantes na Câmara e legendas que, submetidas ao voto popular, não lograram eleger representantes para a Casa do Povo. Embora iguais no plano da legalidade, não são iguais quanto à legitimidade política. Os incisos I e II do §2º do art. 47 da Lei nº 9.504/97, em consonância com o princípio da democracia e com o sistema proporcional, estabelecem regra de equidade, resguardando o direito de acesso à propaganda eleitoral das minorias partidárias e pondo em situação de privilégio não odioso aquelas agremiações mais lastreadas na legitimidade popular. O critério de divisão adotado – proporcionalidade à representação eleita para a Câmara dos Deputados – adéqua-se à finalidade colimada de divisão proporcional e tem respaldo na própria Constituição Federal, que faz a distinção entre os partidos com e sem representação no Congresso Nacional, concedendo certas prerrogativas, exclusivamente, às agremiações que gozam de representatividade nacional (art. 5º, LXX, a; art. 103, VIII; art. 53, §3º; art. 55, §§2º e 3º; art. 58, §1º).

Ao longo da fundamentação do denso voto, então proferido, voltou Sua Excelência, o relator, Ministro Dias Toffoli, a debruçar-se sobre o tema, conforme segue:

> Verifica-se, ademais, que a atuação política do partido é subsidiada, ao menos, pelas duas garantias contidas no mencionado dispositivo constitucional: o acesso aos recursos do fundo partidário e a utilização gratuita do rádio e da televisão para a realização da propaganda partidária e eleitoral. Essa última, como salientado, constitui mecanismo de efetiva participação no pleito eleitoral, assegurando o espaço de comunicação necessário ao candidato e ao partido político, personagens indissociáveis do processo eleitoral. Ora, levar

a cabo interpretação restritiva, que impeça a participação de partidos sem representação na Câmara Federal na propaganda eleitoral gratuita, é o mesmo que tolher direito atrelado, de forma imanente, à postulação de cargos eletivos. [...]

Atento a essa particularidade, entendo possível, e constitucionalmente aceitável, a adoção de tratamento diversificado, quanto à divisão do tempo de propaganda eleitoral gratuita, para partidos com e sem representação na Câmara dos Deputados. O critério adotado, do mesmo modo que reserva espaço destinado às minorias, não desconhece a realidade histórica de agregação de representatividade política experimentada por diversos partidos políticos que na atualidade dominam o cenário político. Com efeito, não há igualdade material entre agremiações partidárias que contam com representantes na Câmara Federal e legendas que, submetidas ao voto popular, não lograram eleger representantes para a Casa do Povo. Não há como se exigir tratamento absolutamente igualitário entre esses partidos, porque eles não são materialmente iguais, quer do ponto de vista jurídico, quer da representação política que têm. Embora iguais no plano da legalidade, não são iguais quanto à legitimidade política.

E assim Sua Excelência concluiu seu voto, naquele julgamento:

> Por todas essas razões, reputo constitucional a interpretação que reconhece aos partidos criados após a realização de eleições para a Câmara dos Deputados o direito à devida proporcionalidade na divisão do tempo de propaganda eleitoral no rádio e na televisão prevista no inciso II do §2º do art. 47 da Lei nº 9.504/97, devendo-se considerar, para tanto, a representação dos deputados federais que, embora eleitos por outros partidos, migrarem direta e legitimamente para a novel legenda na sua criação. Essa interpretação prestigia, por um lado, a liberdade constitucional de criação de partidos (art. 17, caput, CF/88) e, por outro, a representatividade do partido que já nasce com representantes parlamentares, tudo em consonância com o sistema de representação proporcional brasileiro.

Tem-se, portanto, o cabal reconhecimento de que a norma do art. 17, §3º, da Constituição Federal (em sua redação original), obstava a exclusão da propaganda eleitoral gratuita no rádio e na televisão, de agremiações partidárias que não fossem dotadas de representação parlamentar na Câmara dos Deputados.

Restou igualmente estatuído, de maneira clara, que a adoção de critério para a repartição desse tempo, calcado em desempenho eleitoral pretérito de partido político, nada teria de abusivo, não se podendo asseverar que isso violaria o princípio da igualdade, pois tal fator de desempenho, para fins de delimitar o alcance de prerrogativas de agremiações partidárias, tem previsão constitucional.

Não se admitiu, entretanto, conforme devidamente assentado nesse novel posicionamento jurisprudencial de nossa Suprema Corte acerca do tema, que a legislação estabelecesse critério que viesse a imobilizar o quadro partidário existente, ou mesmo viesse a impedir a própria criação e desenvolvimento de novas forças político-partidárias, por se entender que há uma clara exigência, de índole constitucional, quanto ao fortalecimento do caráter nacional dos partidos.

Sobre o tema, ainda discorreu Sua Excelência, o Ministro Dias Toffoli, quando do julgamento da ADI nº 5.491/DF, conforme segue:

> Com efeito, a Carta de 1988 assegurou às agremiações o "direito a recurso do fundo partidário e acesso gratuito ao rádio e à televisão, na forma da lei" (art. 17, §3º, da Constituição), direitos esses indispensáveis à existência e ao desenvolvimento dos partidos

políticos. Assim como o direito de repartição dos recursos do Fundo Partidário, a previsão constitucional do direito de acesso dos partidos políticos aos meios de comunicação foi inovação do Texto Constitucional de 1988. Esse direito ressalta a isonomia entre os partidos, evitando o uso do poder econômico para fins partidários.

Como destaca Samuel Dal-Farra Naspolini,

"[o] reconhecimento por parte do mais alto documento jurídico do país é, deveras, bastante oportuno, e reflete simultaneamente a relevância dos partidos políticos e dos meios de comunicação nas sociedades de massas contemporâneas" (Pluralismo Político: subsídios para análise dos sistemas partidário e eleitoral brasileiros em face da Constituição Federal. Curitiba: Juruá, 2006. p. 243).

A evolução dos modernos meios de comunicação – patrocinada pelo desenvolvimento da internet e das redes sociais – que resultou no incremento da interatividade e na quebra do paradigma entre emissor e receptor da informação, ainda não angariou expressão e volume suficientes para suplantar o alcance das mídias tradicionais (rádio, televisão e imprensa escrita), muito embora tenha interferido nos processos de intercâmbio entre elas. Daí porque serem constantes nesta Corte debates a respeito do tema, sobressaindo sua importância para a construção de um processo eleitoral razoavelmente equânime entre os partidos políticos, assim como para o livre exercício do direito de eleição dos representantes políticos pelos cidadãos.

Na sequência, discorreu o Ministro Dias Toffoli sobre o que já expusera quando do julgamento da ADI nº 4.430, sobre o cotejo entre os critérios de divisão trazidos pela Lei nº 9.504/97 e o princípio da isonomia, entre todas as agremiações políticas, para reiterar o entendimento que então expusera, no sentido de que tratamento totalmente igualitário entre todos os partidos políticos não seria "suficiente para espelhar a multiplicidade de fatores que influenciam o processo eleitoral, desprezando, caso acatada, a própria essência do sistema proporcional".

Por isso, obtemperou Sua Excelência, que ideal se mostra o critério que reserva espaço destinado às minorias, sem desprezar a "realidade histórica de agregação de representatividade política experimentada por diversos partidos políticos que na atualidade dominam o cenário político", ressaltando, a seguir:

não há igualdade material entre agremiações partidárias que contam com representantes na Câmara Federal e legendas que, submetidas ao voto popular, não lograram eleger representantes para a Casa do Povo. Não há como se exigir tratamento absolutamente igualitário entre esses partidos, porque eles não são materialmente iguais, quer do ponto de vista jurídico, quer da representação política que têm. Embora iguais no plano da legalidade, não são iguais quanto à legitimidade política.

E fundamentou tal posicionamento nas distinções constantes da própria Constituição Federal, acerca de partidos com ou sem representação no Congresso Nacional, para fins de interposição de mandado de segurança coletivo (art. 5º, inc. LXX, "a") e de ação direta de inconstitucionalidade (art. 103, inc. VIII).

Mesmo à vista dessa distinção constante de nossa Magna Carta, entre partidos com ou sem representação no Congresso Nacional, reiterou Sua Excelência o entendimento de não ser lícito à legislação ordinária instituir mecanismos a excluir, na prática, que legendas menores possam crescer e consolidar-se no contexto eleitoral, devendo ser assegurado a esses partidos um mínimo de espaço, para que possam participar do pleito eleitoral e influenciá-lo.

Acrescentou que, tendo sido adotado, entre nós, em relação às eleições parlamentares, o sistema proporcional, a utilização de semelhante critério, para a divisão do tempo de propaganda eleitoral, prestigia a diferenciação, de acordo com a representação da respectiva legenda, na Câmara dos Deputados, por entender ser legítimo supor que a representatividade nessa casa legislativa se afigura medida adequada e razoável para a divisão do tempo de acesso ao rádio e televisão.

E concluiu:

> o acesso gratuito ao rádio e à televisão, de forma proporcional à representação do partido, mas sem excluir desse acesso, conforme assegurado no art. 17, §3º, da Lei Maior, aquelas agremiações que não possuem representantes na Câmara Federal, viabiliza a presença das condições necessárias para que os partidos/coligações e seus candidatos possam divulgar e promover, em igualdade material de condições, o debate democrático sobre suas propostas e ideias.

Decorridos alguns anos, nova alteração legislativa ocorreu sobre o tema, representada pela edição da Lei nº 12.875/13, exatamente com o intuito de fazer com que o que restara decidido no julgamento das aludidas ADI não subsistisse e, assim, a legislação pertinente (leis nº 9.096/95 e 9.504/97) passou a prever que, em caso de fusão ou incorporação de partidos políticos, deveriam ser somados exclusivamente os votos dos partidos fundidos ou incorporados e obtidos na última eleição geral para a Câmara dos Deputados, para fins da distribuição dos recursos do Fundo Partidário e do acesso gratuito ao rádio e à televisão, e que a maior parte desses recursos e do tempo de propaganda eleitoral deveria ser distribuída entre os partidos políticos segundo a proporcionalidade dos votos obtidos na última eleição geral para a Câmara dos Deputados; desconsideradas, para fins de propaganda eleitoral, todas as mudanças de filiação partidária ocorridas ao longo da legislatura então em curso.

Como seria de se esperar, logo nova ação direta de inconstitucionalidade foi ajuizada, tendo por objeto tais inovações legislativas e, ao apreciá-la, deparou-se nossa Suprema Corte com a peculiar situação de ter que analisar a constitucionalidade de normas legais editadas com o firme propósito de contrapor-se e tornar letra morta uma anterior decisão do próprio Tribunal, proferida em controle concentrado de constitucionalidade.

E continuando na seara iniciada quando do julgamento conjunto das ADI nº 4.430 e 4.795, o STF refutou também essa inovação legislativa, por meio de julgamento que restou assim ementado:

> DIREITO CONSTITUCIONAL E ELEITORAL. DIREITO DE ANTENA E DE ACESSO AOS RECURSOS DO FUNDO PARTIDÁRIO ÀS NOVAS AGREMIAÇÕES PARTIDÁRIAS CRIADAS APÓS A REALIZAÇÃO DAS ELEIÇÕES. REVERSÃO LEGISLATIVA À EXEGESE ESPECÍFICA DA CONSTITUIÇÃO DA REPÚBLICA PELO SUPREMO TRIBUNAL FEDERAL NAS ADIs 4490 E 4795, REL. MIN. DIAS TOFFOLI. INTERPRETAÇÃO CONFORME DO ART. 47, §2º, II, DA LEI DAS ELEIÇÕES, A FIM DE SALVAGUARDAR AOS PARTIDOS NOVOS, CRIADOS APÓS A REALIZAÇÃO DO PLEITO PARA A CÂMARA DOS DEPUTADOS, O DIREITO DE ACESSO PROPORCIONAL AOS

DOIS TERÇOS DO TEMPO DESTINADO À PROPAGANDA ELEITORAL GRATUITA NO RÁDIO E NA TELEVISÃO. LEI Nº 12.875/2013. TEORIA DOS DIÁLOGOS CONSTITUCIONAIS. ARRANJO CONSTITUCIONAL PÁTRIO CONFERIU AO STF A ÚLTIMA PALAVRA PROVISÓRIA (VIÉS FORMAL) ACERCA DAS CONTROVÉRSIAS CONSTITUCIONAIS. AUSÊNCIA DE SUPREMACIA JUDICIAL EM SENTIDO MATERIAL. JUSTIFICATIVAS DESCRITIVAS E NORMATIVAS. PRECEDENTES DA CORTE CHANCELANDO REVERSÕES JURISPRUDENCIAIS (ANÁLISE DESCRITIVA). AUSÊNCIA DE INSTITUIÇÃO QUE DETENHA O MONOPÓLIO DO SENTIDO E DO ALCANCE DAS DISPOSIÇÕES CONSTITUCIONAIS. RECONHECIMENTO *PRIMA FACIE* DE SUPERAÇÃO LEGISLATIVA DA JURISPRUDÊNCIA PELO CONSTITUINTE REFORMADOR OU PELO LEGISLADOR ORDINÁRIO. POSSIBILIDADE DE AS INSTÂNCIAS POLÍTICAS AUTOCORRIGIREM-SE. NECESSIDADE DE A CORTE ENFRENTAR A DISCUSSÃO JURÍDICA *SUB JUDICE* À LUZ DE NOVOS FUNDAMENTOS. PLURALISMO DOS INTÉRPRETES DA LEI FUNDAMENTAL. DIREITO CONSTITUCIONAL FORA DAS CORTES. ESTÍMULO À ADOÇÃO DE POSTURAS RESPONSÁVEIS PELOS LEGISLADORES. *STANDARDS* DE ATUAÇÃO DA CORTE. EMENDAS CONSTITUCIONAIS DESAFIADORAS DA JURISPRUDÊNCIA RECLAMAM MAIOR DEFERÊNCIA POR PARTE DO TRIBUNAL, PODENDO SER INVALIDADAS SOMENTE NAS HIPÓTESES DE ULTRAJE AOS LIMITES INSCULPIDOS NO ART. 60, CRFB/88. LEIS ORDINÁRIAS QUE COLIDAM FRONTALMENTE COM A JURISPRUDÊNCIA DA CORTE (LEIS *IN YOUR FACE*) NASCEM *PRESUNÇÃO IURIS TANTUM* DE INCONSTITUCIONALIDADE, NOTADAMENTE QUANDO A DECISÃO ANCORAR-SE EM CLÁUSULAS SUPERCONSTITUCIONAIS (CLÁUSULAS PÉTREAS). ESCRUTÍNIO MAIS RIGOROSO DE CONSTITUCIONALIDADE. ÔNUS IMPOSTO AO LEGISLADOR PARA DEMONSTRAR A NECESSIDADE DE CORREÇÃO DO PRECEDENTE OU QUE OS PRESSUPOSTOS FÁTICOS E AXIOLÓGICOS QUE LASTREARAM O POSICIONAMENTO NÃO MAIS SUBSISTEM (HIPÓTESE DE MUTAÇÃO CONSTITUCIONAL PELA VIA LEGISLATIVA).

1. O hodierno marco teórico dos diálogos constitucionais repudia a adoção de concepções juriscêntricas no campo da hermenêutica constitucional, na medida em que preconiza, descritiva e normativamente, a inexistência de instituição detentora do monopólio do sentido e do alcance das disposições magnas, além de atrair a gramática constitucional para outros fóruns de discussão, que não as Cortes.

2. O princípio fundamental da separação de poderes, enquanto cânone constitucional interpretativo, reclama a pluralização dos intérpretes da Constituição, mediante a atuação coordenada entre os poderes estatais – Legislativo, Executivo e Judiciário – e os diversos segmentos da sociedade civil organizada, em um processo contínuo, ininterrupto e republicano, em que cada um destes players contribua, com suas capacidades específicas, no embate dialógico, no afã de avançar os rumos da empreitada constitucional e no aperfeiçoamento das instituições democráticas, sem se arvorarem como intérpretes únicos e exclusivos da Carta da República.

3. O desenho institucional erigido pelo constituinte de 1988, mercê de outorgar à Suprema Corte a tarefa da guarda precípua da Lei Fundamental, não erigiu um sistema de supremacia judicial em sentido material (ou definitiva), de maneira que seus pronunciamentos judiciais devem ser compreendidos como última palavra provisória, vinculando formalmente as partes do processo e finalizando uma rodada deliberativa acerca da temática, sem, em consequência, fossilizar o conteúdo constitucional.

4. Os efeitos vinculantes, ínsitos às decisões proferidas em sede de fiscalização abstrata de constitucionalidade, não atingem o Poder Legislativo, *ex vi* do art. 102, §2º, e art. 103-A, ambos da Carta da República.

5. Consectariamente, a reversão legislativa da jurisprudência da Corte se revela legítima em linha de princípio, seja pela atuação do constituinte reformador (i.e., promulgação de emendas constitucionais), seja por inovação do legislador infraconstitucional (i.e., edição de leis ordinárias e complementares), circunstância que demanda providências distintas por parte deste Supremo Tribunal Federal.

5.1. A emenda constitucional corretiva da jurisprudência modifica formalmente o texto magno, bem como o fundamento de validade último da legislação ordinária, razão pela qual a sua invalidação deve ocorrer nas hipóteses de descumprimento do art. 60 da CRFB/88 (i.e., limites formais, circunstanciais, temporais e materiais), encampando, neste particular, exegese estrita das cláusulas superconstitucionais.

5.2. A legislação infraconstitucional que colida frontalmente com a jurisprudência (leis *in your face*) nasce com presunção *iuris tantum* de inconstitucionalidade, de forma que caberá ao legislador ordinário o ônus de demonstrar, argumentativamente, que a correção do precedente faz-se necessária, ou, ainda, comprovar, lançando mão de novos argumentos, que as premissas fáticas e axiológicas sobre as quais se fundou o posicionamento jurisprudencial não mais subsistem, em exemplo acadêmico de mutação constitucional pela via legislativa. Nesse caso, a novel legislação se submete a um escrutínio de constitucionalidade mais rigoroso, nomeadamente quando o precedente superado amparar-se em cláusulas pétreas.

6. O dever de fundamentação das decisões judicial, inserto no art. 93 IX, da Constituição, impõe que o Supremo Tribunal Federal enfrente novamente a questão de fundo anteriormente equacionada sempre que o legislador lançar mão de novos fundamentos.

7. O Congresso Nacional, no caso sub examine, ao editar a Lei nº 12.875/2013, não apresentou, em suas justificações, qualquer argumentação idônea a superar os fundamentos assentados pelo Supremo Tribunal Federal, no julgamento das ADIs nº 4430 e nº 4795, rel. Min. Dias Toffoli, em que restou consignado que o art. 17 da Constituição de 1988 – que consagra o direito político fundamental da liberdade de criação de partidos – tutela, de igual modo, as agremiações que tenham representação no Congresso Nacional, sendo irrelevante perquirir se esta representatividade resulta, ou não, da criação de nova legenda no curso da legislatura.

8. A criação de novos partidos, como hipótese caracterizadora de justa causa para as migrações partidárias, somada ao direito constitucional de livre criação de novas legendas, impõe a conclusão inescapável de que é defeso privar as prerrogativas inerentes à representatividade política do parlamentar trânsfuga.

9. No caso *sub examine*, a justificação do projeto de lei limitou-se a afirmar, em termos genéricos, que a regulamentação da matéria, excluindo dos partidos criados o direito de antena e o fundo partidário, fortaleceria as agremiações partidárias, sem enfrentar os densos fundamentos aduzidos pelo voto do relator e corroborado pelo Plenário.

10. A postura particularista do Supremo Tribunal Federal, no exercício da *judicial review*, é medida que se impõe nas hipóteses de salvaguarda das condições de funcionamento das instituições democráticas, de sorte (i) a corrigir as patologias que desvirtuem o sistema representativo, máxime quando obstruam as vias de expressão e os canais de participação política, e (ii) a proteger os interesses e direitos dos grupos políticos minoritários, cujas demandas dificilmente encontram eco nas deliberações majoritárias.

11. *In casu*, é inobjetável que, com as restrições previstas na Lei nº 12.875/2013, há uma tentativa obtusa de inviabilizar o funcionamento e o desenvolvimento das novas agremiações, sob o rótulo falacioso de fortalecer os partidos políticos. Uma coisa é criar mecanismos mais rigorosos de criação, fusão e incorporação dos partidos, o que, a meu juízo, encontra assento constitucional. Algo bastante distinto é, uma vez criadas as legendas, formular mecanismos normativos que dificultem seu funcionamento, o que não encontra guarida na Lei Maior. Justamente por isso, torna-se legítima a atuação do Supremo Tribunal

Federal, no intuito de impedir a obstrução dos canais de participação política e, por via de consequência, fiscalizar os pressupostos ao adequado funcionamento da democracia.

12. Ação direta de inconstitucionalidade julgada procedente para declarar a inconstitucionalidade dos arts. 1º e 2º, da Lei nº 12.875/2013 (ADI nº 5105/DF, Rel. Min. Luiz Fux, Tribunal Pleno, DJe de 16/3/16).

Cuida-se de importante precedente, porque representou a consagração, pelo STF, da tese de que, no que tange à divisão proporcional do tempo de propaganda eleitoral no rádio e na televisão, "o que deve prevalecer não é o desempenho do partido nas eleições (critério inaplicável aos novos partidos), mas, sim, a representatividade política conferida aos parlamentares que deixaram seus partidos de origem para se filiarem ao novo partido político, recém criado".

Então, a essas novas agremiações, que receberam mandatários de outros partidos políticos anteriormente existentes, deve ser assegurado o direito de acesso à televisão e ao rádio, conforme a atual representatividade disso decorrente, no que se convencionou denominar "portabilidade dos votos", o que foi feito com o claro intuito de garantir a esses partidos políticos, criados depois da realização das eleições parlamentares, o direito de acesso à partilha do tempo reservado à propaganda eleitoral no rádio e na televisão.

E, o mais importante, é que restou assentado, pelo Plenário do STF, o entendimento de que uma posição jurisprudencial daquela Corte poderia vir a ser superada, pela edição de legislação que dispusesse em sentido contrário, mas isso deveria ser a consequência de um processo legislativo em que restasse cabalmente justificada a razão para a adoção desse procedimento, bem como que essa novel legislação não estaria a afrontar nenhuma norma ou princípio constitucional aplicável à hipótese.

Também foi estabelecida clara distinção acerca da forma como essa inovação legislativa poderia vir à lume, quer por meio de emenda constitucional, quer por meio de lei ordinária, que seriam editadas com o fim precípuo de superar o entendimento jurisprudencial expresso pelo STF sobre dado tema.

Assim, conforme fosse adotado determinado estratagema, diferente deveria ser a postura a ser adotada pelo Excelso Pretório, pois, em tendo ocorrido superação da jurisprudência pela edição de legislação ordinária, mais rigoroso deveria ser o controle de constitucionalidade a sobre essa recair, incumbindo sempre ao legislado o dever de comprovar a legitimidade e a validade dessa alteração.

De tudo quanto foi aqui exposto, decorre a conclusão de que a ideia basilar do acesso dos partidos políticos a horários gratuitos no rádio e na televisão repousa no princípio da paridade de armas; esse, porém, não se mostra incompatível com algumas diferenciações entre partidos e candidatos, na medida em que o princípio da igualdade, como se sabe, exige por vezes a imposição de um tratamento desigual entre eles, na medida de suas desigualdades.

Tal assim é, porque, de fato, não se podem colocar em idêntico e único patamar, agremiações que não conseguiram eleger nenhum deputado federal e outras que tenham logrado eleger bancadas substanciais.

Destarte, por meio dos julgados acima mencionados, colaborou o Ministro Dias Toffoli para que ficasse assentado o entendimento, em nossa Suprema Corte, de que é plenamente justificável e constitucionalmente aceito que os partidos políticos recebam tratamento diverso, de acordo com o nível da legitimidade popular que lograram obter nas urnas.

E, muito embora também se entenda possível distribuir os horários reservados à propaganda eleitoral de modo desproporcional entre os partidos com ou sem representatividade, parece igualmente correto que essa repartição, assim desproporcional, não pode se dar de maneira extrema, de modo a praticamente extirpar dos partidos pequenos, ou recém-criados, o direito de antena que lhes é assegurado peremptoriamente pela já mencionada norma original do art. 17, §3º, da Constituição Federal.

O entendimento que deflui do julgamento realizado pela Suprema Corte, das mencionadas ADI nºs 4.430, 4.795 e 5105, não deixa dúvidas de que é mister garantir um "espaço mínimo razoável" de exposição na propaganda eleitoral gratuita aos partidos de menor representatividade.

Tudo isso como uma tentativa de impedir indesejável engessamento do estado de coisas vigente na situação político-partidária do país, de modo a permitir que todos aqueles que desejem ingressar na arena política logrem obter reais oportunidades de alguma visibilidade e, por consequência, de conquistar efetivo apoio junto ao eleitorado.

Convém, ainda uma vez, transcrever trechos do voto proferido por Sua Excelência, o Ministro Dias Toffoli, nos autos da ADI nº 4.647 (Tribunal Pleno. *DJe*, 8 jun. 2018), que bem retratam seu posicionamento sobre essa matéria, o qual é, atualmente, amplamente majoritário, no âmbito de nossa Suprema Corte:

> É de se consignar inicialmente a indiscutível proteção constitucional aos partidos políticos, inclusive aos minoritários, diante da consagração, na Constituição Federal, do pluripartidarismo, com inserção do tema como elemento central no campo dos direitos políticos.
>
> Esse *status* constitucional, tal qual apontado na exordial da presente ação, não é matéria inédita nesta Corte, que já teve oportunidade, inclusive no julgamento da ADI nº 1.351/DF e da ADI nº 1.354/DF – em que o Supremo Tribunal apreciou a chamada "Cláusula de Barreira" – de traçar largas considerações sobre o tema.
>
> De fato, naquela ocasião,
>
> "[c]onsiderou-se [...] sob o ângulo da razoabilidade, serem inaceitáveis os patamares de desempenho e a forma de rateio concernente à participação no Fundo Partidário e ao tempo disponível para a propaganda partidária adotados pela lei. Por fim, ressaltou-se que, no Estado Democrático de Direito, a nenhuma maioria é dado tirar ou restringir os direitos e liberdades fundamentais da minoria, tais como a liberdade de se expressar, de se organizar, de denunciar, de discordar e de se fazer representar nas decisões que influem nos destinos da sociedade como um todo, enfim, de participar plenamente da vida pública" (Informativo nº 451, de 8 de dezembro de 2006).
>
> Vide a ementa do referido julgado:
>
> "PARTIDO POLÍTICO - FUNCIONAMENTO PARLAMENTAR - PROPAGANDA PARTIDÁRIA GRATUITA - FUNDO PARTIDÁRIO. Surge conflitante com a Constituição Federal lei que, em face da gradação de votos obtidos por partido político, afasta o funcionamento parlamentar e reduz, substancialmente, o tempo de propaganda partidária gratuita e a participação no rateio do Fundo Partidário. NORMATIZAÇÃO - INCONSTITUCIONALIDADE - VÁCUO. Ante a declaração de inconstitucionalidade de leis, incumbe atentar para a inconveniência do vácuo normativo, projetando-se, no tempo, a vigência de preceito transitório, isso visando a aguardar nova atuação das Casas do Congresso Nacional." (ADI nº 1.351/DF, Rel. Min. Marco Aurélio, DJ de 30/3/07 – grifos nossos).

É certo que, após o julgado, novas disposições foram traçadas sobre o tema pela EC nº 97/2017, o que o torna passível de revisitação por esta Corte. Todavia, a essência do que decidido no julgado apontado permanece válida e apta para inspirar a leitura de toda e qualquer disposição que respeite ao pluripartidarismo: o que se veda é o completo afastamento do funcionamento parlamentar ou a redução substancial dos elementos que asseguram esse funcionamento".

Depois de analisar a situação concreta em debate nos autos, em que critérios e formas de distribuição de cargos em comissão do quadro pessoal da Câmara dos Deputados, tomavam por base a representatividade obtida, a cada eleição, pelos partidos políticos, com representação naquela Casa de Leis, asseverou Sua Excelência que naquele caso concreto, [...].

Não se trata, portanto, de impedir a atuação da minoria ou de instituir mecanismos e exigências que venham a excluir, inviabilizar ou dificultar significativamente o direito constitucional de participação dos partidos políticos. Trata-se, apenas, de consagração da representatividade partidária (elemento central do regime democrático) na definição de temas internos da Casa Legislativa.

Sob o mesmo fundamento, entendo, ainda, que no presente caso houve a correta aplicação do princípio da proporcionalidade para a repartição/distribuição de servidores por gabinete de liderança, pois a resolução aqui impugnada não promoveu exclusão dos partidos políticos de menor representatividade das regras de distribuição de serviços de assessoramento. Ao contrário, definiu exatamente a proporcionalidade (que é, em si, essência da representatividade) como elemento de distribuição de assessores aos gabinetes de liderança. Quanto maior a representatividade, maior a assessoria recebida; quanto menor a representatividade, menor a quantidade de cargos.

A regra atacada na presente ADI, portanto, ao invés de atacar o pluripartidarismo ou o princípio da proporcionalidade consagra, isso sim, a soberania popular, constante do parágrafo único do art. inaugural da Constituição Federal de 1988:

"Todo o poder emana do povo, que o exerce por meio de representantes eleitos ou diretamente, nos termos desta Constituição." [...]

Assim, tendo o Brasil adotado, em relação às eleições parlamentares, o sistema proporcional (art. 45 da Constituição Federal), a repartição do quantitativo de servidores por gabinete de liderança, de forma semelhante, também agasalha a diferenciação de acordo com a representação da legenda na Câmara dos Deputados.

Em arremate, convém aludir a outro importante julgamento levado a cabo em nossa Suprema Corte, agora sobre destinação de verbas do fundo partidário para candidaturas femininas (ADI nº 5.617. Rel. Min. Edson Fachin, Tribunal Pleno. *DJe*, 3 out. 2018), oportunidade em que se reconheceu que, como a participação feminina deve equivaler a 30% das vagas, em eleições proporcionais, o direito à participação no fundo partidário, em benefício dessas candidaturas, não poderia ser inferior a esse percentual.

Em sua declaração de voto, nesse julgamento, assim se manifestou o Ministro Dias Toffoli:

Para não ser repetitivo, Senhora Presidente, eu gostaria de alinhavar algumas poucas palavras no sentido de aditar, se posso assim dizer, ao voto do eminente Ministro Relator que aqui não estamos a fazer, de maneira nenhuma, um ativismo judicial ou, então, estabelecendo uma técnica de solução em que se estaria a pronunciar uma normativa em substituição àquilo que o Congresso Nacional editou. Na verdade, o que nós estamos aqui a fazer é dando enforcement à igualdade de gênero prevista no art. 5º, I, da Constituição, que dispõe que os homens e mulheres são iguais em direitos e obrigações dentro do processo político eleitoral e, em especial, partidário. E, se o inciso I do art. 5º traz a generalidade, o caput - e aqui eu faço o destaque, Ministro Fachin, subscrevendo o voto de Vossa Excelência - do art. 17 da Constituição Federal é muito claro ao estabelecer que

"é livre a criação, fusão, incorporação e extinção de partidos políticos, resguardados a soberania nacional, o regime democrático, [não só o regime democrático do País, mas o regime democrático interno, internalizado no partido político] o pluripartidarismo, [e, aí, é claríssima a disposição, os partidos políticos são livres, mas eles têm que respeitar] os direitos fundamentais da pessoa humana".

Dentre os direitos fundamentais da pessoa humana, evidentemente, como seres humanos que somos, de gêneros diversos, está a igualdade dos gêneros.

Então, quanto ao partido político, se nós fôssemos além, nós deveríamos aceitar a igualdade de 50% - é que estamos aqui a estabelecer 30%, pois esse foi o pedido feito pela douta Procuradoria-Geral da República -, para não dizer que estamos a ir além de um parâmetro já fixado na legislação político-partidária.

Vários países do mundo já exigem, por exemplo, em processos eletivos de listas fechadas, a alternância de gênero. Isso levou vários países, por exemplo, da América Latina a ter metade do parlamento formado por mulheres. Em alguns outros países, como a República Dominicana, a alternância de gênero tem de estar na chapa majoritária, se o candidato a presidente é do sexo masculino, a vice-presidência tem de ser do sexo feminino; se um candidato a titular do Senado for do sexo masculino, o suplente tem de ser feminino, exatamente para procurar essa igualdade plena entre os gêneros.

Estou dizendo isso porque, para mim, essa decisão que estamos a tomar aqui - vejo que completo o sexto voto - é uma decisão que, a meu ver, é, inclusive, impassível de ser alterada por emenda constitucional, porque nós estamos aqui a dar uma decisão quanto a direitos e garantias fundamentais, de procura da igualdade de gênero entre homem e mulher, o que veda que uma emenda constitucional venha a estabelecer um parâmetro que seja diferente. O único parâmetro diferente a esse é o de aumentar a participação das mulheres na política, de superarmos essa triste posição do Brasil no cenário internacional - nós temos uma participação feminina na política, em especial no parlamento, inferior a países em que, apenas recentemente, se conferiu o direito ao voto à mulher e o direito de ela ser candidata, como foi dito e repetido da tribuna.

Portanto, eu faço esse aditamento por entender que essa, inclusive, é uma cláusula pétrea, porque, muitas vezes, nós decidimos matérias eleitorais e vem emenda constitucional a alterar o que havíamos fixado. Se não é cláusula pétrea, está dentro do âmbito do parlamento, mas aqui, neste ponto, entendo que há uma cláusula pétrea a ser protegida, que é a igualdade de gênero. Logo, não cabe ao Congresso Nacional alterar essa posição, a não ser para aprimorar a igualdade e subir de 30% para 50%, que é o desejo de todos.

Ora, a luta, nas últimas legislaturas, por uma maior participação das mulheres, não conseguiu ir além do percentual de 30% das candidaturas. E a que nós assistimos? Nós assistimos, todos nós que já passamos pelo Eleitoral, aos partidos lançar candidatas que não são candidatas para valer - eles não dão suporte, não dão tempo de TV, não dão condições para que aquelas candidatas sejam eleitas.

Cuida-se, ainda uma vez, de valioso precedente, que procurou tornar mais efetiva a participação política, fazendo com que também fosse estendido, à divisão das verbas do fundo partidário, o percentual mínimo previsto legalmente para a participação de candidatas do sexo feminino, em eleições proporcionais.

Informação bibliográfica deste texto, conforme a NBR 6023:2018 da Associação Brasileira de Normas Técnicas (ABNT):

ADAMEK, Carlos Vieira Von; BOSCARO, Márcio Antonio. A contribuição do Ministro Dias Toffoli na formação da moderna jurisprudência do STF em matéria de direito eleitoral (propaganda eleitoral, direito de antena e participação política). *In*: MORAES, Alexandre de; MENDONÇA, André Luiz de Almeida (Coord.). *Democracia e sistema de justiça*: obra em homenagem aos 10 anos do Ministro Dias Toffoli no Supremo Tribunal Federal. Belo Horizonte: Fórum, 2020. p. 105-118. ISBN 978-85-450-0718-0.

LA NECESARIA PUBLICACIÓN DE LAS AGENDAS PROFESIONALES DE ALTOS DIRECTIVOS DEL ESTADO: UN ANÁLISIS DESDE LA PERSPECTIVA DE LA REGENERACIÓN DEMOCRÁTICA Y DE LA PREVENCIÓN DE LA CORRUPCIÓN

CLAUDIO DE CASTRO PANOEIRO

1 Introducción

La corrupción es un fenómeno de ámbito global que afecta a todas las formas de organización humana conocidas y que logra diseminarse a la vez por las estructuras de poder más sencillas y por las más refinadas y complejas. En nuestros días, gracias a la sofisticación de la sociedad, los comportamientos corruptos adoptan formas tan variadas que el Derecho como herramienta de control social - trata sin mucho éxito de seguir sus huellas.

Comúnmente se piensa que la manera de hacerlo es a través de normas de naturaleza penal; pero la complejidad del fenómeno obliga a que las medidas tomadas por el Estado no se ubiquen sólo en el terreno del castigo y la represión de las conductas, sino también en el de la prevención. Esta tendencia ha quedado reflejada en la Convención de Naciones Unidas sobre este tema, un documento que prevé diversas herramientas de lucha contra la corrupción, muchas de ellas a cargo del derecho administrativo, como ocurre con la transparencia gubernamental.

A menudo suele haber en los Estados modernos muchos órganos dedicados a luchar contra la corrupción: el Ministerio Publico, las Controlarías, los Tribunales de Cuentas, la Policía y la Abogacía Publica. Sin embargo, para combatir eficazmente este mal se requiere de la participación de otros actores que ayuden a detectar dónde se cometen actos ilícitos en perjuicios de la Administración Pública y de la sociedad.

Los actores a los que me refiero, y que deben ser incorporados en la lucha contra la corrupción son los propios ciudadanos, la gente de a pie que, en defensa de sus propios intereses o por mera preocupación por el buen funcionamiento de las instituciones del Estado, ayuda a fiscalizar los actos del poder público. Los ciudadanos tienen tanto la legitimación como la perspectiva para identificar irregularidades y comunicar las faltas a los órganos encargados de perseguir y sancionar a los responsables de las malas prácticas.

Pero, el control ciudadano sobre la Administración Pública no puede desarrollarse en abstracto, sino que requiere de instrumentos concretos que permitan su ejercicio y dispongan las condiciones en la cuales éste pueda convertirse en un arma eficaz de la lucha contra la corrupción.

Una de estas armas es el principio de "transparencia gubernamental", una previsión adoptada por muchos Estados desde la segunda mitad del siglo XX, y que ha venido materializándose en la forma de leyes de transparencia y acceso a la información en cada uno de ellos. La principal representante de estas leyes es la llamada *freedom of information act* de Estados Unidos, aprobada en el año 1966.

A pesar de que la incorporación de los ciudadanos en la lucha contra la corrupción es una acusada tendencia en el ámbito internacional, países como España y Brasil tardaron mucho para llegar a sancionar una ley que la implementase. En Brasil, ocurrió únicamente el 18 de noviembre de 2011, tras la aprobación de la Ley núm. 12.527. En España, sucedió tan solo dos años más tarde con la aprobación de la Ley núm. 19/2013.

En ambos casos, se trata de normativas que, más allá de fomentar la participación ciudadana en los asuntos a cargo de la Administración, también crean condiciones para la fiscalización y control de los actos oficiales.

Sin embargo, para que esa participación y esa fiscalización se produzca en concreto, será necesario que las leyes de transparencia y acceso a la información establezcan la obligatoriedad de divulgación de las agendas de los altos directivos del Estado, medida que posibilita que los ciudadanos conozcan con quién se reúnen los responsables públicos a diario y con qué objetivo lo hacen.

Ello le permitirá a la sociedad entender las razones que motivaron sus decisiones, le dará la oportunidad de confrontarlas con el orden jurídico y manifestarse críticamente al respecto, lo que será fundamental para la prevención de la corrupción.

Durante el ejercicio de sus actividades, los altos directivos del Estado entablan relaciones con diferentes actores, como asociaciones, empresarios, sindicatos y ciudadanos, quienes les presentan demandas de todos tipos y formulan solicitudes asociadas con la defensa de sus intereses. Al final de estos encuentros, la autoridad podrá actuar o decidir de conformidad con estos argumentos y, por tanto, acercarse o no a las malas prácticas administrativas. Por ello, será razonable informarle a la sociedad de estas reuniones y de los asuntos discutidos en ellas.

A pesar de todo lo dicho, las Leyes de Transparencia de España y Brasil no establecen la obligatoriedad de publicar las agendas de los altos directivos del Estado, aunque se observa que muchos órganos públicos suelen divulgar esta información en sus páginas en internet directamente. Ello resulta más bien de una buena práctica administrativa encaminada por agentes públicos comprometidos con la probidad y la ética de la Administración y no como consecuencia de un mandamiento legal al respecto.

A lo largo de los apartados siguientes presento las razones por las que justifico la necesidad de publicar la agenda de los altos directivos del Estado en diferentes canales de comunicación y que considero suficientes a impulsar un cambio en las leyes de transparencia de España y Brasil. Para ello, presento los antecedentes de la transparencia gubernamental, su papel en la regeneración democrática y la prevención de la corrupción y su momento en otros ordenamientos jurídicos.

El análisis comparativo le permitirá al lector no solo conocer el régimen legal de esa materia en otros ordenamientos jurídicos, sino que le posibilitará opinar críticamente al respecto de los cambios propuestos, mirando hacia la construcción de un modelo que favorezca la regeneración democrática y la prevención de la corrupción.

2 Antecedentes de la transparencia

La historia de la humanidad estuvo marcada durante muchos años por una cultura de secreto y oscuridad. Desde la antigüedad hasta la edad moderna, la concepción predominante fue la de que la información generada por los poderes públicos tan solo debería estar disponible para individuos con características especiales, quienes concentrarían bajo su autoridad todo el conocimiento necesario a la toma de decisiones (PESCHARD, 2018, L. 187).[1]

En la antigüedad, el control de la información estuvo bajo el comando de un restringido grupo de individuos con capacidad y conocimiento técnico para ello, una verdadera aristocracia intelectual, que tendría el conocimiento exclusivo de los problemas de la colectividad y que, por tanto, sería apta para indicar a los demás el camino a seguir. Al restante de los ciudadanos no se les ha permitido conocer dicha información, tampoco interferir en las decisiones gubernamentales de esa minoría cualificada, ya que no estarían preparados intelectualmente para ello (PESCHARD, 2018, L. 282).

El secreto de las informaciones ha constituido, por tanto, la herramienta necesaria para que la aristocracia intelectual pudiera actuar libremente hacia la búsqueda de sus intereses (CANETTI, 1994, p. 288), sin que tuvieran que contestar a preguntas incómodas de los ciudadanos (PESCHARD, 2018, L. 198).

Ese régimen de secreto y opacidad quedó consagrado en la expresión latina *arcanas imperii* (o secretos del poder), a principio utilizada para referirse a los misterios de la guerra y a las estrategias adoptadas por los ejércitos para enfrentarse al enemigo. Posteriormente, la expresión también fue utilizada en el ámbito político para referirse al control de la información necesaria al ejercicio y conservación del poder (RODRÍGUEZ ZEPEDA, 2006, p. 10).

En Roma, la idea de los *arcanas imperii* fue utilizada para apartar del Senado el conocimiento de asuntos de interés de los gobernantes, como el contenido de la política imperial y la conquista de nuevas tierras, lo cual sería patrimonio exclusivo de quienes estarían al frente de la gestión del Estado (RODRÍGUEZ ZEPEDA, 2006, p. 15).

La idea de los *arcanas imperii* se mantuvo a lo largo de la Edad Media (siglos V al XV), pero, ahora, el titular de la información no sería el gobernante, sino la institución política más poderosa en su momento, la iglesia católica. La Santa Sede tenía el absoluto control sobre los *arcanas ecclesiae* o secretos divinos. Los sacerdotes serían, por tanto, los únicos capaces de desvelar los misterios trascendentales establecidos por Dios y transmitirlos a los hombres (BOK, 2011, p. 172). Los clérigos les indicaban a los fieles la

---

[1] A lo largo de este trabajo a menudo utilizo libros electrónicos de la plataforma KINDLE que no presentan los números de las páginas electrónicas como lo hacen los libros de papel. Así las cosas, con objeto de identificar Los párrafos a que me refiero, utilizo la letra "L" (del inglés "location") para precisar la correcta ubicación de la referencia en la obra digital, lo que le permitirá al interesado encontrar con brevedad el fragmento correspondiente.

conducta a seguir y ellos no podrían cuestionarles las verdades celestiales que estaban escondidas por detrás de los *arcanas ecclesiae*.

Con el absolutismo del siglo XVI, el control de la información se trasladó de las manos de la iglesia hacia las del monarca, quien debería adoptar todas las medidas necesarias para la protección de los súbditos del reino. Por esa época nació el concepto de razón de Estado, con el significado de que los intereses del Estado estarían siempre por encima de los intereses de los ciudadanos, como forma de permitirle al monarca defender la seguridad y la propiedad de los súbditos.

En ese cometido, toda vez que los intereses del Estado estuvieran en peligro, sería legítimo para el rey intervenir eficazmente con objeto de mantener el orden público, lo que haría a través del conocimiento de informaciones secretas que le permitirían enfrentarse a los enemigos del reino. Además, no estaría obligado a rendir cuentas de cualquiera de los actos que practicara bajo esas condiciones, ya que el sigilo oficial sería un instrumento al servicio de la existencia y preservación del Estado.

El secreto de los actos del rey ha contado con el fundamento teórico de pensadores como Juan Bodino, quien ha defendido que el gobierno absoluto tendría que evitar a todo coste intromisiones inoportunas en los asuntos oficiales. Ello tan solo sería posible toda vez que se reservara a los directivos del país el conocimiento exclusivo de determinadas informaciones. Las ideas de Bodino han ofrecido el fundamento necesario para los llamados secretos de la política, que tendría como principal característica retirar del conocimiento de los ciudadanos asuntos considerados necesarios para la supervivencia del gobierno (ALASDARI, 2006, p. 9).

La Revolución inglesa del 1688 y la Revolución francesa del 1789 cambiaron esa realidad. Ambos movimientos inauguraron un régimen que reconoció a los ciudadanos derechos fundamentales frente al Estado, el cual ya no podría actuar con libertad hacia la consecución de sus objetivos. La máxima autoridad actuaría con absoluto respeto a las libertades de pensamiento, de consciencia, de creencia y de expresión de los súbditos, además de pautar todos sus actos en un régimen de normas previamente establecidas (PESCHARD, 2018, L. 346).

Las nuevas ideas conllevaron a que el Parlamento inglés, en 1688, aprobara leyes que fijaban criterios objetivos para la recaudación de impuestos y el control de los dispendios públicos, lo que fue fundamental para que los ciudadanos conocieran por adelantado cómo se realizarían dichos actos.

Además, a principios del siglo XIX, se autorizó a que la prensa acompañara los debates relativos a la aprobación de las leyes en el Parlamento. Posteriormente, en 1829, les reconoció igual derecho a los ciudadanos (ALASDARI, 2006, p. 10).

La idea de acercar los ciudadanos a los gobernantes también estuvo presente en los principios de la Revolución francesa. La *Declaración Universal de los Derechos del Hombre y del Ciudadano* (DUDH) reconoció al individuo la calidad de sujeto de derechos y libertades políticas frente al Estado, independientemente de su origen o clase social (FIORAVANTI, 1996). A partir de ahí se les permitió conocer el carácter, la conducta y los actos de los gobernantes directamente (SANDOVAL, 2009, p. 272). Así que la autoridad tan solo sería legítima si permitiera al individuo acompañar desde cerca el ejercicio de las potestades públicas (RODRÍGUEZ ZEPEDA, 2006, p. 26).

En ese cometido, la publicidad de los actos oficiales ha contado con el respaldo de teóricos como Immanuel Kant (KANT, 2012, L. 2970), quien ha considerado injustas todas las acciones de los hombres públicos cuyos actos no sean verdaderamente publicados, con motivo de permitirles el efectivo y democrático control de los ciudadanos.[2]

A pesar de todos los avances conquistados desde finales del siglo XVI, las primeras reglas de transparencia se referían con exclusividad a la libertad de prensa y al derecho de acompañar los debates parlamentarios (AGUILAR RIVERA, 2008, p. 14), todavía no hallándose consagrado el derecho de acceso a los archivos y documentos públicos.

La primera ley de transparencia de la historia fue publicada en Suecia en la segunda mitad del siglo XVIII, con la aprobación de la Real Ordenanza sobre la Libertad de Prensa del año 1766 (POMED SÁNCHEZ, 1989, p. 9), la cual representó un avance respecto al modelo adoptado en Inglaterra. La ley sueca previó no solo la libertad de prensa como prerrogativa de los ciudadanos, sino también el derecho de acceso a los archivos y documentos públicos producidos por el Estado (MICHENER, 2011).

El Artículo 1º del capítulo segundo de la Real Ordenanza sueca de 1766 establecía que "para fomentar el libre intercambio de opinión y la ilustración del público, cada súbdito sueco tendrá libre acceso a los documentos oficiales" (POLARES HERRERA, 2018, p. 101).

Ello hizo posible que los ciudadanos conocieran la historia y el funcionamiento de las instituciones y que pudieran opinar sobre los asuntos oficiales. La libertad de prensa buscó asegurar no solo la libertad de opinión y expresión de los medios en la sociedad sueca de finales del siglo XVIII, sino también pretendía evitar que el Estado censurara la divulgación de diferentes ideas y corrientes de pensamiento sobre los actos del gobierno, que, en efecto, podrían contribuir en el debate público alrededor de los asuntos oficiales.

En este sentido, en Suecia ya existía el entendimiento de que el acceso de la prensa y de los ciudadanos a los archivos y documentos del Estado podría profundizar la discusión respeto a los actos del gobierno, con lo cual toda la sociedad podría evaluar y controlar las acciones de los políticos desde diferentes perspectivas, lo que al final contribuiría para una verdadera participación ciudadana en los asuntos públicos (PESCHARD, 2018, L. 446).

Por otro lado, la apertura de los archivos y documentos oficiales a la sociedad les permitiría a los ciudadanos acompañar la gestión pública directamente, evitando que políticos y funcionarios se dedicaran a malas prácticas administrativas.

Ese ha sido uno de los principales objetivos de la Real Ordenanza sobre la Libertad de Prensa del año 1766. Según el Diputado y Sacerdote sueco Anders Chydenius, uno de los principales defensores de la aprobación de la nueva ley, la directiva buscaba revelar a la sociedad las ineficiencias y la corrupción de los funcionarios públicos suecos a la hora de gestionar los intereses de la colectividad.

Chydenius se inspiró en una costumbre china muy antigua a la hora de presentar la propuesta de la creación de la primera ley de transparencia de la historia. Había en la China antigua un órgano del gobierno llamado Buró de Censura Imperial, cuyo principal objetivo era dar publicidad a los actos del gobierno y de los funcionarios a los ciudadanos. Ello les posibilitaba controlar la Administración Pública y, claro, prevenir la corrupción (ACKERMAN; SANDOVAL, 2005).

---

[2] "Son injustas todas las acciones que se refieren al derecho de los hombres cuyos principios no soportan ser publicados" (KANT, 2012, L. 2970)

Los resultados positivos de ese control social conllevaron a que el Diputado trabajara hacia la aprobación de la ley, con objetivo de resolver los problemas de ineficiencia y corrupción de la Administración pública en Suecia a mediados del siglo XVIII.

A pesar de su importancia, la ley sueca no tuvo aplicación efectiva en su país de origen, hasta que fue reformada por otra Ley posterior del año 1812 y por otras normas de igual naturaleza, pero en todos los casos siempre mantuvo el acceso a la información como un derecho de los ciudadanos. Además, fijó como principio la obligatoriedad de que los gobiernos debían documentar todos los actos y decisiones oficiales. Desde ese momento, se creó una memoria institucional de la nación (BLANTON, 2006). Actualmente, el texto en vigor fue aprobado en el año 1974 y goza de rango constitucional por previsión expresa de la Ley Fundamental de aquel país (POMED SÁNCHEZ, 1989, p. 9).

Pese a sus debilidades, la Real Ordenanza de Libertad de Prensa de Suecia de 1766 también fue aplicada en Finlandia a finales del siglo XVIII, en tanto que ella integraba el largo reino sueco como gran ducado por esa fecha (POMED SÁNCHEZ, 1989, p. 40).

La iniciativa sueca influenció en otros países de Escandinavia para aprobar leyes de acceso a la información (POMED SÁNCHEZ, 1989, p. 9), tendencia que también fue seguida por Estados Unidos y los países de su área de influencia anglosajona.

Históricamente, conviene señalar que la aprobación de la ley norteamericana estuvo directamente relacionada con el contexto geopolítico de la Guerra Fría entre Estados Unidos y Unión Soviética en los años 1960. Con la idea de protegerse de su principal enemigo externo, el gobierno norteamericano restringió drásticamente el acceso de los periodistas y de la oposición a los archivos y documentos oficiales por razones de seguridad nacional (SHAUDSON, 2014, p. 16).

La medida provocó reacciones de los políticos de la oposición, en particular en el diputado demócrata John Moss, quien denunció dichas restricciones ante el Parlamento (SHAUDSON, 2014, p. 16).

Refiriéndose a la existencia de una verdadera "cortina de papel" que impedía a la sociedad conocer los actos y decisiones gubernamentales, Moss defendió un cambio en el orden jurídico de Estados Unidos, con la aprobación de una ley de transparencia que reglamentaría esa materia y que le permitía a la prensa y a la oposición consultar los archivos y documentos resguardados por el Estado (SHAUDSON, 2014, p. 16).

Merece la pena señalar que la ley estadunidense del año 1966 es considerada por muchos expertos como la principal ley de transparencia de la actualidad (FERNÁNDEZ RAMOS; PÉREZ MONGUIÓ, 2014, p. 25), aunque también se tenga como cierto que no alcanzó su efectividad hasta la reforma llevada a cabo en el año 1974, tras el escándalo del caso Watergate.

Entre finales de los setenta y principios de los noventa, esa tendencia llegó a los países latinos de Europa occidental, ampliándose el debate alrededor de este tema. Merece la pena destacar en este periodo la ley francesa del año 1978, que mantuvo el derecho de acceso a los documentos administrativos, fomentando la cultura de transparencia en aquel país (FERNÁNDEZ RAMOS; PÉREZ MONGUIÓ, 2014, p. 25).

A finales de los noventa y principios del siglo XXI, hubo una verdadera expansión de esas ideas y se generalizó la aprobación de leyes de transparencia y acceso a la información pública en países como Reino Unido, Alemania y Suiza (GUICHOT *et al*, 2014, p. 18), además de países de Europa que estaban integrados en la Unión Soviética hasta la caída del muro de Berlín, incluida la propia Rusia. También fueron aprobadas leyes con esas características en países de América Central y del Sur, Asia, África y Oceanía. En el mundo árabe, la aprobación de leyes de transparencia y acceso a la información coincide con las manifestaciones de la primavera árabe en el 2010 (MENDEL, 2013, p. 8).

Todos estos hechos sirven para comprobar que la transparencia gubernamental se ha convertido en una realidad universal que va más allá del límite territorial de cada Estado. En este sentido, conviene destacar que la *Declaración Universal de los Derechos Humanos* de 1948 afirmó la libertad de expresión y la libertad de prensa como derechos íntimamente asociados al derecho a la información (NACIONES UNIDAS, 1948), tendencia que fue seguida por otros diplomas, como la Ley Modelo Interamericana sobre Derecho de Acceso a la Información Pública (OEA, 2019), aprobada por la Asamblea General de la Organización de los Estados Americanos (OEA) en 2010 y del Convenio núm. 205 (OAS, 2019) del Consejo de Europa sobre acceso a los documentos públicos.

Por último, conviene observar que el tratado de funcionamiento de la Unión Europea (UE) del año 2007 (UE, 2007) reconoce a todo ciudadano de la Unión, así como toda persona física o jurídica que resida o tenga su domicilio social en un Estado miembro, el derecho a acceder a los documentos de las instituciones y órganos de la Unión, cualquiera que sea su soporte, lo que corrobora esa tendencia de universalización de la transparencia gubernamental.

Llevados por esa ola de universalización del derecho de acceso y participación ciudadana, otros países como Brasil (BRASIL, 2013) y España (ESPAÑA, 2013) también han aprobado sus leyes de transparencia gubernamental, incorporando en su ordenamiento jurídico esa herramienta de lucha contra la corrupción.

No obstante, la expansión de la transparencia no se dio tan solo a nivel geográfico, sino que se observa un cambio significativo en la forma como los Estados han empezado a reglamentar internamente el ejercicio de ese derecho (FERNÁNDEZ RAMOS; PÉREZ MONGUIÓ, 2014, p. 19-25).

Así es que se ha pasado de un modelo donde la transparencia era considerada como un derecho público subjetivo del ciudadano frente a la Administración, hacia un modelo que reconoce la naturaleza de un derecho fundamental o de un derecho humano.

Subjetivamente, mientras que las leyes más antiguas consideraban sujetos obligados a la transparencia tan solo a las Administraciones Públicas en sentido estricto, término que abarca exclusivamente los órganos y entidades que forman parte del poder ejecutivo, las leyes más recientes también consideran como tales los otros poderes del Estado e incluso a sujetos privados que colaboran con los mismos, como las entidades privadas que reciben recursos públicos.

En este sentido, la ley de Transparencia y Acceso a la Información de Sudáfrica avanza aún más en esa materia y obliga a que las empresas privadas publiquen información, siempre que ello se considere relevante para la defensa de derechos fundamentales, como, por ejemplo, el acceso al agua potable (HEERERA, 2018, p. 72).

Objetivamente, a su vez, si durante muchos y muchos años el derecho a la transparencia tuvo como objeto exclusivamente los documentos administrativos, término que restringe demasiado el ámbito de incidencia de la ley, las normativas más modernas caminan para establecer que el objeto de ese derecho sea la información en poder de los sujetos obligados.

Este es un concepto mucho más amplio que el anterior, una vez que abarca todos los datos, procesados o no, que pueden ser utilizados para producir o transmitir conocimiento, independientemente del medio, soporte o formato utilizado para guardarlos (BRASIL, 2011). Respecto al papel de la llamada publicidad activa, mientras que las primeras leyes consideraban que jugaba un papel secundario en materia de transparencia gubernamental, las normativas recién aprobadas fomentan su utilización por la Administración Pública, lo que también ha resultado del desarrollo de nuevas tecnologías que permiten una mayor divulgación de la información.

Como señala Fernández Ramos y Peréz Monguió (2014, p. 101-102):

> Una de las diferencias más claras entre las Leyes de acceso a la información de los años 70 a 90 y las posteriores, es el escaso peso que en las primeras presentaban los deberes de publicidad activa de información de interés público a cargo de las autoridades, prácticamente limitados a la publicación de circulares e instrucciones de interpretación y aplicación de las normas, como sucedía con el artículo 37 LRJPAC.
>
> En cambio, el salto extraordinario que han supuesto desde entonces las nuevas tecnologías de la información determina que la publicidad proactiva presente hoy en día una dimisión hasta hace no mucho inimaginable, y que tiene su correspondiente reflejo en las Leyes comparadas más modernas, lo que ha llevado a incorporar en muchos casos la voz "transparencia" al propio título de la Ley (como Ley Federal de México de Transparencia y Acceso a la Información Pública Gubernamental de 2002).

Desde otra perspectiva, también se nota que las leyes más modernas procuran simplificar el procedimiento administrativo de acceso a la información, con el acortamiento de los plazos de respuesta y la ampliación de los canales de contacto entre el titular del derecho y la Administración Pública, lo que también es posible a causa de las nuevas tecnologías.

Por último, también se observa que las leyes más avanzadas prevén la creación de órganos independientes, dotados de personalidad jurídica propia y con competencia para emitir decisiones en esta materia, funcionando como verdaderas agencias independientes, lo que es imprescindible para cualquier ley que tenga como objetivo la regeneración democrática y la lucha contra la corrupción.

3 La transparencia como elemento a la regeneración democrática y a la prevención de la corrupción

Históricamente, las primeras leyes de transparencia y acceso a la información tuvieron como característica asegurar la libertad de prensa, el derecho de petición y la prohibición de la censura (PESCHARD, 2018, L. 2043), sin preocuparse por fomentar el diálogo entre los poderes públicos y la sociedad, la estabilidad económica del país o la lucha contra la corrupción.

La comprensión de que la transparencia constituye un derecho de los ciudadanos se consolidó únicamente a partir de la segunda mitad del siglo XX, asociándose a la expansión de la democracia y de las nuevas exigencias que se le han añadido como forma de gobierno (PESCHARD, 2018, L. 2054).

A lo largo del siglo XX, la demanda principal de la democracia estuvo relacionada directamente con la ampliación de los derechos políticos y la coexistencia de elecciones justas, libres y competitivas, en donde los ciudadanos manifestarían su voluntad por medio del voto (SCHUMPETER, 1947, p. 269).

En resumen, se creía que ese proceso de elección y nombramiento de los altos directivos de la nación frenaría autoritarismos y abusos de otros tiempos, además de fomentar mayor identidad entre las decisiones gubernamentales y el enfrentamiento de los grandes problemas de la sociedad (PESCHARD, 2018, L. 980).

A pesar de esa creencia, justo después de que ese modelo se fijara como alternativa política, también comenzó a demostrar sus debilidades, una vez que el político elegido se aprovechaba de sus potestades para sacar beneficios personales y se apartaba de los electores que le otorgaron el mandato.

Apenas se dieron cuenta de las malas prácticas administrativas, los ciudadanos empezaron a abstenerse de participar en las elecciones y a alejarse de los partidos políticos e instituciones públicas, además de cuestionar la legitimidad de la propia democracia (PESCHARD, 2018, L. 1016). Los ciudadanos ya no se conformaban con un sistema que les permitiera participar en elecciones libres y nombrar representantes (SCHUMPETER, 1947, p. 269), sino que demandaban una democracia que, verdaderamente, pusiera de manifiesto la confianza entre gobernantes y gobernados (ROSANVALLON, 2008).

La comprensión de que la confianza constituye elemento fundamental para la nueva democracia obligó al Estado a adoptar instrumentos que permitiera a los ciudadanos conocer con detalle las razones que llevaron a los poderes públicos a tomar una decisión. Cualquier persona tiene derecho a saber cómo actúa el Estado, el porqué de las acciones de los funcionarios y cuanto del presupuesto se ha invertido en dicho programa o proyecto (MONTENEGRO CHÁIREZ, 2018).

Desde esa perspectiva, el canal utilizado con objeto de fomentar la participación ciudadana en los asuntos oficiales ha sido la transparencia gubernamental, principal instrumento que viabiliza el dialogo entre la Administración Pública y los ciudadanos. La transparencia les permite interferir directamente en la gestión de los intereses colectivos (HEALD, 2006, p. 26) y les convierte en verdaderos protagonistas en el proceso de toma de decisiones (PESCHARD, 2018, L. 1063).

La capacidad de la transparencia para promover el dialogo entre el poder público y la sociedad se reconoció por primera vez en la declaración sobre el medioambiente y el desarrollo de Rio 1992. En ese momento todos coincidieron en la necesidad de divulgar a menudo información medioambiental a los ciudadanos, así como informarles de los riesgos que resultarían de una mala calidad del medio ambiente para la salud de todos.

Desde esa perspectiva, el principio 10 de la Cumbre de la Tierra, como quedó conocida la conferencia en Rio 1992 (NACIONES UNIDAS, 2019), señala que:

Principio 10

El mejor modo de tratar las cuestiones ambientales es con la participación de todos los ciudadanos interesados, en el nivel que corresponda. En el plano nacional, toda persona deberá tener acceso adecuado a la información sobre el medio ambiente de que dispongan las autoridades, incluida la información sobre los materiales y las actividades que encierran peligro en sus comunidades, así como la oportunidad de participar en los procesos de adopción de decisiones. Los Estados deberán facilitar y fomentar la sensibilización y la participación de la población poniendo la información a disposición de todos. Deberá proporcionarse acceso efectivo a los procedimientos judiciales y administrativos, entre, estos el resarcimiento de daños y los recursos pertinentes.

El principio 10 de la declaración de Rio 1992 constituye, por tanto, un ejemplo vivo del rol que la transparencia gubernamental ha jugado en la sociedad desde los años 1990, actuando más bien en el sentido de fomentar la rendición de cuentas y la participación ciudadana en la toma de decisiones en asuntos medioambientales.

La nueva concepción de la democracia rápidamente se trasladó a otros sectores de la vida social, como la lucha contra la corrupción, sobre todo a causa de la labor de organismos internacionales, como OCDE, OEA, el Consejo de Europa y Naciones Unidas. Estas instituciones aprobaron los primeros Convenios internacionales de lucha contra la corrupción, tales como:

a) Convención Interamericana contra la Corrupción (OEA, 2014);

b) Convenio de lucha contra la Corrupción de la OCDE (OCDE, 2014);

c) Convenio Penal y el Convenio Civil sobre la Corrupción del Consejo de Europa (ESPAÑA, 2010); y

d) Convención de las Naciones Unidas contra la Corrupción – CNUCC (EU, 2008).

En Europa también ha sido creado el Grupo de Represión contra la Corrupción - GRECO (COE, 2014), órgano que integra el Consejo de Europa[3] y que actúa directamente en la lucha contra la corrupción.

Entre las innumerables iniciativas nacionales (CONTRERAS ALFARO, 2005, p. 134) merece la pena destacar la aprobación del Código de Comportamiento de los empleados de las Administraciones Públicas de Italia (1993), la aprobación de la Ley para combatir la corrupción en Alemania (1997), la aprobación de la Ley que creó la Fiscalía Especial para la represión de los delitos económicos relacionados con la Corrupción en España (1995) y la aprobación de las Leyes de improbidad administrativa (1992) y de anticorrupción de empresas (2013) en Brasil.

Esas nuevas ideas también llegaron al mundo académico a finales de los años setenta. En 1978, Rose-Ackerman publicó su famoso libro sobre el tema, pero este solo ganó importancia a partir de los años ochenta (ROSE-ACKERMAN, 2001). No obstante, esto no quiere decir que antes de ese periodo no hubiera estudios sobre la corrupción. Evidentemente, sí que lo había, pero analizaban el fenómeno desde el punto de vista de la antropología, concentrándose la investigación en el continente africano y no en otros países, sin tener en cuenta que la corrupción era, y es, un fenómeno mundial.

El trabajo de Rose Ackerman destacó en esa materia, ya que examinaba la corrupción bajo una mirada económica y política que no se había hecho hasta entonces. La iniciativa permitió que organismos internacionales como el Banco Mundial y el Fondo Monetario Internacional pudieran diseñar políticas anticorrupción, teniendo en cuenta el análisis de sus causas y efectos más comunes, así como los involucrados en casos de esa naturaleza, como los gobernantes de muchos países.

---

[3] Según sus directrices, GRECCO tiene como uno de sus objetivos fortalecer a la democracia y el respecto a los derechos humanos, con ello evitando el surgimiento de regímenes contrarios a ella, como el nazismo y el fascismo (COE, 2014).

Debe añadirse que, hasta el 1996, el Banco Mundial no utilizaba la palabra "corrupción" en sus documentos, tendencia que se ha cambiado debido al trabajo de personas como Peter Eigen,[4] fundador de Transparencia Internacional (TRANSPARENCIA INTERNACIONAL ESPAÑA, 2014).

Esa institución efectúa varios estudios respecto a la situación de la corrupción alrededor del planeta y los divulga por medio de tres informes mundialmente conocidos:

a) El índice de percepción de la corrupción (*Corruption Perception* Índex);

b) El índice de pagamiento de Sobornos (*Bríhe Payers Index*); y

c) El barómetro Global de la Corrupción (*Global Corruption Barometer*).

Por tanto, a partir de los últimos años del siglo XX, la corrupción entró definitivamente en la agenda política internacional, mereciendo la atención de entidades como Naciones Unidas, Transparencia Internacional, Organización de los Estados Americanos y Unión Europea, que pasaron a trabajar, concretamente, a través de innumerables medidas de naturaleza legal y administrativa.

Algunas de esas medidas fueron expresamente mencionadas por el Banco Mundial en el año 1992, cuando la entidad buscó establecer criterios mínimos para la formación del llamado buen gobierno. Según ese documento, para que el Estado pudiera cumplir con su papel en la sociedad, debería fomentar medidas como la responsabilidad, la transparencia gubernamental, el Estado de derecho y la pluralidad de actores participando del proceso decisorio (LOPES, 2011, p. 10).

Efectivamente, como señala Emilio Guichot *et al.* (2014, p. 17), la transparencia fomenta el desarrollo económico y social, fortalece la democracia y disminuye la corrupción, por ello mereciendo una mayor atención de los gobiernos, los cuales deben crear condiciones para que todas las personas puedan utilizarla.

En este sentido, la CNUCC recomienda a los estados fomentar la transparencia de las instituciones públicas, una medida que varios países han implementado desde los años noventa del siglo XX, pero que Brasil y España, recientemente, han adoptado tras la aprobación de las leyes núm. 12.527, del 18/11/2011, y 19, del 9 de diciembre de 2013, respectivamente (NACIONES UNIDAS, 2003).

Por ende, queda claro que el incremento de la transparencia gubernamental como política pública no se produjo a raíz de un factor en específico, sino que resultó más bien de la asociación de causas que determinaron un cambio de comportamiento de las instituciones oficiales, en el sentido de que deberían revitalizar la democracia y cohibir las malas prácticas de los directivos y funcionarios del Estado.

4 La agenda de los altos directivos como objeto de la transparencia

Desde una perspectiva semántica, el término "transparencia",[5] se refiere a la cualidad de ser transparente,[6] que deja pasar la luz, y que permite ver con claridad a

---

[4]   Transparencia Internacional (TI) es una organización no-gubernamental que tiene como objetivo principal luchar contra la corrupción. Fue fundada el 1993 bajo el liderazgo de Peter Eigen, exfuncionario del Banco Mundial, que tenía gran experiencia en proyectos de desarrollo en América Latina y África. Actualmente, la entidad está ubicada en Berlín, siendo responsable por la elaboración de un informe anual sobre la percepción de la corrupción alrededor del mundo, con representaciones en diferentes países.

[5]   El diccionario de la Real Academia Española define a la Transparencia como: *"Cualidad de transparente"* (RAE, 2014).

[6]   El diccionario de la Real Academia Española define transparente como: "Claro, evidente, que se comprende sin duda ni ambigüedad" (RAE, 2014).

través de él para su sencilla comprensión. Por otro lado, la palabra gobernar significa guiar o dirigir un país o colectividad política (RAE, 2014).

Teniendo en cuenta estas ideas, resulta posible señalar que la transparencia se refiere a la apertura de las informaciones producidas por el gobierno en el ejercicio de sus competencias (DAVIS, 10997, p. 121), como forma de permitir a los ciudadanos el control efectivo de los actos y decisiones oficiales.

En otras palabras, la transparencia tiene como principal objetivo levantar el velo de todas las administraciones públicas y desvelar a la sociedad, con claridad y objetividad, todo lo que pasa en el seno de los órganos y entidades que forman parte del Estado. Así que no basta con conocer las decisiones de los responsables de la gestión de los intereses colectivos, sino que es fundamental estar al tanto de las reglas que gobiernan cada acto y decisión de las autoridades (PESCHARD, 2018, p. 653).

La transparencia impone, en principio, que todos los actos y resoluciones de los órganos y entidades del Estado sean públicos, así como sus fundamentos y los procedimientos que utilicen. También serán públicos los compromisos perfeccionados con las entidades privadas en cuanto a las verbas recibidas para el desarrollo de actividades a su cargo, aunque ya no subsista ningún vínculo con los poderes públicos o con cualquier entidad controlada por el Estado.[7]

En este sentido, el Banco Asiático de Desarrollo ya tuvo oportunidad de señalar que la transparencia debe ser considerada como: "la información que está accesible a la población en general y que ofrece claridad sobre las reglas y las decisiones del gobierno" (ABD, 1995, p. 256).

De esta forma, el objeto de la transparencia es la información en manos de los poderes públicos y de las entidades privadas que reciben recursos públicos,[8] entendida la información como todo aquello que sirve para reducir o eliminar incerteza de los ciudadanos respecto de determinado asunto (RUBINO, 2016, L. 262).

Desde esa perspectiva, el vocablo "transparencia" abarca todos los datos, procesados o no, que pueden ser utilizados para producir o transmitir conocimiento, independientemente del medio, soporte o formato utilizado para guardarlos (BRASIL, 2011). Los datos constituyen, por tanto, la base o la materia prima de la información. Se refieren a hechos, conceptos e informes que los poderes públicos obtienen y procesan en el ejercicio de sus actividades y que son fundamentales para la formación del conocimiento al respecto de ciertos asuntos (CANALS AMETLLER, 2016, p. 22).

Por norma general, la divulgación de la información resguardada en manos de los órganos y entidades públicas obedece a tres criterios principales:

a) El criterio de la frecuencia de las solicitudes;

b) El criterio de los esquemas de publicación; y

c) El criterio de la relevancia de la información.

Inicialmente, el criterio de la frecuencia de la solicitud se basa en el número o cantidad de pedidos sobre asuntos que reflejan las principales preocupaciones de la sociedad en su momento (GUICHOT *et al.*, 2014, p. 153-155). Si los habitantes de cierto

---

[7] Artículo 7º (BRASIL, 2011).

[8] Al respecto, el artículo 5º, apartado XXXIII de la Constitución brasileña de1988 establece que todos tienen derecho a recibir de los órganos públicos informaciones de su interese particular, o de interese colectivo o general, que serán prestadas en el plazo legal, bajo pena de responsabilidad, con excepción de aquellas cuyo secreto es considerado imprescindible a la seguridad del Estado y de la sociedad (BRASIL, 1988).

municipio a menudo piden informaciones sobre los gastos con salud y educación en determinado año, entonces el ayuntamiento debe publicar dichas informaciones en su página web, como forma de permitirles el conocimiento de estos datos directamente.

La medida, más allá de fomentar el control ciudadano de los actos oficiales, también demuestra una buena gestión administrativa por parte del gobernante de turno. Ello evita que el funcionario conteste pedidos de igual naturaleza repetidas veces, lo que caracteriza, como mínimo, un ejemplo de ineficiencia administrativa.

Así mismo, el criterio de la frecuencia de la solicitud revela que la transparencia activa y el derecho de acceso se complementan en lo relativo a la publicidad de la información. Se, de un lado, el derecho de acceso está basado en un pedido que refleja el interés de uno solo ciudadano, lo que implica un enfoque muy limitado, de otro, la reiteración de la solicitud obliga a que la Administración publique la información de forma proactiva y, por tanto, permita su conocimiento por cualquiera (FERNÁNDEZ RAMOS; PÉREZ MONGUIÓ, 2014, p. 102-103).

La relevancia de este criterio también fue reconocida por organismos internacionales como la OEA. La institución recomendó a los Estados que divulgaran de forma proactiva la información que fuere solicitada más de una vez por cualquier interesado, garantizando a todos el acceso igualitario a la información pública (OEA, 2014).

Por otro lado, el criterio de los esquemas de publicación contempla las clases de documentos que deben ser divulgados por la Administración Pública, previa solicitud de los ciudadanos, como la información presupuestaria, la agenda de los altos directivos del gobierno, los salarios de los servidores, las licitaciones, los contratos perfeccionados por el Estado, las subvenciones otorgadas a entidades privadas y la ejecución de proyectos y políticas públicas (LEY MODELO INTERAMERICANA SOBRE ACCESO A LA INFORMACIÓN PÚBLICA, 2014).

Este criterio tiene en cuenta las actividades desarrolladas con frecuencia en el seno de la Administración Pública, las cuales merecen ser acompañadas por la sociedad directamente, siempre que a partir de muchas de ellas suelen practicarse actos de corrupción, como sucede con la licitación, los contratos y convenios del sector público.

A menudo las licitaciones y contratos suelen utilizarse para viabilizar la construcción de infraestructuras innecesarias, como estadios de fútbol en donde no hay equipos profesionales de alto nivel, aeropuertos en lugares en donde no hay actividad económica relevante o casas de espectáculo que no acogen a ningún concierto durante años.

Se trata, en realidad, de verdaderas "catedrales en el desierto", que únicamente se construyen con objeto de viabilizar el despilfarro de fondos públicos y acaban con disminuir la inversión racional de los recursos oficiales (FABIÁN CAPARRÓS, 2003, p. 33).

Por ello, la OCDE recomienda a los gobiernos que publiquen todos los elementos relativos a la ejecución contractual, como las partes, las obligaciones asumidas, el plazo de duración, el objeto, el importe financiero y los beneficiarios (POLARES HERRERA, 2018, p. 46). También se publicarán todos los documentos asociados a la subcontratación y a cualquier subsanación contractual posterior, los informes asociados a la contratación, el estatus de los licitadores y los posibles conflictos de intereses (POLARES HERRERA, 2018, p. 47).

Así mismo, se recomienda la publicación de un análisis comparado sobre los costes efectivos de servicios similares, lo que posibilitará a los ciudadanos una visión clara de la gestión realizada por las administraciones públicas (POLARES HERRERA, 2018, p. 47).

Por último, el criterio de la relevancia de la información tiene en cuenta el protagonismo que determinados asuntos presentan en la sociedad en dado periodo histórico. De acuerdo con ese modelo, la Administración Pública se obliga a divulgar toda la información considerada importante para la comunidad en su momento y que, en principio, no sería publicada con arreglo en los criterios de la frecuencia de la solicitud o de los esquemas de publicación.

En realidad, el contenido de la información publicada bajo ese criterio varía de tiempo en tiempo y de un sitio para otro, lo que también explica la expresión genérica a menudo utilizada para elegir las materias que deberán ser divulgadas por la Administración.

Comúnmente, uno se refiere a la "relevancia social de la información" o "información de gran interés social" cuando trata de explicar el fundamento que legitima la divulgación de tales asuntos. La generalidad de las expresiones busca, en realidad, hacer que la transparencia activa permanezca siempre en contacto con la sociedad, viabilizando la divulgación de la información que mejor refleja el interés de los ciudadanos.

Actualmente, la corrupción asociada a las licitaciones, contratos, convenios, subvenciones y ayudas constituye objeto de preocupación de los ciudadanos en varios países, sobre todo a causa de sus efectos políticos, económicos y sociales.

En España, la preocupación con la corrupción se coloca por detrás únicamente de problemas como el desempleo (ABC, 2014), hallándose por encima de otros temas como la vivienda, el tráfico de drogas y el terrorismo. En Brasil, por otro lado, esta ha superado a temas tradicionales como salud y seguridad ciudadana y constituye objeto de la preocupación de más de 60% de la gente,[9] lo que ha representado un cambio histórico en esta materia.

Por tanto, cualquier información relativa a la prevención o la represión de la corrupción es jurídicamente relevante en el actual momento histórico y deberá ser publicada por la Administración, previa solicitud de los ciudadanos.

Ahora bien, los criterios de la frecuencia de la solicitud, de la relevancia de la información y de los esquemas de publicación fueron incorporados en las leyes de transparencia de España y Brasil. Pero, a pesar de ello, ni la Ley núm. 19/2013, ni la Ley núm. 12.527/2011, consideran obligatorio la divulgación de la agenda profesional de los altos directivos del Estado, lo que, ineludiblemente, sería relevante para prevenir acuerdos fraudulentos con fondos públicos (GUICHOT *et al.*, 2014).

La omisión no permite a los ciudadanos tomar conocimiento de las reuniones de que participan los altos directivos del Estado (SÁNCHEZ MORÓN, 1997, p. 190), las influencias a que estarán sometidos (CONTRERAS ALFARO, 2005, p. 135-137), tampoco viabiliza el control permanente de esas personas por medio de herramientas autónomas e independientes (MICHENER, 2011, p. 44).

---

[9] *Así mismo, en Brasil*, de acuerdo con una noticia publicada por el periódico "O Globo", la corrupción ya es la principal preocupación de los brasileños (CARVALHO; GULLINO, 2017).

Claro que esa debilidad podrá ser superada a partir de la aplicación de los criterios de la frecuencia de la solicitud o de la relevancia de la información, a depender de las solicitudes de los ciudadanos y de la comprensión de que será una herramienta importante de regeneración democrática y prevención de la corrupción.

En efecto, pese a la falta de previsión, a menudo los órganos y entidades del sector público de España y Brasil divulgan la agenda de sus altos directivos en internet, aunque con base en reglas fijadas por las propias instituciones y no a partir de un modelo uniforme para todo el territorio.

La pluralidad de regímenes entorno a ese asunto genera, como mínimo, dificultades de dos tipos. En principio, la infinidad de reglas acaba con crear diferentes niveles de transparencia en la Administración, más amplios o más restringidos, según el modelo adoptado en cada órgano o entidad. Así mismo, no se nota cualquier coordinación entre los normativos que tratan del asunto, tampoco se identifica un contenido mínimo que debe figurar en torno al régimen de divulgación de las agendas profesionales de esas personas.

Para evitar incongruencias de esa naturaleza, la Ley núm. 1/2014, de 24 de junio, de Transparencia Pública de la Comunidad de Andalucía, obliga la divulgación de la agenda profesional de los altos directivos de la Asamblea, de la Junta de Gobierno, de la Consejería, etc., además de establecer un régimen de sanciones para el caso de su incumplimiento (ESPAÑA, 2016).

Así mismo, la Ley 8/2018, de 14 de septiembre, de Transparencia, Buen Gobierno y Grupos de Interés de la Comunidad Autónoma del Principado de Asturias, también obliga la publicación, previa solicitud de los interesados, de las agendas íntegras de los altos cargos, personal directivo y titulares de los órganos de apoyo o asistencia (Artículo 6, ESPAÑA, 2019).

Además, a modo de establecer un contenido mínimo en lo relativo a la divulgación, la Ley prevé que: "Se entiende por agenda, a estos efectos, la relación de actividades que se desarrollan, incluyendo reuniones celebradas, dentro o fuera de espacios oficiales, eventos públicos en que se participe y cualesquiera otras que tengan relación con el desempeño de la función" (Artículo 6, ESPAÑA, 2019).

En Brasil, si bien que no exista una regla general que obliga a todos los órganos y entidades públicas, así como las instituciones privadas que reciben fondos públicos, la necesidad de divulgación de la agenda de los altos directivos del Poder Ejecutivo Federal consta de la Ley núm. 12.813/2013, que reglamenta el conflicto de intereses e el acceso a informaciones privilegiadas (BRASIL, 2013) y en el Decreto núm. 4.334/2002, que reglamenta los encuentros entre particulares y agentes públicos del poder ejecutivo, de las autarquías y de las fundaciones públicas (BRASIL, 2002).

Inicialmente, habida cuenta de que los Ministros de Estado, los Presidentes de Autarquías, Empresas y Fundaciones Públicas podrán enfrentarse con situaciones de conflicto de intereses o que podrán acceder a informaciones privilegiadas que interesan a algunos sectores de la sociedad, la Ley núm. 12.813/2013 les obliga a divulgar, a diario y por internet, su agenda profesional, para que pueda ser conocida de los ciudadanos.

Así mismo, el Decreto núm. 4.334/2002 les obliga a los agentes públicos que actúan en órganos del Poder Ejecutivo, o en Autarquías y Fundaciones Públicas Federales a crear registros de las audiencias realizadas con particulares, identificando el nombre del interesado, la fecha y el horario de la reunión, el asunto objeto del encuentro, más allá de los nombres de otros asistentes al encuentro.

Pese a estas normativas, la publicación de la agenda profesional de los altos directivos del Estado es restringida a los agentes públicos que actúan en los órganos y entidades que forman parte del Poder Ejecutivo Federal. Quedan fuera del ámbito de incidencia de la reglamentación, por tanto, los agentes políticos y funcionarios que desempeñan actividades en los Poderes Legislativo y Judicial, así como en el Ministerio Público y en los Estados y Municipios que no cuentan con una reglamentación de esa materia.

En definitiva, para que ellos se consideren obligados a publicar la agenda profesional de sus altos directivos, será imprescindible cambiar la Ley núm. 12.527/2011, con objeto de incorporarle esa importante herramienta de regeneración democrática y prevención de la corrupción.

5 Conclusión

Como se recoge a lo largo del artículo, la transparencia gubernamental constituye una poderosa herramienta de regeneración democrática y prevención de la corrupción, siempre que permita a los ciudadanos participar de la gestión pública y fiscalizar las conductas de los altos directivos del Estado.

Sin embargo, para que ello ocurra, tanto en el caso español, como en el brasileño, será fundamental que la ley nacional de ambos países (Ley núm. 19/2013 y Ley núm. 12.527/2011) otorgue la posibilidad y el conocimiento de las agendas de estas autoridades para los ciudadanos, con identificación, como mínimo, de los compromisos oficiales, de la fecha, horario y lugar de la reunión, de los asuntos que serán discutidos y de los asistentes al encuentro.

No obstante, no siempre la divulgación de esas informaciones será absoluta, siempre que pueda ser restringida en los casos fijados por ley, habida cuenta la necesidad de protección de algunos bienes jurídicos, como la intimidad, la seguridad ciudadana, la política económica y las investigaciones criminales.

Con otras palabras, salvo las excepciones previstas en ley, la publicidad de la agenda profesional de los altos directivos del Estado es la regla en los regímenes democráticos y compite al Parlamento adoptar las medidas para incorporarla a la Ley de Transparencia, lo que acabará con permitir la verdadera participación ciudadana en los asuntos oficiales y la prevención de la corrupción.

Referencias

ACKERMAN, John M.; SANDOVAL, Irma. Leyes de acceso a la información en el mundo. *Cuadernos de Transparencia*, Ciudad de México, 7, 2005.

ADB – BANCO ASIÁTICO DE DESARROLHO. *Governance*: sound development management. Manila: ADB, 1995.

AGUILAR RIVERA, José Antonio. Transparencia y democracia: claves para un concierto. *Cuadernos de Transparencia*, Ciudad de México, 2008.

ALASDARI, Roberts. *Blacked out*: government secrecy in the information age. Cambridge: Cambridge University Press, 2006.

BLANTON, Thomas S. The global openness movement in 2006: 240 years after the First Freedom of Information Law. Access information government now seen as a human wright. *In*: MUSTONEN, Juhan (Ed.). *The World's First Freedom of Information Act*. Kokkola: Anders Chydenius Foundation, 2006.

BOK, Sissela. *Secrets on the ethics of concealment and revelation*. New York: Vintage Books, 2011.

BRASIL. *Constituição da República Federativa do Brasil de 1988*. Brasília, DF: Presidência da República, 1988. Disponible en: http://www.planalto.gov.br/ccivil_03/constituicao/Constituicao.htm. Acesso en: 5 ene. 2019.

BRASIL. *Decreto nº 4.334, de 12 de agosto de 2002*. Dispone sobre las audiencias concedidas a particulares por agentes públicos en ejercicio en la Administración Pública Federal directa, en los municipios y fundaciones públicas federales. Disponible en: http://www.planalto.gov.br/Ccivil_03/decreto/2002/D4334.htm. Acceso en: 2 mayo 2018.

BRASIL. *Ley n. 12.527, de 18 de noviembre de 2011*. Ley de Transparencia y Acceso a la Información, 18 nov. 2011. Disponible en: http://www.planalto.gov.br/ccivil_03/_ato2011-2014/2011/lei/l12527.htm. Acceso en: 8 mayo 2014.

BRASIL. *Ley n. 12.813, de 16 de mayo de 2013*. Dispone sobre conflictos de intereses en el ejercicio de cargo o empleo en el Poder Público Federal. Disponible en: http://www.planalto.gov.br/Ccivil_03/Lei/2013/L12813.htm. Acceso en: 9 ene. 2018.

CANALS AMETLLER, Dolors. *Datos*: transparencia, protección y buena regulación. Electrónica. Madrid: Documental Universitaria, 2016.

CANETTI, Elías. *Masa y poder*. Madrid: Alianza, 1994.

CARVALHO, J. de; GULLINO, D. A corrupção é principal preocupação para 62% dos brasileiros, mas denúncias podem ser coadjuvantes. *O Globo*, 31 dez. 2017. Disponible en: https://www.oglobo.globo.comcorrupção é principal preocupação para 62% dos brasileiros. Acceso en: 2 ene. 2018.

COE. *Group of States against corruption (GRECO) website*. Disponible en: http://www.coe.int/t/dghl/monitoring/greco/default_en.asp. Acceso en: 16 mar. 2014.

CONTRERAS ALFARO, Luis Humberto. *Corrupción y principio de oportunidad*: alternativas en materia de prevención y castigo a la respuesta penal tradicional. Salamanca: Ratio Legis, 2005.

DAVIS, J. Access to and transmission of information: position of media. *In*: DECKMYN, Veerle; THOMSON, Ian (Ed.). *Openness and transparency in the European Union*. Maastricht: European Institute of Public Administration, 1997.

ESPAÑA. Instrumento de Ratificación del Convenio penal sobre la corrupción *Boletín Oficial Del Estado*, 28 jul. 2010. Disponible en: http://www.boe.es/boe/dias/2010/07/28/pdfs/BOE-A-2010-12135.pdf. Acceso en: 16 mar. 2014.

ESPAÑA. Junta de Andalucía. Ley 1/2014, 24 de junio, de Transparencia Pública de Andalucía. Histórico Bojo. *Boletim Oficial de la Junta de Andalucia*, 2014. Disponible en: https://www.juntadeandalucia.es/boja/2014/124/1. Acceso en: 6 ene. 2016.

ESPAÑA. Ley 8/2018, de 14 de septiembre, de Transparencia, Buen Gobierno y Grupos de Interés de la Comunidad Autónoma del Principado de Asturias. *Portal dela Transparencia*, 2018. Disponible en: https://transparencia.gob.es/transparencia/transparencia_Home/index/MasInformacion/Novedades-de-transparencia/LeyTransparenciaAsturias0.html. Acceso en: 9 ene. 2019.

ESPAÑA. *Ley nº 19/2013*. Ley de transparencia, acceso a la información pública y buen gobierno. 2013. Disponible en: https://www.boe.es/boe/dias/2013/12/10/pdfs/BOE-A-2013-12887.pdf. Acceso en: 6 mayo 2014.

EU. *Convención de las Naciones Unidas contra la corrupción*. Decisión del Consejo 2008/801/CE, de 25 de septiembre de 2008, sobre la celebración, en nombre de la Comunidad Europea, de la Convención de las Naciones Unidas contra la opción (DO L 287 de 29.10.2008). Disponible en: http://europa.eu/legislation_summaries/fight_against_fraud/fight_against_corruption/l33300_es.htm. Acceso en: 16 mar. 2014.

FABIÁN CAPARROS, Eduardo A. *La corrupción de agente público extranjero e internacional*. Valencia: Tirant lo Blanch, 2003.

FERNÁNDEZ RAMOS, Severiano; PÉREZ MONGUIÓ, José Maria. *Transparencia, acceso a la información pública y buen gobierno* – Ley 19/2013 de 9 de diciembre. Navarra: Thomson Reuters-Arazandi, 2014.

FIORAVANTI, Maurizio. *Los derechos fundamentales*. Apuntes de la historia de las constituciones. Madrid: Trotta, 1996.

GUICHOT, Emilio *et al*. *Transparencia, acceso a la información pública y buen gobierno*. Madrid: Tecnos, 2014.

HEALD, David. Varieties of transparency. *In*: HOOD, Christopher; HEALD, David (Ed.). *Transparency*: the key to better governance? Oxford: Oxford University Press, 2006.

JIMÉNEZ SÁNCHEZ, Fernando. Los efectos de la corrupción sobre la desafección y el cambio político en España. *Revista Internacional de Transparencia Internacional, R.I.T.N.*, p. 1-16, sept./dic. 2017. Disponible en: https://revistainternacionaltransparencia.org/wpcontent/uploads/2017/12/fernando_jimenez.pdf. Acceso en: 22 feb. 2018.

KANT, Immanuel. *Sobre la paz perpetua*. Madrid: Akal, 2012.

LOPES, José Mouraz. *O espectro da corrupção*. Coimbra: Almedina, 2011.

MENDEL, Toby. *Right to transparency index, rating data analysis series*: overview of results and trends centre for law and democracy access info Europe. Halifax y Madrid: [s.n.], 2013.

MICHENER, Greg. FOI Laws around the world. *Journal of Democracy*, Texas, v. 22, n. 2, p. 145-159, April, 2011. Disponible en: https://www.researchgate.net/publication/236804828_FOI_laws_around_the_world. Acceso en: 22 feb. 2011.

MONTENEGRO CHÁIREZ, Cristián Jafet. *Progreso y fortalecimiento de derechos fundamentales de nueva generación en el Estado de Durango*: transparencia y protección de datos personales. 2018. L. 266-270. Disponible en: https://www.amazon.es/Progreso-fortalecimiento-derechos-fundamentales-generaci%C3%B3n/dp/1726705137. Acceso en: 6 ene. 2019.

NACIONES UNIDAS. *Convención de las Naciones Unidas contra la corrupción*, 9 dez. 2003. Disponible en: http://europa.eu/legislation_summaries/fight_against_fraud/fight_against_corruption/l33300_es.htm. Acceso en: 16 mar. 2014.

NACIONES UNIDAS. *La Declaración Universal de Derechos Humanos (1948)*. Disponible en: http://www.un.org/es/documents/udhr. Acesso en: 15 enero 2019.

OAS. *Convenio del Consejo de Europa sobre el Acceso a los Documentos Públicos*. Disponible en: http://www.oas.org/es/sla/ddi/docs/acceso_informacion_desarrollos_convenio_consejo_europeo.pdf. Acesso en: 15 enero 2019.

OCDE. *Convenio de lucha contra la corrupción de agentes públicos extranjeros en las transacciones comerciales*. Disponible en: http://www.transparencia.org.es/CONVENIO_OCDE/Convenio%20Lucha%20contra%20la%20Corrupci%C3%B3n%20OCDE%20Texto%20espa%C3%B1ol.pdf Acceso en: 16 mar. 2014.

OEA. *Convención Interamericana Contra La Corrupción (B-58)*: Disponible en: http://www.oas.org/juridico/spanish/tratados/b-58.html. Acceso en: 16 mar. 2014.

OEA. *Ley Modelo Interamericana sobre Acceso a la Información Pública*. Disponible en: http://www.oas.org/es/sla/ddi/acceso_informacion_ley_modelo.asp. Acceso en: 1 mayo 2014.

OEA. *Organización de los Estados Americanos*: democracia para la paz, la seguridad y el desarrollo. Disponible en: http://www.oas.org/es/sla/ddi/acceso_informacion_ley_modelo. Acceso en: 10 ene. 2019.

PESCHARD, Jacqueline. *Transparencia*: promesas y desafíos (grandes problemas), Electrónica. México: El Colegio de México, 2018.

POLARES HERRERA, Manuel. *Transparencia y acceso a la información en el sector público*. Madrid: Wolters Kluwer, 2018.

POMED SÁNCHEZ, Luis Alberto. *El derecho de acceso de los ciudadanos a los archivos y registros administrativos.* Madrid: Ministerio de Administraciones Públicas, 1989.

RAE. *Diccionario de la lengua española.* Disponible en: http://lema.rae.es/drae/?val=gobierno. Acceso en: 4 mayo 2014.

RODRÍGUEZ ZEPEDA, Jesús. Estado y transparencia: un paseo por la filosofía política. *Cuadernos de Transparencia*, Ciudad de México, 4, p. 13-17, 2006.

ROSANVALLON, Pierre. *La contra democracia*: la política en la era de la desconfianza. Buenos Aires: Manantial, 2008.

ROSE-ACKERMAN, Susan. *La corrupción y los gobiernos*: causas, consecuencias y reforma. Madrid: Siglo Veintiuno de España, 2001.

RUBINO, Leonardo. *Informazione, accesso e trasparenza a 800 anni dalla Magna Carta (dall'habeas corpus all'habeas data).* Roma: Leonardo Rubino Editore, 2016.

SÁNCHEZ MORÓN, M. La corrupción y los problemas del control de las Administraciones Públicas. *In*: LAPORTA SAN MIGUEL, Francisco Javier; ÁLVAREZ MEDINA, Silvina (Coord.). *La corrupción política*. Madrid: Alianza, 1997. Disponible en: https://dialnet.unirioja.es/servlet/libro?codigo=808. Acceso en: 22 feb. 2011.

SANDOVAL, Irma E. (Coord.). *Corrupción y transparencia*: debatiendo las fronteras entre Estado, mercado y sociedad. México: Siglo XXI Editores, 2009.

SCHUDSON, Michael. Origins of Freedom of Information Act in United States. *In*: BOWLES, Nigel; HAMILTON, James; LEVY, David (Eds.). *Transparency in politics and media.* Accountability and open government. London: Ib Tauris-Reuters Institute of the Study of Journalism, 2014. Disponible en: https://reutersinstitute.politics. ox.ac.uk/sites/default/files/research/files/Transparency%2520in%2520Politics%2520and%2520the%2520Medi a%2520Accountability%2520and%2520Open%2520Government.pdf. Acceso en: 22 mayo. 2015.

SCHUMPETER, Joseph A. *Capitalismo, socialismo y democracia.* Nueva York: Harber, 1947.

UE. *Tratado de funcionamiento de la Unión Europea.* 13 dic. 2007. Disponible en: http://www.boe.es/doue/2010/083/ Z00047-00199.pdf. Acceso en: 8 mayo 2014.

Informação bibliográfica deste texto, conforme a NBR 6023:2018 da Associação Brasileira de Normas Técnicas (ABNT):

PANOEIRO, Claudio de Castro. La necesaria publicación de las agendas profesionales de altos directivos del Estado: un análisis desde la perspectiva de la regeneración democrática y de la prevención de la corrupción. *In*: MORAES, Alexandre de; MENDONÇA, André Luiz de Almeida (Coord.). *Democracia e sistema de justiça*: obra em homenagem aos 10 anos do Ministro Dias Toffoli no Supremo Tribunal Federal. Belo Horizonte: Fórum, 2020. p. 119-137. ISBN 978-85-450-0718-0.

ORIGEN, ORGANIZACIÓN Y FUNCIONAMIENTO DE LA ABOGACÍA GENERAL DEL ESTADO DE ESPAÑA

CONSUELO CASTRO REY

1 Origen

El nacimiento de la necesidad de disponer de personal especializado en las ramas del Derecho relacionadas con las actividades que desarrolla la Administración de un Estado es paralela, lógicamente, al despliegue mismo del aparato estatal y a la adquisición progresiva, por parte de quienes asumen responsabilidades de gobierno, de la conciencia de la importancia de la defensa en Derecho y profesionalizada de los intereses generales. Por ello, aun no siendo exclusiva de un sistema jurídico determinado, no puede situarse en el tiempo en un concreto período que sea el mismo en cada país o en cada continente.

En el caso español puede afirmarse que esa necesidad comenzó a percibirse más agudamente a comienzos de la segunda mitad del siglo XIX, lo cual no quiere decir que no estuviera parcial o deficientemente atendida en períodos anteriores.

Así, la Instrucción General de Rentas Reales aprobada por Real Decreto de 16 de abril de 1816, bajo el reinado de Fernando VII, había creado ya la figura del asesor del Superintendente General de Hacienda, si bien el primer hito verdaderamente destacable en la evolución de la asistencia jurídica al Estado en España lo constituye la creación de la Dirección General de lo Contencioso del Ministerio de Hacienda mediante Real Decreto de 28 de diciembre de 1849, siendo ministro del ramo D. Juan Bravo Murillo.

La Dirección General de lo Contencioso tenía entre sus funciones más relevantes la de emitir dictamen en los negocios de la Administración central del Ministerio de Hacienda sobre cuestiones de derecho común, civil o administrativo; dictaminar siempre que se intentase alguna acción ante los Tribunales de justicia o administrativos a nombre o en contra del Estado por causa de los expedientes instruidos en la propia Administración central del Ministerio de Hacienda; y vigilar y cuidar de que se sostuvieran adecuadamente ante los Tribunales comunes y administrativos los intereses de la Hacienda Pública dando al efecto las instrucciones correspondientes a los agentes de la administración.

Al frente de la Dirección General de lo Contencioso existían un Director y dos Subdirectores, de los cuales decía el Real Decreto de 1849 que habrían de ser "letrados, versados en la ciencia administrativa, en la legislación y en la práctica de los negocios de los diversos ramos de la Hacienda Pública". Servían en ella, además, auxiliares letrados y oficiales sin sueldo.

La Dirección General de lo Contencioso fue suprimida en 1854 y sustituida por la Asesoría General de Hacienda, con similares funciones. La Asesoría existió, si bien de manera discontinua, hasta 1881. Lo más relevante de este período fue que se realizaron varias convocatorias de plazas de Oficiales Letrados de Hacienda, quienes, con ocasión de la tercera y última de ellas, en 1875, se integraron en la Asesoría. Puede decirse por tanto que este Cuerpo de Oficiales Letrados de Hacienda, al que se ingresaba por oposición, constituye el antecedente inmediato del Cuerpo de Abogados del Estado, que nacerá seis años más tarde.

En efecto, mediante Real Decreto de 10 de marzo de 1881, poco después de que se restaurase, una vez más, la Dirección General de lo Contencioso del Estado, se crea, integrado en ella y para su servicio, el Cuerpo de Abogados del Estado, gracias a la iniciativa del Ministro D. Juan Francisco Camacho.

A este nuevo Cuerpo se accederá también por el sistema de oposición, es decir, previa superación de varios ejercicios de carácter eliminatorio a los cuales podrán presentarse no los licenciados en derecho o jurisprudencia, sino quienes tuvieran título que les habilitase para el ejercicio de la abogacía. Se elige por consiguiente un modelo de asistencia jurídica en el cual los funcionarios del nuevo Cuerpo serán quienes actúen en los Tribunales en la defensa de los intereses del Estado, en lugar del Ministerio Fiscal, como sucedía hasta ese momento.

Mediante Real Orden de 5 de mayo de 1886 se aprobó el primer Reglamento Orgánico de la Dirección General de lo Contencioso y del Cuerpo de Abogados del Estado, al que siguieron los de 1894, 1902 y 1912. Merecen ser citados igualmente, con el mismo objeto, el Real Decreto Ley de 12 de enero de 1915 y el Real Decreto Ley de 10 de junio de 1925, modificado éste último en varias ocasiones: 1929, 1934 y 1941.

Por Decreto 1139/1943, de 27 de julio, se aprobó el Texto Refundido del Reglamento Orgánico de la Dirección General de lo Contencioso y del Cuerpo de Abogados del Estado, a partir del texto de 10 de junio de 1925 y de las reformas sucesivas que se produjeron en él. En su artículo 1º se califica a la Dirección General de lo Contencioso del Estado como el Centro superior directivo de todos los asuntos contenciosos de naturaleza civil y criminal en que tenga interés la Hacienda Pública y de todo lo concerniente a los impuestos de Derechos reales y transmisión de bienes y sobre los bienes de las personas jurídicas. Su artículo 4º estructura la Dirección General en varias Secciones: Central, de lo Contencioso, de lo Consultivo, de Derechos Reales y de Investigación e Inspección.

El Reglamento Orgánico de 1943 fue la norma rectora fundamental de la actuación de los Abogados del Estado integrados en la Dirección General de lo Contencioso del Estado del Ministerio de Hacienda hasta bien entrada la etapa a la que dio inicio la promulgación de la Constitución de 1978.

En 1984 se realizó el intento de crear un nuevo Cuerpo Superior de Letrados del Estado que integrase no solamente a los Abogados del Estado, sino también a los Letrados del Consejo de Estado, Técnicos Letrados del Ministerio de Justicia y Letrados de la Dirección General de los Registros y del Notariado. El proyecto fracasó y en 1988 se recuperó la denominación tradicional de Abogados del Estado, aunque en él siguieron integrados los funcionarios de los Cuerpos "fusionados", a excepción de los Letrados del Consejo de Estado.

En todo caso, lo más significativo de esta etapa fue la desvinculación de la Dirección General de lo Contencioso del Estado y del Cuerpo de Abogados del Estado del Ministerio de Hacienda. Los Abogados del Estado, por entonces, ya no tenían funciones liquidadoras de impuestos y si bien el sentido último de su actuación en los Tribunales seguía siendo, como al tiempo de su creación, la defensa de la Hacienda Pública, lo cierto era que muchos de los intereses inmediatos implicados en los procedimientos judiciales en que intervenían y en las actuaciones de asesoramiento que se les solicitaba eran propios de otros departamentos ministeriales. La "transversalidad" era ya por consiguiente una característica definitoria de la Abogacía del Estado, como lo sigue siendo ahora.

Ello condujo a que mediante Real Decreto 850/1985, de 5 de junio, de organización de los Servicios Jurídicos del Estado, se crease en el Ministerio de Justicia la Dirección General del Servicio Jurídico del Estado, a la que se le atribuyó, bajo la superior dirección del titular del departamento, la dirección y coordinación de los servicios de asistencia jurídica, tanto consultiva como contenciosa.

El hito final de esta evolución lo constituye la Ley 52/1997, de 27 de noviembre, de Asistencia Jurídica al Estado e Instituciones Públicas (LAJE), un texto que sigue vigente en la actualidad y que, junto con el Real Decreto 997/2003, de 25 de julio, por el que se aprueba el Reglamento del Servicio Jurídico del Estado (RSJE), constituye la norma de referencia para el funcionamiento, en nuestros días, de la Abogacía del Estado.

2 Organización y funcionamiento

Para comprender adecuadamente la organización del Servicio Jurídico del Estado puede resultar conveniente aclarar en primer lugar una cuestión puramente terminológica: cuando en España se emplea la denominación de Servicio Jurídico del Estado, como en la LAJE y en el RSJE, se hace referencia a la totalidad de las Abogacías del Estado que actúan al servicio de la Administración bajo la dependencia de la Abogacía General del Estado-Dirección del Servicio Jurídico del Estado, a cuyo titular le corresponde la dirección del Servicio Jurídico del Estado. Así resulta de la definición que se contiene en el artículo 1, apartado 1, y de lo establecido en el artículo 11, apartado 3, del RSJE. Ahora bien, es habitual que la sola mención a la Abogacía General del Estado o incluso a "la" Abogacía del Estado, sin ningún calificativo añadido, baste en la práctica para designar el conjunto del Servicio Jurídico del Estado, es decir, la totalidad de los órganos (Abogacías del Estado) servidos por funcionarios pertenecientes al Cuerpo de Abogados del Estado, y es en ese sentido como se usarán en muchas ocasiones estos términos a lo largo de los párrafos subsiguientes.

Un segundo aspecto que es adecuado tratar siquiera brevemente antes de exponer la manera en que está organizada la Abogacía del Estado es el referido al modo en que se accede a la condición de Abogado del Estado. Se ha indicado con anterioridad que ya desde su creación, en 1881, el Cuerpo de Abogados del Estado era integrado por aspirantes que superaban una oposición. El sistema de acceso no ha cambiado sustancialmente desde entonces, aunque lo haya hecho el concreto contenido de las pruebas que deben superar los aspirantes a Abogados del Estado en función de los nuevos requerimientos y exigencias que la asistencia jurídica al Estado comporta.

El programa que incluye los temas sobre los que versan los exámenes de la oposición es, en la actualidad, el que fue aprobado por Orden JUS/900/2016, de 6 de junio: noventa y seis temas de Derecho Civil; veintiocho de Derecho Hipotecario; setenta y tres de Derecho Procesal; cuarenta de Derecho Mercantil; dieciocho de Derecho del Trabajo; treinta y dos de Derecho Constitucional; setenta y seis de Derecho Administrativo; cuarenta y ocho de Derecho Financiero y Tributario; veintitrés de Derecho Internacional Público y de la Unión Europea; y treinta y uno de Derecho Penal.

Tras haber dedicado varios años a la preparación del temario sobre el que será examinado, el opositor debe afrontar cinco pruebas de carácter eliminatorio durante un período aproximado de nueve meses. Los dos primeros ejercicios son de carácter teórico y ambos consisten en la exposición oral, durante sesenta y cinco minutos, de siete temas elegidos al azar que se corresponden con otras tantas partes del temario de Derecho privado, en el caso de la primera prueba, y de Derecho Público, tratándose del segundo ejercicio. Le sigue una prueba de conocimiento de idiomas y, por último, los dos ejercicios prácticos. El primero de ellos obliga a los aspirantes a redactar un escrito para su presentación ante un órgano judicial y el segundo consiste en la elaboración de un dictamen.

Las plazas, en número variable (veinticinco en la última ocasión), son convocadas con carácter anual o bianual y son los propios Abogados del Estado que deciden dedicar parte de su tiempo a la función de preparadores de opositores quienes acompañan en este duro proceso a los aspirantes que eventualmente se convertirán en colegas suyos al término del mismo.

El Abogado del Estado que acaba de aprobar la oposición inicia entonces una carrera profesional en la que va a tener la oportunidad de servir en Abogacías donde la función contenciosa (representación y defensa en juicio) y la función consultiva (asesoramiento en Derecho) se ejercen por igual, en otras que solo asumen tareas contenciosas y en algunas que se ocupan únicamente de la asistencia jurídica al Estado en la vertiente consultiva. Las líneas generales de esta organización se ven reflejadas en el artículo 3 del RSJE. De acuerdo con este precepto, la Abogacía General del Estado-Dirección del Servicio Jurídico del Estado se organiza, en la actualidad, del siguiente modo:

a) En varias Subdirecciones Generales, que presentan un doble carácter de órganos especializados en áreas concretas de la asistencia jurídica que precisa el Estado, en lo consultivo y en lo contencioso y, a la vez, por causa de esa especialización, actúan como órganos centrales de la Abogacía General del Estado-Dirección del Servicio Jurídico del Estado para asistir y coordinar a otras Abogacías del Estado (en los Departamentos Ministeriales y periféricas) en las concretas áreas de las que se ocupan.

Se trata de la Subdirección General de los Servicios Consultivos, la Subdirección General de los Servicios Contenciosos, la Abogacía del Estado en el Ministerio de Justicia-Gabinete del Abogado General del Estado, la Subdirección General de Asuntos de la Unión Europea e Internacionales, la Subdirección General de Coordinación, Auditoría y de Gestión del Conocimiento, la Subdirección General de Constitucional y Derechos Humanos y la Secretaría General. Todas ellas tienen su sede en Madrid, como la propia Abogacía General del Estado.

- La Subdirección General de los Servicios Consultivos ejerce las funciones encomendadas a la Abogacía General del Estado-Dirección del Servicio Jurídico del Estado respecto del asesoramiento jurídico de la Administración General del Estado y de sus organismos autónomos, como también de otras entidades públicas y de las sociedades mercantiles estatales y fundaciones con participación estatal (de naturaleza jurídico-privada) y de las comunidades autónomas y corporaciones locales (Administraciones públicas territoriales distintas de la estatal). Como se comentará más adelante, la prestación de servicios de asistencia jurídica por parte de la Abogacía del Estado a algunas entidades públicas y, en todo caso, a entes de naturaleza jurídico-privada pertenecientes al sector público estatal, así como a comunidades autónomas y corporaciones locales, exige la previa suscripción de un convenio con estas entidades (artículos 14, 15 y 16 del RSJE).

A la Subdirección General de los Servicios Consultivos le incumbe, además, velar "por la efectividad del principio de unidad de doctrina en el ámbito consultivo, mediante la formulación de criterios generales de asesoramiento jurídico para las Abogacías y los Abogados del Estado" (artículo 3, apartado 1, subapartado a) del RSJE). A fin de garantizar el adecuado ejercicio de esta función los Abogados del Estado están obligados a elevar consulta a la citada Subdirección cuando, en relación con algún asunto sobre el cual hubieran sido consultados conocieran que otra Abogacía del Estado ha mantenido un criterio discrepante al suyo, y también cuando hayan de emitir informe sobre algún asunto que les suscite graves dudas o que consideren de interés general.

- La Subdirección General de los Servicios Contenciosos se encarga del ejercicio de las funciones encomendadas a la Abogacía General del Estado-Dirección del Servicio Jurídico del Estado respecto de la representación y defensa, ante cualesquiera jurisdicciones y órganos jurisdiccionales, de la Administración General del Estado y de sus organismos autónomos, y también, previo convenio, de otras entidades públicas, de las sociedades mercantiles estatales, de las fundaciones con participación estatal y, en su caso, de las comunidades autónomas y corporaciones locales. Esta Subdirección garantiza igualmente la efectividad del principio de unidad de doctrina en el ámbito contencioso mediante el examen de las consultas que le sometan las Abogacías del Estado.

De la Subdirección General de los Servicios Contenciosos dependen además los distintos Departamentos especializados por órdenes jurisdiccionales o materias que se han ido creando a partir del año 2010, cuando se reconoció de manera expresa esta posibilidad en el artículo 9 del RSJE. En la actualidad existen el Departamento de Penal, el Departamento de Social, el Departamento de Civil y el Departamento de Arbitraje Internacional, además del Área de Coordinación de Derecho Concursal. Los Abogados del Estado que ocupan plazas en estos Departamentos se dedican en exclusiva a la llevanza de los procedimientos judiciales o arbitrales de la competencia de los Juzgados y Tribunales de los órdenes jurisdiccionales correspondientes que tengan su sede en Madrid y asisten y coordinan a las Abogacías periféricas que realizan esta misma función respecto de los órganos judiciales con sede en sus respectivos territorios.

En este punto, antes de continuar con el repaso de la estructura organizativa de la Abogacía del Estado, resulta de interés hacer constar a propósito precisamente de las funciones contenciosas que dentro de ellas se comprende también la representación y defensa en juicio de autoridades, funcionarios y empleados públicos, tanto de quienes prestan sus servicios en la propia Administración General del Estado como de aquellos que lo hacen en organismos y entidades públicas o en el resto de entidades de las que hayan suscrito el correspondiente convenio con la Abogacía General del Estado-Dirección del Servicio Jurídico del Estado.

Lo indicado implica que si una autoridad, funcionario o empleado público se ve demandado ante cualquier órgano jurisdiccional como consecuencia del legítimo desempeño de su función o cargo, o por haber cumplido orden de autoridad competente, podrá solicitar ser defendido por la Abogacía del Estado. Para ello será necesario que el órgano del cual dependa la autoridad, funcionario o empleado público de que se trate presente una propuesta razonada en la que deberán contenerse los antecedentes imprescindibles para que la Abogacía General del Estado-Dirección del Servicio Jurídico del Estado pueda verificar la concurrencia del requisito anteriormente comentado (que la demanda tenga su origen en alguna actuación desarrollada por el demandado en el ejercicio de su función o cargo o cumpliendo orden de autoridad competente) y también que la asunción de la defensa de la autoridad, funcionario o empleado público no resulta incompatible con la defensa de los derechos e intereses generales del Estado, organismo o entidad correspondiente y, en particular, de los que estén en discusión en el mismo proceso. Si el resultado de esta verificación es positivo, el Abogado o Abogada General del Estado dictará resolución habilitando expresamente al Abogado del Estado que haya de actuar en el procedimiento judicial en que se ha presentado la demanda contra la autoridad, funcionario o empleado público, para asumir en él su representación y defensa.

En los casos en que exista detención, prisión o cualquier otra medida cautelar, la solicitud de representación y defensa por parte de la Abogacía del Estado se resolverá de manera inmediata para garantizar que la asistencia jurídica comienza a prestarse lo antes posible, si bien seguirá siendo necesario que se emita la preceptiva habilitación por parte del Abogado o Abogada General del Estado para que pueda proseguir dicha asistencia.

Esta posibilidad de solicitar la defensa por parte de la Abogacía del Estado no afecta en forma alguna al derecho de la autoridad, funcionario o empleado público a designar defensor, o a que se le designe de oficio y, de hecho, se entenderá que renuncia a la asistencia jurídica por parte del Abogado del Estado desde el momento en que la autoridad, funcionario o empleado público comparezca o se dirija al órgano jurisdiccional mediante cualquier otra representación.

- La Abogacía del Estado en el Ministerio de Justicia-Gabinete del Abogado General del Estado asume, desde el año 2012, las funciones propias y habituales de las Abogacías del Estado en los Departamentos Ministeriales referidas al Ministerio de Justicia, y las especiales derivadas de su condición de Gabinete del titular de la Abogacía General del Estado-Dirección del Servicio Jurídico del Estado. Entre estas últimas destaca la asistencia en la preparación de la Comisión General de Secretarios de Estado y Subsecretarios, un órgano integrado por los titulares de las Secretarías de Estado y por los Subsecretarios de los distintos Departamentos Ministeriales que se reúne semanalmente para preparar los asuntos que serán aprobados por el Consejo de Ministros de cada viernes y al que ha de acudir el Abogado o Abogada General del Estado (artículo 8 de la Ley 50/1997, de 27 de noviembre, del Gobierno).

- A la Subdirección General de Asuntos de la Unión Europea e Internacionales le corresponde la dirección jurídica y la representación y defensa del Reino de España ante los órganos jurisdiccionales de la Unión Europea y ante la Corte Penal Internacional. Los Abogados del Estado que actúan ante el Tribunal de Justicia de la Unión Europea son nombrados Agentes del Reino de España por el Ministro de Justicia, a propuesta del Ministro de Asuntos Exteriores, Unión Europea y Cooperación.

La Subdirección General de Asuntos de la Unión Europea e Internacionales presta además asistencia jurídica a la Representación Permanente de España ante la Unión Europea y colabora con los órganos competentes del Ministerio de Asuntos Exteriores, Unión Europea y Cooperación en la asistencia jurídica en los procedimientos de infracción abiertos por la Comisión Europea contra el Reino de España.

- La Subdirección General de Coordinación, Auditoría y de Gestión del Conocimiento es la encargada de coordinar las relaciones entre las Abogacías del Estado que desempeñan funciones consultivas y las Abogacías del Estado que desempeñan funciones contenciosas, de dirigir y coordinar las relaciones con las entidades a las que la Abogacía del Estado presta asistencia jurídica en virtud de convenio, de coordinar la actuación de los Abogados del Estado-Secretarios de los Tribunales Económico-Administrativos y de desarrollar las demás funciones de coordinación que el Abogado o Abogada General del Estado le pueda encomendar. Ejerce además la función de inspección o auditoría de las Abogacías del Estado.

Esta Subdirección General se encarga igualmente de promover trabajos de investigación y la organización de actividades que tengan por finalidad el conocimiento y difusión de materias y cuestiones jurídicas de ámbito nacional o internacional, así como de la organización de actividades de formación y perfeccionamiento de los funcionarios del Cuerpo de Abogados del Estado en coordinación con el Centro de Estudios Jurídicos, el Instituto Nacional de la Administración Pública y otros centros de formación de funcionarios.

- La Subdirección General de Constitucional y Derechos Humanos asume la representación y defensa en juicio ante el Tribunal Constitucional del Estado y sus organismos autónomos y, cuando así corresponda legal o convencionalmente, de las restantes entidades públicas, sociedades mercantiles estatales y fundaciones con participación estatal, y de los órganos constitucionales en los términos legalmente establecidos, así como, en su caso, de las comunidades autónomas y de las corporaciones locales. Desarrolla también funciones de asesoramiento sobre cuestiones procesales o de fondo derivadas del planteamiento o tramitación de procedimientos constitucionales y, particularmente, cuando lo solicite el Gobierno o cualquiera de sus miembros, asesora sobre la constitucionalidad de los anteproyectos y proyectos de disposiciones de cualquier rango que hayan de someterse a su aprobación, y se ocupa del examen e informe en Derecho de las disposiciones o resoluciones de las comunidades autónomas que sean susceptibles de impugnación ante el Tribunal Constitucional.

La Subdirección General de Constitucional y Derechos Humanos tiene además a su cargo las funciones de representación y defensa jurídica del Reino de España ante el Tribunal Europeo de Derechos Humanos y el estudio y preparación de informes, observaciones y memorias que hayan de presentarse ante aquel de conformidad con el Convenio Europeo para la Protección de los Derechos Humanos y de las Libertades Fundamentales y sus Protocolos. Le podrán corresponder también todas o algunas de las mismas funciones ante cualesquiera órganos responsables de la salvaguarda de los derechos humanos de conformidad con lo establecido en los tratados internacionales vigentes en España y podrá prestar el asesoramiento jurídico necesario en el estudio y preparación de informes, observaciones y memorias que hayan de presentarse ante cualesquiera otros mecanismos de Naciones Unidas responsables de la salvaguarda de los derechos humanos.

Los Abogados del Estado destinados en esta Subdirección General tendrán el carácter de Agentes del Reino de España a los efectos del Convenio Europeo de Derechos Humanos y Libertades Fundamentales, y serán nombrados por real decreto a propuesta conjunta de los Ministros de Asuntos Exteriores, Unión Europea y Cooperación, y de Justicia.

- La Secretaría General asiste al titular de la Abogacía General del Estado-Dirección del Servicio Jurídico del Estado en materia de gestión de los servicios de registro, archivo y estadística, gestión económica, financiera, presupuestaria y de régimen interior, así como en la administración y gestión del personal incluido en la relación de puestos de trabajo de la Abogacía General del Estado-Dirección del Servicio Jurídico del Estado y en la confección anual del escalafón del Cuerpo de Abogados del Estado. Ejerce además cualesquiera otras funciones dentro del ámbito económico-financiero y de personal que no estén atribuidas a otros órganos.

b) También dependen orgánica y funcionalmente de la Abogacía General del Estado-Dirección del Servicio Jurídico del Estado con nivel orgánico de Subdirección General:

- Las Abogacías del Estado ante el Tribunal Supremo y la Audiencia Nacional, que se encargan de la llevanza de los procedimientos judiciales de competencia de las Salas de lo Contencioso-Administrativo de estos dos órganos jurisdiccionales, que tienen sede en Madrid y ejercen jurisdicción en todo el territorio nacional, asumiendo en ellos la representación y defensa de la Administración General del Estado y de sus organismos autónomos, y también, previo convenio, de otras entidades públicas, de las sociedades mercantiles estatales, de las fundaciones con participación estatal y, en su caso, de las comunidades autónomas y corporaciones locales.

- Las Abogacías del Estado de los Departamentos Ministeriales (a excepción del Ministerio de Defensa, en el cual la función de asesoramiento jurídico se ejerce por la Asesoría Jurídica General de la Defensa), que se encargan del asesoramiento jurídico del respectivo ministerio y de los organismos autónomos adscritos a aquel, así como de los demás organismos y entidades públicos, sociedades mercantiles estatales y fundaciones con participación estatal dependientes o vinculadas al departamento de que se trate, siempre que en estos tres últimos casos se haya suscrito el correspondiente convenio y salvo en los supuestos en que se solicite informe de la Abogacía General del Estado-Dirección del Servicio Jurídico del Estado.

Las Abogacías del Estado de los Ministerios tienen el carácter de servicios comunes del Departamento correspondiente, de modo que su dependencia orgánica y funcional de la Abogacía General del Estado-Dirección del Servicio Jurídico del Estado no impide que estén, además, bajo las competencias de dirección, organización y funcionamiento que respecto a estos servicios ejercen los Subsecretarios.

c) Bajo la dependencia orgánica y funcional de la Abogacía General del Estado-Dirección del Servicio Jurídico del Estado se encuentran también la Abogacía del Estado en el Tribunal de Cuentas, supremo órgano fiscalizador de las cuentas y de la gestión económica del Estado y del sector público y con jurisdicción en todo el territorio nacional, y las Abogacías del Estado en la Administración periférica del Estado, que merecen una consideración aparte.

En cada una de las cincuenta provincias que existen en el Estado español, así como en las Ciudades Autónomas de Ceuta y Melilla, existe una Abogacía del Estado que se encarga, dentro de su respectivo ámbito territorial, del asesoramiento jurídico y de la representación y defensa en juicio de los órganos de la Administración General del Estado, de los organismos autónomos y de los demás organismos y entidades públicos, sociedades mercantiles estatales y fundaciones con participación estatal, si existe convenio en estos tres últimos casos, que han de ejercer sus funciones en dicho ámbito.

Estas Abogacías del Estado tienen el carácter de servicios no integrados en las respectivas Delegaciones (si tienen su sede en la provincia que sea capital de la Comunidad Autónoma) o Subdelegaciones del Gobierno (en el resto de las provincias de la Comunidad Autónoma), lo cual significa que dependen de la Abogacía General del Estado-Dirección del Servicio Jurídico del Estado no obstante actuar en el ámbito de la Delegación del Gobierno o Subdelegación del Gobierno correspondiente.

Ahora bien, sin perjuicio de la superior dirección y competencias de la Abogacía General del Estado-Dirección del Servicio Jurídico del Estado, en el territorio de cada Comunidad Autónoma y en la correspondiente Delegación del Gobierno habrá un Abogado del Estado-Jefe, con dependencia orgánica y funcional de la Abogacía General del Estado-Dirección del Servicio Jurídico del Estado, que desempeñará, junto a las funciones propias de Abogado del Estado-Jefe en la provincia donde tenga su sede, otras propias de su condición de Jefe de los Servicios Jurídicos en la Comunidad Autónoma. Así, le corresponderá la coordinación de la asistencia jurídica de la Administración periférica de la Administración General del Estado en la Comunidad Autónoma y el apoyo a las Abogacías del Estado provinciales, la dirección de los asuntos de trascendencia supraprovincial, el asesoramiento especial a la Delegación del Gobierno en la respectiva Comunidad Autónoma, así como la asistencia a la Abogacía General del Estado-Dirección del Servicio Jurídico del Estado en la formación de criterios unitarios de interpretación y actuación.

d) Completan esta organización las Abogacías del Estado que puedan crearse al servicio de los distintos organismos y entidades públicos así como los puestos de trabajo reservados en exclusiva a los Abogados del Estado en cualesquiera órganos administrativos. A título de ejemplo puede citarse la Abogacía del Estado que ejerce la asesoría jurídica del Consorcio de Compensación de Seguros, que es una Entidad Pública Empresarial dependiente del Ministerio de Economía y Empresa, o la Abogacía del Estado en la Agencia Española de Cooperación Internacional para el Desarrollo.

Debe realizarse también un comentario aparte en relación con los Abogados del Estado adscritos al Servicio Jurídico de la Agencia Estatal de la Administración Tributaria quienes, no obstante dicha adscripción, siguen dependiendo orgánica y funcionalmente de la Abogacía General del Estado-Dirección del Servicio Jurídico del Estado y están incluidos en su relación de puestos de trabajo.

Expuesta así, en líneas generales, la organización actual de la Abogacía del Estado en España, queda explicar con algo más de detalle la diferencia ya anticipada entre las funciones de asesoramiento jurídico y representación y defensa en juicio que le corresponden por atribución legal y las que tienen su origen en la suscripción de un convenio de colaboración.

Para ello resulta obligado tener en cuenta la estructura del sector público institucional estatal en España, tal y como ha quedado configurado en el marco de la vigente Ley 40/2015, de 1 de octubre, de Régimen Jurídico del Sector Público (LRJSP).

El sector público institucional estatal está integrado por (artículo 84 de la LRJSP):

1º Los organismos públicos vinculados o dependientes de la Administración General del Estado, que pueden ser de dos tipos: Organismos Autónomos y Entidades Públicas Empresariales.

2º Las autoridades administrativas independientes.

3º Las sociedades mercantiles estatales.

4º Los consorcios.

5º Las fundaciones del sector público.

6º Los fondos sin personalidad jurídica.

7º Las universidades públicas no transferidas.

La Abogacía del Estado tiene atribuida, por ley, la asistencia jurídica del Estado y de sus Organismos Autónomos, y también la representación y defensa en juicio de los Órganos Constitucionales cuyas normas internas no establezcan un régimen especial propio. Así lo establece el artículo 1.1 de la LAJE y, por lo que se refiere en particular a la representación y defensa en juicio, la misma regla se contiene en el artículo 551 de la Ley Orgánica 6/1985, de 1 de julio, del Poder Judicial (LOPJ).

Pero el propio artículo 551 de la LOPJ señala también que los Abogados del Estado podrán representar y defender a los restantes organismos y entidades públicos, sociedades mercantiles estatales y fundaciones con participación estatal, en los términos contenidos en la LAJE. Y, en efecto, la LAJE y el propio RSJE disponen que la asistencia jurídica de los organismos y entidades públicos distintos de los Organismos Autónomos podrá corresponder a los Abogados del Estado cuando las normas reguladoras del organismo o entidad públicos correspondiente así lo prevean y en la forma y con la organización que en ellas se disponga y, en el caso de que la normativa específica del organismo o entidad públicos no establezca nada al respecto, mediante la formalización del oportuno convenio. Del mismo modo, es decir, previa suscripción de un convenio, los Abogados del Estado podrán encargarse de la asistencia jurídica de las sociedades mercantiles estatales (aquellas en que la participación del Estado o de alguna de las entidades que integran el sector público institucional estatal supera el cincuenta por ciento de su capital social) y de las fundaciones del sector público estatal (que son aquellas que han sido constituidas con una aportación mayoritaria del Estado o de cualquiera de los sujetos que integran el sector público institucional estatal o han recibido dicha aportación con posterioridad, o en las que más del cincuenta por ciento de su patrimonio consista en bienes o derechos cedidos por esos mismos sujetos de manera permanente o en que la mayoría de los derechos de voto en el patronato -órgano de gobierno de las fundaciones- corresponda a representantes del sector público institucional estatal).

Resulta así que corresponde a la Abogacía del Estado por atribución legal la asistencia jurídica del Estado y de los Organismos Autónomos, que son un tipo de Organismos Públicos del sector público institucional estatal (como el Centro de Estudios Jurídicos dependiente del Ministerio de Justicia; el Instituto Nacional de las Artes Escénicas y de la Música -Inaem- dependiente del Ministerio de Cultura y

Deporte; el Instituto de Turismo de España -Turespaña- del Ministerio de Industria, Comercio y Turismo; el Instituto de Salud Carlos III del Ministerio de Sanidad, Consumo y Bienestar Social, y una larga lista de entidades semejantes vinculadas o dependientes de los distintos Departamentos Ministeriales) y, en cambio, tratándose del otro tipo de Organismos Públicos del sector público institucional estatal, que son las Entidades Públicas Empresariales (como la Red Nacional de Ferrocarriles Españoles -Renfe- dependiente del Ministerio de Fomento; el Consorcio de Compensación de Seguros, dependiente del Ministerio de Economía y Empresa; y otros semejantes), de los restantes organismos de Derecho Público que puedan existir (la LRJSP se refiere en particular a las autoridades administrativas independientes, a los consorcios y a las universidades públicas no transferidas a las Comunidades Autónomas) y de las entidades constituidas con arreglo al Derecho privado en que el Estado tiene alguna forma de participación (sociedades mercantiles estatales y fundaciones del sector público), dicha asistencia jurídica a cargo de la Abogacía del Estado se prestará previa suscripción del correspondiente convenio.

Para concluir este repaso general a la organización y funcionamiento de la Abogacía del Estado resta realizar una breve referencia a la propia Abogacía General del Estado-Dirección del Servicio Jurídico del Estado, es decir, al centro superior directivo del Servicio Jurídico del Estado que ejerce las funciones de "dirección, coordinación e inspección de los servicios encomendados a las Abogacías del Estado y a los Abogados del Estado, asegurando en todo caso el mantenimiento del principio de unidad de doctrina en el ejercicio por aquéllos de las funciones que les están atribuidas" (artículo 2 del RSJE).

Ya se ha indicado que la Abogacía General del Estado-Dirección del Servicio Jurídico del Estado está integrada en el Ministerio de Justicia con nivel orgánico de subsecretaría, correspondiendo por tanto a su titular el rango de subsecretario o subsecretaria. Su nombramiento y cese se realizan mediante real decreto acordado en Consejo de Ministros, a propuesta del Ministro de Justicia y es necesario poseer la condición de Abogado del Estado para ello.

El RSJE prevé también la posibilidad de que el Abogado o Abogada General del Estado pueda asumir para sí actuaciones contenciosas o consultivas concretas cuando considere que la importancia o la índole del asunto lo requiera y regula también de manera expresa el régimen de su suplencia en los supuestos de vacante, ausencia o enfermedad, correspondiendo al Ministro de Justicia la designación de su suplente o, en su defecto, asumiendo dicha suplencia los titulares de las Subdirecciones Generales situadas bajo su dependencia por el orden en que se regulan sus funciones en el propio RSJE.

La conclusión de este pequeño estudio dedicado a la Abogacía del Estado en España se realizará mediante la exposición de las conocidas como especialidades procesales, esto es, de aquellas reglas que, en atención al interés público cuya defensa asume el Abogado del Estado que actúa ante los Juzgados y Tribunales, modulan diversos condicionantes, cargas o requisitos característicos de las distintas jurisdicciones en que tal actuación se produce.

Las especialidades más importantes reguladas en la LAJE y en el RSJE son las siguientes:

-En cuanto a la práctica de notificaciones, citaciones, emplazamientos y demás actos de comunicación procesal, se impone que se entiendan directamente con la

Abogacía del Estado que esté actuando en el procedimiento de que se trate y en la sede oficial de la misma, bajo sanción de nulidad de las comunicaciones procesales que se practiquen en un lugar distinto de aquel. Se trata de una regla de enorme trascendencia práctica cuando las resoluciones comunicadas exigen una actuación que haya de desarrollarse en un plazo determinado o antes de determinada fecha, como es evidente.

En la actualidad la gran mayoría de los Juzgados y Tribunales de España emplean un sistema de notificación telemático, en virtud del cual el personal al servicio del órgano judicial cuelga directamente la comunicación que haya de practicar, junto con el acto comunicado, en la cuenta correspondiente a la Abogacía del Estado en el citado sistema de notificación (denominado "Lexnet") y el Abogado del Estado accede a él y descarga la comunicación correspondiente. La vigencia de esta especialidad procesal incluso en el marco del nuevo sistema telemático de notificaciones garantiza que la Administración, el organismo o entidad representado y defendido en juicio por el Abogado del Estado no haya de sufrir perjuicio alguno si dicha notificación no se practica en la cuenta correspondiente a la Abogacía del Estado.

- La exención de depósitos y cauciones, reconocida igualmente como especialidad procesal en la LAJE, supone que el Estado, sus organismos autónomos y, en general, los organismos y entidades públicas, así como los órganos constitucionales en los casos en que sea la Abogacía del Estado la que esté asumiendo su representación y defensa en juicio, no vendrán obligados a constituir los depósitos, las cauciones, las consignaciones o cualquier otro tipo de garantía que puedan exigir las leyes como condición para realizar determinada actuación procesal.

Se trataría, por ejemplo, de que al Abogado del Estado no se le podría requerir para que constituyese, en nombre del órgano, organismo o entidad de cuya representación y defensa estuviera encargado, el depósito para recurrir que establece la disposición adicional decimoquinta de la LOPJ, y que es condición para la interposición de recursos ordinarios y extraordinarios, y para la revisión y la rescisión de sentencia firme a instancia del rebelde en los órdenes jurisdiccionales civil, social y contencioso-administrativo.

Supondría igualmente, por poner otro ejemplo, que la adopción de medidas cautelares cuya efectividad se condicionase a la constitución de una caución para responder de los eventuales perjuicios que de las mismas pudieran derivarse se produciría sin necesidad de caución, si hubiera sido instada por el Abogado del Estado.

- La suspensión del curso de los autos constituye otra especialidad procesal de singular importancia para el adecuado ejercicio de las funciones encomendadas a la Abogacía del Estado. A diferencia de las que se han comentado hasta ahora, rige solamente en los procesos de naturaleza civil, debido a que, por ser este el orden jurisdiccional en el que se ventilan intereses entre particulares, en los casos en que la Administración y los organismos y entidades que integran el sector público institucional estatal actúan en él, bien sea en la posición de demandantes o en la posición de demandados, lo hacen en plano de igualdad con el particular demandado o demandante y sin que les asista por consiguiente ningún tipo de privilegio o prerrogativa.

Ahora bien, cuando el Estado (en sentido amplio: Administración y sector público institucional estatal) es demandado en un proceso civil dispone de un plazo para formular contestación a la demanda que resulta, en la práctica, extraordinariamente breve (veinte días) teniendo en cuenta que la sola recopilación, ante el órgano, entidad u organismo demandado, de los antecedentes fácticos y documentales y de los elementos probatorios indispensables para el ejercicio adecuado del derecho de defensa consumirá seguramente la totalidad del tiempo concedido para ello por causa de la complejidad de algunas estructuras administrativas y la dificultada de localizar y recabar, dentro de ellas, aquellos antecedentes y pruebas.

Por razón de esa peculiaridad, la LAJE dispone que al recibir el primer traslado, citación o notificación del órgano jurisdiccional el Abogado del Estado podrá pedir, y el Juez acordará, la suspensión del curso de los autos, salvo que, excepcionalmente, y por auto motivado, se estime que ello produciría grave daño para el interés general. El plazo de suspensión lo fijará discrecionalmente por el Juez, sin que pueda exceder de un mes ni ser inferior a quince días, y se contará desde el día siguiente al de la notificación de la providencia por la que se acuerde la suspensión, no cabiendo contra tal providencia recurso alguno.

- Como sucede con la suspensión del curso de los autos, la última de las especialidades procesales que se comentará, el denominado fuero territorial del Estado, rige también solamente en los procesos civiles. Supone que el órgano judicial competente para el conocimiento de estos procesos, si en ellos son parte la Administración o alguno de los órganos, organismos o entidades representados y defendidos por la Abogacía del Estado, será el que tenga su sede en la capital de la provincia correspondiente, en Ceuta o en Melilla. Se trata por tanto de una previsión que modula las reglas de atribución de competencia territorial en el ámbito de la jurisdicción civil con el objeto de adaptarlas, en lo posible, a la propia organización territorial de la Abogacía del Estado, en la cual la provincia es el ámbito geográfico de actuación propio de las Abogacías periféricas.

Todo cuanto se ha expuesto hasta aquí tenía como propósito ofrecer una visión general, y a la vez lo más completa posible, de lo que ha sido y es la Abogacía del Estado y el Cuerpo de Abogados del Estado en España. Se han omitido aspectos de detalle que, probablemente, carezcan de interés para quien se aproxime a la Abogacía del Estado española desde el interés por compararla con otros sistemas de asistencia jurídica al Estado y con el deseo de advertir en el sistema español alguna característica quizás exportable al suyo propio. Tampoco se han incluido en el presente artículo las reflexiones, sin duda pertinentes, que cabría hacer con el objetivo de mejorar en lo posible la organización y funcionamiento de la Abogacía del Estado para los retos que el futuro traerá, pero ello no quiere decir que los Abogados del Estado no seamos conscientes de la conveniencia de hacerlo. De hecho, que un Cuerpo de funcionarios creado en 1881 siga prestando sus servicios en la actualidad a un Estado tan diferente del que le vio nacer, y en un contexto europeo e internacional tan cambiante y exigente, constituye una muestra evidente de que ha sabido adaptarse con éxito a los cambios políticos, económicos y sociales, y de que conserva en su seno la motivación necesaria para esforzarse en seguir haciéndolo.

Bibliografía

GILABERT, Miguel Ángel. *La formación histórica del Cuerpo de Abogados del Estado*. Sevilla, España: Global Law Press-Editorial Derecho Global, 2016.

PIZARRO MORENO, Manuel; TORRES FERNÁNDEZ, Juan José; SÁNCHEZ SOCÍAS, Luis; MONEDERO MONTERO DE ESPINOSA, José Ignacio (Coord.). *La asistencia jurídica al Estado e Instituciones Públicas*. Estudios en Homenaje a José Antonio Piqueras Bautista. Cizur Menor, Navarra: Aranzadi, 1999.

RETORTILLO BAQUER, Sebastián Martín. *La defensa en Derecho del Estado*. Aproximación a la Historia del Cuerpo de Abogados del Estado. Madrid: Civitas, 1986.

Informação bibliográfica deste texto, conforme a NBR 6023:2018 da Associação Brasileira de Normas Técnicas (ABNT):

CASTRO REY, Consuelo. Origen, organización y funcionamiento de la Abogacía General del Estado de España. *In*: MORAES, Alexandre de; MENDONÇA, André Luiz de Almeida (Coord.). *Democracia e sistema de justiça*: obra em homenagem aos 10 anos do Ministro Dias Toffoli no Supremo Tribunal Federal. Belo Horizonte: Fórum, 2020. p. 139-152. ISBN 978-85-450-0718-0.

O CASO DO AMIANTO
NO SUPREMO TRIBUNAL FEDERAL

DAIANE NOGUEIRA LIRA

ILDEGARD HEVELYN DE OLIVEIRA ALENCAR

1 Introdução

O amianto (ou asbesto) é uma fibra mineral extraída de rochas que é utilizada na produção de telhas, caixas d'água, pastilhas de freios e forros. O mineral sempre foi muito empregado pela indústria brasileira em razão de ser abundante na natureza e de possuir baixo custo de exploração. Por outro lado, é uma matéria-prima comprovadamente nociva à saúde, estando relacionado com várias doenças, como os cânceres de pulmão e do trato gastrointestinal.[1]

Durante quase duas décadas, o Supremo Tribunal Federal esteve às voltas com a análise de uma série de ações nas quais se questionava a constitucionalidade de leis estaduais e de uma lei municipal que vedavam a extração, a produção e a comercialização de produtos à base de amianto em *quaisquer de suas modalidades*. Tais normas foram editadas com base nos comprovados riscos à saúde associados ao contato com as fibras do mineral.

Nas ações ajuizadas perante o Tribunal, sustentava-se, principalmente, que as leis questionadas contrariavam a Lei Federal nº 9.055/95, que, não obstante vedasse a utilização de qualquer tipo de amianto do grupo dos anfibólios (amiantos marrom, azul e outros),[2] permitia, no art. 2º, o uso da crisotila (amianto branco),[3] do grupo das

---

[1] O mineral também é capaz de provocar a asbestose, uma doença crônica pulmonar de origem ocupacional, e o mesotelioma, "tumor maligno raro e de prognóstico sombrio, que pode atingir tanto a pleura como o peritônio, e tem um período de latência em torno de 30 anos" (AMIANTO ou asbesto. *Associação Brasileira dos Expostos ao Amianto*, Osasco. Disponível em: https://abrea.org.br/o-amianto/sobre-o-amianto.html. Acesso em: 27 jul. 2019).

[2] É o que prevê o art. 1º, inc. I, da Lei nº 9.055/95, que diz o seguinte: "Art. 1º É vedada em todo o território nacional: I - a extração, produção, industrialização, utilização e comercialização da actinolita, amosita (asbesto marrom), antofilita, crocidolita (amianto azul) e da tremolita, *variedades minerais pertencentes ao grupo dos anfibólios*, bem como dos produtos que contenham estas substâncias minerais".

[3] A lei federal diz, no art. 2º: "O asbesto/amianto da variedade crisotila (asbesto branco), do grupo dos minerais das serpentinas, e as demais fibras, naturais e artificiais de qualquer origem, utilizadas para o mesmo fim, serão extraídas, industrializadas, utilizadas e comercializadas em consonância com as disposições desta Lei".

serpentinas.[4] Alegava-se, além disso, ser possível a exploração industrial e comercial da crisotila sem riscos à saúde, a partir da observância das devidas regras de segurança.

O caso descortinou uma intrincada discussão a respeito dos limites da competência legislativa dos estados para dispor sobre as matérias previstas no art. 24 da Constituição – de competência concorrente da União, dos estados e do Distrito Federal –, entre elas, produção e consumo, proteção e defesa da saúde e proteção do meio ambiente, em face da preexistência de lei federal (art. 24, §1º) dispondo sobre o tema.

O caso trazia também um complexo debate de natureza material, para o qual concorriam, como argumentos contra e a favor do uso do amianto, respectivamente, o dever de redução dos riscos à saúde inerentes ao trabalho (art. 7º, inc. XII), o direito à saúde (art. 196) e o direito ao meio ambiente ecologicamente equilibrado (art. 225), de um lado, e os princípios da livre iniciativa (art. 170) e da busca do desenvolvimento econômico nacional (art. 3º, inc. II), de outro, todos inscritos na Constituição da República.

Tratava-se, portanto, de típico caso difícil ou controverso (*hard case*), compreendido como aquele para o qual inexiste uma solução clara dentro do sistema de regras.[5] Tinha-se, ademais, como pano de fundo fático, um tema espinhoso de natureza técnico-científica que despertava controvérsia inclusive entre especialistas, conforme evidenciou a audiência pública convocada para tratar do assunto, o que tornou ainda mais desafiante a tarefa do Tribunal de apreciar os processos a ele relacionados.

No final de 2017, o Tribunal concluiu o julgamento de uma série de ações sobre o tema, afirmando a incompatibilidade com a Constituição Federal do uso industrial e comercial de quaisquer modalidades de amianto, inclusive a crisotila. Declarou, incidentalmente, a inconstitucionalidade do art. 2º da Lei Federal nº 9.055/95 e, em seguida, a constitucionalidade das leis locais, acolhendo a proposta formulada pelo Ministro Dias Toffoli no voto-vista que proferiu em quatro dessas ações.

No itinerário seguido pelo Tribunal desde o julgamento das primeiras ações sobre o assunto até os últimos julgamentos, a jurisprudência da Corte passou por uma série de etapas, qualificadas, cada uma, pelo acréscimo de complexidade no viés de análise do caso pelos ministros. Nesse percurso, a Corte também se deparou com uma série de impasses, que foram finalmente contornados pela proposta encaminhada pelo Ministro Dias Toffoli, que contemplou, com a devida profundidade, todas as dimensões do caso.

O presente texto tem como objetivo expor a forma como se desenvolveu a apreciação do caso do amianto no STF, com todas as suas fases e seus impasses, com destaque para seu engenhoso desfecho, que não descurou de uma das dimensões fundamentais da jurisdição constitucional: a arbitragem dos conflitos federativos.

2 Histórico legislativo

Há muito se tem conhecimento do risco à saúde dos trabalhadores associado à utilização do amianto. Esse fator motivou a aprovação da Convenção nº 162 da

---

[4] As expressões *serpentinas* e *anfibólios* designam as formas pelas quais o amianto se apresenta na natureza, sendo que o segundo grupo, mais nocivo à saúde e menos abundante na natureza, comporta maior variedade de fibras, como se depreende do próprio art. 1º, inc. I, da Lei nº 9.055/95 (AMIANTO ou asbesto. *Associação Brasileira dos Expostos ao Amianto*, Osasco. Disponível em: https://abrea.org.br/o-amianto/sobre-o-amianto.html. Acesso em: 27 jul. 2019).

[5] MENDES, Conrado Hübner. *Controle de constitucionalidade e democracia*. Rio de Janeiro: Elsevier, 2008. p. 35.

Organização Internacional do Trabalho em junho de 1986, a qual contém normas internacionais de segurança na utilização dos asbestos. No Brasil, em 1º.6.1995, foi aprovada a Lei Federal nº 9.055, que disciplinou a extração, a industrialização, a utilização, a comercialização e o transporte do amianto do tipo *crisotila* (asbesto branco) e dos produtos que o contenham.

A lei federal foi fruto do Projeto de Lei nº 3.981, de 1993, da Câmara dos Deputados, proposto pelo então Deputado Eduardo Jorge, o qual, originariamente, dispunha sobre a proibição da extração do amianto e a substituição progressiva da produção, da comercialização e da utilização de produtos contendo esse mineral no prazo de quatro anos, tendo por fundamento sua nocividade à saúde e o exemplo de países como Alemanha e Itália, que, à época, estavam banindo progressivamente o produto em suas jurisdições. A proposta tinha por escopo o total banimento do amianto no Brasil.

No entanto, durante a tramitação do PL na Câmara, foram apresentadas várias emendas, as quais deram origem a um substitutivo proposto pelo relator do projeto na comissão especial instaurada para tratar do projeto, o Deputado Antônio Faleiros. A nova proposta deixava de banir progressivamente o amianto, passando a proibir apenas as modalidades do grupo dos anfibólios, em razão de seu alto potencial cancerígeno, e a estabelecer normas de segurança para a extração e a fabricação de produtos à base da crisotila, considerada menos nociva à saúde.

Previamente à apresentação do substitutivo, a comissão especial realizara audiência pública com representantes do empresariado e dos trabalhadores dos setores de mineração e da indústria que utilizavam o amianto, bem como um painel envolvendo cientistas e técnicos dos setores mineral e da saúde, dos quais emergiu a percepção de que seria possível o trabalho na indústria da crisotila sem riscos à saúde do trabalhador caso adotadas as devidas medidas de controle. Ademais, pouco se sabia a respeito de eventuais materiais alternativos e sobre os riscos à saúde a eles associados.

Entendeu-se também que o banimento do mineral seria uma medida radical, com graves consequências econômicas, financeiras e sociais, com destaque para o desemprego de cerca de 220 mil trabalhadores. Nas palavras do relator na comissão especial, "O banimento do amianto constituiria uma clara aventura, de consequências certamente desastrosas nos campos econômico, financeiro e social e totalmente imprevisíveis nas áreas de saúde da população e dos trabalhadores".[6] Considerou-se, no entanto, necessário editar regras para a indústria do amianto visando à defesa da saúde dos trabalhadores.

Após algumas alterações pontuais, que mantiveram a essência do substitutivo, a Lei Federal nº 9.055/1995 foi finalmente aprovada no Congresso Nacional e sancionada pelo Presidente da República. Não sem a oposição do autor do projeto, o Deputado Eduardo Jorge, que, na votação do substitutivo na comissão especial, questionou alguns aspectos da tramitação do projeto – considerada por ele geradora de distorções, visto que extremamente rápida e sem a participação da Comissão de Meio Ambiente e Direitos

---

6   CÂMARA DOS DEPUTADOS. *Dossiê do Projeto Legislativo nº 3.981, de 1993*. Dispõe sobre a substituição progressiva da produção e da comercialização de produtos que contenham asbesto/amianto e dá outras providências. p. 60. Disponível em: https://www.camara.leg.br/proposicoesWeb/prop_mostrarintegra;jsessio nid=A32E23E0E2320EA018BFBCD8739C7E80.proposicoesWebExterno1?codteor=1138485&filename=Dossie+-PL+3981/1993. Acesso em: 30 jul. 2019.

do Consumidor – e o próprio mérito da norma, por, em sua opinião, proibir o que, na prática, não é usado, e regulamentar, de maneira insatisfatória, o uso controlado.[7]

A questão estava longe de ser trivial. Pouco tempo depois da aprovação da Lei Federal nº 9.055/1995, algumas assembleias legislativas estaduais aprovaram leis restringindo a utilização de qualquer tipo de amianto em seus territórios, inclusive a crisotila. De fato, em 1996, iniciaram-se as discussões em torno do tema no estado de São Paulo, a partir do Projeto de Lei nº 648/1996, que deu origem à Lei Estadual nº 10.813/2001. Também em 2001, os estados do Mato Grosso do Sul (Lei nº 2.210/2001) e do Rio Grande do Sul (Lei nº 11.643/2001) aprovaram leis proibindo o uso e a comercialização de produtos à base de amianto.

Outras legislações foram ainda aprovadas, desvelando verdadeiro conflito federativo, o qual foi levado à apreciação do Supremo Tribunal por meio de uma sequência de ações de controle concentrado de constitucionalidade.

3   A discussão no STF

3.1 A primeira fase: análise exclusivamente sob a perspectiva formal

As primeiras ações foram propostas pelo governador do estado de Goiás contra a Lei nº 2.210, de 5.1.2001, do Mato Grosso do Sul (ADI nº 2.396),[8] e a Lei nº 10.813, de 24.5.2001, de São Paulo (ADI nº 2.656).[9] O julgamento dessas ações marcou a *primeira fase* da jurisprudência do STF no caso do amianto.

Além de alegar ofensa às regras constitucionais de distribuição de competências legislativas, o governador de Goiás narrava que o estado era sede de uma das maiores minas de amianto do mundo, localizada no município de Minaçu, à época em plena atividade e que fornecia o mineral para os estados requeridos nas ações, de modo que as leis questionadas, ao vedarem o amianto nos respectivos territórios, trariam grande impacto econômico e social para aquela região. Essa circunstância foi, inclusive, determinante para que o STF reconhecesse a existência de pertinência temática e, consequentemente, a legitimidade ativa do autor.

A discussão em Plenário não gerou maiores controvérsias. As ações foram analisadas em conjunto, no dia 8.5.2003, e os pedidos julgados procedentes por *unanimidade*, com a declaração de inconstitucionalidade das leis estaduais. Preliminarmente, assentou-se que não caberia à Corte adentrar a questão técnica relativa aos riscos associados ao amianto, conforme consignado pela Ministra Ellen Gracie, relatora da ADI nº 2.396, nos seguintes termos:

---

[7]   CÂMARA DOS DEPUTADOS. *Dossiê do Projeto Legislativo nº 3.981, de 1993*. Dispõe sobre a substituição progressiva da produção e da comercialização de produtos que contenham asbesto/amianto e dá outras providências. p. 82. Disponível em: https://www.camara.leg.br/proposicoesWeb/prop_mostrarintegra;jsessionid=A32E23E0 E2320EA018BFBCD8739C7E80.proposicoesWebExterno1?codteor=1138485&filename=Dossie+-PL+3981/1993. Acesso em: 30 jul. 2019. p. 82.

[8]   ADI nº 2.396/MS. Rel. Min. Ellen Gracie. *DJ*, 1º ago. 2003.

[9]   ADI nº 2.656/SP. Rel. Min. Maurício Corrêa. *DJ*, 1º ago. 2003.

Não cabe a esta Corte dar a última palavra a respeito das propriedades técnico-científicas do elemento em questão e dos riscos de sua utilização para a saúde da população. Os estudos nesta seara prosseguem e suas conclusões deverão nortear as ações das autoridades sanitárias. O que nos compete verificar é a ocorrência de contraste inadmissível entre a lei em exame e o parâmetro constitucional.[10]

No mérito, ressaltou-se que a Lei Federal nº 9.055/95 trazia normas gerais sobre o uso do amianto no Brasil e que as vedações impostas pelas leis questionadas contrariavam frontalmente o mencionado diploma. Tendo isso em vista, a Corte concluiu que os Estados haviam extrapolado os limites da competência legislativa concorrente conferida pela Constituição para dispor sobre produção e consumo (art. 24, inc. V), proteção do meio ambiente e controle da poluição (art. 24, inc. VI) e proteção e defesa da saúde (art. 24, inc. XII).

Portanto, no primeiro momento em que se confrontou com o tema do amianto, o STF ateve-se estritamente à questão da inconstitucionalidade formal das leis, que seria prévia e prejudicial à análise da compatibilidade material entre lei e Constituição, tendo explicitamente se abstido de apreciar o caso a partir de um viés técnico-científico, cenário que se alterou na fase seguinte.

3.2 A segunda fase: a superação da análise puramente formal

A *segunda fase* caracterizou-se pela superação da perspectiva puramente formal, avançando o Supremo Tribunal sobre a perspectiva material do caso, a partir de considerações acerca da compatibilidade entre as leis questionadas e as normas constitucionais relativas, principalmente, ao direito à saúde e à defesa do meio ambiente. O caso começava a assumir maior complexidade.

Essa fase foi marcada pelo julgamento, em junho de 2008, da medida cautelar na ADI nº 3.937,[11] proposta pela Confederação Nacional dos Trabalhadores na Indústria (CNTI) em face da Lei Estadual nº 12.684, de 27.7.2007, de São Paulo. A Corte, por maioria, indeferiu o pleito, reconhecendo a legitimidade da lei estadual. A maioria se formou contrariamente ao voto do relator, que deferia a cautelar com fundamento no entendimento firmado pelo Tribunal na primeira fase da jurisprudência relativa ao amianto.

A divergência foi aberta pelo Ministro Eros Grau, para quem a matéria não poderia ser enfrentada sob a perspectiva puramente formal e pressupunha a análise da constitucionalidade da Lei Federal nº 9.055/95. Nesse sentido, aduziu que caberia à Corte "apreciar toda e qualquer inconstitucionalidade que lhe cheg[asse] ao conhecimento direta ou indiretamente". Sustentou, então, a inconstitucionalidade da Lei Federal nº 9.055/95, por ofensa ao direito à saúde (art. 196 da Constituição), circunstância que estaria a atrair a competência dos estados para legislar sobre o assunto, assentando a constitucionalidade das leis locais.[12]

---

[10] Acórdão da ADI nº 2.396, p. 10-11.

[11] ADI nº 3.937/SP-MC. Rel. Min. Marco Aurélio. *DJ*, 10 out. 2018.

[12] Quando votou no julgamento da ADI nº 3.937, no sentido da constitucionalidade das leis estaduais, o Ministro Eros Grau já proferira voto na ADI nº 3.356, proposta contra a Lei nº 12.589, de 26.5.2004, de Pernambuco, da qual

A questão material foi analisada mais à fundo no voto-vista do Ministro Joaquim Barbosa, que ingressou em análise acerca das propriedades do amianto e de sua nocividade à saúde, embasando-se em literatura técnico-científica. Aduziu, ademais, a existência de materiais alternativos ao amianto e o fato de o Brasil, por meio da Convenção nº 162 da OIT, ter assumido o compromisso de substituí-lo progressivamente por material alternativo.

Nesses termos, o Plenário negou o pedido de medida liminar, deixando de suspender a lei do estado de São Paulo, superando, ainda que em um juízo cautelar, o entendimento firmado nas ADI nº 2.369 e 2.656.

3.3 A audiência pública

O julgamento da medida cautelar na ADI nº 3.937 demonstrou que era impres-cindível enfrentar o tema também pelo viés científico. À vista disso, o Ministro Marco Aurélio (relator) determinou a realização de audiência pública para a oitiva de órgãos técnicos e especialistas no assunto. Tal como consignado na decisão de convocação, tratava-se de questão de grande relevância e complexidade, e que requeria uma abordagem sob enfoques diversos.

A audiência foi realizada no dia 24.8.2012, quando foram ouvidos cientistas, médicos e outros especialistas, que falaram acerca dos aspectos científicos do amianto e das repercussões do uso dessa matéria-prima para o meio ambiente, a saúde pública, a economia e a sociedade. Os palestrantes foram indicados por órgãos governamentais[13] e entidades da sociedade civil[14] ligados ou atingidos pela indústria do amianto, e por uma entidade internacional, a Organização Internacional do Trabalho (OIT). Trabalhadores da indústria do amianto também foram ouvidos.

Os principais argumentos expostos na audiência podem ser divididos em dois grupos: pró e contra a proibição da exploração do mineral. No sentido da legitimidade da proibição da exploração de qualquer tipo de amianto, vale destacar: i) a orientação da OIT de que a forma mais eficiente de eliminar as enfermidades associadas ao amianto seria seu banimento em todas as modalidades; ii) o alto percentual de moléstias relacionadas ao amianto (*e.g.*, 1/3 dos casos de cânceres ocupacionais); iii) o número crescente de cânceres relacionados ao amianto na base de dados do Ministério da Saúde, o que apontaria para um problema de saúde pública; e iv) o fato de o Brasil possuir tecnologia e insumos para substituir o amianto por outras matérias-primas.

No sentido da legitimidade do uso industrial e comercial da crisotila, sobressaíram os seguintes argumentos: i) o fato de o Brasil ser o terceiro maior produtor de amianto

---

era relator e cujo julgamento havia sido interrompido com pedido de vista. Seu voto nessa última ação fora no sentido da mera inconstitucionalidade formal da norma estadual ali questionada. No entanto, ao votar na ADI nº 3.937, esclareceu que evoluíra em seu entendimento.

[13] Ministério da Saúde, Ministério do Meio Ambiental, Ministério da Previdência Social, Ministério do Trabalho, Ministério do Desenvolvimento, Indústria e Comércio Exterior, Ministério de Minas e Energia, Secretaria do Meio Ambiente do Estado de São Paulo e Secretaria da Saúde do Estado de São Paulo.

[14] Associação Nacional de Medicina do Trabalho (ANAMT), da Associação Brasileira dos Expostos ao Amianto (Abrea), Associação Médica Brasileira (AMB), Confederação Nacional dos Trabalhadores na Indústria (CNTI), Instituto Crisotila, Fundação Jorge Duprat Figueiredo de Segurança e Medicina do Trabalho (Fundacentro), Associação Brasileira de Indústrias e Distribuidores de Produtos de Fibrocimento (ABIFibro) e Associação Nacional dos Procuradores do Trabalho (ANPT).

do mundo e o segundo maior explorador da matéria-prima, o que geraria centenas de milhares de postos de trabalho e seria extremamente positivo para a balança comercial brasileira; ii) a substituição do amianto por materiais alternativos aumentaria muito os custos dos produtos finais; e iii) o fato de o amianto possuir características excepcionais para usos industriais.

A audiência pública evidenciou a natureza altamente controvertida do tema, valendo destacar que os próprios órgãos do governo federal manifestaram divergência acerca da legitimidade ou não da proibição do mineral. Em prol do banimento, falaram os Ministérios da Saúde, do Trabalho, do Meio Ambiente e da Previdência Social; contra, os Ministérios do Desenvolvimento, Indústria e Comércio Exterior, e o Ministério de Minas e Energia.

O ponto de maior controvérsia foi a possibilidade de uso seguro do mineral, defendida pelos especialistas que falaram em nome das entidades defensoras da crisotila e negada pelos que falaram contra o uso do mineral. Não obstante, um fator ficou claro: os órgãos *oficiais* de defesa da saúde pública e do trabalhador – Ministério da Saúde, Ministério do Trabalho, Organização Mundial da Saúde e Organização Internacional do Trabalho – são uníssonos no reconhecimento dos elevados riscos à saúde associados à crisotila e da inexistência de níveis seguros de exposição dos trabalhadores ao mineral.

Além disso, ficou claro que, diferentemente do cenário existente ao tempo da aprovação da Lei Federal nº 9.055/95, à época da audiência pública no STF já se tinha conhecimento científico suficiente acerca das matérias-primas alternativas ao amianto e da ausência de riscos à saúde associados a elas, não obstante permanecesse controvertida a questão dos impactos econômicos decorrentes de eventual substituição.

Essas percepções foram determinantes para o desfecho dado às últimas ações julgadas pelo Tribunal acerca do tema, nas quais foi declarada a inconstitucionalidade incidental da Lei Federal nº 9.055/95 e, por conseguinte, a constitucionalidade das normas locais que restringem o uso do amianto nos respectivos territórios, estabelecendo-se, assim, a terceira fase da jurisprudência do Tribunal no caso.

3.4 A terceira fase: a declaração de inconstitucionalidade incidental da Lei nº 9.055/95 e a constitucionalidade das leis locais

3.4.1 A retomada dos julgamentos e os impasses

A *terceira* fase da jurisprudência do STF relativa ao amianto sucedeu a audiência pública e compreendeu a conclusão do julgamento do mérito de um grupo de seis ações diretas ajuizadas pela Confederação Nacional dos Trabalhadores na Indústria (CNTI) em face de leis locais que restringiam, de diversas maneiras, o uso do amianto nos respectivos territórios (extração da fibra, fabricação e comercialização de produtos que o contivessem, transporte, utilização de materiais contendo o mineral em obras públicas etc.).

As leis questionadas eram precisamente as seguintes: Lei nº 12.589/04 de Pernambuco (ADI nº 3.356);[15] Lei nº 11.643/01 do Rio Grande do Sul (ADI nº 3.357);[16]

---

[15] ADI nº 3.356/PE. Rel. Min. Eros Grau, Rel. p/ o acórdão Min. Dias Toffoli. *DJe*, 31 jan. 2019.

[16] ADI nº 3.357/RS. Rel. Min. Ayres Britto, Rel. p/ o acórdão Min. Dias Toffoli. *DJe*, 31 jan. 2019.

Lei nº 12.684/07 de São Paulo (ADI nº 3.937),[17] cuja medida cautelar fora indeferida pelo Plenário na segunda fase da jurisprudência; Lei nº 13.113/01 e Decreto nº 41.788/02 do município de São Paulo (ADPF nº 109);[18] e a Lei nº 3.579/01 do Rio de Janeiro (ADI nºs 3.470 e 3.406).[19]

Foi também nessa fase que o Tribunal apreciou a constitucionalidade da Lei Federal nº 9.055/95, em ação proposta pela Associação Nacional dos Procuradores do Trabalho (ANPT) (ADI nº 4.066),[20] e também incidentalmente, nas ações mencionadas acima.

Em novembro de 2016, o Plenário retomou a apreciação das ADI nºs 3.356, 3.357, 3.937 e iniciou o julgamento da ADPF nº 109. Na assentada, o Ministro Edson Fachin proferiu voto pela constitucionalidade das leis questionadas. No entanto, os julgamentos foram novamente interrompidos pelo pedido de vista do Ministro Dias Toffoli.

No momento do pedido de vista, duas teses concorriam no Plenário: a primeira, pela inconstitucionalidade formal das leis estaduais e da lei municipal, com fundamento na extrapolação dos limites da competência legislativa concorrente, conforme proposto pelo Ministro Marco Aurélio (Relator da ADI nº 3.937) e pelo Ministro Eros Grau (Relator da ADI nº 3.356); e, a segunda, no sentido da constitucionalidade de tais leis, por serem consideradas mais protetivas à saúde e ao meio ambiente do que a lei federal, como defendido pelo Ministro Ayres Britto (Relator da ADI nº 3.357), e pelo Ministro Edson Fachin (relator da ADPF nº 109 e autor de voto-vista proferido na ADI nº 3.356).

Note-se que o Tribunal possuía precedentes que corroboravam as duas orientações: as ADI nºs 2.369 e 2.656, a inconstitucionalidade formal das leis locais, e a ADI nº 3.937-MC, a constitucionalidade das leis locais, sendo esse o primeiro impasse com o qual o Tribunal teria de lidar.

Em agosto de 2017, o Tribunal apreciou a ADI nº 4.066, que tinha como objeto a Lei Federal nº 9.055/95. A maioria formou-se pela inconstitucionalidade da lei, por cinco votos (ministros Rosa Weber – Relatora, Edson Fachin, Ricardo Lewandowski, Celso de Mello e Cármen Lúcia) contra quatro (ministros Alexandre de Moraes, Luiz Fux, Gilmar Mendes e Marco Aurélio). Os ministros Roberto Barroso e Dias Toffoli (que se manifestara como Advogado-Geral da União no processo) estavam impedidos. Apesar da maioria, não foi atingindo o quórum de 6 (seis) votos exigido pelo art. 23 da Lei nº 9.868/99 para a declaração de inconstitucionalidade ou constitucionalidade de lei.[21]

Nesse quadro, o Tribunal não pronunciou a inconstitucionalidade do art. 2º da Lei Federal nº 9.055/1995, mantendo o *status quo* anterior ao julgamento da ação. A maioria formada não foi suficiente para afastar a validade da norma, com eficácia *erga omnes* e efeito vinculante; tampouco houve decisão em sentido oposto, pela improcedência do pedido, cujo efeito seria o reconhecimento da constitucionalidade da lei, também com eficácia geral. Sobre ela, continuava a recair a presunção de constitucionalidade, atributo

---

[17] ADI nº 3.937/SP. Rel. Min. Marco Aurélio, Rel. p/ o acórdão Min. Dias Toffoli. *DJe*, 31 jan. 2019.

[18] ADPF nº 109/SP. Rel. Min. Edson Fachin. *DJe*, 31 jan. 2019.

[19] ADI nºs 3.470/RJ e 3.406/RJ. Rel. Min. Rosa Weber. *DJe*, 31 jan. 2019.

[20] ADI nº 4.066/DF. Rel. Min. Rosa Weber. *DJe*, 7 mar. 2018.

[21] O art. 23 da Lei nº 9.868/99 diz "Efetuado o julgamento, proclamar-se-á a constitucionalidade ou a inconstitucionalidade da disposição ou da norma impugnada se num ou noutro sentido se tiverem manifestado pelo menos seis Ministros, quer se trate de ação direta de inconstitucionalidade ou de ação declaratória de constitucionalidade".

de toda e qualquer lei que não tenha sido submetida a controle judicial. Do ponto de vista prático, o julgamento do Tribunal equivalia a uma "não decisão".

O Plenário estava, portanto, diante de um segundo impasse: a discussão sobre a legitimidade da Lei Federal nº 9.055/95 era preliminar e prejudicial em relação à análise das leis locais impugnadas nas outras ações. O Tribunal deveria, antes de apreciá-las, por pressuposição lógica, dizer se a lei federal era ou não constitucional. No entanto, o arranjo que se formou no julgamento da ADI nº 4.066 inviabilizou essa análise, ficando uma questão prejudicial de mérito pendente de análise.

3.4.2 O desfecho e a solução dos impasses: o voto-vista do Ministro Dias Toffoli

No mesmo dia em que encerrado o julgamento da ADI nº 4.066, o Ministro Dias Toffoli apresentou voto-vista nas ADI nºs 3.356, 3.357, 3.937 e na ADPF nº 109. O voto estava dividido em duas partes. Na primeira, o ministro enfrentou a questão sobre se, ante a existência de lei federal permitindo o uso da crisotila, os estados e municípios poderiam restringir o uso do mineral em seus territórios. Na segunda, ele analisou a constitucionalidade da Lei Federal nº 9.055/95.

A tese sustentada na parte inicial foi, em síntese, a de que, nas matérias arroladas no art. 24 da Constituição Federal, que trata da competência legislativa concorrente, os estados e os municípios não podem estabelecer disciplina contrária ao que está previsto na legislação geral editada pela União (art. 24, §1º), razão pela qual, em princípio, as leis locais seriam inconstitucionais, por, ao contrariarem frontalmente o art. 2º da Lei Federal nº 9.055/95, terem invadido a competência da União.

O ministro assinalou que a Constituição de 1988 consagra, no art. 24, um sistema de competência concorrente não cumulativa, no qual, embora exista uma atuação conjunta dos entes federativos no que tange à disciplina de determinados temas, cada esfera possui seu espaço próprio de atuação, de modo que "a invasão do campo de atuação alheio implica a inconstitucionalidade formal da lei, seja ela federal, estadual ou municipal".[22]

No entanto, o ministro não propôs a declaração de inconstitucionalidade formal das leis locais, sob o fundamento de que a aludida norma federal, àquela altura, passara por um processo de inconstitucionalização, não sendo mais válida em face da Constituição. Incidiria, portanto, a hipótese do art. 24, §3º, segundo a qual, na inexistência de lei federal dispondo normas gerais sobre dado tema, remanesceria, para os estados, competência legislativa plena.

Assim, na segunda parte do voto, destacou Sua Excelência que, ao tempo da edição da lei federal, tinha-se o prognóstico de viabilidade de uso seguro da crisotila e pouco se sabia a respeito de materiais alternativos ao mineral. No entanto, a partir das informações levantadas em audiência pública, concluiu-se que o cenário era, então, bastante diverso, razão pela qual o ministro avançou em seu entendimento em relação ao parecer que proferira em 2008, na qualidade de Advogado-Geral da União, na ADI nº 4.066, em que sustentara a constitucionalidade da lei federal.

---

[22] Acórdão da ADI nº 3.356, p. 87.

Asseverou existir atualmente consenso entre os órgãos nacionais e internacionais que têm autoridade no tema da saúde pública e do trabalhador quanto a não existirem níveis seguros de exposição à fibra do amianto. Ressaltou, ademais, que a Convenção nº 162 da OIT determina a revisão periódica da legislação nacional à luz do desenvolvimento técnico e do aumento do conhecimento científico, bem como a substituição do amianto por material menos danoso, ou mesmo seu banimento, quando isso se revelar necessário e for tecnicamente viável.

Destacou já existir hoje conhecimento científico acerca de materiais substitutos do amianto não nocivos à saúde, sendo, inclusive, recomendados pelo Ministério da Saúde e pela Anvisa. No entanto, não houve a revisão de legislação nacional determinada pela OIT. Nesse quadro, concluiu o ministro que um conjunto de fatores confluía no sentido da inconstitucionalidade material da Lei Federal nº 9.055/95, *in verbis*:

> (i) o consenso dos órgãos oficiais de saúde geral e de saúde do trabalhador em torno da natureza altamente cancerígena do amianto crisotila; (ii) a existência de materiais alternativos à fibra de amianto e (iii) a ausência de revisão da legislação federal, que já tem mais de 22 (vinte e dois anos) revela[m] a inconstitucionalidade superveniente (sob a óptica material) da Lei Federal nº 9.055/1995, por ofensa, sobretudo, ao direito à saúde (art. 6º e 196, CF/88); ao dever estatal de redução dos riscos inerentes ao trabalho por meio de normas de saúde, higiene e segurança (art. 7º, inciso XXII, CF/88); e à proteção do meio ambiente (art. 225, CF/88).[23]

Nesses termos, Sua Excelência votou pela declaração de inconstitucionalidade material da Lei Federal nº 9.055/95 e pela constitucionalidade das leis estaduais e municipal questionadas, por serem consideradas compatíveis com os preceitos da CF/88 e com os compromissos internacionais assumidos pelo Brasil no que concerne ao amianto, proposta que recebeu adesão da maioria do Plenário, tendo o Ministro Edson Fachin reajustado seu voto para acompanhá-la, inclusive como relator da ADPF nº 109, ficando vencidos os ministros Eros Grau e Marco Aurélio.

A fórmula prevaleceu não somente no julgamento das ADI nºs 3.356, 3.357, 3.937 e na ADPF nº 109, nas quais o voto-vista foi proferido, mas também no julgamento das ADI nºs 3.406 e 3.470, de relatoria da Ministra Rosa Weber, as quais incorporaram a solução proposta pelo Ministro Toffoli.

O voto-vista do Ministro Dias Toffoli fornecia resposta para ambos os impasses relatados no tópico anterior. Por um lado, prestigiava a interpretação mais tradicional da Corte a respeito da repartição de competências legislativas concorrentes sob a Constituição de 1988, segundo a qual lei estadual não pode colidir frontalmente com norma geral federal que trate do mesmo tema. A decisão, desse modo, conferiu segurança jurídica e racionalidade ao trato da matéria.

A proposta apresentada pelo ministro, por outro lado, adentrava no exame material do caso, trazendo ao Plenário a análise da constitucionalidade da Lei Federal nº 9.055/95, a qual ficara inviabilizada no contexto da ADI nº 4.066. Para tanto, o ministro valeu-se de uma fórmula de decisão inovadora: a declaração incidental de inconstitucionalidade no controle concentrado com eficácia *erga omnes* e efeito vinculante, a qual, até então,

---

[23] Acórdão da ADI nº 3.356, p. 104-105.

havia sido aplicada, apenas uma vez, pelo Plenário. Reacendeu-se, portanto, na Corte a discussão a respeito da possível equiparação entre os efeitos das decisões no controle difuso/incidental e concentrado/principal.

Destacaremos cada um dos dois aspectos no tópico seguinte, que se dedica a realçar as principais reflexões suscitas pelo caso do amianto.

4   As reflexões inspiradas pelo caso do amianto

4.1 Um julgamento, muitas reflexões

O caso do amianto é ilustrativo de vários aspectos da jurisdição constitucional. A começar pelo fato de evidenciar que, na delicada tarefa de guardar uma Constituição que toca em quase todos os aspectos da vida social, o Tribunal, por vezes, se depara com controvérsias de natureza multidimensional, isto é, que tocam em diversos aspectos da vida social. Também pode se deparar com temas de alta complexidade técnico-científica que são controvertidos inclusive dentro da comunidade de especialistas no assunto. No caso do amianto, estavam em discussão questões de saúde, trabalho, meio ambiente e economia, com pontos de dissenso científico.

Em casos dessa natureza, torna-se indispensável que o Tribunal se abra para ouvir a opinião de especialistas no assunto, entidades públicas e privadas e representantes da sociedade civil integrantes dos setores que poderão ser afetados pelo resultado do julgamento. O principal meio pelo qual o Tribunal se abre dessa forma é o instituto da audiência pública, por meio da qual não apenas colhe insumos para decidir, como também aufere legitimidade democrática para uma eventual atuação contramajoritária em temas de grande repercussão social.[24]

O desfecho dado ao caso do amianto também ensina sobre a grande influência dos domínios factual e social sobre as percepções a respeito da invalidade ou da validade das normas. Trata-se da chamada "força normativa dos fatos", da qual falou o Ministro Eros Grau no julgamento da ADI nº 2.240,[25] referindo-se ao pensamento de Georg Jellinek. Conforme aduziu o referido ministro, "[...] na vida do Estado, as relações reais precedem as normas em função delas produzidas".[26] Existe uma realidade concreta e pungente subjacente às normas, que deve ser considerada na tomada de decisão no controle concentrado de constitucionalidade.

Esse é um dos aspectos essenciais do exercício da jurisdição constitucional na contemporaneidade, tanto que o processo constitucional brasileiro evoluiu no sentido de incorporar a seus ritos institutos como o da já mencionada audiência pública, do *amicus curiae* e da modulação dos efeitos da declaração de inconstitucionalidade, os quais permitem a devida articulação entre jurisdição constitucional e realidade fática.

---

[24] LIRA, Daiane Nogueira de. A realização de audiência pública pelo Supremo Tribunal Federal como fator de legitimação da jurisdição constitucional. *Revista da Associação dos Juízes do Rio Grande do Sul*, ano XXXVII, n. 119, set. 2010.

[25] ADI nº 2.240/BA. Rel. Min. Eros Grau. *DJe*, 3 ago. 2007.

[26] Acórdão da ADI nº 2.240, p. 17. Na ADI nº 2.240, analisou-se a lei do estado da Bahia que criou o município de Luís Eduardo Magalhães. Apesar de o município ter sido criado sem a devida observância do rito previsto no art. 18, §4º, da Constituição e de a lei ter sido declarada inconstitucional, o Tribunal não pronunciou a nulidade dessa lei, tendo em vista que o município se encontrava já consolidado.

No entanto, não basta que o Tribunal se abra para ouvir os setores interessados e colha informações. É preciso que esses dados sejam devidamente considerados na tomada de decisão. No caso do amianto, a marcha do conhecimento científico acerca da possibilidade do uso seguro do mineral e de seus substitutos viáveis e não nocivos à saúde bem como a avaliação acerca do atendimento, ou não, à determinação da OIT de atualização periódica da legislação nacional sobre o mineral se revelaram, a partir da audiência pública, essenciais no caso, tendo sido determinantes para seu desfecho.

Além dessas reflexões, há outras duas que merecem destaque, por seu contributo à jurisprudência do Tribunal: i) sobre os limites da competência dos estados nas matérias de competência concorrente sobre as quais exista lei geral federal; ii) sobre a possibilidade de se declarar incidentalmente a inconstitucionalidade de uma norma no controle concentrado com eficácia *erga omnes* e efeito vinculante.

4.2 Sobre os limites da competência dos estados nas matérias de competência concorrente sobre as quais já exista lei geral federal

Os limites da atuação da União, dos estados, do Distrito Federal e dos municípios nas matérias de competência concorrente arroladas no art. 24 da Constituição Federal são questão controversa na doutrina constitucional, sobretudo no que tange ao conceito de normas gerais, o qual define a fronteira entre a atuação legislativa da União, de um lado, e a dos demais entes federativos, de outro.

Essa era a questão fundamental em debate no caso do amianto, visto que estavam sendo questionadas várias leis locais que restringiam ou proibiam algo que uma lei federal explicitamente permitia. A competência atribuída aos estados para suplementar a legislação federal sobre dado tema comporta a vedação de algo expressamente permitido pelo ente federal? Essa era a principal questão discutida no caso.

Apesar de, nos primeiros julgados, o Tribunal ter assentado que os estados haviam extrapolado os limites da sua competência legislativa, nos momentos seguintes, começou a avançar na Corte uma interpretação – expressa no julgamento da medida cautelar na ADI nº 3.937 e no voto de alguns ministros nas ações julgadas posteriormente – em que se dava prevalência a leis estaduais mais protetoras de determinados valores constitucionais – como a saúde e o meio ambiente – e mais compatíveis com as normas da OIT sobre a saúde do trabalhador, embora estivessem em confronto direto com uma lei federal.

Com efeito, o Ministro Ayres Britto sustentava que se deveria verificar se a norma geral tutelaria de modo pleno os valores que se buscam proteger, ou se as normas suplementares o fariam. Entendia que o direito à saúde e a defesa do meio ambiente seriam promovidos de modo pleno apenas pelas leis locais, por serem compatíveis com a Convenção nº 162 da OTI, a qual determina a proibição do uso do amianto quando a medida se tornar tecnicamente viável e necessária à proteção dos trabalhadores. As leis questionadas também seriam compatíveis com o dever de redução dos riscos inerentes ao trabalho por meio de normas de saúde, higiene e segurança (art. 7º, inc. XXII, da Constituição Federal).

O Ministro Edson Fachin, por seu turno, sustentou a existência, no direito brasileiro, de um princípio da subsidiariedade, instituto do direito comparado, segundo o qual "o poder sobre determinada matéria deve ser exercido pelo nível governamental que possa fazê-lo de forma mais apropriada e eficiente".[27] Aduziu que a consequência de existir legislação geral sobre a matéria não poderia ser a nulificação da competência de estados e municípios, a qual somente seria possível se a lei geral assim estabelecesse explicitamente, o que não ocorreria com a Lei nº 9.055/95. Nesse quadro, restaria aos estados a possibilidade de vedar a utilização do amianto, exercendo, assim, sua competência concorrente para a proteção e a defesa da saúde.

Não obstante o brilhantismo de ambas as teses, que declaradamente buscavam prestigiar a descentralização no exercício das competências legislativas, com o fortalecimento da atuação dos estados e dos municípios, tratava-se de interpretações pouco ortodoxas das regras de competência legislativa concorrente da União, dos estados e dos municípios, as quais pareciam não encontrar amparo no texto constitucional nem na doutrina mais abalizada sobre o assunto.

É fato que a Constituição de 1988, acompanhando tendência do federalismo contemporâneo, buscou superar o modelo centrípeto, fundado na proeminência dos poderes do ente federal, e instaurar um federalismo de equilíbrio, pautado na ideia de cooperação e no alargamento dos poderes das demais unidades federadas, com vistas à superação das desigualdades regionais.[28] No entanto, o texto constitucional estabelece os exatos termos em que se dá esse concerto federativo, não se admitindo a contradição normativa sustentada nos votos mencionados.

Segundo nota Raul Machado Horta, na Constituição de 1988, a perspectiva do federalismo de cooperação está traduzida nas competências legislativas concorrentes (distribuição vertical) da União, dos estados, do Distrito Federal e dos municípios (art. 24 c/c o art. 30, inc. I) e na eventual participação dos estados nas matérias de competência privativa da União, mediante delegação por lei complementar federal (art. 22, parágrafo único).[29] No primeiro caso, trata-se de competências concorrentes *não cumulativas*, em que existe prévia delimitação da extensão na qual cada entidade federativa poderá legislar;[30] no segundo, as competências são *cumulativas*, visto que todos os entes têm liberdade para avançar sobre a matéria, prevalecendo sempre a regra da União em caso de conflito.[31]

Nas matérias de competência concorrente não cumulativa (art. 24), cabe à União a edição de normas gerais (art. 24, §1º) e aos demais entes a de normas específicas, em suplementação à lei federal (§2º). Os estados poderão exercer competência legislativa plena na ausência de norma federal (§3º); no entanto, advindo uma norma federal sobre o assunto, a legislação local será suspensa no que for contrária a ela (§4º). Esse último preceito, por si só, denota que, sob a Constituição Federal, em matéria de competência concorrente, uma lei estadual não pode contrariar a norma geral federal.

Portanto, o que caracteriza a competência concorrente não cumulativa é justamente a divisão de campos de atribuição, não sendo dado às entidades federativas avançar

---

[27] Acórdão da ADI nº 3.357, p. 67.

[28] HORTA, Raul Machado. O federalismo no direito constitucional contemporâneo. *Revista da Academia Brasileira de Letras Jurídicas*, Rio de Janeiro, ano XVII, n. 19-20, 1º e 2º sem. 2001. p. 234.

[29] HORTA, Raul Machado. O federalismo no direito constitucional contemporâneo. *Revista da Academia Brasileira de Letras Jurídicas*, Rio de Janeiro, ano XVII, n. 19-20, 1º e 2º sem. 2001. p. 234.

[30] FERRAZ, Tércio Sampaio. Normas gerais e competência concorrente: uma exegese do art. 24 da Constituição Federal. *Revista da Faculdade de Direito da Universidade de São Paulo*, São Paulo, v. 90, 1995. p. 248.

[31] FERRAZ, Tércio Sampaio. Normas gerais e competência concorrente: uma exegese do art. 24 da Constituição Federal. *Revista da Faculdade de Direito da Universidade de São Paulo*, São Paulo, v. 90, 1995. p. 248.

sobre o campo de atribuição umas das outras, sob pena de inconstitucionalidade formal da respectiva norma. Esse foi o ponto fulcral do voto do Ministro Dias Toffoli, que, no entanto, não deixou de ressaltar a relevância de se buscar uma maior descentralização legislativa, nos seguintes termos:

> Não há de se olvidar a relevância de se buscar uma maior descentralização legislativa em favor dos estados e municípios. Deve-se, de fato, assegurar-lhes espaço para a criação e a experimentação legislativa. Todavia, devem-se observar, para tanto, as diretrizes traçadas no texto constitucional quanto à distribuição de competência no condomínio legislativo da Federação.
>
> A excessiva centralização de competências da União deve ser combatida quando essa ultrapassa seu poder legislativo, adentrando na seara das competências dos demais entes federativos, em particularidades que deveriam ser tratadas pelos entes estaduais ou municipais.
>
> Foi o que fez esta Corte na medida cautelar da ADI nº 927, quando deu interpretação conforme a dispositivos da Lei nº 8.666/93 (norma geral federal sobre licitações) para esclarecer que somente teriam aplicação no âmbito da União, por entender que constituíam limitação ilegítima às competências legislativas estaduais e municipais (Rel. Min. Carlos Velloso, DJe de 11/11/94).
>
> A competência federal para editar normas gerais não permite que o ente central esgote toda a disciplina normativa, sem deixar competência substancial para o estado-membro. Afinal, conforme está expresso no texto constitucional, sua competência restringe-se à edição de normas gerais.
>
> Se, por um lado, a norma geral não pode impedir o exercício da competência estadual de suplementar as matérias arroladas no art. 24, por outro, não se pode admitir que a legislação estadual possa adentrar a competência da União e disciplinar a matéria de forma contrária à norma geral federal, desvirtuando o mínimo de unidade normativa almejado pela Constituição Federal.[32]

A competência conferida à União para dispor sobre normas gerais traduz a ideia de que, no federalismo de equilíbrio proposto em 1988, determinadas questões que ultrapassam os interesses regionais devem ser tratadas de maneira uniforme em toda federação, não havendo nesse postulado qualquer risco à pretensão descentralizadora do texto constitucional, visto que remanesce, para os estados e os municípios, amplo espaço de suplementação. Trata-se de norma que busca realizar o federalismo cooperativo, o qual, conforme leciona Tércio Sampaio:

> [...] vê na necessidade de uniformização de certos interesses um ponto básico da colaboração. Assim, toda matéria que extravase o interesse circunscrito de um a unidade (estadual, em face da União; municipal, em face do Estado) ou porque é comum (todos têm o mesmo interesse) ou porque envolve tipologias, conceituações que, se particularizadas num âmbito autônomo, engendrariam conflitos ou dificuldades no intercâmbio nacional, constitui matéria de norma geral.[33]

---

[32] Acórdão da ADI nº 3.356, p. 86.

[33] FERRAZ, Tércio Sampaio. Normas gerais e competência concorrente: uma exegese do art. 24 da Constituição Federal. *Revista da Faculdade de Direito da Universidade de São Paulo*, São Paulo, v. 90, 1995. p. 249-250.

Os tribunais constitucionais estão vocacionados ao papel de árbitros da federação, segundo concepção oriunda de Kelsen, para quem, "a ideia política do Estado federativo só é plenamente realizada com a instituição de um tribunal constitucional".[34] Ao delinear as fronteiras de atuação dos entes federados nas matérias de competência concorrente e propor uma solução que prestigia o federalismo cooperativo e de equilíbrio, bem ao espírito da Constituição de 1988, o voto-vista Ministro Dias Toffoli contribuiu para que o STF exercesse plenamente a aludida vocação constitucional.

4.3 Sobre a possibilidade de controle incidental nas ações de controle concentrado com eficácia *erga omnes* e efeito vinculante

Conforme visto, no caso amianto o Tribunal declarou, incidentalmente, a inconstitucionalidade da Lei Federal nº 9.055/95, e, em seguida, afirmou a constitucionalidade das leis estaduais e municipal questionadas nas ações, todas com eficácia *erga omnes* e efeito vinculante, conforme atestado na ata do julgamento.

Antes dessa decisão, o Tribunal somente havia declarado a inconstitucionalidade incidental de norma no controle concentrado na ADI nº 4.029,[35] cujo objeto era a lei federal proveniente da conversão da medida provisória que criara o Instituto Chico Mendes de Biodiversidade (ICM-Bio). A principal alegação do processo era a de que a medida provisória não fora apreciada pela comissão mista prevista no art. 62, §9º, da Constituição.

Naquela assentada, o STF declarou a inconstitucionalidade incidental de resolução do Senado Federal que dispensava o exame da medida provisória pela comissão, embora tenha modulado os efeitos dessa declaração para preservar a validade e a eficácia de todas as medidas provisórias convertidas em lei com base na resolução até a data daquele julgamento, bem como daquelas então em trâmite no Legislativo.

A decisão teve, portanto, eficácia *erga omnes* e efeito vinculante, mas seus efeitos foram limitados no tempo. No entanto, não houve maiores discussões sobre o que essa fórmula de decisão – declaração incidental de inconstitucionalidade no controle concentrado com eficácia geral – significava no contexto do controle de constitucionalidade brasileiro, o que ocorreu no caso do amianto.

Com efeito, após o voto-vista do Ministro Dias Toffoli nas ADI nºs 3.356, 3.357, 3.937 e na ADPF nº 109, restaram dúvidas sobre se dele decorreria a declaração de inconstitucionalidade do art. 2º da lei federal com eficácia *erga omnes* e efeito vinculante, ou se essa declaração valeria apenas para os processos julgados. Isso porque, no Brasil, como regra, a decisão que declara a inconstitucionalidade de lei no controle *incidental* tem efeitos *inter partes*, ou seja, adstritos ao processo em que proferida. O Tribunal debateu a questão no julgamento, ocorrido no mesmo mês, das ADI nºs 3.406 e 3.470, de relatoria da Ministra Rosa Weber, relativas a outras leis locais que restringiam o uso do amianto.

Para compreender o referido debate, vale esclarecer o significado das expressões destacadas. Conforme lecionou Mauro Cappelletti, em sua análise estrutural-comparativa dos modernos métodos de controle jurisdicional de constitucionalidade das leis,[36]

---

[34] KELSEN, Hans. *Jurisdição constitucional*. São Paulo: Martins Fontes, 2003. p. 182.

[35] ADI nº 4.029/AM. Rel. Min. Luiz Fux. *DJe*, 27 jun. 2012.

[36] CAPPELLETTI, Mauro. *O controle judicial de inconstitucionalidade das leis no direito brasileiro*. 2. ed. Tradução de Aroldo Plínio Gonçalves. Porto Alegre: Fabris, 1992.

os sistemas podem ser classificados segundo três aspectos fundamentais: subjetivo, modal e efeitos das decisões.

O aspecto subjetivo diz respeito aos órgãos que detêm competência para o controle de constitucionalidade, e origina dois tipos fundamentais: o sistema difuso, no qual o poder de controle constitucional pertence a todos os órgãos judiciários, que o exercem no momento em que decidem as causas de sua competência, como questão prejudicial do processo; e o sistema concentrado, no qual o aludido poder se concentra em um único órgão, o tribunal constitucional.

A classificação segundo o aspecto modal leva em conta o modo como as questões de constitucionalidade das leis são levadas aos órgãos responsáveis pelo controle de constitucionalidade, se por controle incidental ou por controle principal. No controle incidental, a questão de constitucionalidade é arguida no curso de um processo comum, como pressuposto lógico para a resolução da questão principal. No controle principal, a questão constitucional é o próprio escopo do processo, que é instaurado perante o tribunal constitucional por meio de uma ação especial.

Por fim, quanto aos efeitos da decisão que declara a inconstitucionalidade de lei, eles podem se ater ao processo em que ela é proferida (*inter partes*), ou ter eficácia *erga omnes*, a qual, em sua concepção original, haurida da obra de Kelsen,[37] estava associada à natureza anulatória da declaração de inconstitucionalidade, o qual equivaleria à retirada da lei do ordenamento jurídico – daí a ideia de o tribunal atuar como legislador negativo.

Destaque-se que, apesar de não serem equivalentes, por serem decorrentes de critérios de classificação distintos, os controles difuso, incidental e com efeito *inter partes* estão historicamente atrelados a uma mesma tradição do controle de constitucionalidade, o sistema norte-americano (*judicial review*). Os controles concentrado, principal e com eficácia *erga omnes*, por seu turno, estão ligados ao sistema austríaco de controle, de origem kelseniana, no qual há uma corte constitucional que decide, com exclusividade, os processos cujo objeto principal seja a constitucionalidade ou não de atos do Poder Público.

Durante muito tempo, os sistemas de controle vigentes nos diferentes países eram estudados a partir da subsunção em um desses dois sistemas clássicos e contrapostos. Por isso, Francisco Segado fala de uma essencial "bipolaridade" entre eles, a qual, no entanto, estaria se tornando obsoleta, tendo em vista que países em estado avançado de constitucionalismo estão mesclando elementos de ambos os sistemas, que estariam em processo de convergência.[38] O autor chega a questionar a própria utilidade prática da distinção.

O Brasil espelha esse processo de convergência. O país mescla instrumentos das duas tradições, razão pela qual se diz que há nele um modelo misto ou híbrido.

Desde o início da república, adota-se no país o sistema difuso,[39] pelo qual todos os juízes e tribunais do país podem declarar a inconstitucionalidade de lei no curso

---

[37] KELSEN, Hans. *Jurisdição constitucional*. São Paulo: Martins Fontes, 2003. 2003.

[38] FERNÁNDEZ SEGADO, Francisco. La obsolescencia de la bipolaridad tradicional (modelo americano – modelo europeo-kelseniano) de los sistemas de justicia constitucional. *Direito Público*, Brasília, n. 2, out./dez. 2003.

[39] O embrião do sistema difuso estaria, segundo indica Gilmar Mendes, no Decreto nº 848/1890, que organizava a Justiça Federal e determinava que "na guarda e aplicação da Constituição e das leis nacionais, a magistratura só intervirá em espécie e por provocação da parte" (MENDES, Gilmar Ferreira; BRANCO, Paulo Gustavo Gonet Coelho. *Curso de direito constitucional*. 12. ed. São Paulo: Saraiva, 2017).

de qualquer processo judicial de sua competência. O STF exerce esse tipo de controle principalmente por meio dos recursos interpostos nas causas decididas pelos outros tribunais do país, mas também o pode fazer em ações da sua competência originária, como o *habeas corpus*, o mandado de segurança, a reclamação etc. Nesses casos, a análise da questão constitucional ocorre apenas em caráter incidental, enquanto questão prejudicial, e não como objeto do processo. Assim, embora as duas classificações – controle difuso e incidental – não se confundam, no Brasil, via de regra, elas se sobrepõem, como bem nota Roberto Barroso.[40]

Por outro lado, há no país uma variedade de instrumentos pelos quais é possível instaurar o controle de constitucionalidade concentrado e principal perante o Supremo Tribunal Federal (ADI, por ação e omissão, ADC e ADPF). Diz-se que são instrumentos de controle concentrado porque são ações da competência exclusiva dessa Corte; controle principal porque, por meio dessas ações, o Tribunal analisa a constitucionalidade de atos do Poder Público como questão única e principal do processo.[41]

Do ponto de vista dos efeitos das decisões, no Brasil as decisões proferidas no controle concentrado e principal são, como regra, dotadas de eficácia geral (eficácia *erga omnes* e efeito vinculante), ao passo que, no controle difuso e incidental, elas têm efeito *inter partes*. Não obstante, no controle difuso e incidental realizado pelo STF, a decisão poderá ter eficácia *erga omnes* mediante a suspensão, pelo Senado Federal, da execução, no todo ou em parte, da lei declarada inconstitucional (art. 52, inc. X, da Constituição). Essa fórmula existe em nosso país desde a Constituição 1934,[42] tendo sido pensada como meio de suprir a ausência de um princípio como o do *stare decisis*, que, nos EUA, garante que a lei declarada inconstitucional de modo incidental pela Suprema Corte americana torne-se inaplicável de forma geral.

Na análise da Rcl nº 4.335,[43] o Tribunal discutiu a tese, sustentada pelo Ministro Gilmar Mendes (relator), de que, na atual quadra do constitucionalismo, as decisões do STF proferidas tanto no controle difuso quanto no concentrado seriam sempre dotadas de eficácia *erga omnes* e efeito vinculante. A reclamação fora proposta alegando-se ofensa ao precedente da Corte firmado no HC nº 82.959,[44] no qual fora declarada a inconstitucionalidade da norma que vedava a progressão de regime nos crimes hediondos. Tratava-se de precedente proferido no controle difuso e incidental, razão pela qual o Tribunal travou discussão a respeito da extensão dos efeitos dessa decisão e se ela poderia servir de paradigma para reclamação ajuizada por quem não fora parte no processo do *habeas corpus*.

Segundo a tese sustentada no julgamento, a amplitude conferida ao controle concentrado de normas desde a Constituição de 1988 – com a possibilidade, inclusive,

---

[40] BARROSO, Luís Roberto. *O controle de constitucionalidade no direito brasileiro*. 6. ed. São Paulo: Saraiva, 2012.

[41] A ADPF tem a peculiaridade de ensejar uma espécie de controle de constitucionalidade que é um híbrido de controle principal e incidental. Isso ocorre especificamente no caso em que essa ação é ajuizada com fundamento em prévia controvérsia constitucional sobre lei ou ato normativo federal, estadual ou municipal, incluídos os anteriores à Constituição (art. 1º, inc. I, da Lei nº 9.882/99). A questão constitucional é o escopo do processo, no entanto, é suscitada a partir de uma controvérsia judicial prévia.

[42] MENDES, Gilmar Ferreira; BRANCO, Paulo Gustavo Gonet Coelho. *Curso de direito constitucional*. 12. ed. São Paulo: Saraiva, 2017.

[43] Rcl nº 4.335/AC. Rel. Min. Gilmar Mendes. *DJe*, 22 out. 2014.

[44] HC nº 82.959/SP. Rel. Min. Marco Aurélio. *DJ*, 1º set. 2006.

de suspensão liminar de leis com eficácia geral – teria implicado uma alteração radical na concepção de separação de poderes dominante no país, o que demandaria a reinterpretação dos institutos vinculados ao controle incidental de normas, entre eles o art. 52, inc. X, da Constituição da República. Esse preceito teria passado por uma mutação constitucional que alterou seu significado, de modo que a decisão do Senado não teria mais o condão de suspender a norma, e sim e tão somente de conferir publicidade à decisão do STF proferida no controle incidental, que teria naturalmente uma eficácia geral.

A tese, no entanto, não foi encampada pela maioria do Plenário, tendo encontrado acolhida apenas no voto do Ministro Eros Grau. O Tribunal conheceu da reclamação, no entanto, por fundamento diverso, qual seja, a superveniência do Enunciado nº 26 da súmula vinculante do STF, que conferiu eficácia contra todos e efeito vinculante à tese firmada no julgamento do HC nº 82.959, tornando desnecessário, para o conhecimento daquela reclamação, o debate acerca da extensão dos efeitos da declaração de inconstitucionalidade ocorrida no controle difuso e incidental.

Desse modo, até o julgamento do caso do amianto, permanecia a compreensão segundo a qual, nas decisões proferidas pelo STF em controle difuso e incidental, a declaração de inconstitucionalidade tem eficácia apenas *inter partes*, ou seja, em relação tão somente ao processo em que proferida. A eficácia *erga omnes* de tal decisão dependeria de resolução do Senado suspendendo a aplicação da lei. No entanto, por ocasião do julgamento das ADI nºs 3.406 e 3.470, quando se discutiram os efeitos que deveriam ser atribuídos à declaração de inconstitucionalidade incidental da Lei Federal nº 9.055/95, o Tribunal retomou esse debate.

A principal preocupação manifestada pelos ministros era com a falta de unidade do tratamento do tema no território nacional caso os efeitos da decisão ficassem adstritos às ações julgadas pelo STF. Em determinados estados, o uso do amianto estaria totalmente proibido, ao passo que, em outros, seria possível, nos termos do art. 24, §2º, da Constituição, suplementar o art. 2º da Lei Federal nº 9.055/95, que permite o uso da crisotila. Nesse cenário, os ministros que formaram a maioria pela declaração incidental entenderam por bem conferir eficácia *erga omnes* e efeito vinculante à decisão.

O Ministro Gilmar Mendes recuperou os argumentos que trouxera na Rcl nº 4.335, acrescentando que o novo Código de Processo Civil viria em reforço à tese, visto que, em alguns dispositivos, equiparava as decisões do controle concentrado às decisões do controle difuso. De fato, o art. 535, §5º, afirma ser inexigível obrigação reconhecida em título executivo judicial fundado em norma ou interpretação considerada inconstitucional pelo STF em controle concentrado ou difuso. Vale mencionar, também, a vinculação dos juízes e tribunais às decisões tomadas nos julgamentos dos recursos extraordinários repetitivos (art. 927, inc. III).

O Tribunal não votou questão de ordem quanto ao ponto, o que exigiria a colheita do voto de todos os ministros presentes na sessão. Não obstante, os ministros que formaram a maioria pela declaração incidental foram unânimes no sentido da declaração com eficácia *erga omnes* e efeito vinculante. Além do Ministro Gilmar Mendes, os ministros Cármen Lúcia, Edson Fachin e Dias Toffoli manifestaram-se favoravelmente à interpretação evolutiva acerca dos efeitos das decisões no controle difuso e incidental, os quais deveriam ser equiparados às decisões do controle concentrado e principal.

Desse modo, a jurisprudência do Tribunal avançou por um "terreno novo". Se, ao tempo da conclusão do julgamento da Rcl nº 4.335, os ministros Gilmar Mendes e

Eros Grau formaram uma pequena minoria em torno da tese da equiparação entre os efeitos das decisões no controle difuso/incidental e no controle concentrado/principal, a partir do caso do amianto, essa tese ganhou força.

Note-se que a legislação (art. 28, parágrafo único, da Lei nº 9.868/99, e art. 10, §3º, da Lei nº 9.882/99) e a Constituição (art. 102, §2º) conferem, explicitamente, eficácia *erga omnes* e efeito vinculante somente às decisões tomadas no controle concentrado de constitucionalidade. Ademais, a princípio, a interpretação segundo a qual o Senado meramente confere publicidade à declaração de inconstitucionalidade proferida pelo STF no controle incidental parece não caber nos limites textuais do art. 52, inc. X, da Constituição.

O avanço da tese da equiparação dos efeitos das decisões nos dois sistemas de controle dá indícios de que se avizinha uma mudança verdadeiramente paradigmática no controle de constitucionalidade brasileiro, por via jurisprudencial. Além disso, conforme observou o Ministro Luiz Fux no julgamento das ADI nºs 3.406 e 3.470,[45] o caso do amianto abriu espaço para a cumulação de pedidos nas ações de controle concentrado: pedido de declaração de inconstitucionalidade de norma como questão prejudicial e pedido de declaração de inconstitucionalidade da norma como questão principal.

Ambas as inovações corroboram o processo de convergência entre os sistemas de controle concentrado/principal e difuso/incidental pelo qual tem passado o Brasil, evidenciando outro aspecto valioso do caso do amianto para a jurisprudência do STF.

5 Conclusões

Casos complexos como o do amianto são pontos de partida para a criação jurisprudencial pelo STF, o qual deve sempre primar por soluções que considerem todas as dimensões das controvérsias submetidas à sua apreciação, inclusive como forma de legitimação das decisões da Corte.

Tratou-se de caso emblemático, seja em razão de seu alto nível de complexidade (qualificada pelas intrincadas controvérsias jurídicas que encerrava, tendo em vista seus aspectos técnico-científicos e suas potenciais repercussões sociais e econômicas), seja por força das soluções engendradas pela Corte, capitaneadas pelo homenageado desta obra, o Ministro Dias Toffoli, para dirimir os impasses surgidos no decorrer do julgamento.

Como se viu, a jurisprudência do Tribunal sobre o tema evoluiu em etapas, em uma progressão qualificada pelo aumento de complexidade na abordagem do caso. Inicialmente, assentava-se em bases puramente formais, sem que se levasse em conta o debate científico subjacente ao tema, o qual foi explicitamente afastado nas primeiras decisões. Posteriormente, a Corte avançou na aludida seara, sobretudo a partir da audiência pública realizada para colher a opinião de especialistas no assunto.

A par da complexidade do caso, a Corte teve de lidar com impasses surgidos no decorrer do julgamento. Até o pedido de vista dos autos feito pelo Ministro Dias Toffoli, duas teses conflitantes haviam sido sustentadas em Plenário, ambas com amparo em precedentes do Tribunal. Além disso, havia uma questão prejudicial ao julgamento do mérito das ações, a análise da Lei Federal nº 9.055/95, que havia resultado inconclusiva por ausência de quórum no exame da ação ajuizada especificamente para tratar do assunto.

---

[45] Acórdão da ADI nº 3.470, p. 165.

O voto-vista do Ministro Dias Toffoli forneceu solução a ambos os impasses. Apresentou uma análise precisa das regras de distribuição de competência legislativa concorrente, prestigiando a jurisprudência tradicional da Corte, os parâmetros constitucionais acerca do tema e, por conseguinte, a segurança jurídica e a unidade do sistema normativo. Ademais, aprofundou-se na análise do caso a partir da perspectiva material ao avocar o exame da Lei Federal nº 9.055/95 para declarar sua inconstitucionalidade com eficácia geral, uma solução inovadora que parece abrir um novo capítulo da jurisdição constitucional brasileira.

Referências

AMIANTO ou asbesto. *Associação Brasileira dos Expostos ao Amianto*, Osasco. Disponível em: https://abrea.org.br/o-amianto/sobre-o-amianto.html. Acesso em: 27 jul. 2019.

BARROSO, Luís Roberto. *O controle de constitucionalidade no direito brasileiro*. 6. ed. São Paulo: Saraiva, 2012.

CÂMARA DOS DEPUTADOS. *Dossiê do Projeto Legislativo nº 3.981, de 1993*. Dispõe sobre a substituição progressiva da produção e da comercialização de produtos que contenham asbesto/amianto e dá outras providências. Disponível em: https://www.camara.leg.br/proposicoesWeb/prop_mostrarintegra;jsessionid=A32E23E0E2320EA018BFBCD8739C7E80.proposicoesWebExterno1?codteor=1138485&filename=Dossie+-PL+3981/1993. Acesso em: 30 jul. 2019.

CAPPELLETTI, Mauro. *O controle judicial de inconstitucionalidade das leis no direito brasileiro*. 2. ed. Tradução de Aroldo Plínio Gonçalves. Porto Alegre: Fabris, 1992.

FERNÁNDEZ SEGADO, Francisco. La obsolescencia de la bipolaridad tradicional (modelo americano – modelo europeo-kelseniano) de los sistemas de justicia constitucional. *Direito Público*, Brasília, n. 2, out./dez. 2003.

FERRAZ, Tércio Sampaio. Normas gerais e competência concorrente: uma exegese do art. 24 da Constituição Federal. *Revista da Faculdade de Direito da Universidade de São Paulo*, São Paulo, v. 90, 1995.

HORTA, Raul Machado. O federalismo no direito constitucional contemporâneo. *Revista da Academia Brasileira de Letras Jurídicas*, Rio de Janeiro, ano XVII, n. 19-20, 1º e 2º sem. 2001.

KELSEN, Hans. *Jurisdição constitucional*. São Paulo: Martins Fontes, 2003.

LIRA, Daiane Nogueira de. A realização de audiência pública pelo Supremo Tribunal Federal como fator de legitimação da jurisdição constitucional. *Revista da Associação dos Juízes do Rio Grande do Sul*, ano XXXVII, n. 119, set. 2010.

MENDES, Conrado Hübner. *Controle de constitucionalidade e democracia*. Rio de Janeiro: Elsevier, 2008.

MENDES, Gilmar Ferreira; BRANCO, Paulo Gustavo Gonet Coelho. *Curso de direito constitucional*. 12. ed. São Paulo: Saraiva, 2017.

Informação bibliográfica deste texto, conforme a NBR 6023:2018 da Associação Brasileira de Normas Técnicas (ABNT):

LIRA, Daiane Nogueira; ALENCAR, Ildegard Hevelyn de Oliveira. O caso do amianto no Supremo Tribunal Federal. *In*: MORAES, Alexandre de; MENDONÇA, André Luiz de Almeida (Coord.). *Democracia e sistema de justiça*: obra em homenagem aos 10 anos do Ministro Dias Toffoli no Supremo Tribunal Federal. Belo Horizonte: Fórum, 2020. p. 153-172. ISBN 978-85-450-0718-0.

TECNOLOGIA COMO FERRAMENTA DE APRIMORAMENTO DO SISTEMA DE JUSTIÇA

EDUARDO S. TOLEDO

A chegada do Ministro *Dias Toffoli* no Supremo Tribunal Federal (STF) coincide com o período de maior investimento da Corte na adoção de ferramentas de tecnologia no aprimoramento da jurisdição constitucional.

Em outubro de 2009 ainda vigia no STF a primeira norma interna disciplinando o processo eletrônico no Tribunal, a Resolução STF nº 344, de 25.5.2007.[1] Cuidava-se de norma ainda incipiente no que diz respeito à implantação do processo eletrônico (como qualquer outra da sua época), mas que tinha como objetivo regulamentar no Supremo o disposto no art. 18 da Lei nº 11.419, de 19.12.2016, que veio dispor sobre a informatização do processo judicial, delegando para os tribunais a sua regulamentação.

Naquele momento, o credenciamento de usuários ainda era presencial (*ato pessoal, direto, intransferível e indelegável*, nos termos da resolução), mas a norma já previa procedimento para intimações, considerando pessoais, para todos os efeitos legais, as intimações feitas por meio eletrônico, além de garantias ao jurisdicionado em caso de indisponibilidade do sistema.

Foi um período de muita experiência, com tribunais adotando formatos diferentes na transformação do processo físico para o eletrônico. O STF optou por uma transformação gradual, promovendo a digitalização à medida que os novos recursos extraordinários subissem (ao contrário da opção feita por outros tribunais de digitalizar todo o acervo processual). Sendo esse o cenário que se tinha no momento em que o Ministro *Dias Toffoli* ingressa na Corte: o da convivência de dois formatos distintos de tramitação processual, do processo de papel com o processo digital (com atos de processos físicos sendo feitos em ambiente eletrônico e o processo digital sendo altamente influenciado pelos procedimentos do ambiente físico).

Tanto a Resolução STF nº 344/2007 quanto a Portaria STF nº 73, de 30.5.2007 (que complementava a resolução), foram revogadas três anos depois pela Resolução STF

---

[1] STF. *Resolução nº 344, de 25 de maio de 2007.* Disponível em: http://www.stf.jus.br/ARQUIVO/NORMA/RESOLUCAO344-2007.PDF.

nº 427, de 20.4.2010,[2] ainda com fundamento no art. 18 da Lei nº 11.419/2006. A nova regulamentação avançou na definição de requisitos para a prática de atos processuais em ambiente eletrônico e na inclusão de processos da competência originária do STF de tramitação obrigatória no e-STF. A Resolução STF nº 427/2010 está ainda vigente, embora com alterações.

Houve a tentativa de estudos para a implantação do PJe[3] (sistema patrocinado e coordenado pelo Conselho Nacional de Justiça – CNJ) no STF, mas o sistema então em funcionamento (e-STF) já estava de tal forma consolidado que tornou bastante difícil a substituição pelo PJe.

A utilização do formato eletrônico para a tramitação processual no STF foi essencial para os primeiros resultados de impacto da repercussão geral na Corte. Sem o sistema eletrônico, não teria sido possível a alteração regimental que permitiu a análise da repercussão geral em meio eletrônico (art. 324 do Regimento Interno do STF, alterado pela Emenda Regimental nº 21, de 30.4.2007), formato que foi essencial para a viabilidade do novo instituto, dada a sobrecarga do Plenário da Corte.

O Ministro *Dias Toffoli* não teve qualquer dificuldade para se adaptar ao formato eletrônico do processo judicial, pelo contrário: assim que chegou determinou que todos os agravos existentes em seu gabinete fossem convertidos para o formato eletrônico. Dentro das estatísticas da Corte, seu gabinete sempre esteve entre aqueles mais produtivos, o que revela uma grande sintonia com o uso de ferramentas tecnológicas no direito.

Mas, também não se dava por plenamente satisfeito com os instrumentos que tinha, sempre buscando formas de identificar melhorias a serem feitas nos sistemas do Tribunal voltados para a prática de atos processuais. Isso resultou em sempre colocar seu gabinete à disposição para ações-piloto de novos sistemas e melhorias.

Essa facilidade em lidar com a tecnologia também se refletiu no período em que presidiu o Tribunal Superior Eleitoral (TSE). Por meio da Portaria TSE nº 330, de 20.5.2014,[4] retomou as atividades relacionadas com a implantação do processo judicial eletrônico na Justiça Eleitoral, nos termos da Resolução TSE nº 23.393, de 10.9.2013.[5] O resultado foi que, já em agosto de 2015, o PJe estava implantado no TSE para as principais classes da competência originária e estava em vias de ser implantado nos tribunais regionais de Goiás, Amazonas, Rio Grande do Sul e Tocantins. Quem lida com a implantação de soluções de tecnologia nos tribunais sabe o quanto se trata de tarefa difícil (principalmente em razão dos passivos), mas que basta o início da implantação para que o benefício se expanda rapidamente. O apreço pela tecnologia também está marcado pela iniciativa da implantação do SEI – Sistema Eletrônico de Informações (ferramenta desenvolvida pelo Tribunal Regional Federal da 4ª Região que está sendo adotada quase universalmente pela Administração Pública Federal) e no Projeto de Lei sobre o Registro Civil Nacional, idealizado enquanto o Ministro *Dias Toffoli* ainda

---

[2] Versão consolidada: STF. *Resolução 427, de 20 de abril de 2010.* Disponível em: http://www.stf.jus.br/ARQUIVO/NORMA/RESOLUCAO-C-427.PDF.

[3] STF. *Resolução nº 578, de 20 de abril de 2016.* Disponível em: http://www.stf.jus.br/ARQUIVO/NORMA/RESOLUCAO578-2016.PDF.

[4] TSE. *Portaria nº 330, de 20 de maio de 2014.* Disponível em: http://www.tse.jus.br/legislacao-tse/prt/2014/PRT03302014.html.

[5] TSE. *Resolução 23.393, de 10 de setembro de 2013.* Disponível em: http://www.tse.jus.br/legislacao-tse/res/2013/RES233932013.htm.

era presidente do TSE, e que propõe o uso da base de dados da Justiça Eleitoral para a unificação da identificação civil dos brasileiros.

Estou entre os mais recentes auxiliares do Ministro *Dias Toffoli*, mas, antes de trabalhar diretamente com o ministro, pude acompanhar as preocupações de sua equipe em torno de um grande problema no Tribunal, relacionado com a falta de instrumentos adequados para o controle dos impedimentos e suspeições dos ministros do STF, circunstância que, embora sem ocorrências concretas de grande gravidade, sempre repercutiram negativamente na imagem do Tribunal. Essa preocupação fez com que o seu gabinete, mais uma vez, fosse utilizado como piloto e grande participante na construção de solução mais adequada.

Não foi surpresa, portanto, quando, convidado para que continuasse no cargo de diretor-geral durante a atual de gestão, recebi do Ministro *Dias Toffoli* orientações de continuidade e aprimoramento dos projetos de inovação tecnológica no STF, como o Projeto VICTOR (inteligência artificial) e outras iniciativas internas.

O impacto da tecnologia na melhoria da prestação jurisdicional é inegável e os números comprovam isso. Ao se analisar os orçamentos anuais do STF (atualizados pelo IPCA), percebe-se que, após a contínua ascendência do orçamento até 2009 houve redução real de quase 38% (trinta e oito por cento) dos recursos disponíveis ao Tribunal desde então (considerando a previsão orçamentária já para 2020). Todavia, no mesmo período, houve redução expressiva do passivo de processos no STF. De acordo com o Relatório de Atividades de 2012,[6] o Tribunal tinha 100.634 processos no acervo em dezembro de 2009. Ao final do primeiro semestre de 2019, esse número caiu para 35.800 processos.[7] Isso mostra o acerto da visão do Ministro *Dias Toffoli* de que o investimento em tecnologia traz benefícios diretos à prestação jurisdicional, permitindo ao Tribunal produzir mais, utilizando menos recursos.

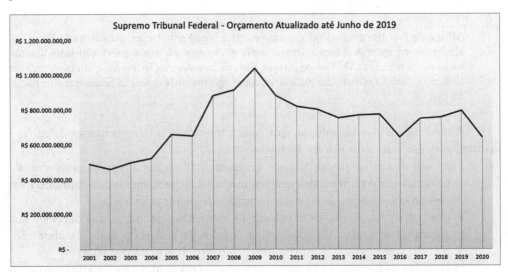

---

[6] STF. *Relatório de Atividades de 2012*. Brasília: Supremo Tribunal Federal, 2013. Disponível em: http://www.stf.jus.br/arquivo/cms/sobreStfConhecaStfRelatorio/anexo/relatorio2012.pdf.

[7] STF. *Supremo Tribunal Federal 2019* – 1º semestre. Brasília: Supremo Tribunal Federal, 2019. Disponível em: http://www.stf.jus.br/arquivo/cms/noticiaNoticiaStf/anexo/relatorio1sem2019.pdf.

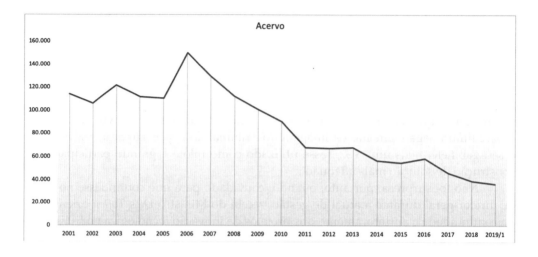

Ciente dos benefícios que a tecnologia pode trazer para a prestação jurisdicional (e para a Administração Pública como um todo), a presidência do Ministro *Dias Toffoli* tem estimulado as áreas internas do STF a repensarem seus métodos de trabalho para identificar oportunidades de melhoria por meio da automação ou da adoção de novas ferramentas de trabalho. O conjunto dessas iniciativas e da nova mentalidade da burocracia da Corte em torno da tecnologia está consolidada no plano de transformação digital.

Nas palavras do ministro:

> o Plano de Transformação Digital é uma estratégia que envolve todas as áreas do Tribunal, alinhadas na mesma direção: tornar mais eficiente e efetiva a prestação jurisdicional realizada nesta Corte. O objetivo é irmos além da transformação interna e também inspirar as demais instâncias do Poder Judiciário, cujo engajamento é essencial para a transformação da Justiça.

A medida envolve tecnologia, sim, mas a intenção é a transformação da cultura institucional, estando centrado em 5 objetivos:

a) *privilegiar a vocação constitucional*: aprimorar a filtragem dos processos recursais para reduzir o número de recursos inaptos nos gabinetes e possibilitar o foco nos processos originários e nos recursais de maior relevância;

b) *otimizar o processo decisório*: colocar os elementos essenciais das decisões dos gabinetes no centro das automatizações dos processos de análise, elaboração, revisão, aprovação e cumprimento dos despachos e das decisões;

c) *fortalecer o Plenário e as Turmas*: aumentar as possibilidades de julgamento no Plenário Virtual, automatizar o Plenário Presencial e otimizar a identificação de processos similares para impulsionar o julgamento coletivo;

d) *jurisprudência acessível*: atualizar os serviços para melhorar o acompanhamento das demandas judiciais e a compreensão sobre os assuntos analisados pelo

Supremo Tribunal Federal;

e) *maturidade da governança e da transparência*: aumentar a maturidade da transparência por dados abertos e do índice de avaliação da governança, fortalecendo a gestão por desempenho, a gestão de contratos, a gestão de pessoal e administrativa de modo geral, além de dar enfoque especial à comunicação institucional

Os objetivos, como se observa, não se esgotam com a promoção de determinados projetos, mas direcionam todo e qualquer projeto em andamento ou a ser iniciado no STF, exigindo que seus responsáveis mentalizem a transformação digital em todas as suas ações.

Conforme destacado pelo Ministro *Dias Toffoli*, sem desconsiderar o impacto interno da transformação digital, o mais importante do projeto em sua integralidade é o papel motivador que iniciativas como essa tem em todo o Poder Judiciário (e, também, na Administração Pública em geral). O Tribunal tem por padrão adotar soluções que agreguem melhorias não apenas aos seus processos de trabalho, mas a todos os órgãos que de alguma forma trabalham com o Tribunal. O mais recente exemplo é a iniciativa para a melhoria dos juízos de admissibilidade dos recursos extraordinários, cujas soluções que estão sendo buscadas para o STF também estão sendo pensadas para aprimorar o trabalho atualmente realizados nos tribunais de segundo grau no primeiro juízo de admissibilidade (e cujo sucesso terá impacto expressivo no tempo de tramitação e na interoperabilidade dos sistemas processuais atualmente existentes).

Os dez anos de atuação do Ministro *Dias Toffoli*, portanto, estão fortemente marcados pela sua participação ativa na evolução tecnológica do Poder Judiciário, deixando marcas na própria forma como a prestação jurisdicional passará a ser encarada ante a revolução tecnológica pela qual o mundo está passando, indo, assim, para além da sua relevante contribuição para a jurisprudência da Corte.

Informação bibliográfica deste texto, conforme a NBR 6023:2018 da Associação Brasileira de Normas Técnicas (ABNT):

TOLEDO, Eduardo S. Tecnologia como ferramenta de aprimoramento do sistema de justiça. *In*: MORAES, Alexandre de; MENDONÇA, André Luiz de Almeida (Coord.). *Democracia e sistema de justiça*: obra em homenagem aos 10 anos do Ministro Dias Toffoli no Supremo Tribunal Federal. Belo Horizonte: Fórum, 2020. p. 153-177. ISBN 978-85-450-0718-0.

EXTRAFISCALIDADE E O DOGMA DO LEGISLADOR NEGATIVO: AVANÇOS NA JURISDIÇÃO CONSTITUCIONAL

EURO SABINO DE AZEVEDO

LUCILENE RODRIGUES SANTOS

1 Introdução

O direito tributário tem exercido e continuará exercendo papel fundamental para o desenvolvimento do controle de constitucionalidade no Brasil. Nos últimos 20 (vinte) anos, o Supremo Tribunal Federal tem assumido o protagonismo no cenário jurídico nacional, exercendo papel central não apenas na interpretação e na aplicação do direito, mas também na integração do sistema jurídico, colmatando normas de diversos ramos do direito, ainda que subsidiariamente.

O objetivo deste artigo é investigar se a Corte Constitucional está caminhando para a superação da tese do legislador negativo no controle de constitucionalidade de normas tributárias marcadamente extrafiscais, tese essa que se apoia em compreensão ortodoxa do princípio da separação dos poderes.

Para tanto, será analisada a jurisprudência do Supremo Tribunal Federal. Dar-se-á ênfase ao exame de julgados em que houve controle de normas concessivas de benefícios fiscais, ponderação de princípios constitucionais e utilização de técnicas decisórias distintas da declaração de invalidade de norma.

Ao final do artigo, ver-se-á que o Supremo Tribunal Federal, em julgamento da constitucionalidade de casos particulares, tem atuado positivamente na intervenção de políticas públicas e mesmo no controle constitucional de normas tributárias marcadamente extrafiscais e tem dado sinais de superação do dogma do legislador negativo quando esse, após severo juízo de ponderação, vai de encontro a objetivos fundamentais da República ou a direitos ou princípios constitucionalmente reconhecidos como essenciais, como os da igualdade e do pacto federativo.

2 Tributação e Estado Democrático de Direito

Como sabemos, a tributação, desde tempos remotos, está intimamente relacionada aos fins do Estado (*lato sensu*). Como relata Ruy Barbosa,[1] "os soberanos exigiam de certas classes contribuições arbitrárias para armar cavalheiros, para casamentos e festas, para guerras e conquistas". Na evolução do Estado, diversos foram os movimentos de rebeldia em face dos arbítrios da tributação, de que são emblemas a Magna Carta da Inglaterra; a Revolução Francesa e, no Brasil, a Inconfidência Mineira. Como ressalta Ruy Barbosa, a tributação, paralelamente a sua constitucionalização, foi sendo disciplinada por normas, influindo sobremodo no advento do Estado de Direito e, posteriormente, do Estado Social de Direito.

No julgamento conjunto de ações diretas envolvendo normas federais relativas ao sigilo das operações de instituições financeiras[2] (ADI nºs 2.390/DF, 2.386/DF, 2.397/DF e 2.859/DF), o Ministro Dias Toffoli (relator) discorreu sobre a natureza solidária da tributação e o dever fundamental de pagar os tributos. Ao citar a obra do jurista português José Casalta Nabais,[3] relembrou que a ordem constitucional instaurada em 1988 estabeleceu, entre os objetivos da República Federativa do Brasil, construir uma sociedade livre, justa e solidária, erradicar a pobreza e a marginalização e reduzir as desigualdades sociais e regionais, frisando que, entre os deveres que constituem condição *sine qua non* para a realização do projeto de sociedade esculpido na Carta Federal, consta o dever fundamental de pagar tributos, visto que são eles que, majoritariamente, financiam as ações estatais voltadas à concretização dos direitos do cidadão.

No Estado Democrático e Social de Direito, portanto, a tributação deixa de ser a arena em que se dá o confronto entre o contribuinte e o Fisco para se tornar instrumento da viabilização do Estado e de seus objetivos, na medida da capacidade econômica de cada contribuinte.

Ao lado da tributação fiscal, que visa exclusivamente à arrecadação de receitas financeiras para custear os serviços públicos, há a denominada tributação extrafiscal, orientada para fins outros que não a captação de recursos para o erário.

Segundo o magistério de Geraldo Ataliba,[4] a extrafiscalidade consiste no uso de instrumentos tributários não com a finalidade de arrecadar, mas sim de estimular, induzir ou coibir comportamentos, tendo em vista a realização de valores constitucionalmente consagrados. Casalta Nabais[5] entende a extrafiscalidade como normas tributárias que têm o "intuito de actuar directamente sobre os comportamentos económicos e sociais de seus destinatários".

Seguindo a mesma trilha, Misabel Derzi[6] caracteriza a extrafiscalidade como a tributação que não tende prioritariamente a prover o Estado de meios para seu custeio, e sim a ordenar a propriedade de acordo com sua função social ou a intervir em dados conjunturais ou estruturais da economia.

---

[1] NOGUEIRA, Ruy Barbosa. *Curso de direito tributário*. 15. ed. São Paulo: Saraiva, 1999.

[2] ADI nºs 2.390/DF, 2.386/DF, 2.397/DF e 2.859/DF. Rel. Min. Dias Toffoli, Tribunal Pleno. *DJe*, 21 out. 2016.

[3] NABAIS, José Casalta. *O dever fundamental de pagar impostos*. Coimbra: Almedina, 2009.

[4] ATALIBA, Geraldo. IPTU: progressividade. *Revista de Direito Público*, v. 23, n. 93, p. 233-238, jan./mar. 1990.

[5] NABAIS, José Casalta. *O dever fundamental de pagar impostos*. Coimbra: Almedina, 2009. p. 629.

[6] BALEEIRO, Aliomar. *Direito tributário brasileiro*. Rio de Janeiro: Forense, 1970. p. 233-234.

Luís Eduardo Schoueri[7] observa que o enfoque mais acertado para a questão seria uma análise pragmática do efeito das normas tributárias no plano da eficácia, ao invés de se tentar identificar a finalidade arrecadatória, indutora ou distributiva inscrita na norma de incidência. Segundo o autor, além da dificuldade de se definir critérios objetivos e subjetivos para a classificação da finalidade das normas, existe o fato de que uma mesma norma de incidência pode desempenhar várias funções.

Em verdade, modernamente não se pode falar em tributo com função exclusivamente fiscal ou extrafiscal. O que se observa é a co-ocorrência das funções, que sempre atuam de forma conjunta, com predominância de uma ou outra, de acordo com a finalidade da lei de incidência. Comumente, tributos com vocação regulatória são usados para aumentar ou equilibrar as receitas do Estado, assim como tributos com vocação arrecadatória são usados para coibir condutas e regular comportamentos.

3 Extrafiscalidade e sistema federativo

Na Constituição de 1988, prevaleceu a ideia de que somente a descentralização política conseguiria consolidar a democracia no Brasil. Com isso, a Constituição não só reconheceu a autonomia das entidades subnacionais no art. 18 como, inovando, incluiu os municípios no rol delas. Para assegurar a autonomia financeira das pessoas políticas, a Constituição adotou dois mecanismos: a) a repartição das fontes de receita, por meio de tributos exclusivos (arts. 145 a 156) e b) a repartição do produto da arrecadação, mediante transferências obrigatórias (arts. 157 a 162).

Embora a Constituição de 1988 tenha objetivado um federalismo de equilíbrio e cooperação, a regra geral é a existência de desequilíbrios entre as diversas regiões do país, com implicações as mais diversas na distribuição de competências e de receitas. Nesse contexto, o interesse extrafiscal que deve informar a concessão dos incentivos fiscais ao desenvolvimento regional é o do equilíbrio do desenvolvimento das regiões brasileiras, sempre tendo em vista os interesses e as finalidades previstos no texto constitucional, não podendo a tributação ser utilizada como forma de manutenção de privilégios.

O sistema de repartição de receitas tributárias, considerado o impacto das desonerações de impostos no cálculo do Fundo de Participação dos Estados e dos Municípios, tem recebido especial atenção do Supremo Tribunal Federal. Na linha de sua jurisprudência, o legislador, ao disciplinar o funcionamento dos fundos de participação, deve observar a finalidade constitucionalmente prevista de redução das desigualdades regionais, sem criar qualquer obstáculo à promoção desse desiderato. São inúmeros os julgados do Tribunal declarando inconstitucionalidades de leis federais ou estaduais que, a pretexto de resolver desigualdades sociais e regionais, acabam por subtrair receitas pertencentes aos fundos de participação.[8]

Na ocasião em que se discutiu a constitucionalidade da concessão regular de incentivos, benefícios e isenções fiscais relativos ao Imposto de Renda e ao Imposto sobre Produtos Industrializados por parte da União em relação ao Fundo de Participação

---

[7] SCHOUERI, Luís Eduardo. *Normas tributárias indutoras e intervenção econômica*. Rio de Janeiro: Forense, 2005. p. 228.

[8] RE nº 572.762/SC. Rel. Min. Ricardo Lewandowski, Tribunal Pleno. *DJe*, 5 set. 2008.

de Municípios e respectivas quotas devidas às municipalidades,[9] a Suprema Corte entendeu que a autonomia financeira dos municípios não constitui direito subjetivo de índole constitucional com aptidão para infirmar o livre exercício da competência tributária no que se refere a incentivos e renúncias fiscais, "desde que observados os parâmetros de controle constitucionais, legislativos e jurisprudenciais atinentes à desoneração".

No entanto, diversos ministros se mostraram desconfortáveis com a solução dada em razão do desequilíbrio federativo que se revelou manifesto naquele caso. O Ministro Dias Toffoli, embora reconhecendo que a concessão de isenções seria uma questão do Parlamento, ressaltou a necessidade de uma maior reflexão por parte dos ministros da Corte acerca das desonerações fiscais implementadas pela União, em face de seu impacto na situação fiscal do país e no sistema federativo de repartição de receitas. Ao relembrar a famosa frase "o poder de tributar é o poder de destruir também", Sua Excelência frisou que, embora caiba ao Parlamento legislar, o *Judiciário pode sindicar os abusos e os exageros cometidos.*

A orientação do Supremo Tribunal Federal também é particularmente severa na repressão à *guerra fiscal* entre as unidades federadas, que se valem da concessão unilateral de isenções e outros benefícios fiscais atinentes ao ICMS para se beneficiarem, desconsiderando as deliberações do Confaz e o princípio federativo.[10]

Outro fato que vem acentuando as disparidades regionais é a tributação do comércio interestadual em que o consumidor final adquire o bem por meio de internet, *telemarketing* ou *showroom*. Para solucionar os conflitos federativos na tributação do ICMS nessas operações foi editada a EC nº 87/2015. Todavia, na regulação da matéria, a cláusula nona do Convênio ICMS nº 93/15, ao determinar a aplicação das disposições do convênio aos contribuintes optantes pelo Regime Especial Unificado de Arrecadação de Tributos e Contribuições devidos pelas Microempresas e pelas Empresas de Pequeno Porte (*Simples* Nacional), acabou por invadir campo próprio de lei complementar, incorrendo em vício de inconstitucionalidade. Esse foi o entendimento do relator da ADI nº 5.464 MC/ DF, Ministro Dias Toffoli, ao conceder medida cautelar para suspender a eficácia da cláusula nona do Convênio ICMS nº 93/2015 editado pelo Confaz, até o julgamento final da ação direta.

Ainda a respeito dos temas da repartição de receitas tributárias, do federalismo e da diminuição das desigualdades regionais, vale mencionar o julgamento conjunto das ADI nºs 875/DF, 1.987/DF e 2.727/DF, que impugnavam dispositivos de lei complementar estabelecedores de normas sobre cálculo, entrega e controle das liberações dos recursos dos fundos de participação.[11]

O relator das ações diretas, Ministro Gilmar Mendes, entendeu haver ali omissão inconstitucional. Isso porque a Carta Federal teria imposto o dever de legislar de conteúdo definido, mas a lei teria dado ao assunto tratamento aquém do esperado, não satisfazendo integralmente a incumbência de estabelecer critérios de rateio do fundo de modo a promover o equilíbrio socioeconômico entre os entes federativos.

---

[9]   RE nº 705.423/SE. Rel. Min. Edson Fachin, Tribunal Pleno. *DJe*, 5 fev. 2018.

[10]   ADI nº 1.247/PA. Rel. Min. Dias Toffoli, Tribunal Pleno. *DJe*, 17 ago. 2011.

[11]   ADI nºs 875/DF, 1.987/DF e 2.727/DF, Tribunal Pleno. Rel. Min. Gilmar Mendes. *DJe*, 30 abr. 2010.

Sua Excelência, contudo, entendeu não ser o caso de simplesmente suprimir a lei, pois isso importaria em vácuo legislativo e prejuízo ao interesse público e à economia dos estados, agravando o estado da coisa inconstitucional. A solução encontrada foi declarar a inconstitucionalidade das normas impugnadas sem a pronúncia de sua nulidade, assegurando sua aplicação por prazo razoável para a edição de nova lei complementar. Nesses julgados o Ministro Gilmar Mendes já alertava para a inadequação da técnica da declaração de nulidade para a eliminação da situação inconstitucional, mormente da chamada "exclusão de benefício incompatível com o princípio da igualdade".

4 Extrafiscalidade e princípio da isonomia

Tradicionalmente, conforme a orientação do Supremo Tribunal Federal, as onerações e desonerações concedidas de maneira genérica, impessoal e com fundamento em lei específica constituem ato discricionário por meio do qual o Poder Executivo, fundado em juízo de conveniência e oportunidade, implementa suas políticas fiscais e econômicas. Portanto, a análise de seu mérito escapa, em princípio, ao controle do Poder Judiciário.[12]

Na análise de questões envolvendo o IPI, por exemplo, o Supremo Tribunal Federal entendeu que o princípio da seletividade obriga a União a calibrar a carga do IPI conforme a essencialidade, a utilidade, a nocividade e a ociosidade do produto e pela impossibilidade de o Poder Judiciário controlar as alíquotas e as bases de cálculo do tributo a partir do exame da motivação dos atos legais emitidos pelos poderes Legislativo e Executivo.[13]

No caso do IPI incidente sobre o açúcar,[14] entendeu-se justificada a opção político-normativa ante o caráter seletivo do IPI, em função da essencialidade do produto e do princípio da isonomia. Para o Ministro Relator Marco Aurélio, foi "observado o princípio da razoabilidade, na espécie proporcionalidade, uma vez que a alíquota foi fixada em patamar aceitável considerados produtos diversos menos essenciais". No entendimento do Ministro Dias Toffoli, as alíquotas do IPI-açúcar não caracterizaram desvio de finalidade, mas foram utilizadas como instrumento de promoção do desenvolvimento nacional e de superação das desigualdades sociais e regionais, sem ofensa ao princípio da uniformidade geográfica, dada sua função extrafiscal.[15]

No âmbito do controle concentrado,[16] o Supremo Tribunal Federal já reconheceu a inconstitucionalidade de dispositivos de lei que concederam a membros e servidores do Poder Judiciário isenção no pagamento de custas e emolumentos pelos serviços judiciais e extrajudiciais, por vislumbrar tratamento diferenciado entre contribuintes vedado pela Constituição. Naquele caso a solução encontrada foi a declaração de inconstitucionalidade da lei, excluindo-se o benefício fiscal dos servidores contemplados pela norma.

---

[12]   RE nº 149.659/SP. Rel. Min. Paulo Brossard, Segunda Turma. *DJ*, 31 mar. 1995.
[13]   RE nº 475.954/RS. Rel. Min. Dias Toffoli. *DJe*, 18 mar. 2011.
[14]   RE nº 592.145/SP. Rel. Min. Marco Aurélio. *DJe*, 1º fev. 2018.
[15]   AI nº 729.667/SP-AgR. Rel. Min. Dias Toffoli, Segunda Turma. *DJe*, 4 set. 2017.
[16]   ADI nº 3.334/RN. Rel. Min. Ricardo Lewandowski, Tribunal Pleno. *DJe*, 5 abr. 2011.

Da mesma forma entendeu o Supremo Tribunal Federal pela violação do princípio da igualdade em ação direta[17] que tratava de isenção de IPVA para proprietários de veículos de transporte escolar filiados a determinada cooperativa, uma vez que o critério de diferenciação (associados x não associados) não teria uma correlação lógica com o tratamento desigual que se estabeleceu. De novo a providência adotada pelo Tribunal foi a declaração de inconstitucionalidade da lei, retirando o benefício fiscal daqueles proprietários beneficiados pela norma.

Noutra ação direta,[18] em que impugnava dispositivo de lei que retirava do campo de abrangência do regime tributário diferenciado, simplificado e favorecido (Simples Federal) determinadas sociedades civis de prestação de serviços, o entendimento foi o de não haver ofensa ao princípio da isonomia tributária, visto que a lei tributária pode discriminar, por motivo extrafiscal, ramos de atividade econômica, desde que a distinção seja razoável, derivada de uma finalidade objetiva, e se aplique a todas as pessoas da mesma classe ou categoria.

No tocante às contribuições destinadas ao custeio da seguridade social devidas pelas instituições financeiras, ao julgar o RE nº 656.089/MG, de relatoria do Ministro Dias Toffoli,[19] em que se discutia a majoração da alíquota da Cofins devida por essas instituições, o Supremo Tribunal Federal realizou importante avanço: analisando com maior profundidade o aspecto material da isonomia com base em estudos objetivos já publicados, concluiu terem esses contribuintes grande capacidade contributiva, o que os diferenciaria dos demais.

Noutro caso,[20] entendeu o Supremo Tribunal Federal que a fixação de termo inicial de vigência da isenção do IOF na importação de bens não feria o princípio da isonomia, porque o contribuinte autorizado a importar não guardaria identidade com aquele que não iniciou o processo de importação. Na assentada, o Ministro Relator, Paulo Brossard, acrescentou que a declaração de inconstitucionalidade da parte do dispositivo que fixava o termo inicial não eliminava a norma do mundo jurídico, "mas ser-lhe-ia dada uma dilatada extensão, de modo a alcançar o universo de destinatários não contemplados pela norma impugnada".[21]

Nos julgados colacionados é interessante notar que em matéria de políticas extrafiscais implementadas por meio de incentivos e benefícios fiscais, no controle abstrato de normas, o Supremo Tribunal Federal tem uma postura mais ativa diante do desrespeito ao princípio da isonomia tributária. Todavia, nas ocasiões em que se assenta o desrespeito à igualdade tributária, a solução não tem sido a extensão do benefício – o que normalmente se pretende –, mas a extinção do benefício alheio. No controle difuso, via de regra, o Tribunal tem se recusado a adentrar na análise do fator de discrímen, afirmando não ser sua competência remover da lei a parte que a torna inconstitucional, pois estaria indo contra o ordenamento constitucional, na medida em que desrespeitaria o princípio da separação de poderes e estaria agindo como legislador positivo.

---

[17] ADI nº 1.655/AP. Rel. Min. Maurício Corrêa, Tribunal Pleno. *DJ*, 2 abr. 2004.

[18] ADI nº 1.643/DF. Rel. Min. Maurício Corrêa, Tribunal Pleno. *DJ*, 14 mar. 2003.

[19] RE nº 656.089/MG. Rel. Min. Dias Toffoli, Tribunal Pleno, sessão de 6 jun. 2018.

[20] RE nº 149.659/SP. Rel. Min. Paulo Brossard, Segunda Turma. *DJ*, 31 mar. 1995.

[21] Rp nº 1.451/DF. Rel. Min. Moreira Alves, Tribunal Pleno. *DJ*, 24 jun. 1988.

5 Princípio da isonomia e o dogma do legislador negativo

Historicamente, o Supremo Tribunal Federal, no exercício de sua função de guardião maior dos princípios e das normas constitucionais, se recusa a fazer qualquer incursão sobre o trabalho do legislador que não seja declarar a inconstitucionalidade da norma tributária e reconhecê-la como inválida, afastando-a do mundo jurídico. Nas palavras do saudoso Ministro Luiz Gallotti, "podemos interpretar a lei de modo a arredar a inconstitucionalidade. Mas interpretar interpretando-a e, não, mudando-lhe o texto". *(RTJ*, 66/165). Os fundamentos que levam o Tribunal a impor o dogma do legislador negativo são os princípios da democracia, da separação dos poderes e da legalidade.

Como regra, nos casos em que a concessão de benefícios fiscais com finalidade extrafiscal pode, em tese, afrontar o princípio da isonomia, o Tribunal impõe um limite objetivo a sua própria atuação, sob o fundamento de que exigência constitucional de lei formal para a concessão de isenção em matéria tributária constitui óbice intransponível à pretensão de extensão de benefícios fiscais pela via judicial, tendo em vista o dogma da separação dos poderes.

Vide, por exemplo,[22] que o Supremo Tribunal Federal, ao analisar questão envolvendo a gratuidade de atos necessários ao exercício da cidadania, não vislumbrou afronta ao princípio da isonomia e reiterou a seguinte orientação:

> [o] Poder Judiciário não pode criar ou estender benefício fiscal da gratuidade dos atos necessários ao exercício da cidadania, sem amparo legal, com base em eventual isonomia cívica entre brasileiros e estrangeiros residentes no país, elegendo o critério isentivo da hipossuficiência econômica.

Mais recentemente, o Ministro Gilmar Mendes, no julgamento de recurso extraordinário[23] em que se questionava a possibilidade de se estender a meras importadoras de pneus benefício fiscal concedido a fabricantes e montadoras de veículos na importação de pneumáticos, defendeu que o Tribunal deveria encontrar solução que preservasse os "estímulos aos investimentos e à produção, pelo menos até que o legislador elabore novas regras para disciplinar a matéria". Da perspectiva de Sua Excelência, não haveria como simplesmente declarar a nulidade das normas de concessão de benefícios, pois isso resultaria na supressão deles; nem seria adequada, quanto ao caso concreto, a declaração de inconstitucionalidade sem pronúncia da nulidade, já que isso ensejaria "a suspensão das relações jurídicas configuradas de forma indefinida". Sua Excelência, realizando juízo de ponderação, entendeu que, na espécie, a extensão do benefício ao não contemplado pela lei satisfaria, de modo mais apropriado, os mandamentos constitucionais, destacando que sua eliminação acarretaria impactos negativos mais contundentes. Nesse contexto, pareceu à Sua Excelência que a extensão do benefício fiscal à empresa recorrida – por meio da decisão manipulativa de efeitos aditivos – revelar-se-ia a solução mais adequada ao ordenamento constitucional.

Não obstante, acabou prevalecendo o entendimento de que, "[s]ob o pretexto de tornar efetivo o princípio da isonomia tributária, não pode o Poder Judiciário estender

---

[22]   RE nº 1.052.420/SP. Rel. Min. Edson Fachin, Segunda Turma. *DJe*, 5 dez. 2017.

[23]   RE nº 405.579/PR. Rel. Min. Joaquim Barbosa, Tribunal Pleno. *DJe*, 4 ago. 2011.

benefício fiscal sem que haja previsão legal específica". Reafirmou-se, portanto, a tese de que o Poder Judiciário só pode atuar como legislador negativo, "sendo que a extensão do benefício àqueles que não foram expressamente contemplados não poderia ser utilizada para restaurar a igualdade de condições tida por desequilibrada".

Na maioria das situações, portanto, o Supremo Tribunal Federal reconhece que o emprego de instrumentos tributários para concretizar finalidades distintas da arrecadação é condizente com o exercício da competência discricionária do Poder Executivo, não podendo ser sindicada pelo Poder Judiciário. Quando esse realiza o controle de constitucionalidade das normas extrafiscais, limita-se a empregar os critérios da igualdade e da proporcionalidade para declarar a constitucionalidade ou inconstitucionalidade da norma, não aduzindo novas técnicas decisórias que sofistiquem o exercício da função jurisdicional no que tange ao caráter impositivo ou exonerativo da norma extrafiscal.

6 Princípio da separação de poderes e políticas públicas

O Supremo Tribunal Federal tem adotado medidas para salvaguardar preceitos constitucionais em caso de sua violação – muitos deles caríssimos ao Estado Democrático de Direito –, analisando a adequação, a necessidade e a proporcionalidade em sentido estrito de obrigações impostas ao Poder Público e o grau de comprometimento de direitos fundamentais, reconhecidos como essenciais à dignidade da pessoa humana.

O Tribunal declarou, por exemplo, a inconstitucionalidade de lei que determinava a aquisição de uma balança especial para os veículos que vendessem botijões de gás à vista ao consumidor, por violação dos princípios da proporcionalidade e da razoabilidade das leis restritivas de direitos dos consumidores. Na ocasião,[24] o Ministro Gilmar Mendes defendeu a necessidade de se verificar se a lei não teria esvaziado o conteúdo de direitos fundamentais por meio da análise de adequação, necessidade e proporcionalidade em sentido estrito. Nessa linha, pareceu à Sua Excelência que a Corte Constitucional não estaria invadindo competências do legislador, mas simplesmente cumprindo seu papel no jogo entre: "jurisdição constitucional e democracia; jurisdição constitucional e parlamento; jurisdição constitucional e separação de Poderes; todas essas antinomias que se colocam".

Noutro julgado,[25] concernente à insuficiência de medidas adotadas pelo Poder Público para a regularização de moradias de famílias em situação de risco, o Ministro Relator, Dias Toffoli, deixou clara a posição da Corte no seguinte sentido:

> o Poder Judiciário, em situações excepcionais, pode determinar que a Administração Pública adote medidas assecuratórias de direitos constitucionalmente reconhecidos como essenciais, como é o caso do direito à integridade física e à moradia digna dos administrados, sem que isso configure violação do princípio da separação de poderes, uma vez que não se trata de ingerência ilegítima de um Poder na esfera de outro.

---

[24] ADI nº 855/PR. Rel. Min. Octávio Gallotti, Pleno. *DJ*, 27 mar. 2009.

[25] AI nº 708.667/SP-AgR. Rel. Min. Dias Toffoli, Primeira Turma. *DJe*, 10 abr. 2012.

Quanto à política de acessibilidade das pessoas com deficiência a ser observada pelos poderes públicos, a Corte Suprema[26] assentou que essas pessoas têm direito público subjetivo à adequação dos edifícios e das áreas públicas, de modo que tenham garantida sua livre locomoção. O Ministro Marco Aurélio, tendo presente o princípio da separação de poderes, reconheceu que a intervenção judicial em políticas públicas deve ser realizada pelo meio menos gravoso possível. Para ele, essa situação, contudo, revela-se diferente se estão em causa prestações relacionadas ao mínimo existencial ou obrigações que, por força dos próprios enunciados adotados pela Constituição e pelas leis aplicáveis, restringem as opções da Administração.

Vide que o Supremo tem entendido ser dever do Poder Judiciário atuar para que as políticas públicas dirigidas às minorias cumpram com o seu desiderato e satisfaçam um direito tido como pressuposto para qualquer existência digna e sadia, como observou o Ministro Edson Fachin.[27] Cabe, portanto, ao Poder Judiciário justamente guardar e garantir os direitos fundamentais, os quais devem estar subjacentes às leis e às políticas públicas, e não chancelar (parafraseando Sua Excelência) uma concepção rasteira da democracia, que lhe daria a possibilidade de simplesmente ser deferente com as escolhas legislativas ou administrativas violadoras de direitos desse tipo, mormente quando são eles de titularidade de minorias não muito notadas.

Quando as políticas públicas são implementadas com a utilização de instrumentos extrafiscais como as desonerações e onerações de tributos, parece não haver dúvidas quanto à possibilidade de o Poder Judiciário declarar a nulidade das normas de incidência quando elas estão em conflito com outro princípio constitucional igualmente tutelado pela Constituição Federal, a partir da aplicação do princípio da razoabilidade, pelo viés da proporcionalidade, com seus subprincípios da adequação, da necessidade e da proporcionalidade em sentido estrito.

Embora sejam inegáveis os avanços nos debates entre os ministros da Corte Constitucional, ainda prevalece nela uma posição de autocontenção quanto a reconhecer eventual desvio do Poder Legislativo na instituição de tributo extrafiscal. Como regra, no controle de constitucionalidade das normas extrafiscais, o Tribunal se limita a declarar, se for o caso, a nulidade da norma jurídica impugnada (eficácia negativa das decisões), mas não integra seu significado de nenhum modo (eficácia positiva das decisões).

7 Avanços no emprego de técnicas de decisão aditivas ou modificativas em matéria tributária

O debate no âmbito do Supremo Tribunal Federal é atual e está mais centrado nos limites das modalidades de decisões tidas por "atípicas", como reiteradamente observa o Ministro Gilmar Mendes, para quem, "gradual e positivamente o Supremo se afasta da posição inicialmente fixada, que equiparava simplesmente a interpretação conforme a Constituição à declaração de inconstitucionalidade sem redução de texto". Segundo Sua Excelência, certas modalidades atípicas de decisão no controle de constitucionalidade decorrem de uma necessidade prática comum a qualquer jurisdição constitucional.

---

[26] RE nº 440.028/SP. Rel. Min. Marco Aurélio, Primeira Turma. *DJe*, 26 nov. 2013.

[27] RE nº 592.581/RS. Rel. Min. Ricardo Lewandowski, Tribunal Pleno. *DJe*, 1º fev. 2016.

Confira-se a opinião da Professora Misabel Derzi, para quem a Constituição de 1988 justifica a adoção de uma nova posição pelo STF, que não pode se manter como simples legislador negativo. Segundo a autora, "diante de ofensa intolerável à igualdade, em norma concessiva de benefícios arbitrários, a supressão pura e simples da isenção significa, sem dúvida, a outorga de pedra ao invés de pão, pleiteado pelo contribuinte lesado". A ilustre professora adota a mesma posição do Ministro Gilmar Mendes, que considera a solução do Tribunal Constitucional alemão bastante razoável, porque concilia a Constituição com a margem de discricionariedade do legislador, que tem, a partir da declaração da inconstitucionalidade, o dever de corrigir a norma.[28]

Nos julgados analisados, muitas vezes, o Supremo, ao dar interpretação conforme a Constituição, acaba por adicionar novo conteúdo a dispositivos de lei, como exemplo, quando seu conteúdo fica "aquém do esperado". Foi isso que ocorreu, por exemplo, nas ADI nºs 875/DF, 1.987/DF e 2.727/DF. Embora não tenha se sagrado vencedora, merece registro a solução proposta pelo Ministro Gilmar Mendes para o RE nº 405.579/PR. Segundo Sua Excelência, a declaração de nulidade total da expressão "incluídos os destinados ao mercado de reposição" e da eficácia *ex tunc* da decisão resultaria, invariavelmente, em distorção do sistema do imposto de importação concebido para a produção de veículos e do estímulo pretendido à indústria automobilística. Na ocasião, Sua Excelência analisou detidamente a jurisprudência da Corte[29] e registrou que, em muitos casos, seus julgados não atentam para os limites, sempre imprecisos, entre a interpretação conforme delimitada negativamente pelos sentidos literais do texto e a decisão interpretativa modificativa dos sentidos originais postos pelo legislador. Anotou, ainda, o ministro que, em diversos casos mais antigos, é possível verificar que "a pretexto de dar interpretação conforme a Constituição a determinados dispositivos, a Corte acabou proferindo o que a doutrina constitucional, amparada na prática italiana, tem denominado de decisões manipulativas de efeitos aditivos".

Parece ter sido a opção da Corte ao julgar a ADI nº 3.105,[30] que adotou a técnica decisória da sentença com efeitos aditivos quando eliminou, com fundamento no princípio da isonomia, bases de cálculo diferenciadas para servidores e pensionistas da União, de um lado, e servidores dos demais entes da federação, de outro. Da eliminação do tratamento discriminatório arbitrário resultou automaticamente a aplicação da regra da imunidade contributiva para todos os servidores públicos e pensionistas.

Vide, ademais, o julgamento do RE nº 607.642,[31] em que se impugna, com base nos princípios da isonomia e da razoabilidade, a inclusão de empresas prestadoras de serviços no regime não cumulativo das contribuições destinadas à Seguridade Social. A maioria dos ministros (seis) já acompanhou o Ministro Relator, Dias Toffoli, no sentido de advertir o legislador de que as leis que instituíram a nova sistemática de tributação, inicialmente constitucionais, estariam em um processo de inconstitucionalização, decorrente, em linhas gerais, da ausência de coerência e de critérios racionais e razoáveis

---

[28] DERZI, Misabel Abreu Machado. O princípio da igualdade e o direito tributário. *Revista da Faculdade de Direito Milton Campos*, v. 1, n. 1, p. 185-222, 1994.

[29] ADI nº 3.324, ADI nº 3.046, ADI nº 2.652, ADI nº 1.946, ADI nº 2.209, ADI nº 2.596, ADI nº 2.332, ADI nº 2.084, ADI nº 1.797, ADI nº 2.087, ADI nº 1668, ADI nº 1.344, ADI nº 2.405, ADI nº 1.105, ADI nº 1.127.

[30] ADI nº 3.105/DF. Rel. Min. Ellen Gracie, Rel. para acórdão Min. Cezar Peluso, Tribunal Pleno. *DJ*, 18 fev. 2005.

[31] RE nº 607.642/RJ. Rel. Min. Dias Toffoli, Tribunal Pleno, sessão de 22 fev. 2017.

para as alterações legislativas que se sucederam no tocante à escolha das atividades e das receitas atinentes ao setor de prestação de serviços que se submeteriam ao regime cumulativo, em contraposição àquelas que se manteriam na não cumulatividade.

A solução apontada pelo ministro para o caso concreto foi a utilização da técnica de controle de constitucionalidade de apelo ao legislador, por falta de evidência de ofensa constitucional, considerando (i) a ausência de elementos que pudessem corroborar que o legislador, no momento da elaboração da lei, estaria em condições de identificar o estado de inconstitucionalidade, devido à complexidade da adoção gradual da sistemática não cumulativa; e (ii) a dificuldade de se precisar o momento exato em que teria se implementado a conversão do estado de constitucionalidade para o de inconstitucionalidade em uma situação de invalidade.

Muito recentemente, em julgamento conjunto de recursos extraordinários concernentes ao tratamento tributário favorecido da Zona Franca de Manaus,[32] o Supremo Tribunal Federal, considerando a previsão de incentivos regionais constante do art. 43, §2º, inc. III, da Constituição Federal, combinado com o comando do art. 40 do Ato das Disposições Constitucionais Transitórias (ADCT), entendeu pela possibilidade de haver o crédito de IPI na entrada de insumos, matérias-primas e materiais de embalagem adquiridos com isenção de imposto na Zona Franca de Manaus (ZFM). Esse direito, ressalte-se, não decorria da não cumulatividade do imposto, nem estava expresso em qualquer diploma legislativo. Esse reconhecimento excepcional se deu à luz de "uma hermenêutica constitucional de índole sistemática", justificada, no entendimento da maioria dos ministros, pela "conjugação de diversos dispositivos constitucionais que, interpretados no seu conjunto como um sistema e somados com a legislação infraconstitucional", admitiriam tal exceção. Consignou-se, a partir disso, que a regra da não cumulatividade deveria ceder espaço para a realização da igualdade, do pacto federativo, dos objetivos fundamentais da República Federativa do Brasil, de modo a potencializar o cumprimento e o desempenho dos papéis da ZFM na implementação de políticas públicas voltadas à implementação desses valores e princípios constitucionais.

Houve, por assim dizer, muito com base nos princípios *sub examine* e na extra-fiscalidade da tributação, o reconhecimento do direito ao crédito tributário, o que, sob a óptica da teoria da tripartição em sua fórmula clássica, equivaleria à concessão de verdadeiro benefício fiscal autônomo, algo vedado ao Poder Judiciário.

8 Conclusão

Como visto, julgados mais antigos do Supremo Tribunal Federal apontavam que a Corte entendia a extrafiscalidade como juízo político e discricionário. Assinalavam também a rígida cautela da Corte no controle de políticas públicas implementadas por meio de benefícios fiscais. Como rega, o Tribunal ou reconhecia a constitucionalidade das normas tributárias marcadamente extrafiscais, ou as tinha por inconstitucionais, mesmo quando em jogo o princípio da isonomia, aplicando compreensão ortodoxa do princípio da separação dos poderes e, por conseguinte, a tese do legislador negativo.

---

[32] RE nº 592.891/SP. Rel. Min. Rosa Weber, e RE nº 596.614/SP. Rel. originário Min. Marco Aurélio. Rel. para o acórdão Min. Edson Fachin, ambos do Tribunal Pleno, sessão de 25 abr. 2019.

Esse modo de ver o controle de constitucionalidade de normas desse tipo, contudo, começou a ser objeto de questionamento pelos ministros da Corte (*vide* o caso das importadoras de pneus). Destaque-se, também, que, pouco a pouco, o Supremo Tribunal Federal começou a avançar na análise do princípio da isonomia subjacente à finalidade pretendida pelo legislador, seja para reconhecer que houve quebra do princípio, por não se vislumbrar correlação lógica e razoável para o critério de discrímen, seja para afastar a alegada ofensa, por se entender que a discriminação por motivo extrafiscal é razoável, derivada de uma finalidade objetiva e aplicável a todas as pessoas que exerçam determinada atividade econômica ou estejam na mesma situação fática.

Cumpre, além disso, ressaltar a existência de decisões mais novas do Tribunal, superando a fórmula clássica de que, no controle de constitucionalidade, ou se declara a validade de uma norma ou sua nulidade.

A Corte Constitucional tende, assim, a dar um passo significativo rumo à flexibilização das técnicas de decisão no juízo de controle de constitucionalidade em matéria tributária, introduzindo, ao lado da declaração de inconstitucionalidade, outras técnicas decisórias, como exemplo, o reconhecimento de um estado imperfeito, insuficiente, no entanto, para justificar a declaração de inconstitucionalidade.

No estágio atual, portanto, verifica-se que a extrafiscalidade não está imune ao controle judicial e que o Poder Judiciário tem competência para realizar juízos positivos de interpretação do ato normativo, podendo, inclusive, escolher um dos múltiplos significados compatíveis com a Constituição.

Vale, por isso, reprisar que a Corte Suprema, no recente julgamento do caso da Zona Franca de Manaus, deixou entrever a superação do dogma do legislador negativo (e, portanto, da teoria da tripartição dos poderes em sua fórmula clássica) no controle de constitucionalidade de norma tributária marcadamente extrafiscal. Houve ali, após severa ponderação dos princípios e interesses envolvidos, o reconhecimento do direito ao crédito tributário, o que, sob a perspectiva da técnica tradicional de tributação, equivaleria à concessão de benefício fiscal autônomo não expresso em lei.

Tudo indica que mais avanços na direção da superação com o dogma do legislador negativo no controle de normas marcadamente extrafiscais podem ocorrer. Isso tende a se dar especialmente quando estiverem em jogo direitos ou princípios constitucionalmente reconhecidos como essenciais, como o da dignidade da pessoa humana, tão ou mais importante para o Estado Democrático e Social de Direito quanto aqueles que prevaleceram no julgamento do caso da Zona Franca de Manaus.

Referências

ATALIBA, Geraldo. IPTU: progressividade. *Revista de Direito Público*, v. 23, n. 93, p. 233-238, jan./mar. 1990.

ÁVILA, Humberto. *Sistema constitucional tributário*. 5. ed. São Paulo: Saraiva, 2012.

BALEEIRO, Aliomar. *Direito tributário brasileiro*. Rio de Janeiro: Forense, 1970.

DERZI, Misabel Abreu Machado. O princípio da igualdade e o direito tributário. *Revista da Faculdade de Direito Milton Campos*, v. 1, n. 1, p. 185-222, 1994.

NABAIS, José Casalta. *O dever fundamental de pagar impostos*. Coimbra: Almedina, 2009.

NOGUEIRA, Ruy Barbosa. *Curso de direito tributário*. 15. ed. São Paulo: Saraiva, 1999.

SCHOUERI, Luís Eduardo. *Normas tributárias indutoras e intervenção econômica*. Rio de Janeiro: Forense, 2005.

Informação bibliográfica deste texto, conforme a NBR 6023:2018 da Associação Brasileira de Normas Técnicas (ABNT):

AZEVEDO, Euro Sabino de; SANTOS, Lucilene Rodrigues. Extrafiscalidade e o dogma do legislador negativo: avanços na jurisdição constitucional. *In*: MORAES, Alexandre de; MENDONÇA, André Luiz de Almeida (Coord.). *Democracia e sistema de justiça*: obra em homenagem aos 10 anos do Ministro Dias Toffoli no Supremo Tribunal Federal. Belo Horizonte: Fórum, 2020. p. 173-191. ISBN 978-85-450-0718-0.

APLICAÇÃO SUBSIDIÁRIA DA LEI FEDERAL DE PROCESSO ADMINISTRATIVO (LEI Nº 9.784/1999) AOS ESTADOS-MEMBROS E MUNICÍPIOS: UMA ANÁLISE A PARTIR DA FEDERAÇÃO E DA REPARTIÇÃO DE COMPETÊNCIAS LEGISLATIVAS

FERNANDO MENEZES DE ALMEIDA

MARIANA AUGUSTA DOS SANTOS ZAGO

1 Introdução

A Lei Federal nº 9.784/1999, que disciplina o processo administrativo no âmbito federal, representou um grande marco para o direito administrativo brasileiro, não só porque positivou uma série de entendimentos jurisprudenciais e doutrinários ou porque trouxe uma abordagem inovadora em relação a outros temas.[1]

Na verdade, o grande mérito desta lei foi forjar um processo preocupado com a garantia dos direitos fundamentais, em especial do contraditório e da ampla defesa, bem como com a participação dos cidadãos nos assuntos da Administração por meio de mecanismos como audiências e consultas públicas, entre outros.

O momento em que o diploma entrou em vigor também foi muito oportuno, porquanto coincidiu justamente com uma mudança de perspectiva acerca do modo de atuar típico da Administração. Com efeito, tradicionalmente doutrina e jurisprudência centraram suas atenções para o instituto do ato administrativo, o que decorre da própria forma pela qual a parte preponderante da doutrina tradicional buscava assegurar a autonomia do direito administrativo, vale dizer, por uma pretensa oposição ao direito privado. Gradualmente, contudo, a atuação administrativa passou a se materializar por

---

[1] Entre os artigos da Lei nº 9.784/1999 que trazem entendimentos consolidados na jurisprudência, pode-se citar o art. 53, que nada mais é do que uma repetição do entendimento firmado pelo Supremo Tribunal Federal no Enunciado nº 473 de sua súmula de jurisprudência. Por sua vez, o art. 54, ao prever um prazo para que a Administração anule os atos ilegais que tragam efeitos favoráveis aos seus destinatários, consiste em uma novidade trazida pela lei, como será analisado nos tópicos 1.2 e 1.3.

meio do processo administrativo. Não que o ato administrativo tenha perdido a sua importância, pelo contrário. Porém, cada vez mais naturalizou-se a percepção de que o ato, na verdade, representa o resultado final ou então parte integrante de um processo administrativo, o qual possui o condão de legitimá-lo à luz do ordenamento jurídico e aos olhos da sociedade.[2]

Não obstante tais acontecimentos no âmbito federal, o fato é que nem todos os estados e municípios editaram suas respectivas leis de processo administrativo, ou o fizeram de modo deficitário, o que, por sua vez, se revelou um grande problema quando lides envolvendo Administração e administrados começaram a chegar ao Poder Judiciário. Afinal, ainda que não haja a referida lei, ainda assim o juiz deve proferir uma decisão.[3]

Nesse contexto, o presente artigo propõe uma releitura de um trabalho do primeiro dos coautores publicado na *Revista de Direito da Faculdade de Direito da Universidade de São Paulo*,[4] no qual se discutiu uma solução que se delineava à época no âmbito do Superior Tribunal de Justiça para lidar com a ausência de prazo em leis estaduais ou municipais para a Administração anular os seus próprios atos, mais precisamente, a aplicação subsidiária ou analógica do prazo quinquenal previsto na Lei Federal nº 9.784/1999.

Desde então referido entendimento se consolidou no âmbito desta Corte Superior. Tal circunstância, porém, não elimina suas repercussões do ponto de vista federativo e que foram devidamente delineadas naquela oportunidade. Daí a necessidade de analisá-las novamente, utilizando-se desta feita de algumas conclusões obtidas pela outra coautora deste artigo em suas pesquisas sobre federação e repartição de competências legislativas e de execução.[5]

Para tanto, propõe-se exposição dividida em três partes. Na primeira delas pretende-se retomar o argumento desenvolvido no trabalho anterior. Após, em um segundo tópico, reputa-se oportuno traçar algumas considerações acerca da federação brasileira e do sistema de execução de serviços previsto pela Constituição Federal de

---

[2] Para um breve, porém elucidativo panorama desta evolução, *vide* MEDAUAR, Odete. Administração Pública: do ato ao processo. *In*: ARAGÃO, Alexandre Santos de; MARQUES NETO, Floriano de Azevedo (Coord.). *Direito administrativo e seus novos paradigmas*. Belo Horizonte: Fórum, 2008. p. 405-419. Note-se, contudo, que o mesmo argumento é tratado por esta mesma autora, em conjunto com as linhas de transformação que marcam este ramo do direito, em MEDAUAR, Odete. *O direito administrativo em evolução*. 3. ed. Brasília: Gazeta Jurídica, 2017.

[3] É o que prevê o art. 140 do Código de Processo Civil: "O juiz não se exime de decidir sob a alegação de lacuna ou obscuridade do ordenamento jurídico".

[4] Mais precisamente: MENEZES DE ALMEIDA, Fernando Dias. Competências legislativas e analogia – Breve ensaio a partir de decisões judiciais sobre a aplicação do art. 54 da Lei n. 9.784/99. *Revista da Faculdade de Direito da Universidade de São Paulo*, v. 102, p. 357-370, jan./dez. 2007.

[5] Conclusões estas reunidas em ZAGO, Mariana Augusta dos Santos. *Federalismo no Brasil e na Alemanha*: estudo comparativo da repartição de competências legislativas e de execução. Tese (Doutorado) – Faculdade de Direito, Universidade de São Paulo, São Paulo, 2016. Na realidade, o presente artigo reflete uma inquietação surgida em reuniões de orientação, quando os hoje coautores, então orientador e orientanda, discutiam sobre a interpretação dada pela jurisprudência e doutrina brasileiras à repartição federativa de competências, em especial à distribuição das competências legislativas. A aplicação da Lei Federal de Processo Administrativo a estados e municípios, tal como empreendida por alguns tribunais, sempre surgia como exemplo de visão que desprestigia a autonomia federativa dos entes subnacionais, reforçando, por outro lado, o acentuado protagonismo da União no campo legislativo. Trata-se, portanto, de uma visão que pode até resolver problemas concretos, mas o faz com prejuízo do componente federativo do Estado brasileiro, ainda que este não seja o objetivo deliberado de seus defensores. Daí a necessidade de trazê-la para o debate acadêmico, problematizando-a à luz de seus aspectos menos óbvios, o que é justamente a proposta desta obra.

1988. Já na terceira parte realiza-se uma nova análise da jurisprudência do Superior Tribunal de Justiça acerca do tema, à luz das considerações trazidas no tópico anterior.

Por fim, antes de iniciar a investigação propriamente dita, cumpre ressaltar que, a despeito de se debruçar no presente artigo sobre um entendimento do Superior Tribunal de Justiça, a repercussão constitucional do assunto se apresenta, tendo em vista a importância da federação, cujo regramento permeia toda a Constituição Federal, além de se tratar de cláusula pétrea. Por isso, não se afigura descabido cogitar que tal temática um dia se apresente perante o Supremo Tribunal Federal e que algumas questões que são colocadas nesta exposição sejam finalmente equacionadas por esta Corte Superior.

2 Retomando o argumento: distinção entre analogia *legis* e analogia *iuris* e a supressão de lacuna do direito estadual por analogia em relação ao Direito Federal, em especial ao art. 54 da Lei nº 9.784/1999[6]

Uma das disposições da Lei nº 9.784/1999 que dá tratamento legislativo a temas que antes eram apenas objeto de construções doutrinárias e jurisprudenciais é o art. 54, o qual afasta a tese da ausência de limite temporal para a anulação – ou seja, desfazimento por razão de ilegalidade – dos atos administrativos.[7]

Tratando-se de norma editada em 1999, não se está hoje, naturalmente, diante de questão nova. Todavia, um acórdão publicado no *Diário de Justiça* de 19.3.2007 trouxe um aspecto da questão que é até os dias atuais, infelizmente, pouco problematizado.

A fim de trazer melhor compreensão à exposição, transcreve-se a ementa do acórdão em comento:

---

[6] Este tópico reproduz, feitas as devidas adaptações, as considerações trazidas em MENEZES DE ALMEIDA, Fernando Dias. Competências legislativas e analogia – Breve ensaio a partir de decisões judiciais sobre a aplicação do art. 54 da Lei n. 9.784/99. *Revista da Faculdade de Direito da Universidade de São Paulo*, v. 102, p. 357-370, jan./dez. 2007.

[7] E que assim – em conjunto com o art. 55: "Em decisão na qual se evidencie não acarretarem lesão ao interesse público nem prejuízo a terceiros, os atos que apresentarem defeitos sanáveis poderão ser convalidados pela própria Administração" – relativiza a noção de nulidade dos atos administrativos, reforçando o sentido de anulabilidade. Aliás, concorda-se com os autores que, num plano mais teórico, negam a existência de algo como a nulidade (cf. a notória objeção levantada por KELSEN, Hans. *Teoria pura do direito*. Tradução de João Baptista Machado. Coimbra: Arménio Amado, 1962. p. 159 e ss.). Tradicionalmente se propõe uma distinção entre nulidade e anulabilidade, sendo o "nulo" algo dado *per se* e o "anulável" algo constituído pela decisão da autoridade competente. Contudo, considerar algo como nulo *per se*, levando à mera constatação desse "fato" pela autoridade jurídica competente (*v.g.*, juiz) contraria a natureza das coisas. Na realidade, o que se passa é que a decisão dessa autoridade competente é que manterá ou retirará a validade do ato. Se cabe a tal autoridade, por ato de vontade seu – posto que a interpretação e a consequente decisão judicial não são simples atos de conhecimento –, tomar tal decisão, então considerar que haja um nulo *a priori* é mera ficção. Além dessa distinção entre nulidade e anulabilidade, ora criticada, fundada em elemento essencial, há outras distinções que se referem a elementos circunstanciais. Assim, afirma-se que o vício de nulidade não é sanável, e o de anulabilidade, sanável; porém, afastada a noção de nulidade, seria desejável que, para se evitar dúvida terminológica, se falasse nessa hipótese, em ato sanável (ou passível de convalidação) e não sanável (ou não passível de convalidação), mas sempre anuláveis. Outra questão circunstancial diz respeito aos efeitos do ato de invalidação: tradicionalmente se diz que a nulidade opera efeitos *ex tunc*, e a anulabilidade, *ex nunc*. Também aqui afastada a noção de nulidade, deve-se cogitar de anulação com ou sem efeitos retroativos. Nesse sentido, a retroação dos efeitos se dá por força de uma decisão *a posteriori* (tese da anulabilidade), e não por um fato *a priori* (tese da nulidade): do ponto de vista da realidade, há que se entender que efeitos do ato anulado existiram e serão desfeitos; e não que tais efeitos não existiram.

PROCESSUAL CIVIL. ADMINISTRATIVO. LEI N. 9.784/99. ADMINISTRAÇÃO ESTADUAL. APLICAÇÃO. ANULAÇÃO DE ATO ILEGAL PELA ADMINISTRAÇÃO FEDERAL. DECADÊNCIA. NÃO-OCORRÊNCIA. RECURSO ESPECIAL CONHECIDO E IMPROVIDO.

1. O Superior Tribunal de Justiça possui entendimento firmado no sentido de que o prazo decadencial de 5 (cinco) anos para a Administração rever seus atos, nos termos da Lei n. 9.784/99 deve ser aplicado no âmbito estadual, quando ausente norma específica.

2. *In casu*, todavia, a revisão do ato ocorreu em 1996, antes, portanto, do advento do referido diploma legal. Aplica-se, por conseguinte, a regra geral então vigente, segundo a qual a Administração poderia, a qualquer tempo, rever atos eivados de vícios que os tornam ilegais. Aplicação da Súmula n. 473/STF.

3. Recurso especial conhecido e improvido.[8]

Em verdade, não se pretende discutir a questão de fundo desse julgado, tampouco cuidar de outros pontos relevantes envolvendo a aplicação do art. 54 da Lei nº 9.784/99. Mas sim analisar um aspecto relativo à repartição das competências legislativas dos entes federativos.

A tese sustentada no acórdão, como sintetizada em sua ementa, é a de que "o prazo decadencial de 5 (cinco) anos para a Administração rever seus atos, nos termos da Lei 9.784/99, deve ser aplicado no âmbito estadual, quando ausente norma específica".

A rápida leitura do acórdão no REsp nº 610.464 poderia levar à conclusão – da qual se adianta a discordância, porquanto conflitante com as regras constitucionais sobre repartição de competências dos entes federativos – de que a Lei nº 9.784/99 impõe-se aos estados, na ausência de lei estadual, numa espécie de aplicação invertida dos §§3º e 4º do art. 24 da Constituição Federal.

Ao que parece, no entanto, essa não é a melhor compreensão desse acórdão, em que pese seja, sim, essa a conclusão apresentada em outros julgados analisados neste tópico.

O acórdão no REsp nº 610.464 é muito sucinto. Mas permite notar uma sutileza: fala-se na aplicação do prazo de 5 anos, nos termos da Lei nº 9.784/99, e não na aplicação da lei.

Essa distinção fica ainda mais clara com a análise de outro acórdão da mesma Turma, citado nesse ora comentado, cuja ementa é a seguinte:

ADMINISTRATIVO. SERVIDOR PÚBLICO. FILHA SOLTEIRA MAIOR DE 21 ANOS. DEPENDÊNCIA. PENSÃO POR MORTE. INÉRCIA DA ADMINISTRAÇÃO. DECADÊNCIA. JUROS DE MORA. PERCENTUAL. INÍCIO DO PROCESSO APÓS A EDIÇÃO DA MP N. 2.180-35/2001. INCIDÊNCIA.

1. Não pode o administrado ficar sujeito indefinidamente ao poder de autotutela do Estado, sob pena de desestabilizar um dos pilares mestre do Estado Democrático de Direito, qual seja, o princípio da segurança das relações jurídicas. Assim, no ordenamento jurídico brasileiro, a prescritibilidade é a regra, e a imprescritibilidade exceção.

2. Na ausência de lei estadual específica, a Administração Pública Estadual poderá rever seus próprios atos, quando viciados, desde que observado o prazo decadencial de cinco anos. Aplicação analógica da Lei n. 9.784/99.

---

[8] Recurso Especial nº 610.464/DF. Rel. Min. Arnaldo Esteves Lima, Quinta Turma. *DJ*, 19 mar. 2007.

3. Os juros de mora devem ser fixados no percentual de 6% ao ano na hipótese de a ação ter sido proposta após a vigência da Medida Provisória n. 2.180-35, de 24 de agosto de 2001, que acrescentou o art. 1º-F ao texto da Lei n. 9.494/97. Precedentes.

4. Recurso Especial parcialmente provido.[9]

Perceba-se a sequência de argumentos contida nesse outro acórdão (REsp nº 645.856). Lá se afirma, como premissa:

> não pode o administrado ficar sujeito indefinidamente ao poder de autotutela do Estado, sob pena de desestabilizar um dos pilares mestres do Estado Democrático de Direito, qual seja, o princípio da segurança das relações jurídicas. Assim, no ordenamento jurídico brasileiro, a prescritibilidade é a regra, e a imprescritibilidade exceção.

Em apoio a essa posição, é citada lição de Celso Antônio Bandeira de Mello:

> *Isto posto, estamos em que, faltando regra específica que disponha de modo diverso, ressalvada a hipótese de comprovada má-fé em uma, outra ou em ambas as partes de relação jurídica que envolva atos ampliativos de direito dos administrados, o prazo para a Administração proceder judicialmente[10] contra eles é, como regra, de cinco anos, quer se trata de atos nulos, quer se trate de atos anuláveis.[11]*

No mesmo sentido, é trazido o pensamento de Hely Lopes Meirelles:

> Mas, mesmo na falta de lei fixadora do prazo prescricional, não pode o servidor público ou o particular ficar perpetuamente sujeito a sanção administrativa por ato ou fato praticado há muito tempo. A esse propósito, o STF já decidiu que "a regra é a prescritibilidade". Entendemos que, quando a lei não fixa o prazo da prescrição administrativa, esta deve ocorrer em cinco anos, à semelhança da prescrição das ações pessoais contra a Fazenda Pública (Dec. 20.910/32), das punições dos profissionais liberais (Lei 6.838/80) e para a cobrança do crédito tributário (CTN, art. 174).[12]

Por conseguinte, conclui o acórdão: "Nessa toada, não merece reparos a decisão proferida pelo Tribunal a quo ao estabelecer o prazo decadencial de cinco anos para a Autarquia rever seus atos, em aplicação analógica da Lei n. 9.784/99".

Ou seja, a tese fixada pelo Tribunal no REsp nº 645.856 era a de que se impõe reconhecer, como inerente ao nosso direito, prazo máximo para que a Administração anule seus atos, o que valeria tanto para a Administração federal, como para a estadual e a municipal. Deste modo, na falta de lei específica de cada ente da federação, aplica-se, por analogia, o prazo fixado na Lei nº 9.784/99.

---

[9] Recurso Especial nº 645.856/RS. Rel. Min. Laurita Vaz, Quinta Turma. *DJ*, 13 set. 2004, p. 291.

[10] Note-se que não é esta exatamente a hipótese em questão, posto cuidar-se de anulação pela própria administração.

[11] BANDEIRA DE MELLO, Celso Antônio. *Curso de direito administrativo*. 33. ed. São Paulo: Malheiros, 2016. p. 1096. O autor, na obra citada, não se limita a tratar da prescrição de ações judiciais; cuida também da prescrição e da decadência quanto ao exercício de função administrativa. Aliás, ressalta o autor ser a prescrição "instituto concebido em favor da estabilidade e segurança jurídica (objetivo, este, também compartilhado pela decadência)" (p. 1086).

[12] MEIRELLES, Hely Lopes. *Direito administrativo brasileiro*. 27. ed. São Paulo: Malheiros, 2002. p. 650.

Nesse caso, não se encontra no acórdão nenhum argumento no sentido de que a Lei nº 9.784/99 se aplique a estados e municípios – quer dizer, tenha aí seu campo de incidência. Nem poderia ser diferente, pois a matéria de direito administrativo, com exceção prevista no art. 22, inc. XXVII, da Constituição Federal,[13] é de competência legislativa de cada ente federativo, no que diz respeito, é claro, à sua própria Administração.[14]

Por sua vez, a analogia invocada com normas da Lei nº 9.784/99 nada tem a ver com competência da União para legislar sobre processo ou ato administrativo, impondo suas regras a estados e municípios, seja privativamente, seja apenas no âmbito de normas gerais.

Com efeito, como ensina Norberto Bobbio,[15] a analogia propriamente dita (*analogia legis*) é o procedimento de autointegração[16] do direito, pelo qual "se tira uma nova regra para um caso imprevisto"[17] a partir de uma regra singular. Ou seja, com a analogia, cria-se uma nova norma.

Nesse sentido, Bobbio distingue a analogia (*analogia legis*) da interpretação extensiva:

> Vejamos dois exemplos. Há quem pergunte se o art. 1.577 do C.C. [italiano], que diz respeito às obrigações do locatário no tocante a reparos da casa alugada, pode estender-se, com relação a obrigações da mesma natureza, ao comodatário: se for dada resposta afirmativa, fica criada uma nova regra disciplinadora do comodato, que antes não existia. Se se perguntar, ao invés, se o art. 1.754 do C.C., que define como mediador "aquele que coloca em contato duas ou mais partes para a conclusão de um negócio" se estende também àquele que "induz à conclusão do negócio depois que as partes iniciaram os contatos por si ou por meio de outro mediador", caso se responda afirmativamente, não se criou uma regra nova, mas simplesmente se alargou o alcance da regra dada. O primeiro exemplo é de analogia, o segundo de interpretação extensiva. Com este, nos limitamos à redefinição de um termo, mas a norma aplicada é sempre a mesma. Com aquela, passa-se de uma norma a outra. Enquanto é correto dizer que com a interpretação extensiva se ampliou o conceito de mediador, não seria entretanto correto dizer, no caso do art. 1.577 do C.C., que com a analogia se ampliou o conceito de locação. Aqui se acrescenta a uma norma específica uma outra norma específica, desembocando num gênero comum.[18]

---

[13] Tal inciso, que prevê a competência privativa da União para legislar sobre "normas gerais de licitação e contratação, em todas as modalidades, para as administrações públicas diretas, autárquicas e fundacionais da União, Estados, Distrito Federal e Municípios, obedecido o disposto no artigo 37, XXI e para as empresas públicas e sociedades de economia mista, nos termos do artigo 173, §1º, III", não abrange, como se extrai da sua própria literalidade, a disciplina legal do processo e do ato administrativo em geral, ambos assuntos da Lei Federal nº 9.784/99.

[14] Vale aqui, num parêntese, uma ressalva conceitual: quando a Constituição prevê competência legislativa privativa por matéria, compreende-se que o ente competente esgote o tratamento da matéria em questão. Por isso é que se fala que a "matéria", no caso, seria "o direito administrativo no que diz respeito à sua própria Administração", e não "o direito administrativo" de modo amplo.

[15] BOBBIO, Norberto. *Teoria do ordenamento jurídico*. Tradução de Maria Celeste Cordeiro Leite dos Santos. Brasília: Polis e UnB, 1989.

[16] Autointegração, segundo este mesmo autor, consiste na "integração cumprida através do mesmo ordenamento, no âmbito da mesma fonte dominante, sem recorrência a outros ordenamentos e com o mínimo recurso a fontes diversas da dominante" (BOBBIO, Norberto. *Teoria do ordenamento jurídico*. Tradução de Maria Celeste Cordeiro Leite dos Santos. Brasília: Polis e UnB, 1989. p. 147).

[17] BOBBIO, Norberto. *Teoria do ordenamento jurídico*. Tradução de Maria Celeste Cordeiro Leite dos Santos. Brasília: Polis e UnB, 1989. 1989, p. 154.

[18] BOBBIO, Norberto. *Teoria do ordenamento jurídico*. Tradução de Maria Celeste Cordeiro Leite dos Santos. Brasília: Polis e UnB, 1989. p. 155-156.

E, em outra passagem, Bobbio distingue *analogia legis* de *analogia iuris*: esta, ressalta:

não obstante a identidade do nome, não tem nada a ver com um raciocínio por analogia [...] Por analogia iuris entende-se o procedimento através do qual se tira uma nova regra para um caso imprevisto não mais da regra que se refere a um caso singular, como acontece na analogia legis, mas de todo o sistema ou de uma parte dele; esse procedimento não é nada diferente daquele que se emprega no recurso aos princípios gerais do Direito.[19]

Em suma: a supressão de lacuna do ordenamento jurídico, recorrendo-se à analogia, não significa afirmação da incidência da lei cujos preceitos, analogicamente, são invocados.

Consequentemente, o fato de a supressão de lacuna do direito estadual dar-se pela invocação de norma federal, sendo a lacuna em matéria de competência legislativa privativa dos estados, não importa violação da repartição de competências. Isso porque a aplicação de regra por analogia não se dá mediante decisão do legislador federal – que, na hipótese, não teria competência para criar regra aplicável aos estados – mas sim por decisão do Poder Judiciário, ou da própria Administração – no caso, estadual.

Assim, ao decidir-se por analogia, não é uma norma federal que incide, mas uma norma estadual, que é inserida no ordenamento jurídico (parcial) de determinado estado-membro, mediante uma decisão de autoridade competente para aplicação do direito estadual ao caso concreto.

Essa norma estadual criada, por sua vez, pode ser elaborada a partir de elementos extraídos de normas vigentes no ordenamento jurídico brasileiro, aí concebido como um todo único, independentemente de se considerarem suas frações parciais próprias do regime federativo.

Desse modo, ainda que o acórdão no REsp nº 610.464 não explicite a ideia de analogia, tem-se que ele só pode ser entendido nesse sentido, que aliás é coerente com a frase contida em sua ementa quanto à aplicação do prazo de 5 anos, nos termos da Lei nº 9.784/99, e não quanto à aplicação da lei.

Todavia, este mesmo acórdão, além de citar o já comentado REsp nº 645.856, cita também o AgRg no Ag nº 683.234, supostamente harmônico, mas que é equivocado em sua motivação e, nesse ponto, divergente dos anteriores, em que pese proferido pela mesma Turma.

Eis sua ementa:

ADMINISTRATIVO. SERVIDOR PÚBLICO. PENSÃO POR MORTE. FILHA SOLTEIRA MAIOR DE 21 ANOS. DECADÊNCIA ADMINISTRATIVA. APLICAÇÃO RETROATIVA. INCIDÊNCIA DA LEI N. 9.784/99 NO ÂMBITO ESTADUAL.

Sendo o ato que concedeu a pensão anterior à Lei n. 9.784/99, o prazo quinquenal para sua anulação começa a contar a partir da vigência do mencionado regramento.

Possibilidade de aplicação da Lei n. 9.784/99 no âmbito estadual.

---

[19] BOBBIO, Norberto. *Teoria do ordenamento jurídico*. Tradução de Maria Celeste Cordeiro Leite dos Santos. Brasília: Polis e UnB, 1989. p. 154.

O prazo de 5 anos, estabelecido pela Lei n. 9.784/99, é contado a partir da edição da referida lei.

Agravo regimental desprovido.[20]

De plano, constata-se pela ementa a afirmação da "aplicação da Lei n. 9.784/99 no âmbito estadual".

E da leitura da íntegra do acórdão confirma-se que não se trata de imprecisão na redação da ementa. Com efeito, afirma-se claramente que:

> No que concerne à aplicação da Lei n. 9.784/99 no âmbito dos Estados-membros, esta Corte já decidiu que é perfeitamente possível a aplicação subsidiária da referida lei no campo estadual, não havendo lei específica, tendo em vista que se trata de norma que deve nortear toda a Administração Pública, servindo de diretriz aos seus demais órgãos.

Ora, falar em aplicação subsidiária da Lei nº 9.784/99 aos estados não é falar em analogia. E mais, o acórdão afirma a Lei nº 9.784/99 como norma "que deve nortear toda a Administração Pública, servindo de diretriz aos seus demais órgãos". Por outras palavras, afirma a Lei nº 9.784/99 como lei de normas gerais, aplicável a todos os níveis da federação, com o que não se pode concordar.

Afinal, a interpretação das normas constitucionais que disciplinam a repartição de competências legislativas deve ser feita de modo a preservar a autonomia dos entes federativos. Neste contexto, tem-se que o único dispositivo que prevê sobre a competência privativa da União para legislar – o art. 22, XXVII, da Constituição Federal não pode ser entendido como a faculdade de estabelecer normas gerais em matéria de ato ou processo administrativo em geral (exceto licitação e contratação).

O acórdão proferido no AgRg no Ag nº 683.234 ainda aborda outro ponto importante: a não aplicação do limite temporal para anulação de atos administrativos a casos anteriores à vigência da Lei nº 9.784/99, o que, no caso concreto, levou à possibilidade da anulação do ato sem restrição temporal.

Como visto, essa também é a conclusão do REsp nº 610.464, assim como de outros tantos julgados, citados neste acórdão e no acórdão do AgRg no Ag nº 683.234.[21]

Não é, entretanto, a tese que prevalece no REsp nº 645.856. Note-se que a anulação havida neste caso concreto (REsp nº 645.856) se deu em 2000 e ainda assim o STJ confirmou a sua impossibilidade, uma vez que havia transcorrido mais de cinco anos a partir da edição do ato que se pretendia anular (1993). E, em 2000, obviamente, não se poderia invocar o prazo da Lei nº 9.784/99, se contado do início de sua vigência.

O REsp nº 645.856 traz, aliás, a citação de outras ementas de acórdãos do STJ[22] no sentido do reconhecimento da impossibilidade de anulação do ato administrativo, ante o transcurso de prazo quinquenal; alguns desses acórdãos são datados de 2003, o

---

[20] Agravo Regimental no Agravo nº 683.234/RS. Rel. Min. José Arnaldo da Fonseca, Quinta Turma. *DJ*, 5 dez. 2005, p. 366.

[21] MS nº 9.112/DF. Rel. Min. Eliana Calmon, Corte Especial. *DJ*, 14 nov. 2005; MS nº 9.157/DF. Rel. Min. Eliana Calmon, Corte Especial. *DJ*, 7 nov. 2005; MS nº 9.115/DF. Rel. Min. Celso Asfor Rocha, Corte Especial. *DJ*, 7 ago. 2006; REsp nº 646.107/RS. Rel. Min. Hamilton Carvalhido. *DJ*, 14 mar. 2005; AgRg no Ag nº 575.408/RS. Rel. Min. Laurita Vaz. *DJ*, 5 set. 2005; AgRg no REsp nº 758.449/RS. Rel. Min. Gilson Dipp. *DJ*, 19 set. 2005.

[22] MS nº 6.566, REsp nº 515.225, REsp nº 219.883, AgRg no REsp nº 595.627 e REsp nº 628.524.

que evidencia a impossibilidade de, nos respectivos casos concretos, ter transcorrido o prazo de cinco anos caso se pretendesse contar apenas após o início da vigência da Lei nº 9.784/99.

Na verdade, o que está por trás dessa outra questão é a existência ou não, no nosso direito, de norma principiológica que imponha a prescritibilidade e a caducidade[23] como regra geral, devendo a imprescritibilidade, por configurar exceção, ser prevista expressamente.

Explique-se melhor. As considerações acima reproduzidas sobre aplicação analógica do art. 54 pressupõem como premissa que se entenda a prescritibilidade e a caducidade como inerentes ao ordenamento jurídico brasileiro.

Com efeito, não parece razoável supor que a Administração possa, como regra, a qualquer tempo, anular seus atos. Isto não seria condizente com a estabilidade das relações jurídicas, que permeia principiologicamente o direito, embora tal pensamento não seja pacífico na doutrina. Celso Antônio Bandeira de Mello, nas passagens referidas *supra*,[24] o sustenta, com a citação de diversos diplomas legais, tanto aplicáveis especificamente à Administração, como às relações civis em geral. No mesmo sentido, ainda que com conclusões pontualmente diversas, pode-se referir o pensamento de Hely Lopes Meirelles,[25] de Maria Sylvia Zanella Di Pietro e de Edmir Netto de Araújo.[26]

Em sentido contrário, Odete Medauar afirmava em edições anteriores de sua obra:

> No direito pátrio, em princípio, o ato administrativo ilegal pode ser anulado em qualquer época. Embora alguns considerem iníqua tal regra, pela pendência da situação, relembre-se que decorre do princípio da legalidade, consagrado pela Constituição Federal. Limitação temporal ao poder de anular deve estar prevista de modo explícito e não-presumido ou deduzido de prazos prescricionais fixados para outros âmbitos. Entendimento diverso traz subjacente incentivo à prática de ilegalidade, ante a possibilidade de ser consolidada pela prescrição.[27]

Em edições posteriores, contudo, a autora modificou a redação dessa passagem, afirmando que "no direito pátrio, por muito tempo, prevaleceu o entendimento no sentido da possibilidade de anular ato administrativo ilegal em qualquer época", mas ressalta que "hoje se encontram leis que fixam limites temporais ao poder de anular, em virtude, sobretudo, do princípio da segurança jurídica" e cita o exemplo do art. 54 da Lei nº 9.784/99.[28]

Não se pretende aprofundar a questão, em tese, da existência principiológica no ordenamento jurídico brasileiro, anteriormente à Lei nº 9.784/99, de norma que imponha prazo para que a Administração anule seus atos, até mesmo porque, como mostra Odete Medauar, a questão ficou superada com a edição da Lei nº 9.784/99.

---

[23] Pode-se afirmar que o art. 54 traz hipótese de caducidade (cf. BANDEIRA DE MELLO, Celso Antônio. *Curso de direito administrativo*. 33. ed. São Paulo: Malheiros, 2016. p. 1096).

[24] *Vide* nota de rodapé nº 11.

[25] *Vide* nota de rodapé nº 12.

[26] DI PIETRO, Maria Sylvia Zanella. *Direito administrativo*. 32. ed. Rio de Janeiro: Forense, 2019. p. 279 e ss.; ARAÚJO, Edmir Netto de. *Curso de direito administrativo*. 8. ed. São Paulo: Saraiva Educação, 2018. p. 547 e ss.

[27] MEDAUAR, Odete. *Direito administrativo moderno*. 8. ed. São Paulo: Revista dos Tribunais, 2004. p. 186.

[28] MEDAUAR, Odete. *Direito administrativo moderno*. 11. ed. São Paulo: Revista dos Tribunais, 2007. p. 156. Tal posicionamento foi mantido em edições posteriores da mesma obra, como em MEDAUAR, Odete. *Direito administrativo moderno*. 21. ed. Belo Horizonte: Fórum, 2018. p. 153-154.

De todo modo, ainda que a Lei nº 9.784/99 seja aplicável apenas no âmbito federal, resta indiscutível que o ordenamento jurídico brasileiro passou a adotar hipótese específica de limite temporal para que a Administração anule seus próprios atos, justificando aplicação analógica, nos âmbitos estadual e municipal, do prazo previsto nessa lei.

Por sua vez, para que se cogite de aplicação analógica desse prazo quinquenal, há antes que se fixar a premissa de que, para a Administração, em todos os níveis, impõe-se um limite temporal para a anulação de seus atos.

Note-se, contudo, que a fixação dessa premissa não caracteriza aplicação de analogia propriamente dita (analogia *legis*), mas sim da analogia *iuris*, no sentido esclarecido por Bobbio, conforme já explicitado. A analogia (em sentido próprio) que está em questão aqui é a aplicação do prazo quinquenal.

Neste ponto convém fazer uma pausa no argumento, a fim de se tecer algumas considerações sobre o processo administrativo sob a perspectiva da federação, do sistema de execução de serviços e da repartição de competências, para então retomar a discussão no terceiro tópico.

3 Federação após a Constituição Federal de 1988: continuidade, complexidade, indefinição

A federação é a forma de Estado[29] adotada no Brasil desde a Constituição Federal de 1891 e foi incorporada por todas as constituições brasileiras desde então com feições mais ou menos descentralizadas.[30] Porém, com a Constituição Federal de 1988, a federação, como tema de estudo, ganhou contornos próprios, tendo em vista as demandas por descentralização que marcaram o processo de sua elaboração e aprovação.[31]

Nesse sentido, alguns dos autores que escreveram sobre a federação e a repartição de competências federativas nesse período mencionam o potencial de descentralização da Constituição de 1988, falando inclusive em um "federalismo de equilíbrio",[32] em oposição ao "federalismo de integração" adotado pela ordem constitucional anterior.[33]

---

[29] Forma de Estado é tipologia que leva em consideração "o modo de exercício do poder político em função do território" como ensina José Afonso da Silva (*Curso de direito constitucional positivo*. 42. ed. São Paulo: Malheiros, 2019. p. 98), ou então o grau de descentralização de um Estado, como sugere Manoel Gonçalves Ferreira Filho (*Curso de direito constitucional*. 40. ed. São Paulo: Saraiva, 2015. p. 80) lembrando que este autor fala em tipo de Estado, não em forma de Estado. Tradicionalmente são reconduzidos a esta categoria os chamados Estados Unitários e as federações. Há, contudo, uma série de arranjos mais ou menos descentralizados que se colocam entre estes tipos, sendo mais razoável tratar esta tipologia como uma linha contínua que possui em uma das pontas um Estado Unitário completamente centralizado e, na outra, uma Federação marcada por uma acentuada descentralização política.

[30] Para uma análise da Federação brasileira sob uma perspectiva histórica, *vide* ABRUCIO, Fernando Luiz. *Os barões da Federação*: os governadores e a redemocratização brasileira. São Paulo: Hucitec, 1998. p. 31-108 e também BARROSO, Luís Roberto. *Direito constitucional brasileiro*: o problema da federação. Rio de Janeiro: Forense, 1982.

[31] Tendências estas que se encontram bem descritas em SOUZA, Celina. Federalismo e descentralização na Constituição de 1988: processo decisório, conflitos e alianças. *DADOS – Revista de Ciências Sociais*, Rio de Janeiro, v. 44, n. 03, p. 513-560, 2001.

[32] Tais como MENEZES DE ALMEIDA, Fernanda Dias. *Competências na Constituição de 1988*. 6. ed. São Paulo: Atlas, 2013. p. 77 e HORTA, Raul Machado. *Direito constitucional*. 5. ed. atual. com notas de rodapé de Juliana Campos Horta. Belo Horizonte: Del Rey, 2010. p. 281.

[33] Os principais aspectos do que se convencionou chamar de "federalismo de integração" podem ser conferidos em BUZAID, Alfredo. *O Estado Federal brasileiro*. Brasília: Ministério da Justiça, 1971.

Não obstante tais considerações, a prática federativa pós-1988 mostrou-se novamente centralizadora, o que acabou por provocar certo desencanto no meio jurídico-acadêmico em relação a esta temática. Houve inclusive quem falasse que o Brasil teria se tornado um Estado Unitário de fato.[34] Esta, sem dúvida, é uma percepção que leva em consideração somente os desenvolvimentos ocorridos no campo da legislação, em que a supremacia da União é incontraste. Contudo, deve-se ter em mente que a federação é um objeto complexo, cuja compreensão exige a confluência de várias disciplinas, e que não pode ser analisado ou valorado somente pelo prisma das competências legislativas.

No nosso sentir, a federação forjada pela Constituição Federal de 1988 – e em especial o sistema de repartição de competências legislativas e de execução nela previsto – pode ser definida por três características, que acabam por informar a sua evolução desde então, inclusive no tocante à centralização: continuidade, complexidade, indefinição.

Com efeito, embora seja comum a afirmação de que o legislador constituinte teria se inspirado na Lei Fundamental alemã ao arquitetar o já mencionado "federalismo de equilíbrio",[35] o fato é que, ao menos no que diz respeito à repartição de competências legislativas e de execução, a Constituição Federal de 1988 se coloca em uma posição de continuidade em relação às constituições anteriores.

Isso significa, por sua vez, que a repartição federativa de competências pode e deve ser entendida como uma evolução das ordens constitucionais que lhe antecederam e da compreensão jurídica que se formou em torno das normas vigentes em cada período. Isso se aplica inclusive às competências legislativas concorrentes, que por vezes são tratadas como uma inovação trazida pela Constituição Federal de 1988, mas que foi prevista pela primeira vez em nosso ordenamento pela Constituição de 1934, ainda que sob a roupagem de uma competência privativa da União para legislar sobre normas gerais ou então sob o prisma de uma competência supletiva dos estados-membros em relação a matérias atribuídas privativamente à União.[36]

Por outro lado, também se verifica uma relação de continuidade entre as decisões tomadas pelo constituinte de 1988 e a centralização percebida posteriormente, sobretudo nos governos do Ex-Presidente Fernando Henrique Cardoso e que é bem sintetizada por Marta Arretche nos seguintes termos:

> [...] A interpretação corrente sobre a Constituição de 88 maximizou seus aspectos descentralizadores, ignorando a extensão que esta mantém na esfera da União a autoridade para legislar sobre uma vasta quantidade de políticas diretamente relacionadas aos interesses de estados e municípios, e mesmo sobre as políticas descentralizadas.
>
> Como consequência, uma vasta gama de iniciativas dos governos territoriais é regulamentada por decisões tomadas no âmbito da União, o que implica que o processo decisório

---

[34] Nesse sentido, *vide* CRETELLA JUNIOR, José. *Comentários à Constituição Brasileira de 1988*: arts. 18 e 22. 2. ed. Rio de Janeiro: Forense Universitária, 1991. v. III. p. 1286.

[35] Nesse sentido, confira-se MENEZES DE ALMEIDA, Fernanda Dias. *Competências na Constituição de 1988*. 6. ed. São Paulo: Atlas, 2013. p. 76.

[36] Para uma análise da evolução da competência legislativa concorrente no direito brasileiro, com referência às sucessivas previsões constitucionais, *vide* MOREIRA NETO, Diogo de Figueiredo. Competência concorrente limitada: o problema da conceituação das normas gerais. *Revista de Informação Legislativa*, ano 25, n. 100, p. 127-162, out./dez. 1988.

sobre políticas de seu interesse direto ocorre nas arenas decisórias federais. Entretanto, as instituições políticas e estatais no Brasil favorecem a aprovação e a implementação da agenda dos presidentes e oferecem limitadas oportunidades de veto aos governos territoriais. Na tramitação de matérias legislativas, a aprovação de emendas constitucionais é relativamente fácil, o número de pontos de veto no processo decisório é limitado e a representação dos estados na Câmara dos Deputados não age de forma coesa, atuando dividida por filiações partidárias. Além disso, uma vasta gama de decisões é tomada no interior do próprio executivo federal, em arenas decisórias em que nem sequer existe uma representação institucionalizada dos governos territoriais. Nas relações verticais da federação brasileira, entre os executivos dos diversos níveis de governo, a capacidade de coordenação nacional de políticas é favorecida por uma estrutura estatal que concentra as funções de normatização e financiamento na União, tornando, mais uma vez, as iniciativas dos governos territoriais dependentes de decisões tomadas no âmbito da União. Longe de ser uma novidade, estas estruturas são uma continuidade daquelas criadas pelo regime militar.[37]

Tais ponderações, interpretadas sob o enfoque da repartição de competências – que é um enfoque essencialmente dogmático, característico à maioria das pesquisas jurídicas –, podem ser traduzidas como uma não coextensividade no tocante à titularidade das competências legislativas e de execução.

O nome dado ao fenômeno é extenso, mas se trata de algo de simples compreensão:[38] a Constituição Federal de 1988 não distribui competências legislativas e de execução de modo que um mesmo nível federativo detenha necessariamente ambas competências em relação a uma mesma matéria. Por óbvio, em algumas matérias há realmente uma coincidência no tocante à titularidade da competência legislativa e de execução, sobretudo no tocante a competências atribuídas à União. Mas também é possível – e efetivamente ocorre – que a União seja competente para legislar privativa ou concorrentemente sobre matérias, cuja execução compete em grande medida a estados e municípios. Exemplos clássicos deste segundo cenário são as políticas de saúde, educação e segurança, disciplinadas nos arts. 144, 196 a 200 e 205 a 214 da Constituição Federal de 1988.[39]

Neste ponto, aliás, percebe-se uma aproximação do caso brasileiro com a federação alemã, tendo em vista que naquele país as competências legislativas também se concentram na União, ao passo que a execução das leis federais, em regra, é um assunto dos estados, sob sua própria responsabilidade, nos termos do art. 83 e seguintes da Lei Fundamental de 1949.

---

[37] ARRETCHE, Marta Teresa da Silva. *A centralização no Estado Federativo brasileiro*. Tese (Livre-Docência) – Faculdade de Filosofia, Letras e Ciências Humanas, Universidade de São Paulo, São Paulo, 2007. p. 2.

[38] O que não significa, de modo algum, que seja um fenômeno de fácil operacionalização na prática, como se esclarecerá a seguir.

[39] Outro exemplo é a competência privativa da União para legislar sobre registros públicos (art. 22, XXV, CF/88), cuja execução compete precipuamente aos estados por delegação nos termos do art. 236, CF/88. Sobre os possíveis relacionamentos entre competências legislativas e de execução previstos pela Constituição Federal de 1988, *vide* ZAGO, Mariana Augusta dos Santos. *Federalismo no Brasil e na Alemanha*: estudo comparativo da repartição de competências legislativas e de execução. Tese (Doutorado) – Faculdade de Direito, Universidade de São Paulo, São Paulo, 2016. p. 387-392.

Além disso, extrai-se de tal característica uma derrogação parcial do sistema imediato de execução de serviços tradicionalmente adotado pelo Brasil.[40] Segundo José Afonso da Silva, são três os sistemas possíveis:

> [...] (a) *sistema imediato*, segundo o qual a União e os Estados mantêm, cada qual, sua própria administração, com funcionários próprios, independentes uns dos outros e subordinados aos respectivos governos, como é nos EUA, na Argentina, na Venezuela e no México; (b) *sistema mediato*, pelo qual os serviços federais, em cada Estado, são executados por funcionários deste, mantendo a União pequeno corpo de servidores incumbidos da vigilância e fiscalização destes serviços; assim, ocorre predominantemente na República Federal da Alemanha, na ex-URSS, na Índia; (c) *sistema misto*, que, combinando os dois anteriores, permite que certos serviços federais sejam executados por funcionários estaduais e outros por funcionários federais e, vice-versa, certos serviços estaduais são executados por funcionários federais; é o que se dá na Suíça e na Áustria.[41]

E prossegue o referido autor, afirmando que "o *sistema brasileiro* é o de *execução imediata*. União, Estados, Distrito Federal e Municípios mantêm, cada qual, seu corpo de servidores públicos, destinados a executar os serviços das respectivas administrações (arts. 37 e 39)".[42]

Ou seja, o que se pretende afirmar é que este sistema imediato, que foi aquele tradicionalmente adotado no Brasil,[43] foi abandonado ao menos em parte pela Constituição Federal de 1988, porquanto leis federais não só são observadas pelos entes subnacionais, como são executadas por estados e municípios em bases regulares.

Nem é preciso dizer que tais considerações denotam a grande complexidade que marca o sistema de repartição de competências no Brasil, chegando-se ao segundo vetor de análise proposto neste tópico.

Tal complexidade é ampliada ainda por mais uma característica da Constituição Federal de 1988, que geralmente passa despercebida, mas que é de suma importância para uma compreensão global da distribuição de competências, qual seja: quase a totalidade de matérias recebeu a atenção do legislador constituinte no tocante às competências legislativas, o que não ocorre em relação às competências de execução, que não vêm disciplinadas em termos exaustivos na ordem constitucional vigente.

É certo que parte do problema pode ser resolvido a partir das previsões contidas no art. 144 e 170 e seguintes da Constituição, que nada mais fazem do que disciplinar políticas públicas nas quais se percebe justamente uma dissociação entre titularidade

---

[40]   Este, por sua vez, é um fenômeno identificado pela primeira vez em KRELL, Andreas J. As competências administrativas do artigo 23 da CF, sua regulamentação por lei complementar e o "poder-dever de polícia". *Interesse Público*, ano 5, n. 20, p. 53-71, jul./ago. 2003. p. 59 e seguintes, embora o autor restrinja a sua análise em relação ao art. 23 da Constituição Federal de 1988. O que se defende aqui é que o diagnóstico de abandono do sistema de execução imediato deve ser expandido, de modo a abarcar outras competências.

[41]   SILVA, José Afonso da. *Curso de direito constitucional positivo*. 42. ed. São Paulo: Malheiros, 2019. p. 482.

[42]   SILVA, José Afonso da. *Curso de direito constitucional positivo*. 42. ed. São Paulo: Malheiros, 2019. p. 482.

[43]   Com efeito, todas as Constituições brasileiras desde 1891 previam de maneira expressa, ou então indireta, que a União deveria executar leis federais, estados deveriam executar leis estaduais e municípios as suas respectivas leis municipais, ao menos em regra. Nesse sentido, confira-se o teor do art. 7º, §3º, CF/1891, art. 5º, §1º, CF/1934, art. 19, CF/1937, art. 18, §3º, CF/1946 e art. 13, §3º, CF/1967-69. Semelhante previsão não foi repetida pela Constituição Federal de 1988, nem mesmo por seu art. 241, que se limita a autorizar a gestão associada de serviços públicos.

da legislação, concentrada na União, e da execução das leis, em que se nota uma predominância dos estados e municípios. Mas, ainda assim, existem matérias cujas respectivas competências de execução não são enumeradas ou previstas expressamente na Constituição. Um exemplo emblemático desta segunda situação durante muitos anos foi a competência para executar a legislação (federal) de trânsito, que só foi resolvida com a inclusão do §10 no art. 144 da Constituição Federal pela Emenda Constitucional nº 82/2014.

Neste cenário, é preciso recorrer ao art. 25, §1º, da Constituição Federal, que traz a competência residual dos estados-membros, e ao art. 30, inc. V, que prevê a competência dos municípios para executar serviços de interesse local.

O grande problema é que estes dois dispositivos "brigam" entre si, por assim dizer, uma vez que a competência municipal com base no interesse local é sempre afirmada em detrimento da competência residual do Estado, e vice-versa.

Esta tensão, que decorre a bem da verdade do próprio modo pelo qual a competência do município vem enunciada,[44] não é equacionada pela própria Constituição, tratando-se de questão a ser resolvida pela via da interpretação constitucional de modo casuístico. Nesse sentido, aliás, o Supremo Tribunal Federal pacificou entendimento no sentido de que o município é competente para fixar o horário de funcionamento de estabelecimento comercial,[45] ou então para regulamentar o tempo de espera em agências bancárias, ambos com base na cláusula do interesse local.[46]

De todo modo, o que se constata a partir de todas as considerações é um cenário de indefinição. Com efeito, afirmar qual o ente federativo é competente sobre determinada matéria no Brasil é algo difícil, especialmente no que diz respeito às competências de execução. Não que tal fenômeno não seja percebido em relação às competências legislativas. Do contrário, a discussão trazida pelo presente artigo no tocante à aplicabilidade da Lei Federal nº 9.784/1999 a estados e municípios sequer se colocaria.

4 A aplicabilidade da Lei nº 9.784/1999 na visão do Superior Tribunal de Justiça: uma temática a ser revisitada

Tradicionalmente no Brasil, a autonomia federativa tem sido compreendida não só, mas, também, como a capacidade de um ente federativo de regulamentar e dispor de sua própria administração.[47] Em outras palavras, entende-se que a União possui

---

[44] Para uma breve análise acerca da evolução do conceito de interesse local no direito brasileiro, *vide* ZAGO, Mariana Augusta dos Santos. O interesse local do município sob a égide da Constituição Federal de 1988: alguns apontamentos. *Revista de Direito Administrativo Contemporâneo – REDAC*, ano 2, v. 9, p. 177-199, jun. 2014. Por óbvio, a compreensão de tal temática também passa pela leitura de alguns clássicos como LEAL, Victor Nunes. *Problemas de direito público*. Rio de Janeiro: Forense, 1960 e MEIRELLES, Hely Lopes. *Direito municipal brasileiro*. 14. ed. Atualização de Márcio Schneider Reis e Edgar Neves da Silva. São Paulo: Malheiros, 2006. Não se pode esquecer ainda da interessante análise comparativa desenvolvida em KRELL, Andreas J. Diferenças do conceito, desenvolvimento e conteúdo da autonomia municipal na Alemanha e no Brasil. *Revista de Informação Legislativa*, ano 32, n. 128, p. 107-125, out./dez. 1995.

[45] É o teor da Súmula Vinculante nº 38.

[46] Segundo tese fixada no Recurso Extraordinário nº 610.221, de relatoria da Ministra Ellen Gracie, julgado sob a sistemática da repercussão geral (Tese nº 272).

[47] Como bem lembra Clèmerson Merlin Clève, "a autonomia dos entes federados (Estados, Províncias, Cantões, Lander) sintetiza as seguintes capacidades: (i) de auto-organização, identificando-se com o poder de se auto-organizar por meio de Constituição própria, obra do Poder Constituinte decorrente, (ii) capacidade de

ou deve possuir ampla capacidade decisória para criar órgãos, alocar servidores, criar entes da Administração Indireta, organizando a sua administração de acordo com as finalidades por ela colimadas. O mesmo raciocínio se aplica a estados e municípios em relação às suas respectivas administrações.

E como a Administração Pública é regida pelo princípio da legalidade por imposição do art. 37, *caput*, da Constituição Federal, tem-se que o exercício de tal capacidade decisória depende, ao menos em regra,[48] da edição de uma lei, para a qual, segundo entendimento majoritário, é de competência do ente federativo ao qual a administração se vincula. Portanto, a Administração federal deve ser regulamentada por lei federal, as administrações estaduais devem ser regulamentadas por leis estaduais do respectivo estado-membro e, finalmente, as administrações municipais são regulamentadas por leis municipais dos seus respectivos municípios.

Exceções a esta regra só poderiam ser feitas pela própria Constituição, tal como ocorre com o art. 22, XXI, que prevê a competência legislativa da União para estabelecer "normas gerais de organização, efetivos, material bélico, garantias, convocação e mobilização das Polícias Militares e Corpos de Bombeiros Militares", ou o art. 22, XXVII, que trata da competência da União para editar "normas gerais de licitação e contratação, em todas as modalidades, para as administrações públicas diretas, autárquicas e fundacionais da União, Estados, Distrito Federal e Municípios [...]". Ainda assim, entende-se que tais previsões devem ser pontuais, sob pena de descaracterizar a autonomia federativa dos entes subnacionais.

Em Estados Federais que adotam o sistema mediato esta percepção se altera um pouco. Na Alemanha, por exemplo, a Lei Fundamental de 1949 prevê não só que "os *Länder* executam as leis federais como assunto próprio, desde que esta Lei Fundamental não determine ou permita de outro modo" (art. 83, GG),[49] mas também que a União poderá regulamentar a organização dos chamados *Behörden*[50] e o procedimento administrativo quando as suas leis são executadas pelos *Länder*. Além disso, o governo federal poderá editar preceitos administrativos – que são instruções para a execução da

---

autogoverno, fundada na escolha, pelo próprio povo do Estado federado de seus representantes na Casa Legislativa, bem como do Chefe do Executivo, que ostenta competências submetidas unicamente às ordens constitucionais federal e estadual, sem nenhum vínculo de natureza hierárquica com as autoridades federais; (iii) capacidade de autolegislação, consistindo no poder de, por meio de órgãos próprios, promulgar leis, as quais, no respectivo círculo de atribuições, têm o mesmo valor das providenciadas pelos órgãos legislativos federais e (iv) capacidade de autoadministração, implicando poder de disposição sobre a administração de seus serviços, bem como sobre o pessoal administrativo, podendo criar os órgãos que achar necessários ao cumprimento de suas competências, inclusive outras pessoas jurídicas de direito público ou privado com capacidade administrativa" (CLÈVE, Clèmerson Merlin. *Temas de direito constitucional*. 2. ed. Belo Horizonte: Fórum, 2014. p. 281).

[48] Exceção feita à "organização e funcionamento da administração federal, quando não implicar aumento de despesa nem criação ou extinção de órgãos públicos" e a "extinção de funções ou cargos públicos, quando vagos", que podem se dar por decreto, conforme art. 84, inc. VI, da Constituição Federal.

[49] No original: "Die Länder führen die Bundesgesetze als eigene Angelegenheit aus, soweit dieses Grundgesetz nichts anderes bestimmt oder zulässt".

[50] *Behörde* (ou *Behörden*, no plural) é uma palavra de difícil tradução para o português, uma vez que também se trata de um termo plurívoco em alemão, podendo significar órgão administrativo do Estado ou suas subdivisões, de um ponto de vista organizacional, ou então algo próximo de cargo público, caso adotado um ponto de vista funcional (BULL, Peter; MEHDE, Veith. *Allgemeines Verwaltungsrecht mit Verwaltungslehre*. 8. ed. Heidelberg, Munique, Landsberg, Frechen, Hamburgo: C. F. Müller, 2009. p. 167). Por isso, optou-se por utilizar o termo em alemão, a fim de evitar qualquer equívoco de tradução.

lei, sem efeitos externos – bem como exercer supervisão e dar instruções individuais em relação a determinado caso concreto (art. 84, GG).

Esses poderes de ingerência da União sobre os *Länder*, que são ainda mais pronunciados nas áreas marcadas por forte interesse federal (art. 85, GG), podem causar algum estranhamento entre os brasileiros. Todavia, são regras com raízes profundas no direito constitucional alemão e que se encontram, por isso, entranhadas na percepção que os alemães têm da federação.

Além disso, são previsões que buscam operacionalizar uma das características mais marcantes do federalismo alemão, qual seja: a concentração de competências legislativas na esfera federal, que é contrabalanceada por uma predominância dos *Länder* no que diz respeito às competências de execução.[51] Afinal, se são os Estados que executam leis federais, à União devem ser conferidos instrumentos para determinar, ao menos em linhas gerais, como esta execução se dará.

Diante das considerações tecidas no tópico anterior acerca da quebra de paradigma promovida pela Constituição Federal de 1988 no tocante ao sistema de execução de serviços, pergunta-se se fenômeno parecido não se verifica aqui no Brasil.

A resposta a este questionamento tende a ser positiva, embora se trate de fenômeno cujos contornos dogmáticos ainda não se encontram propriamente delineados.

Tomemos, por exemplo, a competência privativa da União para legislar sobre trânsito (art. 22, inc. XI, da Constituição Federal), que foi levada a efeito com a edição do Código de Trânsito Brasileiro (Lei nº 9.503/1997). Não há uma previsão constitucional no sentido de que a União pode regulamentar órgãos estaduais e municípios responsáveis pela execução da lei ou quais as suas competências. A despeito disso, o art. 14 da referida lei federal trata das competências dos Conselhos Estaduais de Trânsito – Cetran, o art. 16 prevê a criação de Juntas Administrativas de Recursos de Infrações – Jari junto a cada órgão ou entidade executiva de trânsito, ao passo que os arts. 22 e 24 preveem as competências dos órgãos e entidades de trânsito dos estados e municípios, respectivamente.

É certo que a política de trânsito foge um pouco à regra. Normalmente, a autorização constitucional conferida à União para regulamentar aspectos das administrações estaduais e municipais decorre do seu papel de coordenador de políticas públicas, o qual pode ser extraído de diversos preceitos, como os arts. 144, §7º, 198, §5º, 204 e 211, §1º, da Constituição Federal. Todavia, trata-se de uma competência adstrita às políticas públicas regulamentadas pela Constituição e que deve ser exercida quando e à medida que for necessária à execução coordenada das políticas em questão.

Não é possível extrair da Constituição Federal, contudo, uma competência da União para legislar sobre processo administrativo em geral. Esta, por sua vez, é uma conclusão importante, porquanto a aplicação subsidiária da Lei Federal nº 9.784/1999 a estados e municípios, nos moldes discutidos *supra*, somente se justificaria de um ponto de vista constitucional, caso houvesse previsão nesse sentido.[52]

---

[51] Como observa DEGENHART, Christoph. *Staatsrecht I* – Staatsorganisationsrecht. 28. ed. Munique, Landsberg, Frechen, Hamburgo: C. F. Müller, 2012. p. 184.

[52] Esta assertiva é de fundamental importância para o argumento que será desenvolvido a seguir e, por isso, merece maiores esclarecimentos. Prevê o art. 69 da Lei nº 9.784/1999 que "os processos administrativos específicos continuarão a reger-se por lei própria, aplicando-se-lhes subsidiariamente os preceitos desta Lei". Ao comentar este dispositivo, José dos Santos Carvalho Filho pondera que "[...] há leis que disciplinam o procedimento para

A fim de contornar este problema, há quem argumente que incidiria no caso o art. 22, inc. I, que prevê a competência da União para legislar sobre direito processual.[53][54] Porém, tal previsão tradicionalmente refere-se somente ao direito processual civil e penal. Além disso, não se pode esquecer que se está diante de uma competência legislativa privativa. Ou seja, admitida a competência da União para legislar sobre processo administrativo com base neste dispositivo, seria o caso de reconhecer que aos estados e municípios é vedado legislar sobre o tema, gerando uma situação paradoxal. Afinal, os entes estaduais e municipais têm de estabelecer normas sobre processo administrativo em relação às suas próprias administrações, sob pena de não conseguirem administrar, pura e simplesmente.

Por outro lado, não parece o caso de aplicar o art. 24, inc. XI, que prevê a competência concorrente da União e estados-membros para legislar sobre procedimentos em matéria processual, por duas razões. Em primeiro lugar, porque o Supremo Tribunal Federal tem atribuído feições limitadas a este título competencial.[55] Em segundo lugar, porque equiparar processo administrativo a procedimento certamente desconsidera toda a evolução desta temática e que é bem resumida por Odete Medauar nos seguintes termos:

---

certos processos administrativos específicos, podendo-se citar, como exemplo, leis tributárias, reguladoras do processo tributário, que têm caráter especial. Deflui que, em relação a tais diplomas normativos, a Lei nº 9.784, que tem caráter geral, terá aplicação subsidiária, vale dizer, será aplicável naquilo em que não houver contrariedade a alguma das normas especiais. Incide, por conseguinte, o conhecido postulado segundo o qual a lei especial prevalece sobre a lei geral" (CARVALHO FILHO, José dos Santos. *Processo administrativo federal*: comentários à Lei nº 9.784, de 19.1.1999. 5. ed. São Paulo: Atlas, 2013. p. 356). Do mesmo modo, só se pode cogitar de aplicação subsidiária, porém direta, da Lei Federal nº 9.784/1999 aos estados e municípios, caso se tome a referida lei federal uma norma geral em relação às leis estaduais e municipais, a qual deixaria de ser aplicada na hipótese de existir normativa estadual e municipal específica. Para tanto, a União deveria contar com uma competência para editar normas gerais em matéria de processo administrativo, ou então para editar uma lei geral (nacional) de processo administrativo. Porém, como já ressaltado, não é possível extrair da Constituição Federal previsão semelhante.

[53] Esta é, aliás, a posição encampada por Marçal Justen Filho: "A União detém competência privativa para legislar sobre direito processual (art. 22, I, da CF/1988). A competência para legislar sobre procedimentos é concorrente entre os diversos entes federativos. Nesse caso, cabe à União a edição de normas gerais e aos Estados e ao Distrito Federal a suplementação ou complementação delas (art. 24, XI e §2º, da CF/1988). Daí segue que as normas gerais e os princípios fundamentais contemplados na Lei 9.784/1999 são de observância obrigatória para todos os entes federativos" (JUSTEN FILHO, Marçal. *Curso de direito administrativo*. 12. ed. São Paulo: Revista dos Tribunais, 2016. p. 344-354).

[54] Parece ter sido este o raciocínio seguido pelo legislador federal ao consignar no art. 15 do Código de Processo Civil de 2015 que "na ausência de normas que regulem processos eleitorais, trabalhistas ou administrativos, as disposições deste Código lhes serão aplicadas supletiva e subsidiariamente". No nosso sentir, tal previsão padece de inconstitucionalidade pelos motivos expressos *supra*.

[55] Nesse sentido, o Supremo Tribunal Federal julgou inconstitucional lei do Estado de Alagoas que criou varas especializadas em delitos praticados por organizações criminosas e que forjou definição de "crime organizado" para fins de incidência da lei, sob o argumento de que houve invasão da competência da União para legislar sobre direito processual penal (ADI nº 4.414/AL. Rel. Min. Luiz Fux. *DJe*, 17 jun. 2013). Também entende esta Corte pela "ocorrência de vício formal de inconstitucionalidade de normas estaduais que exorbitem de sua competência concorrente para legislar sobre procedimento em matéria processual, adentrando aspectos típicos do processo, como competência, prazos, recursos, provas, entre outros" (ADI nº 3.483/MA. Rel. Min. Dias Toffoli. *DJe*, 14 maio 2014). Não obstante, a prevalecer o entendimento de aplicação subsidiária da Lei nº 9.784/1999 aos estados e municípios, entende-se que o mais recomendado seja o seu enquadramento na competência prevista no art. 24, inc. XI, da Constituição Federal, a fim de não obstacular a atuação legiferante de estados e municípios nesta matéria que, como já dito, é essencial ao funcionamento de suas respectivas administrações.

Utilizar a expressão "processo administrativo" significa, portanto, afirmar que o procedimento com participação dos interessados em contraditório, ou seja, o verdadeiro processo, ocorre também no âmbito da Administração Pública. E todos os elementos do núcleo comum da processualidade podem ser detectados no processo administrativo, assim: a) os elementos *in fieri* e pertinência ao exercício do poder estão presentes, pois o processo administrativo representa a transformação de poderes administrativos em ato; b) o processo administrativo implica sucessão encadeada e necessária de atos; c) é figura jurídica diversa do ato; quer dizer, o estudo do processo administrativo não se confunde com o estudo do ato administrativo; d) o processo administrativo mantém correlação com o ato final em que desemboca; e) há um resultado unitário a que se direcionam as atuações interligadas dos sujeitos em simetria de poderes, faculdades, deveres e ônus, portanto em esquema de contraditório.

Além do mais, no ordenamento pátrio, a Constituição de 1988 adotou a expressão "processo administrativo" ou utilizou o termo "processo", o que significa não só escolha terminológica, mas sobretudo reconhecimento do processo nas atividades da Administração Pública, como demonstram, de forma clara, quatro dispositivos, principalmente: o inc. LV do art. 5º: "Aos litigantes, em processo *judicial* ou *administrativo*, e aos acusados em geral são assegurados o contraditório e a ampla defesa, com os meios e recursos a ela inerentes;"; o inc. LXXII do art. 5º: "Conceder-se-á *habeas data* ... b) para retificação de dados quando não se prefira fazê-lo por *processo sigiloso judicial* ou *administrativo*"; o inc. XXI do art. 37: "Ressalvados os casos especificados na legislação, as obras, serviços, compras e alienações serão contratados mediante *processo* de licitação pública..."; o §1º do art. 41: "O servidor público estável só perderá o cargo em virtude de sentença judicial transitada em julgado ou mediante *processo administrativo* em que lhe seja assegurada ampla defesa".[56]

Traçados tais apontamentos, voltemos ao exame da jurisprudência do Superior Tribunal de Justiça. Novamente, o intuito não é traçar uma análise quantitativa de julgados, mas sim de constatar algumas linhas de orientação do referido tribunal no tocante à aplicabilidade da Lei nº 9.784/1999 e tecer algumas considerações críticas à luz de tudo o que já foi exposto.[57]

Primeiramente, extrai-se da ementa de alguns acórdãos analisados a menção à aplicação da Lei nº 9.784/99 a estados e municípios, por "analogia integrativa", o que por sua vez pode dar a impressão de que esta Corte Superior efetivamente encampou o raciocínio desenvolvido no primeiro tópico deste artigo. Nesse sentido, confira-se a ementa do acórdão proferido no Recurso em Mandado de Segurança nº 21.866/SP:

RECURSO ORDINÁRIO EM MANDADO DE SEGURANÇA. ADMINISTRATIVO. SERVIDOR PÚBLICO MUNICIPAL INATIVO. APOSENTADORIA. REVISÃO. DECADÊNCIA

---

[56] MEDAUAR, Odete. *A processualidade no direito administrativo*. 2. ed. São Paulo: Revista dos Tribunais, 2008. p. 41-42.

[57] De todo modo, esclarece-se que os acórdãos comentados a seguir foram obtidos em pesquisa realizada no sítio eletrônico do Superior Tribunal de Justiça por meio da inserção, no mecanismo de busca, das palavras-chave: "processo administrativo"; "federal"; "estados". A pesquisa, realizada em 11.6.2019, retornou 105 resultados. A fim de depurar um pouco o material, foram excluídos os acórdãos que não se relacionavam de modo algum à temática discutida neste artigo, bem como aqueles que, embora tivessem a aplicabilidade da Lei Federal nº 9.784/1999 a estados e municípios como pano de fundo, versavam predominantemente sobre questões processuais tais como a existência ou não de prequestionamento, a incidência ou não da Súmula nº 7 do STJ. Também foram excluídos os julgados anteriores a 2007, pois o objetivo da pesquisa era constatar a evolução da jurisprudência do Superior Tribunal de Justiça após a publicação do artigo, cuja releitura se propõe. Realizados tais recortes, restaram 32 acórdãos, que são aqueles considerados na análise a seguir.

ADMINISTRATIVA. POSSIBILIDADE. APLICAÇÃO DA LEI FEDERAL N. 9.784/99 POR ANALOGIA INTEGRATIVA.

1. A jurisprudência do Superior Tribunal de Justiça firmou-se no sentido de que o ato de aposentadoria é um ato complexo, que somente se perfectibiliza após a sua análise pelo Tribunal de Contas, momento em que tem início o prazo decadencial de que trata o art. 54 da Lei n. 9.784/99.

2. Com fundamento nos princípios da razoabilidade e da proporcionalidade, este Superior Tribunal de Justiça tem admitido a aplicação, por analogia integrativa, da Lei Federal n. 9.784/1999, que disciplina a decadência quinquenal para revisão de atos administrativos no âmbito da Administração Pública Federal, aos Estados e Municípios, quando ausente norma específica, não obstante a autonomia legislativa destes para regular a matéria em seus Territórios. Colheu-se tal entendimento, tendo em consideração que não se mostra razoável e nem proporcional que a Administração deixe transcorrer mais de cinco anos para providenciar a revisão e correção de atos administrativos viciados, com evidente surpresa e prejuízo ao servidor beneficiário. Precedentes.

3. Recurso ordinário em mandado de segurança provido, para reconhecer a decadência do ato administrativo.[58]

Porém, ao se debruçar sobre a fundamentação do referido julgado, constata-se que, na verdade, o Superior Tribunal de Justiça entendeu pela decadência administrativa sob outro fundamento, qual seja, a pura e simples aplicação da Lei Federal nº 9.784/1999, diante da ausência de lei municipal à época dos fatos.[59]

A mesma situação ocorre no REsp nº 1.251.769/SC, cuja ementa faz menção à aplicação do art. 54 da Lei nº 9.784/99 por analogia integrativa, mas que utiliza como fundamentação o entendimento há muito firmado na Corte:

de que o prazo decadencial de 5 (cinco) anos para a Administração rever seus atos, nos termos da Lei 9.784/99, *deve ser aplicado no* âmbito *estadual, quando ausente norma específica.* Colheu-se tal posicionamento tendo em vista que não se mostra razoável e nem proporcional que a Administração deixe transcorrer mais de cinco anos para providenciar a revisão e correção dos atos administrativos viciados, com evidente surpresa e prejuízo ao servidor beneficiário.[60]

Ou seja, sob o pretexto de realizar uma analogia integrativa, o que o Superior Tribunal de Justiça fez nestes julgados foi aplicar subsidiariamente a Lei nº 9.784/1999.

---

[58] Recurso em Mandado de Segurança nº 21.866/SP. Rel. Min. Nefi Cordeiro, Sexta Turma. *DJe*, 27 abr. 2015.

[59] Nesse sentido, confira-se o seguinte trecho do acórdão em comento: "De início, é de se acolher a preliminar de decadência administrativa ao caso em exame. O princípio da segurança jurídica, esculpido na Constituição Federal, ensina a necessidade de solidez das relações criadas entre os particulares e o Estado, mormente no Estado Democrático de Direito. Dessa forma, *torna-se aplicável a regra estabelecida pelo art. 54 da Lei n. 9.784/99,* a qual dispõe que decai em 5 anos o direito da Administração Pública de anular seus atos administrativos dos quais decorram favorecimento aos destinatários. Isto porque, *a falta de norma municipal acerca do tema ao tempo dos fatos autoriza a suplementação pela norma federal*" (grifos nossos). E mais adiante: "*Na ausência de regulamentação municipal, a Lei n. 9.784/99 passou a nortear a situação fática quando da sua vigência.* Levando em conta que o ato impugnado foi publicado no D.O.M. de 31/08/2004, *contando-se o prazo decadencial de quando a Lei Federal passou a surtir efeitos,* chega-se a data que faz ver a impossibilidade da prática de tal ato revisional, pelo transcurso de mais de 6 meses do termo do requisito temporal reclamado para o surgimento da extinção do direito de anulação de atos pela Câmara Municipal de São Paulo" (grifos nossos).

[60] Recurso Especial nº 1.251.769/SC. Rel. Min. Mauro Campbell Marques, Segunda Turma. *DJe*, 14 set. 2011 (grifos nossos).

Já em outros julgados (a maioria dos consultados, diga-se), esta Corte Superior abandona o argumento da analogia integrativa e se refere simplesmente à aplicabilidade subsidiária da Lei nº 9.784/1999 a estados e municípios que não tenham editado as suas respectivas leis, como no AgRg no REsp nº 1.092.202/DF, cuja ementa é transcrita a seguir:

> AGRAVO REGIMENTAL EM RECURSO ESPECIAL. ADMINISTRATIVO. SERVIDOR PÚBLICO APOSENTADO. REVISÃO DE PROVENTOS PELA ADMINISTRAÇÃO. DECADÊNCIA ADMINISTRATIVA. TERMO INICIAL DO PRAZO DECADENCIAL. EDIÇÃO DE LEI ESPECÍFICA SOBRE O TEMA. EXISTÊNCIA DA LEI FEDERAL Nº 9.784/99. APLICAÇÃO SUBSIDIÁRIA AOS ESTADOS E MUNICÍPIOS. SUPERVENIÊNCIA DA LEI DISTRITAL Nº 2.834/2001. FATO QUE NÃO INTERROMPE A CONTAGEM DO PRAZO JÁ INICIADO. DECADÊNCIA CONFIGURADA.
>
> 1. A Corte Especial deste Tribunal Superior consagrou o entendimento de que *até a edição da Lei Federal nº 9.784/99 a Administração Pública poderia rever os seus atos a qualquer tempo, quando eivados de vícios e ilegalidades*, conforme os enunciados das Súmulas nºs 346 e 473 do STF e o disposto no art. 114 da Lei Federal nº 8.112/90. Ficou estabelecido também que *a lei que definisse prazo para que a Administração Pública pudesse revogar seus atos teria incidência somente a partir de sua vigência*, não podendo retroagir.
>
> 2. *No âmbito* estadual ou municipal, ausente lei específica, *a Lei Federal nº 9.784/99 pode ser aplicada de forma subsidiária, haja vista tratar-se de norma que deve nortear toda a Administração Pública, servindo de diretriz aos seus* órgãos. Destarte, *editada lei local posteriormente, essa incidirá apenas a partir dos atos administrativos praticados após sua vigência*, não interrompendo a contagem do prazo decadencial já iniciado com a publicação da norma federal.
>
> 3. Com efeito, "a superveniência da Lei Distrital 2.834/01 não interrompe a contagem do prazo decadencial iniciado com a publicação da Lei 9.784/99, uma vez que sua única finalidade é aplicar, no âmbito do Distrito Federal, as regras previstas na referida lei federal" (REsp nº 852.493/DF, Relator Ministro Arnaldo Esteves Lima, DJe de 25/8/2008).
>
> 4. Agravo regimental a que se nega provimento.[61]

O acórdão deste recurso é bem sucinto. A sua citação se justifica, porém, porquanto o julgado em questão congrega três entendimentos que se consolidaram no Superior Tribunal de Justiça a partir das discussões que se colocavam em 2007, quando da elaboração do artigo cuja releitura se propõe.[62]

Em primeiro lugar, nota-se que prevaleceu, enfim, a tese de que o lapso quinquenal a que se refere o art. 54 da Lei nº 9.784/1999 incide a partir da vigência da lei, e não a partir da edição do ato que se busca desconstituir, na hipótese de ele ter sido praticado antes da entrada em vigor do diploma em questão.

Tal como afirmado na outra oportunidade, subjaz à questão do termo inicial do prazo decadencial previsto pela legislação federal em comento uma outra questão mais abstrata, qual seja, saber se existe ou não no nosso ordenamento jurídico norma

---

[61] Agravo Regimental no Recurso Especial nº 1.092.202/DF. Rel. Min. Marco Aurélio Bellizze, Quinta Turma. *DJe*, 18 abr. 2013 (grifos nossos).

[62] Além disso, o acórdão em questão adota o entendimento que restou incorporado recentemente à súmula de jurisprudência do Superior Tribunal de Justiça, Enunciado nº 633: "A Lei 9.784/99, especialmente no que diz respeito ao prazo decadencial para revisão de atos administrativos no âmbito da administração pública federal, pode ser aplicada de forma subsidiária aos Estados e Municípios se inexistente norma legal e específica regulando a matéria".

principiológica que imponha um limite temporal à pretensão estatal de rever ou anular seus atos, como regra geral, e que determine, ao mesmo tempo, a imprescritibilidade como exceção.

O Superior Tribunal Justiça responde negativamente este segundo questionamento quando assevera que, antes da Lei nº 9.784/1999, a Administração não estava sujeita a prazo decadencial algum. Portanto, o lapso quinquenal que esta Corte Superior aplica a estados e municípios não decorre de uma analogia *iuris* – levada a cabo a partir da Lei Federal de Processo Administrativo, mas também de outras leis aplicáveis que preveem prazo de cinco anos contra a Administração, como o Decreto nº 20.910/1932 ou mesmo o Código Tributário Nacional – mas sim da própria vigência da Lei nº 9.784/1999.

Em segundo lugar, de acordo com o julgado supracitado, a incidência da Lei Federal de Processo Administrativo se justifica por "tratar-se de norma que deve nortear toda a Administração Pública, servindo como diretriz aos seus órgãos". Em outras palavras, a Lei nº 9.784/1999 seria uma lei de normas gerais, do que se depreende, por sua vez, que, ao menos no entender desta Corte Superior, referida lei encontra respaldo constitucional na competência legislativa concorrente prevista no art. 24, inc. XI, da Constituição Federal.

Como já exposto, não se concorda com tal enquadramento competencial, mas impõe-se reconhecer que se trata de um posicionamento aceitável, vale dizer, que encontra respaldo no texto da Constituição.

O problema está no que vem a seguir: "Destarte, editada lei local posteriormente, essa incidirá apenas a partir dos atos administrativos praticados após sua vigência, não interrompendo a contagem do prazo decadencial já iniciado com a publicação da norma federal". Ou seja, a superveniência da lei estadual ou municipal afasta a aplicabilidade da lei federal, em uma espécie de aplicação invertida dos §§3º e 4º do art. 24 da Constituição Federal.

É certo que o Superior Tribunal de Justiça ressalva a superveniência da lei local com o intuito de preservar a autonomia federativa dos estados e municípios. Porém, o resultado padece da mais flagrante inconstitucionalidade. Com efeito, não há nem se vislumbra como se pode extrair da Constituição previsão no sentido de que a União pode editar normas gerais – não só sobre processo administrativo, mas sobre qualquer matéria – as quais podem ser afastadas pelo advento de lei local, porquanto são normas que se aplicam apenas de modo subsidiário a estados e municípios.

Ora, ou se admite que a Lei Federal nº 9.784/1999 é uma lei de normas gerais com base no art. 24, inc. XI, da Constituição Federal e que, como tal, é de observância obrigatória pelos estados e municípios, ou sequer se cogita da sua aplicação a estados e municípios, ainda que a título subsidiário, por absoluta falta de lastro constitucional.

Não se descuida que existem soluções parecidas com a forjada pelo Superior Tribunal de Justiça no direito comparado, mais precisamente na Alemanha, que a partir de 2006 passou a prever a *Abweichungsgesetzgebung* ou legislação de divergência.[63]

---

[63] A partir de 2006, o §3º do art. 72 da Lei Fundamental de 1949, que regulamenta o exercício da competência legislativa concorrente, passou a contar com nova redação: "(3) Se a União utilizar a competência legislativa, os Estados podem, por meio de lei, editar regulamentações divergentes sobre: 1. o regime da caça (salvo o direito das licenças de caça); 2. a proteção da natureza e a preservação da paisagem natural (sem os princípios gerais da proteção da natureza, o direito da proteção das espécies ou da proteção da natureza marinha); 3. a distribuição da terra; 4. a ordenação do território; 5. o regime da água (salvo a regulamentação relacionadas às substâncias

Contudo, trata-se de modelo muito criticado mesmo naquele país, tanto que foi apelidado de "legislação *ping-pong*", o que já revela um juízo depreciativo em relação ao instituto.

Porém, o fato é que a Constituição Federal de 1988 não contém previsão semelhante. Por isso, o mais recomendável seria que esta Corte Superior revisse o posicionamento explicitado *supra*, de modo a torná-lo mais consentâneo com o sistema constitucional de repartição de competências legislativas vigente.

5 Conclusão

Embora não se trate de algo explícito nos julgados analisados, parece que toda a discussão acerca da aplicação subsidiária da Lei Federal nº 9.784/1999 a estados e municípios esconde uma demanda por um tratamento unitário, ou ao menos relativamente uniforme, do processo administrativo pelos entes federativos.

E, deve-se reconhecer, cuida-se de uma demanda legítima, porquanto vai ao encontro de uma Administração Pública mais transparente aos olhos do cidadão. Neste ponto, concorda-se com as ponderações de Odete Medauar no seguinte sentido:

> A ausência de tratamento unitário acarreta dificuldades na compreensão das atuações administrativas processualizadas e insuficiências nas relações jurídicas entre Administração e particulares e Administração e servidores, conservando aquela modos e estilos de atuação incertos, às vezes insondáveis, o que impede a adequada tutela dos direitos dos cidadãos e facilita a ocorrência de atuações administrativas arbitrárias e subjetivas, em nada conformes ao modelo que a Constituição Federal traçou para a Administração brasileira.
>
> Torna-se necessário editar lei geral, com normas fundamentais aplicáveis a todos os processos administrativos. Não que seja impossível a incidência direta dos preceitos constitucionais a respeito, com os desdobramentos assinalados na doutrina e jurisprudência. Contudo, mais claros se revelam tais desdobramentos, para o cidadão, para o servidor, para agentes públicos que vão operacionalizar os processos, para autoridades superiores, se uma lei geral explicitá-los. Essa lei geral de processo administrativo configurará, então, verdadeiro estatuto da cidadania administrativa.[64]

Questiona-se, contudo, se este anseio pode e deve ser atingido desconsiderando-se preceitos constitucionais sensíveis à federação, como é o caso da repartição de competências legislativas.

Afinal, como demonstrado nos tópicos anteriores, ainda que se subsuma a Lei Federal nº 9.784/1999 ao art. 24, inc. XI, da Constituição Federal, a sua aplicação subsidiária a estados e municípios, enquanto não editada lei local, não se sustenta de um ponto de vista constitucional.

No fundo, sabe-se que esta é mais uma formulação de um conhecido dilema: afinal, os fins justificam os meios? É razoável que se desconsidere normas basilares da federação se o resultado for uma Administração mais democrática, mais consentânea com os direitos fundamentais que a Constituição Federal de 1988 estabeleceu?

---

e as instalações); 6. a admissão e a conclusão em instituições de ensino superior. Leis federais nessas matérias entram em vigor pelo menos seis meses depois da sua publicação, a menos que, com a aprovação do Conselho Federal, seja determinado de outro modo. Nas áreas do primeiro período prevalece, no relacionamento da lei federal com a lei estadual, a respectiva lei posterior".

[64] MEDAUAR, Odete. *Direito administrativo moderno*. 21. ed. Belo Horizonte: Fórum, 2018. p. 170-171.

O presente artigo é o resultado da firme convicção de que não é preciso abandonar meios para atingir fins. Há que se obter uma interpretação razoável, que consiga conciliar os dois valores em jogo. A analogia *iuris*, sugerida no primeiro tópico, é uma solução possível para o impasse.

No pior dos cenários, é possível cogitar de uma emenda constitucional que preveja a competência da União para editar normas gerais de processo administrativo nos termos do art. 24 da Constituição Federal. A experiência do direito comparado, em especial do direito alemão, mostra que isso é possível, sem que se fale de violação à forma federativa de Estado.

Referências

ABRUCIO, Fernando Luiz. *Os barões da Federação*: os governadores e a redemocratização brasileira. São Paulo: Hucitec, 1998.

ARAUJO, Edmir Netto de. *Curso de direito administrativo*. 8. ed. São Paulo: Saraiva Educação, 2018.

ARRETCHE, Marta Teresa da Silva. *A centralização no Estado Federativo brasileiro*. Tese (Livre-Docência) – Faculdade de Filosofia, Letras e Ciências Humanas, Universidade de São Paulo, São Paulo, 2007.

BANDEIRA DE MELLO, Celso Antônio. *Curso de direito administrativo*. 39. ed. São Paulo: Malheiros, 2019.

BANDEIRA DE MELLO, Celso Antônio. *Curso de direito administrativo*. 33. ed. São Paulo: Malheiros, 2016.

BARROSO, Luís Roberto. *Direito constitucional brasileiro*: o problema da federação. Rio de Janeiro: Forense, 1982.

BOBBIO, Norberto. *Teoria do ordenamento jurídico*. Tradução de Maria Celeste Cordeiro Leite dos Santos. Brasília: Polis e UnB, 1989.

BULL, Peter; MEHDE, Veith. *Allgemeines Verwaltungsrecht mit Verwaltungslehre*. 8. ed. Heidelberg, Munique, Landsberg, Frechen, Hamburgo: C. F. Müller, 2009.

BUZAID, Alfredo. *O Estado Federal brasileiro*. Brasília: Ministério da Justiça, 1971.

CARVALHO FILHO, José dos Santos. *Processo administrativo federal*: comentários à Lei nº 9.784, de 19.1.1999. 5. ed. São Paulo: Atlas, 2013.

CLÈVE, Clèmerson Merlin. *Temas de direito constitucional*. 2. ed. Belo Horizonte: Fórum, 2014.

CRETELLA JUNIOR, José. *Comentários à Constituição Brasileira de 1988*: arts. 18 e 22. 2. ed. Rio de Janeiro: Forense Universitária, 1991. v. III.

DEGENHART, Christoph. *Staatsrecht I* – Staatsorganisationsrecht. 28. ed. Munique, Landsberg, Frechen, Hamburgo: C. F. Müller, 2012.

DI PIETRO, Maria Sylvia Zanella. *Direito administrativo*. 32. ed. Rio de Janeiro: Forense, 2019.

FERREIRA FILHO, Manoel Gonçalves. *Curso de direito constitucional*. 40. ed. São Paulo: Saraiva, 2015.

HORTA, Raul Machado. *Direito constitucional*. 5. ed. atual. com notas de rodapé de Juliana Campos Horta. Belo Horizonte: Del Rey, 2010.

JUSTEN FILHO, Marçal. *Curso de direito administrativo*. 12. ed. São Paulo: Revista dos Tribunais, 2016.

KELSEN, Hans. *Teoria pura do direito*. Tradução de João Baptista Machado. Coimbra: Arménio Amado, 1962.

KRELL, Andreas J. As competências administrativas do artigo 23 da CF, sua regulamentação por lei complementar e o "poder-dever de polícia". *Interesse Público*, ano 5, n. 20, p. 53-71, jul./ago. 2003.

KRELL, Andreas J. Diferenças do conceito, desenvolvimento e conteúdo da autonomia municipal na Alemanha e no Brasil. *Revista de Informação Legislativa*, ano 32, n. 128, p. 107-125, out./dez. 1995.

LEAL, Victor Nunes. *Problemas de direito público*. Rio de Janeiro: Forense, 1960.

MEDAUAR, Odete. *A processualidade no direito administrativo*. 2. ed. São Paulo: Revista dos Tribunais, 2008.

MEDAUAR, Odete. Administração Pública: do ato ao processo. *In*: ARAGÃO, Alexandre Santos de; MARQUES NETO, Floriano de Azevedo (Coord.). *Direito administrativo e seus novos paradigmas*. Belo Horizonte: Fórum, 2008.

MEDAUAR, Odete. *Direito administrativo moderno*. 21. ed. Belo Horizonte: Fórum, 2018.

MEDAUAR, Odete. *Direito administrativo moderno*. 11. ed. São Paulo: Revista dos Tribunais, 2007.

MEDAUAR, Odete. *Direito administrativo moderno*. 8. ed. São Paulo: Revista dos Tribunais, 2004.

MEDAUAR, Odete. *O direito administrativo em evolução*. 3. ed. Brasília: Gazeta Jurídica, 2017.

MEIRELLES, Hely Lopes. *Direito administrativo brasileiro*. 27. ed. São Paulo: Malheiros, 2002.

MEIRELLES, Hely Lopes. *Direito municipal brasileiro*. 14. ed. Atualização de Márcio Schneider Reis e Edgar Neves da Silva. São Paulo: Malheiros, 2006.

MENEZES DE ALMEIDA, Fernanda Dias. *Competências na Constituição de 1988*. 6. ed. São Paulo: Atlas, 2013.

MENEZES DE ALMEIDA, Fernando Dias. Competências legislativas e analogia – Breve ensaio a partir de decisões judiciais sobre a aplicação do art. 54 da Lei n. 9.784/99. *Revista da Faculdade de Direito da Universidade de São Paulo*, v. 102, p. 357-370, jan./dez. 2007.

MOREIRA NETO, Diogo de Figueiredo. Competência concorrente limitada: o problema da conceituação das normas gerais. *Revista de Informação Legislativa*, ano 25, n. 100, p. 127-162, out./dez. 1988.

SILVA, José Afonso da. *Curso de direito constitucional positivo*. 42. ed. São Paulo: Malheiros, 2019.

SOUZA, Celina. Federalismo e descentralização na Constituição de 1988: processo decisório, conflitos e alianças. *DADOS – Revista de Ciências Sociais*, Rio de Janeiro, v. 44, n. 3, p. 513-560, 2001.

ZAGO, Mariana Augusta dos Santos. *Federalismo no Brasil e na Alemanha*: estudo comparativo da repartição de competências legislativas e de execução. Tese (Doutorado) – Faculdade de Direito, Universidade de São Paulo, São Paulo, 2016.

ZAGO, Mariana Augusta dos Santos. O interesse local do município sob a égide da Constituição Federal de 1988: alguns apontamentos. *Revista de Direito Administrativo Contemporâneo – REDAC*, ano 2, v. 9, p. 177-199, jun. 2014.

Informação bibliográfica deste texto, conforme a NBR 6023:2018 da Associação Brasileira de Normas Técnicas (ABNT):

MENEZES DE ALMEIDA, Fernando; ZAGO, Mariana Augusta dos Santos. Aplicação subsidiária da Lei Federal de Processo Administrativo (Lei nº 9.784/1999) aos estados-membros e municípios: uma análise a partir da federação e da repartição de competências legislativas. *In*: MORAES, Alexandre de; MENDONÇA, André Luiz de Almeida (Coord.). *Democracia e sistema de justiça*: obra em homenagem aos 10 anos do Ministro Dias Toffoli no Supremo Tribunal Federal. Belo Horizonte: Fórum, 2020. p. 193-216. ISBN 978-85-450-0718-0.

A COLABORAÇÃO PREMIADA
VISTA POR UM PROCESSUALISTA CIVIL

FLÁVIO LUIZ YARSHELL

1 Introdução

Algum tempo atrás, ouvi de um amigo – brilhante advogado criminalista e professor de *Processo Penal* da Faculdade de Direito da USP – que, em breve, essa disciplina será ministrada na cadeira de contratos... Para além do riso geral que a inteligente brincadeira gerou entre os presentes, a afirmação, tanto mais na realidade do país, faz pensar.

O processo – penal ou civil, para ficar apenas em parte do campo de atuação jurisdicional estatal – sempre foi tradicionalmente visto como instrumento de exercício de poder. Ele é um ente complexo: congrega regras que disciplinam a sequência de atos encadeados para a produção de um resultado (procedimento); e regula a relação entre autor, réu, Estado (juiz) e demais sujeitos que ali intervêm, mediante o estabelecimento de poderes, sujeições, faculdades, ônus e deveres (relação processual). O direito processual regula, no plano legal, as garantias da ação e da defesa, inscritas no art. 5º da Constituição da República.

O processo é, a um só tempo, garantia contra o arbítrio e fator legitimamente do resultado da jurisdição. Mas, essa perspectiva do processo é construída sob a ótica da solução *adjudicada* por um terceiro: diante de um conflito ou de uma controvérsia, não havendo ou não sendo possível a superação pelo consenso, é preciso que um terceiro imparcial se sobreponha às partes e exerça poder, isto é, que decida e que imponha essa decisão. De outra parte, realmente não é de hoje que a solução adjudicada das controvérsias tem sido encarada como subsidiária: a ela só se deve chegar se, antes, não for possível que os próprios litigantes – por si ou estimulados por técnicas que envolvam terceiros (negociadores, mediadores, conciliadores) – cheguem à solução.

Não deixa de ser curioso que, até relativamente pouco tempo atrás, o processo civil e o penal podiam ser apartados justamente por esse aspecto: porque nele se discute a liberdade, dizia-se que os interesses em jogo no penal eram indisponíveis e disso resultavam consequências jurídicas importantes. Mas, por razões variadas, a distinção fundada nesse critério foi progressivamente perdendo sentido: o processo civil passou cada vez mais a lidar também com direitos indisponíveis e o processo penal a admitir formas consensuais de superação de controvérsia – bem ilustradas pela transação penal e pela possibilidade de suspensão condicional da pena (Lei nº 9.099/95, arts. 60, parágrafo único, e 89).

Esse quadro ganhou contornos ainda mais amplos com a abertura que o ordenamento deu às *colaborações* em matéria processual penal. Nesses casos, o colaborador – salvo na hipótese excepcional de sequer ser denunciado (art. 4º, §4º da Lei nº 12.850/13) – não está propriamente imune à decisão imperativa do Estado. Contudo, na medida da contribuição que possa dar para a persecução de outros supostos infratores, ele poderá ter substancialmente atenuada sua punição. Estão aí os elementos característicos do ambiente contratual que inspiraram a inteligente brincadeira acima lembrada. Nesse contexto, de fato, não há uma defesa nos moldes clássicos do processo penal, mas uma autêntica negociação, mais afeita à tradição civil.

Nesse contexto, pode-se indagar: qual a natureza jurídica do acordo de colaboração? Qual o respectivo regime jurídico em matéria de invalidades? Qual o alcance do controle jurisdicional sobre o negócio firmado entre as partes e qual a eficácia preclusiva que se pode extrair da homologação do acordo, especialmente na consideração da sentença final?

O presente artigo, de forma confessadamente limitada, tenta encontrar caminhos para obter algumas respostas para tais indagações.

2 Natureza jurídica do acordo de colaboração

O acordo de colaboração tem natureza de negócio jurídico (bilateral): ele é fruto de manifestações de vontade convergentes e programadas para a produção de determinados efeitos jurídicos, no exercício da autonomia da vontade limitadamente conferida ao colaborador e ao Estado, na pessoa do Ministério Público (ou, eventualmente, da autoridade policial). Nele há manifestação de vontade cercada por "circunstâncias negociais", que fazem com que ela seja "vista socialmente como destinada a produzir efeitos jurídicos".[1]

A circunstância de tal autonomia ser limitada pela lei não é irrelevante: justamente porque se está na seara penal, não é todo e qualquer efeito programado pelos declarantes que pode ser produzido, ainda que se considere que um dos partícipes é justamente o agente a quem a lei atribuiu a titularidade da ação penal e, de um modo geral, o papel de fiscal do direito objetivo. Mesmo assim, é correto – e, a rigor, inevitável – o enquadramento naquela categoria jurídica, que obviamente não se limita aos atos e fatos jurídicos civis.

Preservada convicção diversa, não desnatura a qualificação de negócio jurídico a circunstância de que os efeitos originalmente programados no acordo de delação eventualmente não se produzam em sua integralidade. Tal objeção estaria fundada em que os efeitos efetivamente produzidos seriam aqueles estabelecidos por decisão judicial, e não pelas partes na colaboração; donde, então, não se poderia falar em negócio jurídico. Mas, obviamente preservada convicção diversa, a objeção não deve prevalecer.

---

[1] Cf. AZEVEDO, Antonio Junqueira de. *Negócio jurídico* – Existência, validade e eficácia. São Paulo: Saraiva, 1974. p. 20 e seguintes.

Com efeito, o juiz não participa da formação do negócio de colaboração, tendo o §6º do art. 4º da lei sido expresso ao estabelecer:

> O juiz não participará das negociações realizadas entre as partes para a formalização do acordo de colaboração, que ocorrerá entre o delegado de polícia, o investigado e o defensor, com a manifestação do Ministério Público, ou, conforme o caso, entre o Ministério Público e o investigado ou acusado e seu defensor.

E faz sentido que seja assim porque, nos termos do art. 129, inc. I da Constituição Federal, titular da ação penal é mesmo o Ministério Público. Essa é a instituição a quem compete representar a sociedade na persecução penal (ressalvados os casos de ação penal privada). Portanto, não há declaração de vontade que o Judiciário emita e que seja elemento constitutivo do negócio, isto é, que o integre no plano da respectiva existência. A declaração que, nesse negócio, cabe ao Estado é aquela manifestada com exclusividade pelo Ministério Público ou, quando muito, pela autoridade policial.

Isso não muda pela circunstância de que o negócio jurídico está sujeito à homologação pelo órgão judicial.

Sobre isso, não há exatamente consenso na doutrina sobre o que se entende por *homologar*, palavra cuja origem etimológica remete à ideia de confirmação. De todo modo, no caso do acordo de colaboração, a lei (art. 4º, §7º) se encarregou de dar conteúdo a esse ato estatal, ao estabelecer que o juiz "deverá verificar sua regularidade, legalidade e voluntariedade". Por outras palavras, ao homologar o negócio jurídico firmado entre Ministério Público e colaborador, o Judiciário nada mais faz do que uma espécie de juízo de delibação – portanto, que envolve cognição não exaustiva – sobre a validade do ato. Assim, essa forma de intervenção estatal prevista pela lei – à qual se voltará em tópico seguinte – não é constitutiva do negócio, embora possa realmente ser tida como condição de sua eficácia.

Da mesma forma, quando a lei permite que o juiz eventualmente ouça o colaborador (sigilosamente e na pessoa de seu defensor), isso não faz do órgão judicial partícipe do negócio. Tal intervenção ocorre para que, se necessário, o órgão judicial confirme – sempre na medida das possibilidades que a cognição proporciona naquele momento e circunstâncias – se o negócio foi celebrado validamente (do que se trata em capítulo seguinte).

E nem se diga que a conclusão diversa daquela acima indicada seria possível chegar pela regra inserta no §8º do art. 4º da Lei nº 12.850/13, segundo a qual "O juiz poderá recusar homologação à proposta que não atender aos requisitos legais, ou adequá-la ao caso concreto". Sobre isso, duas considerações merecem ser feitas.

Primeiro, a menção a "adequar" não pode e não deve ser entendida como autorização para que o Judiciário acresça elementos às declarações de vontade emitidas pelo Estado, na pessoa do Ministério Público, e pelo colaborador. O que é possível é a recusa à homologação de cláusulas que desde logo se entenda sejam ilegais ou, quando muito, a requalificação jurídica de tal ou qual ponto do negócio apresentado. Então, de alteração do conteúdo só se pode mesmo cogitar no caso de redução do objeto da delação,[2] mas

---

[2] Isso pode ser ilustrado pela decisão proferida pelo saudoso Ministro Teori Zavascki, recusando cláusula pela qual se previa a destinação de vinte por cento (20%) do valor a ser pago pelo colaborador para o Ministério Público (STF. Pet nº 5.210/DF, decisão de 16.6.2016).

não de seu acréscimo. Segundo, é preciso considerar que o controle mais adequado do negócio, sob o ângulo do sinalagma contratual e de sua eficácia, deverá ser feito ao ensejo da sentença – conforme considerações feitas na sequência.

Dessa forma, sob o ângulo da homologação, de que tratam os §§7º e 8º do art. 4º da Lei nº 12.850/13, não se pode dizer que ela integre o conteúdo do negócio, dados os limites desse controle estatal. Quando muito, será caso de expurgar o que possa se ter como irregular, ilegal ou prejudicial à voluntariedade do ato. Pensar diversamente disso significaria descaracterizar todos os atos sujeitos à homologação judicial como negócios jurídicos; o mesmo podendo ser dito em relação a negócios jurídicos bilaterais cuja eficácia esteja eventualmente submetida à regulação estatal. Mais do que isso: dizer-se que um ato não seria qualificável como negócio jurídico porque seus efeitos – conquanto incontroversamente programados e queridos pelas partes – ficam condicionados a ato (estatal) de controle da validade seria dizer que atos reputados inválidos, só por isso, não poderiam ser qualificados como negócios jurídicos.

Contudo, a vinculação entre o conceito de negócio jurídico e de negócio válido não se afigura correta. Conforme destacado pela autorizada doutrina, o que importa considerar na definição do negócio jurídico são os efeitos "que foram manifestados como queridos", isto é, efeitos que correspondem aos atribuídos pelo direito na medida em que "a regra jurídica de atribuição procura seguir a visão social e liga efeitos ao negócio *em virtude* da existência de manifestação de vontade sobre eles".[3] Daí porque a questão da licitude ou ilicitude do fato jurídico é irrelevante para sua caracterização como negócio jurídico, porque tal qualificação não pode fazer parte da estrutura do fato, justamente por ser "sempre externa à composição interna do fato".[4]

De outra parte, sob o ângulo do controle contido na decisão judicial que julga a ação penal (art. 4º, §11 da Lei nº 12.850/13), dizer-se que ela apreciará "os termos do acordo e sua eficácia" não significa reconhecer que os efeitos sejam determinados por aquele ato jurisdicional. Nesse particular, de fato se pode dizer que a colaboração seja negócio jurídico sujeito à condição; mas, ainda assim, é um negócio jurídico. Não é lícito confundir o ato consistente no acordo de colaboração, de um lado, e o ato consistente na sentença que julga o objeto do processo penal, de outro lado; até porque, em determinados casos, pode simplesmente não haver sentença, o que se dá quando o acordo envolver a contrapartida estatal de não oferecimento de denúncia (art. 4º, §4º da Lei nº 12.850/13).

A busca de categorização não pretende simplesmente aplicar teoria do direito civil em matéria penal, como poderia parecer ou como poderia eventualmente ser objetado. Não se trata, portanto, de tratar temas penais sob desavisada ótica civilista ou privatista. Mas é incontornável que o Legislador brasileiro, não de hoje, encarregou-se de permitir, em matéria penal, a superação do processo tendente à aplicação de sanções, fazendo-o mediante a autorização para concessões recíprocas. Isso significa que o direito penal, em alguma medida, ganhou contornos privatistas, na medida em que passou a permitir, ainda que com limites, o exercício da autonomia da vontade. Além disso, para além de eventual acordo de leniência que o colaborador possa, em sede própria, vir a fazer, não

---

[3] Cf. AZEVEDO, Antonio Junqueira de. *Negócio jurídico* – Existência, validade e eficácia. São Paulo: Saraiva, 1974. p. 23-24.

[4] Cf. AZEVEDO, Antonio Junqueira de. *Negócio jurídico* – Existência, validade e eficácia. São Paulo: Saraiva, 1974. p. 24.

se pode descartar que o conteúdo do acordo de colaboração envolva também disposições patrimoniais; o que, por si só, já seria suficiente para impor o recurso às regras civis ou, quando menos, de teoria geral do direito.

Dessa forma, trata-se de encontrar a categoria jurídica à qual possa se ajustar a colaboração premiada; o que, como já foi indicado, não está propriamente no direito civil, mas na teoria geral do direito. E a perplexidade sobre a criação de negócios penais – em que os efeitos são programados pelas partes, ainda que nos limites da lei e, nessa medida, sujeitos a controle estatal – já deve ser considerada, a esta altura, superada; exceto se de inconstitucionalidade de tal expediente se puder cogitar.[5] Mas, afastada que seja tal possível objeção, é preciso encarar a realidade e encontrar no ordenamento as regras às quais a colaboração está sujeita, para além das normas especiais constantes da lei específica; que notoriamente são insuficientes.

3 Conteúdo do acordo de colaboração: negócio jurídico de direito material ou processual?

Tratando-se de negócio jurídico, convém também examinar qual seu conteúdo, a partir do qual se pode complementar a determinação de sua natureza: trata-se de negócio de direito material ou se está diante de um negócio processual?

A lei se referiu inicialmente a ele como uma espécie do gênero "meio de obtenção de prova" (art. 3º, *caput* e inc. I);[6] o que, portanto, aponta para aquela segunda categoria porque, para além de discussões acerca da natureza jurídica da prova, fato é que a disciplina de sua obtenção – judicial ou mesmo extrajudicial – é tema típico de direito processual:[7] ele envolve a disciplina de uma sequência de atos (procedimento), de vínculos entre os sujeitos envolvidos (relação jurídica) e, principalmente, seu resultado é voltado (ainda que potencialmente) ao emprego em processo jurisdicional. Para ilustrar, o colaborador tem o ônus de fornecer dados que permitam a "identificação dos demais coautores e partícipes da organização criminosa e das infrações penais por eles praticadas" (art. 4º, inc. I); ou que ensejem a "revelação da estrutura hierárquica e da divisão de tarefas da organização criminosa". Naturalmente, esses subsídios podem consistir apenas em relatos (a partir dos quais se poderia chegar verdadeiramente à prova) ou podem consistir desde logo no fornecimento de elementos de prova (pré-constituída) de que eventualmente disponha o colaborador. Essa constatação é importante porque, embora a colaboração decididamente não seja um meio de prova, ela pode eventualmente vir acompanhada de elementos de prova de que o colaborador desde logo disponha.

---

[5] Oportuno lembrar a ação direta de inconstitucionalidade promovida pelo Partido Social Liberal (ADI nº 5.567) versando sobre a Lei nº 12.850/13, na qual não foi ainda apreciada a medida cautelar, e que ataca o art. 4º, §14, o qual autoriza a renúncia ao direito ao silêncio. Em parecer da Procuradoria-Geral da República, defendeu-se que "O direito ao silêncio e sua decorrente garantia constitucional de não autoincriminação (arts. 5º, LIV e LXIII) proíbem coação estatal para que o acusado forneça prova contra si, mas não colaboração voluntária deste com fim de obter redução de pena ou outra vantagem de caráter premial negociada com o órgão acusador. O termo 'renunciar' ao direito ao silêncio, constante do art. 4º, §14, da Lei 12.850/2013, deve ser entendido como 'abrir mão do exercício', não como renúncia definitiva àquele direito fundamental".

[6] Cf. STF. HC nº 127.483. Rel. Min. Dias Toffoli, Tribunal Pleno, j. 27.8.2015.

[7] Cf. nosso *Antecipação da prova sem o requisito da urgência e direito autônomo à prova*. São Paulo: Malheiros, 2009. p. 65-71, item 11.

Por tais razões, parece lícito afirmar que se está diante de um acordo sobre prova e, portanto, de um negócio processual.

Não infirma esse enquadramento a circunstância de a prova objeto do acordo não ser – não ao menos inicialmente – produzida em juízo. Primeiro, não se pode atrelar o conceito de prova à sua necessária produção em juízo, menos ainda no contexto do processo voltado à declaração (em sentido amplo) do direito. A produção preliminar de prova, que a rigor já ocorre no âmbito do inquérito policial,[8] é hoje admitida com largueza pela lei processual, conforme regra do art. 381 do CPC. Mais do que isso, a produção de prova no âmbito extrajudicial, como resultado da vontade das partes, é admitida justamente pela faculdade que a lei outorga aos interessados de firmarem negócio processual com essa finalidade. Isso está expresso no art. 190 do CPC e, a rigor, na própria Lei nº 12.850/13. Segundo, não há dúvida de que o negócio processual pode regular não apenas aquilo que deva ocorrer durante o processo, mas também antes dele. Portanto, a mera potencialidade de os elementos de prova serem aproveitados em processo jurisdicional – no caso, da colaboração, em desfavor do colaborador e/ou de terceiros –[9] já é suficiente para qualificar o negócio como típica convenção processual.

Contudo, para além desse conteúdo, o negócio jurídico em questão está também programado para ter disposições diretamente relacionadas ao direito material (penal).

Com efeito, do acordo poderá constar que sequer será proposta ação penal, isto é, que não haverá imposição de qualquer sanção. Também poderá haver a previsão de requerimento de concessão de perdão judicial, de redução de pena privativa de liberdade ou substituição por restritiva de direitos. Ainda, o negócio poderá versar sobre "a prevenção de infrações penais decorrentes das atividades da organização criminosa"; sobre "a recuperação total ou parcial do produto ou do proveito das infrações penais praticadas pela organização criminosa"; ou até mesmo sobre "a localização de eventual vítima com a sua integridade física preservada" (art. 4º, incs. III, IV e V). Todos esses elementos – ainda que não sejam exatamente homogêneos – têm desenganadamente natureza substancial (penal).

Portanto, o que se pode extrair da lei é que o acordo de delação tem conteúdo complexo e, nessa medida, dupla ou híbrida natureza: a um só tempo ele é um negócio jurídico de direito processual e de direito material – penal ou eventualmente até mesmo civil, na medida em que possa conter disposições de natureza patrimonial. Esse dado é relevante para determinar qual o regime jurídico de validade do acordo de delação e, a partir de então, de que forma se pode fazer o controle de eventuais invalidades.

---

[8] A observação não desconsidera a relevante distinção entre elementos de prova e elementos de investigação. Contudo, na premissa de que a prova – notadamente quando produzida de forma antecipada, para permitir adequado conhecimento dos fatos atual ou potencialmente controvertidos – não tem apenas como destinatário o órgão judicial, não há como negar que os elementos colhidos no inquérito, conquanto não sejam suficientes para embasar condenação, cumprem o papel de formação do convencimento do órgão acusador; e, com reservas, podem também ser invocados ao ensejo da declaração do direito propriamente dita (isto é, quando do julgamento da ação penal).

[9] Saber a eficácia que os elementos de prova poderão ter em relação a terceiro, mencionado pelo colaborador como autor de ilícitos, já é outro tema. Sobre isso, de todo modo, já se pode lembrar que a colaboração, em si mesma, não tem natureza ou eficácia probatória. Prova será o que a partir dela se possa obter e que, obviamente, seja reconhecido pela lei como tal. Ainda assim, será preciso considerar que a eficácia da prova perante o terceiro está sujeita à observância do contraditório, que haverá de ser respeitado, com variações conforme a natureza da prova (documental, oral, pericial, conforme o caso).

Aliás, a ligação entre o conteúdo processual e o substancial aponta para o sinalagma desse negócio jurídico bilateral: a "premiação" é dada em função da colaboração, que consiste na revelação de fatos, na indicação e eventual produção de prova, relembrando-se que a lei qualificou referido negócio como uma espécie de "meio de obtenção de prova"; e vice-versa: a medida da colaboração a que se disponha a parte é avaliada em função do "prêmio" que lhe possa ser oferecido. Tanto isso é verdade que a lei reconheceu potencial relação de prejudicialidade entre uma coisa e outra, ao dispor, no §3º do art. 4º que "O prazo para oferecimento de denúncia ou o processo, relativos ao colaborador, poderá ser suspenso por até 6 (seis) meses, prorrogáveis por igual período, até que sejam cumpridas as medidas de colaboração, suspendendo-se o respectivo prazo prescricional".

A constatação desse sinalagma é relevante por mais de um aspecto.

Primeiro, se o objeto do negócio é (parcialmente) a prova, esse mesmo objeto precisa ser lícito. Para ilustrar, não é possível que as partes convencionem que benefícios serão concedidos em troca da obtenção de prova ilícita. Aqui, não se trata apenas de dizer que, caso isso ocorra, a prova não deverá ser admitida em qualquer processo; porque, a rigor, sobre essa inadmissibilidade não deve haver qualquer dúvida, diante do que dispõe o inc. LVI do art. 5º da Constituição Federal. Indo além, é preciso considerar questão aparentemente mais delicada, consistente em determinar se e que repercussão sobre a validade do acordo de delação pode ter uma convenção ilícita em matéria de prova; ou mesmo convenção sobre uma prova que, depois, venha a se apurar tenha sido obtida de forma ilícita. Por outras palavras: se a contrapartida da premiação é a convenção sobre informações e elementos de prova, eventual ilicitude que macule aquela causa poderia comprometer a validade do negócio em seu aspecto substancial?

De fato, as duas situações assim aventadas parecem ser diversas: uma coisa é o colaborador oferecer ao Ministério Público prova que aquele repute lícita, quando do exame possível ao ensejo da celebração do acordo; e que, depois, venha a se revelar ilícita porque obtida por meios assim viciados, sem o concurso da outra parte. Aparentemente, pela lógica associada à teoria geral dos contratos, essa revelação pode ensejar a resolução da avença ou, eventualmente, uma readequação dos benefícios prometidos, justamente pela quebra ou afetação negativa do sinalagma. Outra coisa é eventualmente a ilicitude contar com a participação tanto do colaborador quanto do Ministério Público, na medida em que ciente ou até partícipe da ilicitude na obtenção do meio de prova. Nesse caso, a ilicitude deve ser controlada pelo Judiciário, quer ao ensejo da homologação, quer ao ensejo do julgamento da ação penal, quer eventualmente ao ensejo de demanda para desconstituir o negócio jurídico de colaboração que se possa admitir seja ajuizada por terceiro.

A partir daí se extrai outro aspecto relevante do apontado sinalagma entre o conteúdo processual e o conteúdo substancial do acordo de colaboração: em mais de uma passagem, a lei remete à avaliação a ser feita pelo órgão judicial sobre a correlação entre a colaboração (repita-se, essencialmente probatória), de um lado, e a concessão de benefícios (de ordem penal substancial), de outro lado. No §1º do art. 4º está dito que "Em qualquer caso, a concessão do benefício levará em conta a personalidade do colaborador, a natureza, as circunstâncias, a gravidade e a repercussão social do fato criminoso e a eficácia da colaboração". De maneira análoga, o §2º estabeleceu:

Considerando a relevância da colaboração prestada, o Ministério Público, a qualquer tempo, e o delegado de polícia, nos autos do inquérito policial, com a manifestação do Ministério Público, poderão requerer ou representar ao juiz pela concessão de perdão judicial ao colaborador, ainda que esse benefício não tenha sido previsto na proposta inicial.

Por isso, a lei previu no §10 que "As partes podem retratar-se da proposta, caso em que as provas autoincriminatórias produzidas pelo colaborador não poderão ser utilizadas exclusivamente em seu desfavor" – a indicar que, não consumado ou desfeito o acordo, não há mais que se falar em prestação e em contraprestação. Finalmente, de maneira talvez mais hermética, o §11 estabeleceu que "A sentença apreciará os termos do acordo homologado e sua eficácia".

Tais relevantes aspectos podem e devem ser enfrentados mais adiante.

4 Regime de validade do acordo de colaboração (como negócio processual e substancial) e do respectivo ato homologatório[10]

O Código de Processo Penal não contém regra – menos ainda de caráter geral – sobre negócios processuais. Então, ressalvadas as disposições especiais da própria Lei nº 12.850/13, será preciso eventual e subsidiariamente recorrer à disposição do art. 190 do Código de Processo Civil.

Não se trata, é preciso novamente advertir, de pretender aplicar um dispositivo da lei processual civil a uma situação substancialmente penal. Aqui, o que se busca é encontrar a disciplina jurídica geral do que indiscutivelmente é um negócio processual, isto é, um ato em que as partes programam os efeitos jurídicos dele decorrentes (ainda que sujeitos a controle estatal). Compreende-se a perplexidade que isso pode gerar: para além da superação da indisponibilidade que classicamente marcou o direito substancial penal, agora é preciso também aceitar que há acordos em matéria de prova; que, neste caso, seria prova do processo penal.

No caso do acordo de colaboração, como já foi destacado no tópico precedente, a lei especial alude a um autêntico negócio em matéria probatória, em que o colaborador se obriga a fornecer elementos que permitam a "identificação dos demais coautores e partícipes da organização criminosa e das infrações penais por eles praticadas" (art. 4º, inc. I); ou que ensejem a "revelação da estrutura hierárquica e da divisão de tarefas da organização criminosa". A partir dessas indicações da lei, o mais provável é que o acordo envolva a exibição de prova documental em poder do colaborador ou que venha a ser constituída. Mas não se pode descartar que, eventualmente, seja objeto da convenção prova de natureza técnica e mesmo a oitiva de pessoas ligadas ao colaborador e que possam prestar algum esclarecimento relevante. E, além desse conteúdo típico (probatório), nada impede, em tese, que o acordo eventualmente preveja outras disposições processuais atípicas, isto é, não previstas pela lei, mas estabelecidas pelas partes, na forma do já referido art. 190 do CPC.

---

[10] Parte do texto deste capítulo reproduz literalmente texto de artigo previamente publicado a respeito dos negócios jurídicos processuais do ponto de vista estritamente civil (cf. YARSHELL, Flávio Luiz. Convenção das partes em matéria processual: rumo a uma nova era? *In*: CABRAL, Antonio do Passo; NOGUEIRA, Pedro Henrique Pedrosa (Coord.). *Negócios processuais*. Salvador: JusPodivm, 2015. Coleção Grandes Temas do Novo CPC. p. 63-80).

A convenção processual que se contém no acordo de colaboração deve necessariamente ter a forma *escrita*. A manifestação de vontade deve sempre ser expressa e não pode resultar apenas do silêncio. O que pode ocorrer é que as partes estabeleçam determinado ônus de manifestação no processo, de sorte a qualificar juridicamente eventual silêncio. Mas, isso já está no campo do conteúdo do negócio e não se confunde com a respectiva forma que, repita-se, deve ser escrita. A documentação – aqui entendida como inserção de dados em determinado suporte (ainda que eletrônico) – é indissociável não apenas da realidade do processo, mas, em se tratando de negócio celebrado com o Poder Público. Também sob o ângulo substancial a forma escrita se afigura indispensável se considerado que os atos de renúncia ou disposição de direitos não se presumem e que, portanto, é preciso que sejam explicitados.

O objeto do negócio processual contido na colaboração, como já dito, é a prova. Como pode ocorrer em outros negócios dessa natureza, na colaboração o objeto do negócio processual se presta a instituir e a regular autêntico processo extrajudicial para realização de atividade de instrução preliminar; sem prejuízo de, eventualmente, regular posições das partes no processo jurisdicional que se siga. Aliás, como já foi realçado, a lei processual civil foi expressa ao estabelecer que a convenção pode abranger posições das partes "antes ou durante o processo" e isso se afeiçoa ao escopo da colaboração.

Não são elementos essenciais do negócio processual as disposições que, de alguma forma, possam atuar como fatos jurídicos processuais, isto é, acontecimentos que – embora sem regrar posições da relação processual ou atos do procedimento – possam eventualmente produzir efeitos sobre o processo. Mas, a alusão a tais fatos pode surgir como elemento categorial natural ou derrogável do negócio processual, se e quando se dispuser a regulá-lo.

O negócio processual também pode apresentar elementos particulares, sempre voluntários, de conteúdo indeterminado (a tornar praticamente impossível seu exame de forma exaustiva). Entre os mais comuns estão eventuais termos, condições e até mesmo eventual encargo, se for possível que se estabeleça – e, portanto, que se restrinja – eventual liberalidade. Isso vale igualmente para o acordo de colaboração.

Além da forma e do objeto, o negócio processual contido no acordo de colaboração – como qualquer outro negócio jurídico – apresenta elementos de existência que podem ser considerados extrínsecos. Primeiro, ele pressupõe a existência de sujeitos ou de agentes – cuja "capacidade" é exigida para que o negócio seja válido. O juiz (ou o órgão judicial) não é agente do negócio porque dele não emana manifestação de vontade constitutiva do negócio. Segundo, o negócio processual contido na colaboração tem tempo determinado, entendido como a data em que o negócio é celebrado; o que pode ser relevante para ditar o respectivo conteúdo ou objeto. Como regra, o negócio é anterior ao processo, para regular atividade processual extrajudicial ou para reger futuro e eventual processo judicial. Mas, o negócio pode ser firmado durante o processo e até mesmo após prolação de sentença, conforme expressa previsão do art. 4°, $\S5^{\circ}$ da Lei n° 12.850/13. Isso significa que, em tese, pode ser celebrado em qualquer fase processual, desde que haja o que, em dado momento, convencionar. Até mesmo em fase recursal isso é possível, devendo a palavra "sentença" ser interpretada como decisão sobre o mérito da causa, isto é, de sorte a abranger também acórdão de órgão colegiado. Saber qual a medida da contrapartida da premiação que possa resultar, a depender do momento do acordo, é problema diverso e que não infirma tal possibilidade.

O tempo do negócio também é relevante para determinar a legislação aplicável; o que pode apresentar alguma dificuldade, se aceita a premissa de que o regime de validade é misto (material e processual) – como se tratará mais adiante. Como a convenção processual não é exatamente um ato processual, não há sentido em se falar na incidência da regra de isolamento, a impor a imediata aplicação de lei nova ao negócio processual. O que prevalece é o que as partes tenham estabelecido e a modificação superveniente da lei processual pode até levá-las a rever o negócio; mas isso só poderá ocorrer mediante nova convenção. Do que se poderia cogitar seria a superveniência de norma processual cogente e de ordem pública a tornar inviável a execução da regra processual que as partes anteriormente tenham fixado. Mas, eventual restrição dessa ordem deve ser vista com reserva porque o negócio processual, como qualquer outro, está protegido pela regra constitucional que preserva o ato jurídico perfeito e o direito adquirido. Terceiro, o negócio processual tem um lugar. Aqui, não se deve confundir o local da celebração do negócio, de um lado, com a base territorial na qual deve se produzir a respectiva eficácia, de outro – o que vale integralmente para o negócio processual que se contém no acordo de colaboração.

Sobre a validade do negócio processual, o CPC se limitou a estabelecer:

> De ofício ou a requerimento, o juiz controlará a validade das convenções previstas neste artigo, recusando-lhes aplicação somente nos casos de nulidade ou de inserção abusiva em contrato de adesão ou em que alguma parte se encontre em manifesta situação de vulnerabilidade. (Art. 190, parágrafo único)

O que levou a doutrina a afirmar, na esteira do que já se preconizara mesmo sob a égide do CPC/73, que o regime do negócio processual há que ser misto, isto é, deve considerar tanto a lei material quanto a processual civil.[11]

Essa duplicidade – aplicação da lei civil e da lei processual civil – já seria suficiente para evidenciar a complexidade do tema. Mas, no caso da colaboração isso fica ainda mais exacerbado diante da circunstância de que a lei material relacionada diretamente ao conteúdo do negócio não é propriamente a civil, mas a penal; que, por seu turno, não conhece um regime jurídico sobre a validade de contratos.

Para ilustrar, tome-se a exigência de que a lei processual civil – inspirada na imprescindível preservação do devido processo legal – repudiou negócios processuais no contexto em que uma das partes se encontre em "manifesta situação de vulnerabilidade". Assim, não se pode admitir que uma das partes – por sua proeminência econômica ou de outra natureza – imponha regras processuais que lhe sejam mais vantajosas, consideradas as peculiaridades de cada caso.

Mas, no contexto das colaborações penais é preciso ter em mente que, diferentemente do que ocorre no campo privado, alguns dos partícipes são agentes do poder estatal; que não raramente buscam apoio popular que lhes respalde as condutas – o que lhes confere inegável posição de vantagem. Nada melhor para ilustrar essa constatação

---

[11] Cf. MOREIRA, José Carlos Barbosa. Convenções das partes sobre matéria processual. *In*: MOREIRA, José Carlos Barbosa. *Temas de direito processual*: terceira série. São Paulo: Saraiva, 1984. p. 93; CABRAL, Antonio do Passo. *Convenções processuais*. Salvador: JusPodivm, 2016. p. 251-253; NOGUEIRA, Pedro Henrique Pedrosa. *Negócios jurídicos processuais*: análise dos provimentos judiciais como atos negociais. Tese (Doutorado) – Faculdade de Direito, Universidade Federal da Bahia, 2011. p. 139.

do que a relação que se possa, de maneira objetiva, estabelecer entre a privação de liberdade – a título de prisão preventiva ou cautelar – e a disposição de alguém colaborar; com preocupantes distorções desses institutos. Além disso, é preciso refletir se a impessoalidade de quem acusa seria realmente conciliável com a complexidade própria de tais negociações. Tratando-se de negociação, não seria despropositado inclusive refletir à luz de postulados construídos pela assim denominada "análise econômica do Direito", com recurso a conceitos como o de incentivos, desincentivos e custos de transação.[12]

Mas, em termos estritamente jurídicos, não se está a sustentar que a desigualdade substancial entre os agentes estatais autorizados pela lei, de um lado, e o colaborador, de outro, seja impeditiva, por si só, de negócios jurídicos processuais; até porque, aparentemente, tais acordos ocupam uma parte relativamente pequena do potencial conteúdo da colaboração premiada, se e quando se consideram seus aspectos substanciais – que, forçoso reconhecer, tendem a ser os mais relevantes. Assim, fundamental é que o negócio processual – e isso há de valer para a colaboração – não estabeleça regras geradoras, elas próprias, de desigualdades inconciliáveis com os princípios que integram o devido processo legal.

Vale dizer: sob a ótica do negócio processual, o problema não está propriamente na desigualdade que antecede o processo, mas no modo pelo qual as regras processuais lidam com essa desigualdade. Quando se diz, portanto, que a igualdade substancial é decisiva para a validade do negócio processual, está-se na premissa de que eventual preponderância de um dos sujeitos não resulte em regras a ele favoráveis e desfavoráveis ao adversário. Mas, se apesar da desigualdade no plano substancial, o negócio processual contiver regras que asseguram não apenas o contraditório, mas a igualdade real, então a validade do ato estará preservada. Em suma: pode haver negócio processual válido entre pessoas desiguais, desde que o processo assegure a igualdade real; e isso há de valer também para a colaboração premiada.

De todo modo, exige-se que o acordo resulte de processo volitivo caracterizado por adequada consciência da realidade, em ambiente de liberdade de escolha e de boa-fé. Do contrário, o negócio poderá ser anulado por vício resultante de erro, dolo ou coação. Além disso, o negócio processual que se contém no acordo de colaboração também deve observar os postulados inerentes ao devido processo legal, conforme resulta dos incs. LIV e LV do art. 5º da CF. Mas, na premissa de que todos os requisitos de validade do negócio jurídico estejam presentes (aí incluídos a igualdade real das partes, sua adequada consciência da realidade, a liberdade de escolha e a boa-fé), a restrição acima mencionada deve ser vista com ponderação. Limitações bilaterais e isonômicas ao contraditório ou ao direito ao silêncio não devem necessariamente ser vistas como inconstitucionais. Naturalmente, seria inviável limitar o contraditório apenas para um dos litigantes. Mas, fora dos casos em que efetivamente haja ofensa ao devido processo legal, prevalece o que as partes tiverem convencionado, inclusive em tema de renúncia ao direito ao silêncio que pode integrar parte substancial do acordo e representar contraprestação de benefícios ao colaborador.[13]

---

[12] Em tema de análise econômica do direito e, especificamente, do processo civil, remete-se o leitor aos nossos Processo civil sob o enfoque econômico. *Carta Forense,* jul. 2018; e O futuro da execução por quantia nas mãos do Superior Tribunal de Justiça: proposta de reflexão sob a ótica econômica. *Revista do Advogado,* São Paulo, p. 102-109, abr. 2019.

[13] *Vide* nota nº 5.

A observância do devido processo legal leva a outro difícil problema: no plano legislativo ordinário, o que realmente se pode considerar como cogente no âmbito do processo? Como ocorre em outros ramos do direito, nem sempre o ordenamento é suficientemente claro e objetivo ao estabelecer que determinada norma seja imperativa. O art. 166, inc. VI do Código Civil fala em nulidade quando o negócio "tiver por objetivo fraudar lei imperativa". Contudo, remanesce a dúvida sobre o que, na seara processual, pode ser qualificado dessa forma. Ali também se fala na nulidade nas hipóteses em que a lei "taxativamente" reconhecer o ato como tal ou proibir sua prática, "sem cominar sanção" (inc. VII).

Não é suficiente estabelecer sinonímia entre as locuções norma cogente e devido processo legal: por certo, haverá regras que merecem aquela qualificação (é pensar nos pressupostos processuais), mas que não dizem respeito – não ao menos diretamente – aos postulados que integram o conceito de devido processo legal. Além disso, há casos em que o sistema processual afirma o caráter cogente, ao descartar que as partes possam modificar determinada regra – analogamente ao que consta da parte final do inc. VII do art. 166 do Código Civil. Há outras situações nas quais o caráter imperativo fica sugerido a partir do reconhecimento de que dada matéria é reputada de ordem pública, sujeita ao exame de ofício pelo juiz e fora do alcance da preclusão. Embora não se reconheça indefectível correspondência entre os conceitos de norma de ordem pública, de um lado, e norma cogente, de outro, a indicação legal não deixa de ser um parâmetro objetivo.

Nesse contexto de poucas definições, sem prejuízo do que já foi ponderado, um critério a considerar é a adequação da regra processual aos escopos da jurisdição. O processo existe para superar conflitos (e, portanto, restabelecer a paz social com racionalidade e presteza possível) mediante a atuação do direito objetivo (suposto que não seja possível solução consensual). Não se descarta que, eventualmente, seja preciso recorrer à técnica da ponderação de valores, como forma de conter eventual excesso na intervenção estatal sobre a atividade das partes, avaliando-se a necessidade, a adequação e a proporcionalidade em sentido estrito de determinado óbice que o juiz oponha à autonomia da vontade das partes.

Finalmente, é lícita a convenção de termos pelas partes. Não se deve descartar a inserção de condições no negócio processual; que não deve ser confundido conceitualmente com o ato processual. Embora seja tradicional o entendimento de que atos processuais não podem ser condicionais, o conteúdo e a forma de exercício das posições jurídicas processuais podem estar sujeitos a evento futuro e incerto – na premissa de que isso não infirme o devido processo legal e de que não ofenda normas cogentes ou de ordem pública. Respeitados tais limites, também se afigura lícita a inserção de cláusula penal, a incidir no caso de descumprimento de alguma das regras (processuais) previstas pelos interessados. A prestação dali decorrente não será exatamente imposta pelo juiz, mas pelas partes. Caberá ao órgão judicial, eventualmente, resolver questão formada sobre a ocorrência, ou não, da violação que faz incidir a multa.

Com relação à parte substancial do negócio jurídico que é a colaboração, há duas fontes normativas a considerar, no tocante à respectiva validade: a primeira são as disposições especiais da Lei nº 12.850/13; a segunda, são as regras gerais do Código Civil, diploma ao qual é inevitável recorrer, por ser ele a referência de todo e qualquer negócio jurídico. Reitere-se o que já foi dito: não há na legislação penal disposições que estabeleçam, de forma completa, requisitos de validade dos negócios jurídicos nessa seara; donde ser imperativo que a lei civil seja aplicada de maneira subsidiária.

Apenas para ilustrar, do regime extraído da lei civil tem-se que a validade de todo e qualquer negócio jurídico está condicionada à observância dos requisitos inscritos no art. 104 do Código Civil: capacidade dos agentes; licitude, determinação ou determinabilidade do objeto; e adequação da forma. Dessa forma, será nulo o negócio quando celebrado por pessoa absolutamente incapaz; for ilícito, impossível ou indeterminável o seu objeto; o motivo determinante, comum a ambas as partes, for ilícito; não revestir a forma prescrita em lei; for preterida alguma solenidade que a lei considere essencial para a sua validade; tiver por objetivo fraudar lei imperativa; a lei taxativamente o declarar nulo, ou proibir-lhe a prática, sem cominar sanção (art. 166). Ainda, será anulável o negócio celebrado por agente relativamente incapaz; ou viciado por erro, dolo, coação, estado de perigo, lesão ou fraude contra credores (art. 171).

Esses são apenas exemplos de regras que, de maneira consideravelmente complexa, compõem o regime de validade/invalidade dos negócios jurídicos; regime esse que não pode deixar de ser aplicado à colaboração premiada. Com efeito, não há razão para que se exclua referido negócio jurídico da disciplina geral a que todos os demais negócios estão submetidos. A autonomia da vontade conferida ao Poder Público e ao colaborador, como ocorre em qualquer negócio jurídico, deve ser prestigiada uma vez que disso depende a tutela de valores como confiança e segurança, indispensáveis para a estabilidade e previsibilidade do direito. No contexto examinado, a aplicação do brocardo *pacta sunt servanda* não se justifica de modo especial apenas porque o Estado é um dos partícipes, mas porque boa-fé e lealdade são posturas exigidas na formação e execução de todo e qualquer contrato.

É certo que o substrato penal do acordo tem peso relevante e parece justificar cuidado especial com a formação do negócio, no tocante à respectiva voluntariedade. Mas, de lealdade e boa-fé só se pode falar em perspectiva bilateral, como sói acontecer em todo e qualquer negócio jurídico bilateral. Portanto, é lícito reafirmar que a especialidade de que se reveste o acordo de colaboração premiada não autoriza exclusão das regras gerais que disciplinam a validade dos negócios jurídicos.

Em alguns casos, a incidência dessas normas é mais facilmente visualizável. No terreno das anulabilidades, é pensar nas hipóteses de erro, dolo ou coação que eventualmente possam ter viciado o negócio. Mas, ainda no mesmo campo, poderá haver alguma dificuldade para aceitar que certas situações previstas pela lei (geral) civil possam ocorrer no âmbito da colaboração.

Para ilustrar, a regra constante do art. 119 do Código Civil estabelece ser "anulável o negócio concluído pelo representante em conflito de interesses com o representado, se tal fato era ou devia ser do conhecimento de quem com aquele tratou". No caso do acordo de colaboração, o Estado – personificado no Ministério Público e, mais especificamente, no respectivo membro (ou membros) a cargo de quem está a negociação e a celebração do negócio – é adequado representante dos interesses sociais. Por definição, a instituição defende o interesse público e, portanto, é impossível haver conflito entre a ela e os cidadãos que ela representa (ou substitui). Contudo, o mesmo pode não ocorrer em relação aos membros encarregados da consumação do negócio; e se de alguma forma houver o conflito de que fala a norma, em tese seria possível a desconstituição sob esse fundamento.

Na mesma linha de raciocínio, de fato parece difícil supor que a colaboração, por exemplo, possa ser reputada inválida porque celebrada em estado de perigo, entendido como aquele em que alguém, "premido da necessidade de salvar-se, ou a pessoa de sua família, de grave dano conhecido pela outra parte, assume obrigação excessivamente onerosa" (art. 156). Mas, não é possível simples e abstratamente descartar a eventual ocorrência desse vício.

Da mesma forma, parece improvável que o acordo possa ser desfeito sob o fundamento de lesão, que segundo a lei civil ocorre "quando uma pessoa, sob premente necessidade, ou por inexperiência, se obriga a prestação manifestamente desproporcional ao valor da prestação oposta" (art. 157). No caso da colaboração, a qualificação do agente estatal e a necessária defesa técnica que deve ser garantida ao colaborador sugerem que se descarte a aventada "inexperiência", embora em tese se pudesse imaginar uma colaboração feita em situação de "premente necessidade" – o que parece ser mais delicado diante do contexto de persecução penal, real ou potencial. Também parece problemático cogitar-se (cumulativamente) de desproporção entre prestação e contraprestação porque o sinalagma desse específico negócio – diversamente do que ocorre em matéria civil – dificilmente encontrará parâmetros objetivos para um confronto adequado entre o que dá e o que recebe cada qual das partes.[14]

Ainda na mesma linha de exame do tema, parece inviável se cogitar da invalidação da colaboração premiada sob o fundamento de fraude contra credores; embora não se possa descartar que, ao ensejo do referido negócio, viesse a ocorrer o fenômeno se, de alguma forma, houvesse disposição sobre transmissão gratuita de bens ou remissão de dívida, diante de situação de insolvência, conforme previsão do art. 158 do Código Civil. Naturalmente, não se estaria cogitando de ser o Estado o beneficiário da transferência patrimonial, mas um terceiro a quem, pela via do acordo de colaboração, eventualmente se poderia privilegiar indevidamente. Mas, na hipótese assim aventada, considerando que exclusivamente de aspectos patrimoniais estar-se-ia a se cogitar, então a invalidação – que de todo modo é qualificada como ineficácia porque restrita aos credores que eventualmente tomem a iniciativa de postular a invalidade – não significaria desconstituição do acordo de colaboração, no tocante à eficácia substancial penal dele resultante.

A anulação de um negócio jurídico, conforme resulta da lei material, depende de adequada iniciativa da parte (art. 177 do CC). Isso quer dizer, sob a ótica processual, que eventual desconstituição do negócio jurídico está submetida ao princípio da demanda, segundo o qual é ônus do interessado não apenas romper a inércia da jurisdição, mas delimitar sua pretensão – pedido e respectivos fundamentos fáticos e jurídicos (CPC,

---

[14] Para ilustrar, o peso que possa ter uma colaboração não deveria considerar apenas o volume de delações (pessoas e situações) porque, afinal de contas, isso apenas estaria a indicar o proporcionalmente elevado nível de criminalidade praticado. Assim, ainda para ilustrar, não parece adequado que, mesmo que por vias indiretas, as concessões feitas pelo Estado (= representante do povo) se justificassem no argumento de que a criminalidade (de que participou o colaborador) ocorreu em larguíssima escala porque isso equivaleria a permitir que alguém se beneficiasse da própria torpeza. De todo modo, essa ideia de desproporção entre prestação e contraprestação faz pensar – quer sob o ângulo do colaborador, quer sob o ângulo da sociedade, que é representada pelo Ministério Público. Ainda está por ser analisada a possibilidade de se controlar a validade e eficácia de acordo de colaboração que seja lesivo ao patrimônio público ou à moralidade administrativa; fundamentos que a Constituição Federal (art. 5º, inc. LXXIII) e a Lei nº 4.717/65 estabelecem como adequados para a desconstituição de negócios jurídicos, pela via processual da assim denominada ação popular.

arts. 2º e 141). Assim, o mínimo que se pode esperar daquele que alega o vício é que o faça de maneira adequada, quer sob a ótica dos fatos (causa de pedir remota), quer do ponto de vista dos fundamentos jurídicos (causa de pedir próxima).

Não se trata de uma questão de formalismo processual porque, como visto, em se tratando de anulabilidade, é a lei material a primeira a impedir a atuação de ofício, que apenas se admite nos casos de nulidade. Em palavras simples: para se desconstituir negócio que padece de alegado vício de consentimento, é preciso ajuizar uma demanda anulatória, em típico exercício do direito de ação.

Consoante já se asseverou em doutrina:

> A sentença, na ação anulatória, desconstitui mais do que na ação de nulidade, porque é mais do que desconstituir-se o anulável que desconstituir-se o nulo. Quando o autor, na ação de nulidade, alega-a, o seu papel não é diferente daquele que exerce o autor, na ação de anulação. Ambos vão contra o ser jurídico, ainda que àquela alegação se permita a postulação *incidenter* ou de ofício. A diferença exsurge quando se aprecia a posição do réu: na alegação de nulidade, do negócio jurídico, ele objeta, e o juiz, salvo espécie excepcional, aprecia desde logo a objeção; na alegação de anulabilidade, o réu tem de vir com a sua ação em reconvenção, em ação à parte, salvo regra jurídica especial.

Donde se reafirmar que "A anulabilidade é objeção que exige ação própria; não é simples direito de impugnar contradireito".[15]

Da mesma forma, é correta a lição segundo a qual:

> Para que se possa ver declarada por sentença, a anulabilidade tem de ser pedida em ação própria, anulatória. Não basta a parte ou o interessado, a quem a anulabilidade aproveita, alegá-la como defesa em ação judicial. É necessário que seja deduzida mediante pedido, vale dizer, só pode ser reconhecida se houver pretensão anulatória ajuizada (ação anulatória). A pretensão anulatória é de natureza constitutiva negativa (desconstitutiva) e, portanto, está sujeita a exercício por meio de direito potestativo. Todos os que participaram do ato anulando devem figurar na ação, pois o litisconsórcio é necessário-unitário.[16]

Além disso, a inércia da jurisdição, como sabido, parte da premissa de que o escopo jurídico (de atuação da vontade concreta do direito objetivo) encontra limites no escopo social (de pacificação social); e, portanto, compete ao interessado desencadear tal atividade. Mais do que isso, a inércia encontra fundamento na preservação da imparcialidade e do contraditório.

No terreno das nulidades do acordo de colaboração, as coisas também devem se passar de forma análoga ao regramento no âmbito civil, embora realmente seja forçoso reconhecer que as situações previstas pelo art. 166 são de improvável ocorrência,[17]

---

[15] Cf. PONTES DE MIRANDA, Francisco Cavalcanti. *Tratado de direito privado*. 4. ed. São Paulo: Revista dos Tribunais, 1983. t. IV. p. 76.

[16] Cf. NERY JR., Nelson; NERY, Rosa Maria de Andrade. *Código Civil comentado*. 8. ed. São Paulo: Revista dos Tribunais, 2011. p. 385.

[17] Improvável, mas não impossível. Para além do que consta na sequência do texto, em tese seria possível imaginar que o colaborador tenha incapacidade não detectada, como no caso de posterior interdição, cuja eficácia pudesse ser retroativa e, assim, atingir o negócio. Em tese, o negócio poderá padecer, ainda que parcialmente, de indeterminação do objeto; ou poderá ter motivo ilícito.

considerando-se que o negócio conta com a participação de agente estatal – sem falar no controle que o Judiciário exerce mediante homologação. De todas as hipóteses previstas naquele dispositivo legal, talvez a referência ao objetivo de fraudar "lei imperativa" seja o mais problemático, pela possível dificuldade em se determinar se tal ou qual norma teria efetivamente aquele caráter – sabido que a indisponibilidade que um dia já se relacionou ao direito penal não mais vigora, sendo disso ilustração clara as disposições da própria Lei nº 12.850/13. Também não se pode descartar nulidade por força de simulação, na forma do art. 167 do Código Civil, embora também aqui a presença do agente estatal contribua para que a possibilidade seja consideravelmente remota.

Mas, tão importante quanto conhecer o regime que pauta a validade da colaboração premiada é lembrar que ele não se confunde com o ato estatal de homologação, a que alude a lei: uma coisa é o ato a ser homologado – que é resultado da convergência de vontades do Estado e do colaborador; outra é o ato homologatório, isto é, da decisão que está a cargo do Judiciário.

Se considerada a concepção clássica de jurisdição, o ato de homologação, em termos mais rigorosos, não pode ser qualificado como tipicamente jurisdicional: se a solução que supera a crise jurídica (real ou potencial) é ditada exclusivamente pelas partes, como ocorre nos casos de transação, não há atividade de caráter substitutivo. Sob a mesma ótica, o ato homologatório melhor seria qualificável como típico ato de jurisdição voluntária: estar-se-ia diante da administração pública de interesses que, se não são exatamente privados, são tratados como disponíveis, funcionando a homologação como condição para que o negócio produza os efeitos para os quais está programado. O fato de a homologação provir do Judiciário não atribui ao ato, só por isso, o caráter de jurisdicional, sabido que, nesse contexto e finalidade, o critério orgânico (que considera o órgão emissor da decisão) não é prevalecente.

Tal distinção é importante, entre outras razões, porque o ato homologatório – que é, por assim dizer, puramente estatal – está sujeito a um regime de invalidades próprio da lei processual, que há de considerar os assim chamados pressupostos processuais – investidura, imparcialidade, competência do órgão judicial. Além disso, a distinção é fundamental uma vez que cada um desses atos tem seu próprio campo de abrangência, isto é, seus limites subjetivos e objetivos.

5 Limites objetivos e subjetivos da eficácia do acordo de delação e respectiva homologação. Eficácia preclusiva e imutabilidade

No caso do acordo de colaboração, ao menos em princípio, seus limites são aqueles próprios de todo negócio jurídico, considerando-se o respectivo objeto e sujeitos.

Em termos objetivos, a delimitação dependerá do que tenha sido declarado pelas partes; embora isso não esgote o tema na medida em que eventualmente se faça necessário interpretar o negócio. Será, então, eventualmente preciso considerar a regra inscrita no art. 112 do Código Civil, segundo o qual "Nas declarações de vontade se atenderá mais à intenção nelas consubstanciada do que ao sentido literal da linguagem"; assim como a do art. 113, segundo o qual "Os negócios jurídicos devem ser interpretados conforme a boa-fé e os usos do lugar de sua celebração". Há a circunstância de ser um contrato em matéria penal – com interesses contrapostos do Estado e do indivíduo, que envolve renúncia ao direito de defesa em sua ótica tradicional –[18] de tal sorte que ele deve ser interpretado de forma estrita, conforme art. 114 do mesmo diploma. Mais ainda: pela desigualdade substancial entre as partes, se o acordo contiver cláusulas ambíguas ou contraditórias, a interpretação há de favorecer o colaborador, por incidir a *ratio* da regra contida no art. 423 do Código Civil que estabelece "Quando houver no contrato de adesão cláusulas que gerem dúvida quanto à sua interpretação, será adotada a mais favorável ao aderente".

Eventualmente, outras disposições gerais dos negócios jurídicos ou dos contratos poderão ser necessárias. Para ilustrar, eventualmente pode surgir dúvida acerca de serem os termos da colaboração *silentes* acerca de tal ou qual ponto. O Código Civil prevê um bom número de casos em que trata do assunto, ao dizer que, "no silêncio do contrato", tal ou qual regra deve vigorar.[19] A regra geral daquele diploma é a de o silêncio "importa anuência, quando as circunstâncias ou os usos o autorizarem, e não for necessária a declaração de vontade expressa" (art. 111). Mas, em se tratando de matéria penal, inclusive por força do que se extrai do sistema constitucional, o silêncio não poderá produzir efeitos desfavoráveis a qualquer uma das partes. Nada pode ou deve ser presumido nessa matéria e da omissão só se pode mesmo extrair que as partes nada estabeleceram. No limite, se for imprescindível interpretar o negócio diante do silêncio sobre tal ou qual ponto, a conclusão nunca poderá desfavorecer o colaborador. Aliás, tratando-se de um negócio jurídico bilateral, vale a regra segundo a qual "o silêncio intencional de uma das partes a respeito de fato ou qualidade que a outra parte haja ignorado, constitui omissão dolosa, provando-se que sem ela o negócio não se teria celebrado" (art. 147).

Quanto aos limites *subjetivos* do negócio, ele vincula apenas aqueles que o subscrevem, com a ressalva de que o agente estatal – como já foi destacado – é adequado representante da sociedade; aliás, uma representação que exerce com exclusão de qualquer outra, de tal sorte que o Ministério Público (e, eventualmente a autoridade policial, mas sempre com a presença do *Parquet*) é o único legitimado a celebrar o negócio (Lei nº 12.850/13, art. 4º, §6º). Nesse particular, ao contrário do que se passa no sistema brasileiro de tutela de direitos transindividuais,[20] não há legitimação concorrente de uma multiplicidade de diferentes entidades.[21] Isso é importante não apenas pela mais óbvia constatação de que a eficácia do negócio se opera *erga omnes*, mas para delimitar a pertinência subjetiva para eventual impugnação do negócio.

Quanto ao ato (estatal) homologatório, o ponto nodal reside em determinar qual seria sua eficácia preclusiva, isto é, o que objetivamente ficaria excluído de novos debates, considerando que a lei, conforme já lembrado, estabeleceu que o conteúdo

---

[18] Não parece possível qualificar a colaboração como um contrato "benéfico", nem mesmo se considerada a premissa de que, sem ser gratuito, nele "um dos contratantes presta um serviço ao outro sem nada receber em troca da prestação feita ou prometida, porém sem empobrecer-se, ou sem sofrer diminuição de seu patrimônio" (cf. PEREIRA, Caio Mário da Silva. *Instituições de direito civil*. Rio de Janeiro: Forense, 2013. v. III. p. 58). Assim, o "serviço" prestado pelo colaborador, conquanto não lhe acarrete perda patrimonial, importa renúncia à defesa; o que tem valor inestimável.

[19] Arts. 111, 147, 299, parágrafo único, 326, 529, 769, 1.015, 1.077, 1.114, 1.934.

[20] Arts. 5º da Lei nº 7.347/85 e 82 da Lei nº 8.078/90.

[21] À exceção da possibilidade de o acordo ser firmado junto à autoridade policial; o que, como foi dito no texto, é mais uma aparente exceção, já que o Ministério Público, por ser titular da ação penal, deverá sempre estar presente, conforme o §6º do art. 4º da Lei nº 12.850/13.

desse ato abrange o exame da "regularidade, legalidade e voluntariedade" do negócio. Aqui, é compreensível que haja preocupação com a estabilidade do negócio jurídico, do qual decorrem consequências relevantes para o colaborador e para a sociedade, presumivelmente beneficiada pela colaboração. Daí eventualmente se preconizar que, uma vez homologado o acordo de colaboração, não seria mais possível rever qualquer um daqueles três aspectos.

O que se estaria assim a alvitrar, a rigor, seria que a decisão homologatória se tornasse imutável; o que significaria lhe atribuir autoridade própria de coisa julgada material; que é a imutabilidade dos efeitos substanciais de uma decisão e que traz consigo a assim denominada eficácia preclusiva da coisa julgada, que abrange o deduzido e o dedutível, conforme regra positivada no art. 508 do CPC. Vale dizer: uma vez transitada em julgado, nos limites do objeto do processo, tudo o que foi – ou que poderia ter sido – discutido torna-se indiscutível. No caso da homologação do acordo, ter-se-ia o seguinte: homologado o negócio, tudo o que foi – ou que poderia ter sido – aventado e debatido sobre a regularidade, legalidade e voluntariedade do negócio se tornaria superado e intangível.

Preservadas opiniões em contrário, esse modo de ver as coisas não é o mais adequado.

Desde logo, se tomado o conceito clássico de jurisdição, não seria possível divisar natureza jurisdicional no ato de homologação porque, conforme já foi observado, não é ele a causa de superação da crise verificada no plano substancial. Não há caráter substitutivo e o mais adequado, sob essa ótica, seria qualificar o ato como tipicamente de jurisdição voluntária. Mas, atos dessa natureza, costuma-se dizer, não transitam materialmente em julgado.

Mas, dando-se de barato essa possível objeção (na medida em que a tradicional contraposição entre jurisdição contenciosa e voluntária merece ser revista), fato é que a formação da coisa julgada material – ou simplesmente a imutabilidade dos efeitos substanciais que se projetam para fora do processo – deve estar necessariamente associada à cognição que jurídica e eticamente justifique a imunização de dado pronunciamento a qualquer impugnação que lhe possa ser dirigida.

Essa vinculação já era preconizada pela doutrina[22] e acabou positivada no Código de Processo Civil: ao tratar da coisa julgada sobre a resolução de questão prejudicial, o §2º, inc. III do art. 503 foi expresso ao estabelecer que não se dá a imutabilidade "se no processo houver restrições probatórias ou limitações à cognição que impeçam o aprofundamento da análise da questão prejudicial". De forma análoga, a lei trata da estabilização da tutela provisória antecipada no art. 303, cujo provimento não é apto à formação da coisa julgada, conforme regra do §6º do art. 304 – e a razão determinante para tanto é justamente a de que, não tendo havido cognição exauriente, não há como se reputar estável dada decisão.

---

[22] Cf. nosso *Ação rescisória*: juízos rescindente e rescisório. São Paulo: Malheiros, 2005. p. 158-164, item 51; TALAMINI, Eduardo. *Coisa julgada e sua revisão*. São Paulo: Revista dos Tribunais, 2005. p. 57 e seguintes; DIDIER JR., Fredie; BRAGA, Paula Sarno; OLIVEIRA, Rafael. *Curso de direito processual civil*. 5. ed. Salvador: JusPodivm, 2010. v. 2. p. 410; ARMELIN, Donaldo. Flexibilização da coisa julgada. *In*: DIDIER JR., Fredie (Org.). *Relativização da coisa julgada*. 2. ed. Salvador: JusPodivm, 2008. p. 89.

E, de resto, assim já se reconhecia diante de outras situações, como no caso do processo cautelar e de execução, em que a impossibilidade da formação da coisa julgada e da imutabilidade que a caracteriza decorriam justamente do fato de não haver adequada margem de cognição ou declaração de direito a ensejar aquele fenômeno. Não é por outra razão que em inúmeras situações o ordenamento remete a parte às "vias próprias", isto é, vias em que a profundidade da cognição autoriza dar-se determinado assunto por encerrado.

Ora, nos estreitos limites do controle realizado ao ensejo da homologação do acordo de delação, a cognição é evidentemente limitada e, portanto, não há como sustentar que aquele ato imunizaria o acordo a ponto de o tornar indiscutível. Em certo sentido, poder-se-ia falar desde logo num limite horizontal à cognição porque o exame da regularidade, legalidade e voluntariedade parece ser excludente das causas de anulabilidade. Além disso, o órgão judicial pode não dispor de elementos – dos quais, portanto, sequer pode conhecer – para avaliar se o ato realmente padece de invalidade. É pensar no caso de simulação, para ilustrar.

Mas, o verdadeiro – ou mais relevante – problema nem parece ser esse. A questão se restringe ao objeto (extensão) da cognição que está ao alcance do órgão judicial que homologa o acordo. Sem ter como conhecer adequadamente de fatos e fundamentos que podem levar à invalidade – por nulidade ou anulabilidade – do negócio jurídico, não há como sustentar que a decisão cobriria o deduzido e o dedutível, isto é, o que foi e o que poderia ter sido discutido, relativamente ao acordo de colaboração.

Com tais limitações, mesmo que certos fatos e fundamentos potencialmente geradores de invalidade (nulidade ou anulabilidade) se apresentassem ao órgão julgador no momento de realizar a homologação, não haveria ambiente processual para a correspondente e adequada cognição, caso ela eventualmente demandasse outra prova que não a documental, isto é, prova pré-constituída. Aliás, mesmo em matéria de nulidades, embora elas devam ser "pronunciadas pelo juiz, quando conhecer do negócio jurídico ou dos seus efeitos", isso só pode obviamente ocorrer se ele "as encontrar provadas", conforme dicção corretamente empregada pelo art. 168, parágrafo único do Código Civil.

A limitação de profundidade da cognição, com recusa à formação de coisa julgada material e remessa a vias processuais de cognição plena não é desconhecida do sistema brasileiro. Assim ocorre, para ilustrar, no âmbito do mandado de segurança, em que não é possível dilação probatória que não a documental, por vigorar a exigência de direito líquido e certo. Por isso é que o reconhecimento da falta de liquidez e certeza – conceito estritamente processual – não autoriza a formação de coisa julgada material e, portanto, não impede a discussão do mesmo objeto em processo de cognição plena. De forma análoga ocorre no processo de inventário, quando se trata de questão de alta indagação (arts. 627, §3º e 628, §2º), em que não se pode empreender a cognição adequada no bojo do processo em que originalmente surgida a questão; donde a remessa para "vias ordinárias". Em ambos os casos lembrados, é preciso remeter o interessado para vias processuais em que a plenitude da cognição seja adequada ao conhecimento dos fatos e fundamentos que são alegados, nos limites estabelecidos pelo regime de validades/invalidades do negócio jurídico.

No caso das anulabilidades, aliás, a decisão homologatória do acordo de colaboração sequer em tese poderia ter eficácia preclusiva uma vez que aquele tipo de vício exige a provocação do sujeito legitimado e, nos termos do art. 177 do Código Civil, "não tem efeito antes de julgada por sentença, nem se pronuncia de ofício; só os interessados a podem alegar, e aproveita exclusivamente aos que a alegarem, salvo o caso de solidariedade ou indivisibilidade". Isso quer dizer que somente em vias próprias se pode realizar adequada cognição acerca desse tipo de vício e, ao final, desconstituir-se o negócio.

Ainda: não se trata de admitir seja revista a validade do negócio, após a homologação, tão somente diante de fatos novos, isto é, de fatos supervenientes. Os requisitos de validade devem ser considerados de maneira contemporânea à celebração do negócio porque, fora daí, não seria exatamente de invalidade que se estaria a cogitar, mas de possível ineficácia.[23] Portanto, o que se há de considerar serão sempre e necessariamente fatos passados, contemporâneos à consumação do negócio, não se podendo confundir a superveniência do fato, de um lado, com a circunstância de que esse mesmo fato só emerja em momento posterior à homologação, de outro lado. Daí, então, dever a questão ser adequadamente posta em termos de cognição.

Para se cogitar de invalidade por fato superveniente seria preciso supor que houvesse uma posterior perda de capacidade do agente colaborador; ou que o objeto do negócio, antes tido por lícito, passasse a ser reputado ilícito. No primeiro caso, ainda assim, não seria de se invalidar o negócio, mas de lhe dar cumprimento, com a ressalva de que o incapaz precisaria ter um representante legal. No segundo caso, seria de se duvidar que tal superveniência, tanto mais em matéria penal, pudesse afetar o ato jurídico perfeito.

Assim, dizer que somente por fatos supervenientes poderia ser invalidado o acordo de colaboração seria indiretamente reconhecer que a homologação faria coisa julgada material, mas que cederia por ser *rebus sic stantibus*. Mas, não é disso que se trata, quando se pensa na invalidade. Com isso, não se está a dizer que fatos supervenientes possam ser irrelevantes para a eficácia do acordo de colaboração. Eles podem, repita-se, interferir na eficácia do negócio. Mas, aí não se trata mais de validade.

Em suma, por todas essas razões, não há como extrair do ato de homologação uma eficácia preclusiva, com projeção para fora do processo, que pudesse cobrir não apenas o que porventura tenha sido detectado pelo órgão judicial, mas todo e qualquer outro vício. Isso quer dizer que, havendo causa de anulabilidade, observados os prazos decadenciais para que essa providência seja postulada, o ato homologatório não impedirá que seja desconstituído o negócio por tal fundamento. Isso também quer dizer que, havendo eventual causa de nulidade do negócio, que não tenha sido expressamente apreciada ao ensejo da homologação, ela poderá e deverá ser reconhecida.

E não colhe o argumento de que admitir que o acordo seja invalidado, depois de homologado, colocaria em risco a segurança jurídica ou poderia representar ato de deslealdade do Estado para com o colaborador. Conforme se procurou demonstrar, não há razão que possa justificar que esse negócio jurídico simplesmente escapasse

---

[23] Para se cogitar de invalidade por fato superveniente seria preciso supor que houvesse uma posterior perda de capacidade do agente colaborador; ou que o objeto do negócio, antes tido por lícito, passasse a ser reputado ilícito. No primeiro caso, ainda assim, não seria de se invalidar o negócio, mas de lhe dar cumprimento, com a ressalva de que o incapaz precisaria ter um representante legal. No segundo caso, seria de se duvidar que tal superveniência, tanto mais em matéria penal, pudesse afetar o ato jurídico perfeito.

ao regime jurídico a que se submetem todos eles. Ninguém duvida de que ele tenha importantes peculiaridades, a começar do fato de que é um acordo em matéria penal. Mas, há muito o sistema admite esse tipo de situação e, portanto, a matéria envolvida, conquanto relevante, não é suficiente para excluir esse acordo de um imprescindível regime de validades/invalidades.

A insegurança que possa resultar de negócios celebrados de maneira viciada ou defeituosa é um risco com o qual o sistema convive em toda e qualquer situação em que pessoas estabelecem vínculos contratuais. Por que seria diferente no acordo de colaboração premiada? Até pelo contrário, na transposição do que (tradicionalmente se entendia como) indisponível para o disponível, convém ser ainda mais cuidadoso com negócios que desatendam o modelo legal e que, ainda que por exceção, não mereçam subsistir. Por outras palavras: justamente porque se está no terreno do direito penal é que os requisitos de validade do negócio devem ser tratados com atenção, sem exageros ou distorções, mas com a observância do regime que pauta os negócios jurídicos. Assim, o risco de partes verem o negócio que celebraram invalidado é um dado com o qual elas devem lidar e, justamente por isso, elas devem se esmerar nos cuidados para que não haja desconformidade com o modelo legal.

Embora a matéria penal seja inegavelmente relevante, temores análogos há em matéria patrimonial, por exemplo, quando se colocam em discussão a validade de deliberações societárias, que envolvem – de maneira imediata ou potencial – uma plêiade de pessoas. Por isso é que a doutrina se esmera em demonstrar que o regime de invalidades em matéria societária – por envolver contratos plurilaterais – deve ser concebido de modo especial, de tal sorte que não se gere insegurança para terceiros.[24] Daí se preconizar que "as nulidades devem ser reduzidas às estritamente necessárias".[25]

Mas, isso não significa dizer que invalidades possam simplesmente se perpetuar em nome da segurança das relações jurídicas; até porque não haveria verdadeira estabilidade se os vínculos se formassem em bases reconhecidamente defeituosas ou inválidas. Isso não quer dizer que a desconstituição de negócios jurídicos se banalize. Pelo contrário, conforme sugere a doutrina:

> justamente porque o negócio jurídico, ao ser "recebido" pelo ordenamento, se vê *ipso facto* reconhecido como socialmente útil, vigora *o princípio da conservação*, segundo o qual, quer como orientação de política legislativa, quer como regra de aplicação da lei, deve-se procurar salvar o máximo possível do negócio jurídico realizado. Entre duas sanções cabíveis, deve ser escolhida a que permita a produção do maior número de efeitos.[26]

---

[24] Cf. MENDONÇA, J. X. Carvalho de. *Tratado de direito comercial brasileiro*. 5. ed. Rio de Janeiro: Freitas Bastos, 1953. v. III. p. 372-374; CARVALHOSA, Modesto. *Comentários à Lei de Sociedades Anônimas*. v. IV. t. II. 2. ed. São Paulo: Saraiva, 2003. p. 455-456; BULGARELLI, Waldirio. Questão referente a livros societários e documentos relativos à presença e às deliberações das assembléias gerais. *Revista de Direito Mercantil, Industrial, Econômico e Financeiro*, n. 114. p. 257; FRANÇA, Erasmo Valladão A. N. Anulação de assembléia de transformação de sociedade anônima. *Revista de Direito Mercantil*, v. 119, p. 257-260; LAMY FILHO, Alfredo. Acordo de acionistas sobre exercício do direito de voto. *In*: LAMY FILHO, Alfredo; PEDREIRA, José Luiz Bulhões. *A Lei das S/A*. Rio de Janeiro: Renovar, 1992. v. II. p. 545-546. Ainda: STJ. REsp nº 35.230. Rel. Min. Sálvio de Figueiredo Teixeira, 4ª Turma, j. 10.4.1995. *DJU*, 20 nov. 1995, p. 1390.

[25] Cf. MENDONÇA, J. X. Carvalho de. *Tratado de direito comercial brasileiro*. 5. ed. Rio de Janeiro: Freitas Bastos, 1953. v. III. p. 372-374.

[26] Cf. AZEVEDO, Antonio Junqueira de. *Negócio jurídico e declaração negocial*. Tese (Titularidade) – Faculdade de Direito da Universidade de São Paulo, São Paulo, 1986. p. 109.

Com base nisso, realmente "o ordenamento desenvolve mecanismos técnicos que refletem o propósito de aproveitar o quanto possível da declaração, para extrair dela um máximo de utilidade".[27]

De outra parte, admitir-se que dado negócio jurídico, depois de celebrado, seja eventual e excepcionalmente invalidado não significa deslealdade de quem quer que seja. A cogitação de se transformar um negócio jurídico em algo intocável não guarda relação – jurídica ou ética – com lealdade; até porque a deslealdade de uma das partes pode eventualmente ser fundamento para a invalidação, tal como acontece no caso de dolo (*vide*, por exemplo, art. 147 do Código Civil) ou, eventualmente, de reserva mental (art. 110). Certamente que o desfazimento não se opera por capricho ou segundo conveniência de uma das partes, não pairando qualquer dúvida de que os defeitos são a patologia e a desconstituição, a solução excepcional. E, justamente por isso, as regras sobre invalidades conhecem mecanismos de tentativa de preservação de negócios realizados imperfeitamente.

Quando muito, poderia ser dito que aquele que deu causa à invalidade não poderia argui-la, porque isso seria comportamento desleal por contradição com a própria conduta (*venire contra factum proprium*). Nessa linha, o art. 276 do CPC realmente estatui que a decretação da nulidade "não pode ser requerida pela parte que lhe deu causa". Mas, no âmbito do direito material civil vigora a regra de que as nulidades não apenas podem ser alegadas por qualquer interessado, ou pelo Ministério Público, quando lhe couber intervir, mas "devem ser pronunciadas pelo juiz, quando conhecer do negócio jurídico ou dos seus efeitos e as encontrar provadas, não lhe sendo permitido supri-las, ainda que a requerimento das partes" (art. 168) – o que, portanto, mostra que reconhecimento de invalidades (notadamente se qualificáveis como nulidades) pouco ou nada tem a ver com lealdade. Essa última é elemento relevantíssimo na formação e execução do contrato, mas não é propriamente critério considerado na determinação da invalidade do negócio ou de seu possível aproveitamento – exceto, repita-se, se a deslealdade for, de alguma forma, qualificável como vício ou defeito do negócio.

Certamente que o sistema prestigia a boa-fé. Contudo, mais uma vez, esse imperativo de conduta norteia a formação e execução do contrato, conforme regra do art. 422 do Código Civil, eventualmente exacerbada por alguma outra – como é o caso do art. 765 que, no contexto do contrato de seguro, é incisivo ao falar na "mais estrita boa-fé e veracidade" das partes. Mas, daí a se tomar a boa-fé como fator que possa superar invalidades vai uma distância grande, especialmente no terreno das nulidades. Eventualmente, dela (boa-fé) se possa cogitar como fator determinante da subsistência de negócios inválidos quando se levar em conta o elemento subjetivo de um terceiro estranho ao negócio. Isso ocorre, como já lembrado, no âmbito societário, entre outras situações em que, realmente, apela-se à ideia de desconhecimento do vício por terceiros, justamente para se preservarem valores como previsibilidade, segurança e confiança.

Mas, para se ter a boa-fé como elemento imunizador de invalidades é preciso que de alguma forma haja previsão pelo ordenamento; do contrário, bastaria a regra de que somente se invalidam negócios quando praticados de má-fé. E, com efeito, há regras

---

[27] Cf. GOBBET, Renata Helena Petri. *Aspectos doutrinários da invalidade de negócio jurídico no direito privado*. Dissertação (Mestrado) – Faculdade de Direito da Universidade de São Paulo, 1985. p. 36. Ainda: LUTZESCO, Georges. *Teoria y practica de las nulidades*. Tradução de Manuel Romero Sánchez y Julio López de la Cerda. 4. ed. México D.F.: Porrúa, 1978. p. 302.

especiais, que apontam para a superação de defeito ou de vício do negócio na presença da boa-fé. Assim, parece correto entender que essa convalidação depende de autorização, tal como ocorre, para ilustrar, nos casos previstos pelos arts. 128 ("Sobrevindo a condição resolutiva, extingue-se, para todos os efeitos, o direito a que ela se opõe; mas, se aposta a um negócio de execução continuada ou periódica, a sua realização, salvo disposição em contrário, não tem eficácia quanto aos atos já praticados, desde que compatíveis com a natureza da condição pendente e conforme aos ditames de boa-fé"); 164 ("Presumem-se, porém, de boa-fé e valem os negócios ordinários indispensáveis à manutenção de estabelecimento mercantil, rural, ou industrial, ou à subsistência do devedor e de sua família"); 309 ("O pagamento feito de boa-fé ao credor putativo é válido, ainda provado depois que não era credor"); 606 ("Se o serviço for prestado por quem não possua título de habilitação, ou não satisfaça requisitos outros estabelecidos em lei, não poderá quem os prestou cobrar a retribuição normalmente correspondente ao trabalho executado. Mas se deste resultar benefício para a outra parte, o juiz atribuirá a quem o prestou uma compensação razoável, desde que tenha agido com boa-fé"); 689 ("São válidos, a respeito dos contratantes de boa-fé, os atos com estes ajustados em nome do mandante pelo mandatário, enquanto este ignorar a morte daquele ou a extinção do mandato, por qualquer outra causa").

Para além da boa-fé, o ordenamento se vale de outros critérios ou mecanismos para preservar negócios imperfeitos. Um deles considera a verificação de prejuízo e, dessa forma, segrega a parte viciada, de sorte a prestigiar a parcela perfeita, conforme, para ilustrar, ocorre nas hipóteses previstas pelos arts. 183 ("A invalidade do instrumento não induz a do negócio jurídico sempre que este puder provar-se por outro meio") e 184 ("Respeitada a intenção das partes, a invalidade parcial de um negócio jurídico não o prejudicará na parte válida, se esta for separável; a invalidade da obrigação principal implica a das obrigações acessórias, mas a destas não induz a da obrigação principal").

Outro critério adotado – clássico, por sinal – é o tempo. Após o decurso de algum tempo realmente o ato se torna inatacável. Isso vale para o processo civil, marcado pelo fenômeno da preclusão; mesmo assim a depender do grau de reprovabilidade que o ordenamento confere ao vício. É que, como sabido, em alguns casos nem mesmo a coisa julgada prevalece, tal como se dá nas hipóteses de ação rescisória ou de vícios qualificáveis como de inexistência. Isso também vale para o direito civil, mas para as anulabilidades, uma vez que, para as nulidades, há regra segundo a qual "O negócio jurídico nulo não é suscetível de confirmação, nem convalesce pelo decurso do tempo" (art. 169).

Aliás, no terreno das anulabilidades realmente o sistema é consideravelmente mais complacente, admitindo que, por diferentes formas, o negócio, conquanto nascido imperfeito, possa se convalidar, considerando-se o comportamento das partes. Apenas para ilustrar, sejam lembradas as regras contidas nos arts. 170 ("Se, porém, o negócio jurídico nulo contiver os requisitos de outro, subsistirá este quando o fim a que visavam as partes permitir supor que o teriam querido, se houvessem previsto a nulidade"), 172 ("O negócio anulável pode ser confirmado pelas partes, salvo direito de terceiro", admitindo-se que a confirmação seja reputada implícita "quando o negócio já foi cumprido em parte pelo devedor, ciente do vício que o inquinava", conforme art. 174) e 176 ("Quando a anulabilidade do ato resultar da falta de autorização de terceiro, será validado se este a der posteriormente").

Referências

ARMELIN, Donaldo. Flexibilização da coisa julgada. *In*: DIDIER JR., Fredie (Org.). *Relativização da coisa julgada*. 2. ed. Salvador: JusPodivm, 2008.

AZEVEDO, Antonio Junqueira de. *Negócio jurídico* – Existência, validade e eficácia. São Paulo: Saraiva, 1974.

AZEVEDO, Antonio Junqueira de. *Negócio jurídico e declaração negocial*. Tese (Titularidade) – Faculdade de Direito da Universidade de São Paulo, São Paulo, 1986.

BULGARELLI, Waldirio. Questão referente a livros societários e documentos relativos à presença e às deliberações das assembléias gerais. *Revista de Direito Mercantil, Industrial, Econômico e Financeiro*, n. 114.

CABRAL, Antonio do Passo. *Convenções processuais*. Salvador: JusPodivm, 2016.

CARVALHOSA, Modesto. *Comentários à Lei de Sociedades Anônimas*. v. IV. t. II. 2. ed. São Paulo: Saraiva, 2003.

DIDIER JR., Fredie; BRAGA, Paula Sarno; OLIVEIRA, Rafael. *Curso de direito processual civil*. 5. ed. Salvador: JusPodivm, 2010. v. 2.

FRANÇA, Erasmo Valladão A. N. Anulação de assembléia de transformação de sociedade anônima. *Revista de Direito Mercantil*, v. 119, p. 257-260.

GOBBET, Renata Helena Petri. *Aspectos doutrinários da invalidade de negócio jurídico no direito privado*. Dissertação (Mestrado) – Faculdade de Direito da Universidade de São Paulo, 1985.

GOMES, Orlando. *Contratos*. 26. ed. Rio de Janeiro: Forense, 2009.

LAMY FILHO, Alfredo. Acordo de acionistas sobre exercício do direito de voto. *In*: LAMY FILHO, Alfredo; PEDREIRA, José Luiz Bulhões. *A Lei das S/A*. Rio de Janeiro: Renovar, 1992. v. II.

LUTZESCO, Georges. *Teoria y practica de las nulidades*. Tradução de Manuel Romero Sánchez y Julio López de la Cerda. 4. ed. México D.F.: Porrúa, 1978.

MENDONÇA, J. X. Carvalho de. *Tratado de direito comercial brasileiro*. 5. ed. Rio de Janeiro: Freitas Bastos, 1953. v. III.

MOREIRA, José Carlos Barbosa. Convenções das partes sobre matéria processual. *In*: MOREIRA, José Carlos Barbosa. *Temas de direito processual*: terceira série. São Paulo: Saraiva, 1984.

NERY JR., Nelson; NERY, Rosa Maria de Andrade. *Código Civil comentado*. 8. ed. São Paulo: Revista dos Tribunais, 2011.

NOGUEIRA, Pedro Henrique Pedrosa. *Negócios jurídicos processuais*: análise dos provimentos judiciais como atos negociais. Tese (Doutorado) – Faculdade de Direito, Universidade Federal da Bahia, 2011.

PEREIRA, Caio Mário da Silva. *Instituições de direito civil*. Rio de Janeiro: Forense, 2013. v. III.

PONTES DE MIRANDA, Francisco Cavalcanti. *Tratado de direito privado*. 4. ed. São Paulo: Revista dos Tribunais, 1983. t. IV.

TALAMINI, Eduardo. *Coisa julgada e sua revisão*. São Paulo: Revista dos Tribunais, 2005.

YARSHELL, Flávio Luiz. *Ação rescisória*: juízos rescindente e rescisório. São Paulo: Malheiros, 2005.

YARSHELL, Flávio Luiz. *Antecipação da prova sem o requisito da urgência e direito autônomo à prova*. São Paulo: Malheiros, 2009.

YARSHELL, Flávio Luiz. Convenção das partes em matéria processual: rumo a uma nova era? *In*: CABRAL, Antonio do Passo; NOGUEIRA, Pedro Henrique Pedrosa (Coord.). *Negócios processuais*. Salvador: JusPodivm, 2015. Coleção Grandes Temas do Novo CPC.

YARSHELL, Flávio Luiz. O futuro da execução por quantia nas mãos do Superior Tribunal de Justiça: proposta de reflexão sob a ótica econômica. *Revista do Advogado*, São Paulo, p. 102-109, abr. 2019.

YARSHELL, Flávio Luiz. Processo civil sob o enfoque econômico. *Carta Forense*, jul. 2018.

Informação bibliográfica deste texto, conforme a NBR 6023:2018 da Associação Brasileira de Normas Técnicas (ABNT):

YARSHELL, Flávio Luiz. A colaboração premiada vista por um processualista civil. *In*: MORAES, Alexandre de; MENDONÇA, André Luiz de Almeida (Coord.). *Democracia e sistema de justiça*: obra em homenagem aos 10 anos do Ministro Dias Toffoli no Supremo Tribunal Federal. Belo Horizonte: Fórum, 2020. p. 217-241. ISBN 978-85-450-0718-0.

A JUSTIÇA E O QUE PERMANECE – UMA BREVE REFLEXÃO SOBRE A VERDADE E SUAS AUSÊNCIAS

GABRIEL CHALITA

Honrado com o convite de fazer parte de uma obra em homenagem ao Excelentíssimo Presidente do Supremo Tribunal Federal, Ministro José Antônio Dias Toffoli, por ocasião da celebração dos 10 anos de judicatura na mais alta corte de justiça do país, atrevo-me a emprestar da filosofia os conceitos recorrentes do que permanece e do que muda. Do que é essência e do que é opinião. As transitoriedades desafiam a ontologia.

Introdução

Em tempos furtivos, há que se recorrer a uma lupa cognitiva potente para enxergar com olhos de ver a essência. A essência não mora na fluidez, tampouco nas invisibilidades ou na pressa. A essência mora no princípio da identidade, na constituição do que se é, do que não se mistura com o que não é. Foi esse o caminho da filosofia de Parmênides de Eleia em sua *alethéia*. A via da verdade não era a via da *doxa*. "O ser é, o não ser não é". Como se apropriar do que é e saber compreender o que não é?

Heráclito de Éfeso, outro pensador pré-socrático, utilizava métrica distinta de observação, a necessidade da mudança. O vir a ser ou o devir é o movimento necessário da humanidade.

Discutir o que permanece e o que muda é um caminho convidativo para pensar a verdade na justiça e nas suas ausências. Que ausências são essas? O preconceito, a vaidade, a precariedade do conhecimento, a desonestidade moral ou intelectual configuram-se obstáculos para a efetivação da justiça.

É esse o caminho que se propõe nas folhas que se seguem. Como experiência nascida da dor, a história de cinco jovens brutalmente condenados, retratada na série *Olhos que condenam*,[1] de Ana Duvernay, serve como referencial prático nos dizeres

---

[1] TERTO, Amauri. Olhos que condenam – Série disponível em Netflix sobre caso de condenação injusta de 5 jovens negros. *Huffpost Brasil*, 19 abr. 2019. Disponível em: https://www.huffpostbrasil.com/entry/olhos-que-condenam-serie-netflix_br_5cb9dcafe4b068d795cbdbd1. Acesso em: 20 jun. 2019.

teóricos, trazendo a permanência como sinônimo de harmonia, de minimização de conflitos, de atingimento da verdade.

A verdade tem os seus caprichos. É difícil descortiná-la! Os apressados se achegam muito mais rapidamente ao engodo e, por isso, cometem injustiças. Ou se acredita que a justiça é possível ou se desiste de peregrinar.

1 Sobre a permanência

A ideia de permanência tem, em Baruch de Espinosa,[2] importante inspiração:

> Por sentença dos anjos, pelo juízo dos santos, nós, irmãos, expulsamos, amaldiçoamos e imprecamos contra Baruch de Espinosa com o consentimento do santo Deus e o de toda essa comunidade [...] com o anátema lançado por Josué contra Jericó, com a maldição de Elias aos jovens, e com todas as maldições da lei. Maldito seja de dia e maldito seja de noite, maldito seja ao levantar-se e maldito seja ao deitar-se, maldito seja ao sair e maldito seja ao regressar. Que Deus nunca mais o perdoe ou o aceite; que a ira e a cólera de Deus se inflamem contra esse homem, e que seu nome seja riscado do céu e que Deus, para seu mal, exclua-o de todas as tribos de Israel. Ordenamos que ninguém mantenha com ele comunicação oral ou por escrito, que ninguém lhe preste favor algum, que ninguém permaneça sobre o mesmo teto que ele, que ninguém se aproxime dele a menos de quatro côvados de distância e que ninguém leia uma obra escrita ou concebida por ele.

Por que foi Baruch de Espinosa excomungado? O que disse de tão grave? Que sentença é essa que decidia, inclusive, o que Deus deveria fazer? Quem deu tamanho poder a esses homens? Saiamos dos anos de 1600 e voltemos aos 500 a.C., em que moravam Heráclito e Parmênides.

Heráclito acreditava que o mundo não era um lugar estático, mas um fluxo, um mudar-se continuamente, um devir. O exemplo do rio, tão utilizado filosofia afora, retrata muito bem esse pensamento. O rio passa. Não se pode entrar duas vezes nas mesmas águas de um mesmo rio. Tudo é transitório. Assim é o tempo.

Quem tem o poder de segurar o tempo? Quem tem o direito de dizer às águas que passem mais rapidamente porque as margens não são tão agradáveis? Ou o poder de decidir que permaneçam contemplando? Há um curso necessário. Inobediente.

A vida é um vir a ser morte, a morte é um vir a ser vida. O úmido é um vir a ser seco, o seco é um vir a ser úmido. O dia é um vir a ser noite, a noite é um vir a ser dia. O universo está em permanente conflito com o seu contrário. A guerra e a paz. O amor e o ódio. O quente e o frio.

Um cavalo é diferente a cada dia. Envelhece. Engorda ou emagrece. Perde ou ganha força. Nunca é o mesmo. E, assim, os humanos. Mutáveis. Então, nada permanece?

Contra esse pensamento, encontramos Parmênides de Eleia. Para alguns, o pai da ontologia. Parmênides, em seu poema, *Sobre a natureza*,[3] debruça-se sobre os caminhos da verdade (*alethéia*) e da opinião (*doxa*). *Alethéia* vem de descoberta, de desvelamento, de busca incessante por aquilo que é. E pelo desprezo daquilo que não é.

---

[2]   ESPINOSA, Baruch de. *Breve tratado de Deus, do homem e do seu bem-estar*. Belo Horizonte: Autêntica, 2017. p. 37.

[3]   PARMÊNIDES. *Da natureza*. 1. ed. Tradução de José Gabriel Trindade Santos, modificada pelo tradutor. São Paulo: Loyola, 2002.

Doxa é o desprezível caminho da opinião, do impedimento de se chegar à verdade, do desperdício da vida humana.

Não importa se o cavalo muda a cada dia. O que importa é a essência do cavalo. As águas do rio têm a sua transitoriedade, mas a essência do rio, o que o identifica, o que o diferencia de outros elementos, permanece.

Voltemos a Espinosa. Por que mesmo foi ele condenado? Por falar de um Deus imanente mais do que um Deus transcendente? Por querer ver Deus nas infinitas manifestações da natureza? Por compreender as paixões humanas e supervalorizar o amor? O que permanece do pensamento de Espinosa?

Em seu *Tratado da emenda do intelecto*[4] escreve o autor:

> Pois tudo aquilo que no mais das vezes ocorre na vida e que junto aos homens é estimado como sumo bem, é lícito coligir a partir de suas obras, se reduz a estes três, a saber: as riquezas, a honra e o prazer. Por esses três a mente é distraída a tal ponto que ela não pode pensar nem um pouco em algum outro bem. Com efeito, no atinente ao prazer, por ele o ânimo é suspenso, como se repousasse em algum bem, a tal ponto que fica maximamente impedido de pensar em algum outro; mas, depois de sua fruição, segue-se uma suma tristeza, a qual, se não suspende a mente, no entanto a perturba e hebeta.

Prossegue Espinosa,[5] explicando a distração causada pela honra e pelas riquezas: "A honra tem um grande impedimento, pelo fato de que, para consegui-la, é necessário que a vida seja dirigida conforme a compreensão dos homens, a saber, fugindo do que vulgarmente os homens fogem e buscando vulgarmente o que os homens buscam". Riquezas, honra e prazer, são, na opinião de Espinosa, o que hebetam ou idiotizam os homens. O prazer é efêmero, não tem permanência. De igual ordem, a riqueza. A honra (a melhor tradução seria "honraria"), no sentido que traz o autor, é o aplauso, é o que agrada aos outros, é o que incendeia a vaidade. É difícil reconhecer a vaidade. A vaidade emburrece. O emburrecimento é o outro nome da teimosia. A teimosia percorre o caminho da *doxa*, não da *aléthéia*.

Espinosa foi condenado como tantos outros por alguma pressa, alguma incompreensão com o diferente, algum medo de alguma iluminura. O tempo o absolveu. O tempo, ao contrário do que se possa imaginar, depois de percorrer Heráclito, é mais amigo da permanência do que do transitório. O tempo faz permanecer o que deve permanecer.

2 Sobre os *Olhos que condenam*

O original em inglês é *When they see us*. Trata-se de uma minissérie, dirigida por Ava Duvernay, diretora e roteirista americana, baseada em uma história real, de cinco adolescentes negros do Harlem condenados, injustamente, por um estupro, no Central Park.

---

[4] ESPINOSA, Baruch de. *Tratado da emenda do intelecto*. Tradução de Cristiano Novaes de Rezende. Campinas: Editora da Unicamp, 2015. p. 358.

[5] ESPINOSA, Baruch de. *Tratado da emenda do intelecto*. Tradução de Cristiano Novaes de Rezende. Campinas: Editora da Unicamp, 2015. p. 360.

Antron McCray, Kevin Richardson, Raymond Santana, Yusef Sallam e Kharey Wise são levados a uma delegacia e, embora, adolescentes, obrigados a prestar depoimentos, desacompanhados, para explicar a participação de cada um deles no estupro da executiva Trisha Meili. Eles não conheciam a executiva, nunca a viram, não a estupraram, portanto. Eles nem se conheciam. Mas estavam no mesmo parque, embora do outro lado, na mesma noite em que o violento crime aconteceu.

Linda Fairstein, promotora que chefiava os investigadores, usou de toda a sua perversidade para extrair de cada um deles o depoimento que os colocasse no rol dos culpados. Como responsável pela unidade de crimes sexuais do escritório do Procurador Distrital de Manhattan, ela ficou à frente do caso e, desde o primeiro momento, decidiu pela condenação dos adolescentes.

Os procedimentos investigatórios mesclam práticas de tortura com promessas de liberdade, caso colaborassem. Os adolescentes, apavorados, querendo ir o quanto antes para casa, começaram a aceitar a trama. As histórias são montadas para que um acuse o outro, sem sequer se conhecerem. E são gravadas. Há dificuldade em detalhar fatos que não cometeram nem presenciaram. Mas o fazem, coagidos que foram.

Embora não existam provas da participação de nenhum deles, são todos condenados. A promotora Elizabeth Lederer, que tinha a missão de convencer o júri, não estava convencida da culpa dos adolescentes. Reluta muitas vezes. Pede provas. Questiona, mas Linda Fairstein insiste. Utiliza-se de todo tipo de argumento falacioso. Joga luz no sofrimento da mulher vítima de estrupo. Condena essa "gentalha de arruaceiros". Fairstein usa o argumento de que a mídia está a favor da condenação, que o país está acompanhando. E Lederer embarca na construção da imagem de violentos dos adolescentes de origem latina ou afro.

A série traz imagens de Donald Trump empresário e de seu discurso favorável ao retorno da pena de morte para que os cinco pudessem ser condenados. A imprensa vai sendo guiada pelos acusadores. A imprensa não tem dúvidas. Não se debruça sobre outras possibilidades. As opiniões (doxa) tornam-se verdades indiscutíveis.

No texto de Trump, está estampado o racismo: "Claro que odeio essas pessoas. Vamos todos odiá-los. Quero que a sociedade os odeie. Restituam a pena de morte!". Mesmo sabendo do princípio da anterioridade da lei penal, Trump faz um discurso populista, calculado no ódio.

Linda Fairstein os trata como animais. Sem conhecê-los, naturalmente. Kevin tinha 14 anos e tocava trompete. Nunca havia tido relações com uma mulher. E é acusado de estupro. Antron sonhava ser atleta profissional. Sua mãe, ao chegar à delegacia, questiona Fairstein por seu filho estar sendo interrogado sem a presença de um responsável. Korey acompanha o amigo Yusef até a delegacia. Ele tinha 16 anos. E por isso, talvez, Fairstein o escolha para as mais sérias acusações. E ele entra assim, adolescente, no sistema penitenciário americano. Ficou 13 anos no cárcere. Foi espancado, violentado, destruído em sua honra e dignidade. Passou anos em solitárias para não ser morto.

E, dessa forma, a trama prossegue em seu convite a compreender a injustiça. Injustiça que só chega ao fim quando Matias Reyes, o verdadeiro estuprador, confessou o crime.

Vale dizer que encontraram uma meia com restos de espermas na época do julgamento dos cinco. E os espermas não batiam com nenhum deles. Nem os exames de DNA do sangue colhido do local do crime. Nenhuma prova científica levava aos cinco. E, mesmo assim, pela teimosia preconceituosa de Linda Fairstein, suas vidas e suas histórias foram maculadas.

A vida de Fairstein mudou completamente depois da minissérie. Do aplauso, que tanto explicava Espinosa, à crítica feroz por sua perversidade acusatória. Perdeu seus cargos em conselhos, perdeu sua editora. Elizabeth Lederer teve que renunciar ao cargo de professora na Faculdade de Direito da Columbia University.

Algumas perguntas são fundamentais para a compreensão das atitudes de ambas as acusadoras: havia apenas pressa na solução do caso do estupro do Central Park? A pressa levou à precipitação? Havia um convencimento real de que eles poderiam ser os autores? A imagem de um menino franzino de 13 anos poderia levar a essa conclusão?

Quando as provas mostraram que o DNA não era de nenhum deles, por que não admitiram a possibilidade de serem inocentes? O que o aplauso da mídia apressada gerou nas acusadoras? O que a opinião pública favorável significou? Por que um dia sonharam elas em fazer justiça? Onde foi morar o antigo sonho?

3 Precipitação e preconceito

Na obra *O discurso do método*,[6] René Descartes pretende estabelecer um método universal, inspirado em rigor matemático, que impeça a opinião (doxa) de ludibriar a razão. Já na primeira regra, que é a evidência, insiste ele na dúvida, na não aceitação do que não reconheço como verdadeiro. É preciso evitar a precipitação e o preconceito.

Os tempos informacionais, as cobranças por desempenho, a ansiedade exacerbada nos coloca em uma arena de atropelamentos. Precisamos ter uma resposta imediata. Respostas imediatas correm sérios riscos de nos levarem a caminhos incorretos. Respostas são menos importantes do que perguntas. As perguntas são mais abertas. São mais humildes. São peregrinas da verdade. As perguntas estão na busca. As respostas têm a pretensão de se considerarem as descobertas.

Alethéia, como já vimos, é um descobrir, um descortinar, um desvelar. Mas não há desvelamento de véu algum sem conhecimento. E conhecimento exige tempo. Então, por que a precipitação?

Voltemos a Heráclito de Éfeso e à sua metáfora do rio. O rio não pode passar mais rapidamente nas margens incomodativas. Há um tempo para a sua passagem. Não há precipitações em seu devir. As precipitações são tramas perigosas para quem quer ver o triunfo da justiça. Há muitos ditos desperdiçados. Há muitas verdades que, de verdade, nada tem. O que é a verdade?

Vale lembrar a poética de Drummond:[7]

A porta da verdade estava aberta, mas só deixava passar meia pessoa de cada vez.

Assim não era possível atingir toda a verdade, porque a meia pessoa que entrava só conseguia o perfil de meia verdade.

E sua segunda metade voltava igualmente com meio perfil. E os meios perfis não coincidiam.

---

6   DESCARTES, René. *Discurso do método*. Tradução de Maria Ermantina Galvão. São Paulo: Martins Fontes, 2001.
7   ANDRADE, Carlos Drummond de. *Contos plausíveis*. São Paulo: José Olympio, 1985.

Arrebentaram a porta. Derrubaram a porta. Chegaram ao lugar luminoso onde a verdade esplendia os seus fogos.

Era dividida em duas metades diferentes uma da outra.

Chegou-se a discutir qual a metade mais bela. Nenhuma das duas era perfeitamente bela. E era preciso optar. Cada um optou conforme seu capricho, sua ilusão, sua miopia.

Capricho, ilusão e miopia são outras maneiras de expressar o significado de preconceito. Descartes, para o aperfeiçoamento da sua verdade, quer evitar a precipitação e o preconceito. Por que o capricho é um preconceito? Ou a ilusão? Ou a miopia?

Porque se tratam, talvez, de elementos focados apenas no que vemos e não nos que deveríamos ver. O capricho é meu, a ilusão é minha, a miopia também. E o outro?

When they see us, se fosse traduzido ao pé da letra, seria *Quando eles nos veem* e não *Olhos que condenam*. *Olhos que condenam* é uma boa tradução, com licença poética, com significado que significa, mas, detenhamo-nos um pouco sobre o sentido de *Quando eles nos veem*. Na série, parece que "quando eles nos veem" quer significar que eles nos veem como bandidos, como escórias da sociedade, como indignos de fazer parte do mesmo mundo que eles fazem. Olhar o outro implica estabelecer comparações com o que eu sou e, consequentemente, com o que eu não sou. A sociedade tende a julgar como negativo o que é diferente de si. Dessa forma, inclui-se o igual no grupo identitário a que se pertence, excluindo o diferente, relegando-o a uma posição de inferioridade, como se o outro não tivesse o direito de não ser o que eu sou.

É possível percorrer essa hermenêutica. Mas há uma outra possibilidade. "Quando eles nos veem" é uma assertiva, uma constatação, um grito até, que significa que eles não nos veem. Quando é o que virá. Ainda não veio. Se não veio, ninguém está vendo. Se ninguém está vendo, são invisíveis. Se são invisíveis eu não posso sobre eles conceituar. Se não posso sobre eles conceituar e sobre eles quero algo dizer, quero inclusive condenar, só poderei fazer antes de ter o conceito, preconceito.

Assim nascem os preconceitos, nas ausências de conceitos, no encontro com o diferente, na *doxa* e não na *alethéia*. A verdade é caprichosa, como dissemos, demora para ser desvendada. O preconceito embaralha a visão. E, para um acusador ou julgador, é fatal. Distancia-o da verdade e da justiça.

Voltemos a Espinosa e à sua advertência sobre os efêmeros: riquezas, honra e prazer. As riquezas precisam ser necessariamente menores do que as pessoas. Rousseau dizia, em seu *Contrato social*[8] que "os homens em absoluto não são naturalmente inimigos. É a relação entre as coisas e não a relação entre os homens que gera a guerra".

As riquezas, como finalidade da vida, podem levar à ruína. Mas prossigamos em Espinosa. Honra, aqui, tem o significado de honraria. O profissional do direito que trilha o seu caminho em busca das honrarias ou do prazer efêmero do aplauso jamais será um cultor da justiça. São contraditórios. A honraria vem da pressa, da busca apaixonada pelo prazer do reconhecimento imediato. A justiça vem do que permanece, do que harmoniza, do que pacifica, do que descortina como verdade.

---

[8] ROUSSEAU, Jean-Jacques. *Do contrato social*. Tradução de Lourdes Santos Machado. São Paulo: Abril Cultural, 1978. p. 28.

4 Sobre a justiça

A compreensão da justiça passa pela compreensão da injustiça. Necessariamente. Voltamos aos pressupostos de Heráclito de Éfeso, dos contrários. No caso, o justo e o injusto.

No caso dos adolescentes do Central Park, fica claro, desde o início, o nascimento da injustiça. A injustiça nasce da precipitação e do preconceito. Eram jovens negros, sem redes de proteção, acusados de um estupro contra uma executiva de um banco, branca. A precipitação estava na ânsia condenatória. Era preciso uma resposta rápida. O estupro é um crime bárbaro, precisa ser rapidamente solucionado. E, quem conseguir fazê-lo, receberá as tão desejadas honrarias. O preconceito também é visível no caso. Negros e latinos e os riscos para a sociedade dominante. Levados de suas terras. Escravizados. Saídos de suas terras em busca de uma terra de oportunidades. Imigrados. Anos depois, o mundo está debruçado sobre as mesmas questões. Os refugiados vão para onde? Quem os aceita abraçar?

"É justo que eles tomem o emprego do meu filho?", dirá alguém fazendo eco ao discurso precipitado de tantos políticos. Esse discurso marcou profundamente as últimas eleições presidenciais americanas. Trump prometia ser a voz dos que estavam incomodados com os que vinham de fora. O muro do México, ridicularizado por parte significativa dos pensadores americanos, encontrou força entre aqueles que não mais queriam conviver com os que imigravam em busca de emprego.

Há um risco profundo de banalização da justiça quando os que detêm a responsabilidade de influenciar outras pessoas têm pouco compromisso com a verdade. Basta estudar o crescimento da economia americana, e de outras tantas nações, para ver que, sem os que imigraram, o país jamais seria o que é.

Aristóteles, em sua obra *Ética a Nicômaco*,[9] debate profundamente o tema da justiça na perspectiva da *eudaimonia*. Nicômaco era seu filho. Aristóteles ensinava ao filho os caminhos para fazer florescer a felicidade humana. Caminhos que passavam pela justa medida, pelo exercício diário das virtudes, pela busca inegociável do bem. É o bem que nos conduz à felicidade. E a felicidade não mora nas riquezas, nas honrarias ou no prazer.

Onde mora, então, a felicidade?

Machado de Assis, em *A mão e a luva*,[10] traz uma personagem que contempla uma cena cotidiana "ao voltar para casa, uma criança que brincava na rua, sem camisa, com os pés na água barrenta da sarjeta, fê-lo parar alguns instantes, invejoso daquela boa fortuna da infância, que ri com os pés no charco".

A cena não reflete sobre condições sociais ou sobre ausências, reflete sobre o que há dentro de cada um. *Eudaimonia* significa um deus bom dentro de mim. A felicidade está em mim, mas eu preciso encontrá-la. Assim com as outras virtudes. Inclusive, a justiça.

A justiça está dentro de mim, mas é preciso que eu tenha o hábito de exercitá-la.

Já no início do primeiro livro da *Ética a Nicômaco*, escreve Aristóteles: "Toda arte e toda indagação, assim como toda a ação e todo o propósito, visam a algum bem".[11]

---

9 ARISTÓTELES. *Ética a Nicômaco*. Brasília: Ed. UnB, 1985.
10 ASSIS, Machado de. *A mão e a luva*. São Paulo: Globo, 1997. p. 34.
11 ARISTÓTELES. *Ética a Nicômaco*. Brasília: Ed. UnB, 1985. p. 17.

O bem é a finalidade da ética. Prossegue Aristóteles, ainda no primeiro livro:

> Tanto a maioria dos homens quanto as pessoas mais qualificadas dizem que este bem supremo é a felicidade, e consideram que viver bem e ir bem equivale a ser feliz; quanto ao que é realmente a felicidade, há divergências, e a maioria das pessoas não sustenta opinião idêntica à dos sábios. A maioria pensa que se trata de algo simples e óbvio, como o prazer, a riqueza ou as honrarias.[12]

Então Espinosa extrai de Aristóteles a crítica à incessante busca pelo prazer, pela riqueza ou pelas honrarias. O que devemos buscar, então? Para Aristóteles, devemos buscar a felicidade como o fim último de todas as nossas ações, como propósito da arte que escolhemos. O que deve buscar o médico, senão o alívio da dor; o arquiteto, senão o bem servir de sua obra, o juiz senão a prática da justiça?

No quinto livro, diz ele:

> Então a justiça neste sentido é a excelência moral perfeita, embora não o seja de modo irrestrito, mas em relação ao próximo. Portanto a justiça é frequentemente considerada a mais elevada forma de excelência moral, e nem estrela vespertina nem a matutina é tão maravilhosa.[13]

Ora, se o bem supremo que todos perseguimos é a felicidade, é de bom tom reconhecer que a harmonização das relações humanas se dá pela justiça e é exatamente por isso que ela é tão bela, tão necessária.

No segundo livro, quando fala da moderação, Aristóteles insiste na força do hábito para a compreensão da justiça. Os homens se tornam construtores, construindo. Tornam-se citaristas, tocando cítara. Os homens se tornam justos praticando atos justos. Não há uma chama que cai de algum lugar do horizonte e que nos mostra o que é a justiça. Não há um herói, um salvador, um mítico detentor de algum poder distante que nos mostrará a justiça. A justiça vem do cotidiano. Sua compreensão vem do bem agir, do não negligenciar na conduta ética.

Lembremos mais uma vez que ele está escrevendo para a humanidade, mas também para o seu filho. E quer ele que seu filho trilhe pelos caminhos do bem para encontrar a felicidade que mora dentro dele.

No terceiro livro, ele fala das escolhas: "A escolha se identifica ainda menos com a paixão, pois os atos motivados pela paixão são provavelmente menos passíveis de escolha que quaisquer outros".[14]

E prossegue:

> Também por esta razão a escolha não pode ser opinião, pois se pensa que a opinião se relaciona com todas as espécies de coisas [...]. Escolhemos o que é indubitavelmente reconhecido como bom, mas opinamos sobre coisas que não sabemos de forma alguma se são boa.[15]

---

[12] ARISTÓTELES. *Ética a Nicômaco*. Brasília: Ed. UnB, 1985. p. 19

[13] ARISTÓTELES. *Ética a Nicômaco*. Brasília: Ed. UnB, 1985. p. 93.

[14] ARISTÓTELES. *Ética a Nicômaco*. Brasília: Ed. UnB, 1985. p. 53.

[15] ARISTÓTELES. *Ética a Nicômaco*. Brasília: Ed. UnB, 1985. p. 53.

Opinião é *doxa*, já dissemos em Parmênides. Opinião nada tem de *alethéia*. A verdade mora em outra casa. A casa da virtude, da ética. A paixão pode gerar o preconceito. Há uma dor lancinante nos apaixonados, porque Eros é o deus da flechada. Essa dor faz com que eu perceba apenas o buraco que está aberto dentro de mim e que eu não veja mais nada.

No refletir aristotélico, as ações das acusadoras dos cinco adolescentes do caso Central Park talvez estejam mais no âmbito do preconceito nascido de uma paixão do que no âmbito da maldade essencial.

Aqui vale uma reflexão, novamente, sobre o início da obra *Ética a Nicômaco*. Aristóteles fala, como vimos, em arte, indagação, ação e propósito. Todos visam a algum bem. Tetragonal. Dos quatro lados. De todas as maneiras. O bem é que tem a existência real. O mal é apenas ausência.

A divisão do mundo entre bem e mal pode nos levar a um maniqueísmo apressado. Em Aristóteles, a divisão melhor seria entre os que conhecem e os que não conhecem as virtudes, entre os que praticam e os que não praticam, entre os que perceberam a força das escolhas e se fazem responsáveis por elas e aqueles que agem na precipitação ou no preconceito.

Já falamos muito do caso do Central Park e a injustiça é gritante, tão gritante quanto a dor dos que tiveram sua felicidade arrancada por escolhas desonestas de seus acusadores. Mas há outros casos, naturalmente. Há outros casos, cotidianamente. Nos tribunais. Nas esquinas. Nos lares.

E o que fazer com a injustiça?

A justiça se constrói no hábito. O juiz justo precisa exercer o hábito cotidiano de ser justo. O juiz justo tem que se livrar das paixões efêmeras pelas riquezas, pelas honrarias e pelo prazer. Jurou ele obedecer ao bem que está positivado na lei maior, na Constituição Federal, e não os aplausos nem os clamores das ruas que vêm e vão de acordo com ventos ou vendavais.

Jurou ele julgar sem precipitação nem preconceito. Com os olhos vendados para quaisquer privilégios e com olhos abertos para ver a dor que sua decisão pode causar no outro. Juízes não julgam processos, julgam pessoas, julgam histórias. Interferem nos destinos. Pacificam ou incendeiam. Devolvem a paz ou ampliam os ceticismos da sua existência. Juízes exercem o cotidiano ofício de escolher. Quem escolhe é responsável pela própria escolha. Quem escolhe com aspiração tem menos chances de errar.

E o que é a tal aspiração?

Na explicação aristotélica, é a razão pela qual alguém exerce a liberdade de escolher, de existir. Um juiz aspira minimizar os calvários da humanidade decidindo com ética. Um juiz aspira à felicidade coletiva com que sua ação pode colaborar. *Eudaimonia* está em mim e, estando em mim, está em todos e, estando em todos, está na humanidade.

Qual a razão da justiça, então? Melhorar a humanidade.

5 Sobre os acusadores

A palavra *acusador* tem várias possibilidades semânticas. Há, inclusive, quem diga que ela vem do grego *diábolos*, que significa aquele que acusa ou engana. No dramaturgo Sófocles, o que mora em nós: "não existe testemunho mais terrível – acusador mais poderoso – do que a consciência que habita em nós". Acusar ganhou expressões ainda mais complexas depois da revolução informacional.

Os antigos acusadores do cotidiano demoravam anos para fazer o que se faz, em um toque de irracionalidade, diante de uma poderosa rede de comunicação atualmente. Acusam os que estão em suas redes sociais, acusam as redes televisivas com seus jornais sensacionalistas, acusam os promotores de justiça quando se esquecem do significado da justiça, acusam os julgadores quando se esquecem de que são julgadores.

Há uma profunda crise na liberdade humana. A sociedade das múltiplas informações e dos excessos de exibições faz com que se busque um aplauso desmesurado. O que Aristóteles e Espinosa falavam das honrarias tornou-se o café matinal da sociedade informacional. Há uma busca por *likes*, um desejo de ampliação de seguidores, um vazio nas ausências de reconhecimento. E tudo imediato. E tudo precipitado.

Voltemos ao diálogo entre as acusadoras Linda Fairstein e Elizabeth Lederer. A imprensa estava com elas. Não dava mais para voltar atrás. As honrarias já não mais poderiam ser desconsideradas. Como dizer que erraram? Que foram precipitadas? Que foram preconceituosas? E, aqui, nem estamos falando em corrupção financeira. Há muitos casos de acusadores que recebem vantagem ilícitas para isso. Há fabricadores de dossiês, há membros do serviço público que se prestam ao serviço de destruir reputações para receber vantagens. Há grupos de mídia, e não são poucos, que são movidos por interesses financeiros, por ganhos desonestos e, por isso, não têm o hábito de agir com a verdade.

Ao que parece, no caso de Fairstein e Lederer, tratava-se mais de precipitação e preconceito. Era preciso uma resposta rápida. E ali estavam os que a sociedade julgariam facilmente como culpados.

Os promotores de justiça se constituem em agentes poderosos da defesa da justa convivência. A função de defender os que ninguém defende, de cuidar dos vulneráveis, de lançar luz para os perigos contra o meio ambiente, contra o que esvazia ou diminui a vida, contra o que atenta contra a dignidade humana, é por demais nobre e necessário. Promover a justiça, é esse o hábito, é essa a virtude a ser percorrida. Mas quem tem muito poder pode ter muito desvio.

Promotores de justiça são seres humanos vulneráveis aos holofotes da riqueza, das honrarias e do prazer. E, quando percorrem essas sendas, tornam-se alimento profícuo para toda a sorte de injustiças. Não são poucos os casos de destruições de biografias, de interferências em vidas corretas, de precipitações, de buscas de um aplauso imediato. Tudo efêmero. A justiça não combina com o efêmero. Ela busca a permanência.

Promotores de justiça têm o ofício das investigações. Mas por que fazê-las em medidas espetaculosas? Por que a pressa nas aparições, nos ditos que nem sempre estão próximos da verdade? *Doxa*. Meras opiniões não podem levar a condenações. Ou estaremos fadados à sociedade do medo e do horror.

A busca pela exposição é um desatino que destrói a liberdade. Se vivo em função do outro, da simpatia do outro, da aprovação do outro, não sou livre. A sociedade do excesso de positividade desconsidera a beleza das imperfeições. Ser o melhor virou um mantra. O que significa ser o melhor? Ter mais seguidores? Há muitos que tiveram muitos seguidores e que o tempo os desvelou como facínoras, como assassinos de vidas e de conceitos. O que significa ser o melhor? Aparecer mais? Há muitos que apareceram tanto e que tantas máscaras usaram que se esqueceram da própria face.

A liberdade social depende da liberdade individual e vice-versa. Ao mesmo tempo que os julgamentos do outro dependem do julgamento que faço de mim mesmo. Se me imagino perfeito, serei um péssimo julgador. Se me imagino perfeito, serei um acusador contumaz, porque busco no outro aquilo que erroneamente imagino ter em mim.

Linda Fairstein e Elizabeth Lederer, que foram acusadoras dos adolescentes do Central Park, hoje são acusadas de desonestas, de injustas, de vaidosas. E tiveram suas vidas transformadas em um inferno. Não quero me juntar aos acusadores dessas duas até porque não as conheço e julgá-las sem conhecê-las incorreria nos erros apontados por Descartes de precipitação e preconceito.

Mas o inferno que elas causaram na vida dos adolescentes vive agora na vida delas. "O inferno são os outros", diria Sartre em sua peça de teatro *Entre quatro paredes*.[16] E por que o inferno são os outros? Porque temos esse poder. O poder de transformar a vida das pessoas em um inferno. Ou porque permitimos isso. Ou porque projetamos a nossa realização na vida do outro.

Na peça de Sartre, três personagens, Garcin, Estelle e Inês estão em tensão de convivência. No inferno. Tentando voltar atrás e explicar o que aconteceu. A vida não tem volta. Sartre diz o mesmo que Sófocles, usando outra linguagem. Sófocles chama o maior acusador de consciência, Sartre diz a mesma coisa usando as pálpebras:

> Das suas pálpebras. A gente abria e fechava; isso se chamava piscar. Um pequeno clarão negro, um pano que cai e se levanta, e aí está a interrupção. O olho fica úmido, o mundo desaparece. Você nem imagina o alívio. Quatro mil repousos em uma hora. Quatro mil pequenas fugas. E quando digo quatro mil... Então, vou ter que viver sem pálpebras?[17]

Garcin percebe que nunca mais vai piscar os olhos. Que será sempre dia. E que a luz nunca se apaga. É uma outra forma de dizer que o conhecimento que adquirimos permanece. Não consigo simplesmente eliminar o que fiz. Como fica a consciência de um acusador quando percebe que foi precipitado ou preconceituoso? Linda Fairstein tenta insistir que, apesar de eles não terem estuprado, podem ter cometido outros pequenos delitos. Ora, a acusação foi de estupro. Se ela soubesse dos outros delitos, por que não os acusou apenas dos outros delitos? São disfarces da paixão tentando enganar a razão. É difícil admitir erros. Macula as honrarias. Afasta os aplausos. E como viver sem aplausos?

Há uma frase que Garcin diz, quase no final da peça de Sartre: "Nunca mais vai ser noite?".[18] Nunca mais vai ser noite na mente de um acusador injusto? Não sei dizer. Acredito nos arrependimentos e nas limpezas de alma. Condenações eternas não devem fazer parte de um mundo em movimento.

Mas o movimento deve nos movimentar para o lugar correto. Para o hábito de fazer o que é correto. Por isso vale uma preocupação continuada com a preparação continuada de juízes e promotores. E de advogados. E de delegados de polícia. E de todas as pessoas que se alvoram a fazer justiça. Responsabilidades de interferir em destinos. De serem consertadores de destino.

---

[16] SARTRE, Jean-Paul. *Entre quatro paredes*. Rio de Janeiro: Civilização Brasileira, 2007.
[17] SARTRE, Jean-Paul. *Entre quatro paredes*. Rio de Janeiro: Civilização Brasileira, 2007. p. 34
[18] SARTRE, Jean-Paul. *Entre quatro paredes*. Rio de Janeiro: Civilização Brasileira, 2007. p. 34.

Não é possível trabalhar pela justiça abraçando o engodo, descompromissado com a verdade. A verdade é difícil de ser encontrada. Mas é possível. Basta o hábito de procurá-la. Sem precipitação. Sem preconceito.

Conclusão

Não desistir da justiça em nenhuma circunstância.

Não permitir que as honrarias adornem mais que a honra de ser justo.

Não ter medo de admitir o erro, de corrigir o corrigível e de prosseguir tentando acertar.

Não acreditar na perfeição. Duvidar da certeza e fazer um apelo às dúvidas para que permaneçam sempre.

Não desrespeitar o outro, o outro que faz parte da mesma humanidade que eu. Ser inteiro na decisão de melhorar o mundo.

Conviver com humildade e com apreço pela simplicidade do existir.

Fazer o que é correto amorosamente. O amor é o que dá unicidade ao ser humano.

Ver com olhos abertos a travessia que nunca se esgota e os caminhantes que vão ao meu lado.

Conhecer o bem com a decisão de compartilhar o conhecimento para que o amanhã seja possível.

Referências

ANDRADE, Carlos Drummond de. *Contos plausíveis*. São Paulo: José Olympio, 1985.

ARISTÓTELES. *Ética a Nicômaco*. Brasília: Ed. UnB, 1985.

ASSIS, Machado de. *A mão e a luva*. São Paulo: Globo, 1997.

CHALITA, Gabriel. *Os dez mandamentos da ética*. São Paulo: Loyola, 2017.

CHALITA, Gabriel. *Vivendo a filosofia*. São Paulo: Ática, 2008.

CHARLES, Sébastien. *Cartas sobre a hipermodernidade*. Tradução de Xerxes Gusmão. São Paulo: Barcarolla, 2009.

DESCARTES, René. *Discurso do método*. Tradução de Maria Ermantina Galvão. São Paulo: Martins Fontes, 2001.

ESPINOSA, Baruch de. *Breve tratado de Deus, do homem e do seu bem-estar*. Belo Horizonte: Autêntica, 2017.

ESPINOSA, Baruch de. *Tratado da emenda do intelecto*. Tradução de Cristiano Novaes de Rezende. Campinas: Editora da Unicamp, 2015.

HAN, Byung-Chul. *Agonia do eros*. Tradução de Enio Paulo Giachini. Petrópolis: Vozes, 2017.

HELFERICH, Christoph. *História da Filosofia*. Tradução de Luiz Sérgio Repa, Maria Estela H. Cavalheiro, Rodnei do Nascimento. São Paulo: Martins Fontes, 2006.

PARMÊNIDES. *Da natureza*. 1. ed. Tradução de José Gabriel Trindade Santos, modificada pelo tradutor. São Paulo: Loyola, 2002.

ROUSSEAU, Jean-Jacques. *Do contrato social*. Tradução de Lourdes Santos Machado. São Paulo: Abril Cultural, 1978.

SARTRE, Jean-Paul. *Entre quatro paredes*. Rio de Janeiro: Civilização Brasileira, 2007.

TERTO, Amauri. Olhos que condenam – Série disponível em Netflix sobre caso de condenação injusta de 5 jovens negros. *Huffpost Brasil*, 19 abr. 2019. Disponível em: https://www.huffpostbrasil.com/entry/olhos-que-condenam-serie-netflix_br_5cb9dcafe4b068d795cbdbd1. Acesso em: 20 jun. 2019.

Informação bibliográfica deste texto, conforme a NBR 6023:2018 da Associação Brasileira de Normas Técnicas (ABNT):

CHALITA, Gabriel. A justiça e o que permanece – Uma breve reflexão sobre a verdade e suas ausências. *In*: MORAES, Alexandre de; MENDONÇA, André Luiz de Almeida (Coord.). *Democracia e sistema de justiça*: obra em homenagem aos 10 anos do Ministro Dias Toffoli no Supremo Tribunal Federal. Belo Horizonte: Fórum, 2020. p. 243-255. ISBN 978-85-450-0718-0.

DEBATES NECESSÁRIOS À EVOLUÇÃO DA JURISPRUDÊNCIA DO SUPREMO TRIBUNAL FEDERAL ACERCA DOS ACORDOS DE COLABORAÇÃO

GILMAR FERREIRA MENDES

1 Introdução

A colaboração premiada tornou-se, nos últimos anos, importante mecanismo para a descoberta de ilícitos, bem como para a recuperação de ativos financeiros relacionados a estes. Diversos acordos firmados recentemente demonstram o potencial de tal instituto como meio de garantir a punição de pessoas envolvidas em crimes graves, notadamente a corrupção, a lavagem de dinheiro, entre outros.

Entretanto, é evidente também a existência de uma interpretação abrangente do instituto, com a formalização de acordos com cláusulas que desbordam a letra da Lei de Organizações Criminosas. Na Operação Lava-Jato, por exemplo, vários são os casos de concessão de benefícios não previstos em lei, como a definição da pena a ser cumprida e o estabelecimento de regimes prisionais inexistentes. Além disso, os reiterados vazamentos – com a exposição à opinião pública de delatados em casos nos quais até mesmo os relatos se mostraram inverídicos ou exagerados – demonstraram a evidente existência de um conflito entre o interesse do delator em obter benefícios e os riscos de vulneração à honra e aos direitos fundamentais dos demais envolvidos. Em meio a essa tensão, junta-se, é claro, o interesse público na devida apuração dos ilícitos.

O presente artigo, nesse complexo quadro, busca analisar a atual jurisprudência do Supremo Tribunal Federal sobre a colaboração premiada e delinear reflexões sobre alguns pontos em que novas reflexões merecem ser realizadas. Nesse sentido, a primeira parte aborda o desenvolvimento inicial na Corte de uma visão civilista de tal instituto, em que se conferiu grande liberdade às partes e se impossibilitou o controle por terceiros. Diante da maior clareza quanto às consequências e aos riscos presentes na colaboração premiada, a segunda parte faz uma reflexão sobre pontos nos quais o Tribunal merece realizar novas discussões, notadamente: a possibilidade de impugnação dos acordos de colaboração premiada e a discussão sobre os efeitos da nulidade desses.

2 A jurisprudência firmada pelo Supremo Tribunal Federal e a necessidade de sua reanálise

Definido como negócio jurídico processual, o acordo de colaboração premiada é celebrado entre acusador público (ou delegado de polícia) e o imputado, com a assistência de seu defensor técnico. Sem dúvidas, tal panorama rememora um contrato bilateral, que envolve interesses dos sujeitos envolvidos.

Assim, partindo da premissa de que "o acordo de colaboração, como negócio jurídico personalíssimo, não vincula o delatado e não atinge diretamente sua esfera jurídica", o Plenário do STF destacou a impossibilidade de questionamento de terceiros, nos seguintes termos:

> [...] a homologação do acordo de colaboração, por si só, não produz nenhum efeito na esfera jurídica do delatado, uma vez que não é o acordo propriamente dito que poderá atingi-la, mas sim as imputações constantes dos depoimentos do colaborador ou as medidas restritivas de direitos fundamentais que vierem a ser adotadas com base nesses depoimentos e nas provas por ele indicadas ou apresentadas – o que, aliás, poderia ocorrer antes, ou mesmo independentemente, de um acordo de colaboração.[1]

Tal visão civilista implicou uma série de decisões nas quais se reforçou este caráter negocial, referendando, de modo aparente, uma possível discricionariedade das partes na definição e negociação das cláusulas contratuais. Tudo isso sem qualquer possibilidade de questionamento por terceiros e, portanto, sem o devido controle por parte das instâncias revisoras.

À época, as consequências da definição desse entendimento sobre os acordos não estavam claras. Embora devidamente embasado, o precedente passou a ser questionado em razão do surgimento de novas situações fáticas, nas quais o caráter hermético até então afirmado passou a conflitar com garantias penais de grande relevância aos cidadãos e ao Estado de Direito.

Nesse sentido, vale citar o precedente assentado pela Segunda Turma do STF no HC nº 151.605.[2] Na oportunidade, discutia-se a instauração de inquérito que teria se originado de acordo de colaboração premiada homologado em usurpação de competência do Superior Tribunal de Justiça.

Por maioria, embora se tenha mantido a posição majoritária sobre a impugnabilidade do acordo por terceiros, reconheceu-se a importância do controle judicial. Assim, excepcionou-se tal visão restritiva para permitir a impugnação quanto à competência para homologação do acordo, já que isso diz respeito às disposições constitucionais relativas à prerrogativa de foro, bem como entendeu-se pela ineficácia probatória dos atos de colaboração premiada.

O caso demonstra como a lógica civilista até então assentada deve ser lida com cautela na esfera penal. O precedente, ao qual poderiam ser somados outros, revela a necessidade de se aprofundar o debate sobre a colaboração premiada em diversos aspectos, em especial quanto à blindagem dos acordos ao escrutínio judicial.

---

[1]   STF, Tribunal Pleno. HC nº 127.483/PR. Rel. Min. Dias Toffoli, j. 27.8.2015, p. 40.

[2]   STF, Segunda Turma. HC nº 151.605/PR. Rel. Min. Gilmar Mendes, j. 20.3.2018.

3 Debates necessários à evolução da jurisprudência do Supremo Tribunal Federal

3.1 Possibilidade de anulação do acordo

O primeiro ponto fundamental a ser discutido sobre a jurisprudência acerca da colaboração premiada relaciona-se aos limites a tal liberdade de negociação e à necessidade de se garantir o devido respeito ao princípio da legalidade. O estabelecimento de balizas legais para o acordo é uma opção de nosso sistema jurídico, para assegurar a isonomia e evitar a corrupção dos imputados, mediante incentivos desmesurados à colaboração, e dos próprios agentes públicos, aos quais se daria um poder sem limite sobre a vida e a liberdade dos imputados.

No âmbito do Supremo Tribunal Federal, já se reconheceu a impossibilidade de homologação de cláusulas sem embasamento legal.[3] A decisão, proferida pelo Min. Ricardo Lewandowski, realizou um cotejo entre as previsões da lei e o acordo, concluindo-se pela ilegalidade de várias das disposições:

> Não há, portanto, qualquer autorização legal para que as partes convencionem a espécie, o patamar e o regime de cumprimento de pena. Em razão disso, concluo que não se mostra possível homologar um acordo com tais previsões, uma vez que o ato jamais poderia sobrepor-se ao que estabelecem a Constituição Federal e as leis do País, cuja interpretação e aplicação – convém sempre relembrar – configura atribuição privativa dos magistrados integrantes do Judiciário, órgão que, ao lado do Executivo e Legislativo, é um dos Poderes do Estado, conforme consigna expressamente o art. 3º do texto magno.

Por outro lado, embora com os devidos cuidados, especialmente quanto à segurança jurídica e à proteção às legítimas expectativas do delator, os acordos já homologados também devem ser passíveis de apreciação pelo magistrado sob a ótica da legalidade, pois tais previsões caracterizam limitação ao poder negocial no processo penal. Portanto, em caso de ilegalidade manifesta em acordo de colaboração premiada, o Poder Judiciário também deve agir para a efetiva proteção de direitos fundamentais.

Vale destacar que tal possibilidade, inclusive, encontra-se referendada pelo julgamento pelo Pleno do STF da QO na PET nº 7.074, na qual se definiu o seguinte:

> o acordo de colaboração homologado como regular, voluntário e legal deverá, em regra, produzir seus efeitos em face do cumprimento dos deveres assumidos pela colaboração, possibilitando ao órgão colegiado a análise do parágrafo 4º do artigo 966 do Código de Processo Civil.[4]

Nos termos do citado parágrafo, "os atos de disposição de direitos, praticados pelas partes ou por outros participantes do processo e homologados pelo juízo, bem como os atos homologatórios praticados no curso da execução, estão sujeitos à anulação, nos termos da lei" (art. 966, §4º, CPC).

---

[3] STF. PET nº 7.265. Rel. Min. Ricardo Lewandowski, decisão de 14.11.2017.

[4] STF, Tribunal Pleno. QO na PET nº 7.074. Rel. Min. Edson Fachin, j. 29.6.2017.

A possibilidade de reconhecimento da nulidade dos acordos decorre, ademais, por ser considerado um meio de obtenção de provas, conforme reconhecido na Lei nº 12.850/2013 e consignado em diversos precedentes. Trata-se, portanto, de instituto de natureza semelhante à interceptação telefônica e deve, portanto, submeter-se à mesma sistemática de nulidade prevista na legislação processual penal.

Inúmeros são os casos de ilegalidade reconhecida pelo Supremo Tribunal Federal em atos relacionados a interceptações telefônicas. Igualmente, não há motivo para afastar tal possibilidade quanto a ilegalidades que permeiam acordos de colaboração premiada.[5]

Nesse ponto, outra importante reflexão a ser realizada pelo Supremo diz respeito aos efeitos de tal anulação. Quanto às provas, o reconhecimento da ilegalidade do acordo de colaboração premiada efetivamente pode levar à nulidade dos atos probatórios, pois, nos termos da Constituição, os elementos colhidos por meios ilícitos não são tolerados no processo penal.

No mesmo sentido, Fredie Didier Jr. e Daniela Bomfim destacam que "a invalidação das decisões homologatórias e, se for o caso, do seu conteúdo, significará a extinção do(s) ato(s) impugnado(s) do mundo jurídico e dos efeitos jurídicos que tenham sido dele(s) decorrente(s)".[6]

Já em relação aos benefícios, são necessárias algumas ponderações quanto à conduta das partes e às relações de confiança e previsibilidade decorrentes. Isso porque, a depender da postura do colaborador, mostra-se inequívoca a necessidade de se avaliar a possibilidade de manutenção de seus benefícios, especialmente quando a nulidade decorrer de postura abusiva por parte do órgão de acusação.

Por um lado, toda a lógica negocial que tem sido progressivamente inserida no processo penal brasileiro, em uma influência global inquestionável, parte de premissas em que a previsibilidade é fundamental para o sistema.[7] Nesse sentido, o precedente do Plenário do STF definiu que "caso a colaboração seja efetiva e produza os resultados almejados, há que se reconhecer o direito subjetivo do colaborador à aplicação das sanções premiais estabelecidas no acordo, inclusive de natureza patrimonial".[8]

Assim, em um caso de evidente violação dos ditames legais por parte das autoridades, não parece razoável prejudicar o delator que havia atuado de boa-fé durante

---

[5] Na doutrina, expõe-se tal incongruência citando-se também o exemplo das buscas e apreensões, também classificadas como formas de obtenção de prova (CRUZ, Flávio A. Plea bargaining e delação premiada: algumas perplexidades. *Revista Jurídica da Escola Superior de Advocacia da OAB-PR*, v. 1, n. 2, dez. 2016. p. 206).

[6] DIDIER JR., Fredie; BOMFIM, Daniela. Colaboração premiada (Lei n. 12.850/2013): natureza jurídica e controle da validade por demanda autônoma – Um diálogo com o Direito Processual Civil. *Civil Procedure Review*, v. 7, n. 2, maio/ago. 2016. p. 177. No mesmo sentido, entende Ada Pellegrini Grinover, ao analisar em parecer um caso de delação premiada anterior à Lei 12.850/2013: "[...] a infringência das regras constitucionais do devido processo penal, por inobservância do procedimento probatório para a realização do 'depoimento do delator' (rectius: interrogatório), seja quanto ao momento procedimental, seja à publicidade dos atos processuais, e, por fim, à impossibilidade de exercício do contraditório pelos delatados, caracteriza, sem dúvida, a ilicitude da prova resultante" (GRINOVER, Ada Pellegrini. *O processo*. III Série. Brasília: Gazeta, 2013. p. 234).

[7] Corroborando a necessidade de segurança jurídica, Frederico Valdez Pereira destaca a impossibilidade de análise discricionária por parte do juiz ou do Ministério Público quanto à concessão ou não do benefício: "[...] uma vez reconhecido em concreto o preenchimento dos requisitos da colaboração, servindo os depoimentos do agente para subsidiar a atuação da autoridade policial ou do órgão de acusação no juízo criminal, cumprindo o colaborador com os compromissos assumidos anteriormente, o agente passa a ter direito subjetivo à concessão do benefício, não podendo haver aí discricionariedade ao Ministério Público ou ao magistrado" (PEREIRA, Frederico Valdez. *Delação premiada*. 3. ed. Curitiba: Juruá, 2016. p. 146).

[8] STF, Plenário. HC nº 127.483/PR. Rel. Min. Dias Toffolli, j. 27.8.2015, p. 63.

toda a negociação e efetivamente cumprido com suas obrigações. É necessário, nesses casos, respeitar as legítimas expectativas criadas pela parte.

Ademais, o STF já assentou que os benefícios ao delator podem ser concedidos pelo julgador ainda que sem prévia formalização de acordo com a acusação, de modo que, embora reconhecida a nulidade do acordo, mostra-se possível ao magistrado apreciar a postura do réu e o aporte à investigação por ele promovido.

Trata-se da possibilidade de "colaboração premiada unilateral", nos termos definidos pela doutrina.[9] Sobre a questão, no voto do eminente Min. Dias Toffoli, relator do precedente HC nº 127.483, o direito do imputado colaborador às sanções premiais decorrentes da delação premiada prevista no art. 14 da Lei nº 9.807/1999; no art. 1º, §5º, da Lei nº 9.613/1998 (lavagem de dinheiro); no art. 159, §4º, do Código Penal, na redação dada pela Lei nº 9.269/1996 (extorsão mediante sequestro); no art. 25, §2º, da Lei 7.492/1986 e no art. 41 da Lei nº 11.343/2006 (Lei de Drogas), independe da existência de um acordo formal homologado judicialmente.[10] Tal decisão foi defendida em outras oportunidades no Supremo Tribunal Federal, como no Inq. nº 3.204 e no RE-AgR nº 1.103.435.[11]

3.2 Possibilidade de questionamento por terceiros delatados

Embora, como afirmado acima, os acordos de colaboração premiada contenham uma evidente perspectiva negocial, a vedação a questionamento de terceiros mostra-se como outro ponto sobre o qual o Supremo Tribunal Federal deve se debruçar.

Isso porque, ao mesmo tempo, o acordo de colaboração premiada é um meio de obtenção de provas, de investigação, em que o Estado se compromete a conceder benefícios a imputado por um fato criminoso, com o objetivo de incentivar sua cooperação à persecução penal.

Conquanto o acordo de colaboração premiada, nos termos da Lei nº 12.850/2013, possa apresentar distintos objetivos, em regra a sua principal função probatória é instruir o processo penal, visando à melhor persecução penal de coimputados nos fatos investigados. Ou seja, o Estado oferece um tratamento mais leniente a um acusado, com o objetivo de obter provas para punir outros imputados.

Resta evidente, portanto, que o acordo de colaboração premiada acarreta gravoso impacto à esfera de direitos de eventuais corréus delatados. E, mais do que isso, ele toca intimamente em interesses coletivos da sociedade, tendo em vista que possibilita a concessão de benefícios penais pelo Estado.

A despeito de a jurisprudência ter bem ressaltado que a homologação do acordo de colaboração premiada não assegura ou atesta a veracidade das declarações do delator, não se pode negar que o uso midiático de tais informações acarreta gravíssimos prejuízos à imagem de terceiros. Além disso, diversas decisões do próprio Supremo Tribunal Federal, ainda que de modo questionável, autorizam a decretação de prisões preventivas ou o recebimento de denúncias com base em declarações obtidas em colaborações premiadas.

---

[9] SANTOS, Marcos Paulo. Colaboração unilateral premiada como consectário lógico das balizas constitucionais do devido processo legal brasileiro. *Revista Brasileira de Direito Processual Penal*, v. 3, n. 1, jan./abr. 2017. p. 157.

[10] STF, Tribunal Pleno. HC nº 127.483/PR. Rel. Min. Dias Toffoli, j. 27.8.2015.

[11] STF, Segunda Turma. Inq. nº 3.204. Rel. Min. Gilmar Mendes, j. 23.6.2015; STF, Segunda Turma. RE-AgR 1.103.435. Rel. Min. Ricardo Lewandowski, j. 17.5.2019.

Ou seja, é evidente e inquestionável que a esfera de terceiros delatados é afetada pela homologação de acordos ilegais e ilegítimos, conforme destaca J. J. Gomes Canotilho e Nuno Brandão:

> na medida em que tem assim como finalidade precípua a incriminação de terceiros, pelo menos, por um crime de organização criminosa, a colaboração premiada apresenta-se como um meio processual idóneo a atentar contra direitos fundamentais das pessoas visadas pela delação, desde logo e de forma imediata, o direito à honra, mas ainda também, potencialmente, a liberdade de locomoção, a propriedade ou a reserva íntima da vida privada.[12]

Sem dúvidas, a tese adotada pelo STF no sentido de não impugnabilidade do acordo por terceiros possuía, naquele momento, premissas pertinentes. Contudo, isso ocasionou uma quase total intangibilidade e incontrolabilidade dos acordos de delação, ao passo que aqueles que poderiam impugná-lo (colaborador e MP), normalmente almejarão interesse completamente inverso, no sentido de fazer o máximo para a sua manutenção. Por efeito colateral, tornaram-se os acordos de colaboração premiada praticamente intocáveis.

Vale destacar que os interesses da sociedade são claramente violados ao se homologarem acordos ilegais de colaboração premiada. Por meio de tais "negócios jurídicos", o Estado se compromete a conceder benefícios, como a redução de pena ou até o perdão judicial, para incentivar réus a colaborarem com a persecução penal. Não se pode aceitar que o Estado "incentive" investigados criminalmente com benefícios ilegais ou ilegítimos.

Tal preocupação é também externada por Vinicius G. Vasconcellos:

> Trata-se de benefício oferecido para retirar o acusado de sua posição de resistência, inerente à estruturação formal do processo penal. Ainda que o acordo, em si considerado, não seja elemento de prova e que os corréus possam realizar o exame cruzado no momento do depoimento do delator, é legítima a irresignação diante do oferecimento de benefícios em acordo, por qualquer motivo, ilegal. Não se trata aqui de ato para incentivar a mentira e a ocultação de informações, mas de proteção a direitos fundamentais e à vedação de premiações ilícitas pelo Estado ao colaborador.[13]

O fato de que os coimputados possam, posteriormente, defender-se das declarações dos delatores em exame cruzado na audiência de instrução e julgamento não esvazia a necessidade de controle de legalidade na homologação do acordo. Trata-se de fases diferentes do procedimento probatório: admissibilidade do meio de obtenção e, depois, exercício do contraditório no momento de produção do meio de prova.

Afinal, na esteira do exposto anteriormente, o reconhecimento da ilegalidade dos acordos pode levar à decretação de nulidade dos elementos probatórios colhidos, como ocorre em outros meios de obtenção de prova, a exemplo da busca e apreensão e da interceptação telefônica. O interesse do delatado é, assim, evidente também sob tal aspecto.

---

[12] CANOTILHO, J. J. Gomes; BRANDÃO, Nuno. Colaboração premiada: reflexões críticas sobre os acordos fundantes da Operação Lava Jato. *Revista Brasileira de Ciências Criminais*, São Paulo, v. 133, ano 25, jul. 2017. p. 146.

[13] VASCONCELLOS, Vinicius G. *Colaboração premiada no processo penal*. 2. ed. São Paulo: RT, 2018. p. 119.

Portanto, em razão do impacto na esfera de direitos de terceiros e da necessidade de legalidade dos benefícios penais oferecidos pelo Estado, pensa-se que o acordo de colaboração premiada deve ser passível de impugnação e controle judicial.

4 Conclusão

Como qualquer novo instituto, os acordos de colaboração premiada geraram, ao lado de importantes ganhos à persecução penal, grande discussão na doutrina e na jurisprudência. As análises iniciais, como exposto nesta breve reflexão, mostraram-se importantes para definir os primeiros contornos de tal novidade, a qual vinha se desenvolvendo de maneira acelerada e ao largo de um debate mais amplo dentro do Poder Judiciário e, em especial, do próprio Plenário do Supremo Tribunal Federal.

Assentadas as primeiras balizas sobre a colaboração premiada, é importante avançar a jurisprudência sobre o tema e garantir a sua abertura aos novos casos, que todos os dias apresentam nuances e situações novas sobre o tema. Sem embargo da importante contribuição realizada pelos primeiros entendimentos firmados pelo Supremo Tribunal Federal, o presente ensaio demonstra algumas perspectivas sobre as quais é necessária a ampliação do debate.

Em primeiro lugar, viu-se como a declaração de nulidade dos acordos deve ser entendida como uma possibilidade dentro da sistemática processual-penal aplicável à colaboração premiada. Como meio de obtenção de provas, inexistem motivos para afastá-la do devido escrutínio judicial e, portanto, da possibilidade de reconhecimento de eventuais ilegalidades. Até mesmo pelos direitos fundamentais relacionados de modo inerente ao sistema penal, é necessário garantir o devido respeito às normas aplicáveis, cabendo ao Supremo Tribunal Federal, nos processos futuros, aprofundar o debate também sobre as consequências da declaração de nulidade, que, como visto, não são simples e merecem a devida reflexão pela Corte.

Em segundo lugar, foi constatada a plena possibilidade de terceiros questionarem os acordos de colaboração premiada firmados. A perspectiva civilista consagrada em alguns julgados, ao negar tal possibilidade ao delatado, acabou por subordinar os seus legítimos interesses e também os da própria sociedade aos dos signatários do acordo. De fato, para além dos aspectos formais, é evidente que o acordo, embora bilateral, causa efetivo dano – ou perigo de dano – aos corréus, bem como lida com o interesse público, o qual pode ser vulnerado por acordos ilegais. Mais grave, o entendimento então firmado blinda os termos firmados de qualquer tipo de questionamento e revisão pelas instâncias superiores, dificultando a própria evolução jurisprudencial sobre o tema.

Nesse sentido, as breves reflexões sobre a jurisprudência firmada pelo Supremo Tribunal Federal demonstram a necessidade de se reafirmar função do Poder Judiciário como garantidor dos direitos fundamentais. Os pontos aqui abordados tratam de temas caros ao Estado de Direito e levantam o relevante debate sobre a importância de se garantir um sistema de persecução penal que se desenvolva dentro dos limites da Constituição e da legislação aplicável, que, no caso da colaboração premiada, devem guiar o magistrado ao devido balanceamento entre os direitos dos delatores e dos delatados e a proteção ao interesse da própria sociedade.

Referências

CANOTILHO, J. J. Gomes; BRANDÃO, Nuno. Colaboração premiada: reflexões críticas sobre os acordos fundantes da Operação Lava Jato. *Revista Brasileira de Ciências Criminais*, São Paulo, v. 133, ano 25, jul. 2017.

CRUZ, Flávio A. Plea bargaining e delação premiada: algumas perplexidades. *Revista Jurídica da Escola Superior de Advocacia da OAB-PR*, v. 1, n. 2, dez. 2016.

DIDIER JR., Fredie; BOMFIM, Daniela. Colaboração premiada (Lei n. 12.850/2013): natureza jurídica e controle da validade por demanda autônoma – Um diálogo com o Direito Processual Civil. *Civil Procedure Review*, v. 7, n. 2, maio/ago. 2016.

GRINOVER, Ada Pellegrini. *O processo*. III Série. Brasília: Gazeta, 2013.

PEREIRA, Frederico Valdez. *Delação premiada*. 3. ed. Curitiba: Juruá, 2016.

SANTOS, Marcos Paulo. Colaboração unilateral premiada como consectário lógico das balizas constitucionais do devido processo legal brasileiro. *Revista Brasileira de Direito Processual Penal*, v. 3, n. 1, jan./abr. 2017.

VASCONCELLOS, Vinicius G. *Colaboração premiada no processo penal*. 2. ed. São Paulo: RT, 2018.

Informação bibliográfica deste texto, conforme a NBR 6023:2018 da Associação Brasileira de Normas Técnicas (ABNT):

MENDES, Gilmar Ferreira. Debates necessários à evolução da jurisprudência do Supremo Tribunal Federal acerca dos acordos de colaboração. *In*: MORAES, Alexandre de; MENDONÇA, André Luiz de Almeida (Coord.). *Democracia e sistema de justiça*: obra em homenagem aos 10 anos do Ministro Dias Toffoli no Supremo Tribunal Federal. Belo Horizonte: Fórum, 2020. p. 257-264. ISBN 978-85-450-0718-0.

JUDICIALIZAÇÃO DA PREVIDÊNCIA E DEMOCRACIA

GRÉGORE MOREIRA DE MOURA

Introdução

Um dos temas mais debatidos na democracia brasileira é a Previdência Social no Brasil. Tal tema é espinhoso e pela importância que denota foi regulamentado constitucionalmente na Carta Magna de 1988, não só pelo sistema de filiação obrigatória que se adota, mas também pela quantidade de pessoas que tem relação jurídica direta ou indireta com a Previdência.

Além do mais, a Previdência Social é um direito social previsto no art. 6º da Constituição Federal de 1988 como decorrência dos direitos de segunda geração ou dimensão, embora tal nomenclatura seja criticada por estudiosos que não veem uma cronologia estanque no surgimento e reconhecimento de tais direitos.

O que importa é que o sistema constitucional brasileiro prevê dois grandes sistemas previdenciários, quais sejam: o regime próprio de Previdência Social dos Servidores Públicos (RPPS) e o Regime Geral de Previdência Social (RGPS) para os demais trabalhadores, respectivamente, regulados nos arts. 40 e seguintes da Constituição e a partir do art. 194.

A partir da matriz constitucional temos a regulamentação dos direitos previdenciários na legislação infraconstitucional, sendo que no caso do RGPS predominam como protagonistas do sistema as leis nºs 8.212/91 (Lei de Custeio) e a 8.213/91 (Lei de Benefícios).

Todavia, há que se ressaltar que existe uma inflação legislativa proeminente no âmbito do direito previdenciário, desde o surgimento da Lei Eloy Chaves que é considerada a base da Previdência Social brasileira (Decreto Legislativo nº 4.682/1923), confirmada pela edição de inúmeras leis, decretos, medidas provisórias, sem contar as instruções normativas do INSS e suas antigas ordens de serviço e normas internas.

Tal fato decorre da complexidade das relações sociais, bem como da tentativa de se buscar um sistema previdenciário mais justo, porém, as consequências das mudanças de paradigma e o excesso de normas dão ensejo a um sem número de processos judiciais, impactando na governança da própria Previdência, causando o que denominamos aqui de judicialização da Previdência.

O objetivo deste pequeno ensaio é tratar da judicialização da Previdência e seus impactos no sistema de justiça e na democracia brasileira, para, ao final, propor soluções para sua redução, partindo de uma análise eminentemente prática, atuarial e realista, demonstrando por meio de dados o quanto se precisa mudar a relação entre os poderes públicos, principalmente, na esteira da promoção de um verdadeiro diálogo institucional.

O principal instrumento de análise deste trabalho é o relatório do TCU proferido no TC nº 022.354/2017-4, que culminou no Acórdão nº 2.894/2018 – TCU-Plenário, o qual será o marco teórico este estudo.

Evolução da judicialização no Brasil

A complexidade social, o surgimento de novos bens jurídicos, as novas tecnologias fazem surgir novas leis. Novas leis geram novas interpretações e conflitos, os quais geram novos processos judiciais.

A dinâmica da judicialização é uma realidade estatística, provavelmente, na maioria dos países em desenvolvimento. Ocorre que no Brasil os números são astronômicos. Segundo dados do CNJ:

> O Poder Judiciário finalizou o ano de 2017 com 80,1 milhões de processos em tramitação, aguardando alguma solução definitiva. Desses, 14,5 milhões, ou seja, 18,1%, estavam suspensos, sobrestados ou em arquivo provisório, aguardando alguma situação jurídica futura. Em toda série histórica, o ano de 2017 foi o de menor crescimento do estoque, com variação de 0,3%, ou seja, um incremento de 244 mil casos em relação ao saldo de 2016. Esse resultado decorre, em especial, do desempenho da Justiça Estadual, que apesar de registrar historicamente um crescimento médio na ordem de 4% ao ano, variou em 2017 apenas 0,4%. Em outros ramos de justiça também se observa queda no ritmo de evolução do acervo. Nos Tribunais Superiores houve redução significativa: no STJ o acervo diminuiu 11%; no TST a variação foi de -7%, e no TSE, -14,4%. O STM foi o único tribunal superior com crescimento do estoque (17,2%). Durante o ano de 2017, ingressaram 29,1 milhões de processos e foram baixados 31 milhões. Houve decréscimo dos casos novos na ordem de 1% com relação ao ano de 2016, e aumento dos casos solucionados em 5,2%. A demanda pelos serviços de justiça registrou crescimento acumulado na ordem de 18,3%, considerada toda a série histórica desde 2009. Em 2017 foi o primeiro ano em que o volume de baixados superou o patamar de 30 milhões de casos solucionados, sendo visível, na Figura 47 o descolamento entre as curvas de casos baixados e de casos novos. Apesar de se verificar, historicamente, um número de processos baixados igual ou superior ao número de casos novos, o estoque não reduziu, conforme demonstra a Figura 46. O crescimento acumulado no período 2009-2017 foi de 31,9%, ou seja, acréscimo de 19,4 milhões de processos. Ainda que baixando casos em volume superior ao ingressado, com Índice de Atendimento à Demanda na ordem de 106,5%, o estoque manteve-se praticamente constante, e chegou ao final do ano de 2017 com 80,1 milhões de processos em tramitação aguardando alguma solução definitiva.[1]

---

[1] No *Justiça em números 2018*, elaborado pelo CNJ, pode-se ter uma ideia do mapa judiciário no Brasil, além de poder ser visualizadas as figuras mencionadas no corpo do texto (CNJ. *Justiça em números 2018*. Brasília: CNJ, 2018. Disponível em: http://www.cnj.jus.br/files/conteudo/arquivo/2018/08/44b7368ec6f888b383f6c3de40c32167.pdf. Acesso em: 8 maio 2019).

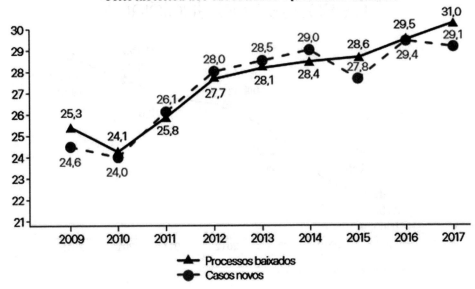

Como pode-se notar, o número de demandas no Brasil é crescente, apesar de este crescimento ter certa variação ao longo dos anos.

O que impressiona nestes dados é que para cada 3 brasileiros (mais ou menos) existe um processo judicial. Para gerir essa máquina são gastos mais de 80 bilhões de reais por ano, sendo que prevalece uma impossibilidade de diminuição do acervo, além do fato de que a prestação jurisdicional ainda é lenta e morosa, principalmente, no âmbito de alguns Tribunais Superiores, o que deve ser repensado em curto prazo.

Em 2015, cada brasileiro desembolsou R$387,00 para manter o Poder Judiciário, sendo que o custo equivale a 1,3% do PIB, havendo um crescimento de 31% entre 2009 e 2015.

No ano de 2017 o aumento do custo é da ordem de 4,4% em relação ao ano de 2016, sendo que o custo pulou para R$91 bilhões por ano, ou seja, R$437,47 por habitante, o que equivale a 1,4% do PIB.[2]

Veja a evolução das despesas do Judiciário, no quadro a seguir.

---

[2] Ver TUROLLO JR., Reynaldo; CASADO, Letícia. Gastos do Judiciário crescem 4,4% em 2017, atingindo R$91 bi. *Folha de S.Paulo*, 27 ago. 2018. Disponível em: https://www1.folha.uol.com.br/poder/2018/08/gastos-do-judiciario-crescem-44-em-2017-atingindo-r-91-bi.shtml. Acesso em: 8 maio 2019.

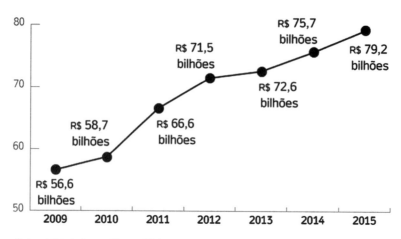

Fonte: relatório Justiça em Números 2016

Conclui-se, portanto, que ao menos sob o ponto de vista econômico e da eficiência há que se mudar a realidade da judicialização no Brasil, visto que há dispêndio de um custo altíssimo, sem a devida contrapartida em termos de efetividade.

Tal fato fere o princípio da economicidade e nos remete à necessária urgência na redução dos processos judiciais do Estado brasileiro, ora incentivando mecanismos de resolução alternativa de conflitos (mediação, conciliação e arbitragem, por exemplo), ora promovendo uma atuação preventiva, para que se evite o surgimento do processo judicial (enxugando as normas do INSS, melhorando a prestação do serviço público etc.).

Judicialização da Previdência[3]

No dia 13.9.2018, o site *Conjur* publicou uma notícia com o título: "A cada dez benefícios pagos pelo INSS, um é resultado de decisão judicial",[4] cujo seguinte trecho vale a pena transcrever:

> A cada dez benefícios pagos pelo INSS, um é resultado de decisão judicial. Em 2017, dos R$609 bilhões pagos, R$92 bilhões foram para benefícios determinados pela Justiça. Os dados, divulgados pelo jornal Folha de S.Paulo, são de uma fiscalização do Tribunal

---

[3] Esse item foi baseado em outro estudo realizado pelo subscritor deste artigo: MOURA, Grégore Moreira de. Judicialização da Previdência e advocacia pública: colocando os pingos nos is. *Congresso em Foco*, 22 out. 2018. Disponível em: https://congressoemfoco.uol.com.br/opiniao/forum/judicializacao-da-previdencia-e-advocacia-publica-colocando-os-pingos-nos-is/. Acesso em: 13 maio 2019.

[4] A CADA dez benefícios pagos pelo INSS, um é resultado de decisão judicial. *Conjur*, 13 set. 2018. Disponível em: https://www.conjur.com.br/2018-set-13/cada-dez-beneficios-pagos-inss-ordem-judicial. Acesso em: 16 out. 2018.

de Contas da União que servirá de base para discutir a judicialização envolvendo o INSS, o maior litigante do país. O TCU fará uma audiência pública sobre o tema no próximo dia 26. Entre 2014 e 2017, nos casos de aposentadoria especial e de auxílio-acidente, a concessão judicial chega a ser maior que a administrativa.

Por outro lado, o Poder Judiciário ostenta em seus números o pagamento de bilhões de reais por ano,[5] mas na verdade os valores saem dos cofres da autarquia previdenciária, que, muitas vezes, discorda frontalmente dos critérios utilizados para concessão de benefícios na esfera judicial.

Exemplo disso são os casos de aposentadoria especial, em que o número de benefícios concedidos judicialmente chega até a 80% em determinadas localidades. Tal fato mostra um problema grave no que tange ao princípio da separação de poderes e ofensa clara ao *check and balances* promovido pela Constituição Federal de 1988.

Ora, o INSS, como autarquia previdenciária, está submetido ao art. 37 da Constituição Federal e, portanto, ao princípio da legalidade. Neste diapasão, tem que seguir toda a legislação previdenciária, inclusive a que determina as causas reitoras da aposentadoria especial (agentes biológicos, exposição a níveis de ruído, entre outros).

No entanto, o Poder Judiciário, ancorado no ativismo judicial e em um suposto princípio "tuitivo" do direito previdenciário, afasta a aplicação das normas e concede o benefício previdenciário com base em uma suposta observância ao princípio da dignidade humana.

Mas, a pergunta é: por que temos tantas ações judiciais contra o INSS?

O INSS, como já demonstrado pelo estudo supracitado, erra pouco.

Anos atrás, a Advocacia Pública Federal, por meio da Procuradoria Federal Especializada junto ao INSS, criou um grupo com aproximadamente 13 procuradores com o objetivo de reduzir demandas. Além da revisão de todas as normas do INSS para adequação à legislação ordinária e à Constituição de 1988, foi criado o índice de concessão judicial, hoje chamado índice de concessão judicial e recursos (ICJ-e), para mensurar o suposto "erro" do INSS.

Segundo dados do ICJ-e de 2018, Belo Horizonte apresentou os índices mostrados na tabela a seguir.

Mês	Belo Horizonte	Brasil
Janeiro	7,22%	9,29%
Fevereiro	9,31%	9,87%
Março	10,55%	11,03%
Abril	13,73%	16,84%
Maio	16,97%	15,39%
Junho	13,32%	19,94%
Julho	12,00%	16,37%

---

[5] No *Justiça em números 2018*, elaborado pelo CNJ, pode-se ter uma ideia do mapa judiciário no Brasil (CNJ. *Justiça em números 2018*. Brasília: CNJ, 2018. Disponível em: http://www.cnj.jus.br/files/conteudo/arquivo/2018/08/44b7 368ec6f888b383f6c3de40c32167.pdf. Acesso em: 8 maio 2019).

Veja-se que a cada 100 benefícios concedidos em Belo Horizonte – MG, no mês de janeiro, a média é de 7 concedidos pelas vias judiciais. Mas, se esses dados forem analisados por espécie de benefício, concluir-se-á que, nos casos de auxílio-acidente e aposentadoria especial, chegam a 80% ou mais.

A resposta ao questionamento é simples. O INSS tem muitas ações judiciais porque tem relação jurídica direta e indireta com aproximadamente 100 milhões de pessoas. Se pegarmos, apenas a título comparativo, o ICJ-e acima, teríamos em torno de 10 milhões de processos judicias.

Em março de 2019, por exemplo, foram concedidos 366.178 benefícios no valor de R$532,1 milhões, sendo que o tempo médio de concessão foi de 64 dias e a clientela urbana é responsável pela concessão de 315.687 e a rural 50.491. O valor pago em benefícios de prestação continuada no mesmo mês foi de R$35,1 milhões para pagamento no valor total de R$44,9 bilhões.[6] Foram indeferidos no mesmo período 279.896 benefícios, dos quais grande parte irá se transformar em ações judiciais.

O benefício previdenciário com o maior índice de concessão no mês de março de 2019 é o auxílio-doença, com 47,42%, e a aposentadoria por idade com índice de 10,87%. Tal fato demanda uma atenção, pois talvez o investimento em saúde preventiva e do trabalho gere no futuro uma diminuição das concessões deste tipo de benefício.

Todavia, para realmente termos um cálculo exato para mensurar o erro da Administração Pública, o estudo teria que cotejar as ações improcedentes (que demonstram em tese que a autarquia acertou), bem como separar os casos de "ativismo judicial" em que o INSS aplicou a lei e os normativos, mas o Judiciário os afastou.[7]

Já ficou comprovado que o custo da judicialização da Previdência é alto em todos os termos, já que o impacto orçamentário nos valores destinados à Previdência é estrondoso, além do fato de que a despesa com o Poder Judiciário é muito mais alta que com a autarquia previdenciária.

Como informa o relatório do TCU proferido no TC nº 022.354/2017-4, que culminou no Acórdão nº 2.894/2018 – TCU-Plenário:

---

[6] BOLETIM Estatístico da Previdência Social, v. 24, n. 01. Disponível em: www.previdencia.gov.br.

[7] Tal estudo foi feito parcialmente pelo Relatório do TCU proferido no TC nº 022.354/2017-4, que culminou no Acórdão nº 2.894/2018 – TCU-Plenário que diz: "A correlação entre indeferimentos e judicialização é, em certa medida, esperada, tendo em vista que, em regra, há necessidade de negativa da autarquia para atuação de processo judicial. Cabe levantar o montante de implantações judiciais em relação ao volume de requerimentos e indeferimentos do INSS. Segundo o INSS, em 2016 e 2017 foram requeridos 8.680.128 e 8.699.734 benefícios previdenciários ou assistenciais no INSS, respectivamente. Somente em 2016 foram analisados 8.784.169 requerimentos administrativos, dos quais foram concedidos 4.836.067 (55%) e indeferidos 3.948.093 (45%). Nota-se que a quantidade concessões, revisões e reativações judiciais em 2016 – 598.588 – representa 7% de todos os benefícios analisados no período. Em outras palavras, pode se dizer que em 93% dos benefícios analisados não houve contestação judicial ou, caso tenha havido, a decisão não foi favorável ao segurado. Cabe observar, ainda, que as reativações judiciais, que somam 102.558 (1,2% em relação às análises) estariam mais associadas à quantidade de benefícios por incapacidade cessados do que a novas análises. Somente em 2016 foram cessados 2,3 milhões de auxílios-doença por motivo diferente do óbito. Assim, em uma análise menos conservadora, o percentual de análises do INSS que foram reformadas por decisão judicial seria menor. Em 2016, também foram protocolados 268.416 novos recursos administrativos no INSS. No mesmo ano, foram julgados 225.928 recursos, tendo provimento total ou parcial em 48.464 recursos (21%). Ao final do ano, o estoque de recursos a analisar foi de 564.637 processos".

O INSS teve, no exercício de 2016, um custo operacional de R$7,76 bilhões, sendo que aproximadamente 25.000 servidores trabalham na área finalística, conforme o relatório de gestão de 2016. Tais servidores analisaram 8.680.128 de benefícios e deste montante concederam 4.850.499 benefícios.

O custo operacional estimado do sistema de judicialização foi de R$4,66 bilhões. O sistema, no exercício de 2016, abrange aproximadamente 15.000 servidores na atividade finalística.

Foram julgados, em 2016, na Justiça Federal na 1ª instância aproximadamente 1,06 milhão de processos previdenciários. Estimou-se que foram julgados, no mesmo exercício, 180.000 processos previdenciários na 1ª instância dos Tribunais de Justiça (competência delegada e acidentária). Este cálculo considerou a "razão" do quantitativo de casos novos previdenciários sobre o quantitativo total de casos novos em 2016, conforme descrito no Anexo 3.

Desse modo, foram julgados em 1ª instância 1,24 milhão de processos previdenciários e foram concedidos, revisados ou reativados 588 mil benefícios em virtude de decisões judiciais.

O INSS concedeu 56% dos requerimentos administrativos analisados. Por sua vez, o sistema de judicialização determinou a implantação, revisão ou reativação de 47% dos processos julgados em 2016.

O INSS tem um custo operacional 67% maior que o do sistema de judicialização, analisou seis vezes mais requerimentos e concedeu sete vezes mais benefícios em relação ao sistema da judicialização. Enquanto a tramitação de um requerimento administrativo custou, em média, cerca de R$894,00, um processo judicial de 1ª instância custou R$3.734,00, em média.

Desta feita, há que se providenciar com urgência uma diminuição dos processos judiciais em termos gerais e, principalmente, em relação aos processos previdenciários, já que promoverá uma economia de recursos públicos, evitará o retrabalho (avaliação do INSS no processo administrativo e reavaliação no processo judicial pelo Judiciário), diminuirá o impacto no planejamento orçamentário da autarquia previdenciária,[8] além de propiciar uma maior segurança jurídica para os segurados.

A Advocacia Pública tem feito seu papel de órgão de consultoria, assessoramento e representação judicial ao promover a feitura de acordos judiciais em casos de erro administrativo, além de orientar a autarquia no enxugamento de normas administrativas e treinamento de seus servidores, sendo que tais práticas devem ser cada vez mais reforçadas.

No mês de fevereiro de 2018, por exemplo, foram celebrados 9.717 acordos, estimando-se o pagamento de R$63.559.763,86 e a economia de R$18.966.973,14,[9] conforme metodologia apresentada no NUP 00407.087787/2017-90 (Sistema Sapiens).[10]

De todo o exposto, pode-se concluir que a Advocacia Pública precisa reforçar seu papel de defensora da sociedade e do interesse público primário, realizando acordos

---

[8] No exercício de 2017, foram pagos R$5,167 bilhões por meio de RPV e R$8,090 bilhões por precatórios, referentes a processos judiciais contra o INSS (Relatório TCU proferido no TC nº 022.354/2017-4).

[9] *PGF Comunica*, n. 54, 2018.

[10] "O Sistema AGU de Inteligência Jurídica – SAPIENS é o sistema de processo administrativo eletrônico adotado pela Advocacia-Geral da União. É um sistema de gestão arquivística de documentos (SIGAD), que possui recursos de apoio à produção de conteúdo jurídico e de controle de prazos e fluxos administrativos, com foco na integração com os sistemas informatizados do Poder Judiciário e do Poder Executivo". Para mais informações: AGU. SAPIENS – Sistema AGU de Inteligência Jurídica. Disponível em: https://www.agu.gov.br/page/content/detail/id_conteudo/266561. Acesso em: 13 maio 2019.

judiciais, mas sempre orientando de maneira preventiva a autarquia previdenciária para evitar a judicialização da Previdência.

Todavia, também cabe ao Poder Judiciário evitar o ativismo judicial exacerbado, a fim de que a República que todos queremos possa estar equilibrada na forma idealizada pelo constituinte de 1988, ou seja, respeitando a harmonia e independência dos poderes, em suma, *check and balances*.

Algumas causas da judicialização da Previdência

Sem dúvida, uma das maiores causas de judicialização da Previdência são as constantes alterações legislativas que tivemos nos últimos anos, as quais causaram um sem número de ações judiciais.

Vale lembrar que também causaram grande impacto as ações de revisão de benefício no início dos anos 2000, quando se pôde presenciar o ajuizamento de milhares de ações requerendo revisão de benefício com base em índices como o ORTN, OTN, IRSM e outros, sendo alguns procedentes, outros, não.

Com base em um levantamento empírico feito pelo TCU,[11] por meio de dados extraídos dos órgãos envolvidos, bem como mediante pesquisa por formulários, tendo como destinatários aqueles que fazem parte do processo de judicialização (juízes, procuradores, defensores públicos etc.), destacaram-se algumas causas do elevado ajuizamento de ações judiciais previdenciárias.[12]

Entre elas podemos citar gratuidade judicial, ausência de ônus à parte vencida, não devolução dos valores de tutela antecipada recebida pelo segurado no curso do processo, divergência de interpretações da lei entre o INSS e o Poder Judiciário, divergência quanto à validade de provas em benefícios rurais entre o INSS e o Poder Judiciário, divergência entre esses mesmos órgãos quanto aos critérios de aferição para concessão de aposentadoria especial, discrepância na análise do conceito de miserabilidade nos benefícios de prestação continuada, falhas no sistema de análise de litispendência, competência delegada e falta de critérios para seguir os ditames da lei pelos juízes estaduais, demandismo, interesses da advocacia no recebimento de honorários de sucumbência inexistentes na via administrativa, erros do INSS na análise do benefício, incentivo à litigância pelo Poder Judiciário, amplo acesso à Justiça causado pela criação dos Juizados Especiais Federais, demora em julgar teses nos Tribunais Superiores e concessão de liminares em ações coletivas que se perpetuam pela morosidade do Poder Judiciário em julgar o mérito.

Todavia, além das causas supracitadas, há o problema das divergências entre as perícias feitas no INSS e as feitas pelo Poder Judiciário. A crítica que se faz nestes termos por parte dos que representam a autarquia previdenciária é que o perito judicial

---

[11] Para maiores informações, ver Relatório do TCU proferido no TC nº 022.354/2017-4, que culminou no Acórdão nº 2.894/2018 – TCU-Plenário.

[12] "Em 2016, a Justiça Federal teve 3,8 milhões de casos novos, o que equivale a 13% do total de casos que entraram na justiça brasileira. Desses, 2.224.760 (57,9%) versavam sobre Direito Previdenciário, segundo a classificação de assuntos das Tabelas Processuais Unificadas do Poder Judiciário (Resolução CNJ 46/2007). Nota-se ainda que os casos relacionados a Previdência Social se concentram nos Juizados Especiais Federais" (Relatório do TCU proferido no TC nº 022.354/2017-4, que culminou no Acórdão nº 2.894/2018 – TCU-Plenário).

normalmente é um médico particular, não um especialista em perícia médica, sendo que a relação médico-paciente é diferente da relação perito-avaliado.

Tal fato, na visão do INSS, promove um incentivo à judicialização dos benefícios por incapacidade, tendo em vista que gera a falta de confiança nos atos administrativos realizados na autarquia, pelo fato de ser o médico particular que realiza a perícia no Judiciário mais tolerante e mais benevolente que o médico perito que realiza a perícia no INSS.

Como se não bastasse, haveria o interesse na manutenção dessas perícias na Justiça, já que gera elevados valores pagos a médicos e movimenta o mercado, chegando a existirem casos absurdos, em que médicos realizam perícias de poucos minutos e recebem em torno de R$1.200,00 a R$1.800,00, o que eleva sobremaneira o custo do processo.

As perícias médicas judiciais geram um tremendo impacto orçamentário e de planejamento nos cofres da autarquia previdenciária, conforme já demonstrado no Relatório do TCU proferido no TC nº 022.354/2017-4, que culminou no Acórdão nº 2.894/2018 – TCU-Plenário. Veja-se:

> Um gasto que se destaca é o das perícias judiciais, utilizadas principalmente para a instrução de processos envolvendo benefícios por incapacidade, que somou R$199 milhões em 2016. Foi constatado que o valor médio de uma perícia judicial oscilou 220%, entre R$205,93 e 658,61, conforme o Estado onde foi realizada ou a competência demandante – Justiça Federal ou Estadual.
>
> O custo médio de uma perícia administrativa, em 2016, foi estimado em R$158,55, o que representa 60% do valor médio pago na Justiça Federal e 40% do valor médio pago na Justiça Estadual.[13]

Portanto, é preciso que se faça uma gestão na questão das perícias judiciais, não só para equalizar os valores a serem pagos por perícia, tanto no âmbito federal quanto estadual, como reforçar e melhorar as perícias médicas administrativas no INSS, já que mais baratas e, em tese, mais afeitas às questões técnicas.

Ressalte-se que já foram feitas boas inciativas no intuito de reduzir essa judicialização, como a criação da central de perícias judiciais em Belo Horizonte – MG e região metropolitana iniciada nos idos de 2009 e continuada nos anos seguintes, onde a perícia é feita no Poder Judiciário com acompanhamento do assistente técnico do INSS,[14] o que gerou uma convergência de mais de 70% nos laudos, tendo por maioria casos que atestavam a capacidade laborativa, o que, mais uma vez, demonstra um demandismo exagerado pela ausência de ônus ao autor da ação, principalmente, no âmbito dos Juizados Especiais Federais.

A questão é deveras importante, já que o benefício de auxílio-doença previdenciário, como já dito, é responsável por mais de 40% das concessões administrativas (no mês de março de 2019, por exemplo, foi responsável por 47,42%), o que, por óbvio, também é responsável pelo maior número de indeferimentos no INSS, podendo gerar mais ações judiciais.

---

[13] Relatório do TCU proferido no TC nº 022.354/2017-4, que culminou no Acórdão nº 2.894/2018 – TCU-Plenário

[14] Exemplo: Portaria nº 21/2012 da Diretoria da Subseção de Contagem-MG, publicada no *Boletim de Serviço*, n. 100, 2012, que criou e regulamentou o funcionamento da Central de Perícias.

No mês de março de 2019, o INSS concedeu 210.093 benefícios de auxílio-doença previdenciário, sendo que 11.058 foram judiciais e 131.595 foram na esfera administrativa. Também tivemos concessões sob o item geral (outras causas)[15] com 67.447 benefícios concedidos, as quais podem incluir também algumas concessões judiciais, conforme o Boletim Estatístico da Previdência Social.[16]

Entretanto, o caso mais grave é o da aposentadoria especial. No mesmo mês de março de 2019, o INSS concedeu 1992 benefícios de aposentadoria especial, sendo que 1.506 foram judiciais e 237 foram na esfera administrativa. Também tivemos concessões sob o item geral (outras causas)[17] com 249 benefícios concedidos. Ora, o grau de judicialização deste benefício atingiu a marca de 75,6% em média, chegando a 100% em alguns casos específicos.

Tal fato é estarrecedor, pois indica graves problemas nas divergências interpretativas da norma. O INSS age dentro da legalidade, pois submetido a este princípio pelo art. 37 da Carta Magna, como já dito acima.

Já o Poder Judiciário afasta as regras previstas em legislação infralegal, apesar dos estudos técnicos feitos para sua edição, e concedem o benefício, vale lembrar, normalmente, sem a contrapartida da contribuição majorada para estes benefícios.[18]

Talvez a solução para esse caso seja a inserção desses requisitos na lei ordinária, a fim de que o Poder Judiciário os aplique, mas engessa a norma diante de alterações tecnológicas ou inventivas que promovam a necessidade de mudança em percentuais, agentes nocivos, entre outros aspectos.

O ideal seria um estudo conjunto entre INSS e Poder Judiciário, para que decidam os fatores com estudos técnicos e apliquem a mesma regra, sem alterações subjetivistas, para que haja segurança jurídica do segurado e do empresário e, por conseguinte, menos impacto da judicialização das concessões deste tipo de benefício.

Com efeito, as causas da judicialização da Previdência são inúmeras e impossíveis de serem pormenorizadas neste trabalho. Todavia, sua identificação já é um bom começo, para que, por meio de ações pontuais como as que elencamos acima, possam surtir efeito e cada órgão atue no âmbito de sua competência constitucional, tendo em vista que, salvo casos excepcionais, quem tem que conceder benefício previdenciário é o INSS e não o Poder Judiciário.

Mas, para isso, é preciso que o INSS melhore a prestação do serviço público ao segurado, para gerar confiança da sociedade nos seus atos administrativos. E, por outro lado, o Poder Judiciário seja menos ativista, respeitando as regras e normas legais que regulam o direito previdenciário, como deve ser em um verdadeiro Estado Democrático de Direito.

---

[15] As outras decisões de despacho são concessão normal, concessão com justificação administrativa, concessão com diligência (RD ou SP), concessão em fase recursal, concessão decorrente de ação judicial, concessão decorrente de revisão administrativa, concessão com base no art. 180 do RBPS, concessão com base no art. 27, inc. II do RBPS, concessão com conversão tempo de serviço, concessão com base no art. 183 do RBPS, concessão com base no art. 35 da Lei nº 8.213/91 e concessão sem verificação da perda qualidade. Portanto, pode haver nesse número outras concessões decorrentes de decisão judicial, principalmente, nos casos de revisão de benefício ou reativação de benefício judicial.

[16] BOLETIM Estatístico da Previdência Social, v. 24, n. 01. Disponível em: www.previdencia.gov.br.

[17] V. nota 15.

[18] Ver art. 22, II da Lei nº 8.212/91.

A PEC nº 6/2019 e sua influência nas ações previdenciárias

A PEC nº 6/2019 foi apresentada pelo Poder Executivo no dia 20.2.2019, com a proposta de modificar o sistema de Previdência Social, estabelecer regras de transição e disposições transitórias, além de outras providências. Ficou conhecida nos meios de comunicação como a PEC da Reforma da Previdência.

Como já dito anteriormente, as mudanças legislativas geram um sem número de ações judiciais, ainda mais quando se pretende alterar todo um sistema previdenciário como se quer com a PEC supramencionada.

Um exemplo paradigmático dessa judicialização por alteração legislativa foi o caso da alteração do percentual que majorou a pensão por morte.

O objeto desta demanda consistia na revisão da renda mensal da pensão por morte, aplicando aos benefícios os efeitos da lei nova mais benéfica (Lei nº 9.032/95). A tese era de que a lei mais benéfica deveria ter aplicação a partir da data de sua vigência e alcançaria, inclusive, os benefícios cujas concessões já se aperfeiçoaram sob a égide da lei anterior.

Assim, o INSS fora condenado, em milhares de casos, a majorar o benefício de pensão por morte para 80% e 100% do salário de benefício, a partir da vigência das leis nº 8.213/91 e 9.032/95, respectivamente. Entretanto, o STF, no julgamento dos recursos extraordinários nºs 416.827 e 415.454, declarou a inconstitucionalidade da retroação da lei mais benéfica.

Ocorre que, até que o STF julgasse tais recursos, várias decisões transitaram em julgado e benefícios foram pagos, tendo o INSS ajuizado inúmeras ações rescisórias com base no art. 471 do CPC.

Todavia, o estrago já estava feito, pois em muitos desses casos a decisão não foi modificada, além de o pagamento não ter sido recuperado. Sem contar a enorme quantidade de ações previdenciárias ajuizadas com este tema que entupiram as cortes federais.

Mas a questão é: por que dar esse exemplo do passado neste trabalho? Para ilustrar que o mesmo pode acontecer agora com a aprovação da PEC nº 6/2019 em diversos dos seus dispositivos, principalmente, no ajuizamento de ações diretas de inconstitucionalidade.

Fiquemos focados no caso em tela, em virtude da semelhança com o que pretende a PEC nº 6/2019 quanto à pensão por morte do servidor público.

Hoje a pensão por morte do servidor público está regulada no art. 40, §7º da Constituição Federal, que diz:

> §7º Lei disporá sobre a concessão do benefício de pensão por morte, que será igual: (Redação dada pela Emenda Constitucional nº 41, 19.12.2003)
>
> I - ao valor da totalidade dos proventos do servidor falecido, até o limite máximo estabelecido para os benefícios do regime geral de previdência social de que trata o art. 201, acrescido de setenta por cento da parcela excedente a este limite, caso aposentado à data do óbito; ou (Incluído pela Emenda Constitucional nº 41, 19.12.2003)
>
> II - ao valor da totalidade da remuneração do servidor no cargo efetivo em que se deu o falecimento, até o limite máximo estabelecido para os benefícios do regime geral de previdência social de que trata o art. 201, acrescido de setenta por cento da parcela excedente a este limite, caso em atividade na data do óbito. (Incluído pela Emenda Constitucional nº 41, 19.12.2003).

Até a edição da Emenda Constitucional nº 41, 19.12.2003, a redação era a seguinte:

Lei disporá sobre a concessão do benefício de pensão por morte, que será igual ao valor dos proventos do servidor falecido ou ao valor dos proveitos a que teria direito o servidor em atividade na data de seu falecimento, observado o disposto no §3º.

Assim, temos acima dois regimes: antes de 19.12.2003, a pensão era fixada no valor dos proventos do falecido e após isso passou a ter o teto do RGPS.[19]

Agora, a PEC nº 6/2019[20] propõe outra alteração no art. 40, cuja previsão está no seu §5º, equalizando os regimes próprios com o RGPS, com a seguinte redação:

§5º Na concessão e na manutenção do benefício de pensão por morte serão observados o rol dos beneficiários, a qualificação e os requisitos necessários para enquadramento dos dependentes, e o tempo de duração da pensão e das cotas por dependente previstos para o Regime Geral de Previdência Social.

E na regra de transição trazida na PEC, diz:

Pensão por morte dos servidores públicos que tenham ingressado antes do regime de Previdência complementar

Art. 8º A pensão por morte concedida aos dependentes de servidor público que tenha ingressado em cargo efetivo da União, dos Estados, do Distrito Federal ou dos Municípios anteriormente à instituição do regime de previdência complementar de que trata o §14 do art. 40 da Constituição e de servidor que não tenha realizado a opção de que trata o §16 do art. 40 da Constituição, conforme o caso, será disciplinada pelo disposto neste artigo.

§1º O valor da pensão por morte de que trata o caput será equivalente a uma cota familiar de cinquenta por cento e a cotas de dez pontos percentuais por dependente, até o limite de cem por cento, observados os seguintes critérios:

I - na hipótese de óbito do aposentado, as cotas serão calculadas sobre a totalidade dos proventos do servidor público falecido, até o limite máximo estabelecido para os benefícios do Regime Geral de Previdência Social, acrescida de setenta por cento da parcela excedente a esse limite;

II - na hipótese de óbito de servidor público em atividade, as cotas serão calculadas sobre o valor dos proventos a que o servidor público teria direito se fosse aposentado por incapacidade permanente na data do óbito, exceto na hipótese de o óbito ter sido decorrente de acidente do trabalho, doença profissional ou do trabalho, situação em que corresponderão à totalidade da remuneração do servidor público no cargo efetivo, observado o disposto no §10 do art. 3º, e, em qualquer hipótese, o limite máximo estabelecido para os benefícios do Regime Geral de Previdência Social, acrescido de setenta por cento da parcela excedente a esse limite;

III - as cotas por dependente cessarão com a perda dessa qualidade e não serão reversíveis aos demais dependentes, preservado o valor de cem por cento da pensão por morte, quando o número de dependentes remanescente for igual ou superior a cinco; e

---

[19] Em janeiro de 2019, o valor do teto do RGPS era de R$5.839,45.

[20] O texto original da Proposta de Emenda Constitucional nº 6/2019 está disponível em: BRASIL. *Proposta de Emenda Constitucional nº 6/2019*. Disponível em: https://www.camara.leg.br/proposicoesWeb/prop_mostrarinte gra;jsessionid=FE1E8B6A3F4CEE8DB75F3A2B17A66940.proposicoesWebExterno2?codteor=1712459&filename= PEC+6/2019. Acesso em: 14 maio 2019.

IV - o tempo de duração da pensão por morte e das cotas individuais por dependente até a perda da qualidade de dependente, o rol de dependentes, a sua qualificação e as condições necessárias para enquadramento serão aqueles estabelecidos para o Regime Geral de Previdência Social.

Ora, não há dúvidas de que teremos diversas ações judiciais individuais e coletivas, bem como ações diretas de inconstitucionalidade sobre o manto do princípio da isonomia e do direito adquirido. Sem contar que teremos três sistemas diferentes e simultâneos de regimes da pensão por morte, o que certamente irá gerar diversas divergências interpretativas entre INSS e Poder Judiciário.

O custo de transição também é outro tema polêmico.[21]

A AGU criou uma força-tarefa para assegurar que as mudanças na Previdência Social sejam realizadas sem empecilhos judiciais. O grupo irá monitorar tribunais de todo o país, incluindo o Supremo Tribunal Federal (STF), para atuar com agilidade e de maneira coordenada em ações que eventualmente sejam movidas para questionar as modificações nas regras de aposentadoria.[22]

Outras questões podem também ser objeto de contestação judicial, como a questão da competência delegada, a necessária fonte de custeio para implantação de benefício pela via judicial e a questão do foro no Distrito Federal para ações coletivas.

A competência da Justiça Estadual pode ser originária ou delegada. No que tange aos processos previdenciários, a competência originária se dá nas ações relativas a acidente do trabalho. Já a competência delegada está prevista no art. 109, §3º da Constituição Federal.[23] Com a nova redação, este parágrafo passa a ter uma limitação da competência delegada, já que suprime a permissão contida na expressão "a lei poderá permitir que outras causas sejam também processadas e julgadas pela justiça estadual".

Com a Reforma, somente haverá a competência delegada quando a comarca do domicílio do segurado não for sede de vara federal. Tal fato irá gerar discussões em relação à questão do acesso à Justiça. Todavia, pode a longo prazo gerar um efeito positivo, já que a competência delegada é um dos fatores que geram judicialização, principalmente, pelas decisões judiciais divergentes dadas pelos juízes estaduais em relação aos juízes federais, o que causa insegurança jurídica e deslocamento de segurados para tal foro, bem como não haver controle de litispendência entre as duas esferas, o que faz com que o segurado transforme em loteria o processo judicial, muitas vezes

---

[21] Como aduz Cleberson José Rocha: "Finalmente quanto a 'c', trata-se do custo de transição para o sistema de capitalização, que não pode ser suportado pela última geração sob o regime de repartição simples (pacto de gerações), sob pena de ofensa ao direito adquirido e ao pacto até então estabelecido. O Estado tem que conseguir recursos do orçamento geral para pagar esse custo. Trata-se de honrar um compromisso de gerações passadas, sem retirar ou aviltar direitos de uma geração inteira – a última, sob o regime de repartição, que teria, nessa lógica equivocada, de pagar os benefícios das gerações passadas e fazer caixa para pagar o custo da transição para o regime de capitalização, não sobrando recursos para seus próprios benefícios quando não puder mais trabalhar" (ROCHA, Cleberson José. A reforma que a Previdência precisa (e a reforma que o governo oferece). *Conjur*, 16 maio 2019. Disponível em: https://www.conjur.com.br/2019-mai-16/cleberson-rocha-reforma-previdencia-oferecida. Acesso em: 20 maio 2019).

[22] Para mais informações: AGU. *Advocacia-Geral cria força-tarefa para defender judicialmente mudanças na Previdência.* Disponível em: https://www.agu.gov.br/page/content/detail/id_conteudo/726633. Acesso em: 20 maio 2019.

[23] Art. 109, §3º, CF: "Serão processadas e julgadas na justiça estadual, no foro do domicílio dos segurados ou beneficiários, as causas em que forem parte instituição de previdência social e segurado, sempre que a comarca não seja sede de vara do juízo federal, e, se verificada essa condição, a lei poderá permitir que outras causas sejam também processadas e julgadas pela justiça estadual".

ajuizando ações nos dois foros, para ver qual terá a procedência primeiro. Além disso, a restrição à competência delegada é justificada pela interiorização da Justiça Federal, inexistente em 1988.

No que tange à fonte de custeio, a Reforma cria uma vinculação entre a concessão do benefício e a fonte de custeio, também quanto aos atos judiciais.

O art. 195, §5º, da CF, se aprovado, terá a seguinte redação: "Nenhum benefício ou serviço da seguridade social poderá ser criado, majorado ou estendido por ato administrativo, lei ou decisão judicial, sem a correspondente fonte de custeio total".[24]

A alteração busca o equilíbrio orçamentário e atuarial da Previdência, bem como privilegia a correspondência entre custeio e concessão, visando maior planejamento dos gastos. Também parece querer evitar o ativismo judicial e o sem número de concessões de benefícios a cargo do Poder Judiciário, cujos valores impactam diretamente no planejamento das contas do INSS.

Por outro lado, limita substancialmente a atuação do Poder Judiciário, o que sem dúvida será objeto de contestação judicial, inclusive, quanto à constitucionalidade deste dispositivo.

A discussão já se iniciou, como se observa no texto de Déborah de Andrade Cunha e Toni. Diz ela:

> A atual redação desse dispositivo, conhecido por estabelecer a regra da contrapartida, insere-se no capítulo constitucional destinado ao custeio da seguridade social e volta-se ao legislador justamente para garantir uma melhor estruturação da previdência.
>
> Não obstante, a PEC objetiva, por meio de dispositivo travestido de "regra orçamentária", impedir que a jurisdição atue plenamente e, eventualmente, determine a concessão de benefícios previdenciários ou assistenciais com base em fundamentos constitucionais autorizadores. A atual redação desse dispositivo, conhecido por estabelecer a regra da contrapartida, insere-se no capítulo constitucional destinado ao custeio da seguridade social e volta-se ao legislador justamente para garantir uma melhor estruturação da previdência.
>
> Diplomas normativos que versem sobre matéria previdenciária não estão imunes ao controle do Poder Judiciário e eventuais correções cabíveis decorrem diretamente do sistema de freios e contrapesos, mecanismo de controle mútuo adotado pela Constituição de 1988.
>
> Inclusive, o STF possui entendimento sumulado[4] de que, nas causas de natureza previdenciária, não se aplicam as vedações à concessão de liminares contra a Fazenda Pública. Ou seja, é absolutamente desnecessária a existência de "correspondente fonte de custeio" para que os tribunais pátrios, ao corrigirem arbitrariedades perpetradas pelos demais poderes, concedam benefícios previdenciários, inclusive por ocasião do deferimento de medidas de urgência.
>
> A PEC 006/2019, contudo, ignora todos esses fatos e estabelece, com a nova redação proposta para o dispositivo, regra impeditiva da atuação jurisdicional e administrativa, em afronta ao princípio da separação dos três poderes (artigo 2º da CF) e à garantia de amplo acesso à Justiça (artigo 5º, XXXV, da CF).[25]

---

[24] A redação atual do art. 195, §5º, é: "Nenhum benefício ou serviço da seguridade social poderá ser criado, majorado ou estendido sem a correspondente fonte de custeio total".

[25] TONI, Déborah de Andrade Cunha e. As mudanças que passaram despercebidas na reforma da Previdência. *Conjur*, 25 abr. 2019. Disponível em https://www.conjur.com.br/2019-abr-25/deborah-toni-mudancas-desapercebidas-reforma-previdencia. Acesso em: 20 maio 2019.

Por fim, a questão do fim do foro universal no Distrito Federal pode gerar maior judicialização,[26] principalmente, em relação às ações coletivas, pois se aplicadas as limitações territoriais, as decisões nelas proferidas terão efeito limitado e não mais nacional, o que pode gerar decisões contraditórias, além de ofender a isonomia.

Déborah de Andrade Cunha e Toni é certeira no seu raciocínio:

> Caso essa alteração seja concretizada, existe sério risco de que a limitação territorial imposta pela Lei 9.494/97 passe a ser aplicada também nos casos de ações coletivas propostas por associações no Distrito Federal.
>
> Nesse cenário, a atuação judicial das entidades de classe de âmbito nacional ficaria seriamente comprometida, uma vez que inúmeras demandas idênticas deverão ser propostas para contemplar os associados residentes nas diferentes unidades da federação. Caso essa alteração seja concretizada, existe sério risco de que a limitação territorial imposta pela Lei 9.494/97 passe a ser aplicada também nos casos de ações coletivas propostas por associações no Distrito Federal.
>
> A manutenção da prerrogativa de demandar contra a União no Distrito Federal para todo e qualquer brasileiro, não importa seu domicílio, facilita a atuação de entidades de classe e privilegia os princípios da economia e da efetividade da prestação jurisdicional.
>
> Afinal, evita-se a propositura de milhares de ações judiciais individuais em cada estado da federação com o mesmo objeto, com a mesma causa de pedir e pedidos, sujeitas à prolação de decisões conflitantes, que acabam por sobrecarregar posteriormente o Poder Judiciário, que receberá diversos recursos provenientes das demandas regionalizadas.
>
> Fácil perceber que a exclusão do Distrito Federal como foro universal é mais uma manobra do novo governo para dificultar a defesa coletiva de direitos e, assim, perpetuar ilegalidades cometidas pelo poder público, em clara afronta ao princípio da inafastabilidade de jurisdição (artigo 5º, XXXV, da CR) e também ao direito constitucional à organização e à liberdade associativas (artigos 37, VI, e 5º, XVII e XXI, da CF).
>
> Apesar de pouco noticiada, essa inconstitucionalidade é tão flagrante que, na noite da última terça-feira (23/4) a Comissão de Constituição e Justiça (CCJ) da Câmara dos Deputados opinou pela admissibilidade da PEC n. 006/2019, ressalvada a inadmissibilidade quanto a esse ponto específico.
>
> Embora a CCJ não tenha opinado formalmente pela inconstitucionalidade da exclusão do Distrito Federal como foro universal para o ajuizamento de demandas contra a União, é pouco provável que a Comissão Especial, instaurada ontem (24/4) pelo presidente da Câmara Rodrigo Maia, volte a deliberar sobre o assunto.[27]

De todo o exposto, verifica-se que a Reforma da Previdência poderá causar um aumento no espectro de processos judiciais contra o INSS, além das diversas questões constitucionais que poderão ser objeto de ações diretas, pelos exemplos supramencionados.

---

[26] Redação atual: "Art. 109 Aos juízes federais compete processar e julgar: [...] §2º As causas intentadas contra a União poderão ser aforadas na seção judiciária em que for domiciliado o autor, naquela onde houver ocorrido o ato ou o fato que deu origem à demanda ou onde esteja situada a coisa, *ou, ainda, no Distrito Federal*". Redação proposta pela PEC: "Art. 109 Aos juízes federais compete processar e julgar: [...] §2º As causas intentadas contra a União poderão ser aforadas na seção judiciária em que for domiciliado o autor, naquela onde houver ocorrido o ato ou o fato que deu origem à demanda ou onde esteja situada a coisa".

[27] TONI, Déborah de Andrade Cunha e. As mudanças que passaram despercebidas na reforma da Previdência. *Conjur*, 25 abr. 2019. Disponível em https://www.conjur.com.br/2019-abr-25/deborah-toni-mudancas-desapercebidas-reforma-previdencia. Acesso em: 20 maio 2019.

Mas, além destes já trabalhados aqui, há outras hipóteses que podem ser discutidas, como a questão da constitucionalização seletiva das normas previdenciárias, as mudanças dos critérios nos benefícios de prestação continuada, principalmente, quanto aos critérios de miserabilidade (já analisados pelo STF), ampliação das contribuições, as limitações às remissões e parcelamentos, a questão do novo regime de capitalização, as vedações às acumulações de benefícios, as regras de transição, enfim, como qualquer alteração legislativa profunda, o Poder Judiciário tende a ser protagonista na efetividade e observância das novas normas jurídicas.

A CCJ e a Comissão Especial têm papel fundamental também neste aspecto, já que podem exercer um controle de constitucionalidade prévio ou profilático, evitando que seja enviado ao Plenário um texto inconsistente ou no qual constem regras inconstitucionais.

O importante é que se respeitem os direitos constitucionais, bem como a separação dos poderes, para que haja respeito ao Estado Democrático de Direito. Aguardemos.

Conclusão

O Brasil vive uma realidade em que a população e a sociedade tem como paradigma cultural a solução judicial do conflito.

No caso das ações previdenciárias a situação é mais alarmante ainda, pelos dados demonstrados acima, e pelos impactos que tais ações promovem nas despesas do INSS, bem como no aumento do custo orçamentário dos serviços públicos, tendo em vista que há um crescimento vertiginoso destes valores, quando o benefício previdenciário é deferido e analisado no Poder Judiciário se comparado com o seu trâmite no âmbito administrativo.

O primeiro passo já foi dado, qual seja identificar algumas causas da judicialização e tentar minorar seus impactos, como a criação das agências da Previdência Social para o cumprimento exclusivo de decisões judiciais, a realização de acordos judiciais nas ações previdenciárias, o gerenciamento em massa de processos, a desistência de recursos interpostos, a chamada "sentença amigável" ou com parâmetros prefixados em diálogo institucional para agilizar seu cumprimento, as centrais de perícia com acompanhamento pericial conjunto, entre outras ações.

Todavia, há muito a fazer, já que é preciso uma alteração de paradigma na estruturação da Advocacia Pública, dando ensejo à atuação extrajudicial e preventiva. Se judicializada a questão, que se dê ensejo ao princípio da duração razoável do processo, por meio da mediação, conciliação e outros meios alternativos de resolução de conflitos, o que deve ser fomentado pelos gestores públicos.

Há que se promover um diálogo institucional entre Poder Judiciário, Legislativo e Executivo, a fim de que se delimitem as competências institucionais de cada um, em respeito ao princípio da separação dos poderes, com o objetivo de que o *check and balances* seja observado na prática, evitando-se o deslocamento de atos administrativos a cargo da autarquia previdenciária para os balcões do Poder Judiciário, bem como o ativismo judicial.

O Poder Legislativo deve exercer de maneira técnica e isenta o controle profilático ou preventivo de constitucionalidade, mormente, nas alterações das normas previdenciárias, já que afetam um número gigantesco de pessoas e causam ações judiciais em massa. Além disso, devem ser feitos estudos técnicos dos impactos que cada alteração legislativa pode promover no sistema.

Outro aspecto que deve ser pensado, a fim de evitar a judicialização, é a prestação bem feita do serviço público pela autarquia, com fundamentação fática e legal dos indeferimentos, devidamente motivados na legislação. Isso se faz com treinamento e universalidade de atuação em nível nacional, coibindo distorções e decisões administrativas contraditórias.

E, por fim, pensar em melhora nos sistemas de controle de litispendência, criar mecanismos de responsabilidade ao demandante contumaz (questão da gratuidade judicial, a ausência de ônus no JEF, a não devolução de valores recebidos a título de tutela antecipada) e respeitar o princípio da economicidade e do orçamento público, para que haja planejamento no dispêndio do dinheiro público, permitindo, assim, um equilíbrio atuarial tão desejado no âmbito da nossa Previdência Social.

Referências

A CADA dez benefícios pagos pelo INSS, um é resultado de decisão judicial. *Conjur*, 13 set. 2018. Disponível em: https://www.conjur.com.br/2018-set-13/cada-dez-beneficios-pagos-inss-ordem-judicial. Acesso em: 16 out. 2018.

BOLETIM Estatístico da Previdência Social, v. 24, n. 01. Disponível em: www.previdencia.gov.br.

CNJ. *Justiça em números 2018*. Brasília: CNJ, 2018. Disponível em: http://www.cnj.jus.br/files/conteudo/arquivo/2018/08/44b7368ec6f888b383f6c3de40c32167.pdf. Acesso em: 8 maio 2019.

MOURA, Grégore Moreira de. Judicialização da Previdência e advocacia pública: colocando os pingos nos is. *Congresso em Foco*, 22 out. 2018. Disponível em: https://congressoemfoco.uol.com.br/opiniao/forum/judicializacao-da-previdencia-e-advocacia-publica-colocando-os-pingos-nos-is/. Acesso em: 13 maio 2019.

ROCHA, Cleberson José. A reforma que a Previdência precisa (e a reforma que o governo oferece). *Conjur*, 16 maio 2019. Disponível em: https://www.conjur.com.br/2019-mai-16/cleberson-rocha-reforma-previdencia-oferecida. Acesso em: 20 maio 2019.

TONI, Déborah de Andrade Cunha e. As mudanças que passaram despercebidas na reforma da Previdência. *Conjur*, 25 abr. 2019. Disponível em https://www.conjur.com.br/2019-abr-25/deborah-toni-mudancas-desapercebidas-reforma-previdencia. Acesso em: 20 maio 2019.

TUROLLO JR., Reynaldo; CASADO, Letícia. Gastos do Judiciário crescem 4,4% em 2017, atingindo R$91 bi. *Folha de S.Paulo*, 27 ago. 2018. Disponível em: https://www1.folha.uol.com.br/poder/2018/08/gastos-do-judiciario-crescem-44-em-2017-atingindo-r-91-bi.shtml. Acesso em: 8 maio 2019.

Informação bibliográfica deste texto, conforme a NBR 6023:2018 da Associação Brasileira de Normas Técnicas (ABNT):

MOURA, Grégore Moreira de. Judicialização da Previdência e democracia. *In*: MORAES, Alexandre de; MENDONÇA, André Luiz de Almeida (Coord.). *Democracia e sistema de justiça*: obra em homenagem aos 10 anos do Ministro Dias Toffoli no Supremo Tribunal Federal. Belo Horizonte: Fórum, 2020. p. 265-281. ISBN 978-85-450-0718-0.

CONCILIAÇÃO NAS AÇÕES ORIGINÁRIAS DO SUPREMO TRIBUNAL FEDERAL

HENRIQUE DE ALMEIDA ÁVILA

RITA DIAS NOLASCO

> *O Judiciário se torna mais eficiente quando estimula soluções autocompostas e meios legítimos de resolução de conflitos – instrumentos rápidos e econômicos para oferecer justiça. A ideia é que o termo de todo litígio não é necessariamente uma sentença, mas sim uma solução.*
>
> Ministro Dias Toffolli

Introdução

Iniciamos este breve estudo destacando a elevada significação dessa obra coletiva remissiva aos 10 anos de judicatura do Ministro José Dias Toffoli no Supremo Tribunal Federal, intitulada *Democracia e sistema de justiça*.

Em sua atuação como Advogado-Geral, destacamos a criação, em 2007, da Câmara de Conciliação e Arbitragem da Administração Federal (CCAF), dentro da estrutura da AGU, para a resolução extrajudicial de conflitos entre órgãos e entidades da Administração Pública Federal. Ressaltamos duas competências administrativas da CCAF – importante órgão que pode atuar como um efetivo colaborador do STF como Tribunal da federação – previstas nos incs. III e IV, do art. 18 do Decreto nº 7.392, de 13.12.2010:

III - dirimir, por meio de conciliação, as controvérsias entre órgãos e entidades da Administração Pública Federal, bem como entre esses e a Administração Pública dos Estados, do Distrito Federal, e dos Municípios;

IV - buscar a solução de conflitos judicializados, nos casos remetidos pelos Ministros dos Tribunais Superiores e demais membros do Judiciário, ou por proposta dos órgãos de direção superior que atuam no contencioso judicial.

Atuou também em defesa de importantes políticas governamentais, entre as quais destacam-se: o programa de aceleração do crescimento; a demarcação de reservas indígenas; aspectos jurídicos da desapropriação para fins de reforma agrária; a proteção do meio ambiente, especialmente no tocante à compensação ambiental; a incorporação de quintos – servidores públicos; as pesquisas com células-tronco; a fidelidade partidária – resolução TSE; o Programa Universidade para Todos – Prouni; a defesa técnica em PAD – processo administrativo disciplinar; o passe livre para idosos e portadores de necessidades especiais; a atribuição de responsabilidade subsidiária da União nos contratos de trabalho das empresas terceirizadas; a expropriação de terras/plantas psicotrópicas – art. 243 da Constituição Federal; a incidência do ICMS na base de cálculo do PIS/Cofins; a repercussão geral de medicamentos; o transporte rodoviário interestadual de passageiros e a inclusão no Programa Nacional de Desestatização (PND).

Há casos extremamente complexos nos quais se contrapõem interesses do Poder Legislativo ao Executivo, da União a um estado ou ente da Administração indireta, ou de um estado a outro estado, que são levados à jurisdição constitucional. Assim, o Supremo Tribunal Federal acaba sendo o palco de grandes discussões que podem afetar o equilíbrio do Pacto Federativo, assumindo a importante missão de Tribunal da Federação (CF, art. 102, I, "f"). A difícil tarefa político-jurídica de zelar pela harmonia federativa, em concorrência com outros atores políticos, por certo estabelecendo diretrizes para as ações vindouras do Estado brasileiro e da coletividade, decidindo sobre temas de intensa relevância.

Os conflitos não precisam ser entendidos como algo prejudicial, ao contrário, deles pode-se extrair a mola propulsora para o desenvolvimento da sociedade. Para tanto, são necessárias sua identificação, compreensão e condução de maneira construtiva. Neste contexto entra a figura da conciliação como importante sistema de gestão de conflitos.

Destacamos do Preâmbulo da Constituição Federativa do Brasil que a nossa sociedade fraterna, pluralista e sem preconceitos deve estar fundada na harmonia social e comprometida, na ordem interna e internacional, *com a solução pacífica das controvérsias*. Ademais, em seu art. 98, I, dispõe que a União, no Distrito Federal e nos Territórios, e os estados criarão juizados especiais, "competentes para a conciliação, o julgamento e a execução de causas cíveis de menor complexidade e infrações penais de menor potencial ofensivo [...]". É incontestável o viés do consensualismo na Carta Magna.

Dessa forma, devemos priorizar a busca por mecanismos adequados de resolução de controvérsias (MASC).[1]

---

[1] Carlos Alberto Salles bem afirma que "A opção 'estatista' adotada pelo novo Código de Processo Civil, pela qual a tentativa obrigatória de solução consensual deve ser realizada necessariamente dentro do aparato judiciário do Estado, não pode ser vista como a única juridicamente viável, podendo ser revista com a adoção de medidas mais ágeis e adequadas à capacidade de o Judiciário prestar esse novo serviço. [...] Os MASCs devem ser entendidos como sucedâneos válidos da jurisdição estatal. É necessário, portanto, que o processo civil crie mecanismos

O professor Kazuo Watanabe acertadamente afirma:

> os meios consensuais de tratamento de conflitos não devem ser utilizados com o objetivo primordial de se solucionar a crise de morosidade da justiça, com a redução da quantidade de processos existentes no Judiciário, e sim como uma forma de dar às partes uma solução mais adequada e justa aos seus conflitos de interesses, propiciando-lhes uma forma mais ampla e correta de acesso à justiça.[2]

Assim, propõe a releitura do princípio do acesso à Justiça como o acesso a um mecanismo adequado de Justiça. Releitura consentânea com as novas funções do Judiciário contemporâneo.

Considerando o número vultuoso de litígios no Judiciário e os consequentes problemas de morosidade e efetividade, apresentamos a conciliação como uma solução plausível em busca efetividade por meio de procedimentos mais céleres, menos custosos e mais adequados ao conflito.

Abordamos a importância das soluções pacíficas das controvérsias pelo Judiciário, inclusive pela Corte Constitucional.

Este trabalho apresenta a utilização de mecanismos adequados de solução consensual, em especial a conciliação, como meio eficaz para a gestão de conflitos enfrentados na Suprema Corte, procurando demonstrar algumas vantagens que envolvem a instrumentalidade dos métodos consensuais. A corte pode desenvolver a aptidão para identificar os casos em que é viável e adequada a tentativa de conciliação.

Tendo em vista o relevante papel de Tribunal da Federação, a conciliação pode ser eficaz em conflitos de ações originárias do STF.

O Supremo tem delimitado a abrangência do art. 102, I, "f", da Constituição, estabelecendo que os conflitos federativos aptos a atraírem a competência da Corte são apenas aqueles capazes de afetar o equilíbrio federativo, como situações de demarcação de áreas indígenas, de áreas para exploração econômica e de áreas de proteção ambiental, questões de imunidade recíproca na esfera tributária etc.

Demonstramos a relevância de serem adotadas soluções pacíficas das controvérsias que colocam em risco o Pacto Federativo. Comentamos sobre as tentativas de conciliação já realizadas pelo Supremo Tribunal Federal, fazendo uso de técnicas consensuais que procuram reestabelecer as relações, respondendo positivamente ao conflito.

1 A importância das soluções pacíficas das controvérsias pelo Judiciário

A denominada "crise do Judiciário" é caracterizada sobretudo pela morosidade da prestação jurisdicional, comumente atribuída à sua *in*capacidade de lidar com o crescente aumento do número de processos.

---

aptos a permitir a convivência integrada da jurisdição estatal com os mecanismos de solução de controvérsias de variada espécie, sem a pretensão de que esses venham a ser completamente absorvidos por ela" (SALLES, Carlos Alberto. O consenso nos braços do Leviatã: os caminhos do Judiciário brasileiro na implantação de mecanismos adequados de solução de controvérsias. *RJLB*, ano 4, n. 3, p. 215-241, 2018).

2   WATANABE, Kazuo. Política pública do Poder Judiciário Nacional para tratamento adequado dos conflitos de interesses. *In*: PELUSO, Antonio Cezar; RICHA, Morgana de Almeida (Coord.). *Conciliação e mediação*: estruturação da política judiciária nacional. Rio de Janeiro: Forense, 2011.

O Estado não tem conseguido administrar com o necessário zelo as numerosas demandas sociais que aguardam soluções satisfativas.

> Deixa o Estado, assim, de compreender que administrar os conflitos da sociedade significa conservar a sociedade e ter, como legítima, a complexidade multifacetada de suas articulações e tensões; que não precisam ser extirpadas as diferenças identificadas no seu evolver, mas impõe-se a gestão da diversidade em nome da harmonia e pacificação das relações sociais, evitando que a comunidade se desintegre. Na medida em que o Estado não é capaz de resolver os conflitos, ele perde a sua legitimidade, ou em outros termos, a questão da legitimidade desse Estado, torna-se um problema.[3]

O excesso de litigiosidade está evidenciado nos números apresentados pelo CNJ – Conselho Nacional de Justiça. Dados do *Relatório Justiça em Números 2018*[4] informam que, durante o ano de 2017, ingressaram 29,1 milhões de processos e foram baixados 31 milhões, ou seja, o Poder Judiciário decidiu 6,5% de processos a mais do que a demanda de casos novos. Apesar de se verificar, historicamente, um número de processos baixados igual ou superior ao número de casos novos, o estoque não reduziu. Ainda que baixando casos em volume superior ao ingressado, com Índice de Atendimento à Demanda na ordem de 106,5%, o estoque manteve-se praticamente constante, e chegou ao final do ano de 2017 com 80,1 milhões de processos em tramitação aguardando alguma solução definitiva.

No período de 2009 a 2017, a taxa de crescimento médio do estoque foi de 4% ao ano. O crescimento acumulado no período 2009-2017 foi de 31,9%, ou seja, acréscimo de 19,4 milhões de processos. Em média, a cada grupo de 100.000 habitantes, 12.519 ingressaram com uma ação judicial no ano de 2017.

Em 2017, cada juiz brasileiro julgou, em média, 1819 processos, o que equivale a 7,2 casos por dia útil – esse é o maior índice de produtividade desde 2009.

A produtividade do Judiciário brasileiro é a maior da América Latina. Tornou-se incontestável a sobrecarga de trabalho dos magistrados brasileiros. A principal causa da "crise" é o fato de o nosso país se revelar um dos países com maior número de litígios judiciais no mundo.

O *I Relatório Supremo em números – O múltiplo Supremo* – elaborado sob a coordenação de Joaquim Falcão, Pablo de Camargo Cerdeira e Diego Werneck Arguelhes –[5] revela que o Poder Público é o maior usuário do STF. Os números contidos no aludido relatório evidenciam o alto grau de concentração do serviço judiciário. No STF, a título exemplificativo, mais de 75% dos procedimentos recursais envolvem a atuação de apenas 85 partes que possuem, cada uma, ao menos 1000 processos em tramitação naquela Corte.

Os maiores litigantes do Judiciário são entes da Administração Pública. Os gráficos contidos no referido relatório revelam que 90% das partes que possuem recursos pendentes no STF integram a Administração Pública. Deste percentual, 87% por cento envolvem demandas do Poder Executivo, sendo 68% somente no âmbito federal.

---

[3] LEAL, Rogério Gesta. *Estado, Administração Pública e sociedade*: novos paradigmas. Porto Alegre: Livraria do Advogado, 2006. p. 48.

[4] CNJ. *Justiça em números 2018*. Brasília: CNJ, 2018. Disponível em: http://www.cnj.jus.br/files/conteudo/arquivo/2018/09/8d9faee7812d35a58cee3d92d2df2f25.pdf.

[5] FALCÃO, Joaquim; CERDEIRA, Pablo de Camargo; ARGUELHES, Diego Werneck. *I Relatório Supremo em números – O múltiplo Supremo*. Rio de Janeiro: FGV, 2012. Disponível em: http://bibliotecadigital.fgv.br/dspace/handle/10438/10312.

Imperioso rever se a forma contenciosa e heterocompositiva é suficientemente eficaz para solucionar todos os conflitos, pois, além do prolongado período de tramitação consumido no desenrolar do processo e do elevado custo processual, deve se levar em consideração que a decisão judicial resolve a demanda, no entanto, não soluciona o conflito no sentido da pacificação.

Assim, o caminho para o futuro não é outro senão a efetiva implementação e desenvolvimento dos métodos consensuais de solução dos conflitos.

A Resolução nº 125 do CNJ, em 2010, instituiu a Política Judiciária Nacional de Tratamento dos Conflitos de Interesses, tendente a assegurar a todos o direito à solução dos conflitos por meios adequados à sua natureza e peculiaridade, reconhecendo a necessidade de se consolidar uma política pública permanente de incentivo e aperfeiçoamento dos mecanismos consensuais de solução de litígios, e adotando a conciliação e a mediação como instrumentos efetivos de pacificação social, solução e prevenção de litígios.

A resolução do CNJ em comento foi recepcionada pela Lei de Mediação de nº 13.140/2015 e pelo Código de Processo Civil de 2015, que impulsionam a adoção de instrumentos alternativos de resolução de conflitos, incluindo autorização legal para que o Poder Público se valha desses métodos de resolução de conflitos.

A partir de 2016, o CNJ implantou o Movimento pela Conciliação. Por intermédio da Resolução CNJ nº 125/2010, foram criados os Centros Judiciários de Solução de Conflitos e Cidadania (Cejusc) e os Núcleos Permanentes de Métodos Consensuais de Solução de Conflitos (Nupemec), que visam fortalecer e estruturar unidades destinadas ao atendimento dos casos de conciliação. Destacamos o relevante investimento realizado no aumento dos Cejusc, que possuem o setor pré-processual (que tem o objetivo de resolver o conflito antes que seja necessário mobilizar o Judiciário) e o setor processual (que realiza mediações e conciliações em processos que já se iniciaram judicialmente), aptos a facilitar a construção de soluções consensuais entre as partes. Na Justiça Estadual, havia, ao final do ano de 2017, 982 Cejusc instalados. Esse número tem crescido ano após ano.

O índice de conciliação no Poder Judiciário em 2017 foi de 13,6% no 1º grau. A conciliação é praticamente inexistente no 2º grau, apresentando índices muito baixos em todos os segmentos de justiça. Mas, de acordo com o próprio CNJ, esse percentual tende a crescer com a aplicação do art. 334 do CPC que prevê a realização de audiência prévia de conciliação e mediação como etapa obrigatória.[6]

A admissão da metodologia autocompositiva de conflitos envolve uma mudança cultural significativa que provavelmente exigirá mais alguns anos até que se desenvolva na totalidade que se pretende. Todos os envolvidos precisam estar receptivos à cultura de solução pacífica, apta a reduzir custos e trazer celeridade na solução dos conflitos.

No mês de novembro de 2018, aconteceu XIII Semana Nacional de Conciliação,[7] agenciada pelo Conselho Nacional de Justiça em parceria com tribunais de todo o país,

---

[6] A audiência não será realizada se as partes manifestarem o desinteresse na composição consensual, o autor na inicial e o réu por petição e também dos litisconsortes, se houver (art. 334, §§4º, inc. I, e 6º, CPC/2015).

[7] MINISTRO Dias Toffoli participa da abertura da XIII Semana Nacional de Conciliação. *Notícias STF*, 5 nov. 2018. Disponível em: http://www.stf.jus.br/portal/cms/verNoticiaDetalhe.asp?idConteudo=394630. Acesso em: 17 jun. 2019.

para incentivar a resolução de conflitos antes da judicialização de demandas. O Ministro Dias Toffoli advertiu em seu discurso que, na primeira edição da Semana Nacional de Conciliação realizada em 2006, participaram 45 tribunais, resultando em 83.987 audiências de conciliação realizadas e mais de 43 mil acordos efetuados. Dez anos depois, em 2017, participaram 54 tribunais e mais de 15 mil agentes do Judiciário, quando foi conseguido o indicador de 321.103 audiências, beneficiando 757.051 pessoas. Ademais, enfatizou que compete ao Judiciário garantir a efetividade da prestação jurisdicional. De acordo com o ministro, *para debelar o elevado* índice *de judicialização* "deve, entre outras ações, incentivar a adoção de métodos alternativos à solução do litígio, ou como se diz hoje 'métodos adequados à solução do litígio', visando ao fim a desjudicialização, a partir da pacificação do tecido social".

2 O relevante papel do Supremo Tribunal Federal como tribunal da Federação

A previsão da competência do Supremo Tribunal Federal advém do nascimento do federalismo no Brasil, passa a existir pela primeira vez na Constituição de 1891 (art. 59, I, "c") – a primeira republicana – e se sustenta em todas as demais Constituições futuras.

A história revela[8] que o título "Supremo Tribunal Federal" foi tomado na Constituição Provisória publicada com o Decreto de nº 510, de 22.6.1890, e ecoou no Decreto nº 848, de 11 de outubro do mesmo ano, que formou a Justiça Federal.

A ideia de tribunal da Federação parte da sua afinidade com a afirmativa histórica do *judicial review*, especialmente na conjuntura norte-americana, da importância da função de garantir certa conformidade constitucional própria a toda Federação.[9]

Assim, a Constituição promulgada em 24.2.1891 instituiu o controle da constitucionalidade das leis. A Constituição de outubro de 1988 avivou expressamente a competência precípua do Supremo Tribunal Federal como guarda da Constituição, dedicando-lhe os arts. 101 a 103.

Sua denominação de "o guardião da Constituição" o autoriza a processar e a julgar, originariamente, as causas e os conflitos entre a União e os estados, a União e o Distrito Federal, ou entre uns e outros, inclusive as respectivas entidades da Administração direta. Ademais, o Supremo Tribunal Federal é o órgão de cúpula do Poder Judiciário, e a ele compete a relevante competência originária. Essa competência está elencada no art. 102, inc. I, "f", da Constituição Federal de 1988.[10]

A ação cível originária inicia-se nos tribunais, e não nos juízos monocráticos, como as demais ações cíveis. A competência para processar e julgar a ação cível originária funda-se na qualidade da parte ou na matéria de litígio. Por exemplo, destaca-se que a Constituição Federal atribui ao Supremo Tribunal Federal a competência para processar e julgar o litígio entre Estados estrangeiros ou organismos internacionais e a União, estados, Distrito Federal e territórios, inclusive entre os órgãos da Administração indireta.

---

[8] SUPREMO TRIBUNAL FEDERAL. *Histórico*. Disponível em: http://www.stf.jus.br/portal/cms/verTexto.asp?servico=sobreStfConhecaStfHistorico.

[9] CANOTILHO, José Joaquim Gomes; MENDES, Gilmar Ferreira; SARLET, Ingo Wolfgang; STRECK, Lenio Luiz. *Comentários à Constituição brasileira*. Coordenação Executiva: Léo Ferreira Leoncy. São Paulo: Saraiva, 2013.

[10] HAMILTON, Alexander; MADISON, James; JAY, John. *Os federalistas*. Belo Horizonte: Líder, 2003.

Entende-se que o conflito federativo advém da natureza subjetiva-objetiva, requer, além de envolver entes federativos, critério subjetivo, esse conflito é caracterizado pela possibilidade de desequilibrar o próprio pacto federativo. Assim, a jurisprudência do Supremo tem fortalecido os critérios e padrões hermenêuticos que vão desvendando o potencial e as balizas desse preceito.

De acordo com Ministro Luiz Fux,[11] o Supremo já ajustou a restritiva interpretação de que apenas se instaura sua competência originária quando a questão posta revela potencial capacidade de abalar o pacto federativo, não se justificando para causas que revelam mero interesse patrimonial, por exemplo.

> [...] é dizer: a competência originária se dá para o julgamento de conflitos federativos, não bastando ser um conflito entre entes federados. Sob a condução de uma interpretação teleológica, busca-se preservar o fundamento implícito no dispositivo constitucional que justifica a excepcional competência originária do Supremo Tribunal Federal, exigindo-se a presença concomitante de dois requisitos: (i) a contraposição de interesses entre os entes mencionados no dispositivo constitucional; e (ii) a potencial capacidade de o conflito abalar o pacto federativo.

Os julgados do STF permitem entrever o firme e relevante objetivo de se solidificar como um adequado tribunal da Federação, definindo os padrões interpretativos do art. 102, I, "f", da Constituição.

Não é qualquer conflito entre entes da Federação que será da competência originária do STF. O relevante efeito prático é evitar, *a priori*, o resguardo de causas e conflitos que não comprometam a estabilidade do pacto federal. Ante o alto número de municípios no país, isso poderia se mostrar um forte obstáculo ao bom desempenho da Suprema Corte.

Somente nas hipóteses de verdadeiro conflito federativo, ou seja, capaz de comprometer a harmonia do pacto federativo, é que se legitimará a competência originária do STF.

Sabe-se que, no âmbito federal, a Procuradoria-Geral Federal, órgão da Advocacia-Geral da União, exerce a representação judicial e extrajudicial, a consultoria e assessoramento jurídicos de mais de 150 autarquias e fundações públicas federais, entidades da Administração indireta da União. Consequentemente, várias causas e conflitos concernentes ao desempenho das autarquias e fundações públicas federais podem chegar ao STF.

No âmbito da Administração Pública Federal, existe o órgão que pode agir como um importante cooperador do STF como tribunal da Federação: a Câmara de Conciliação e Arbitragem da Administração Federal – CCAF. Destacamos a competência da referida

---

[11] FUX, Luiz; ARABI, Abhner Youssif Mota. A função conciliatória do Supremo Tribunal Federal como tribunal da federação. *Conjur*, 14 jun. 2019. Disponível em: https://www.conjur.com.br/2019-jun-14/fux-abhner-arabi-funcao-conciliatoria-tribunal-federacao. Acesso em: 27 maio 2019. Os autores destacam que referido entendimento pode ser exemplificado pelos seguintes precedentes: ACO nº 1.416-AgR. Rel. Min. Luiz Fux, Primeira Turma. *DJe*, 2 jun. 2015; ACO nº 1.364. Rel. Min. Celso de Mello, Tribunal Pleno. *DJe*, 6 ago. 2010; ACO nº 1.140. Rel. Min. Gilmar Mendes. *DJe*, 26 maio 2010; ACO nº 1.295-AgR. Rel. Min. Dias Toffoli, Pleno. *DJe*, 2 dez. 2010; ACO nº 1.480 QO. Rel. Min. Cármen Lúcia. *DJe*, 20 ago. 2010; Rcl nº 3.152. Rel. Min. Cármen Lúcia. *DJe*, 13 mar. 2009; RE nº 512.468 AgR. Rel. Min. Eros Grau, *DJe*.

Câmara (inclusive quando a controvérsia já estiver judicializada) para a conciliação das controvérsias entre entes da Administração Pública, previstas no art. 18, incs. III e IV, do Decreto nº 7.392, de 13.12.2010, a saber:

> III - dirimir, por meio de conciliação, as controvérsias entre órgãos e entidades da Administração Pública Federal, bem como entre esses e a Administração Pública dos Estados, do Distrito Federal, e dos Municípios;
>
> IV - buscar a solução de conflitos judicializados, nos casos remetidos pelos Ministros dos Tribunais Superiores e demais membros do Judiciário, ou por proposta dos órgãos de direção superior que atuam no contencioso judicial.

Como bem afirma Arnaldo Sampaio de Moraes Godoy:

> há conflitos entre órgãos e entes estatais que decorrem do avanço de políticas públicas (rodovias, usinas hidrelétricas, áreas de proteção ambiental), discussões que se desdobram como resultado de conflito de competências, problemas decorrentes do repasse de verbas, superposições de incidências fiscais. [...] A excessiva litigância intragovernamental pode revelar historicamente um presidencialismo de pouca articulação interna, cujo resultado, a par da ameaça de ineficiência do Poder Executivo e da perpetuação do impasse, produz recorrente judicialização de problemas internos, fomentando-se, ainda mais, a chamada crise do Poder Judiciário. A crise, no entanto, e na profundeza, poderia estar no próprio Executivo, que demoraria na resposta aos problemas internos que enfrenta. Insista-se, o problema não é exclusivo desse atual governo. É estrutural. É uma herança de uma cultura burocrática preocupada com formas, e não com conteúdos, com procedimentos, e não com resultados.[12]

Assim, Arnaldo Sampaio de Moraes Godoy aponta que o caminho primordial para enfrentar conflitos entre órgãos e entes estatais é o desenvolvimento de uma cultura conciliatória dentro da Administração Pública federal, com a atuação vigilante de órgãos de controle. Ressalta a necessidade de incentivo para criação de núcleos de conciliação em todos os órgãos e entes da Administração, a exemplo do que já ocorre com as ouvidorias. Entre as suas propostas para combater a litigância intragovernamental, destacamos a de que a Câmara de Conciliação e Arbitragem que se tem presentemente na Advocacia-Geral da União (CCAF) possa atuar como um tribunal administrativo e a proposta de vincular o ajuizamento de ação judicial entre órgãos e entes da Administração Pública à autorização expressa do Advogado-Geral da União.[13]

---

[12] GODOY, Arnaldo Sampaio de Moraes. *Domesticando o Leviatã*: litigância intragovernamental e presidencialismo de articulação institucional. Brasília: [s.n.], 2013. Disponível em: www.agu.gov.br/page/download/index/id/16204192.

[13] GODOY, Arnaldo Sampaio de Moraes. *Domesticando o Leviatã*: litigância intragovernamental e presidencialismo de articulação institucional. Brasília: [s.n.], 2013. Disponível em: www.agu.gov.br/page/download/index/id/16204192.

3 A missão de buscar soluções pacíficas das controvérsias nos casos que colocam em risco o pacto federativo: tentativas de conciliação realizadas pelo Supremo Tribunal Federal

Os casos de competência originária do art. 102, I, "f", da Constituição não se restringem à análise peculiar de normas constitucionais, abrangendo um conjunto de normas e princípios que regulam a atividade jurisdicional, inclusive a determinação de prestação jurisdicional célere e efetiva conforme art. 5º, XXXV e LXXVIII, da Constituição, que impõe a busca de novas formas para a composição dos conflitos.

Incumbe ao Estado promover a consensualidade como forma adequada de solução dos conflitos, em que os litigantes de maneira voluntária e de comum acordo elegem a melhor maneira para solucionar a lide, que em muitas ocasiões extrapola os limites do estritamente jurídico, exigindo um tratamento técnico e interdisciplinar do tema.

O Código de Processo Civil possibilita ao juiz requerer a autocomposição a qualquer tempo de acordo com o art. 139, V, até mesmo no âmbito dos tribunais, conforme elenca o art. 932, I, que nas ocorrências de competência originária atuam como a primeira instância judicial a analisar o conflito, debaixo do manto da norma fundamental que institui o dever de o Estado gerar, dentro das possibilidades, a solução consensual dos conflitos de acordo com o art. 3º, §§2º e 3º.

Embora não seja uma atuação prática habitual, existem vários casos de tentativa de conciliação na Suprema Corte, por exemplo, a crise hídrica no sistema da Cantareira na Ação Cível Originária nº 2.536 e Ação Cível Originária nº 2.550; os limites do exercício de competência regulatória na Ação Cível Originária nº 2.865; o tabelamento de preços mínimos para fretes rodoviários – ADI nº 5.956; o repasse de recursos orçamentários para o Poder Judiciário – MS nº 35.398; a dívida dos estados perante a União no Mandado de Segurança nº 34.123; entre outros.

A Ação Cível Ordinária nº 2.536 trata de ação civil pública movida pelo Ministério Público Federal, em face da União, Agência Nacional de Águas, Instituto Brasileiro do Meio Ambiente e dos Recursos Renováveis – Ibama, estados do Rio de Janeiro, Minas Gerais e São Paulo com solicitação de obrigar os réus a não autorizarem, licenciarem ou realizarem obras, no sentido de viabilizar a transposição e a captação de água do Rio Paraíba do Sul com o objetivo de abastecer o sistema Cantareira ou a microrregião da metrópole paulista. No entendimento do Ministério Público Federal, há a necessidade de estudos suplementares para a adequada aferição dos resultados dos impactos ambientais, sendo necessário compatibilizar o desenvolvimento socioeconômico com a condição ambiental. Foi celebrado acordo entre as partes acarretando a extinção de todas as ações e procedimentos extrajudiciais no âmbito do Ministério Público alusivos ao tema objeto desta ação e ao da ACO nº 2.550. As partes se comprometem a envidar esforços no sentido de dar prosseguimento à busca de uma solução conjunta para o problema da falta de água na região Sudeste. Acordo considerado inédito homologado em 10.12.2015, pelo Ministro Luiz Fux, do Supremo Tribunal Federal, solucionou parte dos conflitos de gestão hídrica na Região Sudeste envolvendo o Sistema Hidráulico Paraíba do Sul. O acordo foi firmado nos autos da Ação Civil Originária nº 2.550 (com efeitos na ACO nº 2.536) em audiência com a presença dos governadores Geraldo Alckmin (SP) e Luiz Fernando Pezão (RJ). O Governador Fernando Pimentel (MG) foi representado pela

Procuradoria do estado. O acordo é parcial porque as partes continuarão dialogando para resolver pendências sobre questões ambientais.[14]

O âmbito da Ação Cível Originária nº 3.233[15] aborda o conflito federativo entre o estado de Minas Gerais e a União, em que se discute bloqueios de recursos explorados no que diz respeito a contratos de créditos firmados pelo Estado-autor. Já foram realizadas três audiências de conciliação. Nas audiências, os envolvidos tiveram oportunidade de dialogar para exteriorizar as inquietações políticas, jurídicas e financeiras que fundamentavam e seus respectivos interesses. Salienta-se que, na última das audiências, de forma pacífica ajustou o chamamento de audiência pública a ser desempenhada no Supremo Tribunal Federal, no intuito de instigar uma discussão interinstitucional entre representantes da União e dos estados-membros da Federação, com objetivo de que sejam proporcionadas elucidações precisas e técnicas acerca dos conflitos federativos debelados à jurisdição da Supremo Corte.

Na Ação Cível Originária nº 3.270 foi suspenso o bloqueio de R$81,3 milhões das contas de Minas Gerais. O bloqueio derivou de contragarantia executada pela União pela quitação de parcelas de empréstimos com o BID e a Agência Francesa de Desenvolvimento. A situação de calamidade financeira do Estado foi adotada pela Assembleia Legislativa desde 2016, decorrente do rompimento da barragem em Brumadinho. As partes foram citadas para comparecer à audiência de autocomposição designada nos autos da ACO nº 3.233.

Também foi utilizada a conciliação na Ação Direta de Inconstitucionalidade por Omissão (ADO) nº 25,[16] na qual o Plenário do STF estabeleceu prazo de 12 meses para a edição de lei complementar regulamentando os repasses de recursos da União para os estados e o Distrito Federal em decorrência da desoneração do Imposto sobre Circulação de Mercadorias e Serviços (ICMS) sobre exportações. O prazo, expirado, foi prorrogado em fevereiro de 2019 pelo relator da ADO, por mais 12 meses. Em agosto de 2019 foi realizada audiência de conciliação designada[17] pelo Ministro Gilmar Mendes, na qual se estabeleceu um prazo de seis meses para que uma comissão especial, formada por representantes da União e de todos os estados, possam debater propostas de conciliação entre as partes quanto à desoneração prevista na Lei Kandir, sobre exportações.

Caso emblemático no qual é recomendável a tentativa de conciliação versa sobre a falta de regulamentação da linha de crédito especial para pagamento dos precatórios submetidos ao regime especial de pagamento instituído na EC nº 99. Foi proposta no dia 23.5.2019 Ação Direta de Inconstitucionalidade por Omissão (ADO) nº 52/2019 pelo

---

[14] MINISTRO homologa acordo sobre gestão de águas no Sudeste. *Notícias STF*, 10 dez. 2015. Disponível em: http://www.stf.jus.br/portal/cms/verNoticiaDetalhe.asp?idConteudo=306032.

[15] FUX, Luiz; ARABI, Abhner Youssif Mota. A função conciliatória do Supremo Tribunal Federal como tribunal da federação. *Conjur*, 14 jun. 2019. Disponível em: https://www.conjur.com.br/2019-jun-14/fux-abhner-arabi-funcao-conciliatoria-tribunal-federacao. Acesso em: 27 maio 2019.

[16] Número único: 9991397-19.2013.1.00.0000. Ação Direta de Inconstitucionalidade por Omissão/DF. Rel. Min. Gilmar Mendes.

[17] O Ministro Gilmar Mendes explicou que, decorrida a metade desse prazo sem avanço no campo legislativo e após solicitação das partes, considerou necessária a realização da audiência para equalizar os interesses envolvidos. "Este é o momento em que o Estado-juiz repassa às partes interessadas a tarefa de ponderar sobre as questões e as possibilidades financeiras, orçamentárias e legislativas futuras. Considero estar diante de uma mediação entre os interesses envolvidos, nos termos da Lei 13.140/2015" (AUDIÊNCIA define prazo de seis meses para comissão formada pela União e estados debater conciliação sobre compensações da Lei Kandir. *Notícias STF*, 5 ago. 2019. Disponível em: http://www.stf.jus.br/portal/cms/verNoticiaDetalhe.asp?idConteudo=418559).

partido Solidariedade contra a União, com pedido de medida cautelar no Supremo Tribunal Federal (STF), cujo relator é o Ministro Luiz Fux. O pedido é para que o Supremo inclua a previsão das despesas com a linha de crédito no Plano Plurianual, em razão da alegada omissão na regulamentação da linha de crédito a ser disponibilizada pela União para pagamento de precatórios submetidos ao regime especial, conforme estabelecido no §4º do art. 101, ADCT.[18]

A referida Emenda Constitucional nº 99 promulgada em 14.12.2017, estabelece novo regime especial para estados, Distrito Federal e municípios, que, em 25.3.2015, se encontram em mora, quitem suas dívidas. O pagamento dos precatórios deve ser realizado até 31.12.2024, incluindo os previstos para vencer neste período. O requerente da ADO sustenta mora legislativa da União, em razão da omissão na regulamentação da linha de crédito. Para a União, o refinanciamento das dívidas dos estados seria medida de caráter subsidiário, cabível apenas quando esgotadas as demais alternativas previstas na emenda e após o encerramento do prazo de 31.12.2024.

Sobre o tema temos duas decisões distintas, que já demonstram o grave potencial de desequilíbrio do pacto federativo. O Ministro Luís Roberto Barroso, do STF, em 17.5.2019 negou medida liminar na Ação Cível Originária (ACO) nº 3.240,[19] na qual o estado da Bahia pedia que a União fosse compelida a abrir, em 60 dias, linha de crédito para quitação de precatórios submetidos a regime especial de pagamento. De acordo com Barroso, o débito de precatórios deve ser pago preferencialmente com recursos orçamentários próprios do ente devedor ou com verbas advindas de suas fontes adicionais de receita, e a linha de crédito oferecida pela União somente é cabível depois de esgotadas as demais alternativas. Todavia, no Mandado de Segurança (MS) nº 36.375,[20] versando sobre o mesmo tema, em 1º.7.2019, o Ministro Marco Aurélio, do STF, concedeu liminar para determinar que a União providencie a abertura de linha de crédito especial para que o estado do Maranhão possa quitar precatórios submetidos ao regime especial. O estado do Maranhão pediu a abertura de linha de crédito no valor de R$623,5 milhões, valor apontado como necessário para a total satisfação da dívida de precatórios até 2024.[21]

Efetivamente a conciliação fomenta a edificação de uma melhor solução de controvérsias complexas que suplantam os limites do estritamente jurídico, seja pelo risco de afetar o equilíbrio federativo, seja pelas consequências práticas de ordem econômica, política e financeira, que poderá acarretar aos entes federativos.

A tentativa de conciliação nos litígios institucionais propicia o diálogo interinstitucional, envolve as partes na construção da solução e legitima a performance judicial na pacificação dos conflitos travados em sua esfera. O Poder Judiciário precisa se apresentar como um sustentáculo que opera contra os riscos de derrocada democrática.

---

[18] "Art. 101 [...] §4º No prazo de até seis meses contados da entrada em vigor do regime especial a que se refere este artigo, a União, diretamente, ou por intermédio das instituições financeiras oficiais sob seu controle, disponibilizará aos Estados, ao Distrito Federal e aos Municípios, bem como às respectivas autarquias, fundações e empresas estatais dependentes, linha de crédito especial para pagamento dos precatórios submetidos ao regime especial de pagamento de que trata este artigo, observadas as seguintes condições: [...]".

[19] Número único: 0019343-29.2019.1.00.0000. Ação Cível Originária/BA. Rel. Min. Roberto Barroso.

[20] Número único: 0019687-10.2019.1.00.0000. Mandado de Segurança/DF. Rel. Min. Marco Aurélio.

[21] MINISTRO determina que União abra linha de crédito ao Estado do Maranhão para pagamento de precatórios. *Notícias STF*, 1º jul. 2019. Disponível em: http://www.stf.jus.br/portal/cms/verNoticiaDetalhe. asp?idConteudo=415503.

A função dos tribunais constitucionais consiste principalmente em assegurar a supremacia da Constituição, em se tratando de conflito de natureza predominantemente política.

Assim, nas palavras do Ex-Ministro do Supremo Tribunal Federal, José Néri da Silveira:

> [...] há muito se sabe que "a função judiciária, que aos magistrados incumbe exercer, não se pode considerar como atividade estritamente jurídica. No controle sobre os atos do Legislativo e do Governo evidencia-se o caráter político de que está investido o Judiciário no desempenho da competência para proclamar a inconstitucionalidade ou invalidade desses atos.

Contudo a Suprema Corte não pode deliberar somente com base nas implicações políticas, sob pena de, ao abster do sentido do respaldo técnico-jurídico, desapossar de seu prelado moral.

Nesses casos, a tentativa de conciliação se apresenta como instrumento adequado para envolver as partes na busca da melhor solução para o conflito. A Suprema Corte deve cumprir a tarefa atribuída pelo Poder Constituinte de zelar pelo vínculo federativo e assegurar o equilíbrio harmonioso das relações políticas entre as pessoas estatais que integram a Federação brasileira.

Notas conclusivas

Este artigo se propôs a verificar o cenário atual nas ações originárias da Suprema Corte no que se refere ao uso da conciliação para a resolução adequada de conflitos, à luz do entendimento jurisprudencial, doutrinário e em consonância com o advento do Código de Processo Civil/2015 e da Lei nº 13.140/2015.

O Estado, no exercício da função jurisdicional diante da quantidade e complexidade das demandas que surgem, nem sempre alcança o efetivo acesso à justiça dentro dos parâmetros de duração razoável do processo.

A institucionalização da política de estímulo aos meios consensuais de solução dos conflitos trouxe ao ordenamento jurídico um novo marco legal, estabelecendo um novo paradigma para a atividade jurisdicional, podendo ser utilizada como instrumento para ampliar sua efetividade e eficiência.

A conciliação realizada no âmbito do Judiciário com a homologação dos acordos traz segurança jurídica, tornando-os consistentes perante os órgãos de controle, garantindo a efetividade do instituto da conciliação.

No âmbito do STF, a conciliação utilizada para a resolução de conflitos que possam afetar o equilíbrio do princípio federativo contribui para a efetiva realização da democracia, ao promover a emancipação dos envolvidos, que atuam como protagonistas, assumindo assim a responsabilidade pelas soluções de seus próprios problemas.

Referências

ANDRADE, Renan Marcelino. *Solução extrajudicial de conflitos coletivos*. 2017. 282f. Dissertação (Mestrado em Direito) – Faculdade de Direito, Universidade de São Paulo, São Paulo, 2017.

ARABI, Abhner Youssif Mota. Inscrição de entes federativos em cadastros federais de inadimplência e a jurisprudência do Supremo Tribunal Federal. *Revista de Doutrina e Jurisprudência*, Brasília, v. 53, n. 109, jan. 2018. Disponível em: https://revistajuridica.tjdft.jus.br/index.php/rdj/article/view/137/58. Acesso em: 5 jun. 2019.

ASSIS, Araken de. O direito comparado e a eficiência do sistema judiciário. *Revista do Advogado*, São Paulo, n. 43, p. 9-25, jun. 1994.

AZEVEDO, André Gomma de (Org.). *Manual de mediação judicial*. 5. ed. Brasília: Conselho Nacional de Justiça, 2015.

BARROSO, Luiz Roberto. No mundo ideal, Direito é imune à política; no real, não. *Conjur*, 16 fev. 2010. Disponível em: https://www.conjur.com.br/2010-fev-16/mundo-ideal-direito-imune-politica-real-nao-bem-assim?pagina=4.

CABRAL, Marcelo Malizia. *Os meios alternativos de resolução de conflitos*: instrumentos de ampliação do acesso à justiça. Porto Alegre: Tribunal de Justiça do Estado do Rio Grande do Sul; Departamento de Artes Gráficas, 2013.

CALMON, Petronio. *Fundamentos da mediação e da conciliação*. Brasília: Gazeta Jurídica, 2013.

CANOTILHO, José Joaquim Gomes; MENDES, Gilmar Ferreira; SARLET, Ingo Wolfgang; STRECK, Lenio Luiz. *Comentários à Constituição brasileira*. Coordenação Executiva: Léo Ferreira Leoncy. São Paulo: Saraiva, 2013.

CAPPELLETTI, Mauro. Os métodos alternativos de solução de conflitos no quadro do movimento universal de acesso à justiça. *Revista de Processo*, São Paulo, ano 19, n. 74, p. 82-97, abr./jun. 1994.

CAPPELLETTI, Mauro; GARTH, Bryant. *Acesso à justiça*. Porto Alegre: Safe, 1988.

CNJ. *Justiça em números 2018*. Brasília: CNJ, 2018. Disponível em: http://www.cnj.jus.br/files/conteudo/arqui vo/2018/09/8d9faee7812d35a58cee3d92d2df2f25.pdf.

COELHO, Meire Lúcia Monteiro Mota; LÚCIO, Magda de Lima. A Advocacia Pública Federal nas metas do centenário: a mediação como instrumento de gestão. *Revista de Direito dos Advogados da União*, Brasília, v. 9, n. 9, p. 11-24, out. 2010. Disponível em: http://bdjur.stj.jus.br/dspace/handle/2011/63003. Acesso em: 24 set. 2018.

FALCÃO, Joaquim; CERDEIRA, Pablo de Camargo; ARGUELHES, Diego Werneck. *I Relatório Supremo em números* – O múltiplo Supremo. Rio de Janeiro: FGV, 2012. Disponível em: http://bibliotecadigital.fgv.br/dspace/handle/10438/10312.

FUX, Luiz; ARABI, Abhner Youssif Mota. A função conciliatória do Supremo Tribunal Federal como tribunal da federação. *Conjur*, 14 jun. 2019. Disponível em: https://www.conjur.com.br/2019-jun-14/fux-abhner-arabi-funcao-conciliatoria-tribunal-federacao. Acesso em: 27 maio 2019.

GODOY, Arnaldo Sampaio de Moraes. *Domesticando o Leviatã*: litigância intragovernamental e presidencialismo de articulação institucional. Brasília: [s.n.], 2013. Disponível em: www.agu.gov.br/page/download/index/id/16204192.

GRAU, Eros Roberto. *O direito posto e o direito pressuposto*. 3. ed. São Paulo: Malheiros, 2000.

HAMILTON, Alexander; MADISON, James; JAY, John. *Os federalistas*. Belo Horizonte: Líder, 2003.

HAYEK, Friedrich August von. *Direito, legislação e liberdade*: uma nova formulação dos princípios liberais de justiça e economia política. Tradução de Anna Maria Capovilla; José Ítalo Stelle; Manoel Paulo Ferreira; Maria Luiza X. de A. Borges. São Paulo: Visão, 1985.

LEAL, Rogério Gesta. *Estado, Administração Pública e sociedade*: novos paradigmas. Porto Alegre: Livraria do Advogado, 2006.

MENDES, Gilmar Ferreira; STRECK, Lenio Luiz. Comentário ao art. 102. I, CF/88. *In*: CANOTILHO, José Joaquim Gomes *et al.* (Coord.). Comentários à Constituição do Brasil. São Paulo: Saraiva/Almedina, 2013.

MORAES, Alexandre de. *Constituição do Brasil interpretada e legislação constitucional*. 8. ed. São Paulo: Atlas, 2011.

SALLES, Carlos Alberto. O consenso nos braços do Leviatã: os caminhos do Judiciário brasileiro na implantação de mecanismos adequados de solução de controvérsias. *RJLB*, ano 4, n. 3, p. 215-241, 2018.

SILVA, José Afonso da. *Comentário Contextual à Constituição*. 9. ed. São Paulo: Malheiros, 2014.

WATANABE, Kazuo. Política pública do Poder Judiciário Nacional para tratamento adequado dos conflitos de interesses. *In*: PELUSO, Antonio Cezar; RICHA, Morgana de Almeida (Coord.). *Conciliação e mediação*: estruturação da política judiciária nacional. Rio de Janeiro: Forense, 2011.

Informação bibliográfica deste texto, conforme a NBR 6023:2018 da Associação Brasileira de Normas Técnicas (ABNT):

ÁVILA, Henrique de Almeida; NOLASCO, Rita Dias. Conciliação nas ações originárias do Supremo Tribunal Federal. *In*: MORAES, Alexandre de; MENDONÇA, André Luiz de Almeida (Coord.). *Democracia e sistema de justiça*: obra em homenagem aos 10 anos do Ministro Dias Toffoli no Supremo Tribunal Federal. Belo Horizonte: Fórum, 2020. p. 283-296. ISBN 978-85-450-0718-0.

A CONSTITUIÇÃO FEDERAL DE 1988, O SISTEMA DE JUSTIÇA E A INTELIGÊNCIA ARTIFICIAL: CONCILIAR A DIMENSÃO JURÍDICA COM A ÉTICA

HUMBERTO MARTINS

1 Introdução: os desafios do Poder Judiciário e as promessas da inteligência artificial

Nesse início de século, existe um consenso mundial acerca da centralidade da inovação tecnológica para o desenvolvimento social e econômico de todas as nações. Logo, os investimentos em inovação têm sido crescentes em razão desse consenso, como bem diagnostica o relatório "índice global de inovação de 2018", produzido pela Cornell University (Estados Unidos), pelo Instituto Europeu de Administração dos Negócios (Institut européen d'administration des affaires, França) e pela Organização Mundial da Propriedade Intelectual (OMPI). Essa pesquisa – em 2018 – teve a participação decisiva, também, da Confederação Nacional da Indústria (CNI) do Brasil, bem como da sua equivalente da Índia. O objetivo central é construir um índice anual de inovação para medir o desempenho de mais de cem países ao redor do globo. No relatório de 2018, Robson Braga de Andrade (Presidente da CNI, Brasil) e Heloisa Menezes (Presidente do Conselho Nacional do Senai – Serviço Nacional da Indústria, Brasil) bem explicam a necessidade de investimento em inovação, tanto para as empresas, quanto para as políticas públicas:

> A adoção de soluções tecnológicas baseadas em ferramentas digitais é um importante fator nas estratégias de negócios e políticas governamentais de médio e longo prazo. Três tendências se destacam: o fomento à gestão inteligente de sistemas complexos, o aumento da sofisticação das ferramentas de análise de dados e a instituição de novos paradigmas de automação.[1]

---

[1] CORNELL; INSEAD; OMPI. *Índice global de inovação de 2018*: energizando o mundo com inovação. Genebra: OMPI, 2018. p. 11. Disponível em: https://www.wipo.int/edocs/pubdocs/pt/wipo_pub_gii_2018-abridged1.pdf. Acesso em: 22 maio 2019.

Do ponto de vista jurídico, é possível identificar que a Constituição de 1988 foi inovadora em relação aos textos constitucionais precedentes por vários motivos. Um deles foi a previsão de um artigo específico para os direitos sociais.[2] Outra inovação do texto de 1988 foi a criação de um capítulo específico e dedicado à inovação tecnológica, formado pelos arts. 218 e 219. Muito recentemente, a Constituição recebeu a Emenda Constitucional nº 85/2015 e houve uma reforma desse trecho, com a inserção de mais dois artigos. (219-A e 219-B), para formar um subsistema constitucional da ciência, tecnologia e inovação, para apoiar o fortalecimento de um sistema nacional sobre o tema, tal como previsto no art. 219-B. O sistema nacional de ciência, tecnologia e inovação se compõe por entidades públicas e administrativas, bem como por empresas e fundações. Os arranjos gerenciais encontram previsão constitucional no art. 219-A atualmente. Porém, para além das entidades que o formam, o sistema nacional possui um conjunto de disposições legais que foram objeto de uma longa evolução desde o advento da Constituição de 1988 até o presente, como indica Alexandre Veronese:

> Nestes vinte e cinco anos de vigência da Constituição Federal de 1988, o panorama normativo relacionado à educação nacional e ao sistema nacional de ciência e tecnologia foi muito aperfeiçoado. Uma ponderação alvissareira é que os avanços nas políticas de ciência, tecnologia e inovação vieram sempre acompanhados da tentativa de formação de um quadro de normas legais estáveis e coerentes com o texto constitucional vigente. Eventualmente, dissensos emergiram; como é usual em todas as políticas setoriais. Não obstante isto, a evolução do arcabouço normativo pode ser entendida como um processo estável e em curso. Por vezes, pode aparentar ao analista que os avanços foram tímidos ou, ainda, que dilemas de grande monta existam. É certo que nenhum destes diagnósticos poderia ser rotulado como equivocado. Porém, é inexorável diagnosticar que foi ultrapassada uma fase preliminar de normalização das disposições afetas à ciência e tecnologia que se utilizava mais de arranjos intraestatais, nem sempre escritos ou formalizados (convênios, termos de cooperação, etc.), e de regulamentos internos (portarias, instruções normativas, etc.).[3]

O momento atual, portanto, representa uma convergência entre a tecnologia e o direito. A conclusão jurídica e constitucional acerca da importância da pesquisa científica e tecnológica, combinada com a inovação, encontrou o empenho social e econômico, seja das empresas, seja das instituições científicas e tecnológicas e de educação. No Poder Judiciário, esse processo foi vivenciado por todos que nele labutam – magistrados, servidores, advogados e procuradores, membros do Ministério Público e defensores. Em menos de trinta anos, o Poder Judiciário brasileiro já está amplamente informatizado e os processos judiciais e administrativos estão amplamente digitalizados. Contudo, a inovação tecnológica no Poder Judiciário não pode arrefecer. A próxima fronteira para esse processo é o aumento da automação – quantitativa e qualitativa – dos processos de produção no dia a dia dos tribunais e das varas judiciais. Fica patente que a inteligência

---

[2] VERONESE, Alexandre. Direitos sociais: comentários ao art. 6º. *In*: BONAVIDES, Paulo; MIRANDA, Jorge; MOURA AGRA, Walber (Org.). *Comentários à Constituição Federal de 1988*. Rio de Janeiro: Forense/GEN, 2009. p. 353-369.

[3] VERONESE, Alexandre. A institucionalização constitucional e legal da ciência, tecnologia e inovação a partir do marco de 1988: os artigos 218 e 219 e a política científica e tecnológica. *Revista Novos Estudos Jurídicos*, v. 19, n. 2, p. 525-558, 2014. Disponível em: https://siaiap32.univali.br/seer/index.php/nej/article/view/6017/3293. Acesso em: 22 maio 2019.

artificial representa essa fronteira. Os processos produtivos experimentaram, ao longo de vários séculos, profundas modificações. Acaso seja considerada a indústria como o elemento fático para demonstração dessas transformações, podem-se identificar quatro revoluções industriais.

A Primeira Revolução Industrial ocorreu em razão da criação das linhas de montagem. Foi a revolução do carvão e do aço, na qual o sistema produtivo passou dos artesanatos para a manufatura. É o fenômeno de meados do século XIX, que é denominado industrialização.[4] A tecnologia central para o desenvolvimento industrial foi o motor a vapor, inventado pelo engenheiro britânico James Watt. Não é por acaso, portanto, que o país central da industrialização foi a Grã-Bretanha, como sabemos. É nesse período histórico que a Grã-Bretanha acaba por se tornar o maior império colonial do mundo, ao passo que também se torna a nação mais industrializada do planeta. A Segunda Revolução Industrial se deveu ao uso da eletricidade e do motor a diesel e gasolina. Essas duas tecnologias iriam mudar profundamente o modo pelo qual a humanidade se relacionava com a energia, em prol da produção industrial. A eletrificação das cidades foi muito importante para melhorar o ambiente urbano. O motor a diesel e à gasolina permitiu um radical aumento de eficiência nos sistemas mecanizados. A segunda revolução industrial foi muito relevante, também, para inaugurar a era do petróleo.[5]

A Terceira Revolução Industrial se relacionou com o desenvolvimento da eletrônica e da substituição dos sistemas analógicos pelos sistemas digitais.[6] Os sistemas auxiliares para realização de cálculos matemáticos são muito antigos. O ábaco era conhecido pelos romanos e sistemas de auxílio eram utilizados no mundo árabe e na China, na antiguidade. Os primeiros computadores dignos desse nome eram dispositivos eletromecânicos. Eles são conhecidos pelo seu uso na Segunda Guerra Mundial, em meio às técnicas – e tecnologias – de criptografia.[7] Se é dito – hoje – que informação é poder, uma boa parte dessa constatação deriva do uso da informação – e da contrainformação – nos conflitos militares. Na guerra, é essencial enviar e receber informações sobre a organização das suas próprias tropas, bem como sobre o tamanho e a conformação do adversário. Desde tempos antigos, lidar com mensagens cifradas era uma necessidade militar. Porém, na Segunda Guerra, os alemães desenvolveram sistemas de criptografia bastante avançados para a época. A máquina germânica, conhecida como enigma, foi responsável por várias vitórias alemãs na guerra naval do Atlântico Norte. Os britânicos investiram muitos recursos para decifrar o sistema alemão. Isso somente foi atingido com a utilização de computadores eletromecânicos. Esses sistemas eram máquinas compostas por rotores para auxílio nos cálculos. Algo como ábacos gigantes e elétricos.

Os primeiros computadores eletrônicos não eram "micro". Ao contrário, eles eram enormes. Funcionavam com sistemas de válvulas e necessitavam de grandes mecanismos de resfriamento para conter o calor que emanavam. Todos os sistemas elétricos e eletrônicos dispersam um pouco de calor, que precisa ser dissipado por

---

4   HOBSBAWM, Eric J. *A era do capital*: 1848-1875. Rio de Janeiro: Paz e Terra, 2012.
5   YERGIN, Daniel. *O petróleo*: uma história mundial de conquistas, poder e dinheiro. Rio de Janeiro: Paz e Terra, 2012.
6   BRIGGS, Asa; BURKE, Peter. *Uma história social da mídia*: de Gutenberg à internet. 3. ed. Rio de Janeiro: Zahar, 2016.
7   SINGH, Simon. *O livro dos códigos*: a ciência do sigilo – Do antigo Egito à criptografia quântica. Rio de Janeiro: Record, 2001.

sistemas de resfriamento. Mesmo os atuais computadores de mesa possuem pequenos ventiladores para dissipar o calor dos *chips* centrais de processamento. Assim, os computadores de válvulas precisavam ter bons sistemas de refrigeração. O primeiro computador completo, eletrônico e digital foi o Eniac, construído nos Estados Unidos em 1946. Ele foi o primeiro computador completo, pois atingia o patamar lógico de Alan Turing. Com o desenvolvimento dos computadores eletrônicos e digitais, começou uma ascensão em direção ao aumento da capacidade de processamento, combinada com um processo radical de miniaturização. Os computadores – salas e andares de prédios – começaram a se transformar em minicomputadores – ocupando pedaços das salas – para microcomputadores – os quais estão, atualmente, nas casas e ambientes de trabalho. O processo de miniaturização continua. Atualmente, os *tablets* e os celulares representam essa fase atual da miniaturização. Há várias linhas de pesquisa tecnológica em curso para criar nanocomputadores, os quais serão a base de nanorrobôs.[8]

Ainda no âmbito da Terceira Revolução Industrial, durante a década de 60 do século XX, foram iniciados os investimentos em prol da computação em rede. Havia dois caminhos para a produção de sistemas capazes de realizar cálculos em enorme proporção. O primeiro caminho era criar computadores integrados cada vez maiores – edifícios de computadores. O segundo caminho era realizar os cálculos em sistemas de rede, interligando os computadores – menores – para que eles pudessem resolver o mesmo cálculo. Havia que se buscar o computador "Golias" ou a computação coligada de vários computadores "Davi". A computação em rede gerou uma outra possibilidade. Pensar em sistemas de trocas de mensagens por meio de redes descentralizadas e autônomas – esse é o conceito-chave para compreender a computação contemporânea e o funcionamento da internet. Tanto o Reino Unido quanto os Estados Unidos investiram muito na criação de redes descentralizadas.[9] O projeto americano acabou se mostrando mais eficiente e é a origem da internet. A junção da computação com as telecomunicações gerou a "rede das redes", que funciona com base em protocolos de indexação e de comunicação que são públicos e interoperáveis. Isso quer dizer que qualquer computador, com qualquer sistema operacional, pode se comunicar com outro computador ao utilizar o protocolo de conexão e de troca de dados, conhecido como TCP/IP. Essa evolução tecnológica é muito relevante para compreender as transformações recentes não somente na indústria tradicional, como em diversos outros setores, tal como a mídia e a comunicação social.[10]

Estamos, atualmente, no limiar da próxima revolução industrial: a quarta.[11] Ela é definida pela radicalização do desenvolvimento iniciado na Terceira Revolução. Existem dois processos que marcam essa revolução e podem ser sintetizados em uma palavra: automação. O primeiro processo é o desenvolvimento da inteligência artificial. O segundo processo é a denominada internet das coisas. A palavra-chave "automação" se refere ao desenvolvimento de robôs. Contudo, os robôs não se resumem aos autômatos de material inorgânico das histórias de ficção científica. Os robôs também podem ser programas de

---

[8]   CHANDLER, David L. Cell-sized robots can sense their environment. *MIT News Office*, 23 jul. 2018. Disponível em: http://news.mit.edu/2018/cell-sized-robots-sense-their-environment-0723. Acesso em: 22 maio 2019.

[9]   ABBATE, Janet. *Inventing the internet*. Cambridge, MA: MIT Press, 2000.

[10] WU, Tim. *Impérios da comunicação*: do telefone à internet, da AT&T ao Google. Rio de Janeiro: Zahar, 2012.

[11] SCHWAB, Klaus. *Aplicando a Quarta Revolução Industrial*. São Paulo: Edipro, 2018; SCHWAB, Klaus. *A Quarta Revolução Industrial*. São Paulo: Edipro, 2016.

computador, ou seja, *software*. É claro que a automatização pode ter uma contrapartida física e imediata, como a criação de robôs para trabalhar em linhas de montagem de automóveis, como já temos hoje. Porém, é importante visualizar a existência de robôs que não são diretamente dependentes de uma plataforma física ou corporificação. A inteligência artificial é um campo de estudos e pesquisas no qual pesquisadores têm se dedicado à produção de soluções tecnológicas nas quais os programas de computador possam aprender de maneira autônoma e, assim, melhorar o seu desempenho nas funções que lhes foram atribuídas.[12] Essa designação geral abarca diversos caminhos possíveis de desenvolvimento científico e tecnológico que estão em marcha nos diversos países do mundo. Todos os países desenvolvidos já produziram relatórios de governo acerca de políticas públicas que precisam ser empreendidas para desenvolver esse campo de pesquisa e de aplicações. Os Estados Unidos da América, a União Europeia, a China, a França e o Japão já produziram relatórios, para ficarmos apenas em alguns casos. A construção de uma política pública no Brasil sobre o tema é extremamente necessária e relevante.

O segundo processo em marcha na Quarta Revolução Industrial é a internet das coisas.[13] Esse processo é conhecido pela aplicação da palavra inglesa *smart*, que traduzimos como "inteligente". Assim, fala-se em televisão *smart*, bem como se fala em telefone *smart*. As coisas *smart* ou inteligentes possuem a capacidade de conexão, ou seja, de funcionamento em rede. A partir dessa capacidade de conexão, tais equipamentos – e seus programas – podem se atualizar e se adaptar para se conformar em funcionalidades específicas para cada tipo de usuário com o qual interaja. É evidente que a interação e ação em rede permite a expansão desses equipamentos.

As aplicações de inteligência artificial terão evidentes consequências no mundo produtivo. Várias funções rotineiras tendem a ser automatizadas. Um exemplo é a venda de produtos padronizados por máquinas, bem como os despachos e gestão de bagagens em aeroportos. São processos cuja automatização tende, inclusive, a melhorar o desempenho geral das atividades, uma vez que o estresse e a fadiga humana não aparecerão como variáveis relevantes para a ocorrência de erros. Porém, a inteligência artificial designa um processo no qual as máquinas automatizadas aprenderiam com novidades introduzidas nas suas rotinas. Assim, elas poderiam corrigir erros humanos, quando houvesse a interveniência de pessoas nos processos. O ponto central para compreender a Quarta Revolução Industrial não é somente a automação – ou automatização – de processos. É o desenvolvimento de aplicações que se tornam mais adaptadas com o passar do tempo, ou seja, aplicações que possuam a capacidade de aprendizado autônomo ou semiautônomo.

2 O conceito de inteligência artificial

A União Europeia está envidando esforços no sentido de produzir políticas públicas para que os seus Estados-Membros possam se inserir de uma forma mais coordenada no capitalismo contemporâneo – marcado pela digitalização e pela Quarta

---

[12] SURDEN, Harry. Machine Learning and Law. *Washington Law Review*, v. 89, p. 87-116, 2014.
[13] MAGRANI, Eduardo. *A internet das coisas*. Rio de Janeiro: Editora da FGV, 2018.

Revolução Industrial. Uma dessas políticas públicas focaliza a área de inteligência artificial. Foi produzido e publicado um importante relatório, no qual se define o conceito de inteligência artificial: "Tradicionalmente, o conceito de inteligência artificial se refere às máquinas ou aos agentes que são capazes de observar o seu entorno para aprender; e, a partir desse aprendizado e experiência obtida, eles podem realizar ações ou propor decisões".[14]

É evidente que o conceito de inteligência artificial possui como contrapartida analítica o conceito de inteligência humana. Entretanto, é sempre importante frisar que era negativa a resposta de Alan Turing para a perguntar "podem as máquinas pensar?", como bem explica Meredith Broussard.[15] Porém, temos que ter claro que o aprendizado da máquina é realizado de uma forma completamente diferente da que, hoje, se refere ao aprendizado humano. Para entendermos como as máquinas – ou programas – podem ser construídas em prol de uma inteligência artificial, precisamos compreender que o desenvolvimento desse campo de pesquisa é relacionado com o estudo do aprendizado humano. Podemos dividir as máquinas em três relações hipotéticas com a inteligência humana.

A primeira seria a máquina – ou o programa – que simula uma inteligência humana. Assim, o processo de seu desenvolvimento envolve fazer com que ela possa agir de um modo parecido com o que faria um ser humano. Para construir esses programas, há um esforço de simular um ser humano, inclusive nos erros que uma pessoa cometeria. É interessante pensar que um dos problemas que os computadores têm em simular uma inteligência humana é a dificuldade de construir programas que possam errar cálculos em razão da utilização de padrões emocionais. Não existe, hoje, uma perfeita simulação de um ser humano por uma máquina, em razão da multiplicidade de atividades diferentes que uma pessoa pode realizar. As máquinas, ao contrário, são "inteligentes" em relação a tarefas específicas.

A segunda relação hipotética seria de emulação da inteligência humana. A emulação computacional busca ofertar todas as funcionalidades de um sistema, sendo o sistema técnico emulador diferente do emulado. Na prática, a emulação será tão perfeita quanto o sistema emulador possa realizar as tarefas e funções do sistema emulado. A emulação em inteligência artificial nunca ocorreu de uma forma plena, também. O máximo que um programa de inteligência artificial consegue é realizar poucas tarefas em emulação aos seres humanos. É importante anotar que sistemas computacionais de emulação de outros sistemas são correntes e usuais.

A terceira possível relação de uma inteligência artificial com a inteligência humana seria a transposição de um ser humano real para sua inserção no cerne de um sistema computacional. Essa é uma hipótese da ficção científica que consistiria na completa transposição do cérebro de uma pessoa para um sistema eletrônico. Os três exemplos hipotéticos evidenciam que, apesar de a "inteligência artificial" ser construída por seres humanos e, logo, possuí-los como modelos lógicos, a fase atual de desenvolvimento não permite que estejamos a falar de inteligência no sentido praticado pelas pessoas. É por isso que o conceito de "aprendizado de máquina" é um pouco mais preciso; afinal, nenhuma

---

[14] CRAGLIA, Massimo *et alli*. (Ed.). *Artificial intelligence*: a European perspective (EUR 29425 EM). Luxembourg: Publications Office of the European Union, Joint Research Centre, 2018. p. 19.

[15] BROUSSARD, Meredith. *Artificial unintelligence*: how computers misunderstand the world. Cambridge, MA: MIT Press, 2018. p. 37.

das três possíveis relações acima descritas consegue ser realizada de maneira plena. As aplicações atuais de inteligência artificial, então, se referem ao que se denomina como aprendizado de máquina. Em 1996, um computador, construído pela IBM, venceu uma partida de xadrez contra o maior campeão daquele esporte no mundo, o russo Garry Kasparov.[16] Ainda assim, a ciência da computação, naquele período, não estava imersa no debate do aprendizado de máquina. A fronteira da pesquisa em inteligência artificial estava no que era conhecido como teoria dos sistemas peritos. No próximo tópico, será mencionada essa modalidade para, depois, tratar-se do conceito de aprendizado de máquina e das aplicações de inteligência artificial no direito.

3 Do conceito de sistema perito ao conceito de aprendizado de máquina

Os primeiros processos bem-sucedidos em inteligência artificial estavam relacionados com os sistemas peritos. Os sistemas peritos (*expert systems*) foram desenvolvidos e aplicados nas décadas de 70 e 80 do século passado.[17] Eles se baseavam em programas de computador, no sentido da máquina universal de Turing. Ou seja, funcionavam como a lógica "se ... então", já descrita. A diferença central é que eles realizavam a catalogação de uma grande quantidade de informações por meio de regras fixas para testar inferências. Um sistema perito era composto por dois subsistemas. O primeiro subsistema era um motor de inferências e o segundo era uma base de conhecimento. A sobreposição computacional de ambos, por meio de regras, permitia a localização de novas inferências. Os sistemas peritos eram – e ainda são – muito úteis para o tratamento maciço de dados. Contudo, eles continham uma limitação: as informações para a base de conhecimento precisavam de um tratamento prévio, uma vez que o programa não possuía a capacidade de coletar autonomamente as informações.

Uma parte do desenvolvimento derivado dos sistemas peritos se debruçou sobre esse problema – coleta automatizada de informações – e, também, sobre questões de performance, ou seja, aumento da capacidade dos programas. Outra parte se relacionou com a construção de soluções para o aprendizado, ou seja, criar regras para que as máquinas (programas) pudessem adaptar as regras preexistentes. É bom frisar que o conceito de aprendizado de máquina é uma elaboração bem diversa do aprendizado humano. Como explica Harry Surden:

> "Aprendizado de máquina" se refere ao subcampo da ciência da computação interessada em programas de computar que possam aprender com sua experiência e, assim, melhorar a sua performance ao longo do tempo. Como será debatido, a ideia de que os computadores "aprendem" é, de modo amplo, uma metáfora. E ela não implica que os computadores estejam replicando os sistemas cognitivos avançados que se julgam envolvidos no processo humano de aprendizado. Ao contrário, podemos considerar que esses algoritmos estão aprendendo em um sentido funcional: eles são capazes de modificar seu comportamento para aperfeiçoar sua performance em alguma atividade específica ao longo da sua experiência.[18]

---

[16] LEVY, Steven. What deep blue tells us about AI in 2017. *Wired*, 23 maio 2017. Disponível em: https://www.wired.com/2017/05/what-deep-blue-tells-us-about-ai-in-2017. Acesso em: 23 maio 2019.

[17] SUSSKIND, Richard E. Expert systems in law: a jurisprudential approach to artificial intelligence and legal reasoning. *Modern Law Review*, v. 49, p. 168-194, 1986.

[18] SURDEN, Harry. Machine Learning and Law. *Washington Law Review*, v. 89, p. 87-116, 2014. p. 89.

Esse "aprendizado" poderia ser dividido em três tipos.[19] O primeiro seria o aprendizado supervisionado, no qual o algoritmo de aprendizado recebe, de uma fonte externa, os potenciais caminhos de saída (*output*) para as inferências do programa em relação à sua base de conhecimento. O programa poderá testar por meio de estatísticas qual será o melhor caminho. O segundo seria o aprendizado sem supervisão. O programa de aprendizado testa as diversas inferências, estatisticamente, por meio de rotinas, para escolher qual o caminho que seria mais adequado para a solução do problema. Essa opção é boa para encontrar inferências não intuitivas, que poderiam ser ignoradas pelo processamento humano. O terceiro, por fim, é o aprendizado por reforço. O algoritmo aprende uma nova tarefa por meio de tentativa e erro. Esse seria um modo de treinar um programa para aprender a jogar um jogo como o Go.[20] Esse é um jogo milenar, inventado na China. Nesse jogo, o tabuleiro possui 19 posições por 19 posições. O objetivo do jogo é cercar com as suas peças (brancas ou pretas) as peças do adversário. A diferença do xadrez para o Go é que o segundo possui regras de movimento de peças mais simples; porém, ele oferece muito mais combinações. Assim, dizem os especialistas, exige capacidade intuitiva e analítica. A aprendizagem por reforço ocorria pela repetição sistemática de jogos que o computador fazia contra ele mesmo. Assim, ele pode criar inferências complexas, com pesos diferenciados em diversas estratégias distintas. O ponto central, que explica a vitória do AlphaGo contra o maior campeão do mundo de Go, refere-se à capacidade de aprendizado de máquina para construir uma base de conhecimento formada por opções que não seriam claramente lógicas. Feitas essas considerações teóricas iniciais, podemos examinar alguns tipos gerais de aplicações de inteligência artificial que estão sendo usadas no mundo jurídico.

4 A aplicação da inteligência artificial nas atividades jurídicas

É possível identificar cinco áreas da prática jurídica que se apresentam como promissoras para as aplicações de inteligência artificial. A primeira é a área de descobertas preditivas. A segunda é a pesquisa jurídica. A terceira é a geração de documentos. A quarta é a geração de resumos de casos e descrições. Por fim, a quinta é a predição de resultados de processos judiciais.[21]

4.1 Descoberta preditiva

Um dos elementos mais importantes para o desenvolvimento da inteligência artificial é a capacidade de produzir resultados de análises novas a partir de grandes acervos de informação. A classificação é o meio usual de organizar informações. Toda

---

[19] JORDAN, Michael I.; MITCHELL, Tom M. Machine learning: trends, perspectives, and prospects. *Science*, v. 349, n. 6245, p. 255-260, 17 jul. 2015. Disponível em: http://www.cs.cmu.edu/~tom/pubs/Science-ML-2015.pdf. Acesso em: 23 maio 2019.

[20] SINGH, Satinder; OKUN, Andy; JACKSON, Andrew. Learning to play Go from scratch. *Nature: International Journal of Science*, v. 550, p. 336-337, 19 out. 2017. Disponível em: https://www.nature.com/articles/550336a. Acesso em: 25 maio 2019.

[21] Os cinco campos de incidência foram extraídos de: MCGINNIS, John O.; PEARCE, Russell G. The great disruption: how machine intelligence will transform the role of lawyers in the delivery of legal services. *Fordham Law Review*, v. 82, p. 3041-3066, 2014.

classificação se baseia na fixação de uma ontologia, ou seja, um sistema semântico para organizar outras informações. As descobertas preditivas configuram um tipo de automatização das buscas que é usualmente feita por meio do trabalho humano. Na lógica humana, a classificação dos documentos seria feita por meio da análise paulatina deles, com a construção de uma ontologia. O problema é que a ontologia é fixa e sua alteração acaba exigindo muito tempo e esforço. Como seria um sistema que permitisse que o computador analisasse um enorme acervo de informações, de modo preditivo? Um exemplo seria a análise de um múltiplo número de documentos em prol da busca de elementos textuais que sejam relevantes para a produção de um texto jurídico. Uma busca de jurisprudência seria um caso usual. Essa busca é feita com parâmetros ou metadados, extraídos da ontologia.[22]

O diferencial da descoberta preditiva é a programação de um algoritmo para que ele possa reclassificar a ontologia, sugerindo novos termos a partir de inferências. Tais inferências decorrem de novas conexões de termos, derivadas de probabilidades. De forma simplificada, o programa indica se um termo jurídico aparece em maior ou menor quantidade em correlação a outro. Assim, o sistema automatizado é construído por meio de um algoritmo que vai incorporar novas correlações a partir do processo de leitura de vários documentos. A nova ontologia é reconstruída em casos diversos e o programa vai criando novas inferências. Ele se torna mais e mais robusto para "prever" que determinados documentos – com base nos termos que o compõem – serão potencialmente úteis em um trabalho jurídico, ou não. Esse uso é explicado por Frank Pasquale e Glyn Clashwell:

> Na codificação preditiva, um revisor de documentos determina as métricas que configuram o quanto são úteis os documentos e palavras-chave para um caso. Baseado nessas informações inseridas (input), o *software* de codificação preditiva localiza outros documentos dentro da base de dados que poderiam talvez ser úteis como evidências no caso. A codificação preditiva, portanto, diminui a quantidade de documentos que precisariam ser revisados manualmente e pode diminuir o tempo gasto na descoberta por 75 por cento.[23]

É possível experimentar esse tipo de algoritmo. É só usar um conhecido algoritmo preditivo: o motor de buscas do Google. Ao se inserir uma palavra, logo se verá que o Google lhe fará uma sugestão de outra. Ao colocar "superior", bater um espaço e inserir "tr", a sugestão provável será "superior tribunal de justiça" e "superior tribunal militar", se o usuário estiver no Brasil. A predição ocorre dessa forma.

4.2 Pesquisa jurídica

A busca de jurisprudência é outro exemplo típico. A mesma lógica da programação de um algoritmo preditivo pode ser aplicada à busca na base de dados de jurisprudência dos vários tribunais. No caso dos Estados Unidos, isso é mais relevante, uma vez que a prática jurídica daquele país está fortemente ancorada na utilização de precedentes

---

[22] JENKINS, Johnathan. What can information technology do for law? *Harvard Journal of Law & Technology*, v. 21, n. 2, p. 589-607, 2008.

[23] PASQUALE, Frank; CASHWELL, Glyn. Four futures of legal automation. *UCLA Law Review Discourse*, v. 63, p. 26-45, 2015. p. 34.

dos diversos tribunais. Já na década de 60 do século passado, havia bases eletrônicas disponíveis, públicas e privadas. Porém, a automatização das buscas era muito rudimentar. Os sistemas foram muito melhorados ao longo dos anos e, atualmente, existem diversos serviços disponíveis naquele país para facilitar a busca de jurisprudência e de doutrina. O ponto central da evolução dos sistemas de busca é conseguir prever – com razoável grau de acerto – a importância do documento. Um modo de fazer isso é permitir que o sistema compute o número de acessos de uma base pública de dados. Imaginemos a base do Superior Tribunal de Justiça ou do Supremo Tribunal Federal. Ao acoplar um contador de acessos de quantas vezes o público baixou o documento, teremos um indicador de sua importância. A mesma lógica pode ser realizada por meio da contagem de citações do acórdão em outros acórdãos. Ou, ainda, a contagem de sua utilização na jurisprudência dos tribunais regionais e estaduais. Se mais parâmetros de cálculo foram inseridos na programação, os resultados poderão demonstrar a relevância do documento (acórdão) com base em diversos indicadores cruzados e referidos. O interessante é imaginar que o algoritmo, novamente, pode permitir a realização de novas inferências a partir de mais informações, por meio da correlação de termos relevantes. A mesma lógica pode ser aplicada para o exame da doutrina. Os sistemas de avaliação da produção científica, no Brasil e no mundo, utilizam meios de contagem para aferir a produção. Um indicador bruto, por exemplo, é a quantidade de artigos publicados numa área. Outro indicador, mais refinado, é a correlação desse volume com o número de citação dos artigos em outros artigos.

4.3 Geração de documentos jurídicos

O uso de formulários e de textos prontos é um fato histórico na prática jurídica. Ele é, inclusive, uma parte do processo pedagógico dos alunos nos cursos de graduação de direito e nas escolas profissionais. Usar modelos sempre fez parte do processo de aprendizado ou de atuação prática. A diferença que pode ocorrer com a automatização é a aplicação de programa de aprendizado de máquina para fornecer sugestões de modelos aplicados a partir da identificação do caso concreto. Ou, ainda, o programa de computador pode sugerir mudanças – melhoria na qualidade – no formulário potencialmente aplicável.

4.4 Geração de resumos de casos e descrições

Imagine que um programa de computador possa ler uma petição inicial e gerar um modelo prévio com um resumo do caso das descrições. Os sistemas atuais conseguem produzir um resumo de um texto bruto com algum grau de fidelidade. Porém, todo o trabalho – ainda – exige que sejam envidados esforços pelos usuários para revisar o documento em busca de incoerências. No mundo do jornalismo, por exemplo, já existem vários programas de computador preditivos em ação. São programas que utilizam aprendizado de máquina para gerar resultados a partir da leitura de textos de notícias. Um deles é o News Tracer.[24] Ele lê postagens no Twitter e indica quais possuem mais chances de

---

[24] SHAH, Sameena; CHUA, Reginald. The making of Reuters News Tracer. *Thomson Reuters Blog*, 25 abr. 2017. Disponível em: https://blogs.thomsonreuters.com/answerson/making-reuters-news-tracer. Acesso em: 25 maio 2019.

serem focos de notícias. A agência Reuters utiliza esse programa para duas finalidades. A primeira é identificar notícias potenciais. A segunda finalidade do programa é servir para checar a existência, ou não, de desinformação, ou seja, as conhecidas *fake news*. O mesmo tipo de sistema eletrônico pode ser utilizado para ajudar a produzir resumos de casos e de documentos jurídicos.

4.5 Predição de resultados de processos judiciais

O último tipo de automação identificado pela literatura técnica é a predição do resultado de ações judiciais em comparação nos vários tribunais.[25] É possível classificar as ações judiciais em várias ações-tipos e, assim, classificar uma expectativa de decisão por julgador. Já existem programas no Brasil que tentam fazer essa "adivinhação" do resultado provável de uma ação judicial. Esse tipo de programa pode ser refinado, inclusive, para sugerir ao advogado a jurisprudência potencialmente mais adequada para a decisão. O ponto central é que o programa de computador – algoritmo – possuirá capacidade de aprendizado. Assim, quanto mais informações ele tiver, mais precisa será a sua resposta de probabilidade de resultados. É claro que existem muitas críticas sobre o tema. A mais retumbante se refere ao campo das probabilidades. Apesar de elas existirem, há que se imaginar cenários nos quais até os resultados mais prováveis seriam diferentes dos inicialmente delineados.

5 Conclusão

Estamos em meio a uma revolução causada pela digitalização da vida. Todos os processos produtivos estão sendo alterados com base nas aplicações do aprendizado de máquina. O mundo jurídico tenderá a receber um novo mercado de trabalho: as empresas inovadoras de programas de computação aplicados à prática jurídica. As formas de trabalho tradicionais serão muito alteradas no futuro próximo e as atividades rotineiras serão fortemente alteradas. É preciso – desde logo – investir na formação dos futuros práticos do direito, sem descuidar das questões éticas, como alerta Dana Remus:

> Como todas as demais tecnologias, entretanto, a codificação preditiva não é inerentemente benéfica. Ela ameaça criar novos problemas, ao passo em que resolve os já existentes. Muitos magistrados e advogados estão ignorando isso e falhando em reconhecer que sua adoção e seu uso envolve ponderações éticas. [...]. O mundo profissional do direito deve reconhecer isso e, assim, definir as condutas para os seus membros. Ele deve, indubitavelmente, olhar para a codificação preditiva como uma ferramenta ponderosa e potencialmente benfazeja. Mas, deve fazer isso, contudo, com um olhar crítico e com um compromisso firme de utilizar as novas tecnologias ao serviço de objetivos e de valores positivos para as profissões jurídicas e para o sistema judiciário.[26]

---

[25] LEHR, David; OHM, Paul. Playing with the data: what legal scholars should learn about machine learning. *University of California Davis Law Review*, v. 51, p. 653-717, 2017.

[26] REMUS, Dana A. The uncertain promise of predictive coding. *Iowa Law Review*, v. 99, p. 1691-1724, 2014.

Assim, em vários aspectos, os juristas precisarão, cada vez mais, estar preparados para lidar com as novas tecnologias e, se possível, deverão poder criar e recriar tais programas de computador. O mesmo ocorrerá no Poder Judiciário. Se a automatização já teve impacto sensível no cotidiano da tramitação de processos, com a substituição dos processos físicos por autos digitais, a tendência será cada vez mais incremental. Para além dos sistemas eletrônicos de apoio aos julgamentos, atividade-meio, tenderemos a ter – mais e mais – programas preditivos, baseados em aprendizado de máquina, que ajudarão na produção de peças processuais, de sentenças e de acórdão. As próprias atividades-fim do Poder Judiciário e da advocacia serão alteradas. Entretanto, esse processo precisa ser encarado com um misto de acompanhamento e apoio. Porém, há que identificar limites ao seu uso.[27] A automação precisa ser formada por regras – práticas, jurídicas e éticas – que determinem a aplicação de valores democráticos e constitucionais, em sintonia com o que está prescrito na nossa Constituição Federal de 1988.

Referências

ABBATE, Janet. *Inventing the internet*. Cambridge, MA: MIT Press, 2000.

BRIGGS, Asa; BURKE, Peter. *Uma história social da mídia*: de Gutenberg à internet. 3. ed. Rio de Janeiro: Zahar, 2016.

BROUSSARD, Meredith. *Artificial unintelligence*: how computers misunderstand the world. Cambridge, MA: MIT Press, 2018.

CHANDLER, David L. Cell-sized robots can sense their environment. *MIT News Office*, 23 jul. 2018. Disponível em: http://news.mit.edu/2018/cell-sized-robots-sense-their-environment-0723. Acesso em: 22 maio 2019.

CORNELL; INSEAD; OMPI. Índice global de inovação de 2018: energizando o mundo com inovação. Genebra: OMPI, 2018. Disponível em: https://www.wipo.int/edocs/pubdocs/pt/wipo_pub_gii_2018-abridged1.pdf. Acesso em: 22 maio 2019.

CRAGLIA, Massimo *et alli*. (Ed.). *Artificial intelligence*: a European perspective (EUR 29425 EM). Luxembourg: Publications Office of the European Union, Joint Research Centre, 2018.

HOBSBAWM, Eric J. *A era do capital*: 1848-1875. Rio de Janeiro: Paz e Terra, 2012.

JENKINS, Johnathan. What can information technology do for law? *Harvard Journal of Law & Technology*, v. 21, n. 2, p. 589-607, 2008.

JORDAN, Michael I.; MITCHELL, Tom M. Machine learning: trends, perspectives, and prospects. *Science*, v. 349, n. 6245, p. 255-260, 17 jul. 2015. Disponível em: http://www.cs.cmu.edu/~tom/pubs/Science-ML-2015.pdf. Acesso em: 23 maio 2019.

LEHR, David; OHM, Paul. Playing with the data: what legal scholars should learn about machine learning. *University of California Davis Law Review*, v. 51, p. 653-717, 2017.

LEVY, Steven. What deep blue tells us about AI in 2017. *Wired*, 23 maio 2017. Disponível em: https://www.wired.com/2017/05/what-deep-blue-tells-us-about-ai-in-2017. Acesso em: 23 maio 2019.

MAGRANI, Eduardo. *A internet das coisas*. Rio de Janeiro: Editora da FGV, 2018.

---

[27] PASQUALE, Frank A. A rule of persons, not machines the limits of legal automation. *University of Maryland, Francis King School of Law, Legal Studies Research Paper*, n. 8, 2018.

MCGINNIS, John O.; PEARCE, Russell G. The great disruption: how machine intelligence will transform the role of lawyers in the delivery of legal services. *Fordham Law Review*, v. 82, p. 3041-3066, 2014.

PASQUALE, Frank A. A rule of persons, not machines the limits of legal automation. *University of Maryland, Francis King School of Law, Legal Studies Research Paper*, n. 8, 2018.

PASQUALE, Frank; CASHWELL, Glyn. Four futures of legal automation. *UCLA Law Review Discourse*, v. 63, p. 26-45, 2015.

REMUS, Dana A. The uncertain promise of predictive coding. *Iowa Law Review*, v. 99, p. 1691-1724, 2014.

SCHWAB, Klaus. *A Quarta Revolução Industrial*. São Paulo: Edipro, 2016.

SCHWAB, Klaus. *Aplicando a Quarta Revolução Industrial*. São Paulo: Edipro, 2018.

SHAH, Sameena; CHUA, Reginald. The making of Reuters News Tracer. *Thomson Reuters Blog*, 25 abr. 2017. Disponível em: https://blogs.thomsonreuters.com/answerson/making-reuters-news-tracer. Acesso em: 25 maio 2019.

SINGH, Satinder; OKUN, Andy; JACKSON, Andrew. Learning to play Go from scratch. *Nature: International Journal of Science*, v. 550, p. 336-337, 19 out. 2017. Disponível em: https://www.nature.com/articles/550336a. Acesso em: 25 maio 2019.

SINGH, Simon. *O livro dos códigos*: a ciência do sigilo – Do antigo Egito à criptografia quântica. Rio de Janeiro: Record, 2001.

SURDEN, Harry. Machine Learning and Law. *Washington Law Review*, v. 89, p. 87-116, 2014.

SUSSKIND, Richard E. Expert systems in law: a jurisprudential approach to artificial intelligence and legal reasoning. *Modern Law Review*, v. 49, p. 168-194, 1986.

VERONESE, Alexandre. A institucionalização constitucional e legal da ciência, tecnologia e inovação a partir do marco de 1988: os artigos 218 e 219 e a política científica e tecnológica. *Revista Novos Estudos Jurídicos*, v. 19, n. 2, p. 525-558, 2014. Disponível em: https://siaiap32.univali.br/seer/index.php/nej/article/view/6017/3293. Acesso em: 22 maio 2019.

VERONESE, Alexandre. Direitos sociais: comentários ao art. 6º. *In*: BONAVIDES, Paulo; MIRANDA, Jorge; MOURA AGRA, Walber (Org.). *Comentários à Constituição Federal de 1988*. Rio de Janeiro: Forense/GEN, 2009.

WU, Tim. *Impérios da comunicação*: do telefone à internet, da AT&T ao Google. Rio de Janeiro: Zahar, 2012.

Informação bibliográfica deste texto, conforme a NBR 6023:2018 da Associação Brasileira de Normas Técnicas (ABNT):

MARTINS, Humberto. A Constituição Federal de 1988, o sistema de justiça e a inteligência artificial: conciliar a dimensão jurídica com a ética. *In*: MORAES, Alexandre de; MENDONÇA, André Luiz de Almeida (Coord.). *Democracia e sistema de justiça*: obra em homenagem aos 10 anos do Ministro Dias Toffoli no Supremo Tribunal Federal. Belo Horizonte: Fórum, 2020. p. 297-309. ISBN 978-85-450-0718-0.

PARTIDOS POLÍTICOS – ESTUDO EM HOMENAGEM AO MINISTRO JOSÉ ANTONIO DIAS TOFFOLI

JOSÉ LEVI MELLO DO AMARAL JÚNIOR

Introdução

O presente artigo homenageia o Ministro José Antonio Dias Toffoli, Presidente do Supremo Tribunal Federal; e destina-se à obra coletiva que organizam o Ministro Alexandre de Moraes, do Supremo Tribunal Federal, e o Ministro André Luiz de Almeida Mendonça, Advogado-Geral da União.

Conheci José Antonio Dias Toffoli na transição dos Governos Fernando Henrique Cardoso e Luís Inácio Lula da Silva, em novembro ou dezembro de 2002, durante visita à Subchefia para Assuntos Jurídicos da Casa Civil da Presidência da República do seu futuro titular. Recordo que o então futuro subchefe se deparou – e entreteve-se – com texto clássico de Hans Kelsen, *La garanzia giurisdizionale della Constituzione (La Giustizia Costituzionale) in La giustizia costituzionale*[1] (cuja primeira tradução para o português surgiria apenas no ano seguinte, em 2003, publicada pela Editora Martins Fontes). Subsequentemente, soube que a obra de Kelsen sempre despertara o interesse do visitante, como demonstra o cuidadoso texto *Hans Kelsen, o jurista e suas circunstâncias*, estudo introdutório para a edição brasileira da *Autobiografia de Hans Kelsen*, escrito em coautoria com o Professor Associado Otavio Luiz Rodrigues Junior, da Faculdade de Direito do Largo de São Francisco, da Universidade de São Paulo.[2]

Tive a imensa satisfação de assessorar o homenageado na Subchefia por quase um ano, de 1º.1 a 19.12.2003. Foi para mim um convívio muito construtivo, produtivo, leve e de intenso aprendizado. Tanto que não perdi contato com o subchefe. Inclusive, a seu convite, tive a alegria de retornar à Presidência da República, em 4.3.2005, para

---

[1] KELSEN, Hans. La garanzia giurisdizionale della Constituzione (La Giustizia Costituzionale). *In*: KELSEN, Hans. *La giustizia costituzionale*. Milano: Giuffrè, 1981. p. 143-214.

[2] TOFFOLI, José Antonio Dias; RODRIGUES JR., Otavio Luiz. Hans Kelsen, o jurista e suas circunstâncias. *In*: KELSEN, Hans. *Autobiografia de Hans Kelsen*. 2. ed. Tradução de Gabriel Nogueira Dias e José Ignácio Coelho Mendes Neto. Introdução de Matthias Jestaedt. Rio de Janeiro: Forense Universitária, 2011. p. XI-XLVIII.

ministrar a palestra "Decreto autônomo: questões polêmicas", promovida pelo então recém-criado Centro de Estudos da Subchefia para Assuntos Jurídicos da Casa Civil, inteligente iniciativa do homenageado. Portanto, não obstante ter seguido outros rumos funcionais, segui recebendo o mesmo tratamento cordato de sempre de José Antonio Dias Toffoli, o que só fez reforçar o meu mais profundo respeito e a minha grande admiração pelo homenageado.

Desde cedo, José Antonio Dias Toffoli muito se destacara como advogado que atuava de modo extremamente consistente junto à Justiça Eleitoral, em especial junto ao Tribunal Superior Eleitoral. Nesta condição acompanhou muito de perto as eleições presidenciais de 2002 e de 2006. Após este último pleito, reconhecido pelo brilho da atuação na Advocacia, retornou ao Governo como Advogado-Geral da União.

Quando da indicação do então Advogado-Geral ao Supremo, houve quem colocasse em questão o próprio modelo de indicação de membros da Corte. Sem nenhuma hesitação defendi – e defendo – o modelo (que segue vigente nos mesmos termos) em debate promovido pela TV Estadão e noticiado nas versões eletrônica e impressa do jornal *O Estado de São Paulo*, de 29.9.2009.[3] Um modelo muito exitoso porque leva ao Supremo juristas de grande envergadura, aí incluído o homenageado.

Em 23.10.2009, natalício de 85 anos do saudoso Ministro Paulo Brossard de Souza Pinto, José Antonio Dias Toffoli saiu da Advocacia-Geral da União para o Supremo Tribunal Federal. Veio a presidir o Tribunal Superior Eleitoral e, agora, o próprio Supremo Tribunal Federal.

Para a presente homenagem, coloco em formato de artigo algumas anotações sobre *partidos políticos*. Apresenta-se uma primeira parte sobre os partidos no constitucionalismo, começando por antecedentes remotos dos partidos, seguindo por uma narrativa acerca dos partidos nos Estados Unidos e terminando com referência aos partidos ideológicos decorrentes da universalização do voto. Segue-se uma segunda parte sobre os partidos em relação aos sistemas de governo, aos sistemas eleitorais e a alguns precedentes mais recentes do Supremo Tribunal Federal. Por fim, a conclusão sugere inserir o mais possível os partidos no empenho em favor de uma crescente qualidade da democracia, a começar pela democratização da organização interna dos próprios partidos.

1 Partidos políticos no constitucionalismo

1.1 Antecedentes remotos dos partidos políticos

Nicola Matteucci aponta o século XVII como o período em que "aparece um fato novo e distinto, que logo terá relevância constitucional, não obstante durante muito tempo ignorado", qual seja, o surgimento dos partidos políticos.[4] Segundo Matteucci, a relativa paz proporcionada pela Restauração "permite uma organização de partidos não só no Parlamento, mas também na sociedade através da propaganda eleitoral".[5]

---

[3]   AMARAL JÚNIOR, José Levi Mello do. Modelo de nomeações opõe AMB e jurista. *O Estado de São Paulo*, 29 set. 2009. p. A8.

[4]   MATTEUCCI, Nicola. *Organización del poder y libertad*. Historia del constitucionalismo moderno. Madrid: Trotta, 1998. p. 113-114.

[5]   MATTEUCCI, Nicola. *Organización del poder y libertad*. Historia del constitucionalismo moderno. Madrid: Trotta, 1998. p. 114.

O Partido Tory (palavra de origem irlandesa que remete a "bandido irlandês católico") era anglicano e agrário, queria poucos tributos, votando impostos apenas para a manutenção da frota.[6]

O Partido Whig (palavra de origem escocesa que remete a um leite próprio à alimentação da população mais humilde), puritano e escocês, era o partido dos dissidentes religiosos, dos excluídos de privilégios e das classes médias de comerciantes. Inclusive por isso era interessado na presença da Inglaterra no âmbito internacional.[7]

Ambos eram monárquicos, mas de modos distintos: os *tories* proclamavam o direito divino do rei e a não resistência ao soberano, enquanto os *whigs* queriam controlar politicamente a prerrogativa do rei. Nos períodos de crise, "cada partido demonstrou odiar ao outro mais que amar o Parlamento".[8]

Quando da Revolução Gloriosa, os dois partidos convergiram. Ambos não mais aceitavam Jaime II, que queria devolver a Inglaterra ao catolicismo romano. O nascimento de um herdeiro ao trono em 1688 tornou impossível uma solução legal em favor de Maria, esposa de Guilherme de Orange. Com a fuga do Rei, o Parlamento escolheu um novo, Guilherme de Orange, derrotando, assim, o princípio da monarquia de direito divino e a lei consuetudinária que regulava a sucessão ao trono, afirmando-se a onipotência do Parlamento.[9]

Por outro lado, é importante perceber que esses primeiros partidos tinham características bastante diferentes daquelas dos partidos ideológicos que só surgem muito mais tarde.

É o que explica Virgílio Afonso da Silva. Partindo do pressuposto de que partido político é "uma forma de agremiação de um grupo social que se propõe organizar, coordenar e instrumentar a vontade popular com o fim de assumir o poder para realizar seu programa de governo"[10] (no que cita conceito de José Afonso da Silva), conclui: "percebe-se claramente que os grupos previamente mencionados não se enquadram nesse conceito".[11] Então, explica: primeiro, "porque tais grupos não se ligavam de fato com a vontade popular";[12] segundo, porque "não estava também presente a ideia de programa de governo, nem de organização extra-parlamentar".[13]

Matteucci aponta Burke como o primeiro a perceber a função do partido político, distinguindo o partido da facção: o primeiro é um grupo de pessoas para promover o

---

[6] MATTEUCCI, Nicola. *Organización del poder y libertad*. Historia del constitucionalismo moderno. Madrid: Trotta, 1998. p. 114.

[7] MATTEUCCI, Nicola. *Organización del poder y libertad*. Historia del constitucionalismo moderno. Madrid: Trotta, 1998. p. 114.

[8] MATTEUCCI, Nicola. *Organización del poder y libertad*. Historia del constitucionalismo moderno. Madrid: Trotta, 1998. p. 114.

[9] MATTEUCCI, Nicola. *Organización del poder y libertad*. Historia del constitucionalismo moderno. Madrid: Trotta, 1998. p. 143.

[10] SILVA, Virgílio Afonso da. Partidos e reforma política. *Revista Brasileira de Direito Público*, n. 11, p. 9-19, 2005. p. 10.

[11] SILVA, Virgílio Afonso da. Partidos e reforma política. *Revista Brasileira de Direito Público*, n. 11, p. 9-19, 2005. p. 10.

[12] SILVA, Virgílio Afonso da. Partidos e reforma política. *Revista Brasileira de Direito Público*, n. 11, p. 9-19, 2005. p. 10.

[13] SILVA, Virgílio Afonso da. Partidos e reforma política. *Revista Brasileira de Direito Público*, n. 11, p. 9-19, 2005. p. 10.

interesse nacional;[14] "a facção é um grupo, sem nenhum princípio público, que dispensa favores e prazeres".[15] O primeiro serve para vincular a representação à nação; o segundo para dividi-la: exerce uma função desagregadora do tecido social.[16]

1.2 Partidos políticos nos EUA

Robert Dahl argumenta que os EUA passaram por uma pacífica revolução democrática que nem mesmo Madison poderia prever[17].

Já no início do século XIX fica bastante claro que o voto universal veio por antecipação nos EUA, uma vez que o acesso à terra era amplo, daí resultando fácil superação do filtro – do censo – próprio ao voto censitário, o que não se perdeu no tempo, ao contrário, manteve-se com a marcha para o oeste e a oferta crescente de terras ainda mais baratas, fenômeno percebido claramente por Alexis de Tocqueville.[18] No mesmo sentido, Robert Dahl anota que o direito de voto era mais amplo onde a terra era mais barata.[19] Não sem razão, nada impressionou mais Tocqueville nos EUA do que a igualdade de condições.[20]

Robert Dahl conta que a Constituição americana foi modificada não apenas por emendas formais, mas, também, foi alterada por práticas políticas e institucionais que os constituintes não previram, ainda que fossem inevitáveis – ou mesmo altamente desejáveis – em uma república democrática.[21] E, para Dahl, a mais importante delas talvez fosse precisamente os partidos políticos.[22] Os constituintes temiam e detestavam facções. Paradoxalmente, Jefferson e Madison ajudaram a criar o Partido Republicano, isso no intuito de enfrentar os Federalistas: "perceberam que sem um partido político organizado para mobilizar seus eleitores nos Estados e os seus parlamentares no Congresso, não poderiam prevalecer sobre a consolidada dominação dos seus adversários, os Federalistas".[23] Segundo Dahl, os direitos democráticos constantes do *Bill of Rights* tornaram possíveis os partidos; a necessidade de uma competição efetiva tornou-os inevitáveis; a habilidade de representar os cidadãos, que de outro modo não estariam adequadamente representados, tornou-os desejáveis.[24] Conclui: "Os partidos políticos e

---

[14] MATTEUCCI, Nicola. *Organización del poder y libertad*. Historia del constitucionalismo moderno. Madrid: Trotta, 1998. p. 156-157.

[15] MATTEUCCI, Nicola. *Organización del poder y libertad*. Historia del constitucionalismo moderno. Madrid: Trotta, 1998. p. 157.

[16] MATTEUCCI, Nicola. *Organización del poder y libertad*. Historia del constitucionalismo moderno. Madrid: Trotta, 1998. p. 157.

[17] DAHL, Robert. *How democratic is the American Constitution?* 2. ed. New Haven; London: Yale University Press, 2003. p. 20.

[18] TOCQUEVILLE, Alexis de. *A democracia na América*. 4. ed. Belo Horizonte: Itatiaia, 1998. p. 39.

[19] DAHL, Robert. *How democratic is the American Constitution?* 2. ed. New Haven; London: Yale University Press, 2003. p. 198.

[20] TOCQUEVILLE, Alexis de. *A democracia na América*. 4. ed. Belo Horizonte: Itatiaia, 1998. p. 11.

[21] DAHL, Robert. *How democratic is the American Constitution?* 2. ed. New Haven; London: Yale University Press, 2003. p. 29.

[22] DAHL, Robert. *How democratic is the American Constitution?* 2. ed. New Haven; London: Yale University Press, 2003. p. 29.

[23] DAHL, Robert. *How democratic is the American Constitution?* 2. ed. New Haven; London: Yale University Press, 2003. p. 30.

[24] DAHL, Robert. *How democratic is the American Constitution?* 2. ed. New Haven; London: Yale University Press, 2003. p. 30.

a competição partidária são essenciais à democracia representativa: podemos estar muito certos que um país totalmente sem partidos competitivos é um país sem democracia".[25]

As mudanças na busca de uma república mais democrática e "o deslocamento sísmico nas visões dos Constituintes e dos Federalistas é simbolizada pela mudança de nome do Partido" de Jefferson e Madison: de Partido Democrata-Republicano (a que se referiam muitas vezes apenas como Republicano) para Partido Democrata.[26]

O atual Partido Republicano decorre do empenho em favor da abolição da escravidão. Foi fundado na década de 1850, não deixando de ser curioso que seja conhecido por *Grand Old Party* – GOP, uma vez que é mais recente que o Partido Democrata.

Em verdade, nos EUA, há muitos partidos políticos locais que se aglutinam nas duas grandes máquinas nacionais que são conhecidas, os citados partidos Democrata e Republicano. Não são propriamente partidos ideológicos, mas, sim, sobretudo, duas grandes máquinas de eleger presidentes cujas políticas não diferem de modo radical. Perpassam e entrelaçam-se no Poder Executivo, nas duas Casas do Poder Legislativo e, até mesmo, no Poder Judiciário. Tanto é assim que há quem sugira não se tratar de separação de poderes, mas, sim, de "separação de partidos":

> [...] Ao contrário do pressuposto fundacional do direito e da teoria constitucional desde Madison, os Estados Unidos não têm um sistema de separação de poderes, mas (pelo menos) dois. Quando o governo está dividido, as linhas partidárias seguem as linhas que os Poderes seguem, e devemos esperar ver a competição partidária abrindo canais pelos Poderes. A competição política inter-poderes resultante parecerá, para melhor ou para pior, algo como a dinâmica Madisoniana de ramos rivais. Por outro lado, quando o governo é unificado e o motor da competição partidária é removido da estrutura interna do governo, devemos esperar que a competição entre poderes se dissipe. A cooperação intrapartidária (como uma estratégia da competição interpartidária) suaviza os limites dos Poderes e suprime a dinâmica central do modelo Madisoniano.
>
> [...] O modelo Madisoniano de Poderes inerentemente competitivos que freiam e contrabalançam um ao outro, em torno do qual o Direito Constitucional da separação de poderes foi projetado, existe apenas em poucas passagens do Federalista 51 e da imaginação das cortes e dos teóricos constitucionais desde então. Na medida em que o Direito Constitucional está preocupado com o governo real em oposição ao governo de manual, seria bom mudar o foco da existência estática de ramos separados para as interações dinâmicas dos partidos políticos que animam esses ramos.[27]

É importante notar que o Poder Judiciário em geral, e a própria Suprema Corte em particular, também participam desse equilíbrio de poderes e partidos, dado o modo de preenchimento das vagas. No Judiciário federal, inclusive na Suprema Corte, os membros são indicados pelo presidente e aprovados pelo Senado. Os indicados não

---

[25] DAHL, Robert. *How democratic is the American Constitution?* 2. ed. New Haven; London: Yale University Press, 2003. p. 30.

[26] DAHL, Robert. *How democratic is the American Constitution?* 2. ed. New Haven; London: Yale University Press, 2003. p. 23-24.

[27] LEVINSON, Daryl J.; PILDES, Richard H. Separation of parties, not powers. *Harvard Law Review*, 2006; *NYU Law School, Public Law Research Paper*, n. 6-7; *Harvard Public Law Working Paper*, n. 131, p. 1-73. p. 17-18. Disponível em SSRN: https://ssrn.com/abstract=890105.

escapam à compreensão de mundo do presidente e da maioria do Senado,[28] de modo que têm claras e conhecidas inclinações partidárias, havendo *justices* na Suprema Corte que se inclinam para um ou outro partido, bem assim *justices* que ora votam com uma ala, ora votam com a outra.

1.3 Universalização do voto e partidos políticos ideológicos

O Estado Pós-Revoluções Liberais pretendia prevenir o absolutismo pela limitação do poder, fazendo-o por meio de dois freios ao poder do Estado, um interno (a separação dos poderes, cf. o arranjo institucional de Montesquieu) e outro externo (os direitos individuais). É o que decorre de modo explícito do art. 16 da Declaração Universal dos Direitos do Homem e do Cidadão. Disso resultava um Estado que tendia à inação.

Porém, um Estado inerte não viria a atender a contento às demandas que surgiram no século XIX, demandas que exigiam um Estado capaz de levar a efeito políticas públicas. A questão operária e a solução marxista à situação – ou seja, a revolução proletária – levou à reforma do próprio Estado. A revolução proletária colocava-se como contingência, uma vez que as demandas da classe operária não chegavam aos canais institucionais em razão do voto censitário.

Nesse contexto, para distencionar a luta de classes e realizar os direitos sociais por meio de políticas públicas estatais, eram necessárias: (i) "a admissão progressiva no poder de todas as classes sociais" por meio da gradual redução do censo até alcançar o voto universal; e (ii) "a atuação escrupulosa das regras do sistema parlamentar de governo",[29] de modo a superar a inércia própria ao arranjo de poderes de Montesquieu e, assim, ter um Estado capaz de atuar, um Estado com Governo. Tem-se, nisso, um ciclo do constitucionalismo moderno que Paolo Biscaretti di Ruffia denominou "ciclo das constituições democráticas".

Eliminado o censo, surgem os partidos políticos ideológicos, e a dinâmica democrática que vem a ser conhecida no século XX começa a tomar forma. Mais tarde, algumas Constituições passam a refletir em seus próprios textos essa nova configuração do Estado, por meio do que Ruffia denomina ciclo das constituições "democráticas racionalizadas", em que se destaca a Constituição alemã de Weimar, de 1919.[30]

Segundo Karl Loewenstein: "Na moderna sociedade tecnológica de massas todo governo é sempre governo de partidos".[31] A seguir, conceitua: "partido político é uma associação de pessoas com as mesmas concepções ideológicas que se propõe a participar do poder político ou a conquistá-lo e para a realização desse objetivo possui organização permanente".[32] Ademais, "a intercalação de partidos políticos no processo político é a invenção mais importante no campo da organização política".[33]

---

[28] "Presidentes não são famosos por indicar justices hostis às suas próprias visões sobre políticas públicas, nem poderiam esperar a confirmação segura de um homem cujas posições sobre questões-chave estejam em flagrante desacordo com a maioria dominante no Senado" (DAHL, Robert. Decision making in a democracy: the Supreme Court as a national policy-maker. *Journal of Public Law*, p. 279-295, 1957. p. 284).

[29] RUFFÌA, Paolo Biscaretti di. *Introducción al derecho constitucional comparado*. México: Fondo de Cultura Económica, 1996. p. 510.

[30] RUFFÌA, Paolo Biscaretti di. *Introducción al derecho constitucional comparado*. México: Fondo de Cultura Económica, 1996. p. 512-514.

[31] LOEWENSTEIN, Karl. *Teoría de la Constitución*. Madrid: Ariel, 1986. p. 93.

[32] LOEWENSTEIN, Karl. *Teoría de la Constitución*. Madrid: Ariel, 1986. p. 93.

[33] LOEWENSTEIN, Karl. *Teoría de la Constitución*. Madrid: Ariel, 1986. p. 95.

2 Partidos políticos no quadro institucional

2.1 Partidos políticos e sistemas de governo

Logo no início de sua obra clássica sobre os partidos políticos, Maurice Duverger conta:

> Durante muito tempo, os ministros ingleses asseguraram sólidas maiorias comprando os votos, senão as consciências dos deputados. Isso era quase oficial: existia na Câmara um guichê onde os parlamentares iam cobrar o preço do seu voto no momento do escrutínio. Em 1714 se estabeleceu o posto de secretário político da tesouraria para assumir essas operações financeiras; dito secretário foi chamado de pronto "the Patronage secretary" porque dispunha da nomeação dos cargos no governo a título de corrupção. Distribuindo, assim, o maná governamental aos deputados da maioria, o *Patronage secretary* vigiava de perto os seus votos e os seus discursos: se convertia, para eles, no homem do látego, *the Whip* (etimologicamente, *whip* significa "látego"; em linguagem de caça, designa os caçadores montados, providos de chicote, que dirigem a matilha até a caça perseguida).[34]

Como esse estado degradado de coisas foi superado pelo constitucionalismo inglês? Qual foi a solução encontrada?

A solução se deu por meio da inversão, ainda no século XVIII, da equação do jogo político-eleitoral inglês: ao invés de o Governo providenciar para si uma maioria parlamentar, a maioria parlamentar passou a gerar o Governo. Em síntese: uma efetiva parlamentarização do modelo.

Passou-se da "monarquia constitucional", em que o rei era o chefe do Poder Executivo, para a "monarquia parlamentar", em que o governo depende da confiança do Parlamento.[35] O controle político do Parlamento sobre o Executivo por meio do necessário voto de confiança ao Gabinete presidido por um primeiro ministro foi a solução para impedir o reforço da prerrogativa real decorrente do crescimento do Estado moderno.[36]

Não foi invenção de teóricos: o regime parlamentar moderno emerge lentamente da práxis, à margem ou contra a legalidade; reforça-se em período histórico de relativa estabilidade política, em muitos aspectos cinzento, porque dominado pela corrupção política: frequentemente o *premier* comprava os votos dos parlamentares.[37]

O *premier* deriva do ministro favorito do rei que já havia sob os Tudor: o ponto de desenvolvimento e potencial ruptura é visto quando o favorito começa a servir de canal de comunicação, de um lado, entre a Coroa e os ministros, vigiando o funcionamento da máquina do governo, e, de outro lado, entre a Coroa e o Parlamento, convertendo-se

---

[34] DUVERGER, Maurice. *Los partidos políticos*. Madrid: Fondo de Cultura Económica, 2002. p. 18. No mesmo sentido, MATTEUCCI, Nicola. *Organización del poder y libertad*. Historia del constitucionalismo moderno. Madrid: Trotta, 1998. p. 153.

[35] MATTEUCCI, Nicola. *Organización del poder y libertad*. Historia del constitucionalismo moderno. Madrid: Trotta, 1998. p. 152.

[36] MATTEUCCI, Nicola. *Organización del poder y libertad*. Historia del constitucionalismo moderno. Madrid: Trotta, 1998. p. 152-153.

[37] MATTEUCCI, Nicola. *Organización del poder y libertad*. Historia del constitucionalismo moderno. Madrid: Trotta, 1998. p. 153. O autor volta ao assunto logo adiante para explicar que o primeiro ministro violava a independência do Parlamento do modelo de 1689 "frequentemente por meios corruptos" (p. 155).

no responsável pelos atos do rei (cuja figura fica em segundo plano).[38] Daí a constatação de Walpole: o rei reina, mas não governa, para o que existe o Parlamento.[39]

O passo seguinte é a formação de um sistema de partidos, pelo qual o *premier* é também líder do partido que, nas eleições, ganhou o maior número de cadeiras. Então, o *premier*, líder da maioria, tende a conquistar a prerrogativa do rei, para usar seus poderes, inclusive o de dissolução da Câmara dos Comuns (utilizado pela primeira vez em 1784): "O premier se prepara assim para ser o verdadeiro *King in Parliament*".[40]

A isso não se chegou na prática brasileira. O II Império desenvolveu mecanismo que era, em alguma medida, parlamentar, mas com vícios decorrentes de persistentes fraudes eleitorais. De toda sorte, bem ou mal, insista-se, começou a desenvolver um mecanismo parlamentar. No entanto, com a República, o vínculo de decorrência que havia entre Governo e Parlamento foi desfeito em razão da adoção do presidencialismo, mas sem nenhum prejuízo às fraudes eleitorais (que prosseguiram até a criação da Justiça Eleitoral em 1932).[41]

2.2 Partidos políticos e sistemas eleitorais

É bastante explorada a relação havida entre os sistemas eleitorais e os partidos políticos. É objeto da obra clássica de Maurice Duverger, com as suas respectivas leis, obra que é examinada, inclusive no que se refere à doutrina pertinente, em monografia de Virgílio Afonso da Silva,[42] bem assim em artigo subsequente já citado.

Em síntese, "os sistemas eleitorais majoritários tendem a estar associados ao bipartidarismo, enquanto que os sistemas eleitorais proporcionais tenderiam a estar associados ao multipartidarismo".[43]

Em suas relações com o governo do dia, o bipartidarismo resultaria maior estabilidade, dada a maior simplicidade de definição acerca do partido majoritário (um ou outro). Por sua vez, o multipartidarismo resultaria maior instabilidade "decorrente da eterna necessidade de alianças políticas conjunturais".[44]

Esse é um dos aspectos a considerar, talvez o mais relevante, sem prejuízo da importância de outros, por exemplo: (i) os sistemas eleitorais majoritários favorecem a formação de vínculo entre eleito e eleitor, enquanto os sistemas proporcionais diluem esse vínculo, uma vez que o candidato, em verdade, é o partido político, a legenda ou,

---

[38] MATTEUCCI, Nicola. *Organización del poder y libertad*. Historia del constitucionalismo moderno. Madrid: Trotta, 1998. p. 154.

[39] MATTEUCCI, Nicola. *Organización del poder y libertad*. Historia del constitucionalismo moderno. Madrid: Trotta, 1998. p. 154.

[40] MATTEUCCI, Nicola. *Organización del poder y libertad*. Historia del constitucionalismo moderno. Madrid: Trotta, 1998. p. 155.

[41] LEAL, Victor Nunes. *Coronelismo, enxada e voto*. O município e o regime representativo no Brasil. 3. ed. Rio de Janeiro: Nova Fronteira, 1997. p. 245-274.

[42] SILVA, Virgílio Afonso da. *Sistemas eleitorais*. São Paulo: Malheiros, 1999.

[43] SILVA, Virgílio Afonso da. Partidos e reforma política. *Revista Brasileira de Direito Público*, n. 11, p. 9-19, 2005. p. 13. Essas são a primeira e a terceira leis de Duverger. Virgílio Afonso da Silva também menciona a segunda, relativa ao "escrutínio majoritários em dois turnos" que "tende a um sistema de partidos múltiplos, flexíveis, dependentes e relativamente estáveis".

[44] SILVA, Virgílio Afonso da. Partidos e reforma política. *Revista Brasileira de Direito Público*, n. 11, p. 9-19, 2005. p. 13.

mais especificamente, o programa do partido ou coligação; (ii) os sistemas majoritários, resultam, ao natural, em eleições mais baratas, uma vez que os distritos costumam ser pequenos, ao passo que os sistemas proporcionais tendem a implicar custos maiores, sobretudo quando há competição entre candidatos de um mesmo partido por uma melhor posição na lista; (iii) os sistemas proporcionais parecem mais representativos porque são mais propensos a refletir o pluralismo ou, até mesmo, a heterogeneidade de dada sociedade política, enquanto os sistemas majoritários, nesse sentido, parecem menos representativos etc.

Em razão desses e de muitos outros aspectos, há sempre viva polêmica acerca dos sistemas eleitorais, dos sistemas partidários e do próprio sistema de governo, dadas as fortes e evidentes influências recíprocas. Por isso mesmo, é bastante comum que esteja na agenda do dia alguma reforma política.

Tanto é assim que um já antigo artigo de Virgílio Afonso da Silva destacava pontos de reforma política que ainda prosseguem na pauta do dia, alguns levados a efeito pelo Congresso Nacional, outros pelo Supremo Tribunal Federal:

> A reforma política em curso no Congresso Nacional, consubstanciada no Projeto de Lei 2679/2003, tem como objetivos declarados, segundo sua exposição de motivos: (1) coibir a deturpação da representação partidária, causada pela existência de coligações; (2) diminuir o personalismo político; (3) regular o financiamento dos partidos e diminuir os custos das campanhas: (4) reduzir a fragmentação partidária; (5) evitar a migração entre os partidos políticos.[45]

Virgílio Afonso da Silva anotava:

> para atingir esses objetivos, a reforma prevê especialmente o fim das coligações entre partidos, a criação de federações partidárias para fomentar a fidelidade e a adoção das chamadas listas fechadas para fortalecer os partidos e diminuir o personalismo, além de prever mudanças no financiamento dos partidos políticos.[46]

Assim, vale observar o que veio no direito brasileiro desde então.

2.3 Partidos políticos e controle de constitucionalidade

O Supremo Tribunal Federal tomou algumas decisões que tocaram em pontos cogitados para uma reforma política, inclusive e em especial no que toca aos partidos políticos, bem assim catalisaram reações e precipitaram medidas do Congresso Nacional, em nítido diálogo entre as instituições de cúpula do Estado brasileiro.

Um bom exemplo é o caso da verticalização. Na ADI nº 2.626-7/DF, de relatoria da Ministra Ellen Gracie, e na ADI nº 2.628-3/DF, de relatoria do Ministro Sydney Sanches, ambas julgadas em 18.4.2004, relativamente à Resolução TSE nº 20.993, de 26.2.2002, a Corte mudou compreensão histórica do assunto (e de prática muito tradicional e

---

[45] SILVA, Virgílio Afonso da. Partidos e reforma política. *Revista Brasileira de Direito Público*, n. 11, p. 9-19, 2005. p. 14.

[46] SILVA, Virgílio Afonso da. Partidos e reforma política. *Revista Brasileira de Direito Público*, n. 11, p. 9-19, 2005. p. 14.

reiterada) para impor a verticalização às coligações partidárias, e isso a menos de um ano das eleições, ou seja, sem observância da anterioridade eleitoral. O Congresso Nacional reagiu promulgando a Emenda Constitucional nº 52, de 8.3.2006, assegurando plena liberdade de coligação aos partidos políticos. A seguir, na ADI nº 3.685-8/DF, de relatoria da Ministra Ellen Gracie, julgada em 22.3.2006, a Corte (talvez de modo paradoxal considerada a decisão anterior acerca da citada resolução TSE) impôs a anterioridade eleitoral à Emenda nº 52.

Outro exemplo relevante é relativo à cláusula de desempenho. Na ADI nº 1.351-3/DF e na ADI nº 1.354-8/DF, de relatoria do Ministro Marco Aurélio, ambas julgadas em 7.12.2006, o Supremo Tribunal Federal cuidou do art. 13 da Lei nº 9.096, de 19.9.1995, que implicava uma cláusula de desempenho (não de barreira) que pretendia restringir o "direito a funcionamento parlamentar" nas Casas parlamentares aos partidos políticos que obtivessem em cada eleição à Câmara dos Deputados "cinco por cento dos votos apurados, não computados os brancos e os nulos, distribuídos em, pelo menos, um terço dos Estados, com um mínimo de dois por cento do total de cada um deles". O chamado funcionamento parlamentar repercute na liderança da bancada partidária, no tempo do líder em tribuna, dimensão da assessoria da liderança etc. Ademais, a cláusula de desempenho também impactaria na divisão do fundo partidário e do tempo de propaganda partidária. A liminar havia sido negada em 7.2.1996 e, após mais de dez anos, o mérito foi decidido no sentido da inconstitucionalidade. Norma assemelhada – no que se refere ao fundo partidário e à propaganda eleitoral – veio a ser incluída na Constituição pela Emenda Constitucional nº 97, de 4.10.2017 (§3º do art. 17 da Constituição), sujeita a uma implantação progressiva alongada até 2030.

Também é exemplo importante, com evidentes repercussões na dinâmica dos partidos políticos, o da fidelidade partidária. A fidelidade constava do art. 152, parágrafo único, da Constituição de 1967 (na redação da Emenda nº 1, de 1969, passando a §5º com a Emenda nº 11, de 1978). Foi revogado pela Emenda nº 25, de 1985, em meio à abertura democrática, uma vez que servia, sobretudo, à proteção da Arena, então partido governista. A fidelidade foi expressamente descartada pela Assembleia Nacional Constituinte. Por isso, no Mandado de Segurança nº 20.297/DF, de relatoria do Ministro Moreira Alves, julgado em 11.10.1989, o Supremo Tribunal Federal entendeu que não subsistia a fidelidade. Porém, passados dezoito anos, o Tribunal – invertendo decisão do Poder Constituinte Originário – veio a afirmar a existência da fidelidade partidária (Mandado de Segurança nº 26.602/DF, de relatoria do Ministro Eros Grau, Mandado de Segurança nº 26.603/DF, de relatoria do Ministro Celso de Mello, e Mandado de Segurança nº 26.604/DF, de relatoria da Ministra Cármen Lúcia, julgados em 4.10.2007). Na prática, a própria jurisprudência passou a admitir hipóteses de troca de partido. Por outro lado, antes e depois do entendimento mais recente da Corte sobre o tema, "o nível de disciplina partidária é, no Brasil, comparável ao da grande maioria das democracias".[47]

Por fim, importa mencionar o exemplo do financiamento de campanha. Na Ação Direta de Inconstitucionalidade nº 4.650/DF, de relatoria do Ministro Luiz Fux, julgada em 17.9.2015. Em síntese, a decisão afirmou a proibição da realização de doações por pessoas jurídicas a partidos políticos.

---

[47] SILVA, Virgílio Afonso da. Partidos e reforma política. *Revista Brasileira de Direito Público*, n. 11, p. 9-19, 2005. p. 16.

Desse último julgamento tomou parte o homenageado.

De pronto, o Ministro Dias Toffoli aponta o que está em julgamento: "ou o povo financia a democracia, ou será o poder econômico-financeiro".[48] Argumenta que não há "comando ou princípio constitucional que justifique a participação de pessoas jurídicas no processo eleitoral brasileiro, em qualquer fase ou forma, já que não podem exercer a soberania pelo voto direto e secreto".[49] Explica que "o financiamento eleitoral deve ter liame com os atores sociais que participam do pleito: os eleitores, os partidos políticos e os candidatos".[50] Tomando em consideração que "as pessoas jurídicas não participam do processo democrático – pois não gozam de cidadania", exclui possam elas financiar o processo eleitoral sob pena de o contrário "violar um dos fundamentos do Estado Democrático de Direito, qual seja, o da soberania popular".[51] Ademais, lembra que "o comando constitucional foi expresso ao proteger a normalidade e a legitimidade das eleições da influência do poder econômico", logo, "como poderia o legislador autorizar que setores da iniciativa privada possam financiar o processo eleitoral?".[52] Enfatiza o que denomina "igualdade jurídica nas disputas eleitorais"[53] e analisa práticas do coronelismo para criticar:[54] "o financiamento eleitoral por pessoas jurídicas nada mais é do que uma reminiscência dessas práticas oligárquicas e da participação hipertrofiada do poder privado na nossa realidade eleitoral".[55] Então, conclui:

> Enfim, não se pode medir o exercício da cidadania e a participação de eleitores e dos candidatos no processo eleitoral com base na capacidade financeira de cada um deles. Todos os cidadãos, no processo eleitoral, têm o mesmo valor. No exercício da cidadania, todos – ricos, pobres, de qualquer raça, opção sexual, credo – são formal e materialmente iguais entre si, o que impede que se retire dos eleitores e candidatos a possibilidade de igual participação no pleito eleitoral.[56]

Neste contexto, a bem do próprio regime democrático, importa discutir como evoluir na qualidade da democracia, mormente, no presente contexto, por meio dos partidos políticos.

Conclusão

Alexis de Tocqueville afirma a importância dos partidos políticos, mas alerta para as dificuldades em que podem incorrer: "Os grandes partidos modificam a sociedade, os pequenos agitam-na; uns a dilaceram, outros a depravam; os primeiros a salvam às vezes perturbando-a, salutarmente, os segundos a perturbam sempre, sem proveito".[57]

---

[48] Inteiro teor do acórdão citado, p. 70.
[49] Inteiro teor do acórdão citado, p. 80.
[50] Inteiro teor do acórdão citado, p. 83.
[51] Inteiro teor do acórdão citado, p. 83.
[52] Inteiro teor do acórdão citado, p. 83.
[53] Inteiro teor do acórdão citado, p. 84.
[54] Inteiro teor do acórdão citado, p. 91-92.
[55] Inteiro teor do acórdão citado, p. 92.
[56] Inteiro teor do acórdão citado, p. 95.
[57] TOCQUEVILLE, Alexis de. *A democracia na América*. 4. ed. Belo Horizonte: Itatiaia, 1998. p. 136.

Por sua vez, Manoel Gonçalves Ferreira Filho destaca o mais perigoso dos "venenos" com que os partidos políticos podem inocular a democracia: "o caráter oligárquico de que em geral se revestem".[58] E prossegue: "A vontade geral, por causa disso, corre o risco de ser a vontade de uma minoria, de um punhado de próceres".[59]

Por outro lado, é também Manoel Gonçalves Ferreira Filho que destaca o fundamento dos partidos políticos, qual seja, a própria democracia: "O estatuto dos partidos ganha significado em função da Democracia: seu fundamento é a Democracia; seu fim é a Democracia. É a democracia que vai julgar o estatuto e verificar se, em sua lógica interna, é conforme ao seu espírito".[60]

Passam a ser protegidos os "partidos políticos como canais de expressão dos distintos grupos sociais, não mais facções que nos afastam do bem comum".[61]

Por outro lado, a democracia deve determinar não apenas o programa partidário, mas, sobretudo, o próprio comportamento partidário, seja como partido, na respectiva economia intestina, seja como partícipe ou protagonista de eventual governo.

É muito sugestiva, por sua atualidade, a crítica de Carl Schmitt que aponta o "desaparecimento dos pressupostos ideais do parlamentarismo na Democracia atual". Para ele, desaparecem: (i) a discussão: revela-se cético sobre a possibilidade de uma parte dos parlamentares convencer a outra, pois a posição do parlamentar é fixada pelo partido;[62] (ii) a publicidade: as decisões não são tomadas no debate parlamentar em plenário, mas, sim, pelos líderes partidários em conversações interpartidárias;[63] (iii) o caráter representativo do Parlamento e do parlamentar: no contexto descrito, as decisões essenciais são tomadas fora do Parlamento.[64]

A solução talvez esteja na democratização dos próprios partidos políticos. No mínimo, a escolha da direção partidária e dos candidatos deve ser realizada com efetiva e ampla participação dos filiados, de modo que os partidos realmente sejam canais de comunicação entre a sociedade representada e as estruturas de poder do Estado eleitas. Larry Diamond e Leonardo Morlino, citando David Beetham, sustentam que uma boa democracia deve assegurar que os eleitores possam emitir os seus votos em segredo, sem coerção ou medo, e "com efetiva escolha entre candidatos e partidos" aptos a contestar no nível da arena de disputa. Então, concluem: "Uma versão ainda mais rica deste direito é alcançada quando os cidadãos podem escolher os candidatos dos partidos políticos, por meio de eleições (primárias) intrapartidárias".[65]

Sobretudo, a persistência na prática democrática, na sociedade, nos partidos políticos e nas estruturas de poder do Estado é o dado essencial ao desenvolvimento e à conservação de uma cultura democrática.

---

[58] FERREIRA FILHO, Manoel Gonçalves. *Os partidos políticos nas Constituições democráticas*. Belo Horizonte: Edições da Revista Brasileira de Estudos Políticos, 1966. p. 13.

[59] FERREIRA FILHO, Manoel Gonçalves. *Os partidos políticos nas Constituições democráticas*. Belo Horizonte: Edições da Revista Brasileira de Estudos Políticos, 1966. p. 13-14.

[60] FERREIRA FILHO, Manoel Gonçalves. *Os partidos políticos nas Constituições democráticas*. Belo Horizonte: Edições da Revista Brasileira de Estudos Políticos, 1966. p. 14.

[61] MATTEUCCI, Nicola. *Organización del poder y libertad*. Historia del constitucionalismo moderno. Madrid: Trotta, 1998. p. 37.

[62] SCHMITT, Carl. *Teoría de la Constitución*. Madrid: Alianza, 2003. p. 306.

[63] SCHMITT, Carl. *Teoría de la Constitución*. Madrid: Alianza, 2003. p. 307.

[64] SCHMITT, Carl. *Teoría de la Constitución*. Madrid: Alianza, 2003. p. 307.

[65] DIAMOND, Larry; MORLINO, Leonardo. *Introduction in assessing the quality of democracy*. Baltimore: The Johns Hopkins University Press, 2005. p. XXV.

Referências

AMARAL JÚNIOR, José Levi Mello do. Modelo de nomeações opõe AMB e jurista. *O Estado de São Paulo*, 29 set. 2009.

DAHL, Robert. Decision making in a democracy: the Supreme Court as a national policy-maker. *Journal of Public Law*, p. 279-295, 1957.

DAHL, Robert. *How democratic is the American Constitution?* 2. ed. New Haven; London: Yale University Press, 2003.

DIAMOND, Larry; MORLINO, Leonardo. *Introduction in assessing the quality of democracy*. Baltimore: The Johns Hopkins University Press, 2005.

DUVERGER, Maurice. *Los partidos políticos*. Madrid: Fondo de Cultura Económica, 2002.

FERREIRA FILHO, Manoel Gonçalves. *Os partidos políticos nas Constituições democráticas*. Belo Horizonte: Edições da Revista Brasileira de Estudos Políticos, 1966.

KELSEN, Hans. La garanzia giurisdizionale della Costituzione (La Giustizia Costituzionale). *In*: KELSEN, Hans. *La giustizia costituzionale*. Milano: Giuffrè, 1981.

LEAL, Victor Nunes. *Coronelismo, enxada e voto*. O município e o regime representativo no Brasil. 3. ed. Rio de Janeiro: Nova Fronteira, 1997.

LEVINSON, Daryl J.; PILDES, Richard H. Separation of parties, not powers. *Harvard Law Review*, 2006; *NYU Law School, Public Law Research Paper*, n. 6-7; *Harvard Public Law Working Paper*, n. 131, p. 1-73. Disponível em SSRN: https://ssrn.com/abstract=890105.

LOEWENSTEIN, Karl. *Teoría de la Constitución*. Madrid: Ariel, 1986.

MATTEUCCI, Nicola. *Organización del poder y libertad*. Historia del constitucionalismo moderno. Madrid: Trotta, 1998.

RUFFÌA, Paolo Biscaretti di. *Introducción al derecho constitucional comparado*. México: Fondo de Cultura Económica, 1996.

SCHMITT, Carl. *Teoría de la Constitución*. Madrid: Alianza, 2003.

SILVA, Virgílio Afonso da. Partidos e reforma política. *Revista Brasileira de Direito Público*, n. 11, p. 9-19, 2005.

SILVA, Virgílio Afonso da. *Sistemas eleitorais*. São Paulo: Malheiros, 1999.

TOCQUEVILLE, Alexis de. *A democracia na América*. 4. ed. Belo Horizonte: Itatiaia, 1998.

TOFFOLI, José Antonio Dias; RODRIGUES JR., Otavio Luiz. Hans Kelsen, o jurista e suas circunstâncias. *In*: KELSEN, Hans. *Autobiografia de Hans Kelsen*. 2. ed. Tradução de Gabriel Nogueira Dias e José Ignácio Coelho Mendes Neto. Introdução de Matthias Jestaedt. Rio de Janeiro: Forense Universitária, 2011.

Informação bibliográfica deste texto, conforme a NBR 6023:2018 da Associação Brasileira de Normas Técnicas (ABNT):

AMARAL JÚNIOR, José Levi Mello do. Partidos políticos – Estudo em homenagem ao Ministro José Antonio Dias Toffoli. *In*: MORAES, Alexandre de; MENDONÇA, André Luiz de Almeida (Coord.). *Democracia e sistema de justiça*: obra em homenagem aos 10 anos do Ministro Dias Toffoli no Supremo Tribunal Federal. Belo Horizonte: Fórum, 2020. p. 311-323. ISBN 978-85-450-0718-0.

CONSIDERAÇÕES SOBRE AS AUTONOMIAS ADMINISTRATIVA E FINANCEIRA DO PODER JUDICIÁRIO

JOSÉ MAURICIO CONTI

1 Considerações introdutórias

A autonomia do Poder Judiciário, em especial em suas dimensões administrativa e financeira, é um dos pilares em que se sustenta nosso Estado Democrático de Direito. Embora já tenha tratado do tema mais detalhada e especificamente em obra anterior,[1] há sempre aspectos novos que merecem atenção e abordagem atualizada.

Razão suficiente para justificar a escolha do tema nessa obra que homenageia o Ministro Dias Toffoli, que, no exercício da Presidência do Supremo Tribunal Federal, é o representante nacional do Poder Judiciário, e, por conseguinte, quem tem a atribuição e o dever de zelar pela sua independência, sem a qual não se pode caminhar com segurança em direção aos objetivos fundamentais de nossa República Federativa. Uma missão para a qual se espera possa este texto contribuir.

O Brasil é um Estado Democrático de Direito, organizado na forma de uma República Federativa, que consagra entre seus pilares a separação de poderes. Preceitos que vêm expressos nos dois primeiros artigos da Constituição, constituindo-se em cláusulas pétreas, insuscetíveis de alteração, pois vedadas emendas ao texto voltadas a aboli-los.

Assegurar a efetiva independência dos poderes, objetivamente, não é simples. Trata-se de questão delicada que envolve a necessidade da análise das funções e relações que se estabelecem entre os poderes, suas posições no Estado e inserção na organização da Administração Pública.

Maior é a dificuldade, e mais atenção se deve ter, em relação à independência do Poder Judiciário, uma vez que, no sistema brasileiro, é composto por membros não

---

[1] CONTI, José Mauricio. *A autonomia financeira do Poder Judiciário*. São Paulo: MP Editora, 2006, obra na qual o tema foi abordado de maneira específica e mais aprofundada, o que justifica por vezes usos de trechos da referida obra, não necessariamente destacados, uma vez que houve ajustes na redação.

eleitos, e, por conseguinte, não submetidos ao escrutínio da escolha pelo voto. E também não participam da formação da vontade popular na elaboração das leis que vão reger a sociedade. Externa a esse processo, há a função de garantir o cumprimento das leis e solucionar as controvérsias, zelando pela fiel observância do ordenamento jurídico. Necessária uma especial proteção constitucional que lhes assegure a independência necessária para cumprir suas funções sem interferências outras que os desviem da missão de manter hígido o ordenamento jurídico, o que é essencial para o Estado Democrático de Direito.

2 Independência e autonomia do Poder Judiciário

A independência do Judiciário "é uma necessidade da liberdade individual [...], é condição indispensável para a liberdade e a proteção dos direitos humanos", nas palavras de Manoel Gonçalves Ferreira Filho;[2] "instrumento de efetiva realização da *cidadania* e de real *garantia dos direitos*", assevera José Néri da Silveira.[3]

A Organização das Nações Unidas, em mais de uma oportunidade, já externou sua preocupação com a independência do Poder Judiciário, reconhecendo ser ela fundamental para assegurar os direitos e garantias individuais. Formulou os Princípios Básicos da Independência do Judiciário, e o primeiro deles não deixa dúvidas sobre sua importância e necessidade: "The independence of the judiciary shall be guaranteed by the State and enshrined in the Constitution or the law of the country. It is duty of all governmental and other institutions to respect and observe the independence of the judiciary".[4]

Sendo a independência do Poder Judiciário fator inerente à própria existência do Estado Democrático de Direito, torna-se necessário compreender o seu significado exato. Independência é "o estado ou condição de quem ou do que é independente, de quem ou do que tem liberdade ou autonomia".[5]

De Plácido e Silva explica o conceito em seu sentido jurídico:

> Mostra a situação da pessoa, de um órgão ou de uma coletividade, que não está diretamente submetida à autoridade de outra pessoa, de outro órgão ou de outra coletividade. É livre na sua *direção* e na prática de atos, que se refiram a seus interesses ou ao desempenho de suas finalidades. [...] A *independência jurídica* é a que coloca a pessoa fora da autoridade de outra, para que possa agir por si mesma, não necessitando da intervenção de outrem para que pratique os atos jurídicos de seu interesse.[6]

---

[2] FERREIRA FILHO, Manoel Gonçalves. *Curso de direito constitucional.* São Paulo: Saraiva, 1986. p. 241.

[3] SILVEIRA, José Néri da. Dimensões da independência do Poder Judiciário. *Revista da Faculdade de Direito da UFRGS*, v. 17, p. 167-87, 1999. p. 177.

[4] *Basic Principles on the Independence of the Judiciary. Adopted by the Seventh United Nations Congress on the Prevention of Crime and the Treatment of Offenders held at Milan from 26 August to 6 September 1985 and endorsed by General Assembly resolutions 40/32 of 29 November 1985 and 40/146 of 13 December 1985* (Disponível em: www1.worldbank. org/publicsector/legal/BasicPrinciples.htm. Acesso em: 19 ago. 2004). Dalmo Dallari também faz referência ao reconhecimento formal da independência dos juízes como requisito necessário para a democracia e a paz, realizado pela ONU por meio da Resolução nº 1.994/41, aprovada em 4.3.1994 (DALLARI, Dalmo A. *O poder dos juízes.* São Paulo: Saraiva, 2001. p. 46).

[5] FERREIRA, A. B. de H. *Dicionário Aurélio básico da língua portuguesa.* Rio de Janeiro: Nova Fronteira, 1994. p. 357. Bastante semelhantes são as outras definições: "estado, condição, caráter daquele que goza de autonomia, de liberdade com relação a alguém ou alguma coisa" (*Dicionário Houaiss da língua portuguesa.* Rio de Janeiro: Objetiva, 2001).

[6] SILVA, De Plácido e. *Vocabulário jurídico.* Rio de Janeiro: Forense, 1986. p. 454.

E, em seguida, faz referência ao conceito de independência com relação às instituições, evidenciando a relatividade do conceito:

> Em relação às instituições, a independência jurídica se apresenta como a ausência de qualquer mando ou autoridade de outro órgão na sua administração, embora possa existir entre eles uma certa interferência de ordem administrativa, em virtude da qual tenham que atuar ou agir em harmonia, na defesa de interesses comuns. É o caso dos *poderes públicos*, independentes e harmônicos entre si. Neles, como se evidencia, está a exata compreensão do sentido *independência*, na acepção jurídica, relativa às instituições: cada uma é independente no exercício de suas funções e atribuições, de modo que uma não investe no *poder jurisdicional da outra*. Mas é *independência relativa*, pois que, entre si há uma *interdependência* que as orientam e harmonizam para a realização de objetivos de interesse comum.[7]

Há de se reconhecer que, efetivamente, os conceitos de independência e autonomia se confundem, mas, admitindo que independência é "o estado de quem tem autonomia", e sendo a autonomia a "faculdade de se governar por si mesmo", é razoável admitir-se que o conceito de independência é mais abrangente, sendo a autonomia um instrumento por meio do qual se atinge a independência, uma característica intrínseca da independência, um verdadeiro elemento que compõe o conceito de independência.

Disso se infere que o Poder Judiciário, bem como os demais, por serem independentes, nos termos do art. 2º da CF, têm autonomia. Ou seja, analisando-se o disposto na Constituição pela interpretação literal, pode-se concluir que Poder Judiciário é autossuficiente para se governar.

É necessário se compreender o conteúdo exato da autonomia de que são dotados os poderes, qual seu alcance e os precisos termos em que ela se exerce, a fim de que se possa reconhecer a existência de uma independência efetiva desses poderes, em especial do Judiciário, objeto deste trabalho.

Clèmerson Merlin Clève, ao discorrer sobre a autonomia do Poder Judiciário, expõe de maneira clara e didática a questão, ensinando que "a independência do Judiciário é assegurada seja em virtude da (i) autonomia institucional, seja, ainda, em virtude da (ii) autonomia funcional concedida à magistratura".[8]

A *autonomia institucional*, por sua vez, desdobra-se nos princípios do autogoverno, da autoadministração, da inicialidade legislativa e da autoadministração financeira; já a *autonomia funcional*, nas garantias da Magistratura de vitaliciedade, inamovibilidade e irredutibilidade de vencimentos, bem como nas vedações a que estão sujeitos os juízes (exercer outras atividades, dedicar-se à atividade político-partidária etc.).

O exercício do autogoverno evidencia-se principalmente pela competência privativa dos Tribunais de elegerem seus órgãos diretivos, conforme previsto no art. 96, I, da CF. A autoadministração está presente no poder dos Tribunais de elaborarem seus regimentos internos, organizarem suas secretarias e serviços auxiliares, concederem licenças, férias e afastamentos a juízes e servidores, bem como prover os cargos de juiz e servidores (CF, art. 96, I, "a", "b", "c" e "e"). O princípio da inicialidade legislativa

---

[7] SILVA, De Plácido e. *Vocabulário jurídico*. Rio de Janeiro: Forense, 1986. p. 454.

[8] CLÈVE, Clèmerson Merlin. Poder Judiciário: autonomia e justiça. *Revista dos Tribunais*, São Paulo, ano 82, v. 691, p. 34-44, maio 1993. p. 35.

compreende a iniciativa privativa de algumas leis, como a do Estatuto da Magistratura, a alteração no número de membros dos Tribunais inferiores, a criação e a extinção de cargos, a fixação de vencimentos de juízes e servidores, a criação ou a extinção de Tribunais inferiores e a alteração da organização e divisão judiciárias (CF, arts. 93 e 96, II).[9]

E o "princípio da autoadministração financeira", assim denominado por Clèmerson Clève, configura a autonomia financeira, seguramente o mais relevante aspecto da autonomia que vai sustentar a independência do Poder Judiciário, e justifica uma análise mais destacada.

3 A autonomia administrativa do Poder Judiciário

Vários são os aspectos que denotam a preocupação em assegurar a autonomia administrativa do Poder Judiciário, e a Constituição os contempla em vários dos seus dispositivos, alguns já enumerados.

O art. 96 da Constituição indica entre as competências privativas dos Tribunais, e nelas identificam-se os principais pontos que conferem ao Poder Judiciário autonomia, que tenham uma gestão com independência e sem interferências de outros órgãos e poderes.

É o caso da competência para eleger seus órgãos diretivos, o que não ocorre com outros órgãos com elevado grau de independência, como o Ministério Público, por exemplo, cujo chefe é nomeado pelo Poder Executivo (no âmbito federal, art. 128, §1º: "O Ministério Público da União tem por chefe e Procurador-Geral da República, nomeado pelo Presidente da República").

Ao Poder Judiciário compete dispor sobre sua estrutura administrativa, organizando suas secretarias, serviços auxiliares e serviços vinculados (Constituição, art. 96, I, "b"), o que lhes permite ter ampla liberdade em moldar os órgãos que o integrarão.

Exercer o controle sobre a escolha de seus servidores é também ponto importante a ser destacado, o que é garantido pela competência em prover os cargos de juiz e os demais necessários à administração da justiça, bem como administrar a respectiva vida funcional, com a concessão de licenças, férias e afastamentos (Constituição, art. 96, I, "c", "e" e "f").

A iniciativa privativa de leis em matéria administrativa é outra prerrogativa relevante para a autonomia administrativa, pois, embora não assegure ao Poder Judiciário o pleno controle sobre o que vai ser aprovado, uma vez que está essa atribuição no âmbito do Poder Legislativo, permite-lhe iniciar o processo da forma que melhor se ajuste às suas necessidades e interesses para cumprir sua função pública, reduzindo a margem de discricionariedade e possível interferência de outros poderes em sua organização administrativa.

É o caso da criação e extinção de cargos e de remuneração dos seus serviços auxiliares e dos juízos que lhe forem vinculados, bem como da fixação do subsídio de seus membros (Constituição, art. 96, II, "b"; *vide* também ADI nº 2.087MC. Rel. Min. Sepúlveda Pertence, j. 3.11.1999).

---

[9] CLÈVE, Clèmerson Merlin. Poder Judiciário: autonomia e justiça. *Revista dos Tribunais*, São Paulo, ano 82, v. 691, p. 34-44, maio 1993. p. 35-36.

Propor a criação de varas judiciárias (Constituição, art. 96, I, "d") é iniciativa legislativa fundamental para a adequada estruturação dos serviços judiciais, e integra as prerrogativas de autogoverno, como bem destacado pelo Supremo Tribunal Federal, em caso análogo envolvendo os Tribunais de Contas, perfeitamente aplicável ao Poder Judiciário, conforme acórdão relatado pelo Min. Dias Toffoli:

> Conforme reconhecido pela Constituição de 1988 e por esta Suprema Corte, gozam as Cortes de Contas do país das prerrogativas da autonomia e do autogoverno, o que inclui, essencialmente, a iniciativa reservada para instaurar processo legislativo que pretenda alterar sua organização e seu funcionamento, como resulta da interpretação sistemática dos artigos 73, 75 e 96, II, "d", da Constituição Federal.

Estando essa iniciativa "intimamente relacionada à necessidade de se garantir independência institucional a tais Cortes, para que elas possam exercer corretamente suas funções precípuas, sem embaraços por parte dos Poderes Executivo e Legislativo" (ADI nº 4.418. Rel. Min. Dias Toffoli, j. 15.12.2016).

O exercício dessas competências administrativas, associado às prerrogativas que garantem a autonomia financeira, que serão delineadas a seguir, compõem o quadro jurídico que dá forma e conteúdo à independência do Poder Judiciário, como prevê o art. 2º da Constituição.

4 A autonomia financeira do Poder Judiciário

Assentada a autonomia financeira do Poder Judiciário como imprescindível para o respeito e efetiva observância do disposto no art. 2º da Constituição, há que se identificar como ela se materializa.

Para isso, há que se identificar alguns pontos relevantes da participação do Poder Judiciário no ciclo orçamentário, e neles constatar a efetividade das garantias constitucionais que lhe são asseguradas.

Compondo-se o ciclo orçamentário das fases de elaboração, execução e controle orçamentários, em cada uma delas há aspectos sensíveis sobre os quais comporta uma análise mais detalhada.

4.1 Autonomia financeira do Poder Judiciário: fase de elaboração orçamentária

Na fase de elaboração da lei orçamentária anual está o principal instrumento garantidor da autonomia financeira do Poder Judiciário, que vem disposto no art. 99, §1º da Constituição: "Os tribunais elaborarão suas propostas orçamentárias dentro dos limites estipulados conjuntamente com os demais Poderes na lei de diretrizes orçamentárias".

Ou seja, embora o Poder Executivo tenha a iniciativa da lei orçamentária anual (Constituição, art. 165, III), abre-se uma parcial exceção para conferir ao Poder Judiciário a iniciativa da parte que lhe cabe na definição de suas despesas e programas na lei orçamentária do ente da federação de que é parte integrante. Cumpre esclarecer que, sendo a iniciativa da lei orçamentária um ato privativo do Poder Executivo, e esta abrange toda a Administração Pública do ente da Federação, incluindo, portanto, todos os poderes, o dispositivo constitucional dá ao Poder Judiciário a competência para formular a parte que lhe cabe no orçamento. Isto inclui estabelecer as despesas ligadas ao Poder Judiciário nas classificações institucional e por programas.

O exercício dessa prerrogativa dá-se nos limites estabelecidos previamente na lei de diretrizes orçamentárias, e nesse ponto algumas considerações têm se mostrado importante destacar.

A primeira delas é a generalizada inobservância do texto constitucional, ao estabelecer que referidos limites serão estipulados "conjuntamente com os demais Poderes", o que nunca ou raramente se cumpre pelos entes da Federação, em afronta explícita ao que é determinado. O Supremo Tribunal Federal já decidiu pela suspensão da vigência dos dispositivos que estão em descordo com esta regra (ADIMC nº 468-9. Rel. Min. Carlos Velloso, e ADIMC nº 810-2. Rel. Min Francisco Rezek).

Não havendo participação do Poder Judiciário na elaboração da lei de diretrizes orçamentárias, no que tange à fixação dos limites para suas despesas, referido limite padece de vício de inconstitucionalidade, por desatender expressamente à determinação constitucional nesse sentido.

Outra questão refere-se à possibilidade de interferência do Poder Executivo na proposta encaminhada pelo Poder Judiciário, por ocasião da consolidação da proposta final da lei orçamentária, a ser encaminhada ao Poder Legislativo para deliberação e aprovação.

Nesse caso, essa possibilidade fica adstrita ao disposto na Constituição, art. 99, §4º, que prevê, apenas se a proposta for encaminhada em desacordo com os limites estipulados na lei de diretrizes orçamentárias, que o Poder Executivo poderá fazer os ajustes necessários para que ele seja respeitado.

Mas não é o que se tem observado em muitos casos. Em Alagoas, no ano de 2009, o descumprimento do preceito constitucional já ensejou decisão determinando a correta apreciação da proposta pelo Poder Legislativo, nos termos encaminhados pelo Poder Judiciário, devolvendo-se o projeto ao Poder Executivo para que se promova a adequação cabível, corrigindo-se e reinserindo a proposta apresentada pelo Poder Judiciário em seus exatos termos (STF, MS nº 28.405. Rel. Min. Marco Aurélio, decisão liminar monocrática em 15.11.2009).

Situação análoga já foi experimentada pela Defensoria Pública, que, após a Emenda Constitucional nº 45, de 2004, também passou a ter autonomia financeira expressamente reconhecida no texto constitucional, com a mesma prerrogativa de iniciativa de sua proposta orçamentária nos limites estabelecidos pela lei de diretrizes orçamentárias.

No caso que chegou ao Supremo Tribunal Federal, o Poder Executivo do Estado da Paraíba, no encaminhamento da proposta orçamentária de 2014, reduziu a proposta orçamentária apresentada pela Defensoria Pública, que havia sido encaminhada dentro dos limites estabelecidos na lei de diretrizes orçamentárias, além de integrá-la nas dotações do próprio Poder Executivo, como uma Secretaria de Estado.

A decisão da Corte, sob relatoria do Ministro Dias Toffoli, ratificou o entendimento no sentido de que o Poder Executivo está impedido de reduzir o valor da proposta orçamentária ao consolidar os valores na formulação do projeto encaminhado ao Poder Executivo:

Nos termos do art. 134, §2º, da Constituição Federal, não é dado ao chefe do Poder Executivo estadual, de forma unilateral, reduzir a proposta orçamentária da Defensoria Pública quando essa é compatível com a Lei de Diretrizes Orçamentárias. Caberia ao Governador do Estado incorporar ao PLOA a proposta nos exatos termos definidos pela Defensoria, podendo, contudo, pleitear à Assembleia Legislativa a redução pretendida, visto ser o Poder Legislativo a seara adequada para o debate de possíveis alterações no PLOA. (STF, ADPF nº 307 MC-Ref/DF. Rel. Min. Dias Toffoli, j. 19.12.2013)

E segue esclarecendo que somente ao Poder Legislativo é permitida a alteração dos valores:

> Note-se que a norma instituidora da autonomia financeira da Defensoria Pública, invocada como parâmetro de controle desta ADPF, se impõe, no caso, ao chefe do Poder Executivo, dela decorrendo o dever de enviar a proposta orçamentária no montante definido, respeitados os limites da lei de diretrizes orçamentárias (art. 134, §2º, da CF). A mesma norma não se impõe ao Poder Legislativo, que poderá alterar a proposta original formulada pela defensoria quando do exame do PLOA.

Nem mesmo a omissão legislativa na lei de diretrizes orçamentárias, o que é usual em muitos entes da federação, como é o caso do Estado de São Paulo, autoriza o "corte" da proposta do Poder Judiciário nessa fase de encaminhamento do projeto de lei para apreciação do Poder Legislativo. Omissa a lei de diretrizes orçamentárias no tocante aos limites das despesas do Poder Judiciário, caberá ao Poder Executivo acolher a proposta setorial do Poder Judiciário e integrá-la ao projeto de lei, e somente ao Poder Legislativo caberá tomar a decisão final acerca dos valores que comporão as dotações do Poder Judiciário na lei orçamentária.

Uma forma de evitar essa indevida interferência da atuação do Poder Executivo em matéria orçamentária na fase de elaboração do projeto de lei é o encaminhamento da proposta do Poder Judiciário diretamente ao Poder Legislativo, como é expressamente previsto no processo legislativo de alguns estados da Federação. É o caso, por exemplo, do Ceará, que tem previsão na Constituição do estado nesse sentido:

> O Tribunal de Justiça elaborará proposta orçamentária relativa ao Poder Judiciário, dentro dos limites estipulados na Lei de Diretrizes Orçamentárias, depois de ouvidos os tribunais de segunda instância, os quais apresentarão suas propostas parciais e, sendo aprovada pelo plenário do Tribunal de Justiça, será encaminhada pelo Presidente à Assembléia Legislativa. (CE, art. 99, §1º)

No mesmo sentido o Rio de Janeiro: "O encaminhamento da proposta, depois de aprovada pelo Tribunal de Justiça, será feito pelo seu Presidente, à Assembléia Legislativa" (CE, art. 152, §2º).

O encaminhamento direto evita a intermediação do Poder Executivo, que, exceto em caso de descumprimento dos limites estabelecidos pela lei de diretrizes orçamentárias, não pode interferir na proposta orçamentária setorial do Poder Judiciário, em respeito à sua autonomia financeira assegurada pelo art. 99 da Constituição e à independência prevista no art. 2º da Constituição.

Uma terceira questão relacionada à fase de elaboração orçamentária capaz de interferir na autonomia administrativa e financeira do Poder Judiciário refere-se à inciativa legislativa para a propositura de leis em matéria orçamentária.

É certo que a iniciativa legislativa em matéria orçamentária é do Poder Executivo, nos expressos termos do art. 165 da Constituição.

No entanto, há que se interpretar referido dispositivo em consonância, e sistematicamente, com o disposto no art. 99, §1º da Constituição, nos termos do que foi anteriormente exposto, de modo a se reconhecer ser essa iniciativa, no que tange às despesas do Poder Judiciário, condicionada a compreender a proposta encaminhada por iniciativa do Poder Judiciário, que deve ser incorporada ao projeto de lei.

Mas há outros aspectos sujeitos à controvérsia que merecem atenção mais cuidadosa.

O processo orçamentário não se restringe à apresentação do projeto de lei orçamentária e seu processamento.

Sendo a lei orçamentária baseada em previsões de fatos futuros, é certo que ao longo de sua execução surgirão intercorrências que vão exigir alterações, cujo principal instrumento é por meio da abertura de créditos adicionais.

Não faria nenhum sentido reconhecer ao Poder Judiciário a prerrogativa de apresentar sua parte na proposta de lei orçamentária e, sendo necessária qualquer alteração, não ter iniciativa para propor modificações na lei após aprovada, o que resultaria na inusitada necessidade de solicitar ao Poder Executivo que iniciasse o processo legislativo para alterar aspectos de seu exclusivo interesse.

A iniciativa legislativa para abertura de créditos adicionais tem como fundamento a equivocada interpretação extensiva do art. 165 da Constituição, e uma infundada prorrogação da vigência do extinto dispositivo da Constituição de 1967 (art. 60) e Emenda Constitucional nº 1/1969 (art. 57), segundo o qual "É da competência exclusiva do Presidente da República a iniciativa das leis que disponham sobre matéria financeira".

Uma interpretação que não pode de maneira alguma prevalecer, pois, como já longamente expus e defendi,[10] não somente o dispositivo constitucional que amparava essa iniciativa privativa não mais está em vigor como, na hipótese, a interpretação ampliativa é incabível, uma vez que a regra da iniciativa legislativa privativa é exceção, cabendo apenas nas hipóteses expressamente previstas, que não é o caso.

Conforme expõe Clèmerson Clève, "O princípio organizativo da inicialidade legislativa", que compreende a iniciativa reservada de algumas leis, integra o conceito de autonomia institucional, fundamental para assegurar a independência do Poder Judiciário.[11]

Nos termos já anteriormente expostos,

> [...] a única interpretação que se mostra coerente com o sistema jurídico, analisando-se-o por meio de interpretação histórica ou sistemática, é a de que o Poder Judiciário tem iniciativa legislativa para projetos de lei relativos a créditos adicionais nas questões de seu interesse institucional.

---

[10] CONTI, José Mauricio. Iniciativa legislativa em matéria financeira. *In*: CONTI, José Mauricio; SCAFF, Fernando Facury (Coord.). *Orçamentos públicos e direito financeiro*. São Paulo: Revista dos Tribunais, 2011. p. 283-307.

[11] CLÈVE, Clèmerson Merlin. Poder Judiciário: autonomia e justiça. *Revista dos Tribunais*, São Paulo, ano 82, v. 691, p. 34-44, maio 1993. p. 35.

Não somente nos créditos adicionais, mas também em toda e qualquer matéria financeira que seja diretamente relacionada a seus interesses, como a criação de fundos ou alteração da legislação a eles referente, por exemplo. Os Tribunais têm iniciativa legislativa em questões como a criação de varas judiciárias (CF, art. 96, I, d), a organização de suas secretarias (CF, art. 96, I, b) e outros, não havendo razão para que não sejam dotados de iniciativa legislativa para dispor sobre os fundos especiais orçamentários que estejam sob sua administração.

Não é aceitável, em face do princípio da separação de poderes e da autonomia financeira que a Constituição atribui ao Poder Judiciário, que este Poder tenha de solicitar ao Poder Executivo que dê início ao processo legislativo em projetos de seu interesse, o que acabaria por conferir ao Executivo a faculdade de não atender a solicitação, em clara afronta ao princípio da separação de poderes.[12]

4.2 Autonomia financeira do Poder Judiciário: fase de execução orçamentária

Na fase de execução orçamentária, também há instrumentos que garantem autonomia financeira ao Poder Judiciário, estando o principal deles no art. 168 da Constituição, que assegura a entrega dos recursos das dotações orçamentárias na forma de duodécimos, em data certa (até o dia 20 de cada mês).

Em face das características peculiares da lei orçamentária, que é baseada em previsões de receitas e define as despesas para o exercício financeiro a se iniciar, as adaptações ao longo da execução orçamentária são inevitáveis, dadas as intercorrências próprias de fatos futuros, naturalmente sujeitos a incertezas e imprecisões nas previsões.

A titularidade do Poder Executivo em matéria de gestão das finanças públicas, que lhe confere a prerrogativa de previsão das receitas e controle sobre a execução orçamentária, exige que tenha especial atenção e respeito à determinação constitucional de entrega das dotações orçamentárias consignadas ao Poder Judiciário, sob pena de mitigar a autonomia financeira que lhe é assegurada.

Os mecanismos de flexibilidade orçamentária não podem atingir o Poder Judiciário sem sua participação e concordância, a fim de não permitir que atos discricionários do Poder Executivo importem no descumprimento do disposto no art. 168 da Constituição.

O art. 9, §3º da Lei de Responsabilidade Fiscal, que prevê a possibilidade de contingenciamento de despesas dos poderes em caso de frustração de arrecadação e indicação de comprometimento no atingimento das metas de resultado fiscal, já teve sua eficácia cautelarmente suspensa por decisão unânime tomada na ADI nº 2.238-5, justamente por estar afrontando o princípio da separação de poderes.

Referida possibilidade de contingenciar a entrega dos recursos, frustrando a previsão dos duodécimos, não é medida que se mostra adequada e coerente com a garantia de autonomia financeira do Poder Judiciário. Como já pude anotar:

> Mesmo que os critérios para a limitação do empenho sejam fixados pelo Poder Legislativo na lei de diretrizes orçamentárias, não há garantias de que esses critérios sejam rígidos e precisos, permitindo que o Poder Executivo tenha um grau de discricionariedade

---

[12] CONTI, José Mauricio. Iniciativa legislativa em matéria financeira. *In*: CONTI, José Mauricio; SCAFF, Fernando Facury (Coord.). *Orçamentos públicos e direito financeiro*. São Paulo: Revista dos Tribunais, 2011. p. 295.

excessivamente elevado ao apurar o montante da limitação e, por conseguinte, faça prevalecer seus interesses em detrimento aos do Poder Judiciário.[13]

O disposto no art. 9º, §3º, da LRF, ao autorizar o Poder Executivo a limitar os valores financeiros de empenho de despesas do Poder Judiciário, ainda que nos limites da lei de diretrizes orçamentárias, caminha na direção contrária ao princípio da separação de poderes, não sendo compatível com o ordenamento jurídico vigente todo e qualquer mecanismo que permita a alteração da proposta orçamentária, no que tange ao Poder Judiciário.

Ressalte-se que o contingenciamento não é uma regra absoluta, a ser aplicada em todos os casos em que for constatado que a realização de receita poderá não comportar o cumprimento das metas de resultado fiscal, havendo inúmeras exceções, previstas na LRF, nas leis de diretrizes orçamentárias e na legislação ordinária.

E, como já expus:

A autonomia financeira do Poder Judiciário e a independência e separação dos poderes da República é uma decisão permanente da sociedade brasileira. A separação dos poderes é um dos princípios mais importantes da Constituição brasileira, erigido à condição de cláusula pétrea, conforme estabelece o art. 60, §4º, III, estando a autonomia financeira do Poder Judiciário, corolário desse princípio, também consagrada em seu art. 99.

Sendo assim:

Não é aceitável que se possam considerar insuscetíveis de limitação de empenho por parte do Poder Executivo as diversas despesas a que se refere o art. 9º, §2º, da LRF e, ao mesmo tempo, permitir que essa limitação efetue-se em relação às despesas do Poder Judiciário, protegidas pela autonomia financeira e pelo princípio da separação dos poderes.

Sendo forçoso concluir que, no sistema constitucional vigente, não é possível haver limitação de empenho de despesas do Poder Judiciário.[14]

5 Síntese conclusiva

A Constituição brasileira tem entre seus fundamentos a independência dos poderes, cláusula pétrea insculpida no art. 2º do seu texto.

Não há como reconhecer independência sem assegurar a ampla autonomia, em seus vários aspectos, dos quais destacamos a autonomia administrativa e a autonomia financeira, permitindo o pleno exercício de suas funções constitucionais sem a interferência e sem guardar relação de dependência e subordinação aos demais poderes, órgãos e instituições.

E a expressão material e concretização desses aspectos das autonomias administrativa e financeira dão-se pela observância dos dispositivos constitucionais que garantem a autonomia administrativa e, no âmbito financeiro, o ciclo orçamentário, especialmente nas fases de elaboração e execução orçamentárias.

---

[13] CONTI, José Mauricio. *A autonomia financeira do Poder Judiciário*. São Paulo: MP Editora, 2006. p. 100.

[14] CONTI, José Mauricio. *A autonomia financeira do Poder Judiciário*. São Paulo: MP Editora, 2006. p. 102.

Há amplas garantias constitucionais de autogoverno, que asseguram controle sobre seus órgãos administrativos, como a eleição de seus dirigentes, composição da estrutura administrativa, iniciativa legislativa nas normas de seu interesse, o que, em sendo fielmente observado, permitem o exercício das funções constitucionais sem se sujeitar aos demais poderes.

A autonomia financeira, uma vez que não há como prever o montante de recursos suficientes, nem havendo meios de ter fontes próprias de arrecadação, é assegurada pela observância das garantias constitucionais que permitem a participação no ciclo orçamentário sem que os demais poderes possam sobrepor seus interesses aos do Poder Judiciário.

Nessa linha, há que se observar e respeitar o fiel cumprimento dos limites que devem ser previstos na lei de diretrizes orçamentárias, elaborada conjuntamente com os demais poderes, sem modificar a proposta de despesas apresentada pelo Poder Judiciário para incorporação na lei orçamentária, bem com a ampla iniciativa legislativa do Poder Judiciário em matéria orçamentária em todas as questões de seu interesse específico.

E, uma vez fixados os valores na lei orçamentária, estes devem ser integral e tempestivamente entregues, sem reduções ou contingenciamentos.

Dessa forma, as garantias constitucionais que preservam a autonomia administrativa e a autonomia financeira do Poder Judiciário permitirão a observância da independência do Poder Judiciário, em cumprimento à cláusula pétrea insculpida no art. 2º da Constituição, um dos pilares nos quais se sustenta nosso Estado Democrático de Direito.

Referências

ATALIBA, Geraldo. Autonomia do Poder Judiciário no plano estadual. *Associação dos Magistrados Mineiros*, ano I, v. I, p. 88-89, 1983.

BRASIL. Supremo Tribunal Federal. *ADI 2.087MC*. Rel. Min. Sepúlveda Pertence, j. 3.11.1999.

BRASIL. Supremo Tribunal Federal. *ADI 4.418*. Rel. Min. Dias Toffoli, j. 15.12.2016.

BRASIL. Supremo Tribunal Federal. *ADPF 307 ME-Ref/DF*. Rel. Min. Dias Toffoli, j. 19.12.2013.

BRASIL. Supremo Tribunal Federal. *MS 28.405*. Rel. Min. Marco Aurélio.

CLÈVE, Clèmerson Merlin. Poder Judiciário: autonomia e justiça. *Revista de Informação Legislativa*, Brasília, v. 30, n. 117, p. 293-308, jan./mar. 1993.

CLÈVE, Clèmerson Merlin. Poder Judiciário: autonomia e justiça. *Revista dos Tribunais*, São Paulo, ano 82, v. 691, p. 34-44, maio 1993.

CONTI, José Mauricio (Org.). *Poder Judiciário*: orçamento, gestão e políticas públicas. São Paulo: Almedina, 2017. v. I.

CONTI, José Mauricio. *A autonomia financeira do Poder Judiciário*. São Paulo: MP Editora, 2006.

CONTI, José Mauricio. A Lei de Diretrizes Orçamentárias e a autonomia financeira do Poder Judiciário. *Cadernos Jurídicos da Escola Paulista da Magistratura*, São Paulo, ano 13, n. 34, p. 91-99, jan./abr. 2012.

CONTI, José Mauricio. Iniciativa legislativa em matéria financeira. *In*: CONTI, José Mauricio; SCAFF, Fernando Facury (Coord.). *Orçamentos públicos e direito financeiro*. São Paulo: Revista dos Tribunais, 2011.

CONTI, José Mauricio. *Levando o direito financeiro a sério*. A luta continua. 3. ed. São Paulo: Blucher-Conjur, 2019.

DALLARI, Dalmo A. Brasil: Independence and financial autonomy of the Judiciary. *CIJL (Centre for the independence of Judges and Lawyers) Yearbook*, Genebra, v. V (1996/1997), p. 39-47, mar. 1998.

DALLARI, Dalmo A. *O poder dos juízes*. São Paulo: Saraiva, 2001.

FERREIRA FILHO, Manoel Gonçalves. *Curso de direito constitucional*. São Paulo: Saraiva, 1986.

FERREIRA, A. B. de H. *Dicionário Aurélio básico da língua portuguesa*. Rio de Janeiro: Nova Fronteira, 1994.

GREGGIANIN, Eugênio. *A Lei de Responsabilidade Fiscal e as despesas orçamentárias dos Poderes Legislativo e Judiciário e do Ministério Público*. Brasília: Câmara dos Deputados – Consultoria de Orçamento e Fiscalização Financeira, 2003.

MELLO FILHO, José Celso. *Constituição Federal anotada*. São Paulo: Saraiva, 1986.

MORAES, Alexandre de. *Direito constitucional*. 35. ed. São Paulo: GEN-Atlas, 2019.

SILVA, De Plácido e. *Vocabulário jurídico*. Rio de Janeiro: Forense, 1986.

SILVEIRA, José Néri da. Dimensões da independência do Poder Judiciário. *Revista da Faculdade de Direito da UFRGS*, v. 17, p. 167-87, 1999.

Informação bibliográfica deste texto, conforme a NBR 6023:2018 da Associação Brasileira de Normas Técnicas (ABNT):

CONTI, José Mauricio. Considerações sobre as autonomias administrativa e financeira do Poder Judiciário. *In*: MORAES, Alexandre de; MENDONÇA, André Luiz de Almeida (Coord.). *Democracia e sistema de justiça*: obra em homenagem aos 10 anos do Ministro Dias Toffoli no Supremo Tribunal Federal. Belo Horizonte: Fórum, 2020. p. 325-336. ISBN 978-85-450-0718-0.

O *ELOGIO* DE PIERO CALAMANDREI COMO UMA PERENE HOMENAGEM AOS JUÍZES DE TODAS AS ÉPOCAS[1]

JOSÉ ROGÉRIO CRUZ E TUCCI

O instigante "livrinho", escrito por Piero Calamandrei, intitulado *Elogio dei giudici scritto da un avvocato* não é uma obra técnica de direito processual, tampouco um trabalho de cunho acadêmico. Na verdade, consubstancia-se num escrito literário, no qual Calamandrei revela, com senso crítico, inúmeros episódios de sua experiência de advogado. É, ainda – o que é bem mais importante –, um vigoroso subsídio de deontologia profissional.

Publicado, pela primeira vez, em 1935. A 3ª edição, de 1955, foi substancialmente aumentada. A 4ª e última edição é de 1959. O *Elogio* ganhou fama e, por essa razão, foi traduzido para mais de dez idiomas, inclusive para o árabe.[2]

Considerando o estilo muitas vezes irônico de seu autor, logo após a 1ª edição, surgiu significativa polêmica: a obra encerrava mesmo um "elogio" aos juízes, ou, pelo contrário, Calamandrei, de maneira dissimulada, atacava a magistratura?

A grande dúvida produziu uma explicação do próprio autor. De fato, no prefácio (intitulado *Giudici e avvocati*) da 2ª edição, de 1938, adiantou-se Calamandrei para esclarecer:

O título deste livro, cuja primeira edição a boa vontade dos leitores esgotou em pouco mais de um ano, não agradou nem mesmo aos críticos mais benevolentes: "um pouco pesado", pareceu a Pietro Pancrazi; "um tanto subjetivo", julgou-o Mariano D"Amelio. E sei de muitos outros leitores que, ao primeiro olhar lançado à capa, ficaram desconfiados: uns (especialmente se eram magistrados) acreditavam adivinhar naquele título um certo subentendido irônico, com reminiscências de Berni ou de Erasmo; outros (especialmente

---

[1] Este artigo se destina a integrar o *Liber Amicorum* em homenagem ao Ministro José Antonio Dias Toffoli.

[2] Inexplicável e lamentavelmente, a versão portuguesa mutilou o que de mais emblemático a obra contém, que é exatamente o seu título. Na tradução de Ary dos Santos, o título nonsense que a obra recebeu foi o seguinte: *Eles, os juízes, vistos por um advogado* (Lisboa: Livr. Clássica Ed., 1960). Observe-se que é com esse título que o *Elogio* de Calamandrei geralmente é conhecido no Brasil!

se eram advogados) suspeitavam deparar com o expediente profissional de um colega com segundas intenções, o qual, para hipotecar em benefício de seus clientes a simpatia dos juízes, não hesitara em apresentar-se diante deles sob a vestimenta reverente do panegirista.

Por isso, o autor sente o dever de explicar qual foi o motivo que o induziu a preferir tal título, e sentir-se-á gratificado se conseguir demonstrar que, mesmo que não tinha sido bem escolhido, o foi, todavia, com intenções puras.

Na palavra "elogio" o autor não quis esconder nenhum ferrão satírico, como demonstra a honesta veneração com que se fala, no livro, do judicar; tampouco quis esconder nela o enjoativo mel de uma estudada *captatio benevolentiae*, como atesta a livre sinceridade com a qual no mesmo livro se fala dos juízes. Ao escolher essa palavra outrora adotada para indicar um gênero de exercitações oratórias hoje caídas em desuso, o autor preferiu-a precisamente por uma certa pátina antiquada e livresca que ela adquiriu na tradição, parecendo-lhe que, precisamente por isso, ela seria capaz de exprimir com nitidez que, mesmo ao louvar os juízes, o autor não tinha em vista objetivos profissionais práticos, mas quis conservar uma certa serenidade literária sorridente e desprendida, e, poder-se-ia dizer, humanística, a qual lhe permitiu (se ele não se enganou) manter a distância e a dignidade, louvando com discrição e sem servilismo, sorrindo sem ofender e com indulgência das fraquezas humanas – com simpatia e, poder-se-ia dizer, com poesia, se não parecesse presunção incomodar a poesia com esses assuntos de juízes e advogados.

Mas, logo depois de ter escolhido, pelas razões mencionadas, o título de "elogio", o qual, deixado assim sozinho, poderia fazer pensar num mero passatempo literário, o autor pensou ser oportuno acrescentar que esse elogio dos juízes tinha sido escrito por um advogado, pois pareceu-lhe que, precisamente por isso, o livro pudesse apresentar-se aos leitores com certa fidedignidade de documento, já que proveniente de uma daquelas pessoas que, por ter experiência cotidiana dos rigores dos juízes e por ser naturalmente levada à polêmica e à invectiva, tem maior direito de crédito quando afirma que, nos magistrados, as virtudes em muito prevalecem sobre os defeitos. Em suma, com aquele acréscimo ao título, o autor quis tranquilizar discretamente o leitor, assim: – Falo bem dos juízes, embora sendo advogado; logo, se sou eu que estou dizendo, pode acreditar!

O tema do livro não é, pois, apenas o juiz, mas o juiz como é visto pelo advogado; ou seja, poder-se-ia dizer também, o advogado que, freando por um instante seus instintos críticos naturais, põe-se a contemplar com equânime serenidade (como nem sempre lhe é possível) o interlocutor cotidiano da sua profissão, que é o juiz. Nesse diálogo entre o juiz e o advogado, eu não diria que o juiz é o protagonista; o que conta é o binômio constituído por esses dois termos inseparáveis, a relação de reciprocidade que se estabelece entre essas duas forças em cujo equilíbrio se resumem todos os problemas, jurídicos e morais, da administração da justiça.

O autor, em muitos anos de exercício da profissão forense, convenceu-se de que qualquer aperfeiçoamento das leis processuais permaneceria letra morta, onde, entre os juízes e os advogados, não fosse ouvida, como lei fundamental da fisiologia judiciária, a inexorável complementariedade de suas funções, rítmica como a dupla batida do coração [...]. [3]

Em tom mais duro, no mesmo prefácio, Calamandrei responde à crítica formulada por Carnelutti:

---

[3] Cf. tr. port. de Eduardo Brandão, com revisão técnica do Prof. Sérgio Sérvulo da Cunha (São Paulo: Martins Fontes, 1996. p. XXXVII-XL), que comete o mesmíssimo equívoco, já apontado na precedente nota, quanto ao título, sendo mantido: *Eles, os juízes, vistos por um advogado*.

[...] Entre os juízos expressos sobre a primeira edição deste Elogio, o autor não pode esquecer aquele de um grande mestre da ciência jurídica, que também é dotado como nenhum outro do divino dom da eloquência: o juízo de Francesco Carnelutti, que disse que a visão expressa no Elogio lhe parecia "um pouco melancólica", "talvez por causa do temperamento do autor... e certamente do período que a advocacia atravessa". Quanto ao temperamento melancólico do autor, é coisa que não interessa aos leitores (mas poder-se-ia observar que, se outro crítico autorizadíssimo acreditou encontrar no livro a expressão de um sensato otimismo, isso quer dizer que o autor não é tão melancólico quanto se diz, pois os otimistas são gente, se não propriamente alegre, serena). Mas, quanto à melancolia do período que a advocacia travessa, o autor acha que não é caso de se preocupar excessivamente com ela [...].[4]

De minha parte, tive e continuo tendo a percepção de que o Elogio, sobretudo depois da 3ª edição, revista e consideravelmente aumentada, encerra a experiência de uma fecunda vida profissional, que desnuda, com absoluta franqueza e de modo equânime, as virtudes e as mazelas não só dos juízes, mas, igualmente, dos advogados! Penso ainda que duas décadas depois, quando estampada a 3ª edição (1955), os significativos acréscimos introduzidos por Calamandrei bem demonstram que a esperança depositada na justiça, vaticinada na 1ª edição (1935), sofrera profunda decepção. O paradigma entre as referidas duas edições sofreu sensível transformação. De um formato dominado pelo sarcasmo e revestido de gostosa ironia, Calamandrei passou a ser um crítico mordaz da praxe e do costume judiciários.

Entre as adições da apontada 3ª edição, Calamandrei, *e.g.*, censura a imaginada superioridade da magistratura:

Grave defeito num juiz é a soberba; mas talvez seja uma doença profissional.

Não sei se há juízes que, quando julgam, se crêem infalíveis; mas, se há, é justo reconhecer que nosso rito judiciário e, além dele, nosso costume forense parecem feitos de propósito para induzir o juiz à tentação do orgulho. A solenidade da audiência, as togas com as borlas douradas, o segredo místico da câmara de conselho, a unanimidade institucional da decisão, bem como as fórmulas de deferência tradicional pelas quais os advogados chamam os juízes de "excelentíssimos" e suas frases de exagerada humildade – "vós me ensinais", "lembro a mim mesmo", "vossa iluminada sapiência", e assim por diante –, tudo isso concorre para dar aos juízes uma opinião de si talvez um pouco superior à realidade. Sem querer, todas aquelas cerimônias produzem em torno deles uma atmosfera de oráculos [...].[5]

Ainda, apenas como exemplo, destaca Calamandrei:

Os juízes também, como todos os homens, preferem normalmente mover-se seguindo as vias do menor esforço. Se uma causa que apresenta numerosas questões difíceis pode ser resolvida *in limine* com uma exceção processual que poupe o trabalho de entrar no mérito, já é um ganho [...].[6]

A propósito, Eduardo Couture, ao examinar a 3ª edição (1955), ponderou que, comparado com o original de 1935, tratava-se de outro livro, embora continuasse a ser, na

---

4   Tr. port. cit. (1996), p. L.
5   Tr. port. cit. (1996), cap. III.
6   Tr. port. cit., cap. X.

verdade, antes que um *Elogio,* uma *Critica dei giudici scritta da un avvocato.* E isso porque, ao ver do renomado processualista uruguaio, a obra trazia sincera e desapaixonada análise dos pontos positivos e negativos da magistratura, observada, de perto, por um advogado que amava o seu mister.[7]

A 3ª edição foi traduzida, em 1956, para o alemão (*Lob der Richter gesungen von einem Advokaten*). O prefácio específico que Calamandrei escreveu para esta tradução recebeu o sugestivo título, em italiano: *Anche i giudici sono uomini* (*Os juízes também são homens*). Em importantíssima passagem deste prefácio lê-se o seguinte:

> [...] A primeira edição saiu em 1935, ou seja, no período em que a ditadura fascista havia atingido o apogeu de sua pressão: e, assim, o *Elogio dei giudici* integra aquela literatura antifascista "alusiva", na qual o protesto contra o regime estava escrito não nas linhas, mas entre as linhas: não pelo que era dito, mas pelo que estava tácito. Na realidade, durante o fascismo, pelo menos na primeira década, a Magistratura foi, entre os vários órgãos do Estado inquinados ao servilismo político, aquele ao qual os antifascistas podiam recorrer com maior esperança de compreensão. Os magistrados, formados em sua maioria no período prefascista, conservaram, mesmo durante o fascismo, um espírito liberal e legalista, que os conduzia, naturalmente, a oporem-se, tanto quanto possível, aos arbítrios e às ilegalidades da ditadura. O *Elogio dei giudici* foi, portanto, nas entrelinhas, igualmente um elogio à legalidade, entendida como garantia da liberdade: isso explica também o tom geralmente otimista das anotações sobre os juízes, por mim escritas, naquele referido período. Para poder suportar, sem deixar-se consumir pela amargura da opressão política daquela época, era necessário continuar a crer pelo menos na justiça dos juízes. A magistratura resplandecia como um refúgio, no qual o advogado era conduzido a procurar conforto, para não se desesperar [...].[8]

Não obstante, mais recentemente, a partir da releitura proposta por Franco Cipriani, reacendeu-se aquele antigo questionamento acerca do verdadeiro objetivo de Calamandrei.

Com efeito, estimulado pela republicação das mais importantes obras jurídicas de Calamandrei e pela edição de inúmeros artigos e ensaios ao ensejo do centenário da morte do jurista florentino, Cipriani propõe um convite à releitura do *Elogio.* Já pelo título do artigo – *Come si attacano gli intocabili* –[9] fica clara a interpretação de Cipriani acerca do famoso opúsculo de Calamandrei.

Cipriani sustenta, em apertado resumo, que não tinha sentido algum um advogado da estatura de Calamandrei tecer loas aos juízes. Na realidade – a teor da tese de Cipriani –, o que efetivamente deve ser lido são as entrelinhas, nas quais, com inequívoca "honesta dissimulação", o autor produz uma longa, severa e corajosa crítica à magistratura, e, ainda, aproveita para combater o comportamento profissional do advogado chicaneiro. Seria no mínimo paradoxal denominar "elogio" os incontáveis desvios e abusos, cometidos pelos juízes, que são apontados por Calamandrei.[10]

---

[7] COUTURE, Eduardo J. Due libri in uno. *Rivista di diritto processuale,* tr. it. de Mauro Cappelletti, 1957. p. 64-66.

[8] CALAMANDREI, Piero. Anche i giudici sono uomini. *Il Ponte,* n. 10, 1956.

[9] Primeiramente publicado no periódico CIPRIANI, Franco. Come si attacano gli intocabili. *Il Ponte,* n. 3, 1992. p. 90 e ss.; e, agora, na coletânea CIPRIANI, Franco. *Piero Calamandrei e la procedura civile.* 2. ed. Napoli: ESI, 2009. p. 277 ss.

[10] CIPRIANI, Franco. Come si attacano gli intocabili. *Il Ponte,* n. 3, 1992. p. 283.

Saliente-se que a versão de Cipriani foi rebatida, até com veemência, por dois ex-alunos de Calamandrei. Paolo Barile e Alessandro Galante Garrone tentaram suavizar o intento do autor do *Elogio*; enquanto o primeiro afirmou que Cipriani entreviu um pensamento "maligno", incompatível com a ética de Calamandrei,[11] Garrone asseverou que Cipriani não entendera o sentido do livro, e, daí, a sua "extravagante interpretação".[12] O certo é que ambos preferem argumentar que o *Elogio* contém apenas uma sátira bem-humorada da justiça italiana...[13]

Seja como for, a despeito das opiniões polarizadas, todo esse profícuo debate bem desvela a privilegiada inteligência de Calamandrei ao escrever um livro, sobre tema delicadíssimo, que, a par de desafiar a curiosidade dos operadores do direito, admitiu e tem admitido múltiplas interpretações, sem melindrar quem quer que seja!

A rigor, uma verdadeira homenagem à Magistratura de todos os tempos!

Referências

CALAMANDREI, Piero. Anche i giudici sono uomini. *Il Ponte*, n. 10, 1956.

CIPRIANI, Franco. Come si attacano gli intocabili. *Il Ponte*, n. 3, 1992.

CIPRIANI, Franco. L'Elogio di Calamandrei tra canzonatura e piaggeria. *In*: CIPRIANI, Franco. *Piero Calamandrei e la procedura civile*. 2. ed. Napoli: ESI, 2009.

COUTURE, Eduardo J. Due libri in uno. *Rivista di diritto processuale*, tr. it. de Mauro Cappelletti, 1957.

GARRONE, Alessandro Galante. Calamandrei e l'Elogio dei giudici: ieri e oggi. *In*: ACCADEMIA NAZ. DEI LINCEI (Org.). *Giornata lincea in ricordo di Piero Calamandrei*. Roma: Accademia Naz. dei Lincei, 1993.

Informação bibliográfica deste texto, conforme a NBR 6023:2018 da Associação Brasileira de Normas Técnicas (ABNT):

TUCCI, José Rogério Cruz e. O Elogio de Piero Calamandrei como uma perene homenagem aos juízes de todas as épocas. *In*: MORAES, Alexandre de; MENDONÇA, André Luiz de Almeida (Coord.). *Democracia e sistema de justiça*: obra em homenagem aos 10 anos do Ministro Dias Toffoli no Supremo Tribunal Federal. Belo Horizonte: Fórum, 2020. p. 337-341. ISBN 978-85-450-0718-0.

---

[11] Barile, em nota de pé de página na publicação do artigo de CIPRIANI, Franco. Come si attacano gli intocabili. *Il Ponte*, n. 3, 1992. p. 277.

[12] GARRONE, Alessandro Galante. Calamandrei e l'Elogio dei giudici: ieri e oggi. *In*: ACCADEMIA NAZ. DEI LINCEI (Org.). *Giornata lincea in ricordo di Piero Calamandrei*. Roma: Accademia Naz. dei Lincei, 1993. p. 15 e ss.

[13] V., com detalhes, CIPRIANI, Franco. L'Elogio di Calamandrei tra canzonatura e piaggeria. *In*: CIPRIANI, Franco. *Piero Calamandrei e la procedura civile*. 2. ed. Napoli: ESI, 2009. p. 290 e ss.

A SOLUÇÃO CONSENSUAL DO INTERESSE PÚBLICO

KAZUO WATANABE

DALDICE SANTANA

BRUNO TAKAHASHI

Introdução

A busca da pacificação social não deve ser pensada como mera resolução de conflitos de maneira estanque, nem isolada ou unidirecional, mas como forma de alterar comportamentos, ser transformativa e multifacetada.[1] Assim, o tratamento dos conflitos não deve se limitar à decisão adjudicada do juiz, cabendo notar que, em certas circunstâncias, pode ser mais adequado o uso de outros mecanismos (como a mediação, a conciliação ou a arbitragem), inclusive aqueles desenvolvidos por entidades públicas não pertencentes ao Poder Judiciário. Esse raciocínio contempla a ideia de atualização do conceito de acesso à justiça, qual seja, de acesso à ordem jurídica justa, que não se concretiza com o simples ingresso aos órgãos judiciais.[2]

Nesse contexto, destaca-se a atuação do Ministro Dias Toffoli em prol da consensualidade. De fato, por ocasião de sua gestão como Advogado-Geral da União, foi editado o Ato Regimental AGU nº 5, de 27.9.2007, por meio do qual foi criada a Câmara de Conciliação e Arbitragem da Administração Federal (CCAF), com atribuição expressa para buscar a conciliação entre órgãos e entidades da Administração Federal (art. 17, III, do Ato Regimental).[3]

---

[1] Sobre a visão transformativa do conflito, *vide* LEDERACH, John Paul. *Transformação de conflitos*. Tradução de Tônia Von Acker. São Paulo: Palas Athena, 2012. De acordo com Lederach: "Transformação de conflitos é visualizar e reagir às enchentes e vazantes do conflito social como oportunidades vivificantes de criar processos de mudança construtivos, que reduzam a violência e aumentem a justiça nas interações diretas e nas estruturas sociais, e que respondam aos problemas da vida real dos relacionamentos humanos" (LEDERACH, John Paul. *Transformação de conflitos*. Tradução de Tônia Von Acker. São Paulo: Palas Athena, 2012. p. 27).

[2] Sobre o conceito de acesso à justiça como acesso à ordem jurídica justa, *vide*, em especial: WATANABE, Kazuo. Acesso à ordem jurídica justa: conceito atualizado de acesso à justiça, processos coletivos e outros estudos. Belo Horizonte: Del Rey, 2019, especialmente Parte I, p. 3-125.

[3] Para mais detalhes sobre a atuação da CCAF, *vide*, entre outros: COSTA, Helena Dias Leão. Os meios alternativos na solução de conflitos e a experiência da Câmara de Conciliação e Arbitragem da Administração Federal –

Frequentemente, a CCAF é apontada como exemplo de que a Administração Pública pode valer-se de meios consensuais extrajudicialmente, contribuindo, assim, para a mudança do paradigma da cultura da sentença ou, como o Ministro Dias Toffoli costuma mencionar, para a superação da cultura do trânsito em julgado.

Paralelamente a essa iniciativa exitosa, todavia, o que se nota é que o uso de meios consensuais nas demandas do Poder Público ainda não atingiu todo o seu potencial. Este artigo pretende contribuir para que isso ocorra, a partir do enfrentamento da questão do que se convencionou chamar de indisponibilidade do interesse público. Para tanto, o interesse público é relacionado com o dever da Administração de tratar seus conflitos (não necessariamente pela via da sentença judicial), bem como com a necessidade de que a busca pelo interesse público não seja mitigada pelo temor da responsabilização funcional do agente administrativo.[4]

1 O dever da Administração de solucionar seus conflitos

Em conformidade com o §6º do art. 37 da Constituição Federal, as "pessoas jurídicas de direito público e as de direito privado prestadoras de serviços públicos responderão pelos danos que seus agentes, nessa qualidade, causarem a terceiros, assegurado o direito de regresso contra o responsável nos casos de dolo ou culpa". Esse dispositivo deixa evidente que, uma vez definida a sua responsabilidade pelo dano causado, o Poder Público tem o dever de solucionar os conflitos de que faça parte, independentemente de autorização superior ou de qualquer ordem judicial. Se a Administração tem certeza da sua responsabilidade, o importante é possuir critérios para solucionar o conflito.

Esse dever está adstrito aos princípios previstos no *caput* do mesmo art. 37, quais sejam, a legalidade, a impessoalidade, a moralidade, a publicidade e a eficiência. Observa-se, assim, que não há menção da forma ou do mecanismo a ser utilizado pela Administração na solução de conflitos, a significar que o tratamento não necessariamente deve decorrer de decisão adjudicatória. Em especial, há diversos casos em que os princípios constitucionais, sobretudo o da eficiência, recomendam a utilização dos meios consensuais.[5]

CCAF. *In*: GABBAY, Daniela Monteiro; TAKAHASHI, Bruno (Coord.). *Justiça Federal*: inovações nos mecanismos consensuais de solução de conflitos. Brasília: Gazeta Jurídica, 2014. p. 599-620; DI SALVO, Sílvia Helena Picarelli Gonçalves Johnsom. *Mediação na Administração Pública brasileira*: o desenho institucional e procedimental. São Paulo: Almedina, 2018.

[4] Algumas das ideias apresentadas neste trabalho foram desenvolvidas anteriormente em: TAKAHASHI, Bruno. *Desequilíbrio de poder e conciliação*: o papel do terceiro facilitador em conflitos previdenciários. Brasília: Gazeta Jurídica, 2016, especialmente p. 60-68; SANTANA, Daldice; TAKAHASHI, Bruno. O papel do Tribunal de Contas da União na institucionalização dos meios consensuais e a responsabilização pessoal do Advogado Público. *Cadernos FGV Projetos – Solução de Conflitos*, Rio de Janeiro, p. 50-61, abr./maio 2017; e SANTANA, Daldice; TAKAHASHI, Bruno; GABBAY, Daniela Monteiro; ASPERTI, Maria Cecília de Araujo. *Manual de mediação e conciliação na Justiça Federal*. Brasília: Conselho da Justiça Federal, 2019.

[5] A propósito, cabe notar que até mesmo na desapropriação, na qual a Administração Pública exerce com maior força o seu poder de império, há a previsão da solução consensual, por meio da chamada "desapropriação amigável", que já estava prevista no Decreto-Lei nº 3.365/1941. Essa previsão pode ser vista, ainda, como uma forma de mitigar o desequilíbrio de poder entre o ente desapropriante e o desapropriado, permitindo que o particular seja ouvido durante o procedimento.

Não custa lembrar ainda de que o próprio preâmbulo da Constituição se refere ao povo brasileiro como uma "sociedade fraterna, pluralista e sem preconceitos, fundada na harmonia social e comprometida, na ordem interna e internacional, com a solução pacífica das controvérsias". Além disso, a construção de uma sociedade livre, justa e solidária é um dos objetivos fundamentais da República Federativa do Brasil (art. 3º, I). Nas suas relações internacionais, o país rege-se pela solução pacífica dos conflitos (art. 4º, VII), não existindo motivos para que seja diferente no âmbito interno ou, ainda, para que haja distinção entre as relações públicas e privadas.

Nesse contexto, a possibilidade de uso de meios consensuais pela Administração Pública decorre da própria Constituição Federal, o que indica, a rigor, não ser necessária a edição de lei para dar concretude ao comando constitucional, ainda que, como será visto adiante, seja importante a fixação de parâmetros objetivos para guiar a conduta dos agentes públicos.

Essa linha de raciocínio está de acordo com as tendências atuais do direito administrativo de valorizar as decisões tomadas em bases consensuais. Juli Ponce Solé,[6] por exemplo, ressalta que, nos anos 1990, o paradigma se modificou, consolidando-se, em especial na Europa, o entendimento de que a legitimidade da atuação pública está fundada na qualidade da interação entre os diferentes níveis de governo, e entre esses e as organizações sociais e a sociedade civil. Diante da crescente complexidade e fragmentação, o foco se move para um paradigma em construção que traz uma forma de governar mais cooperativa, de acordo com a qual instituições públicas e privadas, e respectivos atores, participam e cooperam na formulação e na aplicação das políticas públicas, em uma atuação em rede. De decisões unilaterais há uma transição para fórmulas baseadas na persuasão e na negociação; de uma direção hierárquica, para fórmulas baseadas na coordenação e na cooperação.

Sabe-se que a Administração Pública sempre se utilizou de formas consensuais, como faz, por exemplo, quando realiza contratações com os particulares para compra de bens ou realização de serviços. A mudança reside em inserir a consensualidade em campos antes ocupados, sobretudo, pela imperatividade. É por isso que se passa a falar em administrar por contrato, administrar por acordos, Administração paritária e, mais recentemente, Administração consensual.[7]

O que importa observar, então, é que, nos tempos atuais, a consensualidade ganha maior espaço na atuação administrativa, o que, logicamente, abrange também os conflitos em que a Administração esteja envolvida. Desse modo, litigar não é o único verbo aplicável à conduta do Poder Público, a quem cabe também conjugar outros verbos como dialogar, negociar e conciliar. E para conversar não é preciso ter lei.

2 A pretensa indisponibilidade do interesse público

Consoante o paradigma atual, é necessário enfatizar que não há incompatibilidade entre o uso dos meios consensuais pela Administração e a preservação do interesse

---

[6] PONCE SOLÉ, Juli. Procedimiento administrativo, globalización y buena administración. *In*: PONCE SOLÉ, Juli (Coord.). *Derecho administrativo global*: organización, procedimiento, control judicial. Madrid; Barcelona; Buenos Aires: Marcial Pons; Inap, 2010. p. 96.

[7] As expressões são enumeradas em: OLIVEIRA, Gustavo Justino. *Contrato de gestão*. São Paulo: Revista dos Tribunais, 2008. p. 33.

público. Quando se fala de indisponibilidade do interesse público, há, na realidade, certa confusão entre os conceitos de interesse público e de direito indisponível.

O conceito de interesse público é altamente indeterminado. Nesse sentido, a afirmação de que a Administração deve buscar o interesse público torna-se uma obviedade caso não se identifique qual será, na situação concreta, a escolha que permitirá o atingimento desse objetivo. Em razão disso, Gustavo Binenbojm[8] defende a alteração do paradigma da supremacia do interesse público pelo dever de proporcionalidade, ressaltando que, dependendo das circunstâncias, certas exigências, como a preservação de direitos fundamentais, levam à defesa do interesse do particular sobre o da coletividade. Não haveria, assim, prevalência, em princípio, do coletivo sobre o individual ou do estatal sobre o particular. A depender do caso analisado e do correlato dever de proporcionalidade, a escolha por quaisquer desses interesses pode representar a preservação do interesse público.

Nessa linha de raciocínio, cogita-se que o interesse individual do cidadão pode consubstanciar o interesse público, por exemplo, quando se tem como objetivo a prevalência da dignidade da pessoa humana (art. 1º, III, da CF). Assim, o uso de recursos estatais para o amparo de vítimas de enchente em uma favela não pode ser visto como contrário ao interesse público, ainda que, no caso, haja a disposição gratuita de bens pela Administração.

Se o interesse público não é um conceito dado, mas algo construído, ganha especial relevância a participação do cidadão na definição da própria escolha a ser realizada. Tal afirmação é compatível com a valorização da consensualidade administrativa exposta anteriormente. Assim, conforme ensina Carlos Alberto de Salles:[9]

> A consideração contextualizada do interesse público abre espaço para negociação e para a solução consensual de controvérsias, compondo interesses públicos e particulares. Com efeito, considerado o interesse público no contexto de objetivos normativos específicos, é necessário admitir a existência de uma gama de possibilidades lícitas e viáveis para o seu atingimento.

Salles também enfatiza que interesse público e indisponibilidade possuem conceitos que não se confundem. Isso porque a preservação do interesse público pode implicar disponibilidade (e não indisponibilidade), como no caso de a Administração conceder benefício assistencial sem contrapartida imediata alguma. O que existe, então, é a vinculação ao interesse público e não a sua indisponibilidade.[10]

A propósito, entende-se que até bens considerados indisponíveis por sua própria natureza podem envolver aspectos em que são possíveis soluções consensuais. Tome-se o exemplo do meio ambiente. É possível ver o direito ambiental sobre diversos ângulos visuais, quer seja aquele que dá maior destaque à vida humana (concepção antropocêntrica), quer seja o que defende a tutela do meio ambiente em si mesma e não em função do homem (concepção ecocêntrica), quer seja ainda o que propõe o

---

[8] BINENBOJM, Gustavo. Da supremacia do interesse público ao dever de proporcionalidade: um novo paradigma para o direito administrativo. *In*: SARMENTO, Daniel (Org.). *Interesses públicos versus interesses privados*: desconstruindo o princípio de supremacia do interesse público. Rio de Janeiro: Lumen Juris, 2005. p. 117-169.

[9] SALLES, Carlos Alberto de. *Arbitragem em contratos administrativos*. Rio de Janeiro: Forense, 2011. p. 129.

[10] SALLES, Carlos Alberto de. *Arbitragem em contratos administrativos*. Rio de Janeiro: Forense, 2011. p. 288-295.

acolhimento concomitante das duas visões contrapostas, com maior ênfase para uma ou outra (concepção policêntrica ou cosmocêntrica).[11]

Note-se que mesmo na concepção ecocêntrica é possível vislumbrar aspectos da tutela ambiental passíveis de solução consensual. Se ocorre a contaminação de um lençol freático, o método a ser utilizado entre os vários disponíveis pode ser escolhido consensualmente, ainda que se tome como premissa que o fundamental é preservar o meio ambiente acima de tudo. Isso sem falar nas possibilidades de acordo quanto ao prazo ou à forma de pagamento de possível indenização por dano ambiental.

Ademais, na sociedade de risco em que vivemos, não se pode eliminar totalmente a ameaça ao meio ambiente, sob pena de se travar por completo o desenvolvimento tecnológico e econômico. Seguindo, então, a concepção policêntrica, não se busca o retorno das condições ambientais a tempos imemoriais nem, pelo contrário, admite-se a devastação sem limites da natureza pelo homem. O que importa é ponderar, no caso concreto, quais são os riscos toleráveis. Essa ponderação, mais uma vez, envolve a definição de qual o interesse público a ser protegido na específica situação apresentada. Isso abre espaço, novamente, para soluções consensuais.

No mesmo sentido dos ensinamentos doutrinários acima referidos, saliente-se que o Supremo Tribunal Federal, no julgamento do Recurso Extraordinário nº 253.885, realizado em 4.6.2002, entendeu ser possível a transação com o Poder Público.[12] Do voto condutor da relatora, Ministra Ellen Gracie, destaca-se o argumento de que "há casos em que o princípio da indisponibilidade do interesse público deve ser atenuado, mormente se tem em vista que a solução adotada pela Administração é a que melhor atenderá à ultimação desse interesse".

Por sua vez, no plano normativo, destaca-se que o §6º do art. 5º da Lei nº 7.347/1985 (Lei da Ação Civil Pública), inserido pela Lei nº 8.078/1990 (Código de Defesa do Consumidor), prevê a possibilidade de os órgãos públicos legitimados para a ação tomarem termo de ajustamento de conduta dos interessados. Além disso, é importante destacar o art. 3º, *caput*, da Lei nº 13.140/2015 (Lei de Mediação), segundo o qual "pode ser objeto de mediação o conflito que verse sobre direitos disponíveis ou sobre direitos indisponíveis que admitam transação". Dessa maneira, atualmente, o ordenamento jurídico brasileiro possui norma específica na qual consta de maneira expressa que a indisponibilidade do direito – como seria o caso de direitos relacionados ao interesse público – não necessariamente implica impossibilidade de transação.

---

[11] Para o detalhamento das três concepções apresentadas, bem como para a relação da tutela ambiental com a sociedade de risco, *vide*: WATANABE, Kazuo. Princípio in dubio pro natura – Ônus da prova. *In*: WATANABE, Kazuo. *Acesso à ordem jurídica justa*: conceito atualizado de acesso à justiça, processos coletivos e outros estudos. Belo Horizonte: Del Rey, 2019. p. 347-353.

[12] O acórdão foi ementado da seguinte forma: "Poder Público. Transação. Validade. Em regra, os bens e o interesse público são indisponíveis, porque pertencem à coletividade. É, por isso, que o Administrador, mero gestor da coisa pública, não tem disponibilidade sobre os interesses confiados à sua guarda e realização. Todavia, há casos em que o princípio da indisponibilidade do interesse público deve ser atenuado, mormente quando se tem em vista que a solução adotada pela Administração é a que melhor atenderá à ultimação deste interesse. Assim, tendo o acórdão recorrido concluído pela não onerosidade do acordo celebrado, decidir de forma diversa implicaria o reexame da matéria fático-probatória, o que é vedado nesta instância recursal (Súm. 279/STF). Recurso extraordinário não conhecido (RE 253885, Relator(a): Min. ELLEN GRACIE, Primeira Turma, julgado em 04/06/2002, DJ 21-06-2002 PP-00118 EMENT VOL-02074-04 PP-00796)".

3 A responsabilidade da autoridade administrativa pela preservação do interesse público

Nesse contexto, existem fortes argumentos doutrinários, normativos e jurisprudenciais para que a ideia de indisponibilidade do interesse público não seja um obstáculo para o uso dos mecanismos consensuais pela Administração Pública. Apesar disso, observa-se que esses mecanismos ainda não são tão utilizados pelo Poder Público quanto poderiam ser.

Em geral, agentes administrativos, sobretudo advogados públicos, justificam esse cenário como decorrência do temor da responsabilização funcional. Sem a garantia de que eventual acordo será chancelado pelos superiores hierárquicos ou pelos órgãos de controle externo (especialmente tribunais de contas), o advogado público não se sente confortável para celebrar acordos.

O art. 40 da Lei de Mediação traz relevante previsão para a diminuição do temor da responsabilização, ao assim dispor:

> Art. 40. Os servidores e empregados públicos que participarem do processo de composição extrajudicial do conflito, somente poderão ser responsabilizados civil, administrativa ou criminalmente quando, mediante dolo ou fraude, receberem qualquer vantagem patrimonial indevida, permitirem ou facilitarem sua recepção por terceiro, ou para tal concorrerem.

Seria igualmente defensável aplicar esse dispositivo à composição judicial, até porque o juiz, na homologação, não se limita a agir como simples carimbador do acordo produzido pelas partes, sem juízo crítico algum sobre o que está chancelando. O juiz, ao homologar o acordo que lhe é apresentado, exerce cognição judicial. Desse modo, o acordo homologado judicialmente reforça a presunção de que os envolvidos, incluindo os agentes públicos, agiram na medida de suas atribuições.

Há quem proponha também a inversão do paradigma de atuação do agente público. Em vez de se exigir justificativa para realizar acordo em determinado caso, alguns sugerem que se passe a obrigar o agente a esclarecer o motivo pelo qual não buscou a solução consensual.

Nesse sentido, por exemplo, é o teor do Enunciado nº 74 da I Jornada Prevenção e Solução Extrajudicial de Conflitos, promovida pelo Conselho da Justiça Federal nos dias 22 e 23.8.2016:

> Havendo autorização legal para a utilização de métodos adequados de solução de controvérsias envolvendo órgãos, entidades ou pessoas jurídicas da Administração Pública, o agente público deverá: (i) analisar a admissibilidade de eventual pedido de resolução consensual do conflito; e (ii) justificar por escrito, com base em critérios objetivos, a decisão de rejeitar a proposta de acordo.

Opções dessa natureza, embora possam servir como eficazes indutores de comportamento, não necessariamente vão reduzir o temor da responsabilização funcional, que talvez apenas seja alargado: o agente público, antes com receio de ser punido por fazer um acordo, passaria também a se preocupar com a sanção em caso de não chegar ao consenso.

Em especial, nota-se um aspecto que se refere ao temor da responsabilização funcional e que está diretamente relacionado à questão da indisponibilidade do interesse público. Como salientado nos itens anteriores, atualmente é firme o posicionamento de que o interesse público não necessariamente impede a disponibilidade de bens e direitos, o que, como regra, permite o uso de meios consensuais no âmbito da Administração. Se é assim, seria de se esperar que o agente público não temesse a responsabilização, desde que sua atuação estivesse fundamentada na preservação do interesse público.

Mesmo diante desse quadro, o receio de responsabilização continua sendo citado como óbice ao incremento das práticas consensuais com a Administração. O elemento principal, então, parece estar não propriamente na indisponibilidade do interesse público, mas sim na determinação de quais são e de quem traça os limites do que seja ou não indisponível. Diante de limites incertos, há o receio de se fazer acordos.

Por isso, defende-se que a questão da responsabilização funcional passa pela definição de qual é e de quem decide o interesse público. Desse modo, as propostas de aprimoramento da consensualidade administrativa dividem-se em dois grandes grupos: estabelecimento de parâmetros objetivos de atuação e empoderamento dos agentes públicos para a realização de acordos.

3.1 Qual é o interesse público?

Embora não haja necessidade de lei para que a Administração Pública faça acordos, é importante que existam parâmetros objetivos acerca dos limites e das possibilidades da solução consensual servindo como guia de conduta para aqueles que agem em nome do Estado. Isso confere segurança jurídica para todos, inclusive aos cidadãos.

Por um lado, reduz-se o risco da responsabilização funcional do agente público que assina o acordo. De fato, se o agente simplesmente seguiu os critérios expressamente adotados pela própria Administração, sua discricionariedade é quase nula. Responsabilizá-lo, então, seria o mesmo que punir indevidamente alguém por dar cumprimento à norma.

Por outro lado, evita-se o risco inverso de que a possibilidade de transigir gere decisões demasiadamente subjetivas por parte das autoridades administrativas, em prejuízo do princípio da impessoalidade que também comanda a atuação do Poder Público (art. 37, *caput*, da CF). Para garantir soluções isonômicas entre os administrados em situações idênticas, o estabelecimento de parâmetros objetivos acerca do interesse público também se mostra muito relevante.

Cabe frisar que a Lei de Mediação, ao prever a possibilidade de transação por adesão com a Administração Pública Federal direta, suas autarquias e fundações, estabelece que essa forma de resolução terá efeitos gerais e será aplicada aos casos idênticos (art. 35, §3º). Também são válidas as edições de súmulas administrativas, pareceres vinculantes ou atos normativos diversos que indiquem os casos em que a Administração pode ou não conciliar. Alguns entes públicos já adotam listas de temas passíveis de solução consensual. Nesse sentido, a Resolução da Procuradoria-Geral do Estado de São Paulo nº 26/2018 sistematiza as hipóteses em que pode ser frutífera a participação da Fazenda do Estado em audiência de conciliação. Por sua vez, a Lei Estadual nº 23.172/2018, de Minas Gerais, especifica os casos em que a Advocacia-Geral do Estado está autorizada a não ajuizar, a contestar ou a desistir de ação em curso, bem como a não interpor recurso ou a desistir de recurso que tenha sido interposto.

Do mesmo modo, não se descarta a possibilidade de fixação de balizas pelo Poder Judiciário. Isso poderia ser feito não apenas por meio de precedentes judiciais, mas também mediante criativas formas de gerenciamento de processos. Assim, por exemplo, por volta da década de 1970, juízes das antigas varas dos feitos da Fazenda Municipal de São Paulo instituíram em conjunto uma "comissão de peritos" para realizar um estudo prévio dos imóveis a serem desapropriados, objetivando padronizar os valores médios por segmento do terreno. A fixação das faixas de valores permitiu que o ente público se valesse dos parâmetros na esfera administrativa, promovendo a solução consensual em muitos casos, sem a necessidade de judicialização.

À vista disso, há diversas formas de se estabelecer critérios objetivos para o acordo, seja por meio de lei ou de ato normativo infralegal, seja por meio de decisões judiciais. Cada problema pode sugerir determinado modo de estabelecimento dos parâmetros. Para casos de maior repercussão e/ou em que haja potencial de repetição, por exemplo, seria recomendável que houvesse a previsão da existência de órgão colegiado inserido na estrutura administrativa para avaliar os conflitos, o que garantiria tanto a uniformidade de tratamento como a diluição da responsabilidade funcional entre mais agentes. Todavia, além da definição de orientações objetivas quanto ao conteúdo, é preciso deixar explícito quem pode firmar o acordo.

3.2 Quem decide em nome da Administração?

De fato, é necessário estabelecer claramente quais são os agentes públicos que podem falar em nome da Administração e, assim, decidir validamente qual seria o interesse público no caso concreto. Se o agente tiver segurança de que a escolha pela solução que entende ser a mais adequada ao interesse público insere-se em suas funções, o seu receio de ser responsabilizado será menor.

Em particular, o receio de responsabilização funcional é citado como obstáculo à consensualidade pelos advogados públicos em relação aos casos já judicializados. Isso porque, em tais situações, normalmente há uma distinção entre o agente que praticou o ato contestado judicialmente e o agente responsável por defendê-lo em juízo. Sendo responsável pela defesa judicial, por vezes o advogado público possui receio de transigir a respeito de um ato que não praticou.

No entanto, é preciso reconhecer a importância constitucionalmente atribuída ao advogado público. Como afirma Bruno Lopes Megna, "na atual estrutura constitucional e legal, o ato do Advogado Público é ato do próprio Estado, sem que isso desnature sua qualidade de Advogado".[13] Ao praticarem ato do próprio Estado, os advogados públicos agem, portanto, como a própria Administração. Não se trata, então, de transigir sobre ato alheio. Trata-se, tão somente, de dar voz à Administração que se mostra presente pelo conjunto de seus agentes.

---

[13] MEGNA, Bruno Lopes. A Administração Pública e os meios consensuais de solução de conflitos ou "enfrentando o Leviatã nos novos mares da consensualidade". *Revista da Procuradoria-Geral do Estado de São Paulo*, n. 82, jul./dez. 2015. p. 16.

Por sua vez, o art. 26 da Lei de Introdução às Normas do Direito Brasileiro (LINDB), inserido pela Lei nº 13.655/2018,[14] trouxe o que Sérgio Guerra e Juliana Bonacorsi de Palma chamam de "permissivo genérico à celebração de acordos pela Administração Pública".[15] Esses autores afirmam ainda que referido dispositivo indica que o compromisso pode ser celebrado por qualquer "autoridade administrativa", "possivelmente para evitar debates sobre a capacidade jurídica de órgão, destituído de natureza administrativa, celebrar acordos".[16]

Em relação ao tema ora analisado, entende-se que a menção ampla à "autoridade administrativa" feita pelo art. 26 da LINDB permite a inclusão do advogado público. Com isso, o permissivo genérico à consensualidade administrativa abrange também a atuação esperada do advogado público.

De todo modo, ao se delimitar quem é o agente competente para decidir – inclusive de forma consensual – acerca do interesse público, mitiga-se o receio da responsabilização funcional. Isso indica que, embora sejam de suma importância previsões normativas como a do art. 40 da Lei de Mediação, não basta isentar genericamente os agentes públicos que participarem do processo de composição consensual, sem esclarecer qual é o agente público apto a transigir em nome do Estado. Também é importante tornar explícito que mais de um agente público pode ser competente para transigir, e que não necessariamente aquele que editou o ato ou firmou o contrato deva ser o mesmo que tenha poderes para realizar acordos em nome da Administração.

Em outras palavras, diante do papel do advogado público, constitucionalmente delineado nos arts. 131 e 132 da Constituição Federal, não é imprescindível que haja ato normativo para conceder a ele o poder de decidir sobre o interesse público quando legitimamente participar de um processo consensual. Todavia, essa previsão é recomendável para que, diante de premissas objetivas e gerais, o temor da responsabilização funcional, frequentemente invocado por integrantes da categoria, seja mitigado.

Nesse aspecto, merece destaque o art. 4º-A da Lei nº 9.469/1997, incluído pela Lei nº 12.249/2010, segundo o qual, no caso de termo de ajustamento de conduta para prevenir ou terminar litígios, nas hipóteses que envolvam interesse público da União ou de suas autarquias e fundações, ainda que seja possível solicitar manifestação de órgãos e entidades públicas federais acerca da viabilidade técnica, operacional e financeira das obrigações a serem assumidas, a decisão final quanto à celebração do termo é do Advogado-Geral da União (art. 4º-A, *caput* e parágrafo único).

Do mesmo modo, na regulamentação do art. 26 da LINDB, restou expresso que, se o compromisso depender de autorização do Advogado-Geral da União e de Ministro de Estado, a decisão final quanto à celebração do compromisso será do Advogado-

---

[14] O *caput* do art. 26 possui a seguinte redação: "Art. 26. Para eliminar irregularidade, incerteza jurídica ou situação contenciosa na aplicação do direito público, inclusive no caso de expedição de licença, a autoridade administrativa poderá, após oitiva do órgão jurídico e, quando for o caso, após realização de consulta pública, e presentes razões de relevante interesse geral, celebrar compromisso com os interessados, observada a legislação aplicável, o qual só produzirá efeitos a partir de sua publicação oficial".

[15] GUERRA, Sérgio; PALMA, Juliana Bonacorsi de. Art. 26 da LINDB – Novo regime jurídico de negociação com a Administração Pública. *Revista de Direito Administrativo*, p. 135-169, nov. 2018. Edição Especial – Direito Público na Lei de Introdução às Normas do Direito Brasileiro, especialmente p. 146-148

[16] GUERRA, Sérgio; PALMA, Juliana Bonacorsi de. Art. 26 da LINDB – Novo regime jurídico de negociação com a Administração Pública. *Revista de Direito Administrativo*, p. 135-169, nov. 2018. Edição Especial – Direito Público na Lei de Introdução às Normas do Direito Brasileiro. p. 149.

Geral da União, nos mesmos termos do disposto no parágrafo único do art. 4º-A da Lei nº 9.469/1997 (art. 10, §§5º e 6º, do Decreto nº 9.830/2019).

Assim, não basta falar que não há indisponibilidade do interesse público ou que a autoridade administrativa não precisa ter receio de ser responsabilizada por eventual acordo firmado. É necessário estabelecer qual é a autoridade administrativa que pode falar e agir em nome da Administração no caso concreto.

Na busca de critérios objetivos e uniformes, com definição acerca de quem é o agente competente, pode-se também avançar para soluções amplas e gerais que vão muito além dos conflitos judicializados. Assim como um acidente tem o potencial de alterar o comportamento futuro do causador do dano, os protocolos de conduta da Administração podem ser alterados a partir da visão transformadora dos conflitos de que seja parte.

Isso leva à ideia de transformação dos conflitos com a Administração Pública. Nessa perspectiva, o conflito não é visto como algo negativo a ser eliminado, mas como uma oportunidade de mudança positiva da realidade. Segundo John Paul Lederach, a transformação do conflito envolve o engajamento em esforços de mudança construtiva que não apenas incluem a resolução de problemas específicos e pontuais, mas vão além disso.[17] Em geral, os conflitos com a Administração são tratados apenas como casos específicos a serem eliminados. Com o aprimoramento do uso dos meios consensuais com o Poder Público, vislumbra-se a possibilidade de os episódios conflituosos servirem como oportunidade de alteração do comportamento estrutural da Administração. Com isso, o erro passado pode levar ao acerto futuro. A solução consensual do interesse público, ao buscar resolver conflitos atuais, pode levar à prevenção de problemas futuros. E a prevenção dos conflitos é a forma mais eficiente para a atuação da Administração.

Conclusão

Neste artigo, buscou-se contribuir para o debate acerca do uso dos meios consensuais pelo Poder Público. Destacou-se que o interesse público não necessariamente implica indisponibilidade de bens e direitos. Interesse público não é algo dado, mas construído. Em tempos de valorização da consensualidade administrativa, o diálogo entre cidadão e Poder Público mostra-se de suma importância. O dever da Administração em tratar seus conflitos não descarta, mas induz à busca pelo consenso.

No entanto, para que seja ampliado o uso de tais mecanismos, é necessário enfrentar a questão do temor da responsabilização funcional. Para tanto, é importante que haja a fixação de parâmetros para a definição do interesse público e de quem é o agente administrativo competente para firmar acordos em nome da Administração. Se o problema não está mais na indisponibilidade do interesse público, é necessário saber quem estabelece os limites da disponibilidade. Do mesmo modo, é importante haver critérios objetivos que deem segurança tanto para o agente público como para o cidadão, privilegiando a isonomia. Soluções isonômicas contribuem, ainda, para mudanças de protocolos de conduta que, assim, caminham no sentido da transformação – e não simplesmente da resolução – de novos conflitos.

---

[17] LEDERACH, John Paul. *Transformação de conflitos*. Tradução de Tônia Von Acker. São Paulo: Palas Athena, 2012. p. 17.

Referências

BINENBOJM, Gustavo. Da supremacia do interesse público ao dever de proporcionalidade: um novo paradigma para o direito administrativo. *In*: SARMENTO, Daniel (Org.). *Interesses públicos versus interesses privados*: desconstruindo o princípio de supremacia do interesse público. Rio de Janeiro: Lumen Juris, 2005.

COSTA, Helena Dias Leão. Os meios alternativos na solução de conflitos e a experiência da Câmara de Conciliação e Arbitragem da Administração Federal – CCAF. *In*: GABBAY, Daniela Monteiro; TAKAHASHI, Bruno (Coord.). *Justiça Federal*: inovações nos mecanismos consensuais de solução de conflitos. Brasília: Gazeta Jurídica, 2014.

DI SALVO, Sílvia Helena Picarelli Gonçalves Johonsom. *Mediação na Administração Pública brasileira*: o desenho institucional e procedimental. São Paulo: Almedina, 2018.

GUERRA, Sérgio; PALMA, Juliana Bonacorsi de. Art. 26 da LINDB – Novo regime jurídico de negociação com a Administração Pública. *Revista de Direito Administrativo*, p. 135-169, nov. 2018. Edição Especial – Direito Público na Lei de Introdução às Normas do Direito Brasileiro.

LEDERACH, John Paul. *Transformação de conflitos*. Tradução de Tônia Von Acker. São Paulo: Palas Athena, 2012.

MEGNA, Bruno Lopes. A Administração Pública e os meios consensuais de solução de conflitos ou "enfrentando o Leviatã nos novos mares da consensualidade". *Revista da Procuradoria-Geral do Estado de São Paulo*, n. 82, jul./dez. 2015.

OLIVEIRA, Gustavo Justino. *Contrato de gestão*. São Paulo: Revista dos Tribunais, 2008.

PONCE SOLÉ, Juli. Procedimiento administrativo, globalización y buena administración. *In*: PONCE SOLÉ, Juli (Coord.). *Derecho administrativo global*: organización, procedimiento, control judicial. Madrid; Barcelona; Buenos Aires: Marcial Pons; Inap, 2010.

SALLES, Carlos Alberto de. *Arbitragem em contratos administrativos*. Rio de Janeiro: Forense, 2011.

SANTANA, Daldice; TAKAHASHI, Bruno. O papel do Tribunal de Contas da União na institucionalização dos meios consensuais e a responsabilização pessoal do Advogado Público. *Cadernos FGV Projetos – Solução de Conflitos*, Rio de Janeiro, p. 50-61, abr./maio 2017.

SANTANA, Daldice; TAKAHASHI, Bruno; GABBAY, Daniela Monteiro; ASPERTI, Maria Cecília de Araujo. *Manual de mediação e conciliação na Justiça Federal*. Brasília: Conselho da Justiça Federal, 2019.

TAKAHASHI, Bruno. *Desequilíbrio de poder e conciliação*: o papel do terceiro facilitador em conflitos previdenciários. Brasília: Gazeta Jurídica, 2016.

WATANABE, Kazuo. *Acesso à ordem jurídica justa*: conceito atualizado de acesso à justiça, processos coletivos e outros estudos. Belo Horizonte: Del Rey, 2019.

WATANABE, Kazuo. Princípio in dubio pro natura – Ônus da prova. *In*: WATANABE, Kazuo. *Acesso à ordem jurídica justa*: conceito atualizado de acesso à justiça, processos coletivos e outros estudos. Belo Horizonte: Del Rey, 2019.

Informação bibliográfica deste texto, conforme a NBR 6023:2018 da Associação Brasileira de Normas Técnicas (ABNT):

WATANABE, Kazuo; SANTANA, Daldice; TAKAHASHI, Bruno. A solução consensual do interesse público. *In*: MORAES, Alexandre de; MENDONÇA, André Luiz de Almeida (Coord.). *Democracia e sistema de justiça*: obra em homenagem aos 10 anos do Ministro Dias Toffoli no Supremo Tribunal Federal. Belo Horizonte: Fórum, 2020. p. 343-353. ISBN 978-85-450-0718-0.

A IMPORTÂNCIA DA JUSTIÇA ELEITORAL NA SOCIEDADE CONTEMPORÂNEA[1]

LUIS FELIPE SALOMÃO

1 Introdução

O texto tem por objetivo destacar a importância da Justiça Eleitoral no Brasil, após quase nove décadas de sua implantação.

Na verdade, o papel do Poder Judiciário, como responsável pela maior parte dos trabalhos eleitorais, vem sendo desenhado desde o Império e ganha força no século XX.

Assim é que, em 1881, a Lei Saraiva delegou o alistamento de eleitores à magistratura, e, em 1916, a Lei nº 3.139 tornou responsabilidade do Poder Judiciário o preparo do alistamento eleitoral.

No entanto, somente após a denominada "Revolução de 1930" – cuja principal reivindicação era justamente a necessidade de eleições limpas –, foi instituído, em 24.2.1932, o primeiro Código Eleitoral brasileiro (Decreto nº 21.076), marcando a fundação da Justiça Eleitoral, sendo criado, concomitantemente, o Tribunal Superior Eleitoral, na época denominado Tribunal Superior de Justiça Eleitoral, cuja instalação foi presidida pelo Ministro Hermenegildo de Barros, primeiro presidente, em 20 de maio do mesmo ano. O Código Eleitoral estabeleceu que a Justiça Eleitoral iria cuidar de todos os trabalhos relacionados ao escrutínio: alistamento, organização das mesas de votação, apuração dos votos, reconhecimento e proclamação dos eleitos, bem como julgamento de questões que envolviam matéria eleitoral.

Contudo, cinco anos depois, a Constituição do Estado Novo extinguiu a Justiça Eleitoral e atribuiu à União, privativamente, o poder de legislar sobre matéria eleitoral.

O Tribunal Superior Eleitoral (TSE) só foi restabelecido em 28.5.1945, pelo Decreto-Lei nº 7.586/1945. No dia 1º de junho do mesmo ano, o Tribunal foi instalado no Palácio Monroe, no Rio de Janeiro, sob a presidência do Ministro José Linhares. Um ano depois, a sede da instituição foi transferida para a Rua 1º de Março, ainda no Rio de Janeiro.

---

[1] Escrito com a colaboração e a pesquisa do servidor Gabriel de Fassio Paulo.

Em abril de 1960, em virtude da mudança da capital federal, o TSE foi instalado em Brasília, em um dos edifícios da Esplanada dos Ministérios. Onze anos depois (1971), a sede do Tribunal foi transferida para a Praça dos Tribunais Superiores. No dia 15.12.2011, foi inaugurada a nova sede do TSE.

A curva da Justiça Eleitoral, desde o início, é ascendente, considerada célere[2] e confiável,[3] guardiã do processo democrático em nosso país, realizadora da maior eleição digital do mundo.

2 Principais casos julgados pelo TSE – Um pouco da história

A primeira grande questão decidida pelo TSE foi quanto à redução da idade para o exercício do direito de voto, de 21 anos – conforme estabelecia o art. 2º do Código Eleitoral – para 18 anos. O Tribunal, por unanimidade, entendeu que eventual redução da idade mínima para o alistamento eleitoral não deveria ser aplicável apenas aos estudantes, mas a todos os maiores de 18 anos que reunissem os demais requisitos determinados pela legislação (Processo nº 351/DF).

É interessante notar que, já em 1934, o Tribunal discutiu, para o pleito presidencial daquele ano, pela primeira vez, o desenvolvimento de tecnologia para auxiliar a coleta e a totalização de votos, mas os ministros entenderam que não cabia à Corte Superior adotar medidas para a aquisição de máquinas de votar, devendo apenas atestar a eficiência e a garantia de qualquer sistema que se pretendesse utilizar nas eleições (parecer aprovado na sessão de 10.5.1937 e publicado no *Boletim Eleitoral*, n. 52, de 15.5.1937).

Também merece destaque a decisão do TSE que cancelou o registro do PCB, materializada pela Res.-TSE nº 1.841, de 7.5.1947. Com efeito, após as denúncias de que o partido teria caráter ditatorial e internacionalista, bem como outras alegadas violações a princípios democráticos e direitos fundamentais, instaurou-se, no TSE, o Processo nº 411/DF, que culminou com o cancelamento do registro partidário.

Sobreveio a Lei nº 1.164/50, que instituiu o Código Eleitoral, fruto da necessidade de alinhar o processo eleitoral com os preceitos da Constituição de 1946. A nova codificação foi pioneira na criminalização de condutas atinentes à propaganda eleitoral.

Em 1950, Getúlio Vargas foi eleito o novo presidente da República, com 48% dos votos válidos. Logo após a eleição, a UDN e alguns jornais iniciaram campanha que tentou impedir a posse, sob o argumento de que somente poderia ser empossado o candidato eleito com o voto da maioria do eleitorado, isto é, metade mais um. Assim, como Getúlio Vargas não havia atingido tal percentual, não poderia ser diplomado e empossado. A questão foi debatida pelo TSE, nos autos da AEP nº 26/DF, tendo o relator, Ministro Machado Guimarães Filho, sustentado que o princípio majoritário, fundamental nas democracias, comportava também a maioria relativa, obtida pelo candidato mais votado em relação aos demais. Tal modelo, adotado no sistema anglo-saxão, seria o mais adequado às eleições diretas, ao passo que o modelo baseado na maioria absoluta seria mais próprio das eleições indiretas, tese acolhida pelo TSE.

---

[2] CNJ. *Justiça em números 2017* – Ano base 2016. Brasília, CNJ, 2017. Disponível em: http://www.cnj.jus.br/files/conteudo/arquivo/2017/12/b60a659e5d5cb79337945c1dd137496c.pdf.

[3] GRAU de confiança nas instituições. *Datafolha*, São Paulo, 8 jun. 2018. Disponível em: http://media.folha.uol.com.br/datafolha/2018/06/15/e262facbdfa832a4b9d2d92594ba36eeci.pdf.

LUIS FELIPE SALOMÃO
A IMPORTÂNCIA DA JUSTIÇA ELEITORAL NA SOCIEDADE CONTEMPORÂNEA

Sob a presidência do Ministro Luiz Gallotti (de 6.9.1955 a 22.1.1957), foi examinada a Cta nº 487/DF, tendo os ministros revelado a vocação do Tribunal para a vanguarda, ao decidirem pela possibilidade do uso de qualquer instrumento material que facilitasse aos deficientes visuais o exercício do voto, desde que não implicasse quebra do sigilo.

Em 1957, ocorreu julgamento que se tornou referência na definição de domicílio eleitoral. De fato, na apreciação do REsp nº 1.310/PE, o TSE asseverou que o domicílio eleitoral não era regulado pelo Código Civil, mas sim pelo Código Eleitoral, que considera domicílio eleitoral qualquer dos lugares de residência ou moradia do alistando.

Em 1980, o TSE cancelou o registro dos dois únicos partidos de representação política do regime militar – Arena e MDB –, encerrando, assim, o sistema político bipartidário no Brasil e iniciando o pluripartidarismo, presente nos dias de hoje (Res.-TSE nº 10.786, de 15.2.1980).

Ainda na década de 80, a Corte Superior Eleitoral examinou um dos temas de maior destaque, qual seja a fidelidade partidária. O TSE esclareceu que o princípio da fidelidade partidária não era aplicável ao Colégio Eleitoral, isto é, um partido político não poderia editar diretriz partidária que obrigasse parlamentar a ele filiado, membro do Colégio Eleitoral, a votar em favor do candidato registrado pela agremiação, em decorrência da liberdade de sufrágio, interpretação fundamental para o resultado do pleito de 1985, última eleição indireta para a Presidência da República, em que se sagrou vencedor Tancredo Neves, dando início, posteriormente, ao processo de redemocratização do país (Processo – Consulta nº 6.988/DF, cujo exame resultou na Res.-TSE nº 12.017, de 27.11.1984).

Posteriormente (1989), quando a população brasileira voltou às urnas para escolher, por meio do voto direto, os seus representantes, a Justiça Eleitoral enfrentou uma das primeiras contendas na ainda incipiente democracia brasileira. O apresentador de TV e proprietário do Sistema Brasileiro de Televisão (SBT), Silvio Santos, lançou-se candidato à Presidência da República apenas 15 dias antes da realização do primeiro turno, após a renúncia dos candidatos do PMB. No julgamento do processo, o TSE declarou, incidentalmente, extintos os efeitos do registro provisório do PMB, situação que criou óbice à candidatura do apresentador, já que a caducidade do registro provisório acarretava a incapacidade jurídica eleitoral do partido para indicar candidatos (Processo – RCPr nº 31/DF, de 9.11.1989).

Nos idos de 1990, o TSE orientou os Tribunais Regionais a promover o acesso de eleitores com deficiência às seções de votação. Destacou-se, também, a consolidação da tese de que os votos em branco deveriam ser computados para efeito de cálculo do quociente eleitoral (Res.-TSE nº 16.719, de 2.8.1990, oriunda do PA nº 11.272/DF; e ED-REsp nº 9.270/MT, de 19.12.1990).

A partir de então, iniciada a utilização das urnas eletrônicas sob a presidência dos Ministros Sepúlveda Pertence (1993) e Carlos Velloso (1994),[4] surgem tantos outros fatos relevantes e históricos julgados ou organizados pela Justiça Eleitoral, como: i) a delimitação do alcance da autonomia dos partidos políticos (REsp nº 9.467/RS, *DJ* de 21.5.1992 e REsp nº 9.511/RS, *DJ* de 10.3.1992); ii) a organização e a viabilização do

---

[4] TRIBUNAL SUPERIOR ELEITORAL. *Livro Digital Presidentes*: Tribunal Superior Eleitoral, 2017 a 1932. Brasília: TSE, 2017. Disponível em: http://www.tse.jus.br/hotsites/catalogo-publicacoes/pdf/livro-presidentes-2017-1932. pdf. Acesso em: 31 jul. 2019.

plebiscito para a escolha da forma de governo e do sistema de governo (consulta pública determinada pelo art. 2º do ADCT, que originou a Res.-TSE nº 18.923, de 16.2.1993, com resultado homologado em 3.5.1993, data de julgamento do PA nº 57/DF); iii) a ausência de necessidade de desincompatibilização dos titulares dos poderes executivos federal, estadual, municipal ou distrital para disputarem a reeleição, por não lhes ser aplicável a Lei de Inelegibilidade quando prevê prazo de desincompatibilização (Res.-TSE nº 19.952, de 2.9.1997); iv) a proibição de inclusão, nos programas de propaganda política gratuita, de pessoas que não fossem os próprios candidatos, a fim de zelar pela igualdade entre os concorrentes, impedindo o abuso do poder econômico ou que o eleitor se deixasse influenciar, na hora do voto, pela associação de candidatos a artistas ou a outras personalidades (Res.-TSE nº 13.057 e Res.-TSE nº 13.058, ambas de 10.9.1986); v) a implantação do processamento eletrônico de dados no alistamento eleitoral, com a adoção de número único, nacional, no registro do título de eleitor (Lei nº 7.444/1985, regulamentada pela Justiça Eleitoral por meio da Res.-TSE nº 12.547, de 28 de fevereiro de 1986); vi) o reconhecimento do direito ao voto dado aos analfabetos (Lei nº 7.444/1985, regulamentada pela Justiça Eleitoral por meio da Res.-TSE nº 12.547, de 28.2.1986 – para dar cumprimento à nova lei, o TSE supervisionou e orientou o recadastramento, em todo o território nacional, de 69,3 milhões de eleitores, no período de 15.4 a 6.8.1986, com a inclusão, nessa revisão do eleitorado, dos analfabetos, que, por 104 anos, não tiveram o direito de votar, suprimido desde a Lei Saraiva, Decreto nº 3.029 de 1881); vii) a verticalização das coligações, tendo a Corte Superior Eleitoral afirmado que, se os partidos se coligassem na disputa para eleição presidencial, não poderiam fazê-lo, nas demais esferas, com outras agremiações políticas excluídas da aliança para a corrida presidencial (Cta nº 715/DF, *DJ* de 15.3.2002); viii) a faculdade de alistamento do menor que viesse a completar 16 anos até a data das eleições, com a ressalva de que o título emitido nessas condições somente surtiria outros efeitos com o implemento da idade (Pet nº 14.371/ES, *DJ* de 30.5.1994); ix) a realização do referendo sobre a comercialização de armas de fogo e munição no país (entre outras providências tomadas pelo TSE para viabilizar a chancela pública, a Res.-TSE nº 22.033, de 4.8.2005, dispôs sobre a realização de propaganda nos meios de comunicação, regulamentando as inserções diárias e a propaganda eleitoral gratuita para a divulgação das teses a favor e contra o desarmamento); x) a aplicação da Lei da Ficha Limpa, com o desiderato de tornar mais rígidos os critérios de inelegibilidade para os candidatos (Cta nº 112.026/DF, *DJ* de 30.9.2010, apesar do posterior julgamento, em março de 2011, do RE nº 633.703/MG, quando o STF entendeu de maneira diversa do TSE, concluindo pela inaplicabilidade da LC nº 135/2010 às eleições gerais de 2010); xi) a possibilidade de divulgação da propaganda eleitoral pela internet (Lei nº 12.034/2009, que demandou a atenção do TSE em diversos julgamentos, como no caso da Rp nº 361.895/DF, em outubro de 2010, tendo a Corte concluído pela possibilidade jurídica do exercício do direito de resposta em razão de mensagem postada em microblogue).

Especialmente marcante a gestão do homenageado deste livro, Ministro Dias Toffoli, à frente do TSE, quando encaminhou, em junho de 2015, proposta para a criação do Registro Civil Nacional (RCN), resultando posteriormente na edição da Lei nº 13.444, de 11.5.2017.

Também foi em sua gestão implantado o Processo Judicial Eletrônico (PJe) e o Sistema Eletrônico de Informações (SEI) na Justiça Eleitoral.

Assim como, por meio da Resolução nº 23.444/2015, aprovada por unanimidade pelo Plenário do TSE, tornou obrigatória e periódica a realização do Teste Público de Segurança do Sistema Eletrônico de Votação e Apuração.

No âmbito criminal, relevante assinalar, ainda, que o Supremo Tribunal Federal reiterou a tese no sentido de que a Justiça Eleitoral deve exercer a jurisdição penal se o delito for conexo com crimes eleitorais (AgReg no Inquérito nº 4.435/DF, acórdão publicado no *DJ* de 22.3.2019).

De fato, nota-se que a própria Constituição Federal de 1988, em seu art. 109, IV, já prevê a competência da Justiça Federal, discriminando, ao final, as exceções, isto é, a competência da Justiça Militar e da *Justiça Eleitoral*.[5]

Por sua vez, o Código Eleitoral, no art. 35, II, ressalta que compete aos juízes eleitorais processar e julgar os crimes eleitorais e os comuns que lhe forem conexos, ressalvada a competência originária do Tribunal Superior e dos tribunais regionais.

Observa-se que, também no âmbito do Tribunal Superior Eleitoral, há precedentes em idêntico sentido, perfilhando a tese de que compete à Justiça Eleitoral processar e julgar os crimes eleitorais e os comuns que lhes forem conexos. Confira-se o HC nº 325/SP, lavrado no Tribunal Superior Eleitoral, de relatoria do em. Ministro Nilson Naves, publicado no *Diário de Justiça*, em 12.6.1998. Em idêntico sentido, a demonstrar a perenidade de tal entendimento no âmbito da Corte Superior Eleitoral, assesta-se o HC nº 060434813/RJ, publicado em 12.9.2018, relatado pelo em. Ministro Jorge Mussi.

3 Os novos desafios da Justiça Eleitoral

Nas palavras de Ulrich Beck, a sociedade de classes foi, paulatinamente, substituída pela sociedade de risco, sobrelevando novos conflitos distributivos, derivados, sobretudo, da escassez, a uma seara em que a distribuição e a produção social tornaram-se mais complexas, com ênfase na distribuição e na produção social de riscos.[6]

Em um mundo globalizado, emergem a fluidez e a efemeridade das relações. A modernidade líquida,[7] expressão cunhada pelo sociólogo polonês Zygmunt Bauman para designar o tempo presente, é veloz, dinâmica, caracterizando-se por um mundo repleto de sinais confusos, propenso a mudar com rapidez e de modo imprevisível.

Assim, a sociedade contemporânea apresenta-se com o traço característico da informação, em que o papel informativo ressai como fonte preponderante de ciência e comunicação dos fatores sociais.

É fácil perceber, nessa esteira, a proliferação de conflitos de interesses cada vez mais numerosos e complexos, a exigir a atuação efetiva do direito, como ordenador de interesses, no sentido de promover a pacificação social.[8]

---

[5] Outrossim, penso que a polêmica em torno de qual o órgão jurisdicional que exerce esta competência específica e especializada não tem razão de ser. A leitura do art. 118, combinada com a dos arts. 119 e 120, §1º, I, "b", e II, bem como com a do art. 121, §1º, todos da Constituição da República, deixa evidente, a meu juízo, que a designação "Juízes de Direito" se refere exclusivamente aos "Juízes Estaduais".

[6] BECK, Ulrich. *Sociedade de risco*: rumo a uma outra modernidade. Tradução de Sebastião Nascimento. São Paulo: Editora 34, 2010. p. 23.

[7] BAUMAN, Zygmunt. *Modernidade líquida*. Rio de Janeiro: Jorge Zahar, 2001.

[8] DÍEZ-PICAZO, Luis. *Fundamentos del derecho civil patrimonial*. 6. ed. Madri: Civitas, 2007. p. 45.

Com efeito, a complexidade sociológica contemporânea caminha com o amparo da tecnologia avançada, sem desvirtuar-se, contudo, da criatividade e do empreendedorismo, de modo a intervir nos processos de descobertas científicas e nas aplicações sociais.

Na clássica lição de Manuel Castells, é claro que a tecnologia não determina a sociedade, nem a sociedade escreve o curso da transformação tecnológica.[9] Em verdade, muitos fatores, inclusive a criatividade e a iniciativa empreendedora, intervêm no processo de descoberta científica, inovação tecnológica e aplicações sociais, de modo que o resultado final depende de um complexo padrão interativo. Como conclui Castells, o dilema do determinismo tecnológico é, provavelmente, um problema infundado, dado que a tecnologia é a sociedade, e a sociedade não pode ser entendida ou representada sem suas ferramentas tecnológicas.

No campo da Justiça Eleitoral, exsurge o escopo de pacificar os conflitos sociais que determinam os rumos políticos da nação, com relevo na pluralização do processo democrático.

No sistema eleitoral brasileiro, todos os cidadãos têm o mesmo valor, bem como, no processo eleitoral, idêntico peso político, dispondo do direito de votar e ser votado, por meio de voto unipessoal, único e secreto, o que cristaliza o princípio democrático, cabendo à Justiça Eleitoral garantir essa igualdade.

Nesse contexto, sobretudo no campo da propaganda eleitoral,[10] é possível constatar os singulares contornos impressos à matéria na sociedade contemporânea, que merecem novel olhar da Justiça Eleitoral, capaz de enfrentar a atual complexidade, notadamente diante das novas tecnologias de comunicação de massa, desbordantes da tradicional propaganda em rádio e televisão.

A propaganda eleitoral, com efeito, desempenha papel preponderante, seja como garantia da liberdade de expressão e pensamento, seja como instrumento eficaz e de maior grau de abrangência com que os partidos políticos contam para propagar propostas e ideias, objetivando a conquista de votos dos eleitores.

Induvidosamente, como afirma Karl Loewenstein, é notória a utilização, na propaganda política, de instrumentos que provocam efeitos emocionais, substituindo os argumentos racionais que levariam à persuasão, passando o discurso da propaganda política a ser dirigido por profissionais da formação de opinião pública,[11] processo que ganha intensidade com a utilização massiva da internet para veicular conteúdos propagandísticos durante as campanhas eleitorais.

De fato, muito embora a internet seja considerada um ambiente livre e democrático, sobretudo após a popularização das redes sociais, trata-se também de ambiente sujeito à influência do poder econômico, dominado por diversos grupos empresariais não necessariamente democráticos.

Como ressalta Felipe Terra Mendonça, passado o *deslumbramento* inicial das redes sociais com o "fórum público", por excelência, sonhado pelos defensores da democracia

---

9   CASTELLS, Manuel. *A sociedade em rede*. Tradução de Roneide Venancio Majer com a colaboração de Klauss Brandini Gerhardt. 14. reimpr. São Paulo: Paz e Terra, 2011. v. I. p. 43.

10 A Portaria TSE nº 762, de 27.8.2018, designou-me para exercer, a partir de 30.8.2018, as funções de juiz auxiliar previstas no art. 96, §3º, da Lei nº 9.504/1997.

11 LOEWENSTEIN, Karl. *Teoría de la Constitución*. Tradução de Alfredo Gallego Anabitarte. 2. ed. Barcelona: Ariel, 1976. p. 415.

deliberativa, hoje é sabido que mesmo essas regras estão sujeitas a intervenções diretas, comprometendo o real acesso do usuário a determinados conteúdos ou privilegiando outros.[12]

Nesse cenário, ademais, surgem as *notícias falsas*. O dicionário em inglês da editora britânica Collins elege todo ano, tradicionalmente, a nova palavra mais significativa do período, e, em 2017, foi o termo *"fake news"* ou "notícia falsa". Em tradução livre, o prestigioso dicionário o conceituou como: "falso, muitas vezes sensacional, informação disseminada sob o disfarce de notícias".

Importante esclarecer que, quando se invoca o termo em seu sentido atual, não se fala de opiniões ou interpretações, mas de relatos de fatos. É a disseminação, pela internet, pelas redes sociais ou por qualquer outro meio, de informações falsas e de teor sensacionalista.

Em sociedades baseadas na troca de informações e na comunicação sustentada por tecnologias de ponta, que se autorreplicam e formatam todos os setores da vida econômica, política, na educação e na cultura, os interesses estratégicos estão vinculados às possibilidades, tecnologicamente facilitadas, de "tornar-comum" o conteúdo veiculado, ou seja, difundi-lo em um universo amplo de pessoas, num movimento que cria oportunidades para o vulgar, o falso e o sensacionalista.

Observa-se que tal propagação de notícias falsas atinge não apenas o interesse particular de determinado candidato, partido ou coligação, mas os próprios valores democráticos, notadamente ante a real possibilidade de influenciar o soberano direito ao voto.

Com efeito, parece claro que a primeira forma de combate às denominadas *fake news*, na era da pós-verdade, é a produção, por jornalistas, de conteúdo profundo, denso, ultraespecializado e de alta credibilidade, distribuído em qualquer formato e a qualquer momento, mas sempre com seu certificado de origem para atestar que a reportagem e suas informações "não fazem parte de uma fábrica de ilusão".

Além do mais, penso que qualquer atitude só será mesmo eficiente se a ação for rápida e também atacar as vantagens financeiras de tais comportamentos.

Veja-se que a matéria concernente às notícias falsas foi objeto de inúmeras decisões proferidas pelo TSE.

Na Representação nº 0601775-65.2018.6.00.0000, em que figurava como representante o Partido Socialismo e Liberdade (PSOL) e representado, o Whatsapp Inc, o ministro relator, Luiz Edson Fachin, em decisão proferida em 21.10.2018 (publicada no *DJ* em 31.10.2018), apontou:

> não há dúvidas de que a Corte Eleitoral tem um papel importante no acompanhamento das informações veiculadas durante o processo eleitoral pelos candidatos e partidos políticos, particularmente no que tange às chamadas '"fake News". É certo, ainda, que o controle feito pelo Tribunal Superior Eleitoral também abarca o meio em que as informações são veiculadas.

---

[12] TERRA, Felipe Mendonça. *Campanhas políticas, liberdade de expressão e democracia*: o caso das propagandas eleitorais antecipada e negativa. Rio de Janeiro: Lumen Juris, 2018. p. 286.

E complementou:

> É preciso reconhecer que a obrigação da Corte Eleitoral não deve ser a de indicar qual é o conteúdo verdadeiro, nem tutelar, de forma paternalista, a livre escolha do cidadão. Em uma sociedade democrática, são os cidadãos os primeiros responsáveis pela participação honesta e transparente no espaço público. A Justiça Eleitoral não deve, portanto, atrair para si a função de "fact-checking" ou ainda realizar um controle excessivo [...].

Outrossim, na Representação nº 0600546-70.2018.6.00.0000, ofertada pelo partido Rede Sustentabilidade (Rede) contra Facebook Serviços Online do Brasil Ltda., o então relator, Ministro Sérgio Banhos, em decisão proferida em 7.6.2018 (publicada no *DJ* em 8.6.2018), bem elucidou:

> Na pauta do mundo contemporâneo, há um compromisso inescapável: garantir que o processo eleitoral transcorra de modo regular, observadas as balizas constitucionais, para que as candidaturas efetivamente legítimas sejam as escolhidas nas eleições de 2018.
>
> Tal desiderato é ainda mais importante nos tempos de hoje, em que as mídias sociais multiplicaram a velocidade da comunicação. Qualquer informação sem fundamento pode ser desastrosa. O uso da Internet como arma de manipulação do processo eleitoral dá vez à utilização sem limites das chamadas *fake news*.
>
> A prática das *fake news* não é recente. É estratégia eleitoral antiga daqueles que fazem política. Como a recepção de conteúdos pelos seres humanos é seletiva e a desinformação reverbera mais que a verdade, o uso de *fake news* é antigo e eficaz mecanismo para elevar o alcance da informação e, como consequência, enfraquecer candidaturas.
>
> A significativa diferença no mundo contemporâneo é que, com as redes sociais, a disseminação dessa informação maliciosa passou a ser mais rápida, mais fácil, mais barata e em escala exponencial.

Ainda, decisão por mim proferida em 7.12.2018 (publicada no *DJ* em 9.12.2018), lavrada nos autos da Representação nº 0601693-34.2018.6.00.0000, em que foi observada a responsabilidade dos provedores na remoção dos conteúdos inverídicos:

> Com efeito, os provedores de aplicação de Internet – a exemplo do Twitter – possuem papel relevante na remoção de conteúdos postados que violem regras eleitorais ou ofendam direitos personalíssimos das pessoas que participam do processo eleitoral. A remoção de conteúdo pode se dar, inclusive, espontaneamente, por iniciativa do próprio provedor, quando identificada alguma violação aos termos de uso ou à política da plataforma. Nas demais hipóteses, a obrigação deve ser imposta ao provedor mediante ordem judicial, assegurada a liberdade de expressão, a fim de impedir a censura.

Nesse diapasão, o Tribunal Superior Eleitoral, no âmbito do seu poder regulamentar, inaugurou passo precípuo para tentar inibir a disseminação de conteúdos que possam violar as regras eleitorais ou ofender os direitos dos participantes do processo eleitoral.

Com a edição da Resolução nº 23.551/18, o TSE incluiu a possibilidade de remoção de conteúdo da internet. O próprio art. 33 da referida resolução estabelece que as ordens judiciais de remoção de conteúdo divulgado serão limitadas às hipóteses em que, mediante decisão fundamentada, sejam constatadas violações às regras eleitorais ou ofensas a direitos de pessoas que participam do processo eleitoral, baseando-se na premissa de que a atuação da Justiça Eleitoral deve ser realizada com a menor interferência possível no debate democrático.

No futuro, a maior parte do debate eleitoral vai ser realizado fundamentalmente em rede social.

Será preciso balancear a atuação da Justiça Eleitoral, pois a natureza da rede social se autorregula. Ao analisar a propaganda eleitoral, penso que compete ao juiz manter a igualdade do pleito e o nível do debate, mas não deve ele se arvorar a dizer o que é falso ou verdadeiro. Quando se começa a limitar demasiadamente o debate na mídia social, a consequência é o cerceamento da própria democracia.

Esses são apenas alguns dos novos desafios aos quais a Justiça Eleitoral não se eximirá de enfrentar, com o evidente perfil democrático que a caracteriza, adaptando-se aos novos tempos em prol da segurança jurídica exigida por uma complexa sociedade contemporânea.

Referências

BAUMAN, Zygmunt. *Modernidade líquida*. Rio de Janeiro: Jorge Zahar, 2001.

BECK, Ulrich. *Sociedade de risco*: rumo a uma outra modernidade. Tradução de Sebastião Nascimento. São Paulo: Editora 34, 2010.

CASTELLS, Manuel. *A sociedade em rede*. Tradução de Roneide Venancio Majer com a colaboração de Klauss Brandini Gerhardt. 14. reimpr. São Paulo: Paz e Terra, 2011. v. I.

CNJ. *Justiça em números 2017* – Ano base 2016. Brasília, CNJ, 2017. Disponível em: http://www.cnj.jus.br/files/conteudo/arquivo/2017/12/b60a659e5d5cb79337945c1dd137496c.pdf.

DÍEZ-PICAZO, Luis. *Fundamentos del derecho civil patrimonial*. 6. ed. Madri: Civitas, 2007.

GRAU de confiança nas instituições. *Datafolha*, São Paulo, 8 jun. 2018. Disponível em: http://media.folha.uol.com.br/datafolha/2018/06/15/e262facbdfa832a4b9d2d92594ba36eeci.pdf.

LOEWENSTEIN, Karl. *Teoría de la Constitución*. Tradução de Alfredo Gallego Anabitarte. 2. ed. Barcelona: Ariel, 1976.

TERRA, Felipe Mendonça. *Campanhas políticas, liberdade de expressão e democracia*: o caso das propagandas eleitorais antecipada e negativa. Rio de Janeiro: Lumen Juris, 2018.

TRIBUNAL SUPERIOR ELEITORAL. *Livro Digital Presidentes*: Tribunal Superior Eleitoral, 2017 a 1932. Brasília: TSE, 2017. Disponível em: http://www.tse.jus.br/hotsites/catalogo-publicacoes/pdf/livro-presidentes-2017-1932.pdf. Acesso em: 31 jul. 2019.

Informação bibliográfica deste texto, conforme a NBR 6023:2018 da Associação Brasileira de Normas Técnicas (ABNT):

SALOMÃO, Luis Felipe. A importância da Justiça Eleitoral na sociedade contemporânea. *In*: MORAES, Alexandre de; MENDONÇA, André Luiz de Almeida (Coord.). *Democracia e sistema de justiça*: obra em homenagem aos 10 anos do Ministro Dias Toffoli no Supremo Tribunal Federal. Belo Horizonte: Fórum, 2020. p. 355-363. ISBN 978-85-450-0718-0.

OS TRÊS PAPÉIS DESEMPENHADOS PELAS SUPREMAS CORTES NAS DEMOCRACIAS CONSTITUCIONAIS CONTEMPORÂNEAS

LUÍS ROBERTO BARROSO

Nota prévia

Transcrevo aqui, na homenagem aos dez anos de judicatura do Ministro Dias Toffoli, alguns trechos da saudação que fiz a ele por ocasião de sua posse na presidência do Supremo Tribunal Federal:

> Toffoli e eu fazemos parte da geração que lutou pela transição democrática brasileira. E, assim, sabemos bem que democracia não significa um regime de consensos, mas um modo de convivência em que as divergências são absorvidas de maneira civilizada e institucional. No mundo que ambos trabalhamos para consolidar, pessoas que eventualmente pensem de forma diferente não são inimigas, mas parceiras na construção de uma sociedade aberta e plural. Ressalto esse ponto porque Toffoli e eu, em algumas ocasiões, tivemos visões diferentes dos caminhos a seguir. Esse fato, todavia, jamais diminuiu o respeito e consideração que temos um pelo outro, nem tampouco meu apreço pela maneira autêntica e leal com que sempre se comporta. Somos, assim, amigos afetuosos. E eu considero a afetividade uma das forças mais poderosas do universo. [...]

> Como Advogado-Geral da União ou como Ministro do Supremo, Dias Toffoli atuou, com proficiência e descortínio, em casos emblemáticos, que incluíram: (i) a defesa de cotas para afrodescendentes; (ii) a demarcação de terras indígenas e de quilombos; (iii) a defesa das pesquisas com células-tronco embrionárias; e (iv) o direito dos transgêneros à alteração do prenome e de sua classificação de gênero no registro civil. No difícil embate que se trava no país contra a impunidade – que teve nesta Corte avanços e retrocessos –, foi seu o *leading case* sobre colaborações premiadas, que considerou, acertadamente, como negócios jurídicos vinculantes entre acusação e defesa, conferindo segurança jurídica aos interessados em colaborar com a justiça. Também coube a ele, em caso que evidenciava as deficiências do sistema penal, pôr fim à farra de recursos procrastinatórios e determinar a execução imediata de vetusta condenação, prestes a prescrever. Foi de sua relatoria, igualmente, decisão que vedou, no âmbito do Sistema Único de Saúde, tratamento diferenciado a pacientes que pagassem para terem atendimento melhor. [...]

A esse propósito, o Ministro Dias Toffoli professa uma crença importante – e que, penso, todos nós aqui compartilhamos: a de que numa democracia, política é gênero de primeira necessidade. O mundo e o Brasil viveram experiências devastadoras com tentativas de governar sem política, substituída por regimes militares, tecnocratas e polícia ideológica. Por isso mesmo, é preciso restituir à política o papel central que lhe cabe em uma democracia, com representatividade, credibilidade e identificação com o interesse público. A agenda inacabada do Brasil inclui a continuidade da reforma política, que deve buscar três objetivos imprescindíveis: baratear o custo das eleições, aumentar a representatividade dos parlamentares e facilitar a governabilidade. É preciso admitir que o Supremo Tribunal carrega algumas culpas nessa matéria. Mas de nada adianta chorar o passado. A nação brasileira precisa se mobilizar e confiar no idealismo e nos compromissos de seus representantes com o país. Nesse tema, em relação ao qual estamos atrasados e com pressa, o Ministro Dias Toffoli defende a ideia de que o país deveria experimentar o sistema distrital misto, no modelo alemão, posição que tem a adesão de boa parte das lideranças do Congresso Nacional. Também aqui, nossas afinidades são plenas. [...]

Mas o Ministro Toffoli – assim como todos nós aqui –, faz parte de uma geração que venceu a ditadura, derrotou a hiperinflação e obteve vitórias expressivas sobre a pobreza extrema. Nenhuma batalha é invencível. A última causa que nos resta, antes de sairmos do caminho, é empurrar a corrupção para a margem da história. No meio da noite escura, já se avistam as primeiras luzes. A sociedade já mudou e deixou de aceitar o inaceitável. A iniciativa privada está mudando e todas as empresas relevantes deram ênfase ao setor de *compliance*. O Judiciário vai mudando aos poucos. E a política também vai mudar. É preciso ter fé, votar bem e cobrar. Queremos um país melhor e maior. [...]

Em suma, há uma Nova Ordem querendo nascer e uma Velha Ordem que resiste à mudança. A Nova Ordem pressupõe a substituição do pacto oligárquico por um pacto de integridade. Com ela virá o tempo em que não será mais legítima a apropriação privada do Estado e do espaço público. Para elevar o patamar civilizatório do Brasil, tudo o que precisamos são duas regras básicas: na ética pública, não desviar dinheiro; na ética privada, não passar os outros para trás. Essa será a grande revolução brasileira. Para realizá-la, precisamos de um choque de iluminismo, de idealismo e de pragmatismo. Iluminismo para que uma razão humanista e científica ajude no progresso social. Idealismo para sermos capazes de imaginar um país melhor e maior, apto a cumprir bem o seu destino. E pragmatismo para adotarmos linhas de ação baseadas na experiência e nos resultados, e não na retórica vazia que tantas vezes nos desviou na história. Com V. Exa. à frente do Poder Judiciário, Ministro Toffoli, tenho confiança que continuaremos essa transição do velho para o novo com seriedade, empenho e harmonia entre os Poderes.

1 Introdução

O presente texto é uma versão reduzida e adaptada de um texto mais amplo, intitulado *Contramajoritário, representativo e iluminista: o papel das Supremas Cortes e Tribunais Constitucionais nas democracias contemporâneas*, publicado no meu livro intitulado *Um outro país*, publicado no início de 2018.

2 Os papéis desempenhados pelas supremas cortes e tribunais constitucionais

A missão institucional das supremas cortes e tribunais constitucionais é fazer valer a Constituição diante de ameaças oferecidas pelos outros poderes ou mesmo por particulares. Na rotina da vida, a situação mais corriqueira se dá quando determinada lei, isto é, um ato do Poder Legislativo, é questionado em face do texto constitucional. Na maioria dos casos, ao exercer o controle de constitucionalidade, as cortes constitucionais mantêm a legislação impugnada, julgando improcedente o pedido. Isto se deve à primazia que a Constituição deu ao Legislativo para a tomada de decisões políticas e à deferência que os tribunais devem aos atos dos outros ramos do governo, em nome do princípio da separação de poderes. Como consequência, uma quantidade relativamente pequena de leis é declarada inconstitucional.

É oportuna aqui a observação de que nos Estados Unidos a *judicial review* é um conceito que, como regra geral, se restringe à possibilidade de uma corte de justiça, e particularmente a Suprema Corte, declarar uma lei (ou ato do Executivo) inconstitucional. Em outros países, sobretudo os de Constituições mais analíticas, como Alemanha, Itália, Espanha, Portugal e Brasil, a *jurisdição constitucional*, termo mais comumente utilizado, abriga um conceito mais abrangente, que inclui outros comportamentos dos tribunais, diferentes da pura invalidação de atos legislativos. Estas outras atuações alternativas dos tribunais podem incluir: (i) a aplicação direta da Constituição a determinadas situações, com atribuição de sentido a determinada cláusula constitucional;[1] (ii) a interpretação conforme a Constituição, técnica que importa na exclusão de determinado sentido possível de uma norma, porque incompatível com a Constituição, e na afirmação de uma interpretação alternativa, esta sim em harmonia com o texto constitucional;[2] e (iii) a criação temporária de normas para sanar hipóteses conhecidas como de *inconstitucionalidade por omissão*, que ocorrem quando determinada norma constitucional depende de regulamentação por lei, mas o Legislativo se queda inerte, deixando de editá-la.[3]

São três os papéis desempenhados pelas supremas cortes e tribunais constitucionais quando acolhem o pedido e interferem com atos praticados pelo Poder Legislativo. O primeiro deles é o papel *contramajoritário*, que constitui um dos temas mais estudados pela teoria constitucional dos diferentes países. Em segundo lugar, cortes constitucionais desempenham, por vezes, um papel *representativo*, atuação que é largamente ignorada pela doutrina em geral, que não parece ter se dado conta da sua existência. Por fim, e em terceiro lugar, supremas cortes e tribunais constitucionais podem exercer, em certos contextos limitados e específicos, um papel *iluminista*. Nos Estados Unidos, como a jurisdição constitucional é sempre vista em termos de *judicial review* (controle de constitucionalidade das leis), o acolhimento do pedido envolverá, como regra, a invalidação da norma e, consequentemente, de acordo com a terminologia usual, uma atuação contramajoritária. Como se verá um pouco mais à frente, este papel contramajoritário poderá – ou não – vir cumulado com uma dimensão representativa ou iluminista.

---

[1]   Por exemplo: a liberdade de expressão protege a divulgação de fatos verdadeiros, não podendo ser afastada pela invocação do chamado direito ao esquecimento.

[2]   Por exemplo: é legítima a reserva de vaga de um percentual de cargos públicos para negros, desde que sejam aprovados em concurso público, preenchendo os requisitos mínimos estabelecidos.

[3]   Por exemplo: até que o Congresso aprove lei disciplinando a greve de servidores públicos, como prevê a Constituição, será ela regida pela lei que disciplina a greve no setor privado.

2.1 O papel contramajoritário

Supremas cortes e tribunais constitucionais, na maior parte dos países democráticos, detêm o poder de controlar a constitucionalidade dos atos do Poder Legislativo (e do Executivo também), podendo invalidar normas aprovadas pelo Congresso ou Parlamento. Esta possibilidade, que já havia sido aventada nos *Federalist Papers* por Alexander Hamilton,[4] teve como primeiro marco jurisprudencial a decisão da Suprema Corte americana em *Marbury v. Madison*, julgado em 1803.[5] Isso significa que os juízes das cortes superiores, que jamais receberam um voto popular, podem sobrepor a sua interpretação da Constituição à que foi feita por agentes políticos investidos de mandato representativo e legitimidade democrática. A essa circunstância, que gera uma aparente incongruência no âmbito de um Estado democrático, a teoria constitucional deu o apelido de "dificuldade contramajoritária".[6]

A despeito de resistências teóricas pontuais,[7] esse papel contramajoritário do controle judicial de constitucionalidade tornou-se quase universalmente aceito. A legitimidade democrática da jurisdição constitucional tem sido assentada com base em dois fundamentos principais: a) a proteção dos direitos fundamentais, que correspondem ao mínimo ético e à reserva de justiça de uma comunidade política,[8] insuscetíveis de serem atropelados por deliberação política majoritária; e b) a proteção das regras do jogo democrático e dos canais de participação política de todos.[9] A maior parte dos países do mundo confere ao Judiciário e, mais particularmente, à sua suprema corte ou corte constitucional, o *status* de sentinela contra o risco da tirania das maiorias.[10] Evita-se, assim, que possam deturpar o processo democrático ou oprimir as minorias. Há razoável consenso, nos dias atuais, de que o conceito de democracia transcende a ideia de governo da maioria, exigindo a incorporação de outros valores fundamentais. A imagem frequentemente utilizada para justificar a legitimidade da jurisdição constitucional é extraída do Canto XIV da *Odisseia*, de Homero: para evitar a tentação do canto das sereias, que levava as embarcações a se chocarem contra os recifes, Ulysses mandou colocar cera nos ouvidos dos marinheiros que remavam e fez-se amarrar ao mastro da embarcação.[11] Sempre me fascinou o fato de que ele evitou o risco sem se privar do prazer.

---

[4] V. *Federalist* nº 78: "A constitution is, in fact, and must be regarded by the judges as, a fundamental law. It, therefore, belongs to them to ascertain its meaning, as well as the meaning of any particular act proceeding from the legislative body. If there should happen to be an irreconcilable variance between the two, that which has the superior obligation and validity ought, of course, to be preferred; or, in other words, the Constitution ought to be preferred to the statute, the intention of the people to the intention of their agents".

[5] 5 U.S. 137 (1803).

[6] A expressão se tornou clássica a partir da obra de Alexander Bickel, *The least dangerous branch*: the Supreme Court at the bar of politics, 1986, p. 16 e ss. A primeira edição do livro é de 1962.

[7] *E.g.*, Jeremy Waldron, The core of the case against judicial review. *The Yale Law Journal*, 115:1346, 2006; Mark Tushnet, Taking the Constitution away from the courts, 2000; e Larry Kramer, *The people themselves*: popular constitutionalism and judicial review, 2004.

[8] A equiparação entre direitos humanos e reserva mínima de justiça é feita por Robert Alexy em diversos de seus trabalhos. V., *e.g.*, *La institucionalización de la justicia*, 2005, p. 76.

[9] Para esta visão processualista do papel da jurisdição constitucional, v. John Hart Ely, *Democracy and distrust*, 1980.

[10] A expressão foi utilizada por John Stuart Mill, *On Liberty*, 1874, p. 13: "A tirania da maioria é agora geralmente incluída entre os males contra os quais a sociedade precisa ser protegida [...]".

[11] V., *e.g.*, John Elster, *Ulysses and the sirens*, 1979.

Um desses valores fundamentais é o direito de cada indivíduo a igual respeito e consideração,[12] isto é, a ser tratado com a mesma dignidade dos demais – o que inclui ter os seus interesses e opiniões levados em conta. A democracia, portanto, para além da dimensão procedimental de ser o governo da maioria, possui igualmente uma dimensão substantiva, que inclui igualdade, liberdade e justiça. É isso que a transforma, verdadeiramente, em um projeto coletivo de autogoverno, em que ninguém é deliberadamente deixado para trás. Mais do que o direito de participação igualitária, democracia significa que os vencidos no processo político, assim como os segmentos minoritários em geral, não estão desamparados e entregues à própria sorte. Justamente ao contrário, conservam a sua condição de membros igualmente dignos da comunidade política.[13] Em quase todo o mundo, o guardião dessas promessas[14] é a suprema corte ou o tribunal constitucional, por sua capacidade de ser um fórum de princípios –[15] isto é, de valores constitucionais, e não de política – e de razão pública – isto é, de argumentos que possam ser aceitos por todos os envolvidos no debate.[16] Seus membros não dependem do processo eleitoral e suas decisões têm de fornecer argumentos normativos e racionais que a suportem.

Este papel contramajoritário é normalmente exercido pelas supremas cortes com razoável parcimônia. De fato, nas situações em que não estejam em jogo direitos fundamentais e os pressupostos da democracia, a Corte deve ser deferente para com a liberdade de conformação do legislador e a razoável discricionariedade do administrador. Nos Estados Unidos, por exemplo, segundo dados de 2012, em pouco mais de 220 anos houve apenas 167 decisões declaratórias da inconstitucionalidade de atos do Congresso.[17] É interessante observar que, embora o período da Corte Warren (1953-1969) seja considerado um dos mais ativistas da história americana, diversos autores apontam para o fato de que sob a presidência de William Rehnquist (1986-2005) houve intenso ativismo de índole conservadora, tendo como protagonistas os *justices* Antonin Scalia, indicado por Ronald Reagan, e Clarence Thomas, indicado por George W. Bush.[18] Seja

---

[12] Ronald Dworkin, *Taking rights seriously*, 1997, p. 181. A primeira edição é de 1977.

[13] V. Eduardo Mendonça, *A democracia das massas e a democracia das pessoas*: uma reflexão sobre a dificuldade contramajoritária. Tese (Doutorado) – UERJ, 2014, p. 84. Mimeo.

[14] A expressão consta do título do livro de Antoine Garapon, *O juiz e a democracia*: o guardião das promessas, 1999.

[15] V. Ronald Dworkin, *A matter of principle*, 1985, p. 69-71. "O controle de constitucionalidade judicial assegura que as questões mais fundamentais de moralidade política serão apresentadas e debatidas como questões de princípio, e não apenas de poder político. Essa é uma transformação que não poderá jamais ser integralmente bem-sucedida apenas no âmbito do Legislativo".

[16] John Rawls, *Political liberalism*, 1996, p. 212 e ss., especialmente p. 231-40. Nas suas próprias palavras: "(A razão pública) se aplica também, e de forma especial, ao Judiciário e, acima de tudo, à suprema corte, onde haja uma democracia constitucional com controle de constitucionalidade. Isso porque os Ministros têm que explicar e justificar suas decisões, baseadas na sua compreensão da Constituição e das leis e precedentes relevantes. Como os atos do Legislativo e do Executivo não precisam ser justificados dessa forma, o papel especial da Corte a torna um caso exemplar de razão pública". Para uma crítica da visão de Rawls, v. Jeremy Waldron, Public reason and 'justification' in the courtroom, *Journal of Law, Philosophy and Culture*, n. 1, p. 108, 2007.

[17] V. Kenneth Jost, *The Supreme Court from A to Z*, 2012, p. xx. Um número bem maior de leis estaduais e locais foi invalidado, superior a 1200, segundo o mesmo autor. Na Alemanha, apenas cerca de 5% das leis federais foram invalidadas. C. Neal Tate e Torbjörn Vallinder (Eds.). *The global expansion of judicial power*, 1995, p. 308.

[18] Nesse sentido, apontando o fato de que juízes conservadores também atuam proativamente, a despeito da retórica de autocontenção, v. Frank B. Cross and Stephanie A. Lindquist, The scientific study of judicial activism. *Minnesota Law Review*, n. 91, p. 1752, 2007, p. 1755: "Para alguns Ministros que professam a autocontenção, as evidências sugerem que em alguns casos sua jurisprudência coerentemente espelha a sua retórica (como o *Justice* Rehnquist). No entanto, para outros (*Justices* Scalia e Thomas), as evidências não confirmam suas

como for, o ponto que se quer aqui destacar é que tanto nos Estados Unidos, como em outros países, a invalidação de atos emanados do Legislativo é a exceção, e não a regra.

2.2 O papel representativo

A democracia contemporânea é feita de votos, direitos e razões, o que dá a ela três dimensões: representativa, constitucional e deliberativa. A *democracia representativa* tem como elemento essencial o *voto popular* e como protagonistas institucionais o Congresso e o presidente, eleitos por sufrágio universal. A *democracia constitucional* tem como componente nuclear o respeito aos direitos fundamentais, que devem ser garantidos inclusive contra a vontade eventual das maiorias políticas. O árbitro final das tensões entre vontade da maioria e direitos fundamentais e, portanto, protagonista institucional desta dimensão da democracia, é a Suprema Corte. Por fim, a *democracia deliberativa*[19] tem como seu componente essencial o oferecimento de *razões*, a discussão de ideias, a troca de argumentos. A democracia já não se limita ao momento do voto periódico, mas é feita de um debate público contínuo que deve acompanhar as decisões políticas relevantes. O protagonista da democracia deliberativa é a sociedade civil, em suas diferentes instâncias, que incluem o movimento social, imprensa, universidades, sindicatos, associações e cidadãos comuns. Embora o oferecimento de razões também possa ser associado aos poderes Legislativo[20] e Executivo, o fato é que eles são, essencialmente, o *locus* da vontade, da decisão política. No universo do oferecimento de razões, merecem destaque os órgãos do Poder Judiciário: a motivação e a argumentação constituem matéria-prima da sua atuação e fatores de legitimação das decisões judiciais. Por isso, não deve causar estranheza que a Suprema Corte, por exceção e nunca como regra geral, funcione como intérprete do sentimento social. Em suma: o voto, embora imprescindível, não é a fonte exclusiva da democracia e, em certos casos, pode não ser suficiente para concretizá-la.

À luz do que se vem afirmar, é fora de dúvida que o modelo tradicional de separação de poderes, concebido no século XIX e que sobreviveu ao século XX, já não dá conta de justificar, em toda a extensão, a estrutura e funcionamento do constitucionalismo contemporâneo. Para utilizar um lugar comum, parodiando Antonio Gramsci, vivemos um momento em que o velho já morreu e novo ainda não nasceu.[21] A doutrina da dificuldade contramajoritária, estudada anteriormente, assenta-se na premissa de que

---

posições retóricas acerca do ativismo judicial; estes Ministros não costumam demonstrar uma abordagem de autocontenção. Em verdade, nos anos mais recentes (1994-2004), o que se tem verificado é que o comportamento dos juízes mais conservadores reflete uma orientação relativamente ativista, ainda que em grau menor do que os liberais da Corte Warren". V. tb. Paul Gewirtz e Chad Golder, So who are the activists? *New York Times*, op-ed, 6 jul. 2005.

[19] A ideia de democracia deliberativa tem como precursores autores como John Rawls, com sua ênfase na razão, e Jurgen Habermas, com sua ênfase na comunicação humana. Sobre democracia deliberativa, v., entre muitos, em língua inglesa, Amy Gutmann e Dennis Thompson, *Why deliberative democracy?*, 2004; em português, Cláudio Pereira de Souza Neto, *Teoria constitucional e democracia deliberativa*, 2006.

[20] V. Ana Paula de Barcellos, *Direitos fundamentais e direito à justificativa*: devido procedimento na elaboração normativa, 2016.

[21] Antonio Gramsci, *Cadernos do Cárcere*, 1926-1937. Disponível, na versão em espanhol, em http://pt.scribd.com/doc/63460598/Gramsci-Antonio-Cuadernos-de-La-Carcel-Tomo-1-OCR: "A crise consiste precisamente no fato de que o velho está morrendo e o novo não pode nascer. Nesse interregno, uma grande variedade de sintomas mórbidos aparecem". V. tb. entrevista do sociólogo Zigmunt Bauman, disponível em: http://www.ihu.unisinos.br/noticias/24025-%60%60o-velho-mundo-esta-morrendo-mas-o-novo-ainda-nao-nasceu%60%60-entrevista-com-zigmunt-bauman.

as decisões dos órgãos eletivos, como o Congresso Nacional, seriam sempre expressão da vontade majoritária. E que, ao revés, as decisões proferidas por uma corte suprema, cujos membros não são eleitos, jamais seriam. Qualquer estudo empírico desacreditaria as duas proposições.

Por numerosas razões, o Legislativo nem sempre expressa o sentimento da maioria.[22] De fato, há muitas décadas, em todo o mundo democrático, é recorrente o discurso acerca da crise dos parlamentos e das dificuldades da representação política. Da Escandinávia às Américas, um misto de ceticismo, indiferença e insatisfação assinala a relação da sociedade civil com a classe política. Nos países em que o voto não é obrigatório, os índices de abstenção revelam o desinteresse geral. Em países de voto obrigatório, um percentual muito baixo de eleitores é capaz de se recordar em quem votou nas últimas eleições parlamentares. Há problemas associados (i) a falhas do sistema eleitoral e partidário, (ii) às minorias partidárias que funcionam como *veto players*,[23] obstruindo o processamento da vontade da própria maioria parlamentar e (iii) à captura eventual por interesses especiais. A doutrina, que antes se interessava pelo tema da dificuldade contramajoritária dos tribunais constitucionais, começa a voltar atenção para o déficit democrático da representação política.[24]

Esta crise de legitimidade, representatividade e funcionalidade dos parlamentos gerou, como primeira consequência, em diferentes partes do mundo, um fortalecimento do Poder Executivo.[25] Nos últimos anos, porém, em muitos países, tem-se verificado uma expansão do Poder Judiciário e, notadamente, das supremas cortes. Nos Estados Unidos, este processo teve mais visibilidade durante o período da Corte Warren, mas a verdade é que nunca refluiu inteiramente. Apenas houve uma mudança de equilíbrio entre liberais e conservadores. O ponto aqui enfatizado é que, em certos contextos, por paradoxal que pareça, cortes acabem sendo mais representativas dos anseios e demandas sociais do que as instâncias políticas tradicionais. Algumas razões contribuem para isso. A primeira delas é o modo como juízes são indicados. Em diversos países, a seleção se dá por concurso público, com ênfase, portanto, na qualificação técnica, sem influência política. Porém, mesmo nos Estados Unidos, onde a escolha tem uma clara dimensão política, há um mínimo de qualificação profissional que funciona como pressuposto das indicações.

---

[22] Sobre o tema, v. Corinna Barret Lain, Upside-down judicial review, *The Georgetown Law Review*, n. 101, p. 113, 2012-2103. V. tb. Michael J. Klarman, The majoritarian judicial review: the entrenchment problem, *The Georgetown Law Journal*, n. 85, p. 49, 1996-1997.

[23] *Veto players* são atores individuais ou coletivos com capacidade de parar o jogo ou impedir o avanço de uma agenda. Para um estudo aprofundado do tema, v. George Tsebelis, *Veto players*: how political institutions work, 2002. Em língua portuguesa, v. Pedro Abramovay, *Separação de Poderes e medidas provisórias*, 2012, p. 44 e ss.

[24] V., *e.g.*, Mark A. Graber, The countermajoritarian difficulty: from courts to Congress to constitutional order, *Annual Review of Law and Social Science*, n. 4, p. 361-62, 2008. Em meu texto Neoconstitucionalismo e constitucionalização do direito: o triunfo tardio do direito constitucional no Brasil, *Revista de Direito Administrativo*, n. 240, p. 1, 2005, p. 41, escrevi: "Cidadão é diferente de eleitor; governo do povo não é governo do eleitorado. No geral, o processo político majoritário se move por interesses, ao passo que a lógica democrática se inspira em valores. E, muitas vezes, só restará o Judiciário para preservá-los. O *déficit* democrático do Judiciário, decorrente da dificuldade contramajoritária, não é necessariamente maior que o do Legislativo, cuja composição pode estar afetada por disfunções diversas, dentre as quais o uso da máquina administrativa, o abuso do poder econômico, a manipulação dos meios de comunicação".

[25] Esta concentração de poderes no Executivo se deu até mesmo em democracias tradicionais e consolidadas, do que é exemplo a Constituição da 5ª República francesa, que retirou poderes da Assembleia Nacional e transferiu para um presidente eleito. V. C. Neal Tate e Torbjörn Vallinder (Ed.), *The global expansion of judicial power*, 1995, p. 519.

Uma outra razão é a vitaliciedade, que faz com que juízes não estejam sujeitos às circunstâncias de curto prazo da política eleitoral. Ademais, juízes não atuam por iniciativa própria: dependem de provocação das partes e não podem decidir além do que foi pedido. E finalmente, mas não menos importante, decisões judiciais precisam ser motivadas. Isso significa que, para serem válidas, jamais poderão ser um ato de pura vontade discricionária: a ordem jurídica impõe ao juiz de qualquer grau o dever de apresentar razões, isto é, os fundamentos e argumentos do seu raciocínio e convencimento. Convém aprofundar um pouco mais este último ponto. Em uma visão tradicional e puramente majoritária da democracia, ela se resumiria a uma *legitimação eleitoral* do poder. Por esse critério, o fascismo na Itália ou o nazismo na Alemanha poderiam ser vistos como democráticos, ao menos no momento em que se instalaram no poder e pelo período em que tiveram apoio da maioria da população. Mas a legitimidade não se mede apenas no momento da investidura, mas também pelos meios empregados no exercício do poder e os fins a que ele visa.

Cabe aqui retomar a ideia de democracia deliberativa, que se funda, precisamente, em uma *legitimação discursiva*: as decisões políticas devem ser produzidas após debate público livre, amplo e aberto, ao fim do qual se forneçam as *razões* das opções feitas. Por isso se ter afirmado, anteriormente, que a democracia contemporânea inclui votos e argumentos.[26] Um *insight* importante nesse domínio é fornecido pelo jusfilósofo alemão Robert Alexy, que se refere à corte constitucional como *representante argumentativo da sociedade*. Segundo ele, a única maneira de reconciliar a jurisdição constitucional com a democracia é concebê-la, também, como uma representação popular. Pessoas racionais são capazes de aceitar argumentos sólidos e corretos. O constitucionalismo democrático possui uma legitimação discursiva, que é um projeto de institucionalização da razão e da correção.[27]

Cabe fazer duas observações adicionais. A primeira delas é de caráter terminológico. Se se admite a tese de que os órgãos representativos podem não refletir a vontade majoritária, decisão judicial que infirme um ato do Congresso pode não ser contramajoritária. O que ela será, invariavelmente, é contra-legislativa, ou contra-congressual ou contra-parlamentar. A segunda observação é que o fato de não estarem sujeitas a certas vicissitudes que acometem os dois ramos políticos dos poderes não é, naturalmente, garantia de que as supremas cortes se inclinarão em favor das posições majoritárias da sociedade. A verdade, no entanto, é que uma observação atenta da realidade revela que é isso mesmo o que acontece. Nos Estados Unidos, décadas de estudos empíricos demonstram o ponto.[28]

---

[26] Para o aprofundamento dessa discussão acerca de legitimação eleitoral e discursiva, v. Eduardo Mendonça, *A democracia das massas e a democracia das pessoas*: uma reflexão sobre a dificuldade contramajoritária, 2014, p. 64-86. Mimeo.

[27] V. Robert Alexy, Balancing, constitutional review, and representation, *International Journal of Constitutional Law*, n. 3, p. 572, 2005, p. 578 e ss.

[28] Corinna Barret Lain, Upside-down judicial review, *The Georgetown Law Review*, n. 101, p. 113, 2012-2103, p. 158. V. tb. Robert A. Dahl, Decision-making in a democracy: the Supreme Court as a national policy-maker, *Journal of Public Law*, n. 6, p. 279, 1957, p. 285; e Jeffrey Rosen, *The most democratic branch*: how the courts serve America, 2006, p. xii: "Longe de proteger as minorias contra a tirania das maiorias ou contrabalançar a vontade do povo, os tribunais, ao longo da maior parte da história americana, têm se inclinado por refletir a visão constitucional das maiorias". V. tb. Robert McCloskey, *The American Supreme Court*, 1994, p. 209: "We might come closer to the truth if we said that the judges have often agreed with the main current of public sentiment because they were themselves part of that current, and not because they feared to disagree with it".

A esse propósito, é bem de ver que algumas decisões emblemáticas da Suprema Corte americana tiveram uma dimensão claramente representativa a legitimá-las. Uma delas foi *Griswold v. Connecticut*,[29] proferida em 1965, que considerou inconstitucional lei do Estado de Connecticut que proibia o uso de contraceptivos mesmo por casais casados. Ao reconhecer um *direito de privacidade* que não vinha expresso na Constituição, mas podia ser extraído das "penumbras" e "emanações" de outros direitos constitucionais, a Corte parece ter tido uma atuação que expressava o sentimento majoritário da época. Assim, embora a terminologia tradicional rotule esta decisão como contramajoritária – na medida em que invalidou uma lei estadual (o *Connecticut Comstock Act* de 1879) –, ela era, seguramente, *contralegislativa*, mas provavelmente não contramajoritária. Embora não haja dados totalmente seguros nem pesquisas de opinião do período, é possível intuir que a lei não expressava o sentimento majoritário em meados da década de 60 –[30] cenário da revolução sexual e do movimento feminista –, de modo que a decisão foi, na verdade, *representativa*.

Outro exemplo de atuação representativa da Suprema Corte americana foi a decisão em *Lawrence v. Texas*,[31] de 2003, invalidando lei do Estado do Texas que criminalizava relações íntimas entre homossexuais. Ao reverter julgado anterior, no caso *Bowers v. Hardwick*,[32] o acórdão lavrado pelo *Justice* Anthony Kennedy assentou que os recorrentes tinham direito ao respeito à sua vida privada e que, sob a cláusula do devido processo legal substantivo da 14ª Emenda, tinham protegida a sua liberdade de manter relações sexuais consentidas. Embora grupos religiosos tenham expressado veemente opinião contrária,[33] parece fora de questão que a maioria da população americana – e mesmo, provavelmente, do próprio estado do Texas – não considerava legítimo tratar relações homossexuais como crime. De modo que também aqui, embora rotulada de contramajoritária, a decisão do Tribunal foi mesmo é contra-legislativa. Mas certamente representativa de uma maioria que, já nos anos 2000, se tornara tolerante em relação à orientação sexual das pessoas.

No Brasil, coube à jurisdição constitucional uma série de decisões apoiadas pela maioria da população que não teve acolhida na política majoritária. Esse foi o caso da decisão do Supremo Tribunal Federal que reconheceu a constitucionalidade da proibição de contratar cônjuge, companheiro ou parentes para o exercício de funções de confiança e de cargos públicos na estrutura do Poder Judiciário (nepotismo),[34] proibição que foi, posteriormente, estendida pela jurisprudência do Tribunal para os poderes Executivo e Legislativo.[35] Na mesma linha, a Corte declarou a inconstitucionalidade do financiamento

---

[29] 381 U.S. 479 (1965).

[30] V. Jill Lepore, To have and to hold: reproduction, marriage, and the Constitution. *The New Yorker Magazine*, 25 maio 2015: "Banir contracpetivos numa época em que a esmagadora maioria dos americanos os utilizava era, evidentemente, ridículo" ("Banning contraception at a time when the overwhelming majority of Americans used it was, of course, ridiculous"). A decisão em *Griswold* veio a ser estendida em *Eisenstadt v. Baird*, julgado em 1972, aos casais não casados.

[31] 539 U.S. 558 (2003).

[32] 478 U.S. 186 (1986).

[33] V. Carpenter Dale, *Flagrant conduct*: the story of Lawrence v. Texas: how a bedroom arrest decriminalized gay Americans, 2012, p. 268.

[34] STF, Pleno. ADC nº 12. Rel. Min. Ayres Britto. *DJe*, 18 dez. 2009.

[35] STF, Súmula Vinculante nº 13: "A nomeação de cônjuge, companheiro ou parente em linha reta, colateral ou por afinidade, até o terceiro grau, inclusive, da autoridade nomeante ou de servidor da mesma pessoa jurídica

privado das campanhas eleitorais, por ter verificado que, como estava estruturado, tal financiamento reforçava a influência do poder econômico sobre o resultado das eleições e distorcia o sistema representativo.[36] Em outro caso importante, afirmou a possibilidade de prisão, após a confirmação da condenação pelo tribunal de segunda instância, mesmo quando ainda cabíveis recursos especial e extraordinário para os tribunais superiores.[37] Os três julgados contaram com amplo apoio popular e representam mudanças que poderiam ter sido promovidas no âmbito da política majoritária, mas não foram.[38]

A função representativa das cortes pode ser constatada também em outras ordens constitucionais. A título de ilustração, a Corte Constitucional da Colômbia reconheceu o direito à água como direito fundamental de todos os cidadãos colombianos. Atribuiu ao Estado o dever de assegurar seu fornecimento em quantidade e qualidade adequadas. Além disso, determinou que os cidadãos hipossuficientes fazem jus ao volume mínimo de 50 litros de água ao dia, ainda que não possam custeá-lo.[39] No Quênia,[40] recente decisão da Suprema Corte declarou a inconstitucionalidade de artigo do Código Penal que criminalizava a difamação, com pena de até dois anos de prisão.[41] A decisão foi tida

---

investido em cargo de direção, chefia ou assessoramento, para o exercício de cargo em comissão ou de confiança ou, ainda, de função gratificada na administração pública direta e indireta em qualquer dos Poderes da União, dos Estados, do Distrito Federal e dos Municípios, compreendido o ajuste mediante designações recíprocas, viola a Constituição Federal".

[36] STF, Pleno. ADI nº 4.650. Rel. Min. Luiz Fux. *DJe*, 24 fev. 2016.

[37] STF, Pleno. HC nº 126.292. Rel. Min. Teori Zavascki, j. 17.2.2016. *DJe*, 7 fev. 2017; ADC nºs 43 e 44 MC. Rel. Min. Marco Aurélio, j. 5.10.2016.

[38] A confirmação da vedação ao nepotismo foi considerada uma "vitória da sociedade" pelo então presidente nacional da Ordem dos Advogados do Brasil (Disponível em: http://www.ambito-juridico.com.br/site/?n_link=visualiza_noticia&id_caderno=&id_noticia=2322. Acesso em: 31 mar. 2017). Manifestações semelhantes foram veiculadas no portal do Supremo Tribunal Federal (Disponível em: http://www.stf.jus.br/portal/cms/verNoticiaDetalhe.asp?idConteudo=115820. Acesso em: 31 mar. 2017). No que respeita ao financiamento privado de campanha, pesquisa de opinião demonstrou que 74% da população era contra tal modalidade de financiamento e que 79% estavam convictos de que ele estimulava a corrupção (SOUZA, André. Datafolha: três em cada quatro brasileiros são contra o financiamento de campanha por empresas privadas. *O Globo*, Rio de Janeiro, 6 jul. 2015. Disponível em: http://oglobo.globo.com/brasil/datafolha-tres-em-cada-quatro-brasileiros-sao-contra-financiamento-de-campanha-por-empresas-privadas-16672767. Acesso em: 5 ago. 2015). Por fim, a decisão que reconheceu a possibilidade de prisão antes do trânsito em julgado da sentença penal condenatória rendeu acusações ao STF de que o tribunal estaria se curvando à opinião pública (VASCONCELLOS; LUCHETE; GRILLO. Para advogados, STF curvou-se à opinião pública ao antecipar cumprimento de pena. *Conjur*, 17 fev. 2016. Disponível em http://www.conjur.com.br/2016-fev-17/advogados-stf-curvou-opiniao-publica-antecipar-pena. Acesso em: 21 mar. 2017).

[39] O direito fundamental à água é objeto de diversas decisões proferidas pela Corte Constitucional da Colômbia, como T-578/1992, T-140/1994, T-207/1995. A sentença T-740/2011 produz uma consolidação da matéria, relacionando tal direito aos direitos à dignidade, à vida e à saúde. No caso, a entidade prestadora do serviço de fornecimento de água potável havia suspendido o serviço em virtude do não pagamento das tarifas devidas por uma usuária. A Corte entendeu ilegítima a suspensão, por se tratar de usuária hipossuficiente, e determinou à entidade: (i) o restabelecimento do fornecimento; e (ii) a revisão das cobranças, com base na capacidade econômica da beneficiária, a fim de possibilitar o adimplemento das prestações. Em caso de impossibilidade de pagamento, a Corte estabeleceu, ainda, como mencionado acima, (iii) a obrigação da entidade de fornecer, ao menos, 50 litros de água ao dia, por pessoa, ou de disponibilizar uma fonte pública de água que assegure a mesma quantidade do recurso.

[40] A Constituição do Quênia, promulgada em 2010, tem sido considerada responsável por notáveis progressos no que diz respeito à efetivação de direitos fundamentais e combate à corrupção. O país também contou com a boa sorte de ter um *chief justice* transformador (Ndung'u Wainaina, Only Judiciary Can Save This Country, *The Nairobi Law Monthly*, February 4, 2015. Disponível em: http://nairobilawmonthly.com/index.php/2015/02/04/only-judiciary-can-save-this-country/).

[41] Corte Superior do Kenya, *Jacqueline Okuta & another v. Attorney General & 2 others* [2017] eKLR (Disponível em: http://kenyalaw.org/caselaw/cases/view/130781/).

como um relevante avanço na proteção da liberdade de expressão dos quenianos, já que a disposição penal era frequentemente utilizada por políticos e autoridades públicas para silenciar críticas e denúncias de corrupção veiculadas por jornalistas ou mesmo por cidadãos comuns. No Canadá, a Suprema Corte reconheceu, em 1988, o direito fundamental ao aborto, invalidando dispositivo do Código Penal que criminalizava o procedimento.[42] Seu caráter representativo é evidenciado por pesquisas de opinião que apontavam que, já em 1982 (*i.e.*, 6 anos antes da decisão), mais de 75% da população canadense entendia que o aborto era uma questão de escolha pessoal da mulher.[43]

2.3 O papel iluminista

Além do papel representativo, descrito no tópico anterior, supremas cortes desempenham, ocasionalmente, um papel iluminista. Trata-se de uma competência perigosa, a ser exercida com grande parcimônia, pelo risco democrático que ela representa e para que cortes constitucionais não se transformem em instâncias hegemônicas. Ao longo da história, alguns avanços imprescindíveis tiveram de ser feitos, em nome da razão, contra o senso comum, as leis vigentes e a vontade majoritária da sociedade.[44] A abolição da escravidão ou a proteção de mulheres, negros, homossexuais, transgêneros e minorias religiosas, por exemplo, nem sempre pôde ser feita adequadamente pelos mecanismos tradicionais de canalização de reinvindicações sociais. A seguir, breve justificativa do emprego do termo *iluminista* no contexto aqui retratado.

Iluminismo designa um abrangente movimento filosófico que revolucionou o mundo das ideias ao longo do século XVIII.[45] As *Lumières*, na França, o *Enlightment*, na Inglaterra, o *Illuminismo* na Itália ou *Aufklärung*, na Alemanha, foram o ponto culminante de um ciclo histórico iniciado com o Renascimento, no século XIV, e que teve como marcos a Reforma Protestante, a formação dos Estados nacionais, a chegada dos europeus à América e a Revolução Científica. A *razão* passa para o centro do sistema de pensamento, dissociando-se da fé e dos dogmas da teologia cristã. Nesse ambiente, cresce o ideal de conhecimento e de liberdade, com a difusão de valores como a limitação do poder, a

---

[42] Suprema Corte do Canadá, *Morgentaler, Smoling and Scott v. The Queen* [1988] 1 S.C.R. 30 (Disponível em: https://scc-csc.lexum.com/scc-csc/scc-csc/en/item/1053/index.do).

[43] Michael T. Kaufman, Canadian doctor campaigns for national abortion clinics, *The New York Times*, Dec. 13, 1982. Disponível em: http://www.nytimes.com/1982/12/13/world/canadian-doctor-campaigns-for-national-abortion-clinics.html.

[44] Contra a ideia de que Cortes possam atuar como instrumento da razão, v. Steven D. Smith, Judicial activism and "reason". *In*: Luís Pereira Coutinho, Massimo La Torre e Steven D. Smith (Ed.), *Judicial activism*: an interdisciplinary approach to the American and European Experiences, 2015, p. 30: "And thus judicial discourse, once it is detached from the mundane conventions of reading texts and precedents in accordance with their natural or commonsensical meanings, loftily aspires to be the realization of "reason" but instead ends up degenerating into a discourse of mean-spirited denigration". O texto manifesta grande inconformismo contra a decisão da Suprema Corte em *United States v. Windsor* (133 S. Ct. 1675, 2013), que considerou inconstitucional a seção do *Defense of Marriage Act* (Doma) que limitava o casamento à união entre homem e mulher.

[45] Além da *Encyclopédie*, com seus 35 e volumes, coordenada por Diderot e D'Alambert e publicada entre 1751 a 1772, foram autores e obras marcantes do Iluminismo: Montesquieu, *O espírito das leis* (1748); Jean-Jacques Rousseau, *Discurso sobre a desigualdade* (1754) e *O contrato social* (1762); Voltaire, *Dicionario filosófico* (1764); Immanuel Kant, *O que é Iluminismo* (1784); John Locke, *Dois tratados de governo* (1689); David Hume, *Tratado sobre a natureza humana* (1739); Adam Smith, *A riqueza das nações* (1776) e Cesare Beccaria, *Dos delitos e das penas* (1764), em meio a outros.

tolerância religiosa, a existência de direitos naturais inalienáveis e o emprego do método científico, entre outros. Estava aberto o caminho para as revoluções liberais, que viriam logo adiante, e para a democracia, que viria bem mais à frente, já na virada do século XX. Historicamente, portanto, o Iluminismo é uma ideia associada à razão humanista, a direitos inalienáveis da condição humana, à tolerância, ao conhecimento científico, à separação entre Estado e religião e ao avanço da história rumo à emancipação intelectual, social e moral das pessoas.

É nesse sentido que o termo é empregado neste tópico: o de uma razão humanista que conduz o processo civilizatório e empurra a história na direção do progresso social e da liberação de mulheres e homens. Para espancar qualquer maledicência quanto a uma visão autoritária ou aristocrática da vida, Iluminismo, no presente contexto, não guarda qualquer semelhança com uma postura análoga ao *despotismo esclarecido*[46] ou aos *reis filósofos* de Platão.[47] A analogia mais próxima, eventualmente, seria com uma tradição filosófica que vem de Tomás de Aquino, Hegel e Kant de que a história é um fluxo contínuo na direção do bem e do aprimoramento da condição humana.[48] A razão iluminista aqui propagada é a do pluralismo e da tolerância, a que se impõe apenas para derrotar as superstições e os preconceitos, de modo a assegurar a dignidade humana e a vida boa para todos. As intervenções humanitárias que o papel iluminista dos tribunais permite não é para impor valores, mas para assegurar que cada pessoa possa viver os seus, possa professar as suas convicções, tendo por limite o respeito às convicções dos demais.

Retomando os exemplos esboçados acima. Houve tempos, no processo de evolução social, em que (i) escravidão era natural; (ii) mulheres eram propriedade dos maridos; (iii) negros não eram cidadãos; (iv) judeus eram hereges; (v) deficientes eram sacrificados; e (vi) homossexuais eram mortos.[49] Mas a história da humanidade é a história da superação dos preconceitos, do obscurantismo, das superstições, das visões primitivas que excluem o outro, o estrangeiro, o diferente. Ao longo dos séculos, ao lado da vontade do monarca, da vontade da nação ou da vontade das maiorias, desenvolveu-se uma razão humanista que foi abrindo caminhos, iluminando a escuridão, empurrando

---

[46] A expressão se refere aos monarcas absolutos que, na segunda metade do século XVIII, procuraram incorporar ao seu governo algumas ideias advindas do iluminismo, distinguindo-se, assim, do modelo tradicional. A ideia de contrato social começa a superar a de direito divino dos reis, mas o poder remanesceria com o monarca, que teria maior capacidade de determinar e de realizar o melhor interesse dos seus súditos. Exemplos frequentemente citados são os de Frederico, o Grande, que governou a Prússia de 1740 a 1786; Catarina II, imperatriz da Rússia de 1762 a 1796; e José II, de Habsburgo, imperador do Sacro Império Romano-Germânico. Também se inclui nesta lista o Marquês de Pombal, primeiro-ministro de Portugal de 1750 a 1777. V. o verbete "Enlightened despotism", na *Encyclopedia of the Enlightenment* (Alan Charles Kors (Ed.), Oxford University Press, 2005).

[47] V. Platão, *A República*, 2015 (a edição original é de cerca de 380 a.C.), Livro VI. Na sociedade ideal e justa, cujo delineamento procurou traçar nesta obra, Platão defendeu a ideia de que o governo deveria ser conduzido por reis-filósofos, escolhidos com base na virtude e no conhecimento. No comentário de Fredeick Copleston, *A history of Philosophy*, v. I, 1993, p. 230: "O princípio democrático de governo é, de acordo com Platão, absurdo: o governante deve governar em virtude do conhecimento, e este conhecimento há de ser o conhecimento da verdade".

[48] Sobre o ponto, v. o notável artigo de Paulo Barrozo, The great alliance: history, reason, and will in modern law, *Law and Contemporary Problems*, n. 78, p. 235, 2015, p. 257-258.

[49] Durante a Inquisição, homossexuais foram condenados à morte na fogueira. V. o verbete "Death by burning", na *Wikipedia* (Disponível em: https://en.wikipedia.org/wiki/Death_by_burning): "Na Espanha, os primeiros registros de execuções pelo crime de sodomia são dos séculos 13 e 14, e é importante observar que o modo preferido de execução era a morte na fogueira".

a história. Desde a antiguidade, com Atenas, Roma e Jerusalém, o direito "sempre foi encontrado na interseção entre história, razão e vontade".[50]

Com a limitação do poder e a democratização do Estado e da sociedade, procurou-se abrigar a vontade majoritária e a razão iluminista dentro de um mesmo documento, que é a Constituição. O poder dominante, como regra geral, emana da vontade majoritária e das instituições por meio das quais ela se manifesta, que são o Legislativo e o Executivo. Vez por outra, no entanto, é preciso acender luzes na escuridão, submeter a vontade à razão. Nesses momentos raros, mas decisivos, as cortes constitucionais podem precisar ser os agentes da história. Não é uma missão fácil nem de sucesso garantido, como demonstram alguns exemplos da própria experiência americana.

Brown v. Board of Education,[51] julgado pela Suprema Corte dos Estados Unidos em 1954, é o exemplo paradigmático de decisão iluminista, pelo enfrentamento aberto do racismo então dominante no Congresso e na sociedade.[52] Em decisão unânime articulada pelo novo *Chief Justice*, Earl Warren, nomeado por Eisenhower, a Corte considerou que "havia uma intrínseca desigualdade na imposição de escolas separadas para negros e brancos" ("separate educational facilities are inherently unequal"), em violação à 14ª Emenda à Constituição americana, que impõe a igualdade perante a lei. A decisão enfatizou a importância da educação nas sociedades modernas e afirmou que a segregação trazia para as crianças negras "um sentimento de inferioridade quanto ao seu *status* na comunidade". E, baseando-se em estudos de ciências sociais, concluiu que a segregação trazia significativas desvantagens psicológicas e sociais para as crianças negras.[53] O caráter iluminista do julgado se manifestou na superação do senso comum majoritário – que escondia o preconceito por trás da doutrina do "separados, mas iguais" –[54]

---

[50] V. Paulo Barrozo, The great alliance: history, reason, and will in modern law, *Law and Contemporary Problems*, n. 78, p. 235, 2015, p. 270.

[51] 347 U.S. 483 (1954). O julgamento de *Brown* foi, na verdade, a reunião de cinco casos diversos, originários de diferentes estados: *Brown* propriamente dito, *Briggs v. Elliott* (ajuizado na Carolina do Sul), *Davis v. County School Board of Prince Edward County* (ajuizado na Virginia), *Gebhart v. Belton* (ajuizado em Delaware), and *Bolling v. Sharpe* (ajuizado em Washington D.C.).

[52] A decisão envolveu a declaração de inconstitucionalidade de diversas leis e, nesse sentido, ela tem uma dimensão contramajoritária ou, mais propriamente, contra-legislativa. Ademais, há autores que consideram que, em meados da década de 50, já fosse majoritária na sociedade americana a posição contrária à segregação racial nas escolas. V. Corinna Barret Lain, Upside-down judicial review, *The Georgetown Law Review*, n. 101, p. 113, 2012-2103, p. 121-22, com remissão a Michael J. Klarman, Cass R. Sunstein e Jack Balkin. Isso faria com que *Brown* fosse uma decisão *representativa*, na categorização proposta neste trabalho. O argumento é questionável, sendo certo que, à época, leis de 17 estados previam a segregação racial, enquanto 16 a proibiam. Além disso, em primeiro grau de jurisdição, os autores das cinco ações foram derrotados. Em apelação, o Tribunal de Delaware assegurou o direito de 11 crianças frequentarem escolas juntamente com brancos. E o de Kansas reconheceu que a segregação produzia consequências negativas para as crianças negras. V. Jesse Greespan, 10 Things You Should Know About Brown v. Board of Education, *History.com*, May 16, 2014 (Disponível em http://www.history.com/ news/10-things-you-should-know-about-brown-v-board-of-education). Seja como for, mesmo que a posição fosse de fato majoritária, ela não tinha como superar o bloqueio dos Senadores do Sul a qualquer legislação federal nesse sentido. Gordon Silverstein, *Law's Allure*: how law shapes, constrains, saves, and kills politics, 2009, p. 270-1.

[53] Na nota de rodapé n. 10, a decisão cita os seguintes estudos: K.B. Clark, *Effect of Prejudice and Discrimination on Personality Development* (Mid-century White House Conference on Children and Youth (1950); Witmer and Kotinsky, *Personality in the Making* (1952), c. VI; Deutscher and Chein, The Psychological Effects of Enforced Segregation A Survey of Social Science Opinion, 26 J. Psychol. 259 (1948); Chein, What are the Psychological Effects of Segregation Under Conditions of Equal Facilities?, 3 *Int.J.Opinion and Attitude Res.* 229 (1949); Brameld, Educational Costs, in *Discrimination and National Welfare* (MacIver, ed.) (1949), 44-48; Frazier, *The Negro in the United States* (1949), 674-681. And see generally Myrdal, *An American Dilemma* (1944).

[54] *Plessy v. Ferguson*, 163 US 537 (1896).

e na consequente mudança de paradigma em matéria racial, tendo funcionado como um catalisador do moderno movimento pelos direitos civis.[55] As reações do *status quo* vieram de formas diversas: resistência ao cumprimento da decisão,[56] a crítica política – a Corte teria agido como "uma terceira câmara legislativa"[57] e a crítica doutrinária: *Brown* não teria observado "princípios neutros" de interpretação constitucional.[58]

Outras importantes decisões da Suprema Corte americana podem ser consideradas iluministas na acepção aqui utilizada. *Loving v. Virginia*,[59] julgado em 1967, considerou inconstitucional lei que interditava os casamentos entre pessoas brancas e negras. A decisão, também unânime, reverteu o precedente firmado em *Pace v. Alabama*,[60] de 1883. Desde os tempos coloniais, diversos estados possuíam leis antimiscigenação. Em 1967, quando da decisão em *Loving*, todos os 16 estados do Sul tinham leis com esse conteúdo.[61] É possível, embora não absolutamente certo, que a maioria da população americana fosse contrária a tais leis, o que transformaria a decisão em representativa, no âmbito nacional, embora iluminista em relação aos estados do Sul, por impor, heteronomamente, uma concepção de igualdade diversa da que haviam praticado até então. Cabe lembrar, uma vez mais, que o termo *iluminista* está sendo empregado para identificar decisão que não corresponde à vontade do Congresso nem ao sentimento majoritário da sociedade, mas ainda assim é vista como correta, justa e legítima. Alguém poderá perguntar: e quem certifica o caráter iluminista da decisão? Por vezes, os próprios contemporâneos vivem um processo de tomada de consciência após a sua prolação, captando o espírito do tempo (*Zeitgeist*). Quando isso não ocorre, cabe à história documentar se foi iluminismo ou, ao contrário, um descompasso histórico.

Duas últimas decisões aqui apontadas como iluministas apresentam as complexidades dos temas associados a convicções religiosas. Em relação a elas, a palavra

---

[55] V. *Brown v. Board of Education, Leadership Conference on Civil and Human Rights*: "The *Brown* case served as a catalyst for the modern civil rights movement, inspiring education reform everywhere and forming the legal means of challenging segregation in all areas of society" (http://www.civilrights.org/education/brown/?. Acesso em: 17 jan. 2017).

[56] A decisão não explicitou o modo como seria executada para por fim à segregação racial nas escolas públicas. No ano seguinte, em um julgamento conhecido como Brown II (*Brown v. Board of Education* 349 U.S. 294 – 1955), a Suprema Corte delegou às cortes distritais a missão de dar cumprimento à decisão da Suprema Corte, cunhando a expressão que se tornaria célebre (e problemática): "com toda a velocidade recomendável" ("with all deliberate speed"). *Deliberate* também pode ser traduzido para o português como "cautelosa".

[57] Learned Hand, *The Bill of Rights* (Atheneum 1977), 1958, p. 55. V. tb. Michael Klarman, The Supreme Court , 2012 Term – Comment: Windsor and Brown: Marriage Equality and Racial Equality, 127 *Harv. L. Rev.* 127, 143 (2013).

[58] Herbert Wechsler, Toward Neutral Principles of Constitutional Law. *Harvard Law Review*, v. 73, p. 1, 1959, p. 34: "Dada uma situação em que o Estado precisa escolher entre negar a integração àqueles indivíduos que a desejam ou impô-la àqueles que querem evitá-la, é possível sustentar, com base em princípios neutros, que a Constituição exige que a reivindicação dos que querem a integração deve prevalecer?".

[59] 388 U.S. 1 (1967).

[60] 106 U.S. 583 (1883).

[61] O acórdão de *Loving v. Virginia* consignou, em sua nota de rodapé n. 5: "After the initiation of this litigation, Maryland repealed its prohibitions against interracial marriage, Md.Laws 1967, c. 6, leaving Virginia and 15 other States with statutes outlawing interracial marriage: Alabama, Ala.Const., Art. 4, §102, Ala.Code, Tit. 14, §360 (1958); Arkansas, Ark.Stat.Ann. §55-104 (1947); Delaware, Del.Code Ann., Tit. 13, §101 (1953); Florida, Fla.Const., Art. 16, §24, Fla.Stat. §741.11 (1965); Georgia, Ga.Code Ann. §53-106 (1961); Kentucky, Ky.Rev.Stat. Ann. §402.020 (Supp. 1966); Louisiana, La.Rev.Stat. §14:79 (1950); Mississippi, Miss.Const., Art. 14, §263, Miss. Code Ann. §459 (1956); Missouri, Mo.Rev.Stat. §451.020 (Supp. 1966); North Carolina, N.C.Const., Art. XIV, §8, N.C.Gen.Stat. §14-181 (1953); Oklahoma, Okla.Stat., Tit. 43, §12 (Supp. 1965); South Carolina, S.C.Const., Art. 3, §33, S.C.Code Ann. §20-7 (1962); Tennessee, Tenn.Const., Art. 11, §14, Tenn.Code Ann. §36-402 (1955); Texas, Tex. Pen.Code, Art. 492 (1952); West Virginia, W.Va.Code Ann. §4697 (1961)".

iluminismo chega mais perto das suas origens históricas. Em *Roe v. Wade*,[62] julgado em 1973, a Suprema Corte, por 7 votos a 2, afirmou o direito de uma mulher de praticar aborto no primeiro trimestre de gravidez, com total autonomia, fundada no direito de privacidade. Posteriormente, em *Planned Parenthood v. Casey*[63] (1992), o critério do primeiro trimestre foi substituído pelo da viabilidade fetal, mantendo-se, todavia, a essência do que foi decidido em *Roe*. A decisão é celebrada por muitos, em todo o mundo, como a afirmação de uma série de direitos fundamentais da mulher, incluindo sua autonomia, seus direitos sexuais e reprodutivos e a igualdade de gênero. Não obstante isso, a sociedade americana, em grande parte por impulso religioso, continua agudamente dividida entre os grupos pró-escolha e pró-vida.[64] Há autores que afirmam que a decisão da Suprema Corte teria interrompido o debate e a tendência que se delineava a favor do reconhecimento do direito ao aborto, provocando a reação social (*backlash*) dos segmentos derrotados.[65] Talvez. Mas aplica-se aqui a frase inspirada de Martin Luther King Jr, de que "é sempre a hora certa de fazer a coisa certa".[66]

Em *Obergefell v. Hodges*, decidido em 2015, a Suprema Corte julgou que o casamento é um direito fundamental que não pode ser negado a casais do mesmo sexo e que os estados devem reconhecer como legítimos os casamentos entre pessoas do mesmo sexo celebrados em outros estados. Por 5 votos a 4, a maioria dos ministros entendeu tratar-se de um direito garantido pelas cláusulas do devido processo legal e da igualdade inscritas na 14ª Emenda à Constituição. A decisão foi o ponto culminante de uma longa história de superação do preconceito e da discriminação contra homossexuais, que atravessou os tempos. Na própria Suprema Corte houve marcos anteriores, aqui já citados, como *Bowers v. Hardwick*,[67] que considerou legítima a criminalização de relações íntimas entre pessoas do mesmo sexo, e *Lawrence v. Texas*,[68] que superou este entendimento, afirmando o direito de casais homossexuais à liberdade e à privacidade, com base na cláusula do devido processo legal da 14ª Emenda à Constituição. Em seu voto em nome da maioria, o *Justice* Anthony Kennedy exaltou a "transcendente importância do casamento" e sua "centralidade para a condição humana". Merece registro a crítica severa e exaltada do falecido *Justice* Antonin Scalia, acusando a maioria de fazer uma "revisão constitucional", criar liberdades que a Constituição e suas emendas não mencionam e "roubar do povo

---

[62] 410 U.S. 113 (1973).

[63] 505 U.S. 833 (1992).

[64] De acordo com pesquisas realizadas pelo Gallup, de 1995 a 2008, a maioria dos americanos se manifestou em favor do direito de escolha. De 2009 a 2014, ocorreu uma inversão, com a prevalência dos que opinaram em favor da posição pró-vida. V. Lydia Saad, *More Americans 'Pro-Life' Than 'Pro-Choice' For First Time* (Disponível em: http://www.gallup.com/poll/118399/More-Americans-Pro-Life-Than-Pro-Choice-First-Time.aspx). Em 2015, ainda segundo o Gallup, o número dos que defendem a posição em favor do direito de escolha voltou a prevalecer. V. Lydia Saad, Americans Choose 'Pro-Choice' For First Time in Seven Years' (Disponível em: http://www.gallup.com/poll/183434/americans-choose-pro-choice-first-time-seven-years.aspx).

[65] Cass R. Sunstein, Three Civil Rights Fallacies. *California Law Review*, v. 79, p. 751, 1991, p. 766: "By 1973, however, state legislatures were moving firmly to expand legal access to abortion, and it is likely that a broad guarantee of access would have been available even without *Roe*. [...] [T]he decision may well have created the Moral Majority, helped defeat the equal rights amendment, and undermined the women's movement by spurring opposition and demobilizing potential adherents". Sobre o tema, v. tb. Robert Post e Reva Siegel, Roe rage: democratic constitutionalism and backlash. *Harvard Civil Rights-Civil Liberties Law Review*, n. 42, p. 373, 2007.

[66] Martin Luther King Jr., *The Future of Integration* (palestra apresentada em Oberlin, em 22.10.1964). No original: "The time is always right to do what's right".

[67] 478 U.S. 186 (1986).

[68] 539 U.S. 558 (2003).

[...] a liberdade de se autogovernar". *Obergefell* representa um contundente embate entre iluminismo e originalismo. De acordo com algumas pesquisas, uma apertada maioria da população apoiava o casamento entre pessoas do mesmo sexo,[69] significando que a decisão da Suprema Corte, em verdade, poderia ser considerada representativa, ainda que contralegislativa.

A verdade, porém, é que mesmo decisões iluministas, capazes de superar bloqueios institucionais e empurrar a história, precisam ser seguidas de um esforço de persuasão, de convencimento racional. Os derrotados nos processos judiciais que envolvam questões políticas não devem ter os seus sentimentos e preocupações ignorados ou desprezados. Portanto, os vencedores, sem arrogância, devem continuar a expor com boa-fé, racionalidade e transparência suas motivações. Devem procurar ganhar, politicamente, o que obtiveram em juízo.[70] Já houve avanços iluministas conduzidos pelos tribunais que não prevaleceram, derrotados por convicções arraigadas no sentimento social. Foi o que se passou, por exemplo, em relação à pena de morte. Em *Furman v. Georgia*,[71] julgado em 1972, a Suprema Corte considerou inconstitucional a pena de morte, tal como aplicada em 39 estados da Federação.[72] O fundamento principal era o descritério nas decisões dos júris e o impacto desproporcional sobre as minorias. Em 1976, no entanto, a maioria dos estados havia aprovado novas leis sobre pena de morte, contornando o julgado da Suprema Corte. Em *Gregg v. Georgia*,[73] a Suprema Corte terminou por reconhecer a validade da nova versão da legislação penal daquele estado.

O constitucionalismo é produto de um conjunto de fatores históricos que incluem o contratualismo, o iluminismo e o liberalismo. Supremas Cortes de Estados democráticos devem atuar com fidelidade aos valores subjacentes a esses movimentos políticos e filosóficos que conformaram a condição humana na modernidade, assim como suas instituições. Porém, a realização da justiça, como qualquer empreendimento sob o céu, está sujeita a falhas humanas e a acidentes. Por vezes, em lugar de conter a violência, ser instrumento da razão e assegurar direitos fundamentais, tribunais podem eventualmente fracassar no cumprimento de seus propósitos. Na história americana, pelo menos duas decisões são fortes candidatas a símbolo das trevas, e não das luzes. A primeira foi *Dred Scott v. Sandford*,[74] de 1857, em que a Suprema Corte afirmou que negros não eram cidadãos americanos e, consequentemente, não tinham legitimidade para estar em juízo

---

[69] V. Justin McCarthy, U.S. *Support for Gay Marriage Stable After High Court Ruling* (Disponível em: http://www.gallup.com/poll/184217/support-gay-marriage-stable-high-court-ruling.aspx. Acesso em: 17 jul. 2015). A pesquisa realizada pelo Gallup, em que se baseia a matéria, aponta percentual de apoio de 58%. Pesquisa da Associated Press exibiu índices mais apertados: 42% a favor e 40% contra. Curiosamente, quando perguntados, na mesma pesquisa, se apoiavam ou não a decisão da Suprema Corte, 39% disseram-se a favor e 41% contra. V. David Crary e Emily Swanson, *AP Poll*: Sharp Divisions After High Court Backs Gay Marriage (Disponível em: http://www.lgbtqnation.com/2015/07/ap-poll-sharp-divisions-after-high-court-backs-gay-marriage/. Acesso em: 19 jul. 2015).

[70] Gordon Silverstein, *Law's Allure*: how law shapes, constrains, saves, and kills politics, 2009, p. 268: "O uso mais efetivo para as decisões judiciais é quando elas funionam como um ariete, quebrando barreiras políticas e institucionais. Mas a omissão em dar continuidade ao debate sobre o tema, utilizando a arte política da persuasão, coloca esses ganhos em risco se – e quase inevitavelmente, quando – o Judiciário mudar, novos juízes assumirem e novas correntes de interpretação ou novas preferências judiciais emergirem".

[71] 408 U.S. 238 (1972).

[72] Para um estudo da questão, v. Corinna Barret Lain, Upside-down judicial review, 12 jan. 2012, p. 12 e ss. (Disponível em: http://ssrn.com/abstract=1984060 or http://dx.doi.org/10.2139/ssrn.1984060).

[73] 428 U.S. 153 (1976).

[74] 60 U.S. 393 (1857).

postulando a própria liberdade. A decisão é considerada, historicamente, o pior momento da Suprema Corte.[75] Também merece figurar do lado escuro do constitucionalismo americano a decisão em *Korematsu v. United States*,[76] julgado em 1944, quando a Suprema Corte validou o ato do Executivo que confinava pessoas de origem japonesa, inclusive cidadãos americanos, em campos de internação (e encarceramento). A decisão, que afetou 120.000 pessoas,[77] é generalizadamente criticada,[78] tendo sido referida como "uma mancha na jurisprudência americana".[79]

No Brasil, o Supremo Tribunal Federal proferiu diversas decisões que podem ser consideradas iluministas no sentido exposto acima. A Corte, por exemplo, reconheceu as uniões entre pessoas do mesmo sexo como entidade familiar e estendeu-lhes o regime jurídico aplicável às uniões estáveis heteroafetivas, com base no direito à não discriminação em razão do sexo e na proteção constitucional conferida à família.[80] Em 2016, julgou inconstitucional norma que regulava a vaquejada, antiga manifestação cultural do nordeste do país em que uma dupla de vaqueiros, montada a cavalos, busca derrubar o touro em uma área demarcada. Apesar da popularidade da prática, o Tribunal entendeu que ela ensejava tratamento cruel de animais vedado pela Constituição Federal.[81] Mais recentemente, a Corte declarou a inconstitucionalidade do crime de aborto até o terceiro mês de gestação, com base nos direitos sexuais e reprodutivos das mulheres, em seu direito à autonomia, à integridade física e psíquica e à igualdade.[82] No que tange a tais casos, evidências indicam que o Tribunal decidiu em desacordo com a visão dominante na população e no Legislativo, marcadamente conservador.[83]

---

[75] Robert A. Burt, What was wrong with Dred Scott, what's right about Brown. Washington and Lee Law Review 42:1, 1985, p. 1 e 13: "No Supreme Court decision has been more consistently reviled than Dred Scott v. Sandford. Other decisions have been attacked, even virulently, by both contemporary and later critics; [...] But of all the repudiated decisions, *Dred Scott* carries the deepest stigma. [...] *Dred Scott* may have proven the Supreme Court's unreliability as a wise guide, as a moral arbiter, for a troubled nation".

[76] 323 U.S. 214 (1944).

[77] Evan Bernick, Answering the Supreme Court's Critics: The Court Should Do More, Not Less to Enforce the Constitution. *The Huffington Post*, 23 out. 2015. Disponível em: http://www.huffingtonpost.com/evan-bernick/answering-the-supreme-cou_b_8371148.html. Acesso em: 18 jan. 2016.

[78] Noah Feldman. Why Korematsu Is Not a Precedent. *The New York Times*, 18 nov. 2016. Disponível em: https://www.nytimes.com/2016/11/21/opinion/why-korematsu-is-not-a-precedent.html?_r=0. Acesso em 18 jan. 2016.

[79] V. Carl Takei, The incarceration of Japanese Americans in World War II Does Not Provide a Legal Cover for Muslim Registry. *Los Angeles Times*, 27 nov. 2016. Disponível em: http://www.latimes.com/opinion/op-ed/la-oe-takei-constitutionality-of-japanese-internment-20161127-story.html. Acesso em: 18 jan. 2016.

[80] STF, Pleno. ADI nº 4.277. Rel. Min. Ayres Britto. *DJe*, 14 out. 2011.

[81] STF, Pleno. ADI nº 4.983. Rel. Min. Marco Aurélio, j. 16.12.2016. Lamentavelmente, uma emenda constitucional foi aprovada posteriormente à decisão, com vistas a superá-la, procurando legitimar a prática considerada cruel pelo STF. V. Emenda Constitucional nº 96, promulgada em 6.6.2017.

[82] STF, Primeira Turma. HC nº 124.306. Rel. Min. Marco Aurélio. Rel. p/ acórdão Min. Luís Roberto Barroso, j. 29.11.2016.

[83] Quanto às uniões homoafetivas, pesquisa do Ibope indicou que 55% da população era contra seu reconhecimento (Ibope: 55% da população é contra união civil gay. *Revista Época*, 28 jul. 2011. Disponível em: http://revistaepoca. globo.com/Revista/Epoca/0,,EMI252815-15228,00.html). A decisão a respeito da vaquejada foi objeto de emenda constitucional com o propósito de assegurar a continuidade da prática. A emenda foi aprovada no Senado e seguiu para apreciação da Câmara dos Deputados (Disponível em: https://www25.senado.leg.br/web/atividade/materias/-/materia/127262, acesso em: 27 mar. 2017). Por fim, a declaração de inconstitucionalidade da criminalização do aborto no primeiro trimestre de votação motivou protestos de parlamentares e provocou a constituição de comissão na Câmara dos Deputados para buscar reverter a decisão do STF (Marina Rossi, Câmara faz ofensiva para rever decisão do Supremo sobre aborto: Na mesma noite em que o STF determina que aborto até o terceiro mês não é crime, deputados instalam comissão para rever a decisão, *El País – Brasil*, 2 dez. 2016. Disponível em: http://brasil.elpais.com/brasil/2016/11/30/politica/1480517402_133088.html. Acesso em: 27 mar. 2017).

O papel iluminista também se manifesta em diversos casos paradigmáticos decididos por cortes estrangeiras. No famoso caso *Lüth*,[84] o Tribunal Constitucional Federal alemão reconheceu a possibilidade de reinterpretar normas infraconstitucionais de direito privado, à luz dos valores expressos pelos direitos fundamentais.[85] A decisão foi considerada o marco inicial do processo de constitucionalização do direito, e possibilitou, na Alemanha, uma verdadeira revolução no direito civil.[86] Contudo, sua relevância era possivelmente difícil de acessar, à época, pela população em geral.[87] Em 1995, em sua primeira grande decisão, e ainda sob a Constituição interina que regeu a transição no país, a recém-criada Suprema Corte da África do Sul aboliu a pena de morte, pondo fim a uma prática de décadas de execução de criminosos condenados por crimes graves, em sua maioria negros.[88] Diferentemente do que se possa imaginar, a decisão foi contrária à boa parte da população, havendo, ainda hoje, partidos e grupos organizados formados por brancos e negros em favor do retorno da pena capital. Em 2014, em um caso que se tornou bastante famoso devido ao seu ineditismo, a Suprema Corte da Índia reconheceu aos transgêneros o direito à autoidentificação de seu sexo como masculino, feminino ou "terceiro gênero".[89] Também ordenou que o governo tome medidas para promover a conscientização da população e promova políticas que facilitem o acesso de transgêneros a empregos e instituições de ensino.

Antes de concluir, é pertinente uma última reflexão. Foi dito que cortes constitucionais podem desempenhar três papéis: contramajoritário, representativo e iluminista. Isso não quer significar que suas decisões sejam sempre acertadas e revestidas de uma legitimação *a priori*. Se o Tribunal for contramajoritário quando deveria ter sido deferente, sua linha de conduta não será defensável. Se ele se arvorar em ser representativo quando não haja omissão do Congresso em atender a determinada demanda social, sua ingerência será imprópria. Ou se ele pretender desempenhar um papel iluminista fora das situações excepcionais em que deva, por exceção, se imbuir da função de agente da história, não haverá como absolver seu comportamento. Além disso, cada um dos papéis pode padecer do vício da desmedida ou do excesso: o papel contramajoritário pode degenerar em excesso de interveção no espaço da política, dando lugar a uma indesejável ditadura do Judiciário; o papel representativo pode desandar em populismo judicial, que é tão ruim quanto qualquer outro; e a função iluminista tem como antípoda o desempenho eventual de um papel obscurantista, em que a suprema corte ou tribunal constitucional, em lugar de empurrar, atrasa a história.

---

[84] BVerfGE 7, 198, Lüth-Urteil, j. 15.01.1958.

[85] Peter E. Quint, Free Speech and Private Law in German Constitutional Theory. *Maryland Law Review*, v. 48, n. 2, p. 247-290, 1989.

[86] Luís Roberto Barroso, Neoconstitucionalismo e constitucionalização do direito: o triunfo tardio do Direito Constitucional no Brasil. *Jus Navigandi*, nov. 2005. Disponível em: https://jus.com.br/artigos/7547/neoconstitucionalismo-e-constitucionalizacao-do-direito/2. Acesso em: 31 mar. 2017.

[87] No caso, Lüth, presidente do Clube de Imprensa de Hamburgo, defendeu, com base no direito constitucional à liberdade de expressão, a legitimidade da convocação de um boicote a um filme dirigido por um cineasta nazista. O cineasta e seus parceiros comerciais, por sua vez, alegavam que o Código Civil alemão vedava a medida. Na oportunidade em que o caso foi decidido pelo Tribunal Constitucional Federal, o filme já havia sido veiculado e fora um sucesso de bilheteria, de modo que, neste aspecto prático, a decisão tinha baixa repercussão pública. V. Justin Collings, *Democracy's Guardians*: A History of the German Federal Constitutional Court 1951-2001. Nova Iorque: Oxford University Press, 2015, p. 57-62; Frank Noack, *Veit Harlan*: The Life and Work of a Nazi Filmmaker. Lexington: The University Press of Kentucky, 2016.

[88] *S v. Makwanyane and Another* (CCT3/94) [1995].

[89] *National Legal Services Authority v. Union of India*, 2014.

Felizmente, sociedades democráticas e abertas, com liberdade de expressão, debate público e consciência crítica, costumam ter mecanismos eficientes para evitar esses males. Para que não haja dúvida: sem armas nem a chave do cofre, legitimado apenas por sua autoridade moral, se embaralhar seus papéis ou se os exercer atrabiliariamente, qualquer Tribunal caminhará para o seu ocaso político. Quem quiser se debruçar sobre um *case* de prestígio mal exercido, de capital político malbaratado, basta olhar o que se passou com as Forças Armadas no Brasil de 1964 a 1985. E quantos anos no sereno e com comportamento exemplar têm sido necessários para a recuperação da própria imagem.

3 Conclusão

O presente ensaio procurou explorar alguns temas relevantes e recorrentes do direito constitucional contemporâneo, dentro de um cenário de intensa circulação mundial de ideias, inúmeras publicações específicas e de sucessivos encontros internacionais envolvendo acadêmicos e juízes constitucionais de diferentes países. Cultiva-se, crescentemente, a imagem de um constitucionalismo global. Para evitar ilusões, deve-se registrar, desde logo, que ele não corresponde à criação de uma ordem jurídica única, com órgãos supranacionais destinados a fazê-la cumprir. Esta é uma ambição fora de alcance na quadra atual. Mais realisticamente, constitucionalismo global se traduz na existência de um patrimônio comum de valores, conceitos e instituições que aproximam os países democráticos, criando uma gramática, uma semântica e um conjunto de propósitos comuns.

As democracias contemporâneas são feitas de votos, direitos e razões. Juízes e tribunais, como regra, não dependem de votos, mas vivem da proteção de direitos e do oferecimento de razões. Nesse ambiente, Supremas Cortes e Cortes Constitucionais desempenham três grandes papéis: contramajoritário, quando invalidam atos dos poderes eleitos; representativo, quando atendem a demandas sociais não satisfeitas pelas instâncias políticas; e iluminista, quando promovem avanços civilizatórios independentemente das maiorias políticas circunstanciais. Esta última competência, como intuitivo, deve ser exercida em momentos excepcionais e com grande cautela, pelo risco autoritário que envolve. Mas a proteção de negros, mulheres, homossexuais e minorias em geral não pode mesmo depender de votação majoritária ou pesquisa de opinião.

Por fim, mesmo nos países em que uma Corte dá a última palavra sobre a interpretação da Constituição e a constitucionalidade das leis, tal fato não a transforma no único – nem no principal – foro de debate e de reconhecimento da vontade constitucional a cada tempo. A jurisdição constitucional deve funcionar como uma etapa da interlocução mais ampla com o legislador e com a esfera pública, sem suprimir ou oprimir a voz das ruas, o movimento social e os canais de expressão da sociedade. Nunca é demais lembrar que o poder emana do povo, não dos juízes.

Informação bibliográfica deste texto, conforme a NBR 6023:2018 da Associação Brasileira de Normas Técnicas (ABNT):

BARROSO, Luís Roberto. Os três papéis desempenhados pelas supremas cortes nas democracias constitucionais contemporâneas. *In*: MORAES, Alexandre de; MENDONÇA, André Luiz de Almeida (Coord.). *Democracia e sistema de justiça*: obra em homenagem aos 10 anos do Ministro Dias Toffoli no Supremo Tribunal Federal. Belo Horizonte: Fórum, 2020. p. 365-383. ISBN 978-85-450-0718-0.

LEITURAS CONSTITUCIONAIS DA ABSOLVIÇÃO GENÉRICA DIANTE DA SOBERANIA DO JÚRI

LUIZ EDSON FACHIN

PAULO MARCOS DE FARIAS

Apresentação

Motivam o presente texto pronunciamentos que se apresentam ao debate jurídico contemporâneo nucleados em torno da garantia constitucional projetada na soberania dos veredictos do Tribunal do Júri. A matéria tem mostrado controvérsia em julgamentos recentes nomeadamente quando ocorre a absolvição diante de quesitação inquinada de generalização formulativa.

Traduz-se, pois, aspecto de uma mirada à luz da Constituição da República de 1988, focalizando limites e possibilidades que a empiria dos precedentes auxilia na contribuição necessária à realização do justo para os casos concretos.

1 Notas introdutórias acerca do Tribunal do Júri

Quem deve ser o juiz? O arrostar dessa indagação, formulada em preciosa obra de Luigi Ferrajoli,[1] perpassou incólume de certeza pela história das instituições judiciárias, mediante a antítese entre o juiz espectador e neutral, dotado de mais prudência que sapiência e, por isso, afeito aos sistemas de tradição acusatória, *versus* o juiz representante do interesse punitivo, indissociável do modelo inquisitório.

Essa dicotomia quanto ao modelo de juiz assume notório antagonismo ante a legitimidade da instituição do júri, projetando-se nos debates travados por doutrinadores clássicos. Conforme ilustrado por Luigi Ferrajoli:[2]

---

[1] FERRAJOLI, Luigi. *Direito e razão*: teoria do garantismo penal. São Paulo: Revista dos Tribunais, 2002. p. 460.

[2] FERRAJOLI, Luigi. *Direito e razão*: teoria do garantismo penal. São Paulo: Revista dos Tribunais, 2002. p. 461.

Giovanni Carmignani, por exemplo, combateu duramente o instituto do júri em nome do valor garantista por ele atribuído à motivação das sentenças, de costume considerado impossível para os juízes não técnicos ou populares; enquanto Francesco Carrara sustentou não menos firmemente tese oposta, em nome do valor democrático por ele associado aos juízes populares e das perversões burocráticas e inquisitórias por outro lado decorrentes da atividade dos juízes profissionais.

Digressão histórica remonta o hodierno júri à Magna Carta inglesa, quando sua presença esteva comumente vinculada a movimentos diversos, como os despontados pela Revolução Francesa e aqueles conduzidos pelos ideais da cultura iluminista.[3]

Em nosso ordenamento jurídico nacional, o procedimento do júri adveio como norma infraconstitucional editada em junho de 1822,[4] intitulada Juízo dos Jurados para o julgamento de crimes de imprensa, alçando, após, *status* constitucional com a promulgação da Constituição do Império de 1824,[5] sob forte influência inglesa.

Com o fim do Império, o júri manteve-se expresso na Constituição da República dos Estados Unidos do Brasil de 1891,[6] no capítulo referente a cidadãos brasileiros e na seção da declaração dos direitos, tendo sido, por ocasião da Constituição de 1934,[7] deslocado para o capítulo *Do Poder Judiciário*, com organização e atribuições cometidas à lei.

Conquanto o silêncio na Carta outorgada de 1937, quando em vigor o Estado Novo e a ditadura instituída por Getúlio Vargas, permanecera regulado no ordenamento jurídico nacional com a edição do Decreto nº 167, de 5.1.1938,[8] ainda sem o lastro da soberania dos vereditos.

Sob a influência desse contexto histórico repressivo, sobreveio o Código de Processo Penal de 1941[9] normatizando de modo amplo o funcionamento do Tribunal do Júri.

Posteriormente, diante do processo de redemocratização no país, a Constituição de 1946[10] devolveu-lhe o assento constitucional, com a previsão inédita da soberania dos veredictos. O júri assim permaneceu na Constituição de 1967,[11] e na Emenda nº 1, de 1969,[12] fora excluída a menção à sua soberania.

---

[3]   FERRAJOLI, Luigi. *Direito e razão*: teoria do garantismo penal. São Paulo: Revista dos Tribunais, 2002. p. 462.

[4]   Decreto de 18.6.1822. "O Corregedor do Crime da Côrte e Casa, que por este nomeio Juiz de Direito nas causas de abuso da liberdade da imprensa, e nas Provincias, que tiverem Relação, o Ouvidos do crime, e o de Comarca nas que não o tiverem, nomeará nos casos occurrentes, e a requerimnto do Procurador da Corôa e Fazenda, que será o Promotor e Fiscal de taes delictos, 24 cidadãos escolhidos de entre os homens bons, honrados, intelligentes e patriotas, os quaes serão os Juizes de Facto, para conhecerem da criminalidade dos escriptos abusivos".

[5]   "Art. 151. O Poder Judicial independente, e será composto de Juizes, e Jurados, os quaes terão logar assim no Civel, como no Crime nos casos, e pelo modo, que os Codigos determinarem. Art. 152. Os Jurados pronunciam sobre o facto, e os Juizes applicam a Lei".

[6]   Art. 72, §31: "É mantida a instituição do jury".

[7]   "Art. 72. É mantida a instituição do júri, com a organização e as atribuições que lhe der a lei".

[8]   Regula a instituição do júri (arts. 1º a 107).

[9]   Capítulo II – Do procedimento relativo aos processos da competência do tribunal do júri (arts. 406 a 497).

[10] Art. 141, §28: "É mantida a instituição do júri, com a organização que lhe der a lei, contanto que seja sempre ímpar o número dos seus membros e garantido o sigilo das votações, a plenitude da defesa do réu e a soberania dos veredictos. Será obrigatoriamente da sua competência o julgamento dos crimes dolosos contra a vida".

[11] Art. 150, §18: "São mantidas a instituição e a soberania do júri, que terá competência no julgamento dos crimes dolosos contra a vida".

[12] Art. 153, §18: "É mantida a instituição do júri, que terá competência no julgamento dos crimes dolosos contra a vida".

Impactado, então, pelo espírito constitucional de inspiração democrática, o Tribunal do Júri, no texto da Constituição Federal de 1988,[13] alcançou o caráter de garantia individual com *status* de cláusula pétrea, tornando-se insuscetível de restrições nos postulados reitores da plenitude da defesa, do sigilo das votações, da soberania dos veredictos e da competência para o julgamento dos crimes dolosos contra a vida.

Preceitos edificadores dessa nova ordem fundante estão, por certo, imbuindo as funções legiferantes estatais, a exemplo das verificadas no texto do Código de Processo Penal com a edição da Lei nº 11.689/2008.

2 Reforma no procedimento do Tribunal do Júri pela Lei nº 11.689/2008 e suas repercussões no sistema de quesitação

Com o propósito de modernizar e simplificar o processo penal brasileiro, foram implementadas alterações legislativas pela Lei nº 11.689/2008, com relevantes modificações, sobretudo quanto ao modo de formulação dos quesitos ao Conselho de Sentença, entre outras dispersas na lei adjetiva penal.

Disciplinado de modo autônomo nos arts. 406 a 497 do Código de Processo Penal, o procedimento escalonado do júri passou por alterações no intento de tornar mais célere a fase da formação da culpa – *judicium acusationis* –, compreendida desde o oferecimento da denúncia ou queixa até as decisões do juiz singular de pronúncia, impronúncia, absolvição sumária ou desclassificação. Inovou-se, por exemplo, na instrução processual, caracterizada a partir de então pela concentração de atos em audiência una e previsão de debates orais, após os quais os autos são conclusos ao juiz singular para, em 90 (noventa dias), decidir se pronuncia ou não o acusado.[14]

Autorizada a deflagração da *judicium causae*, e, após a preparação do processo para julgamento, inaugura-se a segunda etapa com o julgamento de mérito pelo tribunal popular, composto pelo Juiz-Presidente, responsável pela direção e condução de todo o procedimento, e por 25 (vinte e cinco) jurados, dos quais 7 (sete) serão sorteados para integrar o Conselho de Sentença, órgão a quem incumbe o julgamento da causa.[15]

Ainda estimulado pela agilidade e modernização do procedimento do Tribunal do Júri, o legislador ordinário extinguiu o libelo acusatório e, por consequência, a contrariedade ao libelo, de modo que, atualmente, os jurados apenas recebem relatório escrito elaborado pelo Juiz-Presidente com resumo das principais peças e cópia da pronúncia.[16]

Alterações substanciosas também foram as verificadas na forma de quesitação, para o fim de torná-la menos complexa à compreensão dos jurados. Desse modo, após questionados sobre a materialidade e autoria delitiva, indaga-se: o jurado absolve o

---

[13] "Art. 5º; XXXVIII: "É reconhecida a instituição do júri, com a organização que lhe der a lei, assegurados: a) a plenitude de defesa; b) o sigilo das votações; c) a soberania dos veredictos; d) a competência para o julgamento dos crimes dolosos contra a vida".

[14] Código de Processo Penal. Seção I – Da Acusação e da Instrução Preliminar. Seção II – Da Pronúncia, da Impronúncia e da Absolvição Sumária (arts. 406 a 421).

[15] Código de Processo Penal. Seção III – Da Preparação do Processo para Julgamento em Plenário. Seção IV – Do Alistamento dos Jurados. Seção V – Do Desaforamento. Seção VI – Da Organização da Pauta (arts. 422 a 431).

[16] "Art. 417. O libelo, assinado pelo promotor, conterá: I - o nome do réu; II - a exposição, deduzida por artigos, do fato criminoso; III - a indicação das circunstâncias agravantes, expressamente definidas na lei penal, e de todos os fatos e circunstâncias que devem influir na fixação da pena; IV - a indicação da medida de segurança aplicável".

acusado? Se a opção for pela condenação, a votação prossegue com questionamentos acerca de causas de diminuição da pena, circunstância qualificadora ou causa de aumento da pena.[17]

Incomunicáveis, os jurados respondem a questionário de perguntas e, ante o novel dispositivo, podem formar sua convicção sobre a não responsabilidade criminal do acusado, sem imiscuir-se, de modo individualizado, nas teses defensivas.

Sem perder de vista, portanto, o duplo intento legislativo de promover celeridade ao julgamento e de tornar os quesitos mais compreensíveis aos integrantes do Tribunal Popular, muito se tem debatido quanto ao alcance e abrangência do quesito genérico, cujas leituras constitucionais serão objeto deste estudo, sem o propósito de apresentar teses definitivas da matéria em aberto.

Norteado pelos ideais constitucionais aplicáveis à instituição do júri, o legislador ordinário adicionou capítulo reservado à quesitação denominado *Do Questionário e sua Votação*, preconizando quesitos concisos a serem formulados aos jurados, de conteúdo mais plausível de entendimento àqueles que, desconhecendo as normas de direito, incumbem julgar o caso.

Integrante da comissão formada para os estudos e proposição do projeto de lei de reforma do Código de Processo Penal, o jurista Rui Stoco enuncia acerca do novo método de quesitação do júri:

> Quer a lei que os quesitos sejam redigidos em proposições simples e distintas, de maneira que cada um deles possa ser respondido com suficiente clareza e necessária precisão (art. 482, parágrafo único). [...]
>
> Assim, o questionário é sensivelmente simplificado, perdendo em complexidade e ganhando em objetividade e simplicidade.
>
> O Conselho de Sentença será questionado apenas sobre matéria de fato por razões óbvias antes esclarecidas.
>
> Os quesitos devem ser redigidos em proposições afirmativas, simples e distintas, não se permitindo sua formulação em indagações negativas, atendendo à justa crítica reiteradamente feita pelos especialistas nessa área.[18]

Nessa ordem de ideias, o alto grau de abstração e subjetividade caracterizadores do quesito genérico conferem-lhe singular relevância na dinâmica do procedimento do Tribunal do Júri, ao comportar, por certo, o livre exercício da íntima convicção na resposta elaborada por cada um dos jurados.

Delimitada *ope legis*, a antes referida fonte dos quesitos advém da literalidade do parágrafo único do art. 482 do Código de Processo Penal, segundo o qual, "na sua elaboração, o presidente levará em conta os termos da pronúncia, ou das decisões posteriores que julgaram admissível a acusação, do interrogatório e das alegações das

---

[17] "Art. 483. Os quesitos serão formulados na seguinte ordem, indagando sobre: I - a materialidade do fato; II - a autoria ou participação; III - se o acusado deve ser absolvido; IV - se existe causa de diminuição de pena alegada pela defesa; V - se existe circunstância qualificadora ou causa de aumento de pena reconhecidas na pronúncia ou em decisões posteriores que julgaram admissível a acusação".

[18] STOCO, Rui. Os quesitos no procedimento relativo aos processos da competência do Tribunal do Júri (Lei n. 11.689, de 09.06.2008, que alterou dispositivos do Código de processo penal). *Revista Jurídica*, Porto Alegre, v. 56, n. 369, p. 121-126, jul. 2008.

partes", a demonstrar a amplitude da intelecção dos jurados sobre a matéria fática retratada em juízo.

Decerto, os limites espaciais demarcados em lei não conseguem neutralizar a extensa abstração contida no terceiro quesito, adjetivado, não por outro motivo, de genérico. Inegável, por isso, que tal indagação, ao tempo em que potencializa a soberania do júri, propiciando-lhe maior autonomia de decidir, minimiza as formas de controle desse pronunciamento do jurado leigo, eis que chamado a manifestar seu senso de justiça sem a necessidade de, diante de questão genérica, enunciar justificativa diversa.

Almejava-se que o implemento da nova sistemática, com a salutar inversão e o acréscimo do inovador quesito em substituição ao antigo modelo que propunha quantas indagações bastassem a julgar cada tese defensiva, somado à formulação de proposições afirmativas e sintéticas, cujas respostas tendem a ser igualmente claras e precisas, colocaria fim as recorrentes nulidades arguidas em face da atuação do Tribunal do Júri, reduzindo sobremodo a denominada "fábrica de nulidades e de controle sobre os cidadãos do júri".[19]

A par dessa logicidade e sistemática cunhadas pela inovação legislativa, a introdução do quesito genérico trouxe consigo inevitável celeuma: é possível o jurado absolver o acusado por causa imperscrutável, ou seja, não propriamente alegada pelas partes ou conjecturada no ato do interrogatório, como a clemência; há o jurado que se ater aos limites de atuação do art. 482 do Código de Processo Penal?

À luz de todo esse cenário, constitui desafio ao intérprete constitucional elucidar o mais adequado alcance da indagação "se o acusado deve ser absolvido?", objeção que mobiliza teóricos e práticos do direito.

3 Aplicação do quesito genérico e sua compreensão pretoriana

Críticas severas recaíram, após a reforma processual penal, quanto ao terceiro quesito,[20] cujo conteúdo alargado propiciaria julgamento desprovido de mínima coesão, porquanto possível de ser fundamentado em quaisquer das teses defensivas congregadas na indagação abstrata.

Aponta-se, nessa medida e invocando o direito comparado, que a aparente adoção do sistema *guilty or not guilty* (culpado ou não culpado) do direito anglo-saxão "pela metade, no Brasil, em que o Júri é totalmente o oposto desse sistema, somente poderia gerar uma cristalina violação da Constituição Federal", afirmada, aqui, pelo sigilo das votações e, por conseguinte, pela incomunicabilidade dos jurados.[21] Conclui-se, à vista dessa primordial diferença, que se fosse permitido aos jurados procederem ao debate e à

---

[19] SILVA, Marco Antônio. O quesito III do art. 483 do CPP, segundo a redação que lhe foi dada pela Lei nº 11.689, de 9 de junho de 2008. *Jurisp. Mineira*, Belo Horizonte, ano 60, nº 188, p. 29-60, jan./mar. 2009.

[20] Nesse sentido, Marco Antônio Silva, no artigo supracitado, reporta-se à compreensão do "magistrado paranaense Marcos Caires Luz [de] que a metodologia adotada pelo legislador no art. 483 do Código de Processo Penal, com a redação dada pela Lei nº 11.689, de 9 de junho de 2008, é matematicamente falha, atentando contra a exigência constitucional da absoluta eficiência na aferição da vontade manifestada pelos jurados, bem como atenta também contra a determinação de que a decisão dos jurados será tomada por uma verdadeira maioria, conforme o art. 488 do vigente Código de Processo Penal, reproduzido no art. 489 do texto trazido pela Lei nº 11.689, de 9 de junho de 2008".

[21] Nesse sentido: GOMES, Márcio Schlee. Críticas à nova quesitação do Júri. *Revista do Ministério Público do RS*, n. 62, nov. 2008/abr. 2009.

discussão das teses lançadas pelas partes, "não haveria qualquer problema em perguntar se o réu é culpado ou inocente".

A propósito, a instituição do júri, de inspiração do *common law* inglês, foi muito bem incorporada às práticas judiciárias norte-americanas,[22] sendo positivada na "Sexta e Sétima Emendas de 1791, na esfera criminal e cível, respectivamente", constando, portanto, da "extensa e detalhada regulamentação constitucional limitativa do direito estatal de restringir a liberdade dos cidadãos e punir os ilícitos", "fundamental ao vigor e efetividade do regime das liberdades". De bases democráticas consolidadas, "o engajamento dos cidadãos na administração cotidiana da coisa pública e a consequente sensibilidade e receptividade dos órgãos do Estado aos seus anseios e necessidades, é nitidamente visível na justiça criminal americana e particularmente na instituição do júri", cujo contrapeso do corpo de jurados revela "o máximo freio possível a um eventual despotismo judicial", a impor-se "exatamente onde o nervo da justiça é mais sensível – a esfera das sanções penais".

Retornando ao solo pátrio e à luz da garantia democrática contemplada pela estrutura do Tribunal do Júri, concepção não exauriente que se pode depreender do sentido do quesito abstrato pode induzir, numa primeira avaliação, à verdadeira potencialização da soberania dos veredictos, porquanto passíveis de serem expressados por motivos diversos e, por isso, vocacionados ao não controle.

O extremo grau de abstração desse referido quesito condiz com as primeiras leituras pretorianas sobre as inovações infraconstitucionais, tendo em vista que, chamado a se pronunciar sobre o tema, o Superior Tribunal de Justiça, em manifestação reproduzida por ambas as suas Turmas,[23] assentou congregar o quesito genérico a toda a argumentação defensiva no Plenário, sendo desnecessário avançar na quesitação individualizada, ou seja, em relação a cada uma das teses suscitadas, quando a resposta ao quesito absolutório consistir em *sim*.

Nesses exatos termos, expôs o Tribunal da Cidadania:

> 2. Hipótese em que a única tese ventilada pela defesa perante o Conselho de Sentença foi a de legítima defesa. 3. Na atual sistemática do Tribunal do Júri, não há mais quesitos específicos sobre a absolvição, pois o Legislador Pátrio, ao editar a Lei n.º 11.689/08, determinou que todas as teses defensivas, no ponto, fossem abrangidas por uma única quesitação obrigatória (art. 483, inciso III, do Código de Processo Penal). 4. Ao concentrar as teses absolutórias no terceiro quesito do Tribunal do Júri ("o jurado absolve o acusado?"), a lógica do Legislador foi a de impedir que os jurados fossem indagados sobre questões técnicas. Assim, declarada a absolvição pelo Conselho de Sentença, com resposta afirmativa de mais de três juízes leigos à referida quesitação, o prosseguimento do julgamento para verificação de excesso doloso constituiu constrangimento manifestamente ilegal ao direito ambulatorial do Paciente. (HC nº 190.264. Rel. Min. Laurita Vaz, Quinta Turma. *DJe*, 2 set. 2014)

Essa opção, como se constata, buscou alinhar-se ao intento legislativo de otimizar e simplificar a arguição dos jurados, os quais, não sendo chamados a responder

---

[22] ARAÚJO, Nádia. O Tribunal do Júri nos Estados Unidos – sua evolução histórica e algumas reflexões sobre seu estado atual. *Revista Brasileira de Ciências Criminais*, v. 15, p. 200-2016, jul./set. 1996.

[23] Nesse sentido: HC nº 190.264. Rel. Min. Laurita Vaz, Quinta Turma. *DJe*, 2 set. 2014 e HC nº 137.710. Rel. Min. Og Fernandes, Sexta Turma. *DJe*, 21 fev. 2011.

questionário preenchido por expressões técnicas e arcaicas, detêm melhores condições de exercer a íntima convicção.

Sedimentada, então, tal questão, outros temas passaram a surgir no âmbito da Corte Superior de Justiça, como a controvérsia atinente à obrigatoriedade da formulação do quesito genérico, numa análise paralela com as perguntas antecedentes.

Especificamente quanto a esse debate, merecem destaque os seguintes julgados, citados à luz de como foram ementados:

> [...] 5. Nos termos do §2º do artigo 483 do CPP, reconhecida a autoria e a materialidade pelo Conselho de Sentença, deve-se indagar, obrigatoriamente, se "o jurado absolve o acusado?". Trata-se, pois, de quesito genérico de absolvição, que deve ser formulado independente das teses defensivas sustentadas em Plenário. 6. Ademais, a teor do disposto no §4º do dispositivo em comento, pleiteada a desclassificação do crime de homicídio para outro de competência do juiz singular, como ocorreu nos autos, é obrigatória a formulação do quesito correspondente, após o segundo ou terceiro quesitos, conforme o caso. 7. Admitida a existência do fato e reconhecida a autoria do crime, questionada, em seguida, a respeito da tentativa e tendo os jurados respondido afirmativamente, tornou-se prejudicada a votação de qualquer quesito relativo à tese de desclassificação do delito, que tem por objetivo apurar a competência do Júri. 8. Entretanto, mantido o crime doloso contra a vida, o terceiro quesito não foi formulado pelo Juiz Presidente, conforme reza o art. 483, III, §2º, do Código de Processo Penal. 9. Cuida-se de quesito obrigatório, cuja ausência de formulação induz à nulidade absoluta do julgamento, mesmo que a tese defensiva tenha repercussão diversa da absolvição, atraindo, assim, a incidência da Súmula nº 156/STF. (HC nº 137.710. Rel. Min. Og Fernandes, Sexta Turma. *DJe*, 21 fev. 2011)

> [...] Nos termos do art. 483, III, do Código de Processo Penal, com a redação conferida pela Lei n.º 11.689/08, é obrigatória a formulação e resposta pelos Jurados do quesito geral referente à absolvição do réu, ainda que a única tese defensiva seja a negativa de autoria, implicando sua ausência nulidade absoluta da sessão de julgamento realizada pelo Júri Popular. (REsp nº 1.302.455. Rel. Min. Maria Thereza de Assis Moura, Sexta Turma. *DJe*, 29 maio 2014)

> [...] 2. Segundo a jurisprudência do Superior Tribunal de Justiça, o quesito previsto no art. 483, III, do Código de Processo Penal, é obrigatório e, dessa forma, não pode ser atingido pela regra da prejudicialidade descrita no parágrafo único do art. 490 do mesmo diploma legal. Precedentes. O fato de a decisão dos jurados se distanciar das provas coletadas durante a instrução criminal não justifica a renovação da votação ou caracteriza contrariedade entre as respostas. Eventual discordância da acusação deve ser abordada por meio do recurso próprio, nos termos do art. 593, III, alínea d, do Código de Processo Penal. 3. Os jurados são livres para absolver o acusado, ainda que reconhecida a autoria e a materialidade do crime, e tenha o defensor sustentado tese única de negativa de autoria. (HC nº 206.008. Rel. Min. Marco Aurélio Bellizze, Quinta Turma. *DJe*, 25 abr. 2013)

Como se percebe, em convergentes e reiterados pronunciamentos, o Superior Tribunal de Justiça sedimentou a orientação pela obrigatoriedade da arguição do quesito, entendimento ulteriormente chancelado no âmbito do Supremo Tribunal Federal.

Em emblemático pronunciamento unipessoal, o Ministro Gilmar Mendes sumariou os seguintes aspectos:

O quesito genérico quanto à absolvição passou a ser obrigatório desde a edição da Lei 11.689/2008, que trouxe a atual redação do §2º e do inc. III do caput, ambos do art. 483 do CPP. Somente não é feita a indagação em tela se o quesito quanto à materialidade ou o quanto à autoria/participação forem respondidos negativamente, na forma do §1º do referido art. 483 e do §ú. do art. 490 do *Codex* processual penal. E esse quesito engloba tudo quanto alegado em favor do réu pela defesa, nos debates que antecedem a votação pelos jurados, sem que seja necessário quesitação técnica quanto aos componentes de eventuais excludentes alegadas. Tal é a abrangência desse quesito, que mesmo que os jurados respondam positivamente quanto à autoria/participação e a negativa de autoria seja a única tese alegada pela defesa, ainda assim não se mostra contraditório responderem positivamente quanto ao quesito da absolvição. Os jurados sempre podem absolver por clemência aquele que consideraram com participação no fato. A clemência compõe juízo possível dentro da soberania do Júri, ainda que dissociada das teses da defesa. (RE nº 982.162. *DJe*, 4 set. 2018)

À luz desse aspecto cogente incorporado ao quesito, tal como haurido pelos pronunciamentos judiciais, deflui-se a legitimidade da íntima convicção do jurado como expressão mais combatente da soberania dos veredictos.

Nada obstante, há compreensões contrárias que insistem em asseverar que respostas positivas aos dois primeiros quesitos, com o consequente reconhecimento da materialidade e autoria delitivas, tornaria automaticamente dispensável a arguição da terceira interrogação, ao menos nos casos de suscitada a negativa de autoria como única tese defensiva, sob pena de tornar concreta a contradição entre os veredictos, com a potencial possibilidade de cassação do édito absolutório.[24]

Nessa perspectiva simplista, não se pode perder de vista que o quesito genérico comporta somente pronunciamento absolutório, eis que, para a condenação, informada pelo princípio do *in dubio pro reo*, torna-se imprescindível assentar a certeza objetiva da verdade processual fática.

4 Enfrentamento de problemática de maior dimensão quanto à eficácia do veredicto absolutório do Conselho de Sentença

Impasse interpretativo de maior delicadeza advém do cotejo entre o princípio da soberania dos veredictos e a possibilidade de controle pelo Poder Judiciário das decisões reputadas manifestamente contrárias à prova dos autos proferidas pelo Tribunal do Júri.

Sob enfoques substancialmente contrapostos, essa contenda sobressalente sagra-se protagonista nos debates jurídicos, a denotar que a matéria está longe de ser objeto de interpretação unívoca.

No plano doutrinário, emergem as concepções dissonantes de Eugênio Pacelli e Guilherme de Souza Nucci, cujas lições seguem transcritas:

---

[24] Nesse sentido: "Se a tese da defesa foi, única e exclusivamente, negativa de autoria, a absolvição reconhecida pelos jurados, no terceiro quesito (obrigatório) conflita com a resposta afirmativa dos leigos para os dois primeiros. Plausível, portanto, e até recomendada a repetição da série quesitária, após explicação aos jurados sobre o ocorrido, nos termos do art. 490 do Código de Processo Penal" (REsp nº 1.610.764. Rel. Min. Maria Thereza de Assis Moura, Sexta Turma. *DJe*, 29 ago. 2018). Em caso análogo: HC nº 421.422. Rel. Min. Jorge Mussi, Quinta Turma. *DJe*, 12 jun. 2019.

Aliás, uma das razões para a justificação da instituição do júri certamente diz respeito à possibilidade de se permitir que o sentimento pessoal do jurado sobre a justiça ou não da ação praticada pelo réu expressasse a vontade popular. Fala-se em democracia do júri por essa razão: a substituição do direito positivo a cargo do juiz pelo sentimento de justiça do júri popular.

No âmbito, portanto, dessa especialíssima jurisdição, perfeitamente compreensível o quesito.

Um problema: se foi intenção do legislador incluir neste quesito da absolvição todas as questões relativas às excludentes de ilicitude e de culpabilidade, sobretudo as de ilicitude (legítima defesa, estado de necessidade, etc), pensamos que o caminho escolhido não foi o melhor.

E isso porque, como já dissemos, o sentimento pessoal de justiça não conhece limites racionais, de tal maneira que o jurado pode, mesmo reconhecendo uma ação justificada, entender que o réu deve ser condenado. Como conter tamanha subjetividade sem o recurso ao quesito? E o excesso doloso ou culposo não será objeto de deliberação? E, como se sabe, não constituem matéria exclusiva da sentença (art. 492, CPP).[25]

O juiz presidente cuidará de indagar dos jurados apenas o seguinte: "o jurado absolve o acusado?" A resposta afirmativa leva à absolvição; a negativa, por óbvio, conduz à condenação por homicídio (ou pelo crime já reconhecido nos quesitos anteriores). Entretanto, a razão pela qual os jurados absolveram o réu, se for positiva a resposta, torna-se imponderável. É possível que tenham acolhido a tese principal da defesa (por exemplo, legítima defesa), mas também se torna viável que tenham preferido a subsidiária (por exemplo, a legítima defesa putativa). Pode ocorrer, ainda, que o Conselho de Sentença tenha resolvido absolver o réu por pura clemência, sem apego a qualquer das teses defensivas. Em suma, da maneira como o quesito será encaminhado aos jurados, serão eles, realmente, soberanos para dar o veredicto, sem que os juízes e tribunais togados devam imiscuir-se no mérito da solução de absolvição.

[...] A conclusão no sentido de que a decisão dos jurados, em razão apenas da resposta positiva aos questionamentos sobre a materialidade e autoria do crime, mostra-se contrária à prova dos autos configura não só um esvaziamento do conteúdo do quesito genérico de absolvição, como também ofensa à soberania dos veredictos.[26]

No âmbito do Superior Tribunal de Justiça, em recente debate travado pela Terceira Seção,[27] deliberou-se, por apertada maioria formada por cinco (5) votos a quatro (4),[28] o seguinte:

A absolvição do réu pelos jurados, com base no art. 483, III, do CPP, ainda que por clemência, não constitui decisão absoluta e irrevogável, podendo o Tribunal cassar tal decisão quando ficar demonstrada a total dissociação da conclusão dos jurados com as provas apresentadas em plenário. (HC nº 313.251. Rel. Min. Joel Paciornik. *DJe*, 27 mar. 2018)

---

[25] PACELLI, Eugênio. *Curso de processo penal*. 21. ed. São Paulo: Atlas, 2017. p. 754.

[26] NUCCI, Guilherme de Souza. *Código de Processo Penal comentado*. 14. ed. Rio de Janeiro: Forense, 2015. p. 1007.

[27] Art. 9º, §3º, do RISTJ: "À Terceira Seção cabe processar e julgar os feitos relativos à matéria penal em geral, salvo os casos de competência originária da Corte Especial e os *habeas corpus* de competência das Turmas que compõem a Primeira e Segunda Seção".

[28] HC nº 313.251, julgado, por maioria, pela Terceira Seção. Votos vencedores: ministros Joel Ilan Paciornik, Felix Fischer, Maria Thereza de Assis Moura, Jorge Mussi e Nefi Cordeiro. Votos vencidos: ministros Sebastião Reis Júnior, Reynaldo Soares da Fonseca, Ribeiro Dantas e Antonio Saldanha Palheiro.

Na óptica do entendimento dominante, o quesito absolutório, a par de seu fito de reduzir a complexidade da votação do Tribunal do Júri, de modo algum teria ampliado os poderes do Conselho de Sentença.

Assentou-se, nesse sentido, que os limites estreitos de recorribilidade das decisões proferidas pelo Conselho de Sentença, informados tanto pela garantia do duplo grau de jurisdição quanto pela soberania dos veredictos, permanecem intocáveis, sendo passível ao Tribunal de apelação, sem adentrar ao mérito da demanda e por uma única vez, cassar a decisão dos jurados contrária à prova dos autos, nos moldes do art. 593, III, "d", do Código de Processo Penal.

Nesse hígido espaço normativo ficaria preservada a soberania do veredicto absolutório dos jurados, cujo pronunciamento, ainda que consectário do quesito genérico de razões indecláráveis, submeter-se-ia ao restrito exame revisional. A partir dessa concepção, a absolvição adotada pelos mais variados motivos, inclusive por clemência, estaria em absoluta consonância com a intenção do legislador ordinário, desde que provida por mínimo respaldo fático-probatório deduzido no processo criminal.

Perfilhando a corrente divergente, os votos minoritários conferem sentido autônomo e independente ao quesito genérico, creditando-o à potencialização do sistema da íntima convicção e da plenitude de defesa no Tribunal do Júri.

Afirmam, por isso, que, sob a égide do quesito genérico, o jurado detém ampla liberdade para exprimir sua convicção absolutória, inclusive por questões intuitivas, como a clemência ou a desnecessidade e a injustiça de eventual pena imposta, e, por conseguinte, não impactados pelas evidências então produzidas. Revela-se, assim, sério equívoco a contestação do veredicto por contrariedade à prova dos autos, eis que não necessariamente sopesados para a formação do convencimento do juiz leigo.

Guiados, dessa forma, por parâmetros de interpretação sistemática da Constituição Federal, entendem compatível com os princípios da plenitude da defesa, do sigilo das votações e da soberania dos veredictos a imposição de maior restrição ao duplo grau de jurisdição, projetada na inviabilidade de ser considerada contrária à prova dos autos a absolvição decorrente do quesito genérico.

A jurisprudência do Supremo Tribunal Federal, por sua vez, tradicionalmente converge para essa compatibilidade entre o princípio da soberania dos veredictos e o juízo anulatório empreendido pelo Tribunal de Justiça em caso de decisões proferidas pelo Júri reputadas como manifestamente contrárias à prova dos autos, sobretudo diante da submissão da matéria a novo Conselho de Sentença.

Há muito preconizado no seio da jurisprudência da Corte Suprema:

> A soberania dos veredictos não é princípio intangível a não admitir relativização. Decisão do Conselho de Sentença manifestamente divorciada da prova dos autos resulta em arbitrariedade a ser sanada pelo juízo recursal, a teor do art. 593, III, d, do Código de Processo Penal. (RHC nº 124.554. Rel. Min. Rosa Weber, Primeira Turma. *DJe*, de 2 dez. 2014)

> 1. A soberania dos veredictos do Tribunal do Júri, não sendo absoluta, está sujeita a controle do *juízo ad quem*, nos termos do que prevê o artigo 593, inciso III, alínea *d*, do Código de Processo Penal. Resulta daí que o Tribunal de Justiça do Paraná não violou o disposto no artigo 5º, inciso XXXVIII, alínea *c*, da Constituição do Brasil ao anular a decisão do Júri sob o fundamento de ter contrariado as provas colhidas nos autos, Precedentes. 2. O Tribunal

local proferiu juízo de cassação, não de reforma, reservando ao Tribunal do Júri, juízo natural da causa, novo julgamento. (HC nº 94.052. Rel. Min. Eros Grau, Segunda Turma. *DJe*, 14 ago. 2009).

Atribuindo sentido aparentemente diverso ao habitual decote que dá à matéria a Suprema Corte, e demonstrando que a controvérsia comporta visões relevantes e diferenciadas, sobressaem as ponderações cunhadas pelos ministros Celso de Mello e Gilmar Mendes, integrantes do colegiado da Segunda Turma, em feitos que examinaram o alcance do poder revisional da Corte de Apelação *versus* a soberania dos veredictos.

Com escorreita sensibilidade, o Ministro Celso de Mello, nos idos do ano de 2013, antevia, das posições contrapostas, a inevitável necessidade de detida reflexão do Supremo Tribunal Federal para o enfrentamento do tema, pela

> expressiva orientação jurisprudencial no sentido de que, com o advento da Lei nº 11.689/2008, os jurados teriam passado a gozar de ampla e irrestrita autonomia na formulação de juízos absolutórios, não se achando adstritos, em sua razão de decidir, seja às teses suscitadas em plenário pela defesa, seja a quaisquer outros fundamentos de índole estritamente jurídica.[29]

No caso analisado, o eminente decano suspendeu cautelarmente o curso do processo na origem, vindo a elucidar, desse modo, a controvérsia:

> Considerado esse entendimento – que merecerá, em momento oportuno, detida reflexão por parte desta Corte –, revelar-se-ia, aparentemente, inadmissível, por incongruente com a recente reforma introduzida no procedimento penal do júri, o controle judicial das decisões absolutórias proferidas pelo Tribunal do Júri com fundamento no art. 483, III e §2º, do CPP, quer pelo fato, pragmaticamente relevante, de que os fundamentos efetivamente acolhidos pelo Conselho de Sentença restariam desconhecidos, quer pelo fato, não menos importante, de que a fundamentação adotada pelos jurados poderia, ao menos virtualmente, extrapolar os próprios limites da razão jurídica.

> Essa visão em torno do tema em exame – vale registrar – tem sido perfilhada por alguns autores na doutrina processual penal (GUILHERME MADI REZENDE, "Júri: decisão absolutória e recurso da acusação por manifesta contrariedade à prova dos autos – descabimento", "in" Boletim IBCCRIM, Ano 17, nº 207, 2010), valendo destacar, em face da pertinência de que se reveste, o magistério de ADEL EL TASSE e de LUIZ FLÁVIO GOMES ('Processo Penal IV: júri, p. 161/165, item n. 1.d., 2012, Saraiva) [...].

> O atual modelo de quesitação existente, pelo qual o Conselho de Sentença decide sobre a absolvição com total distanciamento de questionamentos técnico-jurídicos, mas atuando em acordo com o livre convencimento íntimo de forma plena, respondendo a quesito geral sobre se o acusado deve ser absolvido ou condenado, faz com que a decisão absolutória não seja passível de qualquer tipo de controle recursal pela acusação, pois insuscetível de análise quanto aos seus fundamentos, que podem, inclusive, decorrer do perdão social pelo fato praticado. Em outras palavras, não há qualquer suporte lógico para que possa a acusação recorrer para atacar o veredicto absolutório, argumentando que este ocorreu em contrariedade à prova dos autos, pois a absolvição deve atender a um único critério, qual seja, a livre convicção plena do juiz de fato, formada com imparcialidade após a apresentação das provas e dos debates pelas partes.

---

[29] RHC nº 117.076 MC. Rel. Min. Celso de Mello. *DJe*, 19 set. 2013.

O dado essencial é que a estrutura democrática do Tribunal do Júri garante que os jurados possam atuar para absolver além dos limites impostos pela lei ao juiz togado, não havendo dúvidas de que este aspecto democrático encontra-se, no caso brasileiro, expressamente refletido no modelo de quesitação adotado. (RHC nº 117.076 MC. *DJe*, 19 set. 2013)

Posteriormente e ainda de acordo com essa novel diretriz do questionário do Tribunal do Júri, o Ministro Gilmar Mendes reconhecera a desnecessidade de a absolvição do acusado estar "calcada em prova plena das excludentes alegadas pela defesa", para, então, concluir, no antes aludido recurso extraordinário,[30] haver o Tribunal de Justiça vulnerado a "soberania do Júri, pois os jurados decidiram-se por uma das versões apresentadas aos fatos em julgamento, contando ela com prova suficiente, dentro das peculiaridades do Júri", na medida em que "Seria caso de absolvição manifestamente contrária à prova dos autos, se nada tivesse sido trazido ao feito quanto à vítima estar armada". Avançou no estudo da questão, salientando que "Os jurados sempre podem absolver por clemência aquele que consideraram com participação no fato. A clemência compõe juízo possível dentro da soberania do Júri, ainda que dissociada das teses da defesa".

Outras concessões ordenadas pela Primeira Turma do Supremo Tribunal Federal também denotam essa hodierna tendência de prover o jurado da liberdade de julgar por motivos, nada obstante isolados, mas que, no seu sentir, mostram-se mais convincentes e adequados à formação do veredicto.

Após essa singela exposição, persiste, como bem visualizado, gradiente de dúvida quanto ao exato alcance da liberdade do veredicto, se invocado o quesito absolutório, apreciado à luz dos vértices constitucionais de observância obrigatória no rito do júri e da soberania dos veredictos.

De um lado, há os que lecionam a liberdade absoluta dos jurados; de outro, os que demandam mínima correspondência entre a absolvição e as possibilidades de decidir que detinham o corpo de jurados. A clivagem entre as duas posições abre espaço ao debate constitucional sobre a soberania dos veredictos.

5 Possíveis caminhos constitucionais no tema

De assento constitucional, a instituição do júri é, como enfatizado, informada pelos princípios específicos da plenitude da defesa, do sigilo das votações, da soberania dos veredictos e da competência para julgar os crimes dolosos contra a vida.

No plano da soberania dos veredictos, de inspiração democrática prevista no art. 5º, XXXVIII, "c", da Constituição Federal, assegura-se, em face do controle das decisões do Tribunal do Júri pelo órgão revisor, a estrita prevalência da decisão de mérito dos jurados, na condição de únicos magistrados habilitados a dizer a justiça aplicável à causa. Observada essa restrição, é possível ao tribunal de apelação anular o julgamento, com a cassação do veredicto, submetendo o acusado a novo Conselho de Sentença, sendo-lhe proscrito, no entanto, substituir-se ao entendimento dos jurados leigos.

---

[30] RE nº 982.162. *DJe*, 4 set. 2018.

De fato, não se pode olvidar da essencialidade da soberania do veredicto ao bom funcionamento da instituição do júri, mormente diante das particularidades adjacentes ao procedimento especializado, do que decorre a importância de resguardar-se a decisão dos jurados contra eventuais modificações de mérito em grau recursal.

No exercício da sua missão constitucional, o juiz leigo dita a justiça do caso concreto e não o direito aplicável aos fatos, de modo que o seu desconhecimento da normativa penal cede em prol de sua íntima familiaridade com o contexto vivido, nas vicissitudes das quais as circunstâncias delitivas foram concretizadas.

Como ponto nevrálgico do Tribunal do Júri, a suscetibilidade da votação dos jurados é assegurada, pelo postulado do sigilo das votações, em face do poder de influência a ser potencialmente exercido sobre o veredicto alheio.

Consectário, então, da dinâmica do júri e da forma de expressão da vontade do julgador, o legislador constituinte consagrou, ainda, a garantia da plenitude da defesa, a despeito da previsão constitucional da ampla defesa já assegurada a todos os litigantes e acusados em geral.[31]

Segundo escólio de Antonio Scarance Fernandes a partir do vaticínio de Guilherme de Souza Nucci:

> Garante-se (letra a) a plenitude de defesa. Todavia, no mesmo art. 5º, já se assegura a todos os litigantes e acusados em geral a ampla defesa (inciso LV). Foi o legislador redundante? Mostra Guilherme de Souza Nucci, ao analisar os vários preceitos do júri, que não. São dois os princípios, ainda que correlatos. Quis o legislador constituinte assegurar ao acusado do júri mais, ou seja, a defesa plena, levando em conta principalmente o fato de que, diferentemente das decisões judiciais nos processos em geral, a decisão dos jurados não é motivada. Pode o juiz, no seu julgamento, de ofício, admitir em favor do acusado tese não apresentada pela defesa, mas os jurados não podem. Assim, há que se exigir mais do advogado no júri, e, daí, a necessidade de que se garanta ao acusado a plenitude da defesa, ou seja, uma defesa completa.[32]

Nessa ambiência de singular características, a leitura constitucional dos poderes do jurado na absolvição do acusado com esteio no inovador quesito genérico comporta, sem dúvida, concepções diferenciadas, a reclamar, como antevisto pelo eminente decano do Supremo Tribunal Federal,[33] profunda reflexão sobre a intelecção dos pilares constitucionais envolvidos.

A partir de um olhar mais minucioso sobre a primazia de que goza a garantia da soberania do veredicto no ritual do júri, seria possível atestar-se a absoluta autonomia do jurado na absolvição do imputado, na hipótese de invocado o quesito genérico, por seu alto grau de abstração.

Aliás, esse dispositivo genérico colmatou a racionalização do modelo de votação no júri, erradicando o excesso de formalismo, substantivo incoerente com a razão de ser

---

[31] Art. 5º, LV, da Constituição Federal de 1988.

[32] FERNANDES, Antonio Scarance. *Processo penal constitucional*. 6. ed. São Paulo: Revista dos Tribunais, 2010. p. 166.

[33] Nesse sentido: "Considerado esse entendimento – que merecerá, em momento oportuno, detida reflexão por parte desta Corte –, revelar-se-ia, aparentemente, inadmissível, por incongruente com a recente reforma introduzida no procedimento penal do júri, o controle judicial das decisões absolutórias proferidas pelo Tribunal do Júri com fundamento no art. 483, III e §2º, do CPP" (RHC nº 117.076 MC. *DJe*, 19 set. 2013).

do procedimento, que já enfrentava dificuldades pela proposição de questões de ordem eminentemente técnico-jurídicas ao juiz leigo, especialmente quando a espacialidade da resposta transita entre os monossílabos *sim* ou *não*.

Para além da simplificação do sistema, o quesito também incrementou a íntima convicção dos jurados e reaproximou o instituto do júri de sua genuína essência, selando o compromisso do juiz leigo com seu livre convencimento, formado de acordo com seu senso particular e sentimento de justiça.

Relembre-se que, na antiga sistemática, a possibilidade de absolvição era limitada pelas teses apresentadas pela defesa, o que mitigava, em grande medida, a possibilidade de o Conselho de Sentença absolver o acusado com amparo na sua vontade manifesta de que aquele resultado seria o mais justo e adequado ao caso concreto.

Essa problemática foi bem apresentada por Eliete Costa Silva Jardim:

> É certo que, mesmo no sistema de quesitação anterior, o jurado podia absolver o acusado por qualquer motivo, haja vista a inexistência de previsão de fundamentação das decisões, contudo, para atingir o resultado da absolvição, o mais justo na sua concepção, muitas vezes o jurado era compelido a violar sua própria consciência, negando, por exemplo, a autoria, ainda quando dela convencido.[34]

Valores relacionados à plenitude da defesa e à íntima convicção preconizam que o absoluto desconhecimento da *ratio decidendi* da decisão albergada no quesito genérico constitui óbice instransponível ao controle do veredicto pelo tribunal de hierarquia superior na estrutura jurisdicional.

De peculiar conteúdo, a autoridade do veredicto absolutório consente com a relativização do princípio do duplo grau de jurisdição em prol da soberania do júri, permanecendo incólume a recorribilidade das demais decisões adjacentes ao Tribunal do Júri, por contrariedade à prova dos autos.

Assim otimizado o princípio implícito do duplo grau de jurisdição, afigurar-se-ia preservado o núcleo essencial do direito por ele consagrado, e, desse modo, resguardada a racionalidade e harmonia do sistema.

Em tema de princípios constitucionais, doutrina Flávia Piovesan:

> Adotando-se a concepção de Ronald Dworkin, acredita-se que o ordenamento jurídico é um sistema no qual, ao lado das normas legais, existem princípios que incorporam as exigências de justiça e dos valores éticos. Estes princípios constituem o suporte axiológico que confere coerência interna e estrutura harmônica a todo sistema jurídico. Neste sentido, a interpretação constitucional é aquela interpretação norteada pelos princípios fundamentais, de modo a salvaguardar, da melhor maneira, os valores protegidos pela ordem constitucional. Impõe-se a escolha da interpretação mais adequada à teleologia, à racionalidade, à principiologia e à lógica constitucional.[35]

---

[34] JARDIM, Eliete Costa Silva. Tribunal do Júri – Absolvição fundada no quesito genérico: ausência de vinculação à prova dos autos e irrecorribilidade. *R. EMERJ*, Rio de Janeiro, v. 18, n. 67, p. 13-31, jan./fev. 2015.

[35] PIOVESAN, Flávia. Segurança jurídica e direitos humanos: o direito à segurança de direitos. *In*: ROCHA, Cármen Lúcia Antunes (Org.). *Constituição e segurança jurídica, estudos em homenagem a José Paulo Sepúlveda Pertence*. Belo Horizonte: Fórum, 2009.

A notória importância da soberania dos veredictos, por isso, permite cogitar que a prova dos autos, ao invés de repudiada, não foi hígida o bastante ao convencimento dos jurados da necessidade da imposição de pena ao autor do delito, circunstância que reclamaria a incidência do parâmetro constitucional do *in dubio pro reo*.

Portanto, o sopeso de princípios de idêntica envergadura constitucional permite reconhecer o máximo grau da higidez do poder de julgar dos jurados leigos quando a absolvição é fundada pela amplitude interpretativa do quesito genérico.

Ponto de vista diverso pode ser extraído dos postulados constitucionais, sobretudo com respaldo no fato de que a introdução do quesito absolutório não ampliou os poderes do Conselho de Sentença.

Com efeito, coexistentes, os princípios da soberania do veredicto e do duplo grau de jurisdição não sofreram alteração pela introdução do quesito genérico no questionário do Tribunal do Júri, fruto do exclusivo intento do legislador ordinário de tornar mais simples a votação pelo Conselho de Sentença, sem, contudo, impactar a soberania de suas decisões.

Desse modo, o quesito genérico apenas permitiria ao jurado formar a sua convicção com maior liberdade, e, nada obstante reconhecer a autoria e a materialidade delitivas, optar pela absolvição por entender justificada a ação. Presente, por isso, algum suporte fático-probatório, é dado ao jurado decidir até mesmo por clemência ou com afinco em tese isolada.

A par disso, em prestígio ao princípio do duplo grau de jurisdição, o limitado juízo recursal do veredicto do júri permitiria a cassação do édito absolutório, acaso não se pudesse detectar a mínima correspondência probatória.

Na ambiência do rito do júri, demarcado pela restrita cognoscibilidade recursal, a restrição ao postulado do duplo grau de jurisdição pelo implemento do quesito obrigatório representaria atestar a onipotência da decisão do juiz leigo, providência incompatível com a igualdade jurídica preconizada pelo princípio do devido processo legal constitucional. Aventando a paridade de armas entre acusação e defesa, bem sintetiza Antonio Scarance Fernandes, com fundamento no magistério de José Frederico Marques, que, "dentro das necessidades técnicas do processo deve a lei propiciar a autor e réu uma atuação processual em plano de igualdade no processo, de dar a ambas as partes análogas possibilidades de alegação e prova".[36]

Afigura-se plenamente possível ao tribunal de apelação aferir as condições probatórias albergadas pelo decreto absolutório, mesmo se fundamentando no quesito genérico, a despeito de sua insondável motivação de decidir.

O quesito genérico, então, não detém o papel de escudo intangível da absolvição, tão somente deferindo flexibilidade ao jurado para dizer a justiça no caso concreto, de acordo com sua íntima convicção.

6 Conclusão e importância do enfrentamento da controvérsia

Todo esse debate trazido à baila, certamente, contribui para reforçar a importância da preservação da instituição do júri como direito fundamental petrificado na

---

[36] FERNANDES, Antonio Scarance. *Processo penal constitucional*. 6. ed. São Paulo: Revista dos Tribunais, 2010. p. 48.

Constituição Federal de 1988, impassível de restrição ou de exclusão, e, nessa medida, sujeito à extensão de seu alcance de proteção.

É perceptível a repercussão concreta do alcance e da dimensão da leitura constitucional que se há de depreender do inovador quesito genérico, permitindo-o incidir de forma genuína e desmotivada da realidade jurídica apresentada; ou impondo-lhe resposta vinculada minimamente às provas do processo, ainda que se mostrem isoladas.

Na seara do instituto do júri, informado por postulados constitucionais destinados a assegurar sobremodo a manifestação do veredicto dos jurados, prevalecendo a justiça não jurídica, o limite decisório dos juízes leigos apresenta-se como questão de importância ímpar.

Conquanto de caráter simplificador, o quesito obrigatório ensejou reações e críticas ao seu alcance. A solução dessas questões perpassa necessariamente o cotejo de valores constitucionais relevantes ao funcionamento do Tribunal de Júri, como a soberania dos veredictos, o sigilo das votações, a plenitude da defesa, o duplo grau de jurisdição, o *in dubio pro reo*, e o devido processo legal.

Portanto, ainda vivemos numa seara em que se admite compreensões seguramente distintas, o que direciona nesse momento intelectivo para destaca indagação: *Qual poder de julgar deve realmente ter o jurado no Tribunal do Júri?*

Palavras de encerramento

As questões que abrem e que formalmente fecham o texto não introduzem respostas novas nem comportam juízos de valor excludentes. Inexiste uma única resposta arbitrária a controvérsias complexas, especialmente na legítima latitude hermenêutica de índole constitucional; o relevante, parece-nos, nomeadamente em tema da soberania dos veredictos do júri, é assegurar a prevalência da Constituição Federal e das escolhas originárias do constituinte no Estado Democrático de Direito.

Informação bibliográfica deste texto, conforme a NBR 6023:2018 da Associação Brasileira de Normas Técnicas (ABNT):

FACHIN, Luiz Edson; FARIAS, Paulo Marcos de. Leituras constitucionais da absolvição genérica diante da soberania do júri. *In*: MORAES, Alexandre de; MENDONÇA, André Luiz de Almeida (Coord.). *Democracia e sistema de justiça*: obra em homenagem aos 10 anos do Ministro Dias Toffoli no Supremo Tribunal Federal. Belo Horizonte: Fórum, 2020. p. 385-400. ISBN 978-85-450-0718-0.

PRINCÍPIO DA PRECAUÇÃO E GESTÃO AMBIENTAL

MARCELO KOKKE

Introdução

A organização do território e a gestão ambiental compreendem um desafio constante para a construção de uma sociedade democrática e para estabelecimento de bases sólidas para plena realização de direitos fundamentais. Uma gestão efetiva do território atua de maneira preventiva à geração de passivos ambientais, reduzindo conflitos sociais e exposições de ameaças de lesão social das mais amplas espécies. A dinâmica da gestão dos bens ambientais é contributiva para cenários favoráveis ou mesmo problemáticos à realização do ser humano em sua condição simultânea de pessoa singular e como membro de uma comunidade.

A organização ambiental do território determinará o acesso a bens e recursos naturais, delimitará a exposição e mitigação de riscos, definirá acessos a serviços públicos, influenciará inclusive na afirmação de autoestima de uma coletividade. O espaço territorial não é somente um instrumento, é palco de construção das relações sociais e jurídicas. Mas por vezes a gestão do território se depara com situações de risco potencial, risco que se afigura como possível de acometer tanto seres humanos como outros seres vivos, além de afetar a dinâmica do meio abiótico.

Gestão ambiental de bens e recursos naturais passa a conter em seu interior o dilema da convivência com a exposição de riscos para acesso a serviços e utilidades próprias dos níveis de tecnologia vigentes em dada sociedade e tempo. Dessa confrontação advém o princípio da precaução, um dos pilares do direito ambiental. Compatibilizar a gestão de risco, a organização do território e ainda manter-se em interação com o princípio da prevenção é um dos desafios que se projeta na aplicação de normas jurídicas que regulam as implicações à saúde humana para os usos da tecnologia.

O presente artigo toma para análise a correlação entre gestão ambiental do risco, organização do território e princípio da precaução. O referencial de análise concatena a abordagem jurídico-ambiental doutrinária com um dos julgados mais relevantes acerca do princípio da precaução no cenário brasileiro. Trata-se do Recurso Extraordinário nº 627.189/SP, julgado sob a relatoria do Ministro Dias Toffoli. O julgado veio a resultar em um paradigma de compreensão do princípio da precaução e sua correlação na gestão de riscos e do território de forma a fornecer balizas para um desenvolvimento sustentável e para o papel dos órgãos judiciais e administrativos em face de ameaças tecnológicas ou científicas.

A partir do paradigma desenvolvido, fornece-se base para confrontação de dilemas sociais e situações reputadas como de risco social tecnológico. O julgado veio a assumir qualidade de repercussão geral no Supremo Tribunal Federal, Tema nº 479, e assim a determinar referenciais para se determinar a aplicação concreta do princípio da precaução. A linha motriz do acórdão relatado pelo Ministro Dias Toffoli reflete na força impositiva de delimitação de patamares de segurança ou avaliação de riscos projetados na sociedade, a demonstrar a necessidade e possibilidade de uma implementação de tutela ambiental sem que se recaia em verdadeiro direito do medo.

O artigo desenvolve-se a partir da metodologia crítico-propositiva, de modo a expor confrontações na aplicação das normas e diretivas concretizadoras do direito ambiental. Evita-se dessa forma abstrações ou desvios juridicamente indeterminados em conceitos. Conclui-se pela necessária tomada do acórdão proferido no Recurso Extraordinário nº 627.189/SP como referencial para a compreensão de aplicação do princípio da precaução no ordenamento jurídico brasileiro.

1 Organização do território e gestão ambiental

O planejamento e a ordenação do território são pressupostos não somente para a tutela ambiental de bens existentes no presente, erigem-se igualmente como mecanismo de preservação e conservação voltados para evitar a geração de situações lesivas e de risco incontrolado. Há aqui uma linha própria de execução e compreensão. A gestão ambiental[1] se apresenta como via de prevenção em face de danos ambientais ou de geração de passivo ambiental em uma herança ambiental negativa. Mas também se revela como via de desenvolvimento sustentável e abertura para os acréscimos sociais de qualidade na autodeterminação humana e no acesso a bens e recursos. Revela-se a conexidade do planejamento ambiental,[2] compreendida como fator de interdependência entre os direitos fundamentais envolvidos na concretização da tutela em face de riscos socioecológicos.

Sob o prisma do planejamento, a atuação dos órgãos públicos ambientais há de ser considerada sob dupla vertente. Em uma das vertentes, figura a apreciação geral e abstrata da formulação da norma ambiental, de modo a proporcionar um equilíbrio efetivo no alcance da sustentabilidade, em favor da tutela da função ecológica. Em outra das vertentes, figura a aplicação concreta, avaliando a relação de adequação de empreendimentos e atividades em face da normatização abstrata. Aqui se expressa especial atenção para proteção de bens ambientais e da própria integridade humana em face de riscos tecnológicos. Norma ambiental alguma pode ser aplicada sem ter em conta a efetividade ou existência de um parâmetro de gestão ou planejamento de situações de

---

[1] FERREIRA, Maria Augusta Soares de Oliveira. Direito ambiental e gestão pública. *In*: FARIAS, Talden; TRENNEPOHL, Terence (Coord.). *Direito ambiental brasileiro*. São Paulo: Thompson Reuters Brasil, 2019. p. 604.

[2] VELOSO, Juliano Ribeiro Santos. *Direito ao planejamento*. Belo Horizonte: D'Plácido, 2014. p. 115.

exposição ao risco. Há que se evitar subjetivismos e prevalência de conceitos mutantes juridicamente indeterminados.

Nesse ponto, faz-se necessária a abordagem efetiva e aplicada do princípio da objetividade, na expressão que lhe confere a doutrina espanhola.[3] O princípio da objetividade viabiliza uma integração de interesses públicos e privados, proporcionando legitimidade e caráter unitário ao espaço organizacional de aplicação da gestão pública. Por meio do processo administrativo de gestão de atividades e empreendimentos, é possível definir tanto em escala macro quanto micro critérios de instalação e operação que afetem ou impactem o meio ambiente e a vida humana. Estudos e aferições técnicas, desenvolvidos em um ambiente democrático de participação, visam suprimir intelecções subjetivistas ou imperativos unilaterais.

A objetividade, de um lado, "impone que la formación de la voluntad de la Administración se lleve a cabo a través de cauces formalizados que aseguren la racionalidad y razonabilidad de las decisiones y la eficacia de la actuación administrativa".[4] Lado outro, a objetividade também:

> implica que, al mismo tiempo, en esos procedimientos se tienen que tomar en consideración todos los intereses involucrados, es decir, también los de los particulares afectados por la decisión que se va a adoptar y, en su caso, intereses supraindividuales de tipo colectivo y difuso.[5]

A objetividade articula-se com a participação popular. A possibilidade de terceiros serem afetados, somada ao caráter difuso de participação em processos que versem sobre normas ambientais, abre espaço para situações de consulta pública e, em processos judiciais, integração da figura do *amicus curiae*.[6] Nesse sentido, a Lei de Introdução às Normas do Direito Brasileiro, em seu art. 29, estimula a consulta pública para solidez na legitimidade dos atos normativos. A tendência foi reforçada pelo Decreto nº 9.830, de 10.6.2019, que se articula com o Decreto nº 9.191, de 1º.11.2017. O princípio da objetividade manifesta-se democraticamente.

O art. 20 da Lei de Introdução às Normas do Direito Brasileiro, em redação conferida pela Lei nº 13.655, de 25.4.2018, pavimenta outro importante parâmetro de compreensão das normas jurídicas. O dispositivo determina que não se decidirá nas esferas administrativa, controladora e judicial com base em valores jurídicos abstratos sem que sejam consideradas as consequências práticas da decisão. Conceitos como risco e precaução não podem ser usados sem um lastro técnico ou referencial, construído procedimentalmente. Há necessidade de motivação do ato em objetividade.

A gestão ambiental implica efeitos diretos na dinâmica de organização do território por fatores de racionalidade construídos sob pilares de discursividade democrática.

---

[3] MÍGUEZ MACHO, Luis. El principio de objetividad en el procedimiento administrativo. *Revista Documentación Administrativa*, n. 289, p. 99-127, ene./abr. 2011.

[4] MÍGUEZ MACHO, Luis. El principio de objetividad en el procedimiento administrativo. *Revista Documentación Administrativa*, n. 289, p. 99-127, ene./abr. 2011. p. 103.

[5] MÍGUEZ MACHO, Luis. El principio de objetividad en el procedimiento administrativo. *Revista Documentación Administrativa*, n. 289, p. 99-127, ene./abr. 2011. p. 103.

[6] TOLENTINO, Fernando Lage; BALEEIRO NETO, Diógenes. Amicus curiae e o processo coletivo brasileiro: reflexões a partir do novo Código de Processo Civil. *In*: LEVATE, Luiz Gustavo; NOGUEIRA, Luiz Fernando Valladão. *Direito ambiental e urbanístico*. Belo Horizonte: D'Plácido, 2018. v. 2. p. 607.

O princípio da objetividade repele o uso de artifícios para projeção do subjetivismo. E um desses artifícios é o uso desmedido ou esvaziado de princípios jurídicos ou conceitos juridicamente indeterminados. Exposições como moralidade administrativa, precaução ambiental e prevenção ambiental não podem ser utilizadas sem um substrato de motivação afirmado em caracteres concretos ou espelhados tecnicamente.

A objetividade é derivada de confrontações. Magalhães e Vasconcelos falam aqui de uma razão provocativa, apta a repelir subjetivismos camuflados.[7] A objetividade promove a sustentação do caráter vinculado ao ônus argumentativo quando decisões ligadas a temas ambientais são tomadas. Ela é alcançada pelo processo deliberativo.

A racionalidade permite uma interlocução jurídica com a discricionariedade técnica e administrativa na forma como os recursos naturais são usados no espaço territorial do município, do estado ou da Federação como um todo. Nessa interação, "el procedimiento es también el cauce a través del cual se adquieren los fundamentos técnicos o técnico-jurídicos que, en su caso, se necesitan para garantizar la 'legalidad, acierto y oportunidad' de la resolución que se vaya a dictar".[8] O usufruto da tecnologia não vai de encontro à gestão ambiental, pelo inverso, acomoda-se a um contexto presente de cidadania que implica satisfação de necessidades básicas do indivíduo e da comunidade em dada época, espaço e tempo.

A gestão ambiental não é um tema fraturado, fracionado em partes herméticas umas às outras. Ao inverso, seu caráter de influência mútua prevalece. Por isso, a Política Nacional do Meio Ambiente, capitaneada pela Lei nº 6.938/81, dispõe quanto aos papéis dos entes federativos em uma perspectiva de sistema integrado, o Sistema Nacional do Meio Ambiente – Sisnama.

O caráter integrado e obrigatório da gestão e do planejamento ambientais e seu complexo de interpenetrações normativas está também presente na legislação espanhola. Míguez Macho[9] destaca Decisão nº 728/2007 do Tribunal Superior de Justicia de Galicia, por meio da qual se reconheceu a obrigatoriedade das normas gerais urbanísticas em escala local da gestão ambiental governamental. Fala aqui o professor da Universidade de Santiago de Compostela em princípio da inderrogabilidade singular dos regulamentos,[10] ou seja, em uma aderência concreta de normas singulares ao planejamento feito para o todo do território. O autor remete à Ley nº 30/1992, a fim de sustentar que "las resoluciones administrativas de carácter particular no podrán vulnerar lo establecido en una disposición de carácter general, aunque aquéllas tengan igual o superior rango a éstas".[11]

---

[7] MAGALHÃES, Gustavo Alexandre; VASCONCELOS, Luis André de Araújo. O licenciamento ambiental à luz do princípio constitucional da proporcionalidade. *Veredas do Direito: Direito Ambiental e Desenvolvimento Sustentável*, Belo Horizonte, v. 7, n. 13/14, ago. 2011. p. 246. ISSN 21798699. Disponível em: http://www.domhelder.edu.br/revista/index.php/veredas/article/view/174/157. Acesso em: 10 maio 2019.

[8] MÍGUEZ MACHO, Luis. El principio de objetividad en el procedimiento administrativo. *Revista Documentación Administrativa*, n. 289, p. 99-127, ene./abr. 2011. p. 119.

[9] MÍGUEZ MACHO, Luis. El planeamiento urbanístico también obliga al ayuntamiento: comentario de la sentencia de la Sala de lo contencioso-administrativo del Tribunal Superior de Justicia de Galicia, sección 2ª, núm. 728/2007, de 27 de septiembre. *Dereito*, v. 16, n. 2, p. 193-202, 2007.

[10] MÍGUEZ MACHO, Luis. El planeamiento urbanístico también obliga al ayuntamiento: comentario de la sentencia de la Sala de lo contencioso-administrativo del Tribunal Superior de Justicia de Galicia, sección 2ª, núm. 728/2007, de 27 de septiembre. *Dereito*, v. 16, n. 2, p. 193-202, 2007. p. 201.

[11] MÍGUEZ MACHO, Luis. El planeamiento urbanístico también obliga al ayuntamiento: comentario de la sentencia de la Sala de lo contencioso-administrativo del Tribunal Superior de Justicia de Galicia, sección 2ª, núm. 728/2007, de 27 de septiembre. *Dereito*, v. 16, n. 2, p. 193-202, 2007. p. 201.

Ainda em reporte à conjuntura ibérica, Alfonso Mulero Mendigorri, do Departamento de Geografía y Ciencias del Territorio da Universidad de Córdoba, destaca pontos em comum da intervenção em favor da proteção ambiental na Espanha e em Portugal. Mendigorri[12] alicerça a tutela ambiental justamente na funcionalidade dos bens ambientais, pano de fundo para a avalição e aferição da proeminência do regime de proteção territorial. De forma alguma isso significa uma redução do valor existência ou valor de uso dos bens ambientais. Ao inverso, significa sim a necessidade de ampliar em consciência os impactos e interferências dos processos ecológicos na vida humana em seu estágio de aspiração tecnológica.

A gestão ambiental não pode ignorar os benefícios sociais e individuais que acompanham a própria geração de riscos advindos de atividades e de empreendimentos. Ignorar essa correlação pode levar mesmo à deslegitimação da proteção ambiental ou da mitigação de riscos. A proteção exasperada e afastada da racionalidade técnica pode resultar em reveses futuros para as próprias normas ambientais, que passam a ser vistas como um obstáculo social, e não como anteparo para a sustentabilidade.

A dimensão do problema pode se fazer palpável. Um discurso de desenvolvimento de tecnologias que demandem menos uso energético ou um discurso de vias de produção energética que resultem em menores impactos ambientais logrará sem dúvida mais sucesso do que um discurso de confronto, pautado no abandono de bens da própria tecnologia ou na nulidade de riscos para então se admitir uma atividade. Em outras palavras, a gestão ambiental precisa ter em conta que demandas sociais por tecnologia, por bens e serviços, desafiam a integração ambiental sustentável e não a simples negativa jurídica.

A tutela ambiental não pode se tornar um fator excludente, afinal, "o desenvolvimento sustentado está diretamente relacionado com o direito à manutenção da qualidade de vida através da conservação dos bens ambientais existentes no nosso planeta".[13] O discurso de proteção do meio ambiente não pode se converter em um discurso de sujeição. A tutela ecológica e a gestão do risco empreendidas alinham-se como fatores de emancipação e autorrealização humanas.[14] Há aqui influxo da ideia de justiça ambiental, "um critério de equidade ambiental que vai considerar justa ou não a ideia de um risco cruzar regiões geográficas, ou camadas da população".[15]

Mas como funcionalizar a articulação da gestão ambiental de recursos e riscos? A avaliação de instrumentos e estratégias ambientais de proteção, considerando situações espaciais ou pessoais de vulnerabilidade, faz parte da resposta no desenho sustentável de admissão de atividades ou de empreendimentos. Em uma era dos espaços naturais protegidos,[16] é necessário ultrapassar perspectivas duais de isolamento antagônico

---

[12] MULERO MENDIGORRI, Alfonso. Territorio y áreas protegidas en España y Portugal: dos modelos de intervención en una geografía compartida. *Boletín de la Asociación de Geógrafos Españoles*, n. 74, p. 205-227, 2017. p. 210.

[13] RODRIGUES, Marcelo Abelha. *Instituições de direito ambiental*. São Paulo: Max Limonad, 2002. v. I. p. 136.

[14] KOKKE, Marcelo. *Conflitos intergeracionais*: uma matriz para análise dos confrontos socioambientais, culturais e jurídicos. Rio de Janeiro: Lumen Juris, 2017.

[15] CALLAN, Scott J.; THOMAS, Janet M. *Economia ambiental*: aplicações, políticas e teoria. Tradução da 6. ed. norte-americana de Noveritis do Brasil. São Paulo: Cengale Learning, 2016. p. 21.

[16] GÓMEZ, Jose F.; BOURGÈS, Flora. Sobre la gestión del patrimonio natural y el paisaje en España en la era de los Espacios Naturales Protegidos: el caso de los invertebrados. *ARBOR Ciencia, Pensamiento y Cultura*, v. 192-781, sep./oct. 2016.

entre a proteção ambiental e situações de risco, de um lado, para com as demandas de usufruto dos bens, d'outro.

A remodelação do *modus vivendi* e do paradigma de condução do ser humano em seu espaço territorial de vida se projeta pela integração e reordenação, e não pela negação ou confrontação pura e simples. Sob essa vertente, María José Prados, da Universidad de Sevilla, traça o conceito de naturbanização, a significar justamente a integração de aspectos ecológicos e de sustentabilidade nas práticas sociais e na organização do território.[17] A questão não se resume a aspectos públicos, mas sim avança para definir como a ordenação do território pode influenciar a arquitetura, a engenharia e as próprias opções individuais de composição pessoal e comunitária.

Imaginar a proteção ambiental e humana fora desse eixo de sustentabilidade integrada compromete a viabilidade ambiental eficaz da gestão do território. Modelos de desenvolvimento devem integrar população e proteção ecológica, fato que demanda arquiteturas jurídicas e gestão ambiental plástica do território em função dos níveis de proteção necessários assim como dos anseios de desenvolvimento pretendidos.[18]

2 Análise técnica e deferência administrativa na gestão ambiental

A avaliação de instrumentos e as estratégias ambientais de proteção, implicando efeitos nos estudos ambientais como um todo, estão necessariamente dependentes de uma sustentabilidade integrada voltada antes de tudo à superação de pontos de gargalo que levam à semeadura de conflitos sociais. Esse arranjo amplo e racional, construído discursivamente, está ligado ao exercício técnico-avaliativo de empreendimentos e atividades antrópicas, de modo a traçar níveis de admissibilidade e contornos de viabilidade ambiental. É nesse ponto que se tem como instrumentos ambientais na gestão do território e no planejamento ambiental das atividades antrópicas o zoneamento ecológico-econômico, a avaliação ambiental estratégica, a avaliação de impacto ambiental e os estudos de alternativa técnica e locacional, entre outros.

A realização dos estudos ambientais para conferir graus de racionalidade e avaliação em decisões ambientais quanto a efeitos de empreendimentos e atividades advém tanto de normas nacionais, como a Lei Complementar nº 140/2011 e a Resolução Conama nº 237/97, quanto de comandos internacionais, como a Declaração do Rio. O Princípio nº 17 desta última estabelece que a avaliação do impacto ambiental, conforme disposto na legislação de cada estado, será "efetuada para as atividades planejadas que possam vir a ter um impacto adverso significativo sobre o meio ambiente e estejam sujeitas à decisão de uma autoridade nacional competente". Os estudos ambientais possibilitam a aferição da viabilidade e do impacto de empreendimentos, ao intento de que se tenha em afirmação técnica e com clareza de informações subsídios para uma lúcida decisão quanto às vantagens e desvantagens socioambientais resultantes da intervenção antrópica.

---

[17] PRADOS, María José. Naturbanización. Algunos ejemplos en áreas de montaña y periurbanas. *Treballs de la Societat Catalana de Geografia*, n. 71-72, p. 179-200, 2011. p. 180. Disponível em: https://dialnet.unirioja.es/servlet/articulo?codigo=4051686. Acesso em: 18 jun. 2019.

[18] ELBERSEN, Berien Sjamkea. *Nature on the doorstep*: the relationship between protected natural areas and residential activity in the European countryside. Wageningen: Alterra, Green World Research, 2001.

As normas ambientais em sua conformação concreta e posta em avaliação técnica e situada, por via do processo administrativo em sua objetividade racional, conformam e diagnosticam impactos socioambientais. O caráter holístico e integrado do ecossistema é internalizado, impedindo posições abstratas que se postem pela viabilidade ou inviabilidade de empreendimentos ou atividades sem ponderar os efeitos positivos ou negativos, assim como a produção de legados ambientais em consonância ou não com o primado da herança ambiental positiva. A adoção de tecnologias é sujeita a avaliações, mas não é visualizada como um mal em si. A incerteza quanto aos efeitos não assume um teor subjetivista, mas sim é conotada pelo princípio da objetividade ao longo das avaliações ambientais administrativas.

E justamente a aferição dessa compatibilidade é que demanda um tratamento integrado de efeitos ou repercussões, não bastando a genérica ou imprecisa referência ao texto abstrato da norma. O processo administrativo ambiental decisório é a via apta de aferição e realização dos instrumentos ambientais, e, desta maneira, do diagnóstico de riscos. E aqui outro princípio se integra. Em face da decisão administrativa que avalia os impactos positivos e negativos de atividades ou empreendimentos no meio ambiente, há um ônus argumentativo próprio nas pretensões de sua alteração por meio de decisões judiciais.

Nas decisões lastreadas em critérios técnicos e racionais de definição elaborados pelo órgão ambiental, que venham a definir níveis de compatibilidade diante da gestão do território, inviável uma simples pretensão de substituição da decisão administrativa pela judicial. Vigora o princípio da deferência administrativa. Segundo o princípio, cuja matriz está no desenvolvimento da atuação de agências reguladoras nos Estados Unidos, as normas administrativas contam com um peso argumentativo de prevalência, de uma álea de concretização de definições e conceitos. Essa álea de concretização é conferida tácita ou expressamente pela Constituição ou pela lei, não podendo ser suprimida pela decisão judicial sem que se demonstre situações de arbitrariedade ou ilegalidade manifesta.

O precedente referencial para o princípio da deferência administrativa está no julgamento *Chevron U.S.A. v. Natural Resources Defense Council, Inc.* A Suprema Corte dos Estados Unidos veio a decidir que, dentro do espaço normativo concedido pela lei aos órgãos administrativos, não pode o Poder Judiciário pretender que sua decisão substitua a decisão administrativa de gestão. No julgamento, foi deliberado:

> If Congress has explicitly left a gap for the agency to fill, there is an express delegation [p844] of authority to the agency to elucidate a specific provision of the statute by regulation. Such legislative regulations are given controlling weight unless they are arbitrary, capricious, or manifestly contrary to the statute. [n12] Sometimes the legislative delegation to an agency on a particular question is implicit, rather than explicit. In such a case, a court may not substitute its own construction of a statutory provision for a reasonable interpretation made by the administrator of an agency. (Supreme Court of the United States. Chevron U.S.A., Inc. v. Natural Resources Defense Council, Inc. (No. 82-1005) Argued: February 29, 1984 Decided: June 25, 1984)

No Brasil, o Supremo Tribunal Federal veio a acolher expressamente o princípio, entabulado como doutrina da deferência administrativa, no julgamento da Ação Direta de Inconstitucionalidade nº 4.874, com acórdão publicado em fevereiro de 2019. Na ocasião, o STF veio a fazer referência expressa ao precedente estadunidense e firmar:

Definidos na legislação de regência as políticas a serem perseguidas, os objetivos a serem implementados e os objetos de tutela, ainda que ausente pronunciamento direto, preciso e não ambíguo do legislador sobre as medidas específicas a adotar, não cabe ao Poder Judiciário, no exercício do controle jurisdicional da exegese conferida por uma Agência ao seu próprio estatuto legal, simplesmente substituí-la pela sua própria interpretação da lei. Deferência da jurisdição constitucional à interpretação empreendida pelo ente administrativo acerca do diploma definidor das suas próprias competências e atribuições, desde que a solução a que chegou a agência seja devidamente fundamentada e tenha lastro em uma interpretação da lei razoável e compatível com a Constituição. Aplicação da doutrina da deferência administrativa (Chevron U.S.A. v. Natural Res. Def. Council). (ADI nº 4.874. Rel. Min. Rosa Weber, Tribunal Pleno, j. 1º.2.2018. *DJe*, 019, divulg. 31.1.2019, public. 1.2.2019)

A construção se afina com o princípio da objetividade e com uma sustentabilidade integrada. O desenvolvimento e as formulações técnicas e racionais empreendidas, tal qual implicações de gestão de bens ambientais e riscos, devem estar prioritariamente submetidas às decisões dos órgãos legítimos do Estado que se empenham nas formulações regulamentares. Nesse ponto, destacam-se ainda as variantes de adoção simultaneamente legítimas dentro de parâmetros técnicos existentes, cabendo ao órgão estatal a decisão da opção respectiva. Afinal, como destaca May, "há ou podem haver certos tipos de questões que são atribuídas aos Poderes eleitos do Estado e assim não sejam objeto de conhecimento pelos Tribunais Federais".[19] A decisão judicial de invalidação depende de subsistente fundamento que identifique arbitrariedade ou flagrante ilegalidade nas deliberações técnicas.[20]

A doutrina espanhola conota que a própria avaliação de aplicabilidade e eficácia dos estudos ambientais e das diretivas firmadas nas deliberações da Administração devem levar em conta o quadro social e cultural de sua aplicação. A articulação técnica há de se interligar ao pano de fundo socioeconômico, sob pena de recair em ineficácia. Nesses trilhos, Míguez Macho[21] demonstra o quanto importante é um mapeamento histórico-cultural e econômico dos núcleos sociais e características geográficas do território em que se pretende a implementação concreta das avaliações ambientais.

Se a objetividade e a racionalidade atrelam a deferência administrativa a aferições e desenvolvimentos científicos, estes últimos levam a uma possibilidade constante de reconformação. A mutabilidade e reanálise de pautas científicas de resposta em estudos ambientais vai gerar uma necessária plasticidade da gestão ambiental e seus influxos na organização do território.[22]

A partir dos resultados dos estudos ambientais, elaborados sob contexto e expressão de exigência objetiva e racionalmente fundada, torna-se possível diagnosticar impactos positivos e negativos da atividade ou empreendimento, que direta ou indiretamente afetem ou influenciem a saúde, a segurança e o bem-estar da população.

---

[19] MAY, James R. The political question doctrine. *In*: MAY, James R. *Principles of constitutional environmental law*. Chicago: American Bar Association, 2011. p. 218.

[20] FARBER, Daniel A. *Environmental law*: in a nutshell. 9. ed. St. Paul, MN: West Academic Publishing, 2014.

[21] MÍGUEZ MACHO, Luis. Galicia y la reforma de la administración local. *Dereito*, v. 22, p. 319-336, nov. 2013. p. 319-336.

[22] BURGOS, Andrés; FERNÁNDEZ, Daniel. Áreas marinas protegidas: contexto español y el caso de "Os Miñarzos". *Letras Verdes. Revista Latinoamericana de Estudios Socioambientales*, n. 15, p. 30-54, mar. 2014. p. 32.

Igualmente, são ponderados reflexos nas atividades socioculturais e econômicas, além de efeitos sobre a biota, as condições estéticas e sanitárias do meio ambiente. O diagnóstico ambiental mapeia os impactos plúrimos da atividade ou empreendimento, além de permitir proposições tecnicamente fundadas aptas a "eliminarem os [efeitos] negativos ou minorá-los o quanto possível, bem como de se ampliarem os positivos ou, ainda, nos casos mais extremos, a necessidade de se rechaçar o empreendimento por conta da intolerabilidade dos seus impactos".[23]

Em outros termos, o princípio da objetividade e a deferência administrativa não podem converter-se em isolamento técnico. Devem estar implicados em uma percepção plural da sociedade e de bens da vida. Os conflitos ambientais são também conflitos de visões de mundo e disposições confrontantes em face da assunção de riscos tecnológicos.[24] Essas confrontações realçam ainda mais a necessidade de que a gestão ambiental e a organização territorial amparem-se em avaliações ambientais estratégicas e avaliações de impacto ambiental.

A Avaliação Ambiental Estratégica – AAE possui amplo peso de planejamento na Europa, mas ainda está a germinar na legislação brasileira. Ela pode ser concebida do seguinte modo:

> metodologia voltada para identificar a influência que determinada atividade poderá exercer sobre o ambiente biogeofísico, econômico e social, de maneira a se apontar a viabilidade ambiental da atividade ou não, visando aumentar os impactos positivos e diminuir os impactos negativos.[25]

Os espaços urbano e rural, como espaços de definição antrópica ou sua influência, são produtos sociais, ou quando muito produtos naturais socialmente implicados em influência direta ou indireta.

Controlar os níveis de implicação e influência interfere nas decisões de gestão ambiental. Inserir estudos ambientais na dinâmica de análise estratégica significa fomentar a integração normativa e administrativa ambientais. Subsidiam-se assim processos administrativos decisórios com bases técnicas a partir de exposição de potencialidades positivas, riscos e reveses, além de estimular uma cultura ambiental positiva tanto em termos de cidadania quanto em termos de gestão pública.

Nesse sentido, também se posicionam Ahmed e Okada, enfatizando ainda que sua adoção "permite que a análise e a avaliação de alternativas estratégicas sejam realizadas no momento de elaboração de políticas, planos e programas".[26] Essa atribuição demanda que os órgãos do Sisnama atuem em coordenação, levando em conta patamares e normas internacionais como referências e fatores de gravitação para estabelecimento dos padrões

---

[23] BECHARA, Erika. *Licenciamento e compensação ambiental na Lei do Sistema Nacional das Unidades de Conservação (SNUC)*. São Paulo: Atlas, 2009. p. 113.

[24] SIQUEIRA, Gerlena Maria Santana de. *Licenciamento ambiental de grandes empreendimentos*: regime jurídico e conteúdo das licenças ambientais. Curitiba: Juruá, 2017. p. 87.

[25] AHMED, Flávio Villela; OKADA, Denise Setsuko. Avaliação ambiental estratégica na perspectiva da gestão do uso e ocupação do solo urbano. *In*: SOUZA, Maria Cláudia da Silva Antunes de (Org.). *Avaliação ambiental estratégica*: reflexos na gestão ambiental portuária Brasil e Espanha. Belo Horizonte: Vorto, 2017. p. 39.

[26] AHMED, Flávio Villela; OKADA, Denise Setsuko. Avaliação ambiental estratégica na perspectiva da gestão do uso e ocupação do solo urbano. *In*: SOUZA, Maria Cláudia da Silva Antunes de (Org.). *Avaliação ambiental estratégica*: reflexos na gestão ambiental portuária Brasil e Espanha. Belo Horizonte: Vorto, 2017. p. 43.

nacionais. Há, portanto, um federalismo cooperativo na definição da gestão ambiental e organização do território.

Idêntica lógica se processa em outros países. Jesús Conde Antequera[27] enfatiza que o marco normativo da avaliação ambiental estratégica na Espanha combina as normas gerais com competências constitucionais atribuídas às comunidades autônomas. Em derivação encadeiam-se:

> "normas adicionales de protección" y, por otro lado, con amparo en otros títulos competenciales constitucionales muy ligados al medio ambiente que les atribuye el artículo 148 (ordenación del territorio, urbanismo, agricultura, caza y pesca, aprovechamientos fluviales, montes, etc.).[28]

A avaliação de impacto ambiental é passo imprescindível para a gestão racional de alternativas e planejamento quanto às atividades antrópicas e seus desencadeamentos sobre o ecossistema. Afinal, sem diagnóstico de impacto há prejuízo técnico e de informação quanto a potenciais efeitos de atividades e empreendimentos, comprometendo a plenitude da manifestação administrativa. Na Espanha, vige a Lei nº 21, de 9.12.2013, cujo objetivo é interiorizar a Diretiva nº 2001/422/CE, de 27 de junho, afeta à avaliação de empreendimentos e programas em seu impacto ecológico. Um dos desafios visualizados foi romper com a imprecisão normativa e insegurança jurídica na afirmação objetiva do processo administrativo.[29]

No Brasil, a avaliação de impacto ambiental é expressamente prevista como instrumento da Política Nacional do Meio Ambiente, em seu art. 9º, inc. III, mas também é infinitamente confundida com o estudo prévio de impacto ambiental, que em verdade é um de seus possíveis componentes. Nessas situações, a avaliação de impacto terá tanto o caráter corretivo quanto orientado para mitigações, condicionantes e compensações dos efeitos futuros, além de reparação pelos danos já causados, como destaca Talden Farias.[30]

Por meio das avaliações ambientais e de estudos de impacto será possível diagnosticar obstáculos, além fatores positivos e negativos, relativos à atividade, sem que isto permita olvidar que "dificuldades para a valoração das externalidades ambientais negativas criam obstáculos para a melhor definição dos valores de medidas reparatórias e compensatórias dos impactos e danos ambientais".[31] Avaliar impactos implica análises setorial, locacional e também de gestão de risco, não significando um tudo ou nada, por vezes, mas sim o estabelecimento de condicionantes e implantações reduzidas ou mitigadas.[32]

---

[27] CONDE ANTEQUERA, Jesús. La evaluación ambiental de planes y programas como técnica de protección ambiental en España: especial referencia a la evaluación del planeamiento portuario. *In*: SOUZA, Maria Cláudia da Silva Antunes de (Org.). *Avaliação ambiental estratégica*: reflexos na gestão ambiental portuária Brasil e Espanha. Belo Horizonte: Vorto, 2017. p. 207-233.

[28] CONDE ANTEQUERA, Jesús. La evaluación ambiental de planes y programas como técnica de protección ambiental en España: especial referencia a la evaluación del planeamiento portuario. *In*: SOUZA, Maria Cláudia da Silva Antunes de (Org.). *Avaliação ambiental estratégica*: reflexos na gestão ambiental portuária Brasil e Espanha. Belo Horizonte: Vorto, 2017. p. 214.

[29] LANCHOTTI, Andressa de Oliveira. *Evaluación de impacto ambiental y desarrollo sostenible*. Belo Horizonte: Arraes, 2014. p. 134.

[30] FARIAS, Talden. *Licenciamento ambiental*: aspectos teóricos e práticos. 6. ed. Belo Horizonte: Fórum, 2017. p. 78.

[31] SIQUEIRA, Lyssandro Norton. *Qual o valor do meio ambiente?* Previsão normativa de parâmetros para a valoração econômica do bem natural impactado pela atividade minerária. Rio de Janeiro: Lumen Juris, 2017. p. 206.

[32] BIM, Eduardo. *Licenciamento ambiental*. Rio de Janeiro: Lumen Juris, 2014. p. 110.

Confrontar a necessidade, a elaboração e a implementação dos institutos e instrumentos citados requer, por sua vez, não perder de vista o pano de fundo de vivência contemporânea, em que há uma "imputabilidade civilizacional do risco".[33] A medida de assunção do risco deve ser racional e pautada em postulados de segurança ambiental e social construídos pela gestão ecológica aplicada na organização do território. Igualmente, não se pode prescindir do princípio da vedação do excesso e da proporcionalidade, tendo em conta escolhas sociais de convivência com certa dosagem de risco.

Em voltas a esse diálogo complexo de produção normativa regulatória, é possível inclusive que estudos ambientais e avaliações de impacto, a incluir sem dúvidas a avaliação de impacto ambiental, proporcionem linhas gerais de segurança, controle e mitigação em face dos riscos de empreendimentos e atividades. Essas linhas gerais podem ser assumidas pelo Parlamento, vindo a ser eleitas como critérios de apreciação e aferição balizados pela própria lei e postos em concretização pelos órgãos ambientais em uma sistemática de técnica motivada.

Em face de toda essa construção complexa e sujeita a constantes críticas e necessidade de motivação é que se apresenta o princípio da precaução. Como conciliar toda a concertação ora explicitada com aplicações concretas do princípio da precaução, cujo desiderato é evitar que a incerteza científica seja utilizada para adiamento de medidas técnicas e econômicas em face do risco de degradação ambiental e lesões ao ser humano?

3 Precaução: entre a gestão do risco e o direito do medo

Firmadas as perspectivas de atuação e atributos da gestão ambiental, assim como sua correlação com a organização do território, enfrenta-se a constante interrogação projetada pelo desenvolvimento e pela tecnologia. A incerteza científica pode ser fonte de desestabilização do direito em face de situações de possível dano. O princípio da precaução se propõe a dialogar com a temática dos riscos em uma escala prévia a constatações, lastreada na própria limitação da certeza científica em vistas da produção potencial de degradações ou danos.

Em já exposta redação, presente no art. 15 da Declaração do Rio, o dispositivo, prediz que "quando houver ameaça de danos graves ou irreversíveis, a ausência de certeza científica absoluta não será utilizada como razão para o adiamento de medidas economicamente viáveis para prevenir a degradação ambiental". A precaução é constituída como princípio para fins de ser determinante a adoção de medidas de resguardo em face de danos socioambientais, incluindo o resguardo à saúde humana, por óbvio, independentemente de uma certeza científica quanto à ocorrência do próprio dano potencial.

O princípio atua de maneira consistente quando se tratam de novas tecnologias, novos compostos em suas mais diversas formas, que se proponham a atuar no ecossistema e, especificamente, interferir na vida humana. Alexandre Kiss pontua que o risco elevado é o primeiro fator para a adoção da precaução.[34] Portanto, situações configuradas

---

[33] BECK, Ulrich. *Sociedade de risco*: rumo a uma outra modernidade. Tradução de Sebastião Nascimento. São Paulo: Ed. 34, 2010. p. 49.

[34] KISS, Alexandre. Os direitos e interesses das gerações futuras e o princípio da precaução. *In*: VARELLA, Marcelo Dias; PLATIAU, Ana Flávia Barros (Org.). *Princípio da precaução*. Belo Horizonte: Del Rey, 2004. p. 11.

na gestão ambiental como reveladoras de riscos de baixa intensidade ou com custo de concretização aceitáveis pelos padrões sociais e técnicos não estão sujeitos à aplicação da precaução. O princípio da precaução busca:

a correta dimensão destes perigos a fim de informar os processos decisórios no planejamento ambiental, com vistas à manutenção da poluição em um nível tal baixo quanto possível, a redução dos materiais residuais, a proibição da deterioração significativa do ambiente e à triagem de novos produtos.[35]

É justamente o risco elevado que demanda uma ação corretiva, mitigadora ou de controle de exposição fundada na precaução, ou seja:

naqueles casos em que qualquer atividade possa resultar em danos duradouros ou irreversíveis ao meio ambiente, assim como naqueles casos em que o benefício derivado da atividade é completamente desproporcional ao impacto negativo que essa atividade pode causar no meio ambiente.[36]

É sob esse prisma que Derani enfatiza que a precaução atua "onde a exigência de utilização da melhor tecnologia disponível é necessariamente um corolário".[37]

O princípio da precaução é uma imposição em face de ameaças. Não é possível dele se esquivar, sob pena, inclusive, de recair em uma proteção insuficiente dos bens ambientais, dos processos ecológicos e do próprio ser humano. A atuação em precaução é impositiva ao Estado, afinal, "por força dos deveres de proteção aos quais está vinculado, também não pode omitir-se ou atuar de forma insuficiente na promoção e proteção de tal direito, sob pena de incorrer em violação da ordem jurídico-constitucional".[38]

Entretanto, o princípio vive um dilema. Quando sua adoção pode se converter não em uma medida de proteção, mas sim em uma resposta ou ameaça de medo em face de desenvolvimentos tecnológicos ou proposições científicas? Por isso José Rubens Morato Leite e Patryck de Araújo Ayala acentuam que "talvez, a maior crítica que se possa fazer a este princípio seja a dificuldade em precisar o seu exato conteúdo, tendo, na verdade, sido mais invocado do que realmente colocado em prática".[39] A apresentação deturpada do princípio da precaução pode se manifestar em sua proposição invertida, como se toda e qualquer atividade ou empreendimento somente pudessem funcionar ou se colocar em interação para com o ser humano ou o ambiente se demonstrada em integralidade a inocorrência de riscos desconhecidos.

A conversão do princípio da precaução em direito do medo ocorre na medida em que se dispensa a gestão ambiental controlada dos riscos e se assume uma resistência

---

[35] TEIGLEDER, Annelise Monteiro. *Responsabilidade civil ambiental*: as dimensões do dano ambiental no direito brasileiro. 3. ed. Porto Alegre: Livraria do Advogado, 2017. p. 166.

[36] KISS, Alexandre. Os direitos e interesses das gerações futuras e o princípio da precaução. *In*: VARELLA, Marcelo Dias; PLATIAU, Ana Flávia Barros (Org.). *Princípio da precaução*. Belo Horizonte: Del Rey, 2004. p. 11.

[37] DERANI, Cristiane. *Direito ambiental econômico*. 3. ed. São Paulo: Saraiva, 2008. p. 151.

[38] SARLET, Ingo Wolfgang; FENSTERSEIFER, Tiago. *Direito constitucional ambiental*: constituição, direitos fundamentais e proteção do ambiente. 2. ed. São Paulo: Revista dos Tribunais, 2012. p. 193.

[39] LEITE, José Rubens Morato; AYALA, Patryck de Araújo. *Dano ambiental*: do individual ao coletivo extrapatrimonial. Teoria e prática. 5. ed. São Paulo: Revista dos Tribunais, 2012. p. 55.

ao desenvolvimento econômico-tecnológico ao anteparo de um risco obscuro e não palpável que justifica a paralisação do próprio desenvolvimento.

Cass Sunstein, em sua obra *Laws of fear*, remete a uma verdadeira paralisia provocada por essa visão deturpada da precaução. Para o autor, em caso de dúvidas, deve-se compreender em que medida a precaução se manifesta em suas versões fraca e forte, tomadas como extremos entre os quais transita a aplicação normativa do princípio.[40] Pela tese, não há "um" princípio da precaução, mas densificações diversas da precaução segundo a tipologia do risco. Em todas elas o medo é substituído pela gestão do risco, pela afirmação técnica de medidas de controle e resposta.

Na versão fraca do princípio da precaução, determina-se que a falta de evidência decisiva do dano não é sustentação para uma recusa na regulação da atividade ou empreendimento. Desta maneira, "controls might be justified even if we cannot establish a definite connection between, for example, low-level exposures to certain carcinogens and adverse effects on human health".[41] Sunstein[42] afirma que é sob essa vertente que o princípio foi construído na Declaração do Rio.

Lado outro, o princípio se manifesta em uma expressão forte quando há uma margem de segurança no processo de deliberação. Isso significa que o processo de deliberação irá contar com desenvolvimento articulado de razões e motivações para controle e permissão da atividade ou empreendimento. O ônus de atribuição da permissão de atividade está em maior densificação. Na forma forte, quando há um risco significativo de danos à saúde ou ao meio ambiente, inclusive para gerações futuras, e quando há uma incerteza científica quanto à natureza desse dano ou da probabilidade do risco, "decisions should be made so as to prevent such activities from being conducted unless and until scientific evidence shows that the damage will not occur".[43]

Grande parte dos problemas existentes na jurisprudência brasileira quanto à aplicação do princípio da precaução reside no fato de que não se distingue em termos da gradação da versão fraca para com a versão forte. Mas como se processa essa definição? A definição normativa da versão de aplicação está justamente no processo regulatório de gestão ambiental em seguimento do princípio da objetividade. É pela expressão dos estudos de impacto ambiental e avaliações ambientais que são definidas situações, empreendimentos e atividades que se sujeitem ora à versão fraca, ora à versão forte. Essa aplicação, coordenada com a gestão do território, permitirá a aferição de alternativas locacionais ou a vedação situada de empreendimentos ou atividades, sem que se manifeste um juízo deliberativo de negação pura e simples.

Manifestações de aplicação fora do princípio da objetividade e a despeito da deferência administrativa, que inclusive extrapolem a versão extremada forte do princípio, revelam sua inadequação. Contextos fáticos que não sejam adequados a esse tipo de densificação representarão manifestação do direito do medo. O excesso não está assim

---

[40] SUNSTEIN, Cass R. *Laws of fear*: beyond the precautionary principle. Cambridge: Cambridge University Press, 2005. p. 18.

[41] SUNSTEIN, Cass R. *Laws of fear*: beyond the precautionary principle. Cambridge: Cambridge University Press, 2005. p. 18.

[42] SUNSTEIN, Cass R. *Laws of fear*: beyond the precautionary principle. Cambridge: Cambridge University Press, 2005. p. 18.

[43] SUNSTEIN, Cass R. *Laws of fear*: beyond the precautionary principle. Cambridge: Cambridge University Press, 2005. p. 19.

no princípio propriamente, mas na aplicação inadequada de densificação diante do quadro fático apresentado.

Gabriel Wedy bem capta e externa esses fatores de determinação da expressão do princípio da precaução segundo o campo fático contextual de aplicação. Wedy salienta que "os elementos que compõem a definição do princípio da precaução e viabilizam a sua implementação necessariamente são: a incerteza científica, o risco de dano e a inversão do ônus da prova".[44] Entretanto, não há uma uniformidade absoluta em ocasiões ou contextos que demandem a precaução, pelo inverso, "evidentemente que esses elementos devem também estar de acordo, e em harmonia, com um custo razoável de implementação, com a ponderação do custo-benefício e com a busca da melhor tecnologia disponível".[45]

O processo administrativo ambiental regulatório, a partir de embasamentos técnicos e análises de pesquisas e dados, tanto no âmbito interno quanto internacional, assume ônus argumentativos e discursivos democráticos para definições em face dos riscos e suas projeções de concretização. A incerteza científica não irá ser tomada em abstrato, mas sim em determinações concretas que permitam confrontar aspectos positivos e negativos no todo socioambiental que envolve a tomada de decisão e suas consequências. Há no enfrentamento do princípio da precaução, quando se definem opções de convívio com o risco, um encargo estatal de corresponder à denominada obrigação de devida diligência.

Leonardo Estrela Borges,[46] ao tratar da prevenção e da precaução em seus contornos teóricos e aplicados no plano internacional, enfatiza que as obrigações imputadas comumente são delimitadas a partir de deveres comportamentais relativos à obrigação de prevenção ou obrigação de diligência, *due diligence*. A obrigação de diligência pode estar atrelada tanto a fatores científicos de constatação quanto a uma abordagem empírica de teor probabilístico da ocorrência do dano. O ponto é relevante, pois há linhas doutrinárias que distinguem campos diversos de aplicação da teoria da probabilidade para com o princípio da precaução.

Nesse sentido, Pierpaolo Cruz Bottini afirma que "a delimitação do espaço da precaução ainda exclui da incidência do princípio atividades cujos efeitos nocivos ou perigosos não são constatados pelo conhecimento científico dos cursos causais a ela relacionados, mas são revelados pela ocorrência estatística".[47] Pela posição em questão pode haver situações em que avaliações científicas afirmem a regularidade ou segurança do empreendimento, atividade ou técnica. Entretanto, em escala empírica, verifica-se ocorrência de danos ou mesmo desastres para os quais não se sabia a causa. A própria ciência ou tecnologia entra na berlinda, vê-se em falibilidade. Restrições aqui podem ser tomadas com base na teoria das probabilidades e não na precaução propriamente dita.

---

[44] WEDY, Gabriel. *O princípio constitucional da precaução*: como instrumento de tutela do meio ambiente e da saúde pública. Belo Horizonte: Fórum, 2009. p. 59.

[45] WEDY, Gabriel. *O princípio constitucional da precaução*: como instrumento de tutela do meio ambiente e da saúde pública. Belo Horizonte: Fórum, 2009. p. 59.

[46] BORGES, Leonardo Estrela. *As obrigações de prevenção no direito ambiental internacional*. São Paulo: Saraiva, 2017. p. 98-99.

[47] BOTTINI, Pierpaolo Cruz. *Crimes de perigo abstrato e princípio da precaução na sociedade de risco*. São Paulo: Revista dos Tribunais, 2007. p. 72.

No cenário de danos ou lesões que se projetam mesmo sem causa definida pelo estado da arte, o ônus estatístico pode legitimar medidas de proteção ou tutela, independentemente de amparos científicos. Tem-se assim:

> nessas situações, os instrumentos da teoria da probabilidade permitem a inferência da regularidade da ocorrência de fatos ligados a uma conduta e possibilitam a previsão dos riscos a ela inerentes com tal precisão, que permite afirmar a certeza científica da periculosidade.[48]

Há uma dupla tutela, portanto, já que a própria ciência é suscetível de falibilidade, em que a precaução não pode ser compreendida como uma última fronteira de segurança na sociedade de risco.[49]

O princípio da precaução depende, portanto, de uma efetiva gestão ambiental em relação ao risco que considere sempre os aspectos de territorialidade, cultura, interferências sociais e econômicas no manejo das ameaças, além da própria avaliação técnica e científica propriamente dita. É nesse ponto que se congregam organismos estatais ou internacionais reguladores, a coligar os pontos abordados neste trabalho.

A dinâmica multifacetária do risco e a necessidade de padrões de avaliação dos níveis de densidade da precaução, desde a versão fraca até a versão forte, sobrelevam a imprescindível criação e estruturação de agências e autarquias reguladoras. Afinal:

> one reason for the creation of administrative agencies has been the idea that they could be staffed with people who had special expertise in the area being regulated by the agency and, therefore, would be capable of knowing what types of regulations in that area were necessary to protect citizens.[50]

Se os níveis de precaução são dependentes de atuação administrativa regulatória empreendida segundo o princípio da objetividade e a partir de organismos internacionais e estatais legitimados e especializados a tanto, os critérios definidos encontram-se acobertados pela deferência administrativa. O princípio da precaução não se torna direito do medo justamente por sua produção e preenchimento nos termos técnicos, jurídicos e discursivos previstos em lei para definição de ameaças e riscos admitidos ou não admitidos socialmente, assim como permeados por medidas de controle e mitigação.

Repise-se. É nesse arcabouço que a expressão da precaução como regulamentação administrativa legitimada por avaliações técnicas e análises de impacto na gestão do risco remete a níveis de discricionariedade técnica e deferência administrativa. Em face da determinação técnica diante do risco, a atuação do Judiciário adere à autocontenção, fator que atrai reflexos processuais. Como assinala Eduardo Bim:

---

[48] BOTTINI, Pierpaolo Cruz. *Crimes de perigo abstrato e princípio da precaução na sociedade de risco*. São Paulo: Revista dos Tribunais, 2007. p. 73.

[49] BECK, Ulrich. *Sociedade de risco*: rumo a uma outra modernidade. Tradução de Sebastião Nascimento. São Paulo: Ed. 34, 2010.

[50] KUBASEK, Nancy K.; SILVERMAN, Gary S. *Environmental law*. 8. ed. Boston: Pearson, 2014. p. 81.

essa autocontenção judicial engloba as opiniões dos auxiliares do juízo. Não faria sentido deixar nas mãos do perito a escolha da teoria/metodologia científica mais correta e vedá-la ao magistrado. Ainda seria o Judiciário que estaria "resolvendo a disputa científica".[51]

Por decorrência, as apreciações judiciais no exercício do controle de legalidade e constitucionalidade são aqui postas em temperança. Ao espeque desse arquétipo jurídico de regência do princípio da precaução, a doutrina estadunidense proclama:

> the goal here is to find the degree of discretion granted to agency under the statute. If the discretion is total, then the court cannot review the agency's conduct. If the discretion is limited, then the court reviews the agency's conduct under the express statutory limitations.[52]

É nesse contexto doutrinário e jurisprudencial que se manifestou e fixou o Supremo Tribunal Federal, em acórdão relatado pelo Ministro Dias Toffoli, os ditames e parâmetros de aplicação do princípio da precaução no Brasil, sempre tendo em conta a gestão ambiental do risco.

4 Precaução e gestão do risco segundo o Supremo Tribunal Federal

O Supremo Tribunal Federal abordou a aplicação do princípio da precaução e sua correlação com a gestão ambiental do risco em julgamento do Recurso Extraordinário de Autos nº 627.189/SP. O acórdão, relatado pelo Ministro Dias Toffoli, veio a fixar a Tese de Repercussão Geral nº 479. A tese assentada pelo Supremo define:

> no atual estágio do conhecimento científico, que indica ser incerta a existência de efeitos nocivos da exposição ocupacional e da população em geral a campos elétricos, magnéticos e eletromagnéticos gerados por sistemas de energia elétrica, não existem impedimentos, por ora, a que sejam adotados os parâmetros propostos pela Organização Mundial de Saúde, conforme estabelece a Lei nº 11.934/2009.

A atuação e exposição de pessoas e seres vivos em geral aos campos elétricos, magnéticos e eletromagnéticos gerados pelos sistemas de energia elétrica manejam a dualidade dos fatores sociais relativos à tecnologia e ao desenvolvimento. É imprescindível à sociedade contemporânea o uso da energia para os mais variados fins, donde tanto sua captação quanto transmissão resultam em abertura de níveis de incerteza quanto aos efeitos de campos energéticos sobre os seres vivos. A Lei nº 11.934/2009, apoiada em parâmetros da Organização Mundial de Saúde, dispôs sobre os limites de exposição humana a campos elétricos, magnéticos e eletromagnéticos. Não há certeza científica quanto aos limites plenamente seguros de exposição, assim como aos níveis de vulnerabilidade que variam segundo a condição do ser humano.

---

[51] BIM, Eduardo Fortunato. Divergências científicas e metodológicas no direito ambiental e autocontenção judicial. *Direito Público*, v. 9, n. 46, set. 2013. p. 28. Disponível em: https://www.portaldeperiodicos.idp.edu.br/direitopublico/article/view/2094. Acesso em: 14 jun. 2019.

[52] MACGUIRE, Chad J. *Environmental from the policy perspective*: understanding how legal frameworks influence environmental problem solving. New York: CRC Press, 2014. p. 196.

A lei define como limite de exposição associado ao funcionamento de estações transmissoras de radiocomunicação, de terminais de usuário e de sistemas de energia elétrica as faixas de frequências até 300 GHz (trezentos gigahertz), visando garantir a proteção da saúde humana e do meio ambiente como um todo. Além disso, a norma estabelece áreas consideradas de maior vulnerabilidade, denominadas áreas críticas, e níveis de taxa de absorção específica, compreendidos como medida dosimétrica utilizada para estimar absorção de energia pelos tecidos do corpo humano.

Tendo em conta os limites traçados para o presente trabalho, que se concentra não na exposição à energia, mas sim no princípio da precaução, o ponto aqui tratado é restrito à perspectiva de aplicação da precaução na conformação jurisprudencial do Supremo, extraída a partir da apreciação constitucional dos níveis de exposição permitidos e previstos na Lei nº 11.934.

O diploma normativo em referência se utiliza de delegação técnica direta, prevendo em seu art. 5º:

> as estações transmissoras de radiocomunicação, os terminais de usuário e os sistemas de energia elétrica em funcionamento no território nacional deverão atender aos limites de exposição humana aos campos elétricos, magnéticos ou eletromagnéticos estabelecidos por esta Lei, nos termos da regulamentação expedida pelo respectivo órgão regulador federal.

A matéria possui lastro direto com a organização do território e a gestão de riscos, na medida em que regula a localização das fontes emissoras e o grau de vulnerabilidade da população situada na área de exposição direta.

Entretanto, em contrariedade à norma federal, uma série de ações civis públicas foi ajuizada com o objetivo de reduzir os níveis de exposição humana aos campos eletromagnéticos oriundos de linhas de transmissão, ao argumento de risco cancerígeno. Várias delas conseguiram êxito, fator que levou o caso ao Supremo. No acórdão recorrido que desencadeou o recurso extraordinário, o Tribunal de Justiça de São Paulo alterou a base normativa de densificação do princípio da precaução para afiliar a aplicação ao caso concreto em uma perspectiva extrema. O argumento foi no sentido de que, sempre que houver uma possibilidade mínima de dano, o princípio da precaução pode ser aplicado diretamente pelo Judiciário para alterar parâmetros normativos de exposição à radiação não ionizante. Não importaria se esses parâmetros foram definidos pelos órgãos ambientais ou acolhidos pela lei a partir de estudos de impacto e avaliação de riscos.

Em sequência, a partir de ações civis públicas mencionadas, o Judiciário, a despeito do padrão normativo adotado no Brasil, veio a assumir como devido o padrão suíço de exposição à radiação. Ultrapassou, assim, os parâmetros regulamentares previstos em norma pátria e compatíveis com os previstos pela Comissão Internacional de Proteção às Radiações Não-Ionizantes (ICNIRP), entidade especializada na matéria e reconhecida pela Organização Mundial da Saúde (OMS) e pela Associação Brasileira de Normas Técnicas (ABNT). É nesse contexto que se processou a abordagem do princípio da precaução pelo Supremo Tribunal, apoiada essencialmente na aplicação do art. 225 e do princípio da reserva legal, em suas conotações absoluta e relativa, além de considerar o princípio da separação de poderes.

O voto do Ministro Dias Toffoli laborou com critérios e conceitos fundamentais aqui já tematizados, principalmente com o princípio da objetividade, com as densificações possíveis ao princípio da precaução, com a relevância dos estudos ambientais e com a teoria da deferência administrativa como critério de avaliação dos patamares assumidos pela gestão ambiental em sua aplicação concreta de organização do território. É exatamente nesse patamar gravitacional que se configurou a aplicação do princípio da precaução pela Corte Constitucional brasileira.

O Supremo alertou para o resguardo a ser tomado pelo Judiciário a fim de que não se migrasse da gestão racional do risco para argumentos que recaíam em um verdadeiro direito do medo. A precaução não pode ser manejada fora de densificações que lhe confiram o teor normativo legítimo a autorizar uma aplicação em versões forte ou fraca, ou mesmo intermediária. Nesse sentido, restou expresso na fundamentação do acórdão:

> a definição do que seja "precaução", pois, não é absoluta. Pelo contrário, ainda é objeto de construção pela comunidade científica em todo o mundo. Aliás, é possível verificar algumas variações quanto a seus elementos conceituais no Preâmbulo da Convenção sobre a Diversidade Biológica (1992), na Convenção sobre Alterações Climáticas (1992), na Convenção de Paris para a Proteção do Meio Marinho do Atlântico Nordeste (1992) e na Conferência das Partes à Convenção sobre a Diversidade Biológica (2000). Ressalte-se, a propósito, que foi inserida, igualmente, disposição específica sobre o tema no Protocolo de Kyoto, que entrou em vigor em 16 de fevereiro de 2012. (Voto do Min. Dias Toffoli no RE nº 627.189/SP – Inteiro Teor do acórdão, p. 19-20)

O voto alicerça ainda referência à obra de Kenneth R. Foster, que imprime crítica de decantação do sentido a ser assumido pelo princípio da precaução, a fim de evitar sua acepção extremista, ou seja, de direito do medo. Para Foster, não se pode pretender chegar a aplicações da precaução que levem a um risco zero, algo contrastante para com a própria sociedade de risco em que se vive.[53]

A posição firmada pelo Supremo ainda deixa expressa a necessária correlação da precaução com o princípio da objetividade, a impedir aspectos de abstração que obstruam aplicação racional. Em braços dados, a correlação implica anteparos hermenêuticos em face de subjetivismos na definição dos campos de adequação da norma principiológica. Os estudos ambientais e avaliações de risco é que permitem esse suporte de concretude e racionalidade, como expressado no voto do relator:

> A fim de evitar excesso de abstração e de subjetivismo na compreensão desse princípio, e com o fito de evitar decisões discriminatórias ou incoerentes sobre as medidas de controle dos impactos de certas atividades nas áreas afetas ao meio ambiente sadio e ao direito à saúde, O Conselho da União Europeia criou uma "Comissão sobre o princípio da Precaução" que acabou por emitir, em 2 de fevereiro de 2000, importante Comunicação sobre o tema (COM/2000/0001).
>
> No referido documento, foram detalhadas as seguintes premissas, consideradas como elementos conceituais do princípio da precaução, a saber: i) o princípio é um componente de gestão de riscos; ii) a decisão política de atuar ou não há de decorrer da consciência da instância decisória sobre o grau de incerteza relativo aos resultados da avaliação dos dados científicos disponíveis; e, iii) na hipótese de se decidir por atuar, as medidas a serem adotadas devem respeitar os seguintes pressupostos:

---

[53] FOSTER, Kenneth R. The precautionary principle - Common sense or environmental extremism? *IEEE Technology and Society Magazine*, v. 21, issue 4, p. 8-13, Winter 2002-2003. p. 13. Disponível em: http://repository.upenn.edu/be_papers/28. Acesso em: 16 jun. 2019.

"a) devem as medidas ser proporcionais ao nível de proteção escolhido; b) respeito à não-discriminação na sua aplicação; c) o Estado que impõe como requisito uma aprovação administrativa prévia aos produtos e serviços que considerem perigosos, a priori, devem inverter o ônus da prova, considerando-os perigosos até que os interessados desenvolvam trabalho científico necessário a demonstrar o preenchimento do requisito da segurança e, caso o Estado não exija a referida autorização prévia, caberá às autoridades pública ou ao interessado demonstrar o nível de risco (para uma aprovação a posteriori) ; d) permanente exigência de que sejam oferecidos pelos interessados embasamentos científicos para a análise das potenciais vantagens e encargos para a ação ou inação; e) ações coerentes com as medidas semelhantes já tomadas; f) a decisão adotada há de se sujeitar a uma revisão sempre que obtidos novos dados científicos". (Voto do Min. Dias Toffoli no RE nº 627.189/SP – Inteiro Teor do acórdão, p. 24-25)

O Supremo veio a reconhecer expressamente o princípio da precaução como inserto em uma organização de gestão ambiental do risco na expressão territorial que se encontra exposta ou afetada pela atividade ou pelo empreendimento. Determina-se sempre uma avaliação de riscos e avaliação de decisões a partir da deferência administrativa. Além disso, deve haver uma proporcionalidade entre as medidas adotadas e o nível de proteção selecionado, tudo em função dos próprios níveis de expectativa de risco que estão envolvidos. A aplicação da precaução convive com o constante risco de extremismos a serem adotados sob o influxo do medo.

A aplicação do princípio precisa se dar em lastros de racionalidade e desenho administrativo de gestão ambiental do risco. Não se deve ceder nem à condescendência para com os potenciais danos acarretados por uma atividade, nem à sedutora medida de sua negação pura e simples. É o resguardo técnico-normativo que propicia suporte às decisões. Como destacado no voto do relator, não se deve cair na acepção da precaução como direito do medo, afinal, "na aplicação do princípio da precaução, portanto, é certo que a existência dos referidos riscos decorrentes de incertezas científicas não devem produzir uma paralisia estatal ou da sociedade" (Voto do Min. Dias Toffoli no RE nº 627.189/SP – Inteiro Teor do acórdão, p. 27).

O enredo de sólida fundamentação do acórdão procede com a autocontenção do Judiciário em face de decisões administrativas motivadas pelos órgãos técnicos competentes. A deferência administrativa está clara na fundamentação da decisão:

> Insisto que, nos controles administrativo e jurisdicional do exercício da precaução, se deve verificar tão somente se, na escolha do Estado, foram adotados os procedimentos mencionados e se as decisões legislativas e/ou administrativas produzidas obedecem a todos os fundamentos de validade das opções discricionárias, como os requisitos da universalidade, da não discriminação, da motivação explícita, transparente e congruente, e da proporcionalidade da opção adotada, como já chegou a destacar outrora o grande jurista Otto Mayer, que enfatizou ser a proporcionalidade um dos requisitos inerentes ao exercício do poder de polícia (Deutsches Verwaltungsrecht (1895). Berlin: Dunker & Humblot, 2004. v. 1, p. 267). (Voto do Min. Dias Toffoli no RE nº 627.189/SP – Inteiro Teor do acórdão, p. 29)

A avaliação ambiental de risco e os estudos ambientais em sua mais ampla medida são fatores de solidez para conferir potência afirmadora às escolhas estatais, socialmente amparadas em debates e interações dotados de participação democrática. Cabe ao Estado, em atuação técnica de gestão do risco ambiental em um território, não anular o risco, pois isso se faz inviável na sociedade contemporânea, que é em si uma sociedade de risco. Sua função é alcançar níveis aceitáveis de controle, mitigação e contenção de exposição ao próprio risco, com respectivas reduções de vulnerabilidade.

Conclusão

A gestão ambiental integra-se com a organização do território para desenvolver medidas de governança, construção e implementação regulatórias em face do risco projetado por atividades e empreendimentos socialmente compreendidos como necessários ou úteis. A incerteza científica quanto aos riscos que sejam derivados de empreendimentos e atividades é tematizada pelo princípio da precaução.

Em seara ambiental, o princípio da precaução envolve riscos e ameaças que alcançam tanto o ser humano quanto outros seres vivos, implicando também efeitos sobre os componentes abióticos, fato que acarreta consequência a todos os seres vivos. Entretanto, o princípio da precaução não pode se restar refém de conjunturas de aplicação casuísticas. Precisa de alicerces para plena compreensão e adequação aos casos fáticos.

Não há uma definição fechada ou absoluta de seu significado, pelo contrário, sua compreensão está em total ligação a versões de densificação que lhe dotam de teor forte ou fraco, conforme o conjunto normativo que o envolve. Isso irá determinar o grau de intensidade e o ônus procedimental e argumentativo que lastrearão as medidas de contenção e amplitude de permissão da atividade ou do empreendimento. Para determinar esses níveis, incide o princípio da objetividade, que permite construções racionais e amparadas em avaliações técnicas pelos órgãos estatais especializados na definição de limites e gradações. A objetividade alinha-se, portanto, com a deferência administrativa.

O Recurso Extraordinário nº 627.189/SP, julgado sob a relatoria do Ministro Dias Toffoli, veio a se tornar referencial para a aplicação do princípio da precaução, firmando-se em tese de repercussão geral e posição jurisprudencial do Supremo Tribunal Federal, conforme Tema nº 479. A decisão veio a manejar os pontos angulares acima expostos para conceber um paradigma de compreensão da precaução e sua correlação na gestão de riscos afetos ao contexto social.

O risco tecnológico ou científico não pode ser assimilado como direito do medo na tomada concreta da precaução. A perspectiva extremista do princípio da precaução navega contra suas próprias linhas de aplicação e, portanto, irá resultar em um perene risco de privar a sociedade de benefícios e bens que propiciem qualidade de vida. Em última medida, adotar a precaução como direito do medo resulta em convertê-la em risco aos próprios direitos fundamentais, pois estes últimos estão alinhados na sua concretização a avanços científicos e tecnológicos.

Em uma sociedade de risco, as ameaças e projeções de perigo não podem ser anuladas em completo. A efetivação do princípio da precaução em questões socioambientais, inclusive quanto à saúde e à integridade humanas, está lastreada de forma determinante à consistência estrutural do processo de concretização da gestão ambiental e suas implicações na organização do território e no contexto de desenvolvimento de empreendimentos e de atividades admitidos nas práticas sociais. Avaliações de impacto ambiental e estudos ambientais de avaliação de risco são indissociáveis para estabelecer a versão aplicada da precaução, como bem demonstrou o paradigma jurisprudencial elaborado pelo Supremo Tribunal Federal.

Referências

AHMED, Flávio Villela; OKADA, Denise Setsuko. Avaliação ambiental estratégica na perspectiva da gestão do uso e ocupação do solo urbano. *In*: SOUZA, Maria Cláudia da Silva Antunes de (Org.). *Avaliação ambiental estratégica*: reflexos na gestão ambiental portuária Brasil e Espanha. Belo Horizonte: Vorto, 2017.

BECHARA, Erika. *Licenciamento e compensação ambiental na Lei do Sistema Nacional das Unidades de Conservação (SNUC)*. São Paulo: Atlas, 2009.

BECK, Ulrich. *Sociedade de risco*: rumo a uma outra modernidade. Tradução de Sebastião Nascimento. São Paulo: Ed. 34, 2010.

BIM, Eduardo Fortunato. Divergências científicas e metodológicas no direito ambiental e autocontenção judicial. *Direito Público*, v. 9, n. 46, set. 2013. Disponível em: https://www.portaldeperiodicos.idp.edu.br/direitopublico/article/view/2094. Acesso em: 14 jun. 2019.

BIM, Eduardo. *Licenciamento ambiental*. Rio de Janeiro: Lumen Juris, 2014.

BORGES, Leonardo Estrela. *As obrigações de prevenção no direito ambiental internacional*. São Paulo: Saraiva, 2017.

BOTTINI, Pierpaolo Cruz. *Crimes de perigo abstrato e princípio da precaução na sociedade de risco*. São Paulo: Revista dos Tribunais, 2007.

BURGOS, Andrés; FERNÁNDEZ, Daniel. Áreas marinas protegidas: contexto español y el caso de "Os Miñarzos". *Letras Verdes. Revista Latinoamericana de Estudios Socioambientales*, n. 15, p. 30-54, mar. 2014.

CALLAN, Scott J.; THOMAS, Janet M. *Economia ambiental*: aplicações, políticas e teoria. Tradução da 6. ed. norte-americana de Noveritis do Brasil. São Paulo: Cengale Learning, 2016.

CONDE ANTEQUERA, Jesús. La evaluación ambiental de planes y programas como técnica de protección ambiental en España: especial referencia a la evaluación del planeamiento portuario. *In*: SOUZA, Maria Cláudia da Silva Antunes de (Org.). *Avaliação ambiental estratégica*: reflexos na gestão ambiental portuária Brasil e Espanha. Belo Horizonte: Vorto, 2017.

DERANI, Cristiane. *Direito ambiental econômico*. 3. ed. São Paulo: Saraiva, 2008.

ELBERSEN, Berien Sjamkea. *Nature on the doorstep*: the relationship between protected natural areas and residential activity in the European countryside. Wageningen: Alterra, Green World Research, 2001.

FARBER, Daniel A. *Environmental law*: in a nutshell. 9. ed. St. Paul, MN: West Academic Publishing, 2014.

FARIAS, Talden. *Licenciamento ambiental*: aspectos teóricos e práticos. 6. ed. Belo Horizonte: Fórum, 2017.

FARIAS, Talden; TRENNEPOHL, Terence (Coord.). *Direito ambiental brasileiro*. São Paulo: Thompson Reuters Brasil, 2019.

FERREIRA, Maria Augusta Soares de Oliveira. Direito ambiental e gestão pública. *In*: FARIAS, Talden; TRENNEPOHL, Terence (Coord.). *Direito ambiental brasileiro*. São Paulo: Thompson Reuters Brasil, 2019.

FOSTER, Kenneth R. The precautionary principle - Common sense or environmental extremism? *IEEE Technology and Society Magazine*, v. 21, issue 4, p. 8-13, Winter 2002-2003. Disponível em: http://repository.upenn.edu/be_papers/28. Acesso em: 16 jun. 2019.

GÓMEZ, Jose F.; BOURGÈS, Flora. Sobre la gestión del patrimonio natural y el paisaje en España en la era de los Espacios Naturales Protegidos: el caso de los invertebrados. *ARBOR Ciencia, Pensamiento y Cultura*, v. 192-781, sep./oct. 2016.

KISS, Alexandre. Os direitos e interesses das gerações futuras e o princípio da precaução. *In*: VARELLA, Marcelo Dias; PLATIAU, Ana Flávia Barros (Org.). *Princípio da precaução*. Belo Horizonte: Del Rey, 2004.

KOKKE, Marcelo. *Conflitos intergeracionais*: uma matriz para análise dos confrontos socioambientais, culturais e jurídicos. Rio de Janeiro: Lumen Juris, 2017.

KUBASEK, Nancy K.; SILVERMAN, Gary S. *Environmental law*. 8. ed. Boston: Pearson, 2014.

LANCHOTTI, Andressa de Oliveira. *Evaluación de impacto ambiental y desarrollo sostenible*. Belo Horizonte: Arraes, 2014.

LEITE, José Rubens Morato; AYALA, Patryck de Araújo. *Dano ambiental*: do individual ao coletivo extrapatrimonial. Teoria e prática. 5. ed. São Paulo: Revista dos Tribunais, 2012.

MACGUIRE, Chad J. *Environmental from the policy perspective*: understanding how legal frameworks influence environmental problem solving. New York: CRC Press, 2014.

MAGALHÃES, Gustavo Alexandre; VASCONCELOS, Luis André de Araújo. O licenciamento ambiental à luz do princípio constitucional da proporcionalidade. *Veredas do Direito: Direito Ambiental e Desenvolvimento Sustentável*, Belo Horizonte, v. 7, n. 13/14, ago. 2011. ISSN 21798699. Disponível em: http://www.domhelder.edu.br/revista/index.php/veredas/article/view/174/157. Acesso em: 10 maio 2019.

MAY, James R. The political question doctrine. *In*: MAY, James R. *Principles of constitutional environmental law*. Chicago: American Bar Association, 2011.

MÍGUEZ MACHO, Luis. El planeamiento urbanístico también obliga al ayuntamiento: comentario de la sentencia de la Sala de lo contencioso-administrativo del Tribunal Superior de Justicia de Galicia, sección 2ª, núm. 728/2007, de 27 de septiembre. *Dereito*, v. 16, n. 2, p. 193-202, 2007.

MÍGUEZ MACHO, Luis. El principio de objetividad en el procedimiento administrativo. *Revista Documentación Administrativa*, n. 289, p. 99-127, ene./abr. 2011.

MÍGUEZ MACHO, Luis. Galicia y la reforma de la administración local. *Dereito*, v. 22, p. 319-336, nov. 2013.

MULERO MENDIGORRI, Alfonso. Territorio y áreas protegidas en España y Portugal: dos modelos de intervención en una geografía compartida. *Boletín de la Asociación de Geógrafos Españoles*, n. 74, p. 205-227, 2017.

PRADOS, María José. Naturbanización. Algunos ejemplos en áreas de montaña y periurbanas. *Treballs de la Societat Catalana de Geografia*, n. 71-72, p. 179-200, 2011. Disponível em: https://dialnet.unirioja.es/servlet/articulo?codigo=4051686. Acesso em: 18 jun. 2019.

RODRIGUES, Marcelo Abelha. *Instituições de direito ambiental*. São Paulo: Max Limonad, 2002. v. I.

SARLET, Ingo Wolfgang; FENSTERSEIFER, Tiago. *Direito constitucional ambiental*: constituição, direitos fundamentais e proteção do ambiente. 2. ed. São Paulo: Revista dos Tribunais, 2012.

SIQUEIRA, Gerlena Maria Santana de. *Licenciamento ambiental de grandes empreendimentos*: regime jurídico e conteúdo das licenças ambientais. Curitiba: Juruá, 2017.

SIQUEIRA, Lyssandro Norton. *Qual o valor do meio ambiente?* Previsão normativa de parâmetros para a valoração econômica do bem natural impactado pela atividade minerária. Rio de Janeiro: Lumen Juris, 2017.

STEIGLEDER, Annelise Monteiro. *Responsabilidade civil ambiental*: as dimensões do dano ambiental no direito brasileiro. 3. ed. Porto Alegre: Livraria do Advogado, 2017.

SUNSTEIN, Cass R. *Laws of fear*: beyond the precautionary principle. Cambridge: Cambridge University Press, 2005.

TOLENTINO, Fernando Lage; BALEEIRO NETO, Diógenes. Amicus curiae e o processo coletivo brasileiro: reflexões a partir do novo Código de Processo Civil. *In*: LEVATE, Luiz Gustavo; NOGUEIRA, Luiz Fernando Valladão. *Direito ambiental e urbanístico*. Belo Horizonte: D'Plácido, 2018. v. 2.

VELOSO, Juliano Ribeiro Santos. *Direito ao planejamento*. Belo Horizonte: D'Plácido, 2014.

WEDY, Gabriel. *O princípio constitucional da precaução*: como instrumento de tutela do meio ambiente e da saúde pública. Belo Horizonte: Fórum, 2009.

Informação bibliográfica deste texto, conforme a NBR 6023:2018 da Associação Brasileira de Normas Técnicas (ABNT):

KOKKE, Marcelo. Princípio da precaução e gestão ambiental. *In*: MORAES, Alexandre de; MENDONÇA, André Luiz de Almeida (Coord.). *Democracia e sistema de justiça*: obra em homenagem aos 10 anos do Ministro Dias Toffoli no Supremo Tribunal Federal. Belo Horizonte: Fórum, 2020. p. 401-423. ISBN 978-85-450-0718-0.

ESTRUTURAÇÃO E AUTONOMIA DOS CENTROS JUDICIÁRIOS DE RESOLUÇÃO DE CONFLITO E CIDADANIA – CEJUSC COMO ATIVIDADE-FIM DO PODER JUDICIÁRIO (ALTERAÇÃO NA RESOLUÇÃO Nº 219/CNJ): MAIS UMA MEDIDA PARA A CONSOLIDAÇÃO DOS MECANISMOS CONSENSUAIS DE RESOLUÇÃO DE CONFLITO

MARCO AURÉLIO GASTALDI BUZZI

1 Introdução

Nos últimos anos, o sistema judicial brasileiro experimentou uma progressiva mudança de mentalidade voltada para a incorporação e utilização dos métodos mais adequados de solução de conflitos, afastando-se da essência jurisdicional-adversarial, preponderante até então.

O paradigma contemporâneo foi introduzido no ordenamento jurídico brasileiro pela Lei de Mediação nº 13.140/2015 – por meio da implementação da política pública de incentivo à autocomposição de conflitos, com inspiração na Resolução nº 125/2010 do CNJ e, por conseguinte, consagrado pelo Código de Processo Civil de 2015, cujas publicações se deram com o escopo de conferir maior adesão do regramento do direito processual às realidades do mundo e às exigências do bem comum.

Entre outras providências voltadas ao ressurgimento, no Brasil, das práticas ora em evidência, o Conselho Nacional de Justiça determinou a criação, pelos tribunais, de Núcleos Permanentes de Métodos Consensuais de Solução de Conflitos (Nupemec), aos quais incumbe o dever de instalar os Centros Judiciários de Solução Consensual de Conflitos e Cidadania (Cejusc). Os referidos centros têm por objetivo proporcionar ao jurisdicionado estrutura física e profissional para amparar os procedimentos autocompositivos, conforme consubstanciado no art. 8º da Resolução nº 125/2010, no art. 24 da Lei de Mediação e no art. 165 do CPC.[1]

---

[1] Art. 8º da Resolução nº 125/10 do CNJ: "Os tribunais deverão criar os Centros Judiciários de Solução de Conflitos e Cidadania (Centros ou Cejuscs), unidades do Poder Judiciário, preferencialmente, responsáveis pela realização

Com efeito, o Código de Processo Civil, ao consagrar o novo paradigma dos métodos mais adequados, decretou, em seu art. 334[2], a realização de audiência preliminar de mediação e conciliação com o objetivo de promover a autocomposição no procedimento comum para que fossem conduzidas, em regra, no âmbito dos Cejusc.

Como é cediço, o objetivo precípuo dos instrumentos de resolução consensual de conflitos é o de fomentar o desfecho de questões antes de submetidas ao Poder Judiciário, de modo que as próprias partes construam a solução acerca da contenda que as envolve, com base em valores norteados pela cooperação, tolerância, empatia, diálogo, prática essa que prestigia a autonomia dos interessados, constituindo-se, por isso mesmo, via de regra, um mecanismo mais adequado e eficaz do que a sentença judicial para a promoção da pacificação social. Um dos propósitos desse novo sistema, entre tantos outros, consiste em evitar o excesso de judicialização e atenuar o fenômeno de expansão e protagonismo judicial, o qual, tomou força com a ascensão do neoconstitucionalismo.[3]

Uma das razões principais justificadoras desse ressurgimento dos instrumentos de pacificação social é o resgate da celeridade, eficiência e economicidade em relação às demandas que poderiam ser resolvidas sem que sequer houvesse a movimentação da máquina judiciária, superando e evitando graves problemas, como: a falta de estrutura funcional, a morosidade e os altos custos que um processo essencialmente contencioso pode gerar. E, ademais, essas práticas ora em cotejo buscam superar a chamada cultura da sentença, termo esse que exprime a atividade jurisdicional de produzir decisões em grande escala sem se preocupar com os efeitos metaprocessuais de cada uma delas, o que acaba por comprometer não só a própria instituição do Judiciário, mas também a qualidade das suas deliberações, tornando-as incapazes de garantir a justiça substancial da prestação jurisdicional e, portanto, a paz social.[4]

---

ou gestão das sessões e audiências de conciliação e mediação que estejam a cargo de conciliadores e mediadores, bem como pelo atendimento e orientação ao cidadão". Art. 24 da Lei nº 13.140/15: "Os tribunais criarão centros judiciários de solução consensual de conflitos, responsáveis pela realização de sessões e audiências de conciliação e mediação, pré-processuais e processuais, e pelo desenvolvimento de programas destinados a auxiliar, orientar e estimular a autocomposição". Art. 165 do CPC/15: "Os tribunais criarão centros judiciários de solução consensual de conflitos, responsáveis pela realização de sessões e audiências de conciliação e mediação e pelo desenvolvimento de programas destinados a auxiliar, orientar e estimular a autocomposição".

[2] "Art. 334. Se a petição inicial preencher os requisitos essenciais e não for o caso de improcedência liminar do pedido, o juiz designará audiência de conciliação ou de mediação com antecedência mínima de 30 (trinta) dias, devendo ser citado o réu com pelo menos 20 (vinte) dias de antecedência".

[3] Sobre esse tema, o Ministro Luís Roberto Barroso apresenta a seguinte conceituação, confira-se: "Em suma: o neoconstitucionalismo ou novo direito constitucional, na acepção aqui desenvolvida, identifica um conjunto amplo de transformações ocorridas no Estado e no direito constitucional, em meio às quais podem ser assinalados, (i) como *marco histórico*, a formação do Estado constitucional de direito, cuja consolidação se deu ao longo das décadas finais do século XX; (ii) como *marco filosófico*, o pós-positivismo, com a centralidade dos direitos fundamentais e a reaproximação entre Direito e ética; e (iii) como *marco teórico*, o conjunto de mudanças que incluem a força normativa da Constituição, *a expansão da jurisdição constitucional e o desenvolvimento de uma nova dogmática da interpretação constitucional. Desse conjunto de fenômenos resultou um processo extenso e profundo de constitucionalização do Direito*" (BARROSO, Luís Roberto. Neoconstitucionalismo e constitucionalização do direito. *Revista Jus Navigandi*, Teresina, ano 10, n. 851, 1 nov. 2005. Disponível em: https://jus.com.br/artigos/7547/neoconstitucionalismo-e-constitucionalizacao-do-direito. Acesso em: 12 jan. 2019).

[4] Nesse sentido, Kazuo Watanabe discorre sobre a expressão *cultura da sentença*: "O mecanismo predominantemente utilizado pelo nosso Judiciário é o da solução adjudicada de conflitos, que se dá por meio de sentença do juiz. E a predominância desse critério vem gerando a chamada 'cultura da sentença', que traz como consequência o aumento cada vez maior da quantidade de recursos, o que explica o congestionamento não somente das instâncias ordinárias, como também dos Tribunais Superiores, e até mesmo da Suprema Corte" (WATANABE,

Nesse seguimento, segundo dados estatísticos extraídos do relatório *Justiça em números 2018*,[5] o Poder Judiciário está em crise, considerando que conta com um acervo de, aproximadamente, 110 milhões de processos[6] em tramitação e, portanto, pendentes de solução definitiva. Dessa forma, não faz sentido pensar em maneiras de desafogar as unidades judiciais e de aumentar a efetividade de suas decisões se não forem incluídas, nesta estratégia de superação, as diversas portas existentes, que, conjuntamente ao sistema tradicional, ensejam a solução de contendas, entre elas, a mediação de conflitos.

O princípio constitucional do acesso à justiça passou por uma revolução e aperfeiçoamento em seu significado intrínseco, de modo que se transformou a ponto de não mais figurar apenas como um fundamento autorizativo de interposição de ações, mas, sim, no franco alcance de soluções qualificadas, justas e eficazes.

Ocorre que, embora esses métodos consensuais apresentem ótimos resultados e sejam mais adequados para a solução de boa parte dos conflitos, há, ainda, certas dificuldades em sua consolidação, quando se trata de colocá-los em prática. Conforme pontuou Humberto Theodoro Júnior, ao redigir a apresentação do livro *Acesso à ordem jurídica justa"*, de Kazuo Watanabe:

> É claro que a edição de leis não é suficiente para a completa reorganização de uma sociedade que se intenta transformar em justa e solidária (CF, art. 3º, I). A cultura de um povo não se altera da noite para o dia, apenas por ato de vontade do legislador ou do doutrinador. Não custa, porém, sonhar com a intensificação do progresso social humanizado, e por ele se bater com ardor [...].[7]

É necessário, para tanto, grande empenho dos militantes na concretização de medidas práticas para viabilizar e facilitar o devido emprego destes mecanismos.

A esse propósito, uma constatação da mencionada relutância quanto à utilização de instrumentos alternos voltada à resolução pacífica de conflitos é a dificuldade em ver cumprida a audiência preliminar de mediação e conciliação ínsita no art. 334, do CPC/15, sendo invocados para esse fim diversos argumentos, como: a violação da garantia do devido processo legal, a incompatibilidade com o princípio da voluntariedade e, por fim, a falta de estruturas tanto físicas quanto de profissionais dos próprios Cejusc.

Em face disso, há notícias de que juízes têm deixado de designar a audiência do art. 334 sem sequer ter ouvido as partes, seja porque afirmam não ter estrutura nos Cejusc, ou pela excessiva quantidade de feitos em trâmite, o que estenderia a pauta de audiências

---

Kazuo. *Acesso à ordem jurídica justa*: conceito atualizado de acesso à justiça, processos coletivos e outros estudos. Prefácio de Min. Ellen Gracie Northfleet. Apresentação de Prof. Humberto Theodoro Júnior. Belo Horizonte: Del Rey, 2019. p. 65-73).

[5] "O dado positivo é o crescimento na estrutura dos CEJUSCs em 50,2% em dois anos - em 2015 eram 654 e em 2017, 982. Na próxima edição do Relatório Justiça em Números será possível contabilizar a conciliação na fase pré-processual, o que deve apresentar resultados mais alvissareiros" (CNJ. *Justiça em números 2018*. Brasília: CNJ, 2018. p. 198. Disponível em: http://www.cnj.jus.br/files/conteudo/arquivo/2018/09/8d9faee7812d35a58cee3d92d2df2f25.pdf. Acesso em: 1º mar. 2019).

[6] Dados Estatísticos encontrados em CNJ. *Justiça em números 2018*. Brasília: CNJ, 2018. Disponível em: http://www.cnj.jus.br/files/conteudo/arquivo/2018/08/44b7368ec6f888b383f6c3de40c32167.pdf. Acesso em: 8 fev. 2019.

[7] WATANABE, Kazuo. *Acesso à ordem jurídica justa*: conceito atualizado de acesso à justiça, processos coletivos e outros estudos. Prefácio de Min. Ellen Gracie Northfleet. Apresentação de Prof. Humberto Theodoro Júnior. Belo Horizonte: Del Rey, 2019. p. XI.

para períodos superiores a um ano, contribuindo para a morosidade do Judiciário. Há, ainda, aqueles que postergam a sua designação para momento oportuno, com fundamento nos princípios da eficácia e da razoável duração do processo, chegando-se ao absurdo de, em certos casos, o próprio magistrado atuar na audiência como mediador.[8]

Todos esses empecilhos mencionados, no entanto, não são motivos suficientes para a não observância da norma. Isso porque os desafios de ordem estrutural, que incluem melhor arranjo estrutural dos Cejusc, contratação de pessoal, bem como os de ordem educacional, incluída a preparação de profissionais qualificados, e os de natureza cultural, os quais exprimem a própria mudança de mentalidade por parte dos operadores do direito, da academia e da sociedade, já vêm sendo solucionados, de modo que não podem mais ser usados como escusa para tal prática.

2 A estruturação e autonomia dos Cejusc como importante instrumento para a superação da resistência à utilização dos mecanismos alternativos de resolução de conflitos

A gestão do Ministro Dias Toffoli na presidência do Conselho Nacional de Justiça – CNJ, que se iniciou em 13.9.2018, tem envidado esforços e tomado medidas muito acertadas para suprir todas as lacunas que podem inviabilizar ou prejudicar a utilização dos mecanismos de solução de conflitos, bem como a implantação dessa mentalidade em todas as esferas da sociedade (*establishment*), tanto por parte de juízes, quanto por membros do Ministério Público, defensores públicos, advogados, acadêmicos e os próprios litigantes.

Já ao advento de sua posse, o ministro destacou o papel do Conselho Nacional de Justiça como gestor do Poder Judiciário e agente de transformação da realidade do país. Foi enfático, também, no sentido de que, na vigência de sua gestão, os mecanismos mais adequados de solução de conflitos seriam prestigiados como uma estratégia central: "É dever do Judiciário pacificar os conflitos em tempo socialmente tolerável. [...]. Como ter segurança jurídica nesse mundo sem padrões? A Justiça precisa ser dinâmica, cooperativa e participativa. Mais próxima do cidadão e da realidade social".

Nesse sentido, o art. 3º, §3º do Código de Processo Civil determina que incumbe aos juízes, entre outras ações, estimular a conciliação e a mediação, inclusive no curso do processo. Assim, o primeiro ato para se concretizar esse estímulo é respeitar a regra de designação da audiência. Não a observar, portanto, significa ignorar o comando expresso oriundo do Código de Processo Civil. Confira-se:

> Art. 3º [...] §3º A conciliação, a mediação e outros métodos de solução consensual de conflitos deverão ser estimulados por juízes, advogados, defensores públicos e membros do Ministério Público, inclusive no curso do processo judicial.

O art. 334 do CPC/15, imperativamente, estabelece o dever de designação de audiência de conciliação ou de mediação, cujo destinatário é o juiz, dessa forma, ao

---

[8] ZANETI, Hermes; CABRAL, Trícia Navarro Xavier. *Justiça multiportas*: mediação, conciliação, arbitragem e outros meios de solução adequada para conflitos. Salvador: JusPodivm, 2016. p. 138.

receber a petição inicial, preenchidos os requisitos essenciais e não sendo caso de indeferimento liminar do pedido, a realização da sessão de mediação é etapa obrigatória. Não obstante, mesmo sendo cristalina a sua obrigatoriedade, diversos aspectos são pontuados quando do seu não cumprimento, como já se afirmou.

No que se refere aos obstáculos de ordem estrutural invocados para a não observância dos mecanismos mais adequados, cumpre destacar uma das mais importantes providências tomadas pelo CNJ no ano de 2019 acerca dos Cejusc, que, por meio do Ato Normativo nº 1.467-77/2019, promoveu a publicação da Resolução nº 282, em 20.5.2019, responsável pela alteração na Resolução nº 219 do CNJ, a qual tem por objetivo, rigorosamente, sanar quaisquer problemas de infraestrutura e conferir melhor distribuição de recursos humanos aos Centros Judiciários de Solução Consensual de Conflitos (Cejusc).

Trata-se de modificação responsável por atribuir a esses centros *status* de unidade judiciária, ao lado das varas, juizados, turmas recursais e zonas eleitorais, elevando-os à condição de atividade-fim do Judiciário, o que viabiliza a lotação de servidores públicos, considerando que a anterior categoria em que eram enquadrados, qual seja a de meras áreas de apoio à atividade judicante, representava um óbice ao seu desenvolvimento.

Dessa forma, a estruturação dos Cejusc – com juiz próprio, funcionários lotados e capacitados, e espaço físico digno – é uma grande exteriorização de que não há motivos para afastar a utilização desses mecanismos consensuais, mesmo porque não há hierarquia entre as várias portas de se resolver contendas, e tanto a forma jurisdicional-adversarial quanto aquelas por meio do consenso devem ser usufruídas para se alcançar a pacificação social.

Os Cejusc desempenham relevante função na distribuição da jurisdição, recebendo interessados em solucionar pendências, seja em âmbito extrajudicial, seja pré-processual ou judicial, destacando-se que, até o advento da mencionada Res. nº 282/2019 CNJ, tais centros não dispunham de autonomia, tampouco de recursos materiais e humanos suficientes.

A alteração normativa em referência, incidente sobre o art. 2º, II, da Res. nº 219/2016, é deveras oportuna ante a intensificação das atividades dos Cejusc, decorrente, sobretudo, do advento do atual Código de Processo Civil, que, em seu art. 334, determina a obrigatoriedade da realização de audiência voltada precipuamente à mediação/conciliação entre os desavindos.

O objeto da referida resolução, portanto, traduz-se na consolidação da mudança de mentalidade que vem buscando fomentar o CNJ, cuja publicação representa um verdadeiro marco no fortalecimento dos mecanismos de solução de conflitos ao firmá-los na nobre posição de atividade-fim do Judiciário, conferindo-lhes, enfim, verdadeira autonomia.

Ante as medidas de apoio adotadas pelo próprio sistema, é acertado presumir que não se repetirá, agora, diante da efetiva implementação da autonomia dos Cejusc, toda a apatia, toda a falta de compromisso, toda a resistência, toda a reserva de empoderamento já por demais experimentadas quando da implementação dos serviços originariamente previstos na Resolução nº 125/CNJ, e, antes dela, nas bases iniciais de todo esse programa, nos Postos de Atendimento e Conciliação (PAC do Judiciário), convertidos nos atuais Centros Judiciários de Solução de Conflito e Cidadania.

Segundo o *Justiça em números*, havia, ao final do ano de 2017, 982 (novecentos e oitenta e dois) Cejusc instalados. Já em dezembro de 2018, o número aumentou para 1.088.[9] Tal constatação demonstra que a quantidade de centros está cada vez maior e, com a referida modificação realizada na Resolução nº 219/16, a estruturação de cada central proporciona um ambiente propício para a realização de sessões de mediação.

De acordo com os números extraídos do *site* do CNJ, a quantidade de audiências de conciliação realizadas no ano de 2018, no âmbito da Justiça Estadual, equivale a 4.683.910 (quatro milhões, seiscentos e oitenta e três mil, novecentos e dez), sendo que as sentenças homologatórias de acordo foram 3.660.927 (três milhões, seiscentos e sessenta mil, novecentos e vinte e sete); na Justiça Federal, foram realizadas 4.683.910 (quatro milhões, seiscentos e oitenta e três mil, novecentos e dez) audiências de conciliação, enquanto que foram homologadas 249.387 (duzentos e quarenta e nove mil, trezentos e oitenta e sete) sentenças de acordo; na Justiça do Trabalho, por sua vez, foram realizadas 3.241.088 (três milhões, duzentos e quarenta e um mil e oitenta e oito) audiências de conciliação, com o saldo de sentenças homologatórias de 1.029.893 (um milhão, vinte e nove mil, oitocentos e noventa e três); já nos Tribunais Superiores, foram 7 audiências realizadas e 149 sentenças homologatórias.[10]

Conclui-se que, após a mudança de classificação dos Cejusc, a qual lhes posiciona na categoria de atividade-fim do Judiciário, tais dados estatísticos tendem a se expandir como consequência a inserção dessas novas e melhores condições estruturais.

Ainda há a opção para aquele que tem interesse na autocomposição, mas não pretende – ou não tem condições – de fazer grandes deslocamentos, da utilização das plataformas *on-line* que permitem a realização da mediação. Assim, a audiência pode ser realizada pela internet ou outro meio de comunicação, conforme determinam os arts. 334, §7º[11] e 46 da Lei nº 13.140,[12] sem prejuízo da possibilidade de se transferir a sessão para o Cejusc, de acordo com a conveniência do caso.

A título de ilustração, vale mencionar os números alcançados de reclamações finalizadas entre janeiro até o mês de julho de 2019 pela plataforma consumidor.gov: foram resolvidas 1.810.174 (um milhão, oitocentos e dez mil, cento e setenta e quatro), sendo 1.325.418 (um milhão, trezentos e vinte e cinco mil, quatrocentos e dezoito) usuários cadastrados e um total de 509 (quinhentos e nove) empresas participantes. Atualmente, 80% das reclamações são solucionadas no prazo médio de 7 (sete) dias.

A propósito, em 20.5.2019, o CNJ assinou o termo de cooperação com o Ministério da Justiça visando a integração entre a plataforma consumidor.gov e o PJe (processo judicial eletrônico), com o objetivo de estimular a desjudicialização em questões

---

[9] Dados de CNJ. *Justiça em números 2018*. Brasília: CNJ, 2018. p. 198. Disponível em: http://www.cnj.jus.br/files/conteudo/arquivo/2018/09/8d9faee7812d35a58cee3d92d2df2f25.pdf. Acesso em: 1º mar. 2019

[10] No TJDFT, segundo dados fornecidos pelo Fonamec em 2018, proporcionalmente, o Cejusc-BSB equivale a 36 varas cíveis em termos de produtividade, no que tange ao número de acordos, um Cejusc é o mesmo que 8 varas cíveis. Comparando-os com os Juizados Especiais Cíveis, um Cejusc corresponde a 15 deles e, em termos de acordo, 18 JEC.

[11] "Art. 334. Se a petição inicial preencher os requisitos essenciais e não for o caso de improcedência liminar do pedido, o juiz designará audiência de conciliação ou de mediação com antecedência mínima de 30 (trinta) dias, devendo ser citado o réu com pelo menos 20 (vinte) dias de antecedência. [...] §7º A audiência de conciliação ou de mediação pode realizar-se por meio eletrônico, nos termos da lei".

[12] "Art. 46. A mediação poderá ser feita pela internet ou por outro meio de comunicação que permita a transação à distância, desde que as partes estejam de acordo".

consumeristas por meio de plataformas *on-line*. Dessa forma, o consumidor que buscar o Judiciário será orientado e direcionado ao portal do consumidor para tentativa prévia de solução do conflito.[13] E, na hipótese de o acordo restar infrutífero, não há óbices para que a sessão seja realizada no ambiente do Cejusc, conforme já frisado.

Há, ainda, quem vá mais a fundo no tema e defenda a mediação como etapa obrigatória do processo judicial, no sentido de ser um requisito para o ingresso da demanda em juízo, o que vai além da determinação de audiência preliminar prevista no art. 334, do CPC/15.

Historicamente, vale ressaltar, essa já foi uma realidade normativa no Brasil iniciada na Constituição do Império, de 1824, a qual impunha a conciliação como pressuposto ao acesso ao Judiciário, o que quer dizer, não era somente uma etapa do processo, mas, a tentativa prévia de acordo constituía um requisito para se instaurar o processo judicial. Para este fim, era designada a figura do juiz de paz, ao qual incumbia a função de sanear os conflitos antes do encaminhamento ao Judiciário. Com a ascensão da República, a Constituição da época aboliu a referida conciliação obrigatória.

Em consonância com esse modelo, cabe mencionar o entendimento do Professor Kazuo Watanabe, que, em sede de parecer fornecido à empresa Mercado Livre, defende a instituição de certas condições para o exercício do direito de ação, as quais têm relação com a tentativa prévia de resolução pacífica de conflitos. O referido empreendimento disponibiliza uma plataforma eletrônica destinada à mediação de controvérsias entre comprador e vendedor, com o fim de evitar a judicialização de controvérsias, cuja taxa de êxito alcança 80% e as reclamações são resolvidas em, aproximadamente, em 7 dias. Diante desse cenário, defende-se a possibilidade de extinção de demandas por falta de interesse processual, sob o argumento de que se o autor tivesse ao menos procurado o Mercado Livre em busca de soluções, a demanda poderia ter sido analisada e resolvida de modo muito mais célere e eficaz sem a intervenção do Judiciário, salvo em caso de negativa na fase administrativa.

É claro que o referido parecer sustenta uma tese controversa e um tanto ousada, uma vez que propõe certos requisitos ao exercício do direito de ação. Porém, o STF construiu entendimento pacífico sobre a possibilidade de imposição desse tipo de exigência em casos envolvendo a concessão de benefícios previdenciários[14] ou de solicitação para pagamento de seguro DPVAT.[15] Deixa claro, no entanto, não ser possível confundir a exigência de tais requisitos com a vinculação ao exaurimento das vias administrativas, o que realmente encontra vedação no ordenamento.

Alternativamente, o referido autor propõe que as demandas sejam suspensas até que se comprove o interesse processual. E acrescenta que o próprio CNJ, por meio do art. 6º da Resolução nº 125/10, encarregou-se de estimular as práticas autocompositivas no âmbito das empresas:

---

[13] MELO, Jeferson. Cooperação técnica visa reduzir judicialização na área de consumo. *Portal de Notícias CNJ*, 20 maio 2019. Disponível em: http://www.cnj.jus.br/noticias/cnj/88926-acordo-preve-integracao-das-plataformas-do-pje-e-do-consumidor-gov. Acesso em: 20 maio 2019.

[14] STF, Plenário. RE nº 631.240/MG. Rel. Min. Roberto Barroso, j. 3.9.2014.

[15] STF, Plenário. RE nº 839.314/MA. Rel. Min. Luiz Fux, j. 10.10.2014.

[...] realizar gestão junto às empresas, públicas e privadas, bem como junto às agências reguladoras de serviços públicos, a fim de implementar práticas autocompositivas e desenvolver acompanhamento estatístico, com a instituição de banco de dados para visualização de resultados, conferindo selo de qualidade.

A mencionada proposta, portanto, consiste em fomentar o uso dos mecanismos mais adequados de solução de controvérsias, na medida em que vincula o ingresso de processo judicial à comprovação de registro de sua reclamação junto ao Mercado Livre ou na plataforma consumidor.gov, sob pena de o juiz proceder à extinção do processo, sem resolução do mérito, por falta de interesse processual ou, pelo menos, a sua suspensão até que a parte se valha do procedimento de registro de reclamação nas plataformas digitais.

Com efeito, o autor acrescenta estar convencido de que tais determinações não vão de encontro à garantia da inafastabilidade da jurisdição, prevista no art. 5º, XXXV da Constituição Federal, tendo em vista que os meios consensuais de solução de controvérsias estão abrangidos pelo amplo e substancial conceito de acesso à justiça. Assim, tais mecanismos não só se traduzem como uma saída para a excessiva judicialização e consequente crise do sistema de justiça, mas também, são uma forma de conferir às partes uma solução mais adequada e justa aos conflitos. Ademais, frisa que tal proposta visa fomentar a tão necessária cultura da pacificação.[16]

É claro que para se alcançar esse nível de obrigatoriedade das sessões de mediação, em que a provocação do Judiciário seria a última *ratio*, torna-se imprescindível que os órgãos responsáveis disponibilizem ambiente, estrutura e profissionais qualificados, o que vem sendo feito de modo muito eficiente, principalmente, com a recente publicação da alteração na Resolução nº 219/16, ora em voga.

Os problemas relacionados ao preparo e formação de mediadores judiciais também foram merecedores da atenção dos órgãos responsáveis. Isso porque o CNJ, durante a gestão Toffoli, editou a Portaria nº 139/2018, por meio da qual instituiu grupo de trabalho responsável por coordenar o planejamento e o desenvolvimento de curso na modalidade a distância, mediante a implantação de plataforma digital, com vistas à capacitação destes. Dessa forma, o curso proporcionará maior preparo e profissionalização para melhor aparelhar os Cejusc com funcionários devidamente habilitados, o que aumenta a quantidade e a qualidade do serviço prestado. Serão estes, então, inscritos nos cadastros do CNJ e dos tribunais, que manterão registro dos profissionais idôneos, de acordo com o art. 167, do CPC.

Outra inovação relevante acerca dos mediadores judiciais é a edição da Resolução nº 271/2018 CNJ, a qual fixa parâmetros objetivos de remuneração para o exercício da profissão. Assim, os valores serão fixados pelos tribunais dentro de 5 (cinco) patamares, com base nos indicadores fornecidos na tabela do CNJ, e de acordo com o art. 169 do

---

[16] Arruda Alvim destaca a possibilidade de se estabelecer requisitos ao exercício do direito de ação: "Decorre ainda da garantia de inafastabilidade que não são legítimos os obstáculos infraconstitucionais ao direito de ação. Isto não quer dizer que não pode haver requisitos condicionantes ao exercício do direito de ação – como, por exemplo, a demonstração de legitimidade e interesse (art. 17 do CPC/2015). O que se afigura inconstitucional é, por exemplo, condicionar hoje a ação judicial ao esgotamento da via administrativa ou impor valores altíssimos de custas, dificultando ou impedindo o acesso ao Judiciário" (ALVIM, Arruda. *Manual de direito processual civil.* 18. ed. São Paulo: RT, 2019. p. 245).

CPC[17] e art. 13 da Lei nº 13.140/15.[18] A correta regulamentação da matéria, portanto, é mais uma prova da seriedade e consolidação desses métodos mais adequados.

Não devem ser esquecidos, igualmente, os atos normativos que atribuíram aos Cartórios de Registro competência para resolver conflitos valendo-se dos métodos alternativos. Nesse sentido, o CNJ, por meio do Provimento nº 67/2018, regulamentou a realização de procedimentos de conciliação e mediação nos serviços notariais e de registro no Brasil.

A mediação também se assentou como mecanismo a ser aplicado em controvérsias envolvendo a Administração Pública, com a criação das Câmaras de Prevenção e Resolução Administrativa de Conflitos, que atuarão como uma espécie de Cejusc, conforme determinam os arts. 3º e 32 da Lei nº 13.140/15.[19] É claro que há certas peculiaridades nesse caso, ainda mais diante do princípio da indisponibilidade do interesse público, em que o desafio maior está em situar o limite imposto à negociação em matéria administrativa. Por outro lado, a composição pode ser um caminho eficaz na busca por melhores condições aos administrados e, igualmente, aos próprios entes públicos para que cumpram suas obrigações com previsibilidade e compatibilidade orçamentária,[20] com a economia de recursos públicos.

Há, ainda, o estímulo de se utilizar da autocomposição no contexto do processo administrativo disciplinar – PAD, à luz da Recomendação nº 21/2015 do CNJ, no âmbito da Administração Pública, com aplicabilidade em apurações de infrações praticadas por servidores ou magistrados. Trata-se do reconhecimento do servidor na condição de cidadão, conferindo maior ingerência na decisão final sobre sua vida, o que, certamente, confere maior senso de responsabilidade e ética no trabalho, na qualidade de funcionário público, além de garantir celeridade e contenção de custos. Traduz-se, portanto, em mais uma chancela da viabilidade de aplicação desses mecanismos em relações que envolvam também a Administração Pública em um dos polos do conflito, considerando ser esta uma das maiores litigantes no cálculo da taxa de congestionamento do Judiciário, o que comprova a dimensão de alcance desses mecanismos.[21]

---

[17] "Art. 169, do CPC. Ressalvada a hipótese do art. 167, §6º, o conciliador e o mediador receberão pelo seu trabalho remuneração prevista em tabela fixada pelo tribunal, conforme parâmetros estabelecidos pelo Conselho Nacional de Justiça. §1º A mediação e a conciliação podem ser realizadas como trabalho voluntário, observada a legislação pertinente e a regulamentação do tribunal. §2º Os tribunais determinarão o percentual de audiências não remuneradas que deverão ser suportadas pelas câmaras privadas de conciliação e mediação, com o fim de atender aos processos em que deferida gratuidade da justiça, como contrapartida de seu credenciamento".

[18] Art. 13, da Lei nº 13.140: "A remuneração devida aos mediadores judiciais será fixada pelos tribunais e custeada pelas partes, observado o disposto no §2º do art. 4º desta Lei".

[19] "Art. 3º Pode ser objeto de mediação o conflito que verse sobre direitos disponíveis ou sobre direitos indisponíveis que admitam transação. [...] Art. 32. A União, os Estados, o Distrito Federal e os Municípios poderão criar câmaras de prevenção e resolução administrativa de conflitos, no âmbito dos respectivos órgãos da Advocacia Pública, onde houver, com competência para: I - dirimir conflitos entre órgãos e entidades da administração pública; II - avaliar a admissibilidade dos pedidos de resolução de conflitos, por meio de composição, no caso de controvérsia entre particular e pessoa jurídica de direito público; III - promover, quando couber, a celebração de termo de ajustamento de conduta".

[20] VASCONCELOS, Carlos Eduardo de. *Mediação de conflitos e práticas restaurativas*. 4. ed. São Paulo: Método, 2015. p. 217.

[21] Recomendação nº 21/2015 do CNJ: "Art. 1º Recomendar a adoção de mecanismos de conciliação e mediação nos procedimentos preliminares *e processos administrativos disciplinares* em trâmite no âmbito do Poder Judiciário cuja apuração se limite à prática de infrações, por servidores ou magistrados, caracterizadas por seu reduzido potencial de lesividade a deveres funcionais e que se relacionem preponderantemente à esfera privada dos envolvidos. Art. 2º A utilização desses mecanismos deverá observar, no que couber, os princípios e garantias

No que tange à mudança de mentalidade, a Resolução CNE/CES nº 5/2018, oriunda do Parecer nº 635/2018, homologado pela Portaria nº 1.351/2018 do Ministério da Educação (MEC), publicada no ano de 2018, tornou obrigatória a inserção da disciplina de métodos de resolução de conflitos nas grades curriculares das faculdades de Direito. De acordo com a nova exigência, as instituições de ensino superior públicas e privadas devem fornecer formação técnico-jurídica em resolução consensual de conflitos. A medida contribuirá para a amplitude de acadêmicos que terão contato com outras formas de se resolver conflitos, no sentido de amenizar a cultura do litígio. Em algumas universidades, por exemplo, a mediação é, também, etapa do Núcleo de Práticas Jurídicas, oportunidade em que os alunos podem atuar como mediadores e participar de mutirões de conciliação. A medida atende a uma proposição conjunta do Conselho Nacional de Justiça (CNJ) e do Conselho Federal da Ordem dos Advogados do Brasil (OAB), e está alinhada com a Política Judiciária de Tratamento Adequado de Conflitos de Interesses no Âmbito do Poder Judiciário, instaurada pela Resolução nº 125/2010 do CNJ.

O Professor Kazuo Watanabe, ao ser questionado sobre a mudança de mentalidade acerca do assunto ora em evidência em entrevista alusiva ao tema, indicou que há, sim, em certa medida, resistência ante aos métodos mais adequados de resolução de conflito, em razão do próprio sistema educacional tradicional, o qual não costuma estimular tal mentalidade. Portanto, ainda que não haja oposição direta, existe, pelo menos, uma falta de entusiasmo. Confira-se:

> Talvez uma resistência passiva. Não combatem a mediação, mas não utilizam com entusiasmo deste mecanismo de solução amigável de controvérsias. Isso ocorre mais por desconhecer as reais vantagens da mediação e também em virtude da mentalidade formada em nossas faculdades de Direito, que preparam os alunos mais para a solução contenciosa dos conflitos. O profissional do Direito, na maioria das faculdades, é preparado para trabalhar basicamente no contencioso. Ensinamos a redigir petição inicial, contestação, recursos, impugnações, exceções e uma série de incidentes e peças processuais. Não ensinamos os alunos a negociar, a conciliar e a mediar. Esta mentalidade não possibilita o profissional do direito a entender o alcance social e as vantagens da solução amigável é também dos próprios jurisdicionados, e não apenas dos advogados. Estes fatores e outros mais têm determinado a não utilização mais intensa da mediação e o consequente prevalecimento da "cultura da sentença".[22]

Espera-se, portanto, que tais medidas adotadas pelo MEC em conjunto com o CNJ sejam eficazes no combate aos obstáculos mencionados pelo Professor Kazuo Watanabe.

Sobre esse assunto, Renato Nalini, em artigo publicado na *Folha de S.Paulo*, sob o título "Justiça é obra coletiva", destacou:

---

da conciliação e mediação judiciais e as regras que regem seu procedimento, estabelecidos no Anexo III da Res. CNJ 125/2010. Art. 3º A aplicação de mecanismos de autocomposição na esfera administrativo-correcional em desacordo com as hipóteses previstas no art. 1º poderão ser objeto de controle de juridicidade nas formas e vias adequadas".

[22] WATANABE, Kazuo. *Acesso à ordem jurídica justa*: conceito atualizado de acesso à justiça, processos coletivos e outros estudos. Prefácio de Min. Ellen Gracie Northfleet. Apresentação de Prof. Humberto Theodoro Júnior. Belo Horizonte: Del Rey, 2019. p. 390-398.

Edificar uma cultura de pacificação não atende exclusivamente à política de reduzir a invencível carga de ações cometidas ao Judiciário. O aspecto mais importante é o treino da cidadania a ter maturidade para encarar seus problemas com autonomia, situação muito diversa da heteronomia da decisão judicial.[23]

Assim, mais do que vencer o enorme acervo de processos em tramitação no Judiciário, é imprescindível superar a cultura do litígio e substituí-la pela cultura da pacificação, por meio da mudança de mentalidade, com vistas a propiciar uma solução mais célere, com menores custos, mais justa e mais democrática às controvérsias. O monopólio de se resolver contendas não está mais nas mãos do Estado, é preciso compreender que há diversas portas capazes de proporcionar a paz social.

O poder-dever do magistrado de marcar a audiência preliminar de mediação, não deve ser enxergado como um retrocesso nem ser motivo de resistência. Muito pelo contrário, tal obrigatoriedade representa um grande avanço e inclui o Brasil no rol de países que já adotaram a mediação como mecanismo indispensável à concretização da garantia fundamental de acesso à justiça. Ademais, considerando a relevante mudança conferida aos Cejusc, no sentido de melhorar problemas estruturais e de recursos humanos, há ambiente propício para a observância dos mecanismos mais adequados de solução de conflito.

3 Considerações finais

É patente que ordenamentos jurídicos, em todo o mundo, intensificam esforços para implantar os métodos mais adequados voltados à cultura da pacificação. Mas para ocorrer, verdadeiramente, a tal mudança de mentalidade, é preciso promover a junção de dois principais fatores: (i) em sede do Poder Judiciário, empenho para disponibilizar melhores condições de implantação das práticas de mediação, tanto em relação à estrutura dos Cejusc, como na capacitação de profissionais qualificados, não olvidada a inserção da disciplina nas grades curriculares das faculdades direcionada a acadêmicos de direito, o monitoramento e avaliação das práticas realizadas nos Cejusc, entre outras providências. Isso porque o desempenho e a postura da Justiça refletem na mudança de mentalidade do litigante, irradiando, nas palavras de Kazuo Watanabe, efeitos pedagógicos em relação à sociedade; (ii) na seara extrajudicial, por parte de empresas e demais instituições, é necessário que o departamento jurídico, composto, em sua maioria, por advogados, também incorpore em sua política de trabalho, um posicionamento mais voltado à pacificação para lidar com seus clientes, sempre que possível.[24]

Dessa forma, os mecanismos mais adequados de solução de conflitos estão cada vez mais consolidados no ordenamento jurídico brasileiro, considerando todas as medidas mencionadas para sanar os obstáculos invocados, ainda que enfrentem certas resistências por parte de seus próprios operadores. A presidência do CNJ tem se

---

[23] NALINI, Renato *apud* WATANABE, Kazuo. *Acesso à ordem jurídica justa*: conceito atualizado de acesso à justiça, processos coletivos e outros estudos. Prefácio de Min. Ellen Gracie Northfleet. Apresentação de Prof. Humberto Theodoro Júnior. Belo Horizonte: Del Rey, 2019. p. 106.

[24] WATANABE, Kazuo. *Acesso à ordem jurídica justa*: conceito atualizado de acesso à justiça, processos coletivos e outros estudos. Prefácio de Min. Ellen Gracie Northfleet. Apresentação de Prof. Humberto Theodoro Júnior. Belo Horizonte: Del Rey, 2019. p. 392.

empenhado na árdua tarefa de inserir na vida do cidadão brasileiro a mentalidade de pacificar; por esta razão, merece ressalto e ênfase a importante medida promovida pela alteração da Resolução nº 219/16 do CNJ, em 2019, acerca da estruturação dos Cejusc, a qual, como mencionado, foi responsável por lhes conferir autonomia, já que, agora, receberão tratamento de atividade-fim do Poder Judiciário.

Assim, os referidos métodos consensuais podem ser encarados como meios de se efetivar a garantia constitucional do acesso à justiça, segundo valores norteados pela cooperação, tolerância, empatia, diálogo e autonomia das partes, uma vez que fomentam o desfecho de disputas, de modo a se alcançar a paz social e a justiça substancial de outras maneiras que não aquelas tradicionais que ostentam caráter essencialmente contencioso, jurisdicional-adversarial.

Referências

BARROSO, Luís Roberto. Neoconstitucionalismo e constitucionalização do direito. *Revista Jus Navigandi*, Teresina, ano 10, n. 851, 1 nov. 2005. Disponível em: https://jus.com.br/artigos/7547/neoconstitucionalismo-e-constitucionalizacao-do-direito. Acesso em: 12 jan. 2019.

BRAGA NETO, Adolfo. Negociação, mediação e arbitragem. Curso para graduação em direito. *In*: GRINOVER, Ada Pellegrini; WATANABE, Kazuo; LAGRASTA NETO, Caetano. *Mediação e gerenciamento do processo*. São Paulo: Atlas, 2008.

BRASIL. Advocacia-Geral da União. Consultoria-Geral da União. Câmara de Conciliação e Arbitragem da Administração Federal – CCAF. *Cartilha*. 3. ed. atual. Brasília: AGU, 2012.

BRASIL. Constituição (1998). *Constituição da República Federativa do Brasil*. Brasília: Senado, 1998.

BRASIL. *Lei nº 13.105 de 2015*. Código de Processo Civil. Brasília, 2015.

BRASIL. *Lei nº 13.140 de 2015*. Lei de Mediação. Dispõe sobre a mediação entre particulares como meio de solução de controvérsias e sobre a autocomposição de conflitos no âmbito da administração pública; altera a Lei no 9.469, de 10 de julho de 1997, e o Decreto nº 70.235, de 6 de março de 1972; e revoga o §2º do art. 6º da Lei no 9.469, de 10 de julho de 1997.

CANOTILHO, J. J. Gomes. *Direito constitucional e teoria da Constituição*. Coimbra: Almedina, 1998.

CAPPELLETTI, Mauro; GARTH, Bryan. *Acesso à justiça*. Tradução de Ellen Gracie Northfleet. Porto Alegre: Fabris Editora, 1988.

CARVALHO FILHO, José dos Santos. *Manual de direito administrativo*. 24. ed. Rio de Janeiro: Lumen Juris, 2010.

CHIOVENDA, Giuseppe. *Instituições de direito processual civil*. Campinas: Bookseller, 2000. v. III.

CINTRA, Antonio Carlos de Araújo; GRINOVER, Ada Pellegrini; DINAMARCO, Cândido Rangel. *Teoria geral do processo*. 29. ed. São Paulo: Malheiros, 2010.

CONSELHO NACIONAL DE JUSTIÇA – CNJ. *Resolução nº 125, de 29 nov. 2010*. Disponível em: http://www.cnj.jus.br/atos-administrativos/atos-da-presidencia/323-resolucoes/12243-resolucao-no-125-de-29-de-novembro-de-2010. Acesso em: 10 fev. 2019.

DIDIER JUNIOR, Fredie. *Curso de direito processual civil*. 11. ed. Salvador: JusPodivm, 2009. v. 1.

DIDIER JUNIOR, Fredie; ZANETI, Hermes. A Justiça multiportas e tutela constitucional adequada. *In*: ZANETI, Hermes; CABRAL, Trícia Navarro Xavier. *Justiça multiportas*: mediação, conciliação, arbitragem e outros meios de solução adequada para conflitos. Salvador: JusPodivm, 2016.

DINAMARCO, Cândido Rangel. *Instituições de direito processual civil I.* 6. ed. São Paulo: Malheiros, 2009.

GRINOVER, Ada. *Ensaio sobre a processualidade* – Fundamentos para uma nova teoria geral do processo. São Paulo: Gazeta Jurídica, 2016.

HECK, Tatiana de Marsillac Linn. Perspectivas e desafios da mediação na Administração Pública. *Publicações da Escola da AGU*, Rio Grande do Sul, 2017. Disponível em: https://seer.agu.gov.br/index.php/EAGU/article/download/2023/1748. Acesso em: 18 fev. 2019.

MARCATO, Ana Cândida Menezes. A audiência do art. 334 do Código de Processo Civil: da afronta à voluntariedade às primeiras experiências práticas. *In*: ZANETI, Hermes; CABRAL, Trícia Navarro Xavier. *Justiça multiportas*: mediação, conciliação, arbitragem e outros meios de solução adequada para conflitos. Salvador: JusPodivm, 2016. v. 9. Coleção Grandes Temas do Novo CPC.

MENDES, Gilmar Ferreira; BRANCO, Paulo Gustavo Gonet. *Curso de direito constitucional.* 8. ed. São Paulo: Saraiva, 2018.

NIEMEYER, Sérgio. Juízes dão rasteira na lei ao dispensarem audiência preliminar de conciliação. *Revista Consultor Jurídico*, 6 set. 2016. Disponível em: https://www.conjur.com.br/2016-set-06/sergio-niemeyer-juiz-rasteira-lei-dispensar-audiencia. Acesso em: 9 jul. 2019.

PEIXOTO, Marco Aurélio; BECKER, Rodrigo. Autocomposição e Poder Público: realidade ou incompatibilidade? Como têm se portado magistrados e entes públicos com relação à audiência de mediação ou de conciliação. *Jota*, 22 mar. 2018. Disponível em: https://www.jota.info/opiniao-e-analise/colunas/coluna-cpc-nos-tribunais/autocomposicao-e-poder-publico-realidade-ou-incompatibilidade-22032018. Acesso em: 15 mar. 2019.

PEIXOTO, Ravi. A Fazenda Pública e a audiência de conciliação no Novo CPC. *Conjur*, Disponível em: https://www.conjur.com.br/2016-abr-07/ravi-peixoto-fazenda-audiencia-conciliacao-cpc. Acesso em: 18 mar. 2019.

REALE, Miguel. *Filosofia do direito.* 19. ed. São Paulo: Saraiva, 1999.

ROSEMBLATT, Ana; MARTINS, André. Mediação e transdisciplinariedade. *In*: ALMEIDA, T.; PELAJO, S.; JONATHAN, E. (Coord.). *Mediação de conflitos para iniciantes, praticantes e docentes.* Salvador: JusPodivm, 2016.

SANDER, Frank. Future of ADR. *Journal of Dispute Resolution, University of Missouri School of Law Scholarship Repositoryn*, n. 1, article 5, 2000.

TARTUCE, Fernanda. *Mediação nos conflitos civis.* 4. ed. São Paulo: Método, 2015.

TARTUCE, Fernanda. *Mediação nos conflitos civis.* São Paulo: Método, 2008.

VASCONCELOS, Carlos Eduardo de. *Mediação de conflitos e práticas restaurativas.* 4. ed. São Paulo: Método, 2015.

WATANABE, Kazuo. *Acesso à ordem jurídica justa*: conceito atualizado de acesso à justiça, processos coletivos e outros estudos. Prefácio de Min. Ellen Gracie Northfleet. Apresentação de Prof. Humberto Theodoro Júnior. Belo Horizonte: Del Rey, 2019.

ZANETI, Hermes; CABRAL, Trícia Navarro Xavier. *Justiça multiportas*: mediação, conciliação, arbitragem e outros meios de solução adequada para conflitos. Salvador: JusPodivm, 2016.

Informação bibliográfica deste texto, conforme a NBR 6023:2018 da Associação Brasileira de Normas Técnicas (ABNT):

BUZZI, Marco Aurélio Gastaldi. Estruturação e autonomia dos Centros Judiciários de Resolução de Conflito e Cidadania – Cejusc como atividade-fim do Poder Judiciário (alteração na Resolução nº 219/CNJ): mais uma medida para a consolidação dos mecanismos consensuais de resolução de conflito. *In*: MORAES, Alexandre de; MENDONÇA, André Luiz de Almeida (Coord.). *Democracia e sistema de justiça*: obra em homenagem aos 10 anos do Ministro Dias Toffoli no Supremo Tribunal Federal. Belo Horizonte: Fórum, 2020. p. 425-437. ISBN 978-85-450-0718-0.

INOVAÇÃO, TRANSPARÊNCIA E EFICIÊNCIA NO CONSELHO NACIONAL DE JUSTIÇA AO INCORPORAR A AGENDA GLOBAL 2030 NO PODER JUDICIÁRIO

MARIA TEREZA UILLE GOMES

O Ministro Dias Toffoli, Presidente do Supremo Tribunal Federal e do Conselho Nacional de Justiça, completa 10 anos de ingresso no Supremo Tribunal Federal.

Este artigo tem a finalidade de homenageá-lo pela excelência do trabalho *inovador*, *transparente* e *eficiente* que vem desempenhando na Presidência no CNJ, e o faço como Conselheira Nacional de Justiça, indicada pelo Plenário da Câmara dos Deputados, cujo órgão representa o povo brasileiro, e em nome de uma equipe pessoas espetaculares que estão contribuindo para que essa missão desafiadora seja cumprida.

Inovador

O trabalho desenvolvido foi altamente *inovador*, pois logo após assumir a Presidência do CNJ, em setembro de 2018, no biênio 2018 a 2020 e, já pensando na necessidade de implementar em sua gestão o *3º Plano Estratégico* para o Poder Judiciário – término em 2020, instituiu por meio da Portaria nº 133/2018 o Comitê Interinstitucional destinado a proceder estudos e apresentar proposta de integração das metas do Poder Judiciário com as metas e indicadores dos Objetivos de Desenvolvimento Sustentável (ODS), Agenda 2030, como plano de ação de longo prazo.

A Agenda 2030 é um plano de ação das Nações Unidas e que conta com a participação de 193 países, com 17 Objetivos de Desenvolvimento Sustentável – ODS, 169 metas e 231 indicadores globais, cujas métricas permitem avaliar como está o desempenho do país em relação à efetivação de direitos humanos e promoção do desenvolvimento.

O movimento coordenado pelas Nações Unidas de implementar metas e indicadores teve início a partir do ano 2000, por meio dos 8 Objetivos de Desenvolvimento do Milênio (ODM), da Agenda 2015. Vencido o primeiro ciclo de 15 anos, a Agenda 2030 não só incorporou os 8 ODM, como ampliou-os para 17 ODS a serem atingidos pelos países, inclusive pelo Brasil, até o ano de 2030.

A inovação se dá pelo fato de que, decorridos 18 anos desde a instituição da primeira iniciativa de mensuração equitativa dos países, consistente na Agenda 2015 pelas Nações Unidas, os dados do Poder Judiciário ainda não faziam parte das métricas avaliadas e não se tinha notícias de que o chefe do Poder Judiciário, em outros países, tivesse tido a iniciativa de criar o comitê interinstitucional para comparar as metas e indicadores do Poder Judiciário com as da Agenda global e, mais do que isso, propor a discussão de metas e indicadores próprios do Poder Judiciário associados à respectiva agenda, convidando presidentes das cortes, corregedores e escolas de países ibero-americanos para, em conjunto com os representantes locais, realizar o *1º Encontro Ibero-Americano da Agenda 2030 no Poder Judiciário*, que congregará 22 países e representantes nacionais do Judiciário brasileiro.

Em Assembleia-Geral das Nações Unidas, realizada em 2018, o Programa das Nações Unidas da ONU foi indicado como órgão articulador da Agenda 2030 entre os países.[1] representantes do Programa das Nações Unidas para o Desenvolvimento (PNUD) do Brasil têm participado do Comitê Interinstitucional, juntamente com representantes da Secretaria de Governo da Presidência da República, Ministério de Relações Exteriores, Ministério da Justiça, e órgãos técnicos como Instituto de Pesquisa Econômica Aplicada (IPEA), Instituto Brasileiro de Geografia e Estatística (IBGE), Coordenação de Aperfeiçoamento de Pessoal de Nível Superior (Capes) e Conselho Nacional de Desenvolvimento Científico e Tecnológico (CNPq).

Em abril de 2019 o CNJ foi convidado a participar de seminário para tratar dos progressos do ODS nº 16,[2] no Panamá, e expor a experiência pioneira que vem sendo desenvolvida no Brasil de integração de suas ações com a Agenda 2030.

O primeiro relatório do Comitê foi entregue em maio de 2019, no Plenário do Conselho Nacional de Justiça ao Presidente Ministro Toffoli, na presença dos Conselheiros do CNJ da atual gestão.

Em síntese, o primeiro levantamento, que contou com a incansável dedicação de uma equipe valorosa, constituída de juízes, servidores e colaboradores, identificou mais de 7000 itens de integração (91 tribunais, 2732 atos normativos, 487 boas práticas, 11 laboratórios de inovação, inteligência e ODS, integração dos ODS com todos os assuntos da tabela processual unificada, estudos de caso – homicídios, feminicídios, medicamentos e execução fiscal, além do Portal da Agenda 2030).[3]

O eminente Ministro Toffoli conheceu os resultados preliminares, prorrogando por mais 180 dias o prazo de funcionamento do Comitê Interinstitucional, por meio da Portaria nº 72/2019.

Os próximos passo do Comitê compreendem ainda mais desafios, agora em 2 etapas.

A primeira etapa será construir uma proposta de *Plano de Ação da Agenda 2030 para o Poder Judiciário Ibero-Americano*, com metas e indicadores relacionados à extração de dados estatísticos oficiais associados aos indicadores globais para apresentação e discussão no 1º Encontro Ibero-Americano para o Poder Judiciário. O uso de conceitos,

---

[1]   *GA resolution (A/RES/72/279.OP32) positions UNDP to provide an "integrator function" on the 2030 Agenda.*

[2]   *Accelerating Progress on SDG 16+ for the development of just, peaceful and inclusive societies in Latin America and the Caribbean.*

[3]   CNJ. *Agenda 2030*. Disponível em: http://www.cnj.jus.br/programas-e-acoes/agenda2030.

classificações e métodos internacionais pelos órgãos de estatística dos tribunais, em cada país, promoverá a coerência e eficiência dos sistemas de estatística em todos os níveis oficiais e facilitará a integração de dados disponibilizados por outros poderes e instituições.

E, também, celebrar termo de cooperação interinstitucional com outros poderes da República e instituições para implementar *estudos de caso e planos de ação* conjuntos com desenvolvimento de indicadores de impacto por ODS, a ser objeto de *Prêmio Internacional para o Poder Judiciário relacionado* à *Agenda 2030*.

A segunda etapa consiste em instituir um *selo internacional aos tribunais* que desejarem realizar *um estudo de caso e plano de ação da Agenda 2030 do Poder Judiciário brasileiro*, com indicadores que tenham como foco a desjudicialização, com o apoio do CNJ, para aprimorar a realidade do Judiciário brasileiro.

A expectativa é que no Encontro Nacional do Poder Judiciário, seja aprovada nova *meta nacional* a ser desenvolvida de maneira gradativa, pelos tribunais, até 2030, com visão de planejamento de longo prazo.

Os dados que subsidiarão os estudos de caso e plano de ação para os tribunais serão extraídos de painéis temáticos desenvolvidos pelo CNJ, com base em dados das tabelas processuais unificadas e outras fontes seguras e publicados em cadernos intitulados *Painel ODS no Judiciário*.

Os cadernos servirão como instrumento para subsidiar o trabalho dos tribunais, que terão o apoio do Laboratório de Inovação, Inteligência e ODS (LIODS), coordenado pelo CNJ, e o apoio do Comitê Interinstitucional e contarão com a participação dos usuários do sistema de justiça, com a utilização de metodologias do *design thinking* com o objetivo de prototipar soluções que impactem na desjudicialização e na prevenção, fortalecendo as políticas públicas judiciárias.

O resultado final desses *LIODS* será a elaboração de um *plano de ação interinstitucional por ODS, com a participação do Poder Judiciário*, com definição de papéis dos atores envolvidos e indicadores de resultado, a ser apresentado ao Plenário do Conselho Nacional de Justiça, em um trabalho articulado com as escolas da Justiça, tribunais e associações relacionadas.

Com todo esse movimento busca-se a criação de uma *rede de inovação no Poder Judiciário com foco na Agenda 2030* – participativa e colaborativa – que permita encontrar soluções pacíficas de conflitos, na esfera extrajudicial ou judicial, com respostas mais rápidas e efetivas e com foco nos usuários do sistema de Justiça, internos ou externos. Os usuários internos são magistrados, servidores, colaboradores e oficiais do foro extrajudicial. Os usuários externos são os demandantes no Poder Judiciário, por meio de órgãos essenciais à Administração da Justiça, e os responsáveis pela produção de dados e desenvolvimento de políticas públicas ou privadas, sociedade – público (via mídia), governo, pesquisadores, instituições de ensino, entidades sem fins lucrativos e organizações internacionais.

Alguns LIODS temáticos já estão em andamento, referem-se a estudos baseados nos *Princípios Fundamentais das Estatísticas Oficiais* e estão relacionados às ações judicializadas no Poder Judiciário brasileiro, com escopo de produzir informação e dados confiáveis, com análise de alta qualidade, capaz de suportar a tomada de decisões, em ambiente de cooperação e de credibilidade, contribuindo para a redução da judicialização.

Os 10 Princípios Fundamentais das Estatísticas Oficiais, de acordo com a Comissão de Estatística das Nações Unidas, 1994, consistem em: relevância, imparcialidade e igualdade de acesso; padrões profissionais e ética; responsabilidade e transparência; prevenção do mau uso dos dados; eficiência; confidencialidade; legislação; coordenação nacional; uso de padrões internacionais; e cooperação internacional, que podem vir a ser reunidos em um *código de boas práticas na produção das estatísticas judiciárias internacionais*.

Os LIODS, inicialmente realizados, desde janeiro de 2019, tiveram como foco pensar em indicadores para o Poder Judiciário relacionados à atividade-meio e atividade-fim do Judiciário, relacionados aos ODS, e se chegou ao número de mais de 350 indicadores possíveis, que representam dados quantitativos e que estão sendo avaliados por equipe técnica do Comitê Interinstitucional quanto à possibilidade de extrair dados confiáveis.

O LIODS do Conselho Nacional de Justiça – anunciado pelo presidente logo após a apresentação do 1º Relatório do Comitê Interinstitucional – está em vias de ser instituído e realizará reuniões com a finalidade de avançar na construção de dados e interagir com outros atores, conforme dito.

As reuniões propostas serão dedicadas, prioritariamente, a discutir:

i) ODS 17 – padrões internacionais de estatística que fornecem orientações e assistência aos países para melhorar as estatísticas oficiais; exemplos de aplicações das Nações Unidas: sistema de contas nacionais, classificações, censos de população e habitação; estatísticas do trabalho (OIT); estatísticas de educação (Unesco) e *statistical data na metadata exchange* (SDMX); estatísticas da agropecuária e segurança alimentar (FAO); empreendedorismo (OECD);

ii) ODS 16 e 17 – censo demográfico, perfil dos domicílios recenseados, identidade legal para todos, migrantes e refugiados;

iii) ODS 3 – classificação internacional das doenças e saúde;

iv) ODS 4 – estatísticas internacionais e nacionais de educação;

v) ODS 1, 2 e 6 – classificação de agrotóxicos, água, fome, saneamento;

vi) ODS 12 – classificação de risco de perdas de vidas humanas em desastres com barragens-mineração;

vii) ODS 16 – classificação internacional de crimes; crimes com e sem violência; tráfico e corrupção; desencarceramento por tipos penais;

viii) ODS 1, 5, 8 – classificação das pessoas pobres e minorias; igualdade de gênero, trabalho, pobreza e mulheres encarceradas;

ix) ODS 17 – dados estatísticos sobre execução fiscal e cruzamentos de dados;

x) ODS 16 – dados estatísticos sobre execução penal e cruzamento de dados;

xi) ODS 16 – dados estatísticos sobre a corrupção e cruzamento de dados;

xii) ODS 16 – conteúdo ideal do Portal de Transparência com dados de governança da atividade-meio e fim, com foco no usuário externo, e plano de logística sustentável.

Essa rede de inovação no Poder Judiciário com foco na Agenda 2030 está sendo estimulada pelo Presidente Ministro Dias Toffoli, e construída com diálogo horizontalizado, *botton up*, ou de baixo para cima, dando voz a todos os participantes, desde os estagiários aos ministros, para a tomada de decisões pela cúpula, fazendo-se um instrumento de valorização do papel do Poder Judiciário brasileiro ao incorporar a Agenda 2030 das Nações Unidas como ponto referencial da missão institucional.

Transparente

Outro marco da gestão do Ministro Dias Toffoli na Presidência do Conselho Nacional de Justiça é o da transparência. Vários aspectos conduzem a esse argumento, porém talvez o mais importante e desafiador seja a criação do *Observatório Nacional sobre Questões Ambientais, Econômicas e Sociais de Alta Complexidade e Grande Impacto e Repercussão* em parceria com o Conselho Nacional do Ministério Público (CNMP) e do qual participam vários atores institucionais, instituído por meio da Portaria Conjunta nº 1/2019.

Pela primeira vez na história do Poder Judiciário e do Ministério Público, os processos e procedimentos decorrentes de tragédias e desastres, que ocasionaram perdas de vidas humanas e elevado dano social, econômico e ambiental estão sendo acompanhados por meio de painel de acompanhamento de processos, com dados de três segmentos de Justiça – estadual, federal e trabalhista, e com visão estratégica da judicialização por caso selecionado. Os dados são alimentados pelos tribunais, via Conselho Nacional de Justiça, quinzenalmente, sendo possível acompanhar a tramitação dos processos, com adoção de providências que auxiliem os magistrados.

Foram selecionadas incialmente quatro tragédias de grande relevância para acompanhamento pelo Observatório: incêndio na Boate Kiss; chacina de Unaí; e dois rompimentos de barragens de mineração ocorridos nos municípios de Mariana e Brumadinho, em Minas Gerais, sendo todas tragédia humanas gravíssimas que devem ter sua prestação jurisdicional observada proximamente e com a devida resposta dos atores envolvidos. Ainda, recentemente, fora incluído no Observatório o caso do bairro de Pinheiro, localizado no município de Maceió/AL, em razão do potencial risco de tragédia decorrente da exploração de sal-gema, envolvendo mais de 20.000 residências.

O propósito do Presidente Dias Toffoli, ao instituir o Observatório Nacional, é o de dar visibilidade às vítimas e seus familiares, ouvi-las e monitorar o andamento dos processos, a fim de que o princípio da razoável duração do processo seja alcançado, e a resposta do Poder Judiciário a essas tragédias seja mais célere, efetiva e transparente.

Eficiente

Um dos princípios que regem a Administração Pública é o da eficiência, e que, no âmbito do Poder Judiciário, pode ser compreendido como a resposta que se dá aos jurisdicionados, observados os princípios da segurança jurídica e do tempo razoável para julgamento dos processos.

Nesse contexto, o Ministro Dias Toffoli criou uma Secretaria Especial de Programas, Pesquisas e Gestão Estratégica (SEP), vinculada à Presidência do CNJ, composta por quatro juízes auxiliares, que têm se encarregado de atender a assuntos prioritários do Poder Judiciário.

É de se registrar, pelo menos, seis projetos desenvolvidos em curto espaço de tempo pela SEP:

i) retomada da análise gerencial da Base de Replicação Nacional do DPJ, em que são armazenados os dados processuais enviados pelos tribunais do país, e que subsidiam a publicação oficial *Justiça em números;*

ii) revisão periódica dos requisitos que devem conter o Portal de Transparência dos tribunais;

iii) ações relacionadas à igualdade de gênero, dando seguimento às resoluções nºs 254/2018 e 255/2018 da gestão anterior;

iv) Projeto Justiça Presente, que visa fortalecer o modelo de audiências de custódia;

v) levantamento do número de obras paralisadas por decisão judicial ou do TCU, decorrente de termo de cooperação;

vi) avaliação do fluxo de processo para a execução fiscal, com vistas a torná-la mais efetiva, inclusive com mineração de dados.

Ainda, no que diz respeito aos temas decididos pelo Plenário do Conselho Nacional de Justiça durante a Presidência do Ministro Toffoli, foram 22 resoluções já aprovadas, que dizem respeito aos mais variados temas. Foi um período de alto índice de resolutividade dos processos pautados, seja em sessões presenciais seja virtuais.

Considerações finais

A Estratégia Nacional do Poder Judiciário para 2020 teve início no ano de 2015 (Resolução nº 198/2014) e atualmente se caminha para concluir o 2º ciclo do Planejamento Estratégico do CNJ. Historicamente, as metas nacionais têm surgido dos próprios tribunais e têm se repetido cronicamente ao longo dos anos.

Em 2018, no discurso de abertura do XII Encontro Nacional do Poder Judiciário, realizado em dezembro de 2018 em Foz do Iguaçu, o Ministro Dias Toffoli disse que tinha como expectativa pessoal incorporar a Agenda 2030 ao Poder Judiciário em 2020.

Ou seja, o Presidente Toffoli, de certo modo, propôs incluir uma nova meta ao Poder Judiciário, sendo que dessa vez o objetivo não era sugerir que os magistrados tenham que cumprir outro desafio de julgar processos com mais produtividade e celeridade, mas a proposta seria uma meta de impacto a ser incorporada pelo Tribunal, visando a um plano de ação com foco em um dos temas da Agenda 2030, que, portanto, passaria pela primeira vez em 18 anos a contar com dados estatísticos do Poder Judiciário.

Justamente na gestão atual, sob Presidência do Ministro Toffoli, é que a Estratégia Nacional do Poder Judiciário, com expiração prevista para o ano de 2020, tenderá a passar por redefinições e, se necessário, realinhamento das metas nacionais, dessa vez a partir de propostas realizadas não apenas pelos tribunais, mas em participação conjunta do Conselho Nacional de Justiça enquanto órgão central de planejamento do Judiciário brasileiro.

A expectativa é que venha a ser aprovada meta para o Poder Judiciário, relacionando sua atuação com a Agenda 2030, tal proposta está sendo atualmente construída em conjunto com a Rede de Governança dos tribunais.

De tal modo, não se tratará mais de apenas medir o desempenho individual dos juízes, o número de processos julgados, ou o tempo médio de julgamento. A intenção é envolver todos tribunais e conselhos do Judiciário, inclusive o CNJ, para elaborar estudos de casos e planos de ação a partir dos indicadores (classes e assuntos) dos processos apreciados pelo Poder Judiciário, considerando que todos estes indicadores se relacionam de forma direta ou indireta à Agenda 2030.

Quando existem falhas na aplicação da política pública, aumenta-se, por consequência, a demanda ao Poder Judiciário. Portanto, faz-se necessário realizar um estudo para analisar, a partir das demandas judicializadas, quem são os principais demandantes, ou se os mais necessitados estão tendo efetivo acesso à Justiça e, ainda, adentrar aos motivos da não efetivação das políticas públicas em vigor, e de que forma um estudo de caso temático pode resultar num plano de ação do Judiciário, em conjunto com outros atores institucionais.

Seria então possível demonstrar às Nações Unidas o poder que o Poder Judiciário pode exercer para contribuir com o alcance dos Objetivos de Desenvolvimento Sustentável (ODS) pactuados por 193 países. Na medida em que os dados estatísticos do Poder Judiciário são sistematizados, indexados à Agenda e analisados, será possível saber quais políticas públicas ou privadas que merecem rever seu plano de ação.

Articular essa capacidade de diálogo do Judiciário para desenvolver planos de ação interinstitucionais, rumo à desjudicialização, em conformidade com a Agenda 2030, é um trabalho primoroso, de sensibilidade excepcional.

A ideia de se trabalhar em conjunto com outros órgãos e instituições, como o PNUD, que é o órgão da ONU responsável pela articulação da Agenda, com o Poder Executivo, via Presidência da República, com o Poder Legislativo, com o Tribunal de Contas da União, com o Ministério Público, a Defensoria Pública, a Advocacia Pública e Privada, torna toda esta experiência altamente integradora, inovadora e complexa, sendo capaz de gerar grande impacto para a otimização sistêmica de todos os atores governamentais, aprimorando as políticas públicas e a prestação jurisdicional em médio e longo prazo.

A concretização desse novo modelo de gestão ativa do Poder Judiciário, que tem como pedra de toque a ação e o foco em resultados mensuráveis, traçados por meio de objetivos a serem atingidos até 2030 e construído a partir da base do Poder Judiciário até chegar à Corte dos países ibero-americanos, só se torna possível pela abertura democrática feita pelo Presidente do Conselho Nacional de Justiça Dias Toffoli e a confiança depositada em toda a sua equipe.

Ministro, receba os nossos votos efusivos de cumprimentos pela magnífica gestão que está empreendendo na Presidência do Conselho Nacional de Justiça, de maneira sempre inovadora, transparente e eficiente.

Parabéns e muito obrigada!

Informação bibliográfica deste texto, conforme a NBR 6023:2018 da Associação Brasileira de Normas Técnicas (ABNT):

GOMES, Maria Tereza Uille. Inovação, transparência e eficiência no Conselho Nacional de Justiça ao incorporar a Agenda Global 2030 no Poder Judiciário. *In*: MORAES, Alexandre de; MENDONÇA, André Luiz de Almeida (Coord.). *Democracia e sistema de justiça*: obra em homenagem aos 10 anos do Ministro Dias Toffoli no Supremo Tribunal Federal. Belo Horizonte: Fórum, 2020. p. 439-445. ISBN 978-85-450-0718-0.

DIREITO ADMINISTRATIVO SANCIONADOR DEMOCRÁTICO E IMPROBIDADE ADMINISTRATIVA

MAURO LUIZ CAMPBELL MARQUES

Introdução

O presente artigo propõe algumas reflexões sobre o emprego da consensualidade no direito administrativo sancionador, especialmente nas demandas envolvendo a aplicação da Lei de Improbidade Administrativa (Lei nº 8.429, de 2.6.1992). Analiso as propostas de mudanças no referido marco normativo que são objeto do Projeto de Lei nº 10.887/2018 e resultantes da comissão de juristas instituída pela Câmara Federal, a qual tive a honra de presidir. Apresento, ainda, os principais posicionamentos jurisprudenciais do Supremo Tribunal Federal e do Superior Tribunal de Justiça sobre a temática.

O debate ora proposto envolve, de um lado, reformular a concepção tradicional de interesse público, que não admitia nenhuma forma de acordo entre cidadão e o Poder Público sob pena de ofensa à cláusula geral de sua indisponibilidade, bem como ao atributo da imperatividade dos atos administrativos. Por outro lado, sob o paradigma do Estado Democrático de Direito, é possível sustentar que a Administração Pública, no exercício do poder de polícia, tem o dever de buscar sempre a melhor solução que atenda aos interesses da coletividade. A aplicação pura e simples de sanções nas hipóteses de descumprimento das leis e regulamentos administrativos pode não ser a medida que melhor atenda às necessidades do interesse público do caso em concreto.

A Lei de Ação Civil Pública bem como os outros regramentos jurídicos que cuidam do microssistema da tutela coletiva, e servem como base para as demandas envolvendo a defesa da probidade administrativa, admitem a celebração de termo de colaboração em sentido amplo. Por outro lado, especificamente quanto à incidência da Lei nº 8.429/92, a redação atual de seu art. 17, §1º expressamente prevê ser "vedada a transação, acordo ou conciliação".

Há, no entanto, interessantes perspectivas advindas da promulgação da Lei nº 13.655/2018 bem como do decreto que a regulamentou (nº 9.830, de 10.6.2019), que, ao modificar a Lei de Introdução às Normas do Direito Brasileiro, estabelece parâmetros para a atuação consensual no exercício da função administrativa ao permitir genericamente que toda a Administração Pública, independentemente de lei ou regulamento específico, celebre compromissos. Por sua vez, no caso da Lei de Improbidade Administrativa, há também proposta de modificação do texto normativo apresentada por comissão de juristas formada na Câmara dos Deputados no sentido de permitir expressamente a celebração de termos de colaboração com os respectivos envolvidos. Essa sugestão foi incorporada no Projeto de Lei nº 10.887/2018,[1] apresentado pelo Deputado Roberto de Lucena, e atualmente encontra-se em trâmite no Congresso Nacional.

Concluo apontando a necessidade de que o direito administrativo sancionatório seja interpretado tendo como base as premissas do Estado Democrático de Direito estruturado pela Constituição Federal de 1988. Na seara da improbidade administrativa, o emprego da consensualidade, por si só, não afasta a possibilidade da sanção, tampouco atenta contra o atributo da imperatividade dos atos administrativos. A celebração de acordos com o cidadão é, nesse contexto, apenas mais um instrumento de que dispõe a autoridade pública para melhor atender ao interesse público no caso em concreto na hipótese de estarem presentes os requisitos legais.

A cláusula do interesse público e o direito administrativo sancionador

Por muito tempo, a teoria jurídica tradicional assentou-se na diferenciação entre o regime jurídico de direito público e de direito privado.[2] O primeiro – regime jurídico de direito público – "consiste num conjunto de normas jurídicas que disciplinam poderes, deveres e direitos diretamente vinculados à supremacia e à indisponibilidade dos direitos fundamentais". O segundo, por sua vez, é tradicionalmente definido tendo como base a categoria da autonomia da vontade, ou seja, a possibilidade de "escolha dos valores a realizar e na disponibilidade dos interesses em conflito, reconhecendo-se a legitimidade de condutas de satisfação egoística das necessidades".[3]

No entanto, essa divisão tradicionalmente proposta pela doutrina tem se mostrado insuficiente tendo em vista a complexidade das relações sociais modernas. O reconhecimento do Estado Democrático de Direito, notadamente a partir das revoluções liberais do século XVIII em contraposição ao modelo de estado absolutista, impôs a necessidade de o Estado garantir, ao mesmo tempo, as liberdades individuais, bem como a coexistência pacífica dos indivíduos no ambiente da sociedade civil. Faz-se necessário reconhecer ao ente público a possibilidade de intervir na esfera de direitos individuais sempre na hipótese de preservação ou de restabelecimento do interesse público envolvido.

---

[1] BRASIL. Câmara dos Deputados. *Projeto de Lei n. 10.887/2018*. Disponível em: http://www.camara.leg.br/proposicoesWeb/fichadetramitacao?idProposicao=2184458. Acesso em: 16 jun. 2019.

[2] Nessa dicotomia tradicional, com base na lição de Marçal Justen Filho, podemos dizer que "a atuação dos particulares na perseguição de seus interesses subordina-se ao regime do direito privado, uma disciplina caracterizada pela autonomia da vontade e pela disponibilidade dos interesses envolvidos. É diversa a situação quando os sujeitos, bens e atividades se relacionam com a satisfação dos interesses indisponíveis e com a realização de direitos fundamentais. Esse regime se caracteriza pelo afastamento de algumas características próprias da satisfação de interesses eivados egoísticos" (JUSTEN FILHO, Marçal. *Curso de direito administrativo*. São Paulo: Revista dos Tribunais, 2018. p. 57).

[3] JUSTEN FILHO, Marçal. *Curso de direito administrativo*. São Paulo: Revista dos Tribunais, 2018. p. 57.

Nesse ponto, Gustavo Binenbojm entendeu:

as feições jurídicas da Administração Pública – e *a fortiori*, a disciplina instrumental e finalística da sua atuação – estão alicerçadas na própria estrutura da Constituição, a partir das quais o Estado-Administrador deverá se organizar para proteger, promover e compatibilizar direitos individuais e interesses gerais da coletividade.[4]

Além disso, o autor entende também:

(i) a Constituição, e não mais a lei, passa a se situar no cerne da vinculação administrativa à juridicidade;

(ii) a definição do que é o *interesse público*, e de sua propalada supremacia sobre os interesses particulares, deixa de estar ao inteiro arbítrio do administrador, passando a depender de juízos de ponderação proporcional entre os direitos fundamentais e outros valores e interesses *metaindividuais* constitucionalmente consagrados;

(iii) a discricionariedade deixa de ser um espaço de livre escolha do administrador para convolar-se em um *resíduo de legitimidade*, a ser preenchido por procedimentos técnicos e jurídicos prescritos pela Constituição e pela lei com vistas à otimização do grau de legitimidade da decisão administrativa. Por sua importância no contexto democrático e de implementação dos direitos fundamentais, tem-se dado ênfase à *participação* e à *eficiência* como mecanismos de legitimação das escolhas discricionárias da Administração Pública.

Assim, ao mesmo tempo em que o Estado Democrático de Direito "estabelece um regime de liberdades fundamentais, assegurando aos cidadãos um elenco de direitos individuais constitucionalmente protegidos", é necessário reconhecer que tais direitos devem ser "exercidos em observância aos direitos dos demais cidadãos".[5] Nessas hipóteses em que se faz necessária a intervenção estatal na esfera privada de direitos, a autoridade pública se vale da função conhecida como poder de polícia.[6] A decisão consubstancia-se em ato administrativo que presumidamente está fundado em razões de interesse público, cuja observância pelos particulares é obrigatória em vista de sua imperatividade. Na hipótese de descumprimento, a autoridade pode cominar sanções independentemente de manifestação do Poder Judiciário dado o atributo da imperatividade do ato administrativo.

Embora haja atividades revestidas de interesse público que escapam do direito administrativo, deve-se reconhecer que não há direito administrativo válido sem que esteja assentado no interesse público. O exercício do poder de polícia no contexto do Estado Democrático de Direito deve ter como pressuposto lógico a concepção de que os destinatários são cidadãos (e não administrados).

---

[4] BINENBOJM, Gustavo. Da supremacia do interesse público ao dever de proporcionalidade: um novo paradigma para o direito administrativo. *Revista de Direito Administrativo*, Rio de Janeiro, v. 239, p. 1-32, jan. 2005.

[5] GUERRA, Sérgio; PALMA, Juliana Bonacorsi de. Art. 26 da LINDB – Novo regime jurídico de negociação com a Administração Pública. *Revista de Direito Administrativo*, Rio de Janeiro, p. 135-169, nov. 2018. p. 140.

[6] Reconheço que não há unanimidade quanto ao significado da expressão "poder de polícia". Aponto que, nos termos do art. 78 do Código Tributário Nacional, "considera-se poder de polícia atividade da administração pública que, limitando ou disciplinando direito, interesse ou liberdade, regula a prática de ato ou abstenção de fato, em razão de interesse público concernente à segurança, à higiene, à ordem, aos costumes, à disciplina da produção e do mercado, ao exercício de atividades econômicas dependentes de concessão ou autorização do Poder Público, à tranquilidade pública ou ao respeito à propriedade e aos direitos individuais ou coletivos".

Vale dizer, ainda que por fundadas razões de interesse público presentes no caso em concreto, a autoridade pública deve ter como premissa a constatação de que "a competência decisória atribuída aos agentes estatais não se funda na posição de supremacia ou superioridade deles em face dos governados, mas na soberania popular". O exercício da função administrativa, portanto, não pode deixar de reconhecer a "dignidade da pessoa humana como princípio jurídico", bem como de assegurar "às pessoas direitos fundamentais insuprimíveis e inalienáveis".[7]

A Constituição Federal de 1988 estruturou juridicamente o Estado brasileiro sob a égide do Estado Democrático de Direito, tendo previsto a cidadania e a dignidade da pessoa humana como dois dos fundamentos da República. No caso da Administração Pública, impõe-se por meio da subsidiariedade que "a decisão do poder público venha a ser tomada da forma mais próxima possível dos cidadãos a que se destinem".[8]

A conjugação do respeito dos direitos fundamentais e de subsidiariedade baseia, portanto, a legitimidade da concretização do Poder Público em cada caso concreto. O *procedimento administrativo* "passou a ser, por via de regra, a nova e dinâmica forma de dar legitimação democrática imediata à ação administrativa, sem intermediação política ou com um mínimo indispensável de atuação dos órgãos legislativos". Do mesmo modo, a abertura à participação conduz à "tomada de decisões não apenas as casuísticas, mas as gerais e, nesta hipótese, com a produção de regras igualadoras com aplicação de todos os que se encontrem nas mesmas circunstâncias reguladas".[9]

Nesse contexto se inserem as alterações na Lei de Introdução às Normas do Direito Brasileiro que foram operadas pela Lei nº 13.655/2018, bem como pelo recente Decreto nº 9.830/2019 que a regulamentou. O art. 30 do referido diploma legal passou a prever expressamente que "as autoridades públicas devem atuar para aumentar a segurança jurídica na aplicação das normas, inclusive por meio de regulamentos, súmulas administrativas e respostas a consultas".

Na função administrativa, Egon Bockmann Moreira e Paula Pessoa Pereira apontam que a segurança jurídica impõe a necessidade de "uniformização (qualidade de algo que constância e previsibilidade), integridade (manutenção de sua plenitude sem agressões) e coerência (coesão, compreensibilidade e respeito às consequências)".[10]

O dever de segurança jurídica impõe também o reconhecimento de que a atividade decisória, inclusive na esfera administrativa, "assume o papel de favorecer a legitimidade do sistema democrático como um todo, ao devolver à sociedade normas jurídicas vinculantes e estáveis". Os autores acrescentam que "se o Estado de Direito tem como fundamento a continuidade da ordem jurídica, estabilidade e o tratamento igualitário a todos os cidadãos, as instituições encarregadas de fazer cumprir sua força normativa deve proteger tais valores no desempenho de sua função".[11]

---

[7] JUSTEN FILHO, Marçal. *Curso de direito administrativo*. São Paulo: Revista dos Tribunais, 2018. p. 20.

[8] MOREIRA NETO, Diogo de Figueiredo. Novos institutos consensuais da ação administrativa. *Revista de Direito Administrativo*, Rio de Janeiro, v. 231, p. 129-156, jan. 2003. p. 135.

[9] MOREIRA NETO, Diogo de Figueiredo. Novos institutos consensuais da ação administrativa. *Revista de Direito Administrativo*, Rio de Janeiro, v. 231, p. 129-156, jan. 2003. p. 136-137.

[10] MOREIRA, Egon Bockmann; PEREIRA, Paula Pessoa. Art. 30 da LINDB – O dever público de incrementar a segurança jurídica. *Revista de Direito Administrativo*, Rio de Janeiro, p. 243-274, nov. 2018. p. 263.

[11] MOREIRA, Egon Bockmann; PEREIRA, Paula Pessoa. Art. 30 da LINDB – O dever público de incrementar a segurança jurídica. *Revista de Direito Administrativo*, Rio de Janeiro, p. 243-274, nov. 2018. p. 264.

Além da segurança jurídica, outra importante mudança trazida pela nova redação da Lei de Introdução às Normas do Direito Brasileiro diz respeito ao que foi denominado por Sérgio Guerra e Juliana Bonacorsi de Palma como *novo regime jurídico de negociação com a administração pública*.[12]

Embora já houvesse significativo marco legal que tem como objeto a regulamentação dos chamados acordos substitutivos[13] em setores específicos, é certo que a previsão trazida pela Lei nº 13.655/2018 "consagra a dinâmica de atuação consensual ao estabelecer permissivo genérico para que toda a Administração Pública, independentemente de lei ou regulamento específico, celebre compromissos". Além disso, a previsão legal "confere importantes diretrizes para uma prática consensual com negociação mais pública e paritária, visando ao efetivo atendimento de interesses gerais. Assim, trabalha para o desenvolvimento da consensualidade administrativa com maior efetividade e segurança jurídica".[14]

No campo do direito administrativo sancionador, há experiências que podem ser consideradas bem-sucedidas decorrentes da celebração de acordos pela Comissão de Valores Mobiliários.[15] O relatório de atividade sancionadora referente ao primeiro trimestre de 2019 mostra que foram celebrados nesse período 13 termos de compromisso, os quais envolveram a arrecadação de R$14,11 milhões para os cofres públicos. A agência informa que, em 2018, foram celebrados 57 termos de compromisso, envolvendo a expressiva cifra de R$41,22 milhões arrecadados. Por sua vez, no período entre 2012 e 2017, o Conselho Administrativo de Defesa Econômica homologou 271 termos de compromisso de cessação. Por meio dos referidos instrumentos de administração consensual, foi possível a arrecadação da quantia de R$2.413.330.119,00.[16]

O direito administrativo sancionador sob a égide do Estado Democrático de Direito

Vimos que a presença de interesse público fundamenta a prerrogativa da Administração Pública de, imperativamente, atingir a esfera jurídica dos cidadãos e, se for o caso, de impor sanções na hipótese de descumprimento de leis e regulamentos. O exercício dos poderes de polícia e disciplinar, por sua abrangência, são exemplos da atuação sancionatória do Estado para além do *juis puniendi* criminal. Especificamente na seara da improbidade administrativa, as sanções a serem cominadas podem atingir

---

[12] GUERRA, Sérgio; PALMA, Juliana Bonacorsi de. Art. 26 da LINDB – Novo regime jurídico de negociação com a Administração Pública. *Revista de Direito Administrativo*, Rio de Janeiro, p. 135-169, nov. 2018. p. 135.

[13] "Os acordos substitutivos caracterizam-se pelo efeito terminativo do processo administrativo no qual são celebrados. Quando firmados, estes acordos substituem a decisão unilateral e imperativa da Administração Pública ou findam o processo instaurado para a conformação do provimento administrativo" (PALMA, Juliana Bonacorsi de. Sanção e acordo na Administração Pública. São Paulo: Malheiros, 2015. p. 252).

[14] GUERRA, Sérgio; PALMA, Juliana Bonacorsi de. Art. 26 da LINDB – Novo regime jurídico de negociação com a Administração Pública. *Revista de Direito Administrativo*, Rio de Janeiro, p. 135-169, nov. 2018. p. 140.

[15] CVM. *Atividade sancionadora*: janeiro – março 2019. Disponível em: http://www.cvm.gov.br/export/sites/cvm/publicacao/relatorio_atividade_sancionadora/anexos/2019/20190530_relatorio_atividade_sacionadora_1o_trimestre_2019.pdf. Acesso em: 14 jun. 2019.

[16] CADE. *Balanço 2017*. Disponível em http://www.cade.gov.br/servicos/imprensa/balancos-e-apresentacoes/apresentacao-balanco-2017.pdf/view. Acesso em: 14 jun. 2019.

sobremaneira o exercício de direitos fundamentais e políticos pelo indivíduo e, em alguns casos, com mais intensidade do que uma eventual condenação criminal.

A definição dos limites e do alcance da categoria direito administrativo sancionador tem como ponto central o conteúdo jurídico do que se entende por sanção administrativa. Nesse ponto, Fábio Medina Osório[17] pontua:

A Administração Pública pode ser vítima de ataques a bens jurídicos por ela protegidos ou que digam respeito à sua existência, assumindo posições diversificadas na perspectiva processual, ora como promotora de acusações, ora como vítimas de ilícitos, ora nessa dúplice condição simultaneamente. No patamar de vítima, pode ocorrer que a Administração não disponha da titularidade para determinado processo punitivo, não obstante tratar-se de interesses seus e da sociedade que estejam em jogo. Em tal situação, vale frisar que o Estado-Administrador ainda recebe a tutela do Direito Administrativo, embora sua operacionalização possa ocorrer através do Poder Judiciário e de instituições como o Ministério Público. Esta será uma deliberação do legislador, que ostenta competências soberanas e discricionárias para tanto. Segundo se percebe, em realidade, cabe ao legislador outorgar a juízes e tribunais poderes sancionadores de Direito Administrativo, tendo em conta o princípio da livre configuração legislativa de ilícitos e sanções

Por sua vez, Diogo de Figueiredo Moreira Neto considera que as sanções administrativas:

tradicionalmente consideradas como circunscritas ao campo de atividade administrativa de política, se constituem como uma manifestação peculiar do *jus puniendi* geral do Estado, inclusive dirigida à tutela de outros valores da sociedade que transcendem o âmbito administrativo clássico da polícia.[18]

O autor exemplifica que tais penalidades de caráter não penal passaram a ser aplicadas:

nas atividades regulatórias próprias do ordenamento econômico e do ordenamento social, e, por isso, dando-lhes um tratamento integrado para esses campos, que inclui o reconhecimento de uma aplicabilidade limitada de certos princípios tradicionais da penologia criminal, no exercício pelo Estado de todas suas demais funções punitivas.[19]

Nesse amplo contexto, pode-se apontar a existência do que ficou convencionado como direito administrativo sancionador (ou, ainda, direito administrativo sancionatório). O objeto de estudo compreende, na lição de Diogo de Figueiredo Moreira Neto, a análise integrada e sistemática "do conjunto das sanções administrativas aplicáveis em todos os demais campos de atuação administrativa – o da polícia, o dos serviços públicos, o

---

[17] OSÓRIO, Fábio Medina. *Direito administrativo sancionador*. São Paulo: Thomson Reuters Brasil, 2019. item 2.1.2.1.

[18] MOREIRA NETO, Diogo de Figueiredo. O direito administrativo do século XXI: um instrumento de realização de democracia substantiva. *Revista de Direito Administrativo & Constitucional*, Belo Horizonte, ano 3, n. 11, p. 13-37, jan./mar. 2011. p. 26.

[19] MOREIRA NETO, Diogo de Figueiredo. O direito administrativo do século XXI: um instrumento de realização de democracia substantiva. *Revista de Direito Administrativo & Constitucional*, Belo Horizonte, ano 3, n. 11, p. 13-37, jan./mar. 2011. p. 26.

do ordenamento econômico, o do ordenamento social e, em certas circunstâncias, até o do fomento público".[20]

De modo geral, foi ressaltado pela dissertação de Ana Carolina Carlos de Oliveira que o direito administrativo sancionador tem se ocupado principalmente da "proteção dos interesses administrativos, a regulação de condutas de perigo abstrato e o controle, em geral, da criminalidade de bagatela".[21] Ainda, a autora considera:

> esse setor se caracteriza pela gestão setorial das áreas sob a responsabilidade da Administração Pública, pela regulamentação das atividades cotidianas e coordenação das esferas de atuação do poder público. A sanção, nesse contexto, tem a finalidade de reforçar as exigências e ações ordinárias da administração.[22]

Assim, se o direito administrativo sancionador é uma das facetas por meio das quais se expressa o poder punitivo estatal de maneira autônoma, surge então a possibilidade de que uma mesma conduta seja, ao mesmo tempo, crime e também punida na esfera administrativa.[23]

O primeiro exemplo que gostaria de trazer ao debate vem do Código de Defesa do Consumidor. Ao mesmo tempo em que dispõe sobre crimes contra as relações de consumo, estabelece em seu art. 56 que "as infrações das normas de defesa do consumidor ficam sujeitas, conforme o caso, às seguintes sanções administrativas, sem prejuízo das de natureza civil, penal e das definidas em normas específicas [...]".

O segundo exemplo está relacionado ao art. 125 da Lei nº 8.112/90 (Estatuto dos Servidores Públicos Federal), ao dispor que, no âmbito do processo administrativo disciplinar, "as sanções civis, penais e administrativas poderão cumular-se, sendo independentes entre si". A sistemática da Lei nº 12.846/2013, também conhecida como Lei Anticorrupção, prevê a independência das responsabilizações civil e administrativa em decorrência das infrações ali especificadas.

A atual Lei de Improbidade Administrativa, por disposição expressa contida em seu art. 12,[24] não exclui a possibilidade de que a mesma conduta seja sancionada nas diversas esferas de incidência do poder punitivo estatal. Excetuada a hipótese de a

---

[20] MOREIRA NETO, Diogo de Figueiredo. O direito administrativo do século XXI: um instrumento de realização de democracia substantiva. *Revista de Direito Administrativo & Constitucional*, Belo Horizonte, ano 3, n. 11, p. 13-37, jan./mar. 2011. p. 26.

[21] OLIVEIRA, Ana Carolina Carlos de. *Direito de intervenção e direito administrativo sancionador*: o pensamento de Hassemer e o direito penal brasileiro. 2012. Dissertação (Mestrado em Direito Penal) – Faculdade de Direito, Universidade de São Paulo, São Paulo, 2012. p. 92.

[22] OLIVEIRA, Ana Carolina Carlos de. *Direito de intervenção e direito administrativo sancionador*: o pensamento de Hassemer e o direito penal brasileiro. 2012. Dissertação (Mestrado em Direito Penal) – Faculdade de Direito, Universidade de São Paulo, São Paulo, 2012. p. 92.

[23] Deve ser advertido que a independência das instâncias não é absoluta no direito brasileiro. Como exceções, devem ser mencionadas as hipóteses em que há, na seara penal, o reconhecimento quanto à inexistência de materialidade ou ainda da autoria do fato tido como criminoso. Ainda, a celebração de acordo de leniência pelo Conselho Administrativo de Defesa Econômica implica a extinção da punibilidade de certas infrações penais. Por fim, firmado acordo de leniência com base na Lei Anticorrupção, fica afastada a aplicação da sanção cível referente à "proibição de receber incentivos, subsídios, subvenções, doações ou empréstimos de órgãos ou entidades públicas e de instituições financeiras públicas ou controladas pelo poder público, pelo prazo mínimo de 1 (um) e máximo de 5 (cinco) anos".

[24] Art. 12 da Lei de Improbidade Administrativa: "Independentemente das sanções penais, civis e administrativas previstas na legislação específica, está o responsável pelo ato de improbidade sujeito às seguintes cominações, que podem ser aplicadas isolada ou cumulativamente, de acordo com a gravidade do fato".

conduta ser praticada pelo presidente da República, tanto o Supremo Tribunal Federal quanto o Superior Tribunal de Justiça são convergentes ao afirmarem a independência das instâncias e, nesse contexto, a autonomia das sanções aplicadas com base na Lei nº 8.429/92.

Nesse sentido, decidiu o Supremo Tribunal Federal:[25]

> Direito Constitucional. Agravo Regimental em Petição. Sujeição dos Agentes Políticos a Duplo Regime Sancionatório em Matéria de Improbidade. Impossibilidade de Extensão do Foro por Prerrogativa de Função à Ação de Improbidade Administrativa.
>
> 1. Os agentes políticos, com exceção do Presidente da República, encontram-se sujeitos a um duplo regime sancionatório, de modo que se submetem tanto à responsabilização civil pelos atos de improbidade administrativa, quanto à responsabilização político-administrativa por crimes de responsabilidade. Não há qualquer impedimento à concorrência de esferas de responsabilização distintas, de modo que carece de fundamento constitucional a tentativa de imunizar os agentes políticos das sanções da ação de improbidade administrativa, a pretexto de que estas seriam absorvidas pelo crime de responsabilidade. A única exceção ao duplo regime sancionatório em matéria de improbidade se refere aos atos praticados pelo Presidente da República, conforme previsão do art. 85, V, da Constituição.
>
> 2. O foro especial por prerrogativa de função previsto na Constituição Federal em relação às infrações penais comuns não é extensível às ações de improbidade administrativa, de natureza civil. Em primeiro lugar, o foro privilegiado é destinado a abarcar apenas as infrações penais. A suposta gravidade das sanções previstas no art. 37, §4º, da Constituição, não reveste a ação de improbidade administrativa de natureza penal. Em segundo lugar, o foro privilegiado submete-se a regime de direito estrito, já que representa exceção aos princípios estruturantes da igualdade e da república. Não comporta, portanto, ampliação a hipóteses não expressamente previstas no texto constitucional. E isso especialmente porque, na hipótese, não há lacuna constitucional, mas legítima opção do poder constituinte originário em não instituir foro privilegiado para o processo e julgamento de agentes políticos pela prática de atos de improbidade na esfera civil. Por fim, a fixação de competência para julgar a ação de improbidade no 1o grau de jurisdição, além de constituir fórmula mais republicana, é atenta às capacidades institucionais dos diferentes graus de jurisdição para a realização da instrução processual, de modo a promover maior eficiência no combate à corrupção e na proteção à moralidade administrativa.
>
> 3. Agravo regimental a que se nega provimento.

Portanto, seja no campo da improbidade administrativa ou tendo como base os demais regulamentos que possibilitam à Administração o exercício dos poderes de polícia e disciplinar, não se pode descuidar da potencialidade das sanções administrativas sobre a esfera jurídica dos cidadãos. Diogo de Figueiredo Moreira Neto entende que a boa aplicação de instrumentos sancionatórios deve ser "reverente aos princípios fundamentais, que indiscriminadamente prestigiam a dignidade da pessoa humana, em todos os campos do Direito Administrativo".[26]

---

[25] Pet nº 3240 AgR. Rel. Min. Teori Zavascki. Rel. p/ acórdão: Min. Roberto Barroso, Tribunal Pleno, j. 10.5.2018. *DJe*, 171, divulg. 21.8.2018, public. 22.8.2018.

[26] MOREIRA NETO, Diogo de Figueiredo. O direito administrativo do século XXI: um instrumento de realização de democracia substantiva. *Revista de Direito Administrativo & Constitucional*, Belo Horizonte, ano 3, n. 11, p. 13-37, jan./mar. 2011. p. 26.

Por sua vez, o emprego de técnicas consensuais de solução de controvérsias envolvendo o direito administrativo sancionatório é relativamente recente no Brasil. Sérgio Guerra e Juliana Palma lecionam:

> a legislação brasileira, até a década de 1980,[27] não permitia que uma decisão administrativa, decorrente de ato ou contrato administrativo, em que houvesse sido imposta uma penalidade ao agente privado, no âmbito da função estatal do poder de polícia, fosse alterada por algum acordo ou compromisso, notadamente se isso importasse suspensão de uma sanção em troca de determinada obrigação.[28]

Vale dizer, sob a necessidade de preservação do interesse público, "a sanção decorrente do exercício legítimo de função administrativa não poderia estar sujeita à consensualidade entre Administração Pública e agente privado".[29]

Contudo, a realidade prática tem mostrado que a imposição de sanções, muitas vezes, pode não ser a melhor solução que atenda às necessidades do interesse público envolvidos. A jurisprudência do Superior Tribunal de Justiça mostra que, por vezes, as demandas envolvendo a discussão de sanções impostas no âmbito do poder de polícia leva significativo tempo para ser finalizadas, em prejuízo do bem comum. Além do mais:

> [o] recolhimento ulterior a um fundo sem destinação específica e com regras bastante restritivas de reversão em investimentos pode sugerir, a pender da análise do caso concreto, que uma composição com efeitos imediatos, reais e concretos se constitua em penalidade compensatória mais eficiente.[30]

A análise da orientação jurisprudencial do Supremo Tribunal Federal e do Superior Tribunal de Justiça demonstra que, de modo geral, o Poder Judiciário tem acolhido as iniciativas consensuais de solução de conflitos envolvendo o direito administrativo sancionatório. Há, no entanto, algumas premissas que gostaria de ressaltar, as quais apontam para as diretrizes que vêm sendo seguidas na análise de tais avenças firmadas entre os cidadãos e o Poder Público.

No âmbito das ações civis públicas, a primeira premissa que gostaria de destacar diz respeito à ausência de direito subjetivo à celebração dos termos de ajustamento de conduta. O Superior Tribunal de Justiça tem entendido que "o compromisso de ajustamento de conduta é um acordo semelhante ao instituto da conciliação e, como tal, depende da convergência de vontades entre as partes". Assim, "do mesmo modo que o MP não pode obrigar qualquer pessoa física ou jurídica a assinar termo de cessação

---

[27] A Lei de Ação Civil Pública, em sua versão original, não previu a possibilidade de celebração de termo de ajustamento de conduta. O Código de Defesa do Consumidor, ao entrar em vigor, incluiu no art. 5º da Lei de Ação Civil Pública o §6º, que dispõe que "os órgãos públicos legitimados poderão tomar dos interessados compromisso de ajustamento de sua conduta às exigências legais, mediante cominações, que terá eficácia de título executivo extrajudicial". Por outro lado, a atual Lei de Improbidade Administrativa veda a celebração de transações, acordos e conciliações.

[28] GUERRA, Sérgio; PALMA, Juliana Bonacorsi de. Art. 26 da LINDB – Novo regime jurídico de negociação com a Administração Pública. *Revista de Direito Administrativo*, Rio de Janeiro, p. 135-169, nov. 2018. p. 142.

[29] GUERRA, Sérgio; PALMA, Juliana Bonacorsi de. Art. 26 da LINDB – Novo regime jurídico de negociação com a Administração Pública. *Revista de Direito Administrativo*, Rio de Janeiro, p. 135-169, nov. 2018. p. 142.

[30] GUERRA, Sérgio; PALMA, Juliana Bonacorsi de. Art. 26 da LINDB – Novo regime jurídico de negociação com a Administração Pública. *Revista de Direito Administrativo*, Rio de Janeiro, p. 135-169, nov. 2018. p. 143.

de conduta, o Parquet também não é obrigado a aceitar a proposta de ajustamento formulada pelo particular".[31]

No caso dos contratos administrativos, a 2ª Turma do STJ estabeleceu a seguinte premissa:

> a rescisão do contrato administrativo por ato unilateral da Administração Pública, sob justificativa de interesse público, impõe ao contratante a obrigação de indenizar o contratado pelos prejuízos daí decorrentes, como tais considerados não apenas os danos emergentes, mas também os lucros cessantes.[32]

O fundamento foi:

> sob a perspectiva do Direito Administrativo Consensual, os particulares que travam contratos com a Administração Pública devem ser vistos como parceiros, devendo o princípio da boa-fé objetiva (e seus corolários relativos à tutela da legítima expectativa) reger as relações entre os contratantes público e privado.

No campo do direito administrativo regulatório, fui relator de três recursos especiais[33] envolvendo arbitragem relacionada ao valor das tarifas de interconexão a serem cobradas pelas empresas prestadoras de serviço de telefonia. Nesses casos, entendeu o Superior Tribunal de Justiça que no processo de arbitragem envolvendo a Agência Nacional de Telecomunicações, "a atuação estatal não pode, de forma artificial e desarrazoada, substituir o ambiente da relativa livre concorrência que foi instalado por Lei no setor de interconexão em chamadas de fixo para móvel (VU-M)".

Esses três exemplos que trouxe à colação servem para demonstrar que o emprego da consensualidade no âmbito da Administração Pública é uma questão complexa que vem sendo debatida pelo Superior Tribunal de Justiça. Os precedentes têm realçado a necessidade de que, ainda que de modo consensual, as soluções alcançadas devem ter como linha fundamental a preservação do interesse público envolvido, o respeito à legalidade, bem como a análise global e interdisciplinar de cada controvérsia colocada em discussão.

Assim, o emprego de técnicas consensuais de solução de conflitos no âmbito do direito administrativo sancionador é mais um instrumental de que dispõe a autoridade pública para perseguir a solução que melhor atenda ao interesse público. Quando presentes circunstâncias fáticas e jurídicas que autorizam sejam firmados acordos entre o ente público e os cidadãos, a celebração de termos de compromisso de cessação (ou qualquer que seja a nomenclatura a ser utilizada no caso em concreto) é medida que atende aos ditames da eficiência e economicidade (entre outras cláusulas gerais), além de dar efetividade ao rol de direitos fundamentas previstos na Constituição Federal de 1988.

---

[31] REsp nº 596.764/MG. Rel. Min. Antonio Carlos Ferreira, Quarta Turma, j. 17.5.2012. *DJe*, 23 maio 2012.

[32] REsp nº 1.240.057/AC. Rel. Min. Mauro Campbell Marques, Segunda Turma, j. 28.6.2011. *DJe*, 21 set. 2011.

[33] EDcl no REsp nº 1.171.688/DF. Rel. Min. Mauro Campbell Marques, Segunda Turma, j. 27.11.2012. *DJe*, 4 dez. 2012; REsp nº 1.334.843/DF, j. 27.11.2012. *DJe*, 5 dez. 2012 e REsp nº 1.275.859/DF, j. 27.11.2012. *DJe*, 5 dez. 2012.

A consensualidade no âmbito da Lei de Improbidade Administrativa

A Lei de Ação Civil Pública, em sua versão original, não previu a possibilidade de celebração termo de ajustamento de conduta. O Código de Defesa do Consumidor, ao entrar em vigor, incluiu-o no art. 5º, §6º, na Lei de Ação Civil Pública, ao dispor que "os órgãos públicos legitimados poderão tomar dos interessados compromisso de ajustamento de sua conduta às exigências legais, mediante cominações, que terá eficácia de título executivo extrajudicial". Por outro lado, o art. 17, §1º da atual Lei de Improbidade Administrativa veda expressamente a celebração de transações, acordos e conciliações.

Diante da expressa vedação legal, o Superior Tribunal de Justiça tem entendido que, em regra geral, a realização de acordo entre o cidadão e o ente público não tem o condão de extinguir a ação civil pública instaurada para investigar possível ato de improbidade administrativa. Senão vejamos:

> PROCESSUAL CIVIL E ADMINISTRATIVO. AÇÃO DE RESSARCIMENTO DE DANOS. IMPROBIDADE ADMINISTRATIVA. ACORDO ENTRE AS PARTES. VEDAÇÃO. ART. 17, §1º, DA LEI 8.429/1992. MICROSSISTEMA DE TUTELA COLETIVA. APLICAÇÃO SUBSIDIÁRIA DO CÓDIGO DE PROCESSO CIVIL. INVIABILIDADE DE EXTINÇÃO COM BASE NO ART. 267, VIII, DO CPC. NOMENCLATURA DA AÇÃO. FUNDAMENTAÇÃO.
>
> 1. Tratando-se de ação de improbidade administrativa, cujo interesse público tutelado é de natureza indisponível, o acordo entre a municipalidade (autor) e os particulares (réus) não tem o condão de conduzir à extinção do feito, porque aplicável as disposições da Lei 8.429/1992, normal especial que veda expressamente a possibilidade de transação, acordo ou conciliação nos processos que tramitam sob a sua égide (art. 17, §1º, da LIA).
>
> 2. O Código de Processo Civil deve ser aplicado somente de forma subsidiária à Lei de Improbidade Administrativa. Microssistema de tutela coletiva. Precedente do STJ.
>
> 3. Não é a nomenclatura utilizada na exordial que define a natureza da demanda, que é irrelevante, mas sim o exame da causa de pedir e do pedido.
>
> 4. Recurso especial não provido. (REsp nº 1.217.554/SP. Rel. Min. Eliana Calmon, Segunda Turma, j. 15.8.2013. *DJe*, 22 ago. 2013)

Em 2015, foi editada a Medida Provisória nº 703 com vistas a trazer novas disposições à Lei nº 12.486/2013 no que se refere aos acordos de leniência. O instrumento normativo, por sua vez, revogou a proibição quanto à celebração de acordos em sede de ações civis públicas em que se discute a prática de atos de improbidade administrativa. Entretanto, a medida provisória não foi convertida em lei, tendo sua vigência sido encerrada em 29.5.2016.[34]

Não obstante, forçoso reconhecer que, no âmbito do direito administrativo sancionatório, a vedação da realização de acordos em sede de improbidade administrativa é fator de insegurança jurídica tanto para os cidadãos, quanto para as autoridades públicas.

Tendo em vista a independência das instâncias, é possível que a mesma conduta seja perseguida administrativa e judicialmente, sob a égide de marcos normativos distintos. É o caso, por exemplo, de um ato de corrupção que envolve a Administração

---

[34] BRASIL. Medida Provisória n. 703. Disponível em: http://www.planalto.gov.br/ccivil_03/_Ato2015-2018/2016/Congresso/adc-027-mpv703.htm. Acesso em: 14 jun. 2019.

Pública Federal com reflexos simultaneamente no mercado de valores mobiliários brasileiros. Nesse caso hipotético, a mesma conduta poderá ser objeto de acordo de leniência sob a égide da Lei Anticorrupção (Lei nº 12.486/2013), bem como de termo de compromisso de cessação firmado perante a Comissão de Valores Mobiliários. No entanto, não poderá haver acordo com o Ministério Público especificamente quanto ao aspecto da improbidade administrativa, por expressa determinação legal.

Podemos ainda mencionar outro hipotético exemplo que decorre da Lei de Colaboração Premiada. A Lei nº 12.850/2013, ao estabelecer os incentivos da colaboração premiada, previu a possibilidade de serem conferidos benefícios penais ao colaborador, podendo ser concedido, inclusive, perdão judicial. No entanto, se a mesma conduta for objeto de sanção na seara da improbidade administrativa, não haverá a possibilidade de serem conferidos benefícios ao colaborador. Muito embora na esfera penal (mais grave) o colaborador tenha acesso a benefícios, na esfera administrativa/cível não poderá haver benefícios.

A controvérsia é relevante e tem sido objeto de debates no Superior Tribunal de Justiça e no Supremo Tribunal Federal. Recentemente, foi reconhecida repercussão geral[35] quanto ao tema, nos termos da seguinte ementa:

> CONSTITUCIONAL E PROCESSO CIVIL. RECURSO EXTRAORDINÁRIO COM AGRAVO. AÇÃO CIVIL PÚBLICA POR ATO DE IMPROBIDADE ADMINISTRATIVA. UTILIZAÇÃO DE COLABORAÇÃO PREMIADA. ANÁLISE DA POSSIBILIDADE E VALIDADE EM ÂMBITO CIVIL. REPERCUSSÃO GERAL RECONHECIDA.
>
> 1. Revela especial relevância, na forma do art. 102, §3º, da Constituição, a questão acerca da utilização da colaboração premiada no âmbito civil, em ação civil pública por ato de improbidade administrativa movida pelo Ministério Público em face do princípio da legalidade (CF, art. 5º, II), da imprescritibilidade do ressarcimento ao erário (CF, art. 37, §§4º e 5º) e da legitimidade concorrente para a propositura da ação (CF, art. 129, §1º).
>
> 2. Repercussão geral da matéria reconhecida, nos termos do art. 1.035 do CPC.

O Ministro Alexandre de Moraes consignou em seu voto que a questão é relevante porque envolve discutir se há "potencial ofensa ao princípio da legalidade, por se admitir a colaboração premiada na ação de improbidade sem expressa autorização legal e com vedação normativa à realização de transação pela LIA (CF, art. 5º, II)". Envolve, ainda, estabelecer "os limites à disponibilidade de bens e interesses públicos, face a imprescritibilidade da ação de ressarcimento ao erário (CF, art. 37, §§4º e 5º)". Por fim, devem também ser levados em conta "os efeitos de eventual colaboração premiada realizada pelo Ministério Público em relação a demais ações de improbidade movidas pelos mesmos fatos, em virtude da existência de legitimidade concorrente (CF, art. 129, §1º)".

Na esfera do Poder Legislativo, em 2018, por ato do seu presidente, o Deputado Federal Rodrigo Maia, a Câmara dos Deputados instituiu comissão de juristas com o objetivo de apresentar proposta de atualização da Lei de Improbidade Administrativa (*Diário da Câmara dos Deputados*, 23.2.2018 – suplemento). Ao final, as sugestões da

---

[35] ARE nº 1.175.650 RG. Rel. Min. Alexandre de Moraes, j. 25.4.2019. *DJe*, 093, divulg. 6.5.2019, public. 7.5.2019.

comissão por mim presidida foram acatadas na íntegra e passaram a fazer parte do Projeto de Lei nº 10.887/2018 apresentado pelo Deputado Roberto de Lucena.

Entre as modificações propostas na Lei nº 8.429/92, foi sugerida a introdução do art. 17-A, com a seguinte redação:

> Art. 17-A. O Ministério Público poderá, conforme as circunstâncias do caso concreto, celebrar acordo de não persecução cível, desde que, ao menos, advenham os seguintes resultados:
>
> I - o integral ressarcimento do dano;
>
> II - a reversão, à pessoa jurídica lesada, da vantagem indevida obtida, ainda que oriunda de agentes privados;
>
> III - o pagamento de multa.
>
> §1º Em qualquer caso, a celebração do acordo levará em conta a personalidade do agente, a natureza, as circunstâncias, a gravidade e a repercussão social do ato de improbidade, bem como as vantagens, para o interesse público, na rápida solução do caso.
>
> §2º O acordo também poderá ser celebrado no curso de ação de improbidade.
>
> §3º As negociações para a celebração do acordo ocorrerão entre o Ministério Público e o investigado ou demandado e o seu defensor.
>
> §4º O acordo celebrado pelo órgão do Ministério Público com atribuição, no plano judicial ou extrajudicial, deve ser objeto de aprovação, no prazo de até 60 (sessenta) dias, pelo órgão competente para apreciar as promoções de arquivamento do inquérito civil.
>
> 5º Cumprido o disposto no parágrafo anterior, o acordo será encaminhado ao juízo competente para fins de homologação.

Assim, está em discussão no Parlamento brasileiro a possibilidade de acordo de não persecução cível, similar à transação, introduzindo na seara da improbidade administrativa o "instituto de consensualidade e cooperação que permite a conciliação antes ou depois da propositura da inicial" (de acordo com a justificativa do anteprojeto).

O Ministério Público – autor da ação – é o único ente que detém legitimidade para propor e celebrar o acordo de não persecução cível levando-se em conta as circunstâncias do caso concreto (art. 17-A do PL). Ainda, a transação está condicionada ao advento de determinados resultados, especificamente o integral ressarcimento do dano, a reversão, à pessoa jurídica lesada, da vantagem indevida obtida, ainda que oriunda de agentes privados e o pagamento de multa civil (incs. I, II e III do art. 17-A do PL).

Em qualquer caso, a celebração do acordo levará em conta a personalidade do agente, a natureza, as circunstâncias, a gravidade e a repercussão social do ato de improbidade, bem como as vantagens, para o interesse público, na rápida solução do caso (§1º do art. 17-A do PL). O acordo de não persecução cível também poderá ser celebrado no curso de ação de improbidade (§2º do art. 17-A do PL). Por sua vez, o anteprojeto estabeleceu que as negociações para a celebração do acordo ocorrerão entre o Ministério Público e o investigado ou demandado e o seu defensor (§3º do art. 17-A do PL).

O acordo celebrado pelo órgão do Ministério Público com atribuição, no plano judicial ou extrajudicial, deve ser objeto de aprovação, no prazo de até 60 (sessenta) dias, pelo órgão competente para apreciar as promoções de arquivamento do inquérito civil (§4º do art. 17-A do PL) e, após tal providência, o acordo será encaminhado ao juízo competente para fins de homologação (§5º do art. 17-A do PL).

Deve-se notar que a redação proposta pela comissão de juristas, incorporada ao Projeto de Lei nº 10.887/2018 já mencionado, utilizou cláusulas específicas, que delimitam a discricionariedade do membro do Ministério Público ao celebrar o acordo na hipótese de improbidade administrativa. Essa limitação coaduna-se com a gravidade dos atos de improbidade administrativa, defendendo assim a proteção do bem jurídico tutelado pela norma.

Além do mais, conforme expresso na norma, a transação está condicionada ao advento de determinados resultados, especificamente o integral ressarcimento do dano, a reversão, à pessoa jurídica lesada, da vantagem indevida obtida, ainda que oriunda de agentes privados e o pagamento de multa civil (incs. I, II e III do art. 17-A do PL). Por fim, a exigência de que o acordo deva ser assinado pelo interessado e seu defensor também é fator que contribui para maior segurança jurídica.

Por fim, a possibilidade de celebração de acordo entre o Ministério Público e o cidadão envolvido não retirou o caráter repressivo da Lei de Improbidade Administrativa, tampouco significa o seu enfraquecimento. Comparativamente, a experiência da Controladoria-Geral da União[36] com a celebração dos acordos de leniência demonstra que, dos 7 acordos firmados com as empresas envolvidas:

> os valores a serem ressarcidos envolvem os pagamentos de multa, dano e enriquecimento ilícito. O retorno de recursos aos cofres públicos atingiu a marca de R$8,93 bilhões. Outros 20 acordos de leniência estão em andamento, com previsão de que pelo menos um deles sejam concluídos em breve.

Notas conclusivas

A Constituição Federal de 1988, ao mesmo tempo em que não exclui a possibilidade de imposição de sanções de natureza não criminais aos cidadãos, trouxe a necessidade de que o exercício do direito administrativo sancionador seja circunscrito aos limites do Estado Democrático de Direito.

A utilização de mecanismos consensuais no âmbito do direito administrativo sancionador não significa seja excluído o atributo da imperatividade dos atos administrativos. Ao contrário, importa dotar a autoridade pública de mais um instrumental para perseguir as necessidades do interesse público no caso em concreto, desde que assim agindo haja mais benefícios para a sociedade do que levar adiante a demanda até a uma solução definitiva transitada em julgado.

A experiência concreta tem demonstrado que o uso da consensualidade tem trazido resultados que atendem às necessidades do interesse público envolvido. Vimos que os dados disponibilizados pela Comissão de Valores Mobiliários, pelo Conselho Administrativo de Defesa Econômica e, ainda, pela Controladoria-Geral da União revelam que, à primeira vista, os mecanismos consensuais de solução de controvérsias têm trazido de volta ao erário expressivas quantias de recursos públicos.

Na seara da improbidade administrativa, a realização de acordos entre o Ministério Público e os cidadãos envolvidos deve levar em conta, sempre, a presença de interesse

---

[36] CGU. *Acordo de leniência*. Disponível em: https://www.cgu.gov.br/assuntos/responsabilizacao-de-empresas/lei-anticorrupcao/acordo-leniencia. Acesso em: 17 jun. 2019.

público e estritamente os requisitos estabelecidos por lei. O respeito à legalidade e às garantias constitucionais processuais possibilitará o controle do negócio jurídico processual não só pelo Poder Judiciário, mas também pela própria sociedade civil.

Nesse contexto, a proposta de reforma da Lei de Improbidade Administrativa seguiu um processo dialógico com a sociedade civil, bem como com as instituições envolvidas. Partiu da premissa de que os regramentos legais devem estar próximos à sociedade. O direito administrativo sancionador, na esteira do Estado Democrático de Direito, deve estar próximo às necessidades do interesse público e dos cidadãos. Nessa perspectiva, o regular exercício do poder de punir e de celebrar acordos com os cidadãos não é medida contrária à democracia.

Por fim, ao Poder Judiciário cabe o controle da legalidade, bem como da adequação ao Texto Constitucional das providências tomadas pelo ente público. A exata medida da proteção dos bens jurídicos protegidos pelas normas jurídicas – no caso, a probidade administrativa – é função institucional que decorre da própria garantia constitucional da inafastabilidade do Poder Judiciário. É preciso, então, que os agentes públicos estejam atentos às necessidades concretas do interesse público a fim de que suas escolhas sejam motivadas e consentâneas simultaneamente com os parâmetros da legalidade, impessoalidade, moralidade, publicidade e eficiência.

Referências

BINENBOJM, Gustavo. Da supremacia do interesse público ao dever de proporcionalidade: um novo paradigma para o direito administrativo. *Revista de Direito Administrativo*, Rio de Janeiro, v. 239, p. 1-32, jan. 2005.

GABARDO, Emerson; REZENDE, Maurício Correa de Moura. O conceito de interesse público no direito administrativo brasileiro. *Revista Brasileira de Estudos Políticos*, Belo Horizonte, n. 115, p. 267-318, jul./dez. 2017.

GARCIA, Emerson. A consensualidade no direito administrativo sancionador brasileiro: potencial de incidência no âmbito da Lei n. 8.429/92. *Revista Síntese: Direito Administrativo*, São Paulo, v. 12, n. 141, p. 542-595, set. 2017.

GUERRA, Sérgio; PALMA, Juliana Bonacorsi de. Art. 26 da LINDB – Novo regime jurídico de negociação com a Administração Pública. *Revista de Direito Administrativo*, Rio de Janeiro, p. 135-169, nov. 2018.

JUSTEN FILHO, Marçal. Conceito de interesse público e a personalização do direito administrativo. *Revista Trimestral de Direito Público*, São Paulo, n. 26, 1999.

JUSTEN FILHO, Marçal. *Curso de direito administrativo*. São Paulo: Revista dos Tribunais, 2018.

MOREIRA NETO, Diogo de Figueiredo. Novos institutos consensuais da ação administrativa. *Revista de Direito Administrativo*, Rio de Janeiro, v. 231, p. 129-156, jan. 2003.

MOREIRA NETO, Diogo de Figueiredo. O direito administrativo do século XXI: um instrumento de realização de democracia substantiva. *Revista de Direito Administrativo & Constitucional*, Belo Horizonte, ano 3, n. 11, p. 13-37, jan./mar. 2011.

MOREIRA, Egon Bockmann; PEREIRA, Paula Pessoa. Art. 30 da LINDB – O dever público de incrementar a segurança jurídica. *Revista de Direito Administrativo*, Rio de Janeiro, p. 243-274, nov. 2018.

OLIVEIRA, Ana Carolina Carlos de. *Direito de intervenção e direito administrativo sancionador*: o pensamento de Hassemer e o direito penal brasileiro. 2012. Dissertação (Mestrado em Direito Penal) – Faculdade de Direito, Universidade de São Paulo, São Paulo, 2012.

OSÓRIO, Fábio Medina. *Direito administrativo sancionador*. São Paulo: Thomson Reuters Brasil, 2019.

PALMA, Juliana Bonacorsi de. *Sanção e acordo na Administração Pública*. São Paulo: Malheiros, 2015.

Informação bibliográfica deste texto, conforme a NBR 6023:2018 da Associação Brasileira de Normas Técnicas (ABNT):

MARQUES, Mauro Luiz Campbell. Direito administrativo sancionador democrático e improbidade administrativa. *In*: MORAES, Alexandre de; MENDONÇA, André Luiz de Almeida (Coord.). *Democracia e sistema de justiça*: obra em homenagem aos 10 anos do Ministro Dias Toffoli no Supremo Tribunal Federal. Belo Horizonte: Fórum, 2020. p. 447-462. ISBN 978-85-450-0718-0.

O PARADOXO DAS CLÁUSULAS PÉTREAS: ENTRE A PROTEÇÃO DOS VALORES FUNDAMENTAIS DA SOCIEDADE E A EXCLUSÃO DA PARTICIPAÇÃO DAS GERAÇÕES FUTURAS NO JOGO DEMOCRÁTICO

OG FERNANDES

FREDERICO AUGUSTO LEOPOLDINO KOEHLER

RODRIGO FALCÃO DE OLIVEIRA ANDRADE

1 Introito

Este artigo tem o intuito de desenvolver reflexões críticas sobre a legitimidade das cláusulas pétreas[1][2] nos regimes democráticos.

Cláusulas pétreas, também conhecidas como limites materiais de cunho superior, no dizer de Bernardo Gonçalves Fernandes, são "normas que o Poder Constituinte Originário determina, por meio do texto constitucional, que, em razão de alguns elementos essenciais – ligados à identidade da Constituição – não podem ser abolidos (suprimidos da normatividade constitucional)".[3]

Não são em grande número, especialmente no Brasil, os estudos que apontam críticas ao instituto das cláusulas pétreas. Na verdade, a maioria dos doutrinadores limita-se, de maneira acrítica, a prestar-lhes homenagens. Tentaremos examinar a matéria

---

[1] Designadas por Pinto Ferreira de "limitações materiais ao poder de reforma"; por Edvaldo Brito, de "cerne imodificável"; por Karl Löwestein, de "disposições inatingíveis"; e por Jorge Miranda, de "limites materiais de revisão constitucional". Cf. PIMENTA, Paulo Roberto Lyrio. Cláusulas pétreas tributárias. *Revista Dialética de Direito Tributário*, n. 92, p. 40-46, maio 2003. p. 41; e TERRA, Eugênio Couto. A idade penal mínima como cláusula pétrea. *Jurisprudência Brasileira Criminal*, n. 46, p. 59-81. p. 65.

[2] Ainda sobre a expressão "cláusulas pétreas", Ronaldo Poletti assevera que "a denominação não poderia ser pior, porque ela enseja, pelo menos, um sentido pejorativo: a petrificação. Petrificar uma Constituição jurídica ou parte dela representa o absurdo do imobilismo. Além disso, uma geração não tem o direito de comprometer as gerações futuras com a imutabilidade" (POLETTI, Ronaldo Rebello de Britto. As cláusulas pétreas: as falsas e as verdadeiras. *Revista Jurídica Consulex*, Brasília, ano VII, n. 146, fev. 2003. p. 7).

[3] FERNANDES, Bernardo Gonçalves. *Curso de direito constitucional*. 10. ed. Salvador: JusPodivm, 2018. p. 135.

sob um ponto de vista diverso, perquirindo, em suma, acerca da própria existência das limitações materiais ao poder de reforma.

Para tanto, iniciaremos o trabalho por um breve histórico das cláusulas pétreas no direito estrangeiro. Após, averiguaremos as razões que comumente motivam a sua criação. Prosseguiremos com uma análise sobre o instituto no ordenamento jurídico brasileiro. Mais adiante, destacaremos os pontos positivos e negativos das limitações materiais ao poder de reforma. Abordaremos então a teoria da dupla revisão e o paradoxo das cláusulas pétreas. Por fim, partiremos para o questionamento acerca da legitimidade dessa figura jurídica no regime democrático e sobre o papel do Supremo Tribunal Federal como intérprete central das cláusulas pétreas e definidor do seu sentido e alcance em cada caso concreto, apontando as conclusões que tivermos atingido.

2 Breve referência às cláusulas pétreas no direito estrangeiro

Alexandre de Moraes informa o seguinte sobre o surgimento das cláusulas pétreas:[4]

> A previsão de matéria constitucional imutável e, conseqüentemente, não sujeita ao exercício do Poder Constituinte Reformador, surgiu com a Constituição norte-americana de 1787, que previu a impossibilidade de alteração na representação paritária dos Estados-membros no Senado Federal.

Atualmente, várias Constituições consagram o princípio doutrinário da limitação material do poder de revisão. Assim, expressamente o adotam a Constituição francesa de 1958 (art. 89, alínea 5), a Constituição italiana de 1947 (art. 139), a Lei Fundamental da República Alemã de 1949 (art. 79, alínea 3), a Constituição da República portuguesa de 1976 (art. 290)[5] e a Constituição brasileira de 1988 (art. 60, §4º),[6] entre muitas outras.[7]

Um aspecto importante que diferencia a nossa Carta Magna da maioria das normas fundamentais dos países estrangeiros é que a Constituição brasileira é extremamente analítica e detalhista. Em uma constituição mais sintética, como a dos EUA, o campo de atuação do Poder Judiciário na criação do direito é mais amplo, pois há diversas áreas não normatizadas expressamente no texto constitucional. Em constituições analíticas, o legislador tentou prever e regular a realidade com muito mais detalhes, o que, ao lado das cláusulas pétreas, tenciona trazer mais amarras à atuação do Poder Judiciário na interpretação da lei fundamental.

A situação é potencializada quando se alia a uma grande amplitude das cláusulas pétreas, tal como ocorre em nossa Constituição Federal. Comparando as nossas cláusulas

---

[4]   MORAES, Alexandre de. *Constituição do Brasil interpretada e legislação constitucional*. 6. ed. São Paulo: Atlas, 2006. p. 1152.

[5]   A LC nº 1/89 transferiu os limites materiais de revisão para o art. 290 da Constituição portuguesa, estipulando o rol nas alíneas "a" até "o". Logo, a Constituição de Portugal é um exemplo de norma fundamental com amplo rol de cláusulas pétreas.

[6]   Cf. NOGUEIRA, Cláudia de Góes. A impossibilidade de as cláusulas pétreas vincularem as gerações futuras. *Revista de Informação Legislativa*, Brasília, ano 42, n. 166, p. 79-93, abr./jun. 2005. p. 84.

[7]   Para um interessante estudo sobre a disseminação das cláusulas pétreas dos EUA para a Europa, *vide*: HEIN, Michael. Constitutional norms for all time? General entrenchment clauses in the history of European constitutionalism. *European Journal of Law Reform*, issue 3, p. 226-242, 2019.

pétreas com a da Constituição americana, por exemplo, percebe-se claramente que a limitação imposta ao Poder Constituinte Reformador americano foi bem mais comedida, restringindo-se à proibição de alteração na representação paritária dos estados-membros no Senado Federal, como visto acima.

O que tem se percebido, no entanto, é que o Poder Judiciário, máxime o Supremo Tribunal Federal, desponta com enorme proeminência no sistema jurídico nacional, ao dar a palavra final sobre se determinada norma impugnada fere ou não o conteúdo imutável da Carta Magna.

3 A razão de ser das cláusulas de imutabilidade

Na verdade, a maior razão para a inclusão de cláusulas pétreas nas constituições é o receio (consciente ou inconsciente) da ingerência do Poder Executivo nos outros poderes. Por este motivo, as cláusulas de imutabilidade são mais comuns em países recém-saídos de ditaduras e tentam se resguardar de um retrocesso por meio da proibição de mudança em certos pontos da Carta Magna. A título exemplificativo, confira-se a Lei Fundamental da República Federal da Alemanha, em seu art. 79, alínea 3, c/c o art. 1º, *in verbis*:[8]

> Artigo 79. [Revisão da lei fundamental].
>
> (3) É inadmissível qualquer revisão desta Lei Fundamental que afete a divisão da Federação em Estados-membros ou a participação, por princípio, dos Estados-membros na legislação ou os princípios consagrados nos artigos 1º e 20.
>
> Artigo 1º. [Proteção da dignidade da pessoa humana].
>
> (1) A dignidade da pessoa humana é inviolável. Todas as autoridades públicas têm o dever de respeitá-la e protegê-la.
>
> (2) O povo alemão reconhece, por isso, os direitos invioláveis e inalienáveis da pessoa humana como fundamentos de qualquer comunidade humana, da paz e da justiça no mundo.
>
> (3) Os direitos fundamentais a seguir enunciados vinculam, como direito diretamente aplicável, os Poderes Legislativo, Executivo e Judiciário. (Tradução nossa)

Observa-se claramente que a Constituição alemã considerou a dignidade da pessoa humana e o regime federativo como cláusulas pétreas, justamente por estes terem sido os princípios mais atingidos durante o regime nazista.

Acerca da necessidade de estipulação de limites materiais ao poder de revisão, trazemos à colação o ensinamento de Márcio Iorio Aranha:[9]

> [...] fala-se de um conteúdo objetivo, que deriva da constatação de que uma constituição, embora historicamente surgida da necessidade de estruturação estatal para o fim de limitação e de preservação do poder político, passou a refletir, com o tempo, valores básicos a serem protegidos até mesmo contra o querer democrático.

---

[8] DEUTSCHER BUNDESTAG. *Grundgesetz für die Bundesrepublik Deutschland*. Disponível em: http://www.gesetze-im-internet.de/gg/GG.pdf. Acesso em: 1º jul. 2019.

[9] ARANHA, Márcio Iorio. Conteúdo essencial das cláusulas pétreas. *Revista Notícia do Direito Brasileiro*, Brasília, n. 7, p. 389-402.

No tocante a essa questão, Kirchhof afirma:[10]

> Enquanto o agravamento do processo revisor pretende proteger o texto constitucional contra a política constitucional precipitada, os limites materiais buscam proteger a constituição contra o absolutismo da maioria reformadora. Por isso mesmo a técnica das "cláusulas pétreas" já foi qualificada de "rigidez de segundo grau".

Por outro lado, sabe-se que nem todos os países possuem cláusulas inatingíveis em suas constituições. A Inglaterra, por exemplo, não tem sequer Constituição escrita (e muito menos cláusulas pétreas), e a sociedade britânica vive há séculos sem qualquer problema atribuível a essa ausência. Porém, é fato assente que das democracias mais antigas hoje existentes, apenas Inglaterra, Nova Zelândia, Israel e Islândia dispensam uma Constituição rígida, que estabeleça limites às decisões tomadas pela maioria parlamentar. Percebe-se, assim, que se trata de uma quantidade minoritária de países na atual quadra histórica.

Nessas democracias referidas, o tecido social é firme e homogêneo, e o consenso sobre as regras de sociabilidade é estável, o que torna dispensáveis impedimentos constitucionais visando a restringir a vontade da maioria. O Poder Legislativo aí tudo pode, não havendo normas constitucionais imutáveis que bloqueiem as resoluções da maioria dos representantes do povo. Entretanto, nos países onde os embates legiferantes entre maiorias e minorias são muito intensos ou onde existam resquícios de tradições autoritárias, como é o caso do Brasil, a rigidez constitucional parece essencial para preservar direitos e garantir a observância das regras da democracia.

4 As cláusulas pétreas no Brasil

Primeiramente, faz-se mister traçarmos um pequeno resumo da evolução histórica do assunto nas diversas constituições brasileiras.

A Constituição de 1824 não previa cláusulas pétreas. Contudo, estipulava no art. 116 que "O Senhor D. Pedro I, por Unanime Acclamação dos Povos, actual Imperador Constittucional, e Defensor Perpetuo, Imperará sempre no Brazil". Portanto, o Reinado de Dom Pedro I pode ser considerado uma cláusula pétrea da Carta de 1824. No mesmo sentido, o art. 115 dispunha que "Os Palacios, e Terrenos Nacionaes, possuidos actualmente pelo Senhor D. Pedro I, ficarão sempre pertencendo a Seus Successores; e a Nação cuidará nas acquisições, e construcções, que julgar convenientes para a decencia, e recreio do Imperador, e sua Familia". Ou seja, também esse dispositivo pode ser considerado uma cláusula pétrea em nossa Constituição Imperial.

Na primeira Constituição republicana, de 1891, surgem as primeiras cláusulas pétreas explícitas, quais sejam, o regime republicano, a forma federativa de Estado e a igualdade de representação dos estados no Senado (art. 90, §4º). Situação similar persistiu na Constituição de 1934 (art. 178, §5º), mas sem referência à igualdade de representação dos estados no Senado. A Constituição de 1937 aparece como a única em nossa história

---

[10] *Apud* COSTA E SILVA, Gustavo Just da. Permanência e transformação no direito constitucional brasileiro: algumas bases do problema. *Revista de Informação Legislativa*, Brasília, ano 38, n. 150, p. 271-287, abr./jun. 2001. p. 278.

que não previu cláusulas pétreas. A Carta Magna de 1946, por sua vez, retomou a tradição das duas primeiras Constituições republicanas e também prescreveu que não seriam admitidos como objeto de deliberação projetos tendentes a abolir a Federação ou a República, o que foi mantido com praticamente a mesma redação nas Constituições de 1967 e 1969.[11]

Na Constituição Federal de 1988, as cláusulas pétreas estão previstas no art. 60, §4º, e são a forma federativa de Estado, o voto direto, secreto, universal e periódico, a separação dos poderes e os direitos e garantias individuais, *ad litteram*:

> Art. 60. A Constituição poderá ser emendada mediante proposta:
>
> §4º Não será objeto de deliberação a proposta de emenda tendente a abolir:
>
> I - a forma federativa de Estado;
>
> II - o voto direto, secreto, universal e periódico;
>
> III - a separação dos Poderes;
>
> IV - os direitos e garantias individuais.

O núcleo de cláusulas pétreas foi consideravelmente alargado pela Constituição de 1988, se comparado com as Cartas anteriores, com exceção da forma republicana, que deixou de ser prevista como cláusula pétrea e foi submetida a um plebiscito, tendo o povo decidido pela sua manutenção. Atribui-se tal fato a fatores históricos, ideológicos e também à influência decisiva de três grandes constitucionalistas portugueses, que visitaram o país durante os trabalhos constituintes, trazendo a experiência do processo constituinte português, a saber: José Joaquim Gomes Canotilho, Jorge Miranda e Marcelo Rebelo de Souza.[12]

5 Aspectos positivos e negativos das limitações materiais ao poder de reforma

As cláusulas pétreas representam, sob um ponto de vista positivo, segurança jurídica e garantia de que determinadas matérias estão acima da política cotidiana. Nesse caminho segue a doutrina de Cláudia de Góes Nogueira:[13]

> Trata-se de garantias ao próprio Estado Democrático de Direito, vez que pretendem assegurar a identidade ideológica da Constituição, evitando a violação à sua integridade e a desnaturação de seus preceitos fundamentais. Protegem, em verdade, seu núcleo intangível.

Por outro lado, um ponto negativo é o déficit democrático, porque as limitações ao poder de reforma impedem as mudanças e evoluções desejadas pelas gerações futuras.

---

[11] Para o histórico completo das cláusulas pétreas nas Constituições do Brasil, *vide*: CUNHA FILHO, Francisco Humberto. Cláusulas pétreas como garantias dos direitos fundamentais. *Revista da Ordem dos Advogados do Brasil*, Brasília, ano XXXII, n. 74, p. 23-35, jan./jun. 2002. p. 27-31.

[12] Cf. NOGUEIRA, Cláudia de Góes. A impossibilidade de as cláusulas pétreas vincularem as gerações futuras. *Revista de Informação Legislativa*, Brasília, ano 42, n. 166, p. 79-93, abr./jun. 2005. p. 84.

[13] NOGUEIRA, Cláudia de Góes. A impossibilidade de as cláusulas pétreas vincularem as gerações futuras. *Revista de Informação Legislativa*, Brasília, ano 42, n. 166, p. 79-93, abr./jun. 2005. p. 83.

Com efeito, as alterações em questões regidas por cláusulas pétreas só são possíveis com a promulgação de uma nova Constituição, o que exige, via de regra, a tomada de poder por meio de algum tipo de processo revolucionário, geralmente caracterizado por um ciclo de violência e convulsão social.[14]

Em virtude disso, a decisão de tornar imodificável uma norma constitucional deve ser extremamente amadurecida, pois equivale a congelar *ad eternum* (enquanto viger a Lei Fundamental) a discussão política sobre aquele tema.[15] O conteúdo imutável deveria ser somente o fundamental para a própria existência da comunidade sob o pálio de um regime democrático.[16]

Demonstrando a tensão latente entre os aspectos positivos e negativos das cláusulas pétreas, veja-se a lição de José Guilherme Carneiro Queiroz, tratando sobre a Constituição de 1988:[17]

> Entretanto, como é notório, a Constituição foi construída em um período de retomada do regime democrático, preocupando-se, em profundidade, por defender o indivíduo do Estado (caráter analítico). Tal meritória busca acabou por trazer, na seara analisada, a inserção de um vasto grupo de direitos individuais (petrificados) que podem esbarrar na pretensão de consolidação da democracia brasileira. Esta escolha do legislador constituinte originário, apesar de extremamente bem intencionada é, sem sombras para discussão, pretensiosa (Vital Moreira), podendo acarretar prejuízo para a própria sociedade.

No mesmo caminho, transcrevo o ensinamento de Ingo Wolfgang Sarlet:[18]

> A existência de limites materiais justifica-se, portanto, em face da necessidade de preservar as decisões fundamentais do Constituinte (ou aquilo que Rawls designou de elementos constitucionais essenciais), evitando que uma reforma ampla e ilimitada possa desembocar – consoante já lembrado na parte introdutória – na destruição da ordem constitucional, de tal sorte que por detrás da previsão destes limites materiais se encontra a tensão dialética e dinâmica que caracteriza a relação entre a necessidade de preservação da Constituição e os reclamos no sentido de sua alteração.

Interessante a visão de Stephan Kirste sobre o tema. O indigitado autor aborda o problema da legitimidade da atitude de uma maioria que, formada em determinado instante da história de um país para elaborar uma nova Constituição, submete as gerações futuras, *ad infinitum*, a uma norma criada sob circunstâncias históricas, sociais e culturais totalmente diversas das atuais. Nas palavras do referido jurista:[19]

---

[14] Cf. PEDRA, Adriano Sant'Ana. Reflexões sobre a teoria das cláusulas pétreas. *Revista de Informação Legislativa*, Brasília, ano 43, n. 172, p. 135-148, out./dez. 2006. p. 145-146.

[15] Indispensável a leitura do artigo de Richard Albert sobre as cláusulas pétreas e seu antagonismo com o princípio democrático: ALBERT, Richard. Constitutional Handcuffs. *Arizona State Law Journal*, v. 42, n. 3, p. 663-716, Fall 2010.

[16] SANTOS, Gustavo Ferreira. Constituição e Democracia: reflexões sobre permanência e mudança da decisão constitucional. *Revista da Esmape*, v. 10, n. 22, p. 117-135, jul./dez. 2005. p. 132.

[17] QUEIROZ, José Guilherme Carneiro. A interpretação constitucional como adaptação histórica do conteúdo normativo da Constituição frente às cláusulas pétreas. *Revista de Direito Constitucional e Internacional*, ano 13, n. 52, p. 182-196, jul./set. 2005. p. 194.

[18] SARLET, Ingo Wolfgang. Os direitos fundamentais sociais como "cláusulas pétreas". *Revista Interesse Público*, n. 17, p. 56-74, 2003. p. 60.

[19] KIRSTE, Stephan. Constituição como início do direito positivo: a estrutura temporal das constituições. *Anuário dos Cursos de Pós-Graduação em Direito*, Recife, n. 13, p. 111-165, 2003. p. 116.

As normas controlam o problema da incerteza do futuro na medida em que contêm regulamentações vinculantes [*rectius: vinculadoras*] que não podem ser modificadas por meio dos atos que têm por objeto. O passado, isto é, a entrada em vigor das normas, transforma-se na perspectiva temporal que determina o agir presente. Friedrich Nietzsche chamou essa função um "aval do futuro", sua pré-ordenação e sua antecipação. O ser humano é tornado um "animal" que "pode prometer" e é, assim, ao mesmo tempo impedido de esquecer e de autodeterminar-se no presente: "O ser humano tornou-se realmente previsível com a ajuda da moralidade dos costumes e das camisas-de-força sociais".

Em um mundo que se modifica rapidamente, essas pré-decisões constitucionais (*constitucional pre-commitments*) expressam um absurdo gnoseológico, mas deontologicamente são plenamente justificáveis, desempenhando as normas nada além de uma função no contexto da "colonização do futuro", da garantia atual em contraposição à sua imprevisibilidade.[20] Na verdade, nota-se que o autor está se referindo às normas constitucionais em geral, mas o raciocínio é aplicável, com maior razão, às cláusulas pétreas.

Com o tempo, entretanto, as próprias normas são criticadas e se tornam objeto dos conflitos. Nessa perspectiva, é decisivo submeter os critérios de modificações das normas também a normas, que regulam a competência para essas modificações e seu procedimento (são as "regras secundárias" de H. L. A. Hart em um sentido mais amplo).[21] Exemplo disso são as emendas à Constituição. Assim se viabiliza a possibilidade de participação democrática dos indivíduos que não criaram a Lei Fundamental. Todavia, a possibilidade de mudança por meio da iniciativa popular fica impedida na hipótese das cláusulas pétreas, uma vez que apenas a Corte Constitucional poderá delimitar com força definitiva o conteúdo destas.

6 A teoria da dupla revisão

Alguns doutrinadores tentaram resolver o problema das limitações materiais ao poder de reforma por meio da elaboração da teoria da dupla revisão. Entre os que adotaram essa teoria, encontram-se juristas de escol, como Jorge Miranda, Manoel Gonçalves Ferreira Filho, Burdeau e Vedel. Eles defendem que as cláusulas pétreas podem ser modificadas ou abolidas, uma vez que seria absurdo admitir-se a imutabilidade eterna de uma norma.

Entendem os mencionados juristas que o sentido das cláusulas de imutabilidade é apenas tornar mais rígida a possibilidade de mudança. Elas funcionariam como um dispositivo de dupla proteção, isto é, para modificar as cláusulas pétreas seria preciso, primeiro, revogar a própria cláusula pétrea, para só, então, alterar as disposições sobre a matéria em questão.

Para ilustrar o entendimento dos autores que adotam a teoria da dupla revisão, trazemos à colação a seguinte lição de Manoel Gonçalves Ferreira Filho:[22]

---

[20] KIRSTE, Stephan. Constituição como início do direito positivo: a estrutura temporal das constituições. *Anuário dos Cursos de Pós-Graduação em Direito*, Recife, n. 13, p. 111-165, 2003. p. 117.

[21] KIRSTE, Stephan. Constituição como início do direito positivo: a estrutura temporal das constituições. *Anuário dos Cursos de Pós-Graduação em Direito*, Recife, n. 13, p. 111-165, 2003. p. 117-118.

[22] FERREIRA FILHO, Manoel Gonçalves. Significação e alcance das "cláusulas pétreas". *Cadernos de Direito Constitucional e Ciência Política*, São Paulo, ano 3, n. 13, p. 5-10, out./dez. 1995. p. 8.

Serão, todavia, intangíveis as *cláusulas pétreas*? Claro está que as matérias que elas protegem são imodificáveis, enquanto elas vigorarem. Mas elas próprias devem ser alteradas, revogadas? À luz do ensinamento de todo um rol de eminentíssimos juristas [refere-se o autor a Duguit (*Traité de Droit Constitutionnel*, vol. IV, p. 540), Burdeau (*Traité de Science Politique*, vol. III, p. 247 e ss.), Vedel (*Manuel élementaire de droit constitutionnel*, p. 117), e Jorge Miranda], elas podem ser modificadas ou abolidas. Para estes, sendo absurdo que se proíba a mudança de normas da Constituição de acordo com o direito, forçando para alterá-las o recurso à revolução, o significado real e profundo da proibição não é senão um agravamento da rigidez em seu favor. Sim, porque enquanto todas as regras da Constituição – exceto as incluídas no núcleo fundamental – seriam protegidas pela rigidez simples, isto é, somente seriam modificadas de acordo com o procedimento que a Constituição determina para a revisão; as matérias abrangidas pelas *cláusulas pétreas* seriam *duplamente* protegidas. Para modificá-las, seria preciso, primeiro, revogar a *cláusula pétrea*, depois, segundo, alterar as disposições sobre a matéria em questão. É a tese da dupla revisão que, com o brilho habitual, defende Jorge Miranda. (Grifos no original)

Relevante citar-se, ainda, o entendimento de Paolo Biscaretti di Rufia:[23]

A segunda citação é de Paolo Biscaretti di Rufia, que admite a remoção do art. 139 da Constituição italiana, segundo a qual "a forma republicana não pode ser objeto de reforma constitucional". Ao mestre parece que a solução mais correta ("ainda que fortemente afastada, sobretudo por motivos políticos") seria primeiro afastar a norma proibitiva ("ab-rogação preventiva do mesmo artigo que tem, evidentemente, a mesma eficácia de todos os demais artigos da Constituição") e posteriormente propor a reforma constitucional.

Mas essa teoria é rechaçada pela maioria da doutrina, sob pena de ruir por completo o próprio sentido da existência do instituto das cláusulas pétreas. Exemplo lapidar da corrente majoritária, à qual nos filiamos, é o Professor Canotilho, segundo o qual:[24]

Através dos limites materiais da revisão garantem-se contra a revisão constitucional os princípios fundamentais da Constituição, que precisamente por isso se transformam no seu núcleo essencial, ou seja, aquele conjunto de princípios cuja permanência se torna necessária para a própria identidade constitucional, e cuja alteração significaria, não uma alteração da lei fundamental, mas sim a substituição de uma Constituição por outra.

Além do mais, o principal argumento dos que negam a teoria da dupla revisão fulcra-se na derivação do poder revisional, poder constituído (e não constituinte) por excelência, e sua subordinação ao regramento superior que lhe outorga competência. Nesses termos, ab-rogando-se tais limites, estar-se-ia ab-rogando o fundamento da própria competência revisora.[25]

---

[23] *Apud* CERQUEIRA, Marcello. *Controle do Judiciário*: doutrina e controvérsia. A Constituição – Controles e controle externo do Poder Judiciário. Rio de Janeiro: Revan, 1995. p. 137-138.

[24] *Apud* CERQUEIRA, Marcello. *Controle do Judiciário*: doutrina e controvérsia. A Constituição – Controles e controle externo do Poder Judiciário. Rio de Janeiro: Revan, 1995. p. 138-139.

[25] ROCHA, Maria Elizabeth Guimarães Teixeira. O controle de constitucionalidade e o exercício do poder reformador no Brasil. *Revista Latino-Americana de Estudos Constitucionais*, Belo Horizonte, n. 3, p. 351-371, jan./jun. 2004. p. 356-357.

Portanto, as normas constitucionais que preveem as cláusulas pétreas funcionam como limite exterior e superior ao poder de revisão, não podendo ser afastadas por este último.[26]

7 O paradoxo das cláusulas pétreas

Abordaremos, no presente tópico, o que se pode designar como o paradoxo das cláusulas pétreas. Gilmar Mendes, lecionando sobre o escopo das limitações ao poder de revisão, afirma o seguinte:[27]

> tais cláusulas de garantia (*Ewigkeitsgarantie*) traduzem, em verdade, um esforço do constituinte para assegurar a integridade da Constituição, obstando a que eventuais reformas provoquem a destruição, o enfraquecimento, ou impliquem profunda mudança de identidade do *telos* constitucional. É que, como ensina Hesse, a Constituição contribui para a continuidade da ordem jurídica fundamental, na medida em que impede a efetivação de um suicídio do Estado de Direito democrático sob a forma de legalidade.

Entretanto, na medida em que as cláusulas pétreas visam a engessar o comportamento político das gerações vindouras, pela sua imutabilidade, e considerando que os cidadãos poderão, em determinado momento futuro, não mais se conformar aos valores expressos em normas anteriores, esse fato tende a conduzir à ruptura constitucional, haja vista que tais cláusulas só poderão ser extintas, modificadas ou substituídas por meio de uma nova Constituição. Logo, se propelem à ruptura, as cláusulas pétreas muitas vezes significam um obstáculo natural e conceitual à perenidade constitucional por elas próprias perseguida. Acerca do tema, afirma Paulo Bonavides:[28]

> A pretensão à imutabilidade foi o sonho de alguns iluministas do século XVIII. Cegos de confiança no poder da razão, queriam eles a lei como produto lógico e absoluto, válido para todas as sociedades, atualizado para todas as gerações. Dessa fanática esperança comungou um membro da Convenção, conforme nos lembra notável publicista francês, pedindo durante os debates do Ano III a pena de morte para todo aquele que ousasse propor a reforma da Constituição. [...]. A imutabilidade constitucional, tese absurda, colide com a vida, que é mudança, movimento, renovação, progresso, rotatividade. Adotá-la equivaleria a cerrar todos os caminhos à reforma pacífica do sistema político, entregando à revolução e ao golpe de estado a solução das crises. A força e a violência, tomadas assim por árbitro das refregas constitucionais, fariam cedo o descrédito da lei fundamental.

Novamente trazemos à baila as palavras de Gilmar Mendes:[29]

> Aí reside o grande desafio da jurisdição constitucional: não permitir a eliminação do núcleo essencial da Constituição, mediante decisão ou gradual processo de erosão, nem

---

[26] CANOTILHO, J. J. Gomes; MOREIRA, Vital. *Constituição da República portuguesa anotada*: artigos 108º a 296º. 4. ed. Coimbra: Coimbra Editora, 2014. v. II. p. 1.012-1.013.

[27] MENDES, Gilmar Ferreira. *Controle de constitucionalidade*: aspectos jurídicos e políticos. São Paulo: Saraiva, 1990. p. 95.

[28] BONAVIDES, Paulo. *Curso de direito constitucional*. 7. ed. São Paulo: Malheiros, 1998. p. 173.

[29] MENDES, Gilmar Ferreira. *Moreira Alves e o controle de constitucionalidade no Brasil*. São Paulo: Celso Bastos, 2000. p. 125.

ensejar que uma interpretação ortodoxa acabe por colocar a ruptura como alternativa à impossibilidade de um desenvolvimento constitucional legítimo.

O argentino Jorge Reinaldo Vanossi está entre os juristas que repudiam as cláusulas pétreas, por entendê-las inúteis e até contraproducentes. O referido jurista elenca uma série de argumentos contrários a elas, a saber:[30]

a) a função essencial do poder reformador é a de evitar o surgimento de um poder constituinte revolucionário e, paradoxalmente, as cláusulas pétreas fazem desaparecer essa função; b) elas não conseguem se manter além dos tempos normais e fracassam nos tempos de crise, sendo incapazes de superar as eventualidades críticas; c) trata de um "renascimento" do direito natural perante o positivismo jurídico; d) antes de ser um problema jurídico, é uma questão de crença, a qual não deve servir de fundamento para obstaculizar os reformadores constituintes futuros. Cada geração deve ser artífice de seu próprio destino.

O renomado Professor Jorge Miranda, catedrático da Universidade Católica de Portugal e da Universidade de Lisboa, chegou a propor uma revisão periódica das cláusulas pétreas na Constituição portuguesa, e em qualquer outra Constituição que as tenha, com vistas a atenuar o multicitado paradoxo.[31]

Importante frisar o valor integrativo das revisões constitucionais periódicas, que possibilitam o seu *aggiornamento*, mantendo-se a unidade do documento constitucional, sem descaracterizá-lo.[32]

De fato, há que se buscar uma solução conciliatória quanto ao problema em apreço, pois, se é preciso conferir um mínimo de estabilidade às constituições, é igualmente necessário não aprisionar o pensamento político das gerações que se seguem à feitura de uma Constituição. Nesse ponto, a revisão periódica poderia constituir-se em meio efetivo de manifestação de soberania popular, e uma homenagem à observância e reafirmação do princípio democrático.

8 Análise da legitimidade das cláusulas de imutabilidade no regime democrático

Em face da situação adrede relatada, impõe-se um questionamento inevitável: justifica-se, dentro de uma perspectiva democrática, que uma decisão política tomada no passado – às vezes muito distante – possa bloquear perenemente o pensamento dos indivíduos por intermédio das cláusulas pétreas? Ou, no dizer do professor Vital Moreira:[33]

---

[30] VANOSSI, Jorge Reinaldo. *Teoría constitucional*. Buenos Aires: Depalma, 1975. t. I. p. 188-190.

[31] *Apud* NOGUEIRA, Cláudia de Góes. A impossibilidade de as cláusulas pétreas vincularem as gerações futuras. *Revista de Informação Legislativa*, Brasília, ano 42, n. 166, p. 79-93, abr./jun. 2005. p. 89.

[32] Nessa linha, o entendimento de Canotilho e Vital Moreira, ao comentarem o art. 288 da Carta Portuguesa (CANOTILHO, J. J. Gomes; MOREIRA, Vital. *Constituição da República portuguesa anotada*: artigos 108º a 296º. 4. ed. Coimbra: Coimbra Editora, 2014. v. II. p. 1.010-1.019).

[33] MOREIRA, Vital. Constituição e democracia na experiência portuguesa. *In*: MAUÉS, Antonio G. Moreira (Org.). *Constituição e democracia*. São Paulo: Max Limonad, 2001. p. 266.

E é fácil ver que neste ponto se liga uma das mais problemáticas das questões que o princípio democrático coloca ao constitucionalismo, nomeadamente a saber em que medida é que o poder constituinte pode constranger *ad eternum* a vontade democrática para o futuro.

Esmiuçando a questão, trago o ensinamento de Raúl Gustavo Ferreyra:[34]

El ideal de la autodeterminación requiere que el orden social y jurídico sea creado por decisión de los ciudadanos, y que conserve su fuerza obligatoria mientras disfruta de la aprobación de ellos. La transformación del principio de autodeterminación política en la regla de la mayoría es otro paso singular en la metamorfosis de la idea de libertad. [...].

Así definida, la democracia es una forma para la producción del ordenamiento. Puede leerse en Kelsen que la participación en el gobierno, es decir, en la creación y aplicación de las normas generales que constituyen la comunidad, es la característica esencial de la democracia. Por consiguiente, la democracia es esencialmente un gobierno del pueblo, donde el principal valor que la democracia intenta realizar es el de igual libertad política. El procedimiento democrático, en tanto predicable del procedimiento por intermedio del cual se genera el orden jurídico, se funda en la igual libertad política, cuya realización racional exige optar por el principio de la mayoría.

Registre-se que a previsão de procedimentos mais complexos para alteração das normas constitucionais (quórum qualificado e votação em dois turnos) não compromete e, a nosso ver, até favorece, a manutenção do regime democrático. Dessa forma, torna-se mais difícil que grupos organizados formem maiorias eventuais e precárias a fim de desfazer decisões fundamentais tomadas pela sociedade em assembleia constituinte. Isso não pode servir de base, entretanto, para a instituição de cláusula de proibição de qualquer discussão política sobre parte da Constituição, especialmente se esse procedimento é empregado de maneira excessivamente ampla. Em suma, não existe incompatibilidade entre rigidez e democracia, mas entre vedação de discussão e democracia.[35]

Pode-se ir além: considerando-se a amplitude redacional das cláusulas pétreas previstas na Constituição Federal de 1988 (especialmente, o art. 60, §4º, inc. IV: "os direitos e garantias individuais"), em que medida a função de custodiar as gerações futuras deve ser entregue a um órgão sem legitimidade democrática direta, como o Supremo Tribunal Federal? É nessas perguntas que vamos nos concentrar.

Ao impor as indigitadas limitações às gerações futuras, o constituinte demons-trou um alto grau de desconfiança no sistema político que estava sendo produzido. Isso porque a existência e vigência de cláusulas pétreas com tamanha amplitude podem constituir obstáculo deliberado à livre manifestação da soberania popular. Além disso, as cláusulas de imutabilidade geram a impossibilidade de modificação da Carta Magna para acompanhar as alterações constantes do mundo globalizado, cuja evolução se dá em uma velocidade sem precedentes. Miguel Reale, a propósito, cunhou a expressão

---

[34] FERREYRA, Raúl Gustavo. Poder, democracia y configuración constitucional. *Revista Mexicana de Derecho Constitucional*, n. 11, jul./dez. 2004. Disponível em: http://www.juridicas.unam.mx/publica/rev/cconst/cont/11/ard/ard3.htm#N*. Acesso em: 18 jul. 2019.

[35] SANTOS, Gustavo Ferreira. Constituição e Democracia: reflexões sobre permanência e mudança da decisão constitucional. *Revista da Esmape*, v. 10, n. 22, p. 117-135, jul./dez. 2005. p. 132-133.

autoritarismo normativo para designar a ausência de legitimidade na estipulação de cláusulas pétreas.[36] Nesse sentido, colhe-se a lição de Ives Gandra da Silva Martins:[37]

> Cada vez mais acredito que a teoria do direito constitucional está em mudança e esta mudança implicará a desvalorização das normas imodificáveis de amplo espectro, em prol de outras estruturalmente imodificáveis por inerentes à sobrevivência do homem em sociedade. E, após longo desprestígio perante os sábios do direito constitucional, aproximamo-nos do ressurgimento das constituições sintéticas permanentemente adaptáveis às conjunturas, por força de seu conteúdo nitidamente principiológico. Portugal e Brasil não ficarão à margem do movimento, a meu ver, irreversível.

9 O papel do STF na delimitação das cláusulas pétreas

A delimitação do alcance e do sentido das cláusulas pétreas se dá por meio de sua interpretação, como bem esclarece José Joaquim Gomes Canotilho:[38]

> Realizar a Constituição significa tornar juridicamente eficazes as normas constitucionais. Qualquer constituição só é juridicamente eficaz (pretensão de eficácia) através da sua realização. Esta realização é uma tarefa de todos os órgãos constitucionais que, na actividade legiferante, administrativa e judicial, aplicam as normas da constituição. Nesta "tarefa realizadora" participam ainda todos os cidadãos – "pluralismo de intérpretes" – que fundamentam na constituição, de forma direta e imediata, os seus direitos e deveres.

O defensor das cláusulas pétreas não é outro que não o guardião da Constituição Federal, ou seja, o Supremo Tribunal Federal. Então, a Excelsa Corte é quem define o conteúdo das cláusulas pétreas e os seus alcance, sentido e limites. Nessa toada, observe-se a lição de José Eduardo Nobre Matta:[39]

> De fato, mais de uma vez foi intentado o controle de constitucionalidade de emenda constitucional, sob o argumento de contrariedade de cláusulas pétreas, já sob a égide da Carta de 1988. De seu turno, o Supremo Tribunal Federal manifestou-se reiteradamente ressalvando para si tal mister.

No Brasil, há o risco de o Supremo Tribunal Federal atuar como uma constituinte permanente – na feliz expressão cunhada por Francisco Campos na década de 50 –, sem que tenha legitimidade direta advinda do povo para tanto. Acentuando o perigo dessa proeminência do Poder Judiciário como último intérprete da Carta Magna, e da crescente judicialização da política, Marcelo Casseb Continentino assevera:[40]

---

[36] MOREIRA NETO, Diogo de Figueiredo. A Reforma Constitucional e as cláusulas pétreas. *Revista Think*, ano II, n. 6, p. 8-11, jan. 1999. p. 8.

[37] MARTINS, Ives Gandra da Silva. Cláusulas pétreas. *In*: MIRANDA, Jorge (Org.). *Perspectivas constitucionais nos 20 anos da Constituição de 1976*. Coimbra: Coimbra Editora, 1996. p. 166.

[38] CANOTILHO, J. J. Gomes. *Direito constitucional e teoria da Constituição*. 4. ed. Coimbra: Almedina, 2000. p. 1164.

[39] MATTA, José Eduardo Nobre. A emenda do Judiciário – "Quem garantirá as garantias?". *Revista da EMERJ*, Rio de Janeiro, v. 3, n. 10, p. 189-212, 2000. p. 201.

[40] CONTINENTINO, Marcelo Casseb. *Revisitando os fundamentos do controle de constitucionalidade*: uma crítica à prática judicial brasileira. Porto Alegre: Sergio Antonio Fabris Editor, 2008. p. 59-60.

Pois se ela [a judicialização da política] significar a delegação da vontade do soberano a um corpo especializado de intérpretes da Constituição, essa "substituição do cidadão pelo juiz – enquanto fonte do conteúdo das normas jurídicas – não poderá ser favorável a uma política deliberativa fundada no autogoverno, nem ao desenvolvimento da Democracia regida por cidadãos ativos".

Em virtude disso, não se pode deixar de ter em mente que a interpretação das cláusulas pétreas deve ser restritiva, para dar maior valor ao princípio democrático, pois quanto maior o alcance das cláusulas pétreas, menores serão as possibilidades de mudanças introduzidas pelo Parlamento. Nesse diapasão, transcrevo a lição de Vital Moreira:[41]

> Porém, quatro revisões depois, tem de constatar-se que a Constituição Portuguesa mudou muito, e mudou em termos substanciais, mesmo em aspectos inicialmente vedados à liberdade da revisão. Como foi isso possível? Foi possível, por um lado, através de uma interpretação *soft* das cláusulas pétreas, que as reduziu à salvaguarda de princípios genéricos, mais do que à garantia do concreto regime estabelecido nas formulações constitucionais.

Esse ponto nem sempre é observado pela doutrina e pela jurisprudência, que muitas vezes adotam interpretações demasiado extensivas do alcance das cláusulas pétreas.

Exemplo disso é a interpretação da cláusula pétrea prevista no art. 60, §4º, inc. IV, qual seja, "os direitos e garantias individuais". A fórmula utilizada pelo constituinte foi muito aberta, o que, por um lado, contribuiu para o surgimento de controvérsias entre os juristas, mas por outro, permite a evolução do sentido das cláusulas pétreas por meio da interpretação do Supremo Tribunal Federal.

A doutrina e a Suprema Corte vêm entendendo que se enquadram nesse conceito, além dos previstos no art. 5º, os direitos e garantias sociais, os direitos atinentes à nacionalidade e direitos políticos e outros decorrentes do regime e dos princípios por ela adotados – em suma, todo o conteúdo do Título II da CF, e mesmo outros direitos e garantias encontrados em qualquer parte da Carta Magna, desde que tenham essa característica de "fundamentalidade".[42] Para fins ilustrativos, observe-se o julgamento da ADI nº 939-07/DF, em que o STF considerou cláusula pétrea o princípio da anterioridade tributária, contida no art. 150, III, "b", da CF/88.[43]

---

[41] MOREIRA, Vital. Constituição e democracia na experiência portuguesa. *In*: MAUÉS, Antonio G. Moreira (Org.). *Constituição e democracia*. São Paulo: Max Limonad, 2001. p. 273.

[42] Nesse exato sentido, defendendo que a interpretação da cláusula pétrea prevista no art. 60, §4º, inc. IV, da CF/88 deve ser a mais ampla possível, para "abranger todos os possíveis e imagináveis 'direitos fundamentais' assegurados na Lei Maior", confiram-se: ANDRADE, Fábio Martins de. As cláusulas pétreas como instrumentos de proteção dos direitos fundamentais. *Revista de Informação Legislativa*, Brasília, ano 46, n. 181, p. 207-226, jan./mar. 2009. p. 225; MOREIRA, Eduardo. Cláusulas pétreas expandidas. *Revista Forense*, Rio de Janeiro, ano 106, v. 412, p. 49-61, nov./dez. 2010. p. 60-61.

[43] Cf. Eugênio Couto Terra afirma o seguinte: "O Supremo Tribunal Federal, quando do julgamento da ADIn 939, que versava sobre a inconstitucionalidade da Emenda Constitucional que instituiu o IPMF, delineou o seu entendimento sobre a possibilidade de existência de direito fundamental fora do catálogo previsto na Constituição. Foi reconhecido o caráter materialmente aberto dos direitos fundamentais, posto que podem ser localizados em qualquer local do texto constitucional (e até fora dele), sempre que presente uma posição de fundamentabilidade no conteúdo do direito" (TERRA, Eugênio Couto. A idade penal mínima como cláusula pétrea. *Jurisprudência Brasileira Criminal*, n. 46, p. 59- 81. p. 79).

Nesse exato sentido, trago à colação a lição de Ivo Dantas:[44]

> Assim entendidos, ao fixar o art. 60, §4º, inciso IV, os direitos e garantias individuais como cláusulas pétreas, deverão estes ser interpretados não apenas como aqueles enumerados no art. 5º, mas, igualmente, todos os constantes do Título II da Constituição Federal.
>
> Mas não é só.
>
> Decorrência do §2º do art. 5º e do *caput* do art. 7º, fica reconhecida a existência de outros direitos individuais espalhados pela Constituição Federal, dentre os quais se poderá fazer referência a alguns incisos do art. 37, aos arts. 38, 39, 42.
>
> Finalmente, citem-se direitos consagrados no Título VIII e que representam o desdobramento do que está dito no art. 6º, ao determinar que "são direitos sociais a educação, a saúde, o trabalho, o lazer, a segurança, a previdência social, a proteção à maternidade e à infância, a assistência aos desamparados, na forma desta Constituição".
>
> Todas estas matérias, a partir da decisão do STF, incluem-se nas denominadas cláusulas pétreas, mais precisamente, no inciso IV do art. 60, não podendo ser, nem ao menos, objeto de deliberação qualquer proposta que atente contra eles.

Como se vê, firmado esse entendimento pela Suprema Corte, o catálogo de cláusulas pétreas na Constituição brasileira passa a ser excessivamente genérico, ficando ao encargo do STF a definição do seu sentido e dos seus limites. É o que assevera Cláudia de Góes Nogueira:[45]

> As cláusulas pétreas existentes no ordenamento constitucional brasileiro, referentes à proteção absoluta dos direitos e garantias fundamentais, foram elaboradas de maneira excessivamente genérica, contribuíram muito mais para a criação de cizânia entre os juristas do que efetivamente para a justa resolução do problema.

Por esse motivo, surgem as mais diversas dúvidas sobre a sua aplicação cotidiana. Por exemplo: a vedação à pena de morte e a idade mínima para imputabilidade penal (art. 228 da CF) são cláusulas pétreas?

O Pleno do STF já teve a oportunidade de decidir que a proibição da pena de morte é cláusula pétrea, no julgamento do MS nº 21.311-6/DF (Rel. Min. Néri da Silveira, *Diário da Justiça*, Seção I, 25.5.1999, p. 3).

Quanto à inimputabilidade penal, prevista no art. 228 da CF, é uma questão muito polêmica. Há um verdadeiro clamor de parte da sociedade para que a imputabilidade penal abranja os menores de dezesseis, ou mesmo de quatorze anos.[46] Sobre essa

---

[44] DANTAS, Ivo. *O valor da Constituição*: do controle de constitucionalidade como garantia da supralegalidade constitucional. 2. ed. Rio de Janeiro: Renovar, 2001. p. 209-210.

[45] NOGUEIRA, Cláudia de Góes. A impossibilidade de as cláusulas pétreas vincularem as gerações futuras. *Revista de Informação Legislativa*, Brasília, ano 42, n. 166, p. 79-93, abr./jun. 2005. p. 80.

[46] No *site* do Senado Federal (https://www25.senado.leg.br/web/atividade/materias), é possível consultar a tramitação da PEC nº 115/2015 (oriunda da Câmara dos Deputados, sob o nº 171/93, proposta por iniciativa do Deputado Federal Benedito Domingos), que visa à diminuição da idade penal para 16 (dezesseis) anos. Várias propostas de emenda à Constituição com o mesmo teor foram apensadas à PEC referida, entre as quais: PEC nº 150/1999, 167/1999, 169/1999, 633/1999, 260/2000, 321/2001, 37/1995, 91/1995, 301/1996, 531/1997, 68/1999, 133/1999, 377/2001, 582/2002, 64/2003, 179/2003, 272/2004, 302/2004, 345/2004 e 489/2005. Isso demonstra claramente um movimento pela diminuição da idade penal por parte do povo, por meio de seus representantes, que cedo ou tarde será submetido à apreciação da Excelsa Corte. Frise-que a PEC referida foi aprovada, em segundo turno, pela Câmara dos Deputados, e encontra-se em discussão no Senado Federal desde 2015.

matéria, há que se citar a lição de Eugênio Terra: "Com a presente exposição, procura-se demonstrar que o art. 228 da Constituição é uma cláusula pétrea e, portanto, insuscetível de modificação pelo Poder Reformador, pois erigida a tal condição por uma opção política do Poder Constituinte".[47]

Na defesa da imutabilidade da idade de imputabilidade penal, manifesta-se também Gercino Gerson Gomes Neto, no artigo "A inimputabilidade penal como cláusula pétrea".[48]

Podemos citar ainda outras questões hipotéticas que exemplificam o papel do STF na delimitação das cláusulas pétreas.

No que tange à forma federativa de Estado, *verbi gratia*: não há dúvida de que pode haver mudança na configuração da Federação, com a extinção de estados-membros e a criação de outros; mas quantos estados-membros têm que existir para que seja mantida a forma federativa? Com relação à própria existência da democracia: a previsão do voto periódico seria lesionada caso fosse aprovado um mandato de 15 anos? A resposta para ambas as questões é a mesma: incumbirá ao STF decidir, quando for para tanto provocado.

Outro exemplo ainda pode ser elencado: o STF vinha entendendo sistematicamente que a criação de conselhos estaduais para o controle externo do Poder Judiciário era inconstitucional, pois violava o princípio da separação dos poderes, como ocorreu, por exemplo, no julgamento da ADI nº 135/PB (Rel. Min. Octávio Gallotti, j. 21.11.1996, *Informativo STF*, n. 54) e da ADI nº 98-5/MT (Rel. Min. Sepúlveda Pertence, *Diário da Justiça*, Seção I, 31.10.1997, p. 55.539).[49] Esse entendimento foi cristalizado na Súmula nº 649 do STF, com o seguinte teor: "É inconstitucional a criação, por Constituição estadual, de órgão de controle administrativo do Poder Judiciário do qual participem representantes de outros Poderes ou entidades".

Posteriormente, na primeira sessão administrativa do STF no ano de 2004, realizada em 5.2.2004, o Plenário do Tribunal fixou posição institucional sobre o denominado "Controle Externo do Poder Judiciário", à época ainda em tramitação no Congresso Nacional, nos seguintes termos:[50]

> Após a manifestação de todos os Ministros apurou-se: os Ministros Maurício Corrêa, Carlos Velloso, Marco Aurélio, Ellen Gracie, Gilmar Mendes e Cezar Peluzo são favoráveis à instituição de um Conselho Superior formado apenas por magistrados, podendo oficiar junto a esse Órgão, sem direito a voto, membros do Ministério Público e integrantes da Ordem dos Advogados do Brasil; o Ministro Sepúlveda Pertence manifestou-se a favor,

---

[47] TERRA, Eugênio Couto. A idade penal mínima como cláusula pétrea. *Jurisprudência Brasileira Criminal*, n. 46, p. 59- 81. p. 59.

[48] GOMES NETO, Gercino Gerson. *A inimputabilidade penal como cláusula pétrea*. Disponível em: https://www. academia.edu/18694476/A_inimputabilidade_penal_como_clausula_petrea?auto=download. Acesso em: 18 jul. 2019.

[49] Segundo se lê na lição de Murillo Giordan Santos, o próprio Supremo Tribunal Federal já considerou inconstitucionais dispositivos das constituições dos estados da Paraíba, Pará, Bahia e Mato Grosso, exatamente por terem tentado criar órgãos de controle externo das magistraturas estaduais por meio do poder constituinte decorrente (SANTOS, Murillo Giordan. Interpretações implícitas aos limites constitucionais expressos. *Revista de Direito Constitucional e Internacional*, v. 13, n. 50, p. 139-152, jan./mar. 2005. p. 150).

[50] BRASIL. *Ata da Primeira Sessão Administrativa do Supremo Tribunal Federal do ano de 2004, realizada em 5 de fevereiro de 2004*. Disponível em: http://www.stf.gov.br/portal/cms/verNoticiaDetalhe.asp?idConteudo=62183. Acesso em: 1º jul. 2019.

desde que limitada sua composição a Magistrados, representantes da OAB e do Ministério Público; e os Ministros Celso de Mello, Nelson Jobim, Carlos Britto e Joaquim Barbosa externaram sua concordância com a criação do Conselho nos termos em que previsto na PEC 29, em tramitação no Senado Federal, composto por nove magistrados, dois representantes da OAB, dois do Ministério Público e dois da sociedade, esses últimos indicados pelo Senado Federal e Câmara dos Deputados. Dessa forma, o Tribunal, por maioria, adotou posição institucional favorável à criação do Órgão, restrita sua composição, porém, a membros do Poder Judiciário, admitindo que perante ele oficiem representantes do *Parquet* e da Advocacia.

Contudo, o Excelso Pretório findou por mudar de entendimento, quando entendeu, por maioria, pela constitucionalidade da criação do Conselho Nacional de Justiça com representantes externos ao Poder Judiciário, como previsto na Emenda Constitucional nº 45/04, com os fundamentos seguintes:[51]

> remontando à matriz histórica e à evolução da doutrina política que inspiraram nosso sistema constitucional da separação dos Poderes, afirmou-se que o constituinte desenhou a estrutura institucional desses Poderes de forma a garantir-lhes a independência no exercício das funções típicas, por meio da previsão de autonomia orgânica, administrativa e financeira, temperando-a, no entanto, com a prescrição de outras atribuições, muitas de controle recíproco, cujo conjunto forma um sistema de integração e cooperação preordenado a assegurar equilíbrio dinâmico entre os órgãos, em benefício da garantia de liberdade, consistindo esse quadro normativo em expressão natural do princípio na arquitetura política dos freios e contrapesos. Afirmou, ainda, que o CNJ é órgão próprio do Poder Judiciário (CF, art. 92, I-A), composto, na maioria, por membros desse mesmo Poder (CF, art. 103-B), nomeados sem interferência direta dos outros Poderes, dos quais o Legislativo apenas indica, fora de seus quadros e, assim, sem vestígios de representação orgânica, dois dos quinze membros, não podendo essa indicação se equiparar a nenhuma forma de intromissão incompatível com a idéia política e o perfil constitucional da separação e independência dos Poderes. Salientou-se, ademais, que a composição híbrida do CNJ não compromete a independência interna e externa do Judiciário, porquanto não julga causa alguma, nem dispõe de atribuição, de nenhuma competência, cujo exercício interfira no desempenho da função típica do Judiciário, a jurisdicional.

Aduz-se do exame do indigitado julgado que somente o Ministro Marco Aurélio julgou integralmente procedente a ação direta de inconstitucionalidade. Os ministros Ellen Gracie e Carlos Velloso julgaram parcialmente procedente a ação, para declarar a inconstitucionalidade dos incs. X, XI, XII e XIII do art. 103-B (i.e., retiravam do CNJ todos os membros externos ao Poder Judiciário). O Ministro Sepúlveda Pertence, por sua vez, julgou procedente a ação em menor extensão, entendendo pela inconstitucionalidade somente do inc. XIII (que prevê a presença de 2 (dois) cidadãos escolhidos pela Câmara dos Deputados e pelo Senado Federal).

O papel predominante do Excelso Pretório na definição das cláusulas pétreas torna-se ainda mais perigoso quando se percebem as mudanças do modo de atuação

---

[51]   BRASIL. Supremo Tribunal Federal. Ação Direta de Inconstitucionalidade nº 3.367-DF. Pleno. Relator: Min. Cezar Peluso. Brasília, 13 de abril de 2005. Informativo do STF nº 383. Disponível em: <http://www.stf.gov.br/noticias/informativos/anteriores/info383.asp>. Acesso em: 01 jul. 2019.

dos juízes nos tempos atuais. Andreas Krell demonstra bem essa ruptura nas funções clássicas dos juízes e a aproximação cada vez maior entre o direito e a política:[52]

> A concretização desses direitos sociais exige alterações nas funções clássicas dos juízes que se tornam co-responsáveis pelas políticas dos outros poderes estatais, tendo que orientar a sua atuação para possibilitar a realização de projetos de mudança social, o que leva à ruptura com o modelo jurídico subjacente ao positivismo, a separação do Direito da Política. A questão hermenêutica dos Direitos Fundamentais deixa de ser um problema de correta subsunção do fato à norma para se tornar um problema de conformação *política* dos fatos, isto é, de sua transformação conforme um projeto ideológico (e não lógico).
>
> Segundo os defensores do *"judicial ativism"* nos EUA, o juiz deve assumir a nova missão de ser interventor e criador autônomo das soluções exigidas pelos fins e interesses sociais, tornando-se responsável "pela conservação e promoção de interesses finalizados por objetivos sócio-econômicos". Isto significa uma mutação fundamental que transforma progressivamente o juiz em administrador e o convoca a "operar como agente de mudança social". (Grifos no original)

Gustavo Just cita o poder de reformar a Constituição como um instrumento por intermédio do qual o Poder Legislativo pode contrabalançar o poder do STF de interpretar em definitivo as normas constitucionais. Ao Congresso Nacional é dado, por exemplo, editar uma emenda à Constituição para afastar uma interpretação atribuída à norma constitucional pelo Excelso Pretório. Nesse sentido, o autor afirma:[53]

> Ademais, como dito acima, o poder reformador – no caso do Brasil inteiramente atribuído ao Congresso Nacional – tem sempre a possibilidade de afastar uma mutação considerada inconveniente, aprovando um novo texto frontalmente contrário ao sentido que tenha sido fixado, por exemplo, pelo tribunal constitucional.

Contudo, as próprias emendas constitucionais poderão ser interpretadas como inconstitucionais pela Suprema Corte, e certamente o serão, caso se oponham frontalmente à jurisprudência consolidada do tribunal. De qualquer forma, esse raciocínio do referido autor não se aplica às cláusulas pétreas, inatingíveis que são pelas emendas constitucionais. Nessa hipótese, como se percebe, o Congresso Nacional nada poderá fazer contra o entendimento adotado pelo STF, que se torna, de fato, o intérprete final dessas normas que regerão nossa sociedade, até o advento de uma próxima Carta Magna por meio de processo revolucionário.

10 Conclusão

Por fim, faz-se mister a enumeração das conclusões atingidas no presente trabalho:

1) A maior razão para a inclusão de cláusulas pétreas nas constituições é o receio (consciente ou inconsciente) da ingerência do Poder Executivo nos outros

---

[52] KRELL, Andreas J. *Direitos sociais e controle judicial no Brasil e na Alemanha*: os (des)caminhos de um direito constitucional "comparado". Porto Alegre: Sergio Antonio Fabris Editor, 2002. p. 73-74.

[53] COSTA E SILVA, Gustavo Just da. Permanência e transformação no direito constitucional brasileiro: algumas bases do problema. *Revista de Informação Legislativa*, Brasília, ano 38, n. 150, p. 271-287, abr./jun. 2001. p. 284.

poderes. Por este motivo, as cláusulas de imutabilidade são mais comuns em países recém-egressos de ditaduras e que tentam se resguardar de uma volta ao passado recente por meio da proibição de mudança em certos pontos da Carta Magna

2) A oportunidade de os indivíduos que não criaram a Lei Fundamental participarem democraticamente da definição dos rumos da sociedade se viabiliza por meio do poder reformador. Todavia, a possibilidade de mudança legislativa – por intermédio da iniciativa popular democrática e não revolucionária – fica impedida na hipótese das cláusulas pétreas, uma vez que apenas a Corte Constitucional poderá delimitar com força definitiva o conteúdo delas.

3) A existência e vigência das cláusulas pétreas, quando demasiado amplas, constituem obstáculo deliberado à livre manifestação da soberania popular. Além disso, as cláusulas de imutabilidade geram a impossibilidade de modificação da Carta Magna para acompanhar as alterações constantes do mundo globalizado, cuja evolução se dá em uma velocidade sem precedentes.

4) Não merece guarida a teoria da dupla revisão. As normas constitucionais que preveem as cláusulas pétreas funcionam como limite exterior e superior ao poder de revisão, não podendo ser por este afastadas.

5) Há que se buscar uma solução para o paradoxo das cláusulas pétreas, pois, se é preciso conferir um mínimo de estabilidade às constituições, é igualmente necessário não aprisionar o pensamento político das gerações que se seguem à feitura de uma Constituição. Nesse ponto, a revisão periódica, nos moldes propostos pelo Professor Jorge Miranda, poderia constituir-se em meio efetivo de manifestação de soberania popular, e uma homenagem à observância e reafirmação do princípio democrático.

6) O papel predominante – praticamente um monopólio – do STF na delimitação do conteúdo e do alcance das cláusulas pétreas é preocupante. Esse concernimento é exacerbado quando se percebe que o Congresso Nacional, representante direto eleito pelo povo, no que diz respeito às cláusulas pétreas, não tem a faculdade de aprovar um novo texto contrário ao sentido que tenha sido fixado pelo STF.

7) A interpretação das cláusulas pétreas pelo STF deve ser restritiva, para elevar à máxima potência o princípio democrático, pois, quanto maior o alcance das cláusulas pétreas, menores serão as possibilidades de mudanças introduzidas pelo Parlamento democraticamente eleito. A Suprema Corte não seguiu por essa senda ao julgar a ADI nº 939-07/DF, em que considerou cláusula pétrea o princípio da anterioridade tributária, contido no art. 150, III, "b", da CF/88, estendendo sobremaneira, dessa forma, o alcance do art. 60, §4º, inc. IV, da Carta Magna.

Em síntese, fica a ponderação final para reflexão: as cláusulas pétreas fazem com que o Supremo Tribunal Federal detenha o poder de determinar sozinho e com exclusividade o conteúdo da Constituição Federal, em uma seara em que o próprio Congresso Nacional, representante direto do povo, está impedido de atuar.

Daí surge a conclusão de que, no que tange às cláusulas de imutabilidade, o Excelso Pretório tem lugar de destaque no sistema jurídico, impedindo o debate político em diversos temas e ocasionando um desbalanceamento no sistema de freios e contrapesos que rege a divisão de poderes em um Estado Democrático de Direito.

Referências

ALBERT, Richard. Constitutional Handcuffs. *Arizona State Law Journal*, v. 42, n. 3, p. 663-716, Fall 2010.

ANDRADE, Fábio Martins de. As cláusulas pétreas como instrumentos de proteção dos direitos fundamentais. *Revista de Informação Legislativa*, Brasília, ano 46, n. 181, p. 207-226, jan./mar. 2009.

ARANHA, Márcio Iorio. Conteúdo essencial das cláusulas pétreas. *Revista Notícia do Direito Brasileiro*, Brasília, n. 7, p. 389-402.

BASTOS, Celso Ribeiro. *Curso de direito constitucional*. 19. ed. São Paulo: Saraiva, 1998.

BONAVIDES, Paulo. *Curso de direito constitucional*. 7. ed. São Paulo: Malheiros, 1998.

BRASIL. *Ata da Primeira Sessão Administrativa do Supremo Tribunal Federal do ano de 2004, realizada em 5 de fevereiro de 2004*. Disponível em: http://www.stf.gov.br/portal/cms/verNoticiaDetalhe.asp?idConteudo=62183. Acesso em: 1º jul. 2019.

BRASIL. Supremo Tribunal Federal. Ação Direta de Inconstitucionalidade nº 3.367-DF. Pleno. Relator: Min. Cezar Peluso. *Informativo STF*, Brasília, n. 383, 13 abr. 2005. Disponível em: http://www.stf.gov.br/noticias/informativos/anteriores/info383.asp. Acesso em: 1º jul. 2019.

CANOTILHO, J. J. Gomes. *Direito constitucional e teoria da Constituição*. 4. ed. Coimbra: Almedina, 2000.

CANOTILHO, J. J. Gomes; MOREIRA, Vital. *Constituição da República portuguesa anotada*: artigos 108º a 296º. 4. ed. Coimbra: Coimbra Editora, 2014. v. II.

CERQUEIRA, Marcello. *Controle do Judiciário*: doutrina e controvérsia. A Constituição – Controles e controle externo do Poder Judiciário. Rio de Janeiro: Revan, 1995.

CONTINENTINO, Marcelo Casseb. *Revisitando os fundamentos do controle de constitucionalidade*: uma crítica à prática judicial brasileira. Porto Alegre: Sergio Antonio Fabris Editor, 2008.

COSTA E SILVA, Gustavo Just da. Permanência e transformação no direito constitucional brasileiro: algumas bases do problema. *Revista de Informação Legislativa*, Brasília, ano 38, n. 150, p. 271-287, abr./jun. 2001.

CUNHA FILHO, Francisco Humberto. Cláusulas pétreas como garantias dos direitos fundamentais. *Revista da Ordem dos Advogados do Brasil*, Brasília, ano XXXII, n. 74, p. 23-35, jan./jun. 2002.

DANTAS, Ivo. *O valor da Constituição*: do controle de constitucionalidade como garantia da supralegalidade constitucional. 2. ed. Rio de Janeiro: Renovar, 2001.

DEUTSCHER BUNDESTAG. *Grundgesetz für die Bundesrepublik Deutschland*. Disponível em: http://www.gesetze-im-internet.de/gg/GG.pdf. Acesso em: 1º jul. 2019.

FERNANDES, Bernardo Gonçalves. *Curso de direito constitucional*. 10. ed. Salvador: JusPodivm, 2018.

FERREIRA FILHO, Manoel Gonçalves. Significação e alcance das "cláusulas pétreas". *Cadernos de Direito Constitucional e Ciência Política*, São Paulo, ano 3, n. 13, p. 5-10, out./dez. 1995.

FERREYRA, Raúl Gustavo. Poder, democracia y configuración constitucional. *Revista Mexicana de Derecho Constitucional*, n. 11, jul./dez. 2004. Disponível em: http://www.juridicas.unam.mx/publica/rev/cconst/cont/11/ard/ard3.htm#N*. Acesso em: 18 jul. 2019.

GOMES NETO, Gercino Gerson. *A inimputabilidade penal como cláusula pétrea*. Disponível em: https://www.academia.edu/18694476/A_inimputabilidade_penal_como_clausula_petrea?auto=download. Acesso em: 18 jul. 2019.

HEIN, Michael. Constitutional norms for all time? General entrenchment clauses in the history of European constitutionalism. *European Journal of Law Reform*, issue 3, p. 226-242, 2019.

KIRSTE, Stephan. Constituição como início do direito positivo: a estrutura temporal das constituições. *Anuário dos Cursos de Pós-Graduação em Direito*, Recife, n. 13, p. 111-165, 2003.

KRELL, Andreas J. *Direitos sociais e controle judicial no Brasil e na Alemanha*: os (des)caminhos de um direito constitucional "comparado". Porto Alegre: Sergio Antonio Fabris Editor, 2002.

MARTINS, Ives Gandra da Silva. Cláusulas pétreas. *In*: MIRANDA, Jorge (Org.). *Perspectivas constitucionais nos 20 anos da Constituição de 1976*. Coimbra: Coimbra Editora, 1996.

MATTA, José Eduardo Nobre. A emenda do Judiciário – "Quem garantirá as garantias?". *Revista da EMERJ*, Rio de Janeiro, v. 3, n. 10, p. 189-212, 2000.

MENDES, Gilmar Ferreira. *Controle de constitucionalidade*: aspectos jurídicos e políticos. São Paulo: Saraiva, 1990.

MENDES, Gilmar Ferreira. *Moreira Alves e o controle de constitucionalidade no Brasil*. São Paulo: Celso Bastos, 2000.

MORAES, Alexandre de. *Constituição do Brasil interpretada e legislação constitucional*. 6. ed. São Paulo: Atlas, 2006.

MOREIRA NETO, Diogo de Figueiredo. A Reforma Constitucional e as cláusulas pétreas. *Revista Think*, ano II, n. 6, p. 8-11, jan. 1999.

MOREIRA, Eduardo. Cláusulas pétreas expandidas. *Revista Forense*, Rio de Janeiro, ano 106, v. 412, p. 49-61, nov./dez. 2010.

MOREIRA, Vital. Constituição e democracia na experiência portuguesa. *In*: MAUÉS, Antonio G. Moreira (Org.). *Constituição e democracia*. São Paulo: Max Limonad, 2001.

NOGUEIRA, Cláudia de Góes. A impossibilidade de as cláusulas pétreas vincularem as gerações futuras. *Revista de Informação Legislativa*, Brasília, ano 42, n. 166, p. 79-93, abr./jun. 2005.

PEDRA, Adriano Sant'Ana. Reflexões sobre a teoria das cláusulas pétreas. *Revista de Informação Legislativa*, Brasília, ano 43, n. 172, p. 135-148, out./dez. 2006.

PIMENTA, Paulo Roberto Lyrio. Cláusulas pétreas tributárias. *Revista Dialética de Direito Tributário*, n. 92, p. 40-46, maio 2003.

POLETTI, Ronaldo Rebello de Britto. As cláusulas pétreas: as falsas e as verdadeiras. *Revista Jurídica Consulex*, Brasília, ano VII, n. 146, fev. 2003.

QUEIROZ, José Guilherme Carneiro. A interpretação constitucional como adaptação histórica do conteúdo normativo da Constituição frente às cláusulas pétreas. *Revista de Direito Constitucional e Internacional*, ano 13, n. 52, p. 182-196, jul./set. 2005.

ROCHA, Maria Elizabeth Guimarães Teixeira. O controle de constitucionalidade e o exercício do poder reformador no Brasil. *Revista Latino-Americana de Estudos Constitucionais*, Belo Horizonte, n. 3, p. 351-371, jan./jun. 2004.

SANTOS, Gustavo Ferreira. Constituição e Democracia: reflexões sobre permanência e mudança da decisão constitucional. *Revista da Esmape*, v. 10, n. 22, p. 117-135, jul./dez. 2005.

SANTOS, Murillo Giordan. Interpretações implícitas aos limites constitucionais expressos. *Revista de Direito Constitucional e Internacional*, v. 13, n. 50, p. 139-152, jan./mar. 2005.

SARLET, Ingo Wolfgang. Os direitos fundamentais sociais como "cláusulas pétreas". *Revista Interesse Público*, n. 17, p. 56-74, 2003.

SARLET, Ingo Wolfgang. Os direitos fundamentais sociais como limites materiais ao poder de reforma da Constituição: contributo para uma leitura constitucionalmente adequada. *Revista Latino-Americana de Estudos Constitucionais*, Belo Horizonte, n. 1, p. 631-679, jan./jun. 2003.

TERRA, Eugênio Couto. A idade penal mínima como cláusula pétrea. *Jurisprudência Brasileira Criminal*, n. 46, p. 59- 81.

VANOSSI, Jorge Reinaldo. *Teoría constitucional*. Buenos Aires: Depalma, 1975. t. I.

Informação bibliográfica deste texto, conforme a NBR 6023:2018 da Associação Brasileira de Normas Técnicas (ABNT):

FERNANDES, Og; KOEHLER, Frederico Augusto Leopoldino; ANDRADE, Rodrigo Falcão de Oliveira. O paradoxo das cláusulas pétreas: entre a proteção dos valores fundamentais da sociedade e a exclusão da participação das gerações futuras no jogo democrático. *In*: MORAES, Alexandre de; MENDONÇA, André Luiz de Almeida (Coord.). *Democracia e sistema de justiça*: obra em homenagem aos 10 anos do Ministro Dias Toffoli no Supremo Tribunal Federal. Belo Horizonte: Fórum, 2020. p. 463-483. ISBN 978-85-450-0718-0.

DIGNIDADE HUMANA
E DIREITO PRIVADO CONTEMPORÂNEO:
A CONTRIBUIÇÃO METODOLÓGICA
DO RECURSO EXTRAORDINÁRIO Nº 363.889

OTAVIO LUIZ RODRIGUES JR.

Introdução

É objeto deste capítulo o estudo do Recurso Extraordinário nº 363.889, de relatoria do Min. Dias Toffoli, julgado em 2.6.2011, pela composição plenária do Supremo Tribunal Federal – STF, que se constitui em um dos mais importantes acórdãos dessa Corte para o Direito Privado e sua metodologia na perspectiva contemporânea.[1] Embora o julgamento aprecie o direito a se rediscutir a paternidade quando a ação respectiva foi originalmente arquivada por ausência de provas, formando-se a coisa julgada, o elemento central da controvérsia recaiu sobre o papel da dignidade humana na fundamentação de casos de Direito Privado.

Obras que se ocupam de examinar analiticamente o ofício da jurisprudência, quando não possuem o caráter hagiográfico, são relativamente raras no Brasil. Esse formato de apreciação crítica da jurisprudência permite a intensificação de seu diálogo com a doutrina, o que é fundamental para o fortalecimento do direito.

O convite para participar desta obra coletiva foi gentilmente formulado pelos organizadores Ministro Alexandre de Moraes (Supremo Tribunal Federal) e Ministro André Mendonça (Advocacia-Geral da União), com o auxílio do Doutor Tercio Issami Tokano (adjunto do Advogado-Geral da União), a quem se registram os agradecimentos deste autor. Mas cria a exigência de se desvelar aos leitores que a honra de integrar esse *liber amicorum* é acentuada pela admiração e pela amizade nutridas pelo Min. Dias Toffoli, com quem tive a honra de trabalhar na Advocacia-Geral da União e no Supremo Tribunal Federal. O livro é uma forma de se expressar o justo reconhecimento aos méritos de um grande brasileiro.

---

[1] STF. RE nº 363889. Rel. Min. Dias Toffoli, Tribunal Pleno, j. 2-6-2011. *DJe*, 16-12-2011.

O capítulo divide-se em três seções, além da introdução: (1) O Recurso Extraordinário nº 363.889: elementos descritivos e fundamentos do acórdão; (2) A questão da dignidade humana e os efeitos do Recurso Extraordinário nº 363.889 no âmbito da doutrina e da jurisprudência; (3) Dignidade humana e Recurso Extraordinário nº 363.889: quatro razões para sua dispensabilidade como instrumento de fundamentação retórica. Contrariando o estilo do autor, haverá um número expressivo de transcrições no corpo do texto. Tal expediente justifica-se por ser um estudo de crítica jurisprudencial, o que demanda a reprodução de excertos do acórdão e de obras que influenciaram a concepção e os fundamentos do ato judicial.

Nesse aspecto, o texto busca recuperar elementos descritivos (na seção 1), o impacto do acórdão na doutrina, bem como suas fontes mediatas (seção 2) e a suma de sua contribuição à dogmática (seção 3). Não há uma conclusão. Ela seria expletiva. Cada seção contém conclusões implícitas, que dispensam sua repetição ao final. Para facilitar a pesquisa sobre as fontes, reuniram-se as referências bibliográficas, que são majoritariamente nacionais. Essa opção deveu-se à necessidade de se circunscrever ao impacto específico do Recurso Extraordinário nº 363.889 para o Direito brasileiro.

1 O Recurso Extraordinário nº 363.889: elementos descritivos e fundamentos do acórdão

O Recurso Extraordinário nº 363.889 não apresenta maior complexidade quanto a seus elementos descritivos.

A mãe de Diego Goiá Schamltz, nascido em 30.11.1981, ajuizou ação de investigação de paternidade ainda nos anos 1980 com o objetivo de ser declarado o vínculo parental com o médico Goiá Fonseca Rattes. Em 1992, os pedidos da ação foram julgados improcedentes dada a ausência de provas efetivas da paternidade. Na época, o exame de DNA custava o equivalente a 1.500 dólares norte-americanos, uma quantia que a mãe não poderia arcar. Tais circunstâncias foram registradas pelo Juízo de Direito da 6ª Vara de Família do Distrito Federal:

> No caso, existem indicações de que algum tipo de relacionamento anterior havia entre o Requerido e a Representante do Autor. Não eram estranhos. Nem muito menos pareceu ao primeiro uma surpreendente e rematada sandice a pretensão da aventada paternidade. Isto resulta claro dos depoimentos. Não existem, entretanto, nos autos, elementos minimamente suficientes para assegurar tenha ocorrido, sequer uma vez, o ato sexual entre os dois. E, ainda que tenha ocorrido, que haja sido essa relação específica a causa da concepção do Autor. A prova oral, produzida pelas partes é absolutamente frágil, imprecisa e pouco relevante, no que interessa à essência da questão em tela. E a documental, menos relevante ainda.
>
> Lamentável, sob todos os aspectos, a impossibilidade de ter-se aqui, a prova pericial; sobretudo com a precisão hoje assegurada pelo D.N.A. Resta o consolo de, neste e noutros tantos casos semelhantes, ficar a parte autora sempre com a possibilidade de, recorrendo, tentar ver o custeio de tal prova se viabilizar, para insistir na Justiça. Fica a esperança, também e o apelo reiterado, de que o próprio Poder Público, no caso através do Egrégio Tribunal de Justiça, possa no futuro vir a assumir (mediante convênios, ou outra forma) esse ônus perante uma população, via de regra, carente dos meios até para as despesas cartorárias, tanto mais para uma prova tão onerosa. E que, em muitos casos, resultará na sua cobrança, posteriormente, da parte sucumbente, com freqüência, mais bem servida pela fortuna, quando procedente a pretensão.

Arquivado o processo, alguns anos depois, o Distrito Federal editou a Lei nº 1.097, de 4.6.1996, que "dispõe sobre a realização de Exames de DNA para instruir processos de reconhecimento de paternidade e de maternidade, e dá outras providências". Com essa lei, os exames de DNA passaram a ser realizados, no âmbito distrital, pela Polícia Civil, por intermédio de sua divisão de pesquisa de DNA forense, desde que preenchidos os requisitos de necessidade do requerente e nos limites posteriormente fixados pelo Decreto nº 18.314, de 11.6.1997.

Com essa nova realidade legislativa, a ação foi novamente proposta. O investigado objetou com a existência de coisa julgada. Em despacho saneador, a exceção foi rejeitada. Devolveu-se a matéria ao Tribunal de Justiça do Distrito Federal e Territórios, que prolatou acórdão com a seguinte ementa:

> CIVIL E PROCESSUAL CIVIL - AÇÃO DE INVESTIGAÇÃO DE PATERNIDADE - PRELIMINAR DE COISA JULGADA REJEITADA NA INSTÂNCIA MONOCRÁTICA - AGRAVO DE INSTRUMENTO - REPETIÇÃO DA AÇÃO PROPOSTA EM RAZÃO DA VIABILIDADE DA REALIZAÇÃO DO EXAME DE DNA ATUALMENTE - PRELIMINAR ACOLHIDA - PROVIMENTO DO RECURSO:
>
> Havendo sentença transitada em julgado, que julgou improcedente a intentada ação de investigação de paternidade, proposta anteriormente pelo mesmo interessado, impõe-se o acolhimento da preliminar de coisa julgada suscitada neste sentido em sede de contestação, cuja eficácia não pode ficar comprometida, sendo inarredável esta regra libertadora do art. 468 do CPC, com atenção ao próprio princípio prevalente da segurança jurídica. Hipótese de extinção do feito sem julgamento do mérito.[2]

O processo, como é usual nesses casos, tramitou em segredo de justiça.

Subsequentemente, Diego Goiá Schamltz e o Ministério Público do Distrito Federal e Territórios recorreram ao Supremo Tribunal Federal com o emprego dos seguintes fundamentos: (a) violação à coisa julgada material (art. 5º, inc. XXXVI, CF/1988), porquanto a sentença primitiva não examinou o mérito da causa: a paternidade não afirmada nem negada. Nas ações de estado, não prevaleceria a verdade formal, o que imporia ao Judiciário a emissão de um juízo de mérito sobre as relações parentais entre as partes; (b) ofensa ao direito fundamental à filiação (art. 227, *caput* e §6º), na medida em que a coisa julgada não se colocaria em posição superior ao referido direito fundamental. Com base no princípio da proporcionalidade, seria possível a realização do exame de DNA; (c) violação ao direito à assistência judiciária aos necessitados (art. 5º, inc. LXXIV, CF/1988), porque a omissão em se realizar o exame de DNA deu-se por causa do valor da perícia, que seria arcada pelo investigante, algo que ultrapassaria suas forças econômicas.

O parecer da Procuradoria-Geral da República recomendou o provimento das espécies recursais sob o argumento de que o acórdão do Tribunal de Justiça desrespeitou o direito fundamental à filiação e o princípio da dignidade humana.

Iniciado o julgamento em 7.4.2011, o Ministro Dias Toffoli apresentou voto com a seguinte ementa:

---

[2]   TJDFT. Acórdão nº 128.761, 19990020032132AGI. Rel. Des. Dácio Vieira, 5ª Turma Cível, j. 17.4.2000. *DJU*, n. 3, 3 ago. 2000, p. 32.

EMENTA RECURSO EXTRAORDINÁRIO. DIREITO PROCESSUAL CIVIL E CONSTI-TUCIONAL. REPERCUSSÃO GERAL RECONHECIDA. AÇÃO DE INVESTIGAÇÃO DE PATERNIDADE DECLARADA EXTINTA, COM FUNDAMENTO EM COISA JULGADA, EM RAZÃO DA EXISTÊNCIA DE ANTERIOR DEMANDA EM QUE NÃO FOI POSSÍVEL A REALIZAÇÃO DE EXAME DE DNA, POR SER O AUTOR BENEFICIÁRIO DA JUSTIÇA GRATUITA E POR NÃO TER O ESTADO PROVIDENCIADO A SUA REALIZAÇÃO. REPROPOSITURA DA AÇÃO. POSSIBILIDADE, EM RESPEITO À PREVALÊNCIA DO DIREITO FUNDAMENTAL À BUSCA DA IDENTIDADE GENÉTICA DO SER, COMO EMANAÇÃO DE SEU DIREITO DE PERSONALIDADE. 1. É dotada de repercussão geral a matéria atinente à possibilidade da repropositura de ação de investigação de paternidade, quando anterior demanda idêntica, entre as mesmas partes, foi julgada improcedente, por falta de provas, em razão da parte interessada não dispor de condições econômicas para realizar o exame de DNA e o Estado não ter custeado a produção dessa prova. 2. Deve ser relativizada a coisa julgada estabelecida em ações de investigação de paternidade em que não foi possível determinar-se a efetiva existência de vínculo genético a unir as partes, em decorrência da não realização do exame de DNA, meio de prova que pode fornecer segurança quase absoluta quanto à existência de tal vínculo. 3. Não devem ser impostos óbices de natureza processual ao exercício do direito fundamental à busca da identidade genética, como natural emanação do direito de personalidade de um ser, de forma a tornar-se igualmente efetivo o direito à igualdade entre os filhos, inclusive de qualificações, bem assim o princípio da paternidade responsável. 4. Hipótese em que não há disputa de paternidade de cunho biológico, em confronto com outra, de cunho afetivo. Busca-se o reconhecimento de paternidade com relação a pessoa identificada. 5. Recursos extraordinários conhecidos e providos.[3]

Na fundamentação do voto, percebem-se dois capítulos bem distintos.

O *primeiro capítulo*, que julgo o mais importante em termos históricos e de importância para a jurisprudência brasileira, é dedicado a uma preocupação muito pouco usual: declarar dispensável a dignidade humana como fundamento decisório para a espécie.

É importante contextualizar o relevo desse primeiro capítulo. No ano do julgamento – 2011 – não havia ainda um acervo substancial de literatura jurídica crítica aos excessos da dignidade humana como "um tropo oratório que tende à flacidez absoluta", expressão de João Baptista Villela, autor citado no acórdão. De fato, na época, havia poucos autores nacionais que se ocupavam de apreciar criticamente o alcance, os limites e as funções de um conceito tão forte, unificador e consensual quanto o de dignidade humana.[4] Nesse aspecto, o voto do Min. Dias Toffoli apresentou-se como um divisor de águas na jurisprudência e um importante marco influenciador para a doutrina, tema a respeito do qual se dedicará a próxima seção.

A coragem do relator evidencia-se em passagem como esta:

Creio ser indispensável enaltecer a circunstância da desnecessidade da invocação da dignidade humana como fundamento decisório da causa. Tenho refletido bastante

---

[3] STF. RE nº 363.889. Rel. Min. Dias Toffoli, Tribunal Pleno, j. 2.6.2011. *DJe*, 16 dez. 2011.

[4] SILVA, Virgílio Afonso da. *A constitucionalização do Direito*: os direitos fundamentais nas relações entre particulares. São Paulo: Malheiros, 2005; VILLELA, João Baptista. Variações impopulares sobre a dignidade da pessoa humana. *In*: AA.VV. *Superior Tribunal de Justiça*: doutrina: edição comemorativa, 20 anos. Brasília: STJ, 2009. p. 559-581; JUNQUEIRA DE AZEVEDO, Antonio Junqueira de. Caracterização jurídica da dignidade da pessoa humana. *In*: JUNQUEIRA DE AZEVEDO, Antonio Junqueira de. *Estudos e pareceres de Direito Privado*. São Paulo: Saraiva, 2004; RODRIGUES JR., Otavio Luiz. Estatuto epistemológico do Direito Civil contemporâneo na tradição de civil law em face do neoconstitucionalismo e dos princípios. *O Direito*, Lisboa, v. 143, p. 43-66, 2011.

sobre essa questão, e considero haver certo abuso retórico em sua invocação nas decisões pretorianas, o que influencia certa doutrina, especialmente de Direito Privado, transformando a conspícua dignidade humana, esse conceito tão tributário das Encíclicas papais e do Concílio Vaticano II, em verdadeira panacéia de todos os males. Dito de outro modo, se para tudo se há de fazer emprego desse princípio, em última análise, ele para nada servirá. Não se pode esquecer o processo de deformação a que foi submetida a cláusula geral da boa-fé na jurisprudência francesa, a ponto de seu recurso excessivo implicar por fazer cair no descrédito essa importante figura jurídica. Nesse ponto, estou acompanhado de autores como João Baptista Vilella e Antonio Junqueira de Azevedo. [...]

Creio que é necessário salvar a dignidade da pessoa humana de si mesma, se é possível fazer essa anotação um tanto irônica sobre os excessos cometidos em seu nome, sob pena de condená-la a ser, como adverte o autor citado, "um tropo oratório que tende à flacidez absoluta". E parece ser esse o caminho a que chegaremos, se prosseguirmos nessa principiolatria sem grandes freios.[5]

Quanto ao *segundo capítulo*, o relator desenvolve uma linha argumentativa fortemente inspirada no Direito Privado, respeitando seus métodos, sua doutrina, seus institutos, suas figuras e conceitos jurídicos.

Para o relator, a paternidade, desde os tempos mais antigos, dividiu-se entre as vantagens de uma ficção (*is pater est quem nuptiae demonstrant*, pai é aquele que as núpcias demonstram) e as incertezas de um exame fático em cada caso. O relator afirma:

em grande medida, esse problema da estabilidade das relações jurídicas, no subconjunto específico da paternidade, ligava-se a três fatores historicamente delimitados: a) o nível ainda elementar de desenvolvimento das Ciências Naturais, o que tornavam os questionamentos em torno da paternidade absolutamente débeis no campo probatório; b) a facilidade com que se resolviam os casos levados aos tribunais pelo critério das presunções iuris; c) os níveis diferenciados de filiação, que se conectavam com a estrutura familiar binária (legítima-ilegítima), que perdurou nas sociedades ocidentais por séculos.[6]

Na sequência, ele passou a examinar a evolução do estado de filiação no Direito Civil brasileiro no século XX até ao início do século XXI, com o marco constitucional da isonomia plena entre filhos. Valendo-se de Machado de Assis, o Min. Dias Toffoli recupera os efeitos do reconhecimento testamentário de Helena, a personagem do romance homônimo, por seu pai, o conselheiro Vale. E indaga o relator: "haveria alguma diferença se a intervenção do Direito se operasse por uma sentença que, também de modo ulterior, admitisse a entrada no plano jurídico de um requisito qualificador de um elemento do plano da existência?".[7]

Ao apreciar o recurso, o Min. Dias Toffoli admite que a sentença de improcedência dos pedidos de reconhecimento da filiação extramatrimonial conduz apenas à coisa

---

[5]   Excerto da fundamentação do voto do relator: STF. RE nº 363.889. Rel. Min. Dias Toffoli, Pleno, j. 2.6.2011. *DJe*, 16 dez. 2011.

[6]   Excerto da fundamentação do voto do relator: STF. RE nº 363.889. Rel. Min. Dias Toffoli, Pleno, j. 2.6.2011. *DJe*, 16 dez. 2011.

[7]   Excerto da fundamentação do voto do relator: STF. RE nº 363.889. Rel. Min. Dias Toffoli, Pleno, j. 2.6.2011. *DJe*, 16 dez. 2011.

julgada formal, algo que se revela coerente com a Súmula STF nº 149 e com o art. 27 do Estatuto da Criança e do Adolescente, além de parte respeitável da doutrina.[8]

Outro fundamento utilizado no voto do relator recaiu sobre o *direito fundamental à informação genética* e sobre o reconhecimento pelo Supremo Tribunal Federal do dever estatal de custear os exames periciais de DNA para os beneficiários da assistência judiciária aos necessitados.[9]

Ainda no *segundo capítulo* do voto, o Min. Dias Toffoli passou a enfrentar os limites da coisa julgada e as hipóteses para sua relativização. Nesse ponto, ele retoma o problema do conflito entre a ficção da parentalidade e sua prova por meios técnicos contemporâneos:

> Reitera-se, uma vez mais, que o autor da presente ação, criança quando do ajuizamento da primeira demanda investigatória; adolescente, à época da propositura desta ação e já homem feito, ao tempo em que se realiza este julgamento em que se propõe a retomada de seu trâmite, obstado pelo acórdão recorrido, não obterá, ao cabo da demanda, senão uma resposta definitiva acerca de seu ancestral biológico paterno, com as possíveis consequências materiais que disso logicamente ainda podem defluir, decorridos, até agora, quase seis lustros desde seu nascimento.
>
> E em isso vindo a acontecer, passados já tantos anos desde que a primitiva demanda com esse objetivo foi por ele proposta, nada mais estará sendo feito que não a consagração e o respeito, no caso concreto, do seu direito fundamental de acesso à informação genética, nada além disso.
>
> Para tanto, mister a relativização da coisa julgada dantes referida, o que, no caso em tela, entende-se não apenas possível, como altamente recomendável, pelas razões já supra expostas e que pode ser efetuado, à semelhança do que esta Corte tem feito em casos similares, ainda que eu guarde reserva quanto a certos fundamentos ali utilizados.
>
> A questão deixa de ser principiológica. Como tenho realçado ao longo deste voto, o Direito de Família, no estado-da-arte das Ciências Médicas, não pode se valer de avoengas presunções. Recorde-se da jovem Helena, de Machado de Assis. Se não há como impedir o reconhecimento, no plano da validade, de uma relação jurídica existente por efeito de um testamento, o que se dirá de semelhante efeito por uma sentença?[10]

O voto chega a seu fim com a conexão ao argumento central do *segundo capítulo*: o progresso tecnológico permitiu que se chegasse a um nível incomparável de certeza quanto à parentalidade, capaz de substituir presunções de direito material ou óbices formais de direito processual. Em sendo assim, não seria mais aceitável a ideia de que se poderia resolver as dúvidas sobre a paternidade do recorrente com base na presunção legal ou com suporte em uma circunstancial impossibilidade de realização do exame pericial, por insuficiência de recursos financeiros da parte.

O dispositivo era pelo conhecimento dos extraordinários e, no mérito, por seu provimento para a reforma do acórdão do tribunal de origem para se "afastar o arguido óbice da coisa julgada" e para "permitir o prosseguimento da ação de investigação

---

[8] O acórdão baseia-se, nesse ponto, em: TAVARES DA SILVA, Regina Beatriz. Reflexões sobre o reconhecimento da filiação extramatrimonial. *Revista de Direito Privado*, v. 1, n. 1, p. 71-91, jan./mar. 2000.

[9] Com citação deste precedente: RE nº 207.732/MS. Rel. Min. Ellen Gracie, Primeira Turma. *DJ*, 2 ago. 2002.

[10] Excerto da fundamentação do voto do relator: STF. RE nº 363.889. Rel. Min. Dias Toffoli, Pleno, j. 2.6.2011. *DJe*, 16 dez. 2011.

de paternidade em tela, até seus ulteriores termos, tal como havia sido corretamente determinado pelo Juízo de Primeiro Grau".

O julgamento foi interrompido por um pedido de vistas do Min. Luiz Fux, que acompanhou o relator quanto ao mérito, apresentando fundamentação diversa no que se refere ao fundamento rejeitado da dignidade da pessoa humana:

> Não é possível negar, como se assentou mais acima, que também a coisa julgada guarda relação com o princípio da dignidade da pessoa humana, na medida em que concretiza o princípio da segurança jurídica, assegurando estabilidade e paz social. Porém, tal conexão apresenta-se em grau distinto, mais tênue e, portanto, mais afastada do núcleo essencial do princípio da dignidade da pessoa humana do que o peso axiológico que, somados, ostentam os direitos fundamentais à filiação (CF, art. 227, *caput* e § 6º) e a garantia fundamental da assistência jurídica aos desamparados (CF, art. 5º, LXXIV). E é por esta razão que a regra da coisa julgada deve ceder passo, em situações-limite como a presente, à concretização do direito fundamental à identidade pessoal.[11]

O julgamento encerrou-se em 2.6.2011, por maioria de votos acompanhando o relator, com divergência do Min. Marco Aurélio e do Min. Cezar Peluso (então presidente), que não admitiam a flexibilização da coisa julgada.

2 A questão da dignidade humana e os efeitos do Recurso Extraordinário nº 363.889 no âmbito da doutrina e da jurisprudência

A utilização excessiva da dignidade humana como fundamento decisório no período em que se prolatou o acórdão do Recurso Extraordinário nº 363.889, segundo pesquisa desenvolvida por este autor e publicada em 2011, era comprovável pela variedade de casos e temas:

> a) saúde; b) relações de trabalho; c) habeas corpus; c) mensuração da pena; d) liberdade; e) direitos fundamentais; f) ordem pública; g) descumprimento de preceito fundamental; h) jurisdição e competência; i) violência contra a mulher; j) prisão preventiva; k) ampla defesa e contraditório.

Como registrado na ocasião, "o quadro na jurisprudência é desalentador". A partir de "um periódico jurídico, a Revista dos Tribunais", no intervalo de 1995-2010, "coletaram-se duzentos e dezessete acórdãos nos quais a expressão 'dignidade humana' é encontrada como fundamento da decisão adotada" por diversos tribunais.[12]

Utilizando-se como metadados "dignidade humana", "dignidade da pessoa humana" e "dignidade e humana", uma investigação no *site* do STF que açambarcasse os anos de 1950 a 2018 seria muito reveladora sobre seu papel na fundamentação dos acórdãos. De 1950 a 1975, não há acórdãos que retornem de uma pesquisa com os mencionados metadados.

---

[11]   Excerto da fundamentação do voto-vista do Min. Luiz Fux: STF. RE nº 363.889. Rel. Min. Dias Toffoli, Pleno, j. 2.6.2011. *DJe*, 16 dez. 2011.

[12]   RODRIGUES JR., Otavio Luiz. Estatuto epistemológico do Direito Civil contemporâneo na tradição de civil law em face do neoconstitucionalismo e dos princípios. *O Direito*, Lisboa, v. 143, p. 43-66, 2011. p. 63.

Em 1976, tem-se o RE nº 86.297, de relatoria do Min. Thompson Flores, relativo a um caso de inelegibilidade de candidato processado criminalmente. A dignidade humana e a Declaração Universal dos Direitos do Homem entram como elemento argumentativo nos diversos votos proferidos nesse julgamento. Destacam-se questões sobre a natureza e a eficácia de declarações de direitos, a depender de sua incorporação formal ao direito positivo de cada Estado, bem como se elas podem interferir no conteúdo da legislação eleitoral.[13]

A dignidade humana voltará aos julgados do STF em 1994, quando o tribunal pleno examinou o HC nº 70.389/SP. O acórdão era relativo a um caso de tortura contra criança ou adolescente e a dignidade humana surgiu com naturalidade quando se afirmava:

> a tortura constitui a negação arbitrária dos direitos humanos, pois reflete – enquanto prática ilegítima, imoral e abusiva – um inaceitável ensaio de atuação estatal tendente a asfixiar e, até mesmo, a suprimir a dignidade, a autonomia e a liberdade com que o indivíduo foi dotado, de maneira indisponível, pelo ordenamento positivo.[14]

Em Direito Privado, o primeiro caso de fundamentação com a "dignidade humana" é, por coincidência, relacionado ao exame de DNA: seria possível exigir o comparecimento compulsório do investigado para se submeter à perícia? O voto vencedor do Min. Marco Aurélio é taxativo ao afirmar:

> discrepa, a mais não poder, de garantias constitucionais implícitas e explícitas – preservação da dignidade humana, da intimidade, da intangibilidade do corpo humano, do império da lei e da inexecução específica e direta de obrigação de fazer – provimento judicial que, em ação civil de investigação de paternidade, implique determinação no sentido de o réu ser conduzido ao laboratório, "debaixo de vara", para coleta do material indispensável à feitura do exame DNA.

Eventual recusa deveria implicar efeitos probatórios a serem apreciados pelo juiz no âmbito das presunções nesse tipo de ação.[15]

Especificamente quanto ao Direito Privado, a dignidade humana aparecerá como fundamento de acórdãos de 2010 a 2018 com a seguinte frequência: (a) 2010 – 2; (b) 2011 – 5; (c) 2012 – 4; (d) 2013 – 2; (e) 2014 – 5; (f) 2015 – 4; (g) 2016 – 5; (h) 2017 – 7; (i) 2018 – 3. Comparativamente ao número total de processos nos quais a dignidade humana serviu como fundamento, sem distinção de matérias, tem-se: a) 2010 – 25; (b) 2011 – 27; (c) 2012 – 32; (d) 2013 – 26; (e) 2014 – 34; (f) 2015 – 16; (g) 2016 – 25; (h) 2017 – 39; (i) 2018 – 21.[16]

Apenas um estudo detalhado de cada um dos acórdãos permitirá que se extraiam informações sobre a relevância ou não da dignidade humana para o caso; seu uso excessivo e sua correlação com as matérias e áreas do Direito específicas. Os números,

---

[13]   STF. RE nº 86.297. Rel. Min. Thompson Flores, Tribunal Pleno, j. 17.11.1976. *DJ*, 26 nov. 1976.

[14]   STF. HC nº 70.389. Rel. Min. Sydney Sanches. Rel. para o acórdão Min. Celso de Mello, Pleno, j. 23.6.1994. *DJ*, 10 ago. 2001.

[15]   STF. HC nº 71.373. Rel. Min. Francisco Rezek. Rel. para o acórdão Min. Marco Aurélio, Pleno, j. 10.11.1994. *DJ*, 22 nov. 1996.

[16]   Dados extraídos do *site* do STF.

porém, servem a um propósito exclusivamente ilustrativo: o papel simbólico do STF como orientador da jurisprudência nacional e a sinalização que é dada à jurisdição ordinária sobre como decidir casos com base na dignidade humana. Veja-se, a título de comparação, o Tribunal de Justiça do Estado do Rio de Janeiro. Em 2018, com o metadado "dignidade humana", retornam 2.816 decisões.[17] No mesmo ano de 2018 e com idêntico metadado, retornam 210 acórdãos no Tribunal de Justiça do Rio Grande do Sul.[18]

No âmbito doutrinário, após o Recurso Extraordinário nº 363.889, percebeu-se um aumento de textos, alguns deles com expressa referência a esse julgado do STF, que passaram a contestar a dignidade humana como fundamento de decisões, especialmente em Direito Privado.[19] Essa trajetória ascendente de críticas não é, ainda, tão significativa quanto a literatura que enaltece o papel da dignidade humana como elemento decisório nuclear para os casos judiciais. Não deixa de ser, contudo, perceptível a alteração de ânimos em um tópico tão difícil quanto politicamente cheio de manhas. O caráter teórico e simbólico do Recurso Extraordinário nº 363.889 é ainda mais notável sob essa óptica.[20]

---

[17] PODER JUDICIÁRIO. Estado do Rio de Janeiro. *Consulta jurisprudência*. Disponível em: http://www4.tjrj.jus.br/EJURIS/ProcessarConsJuris.aspx?PageSeq=0&Version=1.1.4.1. Acesso em 15 jul. 2019.

[18] PODER JUDICIÁRIO. Tribunal de Justiça do Estado do Rio Grande do Sul. *Jurisprudência*. Disponível em: http://www.tjrs.jus.br/site/busca-solr/index.html?aba=jurisprudencia. Acesso em: 10 jul. 2019.

[19] "O princípio da dignidade da pessoa humana está entronizado no art. 1º, III, da Constituição, como um dos fundamentos da República Federativa do Brasil. Tem sido arguido, com crescente freqüência, quer como argumento de reforço, quer como razão suficiente, para a solução de controvérsias. A sua elástica dimensão semiológica não vem encontrando redimensionamento capaz de propiciar segurança quanto às possibilidades da sua invocação, quer por parte da doutrina, quer por parte da jurisprudência mesma. Daí que, não raro, é esgrimido como argumento por autor e réu, recorrente e recorrido numa só causa. A situação já levou um Ministro ao desabafo formal, no curso de voto no RE nº 363.889 (*DJe* 16.12.2011)" (BRANCO, Paulo Gustavo Gonet. Crônica da jurisprudência do Supremo Tribunal Federal brasileiro em 2012. *Anuario Iberoamericano de Justicia Constitucional*, v. 17, p. 479-496, 2013. p. 421-422; MIRANDA, Jorge; RODRIGUES JR., Otavio Luiz; FRUET, Gustavo Bonato. Principais problemas dos direitos da personalidade e estado-da-arte da matéria no Direito Comparado. *In*: MIRANDA, Jorge; RODRIGUES JR., Otavio Luiz; FRUET, Gustavo Bonato (Org.). *Direitos da personalidade*. São Paulo: Atlas, 2012. p. 1-24; ALVES, Adriana da Fontoura. A dignidade humana no Supremo Tribunal Federal e a fundamentação de casos de Direito Privado. *Revista de Direito Privado*, v. 14, n. 56, p. 45-64, out./dez. 2013; LEAL, Fernando. Seis objeções ao Direito Civil Constitucional. *Direitos Fundamentais e Justiça*, v. 9, n. 33, p. 123-165, out./dez. 2015. p. 140-145; BOSCARO, Márcio Antônio. Direito fundamental ao reconhecimento da identidade genética. *In*: GOUVEIA, Jorge Bacelar; SILVA, Heraldo de Oliveira (Coord.). *I Congresso Luso-Brasileiro de Direito*. Coimbra: Almedina, 2014. p. 159-172; "Por outro lado, o uso abusivo e retórico da 'dignidade humana' pode banalizar esse conceito, dificultando a aferição da racionalidade da tomada de decisão pelo Poder Judiciário, em especial no que tange ao juízo de ponderação entre direitos em colisão. Esse uso retórico da 'dignidade humana' já foi detectado, em julgamento no STF, pelo Min. Dias Toffoli, o que estaria 'transformando a conspícua dignidade humana, esse conceito tão tributário das Encíclicas papais e do Concílio Vaticano II, em verdadeira panaceia de todos os males'" (RAMOS, André de Carvalho. Dignidade humana como obstáculo à homologação de sentença estrangeira. *Revista de Processo*, v. 40, n. 249, p. 31-55, nov. 2015); STRECK, Lenio Luiz. As várias faces da discricionariedade no Direito Civil brasileiro: o "reaparecimento" do movimento do direito livre em terrae brasilis. *Revista de Direito Civil Contemporâneo*, v. 8, p. 37-48, jul./set. 2016; REIS, Thiago. Dogmática e incerteza normativa: crítica ao substancialismo jurídico do direito civil constitucional. *Revista de Direito Civil Contemporâneo*, v. 11, ano 4, p. 213-238, jun. 2017; DIAS TOFFOLI, José Antonio. Centralidade do Direito Civil na obra de Antonio Junqueira de Azevedo. *Revista de Direito Civil Contemporâneo*, v. 13, p. 33-57, out./dez. 2017; RODRIGUES JR., Otavio Luiz. *Direito Civil contemporâneo*: estatuto epistemológico, Constituição e direitos fundamentais. 2. ed. rev. ampl. Rio de Janeiro: Forense, 2019; TOLEDO, Cláudia Mansani Queda de. Breves reflexões sobre as eficácias direta e indireta dos direitos fundamentais: entre a dignidade humana na CF/88 e a dignidade Do Direito Privado. *Revista Jurídica Eletrônica do Tribunal de Justiça de São Paulo*, v. 3, p. 59-76, fev. 2019, esp. p. 72-75; CORREIA, Atalá; CAPUCHO, Fábio Jun; FIGUEIREDO, Anna Ascenção Verdadeiro de. Dignidade da pessoa humana e direitos da personalidade: uma visão crítica. *In*: CORREIRA, Atalá; CAPUCHO, Fábio Jun (Org.). *Direitos da personalidade*: a contribuição de Silmara J. A. Chinellato. Barueri: Manole, 2019. p. 20-40.

[20] O acórdão despertou interesse da doutrina também quanto ao tema da relativização da coisa julgada, ainda que sem ênfase exclusiva no capítulo da dignidade humana, como se pode notar em alguns artigos dedicados total ou

O pensamento de Antonio Junqueira de Azevedo é uma chave para se compreender a opção deliberada do relator, Min. Dias Toffoli, em assumir essa orientação "contramajoritária" (à falta de palavra melhor e entendida em relação a um contexto de ampla assimilação acrítica da dignidade humana na dogmática e na jurisprudência). Aluno do antigo professor titular de Direito Civil da Faculdade de Direito do Largo de São Francisco, ele deixou evidente essa influência em um artigo publicado em 2017 sobre a centralidade do Direito Civil na obra de Antonio Junqueira de Azevedo. Na seção 4 desse artigo, Dias Toffoli ocupa-se da jurisprudência do STF e sua relação com os escritos de seu professor. Sobre a dignidade humana, ele afirma:

> A dignidade da pessoa humana tornou-se uma expressão vazia de significado e utilizada como sustentáculo de teses e decisões que de forma alguma necessitariam desse princípio. Pouco a pouco, essa euforia tem dado lugar a apreciações críticas, escoradas em argumentação voltada à preservação da própria dignidade da pessoa humana.
>
> A argumentação do Professor Junqueira não é de ataque à dignidade da pessoa humana, mas da defesa de sua correta aplicação.
>
> Foi dessa apreciação crítica que se extraíram os argumentos utilizados no voto no RE 363889/DF 78 de minha relatoria, no qual se afastou a tentativa de aplicar a dignidade da pessoa humana a um caso no qual ela não seria necessária.[21]

3 Dignidade humana e Recurso Extraordinário nº 363.889: quatro razões para sua dispensabilidade como instrumento de fundamentação retórica

Se não há dúvida quanto aos elementos descritivos, aos fundamentos e à influência do Recurso Extraordinário nº 363.889, é interessante organizar as razões pelas quais a dignidade humana é dispensável como instrumento retórico para decisões em Direito Privado.

(a) *Necessidade de esgotamento dos meios legais e interpretativos.* A dignidade da legislação, a suficiência dos métodos hermenêuticos civilísticos como resposta primária para a solução de casos em Direito Privado e a necessidade do emprego de fatores de correção do sistema (jurídico) interno seriam argumentos *gerais* para se afastar a incidência da conspícua dignidade humana, no estilo do que sugere o Recurso Extraordinário nº 363.889.

---

parcialmente ao recurso extraordinário de relatoria do Min. Dias Toffoli: SALOMÃO, Luis Felipe; DRUMOND, Mônica. Temas contemporâneos de Direito de Família. *Revista CEJ*, v. 22, n. 75, p. 18-35, maio/ago. 2018, esp. p. 20-22; TRANCOSO, Renata Vitória Oliveira S.; DIAS, Ricardo Gueiros Bernardes. Coisa julgada e revisão judicial: Novas perspectivas, ponderação de princípios e decisões da corte suprema brasileira. *Derecho y Cambio Social*, ano 11, n. 38, p. 1-29, 2014. p. 14-21. Não pode ser ignorado o inventário de críticas à dignidade humana apresentado em: BARROSO, Luís Roberto. *A dignidade da pessoa humana no Direito Constitucional contemporâneo*: natureza jurídica, conteúdos mínimos e critérios de aplicação. Versão provisória para debate público, dez. 2010. Mimeo. p. 9.

[21] DIAS TOFFOLI, José Antonio. Centralidade do Direito Civil na obra de Antonio Junqueira de Azevedo. *Revista de Direito Civil Contemporâneo*, v. 13, p. 33-57, out./dez. 2017. p. 54. Ele cita, nesta passagem, o seguinte texto: JUNQUEIRA DE AZEVEDO, Antonio. Caracterização jurídica da dignidade da pessoa humana. *Revista da Faculdade de Direito da Universidade de São Paulo*, v. 97, p. 107-125, 2002.

Como já defendido alhures, no sistema de Direito Privado há um complexo normativo interno que permite corrigir e controlar a validez dos negócios jurídicos e de todos os institutos e figuras jurídicas submetidos a seus limites. As técnicas de correção são antigas e conhecidas, como, *v.g.* os juízos de anulabilidade e de nulidade. Nesse âmbito, o Código Civil é o instrumento central nesse processo. Embora, o sistema de Direito Privado, "por força do princípio da constitucionalidade, submete-se aos mecanismos comuns de controle de validade, que recaem não somente sobre normas jurídicas produzidas pelo Estado, mas também sobre atos ou atividades que se vinculem ao sistema de Direito Privado".[22]

Ainda dentro do sistema interno, o recurso aos princípios – entre os quais a dignidade humana – apresenta o problema do "cavalo de troia": o conteúdo axiológico desses princípios é extraído do sistema externo (de difícil conformação e delimitação). Disso resulta que a correção determinada pelos princípios esconde, muita vez, "os elementos morais, que dividem as pessoas, ao se integrarem em fórmulas jurídicas" e "podem tanto ductilizar o Direito quanto nele introduzir 'cavalos de troia', cujo efeito é tão somente o de esmurrar a mesa, como disse Alf Ross, ao mencionar o uso do valor 'justiça' em uma discussão jurídica".[23]

Em sendo assim, o recurso direto à dignidade humana é impróprio e deve ser criticado pela doutrina e evitado pelos magistrados. Apenas em situações extremas é que a dignidade humana pode (e deve) ser mobilizada, até mesmo para não banalizar situações como tortura, abusos físicos a incapazes, genocídio e outros atos cuja gravidade reclama o apelo radical à dignidade humana.

(b) *Dualidade de posições em conflitos privados e unidade da dignidade humana.* Em conflitos privados, na quase totalidade dos casos, os contendores são particulares. Se pessoas naturais, a dignidade humana, em tese, é arguível por quaisquer delas. Como ressalta Antonio Junqueira de Azevedo, um princípio jurídico, em seu processo de concretização, "exige sempre um trabalho de modelação para adaptação ao concreto". Dá-se, porém, que

> até mesmo um princípio fundamental, como o da dignidade da pessoa humana, impõe o trabalho de modelação porque, por exemplo, é preciso compatibilizar a dignidade de uma pessoa com a de outra (e, portanto, alguma coisa da dignidade de uma poderá ficar prejudicada pelas exigências da dignidade da outra).[24]

A radicalidade da implementação desse princípio, ainda segundo Antonio Junqueira de Azevedo, impede seja ele atenuado, sob pena de seu desaparecimento.[25]

(c) *Complexidade e plasticidade conceitual da dignidade humana.* Tais problemas ampliam-se pela inexistência de consensos mínimos sobre o que seja realmente

---

[22] RODRIGUES JR., Otavio Luiz. *Direito Civil contemporâneo*: estatuto epistemológico, Constituição e direitos fundamentais. 2. ed. rev. ampl. Rio de Janeiro: Forense, 2019. p. 353.

[23] RODRIGUES JR., Otavio Luiz. *Direito Civil contemporâneo*: estatuto epistemológico, Constituição e direitos fundamentais. 2. ed. rev. ampl. Rio de Janeiro: Forense, 2019. p. 358.

[24] JUNQUEIRA DE AZEVEDO, Antonio. Caracterização jurídica da dignidade da pessoa humana. *In*: JUNQUEIRA DE AZEVEDO, Antonio. *Estudos e pareceres de Direito Privado*. São Paulo: Saraiva, 2004. p. 96.

[25] JUNQUEIRA DE AZEVEDO, Antonio. Caracterização jurídica da dignidade da pessoa humana. *In*: JUNQUEIRA DE AZEVEDO, Antonio. *Estudos e pareceres de Direito Privado*. São Paulo: Saraiva, 2004. p. 96.

a dignidade humana.[26] A excessiva abstração conceitual da dignidade humana, o que é perceptível a partir da leitura de textos dogmáticos e jurisprudenciais, implica dois efeitos deletérios: (i) a impossibilidade prática de sua aplicação na maior parte dos casos; (ii) o recurso a fundamentações tautológicas do tipo "a conduta é exigível de A para preservação da dignidade humana de B". Mas, o que é a dignidade humana no caso específico? Qual a relação entre a exigência da dignidade humana e uma norma legal aplicável diretamente à hipótese?[27] Desse modo:

> o efeito prático do recurso à dignidade é quase sempre o mesmo: o de obstrução do processo de fundamentação pela referência a algum conteúdo que, apesar do apelo geral, é, em casos específicos, apenas aparentemente consensual. Estar de acordo em abstrato com a necessidade de proteção da dignidade humana não leva diretamente, [...], à determinação de que medida concreta deve ser adotada para preservá-la.[28]

(d) *O efeito desestabilizador da dignidade humana como fundamento decisório.* Quem pode ser contrário à dignidade humana? A pergunta esconde em si um meta-questionamento: se uma parte funda sua pretensão na dignidade humana, o que resta para o adversário em termos argumentativos? Da mesma forma, ao juiz se torna ainda mais difícil refutar teses baseadas na dignidade humana. O ônus argumentativo é altíssimo e constrange aos que têm coragem para afrontá-lo.

A dignidade humana, quando decalcada dos "casos especiais" que realmente justificariam sua utilização (*v.g.*, violações graves a direitos humanos, como a prática de crimes hediondos),[29] converte-se em uma causa de déficit de segurança jurídica e de aumento excessivo da complexidade decisória. Nos conflitos de Direito Privado, vale a advertência que já se pronunciou em outro texto sobre a questão do recurso excessivo à Constituição, mas que se encaixa na dignidade humana:

> A função do Direito, que é a de resolver conflitos, é esvaziada por força da hipercomplexidade de soluções que não precisariam mobilizar a Constituição e os direitos fundamentais. Misturam-se casos fáceis e casos difíceis em uma mesma tábua, que demanda cada vez mais o recurso ao texto constitucional, ainda que não se saiba ao certo (ou não haja consenso sobre) o que seja a Constituição.[30]

---

[26] LEAL, Fernando. Seis objeções ao direito civil constitucional. *Direitos Fundamentais e Justiça*, v. 9, n. 33, p. 123-165, out./dez. 2015. p. 132 e ss.

[27] Parcialmente neste sentido: LEAL, Fernando. Seis objeções ao Direito Civil Constitucional. *Direitos Fundamentais e Justiça*, v. 9, n. 33, p. 123-165, out./dez. 2015. p. 140-145.

[28] LEAL, Fernando. Seis objeções ao Direito Civil Constitucional. *Direitos Fundamentais e Justiça*, v. 9, n. 33, p. 123-165, out./dez. 2015. p. 143.

[29] Não se pode confundir a crítica ora realizada sobre os excessos argumentativos baseados na dignidade humana com debates que exploram seus limites no âmbito social e econômico, ao exemplo desse artigo, que recupera a experiência de Weimar e o nascimento do direito econômico: BERCOVICI, Gilberto. Constituição econômica e dignidade da pessoa humana. *Revista da Faculdade de Direito da Universidade de São Paulo*, v. 102, p. 457-467, jan./dez. 2007.

[30] RODRIGUES JR., Otavio Luiz. *Direito Civil contemporâneo*: estatuto epistemológico, Constituição e direitos fundamentais. 2. ed. rev. ampl. Rio de Janeiro: Forense, 2019. p. 357.

As mencionadas *quatro razões* para a dispensabilidade da fundamentação decisória com suporte na dignidade humana podem ser identificadas, ainda que de modo parcial, no Recurso Extraordinário nº 363.889. No contexto específico de uma crítica metodológica, elas são úteis. Não se pode, todavia, confundir essa abordagem com falácias muito comuns nesse debate, as quais o reconduzem a mistificações como a negação da dignidade humana no Direito Privado. Os civilistas disso não podem ser acusados, embora haja uma espécie de *leyenda negra* sobre as relações da dignidade humana e o Direito Privado.[31]

Referências

ALVES, Adriana da Fontoura. A dignidade humana no Supremo Tribunal Federal e a fundamentação de casos de Direito Privado. *Revista de Direito Privado*, v. 14, n. 56, p. 45-64, out./dez. 2013.

BARROSO, Luís Roberto. *A dignidade da pessoa humana no Direito Constitucional contemporâneo*: natureza jurídica, conteúdos mínimos e critérios de aplicação. Versão provisória para debate público, dez. 2010. Mimeo.

BERCOVICI, Gilberto. Constituição econômica e dignidade da pessoa humana. *Revista da Faculdade de Direito da Universidade de São Paulo*, v. 102, p. 457-467, jan./dez. 2007.

BOSCARO, Márcio Antônio. Direito fundamental ao reconhecimento da identidade genética. *In*: GOUVEIA, Jorge Bacelar; SILVA, Heraldo de Oliveira (Coord.). *I Congresso Luso-Brasileiro de Direito*. Coimbra: Almedina, 2014.

BRANCO, Paulo Gustavo Gonet. Crônica da jurisprudência do Supremo Tribunal Federal brasileiro em 2012. *Anuario Iberoamericano de Justicia Constitucional*, v. 17, p. 479-496, 2013.

CORREIA, Atalá; CAPUCHO, Fábio Jun; FIGUEIREDO, Anna Ascenção Verdadeiro de. Dignidade da pessoa humana e direitos da personalidade: uma visão crítica. *In*: CORREIRA, Atalá; CAPUCHO, Fábio Jun (Org.). *Direitos da personalidade*: a contribuição de Silmara J. A. Chinellato. Barueri: Manole, 2019.

DIAS TOFFOLI, José Antonio. Centralidade do Direito Civil na obra de Antonio Junqueira de Azevedo. *Revista de Direito Civil Contemporâneo*, v. 13, p. 33-57, out./dez. 2017.

FACHIN, Luiz Edson. Análise crítica, construtiva e de índole constitucional da disciplina dos direitos da personalidade no Código Civil brasileiro: fundamentos, limites, transmissibilidade. *Revista Jurídica*, v. 55, n. 362, p. 43-60, dez. 2007.

JUNQUEIRA DE AZEVEDO, Antonio. Caracterização jurídica da dignidade da pessoa humana. *In*: JUNQUEIRA DE AZEVEDO, Antonio. *Estudos e pareceres de Direito Privado*. São Paulo: Saraiva, 2004.

JUNQUEIRA DE AZEVEDO, Antonio. Caracterização jurídica da dignidade da pessoa humana. *Revista da Faculdade de Direito da Universidade de São Paulo*, v. 97, p. 107-125, 2002.

LEAL, Fernando. Seis objeções ao direito civil constitucional. *Direitos Fundamentais e Justiça*, v. 9, n. 33, p. 123-165, out./dez. 2015.

---

[31] A refutar essa "lenda negra", veja-se: OLIVEIRA, José Lamartine Corrêa de; MUNIZ, Francisco José Ferreira. O Estado de Direito e os direitos da personalidade. *Revista da Faculdade de Direito da Universidade Federal do Paraná*, ano 19, n. 19, p. 223-241, 1980; "Sob este olhar, não é possível olvidar que a dignidade da pessoa humana abrange todos os setores da ordem jurídica, inclusive os que disciplinam mais especificamente esses direitos, como o Código Civil, ao tratar dos direitos da personalidade" (FACHIN, Luiz Edson. Análise crítica, construtiva e de índole constitucional da disciplina dos direitos da personalidade no Código Civil brasileiro: fundamentos, limites, transmissibilidade. *Revista Jurídica*, v. 55, n. 362, p. 43-60, dez. 2007).

MIRANDA, Jorge; RODRIGUES JR., Otavio Luiz; FRUET, Gustavo Bonato. Principais problemas dos direitos da personalidade e estado-da-arte da matéria no Direito Comparado. *In*: MIRANDA, Jorge; RODRIGUES JR., Otavio Luiz; FRUET, Gustavo Bonato (Org.). *Direitos da personalidade*. São Paulo: Atlas, 2012.

OLIVEIRA, José Lamartine Corrêa de; MUNIZ, Francisco José Ferreira. O Estado de Direito e os direitos da personalidade. *Revista da Faculdade de Direito da Universidade Federal do Paraná*, ano 19, n. 19, p. 223-241, 1980.

RAMOS, André de Carvalho. Dignidade humana como obstáculo à homologação de sentença estrangeira. *Revista de Processo*, v. 40, n. 249, p. 31-55, nov. 2015.

REIS, Thiago. Dogmática e incerteza normativa: crítica ao substancialismo jurídico do direito civil constitucional. *Revista de Direito Civil Contemporâneo*, v. 11, ano 4, p. 213-238, jun. 2017.

RODRIGUES JR., Otavio Luiz. *Direito Civil contemporâneo*: estatuto epistemológico, Constituição e direitos fundamentais. 2. ed. rev. ampl. Rio de Janeiro: Forense, 2019.

RODRIGUES JR., Otavio Luiz. Estatuto epistemológico do Direito Civil contemporâneo na tradição de civil law em face do neoconstitucionalismo e dos princípios. *O Direito*, Lisboa, v. 143, p. 43-66, 2011.

SALOMÃO, Luis Felipe; DRUMOND, Mônica. Temas contemporâneos de Direito de Família. *Revista CEJ*, v. 22, n. 75, p. 18-35, maio/ago. 2018.

SILVA, Virgílio Afonso da. *A constitucionalização do Direito*: os direitos fundamentais nas relações entre particulares. São Paulo: Malheiros, 2005.

STRECK, Lenio Luiz. As várias faces da discricionariedade no Direito Civil brasileiro: o "reaparecimento" do movimento do direito livre em terrae brasilis. *Revista de Direito Civil Contemporâneo*, v. 8, p. 37-48, jul./set. 2016.

TAVARES DA SILVA, Regina Beatriz. Reflexões sobre o reconhecimento da filiação extramatrimonial. *Revista de Direito Privado*, v. 1, n. 1, p. 71-91, jan./mar. 2000. TOLEDO, Cláudia Mansani Queda de. Breves reflexões sobre as eficácias direta e indireta dos direitos fundamentais: entre a dignidade humana na CF/88 e a dignidade do Direito Privado. *Revista Jurídica Eletrônica do Tribunal de Justiça de São Paulo*, v. 3, p. 59-76, fev. 2019.

TRANCOSO, Renata Vitória Oliveira S.; DIAS, Ricardo Gueiros Bernardes. Coisa julgada e revisão judicial: Novas perspectivas, ponderação de princípios e decisões da corte suprema brasileira. *Derecho y Cambio Social*, año 11, n. 38, p. 1-29, 2014.

VILLELA, João Baptista. Variações impopulares sobre a dignidade da pessoa humana. *In*: AA.VV. *Superior Tribunal de Justiça*: doutrina: edição comemorativa, 20 anos. Brasília: STJ, 2009.

Informação bibliográfica deste texto, conforme a NBR 6023:2018 da Associação Brasileira de Normas Técnicas (ABNT):

RODRIGUES JR., Otavio Luiz. Dignidade humana e Direito Privado contemporâneo: a contribuição metodológica do Recurso Extraordinário nº 363.889. *In*: MORAES, Alexandre de; MENDONÇA, André Luiz de Almeida (Coord.). *Democracia e sistema de justiça*: obra em homenagem aos 10 anos do Ministro Dias Toffoli no Supremo Tribunal Federal. Belo Horizonte: Fórum, 2020. p. 485-498. ISBN 978-85-450-0718-0.

TRIBUNAIS SUPERIORES E *STANDARDS* DE PROVA

PAULO HENRIQUE DOS SANTOS LUCON

1 Introdução

O presente ensaio parte da seguinte premissa: muito embora o direito não se resuma àquilo que os tribunais decidem, são as normas oriundas da jurisprudência que fornecem os dados empíricos necessários à realização de um discurso a respeito da efetividade dos direitos. Nesse sentido, apesar de o senso comum dos juristas brasileiros afirmar que vigora entre nós um sistema de livre valoração da prova condicionado ao dever de motivação (livre convencimento motivado), a realidade demonstra o contrário, que estamos na verdade muito mais próximos de um sistema que prestigia a íntima convicção dos magistrados no que diz respeito ao julgamento dos fatos em um processo. Apesar de o art. 93, inc. IX, da Constituição Federal determinar que todas as decisões judiciais devem ser motivadas, e o art. 371 do Código de Processo Civil estipular que o juiz deve apreciar a prova e indicar na decisão as razões que levaram à formação de seu convencimento, a jurisprudência dos tribunais brasileiros tem se mostrado permissiva com os magistrados na observância desse dever.

O discurso corrente entre os órgãos do Judiciário brasileiro em matéria de valoração da prova versa especialmente sobre a liberdade conferida ao juiz de formar seu convencimento a respeito dos aspectos fáticos da causa sem se preocupar, sobremaneira, contudo, sobre o que torna determinado elemento de prova merecedor de maior relevância que outro para a resolução do litígio ou sobre o grau de convencimento exigido para considerar determinada hipótese provada. Ao se analisar referida matéria, afirma-se, em geral, que o juiz apreciará com prudência a prova a partir de máximas de experiência e exporá na motivação as razões que o convenceram a considerar determinada alegação verdadeira ou não. Em matéria de valoração probatória, o Superior Tribunal de Justiça, por exemplo, costuma repetir aforismas do seguinte tipo: (1) "no que tange à valoração das provas, o ordenamento jurídico pátrio adota o sistema do livre-convencimento motivado (artigo 93, IX, da CF), de forma que o sentenciante tem ampla liberdade na valoração das provas constantes dos autos, as quais têm o mesmo valor, desde que devidamente fundamentadas" (AREsp nº 322.813); (2) "o julgador não está obrigado a responder a todas as questões suscitadas pelas partes, quando já tenha encontrado motivo suficiente para proferir a decisão" (EDcl no MS nº 21.315). O grande *porém* de decisões desse tipo é que elas, em sentido contrário às funções que se esperam dos tribunais superiores, não fornecem razões universalizáveis que poderiam ser aplicadas em processos futuros a respeito desses temas.

Em síntese, no direito brasileiro, manifesta-se o seguinte dilema: o julgador não está vinculado a qualquer eficácia legal atribuída às provas de modo prévio, ele pode apreciá-las livremente, desde que exponha em sua decisão os motivos que o levaram a considerar determinada hipótese provada ou não. O controle a respeito dessa atividade, no entanto, é limitado, pois, em função da crença de que os juízes são livres para a formação de seu convencimento, não são impostos a eles quaisquer tipos de parâmetros a serem observados nas atividades de valoração da prova. Nesse sentido, não é incomum, por exemplo, que uma mesma máxima de experiência seja utilizada em sentido distinto em casos análogos, ou que se apliquem *standards* probatórios distintos para as mesmas relações jurídicas de direito material.

Diante desse diagnóstico, esse estudo visa a apresentar uma possível solução para esse problema. Como se pretende expor nos itens a seguir, incumbe aos tribunais superiores a responsabilidade de assumir sua função institucional de ser a última voz no processo de concretização do direito e na formação de precedentes, de modo que cabe a eles também julgar casos paradigmas dos quais se possam extrair parâmetros objetivos que possam orientar as atividades de valoração probatória. Nesse sentido, no *item 2* a seguir, demonstra-se que o julgamento de recursos pelos tribunais superiores que versem a respeito de questões atinentes à valoração da prova é condizente à sua função institucional; enquanto no *item 3* se procura analisar como esses parâmetros fixados pelos tribunais superiores em matéria probatória podem contribuir para maior racionalidade do sistema que envolve o julgamento dos fatos no direito brasileiro. O *item 4*, por fim, reúne as principais conclusões alcançadas no desenvolvimento deste ensaio.

2 Tribunais superiores e o julgamento de recursos em matéria probatória

Quando se analisa a admissibilidade de um recurso endereçado a um tribunal superior, o primeiro elemento a ser levado em consideração atine às funções que a esse tribunal são atribuídas. O reconhecimento conferido ao papel desempenhado por esses tribunais revela a compreensão de um ordenamento jurídico a respeito do processo de criação e de vinculação ao direito. Como destaca a doutrina, tais órgãos jurisdicionais, além de resolver as disputas que lhes são submetidas, têm a função de complementar a ordem jurídica com a emissão de preceitos que a atividade legislativa é incapaz de fornecer.[1]

No entanto, a partir da compreensão do direito como prática argumentativa, a ser construída a cada ato de interpretação que atribui um novo sentido às normas jurídicas, os juízes passam a assumir um efetivo papel de agentes do processo de criação do direito e, como decorrência disso, os tribunais superiores passam a assumir novas funções.

---

[1] V. EISENBERG, Melvin Aron. *The nature of common law*. Cambridge: Harvard University Press, 1991. p. 4.

Nesse sentido, enquanto os tribunais de revisão que compõem as instâncias ordinárias se prestam a assegurar um novo julgamento para aquilo que foi decidido em primeira instância, os tribunais superiores passam a ter reforçada sua função institucional de criar padrões decisórios não casuísticos que possam servir de parâmetro de orientação para casos futuros a partir da aplicação a cada caso de razões universalizáveis. Ou seja, em virtude da posição ocupada por esses tribunais, eles devem atuar como verdadeiras Cortes de Precedentes que não se limitam apenas a analisar eventual violação à Constituição ou à legislação, mas se dedicam também a estabelecer parâmetros interpretativos que deverão ser observados no julgamento de casos futuros.

Essa função prospectiva, que reconhece a normatividade do direito jurisprudencial, implica, entre outras mudanças de perspectiva, uma nova concepção a respeito dos requisitos de admissibilidade dos recursos endereçados a esses tribunais. Por conta disso é que se justifica, por exemplo, uma maior restrição ao acesso a essas Cortes por meio da criação de filtros que permitam apenas a devolução de causas com reconhecida relevância jurídica e social como ocorre, por exemplo, com a repercussão geral como requisito de admissibilidade dos recursos extraordinários. O acesso a esses tribunais, portanto, não consiste em um direito subjetivo dos litigantes, mas atende acima de tudo ao interesse público de que essas Cortes possam desempenhar a função que delas se espera enquanto última voz no processo de concretização do direito. Justamente por conta disso, o juízo de admissibilidade dos recursos que são endereçados a essas cortes não se limita à análise de requisitos formais relativos à tutela dos interesses individuais dos litigantes, mas atine, em particular, ao interesse institucional desses tribunais, que devem atuar tendo em vista o efeito paradigmático de suas decisões.

Nesse sentido, os requisitos de admissibilidade dos recursos endereçados a esses tribunais devem ser interpretados a partir de tal diretiva de caráter funcional, de modo a evitar que eles se transformem em mais uma instância de revisão. A fim de delimitar a esfera de cognição dessas cortes, recorre-se, tradicionalmente, à distinção entre questões de fato e questões de direito, de modo que apenas estas poderiam ser conhecidas pelas cortes superiores. Como se sabe, os direitos são deduzidos no processo por meio da alegação de fatos que permitem a construção de uma norma jurídica a ser aplicável ao caso para que os efeitos jurídicos pretendidos possam ser produzidos. A decisão judicial, por isso, constitui o fruto de uma atividade cognitiva do juiz que se debruça sobre estes três elementos: fato, norma e efeito jurídico. Em linha de máxima é possível distinguir as decisões sobre uma questão de fato das decisões que envolvem uma questão de direito. Enquanto as primeiras pressupõem uma atividade de dimensão cognitiva, fundada sobre provas, que visa a declarar a verdade ou a falsidade das alegações relativas aos fatos da causa, as do segundo tipo pressupõem uma atividade hermenêutica, cujo escopo é individuar o significado de uma norma e as consequências jurídicas que dela derivam no caso concreto.[2]

Tal distinção, no entanto, é artificial e explica apenas parcialmente o processo de construção de uma decisão judicial. Em realidade, ela é útil apenas para ilustrar a última fase do raciocínio judicial em que, a partir de um silogismo entre premissas fáticas e jurídicas já definidas, o julgador elabora uma solução para o caso. Diz-se que essa

---

[2] Cfr. TARUFFO, Michele. Giudizio (teoria generale). *Enciclopedia Giuridica Treccani*, Roma, v. XV, 1988.

distinção é artificial, porque fatos e direitos são indissociáveis no processo de formação do convencimento judicial. Isso porque a identificação dos fatos materialmente relevantes para um caso parte da pré-compreensão do julgador a respeito do direito aplicável à espécie e a consequente construção da norma jurídica individual para o caso se darão com base nas inferências extraídas a partir desses fatos que forem considerados provados.[3]

Uma tomada de consciência a respeito da artificialidade dessa distinção não tem o propósito de colocar por terra as noções já estabelecidas a respeito da admissibilidade desses recursos, mas sim o de acrescentar a elas a relevantíssima perspectiva de que o acesso aos tribunais superiores só se justifica, se a partir do julgamento de um caso específico for possível extrair razões universalizáveis, capazes de serem replicadas em casos futuros. O recurso irrefletido a essa distinção artificial entre questões de fato e questões de direito contribui para a formação de uma jurisprudência defensiva que, muitas vezes, nega-se a conhecer de determinado recurso sob a alegação de que ele versaria a respeito de uma questão meramente fática e ignora a possibilidade de que essa questão tem o potencial de se repetir ou interessar a outros processos.

Assim, a doutrina mais sensível a essa problemática propõe, por exemplo, o seguinte modelo de interpretação ao enunciado da Súmula nº 7 do Superior Tribunal de Justiça:

> não se conhecerá do Recurso Especial tendo por objeto questões preponderantemente fáticas. As questões mistas, entretanto, poderão ou não ser revisadas "in jure", desde que certos requisitos se façam presentes, quais sejam, (1) a existência de dúvida quanto à observância da margem de decisão e (2) a possibilidade, ao ensejo de revisá-la, de proceder-se a um desenvolvimento posterior do direito, circunscrevendo seu âmbito de aplicação. Nessa definição, poderá o intérprete servir-se de critérios indicadores alternativos – efeito exemplificativo, repetibilidade, transcendência e relevância.[4]

A fim de tornar mais clara essa proposta de interpretação, faz-se uma distinção entre os elementos necessários e aqueles que podem contribuir para o conhecimento do recurso. Os elementos necessários consistiriam: (1) na natureza mista da questão, que deve deter uma carga de indeterminação jurídica, tal como ocorre, *v.g.*, com a aplicação de termos jurídicos indeterminados, cláusulas gerais ou *standards* probatórios; (2) na existência de uma dúvida objetiva a respeito dos limites em que são aplicados pelos tribunais locais os entendimentos que são fixados em torno da questão em julgamento; (3) na possibilidade de se realizar um desenvolvimento ulterior do direito de modo a redimensionar os limites da questão debatida.

Já os elementos que contribuem para que uma questão seja devolvida ao órgão *ad quem* atinem: (1) ao efeito exemplificativo da questão em julgamento, que pode servir de pauta de conduta ou precedente para casos futuros; (2) à repetibilidade da matéria em discussão, que pode ser submetida a julgamento com frequência; (3) à relevância e à transcendência da questão, que deve interessar à sociedade de maneira geral, quer seja sob o ponto de vista político e econômico, quer seja sob o enfoque jurídico.[5] Portanto, o

---

[3] V. TARUFFO, Michele. *La prueba de los hechos*. Tradução de Jordi Ferrer Beltrán. 4. ed. Madrid: Trotta, 2011. p. 96.

[4] V. KNIJNIK, Danilo. *O recurso especial e a revisão da questão de fato pelo Superior Tribunal de Justiça*. Rio de Janeiro: Forense, 2005. p. 280.

[5] KNIJNIK, Danilo. *O recurso especial e a revisão da questão de fato pelo Superior Tribunal de Justiça*. Rio de Janeiro: Forense, 2005. p. 280.

conhecimento de um recurso endereçado a um tribunal superior que verse sobre uma questão probatória não se justifica para que esse tribunal se pronuncie simplesmente sobre a ocorrência de um fato ou não em um específico caso concreto. No entanto, a atuação desse tribunal em matéria probatória tem razão de ser tanto nos casos em que a questão for exclusivamente de direito – como ocorre com as discussões a respeito da admissibilidade de uma prova ou com a vedação às provas ilícitas –, quanto se do recurso em questão for possível extrair uma norma de julgamento a respeito dos fatos capaz de ser replicada em processos futuros.

Como se sabe, a verificação dos fatos não pode se dar de maneira aleatória ou inquisitorial,[6] e como o processo se presta também à tutela de outros interesses, que não só a busca pela verdade da premissa fática de uma decisão, o direito impõe uma série de normas a regular essa etapa de construção da decisão jurídica. Nesse sentido, podem ser identificadas normas que disciplinam a atividade que dos sujeitos processuais se espera durante a instrução probatória, bem como normas que regulamentam as provas propriamente ditas – sua admissão, produção, valoração e sua utilização como critério de julgamento. Tais normas conformam o que se denomina dinâmica da prova e afluem para três momentos determinantes a respeito dos fatos no processo: a reunião dos elementos a serem valorados pelo juiz, a valoração judicial propriamente dita desses elementos e a análise da conformação dessa valoração para com o *standard* probatório aplicável ao caso.[7]

Com relação às primeiras fases dessa dinâmica, por estarem elas estritamente reguladas por normas jurídicas, não há grande divergência a respeito do conhecimento de recursos que versem a respeito dessas questões. Por outro lado, no tocante à fase decisória propriamente dita, adota-se uma postura refratária ao conhecimento de recursos que versem a respeito dessas questões. Sob a crença de que o magistrado é livre para formar seu convencimento, os tribunais superiores comumente se negam a julgar recursos que digam respeito à aplicação de máximas de experiência e de *standards* probatórios. Tal postura, no entanto, é contrária à função institucional desses tribunais. Em primeiro lugar, porque o direito à prova compreende também o direito à valoração adequada e isso inclui a aplicação de máximas de experiência e de *standards* probatórios adequados. Não bastasse isso, a partir da análise de casos que contenham pronunciamentos sobre essas normas, podem ser extraídos padrões para julgamentos de outras hipóteses. Assim, por exemplo, se fixado o *standard* aplicável para as situações que envolvem a Lei de Improbidade Administrativa, que impõe penas que se aproximam das sanções criminais, a partir dele pode-se extrair um *standard* menos rigoroso para os litígios de natureza civil que versem sobre questões meramente patrimoniais ou então se pode extrair um *standard* para as demandas eleitorais que possuem um caráter sancionatório que se aproxima de Lei de Improbidade.

No ordenamento jurídico brasileiro, está positivado o entendimento de que o magistrado é livre para valorar a prova desde que justifique o valor atribuído a cada uma delas. O dever de motivação, logo, é uma primeira limitação imposta à atividade de valoração. Essa liberdade conferida ao juiz, no entanto, não o desvincula das regras da

---

6   FERRER BELTRÁN, Jordi. *La valoración racional de la prueba*. Madrid: Marcial Pons, 2007. p. 30.
7   FERRER BELTRÁN, Jordi. *La valoración racional de la prueba*. Madrid: Marcial Pons, 2007. p. 41.

lógica e da razão. Para chegar a uma conclusão sobre a ocorrência ou não de determinado fato, após colher determinada informação, o juiz precisa constatar qual o grau de correspondência que ela guarda com alguma das possíveis hipóteses aventadas como solução para o litígio. A valoração das provas atine, logo, ao raciocínio desenvolvido pelo juiz voltado à avaliação crítica dos elementos probatórios submetidos à sua apreciação.

Comumente, afirma-se que no desenvolvimento dessa atividade o juiz deve se valer das chamadas máximas de experiência, que consistem em juízos hipotéticos, abstrações derivadas da experiência e desligadas dos fatos concretos que se julgam em um processo, e que por isso são aptas a serem aplicadas em outros casos.[8] O recurso à utilização dessas máximas, contudo, porque retórico, muitas vezes não contribui ao estudo da valoração probatória, tampouco para determinar se o juiz valorou determinada prova de modo correto, porque pouco diz sobre o acerto da construção dessas máximas e da sua aplicação.[9]

Confiando o sistema jurídico na prudência do magistrado no exame das provas, em auxílio a ele tão somente afirma-se que ele deve se valer de máximas de experiência, sem se desvelar, contudo, o que está por trás de cada uma delas. De tal tarefa, no entanto, depende a valoração probatória, porque o problema central do julgamento sobre os fatos está justamente nas circunstâncias que influenciam o raciocínio judicial. O recurso irrefletido às máximas de experiência deixa, por exemplo, sem explicação o porquê da seleção dos elementos relevantes para a realização do raciocínio inferencial que resultará nas conclusões da decisão. A seleção de uma máxima de experiência, por exemplo, pode se dar por um viés cognitivo do julgador ou por uma manifestação de sua ideologia pessoal.[10]

Tem-se de se atentar, nesses casos, para que o juiz não perca sua imparcialidade e se deixe influenciar por suas convicções pessoais na construção das premissas fáticas em detrimento do que estatui o direito. Não é passível de ser reconhecido como terceiro – a quem se atribui a função de resolver determinada controvérsia – aquele que guarde qualquer espécie de interesse com o seu deslinde. O único interesse do magistrado no processo deve ser a correta e justa aplicação do direito. Daí o porquê da preocupação em se resguardar a imparcialidade do julgador, condição presente em todas as tentativas de conceituação do justo processo.

A imparcialidade influi decisivamente na atividade de valoração probatória, pois um magistrado que se encontra em uma condição de parcialidade é incapaz de realizar qualquer atividade relacionada com a valoração dos elementos de prova, porque a realizará apenas em parte, privilegiando as provas que lhe convém em detrimento das demais. Portanto, nos casos em que constatada a aplicação de uma máxima de experiência que decorra de uma convicção pessoal do juiz, deve-se conhecer do recurso interposto contra essa decisão, porque assim ele tutela a igualdade e, ao fim e a cabo, o próprio devido processo legal.

Em síntese, a atividade de valoração probatória envolve a corroboração de hipóteses a respeito das alegações de fatos que dão sustentação a cada pretensão jurídica e

---

[8] STEIN, Friedrich. *El conocimiento privado del juez*. Tradução de Andrés de la Oliva Santos. Madrid: Editorial Centro de Estudios Ramón Areces, 1990. p. 22.

[9] FERRER BELTRÁN, Jordi. *La valoración racional de la prueba*. Madrid: Marcial Pons, 2007. p. 30.

[10] FERRER BELTRÁN, Jordi. *La valoración racional de la prueba*. Madrid: Marcial Pons, 2007. p. 120

uma hipótese, para ser adotada como premissa de uma decisão, deve ser provável, isto é, demonstrável. Apenas pode ser considerado provável o que for de fato demonstrável. Por meio dessa noção de probabilidade, procura-se medir a credibilidade de uma inferência que transporta o raciocínio judicial de uma proposição a outra.

A credibilidade de uma inferência, nesse sentido, aumentará à medida que se superarem os controles probatórios que a tentarem falsear. Uma hipótese será considerada provável, então, se houver elementos que a corroborem e que ademais infirmem a credibilidade de eventuais hipóteses contrárias. Assim, uma prova confirma uma hipótese, se existir um nexo entre ambas, de modo que a existência da prova constitua razão suficiente para se aceitar como premissa da decisão a hipótese a ela relacionada. De acordo com esse modo de raciocinar, baseado no grau de confirmação alcançado, uma hipótese será considerada provável: (1) se não for refutada por outras provas; (2) se houver um nexo causal efetivo entre uma hipótese e as provas que a corroboram; (3) se o número de inferências entre a prova e a hipótese for maior que o número de inferências realizado para sustentação da hipótese contrária; (4) se a hipótese for corroborada por provas de diferente natureza.[11]

As máximas de experiência que forem utilizadas, portanto, para a realização do raciocínio presuntivo após fixada a ocorrência de um fato deve encontrar um amplo consenso no contexto social em que se proferirá a decisão, sob pena de se ter uma injustificada decisão particularista. Nos fenômenos de massa, em especial, com potencial de originar processos repetitivos, o pronunciamento dos tribunais superiores a respeito das máximas de experiência aplicáveis evita que casos semelhantes recebam tratamentos jurídicos distintos. Portanto, no juízo de admissibilidade desses recursos, deve-se dar prevalência ao potencial de repetição de mesmos fatos e à possibilidade de se fixar uma máxima de experiência aplicável a todos eles, ao invés de simplesmente não conhecer do recurso, porque ele simplesmente versaria a respeito de uma questão fática.

Uma última menção ainda deve ser feita àquela que é a fase derradeira da dinâmica probatória, consistente na aplicação dos *standards* probatórios. Como se sabe, um *standard* representa o nível mínimo de corroboração que se exige para que determinada hipótese seja considerada provada e possa então servir como premissa fática de uma decisão. O *standard* aplicável, por excelência, ao processo civil é o da probabilidade prevalecente, segundo o qual para que se considere provada uma hipótese basta que ela seja minimamente mais provável que as demais. Nos litígios de natureza civil que envolvam a aplicação de sanções ou a restrição a direitos da personalidade, o nível mínimo de suficiência probatória será mais elevado. O *standard* probatório varia não só em função da natureza do direito material em jogo, mas também por conta das espécies de provas que fundamentam determinada pretensão. Por tudo isso, dado o grau de indeterminação que envolve a aplicação de um *standard*, cabe aos tribunais superiores fixar os modelos de constatação a serem aplicados em cada caso a partir de padrões objetivos e universalizáveis. Ao fazer isso, promove-se (1) o direito ao contraditório, pois as partes passam a conhecer o que delas será exigido para demonstração de uma hipótese; (2) o direito à prova, já que a conclusão a respeito de determinada hipótese não

---

[11] GASCÓN ABELLÁN, Marina. *Los hechos en el derecho*. Bases argumentales de la prueba. Madrid: Marcial Pons, 1999. p. 115.

se dará de modo aleatório e (3) o direito à igualdade, na medida em que a conclusão a respeito do grau de suficiência de uma hipótese não dependerá do individualismo de cada julgador.

Em resumo, a atuação dos tribunais superiores em matéria de valoração probatória se justifica, pois essa fase da decisão judicial também exige a aplicação de razões universalizáveis que não podem ficar à mercê do convencimento de cada julgador. Assim, em se tratando de questões probatórias, cabe a esses tribunais avaliar não só temas ligados à admissibilidade, mas também questões ligadas à valoração propriamente dita (aplicação de máximas e *standards* probatórios) sempre que elas apresentarem relevância jurídica e social e possuírem potencial de se repetir em outros casos. Dá-se, com isso, concretude não só ao direito à prova, como também a outros princípios e garantias fundamentais, como o direito ao contraditório e a igualdade na aplicação do direito, por exemplo.

3 Precedentes e *standards* probatórios

A fim de tornar a prestação da tutela jurisdicional mais justa e de diminuir o número de processos em tramitação, defende-se uma maior utilização de prévias decisões judiciais como técnica de julgamento de processos futuros, o que, afinal, se justifica, pois, constitui um princípio básico de administração da justiça a noção de que casos semelhantes devem receber o mesmo tratamento jurídico, o que só pode ocorrer se observado o teor de decisões judiciais anteriores. Ao lado desse aspecto ligado à justiça substancial, a imparcialidade na aplicação do direito e a economia processual também são consequências do respeito aos precedentes que justificam sua necessária observância. Por conta disso, os precedentes judiciais, ainda que em diferentes medidas, são valorizados em qualquer ordenamento jurídico.

Com efeito, qualquer decisão judicial não pode ser um ato que se encerra em si mesmo. Ela deve procurar se inserir no contexto geral do ordenamento jurídico, e isso, por certo, ocorre com maior facilidade se a decisão fizer referência a uma regra de julgamento já utilizada em um caso similar. Assegura-se, com isso, a coerência das decisões. O precedente judicial, portanto, desempenha justamente esta função de assegurar a coerência da decisão com o restante do ordenamento jurídico. O grau de aceitação da norma jurídica aplicável a determinado caso é sempre maior quando essa norma já foi utilizada em um caso anterior. Tem-se a certeza, então, de que casos semelhantes são decididos da mesma maneira e que o destino de uma demanda não depende de sua distribuição.

Fazer essa referência aos precedentes na decisão judicial, assegurando o tratamento isonômico aos jurisdicionados, é ainda mais importante nos ordenamentos modernos em que o direito resulta mais das decisões dos tribunais do que das próprias normas de origem legislativa. A opção de legislar mediante a adoção de cláusulas abertas, versadas em termos jurídicos indeterminados, acaba por resultar em uma delegação ao Poder Judiciário para que este confira materialidade ao direito. Ato contínuo, a aplicação do direito que não leve em consideração o que foi julgado pelos tribunais é incompleta, considerando os elementos que são acrescidos ao ordenamento diante de cada decisão jurídica. Decisões judiciais, portanto, participam do processo de formação do convencimento judicial, na medida em que elas serão utilizadas como fundamento de uma nova decisão, se o juiz considerar os casos em análise análogos, ou então, em contrapartida, serão utilizadas como justificativa para a adoção de uma solução diversa a do precedente, quando se proceder a uma contra analogia. A origem maior da eficácia normativa dos precedentes judiciais reside, pois, na constatação de que fatos semelhantes, informados por idêntica razão, devem ser decididos da mesma maneira, sob pena de violação à igualdade.

O núcleo do raciocínio que embasa a aplicação do precedente, nesse sentido, está no juízo de comparação que tem lugar quando determinada norma, estabelecida a partir de determinada *fattispecie*, é aplicável a outra *fattispecie* para a qual não há uma previsão normativa específica. A aplicação de um precedente consiste, pois, na comparação entre a situação descrita na *fattispecie* individual e concreta fixada em uma determinada decisão e os fatos do caso em que se pretende aplicar referida decisão. Logo, se o alvo (o caso a decidir) e a fonte (o precedente) da comparação estiverem fundados em fatos semelhantes e em idênticas razões, o único caminho para o juiz é que a solução para ambos seja a mesma, sob pena de violação à igualdade. A primeira tarefa a que se deve dedicar, portanto, o juiz atento à necessidade de observar as decisões dos tribunais na formação de seu convencimento é interpretar os precedentes judiciais que a princípio seriam aplicáveis ao caso concreto em exame.

Nessa oportunidade, o juiz deve se concentrar em identificar os fatos concretos que circundaram referidos precedentes bem como os fundamentos que os sustentam. Quanto mais ampla for a interpretação atribuída pelo juiz a esses dois elementos, maior será o âmbito normativo do precedente, ou seja, maior a possibilidade de ele ser utilizado como referência em processos futuros, e, por outro lado, consequentemente, quanto mais restrita for essa interpretação, menor será seu campo de aplicação. Para limitar essa possibilidade de manipulação do precedente, recorre-se a dois elementos interdependentes: a classe de eventos e o *standard* jurídico emergente da decisão. Para se delimitar a classe de eventos abrangida pelo precedente recorre-se à linguagem, às regras da cultura, a paradigmas jurídicos e a casos anteriores e subsequentes ao paradigma que se quer aplicar, pois daí se podem extrair noções que por si só já qualificam certo fato como integrante de uma classe maior de eventos. Para a identificação do *standard* jurídico emergente do precedente, por outro lado, ressai em importância a teleologia da decisão, de modo que se os fins que a motivaram puderem ser identificados, com maior facilidade se poderá justificar a aplicação ou não do precedente.

Após a interpretação do precedente que se pretende aplicar ao caso em exame, cumpre ao juiz realizar, então, um exercício de comparação entre ambos; entre os elementos da decisão que interpretou e os elementos do caso que está a decidir. Para averiguar, portanto, a existência de uma distinção entre os casos, de maneira objetiva, limitando-se, assim, o subjetivismo judicial, devem ser analisados os fatos relevantes que circundam cada hipótese; os valores e as normas envolvidas; a questão de direito objeto da controvérsia; e os fundamentos determinantes da decisão. Comparando as narrativas do precedente e do caso em exame o juiz deve atentar, por exemplo, ao agente que praticou ambas as ações; às ações propriamente ditas, seus elementos caracterizadores e o modo como elas ocorreram; e às circunstâncias que as cercam. Caso esses elementos se repitam, caso sejam eles semelhantes, haverá, então, fundadas razões para a aplicação do precedente.

A aplicação dos precedentes, em resumo, depende das similaridades e diferenças relevantes entre o paradigma e o caso a decidir. O maior desafio do julgador, portanto, é sempre o de decidir quando as similitudes e diferenças entre os casos devem ser consideradas relevantes, e para tal deve ele recorrer aos fundamentos que inspiram ambos os casos. Portanto, quando se afirma que cabe aos tribunais superiores fixar os modelos de constatação aplicáveis a cada caso, o que se tem em mente é isto: espera-se que, a partir dessas decisões, os magistrados que compõem as instâncias inferiores passem a orientar suas decisões a respeito das questões fáticas com base nesses paradigmas e de acordo com os preceitos que informam a aplicação dos precedentes. Assim, por exemplo, o *standard* fixado para uma condenação por improbidade administrativa, que exige uma conduta dolosa e impõe como pena restrições a direitos individuais, pode ser usado como referência para os processos que digam respeito a direitos políticos e eleitorais e ambos podem servir como paradigma de um *standard* probatório mais rigoroso comparativamente àqueles casos que versam apenas sobre direitos patrimoniais e são, por isso, informados por outras razões. Tudo depende da demonstração das particularidades e semelhanças entre eles que justificariam a aplicação de um *standard* mais ou menos rigoroso. O importante é que a partir disso o julgamento sobre os fatos se daria a partir de razões universalizáveis que poderiam ser objeto de controle pelas partes.

4 Encerramento

Neste breve ensaio, procurou-se demonstrar que no direito brasileiro a atividade de valoração probatória é confiada à liberdade do julgador. Exige-se dele apenas que cumpra com o dever constitucional de motivação, mas não se atribui a ele o instrumental teórico necessário para racionalmente considerar uma hipótese provada ou não. Nesse sentido, em atenção à função institucional que exercem, cabe aos tribunais superiores julgar os recursos que versem sobre questões probatórias ligadas às máximas de experiência e aos *standards* probatórios com relevância jurídica e social, pois eles poderão servir como precedentes para julgamentos de outros casos, de modo que se tenham assim decisões fundadas em razões universalizáveis e não particularistas.

Referências

EISENBERG, Melvin Aron. *The nature of common law.* Cambridge: Harvard University Press, 1991.

FERRER BELTRÁN, Jordi. *La valoración racional de la prueba.* Madrid: Marcial Pons, 2007.

GASCÓN ABELLÁN, Marina. *Los hechos en el derecho.* Bases argumentales de la prueba. Madrid: Marcial Pons, 1999.

KNIJNIK, Danilo. *O recurso especial e a revisão da questão de fato pelo Superior Tribunal de Justiça.* Rio de Janeiro: Forense, 2005.

LEVI, Edward H. *Introducción al razonamiento jurídico.* Tradução de Genaro R. Carrió. Buenos Aires: Eudeba, 1964.

NIEVA FENOLL, Jordi. *La valoración de la prueba.* Madrid: Marcial Pons, 2010.

STEIN, Friedrich. *El conocimiento privado del juez.* Tradução de Andrés de la Oliva Santos. Madrid: Editorial Centro de Estudios Ramón Areces, 1990.

TARUFFO, Michele. Giudizio (teoria generale). *Enciclopedia Giuridica Treccani*, Roma, v. XV, 1988.

TARUFFO, Michele. *La prueba de los hechos*. Tradução de Jordi Ferrer Beltrán. 4. ed. Madrid: Trotta, 2011.

Informação bibliográfica deste texto, conforme a NBR 6023:2018 da Associação Brasileira de Normas Técnicas (ABNT):

LUCON, Paulo Henrique dos Santos. Tribunais superiores e standards de prova. *In*: MORAES, Alexandre de; MENDONÇA, André Luiz de Almeida (Coord.). *Democracia e sistema de justiça*: obra em homenagem aos 10 anos do Ministro Dias Toffoli no Supremo Tribunal Federal. Belo Horizonte: Fórum, 2020. p. 499-509. ISBN 978-85-450-0718-0.

COLABORAÇÃO PREMIADA: OS PARTICULARES CONTORNOS PENAIS DE UM NEGÓCIO JURÍDICO

RENATO DE MELLO JORGE SILVEIRA

Introdução

É este um artigo em honra e homenagem ao Ministro Dias Toffoli, no aniversário dos seus primeiros 10 anos junto ao Supremo Tribunal Federal (STF). Hoje, presidente daquela Corte, tem ele, depois de uma década no Tribunal, vivificado diversos momentos de forte presença entre os seus, com inegáveis reflexos no mundo do direito. Visto hoje como conciliador em um momento de dificuldade variada, foi, ao longo dos anos, galgando importância significativa, perfazendo uma envergadura invulgar.

Advogado formado e bastante versado no direito público e direito eleitoral, passou por diversos e elevados cargos na Administração direta, caminhando até a Advocacia-Geral da União. Dali, após marcante e importante participação nos ditames e entraves político-jurídicos, foi nomeado ao augusto cargo de ministro do Supremo Tribunal Federal, lá chegando como um de seus mais jovens integrantes. O tempo lhe foi generoso, e dez anos envergando a toga o sedimentaram como juiz respeitado. Foi além. Muitos de seus julgados são de marcante interesse, cabendo, aqui, amplo leque de possibilidade de análise.

Poderia, entretanto, como lembrou, a seu tempo, o Ministro Eros Grau, existir certa temeridade na escolha de determinado julgado a se analisar, ou visualizar, em toda a produção de um juiz. Disse, Sua Excelência, quando de sua saída do STF e publicação de diversos de seus muitos votos, que sabia ele, a exemplo do mencionado por Lúcio de Mendonça, que poderiam ser, aquelas, páginas voltadas, ao nascer, ao efêmero perpassar das revistas e à empoeirada obscuridade dos autos forenses. Não o era naquele momento, tampouco, a contribuição de tantos julgados de Dias Toffoli.

De fato, inúmeros poderiam aqui ser os exemplos a ser citados como referência em sua homenagem. A opção, contudo, se justifica por proximidade temática desse autor pelo foco do direito penal e processual penal. Mais do que isso, ainda, em busca de questão que viesse a refletir toda a gama de preocupações hodiernas e típicas de um mundo em transformação. As dificuldades são muitas e inexoráveis. Há de se evidenciar determinado ponto de partida para a percepção da complexidade da contribuição do homem e do magistrado.

Pois bem. Não obstante a multiplicidade de assuntos que poderiam interessar a uma homenagem aqui posta, um, em particular, cala mais fundo ao acadêmico do direito penal. Mais. Torna imprescindível a homenagem e a recordação a um saudoso mestre das Arcadas de São Francisco que foi o Professor Antonio Junqueira. Está, pois, a se falar da abordagem que Dias Toffoli acabou por realizar à construção do acordo de colaboração em sede penal, inovação da Lei nº 13.850/2013, em especial no que pontificou na relatoria do HC nº 127.483/PR, no qual firmou importante precedente sobre o que se convencionou denominar sobre a sindicabilidade do acordo de colaboração premiada. As implicações desse julgado, para a construção penal do presente e do futuro, parecem de todo ricas e fundamentais.

Esse, o tema que dedicou, o Ministro, perfazendo, então, também homenagem a seu professor de direito civil na velha e sempre nova academia. Esse, o reconhecimento a seu primeiro decênio do Tribunal. Essa, a homenagem ora feita.

1 As primeiras previsões e os primeiros acordos de delação premiada

Existe uma rica historiografia acerca da possibilidade de acordos versando sobre colaborações premiadas no espectro comparado, de modo geral, com inspiração no que se denominou movimento de lei e ordem, o qual se passou a pregar por um endurecimento do sistema, lastreado em critérios retributivos,[1] bem como legitimou a figura da delação em diversos países.[2]

No Brasil, a questão passa a se ver presente a partir da Lei nº 8.072/1990, a conhecida Lei dos Crimes Hediondos, seguindo-se, algumas outras previsões. De todo modo, resta claro que, então, a nomenclatura posta dizia respeito à noção de delação premiada, ainda que não necessariamente sob essa rubrica.

De fato, a Lei dos Crimes Hediondos desconhecia semelhante *nomem juris*. Silva Franco, um dos principais autores críticos daquela normativa, já apontava "a nova forma de reforçar a tutela e interesses basicamente individualistas, mediante manipulação dos parâmetros punitivos", sendo prevista situação específica de atenuação de responsabilidade a determinados colaboradores.[3] Ela procurava, então, ofertar benefícios de diminuição de pena a coautores ou partícipes de crime de extorsão mediante sequestro

---

[1] Cf. FRANCO, Alberto Silva. *Crimes hediondos*. São Paulo: Revista dos Tribunais, 2005. p. 83 e ss.; TORON, Alberto Zacharias. *Crimes hediondos*. O mito da repressão penal. São Paulo: Revista dos Tribunais, 1996. p. 86 e ss.; BRITO, Michelle Barbosa de. *Delação premiada e decisão penal*: da eficiência à integridade. Belo Horizonte: D'Plácido, 2016. p. 46 e ss.; SANTOS, Marcos Paulo Dutra. *Colaboração (delação) premiada*. Salvador: JusPodivm, 2016. p. 27 e ss.

[2] Cf. BITTAR, Walter Barbosa; PEREIRA, Alexandre Hagiwara. Breve análise do direito estrangeiro. *In*: BITTAR, Walter Barbosa (Coord.). *Delação premiada*. Rio de Janeiro: Lumen Juris, 2011. p. 7 e ss.; ABOSO, Gustavo Eduardo. *El arrepentido en el derecho penal premial*. Análisis dogmático y práctico sobre la figura del coimado delator. Buenos Aires: BdeF, 2017. p. 11 e ss.; GARCÍA ESPAÑA, Elisa. *El premio a la colaboración con la justicia*. Especial consideración a la corrupción administrativa. Granada: Comares, 2005. p. 30 e ss.

[3] Recorda Silva Franco que "no que tange aos crimes hediondos, o art. 7º da Lei nº 8.072/1990 introduziu no art. 159 do Código Penal um parágrafo – §4º – no qual estabelecia uma causa redutora de pena em favor de co-réu ou partícipe de extorsão mediante sequestro, praticada em quadrilha ou bando, que denunciasse o delito à autoridade, facilitando dessa forma a libertação do sequestrado. Nesse caso, teria pertinência a causa de diminuição de um a dois terços da pena, para o infrator do art. 159 do Código Penal" (FRANCO, Alberto Silva. *Crimes hediondos*. São Paulo: Revista dos Tribunais, 2005. p. 354).

RENATO DE MELLO JORGE SILVEIRA
COLABORAÇÃO PREMIADA: OS PARTICULARES CONTORNOS PENAIS DE UM NEGÓCIO JURÍDICO | 513

e quadrilha ou bando, quando viessem eles a facilitar a liberdade da vítima. A objeção à norma foi imediata, fazendo-se alusão a benefícios dados ao traidor. Falou-se em referência à nova dimensão de Joaquim Silvério dos Reis, o famoso traidor de Tiradentes, ou, mesmo, de extorsão premiada.[4]

Muitas outras leis acabaram por propiciar diversas alterações nos primados da noção que se sedimentou como delação premiada, como a Lei nº 9.080/1995; Lei nº 9.269/1996; Lei nº 9.613/1998; Lei nº 9.807/1999. As críticas, no entanto, eram bastante presentes, em especial sob um prisma de moralidade política do julgador,[5] falhas na previsão dos benefícios,[6] fundamentalmente verificando um quadro sistemático e confuso, como recorrentemente destacado na doutrina.[7]

2 A mudança de foco – Os acordos de colaboração premiada

Uma das maiores e quem sabe mais significativas mudanças no horizonte penal de nosso tempo recente talvez tenha se dado com a instalação, no sistema brasileiro, do instituto da colaboração premiada. Como se sabe, foi a partir da Lei nº 12.850/2013 que se verifica o aperfeiçoamento do instituto premial, agora denominado colaboração premiada.[8]

Vasconcelos bem defende esse entendimento, asseverando que foi a partir da nova normativa que o sistema passou a se mostrar mais claro e com maior sorte de segurança.[9] Mesmo assim, e em que pese os avanços significativos, a normativa se mostrava por demais lacônica, senão vejamos.

---

[4] Cf. MOREIRA, Rômulo. A delação premiada no Brasil ontem e hoje: razões jurídicas, éticas e constitucionais pelas quais a repudiamos. *In*: ESPINERA, Bruno; CALDEIRA, Felipe (Org.). *Colaboração premiada*: estudos em homenagem ao Ministro Marco Aurélio Mello. Belo Horizonte: D'Plácido, 2016. p. 394.

[5] Cf. BRITO, Michelle Barbosa de. *Delação premiada e decisão penal*: da eficiência à integridade. Belo Horizonte: D'Plácido, 2016. p. 168 e ss.

[6] Cf. MOSSIN, Heráclito Antônio; MOSSIN, Júlio César O. G. *Delação premiada*. Aspectos jurídicos. Leme: Mizuno, 2016. p. 29 e ss.

[7] VASCONCELOS, Vinicius Gomes de. *Colaboração premiada no processo penal*. São Paulo: Revista dos Tribunais, 2017. p. 69.

[8] "Assim, tem-se que a principal divergência diz respeito aos termos da colaboração ou delação premiada. Isso ocorreu especialmente após o surgimento da Lei nº 12.850/2013, que regulou o instituto sob a denominação de 'colaboração premiada', o que fomentou interpretação no sentido de que se trata de 'instituto bem mais amplo que a delação premiada até então consagrada em várias leis brasileiras, a qual se restringia a um instituto de direito material'. A partir da previsão de diversos tipos de colaboração a ser prestada pelo acusado (art. 4º, da Lei nº 12.850/2013), afirma-se que, em termos precisos, a delação (como incriminação de terceiros) é somente uma de suas opções, que podem envolver também a recuperação de proveitos do crime ou a localização de eventual vítima, por exemplo. Além disso, desvela-se que 'o legislador nacional em nenhum momento fez uso da expressão delação premiada sendo tal denominação fruto de construção doutrinária e jurisprudencial. Por um lado, parte da doutrina apresenta críticas à alteração da denominação para 'colaboração', pois ocultaria um real objetivo de 'disfarçar certa conotação antiética que a conduta em questão possui'" (VASCONCELOS, Vinicius Gomes de. *Colaboração premiada no processo penal*. São Paulo: Revista dos Tribunais, 2017. p. 58 e ss. Cf., também, RODRÍGUEZ, Víctor Gabriel. *Delação premiada*. Limites éticos ao Estado. Rio de Janeiro: Forense, 2018. p. 2 e ss.).

[9] Nesse sentido, destaca que "somente em 2013 (Lei de Organizações Criminosas), é que houve uma preocupação real com a regulamentação do procedimento a ser adotado para realização da delação. Ao prever meios de obtenção de prova para investigação em tais situações (art. 3º, I), regulou-se a 'colaboração premiada' em seu viés processual, de modo inédito no ordenamento brasileiro. Em seus artigos 4º, 5º e 6º, e em diversos parágrafos explicativos, o legislador pátrio introduziu o regime procedimental do instituto negocial objeto deste trabalho, que, embora possa apresentar insuficiências e confusões, inegavelmente configurou-se como cristalino avanço na tentativa de esboço de regras para sua limitação. Contudo, de modo paradoxal, esse foi o primeiro passo para o (criticável) triunfo da justiça criminal negocial no processo penal brasileiro" (VASCONCELOS, Vinicius Gomes de. *Colaboração premiada no processo penal*. São Paulo: Revista dos Tribunais, 2017. p. 72 e ss.).

A questão, agora idealmente nomeada colaboração premiada, passou a ser tratada em quatro artigos. Nesse sentido, de se verificar que o seu art. 4º, menciona que "o juiz poderá, a requerimento das partes, conceder o perdão judicial, reduzir em até 2/3 (dois terços) a pena privativa de liberdade ou substituí-la por restritiva de direitos daquele que tenha colaborado efetiva e voluntariamente com a investigação e com o processo criminal". Para tanto, há de se configurar que dessa colaboração advenha um ou mais dos seguintes resultados: I - a identificação dos demais coautores e partícipes da organização criminosa e das infrações penais por eles praticadas; II - a revelação da estrutura hierárquica e da divisão de tarefas da organização criminosa; III - a prevenção de infrações penais decorrentes das atividades da organização criminosa; IV - a recuperação total ou parcial do produto ou do proveito das infrações penais praticadas pela organização criminosa; V - a localização de eventual vítima com a sua integridade física preservada.[10]

Além disso, tem-se a previsão de "em qualquer caso, a concessão do benefício levará em conta a personalidade do colaborador, a natureza, as circunstâncias, a gravidade e a repercussão social do fato criminoso e a eficácia da colaboração" (§1º). De igual modo:

> considerando a relevância da colaboração prestada, o Ministério Público, a qualquer tempo, e o delegado de polícia, nos autos do inquérito policial, com a manifestação do Ministério Público, poderão requerer ou representar ao juiz pela concessão de perdão judicial ao colaborador, ainda que esse benefício não tenha sido previsto na proposta inicial, aplicando-se, no que couber, o art. 28 do Decreto-Lei nº 3.689, de 3 de outubro de 1941 (Código de Processo Penal). (§2º)

Nesse sentido, "o prazo para oferecimento de denúncia ou o processo, relativos ao colaborador, poderá ser suspenso por até 6 (seis) meses, prorrogáveis por igual período, até que sejam cumpridas as medidas de colaboração, suspendendo-se o respectivo prazo prescricional" (§3º). E, "nas mesmas hipóteses do caput, o Ministério Público poderá deixar de oferecer denúncia se o colaborador: I - não for o líder da organização criminosa; II - for o primeiro a prestar efetiva colaboração nos termos deste artigo" (§4º).

Observe-se, ainda que, se "a colaboração for posterior à sentença, a pena poderá ser reduzida até a metade ou será admitida a progressão de regime ainda que ausentes os requisitos objetivos" (§5º); e que o juiz não participará das negociações realizadas entre as partes para a formalização do acordo de colaboração, que ocorrerá entre o delegado de polícia, o investigado e o defensor, com a manifestação do Ministério Público, ou, conforme o caso, entre o Ministério Público e o investigado ou acusado e seu defensor (§6º). Uma vez realizado o acordo na forma do §6º, o respectivo termo, acompanhado das declarações do colaborador e de cópia da investigação, será remetido ao juiz para homologação, o qual deverá verificar sua regularidade, legalidade e voluntarie-dade, podendo para este fim, sigilosamente, ouvir o colaborador, na presença de seu defensor (§7º).

---

[10] BITENCOURT, Cezar Roberto; BUSATO, Paulo César. *Comentários à Lei de Organização Criminosa*. Lei 12.850/2013. São Paulo: Saraiva, 2014. p. 122 e ss.

Até aqui, deixava-se a questão um tanto aberta, em especial ao se ter em conta que "o juiz poderá recusar homologação à proposta que não atender aos requisitos legais, ou adequá-la ao caso concreto" (§8º). Essa, a questão mais crucial, afinal, havia de se limitar os poderes do magistrado, pois, "depois de homologado o acordo, o colaborador poderá, sempre acompanhado pelo seu defensor, ser ouvido pelo membro do Ministério Público ou pelo delegado de polícia responsável pelas investigações" (§9º).

Teve-se, ainda, por previsto, que "as partes podem retratar-se da proposta, caso em que as provas autoincriminatórias produzidas pelo colaborador não poderão ser utilizadas exclusivamente em seu desfavor" (§10); que "a sentença apreciará os termos do acordo homologado e sua eficácia" (§11); que "ainda que beneficiado por perdão judicial ou não denunciado, o colaborador poderá ser ouvido em juízo a requerimento das partes ou por iniciativa da autoridade judicial" (§12); que "sempre que possível, o registro dos atos de colaboração será feito pelos meios ou recursos de gravação magnética, estenotipia, digital ou técnica similar, inclusive audiovisual, destinados a obter maior fidelidade das informações" (§13); que "nos depoimentos que prestar, o colaborador renunciará, na presença de seu defensor, ao direito ao silêncio e estará sujeito ao compromisso legal de dizer a verdade" (§14). Ainda ficara pontuado que "em todos os atos de negociação, confirmação e execução da colaboração, o colaborador deverá estar assistido por defensor" (§15); e que "nenhuma sentença condenatória será proferida com fundamento apenas nas declarações de agente colaborador" (§16).

Além disso, foram previstos os direitos do colaborador (art. 5º), como: I - usufruir das medidas de proteção previstas na legislação específica; II - ter nome, qualificação, imagem e demais informações pessoais preservados; III - ser conduzido, em juízo, separadamente dos demais coautores e partícipes; IV - participar das audiências sem contato visual com os outros acusados; V - não ter sua identidade revelada pelos meios de comunicação, nem ser fotografado ou filmado, sem sua prévia autorização por escrito; VI - cumprir pena em estabelecimento penal diverso dos demais corréus ou condenados.

Finalmente, teve-se:

o termo de acordo da colaboração premiada deverá ser feito por escrito e conter:

I - o relato da colaboração e seus possíveis resultados;

II - as condições da proposta do Ministério Público ou do delegado de polícia;

III - a declaração de aceitação do colaborador e de seu defensor;

IV - as assinaturas do representante do Ministério Público ou do delegado de polícia, do colaborador e de seu defensor;

V - a especificação das medidas de proteção ao colaborador e à sua família, quando necessário. (Art. 6º)

Derradeiramente, ainda, que "o pedido de homologação do acordo será sigilo-samente distribuído, contendo apenas informações que não possam identificar o colaborador e o seu objeto"; que "as informações pormenorizadas da colaboração serão dirigidas diretamente ao juiz a que recair a distribuição, que decidirá no prazo de 48 (quarenta e oito) horas" (§1º); que "o acesso aos autos será restrito ao juiz, ao Ministério Público e ao delegado de polícia, como forma de garantir o êxito das investigações, assegurando-se ao defensor, no interesse do representado, amplo acesso aos elementos de prova que digam respeito ao exercício do direito de defesa, devidamente precedido de autorização judicial, ressalvados os referentes às diligências em andamento" (§2º); e que "o acordo de colaboração premiada deixa de ser sigiloso assim que recebida a denúncia, observado o disposto no art. 5º" (§3º).

As previsões podem soar pormenorizadas, mas não o eram. Vê-se uma significativa evolução conceitual dos acordos de colaboração. Em um primeiro momento, houve, por parte ministerial, a singela cópia dos preceitos da Lei nº 12.850/2013. Na sequência, assumindo, como se verá, vista como mais arrojada, passou-se a estipular criações várias sobre a base normativa.[11] Essa, uma vantagem assumida em prol de uma alegada efetividade, mas, também, a maior fonte de críticas atuais do instituto.[12] Restaria, no entanto, definir o papel no magistrado, tanto no que toca à homologação, como, também, na decisão final da sentença. Aqui, o papel fundamental da construção de Dias Toffoli.

3 O voto e a construção do Ministro Dias Toffoli no HC nº 127.483/PR

Mencionou-se a ideia de que, no voto condutor no HC nº 127. 483/PR, o Min. Dias Toffoli acabou por asseverar uma sindicabilidade do acordo de colaboração premiada.[13] Na verdade, a expressão, vista com Capez, diz respeito ao fato de competir ao juiz, a partir do entendimento do mencionado remédio heroico, a verificação da regularidade, legalidade e voluntariedade do acordo, podendo o juiz, mesmo, ouvir o colaborador na presença de seu defensor.[14]

Trata-se, em verdade, de uma submissão ao devido controle jurisdicional, uma vez que a aproximação se dá com o que o próprio Professor Junqueira entendia por negócio jurídico, que seria "todo fato jurídico consistente em declarações de vontade, a que o ordenamento jurídico atribui os efeitos designados como queridos, respeitados os pressupostos de existência, validade e eficácia impostos pela norma jurídica que sobre

---

[11] Mesmo assim, é de se perceber, já em 2003, o que se verifica como a primeira delação premiada clausulada, no conhecido caso do Banestado. Cf. BROETO, Filipe Maia; SILVA, Marcelo Rodrigues da. O valor probatório da colaboração premiada cruzada. *In*: GOMES, Luiz Flávio; SILVA, Marcelo Rodrigues da; MANDARINO, Renan Posella (Org.). *Colaboração premiada*: novas perspectivas para o sistema jurídico-penal. Belo Horizonte: D'Plácido, 2018. p. 157 e ss.

[12] Cf. CALLEGARI, André Luís. Colaboração premiada: breves anotações críticas. *In*: CALLEGARI, André Luís (Coord.). *Colaboração premiada*. Aspectos teóricos e práticos. São Paulo: Saraiva, 2019. p. 20 e ss.; REMEDIO, José Antonio; MACIEL NETO, Aluisio Antonio. A colaboração premiada como negócio jurídico processual e sua eficácia em razão do descumprimento do acordado pelo colaborador. *In*: GOMES, Luiz Flávio; SILVA, Marcelo Rodrigues da; MANDARINO, Renan Posella (Org.). *Colaboração premiada*: novas perspectivas para o sistema jurídico-penal. Belo Horizonte: D'Plácido, 2018. p. 219 e ss.

[13] Cf. RODRIGUES, Joaquim Pedro de Medeiros. A colaboração premiada na perspectiva do julgamento do HC 127.483/PR. *In*: CALLEGARI, André Luís (Coord.). *Colaboração premiada*. Aspectos teóricos e práticos. São Paulo: Saraiva, 2019. p. 169 e ss.

[14] CAPEZ, Rodrigo. A sindicabilidade do acordo de colaboração premiada. *In*: MOURA, Maria Thereza Rocha de Assis; BOTTINI, Pierpaolo Cruz (Coord.). *Colaboração premiada*. São Paulo: Revista dos Tribunais, 2018. p. 201. Na realidade, a dúvida posta, em última análise, vem a tratar de saber, como se mencionará, sobre os limites sobre os termos negociáveis em dado acordo. Cf. SANTANA, Gabriel Andrade de. Os limites negociáveis da cláusula rescisória na delação premiada: os excessos do Ministério Público e a (im)possibilidade de relativização do pacta sunt servanda. *In*: CALLEGARI, André Luís (Coord.). *Colaboração premiada*. Aspectos teóricos e práticos. São Paulo: Saraiva, 2019. p. 93 e ss.; VALENTE, Victor Augusto Estevam; MARTINS, José Eduardo Figueiredo de Andrade. O acordo de colaboração premiada na teoria dos negócios jurídicos: um diálogo entre o direito civil e o processo penal. *In*: GOMES, Luiz Flávio; SILVA, Marcelo Rodrigues da; MANDARINO, Renan Posella (Org.). *Colaboração premiada*: novas perspectivas para o sistema jurídico-penal. Belo Horizonte: D'Plácido, 2018. p. 487 e ss.

ele incide".[15] Em outras palavras, passou-se, então, a entender o acordo de colaboração premiada como se negócio jurídico fosse.[16]

Essa, a identidade maior do HC nº 127.483/PR. Entendendo que o acordo é modalidade negocial, com vistas ao que entende por direito penal premial (sanção premial),[17] passou, assim, a prever:

> o exame do negócio jurídico deve ser feito em três planos sucessivos: i) da existência, pela análise de seus elementos, a fim de se verificar se o negócio é existente ou inexistente; ii) da validade, pela análise de seus requisitos, a fim de se verificar se o negócio existente é válido ou inválido (subdividido em nulo e anulável); e iii) da eficácia, pela análise de seus fatores, a fim de se verificar se o negócio existente e válido é eficaz ou ineficaz em sentido estrito.[18]

Importantíssimo este tento, pois sedimentou a posição de um duplo papel ativo por parte do magistrado. Tanto na homologação, como no julgamento final de mérito, detém, o magistrado, papel fundamental em avaliação do pactuado. Ainda que exista, e se faça presente, certa liberdade de pactuação entre Ministério Público e potencial colaborador, existem premissas das quais não de deveria abrir mão.

Observadas as distinções havidas entre a homologação do acordo, e o julgamento do mérito, resta importante verificar o papel do magistrado em cada qual. Dois pontos soam fundamentais. O primeiro diz respeito ao fato de o Poder Judiciário eventualmente se postar como refém de determinado acordo.[19] Embora existam razões de objeção ao

---

[15] AZEVEDO, Antonio Junqueira. *Negócio jurídico*: existência, validade e eficácia. São Paulo: Saraiva, 2002. p. 4 e ss.

[16] No entendimento de Cavali, "na ocasião, no voto do Ministro Dias Toffoli, restou consignado, inicialmente, que a colaboração é meio de obtenção de prova, destinada à obtenção de elementos dotados de capacidade probatória, ao passo que os depoimentos prestados – assim como outros dados, documentos ou objetos apresentados como forma de corroboração – consubstanciam meios de prova. Especialmente a respeito do acordo de colaboração premiada, sua natureza jurídica foi identificada como de um negócio jurídico processual personalíssimo. Uma vez aceita a proposta – até a aceitação, retratável – por uma das partes, é celebrado o acordo, que depende de homologação judicial" (CAVALI, Marcelo Costenaro. As duas faces da colaboração premiada: visões "conservadora" e "arrojada" do instituto na Lei 12.850/2013. *In*: MOURA, Maria Thereza Rocha de Assis; BOTTINI, Pierpaolo Cruz (Coord.). *Colaboração premiada*. São Paulo: Revista dos Tribunais, 2018. p. 264). Cf., também, RODRIGUES, Joaquim Pedro de Medeiros. A colaboração premiada na perspectiva do julgamento do HC 127.483/PR. *In*: CALLEGARI, André Luís (Coord.). *Colaboração premiada*. Aspectos teóricos e práticos. São Paulo: Saraiva, 2019. p. 172 e ss. Em momento anterior, chegou-se a mencionar qual seria o papel do juiz diante desse negócio processual. Cf. PINHO, Humberto Dalla Bernadina de; PORTO, José Roberto Sotero de Mello. Colaboração premiada: um negócio jurídico processual? *In*: ESPIÑERA, Bruno; CALDEIRA, Felipe (Org.). *Colaboração premiada*: estudos em homenagem ao Ministro Marco Aurélio Mello. Belo Horizonte: D'Plácido, 2016. p. 130.

[17] BETTIOL, Giuseppe. Dal diritto penale al diritto premiale. *In*: BETTIOL, Giuseppe. *Scritti giuridici*. Padova: Cedam, 1966. p. 949 e ss. Cf., em termos críticos, CALLEGARI, André Luís. Colaboração premiada: breves anotações críticas. *In*: CALLEGARI, André Luís (Coord.). *Colaboração premiada*. Aspectos teóricos e práticos. São Paulo: Saraiva, 2019. p. 14 e ss.

[18] Cf., semelhante posição em VALENTE, Victor Augusto Estevam; MARTINS, José Eduardo Figueiredo de Andrade. O acordo de colaboração premiada na teoria dos negócios jurídicos: um diálogo entre o direito civil e o processo penal. *In*: GOMES, Luiz Flávio; SILVA, Marcelo Rodrigues da; MANDARINO, Renan Posella (Org.). *Colaboração premiada*: novas perspectivas para o sistema jurídico-penal. Belo Horizonte: D'Plácido, 2018. p. 484 e ss.

[19] Resta, aqui, interessante a recordação de Mendonça, segundo a qual "argumenta-se que o Poder Judiciário não poderia ficar 'refém' dos acordos de colaboração premiada. Afirma-se, assim, que a negociação deveria ser restrita aos prêmios elencados na lei, não podendo tolher o 'juiz de escolher o mais adequado ao caso concreto, até porque a individualização da pena é um princípio constitucional'" (MENDONÇA, Andrey Borges de. Os benefícios possíveis na colaboração premiada: entre a legalidade e a autonomia da vontade. *In*: MOURA, Maria Thereza Rocha de Assis; BOTTINI, Pierpaolo Cruz (Coord.). *Colaboração premiada*. São Paulo: Revista dos Tribunais, 2018. p. 87).

que se pode imaginar constante acordo, sem dúvida, e na configuração de entendimento de que está a se imaginar um negócio jurídico entre partes (Ministério Público e colaborador), alguma sorte de liberdade está em jogo. Seria, assim, e nesse particular, de se imaginar o que Badaró entende por novo modelo de Justiça Penal,[20] no qual seria de se imaginar uma menor liberdade do magistrado a atuar na distribuição de sanções.

De fato, parece ser esta a indicação posta pelo próprio Min. Dias Toffoli em seu voto. Ao estipular o que seriam os momentos de sindicabilidade dos acordos de colaboração, de pronto dois se evidenciam. Um primeiro, como se viu, a se verificar em sua homologação. Um segundo, mais amplo, no juízo sentenciante derradeiro.

A homologação, vista no §7º, teria por missão, pois, a de controle do acordo, em especial no que diz respeito à regularidade, legalidade e voluntariedade, ou seja, à existência e validade do acordo, justamente os dois passos iniciais postos ao próprio negócio jurídico, na consagrada lição de Junqueira. Tem-se, de um lado, que a regularidade do acordo, a legalidade de seus termos e a voluntariedade do agente colaborador seriam o objeto do controle jurisdicional, sendo que, "em princípio, não cabe ao Poder Judiciário se imiscuir na discricionariedade das partes para estipular as obrigações do colaborador e a sanção premial correspondente".[21] A eventual avaliação da homologação, portanto, seria, de certo modo, contida.

Esse procedimento é visto, nas palavras de Dias Toffoli quando do HC nº 127.483/PR, como:

> provimento interlocutório, que não julga o mérito da pretensão acusatória, mas sim resolve uma questão incidente, tem sua natureza meramente homologatória, limitando-se a se pronunciar sobre a regularidade, legalidade e voluntariedade do acordo (art. 4º, §7º, da Lei nº 12.850/2-13). Nessa atividade de delibação, o juiz ao homologar o acordo de colaboração, não emitiria nenhum juízo de valor a respeito das declarações eventualmente já prestadas pelo colaborador à autoridade policial ou ao Ministério Público, tampouco confere signo da idoneidade a seus depoimentos posteriores.[22]

Pode-se trazer como exemplo o ocorrido em sede da PET nº 5.244, em que se tinha como objeto a homologação de termo de colaboração premiada firmado entre o Ministério Público Federal e Alberto Youssef. Na ocasião, o Ministro Teori Zavascki homologou o acordo, ressalvado o conteúdo da cláusula 10, "k", que dizia respeito à renúncia ao direito de recurso.[23] Segundo o Ministro:

> os termos acordados guardam harmonia, de um modo geral, com a Constituição e as leis, com exceção do compromisso assumido pelo colaborador, constante da Cláusula 10,

---

[20] BADARÓ, Gustavo Henrique. A colaboração premiada: meio de prova, meio de obtenção de prova ou um novo modelo de Justiça Penal não epistêmica. In: MOURA, Maria Thereza Rocha de Assis; BOTTINI, Pierpaolo Cruz (Coord.). Colaboração premiada. São Paulo: Revista dos Tribunais, 2018. p. 142 e ss.

[21] CAPEZ, Rodrigo. A sindicabilidade do acordo de colaboração premiada. In: MOURA, Maria Thereza Rocha de Assis; BOTTINI, Pierpaolo Cruz (Coord.). Colaboração premiada. São Paulo: Revista dos Tribunais, 2018. p. 217.

[22] Cf., em detalhes, ANSELMO, Márcio Adriano. Colaboração premiada e controle judicial. In: GOMES, Luiz Flávio; SILVA, Marcelo Rodrigues da; MANDARINO, Renan Posella (Org.). Colaboração premiada: novas perspectivas para o sistema jurídico-penal. Belo Horizonte: D'Plácido, 2018. p. 295 e ss.

[23] A referida cláusula previa que o colaborador se obrigava a "não impugnar sob qualquer hipótese, salvo o descumprimento do acordo pelo MPF ou pelo Juízo, nenhuma das sentenças condenatórias mencionadas na cláusula 5ª, I, deste acordo".

k, exclusivamente no que possa ser interpretado como renúncia, de sua parte, ao pleno exercício, no futuro, do direito fundamental de acesso à Justiça, assegurado pelo art. 5º, XXXV, da Constituição.

De tal sorte, as noções de regularidade, as quais seriam vistas à aferição dos elementos de existência do negócio jurídico, e o controle formal do instrumento negocial; de voluntariedade, vale dizer, a liberdade psíquica do agente; e a legalidade, situação em que seriam constatadas sua licitude, possibilidade e determinação,[24] podem, no entanto, ser elemento de eventual discórdia sobre os limites de avaliação jurisdicional.

4 Um futuro possível, mais seguro e mais controlável

Em verdade, e pelo aqui exposto, tem-se que o quadrante dos acordos de colaboração premiada, ainda que vistos sob o prisma de negócios jurídicos, encontram-se em zona de choque entre o que Cavali nomeia, como já antecipado, de visões conservadora e arrojada. Nesse sentido, observa ele a questão da legalidade posta à prova nesse campo específico. Mais do que isso, a prevalência de uma visão aparentemente arrojada estaria, justamente, a fomentar uma jurisprudência criativa nesse sentido.[25]

O tema, aqui, enverada situação curiosa. Por um lado, é verdade que alguma sorte ou grau de imaginação devem ser admitidos para a consecução dos acordos (uma vez que a lei não é, em absoluto, completa ou minuciosa). Também parece ser verdade que não seria de se admitir uma ampla e ilimitada possibilidade de pactuação entre as partes. A dificuldade está, no entanto, em determinar qual seria essa sorte de fronteira.[26]

Imagine-se, por hipótese, uma pactuação qualquer que venha a prever, por celeridade, um grau de sanção de ordem física ao colaborador. Dessa forma, no antigo exemplo da criminologia, tal colaborador preferiria se submeter à sequência de cinco

---

[24] Cf. CAPEZ, Rodrigo. A sindicabilidade do acordo de colaboração premiada. *In*: MOURA, Maria Thereza Rocha de Assis; BOTTINI, Pierpaolo Cruz (Coord.). *Colaboração premiada*. São Paulo: Revista dos Tribunais, 2018. p. 219 e ss.

[25] Segundo o autor, "a utilização concreta da colaboração tem suscitado alegações diversas de violações a direitos individuais e desrespeito à legalidade. Reputo que as maiores controvérsias relacionadas ao tema se devem à visão que se tenha do instituto na forma como adotado no direito brasileiro. É possível diferenciar, como mencionei, uma visão conservadora de outra arrojada – que tem informado a prática dos acordos firmados na 'Operação Lava Jato' – da colaboração premiada. Essa visão arrojada concebe a colaboração premiada como um autêntico acordo de reconhecimento de responsabilidade penal e cumprimento de pena, diretamente entre as partes, sob a supervisão judicial, nos moldes de *plea bargain* americano. Nesses acordos, o agente criminoso reconhece sua participação em delitos, presta depoimentos que facilitem a recuperação do produto do crime e apresenta documentos que demonstrem a participação de terceiros nas infrações penais. Mas não é só, e aí, que reside a peculiaridade dessa visão: fica, desde logo, estabelecida a pena que o colaborador deverá cumprir – normalmente, imediatamente após a homologação do acordo. Penso que esse tipo de acordo é positivo para a efetividade da jurisdição criminal, especialmente para o combate de organizações criminosas, e não vejo na sua utilização, em princípio, nenhum obstáculo constitucional intransponível. Minha objeção a esse entendimento reside, entretanto, na compreensão de que tal forma de acordo não está prevista na Lei 12.850/2013. E, segundo me parece, justamente por essa razão, os problemas suscitados pela aplicação da visão arrojada não encontram soluções legais. Por isso, a jurisprudência ao admitir essa visão, tem sido criativa na tentativa de fechar lacunas" (CAVALI, Marcelo Costenaro. As duas faces da colaboração premiada: visões "conservadora" e "arrojada" do instituto na Lei 12.850/2013. *In*: MOURA, Maria Thereza Rocha de Assis; BOTTINI, Pierpaolo Cruz (Coord.). *Colaboração premiada*. São Paulo: Revista dos Tribunais, 2018. p. 257 e ss.).

[26] Cf., as críticas postas em RODRIGUES, Joaquim Pedro de Medeiros. A colaboração premiada na perspectiva do julgamento do HC 127.483/PR. *In*: CALLEGARI, André Luís (Coord.). *Colaboração premiada*. Aspectos teóricos e práticos. São Paulo: Saraiva, 2019. p. 180 e ss.

chibatadas, tendo, em minutos, cumprido sua pena.[27] Apesar do aberrante exemplo, em tese, ele poderia ser possível, não fosse o óbice da proibição de penas cruéis, imposta pela própria constituição (art. 5º, XLVII, "e", CF). Em oposição a essa tese, dizer-se-ia que a saída seria permitir a pactuação de tudo que a lei não vetasse.

Em que pese essa possibilidade de argumento, a lógica teria que ser outra. A quantidade da pena, por exemplo, bem pode ser pactuada, uma vez que é, mesmo, facultada a opção de não persecução penal ao colaborador. O momento de sua execução – ainda que com críticas por parte da jurisprudência – desde que anuído com o próprio colaborador, também poderia ser aceitável. A dificuldade posta, no entanto, e mesmo procurando-se aceitar um viés arrojado, diz respeito às previsões de penas, ou, mesmo, de regimes prisionais simplesmente inexistentes.

Tenha-se em conta que penas podem ser imaginadas dentro de um espectro normativo já existente, e, quanto a isso, nenhum problema. Quando, entretanto, passa-se a pregar por sanções ou regimes prisionais não previstos no ordenamento brasileiro, parece que a questão escapa ao aceitável.[28] As alegações de que estar-se-ia a regular sobre previsões já existentes não parece aceitável, pois, se assim o fosse, deveriam ser mencionados regimes prisionais aberto, semiaberto ou fechado, havendo, quiçá, a possibilidade de regime domiciliar, mas, sempre, sem a capacidade criativa hoje vista.

Em outras palavras, não parece minimamente aceitável, dentro de um espectro de legalidade, a atribuição (ainda que pactuada) de opções simplesmente inexistentes no horizonte legal brasileiro. O que os acordos deveriam, ou poderiam prever, isso sim, seria a atribuição de não persecuções; de redução da pena; de substituições de sanção; de fixação de regime mais brando; ou, mesmo, de imunidade.[29] Nada além disso.[30]

---

[27] Cf., sobre o tema, FERREIRA, Hugo Barbosa Torquato. Breves comentários sobre as disposições da Carta de Direitos canadense. *Revista do Instituto de Direito Brasileiro*, n. 2, 2013, *passim*.

[28] Mendonça defende essa prática, asseverando que "é plenamente possível que regimes diferenciados de cumprimento das penas sejam previstos, como o regime aberto e semiaberto diferenciados. O regime aberto diferenciado, em geral, é cumprido em domicílio, com recolhimento domiciliar noturno e com algumas condições diferenciadas. Veja que há algumas particularidades em relação às condições do regime aberto, previstas no art. 115 da Lei de Execução Penal (LEP), e ao local de cumprimento, que, em vez de ser na Casa do Albergado, será em domicílio, mesmo que fora das situações do art. 117 da LEP. Destaque-se que a própria jurisprudência do STF permite o regime domiciliar mais benéfico ou até a prisão domiciliar quando ausentes vagas no regime previsto na sentença. O mesmo raciocínio se aplica à hipótese de regime semiaberto diferenciado ou até a previsão de prisão em regime fechado domiciliar. Há, nessas situações, uma postura inclusive de preservação da integridade física do colaborador, para que não seja colocado em situações de risco" (MENDONÇA, Andrey Borges de. Os benefícios possíveis na colaboração premiada: entre a legalidade e a autonomia da vontade. *In*: MOURA, Maria Thereza Rocha de Assis; BOTTINI, Pierpaolo Cruz (Coord.). *Colaboração premiada*. São Paulo: Revista dos Tribunais, 2018. p. 90 e ss.).

[29] Cf., em tom crítico, SILVA, Marcus Vinicius Lopes da. A natureza jurídica do acordo de delação e a (i)legalidade da não denúncia prevista na Lei nº 12.850/2013. *In*: CALLEGARI, André Luís (Coord.). *Colaboração premiada*. Aspectos teóricos e práticos. São Paulo: Saraiva, 2019. p. 203 e ss.; OLIVEIRA, Willian César Pinto de. A (in) aplicabilidade dos acordos de imunidade. *In*: GOMES, Luiz Flávio; SILVA, Marcelo Rodrigues da; MANDARINO, Renan Posella (Org.). *Colaboração premiada*: novas perspectivas para o sistema jurídico-penal. Belo Horizonte: D'Plácido, 2018. p. 602 e ss. Em termos mais pontuais, com os quais modularmente pode-se pontualmente concordar, CALLEGARI, André Luís. Colaboração premiada: breves anotações críticas. *In*: CALLEGARI, André Luís (Coord.). *Colaboração premiada*. Aspectos teóricos e práticos. São Paulo: Saraiva, 2019. p. 27 e ss.

[30] Nesse sentido, a adesão ao entendimento de Capez, segundo o qual "são manifestamente ilegais, a nosso ver, cláusulas que criem novas causas de interrupção ou suspensão da prescrição; que instituam regimes prisionais atípicos ou que fixem a pena máxima a que estará sujeito o colaborador no caso de condenação. De acordo com a Lei 12.850/2013, em sede de condenação, os benefícios legalmente previstos são a redução de pena corporal e a substituição por restritiva de direitos, ao passo que, em sede de execução, os benefícios expressamente previstos na lei de regência são a redução de pena e a progressão de regime sem o cumprimento de requisitos objetivos"

Nesse sentido, e ainda que admitindo que está a se passar por um momento formacional do instituto, não é despiciendo dizer que uma próxima geração de avaliação jurisdicional em relação a seu perceber deverá, a partir das lições postas pelo voto de Dias Toffoli, melhor sindicalizar os acordos, verificando a legalidade também em relação à pactuação da sanção ou de seu regime. A homologação deverá, assim, melhor fixar-se nos limites da lei, e não para além dela,[31] sendo evidente, por uma questão de segurança jurídica posta ao próprio colaborador, que uma eventual reconfiguração do acordo por parte do juiz venha a estipular, sempre, condições mais favoráveis a esse colaborador. Em outras palavras, pactuada situação fora do espectro legal, quando da verificação da legalidade, o magistrado poderia vir, sim, a não aceitar tal previsão, determinando, em favor do colaborador, sempre uma situação mais benéfica, como seria o regime domiciliar sem outra cláusula ou, ainda, a derradeira situação de isenção de punição.

Há de se ponderar que, conceitualmente, o instituto da colaboração pode ser repleto de problemas. Sua aplicação é problemática, sendo potencialmente motivadora de rejeição,[32] mencionando-se todas as antinomias descritas por Rodríguez.[33] Entretanto, ela é uma realidade pontual. É esse um caminho aparentemente sem volta, principalmente a se tê-lo como "arma" necessária ante o novo mal do século, como se coloca o fenômeno da corrupção e das organizações criminosas. Quanto a isso, alguma reserva deve ser posta. Inegavelmente, contudo, o poder dado ao magistrado pela interpretação condutora do voto do Ministro Dias Toffoli é vanguardeiro, e pode vir a se mostrar, proximamente, um caminho interessante de uma Justiça negociada dentro de maiores molduras legais.[34]

(CAPEZ, Rodrigo. A sindicabilidade do acordo de colaboração premiada. *In*: MOURA, Maria Thereza Rocha de Assis; BOTTINI, Pierpaolo Cruz (Coord.). *Colaboração premiada*. São Paulo: Revista dos Tribunais, 2018. p. 235). Do mesmo modo, em entendimento sobre a limitação sobre questões de ordem pública, ALBAN, Rafaela; MELLO, Sebástian Borges de Albuquerque. A inegociabilidade da prescrição nos acordos de delação premiada. *In*: ESPIÑERA, Bruno; CALDEIRA, Felipe (Org.). *Colaboração premiada*: estudos em homenagem ao Ministro Marco Aurélio Mello. Belo Horizonte: D'Plácido, 2016. p. 554 e ss.

[31] Cf. a variada gama de pensamento dos diversos ministros do Supremo Tribunal Federal, em LINHARES, Raul Marques. O acordo de colaboração premiada e os efeitos de sua homologação no entendimento do Supremo Tribunal Federal. *In*: CALLEGARI, André Luís (Coord.). *Colaboração premiada*. Aspectos teóricos e práticos. São Paulo: Saraiva, 2019. p. 261 e ss.

[32] Cf. MOREIRA, Rômulo. A delação premiada no Brasil ontem e hoje: razões jurídicas, éticas e constitucionais pelas quais a repudiamos. *In*: ESPIÑERA, Bruno; CALDEIRA, Felipe (Org.). *Colaboração premiada*: estudos em homenagem ao Ministro Marco Aurélio Mello. Belo Horizonte: D'Plácido, 2016. p. 393 e ss.

[33] Cf. RODRÍGUEZ, Víctor Gabriel. *Delação premiada*. Limites éticos ao Estado. Rio de Janeiro: Forense, 2018. p. 190 e ss.

[34] Em sentido próximo, Vasconcelos quando menciona que "a partir de categorias civilistas, ao definir a natureza jurídica da colaboração premiada como 'negócio jurídico processual', o STF esquematizou os requisitos do acordo em três planos: existência, validade e eficácia. O voto do relator Min. Dias Toffoli (HC 127.483/PR), seguido unanimemente pelo pleno do tribunal, aponta que na esfera da existência deve-se atentar ao art. 6º da Lei 12.850/2013, de modo a se concluir que 'esse acordo deverá ser feito por escrito e conter: i) o relato da colaboração e seus possíveis resultados; ii) as condições da proposta do Ministério Público ou do delegado de polícia; iii) a declaração de aceitação do colaborador e de seu defensor; e iv) as assinaturas do representante do Ministério Público ou do delegado de polícia, do colaborador e de seu defensor. São indicados, portanto, requisitos externos para a formalização do documento que será a base para a judicialização do acordo de colaboração premiada. Já em relação ao plano da validade, na visão do STF no referido julgado, aspectos subjetivos de verificação da vontade do colaborador e objetivos acerca do objeto negociado devem ser apurados, já que 'o acordo de colaboração somente será válido se: i) a declaração de vontade do colaborador for a) resultante de um processo volitivo; b) querido com plena consciência da realidade; c) escolhida com liberdade e d) deliberada sem má-fé; e II) o seu objeto for lícito, possível e determinado ou determinável. Por fim, a esfera da eficácia se realizaria com o controle do acordo por meio da submissão à homologação judicial. Embora tais requisitos aportem elementos pertinentes ao controle da colaboração premiada, pensa-se que não traçam critérios claros que possam determinar a realização ou não do acordo. A visão do STF apresentou alguns pontos que devem orientar

Se foi necessário um poder criacional mais agudizado para o estabelecimento do instituto, o que garantiu todo o pactuado entre as partes, provável que se caminhe do que hoje é arrojado a caminhos mais estáveis e seguros, dentro de uma legalidade mais sólida. Afinal, a lei ainda é o limite, em especial no que diz respeito aos regimes prisionais. Nesse sentido, de se imaginar que o futuro próximo vai conhecer um Judiciário que, ao trabalhar com o já estabilizado instituto da colaboração, tenha-o regulado, postando-se, assim, dentro de contenções impostas normativamente. Quando isto se der, mais loas, ainda, deverão ser postas ao nosso homenageado. Ao momento, o reconhecimento e os elogios às molduras postas pela pena do homenageado, que, dentro de um universo em construção, já seria a meta de uma vida. Mais, contudo, ainda virá, e essa é a certeza e expectativa da Academia e do mundo jurídico.

Referências

ABOSO, Gustavo Eduardo. *El arrependido en el derecho penal premial*. Análisis dogmático y práctico sobre la figura del coimado delator. Buenos Aires: BdeF, 2017.

ALBAN, Rafaela; MELLO, Sebástian Borges de Albuquerque. A inegociabilidade da prescrição nos acordos de delação premiada. *In*: ESPIÑERA, Bruno; CALDEIRA, Felipe (Org.). *Colaboração premiada*: estudos em homenagem ao Ministro Marco Aurélio Mello. Belo Horizonte: D'Plácido, 2016.

ANSELMO, Márcio Adriano. Colaboração premiada e controle judicial. *In*: GOMES, Luiz Flávio; SILVA, Marcelo Rodrigues da; MANDARINO, Renan Posella (Org.). *Colaboração premiada*: novas perspectivas para o sistema jurídico-penal. Belo Horizonte: D'Plácido, 2018.

AZEVEDO, Antonio Junqueira. *Negócio jurídico*: existência, validade e eficácia. São Paulo: Saraiva, 2002.

BADARÓ, Gustavo Henrique. A colaboração premiada: meio de prova, meio de obtenção de prova ou um novo modelo de Justiça Penal não epistêmica. *In*: MOURA, Maria Thereza Rocha de Assis; BOTTINI, Pierpaolo Cruz (Coord.). *Colaboração premiada*. São Paulo: Revista dos Tribunais, 2018.

BETTIOL, Giuseppe. Dal diritto penale al diritto premiale. *In*: BETTIOL, Giuseppe. *Scritti giuridici*. Padova: Cedam, 1966.

BITENCOURT, Cezar Roberto; BUSATO, Paulo César. *Comentários à Lei de Organização Criminosa*. Lei 12.850/2013. São Paulo: Saraiva, 2014.

BITTAR, Walter Barbosa. A delação premiada no Brasil. *In*: BITTAR, Walter Barbosa (Coord.). *Delação premiada*. Rio de Janeiro: Lumen Juris, 2011.

BITTAR, Walter Barbosa; PEREIRA, Alexandre Hagiwara. Breve análise do direito estrangeiro. *In*: BITTAR, Walter Barbosa (Coord.). *Delação premiada*. Rio de Janeiro: Lumen Juris, 2011.

BRITO, Michelle Barbosa de. *Delação premiada e decisão penal*: da eficiência à integridade. Belo Horizonte: D'Plácido, 2016.

BROETO, Filipe Maia; SILVA, Marcelo Rodrigues da. O valor probatório da colaboração premiada cruzada. *In*: GOMES, Luiz Flávio; SILVA, Marcelo Rodrigues da; MANDARINO, Renan Posella (Org.). *Colaboração premiada*: novas perspectivas para o sistema jurídico-penal. Belo Horizonte: D'Plácido, 2018.

---

a verificação da legalidade do pacto, mas não foi suficiente para esboçar os pressupostos de sua admissibilidade para guiar a postura do MP ou a verificação do direito do acusado nesse cenário" (VASCONCELOS, Vinicius Gomes de. *Colaboração premiada no processo penal*. São Paulo: Revista dos Tribunais, 2017. p. 116). Mesmo que se entenda razão na crítica do autor, é de se imaginar que o próximo passo interpretativo, com o alicerce posto, há de ser em função da legalidade, com vistas maiores ao entendimento de uma segurança jurídica dirigida ao colaborador.

CALLEGARI, André Luís. Colaboração premiada: breves anotações críticas. *In*: CALLEGARI, André Luís (Coord.). *Colaboração premiada*. Aspectos teóricos e práticos. São Paulo: Saraiva, 2019.

CAPEZ, Rodrigo. A sindicabilidade do acordo de colaboração premiada. *In*: MOURA, Maria Thereza Rocha de Assis; BOTTINI, Pierpaolo Cruz (Coord.). *Colaboração premiada*. São Paulo: Revista dos Tribunais, 2018.

CAVALI, Marcelo Costenaro. As duas faces da colaboração premiada: visões "conservadora" e "arrojada" do instituto na Lei 12.850/2013. *In*: MOURA, Maria Thereza Rocha de Assis; BOTTINI, Pierpaolo Cruz (Coord.). *Colaboração premiada*. São Paulo: Revista dos Tribunais, 2018.

FERREIRA, Hugo Barbosa Torquato. Breves comentários sobre as disposições da Carta de Direitos canadense. *Revista do Instituto de Direito Brasileiro*, n. 2, 2013.

FRANCO, Alberto Silva. *Crimes hediondos*. São Paulo: Revista dos Tribunais, 2005.

GARCÍA ESPANÃ, Elisa. *El premio a la colaboración con la justicia*. Especial consideración a la corrupción administrativa. Granada: Comares, 2005.

LINHARES, Raul Marques. O acordo de colaboração premiada e os efeitos de sua homologação no entendimento do Supremo Tribunal Federal. *In*: CALLEGARI, André Luís (Coord.). *Colaboração premiada*. Aspectos teóricos e práticos. São Paulo: Saraiva, 2019.

MENDONÇA, Andrey Borges de. Os benefícios possíveis na colaboração premiada: entre a legalidade e a autonomia da vontade. *In*: MOURA, Maria Thereza Rocha de Assis; BOTTINI, Pierpaolo Cruz (Coord.). *Colaboração premiada*. São Paulo: Revista dos Tribunais, 2018.

MOREIRA, Rômulo. A delação premiada no Brasil ontem e hoje: razões jurídicas, éticas e constitucionais pelas quais a repudiamos. *In*: ESPIÑERA, Bruno; CALDEIRA, Felipe (Org.). *Colaboração premiada*: estudos em homenagem ao Ministro Marco Aurélio Mello. Belo Horizonte: D'Plácido, 2016.

MOSSIN, Heráclito Antônio; MOSSIN, Júlio César O. G. *Delação premiada*. Aspectos jurídicos. Leme: Mizuno, 2016.

OLIVEIRA, Willian César Pinto de. A (in)aplicabilidade dos acordos de imunidade. *In*: GOMES, Luiz Flávio; SILVA, Marcelo Rodrigues da; MANDARINO, Renan Posella (Org.). *Colaboração premiada*: novas perspectivas para o sistema jurídico-penal. Belo Horizonte: D'Plácido, 2018.

PINHO, Humberto Dalla Bernadina de; PORTO, José Roberto Sotero de Mello. Colaboração premiada: um negócio jurídico processual? *In*: ESPIÑERA, Bruno; CALDEIRA, Felipe (Org.). *Colaboração premiada*: estudos em homenagem ao Ministro Marco Aurélio Mello. Belo Horizonte: D'Plácido, 2016.

REMEDIO, José Antonio; MACIEL NETO, Aluisio Antonio. A colaboração premiada como negócio jurídico processual e sua eficácia em razão do descumprimento do acordado pelo colaborador. *In*: GOMES, Luiz Flávio; SILVA, Marcelo Rodrigues da; MANDARINO, Renan Posella (Org.). *Colaboração premiada*: novas perspectivas para o sistema jurídico-penal. Belo Horizonte: D'Plácido, 2018.

RODRIGUES, Joaquim Pedro de Medeiros. A colaboração premiada na perspectiva do julgamento do HC 127.483/PR. *In*: CALLEGARI, André Luís (Coord.). *Colaboração premiada*. Aspectos teóricos e práticos. São Paulo: Saraiva, 2019.

RODRÍGUEZ, Víctor Gabriel. *Delação premiada*. Limites éticos ao Estado. Rio de Janeiro: Forense, 2018.

SANTANA, Gabriel Andrade de. Os limites negociáveis da cláusula rescisória na delação premiada: os excessos do Ministério Público e a (im)possibilidade de relativização do pacta sunt servanda. *In*: CALLEGARI, André Luís (Coord.). *Colaboração premiada*. Aspectos teóricos e práticos. São Paulo: Saraiva, 2019.

SANTOS, Marcos Paulo Dutra. *Colaboração (delação) premiada*. Salvador: JusPodivm, 2016.

SILVA, Marcus Vinicius Lopes da. A natureza jurídica do acordo de delação e a (i)legalidade da não denúncia prevista na Lei nº 12.850/2013. *In*: CALLEGARI, André Luís (Coord.). *Colaboração premiada*. Aspectos teóricos e práticos. São Paulo: Saraiva, 2019.

TORON, Alberto Zacharias. *Crimes hediondos*. O mito da repressão penal. São Paulo: Revista dos Tribunais, 1996.

VALENTE, Victor Augusto Estevam; MARTINS, José Eduardo Figueiredo de Andrade. O acordo de colaboração premiada na teoria dos negócios jurídicos: um diálogo entre o direito civil e o processo penal. *In*: GOMES, Luiz Flávio; SILVA, Marcelo Rodrigues da; MANDARINO, Renan Posella (Org.). *Colaboração premiada*: novas perspectivas para o sistema jurídico-penal. Belo Horizonte: D'Plácido, 2018.

VASCONCELOS, Vinicius Gomes de. *Colaboração premiada no processo penal*. São Paulo: Revista dos Tribunais, 2017.

Informação bibliográfica deste texto, conforme a NBR 6023:2018 da Associação Brasileira de Normas Técnicas (ABNT):

SILVEIRA, Renato de Mello Jorge. Colaboração premiada: os particulares contornos penais de um negócio jurídico. *In*: MORAES, Alexandre de; MENDONÇA, André Luiz de Almeida (Coord.). *Democracia e sistema de justiça*: obra em homenagem aos 10 anos do Ministro Dias Toffoli no Supremo Tribunal Federal. Belo Horizonte: Fórum, 2020. p. 511-524. ISBN 978-85-450-0718-0.

O JUIZ COM TOGA
E O RESPEITO À SEGURANÇA JURÍDICA

RICHARD PAE KIM

1 Introdução

Fui honrado com o convite para participar deste livro que reúne trabalhos de admiradores e amigos juristas do eminente Ministro Dias Toffoli, por ocasião dos seus 10 anos de magistratura na Suprema Corte de nosso país. Evidentemente faço parte apenas do primeiro grupo. A vasta e qualificada produção como juiz de nosso Supremo Tribunal Federal impressiona não só pela rapidez nos seus julgamentos – tendo reduzido o acervo de seu gabinete em 81% em quase nove anos de judicatura, passando de 11 mil processos, existentes quando tomou posse no STF (23.10.2009), para 2.091 processos em 12.9.2018 –[1] mas também pela qualidade inequívoca de suas decisões, proferidas com base na doutrina nacional e internacional, jurisprudência, mas, em especial, no seu bom senso e no respeito à Constituição Federal, ao povo brasileiro, à República, à segurança jurídica e à separação dos poderes.

Aqueles que acompanham os julgamentos de Sua Excelência percebem nitidamente o seu posicionamento conservador, no sentido de resguardar a Constituição e vê-la sempre sob a ótica da segurança jurídica e da separação dos poderes, sem se afastar da defesa da dignidade da pessoa e da sociedade. Embora sempre tenha se mostrado um defensor da ideia de que a realidade fática deve ser permanentemente levada em consideração quando dos julgamentos, o que o leva a reconhecer em seus votos a necessidade da evolução do direito diante das transformações da sociedade, por outro lado, defendia, sempre que fosse o caso, a ideia de que o *locus* dos debates há de ser o parlamento.

---

[1] No período, embora tenha recebido uma distribuição de 47.100 processos para a relatoria, Sua Excelência proferiu 61.600 decisões monocráticas e julgou mais de 13.000 feitos nas Turmas do STF e no Plenário (OLIVEIRA, Mariana. Prestes a assumir a presidência, Toffoli deixa o menor acervo de ações no STF. *Consultor Jurídico*, 12 set. 2018. Disponível em: https://www.conjur.com.br/2018-set-12/toffoli-deixa-gabinete-menor-acervo-processos-stf. Acesso em: 30 jul. 2019).

Ciente de que não há espaço suficiente neste artigo para a citação de todos os relevantes julgados do Ministro Dias Toffoli que façam referência a esses valores, neste trabalho nos concentraremos em analisar de modo breve o conteúdo da segurança jurídica garantidora das instituições e do sistema jurídico, e serão expostos três dos seus milhares de votos que revelam – como era de se esperar – o grande juiz com toga que se tornou e que está a engrandecer a magistratura e a Corte Suprema de nosso país.

2 A segurança jurídica e seu conteúdo[2]

A segurança jurídica é tão imprescindível à manutenção da ordem e da paz social que foi erigida pelo legislador ao *status* de garantia constitucional. No caso específico do direito brasileiro, em que pese inexista norma com expressa previsão constitucional, o texto da Lei Maior traz diversas menções a esse valor. Já no preâmbulo da Carta, concede-se a ela inegável relevância, vez que alçada ali a valor fundante do Estado brasileiro.

Como assinala Ravi Peixoto, é possível extrair a segurança jurídica enquanto princípio fundamental tanto da própria construção da Constituição, como das regras de interpretação do texto constitucional. A previsão do art. 5º, *caput* da Constituição da República, segundo o qual "todos são iguais perante a lei, sem distinção de qualquer natureza, garantindo-se aos brasileiros e aos estrangeiros residentes no País a inviolabilidade do direito à vida, à liberdade, à igualdade, à segurança e à propriedade" viria em reforço a essa compreensão. Isso porque, procedendo-se a uma leitura sistêmica, o direito à segurança é garantido conjuntamente com os direitos à liberdade, à igualdade e à propriedade, todos eles valores sociais objetivos. Assim, a proteção da segurança paralelamente a esses outros valores seria claro indicador de que o termo foi empregado no sentido de *segurança jurídica*.[3]

Não fosse o suficiente, a elevação da segurança jurídica ao *status* de garantia constitucional pode ser extraída também da previsão da coisa julgada, do ato jurídico perfeito e do direito adquirido insculpida no art. 5º, inc. XXXVI da Carta, vez que todos esses instrumentos jurídicos têm por objetivo a consolidação de relações jurídicas, de maneira a concretizar, no âmbito individual, a segurança jurídica. De igual maneira, a regra da legalidade cristalizada no art. 5º, inc. II da CF, vez que por meio dela o sujeito passa a ter conhecimento de que sua esfera jurídica somente poderá sofrer alterações mediante anterior previsão legal, o que promove a ideia de cognoscibilidade. Cumpre ainda mencionar a previsão do acesso à justiça (art. 5º, inc. LIV), os direitos ao contraditório e à ampla defesa (art. 5º, inc. LV), a separação de poderes (art. 2º) e uma série de outras previsões normativas das quais decorre, de uma forma ou de outra, a necessidade de observância e preservação da segurança jurídica.

Afora esse fundamento dogmático, há que se atentar também para a dimensão principiológica da garantia da segurança jurídica, profundamente atrelada ao Estado Democrático de Direito. A respeito:

---

[2] Retirado de parte do Capítulo 3 de artigo que publiquei com a Dra. Camila da Silva Barreiro: KIM, Richard Pae; BARREIRO, Camila da Silva. Supremo Tribunal Federal e a modulação dos efeitos de suas decisões. *In:* FUX, Luiz; BODART, Bruno; MELLO, Fernando Pessoa da Silveira. *A Constituição da República segundo ministros, juízes auxiliares e assessores do STF.* Salvador: JusPodivm, 2018. p. 251-280.

[3] PEIXOTO, Ravi. *Superação do precedente e segurança jurídica.* Salvador: JusPodivm, 2015. p. 64-65.

Almiro do Couto e Silva afirma que o Estado de Direito estaria apoiado, em seu aspecto material, nas ideias de "justiça" e de "segurança jurídica" e, no aspecto formal, em vários elementos, entre os quais se destacariam: i) a existência de um sistema de direitos e garantias fundamentais; ii) a divisão das funções do Estado; iii) a legalidade da Administração Pública; iv) a proteção da confiança. Apresentando os fundamentos do Estado de Direito, Sylvia Calmes também o fundamenta em três categorias (vinculação do Estado à lei; divisão de poderes e limitação do poder).

O Estado de Direito traz em si a exigência de protetividade de direitos, a responsabilidade estatal, a universalidade, a não arbitrariedade o Direito, a submissão do Estado às regras claras, prospectivas e não contraditórias. Elementos que o tornam cognoscível, confiável e calculável, protegendo o cidadão da arbitrariedade, pois "o Estado de Direito ou é seguro, ou não é Estado de Direito".

A segurança jurídica e seus elementos, portanto, seriam deduzidos dos fundamentos do Estado de Direito e, especialmente, de suas regras, atos e procedimentos, que garantem efetividade aos direitos individuais e ao exercício legítimo de poder pelo Estado.[4]

Nesse ponto, é de se ter em vista o seguinte:

[o] Estado de Direito possui um aspecto formal e um material. A dimensão formal está relacionada à separação de Poderes, à hierarquização das normas e à proteção jurisdicional. O aspecto material, por sua vez, objetiva proteger os direitos fundamentais. E a segurança jurídica conecta-se ao Estado de Direito tanto sob o seu ponto de vista formal, como do ponto de vista material. Na acepção formal, conexa à tripartição dos poderes, hierarquização das normas e proteção judicial auxilia na cognoscibilidade do direito, mediante a maior organização de funções e das normas. No aspecto material, relacionada à proteção de direitos, a segurança jurídica atuará justamente como um "direito-garantia", tutelando esses direitos.[5]

Consubstanciando a segurança jurídica um corolário do Estado de Direito e do próprio texto da Carta da República, a atuação dos responsáveis pela elaboração das normas a serem seguidas por todos deve pautar-se por este princípio. Ocorre que, no mundo moderno, a criação do direito não constitui mais prerrogativa exclusiva do Poder Legislativo: também o Poder Judiciário, por meio da jurisprudência pacificada, das súmulas e dos precedentes obrigatórios, tem se incumbido mais e mais de tal função. Como consequência, também a ele tem se imposto com cada vez mais vigor o dever de zelar pela estabilidade do sistema, tornando-se obrigatório que, ao decidir, também os juízes zelem pelos parâmetros da cognoscibilidade, da controlabilidade e da calculabilidade. Isso porque:

[a] segurança jurídica é um princípio que impõe em primeiro lugar a *cognoscibilidade* do Direito. É preciso viabilizar o conhecimento e a certeza do Direito, sem os quais não se pode saber exatamente o que é seguro ou não. É claro que o fato de o Direito ser vazado em linguagem – que é indiscutivelmente porosa e polissêmica – requer a compreensão da segurança mais como *viabilização de conhecimento* do que propriamente como *determinação* prévia de sentido. A segurança jurídica exige, portanto, a *controlabilidade intersubjetiva dos*

---

[4]   SILVEIRA, Marilda de Paula. *Segurança jurídica, regulação, ato*: mudança, transição e motivação. Belo Horizonte: Fórum, 2016. p. 42-43.

[5]   PEIXOTO, Ravi. *Superação do precedente e segurança jurídica*. Salvador: JusPodivm, 2015. p. 68.

processos semântico-argumentativos que conduzem ao conhecimento e à certeza do Direito e a adoção de *critérios racionais* e *coerentes* para sua reconstrução. Em segundo lugar, exige *confiabilidade* do Direito. O Direito deve ser *estável* e não sofrer *quedas abruptas e drásticas*. Evidentemente, não é possível assegurar a sua *imutabilidade*, na medida em que é inerente ao Direito o seu aspecto cultural e, portanto, a sua permanente abertura à mudança. Importa, no entanto, que a confiança depositada pela pessoa no Direito não seja iludida, o que impõe *estabilidade* e *continuidade* normativas e, em sendo o caso, previsão de *normas de salvaguarda da confiança* em momentos de crise de *estabilidade jurídica*. Em terceiro lugar, impõe *calculabilidade*, isto é, *capacidade de antecipação das consequências* normativas ligadas aos atos e fatos jurídicos e das *eventuais variações* (quais e em que medida) da ordem jurídica. Também aqui o caráter cultural, não cognitivista e lógico-argumentativo do Direito repele a *previsibilidade absoluta* e determina a sua substituição pela noção mais elástica de *calculabilidade*.[6]

Ocorre que a segurança jurídica, enquanto princípio que emana do Estado de Direito, não se viabiliza *per se*; o texto constitucional não traz uma normatização, um roteiro indicativo de que forma essa garantia será viabilizada no caso concreto. Trata-se de um princípio que depende da implementação de instrumentos voltados a dar concretude à sua incidência.

Conforme bem assinala Marilda de Paula Silveira, sua aplicação não se materializa como qualidade intrínseca do ordenamento jurídico; deve ser compreendida mais como um dos pilares que fundamentam a própria ideia de direito e justiça, "um *valor* que inspiraria a existência do Direito, assim como a Justiça e a Paz Social".[7] É nesse contexto que a modulação dos efeitos, tal como prevista nos arts. 27 da Lei nº 9.868/99, 11 da Lei nº 9.992/99 e 927, §3º do Código de Processo Civil atualmente em vigor apresenta-se como instrumento da preservação da segurança jurídica por parte do Judiciário em seus processos de tomada de decisão – dito de outro modo, a técnica da modulação constitui eficaz meio de preservação e ao mesmo tempo promoção do valor constitucional da segurança jurídica.

Consoante bem assinala Alexandre Freitas Câmara,[8] citado por Teresa Arruda Alvim e Bruno Dantas, dado que no Estado de Direito a previsibilidade deve sempre ser a regra, nada mais razoável que haja regras de direito intertemporal para as hipóteses de alterações de posição dos tribunais idênticas àquelas aplicáveis para os casos de mudança na lei, visto que ambas, em diferentes medidas, são pautas de conduta para o jurisdicionado.

Veja-se: os precedentes mais e mais ganham força no sistema jurídico brasileiro. Com a entrada em vigor do novo Código de Processo Civil, fala-se agora em precedentes de vinculatividade forte. Dia após dia a jurisprudência dos Tribunais ganha mais e mais força, obrigatoriedade, gerando nos jurisdicionados uma legítima expectativa de direito.

---

[6] MITIDIERO, Daniel. *Cortes superiores e cortes supremas*: do controle à interpretação, da jurisprudência ao precedente. São Paulo: Revista dos Tribunais, 2017. p. 22-23.

[7] SILVEIRA, Marilda de Paula. *Segurança jurídica, regulação, ato*: mudança, transição e motivação. Belo Horizonte: Fórum, 2016. p. 35.

[8] CÂMARA, Alexandre Freitas. Súmula da jurisprudência dominante, superação e modulação de efeitos no novo Código de Processo Civil. *Revista de Processo*, v. 42, n. 264, p. 281-320, fev. 2017 *apud* ALVIM, Teresa Arruda; DANTAS, Bruno. *Recurso especial, recurso extraordinário e a nova função dos tribunais superiores no direito brasileiro*. 4. ed. rev., atual. e ampl. São Paulo: Revista dos Tribunais, 2017. p. 285.

Não raro, ações são propostas, teses são defendidas, fiando-se naquilo que as Cortes vêm reiteradamente decidindo. Assegurar estabilidade a esses entendimentos também faz parte do Estado de Direito, manifestação da garantia da segurança jurídica.

Diante de um quadro de alteração da jurisprudência dominante ou de declaração de inconstitucionalidade de uma norma que até então vinha sendo aplicada sem problemas, não parece correto que simplesmente se proceda à alteração do posicionamento aplicável ou da legislação de regência de maneira sobressaltada, gerando-se um quadro de incerteza e instabilidade. O jurisdicionado há de ser protegido contra alterações de grande monta que impliquem mudança inesperada em sua esfera de direitos. É como bem observa Alexandre Freitas Câmara:

> É certo que mudanças interpretativas assim não devem ocorrer com frequência. Isto iria contra o dever de estabilidade da jurisprudência imposto pelo art. 926 do CPC (LGL/2015/1656), que impõe aos tribunais a obrigação de respeito aos próprios precedentes. Assim, havendo uma linha de jurisprudência constante, especialmente nos casos em que isso tenha sido formalmente identificado e consolidado em enunciado de súmula, ainda que tais enunciados não sejam formalmente vinculantes, ter-se-á ao menos uma legítima expectativa de que o entendimento consolidado será seguido, com a exigência de que seja analiticamente justificada qualquer decisão que não o siga.
>
> A alteração ou cancelamento de um enunciado de súmula de jurisprudência dominante, porém, implica dizer que o tribunal reconhece que a interpretação que se dava a um determinado texto normativo não é mais a que se reputa correta, e que a partir de dado momento outra deve ser sua interpretação. Pois é preciso saber se tal modificação deve dar-se com caráter retroativo ou prospectivo.
>
> Pois a solução deste problema passa por recordar-se que a mudança na interpretação de um texto normativo implica o estabelecimento de uma nova norma jurídica. E, isto se diz por conta da inegável diferença entre texto e norma. Afinal, a norma jurídica é o produto da interpretação dada a um texto normativo.
>
> Ora, se assim é, a consolidação de uma nova interpretação implica a fixação de uma nova norma, distinta da que anteriormente se construía a partir do mesmo texto. E isto precisa ser levado em conta quando se altera ou cancela um enunciado de súmula de jurisprudência dominante.
>
> Ocorre que, como regra geral, novas normas jurídicas não têm eficácia retroativa. Comentando o art. 5º, XXXVI, da Constituição da República, afirma José Afonso da Silva que "[u]ma importante condição da segurança jurídica está na relativa certeza que os indivíduos têm de que as relações realizadas sob o império de uma norma devem perdurar ainda quando tal norma seja substituída. É curioso notar, porém, que normalmente só se liga tal dispositivo constitucional aos casos em que há modificações de texto normativo.[9]

Quanto à função interpretativa do juiz, é de se ter em conta que a teoria dos precedentes expande a relevância da atuação jurisdicional para além do caso concreto, de maneira que uma decisão não mais pode ser observada apenas sob o ponto de vista da resolução da questão posta em juízo.

Cabe também ao Poder Judiciário, que tem sua atividade regida pela segurança jurídica e pela confiança legítima, a elaboração de regras de transição como forma de

---

[9] CÂMARA, Alexandre Freitas. Súmula da jurisprudência dominante, superação e modulação de efeitos no novo Código de Processo Civil. *Revista de Processo*, v. 42, n. 264, p. 281-320, fev. 2017.

efetivação das normas jurídicas mencionadas. Por fim, no tocante à igualdade, situações há nas quais somente a retrospectividade do novo entendimento será capaz de garantir a igualdade entre todos os litigantes. A superação de precedentes implicará naturalmente desigualdade de tratamento de situações fáticas semelhantes – a diferença é que a superação prospectiva identifica a partir de que momento as situações fáticas passarão a ser tratadas de maneira distinta.

3 Considerações gerais sobre a teoria da nulidade, a ponderação e os limites interpretativos a garantir a segurança jurídica

A Constituição de um país, de acordo com Hans Kelsen (1985), é a norma fundamental que empresta validade a todas as demais existentes num sistema jurídico.[10] Para garantir sua supremacia, um sistema de controle de constitucionalidade restou desenvolvido pelos norte-americanos, no século XVIII, e que posteriormente serviu de inspiração para o regime brasileiro, fundado na tese da nulidade da norma inconstitucional. Para a teoria da nulidade, o vício constitucional, em sendo congênito – processual ou material – impede que sejam produzidos efeitos no mundo jurídico, razão pela qual a retroatividade desde a origem da decisão judicial que declara a invalidade de uma norma tem-se de rigor.

O Brasil adotou a teoria da nulidade da norma declarada inconstitucional, conhecida no direito norte-americano pela expressão "the inconstitucional statute is not law at all". Essa teoria se formou, fundada no raciocínio de que uma lei aprovada pelo legislativo, que acabasse por ferir a Constituição de um país, não poderia continuar produzindo efeitos, na medida em que a Carta Maior, como se sabe, traduz-se na vontade suprema do povo e, portanto, esta não pode ser sobreposta por uma norma de hierarquia inferior.[11] Esta teoria, que foi adotada no Brasil pela Constituição de 1891, sob os auspícios de Ruy Barbosa,[12] assenta que toda a norma que nasce com o vício da constitucionalidade a possui desde sua origem (*ab initio*); por isso, ela será incapaz de produzir efeitos.

Em havendo violação, no movimento repressivo, caberá como já salientado ao Pretório Excelso resguardar e proteger a supremacia da Constituição por meio do controle de constitucionalidade.

A teoria permaneceu intocável por muito tempo no Brasil, mesmo com a existência de uma teoria oposta, que é a do ato anulável, pensada por Hans Kelsen no sistema de controle de constitucionalidade austríaco, pois naquela oportunidade se acreditava que a natureza da decisão de inconstitucionalidade não era declarativa, mas, sim, constitutiva negativa. Assim se sustentava:

---

[10] KELSEN, Hans. *Teoria pura do direito*. Tradução de João Baptista Machado. São Paulo: Martins Fontes, 1999. p. 280.

[11] FERREIRA, Carlos Wagner Dias. Modulação dos efeitos da declaração de inconstitucionalidade no controle difuso. *Revista Esmafe: Escola de Magistratura Federal da 5ª Região*, Recife, n. 12, p. 155-178, mar. 2007. p. 157. Disponível em: www3.trf5.jus.br. Acesso em: 30 jul. 2019.

[12] BULOS, Uadi Lammêgo. *Curso de direito constitucional*: revista e atualizada de acordo com a Emenda Constitucional n. 83/2014. São Paulo: Saraiva, 2015. p. 202.

[...] a lei foi válida até a sua anulação. Ela não era nula desde o início. Não é, portanto, correto o que se afirma quando a decisão anulatória da lei é designada como "declaração de nulidade", quando o órgão que anula a lei declara na sua decisão essa lei como "nula desde o início" (*ex tunc*). A sua decisão não tem caráter simplesmente declarativo.[13]

Os efeitos produzidos por essa decisão são *ex nunc*, isto é, a partir do reconhecimento de sua inconstitucionalidade. A ideia central de Kelsen sobre sua teoria é que não podemos desconsiderar os efeitos da norma declarada inconstitucional por um simples decreto judicial, já que, até então, esta norma era considerada válida. Ela nasceu de um ato válido e permaneceu produzindo efeitos até sua declaração de inconstitucionalidade. Nesse período, o que restou como válido não poderá ser considerado inconstitucional, ao menos até a sua desconstituição do mundo jurídico,[14] a saber:

> De uma lei inválida não se pode, porém, afirmar que ela é contrária à Constituição, pois uma lei inválida não é sequer uma lei, porque não é juridicamente existente e, portanto, não é possível acerca dela qualquer afirmação jurídica. Se a afirmação, corrente na jurisprudência tradicional, de que uma lei é inconstitucional há de ter um sentido jurídico possível, não pode ser tomada ao pé da letra. O seu significado apenas pode ser o de que a lei em questão, de acordo com a Constituição, pode ser revogada não só pelo processo usual, quer dizer, por uma outra lei, segundo o princípio *lex posterior derogat priori*, mas também através de um processo especial, previsto pela Constituição. Enquanto, porém, não for revogada, tem de ser considerada como válida; e, enquanto for válida, não pode ser inconstitucional.[15]

Em havendo dúvida quanto à constitucionalidade ou não de uma norma, em respeito à segurança jurídica e o respeito à separação dos poderes, parece lógico que haja a preservação do resultado da deliberação legislativa, em especial, pela presunção de constitucionalidade das normas.

Por sua vez, no que importa ao limite da ponderação quando do exercício hermenêutico dos direitos fundamentais, não há que se olvidar que a doutrina brasileira, com fundamento nos precedentes de nossa Suprema Corte, tem concluído serem esses limites: a) o respeito ao princípio da legalidade, devendo-se incluir neste item a reserva legal e a validade da norma restritiva; b) a proteção ao núcleo essencial dos direitos fundamentais; c) o princípio da proporcionalidade; e d) a proibição de restrições casuístas, esta fundada no sentido de justiça, *segurança jurídica* e no princípio da igualdade.[16]

É fato que o legislador constituinte não conseguiu e jamais conseguirá prever todas as possíveis hipóteses de colisão de direitos fundamentais, daí porque os critérios genéricos de restrição e dos seus próprios limites têm gerado constantes discussões e reavivado muitas vezes a dúvida quanto à adoção de uma teoria externa, que se encontra

---

[13] KELSEN, Hans. *Teoria pura do direito*. Tradução de João Baptista Machado. São Paulo: Martins Fontes, 1999. p. 193.

[14] ÁVILA, Ana Paula. *A modulação de efeitos temporais pelo STF no controle de constitucionalidade*: ponderação e regras de argumentação para a interpretação conforme a Constituição do art. 27 da Lei nº 9.868/99. Porto Alegre: Livraria do Advogado, 2009. p. 41.

[15] KELSEN, Hans. *Teoria pura do direito*. Tradução de João Baptista Machado. São Paulo: Martins Fontes, 1999. p. 188-189.

[16] *Vide* MENDES, Gilmar Ferreira; COELHO, Inocêncio Mártires; BRANCO, Paulo Gustavo Gonet. *Hermenêutica constitucional e direitos fundamentais*. Brasília: Brasília Jurídica, 2002. p. 241-249.

assentada no caráter liberal e individualista desses direitos. A proporcionalidade, nesses casos, há de ser observada não só pelo legislador, como também pelo destinatário da norma, a fim de que a interferência nos direitos seja feita sempre na medida da absoluta necessidade e de maneira adequada e proporcional (*Verhaltnismassigkeit*).

A lógica da construção da norma, no entanto, muitas vezes não será a mesma no momento de sua interpretação, e sob esta perspectiva é que se pretende apresentar algumas reflexões, em especial, diante das constantes críticas que alguns têm feito ao excesso de judicialização.[17] Dentro deste espectro, é conveniente apresentarmos o posicionamento de Walter Claudius Rothemburg, para quem a proporcionalidade é um critério, e não um princípio autônomo, por se tratar de um índice que permite aplicar uma técnica de solução de problemas de concorrência e conflito. Para o jovem constitucionalista, se a proporcionalidade fosse um princípio, a própria proporcionalidade estaria sempre em concorrência com outro princípio, a exigir constante e adequada solução, numa sorte de composição necessária.[18] Bem acentua o autor que, no conflito entre dois princípios, a proporcionalidade seria um terceiro a ser ponderado, o que geraria uma incongruência no sistema e, portanto, seria inadmissível.

O critério da proporcionalidade não está expresso na Constituição, mas na ideia do devido processo legal substantivo e na justiça; há que ser visto como um instrumento indispensável para a proteção dos direitos, visto que permite o controle da discricionariedade dos atos do Poder Público e a adequada ponderação nas hipóteses já especificadas. Com o uso da adequação, necessidade ou vedação do excesso e proporcionalidade em sentido estrito é possível que se conclua, inclusive, pela anulação ou declaração de nulidade de atos legislativos ou administrativos. Segundo Humberto Ávila,[19] a aplicação da proporcionalidade dar-se-á em situações em que se constate uma relação de causalidade entre dois elementos empiricamente discerníveis, um meio e um fim, de tal modo que o intérprete do direito possa proceder ao exame de três parâmetros fundamentais e complementares: a adequação, a necessidade e a proporcionalidade em sentido estrito.

A dificuldade na aplicação do critério da proporcionalidade no processo de ponderação não deve impedir a sua incidência. Aliás, como afirmado pela boa doutrina, "pode-se dizer que em muitos casos os critérios políticos confundem-se com critérios jurídicos, podendo o juiz adequá-los ao caso concreto".[20]

Não há que se olvidar, ainda, que muitas vezes a proporcionalidade utilizada pelo legislador não será a mesma aplicada pelo intérprete da lei. O legislador, no exercício de sua atividade de construção de uma regra, ou até mesmo de um princípio – abstrato,

---

[17] O tema sobre a proporcionalidade já foi desenvolvido por mim e pelo coautor, Professor Moacir Menozzi Júnior, em artigo em que pudemos concluir que a ponderação só será cabível em hipóteses específicas, quando não for possível a identificação da posição definitiva de um direito fundamental e, desde que na aplicação do princípio da proporcionalidade, também sejam considerados os argumentos do legislador que instituiu as normas de direito fundamental. Parte desse trabalho está sendo aproveitado neste capítulo (*vide* KIM, Richard Pae; MENOZZI JUNIOR, Moacir. Princípio da proporcionalidade e fundamentalidade – O sentido para o legislador e para o hermeneuta. *Caderno de Direito*, v. 12, série 22, p. 167-186, 2012).

[18] ROTHEMBURG, Walter Claudius. *Princípios constitucionais*. Porto Alegre: Sérgio Antônio Fabris, 2003. p. 42-43.

[19] ÁVILA, Humberto. *Teoria dos princípios*. São Paulo: Malheiros, 2005. p. 116-124.

[20] STUMM, Raquel Denize. *Princípio da proporcionalidade no direito constitucional brasileiro*. Porto Alegre: Livraria do Advogado, 1995. p. 83-85.

impessoal, e que harmonize os interesses coletivos e individuais – por se tratar de atividade estatal, deve ter como escopo principal alcançar o interesse público. Há um aspecto que devemos, no entanto, considerar, e que se mostra essencial para se entender a dificuldade de se verificar a proporcionalidade da norma e os motivos pelos quais a aplicação deste princípio pode acarretar mudanças significativas em nosso sistema jurídico. Não só a função jurisdicional se encontra limitada aos valores constitucionais, mas também a atividade legiferante.

No processo legislativo, a proporcionalidade da norma deve ser analisada dentro dos critérios jurídicos que podem estar contextualizados em um momento histórico, e não há dúvida de que este deve levar em conta não só os elementos jurídicos técnicos estabelecidos pela Constituição Federal, mas também as variáveis sociais da época de sua publicação e seus efeitos para o futuro. Como muitos autores já sustentaram, não há dúvida quanto à existência de uma mutação constitucional e mesmo das normas infraconstitucionais. Isso exige um exame permanente quanto à proporcionalidade da norma, desde seu nascedouro até sua revogação, derrogação ou ab-rogação. Inúmeros são os exemplos de que a proporcionalidade, quando da edição da norma, não permanece a mesma, principalmente após o decurso do tempo, como é o caso das mais recentes decisões judiciais que passaram a interpretar que as normas postas na Constituição não só possuem eficácia jurídica, como também possuem um conteúdo mínimo que deve ser atingido no atendimento proporcional aos direitos do cidadão.

Mostra-se, inclusive, importante a análise da exposição de motivos, as justificativas apresentadas pelo proponente de um projeto de lei ou até mesmo os pareceres apresentados pelas comissões e subcomissões, para analisar não só a validade da norma, mas as hipóteses de sua incidência. O tempo e as mudanças das variáveis que compuseram a proporcionalidade da norma sancionada, por exemplo, poderão autorizar que o hermeneuta, observando este princípio da proporcionalidade, chegue a conclusões absolutamente díspares em relação à aplicação originária deste princípio quando da elaboração e publicação da norma.

Entretanto, com o devido respeito aos que pensam diferentemente, a fim de que haja *segurança jurídica* na ponderação, o efetivo respeito ao Estado Democrático de Direito e observação à separação de poderes, além da aplicação das regras de interpretação constitucional e da observância à hermenêutica tradicional, o intérprete deve respeitar a vinculação entre a lei da ponderação e a teoria da argumentação jurídica racional e *deve privilegiar a lei, resultado do processo democrático*. Ou seja, em não tendo havido grandes variáveis fáticas, há que prevalecer a proporcionalidade da norma observada pelo legislador.

É fato que ainda não conseguimos solucionar o problema do sincretismo metodológico a que se referiu o eminente Professor Virgílio Afonso da Silva ao tratar dos curtos-circuitos existentes em nossa doutrina a respeito da interpretação constitucional. Entretanto, concordando com o autor, o hermeneuta deve escolher um dos métodos de interpretação constitucional normalmente apresentados pela doutrina e aplicar os cânones de interpretação sistematizados por Savigny, que também devem valer para o direito constitucional.[21]

---

[21] SILVA, Virgílio Afonso da (Org.). *Interpretação constitucional*. São Paulo: Malheiros, 2007. p. 142.

Portanto, reforço a conclusão de que qualquer ampliação, restrição ou limitação aos direitos deve observar os requisitos da legalidade, da proporcionalidade e da proibição das decisões casuísticas.

Embora o Poder seja uno e indivisível, pois pertence ao povo brasileiro como expresso na Constituição Federal, não há dúvida de que os poderes instituídos (Legislativo, Executivo e Judiciário), no exercício das funções republicanas, devem respeito um ao outro e a harmonia há de ser respeitada. No paradigmático voto do Ministro Dias Toffoli, no mencionado julgamento da ADI nº 4.451 MC-REF/DF, restaram acentuadas importantes advertências aos atores que efetivam as ponderações na análise das restrições aos direitos e que merecem ser destacadas, a saber:

> A chamada colisão de princípios é por demais conhecida pela Filosofia do Direito contemporânea, graças à contribuição do jurista Robert Alexy. Não se fala de invalidação de um princípio por outro, mas de sua prevalência, conforme as circunstâncias e segundo a fórmula-peso (ALEXY, Robert. *Theorie der Grundrechte* (Teoria dos Direitos Fundamentais). Frankfurt am Main: Suhrkamp, 1986 p. 78-79).

> A lei de colisão (*Kollisionsgesetz*) baseia-se no primado de que "as condições sob as quais um princípio precede aos outros, formam o tipo abstrato de uma regra que expressa as conseqüências jurídicas do princípio precedente" (ALEXY, Robert. *Theorie der Grundrechte*, p. 79-84).

> Assim, a ponderação de princípios leva, na prática, à produção de uma norma cuja formulação conduz ao que Robert Alexy chama de fundamentação jurídico-fundamental correta.

> Como decorrência, não há falar-se em direitos fundamentais absolutos. Como bem salienta Herbert Bethge, "a noção de um direito fundamental ilimitado é impossível na prática e contraditória na teoria" (*In. Die verfassungsrechtliche Problematik der Grundpflichten*. Juristische Arbeitsblätter, Heft 5, p. 252, 1985).

> E, nesse sentido, a liberdade, qualquer que seja ela, inclusive a de expressão, é ilimitada *prima facie*, mas limitada como direito definitivo.

> Essa restrição a um direito fundamental pode e deve ser feita primordialmente pelo legislador. Não é adequado supor que haveria pré-condicionamento ao legislador e ampla deferência ao juiz para restringir direitos fundamentais, apenas porque o magistrado atua no caso concreto e sob circunstâncias de fato. O legislador goza da legitimidade democrática. É eleito. Submete-se aos constrangimentos do processo eleitoral, às quizílias partidárias, às contradições do Parlamento, às pressões organizadas e ao risco permanente de ser exautorado da vida pública, por meio da censura periódica de seus representados nas urnas. Negar-lhe essa prerrogativa é atrofiar o Estado Democrático de Direito.

> Toda restrição ao direito fundamental é uma forma de se criar obstáculos à realização plena de um princípio, como adverte Robert Alexy (Op. cit. p. 300-307). E a isso deve corresponder uma atuação fundamentada, por cuidar de norma restritiva. Mas esse espaço existe. É o espaço para conformação do legislador ordinário. É frequente, nesse sentido, a presença de reservas explícitas (*Gesetzvorbehalte*) que se identificam pela terminologia clássica "nos termos da lei", "na forma da lei" ou "conforme a lei". [...]

> Existem também reservas implícitas decorrentes de uma autorização tácita ou imanente de uma restrição que se confere ao legislador ordinário, como admitem Robert Alexy e Christian Starck. Isso é uma decorrência do princípio da unidade da Constituição, tão bem defendido na doutrina alemã por Bernhard Schlink (*Freiheit durch Eingriffsabwehr - Rekonstruktion der klassischen Grundrechtsfunktion*. Europäische Grundrechte Zeitschrift, 11, Heft 17, p. 464, 1984) e já referido nas construções pretorianas desta Corte (ADI 815, Relator Min. Moreira Alves, Tribunal Pleno, julgado em 28/03/1996, DJ de 10/5/96).

A ponderação feita pelo legislador é legítima. [...]

IV – NECESSIDADE DE DEBATE SOBRE A TRANSPARÊNCIA E A FUNDAMENTAÇÃO DAS RESTRIÇÕES A DIREITOS FUNDAMENTAIS. A AUTOCONTENÇÃO RETÓRICA.

O presente caso, Senhores Ministros, tem a oportunidade de nos permitir fazer o inadiável debate sobre o método e a técnica de restrição de direitos fundamentais.

Não pode a Corte simplesmente criar uma metodologia baseada em afirmações solenes e em juízos morais carregados de retórica, mas que não revelam a transparência dos motivos reais de suas próprias conclusões. É essa a crítica que modernos constitucionalistas como Cass Sunstein têm suscitado e que merecem nossa reflexão. [...]

O mandato de conformação do legislador deve ser, como bem assinala Robert Alexy, *fundamentado*.

Nos tempos atuais, em que se tornaram comuns as críticas às decisões do Poder Judiciário no sentido de que existiria excesso de subjetivismo e ausência de critérios científicos nos julgamentos – seja no exercício do controle de constitucionalidade das normas, seja nas decisões proferidas com base em "ponderações" – o que estaria a causar violação aos princípios da igualdade, da segurança jurídica e da separação de poderes; entendo que a par de alguns exageros, a Justiça e o sistema processual devem sofrer alguns ajustes, a fim de garantir o atendimento a esses três princípios.

Não há espaço neste trabalho a autorizar uma incursão aprofundada desses temas, no entanto, acentuo que parece existir a necessidade de que alguns membros do Judiciário reavaliem os pressupostos que dão sustentação à separação das funções dos poderes instituídos, a fim de que o equilíbrio previsto na Constituição Federal seja efetivamente atendido. Seja no controle de constitucionalidade de uma norma, seja no exercício de uma ponderação pelo Judiciário, há de se respeitar sempre que necessário o forema jurídico *in dubio pro legislatore*,[22] ainda que haja uma zona de penumbra quanto à constitucionalidade ou não de uma decisão discricionária adotada pelo legislador.

Isso não significa que o magistrado deva se manter insensível quanto às inovações hermenêuticas em função da evolução científica, das relações sociais e da jurisprudência, inclusive de outros países. Também a omissão ou a intervenção legislativa concretizadora não pode ser destituída de razoabilidade ou racionalidade a ponto de suprimir o direito individual escrito.

4 Ministro Dias Toffoli e sua visão sobre segurança jurídica e respeito à separação de poderes

Para este trabalho foram selecionados três votos que denotam a preocupação específica de Sua Excelência em fazer cumprir esses princípios constitucionais, e devo avisar o leitor, de antemão, que alguns deles foram vencidos, o que não afasta a importância de seu conteúdo na formação do debate e do resultado do que se acordou nos respectivos julgamentos. Ilustram, apenas, posições que se mostram coerentes com o pensamento deste notável magistrado que não desmerecem, mas pelo contrário, só enaltecem a força dos argumentos dos votos vencedores.

---

[22] BERNAL PULIDO, Carlos. *El neoconstitucionalismo a debate*. Bogotá: Instituto de Estudios Constitucionales, 2006. p. 17.

Passemos ao primeiro. Na conclusão do julgamento do RE nº 898.060, no dia 21.9.2016, o Plenário do Supremo Tribunal Federal decidiu, por maioria de votos, que a existência de paternidade socioafetiva não exime de responsabilidade o pai biológico. Assim, os ministros negaram provimento ao Recurso Extraordinário nº 898.060, com repercussão geral reconhecida, em que um pai biológico recorria contra acórdão que estabeleceu sua paternidade, com efeitos patrimoniais, independentemente do vínculo com o pai socioafetivo.

O eminente Ministro Luiz Fux, relator do recurso extraordinário, ao negar-lhe provimento, foi seguido pela maioria dos ministros, a saber: Rosa Weber, Ricardo Lewandowski, Gilmar Mendes, Marco Aurélio, Celso de Mello e a presidente da Corte, Ministra Cármen Lúcia. Em seu voto vencedor, o Ministro Luiz Fux considerou que o princípio da paternidade responsável impõe que, tanto vínculos de filiação construídos pela relação afetiva entre os envolvidos, quanto aqueles originados da ascendência biológica, devem ser acolhidos pela legislação, e que não há impedimento do reconhecimento simultâneo de ambas as formas de paternidade – socioafetiva ou biológica –, desde que este seja o interesse do filho. Para o ministro relator, o reconhecimento pelo ordenamento jurídico de modelos familiares diversos da concepção tradicional não autoriza decidir entre a filiação afetiva e a biológica quando o melhor interesse do descendente for o reconhecimento jurídico de ambos os vínculos. Argumentou a Sua Excelência, ainda, que "do contrário, estar-se-ia transformando o ser humano em mero instrumento de aplicação dos esquadros determinados pelos legisladores. É o direito que deve servir à pessoa, não o contrário", e destacou que, no Código Civil de 1916, o conceito de família era centrado no instituto do casamento com a "distinção odiosa" entre filhos legítimos, legitimados e ilegítimos, com a filiação sendo baseada na rígida presunção de paternidade do marido.

Ao finalizar seu voto, o relator negou provimento ao recurso e propôs a fixação da seguinte tese de repercussão geral:

> A paternidade socioafetiva, declarada ou não em registro público, não impede o reconhecimento do vínculo de filiação concomitante baseado na origem biológica, salvo nos casos de aferição judicial do abandono afetivo voluntário e inescusável dos filhos em relação aos pais.

No mérito do extraordinário, o Ministro Dias Toffoli[23] salientou haver um dever de cuidado, o qual está relacionado com as obrigações legais do pai biológico para com o filho, a exemplo de alimentação, educação e moradia e, assim, no mérito, acompanhou o voto do ministro relator. Entretanto, no que toca à proposta de tese apresentada pela relatoria, discordou enfaticamente de seu texto, e o fez no seguinte sentido:[24]

> Inicio as minhas considerações fazendo um alerta. Por se tratar de um recurso extraordinário com repercussão geral, a tese a ser fixada por esta Corte afetará diretamente não só a vida de milhões de crianças e adolescentes, mas também de pais, avós, tios, e todos que pelo sistema civil compõem o regime de parentalidade que o legislador definiu no Direito Civil.

---

[23] Não sendo possível desenvolvermos todos os importantes argumentos dos demais ministros neste trabalho, fixaremo-nos no posicionamento do nobre homenageado.

[24] Diante dos relevantes argumentos, o voto está sendo citado na íntegra.

Exatamente por isso, o cuidado com o que decidirá esta Suprema Corte há de ser redobrado a fim de não: i) subvertermos todo o sistema de parentalidade fixado pelo nosso ordenamento jurídico; ii) reduzirmos por demais o sentido da paternidade responsável; iii) elevarmos além do que prevê a lei os efeitos jurídicos da "afetividade"; iv) e colocarmos de lado os valores que formatam os vínculos familiares que estão dispostos na Constituição Federal, bem como a *segurança jurídica*.

Relaciono aqui algumas premissas lógicas e jurídicas antes de detalhar aquilo que penso deva ser a tese jurídica a ser adotada para fins de repercussão geral. Seguem elas:

1º) Tratar a paternidade responsável apenas sob o viés material importa em um afastamento do conteúdo do direito fundamental da criança e do adolescente de receber um cuidado integral de seus pais.

2º) Por outro lado, afastar-se do reconhecimento de que existe o dever jurídico do pai e da mãe de propiciarem a alimentação, o cuidado sob os pontos de vista material e financeiro, e até mesmo sob o aspecto sucessório, também seria minimizar o conteúdo jurídico da paternidade, bem como da maternidade.

3º) Não podemos nos olvidar do direito fundamental de todo indivíduo de ver reconhecida a sua identidade biológica, ou seja, não se pode negar à criança - que depois passará pelas etapas da juventude, da vida adulta e, por fim, da velhice - o seu direito de descobrir e de ver reconhecida juridicamente a sua identidade biológica, com todos os efeitos jurídicos daí decorrentes.

4º) Se é certo que é importante o vínculo biológico, como se extrai das disposições constitucionais tão bem tratadas pelo nobre Ministro Relator, também há que se relembrar que a Declaração dos Direitos da Criança, aprovada pela Assembleia Geral da Organização das Nações Unidas em 1959, estabeleceu expressamente o direito de a criança ser criada pelos seus pais e de ser cuidada no seio de sua família.

5º) Posteriormente, a Convenção das Nações Unidas sobre os direitos da Criança de 1989 reconheceu no seu preâmbulo que a criança, para o pleno e harmonioso desenvolvimento de sua personalidade, deve crescer no seio da família, em um ambiente de felicidade, amor e compreensão.

6º) A Constituição de 1988, de fato, conferiu status de família à união estável entre o homem e a mulher, bem como à comunidade formada por qualquer dos pais e seus descendentes, como estabelecem os §§3º e 4º do art. 226, reconhecendo assim outros modelos familiares.

7º) Se é certo que o termo "família" se tornou plurívoco, como bem tratou o nobre Relator Ministro Luiz Fux, o que também foi objeto de profundo estudo pelo Ministro Edson Fachin, nós não podemos nos esquecer de que o nosso regime jurídico trata ainda e de forma detalhada da "família natural", da "família substituta", da "família de origem", "da família extensa ou ampliada".

8º) O Estatuto da Criança e do Adolescente, normativa esta que se tornou uma referência positiva mundial, estabelece que as crianças e adolescentes possuem o direito fundamental a uma família, à convivência familiar e comunitária. Mas não só isso. Prevê a lei que é direito da criança e do adolescente ser criado e educado no seio de sua família e, excepcionalmente, em família substituta (cf. art. 19).

9º) O seu art. 22 fixou a regra no sentido de que aos pais - biológicos ou adotivos - incumbe o dever de sustento, guarda e educação dos filhos menores, cabendo-lhes ainda, no interesse destes, a obrigação de cumprir e fazer cumprir as determinações judiciais.

10º) O referido Estatuto, assim como o Código Civil, estabelecem que toda perda e a suspensão do poder familiar serão decretadas judicialmente, em procedimento contraditório, nos casos previstos na legislação civil e, somente após a perda do poder familiar é que se deferirá a adoção. Portanto, a destituição do poder familiar é pressuposto lógico e jurídico para que ocorra a adoção.

A Lei nº 12.010/09 veio a introduzir no Estatuto da Criança e do Adolescente a terminologia "família extensa". Ela já era reconhecida e utilizada pela doutrina e pelos tribunais, antes mesmo do advento daquela lei, na medida em que o glossário do Plano Nacional de Convivência Familiar e Comunitária explicitou essa terminologia que já vinha sendo utilizada há muito tempo nas áreas da assistência social e da psicologia.

O parágrafo único do art. 25 do ECA buscou ampliar ainda mais esse grupo de pessoas, definindo que se deve entender por família extensa ou ampliada aquela que se estende para além da unidade pais e filhos ou da unidade do casal, formada por parentes próximos com os quais a criança ou adolescente convive e mantém vínculos de afinidade e afetividade.

A legislação buscou, com isso, ultrapassar a barreira da proteção do biologismo da paternidade e maternidade, para prestigiar os vínculos da afetividade, a afinidade, o cuidado, não para gerar vínculos de parentesco, mas vínculos familiares.

14) A partir da entrada em vigor da Lei nº 12.010/90, o ECA veio a dispor que a criança ou adolescente devem permanecer junto à sua família natural ou extensa, e só na sua impossibilidade é que, por meio de decisão judicial fundamentada, poderá o Estado intervir e colocar esse indivíduo em família substituta (arts. 25, parágrafo único e 92, II), inclusive no caso de adoção (art. 39, §1º), numa reafirmação do que a doutrina denomina de "princípio da prevalência da família".

15) Em verdade, a família de origem, encontra-se efetivamente defendida não só pela Constituição Federal, mas também pelas normas convencionais e infraconstitucionais. Cuida-se de designativo utilizado para indicar a família originária, incluindo-se nesse grupo a família natural e, supletivamente, a extensa, quando houver pedido judicial ou mesmo, quando a rede de atendimento vislumbrar a possibilidade e a necessidade de que ocorra, futuramente, a colocação da criança ou do adolescente em uma família substituta, inclusive por meio da adoção. Aliás, a excepcionalidade da adoção tem como fundamento a importância da família de origem da criança. Uma vez estabelecida a adoção, por ser ela irrevogável, impossibilita-se a retomada do poder familiar pela família original.

16) Ainda remanescem entre os próprios civilistas inúmeras dúvidas sobre as consequências sucessórias nos casos de adoção, o que não foi objeto de profunda discussão nestes autos; aliás, veja-se que ainda ocorrem no meio acadêmico debates sobre as consequências jurídicas da revogação do art. 1.626 do Código Civil de 2002 que estabelecia que "a adoção atribui a situação de filho ao adotado, desligando-o de qualquer vínculo com os pais e parentes consanguíneos, salvo quanto aos impedimentos para o casamento" pela Lei nº 12.010, de 2009.

Dito isso, refletindo sobre os debates de ontem, tenho absoluta convicção de que a despeito de não existir hierarquia entre família biológica e família socioafetiva (aquela que efetivamente cuida da criança e do adolescente), sob o aspecto da parentalidade, há sim a prevalência do vínculo biológico sobre o vínculo meramente socioafetivo. Explico.

Observando toda a nossa legislação, podemos concluir que - sob o ponto de vista formal - ao identificar ou definir os vínculos de parentesco, sempre que houver o vínculo biológico e o socioafetivo, simultaneamente entre as pessoas relacionadas, este vínculo de parentesco há de prevalecer sobre o vínculo unicamente socioafetivo.

O receio que se tem com a tese a ser fixada é que se confunda família com parentalidade, o vínculo familiar com o vínculo registrai que define as relações de parentesco sob o enfoque jurídico.

O que vemos na realidade é a criança chamar de tia a sua vizinha, de avó a uma pessoa querida, de mãe a irmã, de pai um primo que o criou. A realidade social não pode ultrapassar o que é jurídico. Não se pode, com o devido respeito aos que pensam em contrário, reconhecer dupla paternidade porque dois tios cuidaram dele a vida toda. Não há como se reconhecer, ao menos por ora, o direito de duas ou três vizinhas, por terem cuidado da criança durante anos, de adotá-la porque restou formado um vínculo de cuidado e de afetividade entre essas pessoas.

Os pressupostos para a colocação em família substituta, hão de ser observados, sempre: a) em primeiro lugar, exige-se uma necessidade objetiva de se alterar o vínculo jurídico, posto que essa colocação cuida-se de medida excepcional, uma vez que a criança deve permanecer no seio de sua família natural, sob o ponto de vista natural e jurídico e, aliás, mesmo para as situações em que se necessite regularizar a posse de fato, o ECA deixa bem claro que só se deferirá a guarda judicial, fora dos casos de tutela e adoção, para atender a situações peculiares ou suprir a falta eventual dos pais ou responsável (art. 33, §29); b) e em segundo lugar, exige-se a presença de um elemento subjetivo, respeitando-se o princípio do melhor interesse da criança ou do adolescente e devendo-se levar em consideração, sempre que possível, a vontade dos menores. Aliás, nos casos de colocação de adolescente em adoção, não há dúvida de que a sua oitiva será obrigatória e sua decisão será pré-requisito para a sua realização.

O vínculo de parentesco, portanto, pode ser biológico ou socioafetivo, mas neste último caso se exige, para fins jurídicos, a vinculação por meio da adoção.

Não há que se confundir paternidade socioafetiva que se regulariza pela adoção com o cuidado que pode ser regularizado juridicamente por meio de guarda ou tutela.

O regime jurídico definido na legislação há de ser respeitado.

A descoberta futura da paternidade – seja por omissão dos pais, erro, culpa ou dolo – é que possibilitará, diante da sua excepcionalidade, e para garantir o direito à identidade genética, a eventual dupla parentalidade – afetiva e biológica, com todas as consequências jurídicas decorrentes desse reconhecimento, inclusive para fins sucessórios, a fim de garantir a estabilidade da família afetiva, a segurança jurídica e os direitos fundamentais da prole.

Portanto, penso que a tese há de ser minimalista, diante da peculiaridade do caso concreto e para não abrirmos espaço para um debate, que no meu pensar, deve ser realizado pelos legisladores. Assim, apresento a sugestão da tese, com a seguinte redação:

"O reconhecimento posterior do parentesco biológico não invalida necessariamente o registro do parentesco socioafetivo, admitindo-se nessa situação o duplo registro com todas as consequências jurídicas daí decorrentes, inclusive para fins sucessórios". É como voto.

Entretanto, não foi essa a tese acolhida e, por fim, o Plenário acabou, por maioria e nos termos do voto do relator, por apreciar o Tema nº 622 da repercussão geral e negar provimento ao recurso extraordinário, tendo sido vencidos, em parte, os ministros Edson Fachin e Teori Zavascki. O Tribunal, por maioria e nos termos do voto do relator, acabou por fixar tese nos seguintes termos: "A paternidade socioafetiva, declarada ou não em registro público, não impede o reconhecimento do vínculo de filiação concomitante baseado na origem biológica, com os efeitos jurídicos próprios", vencidos, em parte, os ministros Dias Toffoli e Marco Aurélio (Plenário, 22.9.2016).

O cumprimento dessa decisão ainda tem sido difícil, a despeito da edição do Provimento nº 63 da Corregedoria Nacional de Justiça, que buscou regulamentar o tema, seja em razão da legislação civil não ter se adaptado a essa mudança imposta pelo novo precedente, seja porque muitos operadores do direito ainda têm discordado do seu conteúdo, recusando-se a cumprir o provimento. Os debates persistem e esperamos que a legislação rapidamente se adapte às novas perspectivas ditadas pelo referido acórdão.

O segundo voto de Sua Excelência foi proferido no julgamento sobre a vaque-jada. O Plenário do Supremo Tribunal Federal julgou procedente a Ação Direta de Inconstitucionalidade nº 4.983, ajuizada pelo procurador-geral da República contra a Lei nº 15.299/2013, do estado do Ceará, que regulamenta a vaquejada como prática desportiva e cultural no estado. A maioria dos ministros acompanhou o voto do relator, Ministro Marco Aurélio, que considerou haver crueldade intrínseca aplicada aos animais na vaquejada.[25]

O julgamento da ação teve início em agosto de 2015, quando o relator, ao votar pela procedência da ação, afirmou que o dever de proteção ao meio ambiente (art. 225 da Constituição Federal) sobrepõe-se aos valores culturais da atividade desportiva.

Em seu voto, o eminente Ministro Marco Aurélio afirmou que laudos técnicos contidos no processo demonstram consequências nocivas à saúde dos animais. Também os cavalos, de acordo com os laudos, sofrem lesões. Na oportunidade, o Ministro Edson Fachin divergiu do relator e votou pela improcedência da ação. Para ele, a vaquejada consiste em manifestação cultural, o que foi reconhecido pela própria Procuradoria-Geral da República na petição inicial. Esse entendimento foi seguido, também naquela sessão, pelo Ministro Gilmar Mendes. Na sessão de 2.6.2016, os ministros Roberto Barroso, Rosa Weber e Celso de Mello seguiram o relator. Já os ministros Teori Zavascki e Luiz Fux seguiram a divergência, no sentido da validade da lei estadual.

O julgamento foi retomado em 6 de outubro daquele ano, com a apresentação do voto-vista do Ministro Dias Toffoli, tendo proferido o seguinte voto a acompanhar a divergência:

> [...] Embora criterioso e bem fundamentado o voto do Ministro Relator, após nova reflexão sobre o conteúdo dos autos, concluo estarem corretas as ponderações feitas pelo Ministro Edson Fachin, complementadas pelos demais Ministros que votaram também pela improcedência da ação.
>
> Embora não haja qualquer referência na literatura colonial dos séculos XVII e XVIII no que tange à derrubada dos animais pela cauda, como afirmado pelo historiador, antropólogo, advogado e jornalista Luís da Câmara Cascudo em sua importante obra sobre a vaquejada nordestina (A Vaquejada Nordestina e sua origem. Recife: Imprensa Universitária, 1966. p. 8), o pesquisador confirma que a vaquejada, como se conhece no Nordeste e se difundiu pelas regiões sul e centro de nosso país a partir do século XIX, deixou de ser uma técnica empregada na "labuta de campo aos novilhos, barbatões, marrueiros" (op. cit., p. 14), no contexto da criação pecuária, para se tornar uma "demonstração esportiva e cultural" de seu povo.
>
> Da mesma forma, outros historiadores confirmam a origem do evento desportivo como uma manifestação cultural do vaqueiro do nordeste, decorrente da prática da apartação nas fazendas de gado, não só no Estado do Ceará, mas desde na Bahia até em Pernambuco (PRADO JR, Caio. História econômica do Brasil. São Paulo: Brasiliense, 1972).
>
> No sertão baiano, a técnica da "derrubada" era aplicada pelos vaqueiros nas caatingas, não por esporte, mas como serviço de campo, como bem relatado pelo magnífico escritor Euclides da Cunha em sua clássica obra "Os Sertões", o qual, ao se referir a uma de suas árduas tarefas nos idos de 1897, acabou por confirmar que o referido método estava incorporado às atividades do vaqueiro, do cavaleiro, desde o século XIX.
>
> *Vide*, também, o que afirmou Celestino Alves:
>
> "[...] a vaquejada surge como esporte arriscado, selvagem, considerado por muitos como esporte bárbaro, ou melhor, como esporte de cabra-macho [...] Não é um esporte de técnicos.

---

[25] *Vide* STF julga inconstitucional lei cearense que regulamenta vaquejada. *Notícias STF*, 6 out. 2016. Disponível em: http://www.stf.jus.br/portal/cms/verNoticiaDetalhe.asp?idConteudo=326838. Acesso em: 30 jul. 2019.

As maiores regras da vaquejada são: sangue frio, coragem, rapidez e concentração. O mais velho ensina o mais moço. Começou a vaquejada com as apartações, na terra do gado, nas fazendas. Quem nasce vaqueiro permanece vaqueiro, vem do sangue, vem do berço" (cf. Vaqueiros e vaquejadas. Natal: UFRN, 1986).

A "Vaquejada", expressão cultural oriunda da denominada "Festa da Apartação" é, como demonstrou o Estado do Ceará, um dos grandes acontecimentos do calendário dos vaqueiros do Nordeste, o qual, além de manter sua tradição, tem trazido desenvolvimento social e econômico. Portanto, vejo com clareza solar que a atividade - hoje esportiva e festiva -pertence à cultura do povo nordestino deste país, é secular e há de ser preservada dentro de parâmetros e regras aceitáveis para o atual momento cultural de nossa vivência.

Note-se, a latere, que a relação do homem para com os animais não é, como costumeiramente se afirma, necessariamente de extermínio ou de tratamento cruel. A regra sempre foi de preocupação para com esses seres e isso pode ser verificado na obra de John Glissen em sua "Introdução histórica ao Direito" (Lisboa: Fundação Caloustre Gulbenkian, 1995). Mesmo na antiguidade, por exemplo, o povo egípcio (4.000 A C.) e, posteriormente, os indianos (cf. Edito nº I do imperador Asaoka, em 272 A C.), passaram a impedir a matança de homens e de animais (esses em casos julgados como desnecessários) em sacrifícios.

Entretanto, não há como negar que todas as religiões, não só o cristianismo, têm atribuído ao ser humano a centralidade do mundo. As características morais têm sido designadas exclusivamente aos homens e mulheres, configurando o antropocentrismo, pensamento que prevalece até hoje em todas as nações, mas sem rejeitar o pensamento de que os animais devem ser protegidos.

Não se olvide que as manifestações culturais esportivas, assim como as religiões, são frutos da sociedade e de seu tempo.

No que tange ao tema desta ação, é evidente que não se pode admitir a exploração dos animais, nem seu tratamento cruel ou execrável, como esta Corte já decidiu nos julgamentos da ADI ne 1.856/RJ, Relator o Ministro Celso de Mello, julgada em 26/5/11, relativamente à "briga de galos"; da ADI nº 2.514/SC, Relator o Ministro Eros Grau, julgada em 29/6/2005, relativamente à "farra do boi", e do RE nº 153.531/SC, Relator o Ministro Francisco Rezek, Relator para o acórdão o Ministro Marco Aurélio, julgado em 3 de junho de 1997, sobre a mesma atividade.

Há que se salientar haver na espécie, no entanto, elementos de *distinguishing* a impedir a aplicação ao caso dos precedentes a que me referi. Em primeiro lugar, saliento que, na "farra do boi", não há técnica, não há doma e não se exige habilidade e treinamento específicos, diferentemente do caso dos vaqueiros, que são profissionais habilitados, inclusive, por determinação legal (Lei ne 12.870/13). Portanto, não há que se falar em atividade paralela ao Estado, ilegítima, clandestina, subversiva.

Quanto às "rinhas de galos", esses animais são postos em uma arena de combate para "matar ou morrer" e, como restou bem debatido naqueles autos, os animais vinham sendo submetidos a uma longa preparação tortuosa e cruel, elementos fáticos e jurídicos de decidir que não se verificam nos presentes autos.

Portanto, não posso deixar de concordar com os relevantes argumentos apresentados pelo culto Ministro Edson Fachin, que iniciou a divergência, e tomo a liberdade de aqui relembrar as expressões que foram muito bem utilizadas por Sua Excelência:

"O que se entende por processo civilizatório, com a devida vênia, não me parece ser o apagar de manifestações que sejam insculpidas como tradição cultural. Ao contrário, numa sociedade aberta e plural, como a sociedade brasileira, a noção de cultura é uma noção construída, não é um a priori, [...] e não há, em nosso modo de ver, razão para se proibir o evento e a competição, que reproduzem e avaliam tecnicamente a atividade de captura própria de trabalho de vaqueiros e peões, desenvolvida na zona rural deste grande país.

Ao contrário, tal atividade constitui-se modo de criar, fazer e viver da população sertaneja".

Essa também foi a posição que firmei no julgamento da ADI nº 1.856, quando votei no sentido de que houve determinação constitucional, no art. 225, §1º, inciso VII, da Constituição Federal, para que a lei ordinária fosse competente para estabelecer a proteção dos animais e sua respectiva gradação.

A prática da vaquejada não estava regulamentada, era uma atividade cultural e, como indicado no início deste voto, inclusive sob a égide da Constituição de 1988, jamais houve qualquer reprimenda por parte das instituições até então. Somente com o advento da Lei estadual nº 15.299/2013, que teve como preocupação organizar a manifestação esportiva, com dispositivos para se evitar, inclusive, formas de maus tratos aos bovinos, é que se promoveu a presente ação direta de inconstitucionalidade.

Faço essa observação para reconhecer, também, que se trata de uma opção legislativa, ponderação que deve ser feita pela sociedade e por seus representantes, tanto é que inúmeros são os legislativos estaduais e até municipais que têm escolhido se admitem ou não, em seus respectivos territórios, a realização dessas atividades. No Distrito Federal, por exemplo, a Câmara Legislativa derrubou o veto ao projeto de lei que reconhecia a vaquejada como modalidade cultural e esportiva, sendo a Lei distrital ns 5.579/2015, por fim, publicada.

Não se trata apenas de ler a Constituição Federal com os olhos voltados para nossa realidade: a carta constitucional, como afirmou o Ministro Gilmar Mendes em seu voto na última sessão - relembrando as lições de Peter Häberle, que se inspirou em Martin Heidegger -, é a própria cultura de um povo (cf. *Teoria de la Constitución como Ciencia de la Cultura*. Madrid: Tecnos, 2000). Também não podemos olvidar que a ciência do direito é a ciência da vida, dos fenômenos sociais e culturais.

Relembro, nesse ato, o escrito de Gustav Radbruch, que sustentava que a cultura não é um valor puro, mas "uma mistura de humanidade e barbárie, de bom e de mau gosto, de verdade e de erro, mas sem que qualquer das suas manifestações (quer elas contrariem, quer favoreçam, quer atinjam, quer não, a realização dos valores) possa ser pensada sem referência a uma idéia de valor. Certamente, a Cultura não é o mesmo que a realização dos valores, mas é o conjunto dos dados que têm para nós a significação e o sentido de os pretenderem realizar" (RADBRUCH, Gustav. Filosofia do Direito. Coimbra: Armênio Amado, 1979. p. 41 e 42). [...]

Portanto, por não vislumbrar afronta ao art. 225, §1º, inciso VII, e ao art. 215, §1º, da Constituição da República, acompanho, na integralidade, a douta divergência e julgo improcedente a ação. É como voto.

Em seguida, votaram o Ministro Ricardo Lewandowski e a Presidente da Corte, Ministra Cármen Lúcia, ambos pela procedência da ação e, observando a tese que foi assentada no julgamento, a lei estadual foi considerada inconstitucional, assim como a prática cultural. Ocorre que, numa evidente manifestação institucional contrária ao julgamento que se deu, o Congresso Nacional promulgou a Emenda Constitucional nº 96 e acabou por liberar as práticas como as vaquejadas e os rodeios em todo o território brasileiro.

O que resultará dessa tensão criada entre os poderes? Teremos de aguardar o julgamento da ADI nº 5.728, proposta pelo Fórum Nacional de Proteção e Defesa Animal. De acordo com a exordial desta ação, a emenda questionada teve por motivação contornar a declaração de inconstitucionalidade de lei do Ceará e alega que a EC nº 96/2017 afrontou o núcleo essencial do direito ao meio ambiente equilibrado, na modalidade da proibição de submissão de animais a tratamento cruel. Sustenta que a norma ofende também o art. 60 (§4º, inc. IV), segundo o qual não será objeto de deliberação a proposta de emenda tendente a abolir cláusulas pétreas, entre as quais, conforme sustenta, se encontra o direito fundamental de proteção aos animais.

O feito se encontra sob a relatoria do Ministro Dias Toffoli, que aplicou ao caso o procedimento abreviado do art. 12 da Lei nº 9.868/99, a fim de que a decisão seja tomada em caráter definitivo, sem prévia análise de liminar, em razão da relevância da matéria.

O terceiro e último voto de Sua Excelência foi no julgamento do recurso extraordinário, com repercussão geral, que reconheceu não ser possível o recálculo de aposentadoria por desaposentação sem previsão em lei. Na sessão de 9.10.2014, o eminente Ministro Roberto Barroso, relator do Recurso Extraordinário nº 661.256, que discutia a desaposentação, votou pelo provimento parcial do recurso no sentido de considerar válido o instituto. Em seu aprofundado voto, a legislação é omissa em relação ao tema, não havendo qualquer proibição expressa a que um aposentado do Regime Geral de Previdência Social (RGPS) que tenha continuado a trabalhar pleiteie novo benefício, levando em consideração as novas contribuições. Ao final, o ministro relator propôs que, como não há norma legal sobre o assunto, a orientação passe a ser aplicada somente 180 dias após publicação do acórdão do Supremo com o objetivo de possibilitar que os poderes Legislativo e Executivo, se o desejarem, tenham a possibilidade de regulamentar a matéria.

O Plenário do Supremo Tribunal Federal, por fim, na sessão de 26.10.2014, considerou inviável o recálculo do valor da aposentadoria por meio da chamada desaposentação. Isso porque, por maioria de votos, os ministros entenderam que apenas por meio de lei seria possível fixar critérios para que os benefícios sejam recalculados com base em novas contribuições decorrentes da permanência ou volta do trabalhador ao mercado de trabalho após concessão da aposentadoria. Foram julgados sobre o tema o RE nº 381.367, de relatoria do Ministro Marco Aurélio, o RE nº 661.256, com repercussão geral, e o RE nº 827.833, ambos de relatoria do Ministro Roberto Barroso e, por fim, prevaleceu o entendimento do Ministro Dias Toffoli, apresentado na sessão de 29.10.2014. Segue o respeitável voto, nos trechos que interessam a este trabalho, a confirmar o acerto do entendimento prevalente sob os auspícios do posicionamento defendido então por Sua Excelência, que passou a ser o redator do voto vencedor:

> Eminente Presidente, em relação aos recursos extraordinários de relatoria do Min. Roberto Barroso (RE nº 661.256 e RE nº 827.833), não são outras as conclusões senão as do voto-vista que acabei de proferir no RE nº 381.367/RS, de relatoria do Min. Marco Aurélio. Passo também a complementar o voto com outros fundamentos jurídicos que desenvolverei.
>
> Nosso regime previdenciário possui, já há algum tempo, feição nitidamente solidária e contributiva, não se vislumbrando nenhuma inconstitucionalidade na aludida norma do art. 18, §2º, da Lei nº 8.213/91, a qual veda aos aposentados que permaneçam em atividade, ou a essa retornem, o recebimento de qualquer prestação adicional em razão disso, exceto salário-família e reabilitação profissional.
>
> Como salientei em meu voto nos autos do RE nº 381.367/RS, além de não vislumbrar a apontada inconstitucionalidade da norma, tampouco entendo ser o caso de se conferir a ela "interpretação conforme ao texto constitucional em vigor", pois me parece clara a interpretação que vem dando a União e o INSS no sentido de que esse dispositivo, combinado com o art. 181-B do Decreto nº 3.048/99 - acrescentado pelo Decreto nº 3.265/99 -, impede a desaposentação.

Vide o texto do Decreto nº 3.048, de 6 de maio de 1999, com o qual se aprovou o Regulamento da Previdência Social e se impediu a renúncia às aposentadorias obtidas, nos seguintes termos:

"Art. 181-B. As aposentadorias por idade, tempo de contribuição e especial concedidas pela previdência social, na forma deste Regulamento, são irreversíveis e irrenunciáveis" (Incluído pelo Decreto nº 3.265, de 1999).

Não há que se olvidar que o art. 96, inciso II, da Lei nº 8.213/91 proíbe, expressamente, que o tempo de serviço já aproveitado para a concessão da aposentadoria seja novamente computado.

Esta Corte, em momento algum, declarou a inconstitucionalidade desses dispositivos, como se extrai dos seguintes precedentes, nos quais, antes do reconhecimento da repercussão geral dessa matéria, vinha considerando como tese de natureza infraconstitucional e de eventual ofensa reflexa a questão da possibilidade de renúncia da aposentadoria para a obtenção de outros benefícios (RE nº 442.480/RJ, Rei. Min. Cármen Lúcia, julgado em lº/12/08; AI nº 545.274, Rei. Min. Marco Aurélio, DJ de 7/5/07; AI nº 220.803, Rel. Min. Sepúlveda Pertence, DJ de 14/12/05; AI nº 643.455, Rel. Min. Sepúlveda Pertence, DJ de 18/4/07; RE nº 576.466/RS, Rei. Min. Cezar Peluso, julgado em 18/12/09; RE nº 656.268/RJ, Rei. Min. Cármen Lúcia, julgado em 25/11/11; RE nº 643.963/RJ, Rel. Min. Cármen Lúcia, julgado em 25/11/11 e AI nº 851.605/PR-AgR, Rel. Min. Cármen Lúcia, Primeira Turma, julgado em 25/10/11).

Devo concordar com o ilustre Ministro Relator no sentido de que a Constituição Federal não veda expressamente a desaposentação. Entretanto, nossa Carta também não prevê especificamente o direito que se pretende ver reconhecido. A Constituição Federal dispõe de forma clara e específica que concernem à legislação ordinária as hipóteses em que as contribuições vertidas ao sistema previdenciário repercutem de forma direta na concessão dos benefícios, nos termos dos arts. 194 e 195.

Como se sabe, a desaposentação permitiria que os salários de contribuição posteriores à aposentação fossem incluídos no cálculo de um novo benefício - concedido pelo RGPS ou não -, com o resultado prático de majorar o valor percebido pelo aposentado. Caso o segurado pretenda desaposentar-se no regime geral de previdência social para requerer emissão de certidão de tempo de contribuição e se aposentar perante outro regime previdenciário, o objetivo será o mesmo, qual seja, o de somar aos salários de contribuição anteriores à aposentação os posteriores a essa, ainda que obtidos sob a égide de A desaposentação, volto a insistir, não possui previsão legal. Assim sendo, esse instituto não pode ter natureza jurídica de ato administrativo, mesmo porque a lei não o prevê especificamente. Aliás, como é de todos sabido, a prática de qualquer ato administrativo pressupõe o atendimento ao princípio da legalidade administrativa. Não bastasse isso, se a aposentadoria foi declarada e se fez por meio de ato administrativo lícito, não há que se falar em desconstituição do ato por meio da desaposentação, mesmo porque, se lícita foi a concessão do direito previdenciário, sua retirada do mundo jurídico não poderia ser admitida com efeitos *ex tunc*.

Aliás, aqueles que defendem a desconstituição do direito de receber as parcelas pecuniárias, que é a tese que está sendo consagrada no respeitável voto do Ministro Relator, também concluem pela obrigatoriedade de se buscar a restituição das parcelas já percebidas pelo aposentado, com fundamento na tese da vedação do enriquecimento indevido. Aí me parece haver, com o devido respeito, alguma contradição. Se o aposentado exerceu, legitimamente, seu direito, e se há legalidade nesse suposto direito à desaposentação, não faria sentido obrigar-se o aposentado a efetuar qualquer restituição, pois enriquecimento indevido não houve.

O fator previdenciário instituído pela Lei ne 9.876, de 26 de novembro de 1999 - o qual é calculado considerando-se a idade, a expectativa de sobrevida e o tempo de contribuição do segurado ao se aposentar, estimulando-o a contribuir por mais tempo e a se aposentar mais tarde -, também deve ser levado em consideração. Esse fator, num primeiro momento, pode até ser visto como um ônus para o trabalhador.

Entretanto, conforme vem sendo ressaltado pela doutrina e por entidades especializadas no tema, o fator previdenciário permite que o contribuinte goze do benefício antes da idade mínima, podendo escolher, ainda, uma data para a aposentadoria, em especial, quando entender que dali para a frente não conseguirá manter sua média contributiva (cf. Associação Brasileira das Entidades Fechadas de Previdência Complementar (ABRAPP); Instituto Cultural de Seguridade Social (ICSS)[...]). Essas premissas são importantes para as reflexões que farei.

Não se mostra correto afirmar que a correlação entre as remunerações auferidas durante o período laboral e o benefício concedido implicaria a inserção do regime de capitalização no sistema previdenciário brasileiro. É sabido que alguns defendem essa tese, mas, conforme estudos técnicos já realizados na análise da fórmula do fator previdenciário, conforme descrita na referida Lei nº 9.876/99, esse fator, na forma como foi instituído, representa instrumento típico do sistema de repartição, na medida em que atua na relação contribuintes/aposentados por meio de incentivos explícitos e, considerando a redistribuição de renda, implícitos. [...]

Ademais, a desaposentação torna por demais imprevisíveis e flexíveis os parâmetros que costumam ser utilizados a título de "expectativa de sobrevida", mesmo porque passará esse elemento a ser manipulado pelo beneficiário da maneira que mais o beneficie.

O objetivo estabelecido na referida lei de estimular a aposentadoria tardia também acabará por cair por terra, a violar a finalidade das normas, pois a desaposentação vai ampliar o problema das aposentadorias precoces.

Há que se afastar o argumento de que a desaposentação asseguraria ao segurado o exercício do direito à fruição de benefício mais vantajoso. Em verdade, o regime jurídico já assegura, no momento da aposentadoria, que, tendo o segurado adquirido direito a mais de uma prestação, usufrua a mais vantajosa, nos termos dos arts. 564, VI, e 627 da Instrução Normativa INSS/PRES nº 45/2010. Ou seja, se o beneficiário adquire o direito a mais de uma prestação, inacumuláveis, como é o caso do trabalhador que, em tese, tem direito a aposentadoria especial ou por tempo de contribuição, pode ele efetuar a escolha mais vantajosa.

Isso não altera, no entanto, aquilo que já salientei, no sentido de que a lei impede a desaposentação, seja porque não admitida a renúncia à aposentadoria, seja porque a regra específica do art. 18, §2º, da Lei nº 8.213/91 faz prevalecer o direito adquirido e o ato jurídico perfeito em momento específico da vida do trabalhador.

Nem se diga que se estaria violando o sistema atuarial. Isso porque, ao contrário do que sustentado nos autos, as estimativas de receita devem ser calculadas levando-se em consideração os dados estatísticos e os elementos atuariais, considerando-se a população economicamente ativa como um todo. O equilíbrio exigido pela lei não é entre a contribuição do segurado e o financiamento do benefício a ser por ele percebido.

O equilíbrio atuarial também nada tem a ver com o princípio da comutatividade, que está previsto no §9º do art. 94 da Lei nº 8.213/91. Esse princípio prevê, tão somente, a possibilidade de contagem recíproca de tempo de contribuição sob a administração pública ou privada. Nesse caso, os dois sistemas devem-se compensar financeiramente.

A Constituição de 1988 desenhou um sistema previdenciário de teor solidário e distributivo. Houve, no entanto, com o advento da Emenda Constitucional nº 20/1998, substancial alteração nesse sistema quando nele se introduziu o feitio contributivo não mais baseado no tempo de serviço, mas no tempo de contribuição, mas sem se abandonar o regime previdenciário solidário, o que ficou ainda mais patente na Emenda Constitucional n.º 41/2003. Essa conclusão pode ser extraída do voto-vista do Ministro Cezar Peluso nas ADI n.ºs 3.105 e 3.128, das quais foi o Relator para os acórdãos. Segundo Sua Excelência, foi com base no caráter contributivo do sistema previdenciário, na obrigatoriedade de equilíbrio atuarial e financeiro, no imperativo da solidariedade social, na distribuição equitativa dos encargos do custeio e na diversidade da base de financiamento (§4º do art. 195 da CF) que esta Suprema Corte proclamou a constitucionalidade do caput do art. 4Q da EC n.º 41, reputando, no entanto, inconstitucional o parágrafo único do mesmo dispositivo, por malferimento do princípio da igualdade, adotando a Corte decisão modificativa de seu significado normativo, apenas para reconhecer a imunidade até o limite dos benefícios previdenciários vigentes na época.

Admitir-se a possibilidade da desaposentação, sem uma revisão do sistema que criou o fator previdenciário e sem uma reestruturação dos cálculos gerais atuariais implicará, aí sim, real ofensa a nossa Carta da República, mais especificamente, ao princípio da solidariedade previsto nos arts. 40, 194 e 195 da Constituição Federal, e ferirá, ainda, o tratamento isonômico e justo aos segurados, conforme determinado no art. 201, §1º, da Constituição Federal.

Ressalto, a seguir, considerações doutrinárias que ratificam o reconhecimento de que não se acolheu, em nosso regime jurídico, o instituto da desaposentação [...]

Passo, assim, à conclusão de meu voto divergente.

Ainda que existisse alguma dúvida quando à vinculação e ao real sentido do enunciado normativo previsto no art. 18, §2º, da Lei n.º 8.213/91, o qual impede se reconheça a possibilidade da desaposentação, na espécie cabe a aplicação da máxima jurídica *in dúbio pro legislatore*, que, para alguns doutrinadores, como Garcia Amado (*apud* PULIDO, Carlos Bernal. *El neoconstitucionalismo a debate*. Bogotá: Instituto de Estúdios Constitucionales, 2006, p. 17), é, em verdade, uma regra de preferência quando há zona de penumbra quanto à constitucionalidade ou não de uma decisão discricionária adotada pelo legislador.

Da mesma forma, quando se vislumbra, pela abertura constitucional, uma pluralidade de concretizações possíveis, há que se respeitar o "pensamento possibilista" - há muito defendido por Peter Haberle, apoiado no escólio de Niklas Luhmann (*Komplexität und Demokratie*, PSV, 4, 1968, p. 494 e ss.) - na defesa da própria democracia, desde que, como bem anotou aquele filósofo e jurista, as alternativas surjam dos marcos constitucionais (HABERLE, Peter. *Pluralismo y constitución: estúdios de teoria constitucional de la sociedad abierta*. Estúdio preliminar y traducción de Emilio Mikunda-Franco. Madrid: Tecnos, 2002. p. 68).

Havendo, no futuro, efetivas e reais razões fáticas e políticas para a revogação dessas normas, ou mesmo para a instituição e a regulamentação do instituto da desaposentação, como foi também salientado na parte final do respeitável voto do eminente Ministro Relator, o espaço democrático para esses debates há de ser respeitado, qual seja, o Congresso Nacional, onde deverão ser discutidos os impactos econômicos e sociais mencionados pelas partes e interessados não só nas sustentações orais mas também nos memorais.

Por derradeiro, voto pela fixação da seguinte tese de repercussão geral: No âmbito do Regime Geral de Previdência Social (RGPS), somente lei pode criar benefícios e vantagens previdenciárias, não havendo, por ora, previsão legal do direito à "desaposentação", sendo constitucional a regra do art. 18, §2º, da Lei n.º 8213/91. Pelo exposto, voto pelo provimento de ambos os recursos extraordinários (RE n.º 827.833 e RE n.º 661.256).

Essa foi, inclusive, a acertada tese aprovada pelo Plenário e que manteve, no meu entender, o respeito à separação de poderes e à segurança jurídica.

5 Considerações finais

O controle de constitucionalidade foi criado para proteger e resguardar a Constituição, assim como sua supremacia. A regra, no direito brasileiro, continua sendo a mesma: toda norma nula, contrária à Lei Maior, será nula e não pode gerar efeitos. Entretanto, não podemos visualizá-la como uma regra absoluta, mas sim uma preferência.[26] Isso porque podem ocorrer situações em que os prejuízos para as partes ou até para a sociedade serão maiores com a aplicação dos efeitos *ex tunc* do que com a modulação dos efeitos para a data do julgamento ou até para o futuro. Esta técnica permite, em face de situações excepcionais, que se reconheça que a aplicação por algum tempo dos efeitos daquela norma venha a ser menos danosa à coletividade do que a eventual manutenção inflexível dos efeitos retroativos da declaração de inconstitucionalidade. Não bastasse isso, em respeito à segurança jurídica e pelos fundamentos expostos neste trabalho, há de se respeitar a presunção de constitucionalidade das normas, em especial, para preservar a opção feita pela sociedade por intermédio do legislador.

Ademais, em nome da segurança jurídica, qualquer mudança abrupta da jurisprudência consolidada de um tribunal, em razão de um novo entendimento sobre a mesma matéria (*overrruling*) exigirá, por exemplo, a modulação da decisão, que garantirá uma transição mais segura, a fim de beneficiar a tutela da segurança jurídica e a boa-fé, sendo importante ter em vista que o Estado de Direito requer previsibilidade, seja no uso de técnicas de hermenêutica, seja pela utilização das técnicas de modulação de efeitos.

O respeito à separação de poderes também garante a estabilidade das instituições e das relações sociais, da legítima expectativa do jurisdicionado e da confiança do cidadão nos entes estatais. O sucesso do processo decisório judicial dependerá da evolução interpretativa, que deve ser feita com absoluta cautela, sob pena da discricionariedade judicial sobrepujar as opções feitas pela própria Constituição da República.

John Adams chegou a mencionar em um de seus discursos que a melhor decisão política que o país pode adotar é ter um "governo de leis e não de homens". Entretanto, para que isso ocorra, há de ter poderes (instituições) formados por mulheres e homens que possam garantir isso.

Como defensor desses valores e dos direitos fundamentais, passados dez (10) anos de judicatura de nosso homenageado na Suprema Corte, é possível concluirmos que Sua Excelência vem respeitando essas premissas e, com isso, garantindo não só o cumprimento aos princípios constitucionais referidos, mas contribuindo também para os debates jurídicos de nossos direitos em cada voto que profere. O fato é que, desde 23.10.2009, a nação brasileira tem contado com a lucidez e o brilhantismo de um grande magistrado, o eminente Ministro Dias Toffoli, de extraordinária capacidade de trabalho e ímpar dedicação ao estudo dos processos que são distribuídos à mais alta Corte do país. Esta obra, à toda evidência, é mais uma entre diversas e justas homenagens feitas a um magistrado jurista, que revela no bojo de suas decisões o conteúdo máximo de Justiça, com transparência e responsabilidade; ao verdadeiro juiz de toga, comprometido com as instituições e a cidadania de cada um dos brasileiros.

---

[26] ÁVILA, Ana Paula. *A modulação de efeitos temporais pelo STF no controle de constitucionalidade*: ponderação e regras de argumentação para a interpretação conforme a Constituição do art. 27 da Lei nº 9.868/99. Porto Alegre: Livraria do Advogado, 2009. p. 69.

Referências

ALVIM, Teresa Arruda; DANTAS, Bruno. *Recurso especial, recurso extraordinário e a nova função dos tribunais superiores no direito brasileiro*. 4. ed. rev., atual. e ampl. São Paulo: Revista dos Tribunais, 2017.

ÁVILA, Ana Paula. *A modulação de efeitos temporais pelo STF no controle de constitucionalidade*: ponderação e regras de argumentação para a interpretação conforme a Constituição do art. 27 da Lei nº 9.868/99. Porto Alegre: Livraria do Advogado, 2009.

ÁVILA, Humberto. *Teoria dos princípios*. São Paulo: Malheiros, 2005.

BERNAL PULIDO, Carlos. *El neoconstitucionalismo a debate*. Bogotá: Instituto de Estudios Constitucionales, 2006.

BULOS, Uadi Lammêgo. *Curso de direito constitucional*: revista e atualizada de acordo com a Emenda Constitucional n. 83/2014. São Paulo: Saraiva, 2015.

CÂMARA, Alexandre Freitas. Súmula da jurisprudência dominante, superação e modulação de efeitos no novo Código de Processo Civil. *Revista de Processo*, v. 42, n. 264, p. 281-320, fev. 2017.

DIAS, Roberto; LAURENTIS, Lucas de. A segurança jurídica e o Supremo Tribunal Federal: modulação dos efeitos temporais no controle da constitucionalidade. *In*: DAL POZZO, Augusto Neves; OLIVEIRA, José Roberto Pimenta; VALIM, Rafael (Coord.). *Tratado sobre o princípio da segurança jurídica no direito administrativo*. Belo Horizonte: Fórum, 2013.

DWORKIN, Ronald. *A justicia com toga*. Madrid: Marcial Pons, 2007.

FERREIRA, Carlos Wagner Dias. Modulação dos efeitos da declaração de inconstitucionalidade no controle difuso. *Revista Esmafe: Escola de Magistratura Federal da 5ª Região*, Recife, n. 12, p. 155-178, mar. 2007. Disponível em: www3.trf5.jus.br. Acesso em: 30 jul. 2019.

KELSEN, Hans. *Teoria pura do direito*. Tradução de João Baptista Machado. São Paulo: Martins Fontes, 1999.

KIM, Richard Pae; BARREIRO, Camila da Silva. Supremo Tribunal Federal e a modulação dos efeitos de suas decisões. *In*: FUX, Luiz; BODART, Bruno; MELLO, Fernando Pessoa da Silveira. *A Constituição da República segundo ministros, juízes auxiliares e assessores do STF*. Salvador: JusPodivm, 2018.

KIM, Richard Pae; MENOZZI JUNIOR, Moacir. Princípio da proporcionalidade e fundamentalidade – O sentido para o legislador e para o hermeneuta. *Caderno de Direito*, v. 12, série 22, p. 167-186, 2012.

MARTINS, Ives Gandra da Silva; MENDES, Gilmar Ferreira. *Controle concentrado de constitucionalidade*: comentários à Lei nº 9868, de 10-11-1999. São Paulo: Saraiva, 2001.

MENDES, Gilmar Ferreira; COELHO, Inocêncio Mártires; BRANCO, Paulo Gustavo Gonet. *Hermenêutica constitucional e direitos fundamentais*. Brasília: Brasília Jurídica, 2002.

MITIDIERO, Daniel. *Cortes superiores e cortes supremas*: do controle à interpretação, da jurisprudência ao precedente. São Paulo: Revista dos Tribunais, 2017.

OLIVEIRA, Mariana. Prestes a assumir a presidência, Toffoli deixa o menor acervo de ações no STF. *Consultor Jurídico*, 12 set. 2018. Disponível em: https://www.conjur.com.br/2018-set-12/toffoli-deixa-gabinete-menor-acervo-processos-stf. Acesso em: 30 jul. 2019.

PEIXOTO, Ravi. *Superação do precedente e segurança jurídica*. Salvador: JusPodivm, 2015.

POSNER. Richard A. *How judges think*. Cambridge: First Harvard University Press, 2010.

PRESGRAVE, Ana Beatriz Rebello. O precedente judicial e sua alteração: segurança jurídica e adequação do direito. *In*: ATAÍDE JÚNIOR, Jaldemiro Rodrigues de; CUNHA, Leonardo Carneiro da; DIDIER JUNIOR, Fredie; MACÊDO, Lucas Buril de. *Precedentes*. Salvador: JusPodivm, 2015.

RAMOS, Elival da Silva. *Inconstitucionalidade das leis*. Vício e sanção. São Paulo: Saraiva, 1994.

ROSEN, Jeffrey. *The Supreme Court*. New York: Henry Holt and Company, 2007.

ROTHEMBURG, Walter Claudius. *Princípios constitucionais*. Porto Alegre: Sérgio Antônio Fabris, 2003.

SILVA, Virgílio Afonso da (Org.). *Interpretação constitucional*. São Paulo: Malheiros, 2007.

SILVEIRA, Marilda de Paula. *Segurança jurídica, regulação, ato*: mudança, transição e motivação. Belo Horizonte: Fórum, 2016.

STUMM, Raquel Denize. *Princípio da proporcionalidade no direito constitucional brasileiro*. Porto Alegre: Livraria do Advogado, 1995.

WAMBIER, Teresa Arruda Alvim; WAMBIER, Luiz Rodrigues (Coord.). *Novo Código de Processo Civil*: artigo por artigo. São Paulo: Revista dos Tribunais, 2015.

Informação bibliográfica deste texto, conforme a NBR 6023:2018 da Associação Brasileira de Normas Técnicas (ABNT):

KIM, Richard Pae. O juiz com toga e o respeito à segurança jurídica. *In*: MORAES, Alexandre de; MENDONÇA, André Luiz de Almeida (Coord.). *Democracia e sistema de justiça*: obra em homenagem aos 10 anos do Ministro Dias Toffoli no Supremo Tribunal Federal. Belo Horizonte: Fórum, 2020. p. 525-549. ISBN 978-85-450-0718-0.

AS FRICÇÕES ENTRE O EXERCÍCIO DA JURISDIÇÃO CONSTITUCIONAL E OS DEMAIS PODERES: AUTOCONTENÇÃO E PRUDÊNCIA

RODRIGO CAPEZ

1 O Ministro Dias Toffoli e o papel moderador da jurisdição constitucional

O Ministro Dias Toffoli, em seu discurso de posse[1] como Presidente do Supremo Tribunal Federal, bem sintetizou as elevadas funções constitucionalmente confiadas à Suprema Corte:

> Guarda supremo da Constituição.
>
> Tribunal da Federação.
>
> Moderador dos conflitos políticos, sociais e econômicos.
>
> Garantidor dos direitos fundamentais e da dignidade da pessoa humana.
>
> Protetor dos vulneráveis e das minorias.
>
> O timoneiro seguro e prudente deste novo Poder Judiciário!

Em paradigmático voto proferido no julgamento da ADI nº 5.526/DF (Pleno, relator para o acórdão o Ministro Alexandre de Moraes, *DJe* de 7.8.2018), o Ministro Dias Toffoli externou a sua concepção de que o Supremo Tribunal Federal, como ponto de equilíbrio do Estado Democrático de Direito, se sobressai por seu relevante papel de moderador dos conflitos que surgem na sociedade, papel este que deve desempenhar sem predomínio, em respeito à harmonia e à independência entre os poderes. "Nem passivismo, nem ativismo exacerbado".

---

[1] A íntegra do discurso de posse do Ministro Dias Toffoli se encontra em BRASIL. Supremo Tribunal Federal (STF). *Posse na presidência do Supremo Tribunal Federal*: Ministro Dias Toffoli – Presidente: Ministro Luiz Fux – Vice-Presidente: sessão solene realizada em 13 de outubro de 2018. Brasília: STF, Secretaria de Documentação, 2019. Disponível em: http://www.stf.jus.br/arquivo/cms/publicacaoPublicacaoInstitucionalPossePresidencial/anexo/Plaqueta_possepresidencial_DiasToffoli.pdf. Acesso em: 27 jun. 2019.

Nessa passagem de seu voto, amparou-se o Ministro Dias Toffoli no magistério de José Afonso da Silva, que já ressaltava, em 1985, o papel fundamental da jurisdição constitucional de manter o equilíbrio entre os poderes, funcionando, sem que isso a converta em um poder superior aos demais, como "contrapeso efetivo entre um poder executivo cada vez mais hegemônico e um poder legislativo que mantém sua estrutura e funcionamentos ambíguos por não ter-se adequado devidamente ao novo tipo de Estado".[2]

Conclui o Ministro Dias Toffoli, delimitando a fronteira última da jurisdição constitucional: "No exercício do seu papel moderador, incumbe ao Supremo Tribunal Federal distensionar as fricções que possam ocorrer entre os demais Poderes constituídos. O Supremo Tribunal Federal, portanto, não pode atuar como fomentador de tensões institucionais".

A densidade desse pensamento – *a Suprema Corte não deve fomentar tensões institucionais* – constitui, precisamente, a inspiração do presente artigo: analisar as fricções entre o exercício da jurisdição constitucional e os demais poderes, e os riscos decorrentes do extravasamento dos seus limites.

2 As fricções inerentes ao exercício da jurisdição constitucional

As tensões entre a justiça constitucional e os demais poderes fazem parte da fisiologia, do normal funcionamento das instituições. A matriz dessas tensões é a concepção de que nenhuma função deve ser atribuída plenamente a uma instituição, de modo que o poder sempre venha a ser contido pelo poder.

Como observa José Levi Mello do Amaral Júnior, lastreado em Montesquieu, para coibir o seu abuso, prescreve-se um mecanismo institucional em que "o poder freie o poder" ("le pouvoir arrête le pouvoir").[3]

Natural, portanto, o surgimento de fricções ou impasses, que diríamos *fisiológicos*, no exercício da jurisdição constitucional, cuja superação pressupõe a *atuação harmô*nica dos poderes, *pedra de toque* do *regular funcionamento* do sistema.

As fricções ou impasses que denominaríamos *patológicos* derivam do extravasamento da esfera de atuação da jurisdição constitucional e da consequente invasão da esfera de domínio de outro poder, *com o potencial de interferir no baricentro da separação de poderes* e, no limite, conduzir ao desabrido descumprimento de uma decisão judicial, por sua não aceitação pelo poder que dela seja destinatário.

Há que se distinguir, portanto, o *legítimo exercício* da jurisdição constitucional, papel precipuamente reservado ao Supremo Tribunal Federal enquanto guardião da Constituição Federal, justificador da imposição de eventual restrição à atividade legiferante do Parlamento ou de glosa às opções do Executivo, de *seu exercício* à *margem dos parâmetros constitucionais*, que importe usurpação da liberdade política de conformação do legislador e de atuação do administrador.

---

[2] SILVA, José Afonso. Tribunais constitucionais e jurisdição constitucional. *Revista Brasileira de Estudos Políticos*, Belo Horizonte, n. 60/61, p. 520-523, jan./jul. 1985.

[3] AMARAL JÚNIOR, José Levi Mello do. Sobre a organização de poderes em Montesquieu: Comentários ao Capítulo VI do Livro XI de "O espírito das leis". *Revista dos Tribunais*, v. 868, p. 53-68, 2008. p. 53.

3 A liberdade de conformação do legislador

Ao legislador se reconhece ampla liberdade de conformação na edição de normas jurídicas, respeitados os limites formais e materiais constitucionalmente impostos, pois a Constituição é um parâmetro material intrínseco dos atos legislativos.[4]

Robert Alexy afirma que "aquilo que as normas de uma constituição nem obrigam nem proíbem é abarcado pela discricionariedade estrutural do legislador", que apresenta três tipos: i) discricionariedade para definir objetivos; ii) discricionariedade para escolher meios, e iii) discricionariedade para sopesar.[5]

O Parlamento, portanto, tem competência para configurar ou conformar as disposições constitucionais e a faculdade de escolher o conteúdo das leis, dentre um amplo número de alternativas de ação. Representa, ainda, o órgão que, em princípio, deve solucionar as colisões de direitos fundamentais e harmonizar as diversas exigências normativas que emanam da Constituição.[6]

De acordo com Virgílio Afonso da Silva, restrições a direitos fundamentais, materialmente, são sempre baseadas em princípios. Quando dois princípios, cujo suporte fático é amplo, colidem, a solução dessa colisão sempre implica uma restrição a, pelo menos, um deles, que se expressa, geralmente, por meio de uma regra prevista na legislação infraconstitucional.[7]

Assim, o legislador, ao editar regras que proíbam uma conduta que é permitida, *prima facie*, por um direito fundamental, ou que autorizem uma ação estatal que importe na restrição da proteção que um direito fundamental, *prima facie*, garante, realiza um *sopesamento* entre princípios, cujo resultado é a edição da regra restritiva.[8]

Essa regra que restringe um direito fundamental, resultado de um sopesamento de princípios, e não da mera conveniência do legislador, está sujeita ao controle jurisdicional de sua constitucionalidade, de acordo com a regra da proporcionalidade.

Nesse particular, como anota Gilmar Ferreira Mendes, "é possível que o vício de inconstitucionalidade substancial decorrente do excesso de poder legislativo constitua um dos mais tormentosos temas do controle de constitucionalidade hodierno", cuidando-se de aferir a compatibilidade da lei com os fins constitucionalmente previstos ou a sua conformidade com a regra da proporcionalidade.[9]

De todo modo, como pondera Luis Prieto Sanchís, cumpre ter prudência na aplicação da proporcionalidade, haja vista que, por força da separação dos poderes, não se pode jugular a soberania política do Parlamento e a sua legitimidade democrática.

---

[4] CANOTILHO, José Joaquim Gomes. *Direito constitucional e teoria da Constituição*. Coimbra: Almedina, 1998. p. 240.

[5] ALEXY, Robert. *Teoria dos direitos fundamentais*. Tradução de Virgílio Afonso da Silva. 2. ed. São Paulo: Malheiros, 2011. p. 584-585.

[6] BERNAL PULIDO, Carlos. *El principio de proporcionalidad y los derechos fundamentales*. 3. ed. atual. Madrid: Centro de Estudios Políticos y Constitucionales, 2007. p. 498-499.

[7] SILVA, Virgílio Afonso da. *Direitos fundamentais* – Conteúdo essencial, restrições e eficácia. 2. ed. 2. tir. São Paulo: Malheiros, 2011. p. 141-143. O autor cita a regra do art. 76 da Lei nº 8.069/90 como produto do sopesamento entre dois princípios (liberdade de imprensa e proteção da criança e do adolescente), realizado pelo legislador.

[8] SILVA, Virgílio Afonso da. *Direitos fundamentais* – Conteúdo essencial, restrições e eficácia. 2. ed. 2. tir. São Paulo: Malheiros, 2011. p. 141-143.

[9] MENDES, Gilmar Ferreira. *Direitos fundamentais e controle de constitucionalidade*: estudos de direito constitucional. 3. ed. rev. e ampl. São Paulo: Saraiva, 2004. p. 311-312 e em MENDES, Gilmar Ferreira; BRANCO, Paulo Gustavo Gonet. *Curso de direito constitucional*. 9. ed. rev. e atual. São Paulo: Saraiva, 2014. p. 217.

Isso não significa renunciar a um controle de constitucionalidade de ordem material nem outorgar ao legislador discricionariedade política absoluta, o que importaria a criação de uma "lacuna de constitucionalidade", mas sim validar opções políticas legítimas.[10]

4 O controle jurisdicional das opções políticas fundamentais dos demais poderes

O núcleo das tensões entre a jurisdição constitucional e os demais poderes reside, precisamente, na possibilidade de controle judicial das opções políticas fundamentais do Legislativo e do Executivo, o que remete a duas relevantes questões: a jurisdição constitucional é essencialmente jurídica ou política? Como estremar um âmbito de atuação de outro?

Robert Dahl, referindo-se à Suprema Corte americana, aduz que compreendê-la como uma instituição unicamente jurídica seria subestimar sua importância no sistema político, haja vista tratar-se de uma instituição política destinada a tomar decisões sobre questões políticas nacionais polêmicas. A seu ver, a principal tarefa da Suprema Corte é conferir legitimidade às políticas básicas de grupo político que detenha a chefia do Poder Executivo e o controle da maioria no Legislativo.[11]

Essa concepção da Suprema Corte como esteio das opções políticas de um "presidencialismo de coalizão", a nosso ver, importa grave ameaça à separação e à independência entre os poderes e, mais ainda, à própria supremacia da Constituição, haja vista que, se o seu guardião pudesse se associar aos demais poderes para legitimar incondicionalmente suas opções políticas, de pouca valia seria o texto constitucional.

Para Jerzy Wróblewski, a Constituição é um ato normativo dotado de caráter político extremamente pronunciado, em razão de sua gênese, de seu conteúdo e de sua função, o que explica o fato de as instituições incumbidas do exercício do controle de constitucionalidade estarem tão estreitamente vinculadas a questões políticas gerais. A seu ver, a interpretação constitucional imanente ao exercício dessa função controladora é política em ao menos dois aspectos: i) quando garante a observância de regras constitucionais dotadas por si só de caráter político, e ii) quando as decisões interpretativas determinam os assuntos politicamente relevantes.[12]

Peter Häberle, ao tratar da atuação do Tribunal Constitucional alemão na função de garantia e de atualização da "Constituição como contrato social", aduz que, "no jogo recíproco de tradição e transformação, de mudança e conservação", em que se sucedem períodos de *judicial activism* e de *self-restraint*, o tribunal é, indiscutivelmente, uma força política, e "todo o mais é autoengano".[13]

Como observa Neil Maccormick, o direito não é hermeticamente isolado da moral e da política. "Os tribunais não são, nem deveriam ser, imunes a desdobramentos na opinião política (o que não equivale a dizer que não haja razões extremamente boas

---

[10] PRIETO SANCHÍS, Luis. *Justicia constitucional y derechos fundamentales*. Madrid: Trotta, 2009. p. 288.

[11] DAHL, Robert A. Decision-making in a democracy: The Supreme Court as a national policy-maker. *Journal of Public Law*, v. 6, p. 279-295, 1957.

[12] WRÓBLEWSKI, Jerzy. *Constitución y teoría general de la interpretación jurídica*. Tradução de Arantxa Azurza. Madrid: Civitas, 1985. p. 112-113.

[13] HESSE, Konrad; HÄBERLE, Peter. *Estudios sobre la jurisdicción constitucional (com especial referencia al Tribunal Constitucional alemán)*. Tradução de Joaquin Brage Camazano. México: Porrúa, 2011. p. 113.

pelas quais deveriam evitar diligentemente tomar partido em áreas da controvérsia político-partidária)".[14]

Entenda-se ou não a Corte Constitucional como uma força política, devem ser traçados os limites da vinculação jurídico-constitucional do legislador e do administrador e, por via de consequência, os limites do controle – *ou do juízo de valor* –[15] a ser exercido pela jurisdição constitucional sobre a legitimidade das opções políticas dos demais poderes.

De acordo com Michael Seidman, a Suprema Corte americana nunca desenvolveu – *nem teria condições de fazê-lo* – regras constitucionais que controlassem os julgamentos políticos que regularmente realiza.[16]

A propósito, Konrad Hesse aduz que a jurisprudência tem efeitos ordenadores, racionalizadores e estabilizadores.

> Tem muito em comum *com a legislação*. Todavia, lhe falta o elemento político da legislação. O Direito judicial não surge no processo de formação da vontade política; não pode, por isso, substituir o Direito surgido no processo legislativo democrático e não está democraticamente legitimado na mesma medida em que o Direito adotado pelo Parlamento.[17]

Ao tratar especificamente da jurisdição constitucional, Konrad Hesse demonstra os seus pontos de contato com as funções de direção e de conformação políticas, pois a Corte Constitucional tem que decidir, com mais frequência que outras jurisdições, questões de impacto político e que podem produzir efeitos políticos notáveis. Aponta ainda que as decisões proferidas no exercício da jurisdição constitucional podem se aproximar de decisões políticas na medida em que não sejam deduzíveis de regras claras, mas sim de parâmetros amplos e indeterminados da Constituição. De toda sorte, pondera Konrad Hesse, "essas características não lhes retiram o caráter de questões jurídicas nem privam as decisões do caráter de uma decisão jurídica". Logo, "suas decisões não são decisões políticas disfarçadas que estão em contradição com a essência da verdadeira jurisprudência e devam por isso conduzir à politização da justiça".[18]

Nesse contexto, prossegue Konrad Hesse, "[...] el Tribunal Constitucional no puede sustituir sin más sus valoraciones por las del legislador, además que la amplitud e indeterminación del parámetro de control frecuentemente puede dejar espacio para diferentes valoraciones".[19]

---

[14] MACCORMICK, Neil. *Argumentação jurídica e teoria do direito*. Tradução de Waldéa Barcellos. São Paulo: Martins Fontes, 2009. p. 308.

[15] Segundo Norberto Bobbio, enquanto o juízo de fato representa uma tomada de conhecimento da realidade, visto que sua formulação tem apenas a finalidade de informar, de comunicar uma constatação, o juízo de valor representa, diversamente, uma tomada de posição ante a realidade, visto que sua formulação tem por finalidade não informar, mas sim influir sobre o outro, isto é, fazer com que o outro realize uma escolha igual à minha e, eventualmente, siga certas prescrições minhas (BOBBIO, Norberto. *O positivismo jurídico* – Lições de filosofia do direito. São Paulo: Ícone, 1995. p. 135).

[16] SEIDMAN, Louis Michael. The secret life of the political question doctrine. *The John Marshall Law Review*, n. 37, 2004. p. 477.

[17] HESSE, Konrad; HÄBERLE, Peter. *Estudios sobre la jurisdicción constitucional (com especial referencia al Tribunal Constitucional alemán)*. Tradução de Joaquin Brage Camazano. México: Porrúa, 2011. p. 64.

[18] HESSE, Konrad; HÄBERLE, Peter. *Estudios sobre la jurisdicción constitucional (com especial referencia al Tribunal Constitucional alemán)*. Tradução de Joaquin Brage Camazano. México: Porrúa, 2011. p. 72-73.

[19] HESSE, Konrad; HÄBERLE, Peter. *Estudios sobre la jurisdicción constitucional (com especial referencia al Tribunal Constitucional alemán)*. Tradução de Joaquin Brage Camazano. México: Porrúa, 2011. p. 75.

A nosso ver, o grande risco para um regime político democrático que se pretenda amparado numa relação de independência e harmonia entre os poderes deriva da substituição das legítimas valorações do legislador e do administrador pelas valorações próprias dos juízes constitucionais.

Ao Supremo Tribunal Federal, na condição de guardião da Constituição Federal, compete dar a resposta definitiva[20] na interpretação do texto constitucional, mas o monopólio da última palavra pela jurisdição constitucional não pode importar na usurpação das funções legislativa e executiva.

De fato, observa Keith Bybee, é difícil distinguir o juiz comprometido em basear suas decisões em normas jurídicas do juiz que as ancora em suas preferências políticas; ambos podem publicamente enquadrar e explicar suas decisões em termos legais e até chegar ao mesmo resultado. De toda sorte, a confiança no Poder Judiciário depende não apenas dos resultados atuais das decisões dos tribunais, mas da habilidade dos juízes de transmitir a impressão de que suas decisões são guiadas pela impessoalidade da norma legal. Na substância e na aparência, espera-se que os juízes decidam os casos baseados na lei, nos fatos e nos argumentos que lhes forem apresentados.[21]

Além de a usurpação das competências legiferante e administrativa conduzir à emasculação dos poderes Legislativo e Executivo, o *exercício atípico* dessas funções pelo Poder Judiciário *atrai para a jurisdição constitucional*, com todos os ônus correspondentes, *uma responsabilidade política que deveria ser própria dos titulares de mandato eletivo.*

Judith Shklar anota que, ordinariamente, espera-se que os tribunais interpretem a lei, e não que a alterem, de modo a evitar uma aparência de arbitrariedade, o que não depende apenas do comportamento dos juízes, mas, sobretudo, da forma como a sociedade percebe e reage à sua atuação.

> Na Inglaterra, devido à aceitação da soberania do Parlamento, o Judiciário não se expõe a controvérsias na extensão em que isso ocorre na América. Aqui, a natureza das questões levadas aos tribunais e a ampla margem de escolhas disponíveis colocam o Judiciário no centro das grandes batalhas políticas da nação.[22]

Na precisa observação de Perfecto Andrés Ibáñez, as conjunturais relações de força no Parlamento podem impedir que, por razões políticas, se alcancem acordos que possam plasmar-se em disposições legais dotadas de desejável grau de clareza, univocidade e coerência interna. Em razão desse déficit de consenso, "ou por pura e calculada indecisão da maioria", delega-se à jurisdição constitucional a pacificação dessa questão, "com sua conflitividade mais ou menos intacta".[23]

---

[20] Segundo Aulis Aarnio, a resposta definitiva é condição necessária para que qualquer sistema jurídico funcione corretamente, uma vez que "o uso do poder legal pressupõe que, em um determinado estado do procedimento legal, o sistema produza uma resolução com força executiva para o caso". Ela não é, necessariamente, a resposta correta e, muito menos, a única resposta correta, conceitos que envolvem "determinados critérios formais e materiais de correção" (AARNIO, Aulis. ¿Una única respuesta correcta? *In*: AARNIO, Aulis. *Bases teóricas de la interpretación jurídica*. Madri: Fundación Coloquio Jurídico Europeo, 2010. p. 10).

[21] BYBEE, Keith J. *All judges are political* – Except when they are not: acceptable hypocrisies and the rule of law. Stanford: Stanford Press University, 2010. p. 23-24.

[22] SHKLAR, Judith N. *Legalism* – Law, morals and political trials. Cambridge: Harvard University Press, 1964. p. 12.

[23] IBÁÑEZ, Perfecto Andrés. *En torno a la jurisdicción*. Buenos Aires: Editores Del Puerto, 2007. p. 109.

No mesmo sentido, Alejandro Nieto aduz que a judicialização da política, que encontra correlação na politização da justiça, deriva da renúncia dos demais poderes constitucionais a resolver conflitos, que se trasladam para a jurisdição, ainda que esta não seja a sede mais adequada para abordá-los, uma vez que os juízes deveriam decidir segundo parâmetros legais, e não políticos. "Para resolver tecnicamente essa mudança de foro, torna-se imprescindível se proceder a uma mutação prévia, transformando em jurídico o originalmente político, com o que se legitima formalmente o tribunal que irá intervir". Assim, põe-se em marcha, em suas palavras, "a falácia do processo *como pretexto*", e o poder interessado (Executivo ou Legislativo) não atua valendo-se do pretexto de que a questão se encontra nas mãos do juiz.[24]

5 Deslocamento do baricentro do poder e comprometimento do diálogo institucional

O deslocamento artificial de poder mina a possibilidade de um legítimo diálogo institucional entre a jurisdição constitucional e os demais poderes e, uma vez mais, agrava o risco de comprometer sua legitimidade, na medida em que a sociedade avalie que suas decisões sejam políticas, e não propriamente jurídicas.

Para Anne Mmeuwese e Marnix Snel, o diálogo constitucional pode ser visto como a) uma lente para rever os atuais arranjos constitucionais, de modo a reconsiderar os papéis constitucionais e a divisão de poderes, em busca de novas soluções para dilemas constitucionais, ou b) um método, um modo de organizar os processos públicos de tomada de decisão, para impor ou não novas regras (*the desired rules of the game*).[25]

Referidos autores estabelecem a igualdade entre os parceiros dialógicos (*equality between dialogic partner*) como uma das premissas do diálogo constitucional, e sua própria definição de diálogo constitucional[26] pressupõe a ausência de um ator predominante.

Nesse contexto, se uma das condições para o diálogo constitucional é a simetria de forças, como poderia haver um diálogo institucional quando um poder "renuncia" ao exercício de sua função e a "delega" ao poder que detém a última palavra na interpretação da Constituição?

Duplo, portanto, o risco institucional: *atrofia* do Poder Legislativo e do Executivo conexa à *hipertrofia* do Judiciário, e *consequente imunização da responsabilidade política* dos demais poderes, na medida em que a *jurisdição constitucional a atrairia integralmente para si*.

Se a sede própria para discussões políticas é o Parlamento, o deslocamento do *baricentro* do sistema para o Judiciário traduz, em última instância, uma tentativa de correção do voto popular pela jurisdição constitucional, transformando-a numa espécie de redentora das (supostamente más) escolhas democráticas.

Outro grande foco de tensão institucional, decorrente do exercício da jurisdição por um tribunal constitucional que extrapole suas funções para invadir a seara de outro

---

[24] NIETO, Alejandro. *El desgobierno judicial*. 3. ed. Madrid: Trotta, 2005. p. 256-257.

[25] MEUWESE, Anne; SNEL, Marnix. *Constitutional dialogue*: an overview. *Utrecht Law Review*, v. 9, p. 123-140, 2013. p. 135.

[26] No original: "a sequel of implicitly or explicitly shaped communications back and forth between two or more actors characterized by the absence of a dominant actor – or at least by a bracketing of dominance –, with the shared intention of improving the practice of interpreting, reviewing, writing or amending constitutions".

poder, é o fato de sua atuação servir de *espelho para as demais instâncias* que, ao *mimetizarem e replicarem esse comportamento,* indubitavelmente *amplificariam o risco de graves impasses no sistema de separação de poderes.*

Não se pode desconsiderar ainda a possibilidade do efeito oposto ao da emasculação: a tentativa do Poder Legislativo de se afirmar pela *força,* desafiando os efeitos de decisões da Suprema Corte pela via de emendas constitucionais ou de leis, o que poderia desencadear uma *espiral* de ações e reações correlatas.

Quanto a esse aspecto, Fernando José Longo Filho entende que a edição de emendas constitucionais para superar decisões da Suprema Corte constituiria uma forma de diálogo institucional.[27]

Trata-se, contudo, de efetiva forma de diálogo ou da mera tentativa de afirmação de um poder sobre o outro?

Não se olvida que, como assentou Alexander Hamilton, uma sentença judicial não pode ser revista por ato legislativo, e que o legislador, sem exceder os seus domínios, não pode reverter uma decisão proferida num caso concreto, mas apenas prescrever uma nova regra para reger casos futuros.[28]

Mas essa questão se coloca em outros termos no exercício da jurisdição constitucional, quando a edição de uma nova norma pelo Legislativo, pela via da emenda constitucional ou de lei, tenha por pretensão ou finalidade superar dada interpretação constitucional assumida pela Suprema Corte.

A nosso ver, a tentativa de suplantar pela via legislativa o exercício da jurisdição constitucional tem se revestido mais dos contornos de uma *retorsão* – enquanto afirmação de força institucional – do que propriamente de um diálogo constitucional.

A característica em questão avulta nas hipóteses em que o Legislativo, pela via da emenda constitucional, desafia a autoridade da interpretação realizada no exercício da jurisdição constitucional, o que, por sua vez, leva ao novo acionamento da jurisdição para controle de constitucionalidade daquele ato normativo, com o risco de nova retorsão legislativa.

Essas *sucessivas* afirmações de força, decorrentes do embate entre atividade legiferante e interpretação proferida no exercício da jurisdição constitucional, podem conduzir a um impasse institucional patológico, situação que, no limite, tenderia a *comprometer* a própria *legitimidade constitucional* dos poderes.

Ainda no contexto dos limites da atuação da jurisdição, coloca-se a questão da *justiciabilidade* dos direitos sociais, outra fonte incontroversa de tensões institucionais.

Para Hans Kelsen, direito subjetivo em sentido técnico somente existe quando ao indivíduo se confere o poder jurídico para fazer valer o não cumprimento (= fazer valer a satisfação) de um dever jurídico, por meio de uma ação judicial. A seu ver, o exercício deste poder é o exercício de um direito no sentido próprio da palavra.[29]

---

[27] LONGO FILHO, José Fernando. A última palavra e diálogo institucional: relações com as teorias democráticas em Dworkin e Waldron. *Cadernos do Programa de Pós-Graduação em Direito PPGDir/UFRGS,* Porto Alegre, v. X, n. 3, p. 90-111, 2015. p. 91.

[28] HAMILTON, Alexander; MADISON, James; JAY, John. *The Federalist.* Cambridge: John Harvard Library, 2009. *Paper* 78. p. 532.

[29] KELSEN, Hans. *Teoria pura do direito.* São Paulo: Martins Fontes, 1991. p. 138-151.

Martin Borowski também registra que a justiciabilidade, ou seja, a sua exigibilidade judicial, é a nota característica dos direitos subjetivos, e que, indubitavelmente, os direitos fundamentais de defesa são direitos subjetivos.[30]

Como anota Virgílio Afonso da Silva, se os direitos à prestação não constituem simples "lírica constitucional", sua justiciabilidade importa na indispensável realocação de recursos públicos finitos.[31] Logo, a justiciabilidade de direitos sociais e a consequente intervenção judicial em determinada política pública importarão no seu redimensionamento (o fornecimento de medicamentos é emblemático) ou no de outras políticas públicas, dada a inexistência de recursos para atender a todas as necessidades que emanam da constitucionalização de direitos sociais.

Ocorre que, ao ser provocado para implementar um direito social, o juiz tem apenas a visão do microcosmo processual. Falta-lhe a visão macro das opções políticas fundamentais e de suas consequências, inclusive financeiras.

A delicada opção jurisdicional entre a outorga concreta de uma pretensão conexa a um direito social, em prejuízo de políticas mais amplas e impessoais, e sua negativa para prestigiar uma visão *macroscópica* de governança política tem repercussão direta na gestão de recursos públicos finitos.

Uma ingerência mais ativa do Judiciário na implementação de direitos econômicos e sociais gera o risco de torná-lo um gestor global de recursos públicos, função que lhe é atípica – *a contrariar, ironicamente, a máxima federalista de que o Judiciário seria o mais fraco dos poderes por não ter influência sobre a espada ou bolsa.*[32]

Além da questão da legitimidade para a gestão dos recursos orçamentários, surge outra questão tão ou mais relevante: o risco de afetação da própria ordem política.

Alexander Hamilton sustentava que o suposto perigo de o Judiciário invadir a autoridade do Legislativo não passaria de um fantasma, pois más interpretações ou transgressões à vontade do legislador sempre ocorrerão, mas nunca ao ponto (*in any sensible degree*) de afetar a ordem do sistema político. Invocava, entre outras razões, a comparativa fraqueza do Judiciário.[33]

Ora, será mesmo que as invasões da esfera de competência do Legislativo ou do Executivo não afetariam a estrutura do sistema político? As opções políticas fundamentais do legislador ou do administrador, realizadas no exercício da sua liberdade de conformação, não estariam sendo significativamente afetadas por decisões judiciais?

A resposta parece ser afirmativa, uma vez que o Judiciário tem se mostrado o ator predominante no cenário jurídico e político.

Não se olvida que o empoderamento da jurisdição constitucional deita raízes em opções explícitas do Poder Constituinte, originário e derivado, por meio de instrumentos como o mandado de injunção, a ação direta de inconstitucionalidade por omissão, a

---

[30] BOROWSKI, Martin. *La estructura de los derechos fundamentales.* Tradução de Carlos Bernal Pulido. Bogotá: Universidad Externado de Colombia, 2003. p. 40-47; 119-120.

[31] SILVA, Virgílio Afonso da. O Judiciário e as políticas públicas. *In*: SOUZA NETO, Cláudio Pereira; SARMENTO, Daniel (Coord.). *Direitos sociais*: fundamentação, judicialização e direitos sociais em espécie. Rio de Janeiro: Lumen Juris, 2008. p. 588.

[32] HAMILTON, Alexander; MADISON, James; JAY, John. *The Federalist*. Cambridge: John Harvard Library, 2009. p. 532. *Paper* 78. p. 509-510.

[33] HAMILTON, Alexander; MADISON, James; JAY, John. *The Federalist*. Cambridge: John Harvard Library, 2009. p. 532. *Paper* 78. p. 532-533.

ação declaratória de constitucionalidade e a arguição de descumprimento de preceito fundamental, os quais indubitavelmente – *e, com certeza,* à *margem da concepção original do constituinte* – se tornaram a matriz de fricções institucionais, máxime em face de uma Constituição principiológica e pródiga na outorga de direitos sociais.[34]

6 A autocontenção da jurisdição constitucional como forma de distensionar a relação entre os poderes

A nosso ver, a solução para atenuar as tensões da jurisdição constitucional com os demais poderes é o incremento do *self-restraint* judicial.

Para Michael Seidman, todo juiz da Suprema Corte, em cada caso, se defronta com uma questão logicamente antecedente ao interpretar a Constituição: "devo fazer o que a Constituição determina? Duas coisas são certas: primeiro, a Constituição em si não pode responder a essa questão. Segundo, haverá ocasiões em que a resposta correta é 'não'".[35]

O problema da autocontenção do Judiciário é atribuir à boa vontade individual dos magistrados, *mutável e conjuntural*, e não ao sistema institucional em si, a missão de preservar a harmonia e a independência entre os poderes.

E não é só: o exercício da autocontenção se torna difícil em face de conceitos jurídicos indeterminados e de uma Constituição principiológica, instituidora de inúmeros direitos econômicos e sociais que clamam por sua implementação.

Nesse contexto, *quid juris*?

Para Montesquieu, os juízes devem ser apenas "a boca que pronuncia as palavras da lei", "seres inanimados que não podem moderar nem sua força, nem seu rigor".[36]

Esse ponto de vista parece ir ao encontro da visão de Alexander Hamilton, para quem os tribunais "devem declarar o sentido da lei" (*must declare the sense of law*), sem exercer vontade ao invés de julgamento (*will instead of judgment*), sob pena de se sobreporem ao poder legislativo, razão por que Hamilton defendia que, para se evitar o arbítrio judicial, a atuação dos juízes deveria ser balizada por regras estritas e precedentes.[37]

Ocorre que, como assenta Hans Kelsen, a tarefa que consiste em obter, a partir da lei, a única sentença justa (certa) ou o único ato administrativo correto é, na essência, idêntica à de quem se propõe, a partir da Constituição, a criar as únicas leis justas (certas). "Assim como da Constituição, através de interpretação, não podemos extrair as únicas leis corretas, também não podemos, a partir da lei, por interpretação, obter as únicas sentenças corretas".[38]

---

[34] Nesse sentido, FERREIRA FILHO, Manoel Gonçalves. *Lições de direito constitucional*. São Paulo: Saraiva, 2017. p. 116-142. Capítulo 8.

[35] SEIDMAN, Louis Michael. The secret life of the political question doctrine. *The John Marshall Law Review*, n. 37, 2004. p. 465.

[36] MONTESQUIEU. *O espírito das leis*. Tradução de Cristina Murachco. São Paulo: Martins Fontes, 1996. p. 175. Livro Décimo Primeiro, Capítulo VI.

[37] HAMILTON, Alexander; MADISON, James; JAY, John. *The Federalist*. Cambridge: John Harvard Library, 2009. p. 532. *Paper* 78. p. 513.

[38] KELSEN, Hans. *Teoria pura do direito*. São Paulo: Martins Fontes, 1991. p. 368. Para Juarez Freitas, a pretensão da única resposta correta pode inviabilizar a melhor interpretação (FREITAS, Juarez. A melhor interpretação constitucional "versus" a única resposta correta. *In*: SILVA, Virgílio Afonso da (Org.). *Interpretação constitucional*. São Paulo: Malheiros, 2005. p. 317-356).

Em sua conhecida metáfora, Hans Kelsen afirma que o direito a aplicar forma uma moldura – figura de linguagem similar é empregada por Ronald Dworkin, ao se referir ao espaço vazio no centro de uma rosca, que corresponderia a uma faixa de restrições ou limite de atuação do intérprete –[39] dentro da qual existem várias possibilidades de aplicação, pelo que é conforme ao direito todo ato que se mantenha dentro deste quadro ou moldura, que preencha esta moldura em qualquer sentido possível.[40]

Assim, a interpretação do juiz – único intérprete autêntico, pois sua interpretação cria direito, mais precisamente, a norma jurídica concreta –[41] é um ato de conhecimento e também de vontade, haja vista que "a interpretação cognoscitiva (obtida por uma operação de conhecimento) do Direito a aplicar combina-se com um ato de vontade em que o órgão aplicador do Direito efetua uma escolha entre as possibilidades reveladas através daquela mesma interpretação cognoscitiva".[42]

Para Hans Kelsen, a interpretação – isto é, a fixação, por via cognoscitiva, do sentido do objeto a interpretar – como ato de vontade decorre da inexistência de um método jurídico capaz de destacar uma, entre as várias significações verbais de uma norma, como "correta", desde que, naturalmente, se trate de significações possíveis.[43] Logo, "o resultado de uma interpretação jurídica somente pode ser a fixação da moldura que representa o Direito a interpretar e, consequentemente, o conhecimento das várias possibilidades que dentro desta moldura existem".[44]

Todas essas soluções possíveis, aferíveis pela lei a aplicar, têm igual valor, mas somente uma delas se tornará norma de decisão, razão por que afirmar que uma sentença judicial é fundada na lei significa, tão somente, que ela está contida na moldura ou quadro que a lei representa. "Não significa que ela é *a* norma individual, mas apenas

---

[39] DWORKIN, Ronald. *Levando os direitos a sério*. Tradução de Nelson Boeira. São Paulo: Martins Fontes, 2010. p. 50-51. Tomás-Ramón Fernandez afirma que o aro da rosca, citado por Ronald Dworkin, constitui um perímetro normativo que determina o âmbito e os limites da atuação do juiz, ou seja, a liberdade de escolha dos meios em que consiste a sua discricionariedade. Esta última, fruto das normas de fim, não é e jamais pode ser absoluta, pois o fim por elas proposto condiciona e limita *per si* a liberdade de eleição dos meios que outorgam, ainda que o texto literal da norma habilitante aparente, *prima facie*, conceder uma liberdade total ao omitir toda referência aos meios ou deixe de oferecer critérios para sua escolha concreta (FERNÁNDEZ, Tomás-Rámon. *Del arbítrio y de la arbitrariedad judicial*. Madri: Iustel, 2005. p. 60-61).

[40] KELSEN, Hans. *Teoria pura do direito*. São Paulo: Martins Fontes, 1991. p. 366.

[41] Como observa Eros Grau, a norma jurídica é produzida para ser aplicada a um caso concreto. "Essa aplicação se dá mediante a formulação de uma decisão judicial, uma sentença, que expressa a norma de decisão. Aí a distinção entre as normas jurídicas e a norma de decisão. Esta é definida a partir daquelas". Acrescenta que, embora todos os operadores do direito o interpretem, apenas uma categoria realiza plenamente o processo de interpretação até seu ponto culminante: o juiz, que extrai das normas jurídicas a norma de decisão e, por esse motivo, é chamado por Kelsen de "intérprete autêntico" (GRAU, Eros Roberto. *Ensaio e discurso sobre a interpretação/aplicação do direito*. 3. ed. São Paulo: Malheiros, 2005. Primeira parte, item IV).

[42] KELSEN, Hans. *Teoria pura do direito*. São Paulo: Martins Fontes, 1991. p. 369. Importante registrar a teoria da "sociedade aberta dos intérpretes da Constituição", de Peter Häberle. Partindo de um conceito mais amplo de interpretação, ele afirma que os cidadãos, os grupos, os órgãos estatais e a opinião pública também "são forças produtivas da interpretação", isto é, são intérpretes da Constituição em sentido amplo, que atuam, ao menos, como intérpretes prévios. Assim, a interpretação constitucional não se centra exclusivamente na "sociedade fechada dos intérpretes jurídicos da Constituição", alcançando um círculo mais amplo, pluralista e difuso de participantes. Ainda que a jurisdição constitucional permaneça como intérprete de "última instância", há uma democratização da interpretação constitucional, "na medida em que a teoria da interpretação tenha que obter respaldo na teoria democrática e vice-versa" (HÄBERLE, Peter. *El estado constitucional*. Buenos Aires: Astrea, 2007. p. 263-266).

[43] KELSEN, Hans. *Teoria pura do direito*. São Paulo: Martins Fontes, 1991. p. 366-367.

[44] KELSEN, Hans. *Teoria pura do direito*. São Paulo: Martins Fontes, 1991. p. 366.

que é uma das normas individuais que podem ser produzidas dentro da moldura da norma geral".[45]

O direito, afirma Gustavo Zagrebelsky, é uma prudência, e não uma ciência: a pluralidade de princípios e a ausência de uma hierarquia formal entre eles faz com que não exista uma ciência exata sobre a sua articulação, mas sim uma prudência na sua ponderação.[46]

Como argumentavam os Antifederalistas, se pudéssemos confiar nos líderes do governo não precisaríamos nos preocupar se a Constituição foi ou não cuidadosamente elaborada. "Governantes sábios governam bem sob todas as condições; uma Constituição era necessária para restringir governantes menos honrosos".[47]

De toda sorte, dada a inexistência de uma única resposta correta na interpretação constitucional e do monopólio da última palavra pela Suprema Corte, só resta confiar na *autocontenção* e na *prudência aristotélica* dos juízes que exercem a jurisdição constitucional, como forma de prevenir o incremento de tensões institucionais que desbordem do normal funcionamento do sistema de separação de poderes, respeitando-se as legítimas opções políticas dos demais poderes.

Mais: não se trata *apenas* de respeitar opções políticas legitimamente realizadas, mas, antes disso, de *permitir que o Parlamento possa tempestivamente deliberar a seu respeito*, sem que a jurisdição constitucional, de maneira açodada, *coarcte* o *iter* legislativo e *imponha a sua própria opção.*

Não se ignora a relevância da função contramajoritária exercida pela Suprema Corte em defesa do primado da Constituição, mas a jurisdição constitucional há de estar atenta, enquanto pressuposto de sua atuação, ao limite democrático que deve balizar a interpretação constitucional, sob pena de as minorias legislativas insulares procurarem dela se utilizar como instrumento para reverter seus naturais reveses no jogo democrático do Parlamento.

---

[45] KELSEN, Hans. *Teoria pura do direito*. São Paulo: Martins Fontes, 1991. p. 366. Virgílio Afonso da Silva, para refutar as críticas à teoria dos princípios de que faltam critérios racionais de decidibilidade no processo de solução de colisões de princípios (sopesamento), baseia-se exatamente nesses ensinamentos de Kelsen (SILVA, Virgílio Afonso da. *Direitos fundamentais* – Conteúdo essencial, restrições e eficácia. 2. ed. 2. tir. São Paulo: Malheiros, 2011. p. 146-148). Eros Roberto Grau observa que a expressão *moldura da norma* não é precisa. A moldura da norma é, na verdade, moldura do texto, mas não apenas dele; "ela é, concomitantemente, moldura do texto e moldura do caso. O intérprete interpreta também o caso, necessariamente, além dos textos e da realidade – no momento histórico no qual se opera a interpretação – em cujo contexto eles serão aplicados, ao empreender a produção prática do direito" (GRAU, Eros Roberto. *Ensaio e discurso sobre a interpretação/aplicação do direito*. 3. ed. São Paulo: Malheiros, 2005. p. 93).

[46] ZAGREBELSKY, Gustavo. *El derecho dúctil.* Ley, derechos, justicia. Tradução de Marina Gáscon. Madri: Trotta, 2005. p. 122-125. Eros Roberto Grau também aduz que o direito não é uma ciência, mas sim uma prudência. Ele distingue o direito – que é normativo e, portanto, não descreve, mas sim prescreve – da ciência do direito, que tem por objeto o direito em si e, portanto, estuda-o e o descreve. O direito – enquanto objeto da ciência do direito – "não é uma ciência porque, nele, não há possibilidade de definirmos uma solução exata, senão, sempre, um elenco de soluções corretas". Como o direito reclama interpretação e a interpretação é uma prudência, no sentido do saber prático a que se referia Aristóteles, Eros Grau conclui que o direito é uma prudência. Por fim, este último autor observa que, na ciência, o desafio são as questões para as quais ainda não há respostas; na prudência, o desafio não é a ausência de respostas, mas a existência de múltiplas soluções corretas para uma mesma questão (GRAU, Eros Roberto. *O direito e o direito pressuposto.* 6. ed. rev. e ampl. São Paulo: Malheiros, 2005. p. 39-41; GRAU, Eros Roberto. *Ensaio e discurso sobre a interpretação/aplicação do direito.* 3. ed. São Paulo: Malheiros, 2005. p. XIV; 99-102).

[47] ISAACSON, William A. Garcia v. San Antonio Metropolitan Transit Authority: Antifederalism Revisited. *Toledo Law Review*, v. 21, 1989. p. 169.

Mais do que uma simples questão de interpretação jurídica, trata-se de respeitar as principais escolhas que uma sociedade moderna deve fazer por intermédio de seus representantes legitimamente eleitos.[48]

7 Conclusão

Carl von Clausewitz, em antológica obra, assentou que "a guerra não é outra coisa senão a continuação da política de Estado por outros meios".[49]

Parafraseando Clausewitz, a jurisdição constitucional há de permanecer vigilante para não se transformar em mero instrumento de continuação da política por outros meios, com todos os riscos institucionais inerentes a essa opção.

Referências

AARNIO, Aulis. ¿Una única respuesta correcta? *In*: AARNIO, Aulis. *Bases teóricas de la interpretación jurídica.* Madri: Fundación Coloquio Jurídico Europeo, 2010.

ALEXY, Robert. *Teoria dos direitos fundamentais.* Tradução de Virgílio Afonso da Silva. 2. ed. São Paulo: Malheiros, 2011.

AMARAL JÚNIOR, José Levi Mello do. Sobre a organização de poderes em Montesquieu: Comentários ao Capítulo VI do Livro XI de "O espírito das leis". *Revista dos Tribunais*, v. 868, p. 53-68, 2008.

BERNAL PULIDO, Carlos. *El principio de proporcionalidad y los derechos fundamentales.* 3. ed. atual. Madrid: Centro de Estudios Políticos y Constitucionales, 2007.

BOBBIO, Norberto. *O positivismo jurídico* – Lições de filosofia do direito. São Paulo: Ícone, 1995.

BOROWSKI, Martin. *La estructura de los derechos fundamentales.* Tradução de Carlos Bernal Pulido. Bogotá: Universidad Externado de Colombia, 2003.

BYBEE, Keith J. *All judges are political* – Except when they are not: acceptable hypocrisies and the rule of law. Stanford: Stanford Press University, 2010.

CANOTILHO, José Joaquim Gomes. *Direito constitucional e teoria da Constituição.* Coimbra: Almedina, 1998.

CLAUSEWITZ, Carl von. *Da guerra.* Tradução de Teresa Barros Pinto Barroso. Lisboa: Perspectivas & Realidades, 1976.

DAHL, Robert A. Decision-making in a democracy: The Supreme Court as a national policy-maker. *Journal of Public Law*, v. 6, 1957.

FERNÁNDEZ, Tomás-Rámon. *Del arbítrio y de la arbitrariedad judicial.* Madri: Iustel, 2005.

FERREIRA FILHO, Manoel Gonçalves. *Lições de direito constitucional.* São Paulo: Saraiva, 2017.

GRAU, Eros Roberto. *Ensaio e discurso sobre a interpretação/aplicação do direito.* 3. ed. São Paulo: Malheiros, 2005.

GRAU, Eros Roberto. *O direito e o direito pressuposto.* 6. ed. rev. e ampl. São Paulo: Malheiros, 2005.

---

[48] WALDRON, Jeremy. The core of the case against judicial review. *Yale Law Journal*, v. 115, p. 1.346-1.406, 2005. p. 1.367.

[49] CLAUSEWITZ, Carl von. *Da guerra.* Tradução de Teresa Barros Pinto Barroso. Lisboa: Perspectivas & Realidades, 1976. p. 65 (nota II); 737.

HAMILTON, Alexander; MADISON, James; JAY, John. *The Federalist*. Cambridge: John Harvard Library, 2009.

HESSE, Konrad; HÄBERLE, Peter. *Estudios sobre la jurisdicción constitucional (com especial referencia al Tribunal Constitucional alemán)*. Tradução de Joaquin Brage Camazano. México: Porrúa, 2011.

IBÁÑEZ, Perfecto Andrés. *En torno a la jurisdicción*. Buenos Aires: Editores Del Puerto, 2007.

ISAACSON, William A. Garcia v. San Antonio Metropolitan Transit Authority: Antifederalism Revisited. *Toledo Law Review*, v. 21, 1989.

KELSEN, Hans. *Teoria pura do direito*. São Paulo: Martins Fontes, 1991.

LONGO FILHO, José Fernando. A última palavra e diálogo institucional: relações com as teorias democráticas em Dworkin e Waldron. *Cadernos do Programa de Pós-Graduação em Direito PPGDir/UFRGS*, Porto Alegre, v. X, n. 3, p. 90-111, 2015.

MACCORMICK, Neil. *Argumentação jurídica e teoria do direito*. Tradução de Waldéa Barcellos. São Paulo: Martins Fontes, 2009.

MENDES, Gilmar Ferreira. *Direitos fundamentais e controle de constitucionalidade*: estudos de direito constitucional. 3. ed. rev. e ampl. São Paulo: Saraiva, 2004.

MENDES, Gilmar Ferreira; BRANCO, Paulo Gustavo Gonet. *Curso de direito constitucional*. 9. ed. rev. e atual. São Paulo: Saraiva, 2014.

MEUWESE, Anne; SNEL, Marnix. *Constitutional dialogue*: an overview. *Utrecht Law Review*, v. 9, p. 123-140, 2013.

MONTESQUIEU. *O espírito das leis*. Tradução de Cristina Murachco. São Paulo: Martins Fontes, 1996.

NIETO, Alejandro. *El desgobierno judicial*. 3. ed. Madrid: Trotta, 2005.

PRIETO SANCHÍS, Luis. *Justicia constitucional y derechos fundamentales*. Madrid: Trotta, 2009.

SEIDMAN, Louis Michael. The secret life of the political question doctrine. *The John Marshall Law Review*, n. 37, 2004.

SHKLAR, Judith N. *Legalism* – Law, morals and political trials. Cambridge: Harvard University Press, 1964.

SILVA, Virgílio Afonso da. *Direitos fundamentais* – Conteúdo essencial, restrições e eficácia. 2. ed. 2. tir. São Paulo: Malheiros, 2011.

SILVA, Virgílio Afonso da. O Judiciário e as políticas públicas. *In*: SOUZA NETO, Cláudio Pereira; SARMENTO, Daniel (Coord.). *Direitos sociais*: fundamentação, judicialização e direitos sociais em espécie. Rio de Janeiro: Lumen Juris, 2008.

WALDRON, Jeremy. The core of the case against judicial review. *Yale Law Journal*, v. 115, p. 1.346-1.406, 2005.

WRÓBLEWSKI, Jerzy. *Constitución y teoría general de la interpretación jurídica*. Tradução de Arantxa Azurza. Madrid: Civitas, 1985.

ZAGREBELSKY, Gustavo. *El derecho dúctil*. Ley, derechos, justicia. Tradução de Marina Gáscon. Madri: Trotta, 2005.

Informação bibliográfica deste texto, conforme a NBR 6023:2018 da Associação Brasileira de Normas Técnicas (ABNT):

CAPEZ, Rodrigo. As fricções entre o exercício da jurisdição constitucional e os demais poderes: autocontenção e prudência. *In*: MORAES, Alexandre de; MENDONÇA, André Luiz de Almeida (Coord.). *Democracia e sistema de justiça*: obra em homenagem aos 10 anos do Ministro Dias Toffoli no Supremo Tribunal Federal. Belo Horizonte: Fórum, 2020. p. 551-564. ISBN 978-85-450-0718-0.

A NATUREZA JURÍDICA DO ACORDO DE LENIÊNCIA DA LEI ANTICORRUPÇÃO

RODRIGO FIGUEIREDO PAIVA

1 Introdução

Em 1º.8.2013, foi sancionada a Lei nº 12.846, que dispõe sobre a responsabilização administrativa e civil das pessoas jurídicas pela prática de atos contra a Administração Pública, nacional e estrangeira, norma atualmente conhecida como Lei Anticorrupção.[1] Considerada um importantíssimo marco normativo na luta internacional contra a corrupção, incorpora ao ordenamento jurídico brasileiro algumas boas práticas internacionais, entre as quais, o acordo de leniência.

O presente artigo é inspirado no intenso debate ocorrido por ocasião do julgamento do Habeas Corpus nº 127.483-Paraná, relatado pelo Ministro Dias Toffoli, em agosto de 2015, quando o Supremo Tribunal Federal debateu e deliberou acerca da natureza jurídica do acordo de colaboração premiada, prescrito no art. 3º, da Lei nº 12.850/2013, instituto jurídico que apresenta marcantes semelhanças com o acordo de leniência da Lei Anticorrupção. Muitas das premissas adotadas pela Suprema Corte, guardadas as devidas diferenças, podem ser aplicadas na construção dos argumentos jurídicos definidores da natureza jurídica do acordo de leniência da Lei Anticorrupção.

Antes de adentrarmos na discussão acerca da natureza jurídica do acordo de leniência da Lei Anticorrupção, apresentaremos, em apertada síntese, importantes antecedentes históricos que nos ajudarão a compreender o cenário histórico, político e jurídico em que está inserida essa importante ferramenta de justiça negociada.

---

[1] Muitos estudiosos criticam a denominação Lei Anticorrupção, como exemplo, Maurício Zockun, que sustenta que "esta rotulação apequena o seu real conteúdo, sentido e alcance; é rótulo divorciado da substância da lei, ainda que seja bastante sonoro, especialmente aos ouvidos dos leigos". Para o jurista a denominação apropriada deveria ser Lei de Probidade Administrativa Empresarial (ZOCKUN, Maurício. Comentários ao art. 1º. *In*: DI PIETRO, Maria Sylvia Zanella; MARRARA, Thiago. *Lei Anticorrupção comentada*. Belo Horizonte: Fórum, 2017. p. 16). Ainda que os argumentos sejam convincentes, a expressão *lei anticorrupção* já está consagrada, e será a utilizada neste artigo.

Na sequência, trataremos do acordo de leniência da Lei Anticorrupção entendido, por um lado, como um *processo administrativo de negociação do acordo de leniência*, e, por outro, como resultado da negociação, materializado no *termo de acordo de leniência*, para então pontuar que a sanção premial não se confunde com acordo de leniência, mas consiste justamente no seu objeto. Tais argumentos servirão para fundamentar nosso posicionamento acerca da natureza jurídica do acordo de leniência.

2 Os antecedentes históricos da Lei Anticorrupção

Alguns juristas sustentam que a Lei Anticorrupção teria sido aprovada "em resposta à pressão causada por intensas manifestações populares ocorridas no Brasil durante 2013".[2] De fato, as manifestações populares ocorridas no ano de 2013, notadamente durante a Copa das Confederações de Futebol da Fifa, funcionaram como importante mecanismo de pressão popular para que fosse aprovado um conjunto de leis que se revelaram medidas concretas com vistas ao combate à corrupção e ao desperdício de dinheiro público.[3]

Mas, segundo entendemos, a Lei Anticorrupção brasileira encontra sua origem em evento bem mais remoto, ocorrido em 17.6.1972, às 2h30, em Washington D.C., nos Estados Unidos da América, dia em que cinco homens foram presos em flagrante por terem invadido o escritório do Comitê Nacional do Partido Democrata, onde fotografaram documentos e tentaram instalar equipamentos de espionagem. O escritório funcionava num complexo de edifícios denominado Watergate. A ofensiva contra o Partido Democrata intrigou dois jornalistas do jornal *Washington Post*, que passaram a investigar as ligações entre os presos e o Presidente Richard Nixon, candidato republicano à reeleição, dando início a uma série de reportagens conhecida como "o escândalo Watergate".

As reportagens revelaram que o candidato Nixon teria utilizado dinheiro não declarado na campanha, ou seja, dinheiro de "caixa dois". Diante do fluxo constante de revelações de fatos ocorridos nos bastidores da Casa Branca, a pressão social aumentou a tal ponto que o Comitê Judiciário da Câmara dos Deputados exigiu que fosse nomeado um procurador especial para investigar o caso Watergate, o que se concretizou em junho de 1973, com a nomeação de Archibald Cox.[4] Nessa investigação, apurou-se que executivos e empresas estadunidenses, além de utilizar dinheiro não contabilizado para financiar ilegalmente campanhas políticas domésticas, valeram-se do "caixa dois" para uma série de fins, entre eles para subornar agentes políticos e partidos políticos estrangeiros, com o propósito de obter vantagens ilegais nas contratações governamentais.

A partir dessa descoberta, o caso Watergate toma novo rumo, deixando de ser apenas um problema eleitoral, passando a tratar de temas variados, entre os quais a corrupção transnacional e a falsificação de registros contábeis, condutas usualmente associadas.[5] Afinal, para encobrir o cometimento de práticas de suborno de agentes

---

[2]   PEREIRA, Victor Alexandre El Khoury M. Acordo de Leniência na Lei Anticorrupção (Lei nº 12.846/2013). *Revista Brasileira de Infraestrutura – RBINF*, Belo Horizonte, ano 5, n. 9, p. 79-113, jan./jun. 2016).

[3]   Como exemplo, a Lei nº 12.850/2013.

[4]   Disponível em: https://justice.gov/osg/bio/archilbald-cox. Acesso em: 13 mar. 2018

[5]   Disponível em: http://sechistorical.org/museum/galleries/wwr/wwr04a-three-ilicit.php. Acesso em: 15 mar. 2018.

públicos estrangeiros, por meio de "caixa dois", as empresas estadunidenses acabaram por violar as rígidas leis que protegiam o mercado mobiliário, na medida em que ocultações desses fundos corporativos utilizados para fins ilegais impediam a correta prestação de contas aos investidores, abalando a integridade dos registros contábeis.

Por essa razão, a Securities Exchange Comission – SEC, agência reguladora do mercado mobiliário estadunidense, iniciou uma profunda investigação confirmando que centenas de empresas sujeitas à regulação estatal se valeram do "caixa dois" para subornar funcionários públicos estrangeiros a fim de obter vantagens em contratações governamentais. Tais práticas configuravam ilícitos graves que, em regra, resultariam na instauração de mais de seis centenas de processos sancionatórios em desfavor de empresas comercialmente relevantes na economia do país, com diversas repercussões, sem contar a dificuldade operacional da agência em conduzir elevado número de investigações simultaneamente.

Neste cenário, os diretores Stanley Sporkin e Alan Levinson tiveram a criativa ideia de buscar um mecanismo de encorajamento de divulgação corporativa voluntária de pagamentos estrangeiros questionáveis ou ilegais,[6] como o pagamento de suborno a agentes públicos de governos de outros países. Tratava-se de um meio pelo qual as empresas emissoras de títulos mobiliários, voluntariamente, apresentavam-se perante a SEC para obter opiniões informais relativas à divulgação de certos assuntos, com o compromisso subsequente de, também voluntariamente, descobrir, divulgar e encerrar a realização de pagamentos questionáveis no exterior, bem como atividades impróprias relacionadas.[7]

Em outras palavras, a agência reguladora do mercado mobiliário estadunidense criou uma ferramenta de investigação fundada na consensualidade. O *Securities Act Release* nº 5.466,[8] de 8.3.1974, estabeleceu o procedimento por meio do qual as empresas que tivessem feito contribuições de campanha que pudessem ser consideradas ilegais, deveriam voluntariamente reportar tais fatos à SEC, ainda que os fatos não fossem objeto de uma investigação formalmente instaurada. Em que pese não haver promessa ou garantia de imunidade para as empresas infratoras, o número de interessados foi muito significativo. No total, o plano da SEC contou com a adesão de mais de 450 empresas estadunidenses.[9] O sucesso da iniciativa é creditado à adoção de um compromisso de leniência, por meio do qual a agência abrandava as sanções cabíveis, em contrapartida a um compromisso, por parte das empresas, de cessarem as condutas questionáveis e ilegais.

Na sequência, o Senado dos EUA decidiu investigar a atuação das empresas estadunidenses em outros países, por meio da subcomissão de Corporações Multinacionais, presidida pelo Senador Frank Church.[10] Foram, então, realizadas audiências públicas ao longo de quatro meses no ano de 1975, quando foram ouvidas relevantes corporações

---

[6] Disponível em: http://www.secactions.com/the-oirigins-of-the-fcpa-lessons-for-effective-compliance-and-enforcement. Acesso em: 15 mar. 2018.

[7] Report of The Task Force on Questionable Corporate Payments Abroad, in June 11, 1976. p. 8 (Disponível em: https://www.fordlibrarymuseum.gov/library/document/0204/1511923.pdf. Acesso em: 22 mar. 2018).

[8] Disponível em: https://www.sec.gov/news/digest/1974/dig030874.pdf. Acesso em: 15 mar. 2018.

[9] Disponível em: http://www.secactions.com/the-oirigins-of-the-fcpa-lessons-for-effective-compliance-and-enforcement. Acesso em: 15 mar. 2018.

[10] Por essa razão, a subcomissão era denominada *Church Committe*.

multinacionais que publicamente admitiram, perante o Senado, as irregularidades reveladas à SEC. Importante ressaltar que a impressa estadunidense realizou ampla e diária cobertura jornalística, acabando por criar um estigma de que as empresas estadunidenses, e somente elas, teriam um particular jeito de fazer negócios no exterior. Para extinguir esse estigma, o parlamento entendeu que precisava reagir mediante a edição de uma legislação anticorrupção transnacional.

Nos anos seguintes, o parlamento estadunidense discutiu intensamente o problema de subornos internacionais por empresas americanas sob o aspecto da moralidade, da ética nos negócios, e, apesar da resistência do Poder Executivo, conseguiu ver aprovado, em 19.12.1977, o *Foreign Corrupt Practices Act* – FCPA.[11] Trata-se de uma legislação estruturada em duas seções, tendo a primeira o objetivo de exigir que as empresas emissoras de títulos mobiliários junto à SEC mantenham livros, registros e anotações contábeis precisas, de todos os pagamentos realizados no exterior, bem como a exigência de controles contábeis internos que sejam capazes de prevenir, detectar e remediar violações ao FCPA. A segunda seção tem o objetivo de proibir a prática comercial corrupta em transações realizadas no exterior.

Ou seja, por um lado, o FCPA busca fomentar um ambiente corporativo ético, que incorpore uma cultura anticorrupção no comércio mundial. Por outro, protege o investidor estadunidense, por meio de medidas de acesso às informações que revelam as condutas corporativas em transações comerciais no exterior, relativamente às empresas em que investe, dotando o mercado mobiliário estadunidense de uma integridade desejável.

Contudo, a aprovação da FCPA foi precedida de um intenso debate parlamentar acerca do impacto adverso nas corporações estadunidenses dedicadas ao comércio exterior, afinal, essa nova legislação trouxe efeitos colaterais negativos na capacidade competitiva de tais empresas estadunidenses perante seus competidores estrangeiros, que atuariam sem semelhante restrição na realização de pagamentos "questionáveis", o que causava enorme posição desvantajosa. Muito se insistiu na tese de que a solução para o problema da corrupção internacional estaria nos acordos multilaterais, que teriam a vantagem de oferecer um tratamento uniforme. Todavia, os parlamentares estadunidenses estavam convencidos que medidas multilaterais são em grande parte exortatórias na natureza, mas careciam de executividade para punir os infratores, razão pela qual decidiram pela aprovação do FCPA.

Assim, a aprovação do FCPA foi apenas o primeiro passo no enfrentamento da corrupção no comércio internacional. A partir deste ponto, os EUA, valendo-se de sua liderança global, intensificaram as estratégias para que outros países editassem leis que disciplinassem a condução de negócios com autoridades governamentais estrangeiras, por meio de acordos bilaterais, mas, sobretudo, multilaterais. O caminho foi longo, durou exatos vinte anos, até que, em 17.12.1997, foi assinado o mais importante acordo multilateral sobre o tema, a Convenção sobre o Combate da Corrupção de Funcionários Públicos Estrangeiros em Transações Comerciais Internacionais,[12] no âmbito da

---

[11] Disponível em: https://www.govinfo.gov/content/pkg/STATUTE-91/pdf/STATUTE-91-Pg1494.pdf. Acesso em: 24 jun. 2019.

[12] Incorporada ao ordenamento jurídico brasileiro por meio do Decreto nº 3.678/2000.

Organização para a Cooperação Econômica e Desenvolvimento – OCDE. No ano anterior, em 29.3.1996, os EUA já tinham conseguido aprovar, no âmbito da Organização dos Estados Americanos – OEA, a Convenção Interamericana Contra a Corrupção.[13] E, pouco depois, em 9.12.2003, no âmbito da Organização das Nações Unidas – ONU, foi celebrada a Convenção das Nações Unidas Contra a Corrupção.[14]

Estando o Brasil inserido no comércio mundial e tendo firmado os três compromissos internacionais de combate à corrupção internacional, especialmente assumindo o compromisso de editar normas eficazes de responsabilização as empresas corruptoras, passou a ser pressionado a editar sua lei interna, inspirada, em parte, no FCPA. Em razões de tais compromissos, em 23.10.2009, os ministros de Estado da Controladoria-Geral da União e da Justiça e o Advogado-Geral da União assinaram o Encaminhamento Ministerial nº 00011/2009 – CGU/MJ/AGU,[15] dirigido ao presidente da República, submetendo a proposta do anteprojeto do que viria se tornar a Lei Anticorrupção brasileira. O texto foi apresentado com o indicativo de que sua aprovação resultaria no atendimento do cumprimento de compromissos assumidos pelo país.

Importante registrar que o anteprojeto, na sua redação original, não continha qualquer dispositivo acerca do acordo de leniência, o que demonstra que, naquele momento, em outubro de 2009, essa ferramenta de justiça negociada não integrava os planos de normatização idealizado pelo Poder Executivo, tampouco fora objeto de estudos preliminares.

Em 8.2.2010, por meio da Mensagem nº 52/2010, o presidente da República submeteu ao Congresso Nacional o texto do Projeto de Lei nº 6.826/2010,[16] cuja relatoria, com um ano e três meses de retardo, foi atribuída ao Deputado Federal Carlos Zarattini. Diversos atores sociais foram ouvidos pelo parlamento, com destaque para o Instituto Brasileiro de Direito Empresarial – Ibrademp, que apresentou um estudo denominado "Comentários ao Projeto de Lei nº 6.826/2010", contendo três capítulos, sendo o terceiro composto de sugestões de alterações, com as respectivas justificativas. Vale a transcrição de uma das sugestões, *in verbis*:

> [...]. Em concordância com modelos de sucesso de legislações anticorrupção adotada por outros países, especialmente pelos Estados Unidos, entendemos que devem constar do PL dispositivos que permitam a celebração de acordos de leniência e compromissos de cessação. Tais dispositivos deveriam ser inseridos em Capítulo próprio do PL e aplicáveis tanto para condutas sujeitas à responsabilização administrativa, como as sujeitas à responsabilização judicial. [...].[17]

Assim, em 14.3.2012, o relator Deputado Federal Carlos Zarattini submeteu seu primeiro parecer à Comissão Especial destinada a proferir o parecer ao Projeto de Lei

---

[13] Incorporada ao ordenamento jurídico brasileiro por meio do Decreto nº 4.410/2002.

[14] Incorporada ao ordenamento jurídico brasileiro por meio do Decreto nº 5.687/2006.

[15] Disponível em: http://www.camara.gov.br/proposicoesWeb/prop_mostrarintegra?codteor=735505&filename=T ramitacao –PL+6826/2010. Acesso em: 2 jan. 2017.

[16] Disponível em: http://www.camara.gov.br/proposicoesWeb/prop_mostrarintegra?codteor=734764&filename=T ramitacao –PL+6826/2010. Acesso em: 2 jan. 2017.

[17] DEL DEBBIO, Alessandra; MAEDA, Bruno Carneiro; AYRES, Carlos Henrique da Silva (Coord.). *Comentários ao Projeto de Lei nº 6.826/2010*. São Paulo: Ibrademp – Instituto Brasileiro de Direito Empresarial; Comitê Anticorrupção e Compliance, 2011.

nº 6.826/2010, acolhendo a sugestão do Ibrademp no sentido de incorporar ao texto da norma um capítulo dedicado ao acordo de leniência. Todavia, a redação sugerida pelo instituto não foi acatada. Marcelo Vianna e Valdir Simões, ao comentarem esta decisão do relator, esclarecem, *in verbis*:

> [...] Ao que parece, da leitura do trâmite do projeto de lei na Câmara dos Deputados, a concepção do acordo de leniência foi introduzida, acatando-se a sugestão do Instituto Brasileiro de Direito Empresarial – Ibrademp – quanto à ideia e não ao conteúdo – e tomando de inspiração a experiência trazida pela legislação nacional antitruste. [...].[18]

Logo, a fonte inspiradora da redação do capítulo sobre o acordo de leniência contido no projeto de lei substitutivo foi a cartilha elaborada pela Secretaria de Direito Econômico, do Ministério da Justiça, denominada "Combate a Cartéis e Programa de Leniência",[19] conforme motivação apresentada pelo relator em seu parecer: "[...] No art. 18 incluímos um capítulo sobre o Acordo de Leniência, semelhante ao previsto na lei do Sistema Brasileiro de Defesa da Concorrência – SBDC e aplicado pelo CADE [...]". Após alguns ajustes redacionais efetuados do decorrer de mais de um ano, em 23.4.2013, o relator apresentou seu terceiro parecer, que, depois de aprovado, passou a ser o parecer da Comissão Especial do Projeto de Lei nº 6.826/2010.[20]

Neste mesmo período, com maior intensidade no mês de junho de 2013, às vésperas da Copa das Confederações de Futebol da Fifa, milhões de brasileiros foram às ruas exigindo o fim de impunidade, da corrupção e do desperdício do dinheiro público. Políticos em geral ficaram sem saber como responder aos clamores populares, já que o movimento não tinha liderança única e era apartidária. Entre algumas medidas adotadas, o parlamento resolveu catalisar a tramitação de alguns projetos de lei que tratassem do combate à corrupção, entre eles o Projeto de Lei nº 6.826/2010, que, em 5 de junho foi recebido na Comissão de Constituição e Justiça da Câmara do Deputados e no dia 11 deste mesmo mês, aprovado pelo plenário da Casa, sem alterações. Ato subsequente, o processo seguiu para a Mesa, que, por meio do Ofício nº 171/13/OS-GSE, remeteu o processo ao Senado Federal, em 19.6.2013, recebendo a identificação de Projeto de Lei da Câmara nº 39/2013.

No dia 3.7.2013, as lideranças partidárias do Senado Federal entraram em acordo para aprovar o requerimento de urgência, cabendo a relatoria ao Senador Ricardo Ferraço. Já no dia seguinte, foi proferido parecer em plenário, favorável à matéria na forma aprovada na Câmara dos Deputados.[21] Em 12.7.2013, o processo foi encaminhado à Casa Civil,[22] submetendo o projeto de lei à sanção presidencial. Ou seja, o Senado Federal precisou de apenas 23 (vinte e três) dias para aprovar o texto da Lei Anticorrupção. Sorte do país.

---

[18] SIMÃO, Valdir Moyses; VIANNA, Marcelo Pontes. *O acordo de leniência na Lei Anticorrupção*: histórico, desafios e perspectivas. São Paulo: Trevisan, 2017. p. 27.

[19] CADE. *Combate a cartéis e programa de leniência*. 3. ed. Brasília: Cade, 2009. Disponível em: https://www.cade.gov.br/acesso-a-informacao/publicacoes-institucionais/documentos-da-antiga-lei/cartilha_leniencia.pdf.

[20] Disponível em: http://www.camara.leg.br/internet/ordemdodia/integras/1081268.htm.

[21] Disponível em: http://legis.senado.leg.br/sdleg-getter/documento?dm=4003724&dispition=inline. Acesso em: 2 jan. 2017.

[22] Ofício SF nº 12.611/2013.

Finalmente, no dia 1º.8.2013, a presidente da República sancionou a Lei nº 12.846.[23]

Observa-se, portanto, que as manifestações populares intensificadas em junho de 2013 tiveram importante influência na catalisação do trâmite do processo legislativo na sua etapa final, quando tramitou no Senado Federal, mas não há evidências de que a redação afinal aprovada, notadamente no que diz respeito ao capítulo que dispõe sobre o acordo de leniência, tenha sido minimente impactado por tais eventos, razão pela qual entendemos que os reais elementos externos indutores da edição da Lei Anticorrupção encontram-se nos compromissos internacionais assumidos pelo Brasil, a partir de uma ação diplomática estadunidense iniciada em dezembro de 1977, quando da aprovação do FCPA.

Logo, o acordo de leniência previsto na Lei Anticorrupção decorre, originalmente, do programa de leniência anticorrupção empresarial estadunidense de 1974, que precedeu a edição do FCPA, em que pese tenha sido inserido no texto da norma por iniciativa do relator Deputado Federal Carlos Zarattini praticamente de maneira imotivada e com redação inspirada na legislação antitruste.

Assim, a falta de cuidado em inserir o instituto do acordo de leniência em melhor harmonia com as demais normas que integram o microssistema anticorrupção tem exigido dos aplicadores da Lei Anticorrupção um enorme esforço exegético, sendo que esta pequena contribuição acadêmica objetiva clarear a origem do tema a fim de que não se perca a compreensão de que a atuação do Estado brasileiro no combate à corrupção deve estar alinhada à ação global em curso.

3 Do acordo de leniência enquanto *processo administrativo de negociação do acordo de leniência*

Desde a edição da Lei Anticorrupção, a literatura especializada vem dedicando espaço ao estudo dos institutos contidos na norma, entre os quais, o acordo de leniência. Observa-se, entretanto, que em muitos casos a abordagem já se inicia nos aspectos jurídicos do próprio acordo em si, ou do seu objeto, descontextualizando-o do processo em que ele está inserido. Essa abordagem prejudica a perspectiva adequada do acordo de leniência da Lei Anticorrupção, numa tentativa de o aproximar de outros instrumentos de justiça negociada que podem ser similares na aparência, mas são distintos na essência.

Para que se possa compreender o acordo de leniência da Lei Anticorrupção, é imperioso ter mente a existência de três elementos jurídicos distintos: (i) um processo administrativo de negociação do acordo de leniência; (ii) um termo de acordo de leniência; (iii) um ato sancionatório consistente na aplicação da multa prevista da Lei Anticorrupção.

O art. 5º da Lei Anticorrupção tipifica os atos lesivos à Administração Pública nacional ou estrangeira e o art. 6º prescreve as sanções aplicáveis aos autores dos ilícitos, quando a responsabilização se der na esfera administrativa, conforme Processo Administrativo de Responsabilização – PAR, disciplinado nos arts. 8º a 13.

---

[23] A Mensagem nº 314, de 1º.8.2013, contém as razões dos vetos parciais, que em nada se relacionam ao acordo de leniência (Disponível em: http://legis.senado.leg.br/sdleg-getter/documento?dm=418392&dispition=inline. Acesso em: 2 jan. 2017).

Fica claro, portanto, que o cometimento de uma infração administrativa[24] prescrita no art. 5º da Lei Anticorrupção conduz à aplicação de uma sanção administrativa prevista no art. 6º, ou seja, uma multa conjugada com a publicação extraordinária da decisão condenatória.

Importante, desde já, deixar claro que a natureza dessa atividade punitiva representa a manifestação da potestade administrativa sancionadora inerente à função estatal, conforme ensina Alejandro Nieto García,[25] *in verbis*: "[...] la potestad administrativa sancionadora, al igual que la potestad penal de los Jueces y Tribunales, forma parte de un genérico ius puniendi del Estado, que es unico aunque luego se subdivide en estas dos manifestacones. [...]".

No dizer de Fábio Medina Osório,[26] a sanção administrativa consiste num castigo imposto pela Administração Pública a um administrado sujeito a uma especial relação de sujeição com o Estado, como consequência de uma conduta tipificada em norma proibitiva.

No mesmo sentido pensa Márcio de Aguiar Ribeiro,[27] que enumera três elementos básicos presentes na sanção administrativa, *in verbis*:

> [...] pode-se definir a sanção administrativa como medida aflitiva imposta pela Administração Pública em função da prática de um comportamento contrário ao estabelecido pelo regime jurídico-administrativo, identificando-se no conceito de sanção administrativa: (i) medida imposta pela Administração Pública; (ii) de aspecto aflitivo, com caráter negativo; (iii) em resposta ao ilícito administrativo. [...].

A aplicação das sanções administrativas, em regra, consiste em atividade vinculada atribuída à autoridade definida em lei como competente para o exercício da função administrativa sancionatória. Por isso, José Anacleto Abiduch Santos[28] ressalta que, relativamente ao *caput* do art. 6º da Lei Anticorrupção, "[...] A determinação legal é expressa no sentido de que, comprovada a responsabilidade administrativa da pessoa jurídica serão aplicadas as sanções [...]" e, seguindo essa linha de raciocínio, sustenta que a instauração de processo administrativo para apurar e punir a pessoa jurídica, na forma da lei, é obrigatória.

Então, ordinariamente, a apuração da infração administrativa da Lei Anticorrupção é efetuada por meio do processo administrativo de responsabilização – PAR, disciplinado nos arts. 8º a 13, mas essa não é única hipótese prevista na lei. A outra hipótese é a apuração por meio de um *processo administrativo de negociação de acordo de leniência*.

---

[24] Infração administrativa, segundo Daniel Ferreira, "é o comportamento voluntário, violador da norma de conduta que o contempla, que enseja a aplicação, no exercício da função administrativa, de uma direta e imediata consequência jurídica, restritiva de direitos, de caráter repressivo" (FERREIRA, Daniel. *Sanções administrativas*. São Paulo: Malheiros, 2001. p. 63).

[25] GARCÍA, Alejandro Nieto. *Derecho administrativo sancionador*. 5. ed. Madrid: Tecnos, 2018. p. 46.

[26] OSÓRIO, Fábio Medina. *Direito administrativo sancionador*. 2. ed. São Paulo: Revista dos Tribunais, 2005. p. 104.

[27] RIBEIRO, Márcio de Aguiar. *Responsabilidade administrativa de pessoas jurídicas à luz da lei anticorrupção empresarial*. Belo Horizonte: Fórum, 2017. p. 63.

[28] SANTOS, José Anacleto Abduch. *Comentários à Lei 12846/2013*: Lei Anticorrupção. 2. ed. São Paulo: Revista dos Tribunais, 2015. p. 205.

Note-se que são dois processos distintos, mas com uma finalidade em comum, qual seja, a responsabilização da empresa infratora por meio da aplicação de uma sanção administrativa. O primeiro, impositivamente. O segundo, consensualmente.

Na esfera federal, o Decreto nº 8.240, de 18.3.2015, regulamentou a Lei Anticorrupção, prescrevendo em seu art. 2º, *in verbis*:

> Art. 2. A apuração da responsabilidade administrativa de pessoa jurídica que possa resultar na aplicação das sanções previstas no art. 6º da Lei nº 12.846, de 2013, será efetuada por meio de Processo Administrativo de Responsabilização – PAR.

Ainda no regulamento federal, encontram-se as regras que estabelecem ritos e competências, entre elas, a definição de que para cada PAR haverá uma comissão designada, composta por dois ou mais servidores estáveis, incumbida de apurar os fatos e analisá-los, com a missão de, ao fim dos trabalhos, submeter à autoridade julgadora um relatório conclusivo, conforme prescrito no §3º, do art. 9º:

> [...] elaborar relatório a respeito dos fatos apurados e da eventual responsabilidade administrativa da pessoa jurídica, no qual sugerirá, de forma motivada, as sanções a serem aplicadas, a dosimetria da multa ou o arquivamento [...].

O PAR adota o método tradicionalmente utilizado no Brasil de aplicação do direito administrativo sancionatório, ou seja, um processo acusatório, de justiça imposta, com observância da ampla defesa e contraditório, com dois resultados possíveis: o arquivamento ou a aplicação impositiva da sanção administrativa.

Contudo, com fundamento do art. 16 da Lei Anticorrupção, a empresa autora de uma conduta tipificada no art. 5º da norma tem a opção de, voluntariamente, propor um acordo de leniência, desde que o faça até a conclusão do relatório a ser elaborado no PAR,[29] podendo inclusive apresentar a proposta de acordo de leniência sem que a Administração Pública tenha conhecimento da conduta ilícita, ou seja, sem que tenha sido instaurado o PAR. Neste caso, inaugura-se um novo processo, o *processo administrativo de negociação do acordo de leniência*.

O *processo administrativo de negociação do acordo de leniência*, na esfera federal, segue o seguinte rito: (i) apresentação de proposta de acordo de leniência, escrita ou oral, voluntariamente formulada pela pessoa jurídica pretendente, doravante denominada empresa colaboradora, dirigida ao secretário-executivo da Controladoria-Geral da União,[30] que exercerá um juízo prévio de admissibilidade; (ii) elaboração de uma minuta de memorando de entendimentos[31] pelo secretário-executivo da CGU e seu encaminhamento à empresa colaboradora, com a finalidade de formalizar a proposta e definir os parâmetros do acordo de leniência; (iii) assinatura do memorando de entendimentos pelo secretário-executivo da CGU e empresa colaboradora; (iv) designação,[32] pelo secretário-executivo da CGU, da Comissão de Negociação do

---

[29] §2º, do art. 29, do Decreto nº 8.420/2015.

[30] §10º, do art. 16 da Lei Anticorrupção, regulamentado na forma do §1º, do art. 30, do Decreto nº 8.240/2015 c/c o art. 3º da Portaria Interministerial CGU/AGU nº 2.278, de 15.12.2015.

[31] §4º, do art. 3º da Portaria Interministerial CGU/AGU nº 2.278, de 15.12.2015.

[32] Inc. I, do art. 4º da Portaria Interministerial CGU/AGU nº 2.278, de 15.12.2015.

Acordo de Leniência; (v) negociação[33] propriamente dita; (vi) elaboração, pela Comissão de Negociação do Acordo de Leniência, de relatório final conclusivo,[34] acompanhado da minuta do acordo de leniência e respectivos anexos, submetidos[35] ao secretário-executivo da CGU;[36] (vii) assinatura do termo de acordo de leniência.

Vale a transcrição da parte inicial do §1º, do art. 31 do Decreto nº 8.420/2015:

> [...] §1º A proposta apresentada receberá tratamento sigiloso e o acesso ao seu conteúdo será restrito aos *servidores especificamente designados* pela Controladoria-Geral da União para participar da negociação do acordo de leniência [...]. (Grifos nossos)

Ou seja, há uma outra comissão, a comissão de negociação do acordo de leniência, que não se confunde com a comissão do PAR. São duas comissões e, obrigatoriamente, os membros são distintos. Afinal, em caso de insucesso na negociação do acordo, os membros da comissão estão proibidos de divulgar as informações obtidas durante as negociações.[37]

Assim, fica claro que existe um paralelismo entre o *processo administrativo de responsabilização* e o *processo administrativo de negociação do acordo de leniência*, de modo que podemos traçar as seguintes semelhanças: (i) possuem comissão designada para apurar a responsabilidade da pessoa jurídica autora de conduta tipificada no art. 5º da Lei Anticorrupção; (ii) observam o devido processo legal; (iii) podem culminar com a aplicação de multa prevista no inc. I, do art. 6º da Lei Anticorrupção.

Discordamos, portanto, daqueles que apontam o acordo de leniência como um acordo substitutivo da sanção, porque esta resultará do próprio acordo, que invariavelmente contempla a multa prevista no inc. I, do art. 6º, da Lei Anticorrupção. Trata-se, em verdade, de um processo substitutivo do PAR.

Márcio Aguiar Ribeiro[38] enquadra, acertadamente, o PAR como espécie de processo administrativo sancionador. Contudo define o acordo de leniência como ato administrativo consensual, firmado no curso de um processo acusatório. Ou seja, entende que o acordo de leniência é celebrado no curso do PAR, posição com a qual não concordamos, pois somos da opinião de que o acordo de leniência é firmado no curso de processo sancionatório distinto do PAR, firmado no curso do *processo administrativo de negociação do acordo de leniência*.

Uma vez celebrado o acordo de leniência, será instaurado um novo processo administrativo de acompanhamento do cumprimento dos compromissos assumidos, a

---

[33] Art. 5º da Portaria Interministerial CGU/AGU nº 2.278, de 15 15.12.2015.

[34] Inc. VI, do art. 5º da Portaria Interministerial CGU/AGU nº 2.278, de 15.12.2015.

[35] §6º, do art. 5º da Portaria Interministerial CGU/AGU nº 2.278, de 15.12.2015.

[36] Na esfera do Executivo Federal, o acordo de leniência tem natureza heterogênea, no sentido de contemplar compromissos decorrentes da Lei de Improbidade, da Lei Geral de Licitação, além da própria Lei Anticorrupção, o que justifica a participação da Advocacia-Geral da União como celebrante, ao lado a Controladoria-Geral da União. Por isso, o relatório final conclusivo dos trabalhos da Comissão de Negociação do acordo de leniência é simultaneamente submetido ao Secretário-Executivo da CGU e ao seu correspondente da AGU, ou seja, o Secretário-Geral de Consultoria da Advocacia-Geral da União.

[37] Trata-se de uma consequência lógica de determinação prevista no §7º, do art. 16 da Lei Anticorrupção e do art. 35 do Decreto nº 8.420/2015.

[38] RIBEIRO, Márcio de Aguiar. *Responsabilidade administrativa de pessoas jurídicas à luz da lei anticorrupção empresarial*. Belo Horizonte: Fórum, 2017. p. 63; 228.

cargo da Controladoria-Geral da União,[39] sem contar, naturalmente, os outros inúmeros procedimentos administrativos e judiciais que serão instaurados conforme o conteúdo da alavancagem probatória[40] obtida no acordo de leniência.

Vale dizer que o acordo de leniência, enquanto *processo administrativo de negociação do acordo de leniência*, cumpre com precisão o compromisso internacional assumido pelo Brasil por meio a Convenção das Nações Unidas contra a Corrupção, conforme prescrito nos itens 1 a 2 do art. 37, *in verbis*:

> Artigo 37
>
> Cooperação com as autoridades encarregadas de fazer cumprir a lei
>
> 1. Cada Estado Parte adotará as medidas apropriadas para restabelecer as pessoas que participem ou que tenham participado na prática de delitos qualificados de acordo com a presente Convenção *que proporcionem* às *autoridades competentes informação* útil *com fins investigativos e probatórios* e as que lhes prestem ajuda efetiva e concreta que possa contribuir a privar os criminosos do produto do delito, assim como recuperar esse produto.
>
> 2. Cada Estado Parte considerará a possibilidade de prever, em casos apropriados, a mitigação da pena de toda pessoa acusada que preste cooperação substancial à investigação ou ao indiciamento dos delitos qualificados de acordo com a presente Convenção. (Grifos nossos)

Pelo exposto até aqui, podemos chegar a uma primeira conclusão acerca da natureza jurídica do acordo de leniência. Se entendido como processo, ora denominado *processo administrativo de negociação do acordo de leniência*, terá natureza jurídica de meio de obtenção de prova e, nesse aspecto, em muito se assemelha à colaboração premiada prevista no inc. I, do art. 3º, da Lei nº 12.850/2013.

Esta também parece ser a opinião do Ministro Benjamin Zymler e de Lauriano Canabarro Dios,[41] que se referem ao acordo de leniência como "importante instrumento de investigação apto a dotar as autoridades de informações relevantes sobre atos ilícitos que não necessariamente seriam obtidas sem a celebração dos acordos".

Na mesma linha de entendimento, posicionou-se o Ministro Augusto Sherman Cavalcanti, em voto proferido no Acórdão TCU nº 824/2015 – Plenário, que entendeu ser o acordo de leniência da Lei Anticorrupção um "[...] instrumento a serviço da administração, para utilizá-lo, se útil às suas apurações [...] a propiciar a potencialização do esforço investigativo".

O Ministro Dias Toffoli, ao proferir seu voto nos autos do Habeas Corpus nº 127.483/PR, foi categórico ao afirmar que "[...] A colaboração premiada, por expressa determinação legal, é meio de obtenção de prova [...]". Na sequência, transcreve o magistério de Gustavo Badaró,[42] o que também faremos, tendo em vista a pertinência para reforçar o acerto da nossa posição:

---

[39] Art. 12 da Portaria Interministerial CGU/AGU nº 2.278, de 15.12.2015.

[40] Expressão utilizada para indicar o conjunto de novas informações que servirão para iniciar novos processos de responsabilização de terceiros que tenham praticados ilícitos previstos na Lei Anticorrupção ou em outras normas correlatas.

[41] ZYMLER, Benjamin; DIOS, Laureano Canabarro. *Lei Anticorrupção (Lei nº 12.846/2013)*: uma visão do controle externo. Belo Horizonte: Fórum, 2016. p. 147.

[42] BADARÓ, Gustavo Henrique Righi Ivahy. *Processo penal*. Rio de Janeiro: Campus Elsevier, 2012. p. 270.

[...] enquanto os meios de prova são aptos a servir, diretamente, ao convencimento do juiz sobre a veracidade ou não de uma afirmação fática (p. ex., o depoimento de uma testemunha, ou o teor de uma escritura pública), os meios de obtenção de provas (p. ex.: uma busca e apreensão) são instrumentos para a colheita de elementos ou fontes de provas, estes sim, aptos a convencer o julgador (p. ex.: um extrato bancário [documento] encontrado em uma busca e apreensão domiciliar). Ou seja, enquanto meio de prova se presta ao convencimento direto do julgador, os meios de obtenção de provas somente indiretamente, e dependendo do resultado de usa realização, poderão servir à reconstrução da história dos fatos. [...].

É exatamente o que caracteriza o acordo de leniência quando entendido como *processo administrativo de negociação do acordo de leniência*. Um espetacular meio de obtenção de prova que se presta ao convencimento do julgador. As provas ali obtidas (admissão da conduta ilícita, provas documentais [troca de mensagens por *e-mails* e por aplicativos, extratos bancários, recibos de compras de passagens aéreas etc.], provas testemunhais [depoimentos de acionistas, diretores e empregados], entre outras) servirão para motivar a aplicação da multa prevista inc. I, do art. 6º da Lei Anticorrupção.

4 Do acordo de leniência materializado no termo de acordo de leniência

A Lei Anticorrupção estabelece[43] que "o acordo de leniência estipulará as condições necessárias para assegurar a efetividade da colaboração e do resultado útil". Note que a norma, neste dispositivo, refere-se ao acordo de leniência enquanto termo de acordo de leniência. Tanto é assim que, ao regulamentar este artigo de lei, o Decreto nº 8.420/2015 assim dispõe, nos arts. 36 e 37:

Art. 36. O *acordo de leniência* estipulará as condições necessárias para assegurar a efetividade da colaboração e o resultado útil do processo, *do qual constarão cláusulas e obrigações* que, diante das circunstâncias do caso concreto, reputem-se *necessárias*.

Art. 37. O *acordo de leniência conterá*, entre outras disposições, *cláusulas* que versem sobre: [...]. (Grifos nossos)

Trata-se de um *negócio jurídico* celebrado no curso de um processo apuratório de responsabilização administrativa que terá como objeto a aplicação de uma sanção premial (multa administrativa prevista no inc. I, do art. 6º da Lei Anticorrupção, reduzida no percentual negociado), além de outras obrigações.

Em que pese o Termo de Acordo de leniência promova repercussão no direito material (p. ex.: o compromisso de adoção, aplicação ou aperfeiçoamento do programa de integridade), ele se destina a produzir efeitos no âmbito do processo administrativo sancionatório, notadamente na aplicação da sanção administrativa.

Entre os efeitos processuais decorrentes da celebração do termo de acordo de leniência podemos citar: (i) o encurtamento do prazo de duração do processo administrativo sancionatório, diante da celeridade na obtenção de informações e documentos;; (ii) a extensão dos efeitos do acordo de leniência às pessoas jurídicas que integram o mesmo grupo econômico, de fato e de direito, desde que firmem o termo de acordo de

---

[43] §4º, do art. 16 da Lei nº 12.846/2013.

leniência em conjunto; (iii) o estabelecimento de impedimento de celebrar novo acordo, pelo prazo de 3 (três) anos, em caso de descumprimento das cláusulas contidas no termo de acordo de leniência; (iv) o diferimento da aplicação da sanção de publicação extraordinária da decisão administrativa sancionadora prevista no inc. II, do art. 6º da Lei Anticorrupção; (v) suspensão da possibilidade de ajuizamento de ação civil com vistas à aplicação da sanção prevista no inc. IV, do art. 19 da Lei Anticorrupção; e (vi) a interrupção do prazo prescricional dos atos ilícitos admitidos no termo de acordo de leniência.

O *termo da acordo de leniência* não se confunde com o *processo administrativo de negociação do acordo de leniência*, tanto assim que, no curso de outro processo subsequentemente instaurado após a celebração do acordo (processo de acompanhamento), caberá à Controladoria-Geral da União acompanhar o cumprimento de cada uma das cláusulas pactuadas, admitindo-se inclusive a celebração de termos aditivos ao acordo de leniência, a depender das alterações da realidade fática e do interesse público e, uma vez cumprido o acordo de leniência, nos termos do art. 40 do Decreto nº 8.420/2015, serão declarados os seguintes efeitos: (i) isenção da sanção prevista no inc. II, do art. 6º da Lei Anticorrupção; (ii) isenção da sanção prevista no inc. IV, do art. 19 da Lei Anticorrupção ; (iii) redução do valor final da multa aplicável, prevista no inc. I, do art. 6º da Lei Anticorrupção, no percentual negociado; (iv) isenção ou atenuação das sanções administrativas previstas nos arts. 86 a 88 da Lei nº 8.666/93, se for o caso.

Novamente aqui utilizaremos a mesmas fontes doutrinárias utilizadas pelo Ministro Dias Toffoli nos autos dos Habeas Corpus nº 127.483/PR, no intuito de buscar demonstrar que a mesma linha de raciocínio que se aplicou à colaboração premiada para considerá-la negócio jurídico pode ser utilizada para caracterizar o acordo de leniência da Lei Anticorrupção, formalizado por meio do *termo de acordo de leniência*, como instituto de mesma natureza jurídica.

Primeiramente convém mencionar o magistério de Antonio Junqueira de Azevedo,[44] *in verbis*:

> [...] negócio jurídico é todo fato jurídico consistente em declaração de vontade, a que o ordenamento jurídico atribui efeitos designados com queridos, respeitados os pressupostos de existência, validade e eficácia impostos pela norma jurídica que sobre ele incide.

Cotejando essa definição doutrinária com o termo de acordo de leniência, verifica-se completa adequação à categoria jurídica de negócio jurídico, pois as partes celebrantes de acordo de leniência da Lei Anticorrupção declaram suas vontades, as quais o ordenamento jurídico (capítulo III, da Lei Anticorrupção) atribui efeitos designados e queridos pelas celebrantes, respeitando-se os pressupostos de existência, validade e eficácia impostos pela Lei Anticorrupção e demais normas do chamado microssistema jurídico anticorrupção.

Convém, por oportuno, pontuar que o acordo de leniência da Lei Anticorrupção apresenta uma importante distinção da colaboração premiada da Lei nº 12.8520/2013 no que diz respeito à eficácia, já que o termo celebrado em *processo administrativo de*

---

[44] AZEVEDO, Antonio Junqueira. *Negócio jurídico*: existência, validade e eficácia. 4. ed. atual. de acordo com o novo Código Civil (Lei nº 10.406, de 10/01/02). São Paulo: Saraiva, 2002. p. 16.

negociação de acordo de leniência independe de homologação judicial para produzir efeitos jurídicos, tendo em vista tratar-se de exercício do poder administrativo sancionatório, inerente à atividade constitucionalmente atribuída ao administrador público, em consonância com o princípio da separação dos poderes.

Assim como concluiu o ilustre relator do HC nº 127.483/PR, relativamente à colaboração premiada, podemos dizer, igualmente em relação ao acordo de leniência da Lei Anticorrupção, que, embora essa doutrina se refira a negócio jurídico privado, sua lição é inteiramente aplicável ao negócio jurídico processual previsto no art. 16 da Lei nº 12.846/2013.

Tomo ainda a liberdade de reproduzir abaixo um trecho de outra fonte doutrinária utilizada pelo Ministro Dias Toffoli nos autos dos Habeas Corpus nº 127.483/PR, relativamente à colaboração premiada, perfeitamente aplicável ao acordo de leniência da Lei Anticorrupção, qual seja, a definição de negócio jurídico processual segundo Otávio Luiz Rodrigues Júnior:[45]

> [...] é possível definir negócio-jurídico processual com sendo uma declaração de vontade, unilateral ou bilateral, dirigida a um fim específico de produção de efeitos no âmbito do processo, de que é exemplo, no processo civil, a transação em juízo (art. 267, III, CPC).

Fredie Didier Júnior[46] assim define negócio jurídico processual: "[...] a declaração de vontade expressa, tácita ou implícita, a que são reconhecidos efeitos jurídicos, conferindo-se ao sujeito o poder de escolher a categoria jurídica ou estabelecer certas situações jurídicas processuais. [...]".

Juliano Heinen,[47] ao comentar o art. 16 da Lei nº 12.846/2013, começa escrevendo que "o acordo de leniência é um *negócio jurídico* celebrado pelo Poder Público com o particular que foi autor de infração à lei regente [...]". Já no parágrafo seguinte, o mesmo autor diz que "é *ato administrativo discricionário e bilateral*". Mais adiante, que "acordo de leniência tem natureza de *ato administrativo negocial*, ou melhor, de ato *administrativo consensual*". E, por fim, arremata que "[...] Trata-se, aqui, de um exercício negociado de competências unilaterais, de modo que o acordo de leniência não deixa de ser verdadeiro *ato administrativo*". É de se imaginar que a preocupação do autor foi no sentido de afastar a hipótese de se considerar que o negócio jurídico processual fosse categorizado como contrato administrativo. Se adotarmos um sistema binário de categorização do tipo ato administrativo/contrato administrativo, por certo que o acordo de leniência, enquanto objeto, enquadra-se na primeira categoria.

Marcelo Pontes Vianna e Valdir Moysés Simão[48] entendem que o acordo de leniência seria uma espécie do gênero transação. Os autores apontam que o acordo de leniência da Lei Anticorrupção integra a mesma categoria jurídica do compromisso de ajustamento de conduta previsto na Lei de Ação Civil Pública, do acordo previsto no

---

[45] RODRIGUES JÚNIOR, Otávio Luiz. Estudo dogmático da forma dos atos processuais e espécies. *Revista Jurídica*, Porto Alegre, ano 52, n. 321, jul. 2004. p. 53.

[46] DIDIER JR., Fredie. *Curso de direito processual civil*. 17. ed. Salvador: JusPodivm, 2015. v. I. p. 374.

[47] HEINEN, Juliano. *Comentários à Lei Anticorrupção* – Lei nº 12.846/2013. Belo Horizonte: Fórum, 2015. p. 233-234.

[48] SIMÃO, Valdir Moyses; VIANNA, Marcelo Pontes. *O acordo de leniência na Lei Anticorrupção*: histórico, desafios e perspectivas. São Paulo: Trevisan, 2017. p. 59.

inc. IV, do art. 4º da Lei Complementar nº 73/1993 c/c o art. 1º e do acordo previsto na Lei nº 13.140/2015.

Mateus Bertoncini[49] conceitua acordo de leniência como "[...] ato administrativo bilateral e discricionário [...]", pensamento compartilhado por Rogério Sanches Cunha e Renee Souza,[50] que entendem que "[...] o acordo de leniência tem natureza jurídica de ato administrativo bilateral [...] instituto com nítida função instrumental, cuja eficácia está relacionada a obtenção de resultados socialmente úteis". Note que todos esses autores estão se referindo ao termo de acordo de leniência que será firmado (assinado), quando o categorizam como ato administrativo bilateral.

Então, chegamos à segunda conclusão acerca da natureza jurídica do acordo de leniência da Lei Anticorrupção. Se entendido como o objeto que é formalizado por meio do *termo do acordo de leniência*, tem natureza jurídica de negócio jurídico processual.

Esta foi também a segunda conclusão externada no voto do Ministro Dias Toffoli nos autos dos Habeas Corpus nº 127.483/PR, relativamente à colaboração premiada.

5 Da natureza jurídica da multa administrativa aplicada por meio do acordo de leniência

O *Programa de Leniência Anticorrupção*, política pública prevista na Lei Anticorrupção, não promete imunidade à empresa a ele aderente. Invariavelmente, a multa administrativa prevista no inc. I, do art. 6º será aplicada. A leniência, a brandura, materializa-se por meio de concessão uma redução no valor da multa aplicável, bem como por meio de isenção de outras duas sanções, conforme prescrito no § 2º, do art. 16, da Lei Anticorrupção, *in verbis*:

> [...] §2º A celebração do acordo de leniência isentará a pessoa jurídica das sanções previstas no inciso II do art. 6º no inciso IV do art. 19 e reduzirá em até 2/3 (dois terços) o valor da multa aplicável.

Em verdade, conforme se observa no regulamento federal, o direito ao desconto na multa e às isenções das sanções mencionadas só se incorpora ao patrimônio jurídico da empresa colaboradora após o cumprimento total do acordo de leniência. É o que se depreende do art. 40, que assim dispõe:

> [...] Art. 40. Uma vez cumprido o acordo de leniência pela pessoa jurídica colaboradora, serão declarados em favor da pessoa jurídica signatária, nos termos previamente firmados no acordo, um ou mais dos seguintes efeitos:
>
> I - isenção da publicação extraordinária da decisão administrativa sancionadora;
>
> II - isenção da proibição de receber incentivos, subsídios, subvenções, doações ou empréstimos de órgãos ou entidades públicas e de instituições financeiras públicas ou controladas pelo Poder Público;

---

[49] BERTONCINI, Mateus Eduardo Siqueira Nunes. *Lei Anticorrupção*: comentários à Lei nº 12.846/2013. 1. ed. São Paulo: Almedina, 2014. p. 190.

[50] CUNHA, Rogério Sanches; SOUZA, Renee. *Lei Anticorrupção Empresarial*. Salvador: JusPodivm, 2017. p. 119.

III - redução do valor final da multa aplicável, observado o disposto no art. 23; ou

IV - isenção ou atenuação das sanções administrativas previstas nos arts. 86 a 88 da Lei n.º 8.666/93, ou de outras normas de licitações e contratos.

Com isso, podemos dizer que a multa é aplicada por inteiro, sem desconto. Mas só é executada na parte não alcançada pelo desconto. A parcela da multa correspondente ao desconto negociado fica com sua exigibilidade suspensa, bem como as outras sanções contempladas na negociação, até que o acordo de leniência seja integralmente cumprido, quando então as isenções serão finalmente aplicadas.

Tanto é assim que, em caso de descumprimento do acordo de leniência, a empresa colaboradora, respeitado o devido processo legal, perderá todos os benefícios obtidos no processo de negociação, especialmente o desconto da multa e as duas isenções acima mencionadas, além de ficar impedida de celebrar novo acordo pelo prazo de 3 (três) anos, nos termos do §8º, do art. 16, da Lei Anticorrupção.

Fica claro, portanto, que a diferença entre a multa aplicada por meio do PAR e a multa aplicada por meio do acordo de leniência (*processo administrativo de negociação de acordo de leniência*) está no modelo de justiça utilizado. A primeira utiliza o modelo de justiça imposta, enquanto a segunda, o modelo de justiça consensual.

Diogo de Figueiredo Moreira Neto e Rafael Véras de Freitas[51] foram muito felizes ao analisar o acordo de leniência, *in verbis*:

> [...] Trata-se de acordo substitutivo: atos administrativos complexos, por meio dos quais a Administração Pública, pautada pelo princípio da consensualidade, flexibiliza sua conduta imperativa e celebra com o administrado um acordo, que tem por objeto substituir, em determinada relação administrativa uma conduta primariamente exigível, por outra secundariamente negociável.
>
> Por meio desta via negocial, a Administração Pública opta por uma atuação consensual, que lhe é aberta em hipóteses legalmente previstas, de sorte a tutelar, de forma mais eficiente, o interesse público primário que está a seu cargo. É relevante destacar que, nesses atos, a Administração não dispõe sobre direitos públicos, mas sobre as vias formais para satisfação do interesse público envolvido. [...]

O que defendemos é o entendimento de que o acordo de leniência, enquanto processo, é substitutivo do processo administrativo de responsabilização – PAR. Esta afirmação é relevante porque uma leitura apressada dos ensinamentos acima transcritos poderia conduzir ao pensamento de que o acordo de leniência seria um acordo substitutivo da sanção administrativa, o que definitivamente não ocorre no programa de leniência instituído pela Lei Anticorrupção, que invariavelmente contempla a aplicação de multa aplicada à empresa colaboradora.

A multa aplicada por meio do acordo de leniência tem natureza jurídica de sanção administrativa, porém trata-se de uma sanção premial, mantendo sua essência de ato administrativo consensual.

---

[51] MOREIRA NETO, Diogo de Figueiredo; FREITAS, Rafael Véras de. A juridicidade de lei anticorrupção: reflexões e interpretações prospectivas. *Fórum Administrativo – FA*, ano 14, n. 156. p. 35.

6 Conclusão

O acordo de leniência da Lei Anticorrupção, em sentido amplo, configura um mecanismo de consenso da atividade administrativa, cuja utilização vem se expandindo no direito administrativo.

Para Fernando Dias Menezes de Almeida,[52] esse fenômeno segue quatro vetores relevantes de evolução: (i) utilização de novas fórmulas convencionais para o restabelecimento de situações objetivas com particulares; (ii) substituição de mecanismos fundamentados em hierarquia, por acordos; (iii) estímulo à participação dos governados nos processos decisórios, tendo em vista que serão os destinatários da decisão tomada pela Administração; e (iv) emprego de técnicas baseadas em acordos para a prevenção ou solução de litígios.

Sua origem não está no programa de leniência do Cade, mas no programa de leniência anticorrupção empresarial estadunidense implementado pela agência de regulação do mercado mobiliário estadunidense no ano de 1974, em decorrência do caso Watergate, a partir do qual diversos outros programas foram desenvolvidos por todo o mundo, sem contar, naturalmente, que no próprio país berço destas iniciativas muita evolução foi experimentada, de sorte que, ainda hoje, 45 (quarenta e cinco) anos depois, o programa de leniência anticorrupção estadunidense, conduzido pelo DOJ e SEC, segue sendo o paradigma mundial.

Estudiosos da Lei Anticorrupção brasileira não apresentam posicionamento uniforme quando enfrentam a difícil tarefa de definir a natureza jurídica do acordo de leniência da Lei Anticorrupção. Ao analisar os vários posicionamentos, pudemos chegar à conclusão de que a maioria da doutrina não está equivocada nas suas conclusões, que são distintas entre si. A nosso ver, estão, em verdade, analisando elementos distintos do acordo de leniência.

O acordo de leniência da Lei Anticorrupção, em sentido amplo, contém três elementos: (i) um processo administrativo de negociação do acordo de leniência; (ii) um termo de acordo de leniência; (iii) um ato sancionatório, consistente na aplicação da multa prevista da Lei Anticorrupção.

Se entendido como processo, ora denominado *processo administrativo de negociação do acordo de leniência*, terá natureza jurídica de meio de obtenção de prova e de processo administrativo sancionatório.

O acordo de leniência entendido sob a ótica de seu conteúdo, formalizado por meio de um termo de acordo de leniência, tem natureza de negócio jurídico processual e ato administrativo consensual.

Finalmente, chegamos à conclusão de que o acordo de leniência não tem natureza de sanção premial, mas sim a multa aplicada por meio dele.

---

[52] ALMEIDA, Fernando Dias Menezes de. Mecanismos de consenso no direito administrativo. *In*: ARAGÃO, Alexandre Santos de; MARQUES NETO, Floriano de Azevedo (Coord.). *Direito administrativo e seus paradigmas*. 2. ed. Belo Horizonte: Fórum, 2016. p. 323-324.

Informação bibliográfica deste texto, conforme a NBR 6023:2018 da Associação Brasileira de Normas Técnicas (ABNT):

PAIVA, Rodrigo Figueiredo. A natureza jurídica do acordo de leniência da Lei Anticorrupção. *In*: MORAES, Alexandre de; MENDONÇA, André Luiz de Almeida (Coord.). *Democracia e sistema de justiça*: obra em homenagem aos 10 anos do Ministro Dias Toffoli no Supremo Tribunal Federal. Belo Horizonte: Fórum, 2020. p. 565-582. ISBN 978-85-450-0718-0.

O JUDICIÁRIO E O COMBATE À CRIMINALIDADE

SEBASTIÃO ALVES DOS REIS JÚNIOR

1 Introdução

Não há dúvidas de que a preocupação em relação ao combate à criminalidade hoje é uma prioridade, não só no Brasil, mas também em todo o mundo. No entanto, algumas questões me preocupam.

2 Desenvolvimento

A primeira delas é a ideia de que cabe ao Judiciário, e principalmente a ele, esse combate. Na verdade, incomoda-me o uso da expressão "combate", pois passa a ideia de que estamos em uma guerra e de que o Judiciário é parte dessa guerra, tendo assumido um lado.

Vejo diariamente críticas a uma certa ineficiência e, porque não dizer, passividade do Judiciário brasileiro no combate à criminalidade em geral. O pensamento que hoje predomina na sociedade, infelizmente, é o de que o Judiciário, secundado por uma legislação penal "frouxa", é o responsável maior, senão o único, pela criminalidade que hoje assola o país.

Não posso concordar com tais manifestações.

Primeiro, porque não é papel do Judiciário combater a criminalidade. Seu papel é, quando e se provocado, aplicar as leis vigentes. Não pode o Judiciário vestir a capa de paladino da Justiça e extrapolar seus limites intitulando-se como combatente do crime. Não pode o Judiciário tomar partido, perder sua isenção, agir com paixão, perder sua neutralidade e passar a atuar, como se parte interessada fosse, no combate à criminalidade em geral.

Como já disse o Ministro Celso de Mello,[1] a resposta do Poder Público ao crime "há de ser uma reação pautada por regras que viabilizem a instauração de procedimentos

---

[1] Inq. nº 4.435 Agr-Quarto/DF, j. 14.3.2019.

que neutralizem as paixões exacerbadas dos agentes da persecução penal, em ordem a que prevaleça, no âmbito de qualquer atividade investigatória e persecutória movida pelo Estado".

Recentemente, quando do julgamento de um *habeas corpus* de repercussão nacional,[2] o Ministro Nefi Cordeiro bem definiu os limites da atuação de um juiz em processos de natureza penal:

> Manter solto durante o processo não é impunidade, como socialmente pode parecer, é sim garantia, somente afastada por comprovados riscos legais.
>
> Aliás, é bom que se esclareça, *ante eventuais desejos sociais de um juiz herói contra o crime, que essa não é, não pode ser, função do juiz. Juiz não enfrenta crimes, juiz não é agente de segurança pública, não é controlador da moralidade social ou dos destinos políticos da nação... O juiz criminal deve conduzir o processo pela lei e Constituição, com imparcialidade e, somente ao final do processo, sopesando adequadamente as provas, reconhecer a culpa ou declarar a absolvição. Juiz não é símbolo de combate à criminalidade, é definidor da culpa provada, sem receios de criminosos, sem admitir pressões por punições imediatas.*
>
> Cabem as garantias processuais a qualquer réu, rico ou pobre, influente ou desconhecido, e centenas, milhares de processos são nesta Corte julgados para permitir esse mesmo critério a todos. O critério não pode mudar na imparcialidade judicial.

Impossível não transcrever aqui parte de artigo do Desembargador Federal Ney Bello,[3] por meio do qual, de modo irrespondível, ele nos apresenta as razões pelas quais esse "combate" não pode ter o Judiciário como protagonista:

> Qual de nós gostaria de ser julgado pelo General do Exército inimigo?
>
> Quem reconheceria virtudes no adversário a ponto de permitir que ele condenasse ou absolvesse, a nós mesmos, de acordo com a reconhecida competência e notável conhecimento técnico? [...]
>
> Aquele que age para investigar, punir e acabar com as práticas objeto de seu diuturno afazer e das quais acusam terceiros terá os olhos atentos à inocência do réu e os ouvidos prontos a escutar seus argumentos de defesa? Respeitará cegamente a lei, mesmo que isso signifique que seu combate elegeu um alvo equivocado? Admitirá a inexistência de provas da acusação se for o caso? Terá equilíbrio e firmeza para reconhecer excessos se ele próprio conclamar o público a juntar forças consigo no combate ao objeto do processo?
>
> Ou a presença no campo de batalha o torna apaixonado pela luta e pela vitória, não permitindo que reconheça atos equivocados de quem acusa e a inexistência de provas de culpa? [...]
>
> Quem combate está apto a perceber a inocência? Quem combate algo está apto a ser imparcial e reconhecer que este alguém pode não ter praticado o ato do qual é acusado? Ou que deve ser punido, mas para aquém da pena máxima? Ou o desejo de vencer é sempre mais forte - para quem guerreia - do que qualquer senso de imparcialidade ou de reconhecimento de que a acusação é um erro? [...]
>
> A ideia de um Judiciário de combate é uma grande falácia!

---

[2] HC nº 509.030/RJ. Min. Nefi Cordeiro. *DJe*, 30 maio 2019. Grifos nossos.

[3] BELLO, Ney. O Judiciário combatente: a falácia da pós-modernidade. *Ajufe*. Disponível em: https://www.ajufe.org.br/imprensa/artigos/10877-o-judiciario-combatente-a-falacia-da-pos-modernidade. Acesso em: 18 jun. 2019.

Um equívoco histórico na medida em que nos afasta do papel do juiz e nos confunde com a acusação. Um erro que nos aproxima de um dos contendores, rompe nossa imparcialidade e nos leva de volta à idade média.

O Judiciário não é parceiro do Ministério Público ou de qualquer outro órgão investigativo; não é seu colega de armas; não está obrigado a, sempre e sempre, acolher o que o Ministério Público entende como ser o devido e correto; e o fato de, muitas vezes, não atender ao que foi requerido não significa que se está acobertando presos e que é a favor da criminalidade, em especial, da corrupção.

Pensar que o Judiciário atua ou deve atuar em conjunto com o órgão acusador é o mesmo, na prática, que entender que ele é desnecessário. Afinal, para que montar uma estrutura enorme cuja obrigação seja unicamente endossar o que é dito e pedido pelo *Parquet*?

O anseio por condenações externado pela população em geral (muitas vezes não pelo todo, mas apenas por aqueles que mais gritam ou que gritam mais alto) não pode levar o Judiciário a se esquecer de sua função precípua que é julgar calcado na lei e na Constituição Federal, de modo imparcial e isento e não simplesmente condenar e punir; não pode o Judiciário dar eco à vontade popular que, em geral, não é de justiça, mas, sim, de vingança, não é isenta nem sóbria, mas, sim, parcial, emotiva. Não pode ocorrer o que o Prof. Ney Bello[4] teme e rejeita: "Cumprir a lei quando um *homem mau* é o réu passa a ser um desrespeito aos *homens de bem*".

Segundo, porque esse papel, de combatente do crime, cabe à sociedade como um todo e, em especial, no que se refere aos crimes que atentam diretamente contra o Estado, contra a Administração Pública e contra aquelas instituições com poder de controle e fiscalização.

Órgãos como os tribunais de contas (da União, dos estados, do Distrito Federal e dos municípios); as controladorias (da União, dos estados, do Distrito Federal e dos municípios); o Ministério Público (Federal, Estadual, Militar e do Trabalho); a Receita Federal; e o Banco Central têm que atuar no dia a dia do Estado, de modo que essas infrações sejam detectadas e coibidas no seu nascedouro. Esses devem também ser cobrados.

No meu dia a dia, deparo-me com operações que, muitas vezes calcadas em delações ou em descobertas acidentais, desvendam crimes cometidos por organizações criminosas dentro da Administração Pública, já há muitos e muitos anos ou há muitos anos passados. E sempre, nessas situações, pergunto-me onde estavam os órgãos de controle que não detectaram a tempo licitações fraudulentas, contratos superfaturados, funcionários fantasmas, movimentações atípicas de dinheiro e outras ações comuns e próprias desse tipo de criminalidade.

Infelizmente, não vejo a mesma cobrança que hoje existe em relação ao Judiciário. Para a opinião pública, muitas vezes, a corrupção, ou melhor, a não punição do crime de corrupção e do crime em geral tem um culpado único: a nossa inércia.

Temos sim nossa responsabilidade.

---

4 BELLO, Ney. A punição como necessidade: a encruzilhada da jurisdição criminal. *Conjur*, 17 fev. 2019. Disponível em: https://www.conjur.com.br/2019-fev-17/crime-castigo-punicao-necessidade-encruzilhada-jurisdicao-criminal. Acesso em: 18 jun. 2019.

Relatório recente publicado pelo Conselho Nacional de Justiça[5] sobre as ações de responsabilidade do Tribunal do Júri indica que, em São Paulo, os processos já baixados tiveram uma duração média de quase treze anos, enquanto os processos em andamento tramitam em média há dez anos. Esse mesmo relatório noticia que 97% dos processos do Tribunal do Júri no estado de Pernambuco têm como desfecho a extinção da punibilidade.

Podemos ser mais eficientes do que somos, podemos ser mais ágeis, menos burocratas, mas a responsabilidade, insisto, não é só nossa.

Por exemplo, já me deparei com inquéritos que duraram oito, dez, doze anos sem que a denúncia fosse apresentada e que tiveram que ser trancados por excesso de prazo (HC nº 480.079/SP, de minha relatoria, *DJe* de 21.5.2019; e HC nº 482.141/SP, de minha relatoria, *DJe* de 24.4.2019, por exemplo).

Uma outra questão que me preocupa é perceber que esse combate pode se tornar uma justificativa para que abusos, desrespeitos às normas vigentes, constitucionais e não constitucionais, aconteçam cada vez com mais frequência. Estamos em um momento em que se propaga a ideia de que os fins justificam os meios, de que o momento excepcional pelo qual passamos autoriza a adoção de medidas excepcionais e heterodoxas.

Mais do que nunca devemos aqui repercutir as palavras do Decano de nossa Corte Maior:[6]

> Há parâmetros ético-jurídicos que não podem e não devem ser transpostos pelos órgãos, pelos agentes ou pelas instituições do Estado. Os órgãos do Poder Público, quando investigam, processam ou julgam, não estão exonerados do dever de respeitar os estritos limites da lei e da Constituição, por mais graves que sejam os fatos cuja prática tenha motivado a instauração do procedimento estatal.

O respeito ao Estado de direito é o preço da democracia. Não concordar com uma lei, um benefício, uma pena baixa, um determinado direito não dá ao juiz a possibilidade de, em nome de uma moralidade, de uma justiça social, de um clamor social, de um senso de justiça de sua parte, desconsiderar e colocar uma lei, um benefício, uma pena, um direito em segundo plano. Isso é inadmissível.

Como afirmou Gustavo Badaró,[7] "ao julgador cabe interpretar a lei, mas não a reescrever", e principalmente não a reescrever de modo a atender aos seus anseios pessoais.

E uma última preocupação deve ser aqui externada. O que está sendo feito para que este atual estado de inércia aparente do Judiciário se modifique? O que está sendo feito no sentido de que a atuação do Judiciário, nos casos em que se discute a ocorrência de crimes, seja mais efetiva?

Vejo propostas que sugerem aumento de pena; maior prazo prescricional; regimes mais gravosos; dificuldades à progressão; e outras que almejam um maior endurecimento penal.

---

[5] BRASIL. Conselho Nacional de Justiça. *Ações de Responsabilidade do Tribunal do Júri.* Disponível em: http://www.cnj.jus.br/files/conteudo/arquivo/2019/06/2a0ff940d0cd85b93ab5125e003b04a0.pdf. Acesso em: 18 jun. 2019.

[6] Inq. nº 4.435 Agr-Quarto/DF, j. 14.3.2019.

[7] BADARÓ, Gustavo. Legalidade penal e a homofobia subsumida ao crime de racismo: um truque de ilusionista: ao julgador cabe interpretar a lei, mas não a reescrever. *Jota*, 24 maio 2019. Disponível em: https://www.jota.info/paywall?redirect_to=//www.jota.info/opiniao-e-analise/artigos/legalidade-penal-e-a-homofobia-subsumida-ao-crime-de-racismo-um-truque-de-ilusionista-24052019. Acesso em: 18 jun. 2019.

Sem entrar no mérito de tais propostas, até porque aqui não é nem o local nem o momento para tanto, o que percebo é que uma maior efetividade de nossa parte no "combate" à corrupção não passa, necessariamente, por esse endurecimento. Vejo, como já disse anteriormente, um Judiciário pesado, lento e sem estrutura moderna para combater esse novo tipo de criminalidade.

Temos carência de juízes em todas as unidades da Federação, seja no âmbito estadual, seja no federal. Igual carência afeta também o Ministério Público, a Defensoria Pública e a própria Polícia.

Não raro nos deparamos com juízes acumulando não só varas, mas também comarcas. Audiências são adiadas em razão de problemas burocráticos – a não intimação de testemunhas, a demora no cumprimento de precatórias e a não apresentação dos presos são os exemplos mais comuns. Inquéritos que duram anos e anos sem que cheguem a um final. Diligências e perícias se perdem no tempo e na falta de estrutura do Estado-Juiz.

Essas grandes investigações que tomam conta hoje de nosso Judiciário normalmente visam combater o crime organizado e, por isso, exigem do Estado uma estrutura moderna, capacitada, ágil, preparada. Não podemos esperar meses por uma perícia, não podemos ficar à espera de que o juiz tenha tempo para realizar as audiências (inúmeras vezes tais operações, em especial aquelas que correm sob a responsabilidade de comarcas menores, são presididas por juízes com competência múltipla) e não podemos adiar audiências em razão da ausência do Ministério Público.

O Professor e hoje Deputado Federal Luiz Flávio Gomes[8] apresenta-nos números que demonstram a ineficiência do Estado não só em punir, mas também em apurar:

> Em geral menos de 10% dos crimes são investigados e processados no Brasil. Mais de 90% tem impunidade garantida desde o início. Em relação aos homicídios, entre 6% e 20% são investigados (há divergência nos institutos de pesquisa), mas nem sequer 10% são julgados. Na França, esse número chega a 80%; nos EUA, 65% e no Reino Unido, 90% (índice semelhante ao da Espanha). Não existe a certeza do castigo no Brasil. A polícia investigativa está sucateada completamente. Sua capacidade de resolução dos crimes é muito baixa. Sem a certeza do castigo não se pode esperar o efeito preventivo da pena. O Direito Penal só pode produzir eficácia preventiva quando a lei é efetivamente aplicada (isso se chama, no direito anglo-saxão, império da lei).

A meu ver, a efetividade não necessariamente exige uma legislação penal rigorosa, punitiva. A efetividade passa sim pela certeza da atuação do Estado-Juiz. O cidadão, para ficar inibido, precisa, antes de saber que se errar sofrerá uma punição dura, saber que, se errar, será punido, de modo brando ou rigoroso, mas punido.

E isso não acontece atualmente no Brasil. Exemplo claro disso é o crime de homicídio.

Não nego a necessidade de modificações na legislação penal e processual penal, mas apenas não percebo o mesmo interesse em modificações estruturais que permitam um judiciário, um ministério público, uma polícia, material e humanamente, mais capazes de responder aos anseios de nossa sociedade.

---

8   GOMES, Luiz Flávio. Reformas penais isoladas são insuficientes para diminuir a criminalidade. *Publicação do Instituto Brasileiro de Ciências Criminais*, ano 27, n. 316, mar. 2019. p. 12.

Por mais uma vez, socorro-me do Prof. Luiz Flávio Gomes,[9] que demonstra, da mesma forma, que o Estado é ineficiente ao apurar que uma legislação mais dura também não é solução para a alta criminalidade que assola o Brasil:

> Desde 1940, já editamos 180 leis penais de combate à delinquência. O número não está equivocado: computado o ano de 2018, chega-se ao total de 180. Tudo quanto é tipo de endurecimento penal na lei já foi feito. Lei dos crimes hediondos, rigor na execução da pena, múltiplas sanções, aumento de pena, muros, presídios, regime fechado, presídio de segurança máxima e por aí vai. Samba de uma nota só. Tudo já foi inventado. E qual o crime reduziu depois destas reformas penais? Todas as pesquisas criminológicas dão conta do aumento dos crimes, nunca da sua diminuição.

3 Conclusão

Em suma, parece-me que estamos diante de dois equívocos gigantescos quando se discute o combate à criminalidade.

O primeiro, que o Judiciário é um combatente do crime. Não. O Judiciário não combate o crime. Quando e se provocado, soluciona os litígios, os confrontos que lhe são apresentados, e o faz, ou pelo menos deveria fazer, não com o direito pessoal de cada juiz ou com o direito defendido nas redes sociais, nos jornais, nas revistas, nas mesas de bar, mas o direito regulado pela legislação em vigor. O Judiciário não é parceiro do Ministério Público, da Polícia, não lhe cabendo apenas sancionar o que lhe é apresentado e, portanto, o fato de não endossar os pedidos de prisão e de condenação solicitados não significa que seja ele favorável ao crime. Ele apenas julga e decide de acordo com aquilo que se encontra nos autos. Ele não investiga e não apura. Esse não é o seu papel.

O segundo, que a solução para se combater a criminalidade não se limita a uma legislação mais dura, mais rigorosa; passa necessariamente por uma maior atuação preventiva dos diversos órgãos de controle e investigativos existentes, com uma maior capacitação humana e material, não só deles, como também do próprio Judiciário.

Referências

BADARÓ, Gustavo. Legalidade penal e a homofobia subsumida ao crime de racismo: um truque de ilusionista: ao julgador cabe interpretar a lei, mas não a reescrever. *Jota*, 24 maio 2019. Disponível em: https://www.jota.info/paywall?redirect_to=//www.jota.info/opiniao-e-analise/artigos/legalidade-penal-e-a-homofobia-subsumida-ao-crime-de-racismo-um-truque-de-ilusionista-24052019. Acesso em: 18 jun. 2019.

BELLO, Ney. A punição como necessidade: a encruzilhada da jurisdição criminal. *Conjur*, 17 fev. 2019. Disponível em: https://www.conjur.com.br/2019-fev-17/crime-castigo-punicao-necessidade-encruzilhada-jurisdicao-criminal. Acesso em: 18 jun. 2019.

BELLO, Ney. O Judiciário combatente: a falácia da pós-modernidade. *Ajufe*. Disponível em: https://www.ajufe.org.br/imprensa/artigos/10877-o-judiciario-combatente-a-falacia-da-pos-modernidade. Acesso em: 18 jun. 2019.

BRASIL. Conselho Nacional de Justiça. *Ações de Responsabilidade do Tribunal do Júri*. Disponível em: http://www.cnj.jus.br/files/conteudo/arquivo/2019/06/2a0ff940d0cd85b93ab5125e003b04a0.pdf. Acesso em: 18 jun. 2019.

---

[9] GOMES, Luiz Flávio. Reformas penais isoladas são insuficientes para diminuir a criminalidade. *Publicação do Instituto Brasileiro de Ciências Criminais*, ano 27, n. 316, mar. 2019. p. 12.

BRASIL. Superior Tribunal de Justiça. Habeas Corpus n. 480.079/SP, Ministro Sebastião Reis Júnior. *DJe*, 21 maio 2019.

BRASIL. Superior Tribunal de Justiça. Habeas Corpus n. 482.141/SP, Ministro Sebastião Reis Júnior. *DJe*, 24 abr. 2019.

BRASIL. Superior Tribunal de Justiça. Habeas Corpus n. 509.030/RJ, Ministro Nefi Cordeiro. *DJe*, 30 maio 2019.

BRASIL. Supremo Tribunal Federal. Inq. n. 4.435 Agr-Quarto/DF, Ministro Celso de Mello, j. 14.3.2019.

GOMES, Luiz Flávio. Reformas penais isoladas são insuficientes para diminuir a criminalidade. *Publicação do Instituto Brasileiro de Ciências Criminais*, ano 27, n. 316, mar. 2019.

Informação bibliográfica deste texto, conforme a NBR 6023:2018 da Associação Brasileira de Normas Técnicas (ABNT):

REIS JÚNIOR, Sebastião Alves dos. O Judiciário e o combate à criminalidade. *In*: MORAES, Alexandre de; MENDONÇA, André Luiz de Almeida (Coord.). *Democracia e sistema de justiça*: obra em homenagem aos 10 anos do Ministro Dias Toffoli no Supremo Tribunal Federal. Belo Horizonte: Fórum, 2020. p. 583-589. ISBN 978-85-450-0718-0.

CONSEQUÊNCIAS JURÍDICAS DO DESCUMPRIMENTO DO ACORDO DE LENIÊNCIA PELO ESTADO E OS MECANISMOS DE GARANTIA À EXECUÇÃO CONTRATUAL E DE PROTEÇÃO À EMPRESA COLABORADORA

SEBASTIÃO BOTTO DE BARROS TOJAL[1]

1 Introdução

O direito sancionador no Brasil vem experimentando, ao longo dos últimos anos, uma forte mudança de paradigmas, consubstanciada na substituição da tradicional visão de imperatividade/indisponibilidade da atuação estatal para uma lógica baseada no consenso e cooperação com os particulares, principalmente como meio de impor maior eficiência às ações estatais e obter melhores resultados com o dispêndio de menos recursos.

Assim é que dois importantes diplomas legislativos foram editados, a Lei nº 12.846/2013 (Lei da Empresa Limpa ou Lei Anticorrupção) e a Lei nº 12.850/2013 (Lei de Combate às Organizações Criminosas).

Referidos textos legais inovaram no ordenamento jurídico brasileiro ao possibilitar a realização de acordos entre os particulares e o Estado para a solução de conflitos e colaboração com as investigações em relação a matérias cujo tratamento tradicionalmente sempre foi moldado pela imperatividade, como as relacionadas à seara penal e aos atos ilícitos praticados contra a Administração Pública. Assim, a Lei nº 12.850/2013 viabilizou a realização dos acordos de colaboração premiada pelas pessoas físicas em matéria penal e a Lei nº 12.846/2013, por sua vez, trouxe a possibilidade do acordo de leniência às pessoas jurídicas que praticaram atos lesivos à Administração Pública.

---

[1] A elaboração do presente artigo contou com a colaboração de Leonardo Bissoli, advogado e mestre em Direito do Estado pelo Universidade de São Paulo; e Felipe Lauretti Spinardi, advogado e especialista em Direito Administrativo pela Fundação Getulio Vargas.

Tais mecanismos de resolução consensual de conflitos têm por origem o sistema jurídico estadunidense, e foram transplantados ao brasileiro de uma forma não tão integrativa ao contexto organizacional de suas instituições, o qual baseia-se em um modelo burocrático, com sobreposição de competências e múltiplas instâncias de revisão.

Esse cenário vem provocando, desde então, um intenso debate sobre como garantir a devida segurança jurídica aos colaboradores, elemento este essencial para a efetividade de qualquer mecanismo de resolução consensual de conflitos, especialmente em relação a matérias sujeitas a graves sanções por parte do Estado, como as que envolvem os acordos de colaboração premiada e de leniência. Ocorre que muitas dessas discussões são travadas sob a perspectiva de macroalterações na estrutura das instituições brasileiras, de modo a se conseguir uma integração na atuação dos órgãos do Estado e, assim, garantir o devido cumprimento aos acordos por ele celebrados.

Entretanto, além de existir uma profunda resistência das organizações a mudanças que possam implicar limitações das suas competências, o que dificulta o caminho até então discutido para a solução do problema, pouco tem se olhado para um ponto que pode significar uma via de resolução da questão de maneira mais simplificada e efetiva. Realmente, impõe-se investigar a compreensão da natureza jurídica desses acordos e dos mecanismos disponíveis no ordenamento jurídico brasileiro capazes de garantir a execução do negócio jurídico e proteger os colaboradores contra o inadimplemento das obrigações assumidas pelo Estado.

Dessa forma, o presente artigo tem por objetivo estabelecer uma possível solução ao problema da atual insegurança jurídica atinente aos acordos de colaboração, em especial o de leniência, partindo da análise da natureza jurídica desses acordos e dos instrumentos aplicáveis, na esfera contratual, que possam garantir a execução do negócio jurídico por meio da proteção às empresas colaboradoras e da sanção ao Estado pelo inadimplemento das suas obrigações.

2 Natureza jurídica dos acordos de leniência da Lei nº 12.846/2013

Introduzida no ordenamento jurídico brasileiro com o objetivo de conferir maior eficiência[2] na apuração de ilícitos praticados contra a Administração Pública, a Lei nº 12.846/2013, ao mesmo tempo que estabeleceu sanções rigorosíssimas às pessoas jurídicas que praticarem tais atos, também possibilitou a celebração de acordo de leniência, instrumento por meio do qual a empresa leniente compromete-se a identificar todos os envolvidos na prática do(s) ato(s) ilícito(s); a realizar a exposição de todas as informações e documentos que atestem a prática da(s) conduta(s) antijurídica(s); e a implementar mecanismos de controle interno (*compliance*), com objetivo de mitigar o risco da ocorrência

---

[2] "A crescente utilização dos instrumentos consensuais para a resolução de conflitos e tomada de decisões está estreitamente ligada à preocupação com a eficiência do aparato estatal, fomentada principalmente pelas demandas sociais relacionadas à efetivação de direitos e à moralização na gestão da coisa pública. Para tanto, exige-se uma maior flexibilidade na relação dos órgãos administrativos com os particulares, possibilitando, deste modo, a minimização das consequências negativas às partes envolvidas e, ao mesmo tempo, a maximização dos benefícios direcionados ao atendimento do interesse público" (TOJAL, Sebastião Botto de Barros; TAMASAUSKAS, Igor. A leniência anticorrupção: as primeiras aplicações, suas dificuldades e alguns horizontes para o instituto. *In*: BOTTINI, Pierpaolo Cruz; MOURA, Maria Thereza de Assis (Coord.). *Colaboração premiada*. São Paulo: Revista dos Tribunais, 2018. p. 238).

de novos atos no futuro. Em troca, a empresa leniente poderá ser beneficiada com a redução ou não aplicação de penalidades, bem como cumprir suas obrigações pecuniárias de acordo com a sua capacidade de pagamento (*ability to pay*).

Os acordos de leniência têm por origem, como já se referiu, o ordenamento jurídico estadunidense, no qual prevalece uma visão mais pragmática das ações necessárias à resolução de conflitos e problemas sociais porque fundadas em uma lógica econômica[3] de análise de custo-benefício, no qual os mecanismos de negociação entre Estado e particulares ganham relevo, inclusive na seara penal,[4] como ocorre com os denominados *plea bargain* e os *colaboration agreements*.

Apesar de existirem diferenças[5] entre os referidos instrumentos, ambos possuem a mesma natureza jurídica, que é a de um negócio jurídico bilateral (contrato), o qual somente aperfeiçoará sua função social se ambas as partes (Estado e particular) cumprirem com os termos pactuados.[6]

A possibilidade de se recorrer a fórmulas consensuais de cooperação revelou-se bastante exitosa nos Estados Unidos, especialmente no enfrentamento de práticas anticoncorrenciais e corruptivas, tanto que acabou sendo acolhida por diversos outros ordenamentos jurídicos, seja em razão do reconhecimento dessa eficiência por outros sistemas jurídicos, seja em razão da necessidade de padronização de normas adotadas em um contexto de globalização, que se intensificou após o fim da Guerra Fria.

No Brasil, o transplante do instituto da leniência teve lugar inicialmente no âmbito concorrencial, de modo a combater infrações à ordem econômica, e se deu por meio da

---

[3]   O próprio entendimento do fenômeno corrupção e o desenvolvimento de mecanismos para o seu enfrentamento, no âmbito do direito norte-americano, foram moldados pela perspectiva econômica do direito. Nesse sentido, no Pós-Segunda Guerra Mundial, os primeiros estudos sobre a corrupção tiveram por base uma corrente de pensamento de que a corrupção era um fenômeno inerente ao desenvolvimento dos países. Referida teoria partia de uma perspectiva evolucionista da sociedade, analisando a dicotomia entre tradição e modernidade, bem como os processos sociais, econômicos e políticos envolvidos na transição para o mundo desenvolvido, sendo um dos seus principais expoentes o cientista político e ex-professor da Universidade de Harvard, Samuel Huntington (HUNTINGTON, Samuel P. *Political order in changing societies*. New Haven: Yale University Press, 1968). Sob a influência da "Escola de Chicago", a análise econômica do direito começou a ganhar força e a pautar os estudos sobre a corrupção nos EUA, sendo que o marco dessa mudança de perspectiva foi a publicação do artigo intitulado *Crime and punishment: an economic approach*, de Gary Becker (BECKER, Gary Stanley. Crime and punishment: an economic approach. *The Journal of Political Economy*, v. 76, n. 2, mar./abr. 1968. Disponível em: http://www.nber.org/chapters/c3625. Acesso em: 8 jun. 2019). A partir desse momento, a análise da corrupção também passou a ser realizada em relação aos aspectos dos indivíduos e suas escolhas, bem como os elementos de indução e dissuasão a práticas corruptas. Desse modo, tal análise pautou a criação de mecanismos jurídicos (como os acordos de leniência) que desestabilizariam relações criminosas, incentivando, por meio da concessão de benefícios, a mútua traição entre os integrantes de uma organização ou participantes de um mesmo ato ilícito.

[4]   Nessa perspectiva, é importante destacar que o sistema jurídico estadunidense estabelece, como regra, a responsabilidade penal das pessoas jurídicas, o que no brasileiro é previsto apenas em casos excepcionais, como em crimes ambientais.

[5]   Embora tenham a mesma natureza jurídica contratual, o *plea bargain* possui diferenças em relação aos *colaborations agreements*, uma vez que estes possuem objeto mais restrito (demandam a prática de determinado delito com múltipla atuação de indivíduos em conluio) e requisitos predeterminados em lei. Ademais, os instrumentos possuem objetivos diversos: enquanto no *plea bargain* destacam-se a diminuição de riscos do processo judicial e o ganho de celeridade para a resolução do conflito, nos *colaborations agreements* a finalidade precípua é a contribuição para as investigações e a identificação dos demais participantes do ato ilícito (ver CANETTI, Rafaela Coutinho. *Acordo de leniência*: fundamentos do instituto e os problemas de seu transplante ao ordenamento jurídico brasileiro. Belo Horizonte: Fórum, 2018. p. 31-32).

[6]   LUMPKIN, Julie A. The standard of proof necessary to establish that a defendant has materially breached a plea agreement. *Fordham Law Review*, v. 55, p. 1059-1086, 1984. Disponível em: http://ir.lawnet.fordham.edu/flr/vol55/iss6/8. Acesso em: 8 jun. 2019.

introdução de modificações[7] no Sistema Brasileiro de Defesa da Concorrência (SBDC), que permitiram ao Conselho Administrativo de Defesa Econômica (Cade) utilizar e desenvolver[8] o instituto da leniência com grande sucesso.

A expansão da utilização desse mecanismo de consensualidade para áreas além de questões concorrenciais decorreu de fortes demandantes por maior efetividade do Estado no combate à criminalidade e aos atos ilícitos praticados contra a própria Administração Pública. Dessa forma, os mecanismos de resolução consensual de conflitos foram inseridos em um novo patamar, passando a ser aplicados também no combate a organizações criminosas e a crimes e atos ilícitos cometidos contra a Administração Pública, o que se deu pela criação do acordo de colaboração premiada[9] (Lei nº 12.850/2013), destinado às pessoas físicas, e o acordo de leniência (Lei nº 12.846/2013), aplicável às pessoas jurídicas.

Os acordos de colaboração e de leniência inserem-se na ideia de acordos substitutivos à sanção,[10] por meio dos quais o Estado concede benefícios à pessoa física ou jurídica colaboradoras que se amoldem aos requisitos legais, assumam suas responsabilidades em relação aos atos ilícitos e forneçam elementos que auxiliem as investigações.

Há uma necessária conexão entre os acordos de colaboração e os de leniência, não apenas por compartilharem a mesma natureza negocial, mas também porque as pessoas jurídicas são meras ficções criadas pelo direito, sendo que não atuam por vontade própria, senão por seus órgãos de administração, necessariamente constituídos por pessoas físicas. Assim, na prática, os acordos de colaboração, quando firmados por pessoas físicas relacionadas a alguma empresa leniente, passam a integrar o acordo de leniência. Segundo a 5ª Câmara de Coordenação e Revisão (CCR) do Ministério Público Federal (MPF), nessas hipóteses, o acordo de leniência deve ter "caráter transversal e, de preferência, ser pleno, o que significa englobar todos os aspectos possíveis no direito sancionador, relativos à empresa colaboradora, mas também, se cabível, às pessoas físicas com ela relacionadas".[11]

---

[7] A introdução do instituto da leniência no direito brasileiro se deu por meio da Medida Provisória nº 2.055/2000, convertida na Lei nº 10.149/2000, que promoveu alterações na Lei nº 8.884/1994. Atualmente, a leniência no direito concorrencial é regida pela Lei nº 12.529/2011.

[8] No âmbito do Cade, os acordos de leniência podem ser celebrados por empresas e pessoas físicas, sendo que, em relação a estas, também podem produzir efeitos penais. Atualmente, o sistema disposto pela Lei nº 12.529/2011 viabiliza a realização de três modalidades de leniência: 1) antes da instauração de um processo pelo Cade, no qual o particular poderá receber ampla imunidade; 2) após a instauração do processo, sendo que os benefícios serão reduzidos; e 3) a denominada leniência *plus*, a qual poderá ser firmada em razão da cooperação para a solução de ilícito diverso e até então desconhecido, mas cujos benefícios podem se estender aos ilícitos anteriormente já revelados por outro leniente.

[9] "A colaboração premiada consiste, basicamente, na negociação entre agentes do Estado, em especial o acusador público, de um lado, e o infrator, de outro com vistas à obtenção de elementos úteis para a plena elucidação de fatos criminosos e a participação de outros indivíduos. Na colaboração premiada, de um modo geral, negocia-se a assunção de culpa mediante compensação, a qual, a seu turno, consiste na mitigação da resposta estatal à conduta infracional objeto de persecução" (DINO, Nicolau. A colaboração premiada na improbidade administrativa: possibilidade e repercussão probatória. *In*: SALGADO, Daniel de Resende; QUEIROZ, Ronaldo Pinheiro de (Org.). *A prova no enfrentamento à macrocriminalidade*. Salvador: JusPodivm, 2015. p. 440).

[10] Os acordos substitutivos à sanção não são instrumentos novos no direito brasileiro, sendo que apenas assumem feições diversas conforme o direito material envolvido. Como exemplo, os termos de ajuste de conduta previstos na Lei da Ação Civil Pública e as transações penais da Lei nº 9.099/1995.

[11] BRASIL. Ministério Público Federal. *Estudo Técnico nº 01/2017*. p. 96. Disponível em http://www.mpf.mp.br/atuacao-tematica/ccr5/coordenacao/grupos-de-trabalho/comissao-leniencia-colaboracao-premiada/docs/Estudo%20Tecnico%2001-2017.pdf. Acesso em: 8 jun. 2019.

Apesar de haver essa conexão intrínseca entre os acordos de colaboração e os de leniência, existem pequenas diferenças entre os dois institutos, as quais decorrem, principalmente, da essência do bem jurídico afetado pela negociação, sendo a liberdade em relação ao colaborador, e o patrimônio (em sentido lato) em relação à pessoa jurídica leniente.

O Supremo Tribunal Federal (STF), por meio do Habeas Corpus nº 127.483/PR, de relatoria do Ministro Dias Toffoli, reconheceu que a colaboração premiada, prevista na Lei nº 12.850/2013, possui natureza de negócio jurídico processual, qualificando-se, na esfera processual penal, como meio de obtenção de prova, conforme segue em trecho do voto do relator:

> A colaboração premiada é um negócio jurídico processual, uma vez que, além de ser qualificada expressamente pela lei como "meio de obtenção de prova", seu objeto é a cooperação do imputado para a investigação e para o processo criminal, atividade de natureza processual, ainda que se agregue a esse negócio jurídico o efeito substancial (de direito material) concernente à sanção premial a ser atribuída a essa colaboração. Dito de outro modo, embora a colaboração premiada tenha repercussão no direito penal material (ao estabelecer as sanções premiais a que fará jus o imputado-colaborador, se resultar exitosa sua cooperação), ela se destina precipuamente a produzir efeitos no âmbito do processo penal.[12]

A par de o Supremo Tribunal Federal ter compreendido que o acordo de colaboração possui natureza de um negócio jurídico processual,[13] em razão de a colaboração ser um meio de obtenção de prova para a instrução processual penal, reconheceu a necessidade de sua homologação judicial como condição para produzir efeitos jurídicos, momento no qual o juízo competente deverá analisar a regularidade, legalidade e voluntariedade do acordo (art. 4º, §7º, da Lei nº 12.850/2013). A constatação de sua natureza de negócio jurídico processual reafirma a obrigação de as partes cumprirem os termos pactuados no acordo, conforme concluiu o Min. Dias Toffoli:

> Portanto, os princípios da segurança jurídica e da proteção da confiança tornam indeclinável o dever estatal de honrar o compromisso assumido no acordo de colaboração, concedendo a sanção premial estipulada, legítima contraprestação ao adimplemento da obrigação por parte do colaborador.[14]

O acordo de leniência, por sua vez, independe de homologação judicial para fins cíveis, transcende questões unicamente processuais, como a assunção de responsabilidades e fornecimento de elementos à investigação em determinado processo, e exige a adoção, por parte da empresa leniente, de uma nova cultura de integridade, por meio da implementação de mecanismos de controle interno (*compliance*), destinados a evitar a ocorrência de novas práticas ilícitas no futuro.

---

[12] BRASIL. Supremo Tribunal Federal. Tribunal Pleno. *HC nº 127.483/PR*. Rel. Min. Dias Toffoli, j. 27.8.2015, public. 4.2.2016.

[13] Não se confunde o conceito estabelecido pelo STF no caso em referência com o termo negócio jurídico processual previsto no art. 190 do Código de Processo Civil. Em relação a este, as partes negociam unicamente sobre as regras do procedimento, e não sobre o direito material discutido judicialmente.

[14] BRASIL. Supremo Tribunal Federal. Tribunal Pleno. *HC nº 127.483/PR*. Rel. Min. Dias Toffoli, j. 27.8.2015, public. 4.2.2016.

Assim, o acordo de leniência pode e há de ser entendido como um negócio jurídico[15] bilateral,[16] sinalagmático,[17] no qual o Estado e o particular assumem direitos e obrigações recíprocas, sendo que as relações entre as partes, no que tange aos fatos objeto do acordo, passam a ser reguladas pelo instrumento contratual, o qual, por sua vez, constitui título executivo extrajudicial.

Em recente julgamento, o Tribunal Regional Federal (TRF) da 4ª Região, reportando-se à decisão proferida pelo Supremo Tribunal Federal no mencionado HC nº 127.483/PR, reconheceu o caráter de negócio jurídico bilateral do acordo de leniência, bem como a transcendência dos seus efeitos aos demais órgãos e instituições do Estado, aos quais não cabem descumpri-lo, sendo possível tão somente impugná-lo para afirmar sua nulidade:

> O STF no HC 127.483 afirmou (o que vale para a hipótese) que *"Os princípios da segurança jurídica e da proteção da confiança tornam indeclinável o dever estatal de honrar o compromisso assumido no acordo de colaboração, concedendo a sanção premial estipulada, legítima contraprestação ao adimplemento da obrigação por parte do colaborador."*
>
> Como refere Humberto Ávila *"há segurança jurídica quando o cidadão tem a capacidade de conhecer e de calcular os resultados que serão atribuídos pelo Direito aos seus atos."*
>
> A segurança jurídica exige CONFIABILIDADE. Em sua dimensão subjetiva demanda a intangibilidade de situação com base no princípio da proteção da confiança.
>
> Ou como afirma José Joaquim Gomes Canotilho, *"O princípio geral da segurança jurídica em sentido amplo (abrangendo, pois, a idéia de proteção da confiança) pode formular-se do seguinte modo: o indivíduo tem o direito de poder confiar em que aos seus atos ou às decisões públicas incidentes sobre os seus direitos, posições ou relações jurídicas alicerçadas em normas jurídicas vigentes e válidas se ligam os efeitos jurídicos previstos e prescritos por essas mesmas normas."*
>
> Tudo isso torna inafastável o dever estatal de honrar o compromisso assumido no acordo efetuado. Não sendo dado a outro órgão estatal impugná-lo (a não ser para afirmar sua nulidade).
>
> Assim sendo, não vejo motivo para alterar o entendimento manifestado anteriormente, razão pela qual mantenho a decisão liminar pelos seus próprios fundamentos.
>
> Ante o exposto, voto por negar provimento ao agravo de instrumento e julgar prejudicado o agravo legal.[18]

---

[15] Deve-se ressaltar que o instituto negócio jurídico não está adstrito ao direito privado, mas sim é "pertinente a todos os ramos do Direito, públicos ou privados. Onde há poder de autorregramento da vontade, há negócio jurídico, seu caráter público ou privado depende, exclusivamente, da natureza da regra jurídica incidente que o gera" (MIRANDA, Francisco Cavalcanti Pontes de. *Tratado de direito privado*. São Paulo: Revista dos Tribunais, 2012. t. III. p. 63.). Ainda em relação ao termo, a doutrina clássica realiza a correta distinção entre negócio jurídico e ato jurídico. O primeiro refere-se a "declarações de vontade destinadas à produção de efeitos jurídicos queridos pelos agentes", enquanto "os atos jurídicos *stricto sensu* são manifestações de vontade, obedientes à lei, porém geradora de efeitos que nascem da própria lei" (PEREIRA, Caio Mário da Silva. *Instituições de direito civil*. Rio de Janeiro: Forense, 2002. p. 303).

[16] A bilateralidade da leniência decorre do fato de que o acordo engloba mais de uma manifestação de vontade: i) a do particular, que manifesta o seu interesse em colaborar com o Estado em troca de benefícios; e ii) a do Estado, que manifesta o seu interesse pelo conteúdo dos elementos trazidos pelo particular e aceita reduzir ou isentá-lo das penas previstas em lei. Ressalte-se que, por parte do Estado, essa declaração de vontade está sujeita ao juízo discricionário das autoridades competentes, o qual será conformado por meio do processo de negociação entre as partes.

[17] O caráter sinalagmático se dá quando "uma obrigação é a causa, a razão de ser, o pressuposto da outra, verificando-se interdependência essencial entre as prestações" (GOMES, Orlando. *Contratos*. 26. ed. Rio de Janeiro: Forense, 2007. p. 85).

[18] O caso em questão referia-se à pretensão da Petrobras em continuar a mover uma ação de improbidade administrativa (nº 5027001-47.2015.4.04.7000/PR) contra a empresa Odebrecht S/A, após a União Federal, autora

Como se vê, o Poder Judiciário vem demonstrando em suas decisões mais recentes que a correta compreensão da natureza jurídica dos acordos em matéria de direito sancionatório, sejam os de colaboração premiada, sejam os de leniência, mostra-se fundamental para o equacionamento de problemas oriundos do transplante dos institutos para o nosso ordenamento jurídico, especialmente a fim de prover a segurança jurídica necessária à própria funcionalidade dos mecanismos de solução consensual de conflitos.

Dessa forma, estabelecida a premissa de que os acordos de leniência são negócios jurídicos bilaterais, impende promover a análise de como os direitos e obrigações das partes têm sido disciplinados nos acordos realizados no plano federal, bem como as consequências da assunção do caráter sinalagmático dessas obrigações sob o prisma da segurança jurídica e dos direitos do colaborador em caso de descumprimento do pactuado por parte do Estado.

3 Estrutura dos acordos de leniência em relação às obrigações estabelecidas e o cenário de insegurança jurídica para as empresas lenientes – O descumprimento estatal dos termos pactuados e a inexistência de disciplina das consequências jurídicas decorrentes

Como mencionado, os contratos bilaterais têm caráter sinalagmático, isso porque "as duas partes ocupam, simultaneamente, a dupla posição de *credor* e *devedor*. Cada qual tem direitos e obrigações. À obrigação de uma corresponde o direito da outra".[19]

Considerando sua natureza bilateral, conforme demonstrado no item anterior, é interessante analisar como os instrumentos celebrados até o momento em âmbito federal, seja pela Controladoria-Geral da União (CGU) e Advocacia-Geral da União (AGU), ou pelo Ministério Público Federal (MPF), contemplam a relação de direitos e obrigações mútuas entre as partes envolvidas.

Assim é que até o presente momento foram publicados oficialmente pelas instituições celebrantes os termos de 8 (oito) acordos de leniência com fundamento na Lei nº 12.846/2013, sendo 6 (seis) realizados pela CGU/AGU,[20] e 2 (dois) pelo MPF.[21]

---

da demanda, requerer a sua extinção em razão de ter celebrado acordo de leniência com a referida empresa, o qual englobava os fatos discutidos na ação. Irresignada, na condição de litisconsorte, a Petrobras recorreu (AI nº 5042782-55.2018.4.04.0000/PR) contra a decisão que extinguiu o feito com resolução de mérito, alegando que permanecia o seu interesse processual e a pretensão pelo ressarcimento dos danos sofridos. A Terceira Turma do TRF da 4ª Região indeferiu o pleito da Petrobras por entender que o acordo de leniência celebrado é oponível a terceiros, inclusive contra demais órgãos do Estado, sendo que à Petrobras caberia impugnar o próprio acordo caso entendesse ser nulo, e não demandar a empresa leniente em sede de ação de improbidade administrativa (BRASIL. Tribunal Regional Federal da 4ª Região. *AG nº 5042782-55.2018.4.04.0000/PR*. Rel. Des. Vânia Hack de Almeida, Terceira Turma, j. 5.6.2019, juntado aos autos em 7.6.2019).

[19] GOMES, Orlando. *Contratos*. 26. ed. Rio de Janeiro: Forense, 2007. p. 85.

[20] Firmados com as empresas UTC Participações S/A; Bilfinger; MullenLowe e FCB Brasil; Odebrecht; SBM Offshore; Andrade Gutierrez (CGU. *Acordo de leniência*. Disponível em: http://www.cgu.gov.br/assuntos/responsabilizacao-de-empresas/lei-anticorrupcao/acordo-leniencia. Acesso em: 10 jun. 2019).

[21] Não se desconhece a existência de outros acordos realizados pelo MPF, cujos inteiros teores estão disponibilizados em diversos *sites*. Entretanto, a instituição disponibilizou oficialmente até o momento a íntegra dos termos de acordo da J&F Investimentos S/A (Disponível em: http://www.mpf.mp.br/df/sala-de-imprensa/docs/acordo-leniencia. Acesso em: 10 jun. 2019); e da Rodonorte (Disponível em: http://www.mpf.mp.br/pr/sala-de-imprensa/docs/rodonorte.pdf. Acesso em: 10 jun. 2019).

Embora existam diferenças nas estruturas dos acordos celebrados pelas duas instituições, ambos seguem o mesmo racional, estipulando deveres para as partes, benefícios à empresa leniente e aos eventuais aderentes ao acordo, mas, salvo poucas exceções,[22] os acordos em questão estipulam unicamente como causas de rescisão comportamentos antijurídicos da empresa leniente ou dos aderentes ao acordo.

Ainda que alguns acordos permitam expressamente a sua rescisão a pedido da colaboradora, em razão do descumprimento pelo Estado das obrigações assumidas, inexiste, contudo, qualquer tipo de disposição que estabeleça alguma proteção, sanção, ou revisão das condições em favor das empresas lenientes. Todos os acordos, na hipótese de rescisão (seja a pedido da colaboradora, seja a pedido do Estado), preveem que a leniente perderá os benefícios acordados, a despeito de todos os elementos probatórios produzidos em razão do acordo permanecerem válidos.

Entender que o Estado possa descumprir os acordos de leniência e que desse descumprimento não decorra nenhum tipo de consequência a ele é, a um só tempo, um atentado à devida segurança jurídica, à boa-fé contratual e à legítima confiança, elementos que são pilares fundamentais ao sucesso de um programa de leniência, bem como um desincentivo à utilização do referido instrumento consensual de resolução de conflitos, frustrando-se, por conseguinte, os objetivos pretendidos pela própria lei que o instituiu.

Embora os acordos estabeleçam a obrigação para as instituições celebrantes de defendê-los perante outros órgãos e instituições do Estado, a inexistência de consequências objetivas, especialmente de índole sancionatória, caso o acordo seja desrespeitado contribui, não apenas para o desincentivo à celebração de tais ajustes, como para a manutenção da irracional disputa institucional por protagonismo[23] que cerca os fatos objetos dos acordos.

Cabe destacar, é verdade, que sequer haveria a necessidade de os acordos de leniência conterem a previsão de que as instituições celebrantes devessem defender o pactuado perante os demais órgãos e entidades estatais se houvesse a correta compreensão da natureza jurídica do instituto da leniência e a inafastável observância dos princípios da boa-fé[24] e da cooperação,[25] como vem reconhecendo o Poder Judiciário, a fim de garantir a oponibilidade dos acordos a todos os órgãos e entidades do aparato estatal.

---

[22] Nesse sentido, o acordo da Rodonorte, celebrado com o MPF, no qual consta a previsão de que a colaboradora, ou os aderentes ao acordo poderão pleitear a sua rescisão caso o Ministério Público Federal descumpra suas obrigações ou deixe de pleitear os benefícios legais acordados.

[23] Chama atenção, nesse sentido, o fato de outros instrumentos de resolução consensual de conflitos (como os TAC) não terem gerado tantas disputas institucionais como os acordos de colaboração e de leniência. Provavelmente a substância dos fatos que envolvem estes acordos, relacionada ao cometimento de ilícitos graves contra a Administração Pública, induz especialmente os órgãos de controle a atuarem de modo a obter visibilidade e protagonismo, o que os impede de agir com deferência aos acordos firmados pelo próprio Estado. Dessa forma, antes de se pensar que a atuação esquizofrênica, como referido por um magistrado, dos órgãos e entidades estatais sobre o tema decorre unicamente de uma questão de sobreposição de competências, deve-se ter em mente que as instituições são conduzidas por pessoas, as quais possuem vícios e virtudes, características essas que costumam aflorar quando os holofotes da sociedade para elas se voltam, o que ocorre atualmente com a temática da corrupção.

[24] Karl Larenz, ao analisar a tríplice função desempenhada pela boa-fé objetiva, destaca sua função criadora de deveres anexos ou acessórios à obrigação principal, pela qual, a boa-fé "se dirige a todos los participantes en relación jurídica en cuestión, con el mandato de conducirse como corresponda en general al sentido y finalidade de esta especial vinculación y a una consciência honrada" (LARENZ, Karl. *Derecho de obligaciones*. Tradução de Jaime Santos Briz. Madrid: Ed. Revista de Derecho Privado, 1958. t. I. p. 148). Desta função da boa-fé derivam obrigações laterais, independentes da vontade das partes, decorrentes de suas justas expectativas, tudo com vistas à efetiva realização da prestação principal.

[25] Bem expõe Giovanni Ettore Nanni: "[é] imperioso que as partes busquem, na proporção dos esforços que lhes cabem, em cooperação, o adimplemento da obrigação assumida" e "é este o espírito que norteia a relação

Ademais, frisando-se mais uma vez o óbvio, quando o particular faz um acordo com um órgão estatal legitimado para tanto, seja em decorrência da expressa previsão legal (Controladoria-Geral da União e Advocacia-Geral da União, no plano federal), seja por força de disposição constitucional (Ministério Público Federal), que detém a competência para manifestar-se sobre o interesse público primário[26] atinente à matéria envolvida, ele, o particular, o faz com o Estado brasileiro, e não com uma unidade administrativa. Nessa medida, o seu não reconhecimento por qualquer outro órgão de controle do próprio Estado importará na violação pelo Estado do acordo celebrado, sendo irrelevante que a instituição celebrante tenha atuado em defesa do acordo, uma vez que, se qualquer dos benefícios garantidos aos colaboradores for suprimido ou mesmo não reconhecido, por qualquer órgão ou entidade do aparato estatal, o acordo estará objetivamente descumprido e suas bases alteradas.

Isso decorre do fato de que a manutenção dos benefícios constituídos em favor dos colaboradores (sejam pessoas físicas ou jurídicas lenientes) é o sinalagma das obrigações do Estado no acordo celebrado. Em outras palavras, constituindo-se o acordo um substitutivo à sanção impositiva, decorrente da força heterônoma do Estado, e sendo este o detentor do monopólio do poder sancionatório incidente sobre a matéria, caberá somente a ele manter os benefícios pactuados.

Esclareça-se, por oportuno, que entender os acordos como responsáveis por efeitos oponíveis a terceiros não significa mitigar ou suprimir as competências dos demais órgãos ou instituições estatais que estejam incumbidas de investigar e punir atos lesivos à Administração Pública. Nesse sentido, deve-se destacar, ainda que de meridiana clareza, que a proteção ao leniente oriunda de ter ele firmado o acordo refere-se unicamente aos fatos objeto do acordo celebrado. Dito de outro modo, o acordo não confere à empresa quitação daquilo que não integrar expressamente o seu escopo. De igual modo, a pessoa jurídica, por meio do pactuado, não fica desobrigada de reparar integralmente o dano

---

obrigacional no atual cenário constitucional-civilístico: a atuação das partes em cooperação para garantir a satisfação das obrigações" (NANNI, Giovanni Ettore. O dever de cooperação nas relações obrigacionais à luz do princípio constitucional da solidariedade. *In*: NANNI, Giovanni Ettore (Coord.). *Temas relevantes do direito civil contemporâneo*: reflexões sobre os cinco anos do Código Civil. São Paulo: Atlas, 2018. p. 316). Não por outro motivo que o art. 422 do Código Civil estabelece que "Os contratantes são obrigados a guardar, assim na conclusão do contrato, como em sua execução, os princípios de probidade e boa-fé". Nessa perspectiva, as obrigações e o contrato, no caso, o acordo de leniência, devem ser vistos com um projeto comum, com o propósito de satisfazer os interesses que deram origem à Lei nº 12.846/2013.

[26] "Há um limite claro identificado pelo administrativista supracitado: a necessidade de o interesse público que se fará prevalecer estar previamente definido pelo Direito Positivo. Diante da possibilidade de o Poder Público esquivar-se desse limite, utilizando-se da prerrogativa conferida pela lei para finalidade diversa daquilo que seria a satisfação do interesse público, exsurge a segunda peculiaridade do exercício da função administrativa: a distinção entre coletivo primário ('interesse *collettivo primario*') e interesses secundários ('*interessi secondari*'), colhida da doutrina de Carnelucci e Piccard. O interesse coletivo primário é formado pelo complexo de interesses individuais prevalentes em uma determinada organização jurídica da coletividade, expressão unitária de uma multiplicidade de interesses coincidentes. Somente este interesse poderá ser considerado como interesse público. Ele difere tanto do interesse de um particular individualmente considerado, quanto do interesse do aparato administrativo, que, por sua vez, são ambos interesses secundários. Tanto o interesse singular de um indivíduo quanto o interesse da administração pública enquanto pessoa jurídica podem conflitar ou coincidir com interesse coletivo primário (que é o verdadeiro interesse público). Tais interesses secundários só poderão ser perseguidos pelo Estado quando houver coincidência entre eles e o interesse público" (GABARDO, Emerson; HACHEM, Daniel Wunder. O suposto caráter autoritário da supremacia do interesse público e das origens do direito administrativo: uma crítica da crítica. *In*: PIETRO, Maria Sylvia Zanella; RIBEIRO, Carlos Vinícius Alves Ribeiro (Coord.). *Supremacia do interesse público e outros temas relevantes do direito administrativo*. São Paulo: Atlas, 2010. p. 40-41).

causado, nos termos do art. 16, §5º, da Lei nº 12.846/2013, até mesmo porque o objetivo central do acordo de leniência não é o ressarcimento ao erário, mas sim a contribuição para as investigações (art. 16, incs. I e II, da Lei Anticorrupção).

É preciso reconhecer, no entanto, para efeitos da discussão sobre a integralidade do ressarcimento, que as informações que possam ser oferecidas pela empresa que firma um acordo de leniência e que se mostrarem absolutamente essenciais para o sucesso das investigações em curso ou daquelas que possam ser inauguradas com essas mesmas colaborações têm um valor intrínseco, por vezes inestimável, para o que deverá o Estado voltar suas atenções, dispensando-lhes a correta avaliação pecuniária, que, somada ao valor indenizatório previsto, inequivocamente representará o integral ressarcimento dos danos eventualmente verificados. Ademais, a própria devolução da integralidade do resultado econômico do contrato fonte de dano ao erário evidentemente que consubstancia o almejado ressarcimento integral.

Por todas essas razões, salta a toda evidência que o fato de outros órgãos e instituições deterem competências para apurar eventual dano, para além daquele contemplado no acordo, não autoriza que ignorem o acordo celebrado e suas inafastáveis consequências jurídicas. Estranhamente, no entanto, essa discussão vem sendo travada no âmbito do Tribunal de Contas da União (TCU), como dá notícia, por exemplo, a Tomada de Contas nº 016.991/2015-0.[27]

Com efeito, o Tribunal de Contas da União, no seu Acórdão nº 483/2017,[28] considerou a importância de garantir a devida segurança jurídica e a proteção à confiança legítima aos compromissos assumidos pelo Estado, mas, ao não chegar a um consenso com o Ministério Público Federal sobre o seu pleito de impor condições não previstas nos acordos de leniência pactuados, passou a declarar a inidoneidade de empresas lenientes (cujos fatos em apuração estavam englobados nos acordos) sob a justificativa de que "a atuação do TCU não se submete à do Ministério Público ou à da Controladoria-Geral da União, mas, tão somente, à Constituição da República".[29]

Ressalte-se que o Ministério Público Federal obteve junto à 13ª Vara Federal de Curitiba (PR) decisão[30] proibindo a utilização, contra as empresas lenientes, de provas e elementos informativos compartilhados da denominada Operação Lava Jato. Ademais, o órgão ministerial defendeu o que chamou de 6 (seis) ordens de proteção aos colaboradores/lenientes, consistentes em: 1) benefício de ordem na cobrança

---

[27] Referido processo administrativo foi instaurado com fundamento em informações oriundas de acordos de leniência e colaboração, as quais apontaram a existência de fraude nas licitações destinadas à construção da parte eletromecânica da usina nuclear de Angra 3.

[28] "Os princípios da segurança jurídica e da proteção da confiança exigem que as instituições estatais atentem para o compromisso assumido nos acordos de colaboração e leniência celebrados com outros órgãos, considerando que a sanção premial estipulada é a contraprestação ao adimplemento da obrigação por parte do colaborador" (BRASIL. Tribunal de Contas da União. *TC nº 016.991/2015-0*. Acórdão nº 483/2017. Plenário. Rel. Min. Bruno Dantas, j. 22.3.2017).

[29] BRASIL. Tribunal de Contas da União. *TC nº 016.991/2015-0*. Acórdão nº 580/2019. Plenário. Rel. Min. Walton Alencar, j. 20.3.2019.

[30] "Ante o exposto, defiro o requerido pelo MPF e promovo o aditamento de todas as referidas decisões para a elas agregar que está vedada a utilização dos elementos informativos e provas cujo compartilhamento foi anteriormente autorizado por este Juízo contra pessoas que celebraram acordos de colaboração com o Ministério Público no âmbito da assim denominada Operação Lavajato, bem como contra empresas que celebraram acordos de leniência" (BRASIL. 13ª Vara Federal de Curitiba/PR. *Processo nº 5054741-77.2015.404.7000*, decisão de 2.42018).

do ressarcimento; 2) insubsistência dos requisitos para constrições patrimoniais; 3) inaplicabilidade de sanções com base nas provas derivadas da leniência; 4) suspensão da inidoneidade; 5) limitações subjetivas no uso válido das provas e; 6) proteção contra retaliações.

Tais elementos, entretanto, não foram suficientes para impedir que o Tribunal de Contas da União descumprisse acordos de leniência que englobavam os mesmos fatos que estavam sob sua apuração. De fato, uma das possíveis ações a serem adotadas pelas empresas lenientes, e pelas instituições celebrantes dos acordos, é exigir, judicialmente, a sua execução, de modo a garantir o integral cumprimento dos seus termos por todos os integrantes do aparato estatal, afastando-se assim eventuais atos ou decisões que possam mitigar, de alguma forma, os benefícios garantidos aos colaboradores e interferir nas bases do acordo pactuado.

Ocorre que, para avançar na investigação, podem se verificar situações nas quais o descumprimento dos acordos de leniência, seja ele provocado pela própria instituição celebrante ou pelos demais entes integrantes do Estado, conduza a um dano imediato[31] na esfera de direitos da colaboradora, bem como a uma alteração irreversível das bases que fundamentaram o acordo celebrado. Nesses casos, tanto a Lei nº 12.846/2013, como os acordos de leniência pactuados não disciplinam as consequências jurídicas decorrentes desse descumprimento por parte do Estado.

Sob esse contexto, e com base nas premissas já estabelecidas, serão analisadas a seguir as consequências jurídicas decorrentes do descumprimento dos acordos por parte do Estado, e a possibilidade de que lhe sejam impostas sanções em razão do inadimplemento, sanções estas que imporão a revisão das obrigações impostas à empresa leniente.

4 Consequências jurídicas do descumprimento dos acordos pelo Estado – A revisão-sanção das obrigações como mecanismo de proteção às empresas colaboradoras e garantia à execução contratual

Considerando a bilateralidade dos acordos de leniência, os quais pressupõem a existência de uma relação sinalagmática, responsável por consubstanciar obrigações recíprocas entre as partes, é indubitável que o descumprimento da avença, por qualquer delas, gerará consequências jurídicas. Mas quais seriam essas consequências?

Os acordos colaborativos assinados por pessoas jurídicas com base na Lei nº 12.846/2013 possuem, usualmente, inúmeras disposições que disciplinam as consequências no caso de inadimplemento das obrigações assumidas pela colaboradora, podendo culminar até na rescisão do acordo. Nessa hipótese, o Estado fará uso das informações prestadas pela empresa leniente a título de colaboração, revogando, no entanto, os benefícios a ela concedidos. Ademais, os acordos costumam prever que as parcelas das obrigações pecuniárias assumidas pela leniente vencerão antecipadamente caso ela descumpra o avençado.

---

[31] Assim, por exemplo, é muito comum que seja estipulado o vencimento antecipado de contratos e títulos de crédito caso o emitente seja declarado inidôneo para contratar com a Administração Pública. Dessa forma, ainda que seja possível, em momento posterior, a reversão dessa declaração por meio da execução judicial dos termos do acordo de leniência, a lesão poderá restar irremediavelmente configurada.

E nos casos em que o descumprimento se dá por parte do próprio Estado? Conforme exposto anteriormente, ao se analisar os acordos celebrados no âmbito federal pelo Ministério Público Federal (MPF) e pela Controladoria-Geral da União (CGU), em conjunto com a Advocacia-Geral da União (AGU), verifica-se que boa parte dos instrumentos negociais sequer traz disposições acerca de um eventual descumprimento pelo Estado. O restante, ao fazê-lo, limita-se a trazer cláusulas genéricas, como exemplo, a que confere à empresa leniente a possibilidade de pleitear a rescisão do acordo no caso de inadimplemento por parte da entidade estatal signatária. Não há, todavia, nenhuma pormenorização das consequências jurídicas dessa rescisão. Ora, seria possível supor, por paralelismo (considerando as consequências da rescisão por culpa da colaboradora), que tal descumprimento ensejaria a manutenção dos benefícios concedidos à pessoa jurídica e a inutilização dos documentos e informações por ela prestados?

Evidente que tal cenário se mostra inviável, uma vez que a completa inutilização dos documentos e informações obtidos contraria o interesse público e os fundamentos do próprio instituto da leniência (o qual visa auxiliar a investigação de atos lesivos à Administração Pública). Do mesmo modo, inexistiria base para a manutenção dos benefícios à empresa colaboradora após a rescisão do contrato. Ainda que se entendesse que todos os elementos por ela produzidos devam ser considerados nulos em razão da rescisão contratual por culpa do Estado, a empresa leniente estaria em uma situação de grave insegurança jurídica, uma vez que poderia ser atingida e demandada, com base em informações e elementos oriundos de outras fontes, a respeito dos fatos ilícitos que integravam o seu acordo.

É necessário assim estabelecer uma solução alternativa que, concomitantemente, atenda ao interesse público e esteja em consonância com o ordenamento jurídico brasileiro, de modo a se coibir e disciplinar as consequências do descumprimento do acordo por parte das entidades estatais e, simultaneamente, compensar eventuais prejuízos – patrimoniais ou não – suportados pela pessoa jurídica colaboradora. Uma solução dessa espécie seria capaz de garantir maior segurança jurídica aos colaboradores e à própria higidez do instituto instituído pela Lei Anticorrupção.

Nesse sentido, tomando por pressuposto (i) a inviabilidade fática de a empresa leniente pleitear a rescisão (ou resolução) do acordo por culpa do Estado, ao menos nos casos em que não discriminadas previamente as suas consequências;[32] (ii) que, em algumas hipóteses, o descumprimento do acordo gera um dano imediato à colaboradora, independentemente de conseguir obter em momento posterior a execução forçada dos seus termos na via judicial; e (iii) que é interesse público e, principalmente, da colaboradora, que o acordo de leniência permaneça vigente, tem-se, assim, que a única alternativa para coadunar todos esses elementos é estabelecer a possibilidade jurídica de revisão de obrigações contratuais em benefício da leniente, revisão esta que terá natureza sancionatória ao inadimplemento, e, quando o caso, reparatória aos danos que lhe foram decorrentes.[33]

---

[32] Inviabilidade esta decorrente da própria impossibilidade material de se retornar ao estado anterior ao acordo.

[33] Com efeito, o art. 389 do Código Civil estabelece que a "Não cumprida a obrigação, responde o devedor por perdas e danos, mais juros e atualização monetária segundo índices oficiais regularmente estabelecidos, e honorários de advogado". No caso, a revisão que se realizará permitirá justamente a reparação das perdas e danos sofridos pela empresa leniente em razão do descumprimento do acordo pelo Estado.

Apesar de o acordo de leniência ser um contrato bilateral de execução continuada, como já salientado, ele foge à regra das disposições comuns aplicáveis a tais instrumentos, as quais permitem que a parte que se sentir prejudicada possa pleitear a rescisão do contrato e, eventualmente, substituir sua pretensão não satisfeita pela resolução em perdas e danos.

No caso dos acordos de leniência, inexiste possibilidade fática de a empresa colaboradora pedir a rescisão do acordo sem sofrer consequências piores do que as decorrentes do próprio inadimplemento contratual por parte do Estado. Assim, considerando que "a condenação do devedor ao ressarcimento dos prejuízos é uma sanção que se lhe aplica exatamente porque deixou de executar o contrato",[34] e considerando a impossibilidade da resolução contratual por parte da colaboradora, a solução dessa questão deve se dar no âmbito da própria execução da leniência, por meio da revisão de suas cláusulas em favor da parte lesada (no caso, a leniente), revisão que aqui assume nitidamente o caráter sancionatório em relação à parte inadimplente.

A possibilidade de revisão das obrigações em benefício da leniente, como consequência do inadimplemento do contrato por parte do Estado, deve ser entendida como uma garantia à própria execução contratual. *Mutatis mutandi*, um acordo de leniência possui semelhanças intrínsecas às parcerias público-privadas (PPP), as quais são formadas por contratos que se prolongam por muitos anos no tempo, sendo que o principal risco à parceira privada é justamente a inadimplência estatal. Dessa forma, a Lei nº 11.079/2004 estabeleceu mecanismos de garantias à execução contratual, especialmente contra a inadimplência por parte do Estado, de modo a criar um cenário de segurança jurídica necessário à atratividade do próprio instrumento perante os olhos dos investidores privados, garantindo assim ao particular o cumprimento tempestivo do contrato, sem submetê-lo ao regime de precatórios.[35]

Assim, entendido o direito à revisão, nas hipóteses de descumprimento do acordo pelo Estado, como uma garantia à própria execução contratual, sobre quais obrigações e como poderia se dar tal revisão em benefício da leniente?

Inicialmente, deve-se destacar que as obrigações impostas às empresas lenientes podem ter as mais diversas naturezas, como: (i) obrigações de dar (ex.: pagamento

---

[34] GOMES, Orlando. *Contratos*. 26. ed. Rio de Janeiro: Forense, 2007. p. 205.

[35] "Some-se a isso a arraigada doutrina da supremacia do interesse público que, de maneira superficial como é usualmente interpretada, propaga uma visão autoritária de que o agente privado não teria direito de exigir o cumprimento contratual tempestivo por parte da administração pública, muito menos da execução de uma garantia em face do Estado. Sob tal visão, se o ente privado aceita o privilégio de contratar com o Estado, há de suportar o ônus associado a tal escolha, aceitando como um desfecho natural da relação o rompimento do contrato por decisão unilateral e arbitrária do ente público – como se o interesse público impusesse uma opção do Estado ao inadimplemento, sob consequência única de sujeição ao precatório, cujos efeitos econômicos para o ente estatal podem, em geral, ser procrastinados por décadas e diferentes mandatos subsequentes. No entanto, o cenário acima descrito alterou-se substancialmente com o advento das PPPs, introduzidas em âmbito nacional pela Lei nº 11.079, de 2004. Nas PPPs, a principal ou por vezes única fonte de receitas do concessionário é justamente a contraprestação pública, de modo que o inadimplemento estatal constitui o principal risco dessa modalidade de contratação. [...] É por isso que, conhecendo-se o histórico de inadimplemento contumaz da administração pública brasileira e as sérias limitações do nosso sistema de precatórios, as PPPs no Brasil nunca foram, desde sua origem, concebidas sem garantias formais capazes de reduzir a percepção de risco de inadimplemento aos olhos do investidor privado. Ou seja, se o risco de inadimplemento e de quebra contratual já impõem custos e adversidades no contexto das concessões comuns, dos contratos administrativos em geral e da dívida pública – mas não a ponto de inviabilizá-los –, as PPPs seriam simplesmente impraticáveis no Brasil sem garantias mitigadoras!" (ENEI, José Virgílio Lopes. *Garantias de adimplemento da administração pública ao contratado das parcerias público-privadas*. São Paulo: Almedina, 2018. p. 36-38).

de multas, ressarcimento por danos ao erário); (ii) obrigações de fazer (ex.: realizar investimentos, vender ativos, construir determinada obra); e (iii) obrigações de não fazer (ex.: abster-se de praticar certas atividades). Essa diversidade de obrigações irá decorrer das especificidades de cada caso e da negociação precedente à realização do acordo.

Há, no entanto, um ponto em que essa revisão-sanção em favor da empresa colaboradora sofre limitações, que é sobre a obrigação de ressarcir os prejuízos causados ao erário. Isso decorre do fato de que a obrigação de ressarcimento ao erário possui caráter indisponível[36] e, conforme decidido recentemente pelo Supremo Tribunal Federal em sede de repercussão geral,[37] imprescritível quando decorrente de um ato doloso. Ainda que eventualmente tal obrigação possa ser objeto de readequações a fim de promover condições para o seu integral adimplemento, ela não poderá ser revista com fundamento na imposição de sanções ao Estado pelo descumprimento do acordo. Assim, exceto a obrigação estipulada de ressarcimento de danos, todas as demais podem ser objeto de revisão em benefício da leniente lesada, seja como forma de sancionar o Estado por sua inadimplência, seja para reparar os danos que provocou à outra parte contratual.

A definição de uma quantia compatível a sancionar a inadimplência estatal e a ressarcir os eventuais prejuízos e danos suportados pela empresa leniente somente será possível por meio da análise de cada caso concreto. Após essa análise, e definida a quantia, a revisão das cláusulas em favor da leniente poderá se dar por meio da compensação ou abatimento dos valores de modo proporcional às suas obrigações, como exemplo, por meio da redução das multas, extinção ou alteração de outras obrigações que detenham equivalência ao *quantum* verificado.

Esse procedimento de revisão poderá ocorrer tanto pela via administrativa, por meio da qual as partes contratantes poderão chegar a um consenso e, assim, repactuar os termos do acordo em favor da colaboradora, ou poderá ser operado pela via judicial. Acerca da possibilidade da revisão judicial, apesar de a Lei nº 12.846/2013 não exigir a homologação judicial para a eficácia do acordo, tem-se que incide na hipótese a previsão do art. 5º, inc. XXXV, do texto constitucional, o qual estabelece que as lesões e ameaças a direito não serão excluídas da apreciação do Poder Judiciário. Não há quem discorde do fato de que a violação a um acordo plenamente válido constitui lesão a direito. E nem se diga que eventual revisão judicial interferiria na esfera discricionária da instituição celebrante. Isso porque a discricionariedade da atuação estatal em sede dos acordos limita-se à sua negociação e eventual celebração. Uma vez subscrita a leniência, o Estado está totalmente vinculado às suas disposições, não havendo possibilidade de se furtar ao seu cumprimento, que deve ocorrer nos exatos termos pactuados.

Desse modo, resta clara a possibilidade jurídica e a existência de instrumentos no sistema brasileiro capazes de viabilizar a revisão das obrigações assumidas pela empresa colaboradora em caso de descumprimento do acordo pelo Estado, tanto judicial como extrajudicialmente, e, por conseguinte, garantir o atendimento ao interesse público inerente à manutenção da relação contratual, permitindo-se assim o avanço das investigações com base nas informações e documentos apresentados, sem que se cause

---

[36] Essa noção decorre da disposição do art. 16, §3º da Lei nº 12.846/2013, que dispõe que "[o] acordo de leniência não exime a pessoa jurídica da obrigação de reparar integralmente o dano causado".

[37] BRASIL. Supremo Tribunal Federal. Tribunal Pleno. *RExt* nº 852.475/SP. Rel. Min. Edson Fachin, j. 8.8.2018.

um injusto prejuízo ao interesse público e àquela pessoa jurídica que optou pela via consensual de colaboração para com o Estado, o que, como última consequência, terá o condão de preservar a integridade do próprio instituto da leniência.

5 Conclusões

Os acordos de leniência possuem natureza jurídica de negócio jurídico bilateral sinalagmático, por meio do qual o Estado e a empresa colaboradora assumem direitos e obrigações recíprocas, sendo que as relações entre as partes, no que tange aos fatos objeto do acordo, passam a ser reguladas pelo instrumento contratual, que, por sua vez, constitui título executivo extrajudicial.

O Poder Judiciário, por meio de recentes decisões, vem reconhecendo essa natureza jurídica contratual dos acordos de leniência e a sua consequente oponibilidade a terceiros, em especial aos demais órgãos e instituições do aparato estatal, devido ao fato de que a manutenção dos benefícios constituídos em favor das colaboradoras é o sinalagma das obrigações do Estado no acordo celebrado.

Em outras palavras, figurando o acordo como um substitutivo à sanção impositiva, decorrente da força heterônoma do Estado e, sendo este o detentor do monopólio do poder sancionatório incidente sobre a matéria, caberá somente a ele manter os benefícios pactuados. Disso decorre o entendimento de que o acordo de leniência estará descumprido caso os benefícios garantidos à empresa colaboradora sejam mitigados ou não observados por quaisquer órgãos ou instituições do aparato estatal, independentemente de integrarem ou não a relação contratual estabelecida.

Embora a legislação e os próprios acordos já celebrados não prevejam as consequências jurídicas do descumprimento dos seus termos pelo próprio Estado, limitando-se unicamente a declarar que a colaboradora poderá pleitear a sua rescisão, tem-se que não há possibilidade fática de isso ocorrer, uma vez que a leniente restará completamente desprotegida e em situação de grave insegurança jurídica, cenário este certamente pior do que o advindo da própria inadimplência estatal.

Assim, considerando a necessidade de se estabelecer maior segurança jurídica às empresas colaboradoras e de se resguardar a própria higidez do instituto preconizado pela Lei nº 12.846/2013, devem ser aplicados institutos próprios do direito contratual a fim de garantir a execução do pactuado, de modo a permitir a sanção do Estado pelo inadimplemento contratual e o ressarcimento dos prejuízos provocados à leniente, a qual não possui condições fáticas de pleitear a resolução do contrato.

A possibilidade de revisão das cláusulas contratuais em benefício da colaboradora, na justa proporção do ato antijurídico praticado pelo Estado e dos danos que lhe foram provocados, mostra-se um interessante caminho para estabelecer a necessária segurança jurídica às relações negociais decorrentes do instituto da leniência. A medida teria, de fato, o condão de desestimular o descumprimento do pactuado por parte das instituições estatais e, caso isso ocorresse, possibilitaria o ressarcimento dos prejuízos provocados à colaborada e a consequente manutenção da relação entre as partes, cumprindo-se assim os objetivos preconizados na Lei nº 12.846/2013.

Referências

BECKER, Gary Stanley. Crime and punishment: an economic approach. *The Journal of Political Economy*, v. 76, n. 2, mar./abr. 1968. Disponível em: http://www.nber.org/chapters/c3625. Acesso em: 8 jun. 2019.

CANETTI, Rafaela Coutinho. *Acordo de leniência*: fundamentos do instituto e os problemas de seu transplante ao ordenamento jurídico brasileiro. Belo Horizonte: Fórum, 2018.

DINO, Nicolau. A colaboração premiada na improbidade administrativa: possibilidade e repercussão probatória. *In*: SALGADO, Daniel de Resende; QUEIROZ, Ronaldo Pinheiro de (Org.). *A prova no enfrentamento à macrocriminalidade*. Salvador: JusPodivm, 2015.

ENEI, José Virgílio Lopes. *Garantias de adimplemento da administração pública ao contratado das parcerias público-privadas*. São Paulo: Almedina, 2018.

GABARDO, Emerson; HACHEM, Daniel Wunder. O suposto caráter autoritário da supremacia do interesse público e das origens do direito administrativo: uma crítica da crítica. *In*: PIETRO, Maria Sylvia Zanella; RIBEIRO, Carlos Vinícius Alves Ribeiro (Coord.). *Supremacia do interesse público e outros temas relevantes do direito administrativo*. São Paulo: Atlas, 2010.

GOMES, Orlando. *Contratos*. 26. ed. Rio de Janeiro: Forense, 2007.

HUNTINGTON, Samuel P. *Political order in changing societies*. New Haven: Yale University Press, 1968.

LARENZ, Karl. *Derecho de obligaciones*. Tradução de Jaime Santos Briz. Madrid: Ed. Revista de Derecho Privado, 1958. t. I.

LUMPKIN, Julie A. The standard of proof necessary to establish that a defendant has materially breached a plea agreement. *Fordham Law Review*, v. 55, p. 1059-1086, 1984. Disponível em: http://ir.lawnet.fordham.edu/flr/vol55/iss6/8. Acesso em: 8 jun. 2019.

MIRANDA, Francisco Cavalcanti Pontes de. *Tratado de direito privado*. São Paulo: Revista dos Tribunais, 2012. t. III.

NANNI, Giovanni Ettore. O dever de cooperação nas relações obrigacionais à luz do princípio constitucional da solidariedade. *In*: NANNI, Giovanni Ettore (Coord.). *Temas relevantes do direito civil contemporâneo*: reflexões sobre os cinco anos do Código Civil. São Paulo: Atlas, 2018.

PEREIRA, Caio Mário da Silva. *Instituições de direito civil*. Rio de Janeiro: Forense, 2002.

TOJAL, Sebastião Botto de Barros; TAMASAUSKAS, Igor. A leniência anticorrupção: as primeiras aplicações, suas dificuldades e alguns horizontes para o instituto. *In*: BOTTINI, Pierpaolo Cruz; MOURA, Maria Thereza de Assis (Coord.). *Colaboração premiada*. São Paulo: Revista dos Tribunais, 2018.

Informação bibliográfica deste texto, conforme a NBR 6023:2018 da Associação Brasileira de Normas Técnicas (ABNT):

TOJAL, Sebastião Botto de Barros. Consequências jurídicas do descumprimento do acordo de leniência pelo Estado e os mecanismos de garantia à execução contratual e de proteção à empresa colaboradora. *In*: MORAES, Alexandre de; MENDONÇA, André Luiz de Almeida (Coord.). *Democracia e sistema de justiça*: obra em homenagem aos 10 anos do Ministro Dias Toffoli no Supremo Tribunal Federal. Belo Horizonte: Fórum, 2020. p. 591-606. ISBN 978-85-450-0718-0.

PARTICIPAÇÃO NA GESTÃO

SERGIO PINTO MARTINS

1 Histórico

A participação na gestão das empresas surge sob um aspecto político de acordo com os ideais da Revolução Francesa de 1789. Na época já havia um interesse do povo de participar da vida política e do poder, de modo a encerrar os períodos monarquistas.

Em 1846, na França, Godin estabeleceu um conselho de empresa com os representantes de cada seção na sua fábrica. Em 1917 também foi promovida a criação de delegados nas fábricas de armamento por Albert Thomas.

A Igreja também se preocupou com o assunto, entendendo que se tratava de um direito fundamental do trabalhador.

"A justiça só pode ser observada por cada um isoladamente se todos concordarem em praticá-la em conjunto" (Pio XI).

O Papa João XXIII, na encíclica *Mater et Magistra*, pretendeu o reconhecimento do direito dos trabalhadores a "uma participação ativa nos negócios da empresa em que trabalham", não tendo apenas como parâmetro o lucro, pois "a justiça há de respeitar-se, não só na distribuição da riqueza, mas também na estrutura das empresas em que se exerce a atividade produtiva", não ficando o trabalhador apenas como um simples executor de ordens. Seria uma forma de atenuação das lutas sociais. Entendia-se que o trabalhador deveria tomar parte na vida da empresa, porém esclareceu que deveriam ser formuladas regras precisas e definidas para tanto, em razão das características peculiares de cada empresa. A orientação da Igreja era, portanto, no sentido de que o trabalhador não ficasse apenas executando ordens, silenciosamente, mas que tivesse condições de participar ativamente da empresa.

A Encíclica *Quadragesimo Anno* afirma que "mais apropriado às condições atuais de vida social temperar, na medida do possível, o contrato de trabalho por elementos extraídos do contrato de sociedade", convocando "operários e empregados a participar de alguma forma da propriedade da empresa, de sua direção ou dos lucros que ela aufere".

O II Congresso Brasileiro de Direito Social de 1946, tendo por base a doutrina da Igreja, entendeu que a participação na gestão da empresa é um ideal a ser atingido por etapas. Seria uma forma de preparação educacional aos trabalhadores, integrando-os gradativamente à administração da empresa.

Na Constituição Pastoral *Gaudiam et Spes*, promulgada pelo Vaticano II, em 7.12.1965, verificava-se também a necessidade da "participação ativa de todos na gestão da empresa". O Código Social de Malines, representando o ponto de vista da Igreja católica, mostra a conveniência da participação nos lucros, sob a forma de "ações de trabalho", evidenciando a cogestão do empreendimento por meio do acionariado obreiro (arts. 115 e 142).

A Encíclica *Laborem Exercens* do Papa João Paulo II assegura o primado ao trabalho na estrutura dinâmica de todo o processo econômico, mencionando o respeito à copropriedade dos meios de trabalho e à participação dos trabalhadores na gestão e/ou nos lucros das empresas. A Igreja, entretanto, não prescreve a participação na gestão de forma obrigatória ou impositiva.

A Constituição de Weimar, de 1919, previa que "os operários e empregados são chamados a colaborar, em pé de igualdade com os patrões, na regulamentação dos salários e das condições de trabalho, bem como no desenvolvimento das forças produtivas" (art. 165).

2 Evolução legislativa no Brasil

Na verdade, uma forma indireta de participação na gestão surge com o Decreto-Lei nº 7.036, de 10.11.1944, ao criar regras pertinentes às comissões internas de acidentes do trabalho, sendo que houve nesse aspecto uma participação do empregado na empresa de modo a diminuir os acidentes de trabalho e, de certa forma, de cogestão.

A participação nos lucros surgiu com a Constituição de 1946 (art. 157, IV), porém nada se mencionou a respeito da participação na gestão ou de formas de cogestão. A redação da referida norma era a seguinte: "participação obrigatória e direta do trabalhador nos lucros da empresa, nos termos e pela forma que a lei determinar".

A primeira Constituição que tratou do tema foi a de 1967, no inc. V do art. 158, ao versar sobre a integração do trabalhador na vida e no desenvolvimento da empresa, com participação nos lucros e, excepcionalmente, na gestão, nos casos e condições que forem estabelecidos. Era uma regra dirigida ao legislador ordinário. Este, contudo, nunca veio a regular a questão.

O Decreto-Lei nº 229/67 alterou a redação do art. 621 da CLT, estabelecendo:

> as Convenções e os Acordos poderão incluir, entre suas cláusulas, disposição sobre a constituição e funcionamento de comissões mistas de consulta e colaboração no plano da empresa e sobre participação nos lucros. Estas disposições mencionarão a forma de constituição, o modo de funcionamento e as atribuições das comissões, assim como o plano de participação, quando for o caso.

A Emenda Constitucional nº 1, de 1969, versou no inc. V do art. 165 sobre o mesmo tema, com pequena mudança de redação: "integração na vida e no desenvolvimento da empresa, com participação nos lucros e, excepcionalmente, na gestão, segundo for estabelecido em lei". Não se falava mais em casos e condições que fossem estabelecidos, apenas segundo os critérios definidos em lei. Entretanto, a participação na gestão continuava sendo de natureza excepcional.

No estado de São Paulo, a Lei Estadual nº 3.742, de 20.5.1983, com nova redação determinada pela Lei nº 4.096, de 15.7.1984, estabelece que nas sociedades anônimas controladas majoritariamente pelo Estado é obrigatória a instituição de um Conselho de Participação e Representação de Pessoal, composto de 30 membros, que elege um diretor para representar os empregados na empresa. Com a Lei nº 4.096 os próprios trabalhadores é que passaram a eleger o seu representante.

Na Assembleia Nacional Constituinte o tema não foi tratado na Subcomissão dos Direitos dos Trabalhadores e na Comissão da Ordem Social. Na Comissão de Sistematização surgiu a redação "participação nos lucros, desvinculada da remuneração, e na gestão da empresa, conforme definido em lei ou em negociação coletiva".

Prevê o inc. XI do art. 7º da Constituição de 1988: "participação nos lucros, ou resultados, desvinculada da remuneração, e, excepcionalmente, participação na gestão da empresa, conforme definido em lei". Verifica-se que a participação na gestão continua sendo determinada de maneira excepcional, dependente, porém, da lei ordinária que irá regular o assunto.

3 Etimologia

Participação vem do latim *participatio* (*onis*), com o significado de tomar parte. Normalmente, é alguém que vai tomar parte de modo excepcional e não de modo comum, ordinário, de alguma coisa.

4 Denominação

Em outros países verifica-se a utilização das seguintes expressões: *consigli d'impresa, conseil d'entreprise, comité d'entreprise, comité d'*établissement, *comissioni interne d'azienda, consigli di gestione, Betriebsrat, Betriebsvertretung*.

O tema pode ser denominado *participação na gestão* ou *cogestão*. Tem o significado de o empregado poder participar da gestão da empresa juntamente com o empregador, tomando decisões.

5 Conceito

Participação tem o sentido de tomar parte.

Empresa tem um conceito econômico. É a atividade organizada para a produção de bens e serviços ao mercado com finalidade de lucro.

Participação na gestão é o modo excepcional em que o empregado toma parte na gestão da empresa.

6 Distinção

A participação na gestão não se confunde com a participação nos lucros. Nesta o objetivo é que, se houver lucro, seja distribuído entre os empregados. Naquela a participação não será no resultado positivo obtido pela empresa, mas na direção da própria empresa, no seu destino. Não deixa de ser, porém, a participação nos lucros uma forma indireta de cogestão, de fazer com o que trabalhador participe da empresa, obtendo resultados positivos e se beneficiando da distribuição dos lucros. A participação nos lucros tem natureza de complementação à remuneração. A cogestão, necessariamente, não tem a ver com a remuneração do empregado, mas uma forma de gerir a empresa. Na participação nos lucros participa-se do resultado positivo e não da gestão.

A cogestão é distinta da participação no capital. A participação no capital irá dizer quem é o proprietário da empresa, enquanto na primeira o empregado pode participar da gestão da empresa, mas não necessariamente do seu capital.

Difere a cogestão da autogestão, pois a primeira envolve a comunhão de decisões entre empregados e empregadores na empresa. Já na segunda a direção da empresa é feita somente pelos empregados. Cogestão envolve a participação dos empregados com os donos do empreendimento no desenvolvimento das atividades da empresa. Autogestão ocorre quando os próprios funcionários assumem a empresa, que não mais tem donos, como acontece quando há a falência do empregador.

O representante de que trata o art. 11 da Constituição não se confunde com a pessoa que participa da gestão, pois o primeiro é aquele que irá ser eleito com a finalidade exclusiva de promover o interesse dos empregadores diretamente com o empregador.

7 Classificação

A participação na gestão está incluída no direito coletivo, pois o interesse a ser discutido é o coletivo, de toda a empresa e da comunidade de pessoas que nela prestam serviços. Não se trata, portanto, de um aspecto individual, que diria respeito ao contrato individual de trabalho, mas, sim, à coletividade da empresa, incluindo os empregados.[1]

A participação na gestão pode ser classificada em informação, colaboração, controle e cogestão.[2]

O direito de informação do trabalhador quer dizer que o empregador deve fornecer informações quanto aos destinos da empresa. Entretanto, deve ser resguardado o sigilo das informações, de acordo com a confiança que o empregador tem no empregado, de modo que as questões internas na empresa não sejam divulgadas para os concorrentes.

O art. 6º da Diretiva 2002/14/CE do Parlamento Europeu, de 23.3.2002, estabelece o seguinte:

> os Estados-membros devem estabelecer que, nas condições e nos limites fixados na legislação nacional, os representantes dos trabalhadores, bem como os peritos que eventualmente os assistam, não sejam autorizados a revelar aos trabalhadores, nem a terceiros, informações que, no interesse legítimo da empresa ou do estabelecimento, lhes tenham sido expressamente comunicadas a título confidencial.

A norma, porém, é dependente das condições e dos limites fixados na legislação nacional.

---

[1]   MARTINS, Sergio Pinto. *Direito do trabalho*. 35. ed. São Paulo: Saraiva, 2019. p. 1.171.

[2]   ROMITA, Arion Sayão. Representação dos trabalhadores na empresa. *Revista LTr*, v. 52, n. 11, p. 1333-1334, nov. 1988.

Amauri Mascaro Nascimento afirma que devem ser disponibilizadas apenas as informações "necessárias para a elucidação dos pontos de controvérsia para a superação do impasse".[3]

A colaboração pode ser entendida como uma forma moderna de democracia na empresa, em que o trabalhador não vai apenas trabalhar, mas colaborar com o empregador para que a empresa produza adequadamente e se insira no seu mercado. O trabalhador passa a ser um parceiro do empregador nos destinos do empreendimento.

No controle, os trabalhadores passam a fiscalizar as atividades da empresa, não só no que diz respeito ao trabalho, como na Comissão Interna de Prevenção de Acidentes (Cipa), mas também às decisões empresariais.

A cogestão implica os trabalhadores participarem da administração da empresa, que será feita de maneira conjunta por empregador e empregados.

A cogestão pode ter a participação do sindicato dos trabalhadores ou apenas dos trabalhadores.

A cogestão pode ser classificada como de empresa ou de estabelecimento. A cogestão no estabelecimento não envolve toda a empresa, apenas o estabelecimento. Já a cogestão de empresa importa inclusive na delegação de poderes de direção ao empregado e de deliberação, que irão envolver a empresa como um todo e não apenas um estabelecimento. A cogestão estabelecida na Constituição é a de empresa, pois fala-se em participação na gestão da empresa e não do estabelecimento.

Normalmente se questiona a cogestão em razão de que seria uma forma de violar o direito de propriedade do empregador. Entretanto, o trabalhador não é um sócio do empregador, apenas passa a fazer parte dos destinos da empresa. O empregado, porém, não pode em hipótese alguma ser responsabilizado em seu salário pelos riscos do empreendimento, que são do empregador, segundo o art. 2º da CLT.

Na participação na propriedade ocorre um misto entre contrato de trabalho e contrato de sociedade. Os trabalhadores são ao mesmo tempo empregados e sócios.

A participação acionária pode ser feita individualmente, em relação a cada trabalhador, ou coletivamente, por meio de um grupo de trabalhadores.

Cogestão simples envolve apenas poderes básicos para os empregados.

Cogestão plena diz respeito a qualquer ato que exige participação do conselho, incluindo os representantes dos empregados.

8 Autoaplicabilidade

O inc. XI do art. 7º da Constituição não é uma norma autoaplicável, pois depende da lei ordinária para lhe dar eficácia plena. A determinação "conforme definido em lei" diz respeito também à participação na gestão, que depende da previsão legal para ser implementada.

Leciona José Afonso da Silva:

> não há norma constitucional alguma destituída de eficácia. Todas elas irradiam efeitos jurídicos, importando sempre numa inovação da ordem jurídica preexistente à entrada em vigor da constituição a que aderem, e na ordenação da nova ordem instaurada. O que se

---

[3] NASCIMENTO, Amauri Mascaro. *Direito do trabalho na Constituição de 1988*. 2. ed. São Paulo: Saraiva, 1991. p. 156.

pode admitir é que a eficácia de certas normas constitucionais não se manifesta na plenitude dos efeitos jurídicos pretendidos pelo constituinte, enquanto não se emitir uma normação jurídica ordinária ou complementar executória, prevista ou requerida.[4]

Nesse ponto podemos dizer que o inc. XI do art. 7º da Constituição tem vigência a partir de 5.10.1988, tendo também eficácia. O que se precisa verificar é se há necessidade de a norma constitucional ser complementada pela lei ordinária para poder ter eficácia plena e o dispositivo constitucional possa ser executado, assim como se o pagamento da participação nos lucros já é totalmente desvinculado da remuneração, mesmo antes da edição da lei ordinária sobre o assunto.

É preciso fazer, portanto, a interpretação do inc. XI do art. 7º da Lei Maior, sendo desaconselhável a sua interpretação literal, pois poderá conduzir o intérprete a erros.

Devemos fazer, portanto, uma interpretação até mesmo sistemática da Constituição. Como ensina Carlos Maximiliano "não se encontra um princípio isolado em ciência alguma; acha-se cada um em conexão íntima com outros [...]. Cada preceito, portanto, é membro de um grande todo; por isso do exame em conjunto resulta bastante luz para o caso em apreço".[5] A análise do caso concreto deve ser feita partindo-se das hipóteses especiais para os princípios dirigentes do sistema; indagando-se se obedecendo a uma determinação não se estará violando outra; inquirindo-se das consequências possíveis de cada exegese isolada. Lembre-se de que em Roma o juiz não deveria decidir apenas com base numa parte da lei, mas deveria examinar a norma no seu conjunto.

A Constituição deve ser interpretada na íntegra, devendo ser analisada no seu conjunto. É preciso contemplar o dispositivo constitucional em análise com outros semelhantes, que formam o mesmo instituto, ou estão dentro do mesmo título ou capítulo, examinando também a matéria em relação aos princípios gerais, em suma: todo o sistema em vigor.

É necessário lembrar que ninguém é obrigado a fazer ou deixar de fazer algo a não ser em virtude de lei: o consagrado princípio da legalidade (art. 5. II, da Lei Fundamental). Não se pode dizer que o dispositivo atinente à participação na gestão é autoaplicável, pois depende da lei que virá fixar a forma dessa participação nos lucros. Inexistindo lei ordinária, não há como se falar que a desvinculação da remuneração já possa ser aplicada. Quando a lei instituir a forma da participação nos lucros, aí, sim, esta será desvinculada da remuneração, de maneira a não atribuir mais encargos ao empregador. Como esclarece Pinto Ferreira, o inc. XI do art. 7º da Lei Maior "é um princípio programático, dependente de lei".[6] Ensina Celso Ribeiro Bastos que a participação nos lucros "continua, sem dúvida, na dependência de lei regulamentadora, inclusive por expressa remissão que a ela faz o inciso ora comentado".[7] José Afonso da Silva leciona que o inc. XI do art. 7º da Lei Fundamental continua a depender de lei, quanto à sua eficácia e aplicabilidade, tratando-se, portanto, de promessa constitucional, ou seja, de norma de caráter programático.[8]

---

[4] SILVA, José Afonso da. *Aplicabilidade da norma constitucional*. São Paulo: Malheiros, 1999. p. 81-82.

[5] MAXIMILIANO, Carlos. *Hermenêutica e aplicação do direito*. 8. ed. Rio de Janeiro: Forense, 1965. p. 140-142.

[6] FERREIRA, Luiz Pinto. *Comentários à Constituição brasileira*. São Paulo: Saraiva, 1989. v. 1. p. 233.

[7] BASTOS, Celso. *Comentários à Constituição do Brasil*. São Paulo: Saraiva, 1989. v. 2. p. 444.

[8] SILVA, José Afonso da. *Curso de direito constitucional positivo*. São Paulo: Malheiros, 1989. p. 263.

À primeira vista pode-se entender que a expressão "conforme definido em lei" observada na parte final do inc. XI do art. 7º da Lei Maior se refere ao que vem antes na oração: "participação na gestão da empresa". É possível, todavia, dizer que a expressão "conforme definido em lei" diz respeito a todo o inciso em comentário e não só à participação na gestão da empresa. O "conforme definido em lei" diz respeito, também, à "participação nos lucros, ou resultados, desvinculada da remuneração", que é parte do citado inciso. Mesmo nas Constituições anteriores a expressão "nos termos da lei" se referia a todo o inciso, seja à participação nos lucros ou à participação na gestão, como se nota no inc. V do art. 158 da Constituição de 1967 e no inc. V do art. 165 da Emenda Constitucional nº 1, de 1969.

O inc. XI do art. 7º da Lei Fundamental é, portanto, uma norma dirigida ao legislador ordinário, pois quando o constituinte quis que a matéria constitucional fosse complementada pela lei ordinária foi expresso ao utilizar as expressões "na forma da lei", "nos termos da lei" etc., como ocorre no caso presente. O constituinte apenas determinou ao legislador ordinário que a participação nos lucros seria desvinculada da remuneração. O referido dispositivo constitucional, contudo, não contém os elementos necessários mínimos e indispensáveis para a sua aplicabilidade imediata. Verificamos, por exemplo, que o art. 7º da Lei Fundamental estabelece direitos aos trabalhadores urbanos e rurais, porém o seguro-desemprego (inc. II) e o FGTS (inc. III) não são direitos que poderiam ser exigidos de imediato (caso não houvesse lei ordinária tratando do tema), apesar de não haver qualquer expressão adicionada nos referidos incisos como "nos termos da lei", sendo necessária lei ordinária para tratar das regras gerais a serem aplicadas aos referidos incisos. O mesmo ocorre quanto à participação na gestão, pois o inc. XI do art. 7º da Lei Maior é expresso em determinar ao legislador ordinário que regule o citado direito. Não se sabe, por exemplo, como vai ser apurado o lucro, como será distribuído esse lucro: de maneira igual para todos os empregados ou os cargos superiores terão uma participação maior.

Não se diga que o §1º, do art. 5º, do Estatuto Supremo, ao mencionar que "as normas definidoras dos direitos e garantias fundamentais têm aplicação imediata", autorizaria a aplicabilidade imediata do inc. XI do art. 7º da Constituição, quanto à participação na gestão, quando, na verdade, tal preceito não é uma norma bastante em si. Outros direitos são previstos no art. 7º da Constituição, contudo, não têm aplicabilidade imediata, como o piso salarial proporcional à extensão e à complexidade do trabalho (inc. V).

Entendo, entretanto, que todo o inc. XI do art. 7º da Constituição depende de regulamentação infraconstitucional e não apenas uma parte dele.

Nota-se, contudo, do referido dispositivo constitucional que ele não é autoaplicável, por ser dependente de lei ordinária.

A cogestão, da forma como está regulada na Constituição, é norma meramente programática, necessitando de lei ordinária para traçar seus contornos, isto é, é uma norma de eficácia limitada.

9 Objetivos

Um dos objetivos principais da instituição da participação na gestão foi de reformular a estrutura social, no sentido de acabar com os desnivelamentos sociais existentes em relação ao trabalhador. Há a ideia da participação na gestão da empresa como forma de democracia dentro da empresa e do exercício do pluralismo jurídico, que de certa forma já é verificado no inc. V do art. 1º da Constituição. Tem por base também a reformulação das estruturas da empresa, de modo a que o trabalhador também dela possa participar, inclusive na sua direção. É, portanto, uma forma de valorização do trabalho ao lado do capital. Tem ainda um fundamento econômico, de aumento de produção quando o trabalhador passa a participar das decisões na empresa.

No âmbito da administração de empresas, o trabalhador passa a ser considerado colaborador, participante do processo da empresa.

A participação na gestão também não deixa de ser uma forma de democracia dentro da empresa, de harmonização entre o capital e o trabalho.

É uma maneira de adaptação do processo produtivo.

Essa participação pode trazer um índice menor de conflitos na empresa, diante do fato de que o empregado também participa na gestão do empreendimento. Existirá um número de divergências entre empregado e empregador. O trabalhador também terá por objetivo fazer a empresa crescer e se desenvolver, melhorando as condições de trabalho.

A cogestão, a partir do momento em que é estabelecida, deve ser feita de maneira definitiva e habitual e não para um outro caso em que exista, por exemplo, conflito entre empregado e empregador.

Mantém a subordinação do empregado, que não passa a ser empresário.

10 Vantagens e desvantagens

As razões favoráveis seriam várias. Há uma razão ética, no sentido do desenvolvimento da personalidade humana, com o objetivo de acabar com a exploração do homem pelo homem. A segunda razão seria político-social, no sentido da democratização da empresa e da melhoria do relacionamento com o pessoal, podendo gerar paz no local de trabalho. A terceira razão diria respeito ao crescimento da empresa pela diminuição da conflitividade, ou seja, da existência de uma espécie de cláusula de paz existente na empresa. A quarta posição seria jurídica, no sentido da insuficiência do contrato de trabalho como técnica de captação das relações de trabalho. A cogestão poderia, também, ser um fator de aumento de produção na empresa. A quinta posição mostra que a cogestão pode trazer mais eficiência no local de trabalho, pois o trabalhador estará mais apto a aceitar mudanças no trabalho, pois pode participar do processo de decisão. Haverá assim, maior colaboração. A cogestão também seria uma forma de flexibilizar a relação do trabalho, pois o empregado passa a participar das decisões da empresa.

Os pontos de vista contrários seriam também diversos. O primeiro diria respeito ao prejuízo à unidade necessária na direção da empresa, mormente porque o empregador é o proprietário da empresa, tendo direito de organizá-la da maneira como o desejar. O segundo, é do prejuízo à independência do movimento sindical, prejudicando as reivindicações trabalhistas e de ameaça ao monopólio sindical de negociação, havendo a perda da sua identidade como classe; mesmo nas greves, aqueles empregados que participam da cogestão apenas iriam ficar adstritos à sua empresa e não à categoria, podendo gerar desagregação. O terceiro, é a inadequada formação dos trabalhadores, que, por natureza, não têm tino administrativo e para a direção; na empresa bem administrada não seria necessária a cogestão. Quarto, a interiorização do conflito da empresa. Quinto, o envolvimento do empregado contra o empregador.

Nos países em que o sindicalismo é conflitual o sistema normalmente não funciona muito bem, pois na cogestão deve haver a sua voluntária aceitação pelos interessados, prestigiando o diálogo dentro da própria empresa. Quando não há a obrigatoriedade de se discutir o conflito dentro da própria empresa, a possibilidade de surgir a divergência é muito maior, o que ocorrerá fora do âmbito da empresa. A cogestão, portanto, contribui para melhor harmonia entre as partes. Na Alemanha, por exemplo, o número de greves diminuiu com a efetivação da cogestão, justamente pela possibilidade de o conflito ser resolvido dentro da empresa e da existência de diálogo.

Pode a participação na gestão ser uma das formas de incrementar a produção, pelo fato de o empregado ter interesse na maior produção como benefício geral que lhe pode trazer na empresa, como interesse na gestão do empreendimento.

Os empregadores não se opõem à participação dos trabalhadores na empresa em órgãos que não sejam deliberativos, envolvendo, *v.g.*, questões trabalhistas, porém geralmente não o permitem naqueles em que as decisões sejam tomadas, que trazem resultados para toda a empresa. Alguns sindicatos entendem válida a criação de conselhos de empresa, comissões internas ou de fábricas com o objetivo de colaboração entre o capital e o trabalho, entretanto outros entendem que o sindicato não pode ter nenhum fator que o comprometa na sua atividade negociadora.

O ideal, é claro, seria que os comitês não se intrometessem nas prerrogativas dos sindicatos, como na de negociação, que se depreende ser a orientação da Recomendação nº 94 da OIT, de 1952.

A cogestão pode reduzir os conflitos, que são solucionados na própria fonte, dentro da empresa, havendo maior harmonia entre as partes e paz social.

Os sindicatos menores ou de pouca atuação terão na cogestão uma forma de participação das questões trabalhistas dentro da empresa.

A fiscalização da lei trabalhista será feita pelos próprios interessados e na própria fonte.

A cogestão implica que a subordinação na empresa ou o poder diretivo do empregador passem a ser examinados também sobre outro ângulo. Talvez, um ângulo mais tênue do que o normal.

No sistema de cogestão, o regulamento de empresa será elaborado com a participação dos trabalhadores e não imposto pelo empregador. O regulamento de empresa passa por órgãos como conselhos de empresa ou delegação de pessoal antes de ser definitivamente aprovado.

11 Implantação

A Lei nº 12.353, de 28.12.2010, versa sobre a participação de representante dos empregados no Conselho de Administração de empresas públicas e sociedades de economia mista. O representante dos trabalhadores será escolhido entre os empregados pelo voto direto de seus pares. Não se aplica a empresas que têm menos de 200 empregados.

A participação na gestão é feita por intermédio de conselhos ou de comitês eleitos pelos trabalhadores. Os poderes outorgados aos empregados dependem do que foi estatuído, podendo funcionar inclusive como órgão de deliberação ou de tomada de decisões na empresa. A composição dos conselhos é feita mediante eleição, exigindo-se certos requisitos, como idade, tempo de casa etc.

Nos países que possuem a cogestão verifica-se que a forma é feita mediante lei ou norma coletiva.

O art. 621 da CLT permite que empregados e empregador, por meio de acordo ou convenção coletiva, estabeleçam nesses dispositivos cláusulas sobre comissões mistas de consulta e colaboração, no plano da empresa. As cláusulas deverão conter o modo de funcionamento e as atribuições das comissões. Na prática foram muito poucas as normas coletivas que trataram do tema, mas seria uma boa forma de, inclusive, resolver o problema da participação nos lucros. Esse seria realmente o melhor sistema, pois teria condições de melhor adaptar a cogestão às peculiaridades de cada empresa, além da solução ser negociada e não imposta pela lei. O ideal seria que a lei traçasse apenas os contornos básicos do sistema, deixando para a negociação coletiva as demais determinações.

A Lei estadual paulista nº 3.741/83 determina que, nas sociedades em que o Estado for acionista majoritário, será obrigatória a instituição de um Conselho de Participação e Representação Pessoal, composto por 30 membros, que terão, como uma de suas atribuições, eleger, pelo menos, um diretor para representar os empregados na empresa.

12 Direito estrangeiro e internacional

12.1 Constituições

As Constituições de Portugal (1976), Equador (1978), Peru (1979) e Noruega (1980) passaram a conter dispositivo sobre o direito de participação dos trabalhadores nas empresas.

A Constituição da antiga URSS, no art. 8º, dispunha:

> Os coletivos de trabalhadores participam na discussão e na resolução dos assuntos do Estado e da sociedade, na planificação da produção e do desenvolvimento social, na preparação e distribuição dos quadros, na discussão e resolução dos problemas da gestão das empresas e instituições, na melhoria das condições de trabalho e de vida, na utilização dos recursos destinados quer ao fomento da produção, quer a medidas sociais e culturais e ao estímulo material.

12.2 Alemanha

A Alemanha tem o sistema mais aperfeiçoado de cogestão. Já em 1891 o Código Industrial daquele ano previa a criação facultativa de comitês de fábrica. Na Assembleia Nacional Constituinte em 1848 foi debatido anteprojeto de Código de Profissões Industriais, Comerciais e Artesanais, que previa a formação de comissões de fábricas. Em 1916, a Lei sobre o Serviço de Socorro à Pátria estabeleceu que os comitês de fábrica eram obrigatórios nas empresas com mais de 50 operários, sendo os seus representantes eleitos pelos próprios empregados, com direito de consulta e informação. Em 1919, a Constituição de Weimar estabeleceu a criação de conselhos de trabalhadores nas empresas, nos distritos e no Reich. Posteriormente foi adotada a Lei de Cogestão na Mineração e Indústrias do Ferro e Aço (1951), em que as empresas de mineração e metalúrgicas que tivessem mais de 1.000 empregados teriam uma cogestão paritária. Nas empresas que tivessem mais de 500 empregados a comissão seria não paritária. A Lei de Constituição de Empresas (1952) ampliou o sistema, instituindo vários órgãos de trabalhadores ou tendo a sua representação.

A Lei de Cogestão dos Assalariados (1976) também tratou do tema. O sistema começa com conselhos ou comissões de trabalhadores na empresa, com representantes dos trabalhadores na direção, com cargos de diretores de trabalho e no conselho fiscal. Os representantes dos trabalhadores não podem ser dispensados arbitrariamente. Instituiu-se um organismo paritário na empresa que tem o poder de conhecer as divergências que surgem entre os trabalhadores e o empregador. Nas sociedades anônimas com mais de dois mil empregados, há a representação paritária de trabalhadores e acionistas nos conselhos de superintendência.

O conselho de empresa tem competência, de acordo com a Lei de Organização do Estabelecimento (*Betriebsverfassungsgesetz*), para questões sociais (arts. 87/89), de pessoal (arts. 92 a 105) e econômicas (arts. 106 a 113).

A Lei de Organização da Empresa (*Betriebsverfassungsgesetz*), de 1972, conforme a redação de 1988 e alteração em 1990, dispõe que o conselho de empresa exerce codeterminação (*mitbestimmung*) em relação à dispensa. O §102 dispõe que o conselho de empresa deve ser consultado, sob pena de a dispensa não ser considerada válida. Num primeiro momento a função do conselho de empresa é conciliatória. No prazo de uma semana o trabalhador pode apresentar a sua reclamação ao conselho. Caso a dispensa seja considerada socialmente injustificada, o conselho busca um entendimento direto com o empregador. O empregado pode preferir ajuizar ação na Justiça do Trabalho, sem esgotar a fase conciliatória do conselho, podendo fazê-lo no prazo de três semanas. O empregado pode pedir a reintegração ou o pagamento de uma indenização substitutiva pelo término injustificado do vínculo de emprego.

A cogestão plena é a forma mais completa de cogestão. Qualquer decisão só pode ser tomada pelo empregador com a concordância do conselho de empresa. Inexistindo acordo, a decisão é feita por um órgão especial de conciliação (*Einigunsstelle*). Esse órgão é composto de representantes de empregado e empregador, com a presidência de uma pessoa neutra. Se o conflito decorre de lei ou convenção coletiva, que são os conflitos jurídicos (*Rechtsstreitigkeit*), quem decide é a Justiça do Trabalho.

A partir da vigência da lei de arbitragem, de 29.6.1990, os conselhos de empresa passaram também a ter competência para decidir questões jurídicas, antes de a controvérsia ser submetida aos tribunais trabalhistas.

12.3 Chile

O Código de Trabalho do Chile dispõe que são espécies de remuneração: d-participação, que é a proporção em utilidades ou em um negócio determinado ou de uma empresa ou só de uma ou mais seções ou sucursais dela.

12.4 Colômbia

Dispõe o art. 57 da Constituição que a lei poderá estabelecer estímulos e os meios para que os trabalhadores participem na gestão das empresas.

12.5 Cuba

O Código de Trabalho de Cuba no seu art. 3º dispõe que os princípios fundamentais que regem o Direito Laboral cubano são os seguintes: f) todo trabalhador tem direito a participar na gestão da produção e dos serviços.

12.6 Dinamarca

Em 1947 na Dinamarca foi editada lei instituindo os conselhos de cooperação, que tratavam de organização do trabalho e segurança. O Conselho faz sugestões quanto à produção e à estrutura da empresa.

12.7 Espanha

Na Espanha, a comissão fiscaliza o cumprimento das regras trabalhistas e da segu-ridade social. A aplicabilidade de tais normas depende das providências da comissão e das autoridades competentes.

12.8 França

Na França houve regulamentação do tema em 1945, sendo incluídas tais regras na Carta de Trabalho de 1941. A Constituição de 1958, que se reporta ao preâmbulo da Constituição de 1946, traz a ideia de que "todo trabalhador participa, por intermédio dos seus delegados, da determinação coletiva das condições de trabalho e da gestão das empresas". Lei de 1966 estendeu esse sistema à agricultura. A participação na gestão é feita pelo comitê de empresa. As empresas que têm mais de 50 empregados são obrigadas a ter uma dessas comissões. O dirigente da empresa e o delegado sindical integram a referida comissão. É destinada à comissão uma subvenção anual do empregador de 0,20% da folha bruta de salários.

Na dispensa por motivos econômicos é preciso serem atendidos os seguintes requisitos: (a) informação e consulta ao comitê de empresa; (b) entrevista obrigatória do empregado com o empregador; (c) autorização da administração pública da dispensa, depois de verificar os fatos. A administração terá sete dias para examinar a questão. Não o fazendo considera-se a dispensa autorizada.

O conselho de empresa é competente para negociar, concluir e revisar as conven-ções e os acordos de empresa ou de estabelecimento (art. L2321-1 do Código de Trabalho).

Pode ser instituído o conselho de empresa por acordo empresarial concluído nas condições previstas no art. L2232-12. Este acordo é de prazo indeterminado. Ele pode igualmente ser constituído por acordo feito pelas empresas desprovidas de delegado sindical. O acordo precisa as modalidades segundo as quais as negociações se desen-volvem no nível de estabelecimento (art. L2321-2 do Código do Trabalho).

O acordo previsto no parágrafo anterior fixa a lista de temas sobre igualdade profissional, submetidos ao aviso conforme o conselho de empresa. A formação profissional constitui tema obrigatório (art. L2321-3 do Código do Trabalho).

O acordo previsto no art. L2321-2 fixa o número de horas de delegação que be-neficia os eleitos do conselho de empresa participação às negociações. Esta duração não pode, salvo circunstâncias excepcionais, ser inferior a um número de horas definidas por decreto do Conselho de Estado, em função do efetivo da empresa (art. L2321-4).

O tempo passado na negociação é de pleno direito considerado como tempo de trabalho e pago no prazo final normal (art. L2321-5 do Código de Trabalho).

O acordo previsto no art. L2321-2 do Código de Trabalho comporta as estipulações relativas à indenização recente de mudança (art. L2321-6 do Código de Trabalho).

No caso eventual, o acordo previsto no art. L2321-2 pode fixar a composição da delegação que negocia as convenções e acordos de empresa ou de estabelecimento (art. L2321-7 do Código de Trabalho).

O acordo previsto no art. L2321-2 do Código de Trabalho pode fixar a periodicidade de tudo ou parte dos temas de negociação do conselho de empresa (art. L2321-8 do Código do Trabalho).

A validade de uma convenção ou de um acordo de empresa ou de estabelecimento concluído pelo conselho de empresa é subordinado à assinatura da maioria dos membros titulares eleitos do conselho ou por um ou vários membros titulares que tenham recebido mais de 50% de sufrágio exprimido quando das últimas eleições profissionais. Para a apreciação desse último limiar, deve ser tomado em conta os sufrágios recebidos quando do primeiro turno das eleições para os eleitos no primeiro turno de escrutínio, e dos recebidos quando do segundo turno pelos eleitos ao segundo turno de escrutínio (art. L2321-9 do Código do Trabalho).

O Conselho de Empresa pode ser estabelecido nas empresas pertencentes a uma unidade econômica e social. O acordo concluído deve ser no nível de uma ou de várias empresas componentes da unidade econômica e social, ou no nível da unidade econômica e social. Neste último caso, as regras de validade do acordo são apreciadas tomando em conta os sufrágios válidos exprimidos no conjunto das empresas (art. L2321-10).

12.9 Inglaterra

Na Inglaterra, antes de 1916, surgiram os comitês de fábrica, que tinham constituição facultativa e composição paritária, chamados de comitês Whitley, em razão da campanha feita por esse deputado e industrial.

12.10 Itália

A Constituição italiana apenas menciona "a participação efetiva de todos os trabalhadores na organização política, econômica e social do país" (art. 3º). Reconhece-se o direito de o trabalhador colaborar, de acordo e nos limites estabelecidos pela lei, na gestão da empresa, com a finalidade da elevação econômica e social do trabalho e a harmonia com as exigências da produção.

A partir de 1960 foram sendo criados os *delegati* e *consigli di fabbrica*, que foram se desenvolvendo por meio das mobilizações e reivindicações sindicais.[9]

---

[9] ROMAGNOLI, Guido; ROCCA, Giuseppe Della. *Relazioni industriali.* Bologna: Milano, 1989. p. 117.

12.11 Noruega

Na Noruega, a Lei de 1972 estabeleceu os conselhos de representantes em todas as empresas que possuíssem mais de 200 empregados. Eram formados por 2/3 de acionistas e 1/3 de trabalhadores. Tinham os conselhos a finalidade de eleger um conselho de administração que iria decidir sobre todas as questões, até mesmo quanto a investimentos e reorganização de trabalhadores. Os acionistas tinham um maior número de membros que os representantes de empregados no referido conselho.

12.12 Peru

A participação na gestão é realizada por meio de representantes eleitos pelos trabalhadores, mediante voto direto, secreto e individual. Há proporcionalidade da participação dos trabalhadores no patrimônio da empresa. Alguns trabalhadores são eleitos para participar da diretoria da empresa.

Não podem ser eleitos para essa participação pessoas que tenham desempenhado cargos sindicais nos últimos três anos.[10]

12.13 Portugal

A Constituição de 2.4.1976, no art. 55, assegura:

> [o] direito dos trabalhadores criarem comissões de trabalhadores para defesa dos seus interesses e intervenção democrática na vida das empresas, visando o reforço da unidade dos trabalhadores e a sua mobilização para o processo revolucionário de construção do poder democrático dos trabalhadores.

Qualquer empresa pode ter tais comissões, mediante eleição secreta e direta. Dispõe o art. 56 que as comissões têm o direito de "participar na elaboração da legislação do trabalho e dos planos econômico-sociais que contemplem o respectivo setor".

O art. 54 da Constituição da República portuguesa determina que constituem direitos das comissões de trabalhadores: (a) exercer o controle de gestão das empresas; (b) intervir na reorganização das unidades produtivas.

A Lei nº 46, de 12.9.1979, estabelece as comissões de trabalhadores, que recebem as informações necessárias ao exercício de sua atividade, intervindo na organização da atividade produtiva, participando na elaboração da legislação trabalhista e dos planos econômicos e sociais, que sejam aplicáveis ao setor e na sua elaboração.

O controle de gestão envolve: (a) a emissão de pareceres; (b) a fiscalização; (c) a promoção de certas medidas; (d) a apresentação de sugestões, recomendações e críticas.

A emissão de parecer diz respeito a orçamentos e planos econômicos da empresa.

A fiscalização envolve: (a) a execução de orçamentos e planos econômicos da empresa; (b) a utilização dos recursos técnicos, humanos e financeiros da empresa; (c) o

---

[10] COSMÓPOLIS, Mario Pasco. O sistema peruano de participação dos trabalhadores nos lucros, propriedade e gestão nas empresas. *In*: TEIXEIRA FILHO, João de Lima (Coord.). *Relações coletivas de trabalho*. Estudos em homenagem ao Ministro Arnaldo Süssekind. São Paulo: LTr, 1989. p. 106.

cumprimento das normas legais e estatutárias; (d) a informação, por escrito, dos órgãos de fiscalização da empresa ou das autoridades competentes sobre a ocorrência de atos ou fatos contrários à lei ou aos estatutos da empresa.

A promoção de medidas diz respeito à melhoria de produção e defesa de interesses dos trabalhadores na empresa.

A apresentação de sugestões, recomendações ou críticas concerne à aprendizagem, reciclagem e aperfeiçoamento profissionais dos trabalhadores, à melhoria da qualidade de vida no trabalho e de higiene e segurança no trabalho.

No âmbito das empresas do Estado, os trabalhadores poderão eleger um membro para sua representação nos órgãos de gestão das empresas.

12.14 Suécia

Na Suécia, a função dos comitês de empresa é apenas de informação e consulta. Em 1972 houve lei que determinou que dois trabalhadores deveriam fazer parte do conselho de diretores das empresas que possuíssem mais de 500 empregados.

12.15 Venezuela

O art. 174 da Lei Orgânica de Trabalho da Venezuela determina que as empresas deverão distribuir entre todos os seus trabalhadores pelo menos 15% dos benefícios líquidos que houverem obtido ao fim do seu exercício anual. Entender-se-ão por benefícios líquidos os conceitos de rendimentos definidos na lei de imposto de renda. Assemelham-se a empresas os estabelecimentos com exploração com fins lucrativos.

12.16 União Europeia

A Diretiva 2002/14/Ce do Parlamento Europeu e do Conselho estabelece regras sobre informação e consulta dos trabalhadores na empresa. Devem ser estabelecidos mecanismos jurídicos para que os trabalhadores sejam informados e consultados pelas suas empresas "sobre as decisões susceptíveis de desencadear mudanças substanciais a nível da organização do trabalho ou dos contratos de trabalho" (art. 4º, 2, "c"). Os representantes dos trabalhadores também devem ter proteção para que possam realizar suas tarefas.

12.17 OIT

No âmbito da OIT não existe uma norma específica sobre o tema, apenas orientações gerais.

A Recomendação nº 94, de 1952, fala sobre a consulta e colaboração que deve haver na empresa, propondo a instituição de comissões paritárias de consulta e colaboração no seio das empresas, desde que as questões não estejam compreendidas no campo de ação dos organismos de negociação coletiva.

A Recomendação nº 129, de 1967, trata das comunicações que deve haver entre a direção e os trabalhadores da empresa.

A Recomendação nº 130, de 1969, versa sobre a análise e a solução das reclamações feitas na empresa.

A Recomendação nº 137, de 1977, especifica orientação sobre pessoal de enfermagem, havendo uma seção sobre participação dos enfermeiros nas decisões pertinentes à vida profissional.

A Convenção nº 148, de 1977, trata da proteção dos trabalhadores contra ruídos, prevendo a comunicação e consulta dos representantes dos trabalhadores nos órgãos de prevenção e inspeção, como ocorre também em relação à Convenção nº 155, de 1981.

A Convenção nº 158, de 1982, trata da obrigatoriedade da consulta dos representantes dos trabalhadores quando existam despedidas coletivas determinadas por causas econômicas, tecnológicas, estruturais ou análogas (art. 13).

13 Conclusões

O inc. XI do art. 7º da Constituição não é uma norma autoaplicável, pois depende da lei ordinária para lhe dar eficácia plena.

Arnaldo Süssekind preconiza que a cogestão corresponda a:

> a- funções meramente consultivas, consubstanciadas nas atribuições conferidas ao representante do pessoal ou a órgãos integrados por empregados, em representação exclusiva ou paritária; b- inclusão de empregados em comitês ou comissões internas, geralmente paritárias, encarregadas de velar pela prevenção dos infortúnios do trabalho, promover a conciliação dos litígios individuais de caráter trabalhista ou gerir obras sociais, culturais, desportivas, programas de aprendizagem, etc: c- integração de representantes dos empregados, em paridade com os acionistas ou, minoritariamente, em órgãos com poder de decidir (co-decisão).[11]

A cogestão pode tender para um sistema de autogestão da empresa, mas não se confunde com esta, pois na cogestão não há a gerência apenas pelos empregados, mas em parceria com o empregador.

A participação na gestão não quer dizer que o empregado participará obrigatoriamente de órgãos de decisão da empresa. O direito de participação pode envolver colaboração, inspeção, administração de certos setores da empresa, decisões em setores não tão importantes na empresa, como nos órgãos de cúpula desta. Esse direito envolve, contudo, o poder de fazer sugestões. A empresa deverá, contudo, fornecer informações aos empregados, de maneira inclusive atualizada, sobre as questões objeto da análise na participação na empresa. O certo é que a participação na gestão importa em transparência nas negociações e nas informações passadas pelo empregador ao empregado. Não se pode negar o fato de que a cogestão implica cooperação, substituindo a oposição do empregador ao empregado e a igualdade entre tais pessoas, apesar da existência da subordinação, valorizando a relação entre capital e trabalho.

Poder-se-ia dizer que, diante da redação do inc. XI do art. 7º da Constituição, a participação nos lucros seria a regra e a cogestão seria a exceção, dado o uso do advérbio

---

[11] SUSSEKIND, Arnaldo. *Comentários à Constituição*. Rio de Janeiro: Freitas Bastos, 1990. p. 406.

"excepcionalmente". Entretanto, isso não é bem assim, pois tanto uma como a outra dependem da legislação ordinária para tratar do tema. Poder-se-ia entender também que a participação excepcional na gestão mencionada pela Constituição diz respeito ao tamanho da empresa ou a certo setor da economia, porém a lei é que irá regular a referida situação. O certo é que a cogestão geralmente não é reivindicada pelos sindicatos.

Pela forma como está previsto na Constituição, a participação na gestão é uma matéria bastante complexa, sendo que o constituinte entendeu que ela só poderia ser feita excepcionalmente. Isso mostra que, pelo dispositivo constitucional, a participação na gestão de modo habitual não é a recomendada pelo constituinte, o que não parece ser acertado. Deveria ficar a cargo de cada um determinar a referida participação ou deixá-la para ser debatida mediante negociação coletiva, por meio de acordo ou convenção coletiva, como já prevê o art. 621 da CLT.

A melhor forma de cogestão seria adotada por acordo coletivo, que teria condições de melhor verificar as dificuldades e qualidades da empresa. A convenção coletiva é para a categoria, prevendo um sistema genérico, que não atenderia às peculiaridades de cada empresa.

No Nordeste provavelmente a cogestão não irá frutificar, pois o coronel não terá interesse em estabelecer a cogestão, justamente porque não tem intuito algum em ceder a gestão da empresa a outra pessoa, principalmente ao empregado. Nessas regiões o empregado está também muito mais interessado em ter emprego e ter um salário certo do que participar da gestão da empresa.

A cogestão deveria ser implantada a partir de certo número de empregados na empresa. Nas empresas muito pequenas não há como se falar em cogestão, pois normalmente são microempresas ou empresas familiares, que não têm interesse em que o empregado participe da gestão da empresa.

A lei que viesse a instituir a cogestão deveria estabelecer as seguintes situações. O conselho seria obrigatório nas empresas que tenham um número mínimo de empregador, como exemplo, a partir de 100 empregados. Não determinando a lei as observações que fizemos, o conselho de empresa poderia ser formado por pessoas neutras à empresa, que seriam os atuais juízes classistas na Justiça do Trabalho, sendo que o Estado não mais pagaria qualquer remuneração a essas pessoas.

A cogestão é uma forma democrática de participação do empregado na direção da empresa. Trata-se de uma situação excepcional, ao contrário da participação nos lucros. Ao contrário, a participação nos lucros tem característica normal e não excepcional.

A adoção da cogestão seria uma das formas de reduzir o antagonismo existente nos conflitos do trabalho.

A cogestão necessita que o empregado tenha certa estabilidade na empresa, pois, do contrário, prejudica o próprio processo de cogestão, uma vez que o trabalhador pode ser dispensado a qualquer momento e sem justificativa.

O Estado tem participação primordial nas relações de trabalho, visando assegurar regras tutelares. Entretanto, a autonomia privada coletiva e a participação mostram que o Estado não é o único a editar normas e o único interlocutor social, mas também os próprios interessados.

Alvin Toffler prevê que a organização da empresa não será feita sob a forma de uma "burocracia convencional organizada de forma piramidal com canais e compartimentos essencialmente fixos".[12] Isso também dá margem a se aplicar a cogestão, como uma gestão democrática e flexível dentro da empresa, com participação de empregados e empregador.

Referências

BASTOS, Celso. *Comentários à Constituição do Brasil*. São Paulo: Saraiva, 1989. v. 2.

COSMÓPOLIS, Mario Pasco. O sistema peruano de participação dos trabalhadores nos lucros, propriedade e gestão nas empresas. *In*: TEIXEIRA FILHO, João de Lima (Coord.). *Relações coletivas de trabalho*. Estudos em homenagem ao Ministro Arnaldo Süssekind. São Paulo: LTr, 1989.

FERREIRA, Luiz Pinto. *Comentários à Constituição brasileira*. São Paulo: Saraiva, 1989. v. 1.

MARTINS, Sergio Pinto. *Direito do trabalho*. 35. ed. São Paulo: Saraiva, 2019.

MAXIMILIANO, Carlos. *Hermenêutica e aplicação do direito*. 8. ed. Rio de Janeiro: Forense, 1965.

NASCIMENTO, Amauri Mascaro. *Direito do trabalho na Constituição de 1988*. 2. ed. São Paulo: Saraiva, 1991.

ROMAGNOLI, Guido; ROCCA, Giuseppe Della. *Relazioni industriali*. Bologna: Milano, 1989.

ROMITA, Arion Sayão. Representação dos trabalhadores na empresa. *Revista LTr*, v. 52, n. 11, p. 1333-1334, nov. 1988.

SILVA, José Afonso da. *Aplicabilidade da norma constitucional*. São Paulo: Malheiros, 1999.

SILVA, José Afonso da. *Curso de direito constitucional positivo*. São Paulo: Malheiros, 1989.

SUSSEKIND, Arnaldo. *Comentários à Constituição*. Rio de Janeiro: Freitas Bastos, 1990.

TOFFLER, Alvin. A mutável estrutura empresarial. *Diálogo*, Rio de Janeiro, v. 24, n. 4, 1991.

Informação bibliográfica deste texto, conforme a NBR 6023:2018 da Associação Brasileira de Normas Técnicas (ABNT):

MARTINS, Sergio Pinto. Participação na gestão. *In*: MORAES, Alexandre de; MENDONÇA, André Luiz de Almeida (Coord.). *Democracia e sistema de justiça*: obra em homenagem aos 10 anos do Ministro Dias Toffoli no Supremo Tribunal Federal. Belo Horizonte: Fórum, 2020. p. 607-624. ISBN 978-85-450-0718-0.

---

[12] TOFFLER, Alvin. A mutável estrutura empresarial. *Diálogo*, Rio de Janeiro, v. 24, n. 4, 1991. p. 8.

FAKE NEWS, FAIR PLAY ELEITORAL E DEMOCRACIA

SÉRGIO SILVEIRA BANHOS

1 Introdução

Deparei-me com a expressão *fair play* eleitoral ao ler recentemente um excelente artigo, de autoria do ilustre Professor André Rufino do Vale,[1] intitulado "A democracia brasileira depende do *fair play* eleitoral em 2018". Confesso que a referida expressão me encantou. Tornou-se claro para mim que, como nos esportes, devemos procurar prestigiar o jogo limpo, valorizando os candidatos que buscam, no jogo franco e na boa disputa, o seu lugar ao sol.

É que há, na pauta do mundo contemporâneo, um compromisso inescapável: garantir que o processo eleitoral transcorra de modo regular, no qual sejam observadas as balizas constitucionais contemporâneas, para que as candidaturas efetivamente legítimas sejam as escolhidas.

Em um Brasil traumatizado pelos recentes acontecimentos, em que se noticiam, dia após dia, episódios envolvendo corrupção de autoridades públicas, o que agrava a crise experimentada pela democracia representativa – que não é só nossa, mas de tantas outras nações –, deve ser compromisso de todos, eleitores, candidatos, advogados, publicitários, jornalistas, juízes e membros do Ministério Público, professar, como missão de fé, a lealdade, o jogo limpo, o *fair play* eleitoral.

É claro que não se espera dos candidatos um comportamento ingenuamente impecável ou uma conduta totalmente isenta de estratégias, astúcia e certa engenhosidade política. O *fair play* eleitoral não condena a forte participação política dos candidatos e dos partidos. Ao contrário, respeita a utilização das estratégias de comunicação e propaganda eleitorais e é a favor da promoção de uma disputa acirrada, marcada pela contundência do debate e dos discursos acalorados, na medida em que as eleições se

---

[1] VALE, André Rufino do. Democracia brasileira depende do fair play eleitoral em 2018. *Conjur*, 3 fev. 2018. Disponível em: https://www.conjur.com.br/2018-fev-03/observatorio-constitucional-democracia-brasileira-depende-fair-play-eleitoral-2018. Acesso em: 3 fev. 2018.

configuram festa cívica e, como tal, têm de ser dinâmicas, organizadas, levadas a sério, bem como alegres. Dito isso, o que o *fair play* eleitoral reivindica é a lealdade recíproca, imbuída da boa-fé e da ética dos candidatos que participam do certame.

Dessa maneira, o *fair play* eleitoral é de fato importante nos tempos de hoje, dado que as mídias sociais multiplicaram a velocidade da comunicação e qualquer informação sem fundamento pode ter consequências desastrosas. Assim, a utilização da internet como arma de manipulação do processo eleitoral dá vez à utilização sem limites das chamadas *fake news*, o que não é um fenômeno novo, já que a utilização de notícias falsas para prejudicar adversários em disputas políticas sempre existiu.

O Ministro Gilmar Mendes, em seminário sobre o tema,[2] lembrou que, na história da Roma Antiga, houve caso de *fake news*: depois da morte de Júlio César, Otávio usou da desinformação e de promessas falsas para derrotar Marco Antonio e se tornar o imperador romano.

Do período da Segunda Guerra Mundial, também se extrai exemplo contundente. É notória a utilização pelos nazistas da mentira de forma industrial, consolidando a ideia da propaganda de massas, concebida a partir da genialidade desvirtuada de Joseph Goebbels.

O mesmo fenômeno ocorreu no Brasil. Como se sabe, muitos foram os casos de *fake news* na história da nossa jovem democracia. Conta-se que, nas eleições presidenciais de 1945, o Brigadeiro Eduardo Gomes, favorito na disputa, foi vítima de notícia falsa que lhe custou a derrota para o general Eurico Dutra. De maneira sistemática, foi-lhe imputada pecha de elitista e preconceituoso, tendo tal estratégia de ataque alcançado o eleitorado por intermédio de *jingles* políticos que acabaram por consolidar a vitória de Dutra naquele certame.

Recentemente, às vésperas das Eleições de 2014, uma notícia da internet teve enorme repercussão no estado do Espírito Santo. Um *site* falso, que simulava um dos portais de notícias mais conhecidos do estado, publicou o resultado de pesquisa que nunca se realizara, na qual o candidato à reeleição ao governo aparecia com 52,3% das intenções de votos enquanto o seu concorrente tinha apenas 39,8%. Todas as outras pesquisas eleitorais indicavam o contrário. A notícia falsa se alastrou. O caso foi denunciado e a falsa notícia imediatamente combatida. Após, concluído o inquérito, houve o indiciamento de um empresário.

Há ainda uma pitoresca história, que teria ocorrido na década de 80 em uma capital nordestina. Conta-se que foi contratada uma trupe teatral de um estado vizinho – nos moldes do teatro invisível – para influenciar as eleições que se avizinhavam. Funcionava assim: o grupo teatral, dividido em duplas ou trios, entrava nos ônibus e começava a conversar naturalmente, espalhando mentiras a respeito das condutas de candidatos adversários. Diziam que o candidato a prefeito apanhava da mulher, que o candidato a vereador era viciado em jogo e devia muito, que vivia bêbado etc. Enfim, a trupe passava o dia vagando de coletivo em coletivo disseminando *fake news*.

A prática das *fake news*, portanto, é estratégia eleitoral antiga daqueles que fazem política. Como a recepção de conteúdos pelos seres humanos é seletiva e a fofoca reverbera mais que a verdade, o uso de *fake news* é eficaz para elevar o alcance da informação

---

[2] Seminário Internet e Eleições, realizado no TSE, em 7.12.2017.

e, como consequência, angariar mais votos. A significativa diferença que se pode perceber no mundo contemporâneo é que, com as redes sociais, a disseminação dessa informação maliciosa passou a ser mais rápida, fácil, barata e se dá em escala exponencial.

2 Uma sociedade conectada

Vivemos hoje em um mundo extremamente conectado e interativo. Os dados comprovam isso. Somos mais de 3 bilhões de pessoas ligadas às redes sociais, o que significa cerca de 40% da população mundial, a qual é estimada em 7,5 bilhões. No Brasil, quase 145 milhões de pessoas estão conectadas às redes sociais, ou seja, 89% da base de usuários da internet. O Facebook tem pouco mais de 2,5 bilhões de usuários, sendo cerca de 130 milhões brasileiros, segundo dados divulgados pela própria plataforma em janeiro de 2019. No WhatsApp, no Instagram, no Twiter e no Google, números expressivos de usuários locais fazem com que o país seja detentor da marca de 8% a 10% dos usuários mundiais. Não há, portanto, como desconsiderar essa realidade.

No plano das eleições recentes, temos os exemplos do que aconteceu nas eleições americanas, bem como nas de outros países e no Brexit. O uso ilícito de informações pela empresa de análise de dados Cambrigde Analytica, que foi contratada pela campanha de Donald Trump, repercutiu mundialmente e fez mudar a relação das mídias sociais com os governos. Agora, temos certeza de que as redes sociais impulsionaram, nas referidas eleições, boatos, factoides, mentiras e pós-verdades de maneira avassaladora.

Vivemos em um mundo em transição. São muitas novas fronteiras e devemos estar preparados para participar ativamente dessa quebra de paradigmas. Os tempos de agora são de desafios. A sociedade do espetáculo, já retratada em livro pelo filósofo francês Guy Debord,[3] em 1968 – ou seja, muito antes da internet –, cobra seu preço vil. A alienação do espectador em proveito do objeto contemplado é explícita: quanto mais contempla, menos vive.

Com efeito, nos dias de hoje, ninguém mais viaja apreciando as paisagens, mas, sim, fotografando-as; ninguém mais aproveita os prazeres de uma boa refeição ou de boas companhias; ao contrário, muitos se preocupam em registrar digitalmente a "experiência" e divulgar de imediato esta ou aquela imagem para o maior número de seguidores possível. Os espectadores não se sentem mais presentes em lugar nenhum, porque o espetáculo, paradoxalmente, está em toda a parte.

É a época da pós-verdade – vocábulo escolhido como a palavra do ano de 2016 pelo Dicionário Oxford –, na qual, segundo o jornalista Matthew D'Ancona,[4] autor do livro *Post truth*, "a certeza predomina sobre os fatos, o visceral sobre o racional, o enganosamente simples sobre o honestamente complexo". Nosso tempo, sem dúvida, prefere "a imagem à coisa, a cópia ao original, a representação à realidade. Enfim: a aparência ao ser".

A verdade humana mais profunda é emocional, subjetiva e prescinde dos fatos. Notícias distorcidas com forte viés ideológico, trazidas pelas mídias sociais, no mais das vezes, ganham mais atenção que as reportagens realizadas pela imprensa tradicional.

---

[3]   DEBORD, Guy. *A sociedade do espetáculo*. São Paulo: Contraponto, 1997.

[4]   D'ANCONA, Matthew. *Post truth* – The new war on truth and how to fight back. London: Ebury Press, 2017.

As matérias falsas, de cunho sensacionalista, tendem a ter repercussão fácil, a viralizar, a tornar-se *trend topics* mais rapidamente do que aquelas produzidas por jornalistas zelosos que checam os fatos. É a força da mentira vencendo os fatos, situação que estimula a polarização política desmedida e gera terreno fértil para a desinformação do eleitor.

Ademais, vivemos em tempos líquidos. Segundo o filósofo polonês Zygmunt Bauman,[5] nosso mundo está cheio de incertezas: tudo ao nosso redor é precário; tudo se transforma de maneira cada vez mais rápida. A nossa realidade é, portanto, líquida. Nada é feito para durar ou ser sólido. É um mundo de incertezas. Assim, toda essa realidade tende a gerar a manipulação do debate político nas redes sociais.

3 Desafios para a democracia brasileira

As novas regras de financiamento de campanha, marcadas pela limitação de recursos financeiros decorrentes da proibição de doação por parte de pessoas jurídicas, ensejam redução de gastos de campanha e trazem situação de difícil enfrentamento. São tempos de transição, que nos impõem cautela redobrada. Nessa nova trajetória, devemos ter como aliadas antigas armas da humanidade, quais sejam, o bom senso, a noção de ética e de respeito ao próximo, a fraternidade e o respeito às regras do jogo. Esse é o *fair play* eleitoral almejado!

As eleições têm o condão de representar uma real transformação gradual em nossa democracia. Marcadas pela desigualdade econômica entre partidos em razão da divisão tanto do fundo partidário quanto do fundo especial para financiamento de campanhas, estas últimas foram marcadas por uma lógica diferente. Houve prestígio a investimentos em publicidade digital, em narrativa *on-line*, para criar conteúdos multimídia eficazes para alcançar o eleitorado de boa ou de má-fé.

Daí porque deve ser compromisso de todos promover o regular transcurso do processo eleitoral, condição necessária e indispensável para a legitimação dos eleitos. Devemos estar dispostos e engajados em fazer das eleições uma disputa leal, com incondicional respeito às regras do certame eleitoral, demonstrando fidelidade às instituições e ao regime democrático e agindo como fiscais dos comportamentos adotados pelos candidatos nas campanhas eleitorais, para, ao analisarmos a conduta dos contendores, premiar aqueles que jogarem o jogo limpo e estabelecerem como regra o *fair play* eleitoral.

Quanto à intervenção da Justiça Eleitoral na matéria, até pela importância das mídias sociais já verificadas nas Eleições de 2018, a interferência no controle das *fake news* deve ser firme, mas cirúrgica. É saber estabelecer o contraponto entre o direito à liberdade de expressão, consagrado na CF/88, e o direito também constitucional e sagrado de bem exercer a cidadania ativa, no sentido de garantir-se a todos o direito de votar de modo consciente, a partir de concepções fundadas na verdade dos fatos. Não se pode esquecer que os protagonistas do certame eleitoral são os candidatos e os eleitores. Aos juízes, cabe o papel de mediador, com comportamento firme, consciente e, sobretudo, minimalista.

---

[5] BAUMAN, Zygmunt. *Tempos líquidos*. São Paulo: Zahar, 2007.

O compromisso com o *fair play* eleitoral traduz-se, assim, na melhor e mais eficaz ferramenta para se buscar a aderência do resultado eleitoral à real vontade dos eleitores. Trata-se, aqui, de cidadania e legitimidade. Dessa maneira, deve ser incumbência de todos a fiscalização e o combate ao exercício de comportamentos inadequados nas campanhas eleitorais, tendo nós mesmos que ficar atentos em relação às nossas atitudes, já que as redes sociais fornecem um canal de comunicação assustadoramente poderoso e por vezes perverso. Curtimos, clicamos, retuitamos, compartilhamos dados e informações sem checar a veracidade dos fatos. Esse proceder muitas vezes sem reflexão enseja consequências. Conspiramos, conscientes ou não, para desvalorizar a verdade. Isso tem que mudar!

4 Conclusão

As eleições constituem o caminho democrático para a escolha legítima das autoridades que guiarão o país nos próximos anos. Um Brasil que lamentavelmente se encontra dividido, tristemente polarizado. Nessa quadra, estamos distanciados de nossa vocação fraterna, pluralista, sem preconceitos e fundada na harmonia social, que não apenas dá a tônica de nossa brasilidade, mas que está também consagrada no preâmbulo de nossa Carta Maior.

Não há, como se diz, bala de prata contra as *fake news*. Não há estratégias, nem mesmo coordenadas, que tenham eficácia para a extinção da propagação de notícias falsas, ainda mais quando considerada a utilização cada vez mais habitual de robôs, e de fazendas de robôs, muitas das quais localizadas fora do país. É a época do *big data*, da análise preditiva, da psicometria, da inteligência artificial e agora das *deepfakes*. No entanto, a pressão sobre os provedores e a punição dos propagadores das mentiras, embora necessárias, não são ferramentas suficientes para combater o mal.

A solução para tal problema passa necessariamente por um processo continuado de educação dos candidatos e dos eleitores, para o qual identifico três conteúdos distintos: (i) educação midiática, mediante a qual sejamos todos treinados para tentar distinguir certo conteúdo eleitoral como potencialmente falso e, a partir daí, termos o compromisso ético de não o disseminar; (ii) educação ética, traduzida na promoção de campanhas educativas que estimulem os eleitores à compreensão de que aqueles que divulgam *fake news* não são merecedores de votos; e (iii) educação consequencialista, para que todos tenham consciência de que o ato de publicar ofensas e notícias falsas em redes sociais não se confunde com o direito à liberdade de expressão.

É que a falsa sensação de anonimato tem levado centenas de internautas a publicar conteúdos eleitoralmente ilegais que podem ensejar sanções, algumas, inclusive, graves. Há, de fato, diversas sanções aplicáveis. O descumprimento da lei eleitoral poderá ensejar a aplicação de diversas penalidades previstas na Lei nº 9.504/1997.[6] Não bastasse isso,

---

[6] Entre as penalidades, citam-se: a) veiculação de propaganda eleitoral paga na internet em sítios de pessoas jurídicas com ou sem fim lucrativo, em sítios oficiais ou hospedados por órgãos ou entidades da Administração Pública direta ou indireta da União, dos estados, do Distrito Federal e dos municípios (art. 57-C, §2º A): a multa no valor de R$5.000,00 (cinco mil reais) a R$30.000,00 (trinta mil reais); b) anonimato em campanha eleitoral pela rede mundial de computadores (art. 57-D, §2º): a multa no valor de R$5.000,00 (cinco mil reais) a R$30.000,00 (trinta mil reais); c) agressões ou ataques em sítios de internet (art. 57-D, §3º): retirada do conteúdo dos sítios de internet ou redes sociais, sem prejuízo das sanções cíveis ou criminais; d) venda de cadastro de endereços

além das penalidades previstas na citada legislação, há a possibilidade de aplicação das sanções previstas no Código Penal, bem como na Lei do Marco Civil da Internet, nos casos de agressão à intimidade, à vida privada, à honra e à imagem das pessoas direta ou indiretamente envolvidas.

Uma outra estratégia de relevo no trato da questão é o estabelecimento de convênios com os provedores de mídia social e com as agremiações partidárias. O Tribunal Superior Eleitoral, para as Eleições de 2018, por exemplo, firmou com o Google e com o Facebook protocolo de intenções no combate à desinformação, baseado na elaboração de projetos de fomento à educação digital e na promoção do jornalismo de qualidade, tendo como principal ferramenta a parceria das referidas plataformas com agências de *fact checking* (checagem de fato). Em relação aos partidos, foram assinados, com 28 dos 35 partidos em atividade no Brasil, termos de compromisso, por intermédio dos quais se acordou a manutenção de um ambiente de higidez informacional, de sorte a reprovar qualquer prática ou expediente referente à utilização de conteúdo falso nas próximas eleições.

Como se vê, a solução da temática passa necessariamente pela educação e pelo estabelecimento de parcerias estratégicas. É esperar que, com o passar do tempo, aquele que divulga *fake news* venha a ser comparado pelos eleitores a alguém que se permite jogar lixo na rua, que não tem educação, ou que goste de passar os outros para trás, um verdadeiro trapaceiro ou estelionatário. E que, ao assim agir, o candidato que se utiliza dessa estratégia espúria, que não exercita o *fair play* eleitoral, seja visto pelos eleitores como alguém que não tem o comportamento moral e ético esperado para o exercício da função pública almejada.

Mudar a forma de pensar e agir é sempre possível e necessário. E não poderia ser diferente. As mudanças, embora difíceis, são imperiosas e inevitáveis. Existe um compromisso inescapável para a Justiça Eleitoral: garantir que os processos eleitorais transcorram de modo regular, observadas as balizas constitucionais, para que as candidaturas efetivamente legítimas e verdadeiras sejam as escolhidas nos certames eleitorais. E, para que isso ocorra, é essencial que se venha a garantir a liberdade consciente do voto, isenta de desinformação, a fim de que os candidatos de fato melhores sejam os escolhidos.

Referências

BAUMAN, Zygmunt. *Tempos líquidos*. São Paulo: Zahar, 2007.

D'ANCONA, Matthew. *Post truth* – The new war on truth and how to fight back. London: Ebury Press, 2017.

DEBORD, Guy. *A sociedade do espetáculo*. São Paulo: Contraponto, 1997.

---

eletrônicos (art. 57-E, §2º): multa no valor de R$5.000,00 (cinco mil reais) a R$30.000,00 (trinta mil reais); e) envio de mensagens eletrônicas após o término do prazo da propaganda eleitoral (art. 57-G, parágrafo único): R$100,00 (cem reais) por mensagem; f) atribuição a terceiro de propaganda eleitoral irregular (art. 57-H): multa de R$5.000,00 (cinco mil reais) a R$30.000,00 (trinta mil reais); g) descumprimento de legislação eleitoral (art. 57-I): retirada, pelo prazo de 24 horas, de todo conteúdo informativo dos sítios e, em casos de reiteração, haverá a possibilidade da duplicação do prazo em apreço.

VALE, André Rufino do. Democracia brasileira depende do fair play eleitoral em 2018. *Conjur*, 3 fev. 2018. Disponível em: https://www.conjur.com.br/2018-fev-03/observatorio-constitucional-democracia-brasileira-depende-fair-play-eleitoral-2018. Acesso em: 3 fev. 2018.

Informação bibliográfica deste texto, conforme a NBR 6023:2018 da Associação Brasileira de Normas Técnicas (ABNT):

BANHOS, Sérgio Silveira. Fake news, fair play eleitoral e democracia. *In*: MORAES, Alexandre de; MENDONÇA, André Luiz de Almeida (Coord.). *Democracia e sistema de justiça*: obra em homenagem aos 10 anos do Ministro Dias Toffoli no Supremo Tribunal Federal. Belo Horizonte: Fórum, 2020. p. 625-631. ISBN 978-85-450-0718-0.

ALGUMAS REFLEXÕES SOBRE A CRISE DO SISTEMA PENITENCIÁRIO BRASILEIRO[1]

TARCISIO VIEIRA DE CARVALHO NETO

INGRID NEVES REALE

1 Considerações iniciais

O sistema penitenciário brasileiro está afogado em crise.

O angustiante quadro casado de (i) superpopulação carcerária, (ii) rebeliões sangrentas e (iii) baixa eficiência no desiderato de ressocialização do preso aponta para a inadiável necessidade de que seja repensado o modelo nacional de encarceramento, notadamente o provisório.

De outro lado, a busca por mais responsabilidade no trato da coisa pública – por mais ética na política e na gestão governamental – e o crescente desejo social de reversão da chaga da impunidade ligada à quebra da legalidade pressionam ainda mais um modelo falido.

A ineficiência do sistema penitenciário brasileiro tem sido apontada, por leigos e estudiosos, como um dos temas mais sequiosos de enfrentamento na contemporaneidade jurídica.

Medidas judiciais e administrativas, além de iniciativas legislativas em gestação, denotam notáveis esforços no sentido da minimização do drama, mas, para além de tais iniciativas criativas, inventivas, racionais, muito bem-vindas, é imperioso revisitar, com método e cientificidade, o próprio modelo de punição penal baseado na segregação social radical, à luz da própria ideologia subjacente ao texto constitucional e aos tratados internacionais subscritos pelo Brasil.

A presente investigação científica tem por escopo contribuir com algumas modestas reflexões acerca do tema.

---

[1] Artigo produzido para a composição de obra coletiva sobre democracia e sistema de justiça, em (justa) homenagem ao e. Ministro José Antônio Dias Toffoli, ícone da magistratura nacional, notável administrador público, em comemoração aos seus 10 (dez) anos de judicatura no Supremo Tribunal Federal.

2 Sobre a finalidade da pena

Assim como o próprio processo penal, a execução das penas não está dissociada das garantias constitucionais inerentes ao Estado democrático de direito – entre as quais se situam os direitos à vida, à liberdade (ainda que eventual e temporariamente limitado no período de encarceramento), à integridade física e moral (art. 5º, XLIX), à dignidade da pessoa humana, para citar somente os mais importantes –, que constituem autênticos freios aos excessos do Estado contra o indivíduo.[2]

O ordenamento jurídico brasileiro consagra, quanto à finalidade da pena, a teoria mista (unificadora ou eclética) que compreende a punição na esfera penal não apenas como a retribuição ou a resposta estatal ao mal causado com a prática delituosa, mas também como marco de prevenção (visto que dirigida a evitar o cometimento de crimes tanto por parte do sujeito ativo quanto da coletividade) e de ressocialização do infrator.[3]

A teoria mista ou eclética da pena se desenvolveu na Alemanha, no início do século XX, quando Merkel agrupou em conceito único as teorias absolutas e relativas,[4] "justapondo o fundamento retributivo com os fins preventivos" da expiação imposta pelo Estado.[5] Além de ser defendida pela posição dominante na doutrina,[6] a teoria eclética fornece os fundamentos adotados na redação dos arts. 1º e 10 da Lei de Execução Penal (LEP) (Lei nº 7.210/84), *in verbis*:

> Art. 1º A execução penal tem por objetivo *efetivar as disposições de sentença ou decisão criminal e proporcionar condições para a harmônica integração social do condenado e do internado*. [...]
>
> Art. 10. A assistência ao preso e ao internado é dever do Estado, *objetivando prevenir o crime e orientar o retorno* à *convivência em sociedade*. (Grifos nossos)

---

[2] NUCCI, Guilherme de Souza. *Manual de processo penal e execução penal*. 14. ed. rev., atual. e ampl. Rio de Janeiro: Forense, 2017.

[3] Para as teorias absolutas, cujos principais expoentes são Kant e Hegel, a pena constitui mera retribuição do mal causado, como forma de restaurar a ordem jurídica interrompida. Por outro lado, desenvolvidos a partir do período iluminista, os conceitos das teorias relativas ou preventivas dividem-se em três vertentes principais: i) prevenção geral negativa, defendida especialmente por Beccaria, Schopenhauer e Feurbach, para a qual a pena visa precipuamente à prevenção de futuros crimes, uma vez que constitui espécie de "coação psicológica com a qual se pretende evitar o fenômeno delitivo" (BITTENCOURT, Cesar Roberto. *Tratado de direito penal* – Parte geral. 22. ed. rev., ampl. e atual. São Paulo: Saraiva, 2016. p. 144); ii) prevenção geral positiva, para a qual a pena tem finalidade pedagógica, de reafirmação do sistema normativo penal e de pacificação social; iii) prevenção especial, segundo a qual a pena é dirigida exclusivamente ao delinquente para que este não volte a praticar delitos.

[4] BITTENCOURT, Cesar Roberto. *Tratado de direito penal* – Parte geral. 22. ed. rev., ampl. e atual. São Paulo: Saraiva, 2016.

[5] BITTENCOURT, Cesar Roberto. *Tratado de direito penal* – Parte geral. 22. ed. rev., ampl. e atual. São Paulo: Saraiva, 2016. p. 156.

[6] Atualmente, a doutrina se encaminha para a consolidação de uma teoria da prevenção geral positiva limitadora, a qual preconiza, em suma, que "a prevenção geral deve expressar-se com sentido limitador do poder punitivo do Estado, isto é, como uma afirmação razoável do direito em um Estado constitucional e democrático de Direito". Tal teoria, embora se trate de uma vertente da teoria relativista, visto que orientada para o futuro (prevenção), "não abandona o princípio da culpabilidade como fundamento de imposição de pena pelo fato passado, assumindo, portanto, e sem contradições teóricas, a ideia de retribuição da culpabilidade como pressuposto lógico da finalidade preventiva de delitos". Para essa linha teórica, a pena "deve manter-se dentro dos limites do Direito Penal do fato e da proporcionalidade, e somente pode ser imposta através de um procedimento cercado de todas as garantias jurídico-constitucionais" (BITTENCOURT, Cesar Roberto. *Tratado de direito penal* – Parte geral. 22. ed. rev., ampl. e atual. São Paulo: Saraiva, 2016. p. 160).

No presente estudo, pretende-se demonstrar que o quadro de crise ora enfrentado pelo sistema penitenciário brasileiro, inobstante as premissas doutrinárias e legais fincadas pela teoria mista, obsta o alcance da dupla finalidade da pena. Hoje, o encarceramento dos indivíduos não é medida apta a evitar o cometimento de novos delitos – os quais são comandados, inclusive, de dentro das cadeias, muitas vezes, controladas pelo crime organizado – nem a ressocialização dos infratores que, ao contrário, são submetidos a ambientes superlotados e degradantes, nos quais são sistematicamente violadas as garantias constitucionais e a dignidade da pessoa humana, esta erigida como fundamento da República, *ex vi* do disposto no art. 1º da Constituição Federal de 1988.

O quadro é ainda mais agravado pelo fato de que o Brasil ainda carece de políticas públicas eficazes voltadas ao desencarceramento e ao não encarceramento como forma de reduzir grave crise penitenciária, como se passa a demonstrar.

3 Principais indicadores do sistema penitenciário brasileiro

Atualmente, o Brasil ostenta a quarta maior população carcerária do mundo, ficando atrás apenas de Estados Unidos, Rússia e China.

De acordo com o Levantamento Nacional de Informações Penitenciárias (Infopen), sistema gerido pelo Departamento Penitenciário Nacional (Depen) e alimentado pelos estabelecimentos prisionais desde 2004,[7] em junho de 2017 (mês e ano em que realizada a última atualização de dados), o Brasil apresentava população carcerária total de *726.354 presos,*[8] recolhidos em um sistema penitenciário que hoje disponibiliza apenas *423.242 vagas.*[9] Enquanto isso, na Alemanha, há aproximadamente 70.000 vagas para 40.000 presos.[10]

Ainda segundo o último relatório do Infopen, a *taxa de ocupação média* dos presídios é de *171,62%*. Não obstante, sabe-se que, em alguns entes da Federação, essa porcentagem é superior a 200%, situação que se agrava ainda mais nos estados do Ceará, de Pernambuco e do Amazonas, nos quais a taxa de ocupação chega ao número alarmante de 300%.[11]

---

[7] INFOPEN. *Levantamento Nacional de Informações Penitenciárias*. Disponível em: http://depen.gov.br/DEPEN/depen/sisdepen/infopen/relatorios-sinteticos/infopen-jun-2017-rev-12072019-0721.pdf. Acesso em: 15 jul. 2019.

[8] Em pronunciamento realizado no dia 27.6.2019, o Ministro Dias Toffoli mencionou que o número atual de detentos no sistema carcerário brasileiro é de aproximadamente 791 mil presos. Na ocasião, o ministro ressaltou que "o maior drama para todos nós é reconhecermos que pouco ou nada sabemos sobre essas pessoas – quem são, de onde vêm, perfil e respectivas aptidões –, o que traduz o imenso desafio de levantarmos o véu da invisibilidade de quem está sob a custódia e a proteção do Estado" (TOFFOLI, José Antonio Dias. *Assinatura do termo de cooperação técnica entre o Tribunal Superior Eleitoral, o Tribunal Regional Eleitoral do Paraná e o Conselho Nacional de Justiça, para aproveitamento de informações dos sistemas de Cadastro Nacional de Condenados por Ato de Improbidade Administrativa e por Ato que implique em Inelegibilidade (CNCIAI), do Cadastro Nacional de Eleitores e do Sistema de Informações de Direitos Políticos (INFODIP)*. Brasília: [s.n.], 2019).

[9] Ainda de acordo com o Infopen, "nos cálculos da população prisional total e do número de presos sem condenação foram consideradas também as pessoas custodiadas em carceragens de delegacias e outros estabelecimentos de custódia administrados pelas Secretarias de Segurança Pública" (INFOPEN. *Levantamento Nacional de Informações Penitenciárias*. p. 8. Disponível em: http://depen.gov.br/DEPEN/depen/sisdepen/infopen/relatorios-sinteticos/infopen-jun-2017-rev-12072019-0721.pdf. Acesso em: 15 jul. 2019).

[10] GRECO, Luís. Execução penal e crise penitenciária. *In*: FÓRUM JURÍDICO DE LISBOA, VII. *Palestra...* Lisboa: Faculdade de Direito da Universidade de Lisboa, 23 abr. 2019.

[11] TONINI, Renato; NASCIMENTO, André. *Parecer acerca do Projeto de Lei nº 882/2019 (Lei Anticrimes), por indicação da Comissão de Direito Penal do Instituto dos Advogados Brasileiros*. 2019. p. 3. Disponível em: https://www.iabnacional.org.br/pareceres/pareceres-para-votacao/download/2421_71a9a769a3f781865ff222082a627b68. Acesso em: 15 jul. 2019.

Para se ter uma noção da evolução da população carcerária nos últimos anos, nos idos de *2000*, o Brasil contava com *137 presos para cada grupo de 100.000 habitantes*. Em junho de *2016*, esse número já era de *352,6 presos em 100.000 habitantes*, o que representa *aumento de 157%*. Tais números, no entanto, não são capazes de fornecer um retrato fidedigno da crise, porquanto não existe, até o momento, compilação totalmente confiável, para fins acadêmicos, de dados relativos ao sistema penitenciário nacional.

Na tentativa de solucionar essa lacuna, o Conselho Nacional de Justiça (CNJ) criou o Banco Nacional de Monitoramento de Prisões (BNMP 2.0), integrado nacionalmente e alimentado, de maneira dinâmica e em tempo real, pelos tribunais de justiça e pelos tribunais regionais federais.

De acordo com o primeiro relatório emitido pelo BNMP 2.0, cujos dados foram consolidados no dia 6.8.2018, a população carcerária hoje cadastrada no sistema é de *602.217* detentos (os estados de São Paulo e do Rio Grande do Sul não finalizaram a alimentação do sistema até a data do levantamento). Desse total, 5% (29.453) são compostos por mulheres e 95% (572.764), por homens.

Quanto à natureza das prisões, *40,14% (241.090)* da população carcerária é composta por *presos sem condenação*, *24,65% (148.472)* são de presos em decorrência de *execução provisória da pena* e *35,05% (211.107)*, em virtude de *condenação definitiva*. Há, ainda, 656 presos civis e 892 internados para cumprimento de medidas de segurança. É o que se observa do quadro ilustrativo a seguir:

Total de presos penais

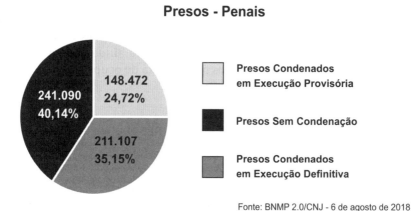

Fonte: BNMP 2.0/CNJ - 6 de agosto de 2018

De acordo com informações coletadas junto ao CNJ,[12] *37% dos presos provisórios são, ao final da ação penal, absolvidos ou recebem penas definitivas mais brandas do que a privativa de liberdade*, circunstâncias que, se não esvaziam totalmente, pelo menos comprometem significativamente qualquer motivação razoável para o encarceramento prematuro.

---

[12] Reunião presencial dos autores com representantes do Conselho Nacional de Justiça, no dia 3.4.2019.

A impropriedade da segregação cautelar, em casos que tais, é ainda mais evidente (e até revoltante!) se considerado o fato de que o cumprimento das prisões provisórias ocorre no regime fechado.[13]

Quanto ao tempo médio de duração das prisões sem condenação de primeiro grau, *71,29% dos presos provisórios passam menos de 180 dias* encarcerados, enquanto *28,71% permanecem recolhidos por tempo superior.*

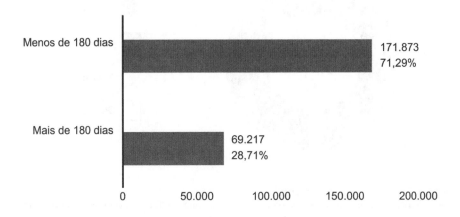

Fonte: BNMP 2.0/CNJ – 6 de agosto de 2018
* Como já registrado em nota à Tabela 12, as pessoas condenadas em relação às quais não foi expedida guia de recolhimento são computadas como presos sem condenação.
** Diante da integração dos sistemas em parte dos registros não constou a data de cumprimento da ordem de prisão, de modo que esse dado deverá ser depurado continuamente pelo sistema. O registro apresentado acima se refere ao número total de 241.090 prisões consideradas, em relação às quais a data foi incluída.

No que tange aos presos efetivamente condenados, *74,09% (266.416)* deles cumprem pena em *regime fechado, 24,13% (86.766)* em *regime semiaberto* e apenas *1,76% (6.339)* em *regime aberto.*

---

[13] Na linha da jurisprudência do STF, "não há como conciliar a manutenção da prisão preventiva se evidenciada a imposição de regime penal menos gravoso que o fechado" (HC nº 160.268/MG. Rel. Min. Edson Fachin, Segunda Turma. *DJe*, 15 ago. 2018. Grifos nossos).

Pessoas privadas de liberdade por regime

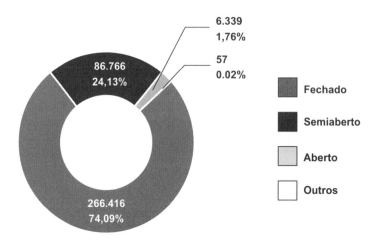

Fonte: BNMP 2.0/CNJ – 6 de agosto de 2018.
* Consta do banco o número de 57 pessoas com condenação que não foi possível identificar o regime.

Ainda de acordo com o BNMP, no período compreendido entre outubro de 2017 e agosto de 2018 (pouco menos de um ano), *109 presos morreram no sistema prisional*, número que certamente não corresponde à realidade fenomênica, porquanto não concluída a alimentação de dados no sistema por parte de algumas unidades da Federação.

Recentemente, o Brasil presenciou um dos mais sangrentos episódios de enfrentamento entre os detentos de seu sistema prisional. Nos dias 26 e 27.5.2019, ocorreram, simultaneamente, confrontos em quatro diferentes presídios de Manaus, no estado do Amazonas, os quais culminaram com a morte de 55 detentos, 22 dos quais cumpriam prisão provisória e, portanto, ainda aguardavam julgamento. Esse número corresponde a 40% do total das vítimas.[14]

O banco de dados gerido pelo CNJ também se preocupou em traçar o perfil do preso brasileiro, conforme se observa nos gráficos a seguir:

---

[14] PINA, Isabella. 40% dos mortos em massacres em Manaus eram presos provisórios, diz governo do Amazonas. *G1*, 4 jun. 2019. Disponível em: https://g1.globo.com/am/amazonas/noticia/2019/06/04/40percent-dos-mortos-em-massacres-em-manaus-eram-presos-provisorios-diz-governo-do-amazonas.ghtml. Acesso em: 9 jul. 2019.

Faixa etária das pessoas privadas de liberdade no Brasil

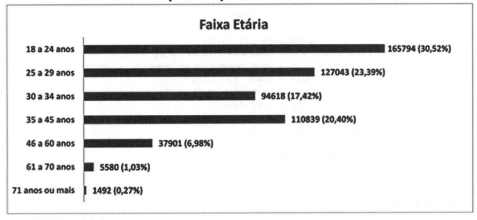

Fonte: BNMP 2.0/CNJ - 6 de agosto de 2018

Raça, cor e etnia das pessoas privadas de liberdade no Brasil

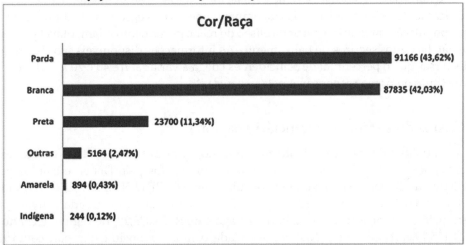

Fonte: BNMP 2.0/CNJ - 6 de agosto de 2018
* classificação cor/raça segundo IBGE.

Estado civil das pessoas privadas de liberdade no Brasil

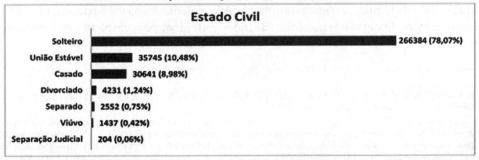

Fonte: BNMP 2.0/CNJ - 6 de agosto de 2018

Escolaridade das pessoas privadas de liberdade no Brasil

Escolaridade

Analfabeto	5.207 (2,51%)
Fundamental - Incompleto	49.963 (24,04%)
Fundamental - Completo	108.630 (52,27%)
Médio - Incompleto	12.698 (6,11%)
Médio - Completo	28.508 (13,72%)
Superior - Incompleto	953 (0,46%)
Superior - Completo	1.724 (0.83%)
Pós-graduação (lato sensu) - Incompleto	132 (0,06%)
Pós-graduação (lato sensu) - Completo	25 (0,01%)
Pós-graduação (stricto sensu, nível mestrado) - Incompleto	1 (0,00%)
Pós-graduação (stricto sensu, nível mestrado) - Completo	2 (0,00%)

Fonte: BNMP 2.0/CNJ - 6 de agosto de 2018

Quanto ao percentual de reincidência, informação absolutamente relevante para a edificação de políticas adequadas (acompanhamento dos egressos) de diminuição da superpopulação carcerária a partir da elisão do reencarceramento, é lamentável perceber que não há dados seguros de balizamento. As informações disponíveis são tão antigas e dispersas que o percentual de reincidentes chega a variar entre 40 e 70%, a depender do instituto ou órgão responsável pela pesquisa.[15]

4 Custos do sistema penitenciário nacional

A política de encarceramento em massa hoje praticada no Brasil é extremamente onerosa aos cofres públicos. Conforme dados fornecidos pelo Depen e citados pelo Ministro Luís Roberto Barroso quando do julgamento do RE nº 580.252/MS,[16] "os Estados gastam, em média, cerca de R$2 mil por mês para a manutenção de cada detento. Já o custo médio de construção de cada nova vaga é de R$48.835,20, no regime fechado, e R$24.165,19, no semiaberto". Naquela assentada, o ministro concluiu que, para contornar a superlotação dos presídios, o Estado teria que investir *R$22 bilhões*, "sem contar os mais de R$680 milhões mensais que deverão ser gastos para a manutenção dos novos presos no sistema".

Demonstrado esse quadro dantesco, parece ser ilusória a suposição de que, em curto período de tempo, se consiga empregar investimentos capazes de dobrar ou até triplicar o número de vagas nos presídios, de modo a eliminar por completo a superlotação.

---

[15] JUNGMANN, Raul. Segurança Pública. *In*: FÓRUM JURÍDICO DE LISBOA, VII. *Palestra...* Lisboa: Faculdade de Direito da Universidade de Lisboa, 22 abr. 2019.

[16] No julgamento do RE nº 580.252/MS, o Supremo Tribunal Federal, em sede de repercussão geral, assentou o dever do Estado de indenizar, inclusive por danos morais "efetivamente causados por ato de agentes estatais ou pela inadequação dos serviços públicos", os detentos em estabelecimento carcerário, submetidos à violação de seus direitos fundamentais (RE nº 580.252/MS. Rel. Min. Teori Zavascki, Rel. p/ acórdão Min. Gilmar Mendes. *DJe*, 11 set. 2017).

5 Estado de coisas inconstitucional – MC-ADPF nº 347/DF

Em 9.9.2015, no julgamento da Medida Cautelar na ADPF nº 347/DF, ajuizada pelo Partido Socialismo e Liberdade em face da União e de todos os entes federativos, de relatoria do Ministro Marco Aurélio, o Supremo Tribunal Federal (STF) assentou o cabimento da arguição de descumprimento de preceito fundamental *por considerar degradante a situação das penitenciárias brasileiras*.

Ao traçar um panorama da crise, o ministro relator mencionou que *o déficit prisional ultrapassa a casa das 206 mil vagas*. Até então, contabilizavam-se *711.463 presos para apenas 357.219 vagas disponíveis*, o que significava que, em média, os presídios nacionais funcionavam com 199% da sua capacidade. O ministro ressaltou que a situação seria ainda mais grave se fossem cumpridos os *373.991 mandados de prisão pendentes*.

Na oportunidade, o STF acabou por rotular *o sistema penitenciário nacional como "estado de coisas inconstitucional"* ante a existência de "quadro de *violação massiva e persistente de direitos fundamentais*, decorrente de falhas estruturais e falência de políticas públicas e cuja modificação depende de medidas abrangentes de natureza normativa, administrativa e orçamentária". O acórdão do STF assentou que "diversos dispositivos, contendo normas nucleares do programa objetivo de direitos fundamentais da Constituição Federal", são reiteradamente ofendidos, como:

> [O] princípio da dignidade da pessoa humana (artigo 1º, inciso III); a proibição de tortura e tratamento desumano ou degradante de seres humanos (artigo 5º, inciso III); a vedação da aplicação de penas cruéis (artigo 5º, inciso XLVII, alínea "e"); o dever estatal de viabilizar o cumprimento da pena em estabelecimentos distintos, de acordo com a natureza do delito, a idade e sexo do apenado (artigo 5º, inciso XLVIII); a segurança dos presos à integridade física e moral (artigo 5º, inciso XLIX); e os direitos à saúde, educação, alimentação, trabalho, previdência e assistência social (artigo 6º) e à assistência judiciária (artigo 5º, inciso LXXIV).[17]

Com vista a amenizar a situação precária das penitenciárias, o STF deferiu a medida cautelar pleiteada para determinar à União que liberasse o saldo acumulado do Fundo Penitenciário Nacional, abstendo-se de novos contingenciamentos. Não obstante, de acordo com informações obtidas junto ao CNJ,[18] os estados encontram dificuldade para executar a verba, uma vez que não apresentaram projetos para o aperfeiçoamento do sistema penitenciário.

O STF determinou, ainda naquela ocasião, que, em até 90 dias, os juízes e os tribunais passassem a realizar *audiências de custódia*, "viabilizando o comparecimento do preso perante a autoridade judiciária no prazo máximo de 24 horas, contado do momento da prisão", em observância aos arts. 9.3 do Pacto Internacional dos Direitos Civis e Políticos[19] e 7.5 da Convenção Americana de Direitos Humanos (Pacto de San José da Costa Rica).[20] O feito ainda tramita no STF, pendente o julgamento de mérito.

---

[17] ADPF nº 347 MC/DF. Rel. Min. Marco Aurélio, Tribunal Pleno, j. 9.9.2015. *DJe*, 10 fev. 2016.

[18] Reunião dos autores com representantes do Conselho Nacional de Justiça, no dia 3.4.2019.

[19] Pacto Internacional dos Direitos Civis e Políticos: "Art. 9º [...] Item 3. Toda a pessoa detida ou presa devido a uma infracção penal será presente, no mais breve prazo, a um juiz ou outro funcionário autorizado por lei para exercer funções judiciais, e terá direito a ser julgada dentro de um prazo razoável ou a ser posta em liberdade.

As audiências de custódia foram definitivamente implantadas em todo o território nacional pela Resolução nº 213 do CNJ, de 15.12.2015.[21] Trata-se de medida que proporciona ao julgador análise mais acurada acerca das circunstâncias em que realizada a prisão em flagrante, de modo a fornecer as balizas orientadoras da decisão a ser tomada, seja de relaxamento, de concessão da liberdade com ou sem aplicação de medidas cautelares alternativas à segregação ou, em último caso, da conversão em prisão preventiva.

6 Responsabilidade civil extracontratual do Estado

A Constituição de 1988 estabelece expressamente, no inc. LXXV de seu art. 5º, que "o Estado indenizará o condenado por erro judiciário, assim como o que ficar preso além do tempo fixado na sentença".[22]

O STF já se debruçou sobre o tema algumas vezes. Em 16.2.2017, ao concluir a análise do Tema nº 365 de repercussão geral, intitulado "responsabilidade do Estado por danos morais decorrentes de superlotação carcerária", o Supremo deu provimento ao RE nº 580.252/MS (sob a relatoria originária do saudoso Ministro Teori Zavascki e, atualmente, do Ministro Alexandre de Moraes, redator para o acórdão o Ministro Gilmar Mendes), e fixou a seguinte tese:

> Considerando que é dever do Estado, imposto pelo sistema normativo, manter em seus presídios os padrões mínimos de humanidade previstos no ordenamento jurídico, é de sua responsabilidade, nos termos do art. 37, §6º da Constituição, a obrigação de ressarcir os danos, inclusive morais, comprovadamente causados aos detentos em decorrência da falta ou insuficiência das condições legais de encarceramento.

A demanda foi movida por detento condenado a 20 anos de reclusão por crime de latrocínio (art. 157, §3º, do Código Penal), que pugnou pelo pagamento de indenização por dano moral causado "pelas ilegítimas e sub-humanas condições" a que estava submetido no cumprimento de pena em estabelecimento prisional situado no município de Corumbá/MS. O pedido foi julgado improcedente em primeiro grau, mas a sentença foi reformada em sede de apelação, ocasião em que o Tribunal de Justiça fixou indenização no valor de R$2.000,00 (dois mil reais). Posteriormente, a sentença de

---

A prisão preventiva não deve constituir regra geral, contudo, a liberdade deve estar condicionada por garantias que assegurem a comparência do acusado no acto de juízo ou em qualquer outro momento das diligências processuais, ou para a execução da sentença".

[20] Convenção Americana de Direitos Humanos: "Art. 7. Direito à liberdade pessoal. [...] 5. Toda pessoa detida ou retida deve ser conduzida, sem demora, à presença de um juiz ou outra autoridade autorizada pela lei a exercer funções judiciais e tem direito a ser julgada dentro de um prazo razoável ou a ser posta em liberdade, sem prejuízo de que prossiga o processo. Sua liberdade pode ser condicionada a garantias que assegurem o seu comparecimento em juízo".

[21] CNJ. *Resolução nº 213 de 15.12.2015*. Disponível em: https://www.cnj.jus.br/busca-atos-adm?documento=3059. Acesso em 11 jul. 2019.

[22] Disposição semelhante é encontrada no art. 630 do Código de Processo Penal, que estabelece que "o tribunal, se o interessado o requerer, poderá reconhecer o direito a uma justa indenização pelos prejuízos sofridos", em seu §1º, prevê, inclusive, que a indenização decorrente dos prejuízos sofridos com eventual sentença condenatória cassada "será liquidada no juízo cível, responderá a União, se a condenação tiver sido proferida pela justiça do Distrito Federal ou de Território, ou o Estado, se o tiver sido pela respectiva justiça".

improcedência foi restabelecida no julgamento dos embargos infringentes, o que deu ensejo ao recurso extraordinário.

O Ministro Teori Zavascki, então relator do feito, reconheceu que o dever de indenização, em casos que tais, decorre diretamente do art. 37, §6º, da Constituição, "disposição normativa autoaplicável, não sujeita a intermediação legislativa ou administrativa", e foi além ao assentar que o *dano moral* decorrente da internação nas condições acima descritas é inclusive *presumido*, conforme se observa do excerto a seguir transcrito:

> [...] os fatos da causa são incontroversos: o recorrente, assim como os outros detentos do presídio de Corumbá/MS, cumprem pena privativa de liberdade em condições não só juridicamente ilegítimas (porque não atendem às mínimas condições de exigências impostas pelo sistema normativo), mas também humanamente ultrajantes, porque desrespeitosas a um padrão mínimo de dignidade. Também não se discute que, nessas condições, *o encarceramento impõe ao detento um dano moral, cuja configuração é, nessas circunstâncias, até mesmo presumida*. (RE nº 580.252/MS. Rel. Min. Teori Zavascki, Rel. p/ acórdão Min. Gilmar Mendes. *DJe*, 11 set. 2017. Grifos nossos)

Ao final, foram restabelecidos o acórdão proferido em sede de apelação e, consequentemente, a indenização arbitrada pelo Tribunal de origem no valor de R$2.000,00 (dois mil reais) em favor do autor da ação. Ficaram vencidos os ministros Luís Roberto Barroso, Luiz Fux e Celso de Mello, *os quais propunham a remição da pena como forma de indenização*.

O STF não reconhece, no entanto, o dever de indenização do Estado quando decretada prisão cautelar em processo criminal que culmina com a absolvição do réu pelo tribunal do júri, desde que a medida encontre justificativa nas circunstâncias fáticas do caso concreto. Para a Suprema Corte,

> [...] *salvo nas hipóteses de erro judiciário e de prisão além do tempo fixado na sentença* – previstas no art. 5º, inciso LXXV, da Constituição Federal –, bem como nos casos previstos em lei, a regra é a de que o art. 37, §6º, da Constituição *não se aplica aos atos jurisdicionais quando emanados de forma regular e para o fiel cumprimento do ordenamento jurídico*. (ARE nº 770.931 AgR/SC. Rel. Min. Dias Toffoli. *DJe*, 13 out. 2014. Grifos nossos)

Da mesma forma, o Supremo já afastou a responsabilidade civil do Estado no caso de prisão preventiva justificada pelas circunstâncias fáticas do caso concreto, ainda que nem sequer tenha sido posteriormente indiciado o então investigado, o que, conforme assentou, não constitui erro judiciário. A propósito, confira-se ARE nº 939.966/MG.[23]

---

[23] "Agravo regimental no recurso extraordinário com agravo. Processual Civil e Administrativo. Indeferimento de prova testemunhal. Ausência de repercussão geral. Responsabilidade civil do Estado. Prisão cautelar determinada no curso de regular inquérito policial. Não indiciamento do investigado. Danos morais. Dever de indenizar. Descabimento. Fatos e provas. Reexame. Impossibilidade. Precedentes. 1. O Plenário da Corte, no exame do ARE nº 639.228/RJ, Relator o Ministro Cezar Peluso, concluiu pela ausência de repercussão geral do tema relativo à suposta violação dos princípios do contraditório e da ampla defesa nos casos de indeferimento de produção de provas no âmbito do processo judicial, dado o caráter infraconstitucional da matéria. 2. O Tribunal de Justiça concluiu, com base nos fatos e nas provas dos autos, que não foram demonstrados, na origem, os pressupostos necessários à configuração da responsabilidade extracontratual do Estado, haja vista que a prisão preventiva a que foi submetido o ora agravante foi regular e se justificou pelas circunstâncias fáticas do caso

Como se vê, embora o STF tenha reconhecido o dever de indenização do Estado em virtude do dano moral causado pelas condições degradantes de encarceramento, não firmou semelhante entendimento relativamente à prisão preventiva, quando fundada nos fatos apurados à época da decretação da medida, ainda que ocorra a absolvição ao final do processo penal ou, até mesmo, que não tenha ocorrido o indiciamento posterior à prisão na fase inquisitorial.

Desse modo, a ausência, na esfera civil, de reprimenda à altura da indiscriminada decretação de medidas cautelares constritivas da liberdade, acaba por constituir fator de agravamento da superlotação carcerária.

7 Prisão temporária como *ultima ratio*

A segregação cautelar de um indivíduo é a mais grave das medidas cautelares do processo penal brasileiro e desafia o direito fundamental da presunção de inocência, razão pela qual apenas "deve ser decretada quando absolutamente necessária. Ela é uma exceção à regra da liberdade".[24]

Assim, a prisão cautelar constitui medida excepcional, cabível mediante decisão fundamentada e com base em dados concretos e objetivos, já que deve ser imposta como *ultima ratio*. Não se pode banalizar a prisão cautelar, tampouco tornar a exceção uma regra.

Com o objetivo de substituir a prisão preventiva ou de atenuar os rigores da prisão em flagrante, a Lei nº 12.403/2011 instituiu medidas cautelares alternativas à segregação prematura, as quais podem ser aplicadas isolada ou cumulativamente. Para Nucci,[25] as medidas cautelares devem ser aplicadas com a observância de dois critérios básicos:

- Necessidade – quando indispensável para a aplicação da lei penal, para assegurar a investigação ou a instrução criminal e para evitar a reiteração de infrações penais;
- Adequabilidade – as cautelas devem ser compatíveis com a gravidade do crime, com as circunstâncias do fato e com as condições pessoais do indiciado ou acusado.

Há que se fazer análise sempre cuidadosa das medidas cautelares cabíveis no caso concreto, devendo o magistrado, consideradas a gravidade do crime, as circunstâncias do delito em apuração e as condições pessoais do respectivo autor, dar preferência, sempre que possível, à adoção das cautelas diversas da prisão. A propósito, correta a orientação do STF retratada em precedente da lavra do Ministro Teori Zavascki, *in verbis*:

---

concreto, não caracterizando erro judiciário posterior não indiciamento do investigado. Incidência da Súmula nº 279/STF. 3. A jurisprudência do Supremo Tribunal Federal firmou-se no sentido de que, salvo nas hipóteses de erro judiciário, de prisão além do tempo fixado na sentença - previstas no art. 5º, inciso LXXV, da Constituição Federal -, bem como nos casos previstos em lei, a regra é a de que o art. 37, §6º, da Constituição não se aplica aos atos jurisdicionais quando emanados de forma regular e para o fiel cumprimento do ordenamento jurídico. 4. Agravo regimental não provido" (ARE nº 939.966/MG AgR. Rel. Min. Dias Toffoli, Segunda Turma. *DJe*, 18 maio 2016).

[24] HC nº 80.282/SC. Rel. Min. Nelson Jobim. *DJ*, 2 fev. 2001.

[25] NUCCI, Guilherme de Souza. *Prisão e liberdade*: de acordo com a Lei 12.403/2011. 3. ed. rev., atual. e ampl. São Paulo: Revista dos Tribunais, 2013. p. 12.

[...] é indispensável ficar evidenciado que o encarceramento do acusado é o único modo eficaz para afastar esse risco. Dito de outro modo: cumpre demonstrar que nenhuma das medidas alternativas indicadas no art. 319 da lei processual penal tem aptidão para, no caso concreto, atender eficazmente aos mesmos fins. É o que estabelece, de modo expresso, o art. 282, §6º, do Código de Processo Penal: "a prisão preventiva será determinada quando não for cabível a sua substituição por outra medida cautelar (art. 319)". (HC nº 132.267/PR. Rel. Min. Teori Zavascki, Segunda Turma. *DJe*, 19 set. 2016. Grifos nossos)

Nesse contexto, a adoção de medidas cautelares diversas da prisão preventiva é alternativa mais consentânea com os ditames do Estado democrático de direito para a redução da população carcerária de presos provisórios, que hoje alcança o número alarmante de *40,14%* dos detentos.

8 Pacote de leis anticrime

Atualmente tramitam no Congresso Nacional três projetos de lei que integram o Pacote Anticrime de autoria do Poder Executivo, nos moldes idealizados pelo digno Ministro da Justiça Sérgio Moro. Os projetos, em plena tramitação legislativa, foram divididos da seguinte forma:

- criminalização do uso do caixa dois em eleição – PL nº 1.865/2019;
- regras de competência da Justiça Eleitoral e da Justiça Comum – PLP nº 38/2019;
- medidas contra corrupção, crime organizado e crimes praticados com grave violência – PL nº 882/2019.

Entre as medidas apresentadas no PL nº 882/2019, oportuno pontuar aquelas que detêm o condão de, em tese, impactar diretamente o sistema penitenciário nacional:

- medidas para assegurar a execução provisória da condenação criminal após julgamento em segunda instância;[26]
- medidas para endurecer o cumprimento das penas;
- medidas para dificultar a soltura de criminosos habituais.

No dia 20.5.2019, o Conselho Federal da OAB apresentou ao presidente da Câmara dos Deputados o parecer que analisou as propostas apresentadas pelo Ministério da Justiça no pacote anticrime.

Inicialmente, a OAB observou que "a proposta do Ministério da Justiça não foi precedida do indispensável debate público que se esperava em um projeto com esse impacto sobre o sistema penal, processual penal e penitenciário", conforme trecho do parecer coordenado pelos conselheiros Juliano Breda e Felipe Santa Cruz.[27]

---

[26] Entre as quais se destacam o acréscimo do art. 617-A no CPP, com a seguinte redação: "Ao proferir acórdão condenatório, o tribunal determinará a execução provisória das penas privativas de liberdade, restritivas de direitos ou pecuniárias, sem prejuízo do conhecimento de recursos que vierem a ser interpostos", bem como a mudança na redação do art. 105 da LEP, que passará a dispor que, "Transitando em julgado a sentença que aplicar pena privativa de liberdade ou determinada a execução provisória após condenação em segunda instância, se o réu estiver ou vier a ser preso, o Juiz ordenará a expedição de guia de recolhimento para a execução".

[27] CRUZ, Felipe Santa; BREDA, Juliano (Coord.). *Análise do projeto de lei anticrime*: OAB Nacional. Brasília: OAB, Conselho Federal, 2019. p. 6.

Ressaltou, ainda:

[a] inexistência de uma exposição de motivos com apresentação detalhada e aprofundada das causas que motivaram as propostas, dos estudos técnicos que as amparam e, em especial, de uma análise cuidadosa a respeito das consequências jurídicas, sociais e econômicas de eventual aprovação do projeto.[28]

Não obstante, por compreender a relevância da matéria, apresentou a contribuição técnica do Conselho Federal da Ordem com vistas ao "acompanhamento legislativo da matéria e eventual judicialização das alterações que se revelarem incompatíveis com a Constituição da República".[29] Da forma como concebidas, tais providências, a pretexto de combater a corrupção, o crime organizado e as práticas delitivas em geral, aumentam o exercício do poder punitivo do Estado e ampliam a já excessiva e, como visto, fracassada política de encarceramento praticada no Brasil. Nesse sentido, as conclusões extraídas do parecer que analisou o anteprojeto da lei em comento elaborado por Tonini e Nascimento, por indicação da Comissão de Direito Penal do Instituto dos Advogados do Brasil,[30] estudo que subsidiou a análise encaminhada pela OAB ao Congresso Nacional:

Acaso aprovadas as medidas aqui comentadas, o aumento da população prisional constituirá um efeito necessário a se verificar em curto prazo. Isto obrigará os Estados, atualmente mergulhados em profunda crise fiscal, a realizar massivos investimentos no sistema prisional, muito embora esses mesmos Estados não disponham de recursos suficientes para prover à sua população serviços públicos básicos e essenciais. [...]

O Congresso Nacional pode contribuir para sanar a insustentável situação e momento, preservando o ideal libertário que animou a elaboração da Constituição da República, e que se encontra consagrado em diversos dispositivos, muito especialmente nas garantias penais e processuais penais. Essas mesmas garantias, algumas das quais vistas acima, recomendam a não implementação das medidas contidas no pacote anticrime do Ministério da Justiça.[31]

Por outro lado, ao analisar especificamente as medidas para assegurar a execução provisória da pena, depois de confirmada em segunda instância, o Conselho Federal da OAB opinou pela sua rejeição.

No entanto, apresentou contraproposta para alteração no texto do art. 637 do CP, no sentido de que o *efeito suspensivo* do qual são dotados os recursos extraordinário e especial interpostos contra acórdão condenatório possa ser excepcionalmente *desconstituído pelo STF e pelo STJ*, nos casos em que forem *manifestamente protelatórios ou em que não apresentarem questão federal ou constitucional relevante.*

---

[28] CRUZ, Felipe Santa; BREDA, Juliano (Coord.). *Análise do projeto de lei anticrime*: OAB Nacional. Brasília: OAB, Conselho Federal, 2019. p. 6.

[29] CRUZ, Felipe Santa; BREDA, Juliano (Coord.). *Análise do projeto de lei anticrime*: OAB Nacional. Brasília: OAB, Conselho Federal, 2019. p. 7.

[30] TONINI, Renato; NASCIMENTO, André. *Parecer acerca do Projeto de Lei nº 882/2019 (Lei Anticrimes), por indicação da Comissão de Direito Penal do Instituto dos Advogados Brasileiros.* 2019. Disponível em: https://www.iabnacional. org.br/pareceres/pareceres-para-votacao/download/2421_71a9a769a3f781865ff222082a627b68. Acesso em: 15 jul. 2019.

[31] TONINI, Renato; NASCIMENTO, André. *Parecer acerca do Projeto de Lei nº 882/2019 (Lei Anticrimes), por indicação da Comissão de Direito Penal do Instituto dos Advogados Brasileiros.* 2019. p. 20-21. Disponível em: https://www.iabnacional.org.br/pareceres/pareceres-para-votacao/download/2421_71a9a769a3f781865ff222082a627b68. Acesso em: 15 jul. 2019.

Alternativamente, sugeriu a alteração do conceito de coisa julgada previsto no §3º do art. 6º da Lei de Introdução às Normas do Direito Brasileiro (LINDB), com o acréscimo da expressão "ordinário" ao comando "decisão judicial de que não caiba mais recurso".[32]

9 Prisões federais

O §1º do art. 86 da Lei de Execuções Penais (Lei nº 7.210/84) instituiu os presídios federais ao estabelecer que "a União Federal poderá construir estabelecimento penal em local distante da condenação para recolher os condenados, quando a medida se justifique no interesse da segurança pública ou do próprio condenado".[33] Atualmente, o Brasil mantém cinco penitenciárias federais instaladas em: Brasília/DF (inaugurado em 2018), Porto Velho/RO, Mossoró/RN, Campo Grande/MS e Catanduvas/PR. Há previsão, no Plano Nacional de Segurança idealizado durante o Governo Temer, de construção de outros cinco presídios federais, obras que, no entanto, ainda não têm cronograma e locais definidos.[34] Os presídios federais são administrados pelo Ministério da Justiça e apresentam as seguintes características principais:[35]

- não sofrem com superlotação, rebelião ou tentativa de fuga;
- em 11 anos, nenhum aparelho celular conseguiu driblar os quatro níveis de revista por que um visitante passa até estar pessoalmente com o preso (equipamentos de *scanner* corporal, raquetes de detecção de metal, catracas biométricas e câmeras);
- de lá, nunca partiu uma ordem, via telefone, para crimes do lado de fora;
- não há televisão nem jornais. As leituras permitidas são de livros, revistas, apostilas de cursos e conteúdos religiosos;
- são proibidas visitas íntimas aos presos, salvo para réus colaboradores e réus delatores;
- contato com advogados, parentes ou amigos somente é permitido na presença dos agentes e monitorado por mais de 250 câmeras de última geração;
- as mãos devem estar sempre algemadas no percurso da cela até o pátio onde se toma sol. A regra da algema serve também para ir ao parlatório ou ao pátio de visitas;
- o chuveiro é ligado em hora determinada, e esse é o único horário disponível para o banho do dia;
- a comida chega por meio de uma portinhola e, quando recolhida, vai para inspeção. Até o lixo dos presos é periciado.

---

[32] CRUZ, Felipe Santa; BREDA, Juliano (Coord.). *Análise do projeto de lei anticrime*: OAB Nacional. Brasília: OAB, Conselho Federal, 2019. p. 9.

[33] Por sua vez, a Lei nº 11.671/2008 dispõe sobre a transferência e inclusão de presos em estabelecimentos penais federais de segurança máxima e dá outras providências.

[34] O Projeto de Lei Anticrime (PL nº 882/2019), encaminhado ao Congresso Nacional pelo atual Ministro da Justiça, Sérgio Moro, acrescenta o art. 11-B à Lei nº 11.671/2008 para autorizar que os estados construam estabelecimentos penais de segurança máxima nos moldes dos presídios federais. Eis a redação proposta: "Art. 11-B. Os Estados e o Distrito Federal poderão construir estabelecimentos penais de segurança máxima, a eles aplicando-se, no que couber, as mesmas regras previstas nesta lei".

[35] NETO, Sinval. Como funciona um presídio federal. *Ministério da Justiça e Segurança Pública*, Brasília, 2 jan. 2018. Disponível em: https://www.justica.gov.br/news/entenda-como-funciona-um-presidio-federal. Acesso em: 21 jun. 2019.

No caso de infração a alguma das regras dentro do presídio, o preso fica sujeito ao regime disciplinar diferenciado (RDD), previsto no art. 52 da LEP, que apresenta a seguinte redação:

> Art. 52. A prática de *fato previsto como crime doloso* constitui falta grave e, quando ocasione subversão da ordem ou disciplina internas, sujeita o preso provisório, ou condenado, sem prejuízo da sanção penal, ao regime disciplinar diferenciado, com as seguintes características:
>
> I - *duração máxima de trezentos e sessenta dias*, sem prejuízo de repetição da sanção por nova falta grave de mesma espécie, até o limite de um sexto da pena aplicada;
>
> II - recolhimento em cela individual;
>
> III - visitas semanais de duas pessoas, sem contar as crianças, com duração de duas horas;
>
> IV - o preso terá direito à saída da cela por 2 horas diárias para banho de sol.
>
> §1º O regime disciplinar diferenciado também poderá abrigar presos provisórios ou condenados, nacionais ou estrangeiros, que apresentem *alto risco para a ordem e a segurança do estabelecimento penal ou da sociedade*.
>
> §2º Estará igualmente sujeito ao regime disciplinar diferenciado o preso provisório ou o condenado sob o qual recaiam fundadas suspeitas de envolvimento ou participação, a qualquer título, em organizações criminosas, quadrilha ou bando. (Grifos nossos)

Cada presídio federal é composto por 12 celas desse tipo de regime, com as seguintes características:[36]

- celas com 12 m^2 de área total;
- o interno passa todas as horas do seu dia trancado;
- o banho de sol acontece na própria cela, por meio de um solário;
- o preso sai somente para atendimento médico e audiência com juiz ou advogado;
- as visitas se dão apenas no parlatório;
- ficam suspensos os banhos de sol coletivos.

Nesse regime, o preso pode ficar *até 360 dias*, renováveis, se assim decidir o juiz corregedor federal, desde que seja respeitado o limite de máximo de 1/6 (um sexto) da pena do condenado. Até o final de 2018, *18 presos* cumpriam pena no RDD, nas cinco unidades federais.

Atualmente, tramita no STF a ADI nº 4.162, na qual a Ordem dos Advogados do Brasil (OAB) questiona a constitucionalidade dos artigos que instituem e disciplinam o Regime Disciplinar Diferenciado na LEP, incluídos pela Lei nº 10.792/2003.[37]

A OAB argumenta que o tratamento dado ao preso no referido regime é desumano e degradante porque leva ao isolamento, à suspensão e à restrição de direitos por tempo prolongado (360 dias, prorrogáveis em casos de reincidência). Segundo a entidade:

---

[36] NETO, Sinval. Como funciona um presídio federal. *Ministério da Justiça e Segurança Pública*, Brasília, 2 jan. 2018. Disponível em: https://www.justica.gov.br/news/entenda-como-funciona-um-presidio-federal. Acesso em: 21 jun. 2019.

[37] Arts. 52; 53 (inc. V); 54; 57 (trecho referente ao art. 53); 58 (trecho sobre o regime diferenciado) e art. 60 (*caput* e parágrafo único) da LEP.

a aplicação do regime, que inclui isolamento, incomunicabilidade e severas restrições no recebimento de visitas, entre outras medidas, aviltam o princípio fundamental da dignidade da pessoa humana e agride as garantias fundamentais de vedação à tortura e ao tratamento desumano ou degradante, e de vedação de penas cruéis.[38]

Por fim, o pedido para inclusão de um preso no Sistema Penitenciário Federal parte da autoridade competente de cada estado (Ministério Público, Secretaria de Administração Penitenciária Estadual ou até mesmo Justiça Estadual) e, uma vez aceito pelo juiz da execução, é analisado pelo Depen, que indica para quais das unidades é possível transferir o preso. O juiz corregedor federal da unidade indicada é quem profere a decisão final, autorizando ou não a inclusão do preso no Sistema Penitenciário Federal.

10 Resoluções da Corte Interamericana de Direitos Humanos

A precariedade do sistema penitenciário brasileiro despertou, negativamente, a atenção da Corte Interamericana de Direitos Humanos. Em 31.8.2017, a Corte editou resolução (sem número) na qual solicitou que o Brasil "adotasse, de imediato, todas as medidas que fossem necessárias para proteger eficazmente a vida e a integridade pessoal das pessoas privadas de liberdade no Instituto Penal Plácido de Sá Carvalho",[39] localizado no Complexo Penitenciário de Gericinó, no Rio de Janeiro.

Posteriormente, no ano de 2018, a Corte editou nova resolução contendo os resultados obtidos e apontou alternativas para a solução da crise carcerária naquela instituição.

Em suma, o estado do Rio de Janeiro reconheceu a superlotação não apenas no Instituto Penal Plácido de Sá Carvalho, mas em todas as suas unidades penitenciárias, e afirmou ter implementado as seguintes medidas:

- realização de audiências de custódia;
- adoção de penas alternativas e de medidas como o monitoramento eletrônico (no ponto, o estado ressaltou a dificuldade de implantação de medidas cautelares alternativas, tendo em vista as dificuldades de fiscalização);
- prisão domiciliar aos internos que estejam cumprindo satisfatoriamente a pena em regime aberto;
- andamento de processos para viabilizar obras, com vistas ao aumento de oferta de vagas em outras unidades penitenciárias;
- designação de promotores de justiça para avaliar a situação dos detentos do IPPSC.

A nova resolução também apresentou diagnóstico técnico, cujos indicadores foram colhidos entre os anos de 2012 e 2017, do qual se podem citar os seguintes aspectos mais relevantes:

---

[38] OAB quer fim do regime diferenciado para presos infratores. *Notícias STF*. Disponível em: http://www.stf.jus.br/portal/cms/verNoticiaDetalhe.asp?idConteudo=97960. Acesso em: 21 jun. 2019.

[39] CIDH – CORTE INTERAMERICANA DE DIREITOS HUMANOS. *Resolução da Corte Interamericana de Direitos Humanos de 22 de novembro de 2018* – Medidas provisórias a respeito do Brasil – Assunto do Instituto Penal Plácido de Sá Carvalho. Disponível em: www.mpf.mp.br/pgr/documentos/resolucao-cidh-placido-de-sa. Acesso em: 21 jun. 2019.

- a taxa de ocupação nos estabelecimentos prisionais do Rio de Janeiro é de 176,6%;
- a cada 14 pessoas que ingressam no sistema carcerário, somente 10 saem, o que agrava a já alta taxa de ocupação;
- o cumprimento da pena e o correspondente regime de execução de mais de 50 mil pessoas privadas de liberdade são supervisionados por apenas 7 juízes de execução penal;
- observa-se escassez ou precariedade de unidades de internação conhecidas como colônias agrícolas, industriais ou similares nas quais deveriam ser cumpridas as penas em regime semiaberto;
- é modesto o uso de alternativas ao encarceramento, especialmente do monitoramento eletrônico, ainda na fase investigativa, o que possibilitaria a redução do contingente carcerário nos centros de detenção provisória;
- foi assinado convênio entre a Secretaria da Administração Penitenciária do Rio de Janeiro e o Depen para a criação da primeira Central de Penas Alternativas.

Os representantes dos beneficiários (não especificados na resolução) apontaram a *omissão do Estado ao não preparar um plano estratégico para a redução da superpopulação carcerária*, tal como solicitado pela Corte Interamericana no ano de 2017, e relataram que eles próprios formularam o Plano de Redução Quantitativa da Superlotação Carcerária do IPPSC, do qual se extraem duas propostas principais:

a) concessão de benefícios penitenciários temporariamente *antecipados*, principalmente a *liberdade condicional e a progressão para o regime aberto*, na modalidade de prisão domiciliar;

b) *proibição de ingresso de novos detentos na unidade.*

Relataram que foram formalizados 337 pedidos de liberdade condicional antecipada em favor dos detentos que cumpririam o prazo para a concessão do benefício no ano de 2018, medida que reduziria em 10% o contingente populacional da unidade prisional. No entanto, tais pedidos vêm sendo sumariamente recusados, sob o argumento de não ter se completado, em cada caso, o prazo estabelecido para a concessão da liberdade condicional.

Os representantes denunciaram, ainda, a recusa dos juízes da Vara de Execução Penal do Estado (VEP/RJ), dos membros do Ministério Público, do GMF/RJ e do Comitê Colegiado do Tribunal de Justiça em cumprir as resoluções da Corte de 13.2 e de 31.8.2017.

A Corte Interamericana, por sua vez, reconheceu os esforços do estado para contornar a crise carcerária, porém concluiu que, até o momento, tais esforços "são ineficazes para remediar a eventual violação da Convenção Americana, que se mantém ao longo do tempo, sem solução de continuidade" (item 84).

Assentou, ademais:

condições de privação de liberdade como as que se mantêm no IPPSC também eventualmente violariam o artigo 5.6 da Convenção Americana, *pois as penas desse modo executadas nunca poderiam levar a efeito a reforma e a readaptação social do condenado*, tal como prescreve o citado dispositivo convencional. (Item 85. Grifos nossos)

Ressaltou, ainda, que a sistemática violação do art. 5.6 da Convenção Americana:

coloca em grave risco os direitos de todos os habitantes, uma vez que os presos em um estabelecimento regido por grupos violentos dominantes sofrerão agressões e humilhações que, em boa parte deles, quando saiam, com grave deterioração de sua subjetividade e autoestima, provocarão um alto risco de reprodução de violência com desvios criminosos inclusive mais graves que aqueles que motivaram a prisão. (Item 89)

Por fim, resolveu:

1. Requerer ao Estado que adote imediatamente todas as medidas que sejam necessárias para proteger eficazmente a vida e a integridade pessoal de todas as pessoas privadas de liberdade no Instituto Penal Plácido de Sá Carvalho, bem como de qualquer pessoa que se encontre nesse estabelecimento, inclusive os agentes penitenciários, os funcionários e os visitantes, nos termos dos Considerandos 61 a 64 e 67.

2. O Estado deve tomar as medidas necessárias para que, em atenção ao disposto na Súmula Vinculante No. 56, do Supremo Tribunal Federal do Brasil, a partir da notificação da presente resolução, novos presos não ingressem no IPPSC e tampouco se façam traslados dos ali alojados a outros estabelecimentos penais, por disposição administrativa. Quando, por ordem judicial, se deva trasladar um preso a outro estabelecimento, o disposto a seguir, a respeito do cômputo duplo, valerá para os dias em que tenha permanecido privado de liberdade no IPPSC, em atenção ao disposto nos Considerandos 115 a 130 da presente resolução.

3. O Estado deve adotar as medidas necessárias para que o mesmo cômputo se aplique, conforme o disposto a seguir, para aqueles que tenham egressado do IPPSC, em tudo que se refere ao cálculo do tempo em que tenham permanecido neste, de acordo com os Considerandos 115 a 130 da presente resolução.

4. O Estado deverá arbitrar os meios para que, no prazo de seis meses a contar da presente decisão, se compute em dobro cada dia de privação de liberdade cumprido no IPPSC, para todas as pessoas ali alojadas, que não sejam acusadas de crimes contra a vida ou a integridade física, ou de crimes sexuais, ou não tenham sido por eles condenadas, nos termos dos Considerandos 115 a 130 da presente resolução.

5. O Estado deverá organizar, no prazo de quatro meses a partir da presente decisão, uma equipe criminológica de profissionais, em especial psicólogos e assistentes sociais, sem prejuízo de outros, que, em pareceres assinados por pelo menos três deles, avalie o prognóstico de conduta com base em indicadores de agressividade dos presos alojados no IPPSC, acusados de crimes contra a vida e a integridade física, ou de crimes sexuais, ou por eles condenados. Segundo o resultado verificado em cada caso, a equipe criminológica, ou pelo menos três de seus profissionais, conforme o prognóstico de conduta a que tenha chegado, aconselhará a conveniência ou inconveniência do cômputo em dobro do tempo de privação de liberdade, ou, então, sua redução em menor medida.

6. O Estado deverá dotar a equipe criminológica do número de profissionais e da infraestrutura necessária para que seu trabalho possa ser realizado no prazo de oito meses a partir de seu início.

7. Requerer ao Estado que mantenha a Defensoria Pública do Estado do Rio de Janeiro, como representante dos beneficiários, informada sobre as medidas adotadas para o cumprimento das medidas provisórias ordenadas, e que lhes garanta o acesso amplo e irrestrito ao Instituto Penal Plácido de Sá Carvalho, com o exclusivo propósito de acompanhar e documentar, de maneira fidedigna, a implementação das presentes medidas.

8. Requerer ao Estado que continue informando a Corte Interamericana de Direitos Humanos, a cada três meses, contados a partir da notificação da presente resolução, sobre a implementação das medidas provisórias adotadas em conformidade com esta decisão e seus efeitos.

9. Requerer aos representantes dos beneficiários que apresentem as observações que julguem pertinentes sobre o relatório a que se refere o ponto resolutivo acima, no prazo de quatro semanas, contado a partir do recebimento do referido relatório estatal.

10. Requerer à Comissão Interamericana de Direitos Humanos a que apresente as observações que julgue pertinentes sobre o relatório estatal solicitado no ponto resolutivo terceiro e sobre as respectivas observações dos representantes dos beneficiários, no prazo de duas semanas, contado a partir do envio das referidas observações dos representantes.

11. Dispor que a Secretaria da Corte notifique o Estado, a Comissão Interamericana e os representantes dos beneficiários da presente resolução.

12. Dispor que o Estado dê conhecimento imediato da presente resolução aos órgãos encarregados de monitorar essas medidas provisórias bem como ao Supremo Tribunal Federal e ao Conselho Nacional de Justiça.

11 Associações de Proteção e Assistência aos Condenados – Apac

Uma das louváveis iniciativas que têm apresentado boas práticas para amenizar a grave crise do sistema penitenciário brasileiro foi o recente termo de cooperação técnica celebrado entre o CNJ e o Tribunal de Justiça do Estado de Minas Gerais, cujo objeto é a "disseminação, em todo o território nacional, de 'modelos humanizados de gestão prisional', a exemplo da metodologia Apac – Associação de Proteção e Assistência aos Condenados".[40]

Mediante a assinatura do documento, as partes se comprometem a adotar, entre outras, as seguintes medidas:

III - *aperfeiçoar e difundir experiências exitosas de aplicação de modelos de gestão prisional humanizada, a exemplo da metodologia APAC*, de modo a *contribuir para a reconstrução das trajetórias de vida e a redução das vulnerabilidades e da reincidência;*

IV - elaborar e executar *estratégias para conscientizar a sociedade sobre a inadequação de se manter espaços de confinamento em condições degradantes*, a que estão submetidas as pessoas que integram o sistema prisional brasileiro, agravadas pela superlotação e superpopulação prisional;

V - estabelecer fluxos e procedimentos para garantir a integração entre as iniciativas previstas neste ajuste e outras ações que envolvam *promoção da cidadania e acesso a direitos e serviços para as pessoas privadas de liberdade e egressas do sistema prisional promovidas pelo CNJ;*

VI - assegurar que as iniciativas realizadas e difundidas por meio deste Acordo *respeitem a dignidade da pessoa humana*, os acordos que versam sobre direitos humanos dos quais o Brasil é signatário, inclusive o direito à liberdade religiosa, bem como o direito de não professar nenhuma fé, sem que isso implique em sanções ou no óbice ao acesso ou permanência nas unidades modelo fomentadas [...]. (Grifos nossos)

As Apac são entidades civis, sem fins lucrativos, que atuam na recuperação e na reintegração social dos condenados a penas privativas de liberdade, bem como no

---

[40] TJMG. *Termo de Cooperação Técnica nº 075/2019.* Disponível em: https://www.tjmg.jus.br/data/files/01/C2/22/91/AC6996103FD52996A04E08A8/Conv_nio%20Humaniza__o%20Gest_o%20Prisional.pdf. Acesso em: 21 jun. 2019.

socorro às vítimas e, em última análise, na proteção da sociedade.[41] A entidade auxilia os poderes Judiciário e Executivo, respectivamente, na execução penal e na administração do cumprimento das penas privativas de liberdade, por meio de uma metodologia mais humanizada, sem, no entanto, olvidar a *finalidade punitiva da pena*, com o objetivo de evitar a reincidência no crime e de proporcionar condições para a reintegração do egresso na sociedade.

A primeira unidade Apac foi instalada em São José dos Campos/SP, nos idos de 1972, e seu método de socialização inspirou a instalação de outras por todo o território nacional. Hoje estão em funcionamento, aproximadamente, 100 unidades em todo o Brasil, além de já terem sido implantados centros semelhantes na Alemanha, Argentina, Bolívia, Bulgária, Chile, Cingapura, Costa Rica, El Salvador, Equador, Eslováquia, Estados Unidos, Inglaterra e País de Gales, Latvia, México, Moldávia, Nova Zelândia e Noruega.[42]

Entre as diretrizes do método das Apac,[43] podem-se citar, em resumo, as seguintes:
- todos os recuperandos são chamados pelo nome, valorizando o indivíduo;
- a comunidade local participa efetivamente por meio do voluntariado;
- é o único *estabelecimento prisional que oferece os três regimes penais: fechado, semiaberto e aberto com instalações independentes e apropriadas* às *atividades desenvolvidas*;
- *não há presença de policiais e agentes penitenciários, e as chaves do presídio ficam em poder dos próprios recuperandos*;
- *ausência de armas*;
- a religião é fator essencial da recuperação;
- a valorização humana é a base da recuperação, promovendo o reencontro do recuperando com ele mesmo;
- os recuperandos têm assistência espiritual, médica, psicológica e jurídica prestada pela comunidade;
- os presos frequentam cursos supletivos e profissionais;
- é oferecida assistência à família do recuperando e à vítima ou a seus familiares;
- há um número menor de recuperandos juntos, *o que evita formação de quadrilhas, subjugação dos mais fracos, pederastia, tráfico de drogas, indisciplina, violência e corrupção*;
- a escolta dos recuperandos é feita pelos voluntários da Apac.

O modelo já foi reconhecido pelo Prison Fellowship International (PFI), organização não governamental que atua como órgão consultivo da Organização das Nações Unidas (ONU) em assuntos penitenciários, "como *alternativa para humanizar a execução penal e o tratamento penitenciário*".[44]

---

[41] FARIA, Ana Paula. Apac: um modelo de humanização do sistema penitenciário. Âmbito *Jurídico*, 1º abr. 2011. Disponível em: http://www.ambito-juridico.com.br/site/index.php?n_link=revista_artigos_leitura&artigo_id=9296. Acesso em: 21 jun. 2019.

[42] FARIA, Ana Paula. Apac: um modelo de humanização do sistema penitenciário. Âmbito *Jurídico*, 1º abr. 2011. Disponível em: http://www.ambito-juridico.com.br/site/index.php?n_link=revista_artigos_leitura&artigo_id=9296. Acesso em: 21 jun. 2019.

[43] TJMG. *Termo de Cooperação Técnica nº 075/2019*. Disponível em: https://www.tjmg.jus.br/data/files/01/C2/22/91/AC6996103FD52996A04E08A8/Conv_nio%20Humaniza__o%20Gest_o%20Prisional.pdf. Acesso em: 21 jun. 2019.

[44] FARIA, Ana Paula. Apac: um modelo de humanização do sistema penitenciário. Âmbito *Jurídico*, 1º abr. 2011. Disponível em: http://www.ambito-juridico.com.br/site/index.php?n_link=revista_artigos_leitura&artigo_id=9296. Acesso em: 21 jun. 2019.

12 Medidas recentes adotadas pelos Estados Unidos e pela França no combate à superpopulação carcerária

A questão carcerária aflige um sem número de países, inclusive aqueles mais desenvolvidos econômica e socialmente, a exemplo dos Estados Unidos e da China. Esse não é um problema, portanto, que se restringe a países subdesenvolvidos ou emergentes, como é o caso do Brasil.

São dignas de nota algumas soluções recentemente propostas pelos Estados Unidos e pela França para contornar a crise que atinge os respectivos sistemas penitenciários.

12.1 Estados Unidos

Matéria de novembro de 2018, veiculada na *Folha de S.Paulo*, noticia que o presidente dos EUA, Donald Trump, declarou apoio a projeto de lei, ora em análise no Senado americano com adesão de republicanos e democratas, que faria ambiciosa reforma no sistema de justiça criminal daquele país.[45]

Segundo a reportagem, os EUA têm a maior população carcerária do mundo – 2,2 milhões de pessoas presas –, além da mais alta taxa de encarceramento – 655 prisioneiros a cada 100 mil habitantes (no Brasil, são 324 presos por 100 mil habitantes).

Eis as principais mudanças propostas:
- redução de sentenças mínimas obrigatórias para crimes relacionados a drogas;
- alteração da lei que prevê prisão perpétua obrigatória para quem comete, por três vezes, crimes graves;
- fim da aplicação automática de uma regra que torna crime federal o porte de arma no cometimento de outros crimes.

A proposta oportuniza a redução dos gastos governamentais, uma vez que os prisioneiros custam caro ao Estado, mas também promove avanços "em termos de justiça social e racial".[46]

12.2 França

Segundo dados da reportagem divulgada no *Le Figaro*, intitulada *Les grands lignes du plan prison de Nicole Belloubet*, atualmente, a França atingiu o seu recorde de pessoas detidas com 71.000 prisioneiros.[47]

Visando reduzir a superlotação nas prisões francesas, a ministra da Justiça, Nicole Belloubet, apresentou plano do qual se extraem as seguintes principais propostas:

---

[45] LEITE, Paula. Trump apoia reforma ambiciosa de sentenças prisionais nos EUA. *Folha de S.Paulo*, 14 nov. 2018. Disponível em: https://www1.folha.uol.com.br/mundo/2018/11/trump-apoia-reforma-ambiciosa-de-sentencas-prisionais-nos-eua.shtml. Acesso em: 16 abr. 2019.

[46] LEITE, Paula. Trump apoia reforma ambiciosa de sentenças prisionais nos EUA. *Folha de S.Paulo*, 14 nov. 2018. Disponível em: https://www1.folha.uol.com.br/mundo/2018/11/trump-apoia-reforma-ambiciosa-de-sentencas-prisionais-nos-eua.shtml. Acesso em: 16 abr. 2019.

[47] LES grandes lignes du plan prison de Nicole Belloubet. *Le Figaro*, 12 set. 2018. Disponível em: http://www.lefigaro.fr/actualite-france/2018/09/12/01016-20180912ARTFIG00077-que-prevoit-le-nouveau-plan-prison-de-nicole-belloubet.php. Acesso em: 16 abr. 2019.

- 1,7 bilhão de euros serão mobilizados para a construção de novas prisões;
- 7.000 novos locais de prisão serão entregues até 2022 para acomodar condenados a sentenças de menos de um ano ou no final da sentença;
- serão abolidas as sentenças com penas inferiores a um mês;
- serão adotadas alternativas ao encarceramento, como detenção eletrônica ou serviço comunitário;
- a execução das penas acontecerá em centros de semiliberdade ou associações;
- será instalada agência de serviço comunitário e trabalho prisional. "Essa estrutura [...] vai impulsionar a oferta de postos de serviços públicos, autoridades locais e o setor de economia social e solidária";
- para aliviar o congestionamento de entrada e saída das prisões, a lei pode permitir que um condenado inicie sua detenção alguns dias depois de determinada a execução. Por outro lado, as pessoas que estejam próximas do cumprimento integral da pena poderão sair com alguns dias de antecedência, "desde que tenham todas as garantias necessárias";
- haverá maior acesso ao trabalho para prisioneiros, com a implementação de programas de treinamento profissional;
- serão implantadas duas prisões experimentais, com cerca de 180 lugares cada, "projetadas e implementadas com empresas parceiras que fornecerão trabalho para os detentos", localizadas "perto de tribunais nas cidades";
- serão instalados "bairros de confiança", para promover a atividade profissional dos detentos, nos quais estes poderão circular com crachás e ter acesso a oficinas;
- serão criadas 2.500 vagas em prisões com alto nível de segurança, inclusive com a aquisição de sistemas de controle antidrone;
- 1.100 supervisores adicionais devem ser recrutados e 1.500 cargos nos serviços de integração e estágio devem ser criados em 2019;
- haverá regras específicas para os detidos com risco particular de fuga;
- serão implantados dispositivos de embaralhamento de aparelhos de telefonia celular;
- serão criados 450 lugares, em estruturas apartadas, para os prisioneiros radicalizados ou encarcerados por atos de terrorismo.[48]

13 Considerações finais

Ao cabo da exposição *supra*, é possível concluir, sem maiores esforços intelectivos, que a adoção de medidas práticas voltadas ao desencarceramento e ao não encarceramento é algo vital para a reversão, em qualquer escala, da grave crise instalada no sistema penitenciário brasileiro.

"Mais do mesmo" não parece solução inteligente; aliás, nem solução parece...

Requestam-se políticas públicas adequadas, lastreadas em dados confiáveis e, mais do que nunca, um "sistema de justiça", considerado em sentido amplo (como abrangente dos três poderes da República e também da OAB, do MP, da Academia

---

[48] LES grandes lignes du plan prison de Nicole Belloubet. *Le Figaro*, 12 set. 2018. Disponível em: http://www.lefigaro.fr/actualite-france/2018/09/12/01016-20180912ARTFIG00077-que-prevoit-le-nouveau-plan-prison-de-nicole-belloubet.php. Acesso em: 16 abr. 2019.

Jurídica), criativo e inovador, cônscio de seu papel constitucional, que trate os detentos como seres humanos revestidos de dignidade constitucionalmente assegurada e prisões não como "aterros sanitários" ou "esgoto a céu aberto", mas como centros de efetiva recolocação social.

Referências

BITTENCOURT, Cesar Roberto. *Tratado de direito penal* – Parte geral. 22. ed. rev., ampl. e atual. São Paulo: Saraiva, 2016.

BRASIL. Conselho Nacional de Justiça. *Resolução nº 213 de 15.12.2015*. Dispõe sobre a apresentação de toda pessoa presa à autoridade judicial no prazo de 24 horas. Disponível em: https://www.cnj.jus.br/busca-atos-adm?documento=3059. Acesso em: 11 jul. 2019.

BRASIL. *Constituição da República Federativa do Brasil*. 1988. Disponível em: http://www.planalto.gov.br/ccivil_03/constituicao/constituicao.htm. Acesso em: 21 jun. 2019.

BRASIL. *Decreto nº 592, de julho de 1992*. Atos Internacionais. Pacto Internacional sobre Direitos Civis e Políticos. Promulgação. Disponível em: http://www.planalto.gov.br/ccivil_03/decreto/1990-1994/d0592.htm. Acesso em: 21 jul. 2019.

BRASIL. *Lei da Execução Penal*. Lei nº 7.210/84, de 11 de julho de 1984. Institui a Lei de Execução Penal. Disponível em: http://www.planalto.gov.br/ccivil_03/LEIS/L7210.htm. Acesso em: 21 jun. 2019.

CIDH – CORTE INTERAMERICANA DE DIREITOS HUMANOS. *Convenção Americana de Direitos Humanos*. Disponível em: https://www.cidh.oas.org/basicos/portugues/c.convencao_americana.htm. Acesso em: 21 jun. 2019.

CIDH – CORTE INTERAMERICANA DE DIREITOS HUMANOS. *Resolução da Corte Interamericana de Direitos Humanos de 22 de novembro de 2018* – Medidas provisórias a respeito do Brasil – Assunto do Instituto Penal Plácido de Sá Carvalho. Disponível em: www.mpf.mp.br/pgr/documentos/resolucao-cidh-placido-de-sa. Acesso em: 21 jun. 2019.

CRUZ, Felipe Santa; BREDA, Juliano (Coord.). *Análise do projeto de lei anticrime*: OAB Nacional. Brasília: OAB, Conselho Federal, 2019.

FARIA, Ana Paula. Apac: um modelo de humanização do sistema penitenciário. Âmbito *Jurídico*, 1º abr. 2011. Disponível em: http://www.ambito-juridico.com.br/site/index.php?n_link=revista_artigos_leitura&artigo_id=9296. Acesso em: 21 jun. 2019.

GRECO, Luís. Execução penal e crise penitenciária. *In*: FÓRUM JURÍDICO DE LISBOA, VII. *Palestra...* Lisboa: Faculdade de Direito da Universidade de Lisboa, 23 abr. 2019.

JUNGMANN, Raul. Segurança Pública. *In*: FÓRUM JURÍDICO DE LISBOA, VII. *Palestra...* Lisboa: Faculdade de Direito da Universidade de Lisboa, 22 abr. 2019.

LEITE, Paula. Trump apoia reforma ambiciosa de sentenças prisionais nos EUA. *Folha de S.Paulo*, 14 nov. 2018. Disponível em: https://www1.folha.uol.com.br/mundo/2018/11/trump-apoia-reforma-ambiciosa-de-sentencas-prisionais-nos-eua.shtml. Acesso em: 16 abr. 2019.

LES grandes lignes du plan prison de Nicole Belloubet. *Le Figaro*, 12 set. 2018. Disponível em: http://www.lefigaro.fr/actualite-france/2018/09/12/01016-20180912ARTFIG00077-que-prevoit-le-nouveau-plan-prison-de-nicole-belloubet.php. Acesso em: 16 abr. 2019.

NETO, Sinval. Como funciona um presídio federal. *Ministério da Justiça e Segurança Pública*, Brasília, 2 jan. 2018. Disponível em: https://www.justica.gov.br/news/entenda-como-funciona-um-presidio-federal. Acesso em: 21 jun. 2019.

NUCCI, Guilherme de Souza. *Manual de processo penal e execução penal*. 14. ed. rev., atual. e ampl. Rio de Janeiro: Forense, 2017.

NUCCI, Guilherme de Souza. *Prisão e liberdade*: de acordo com a Lei 12.403/2011. 3. ed. rev., atual. e ampl. São Paulo: Revista dos Tribunais, 2013.

OAB quer fim do regime diferenciado para presos infratores. *Notícias STF*. Disponível em: http://www.stf.jus.br/portal/cms/verNoticiaDetalhe.asp?idConteudo=97960. Acesso em: 21 jun. 2019.

PINA, Isabella. 40% dos mortos em massacres em Manaus eram presos provisórios, diz governo do Amazonas. *G1*, 4 jun. 2019. Disponível em: https://g1.globo.com/am/amazonas/noticia/2019/06/04/40percent-dos-mortos-em-massacres-em-manaus-eram-presos-provisorios-diz-governo-do-amazonas.ghtml. Acesso em: 9 jul. 2019.

TONINI, Renato; NASCIMENTO, André. *Parecer acerca do Projeto de Lei nº 882/2019 (Lei Anticrimes), por indicação da Comissão de Direito Penal do Instituto dos Advogados Brasileiros*. 2019. Disponível em: https://www.iabnacional.org.br/pareceres/pareceres-para-votacao/download/2421_71a9a769a3f781865ff222082a627b68. Acesso em: 15 jul. 2019.

Informação bibliográfica deste texto, conforme a NBR 6023:2018 da Associação Brasileira de Normas Técnicas (ABNT):

CARVALHO NETO, Tarcisio Vieira de; REALE, Ingrid Neves. Algumas reflexões sobre a crise do sistema penitenciário brasileiro. *In*: MORAES, Alexandre de; MENDONÇA, André Luiz de Almeida (Coord.). *Democracia e sistema de justiça*: obra em homenagem aos 10 anos do Ministro Dias Toffoli no Supremo Tribunal Federal. Belo Horizonte: Fórum, 2020. p. 633-657. ISBN 978-85-450-0718-0.

A UTILIZAÇÃO DE SISTEMAS DE INFORMAÇÃO COMO MECANISMOS DE DEMOCRATIZAÇÃO DO ACESSO À JUSTIÇA E GARANTIA DA CELERIDADE PROCESSUAL

VALDETÁRIO ANDRADE MONTEIRO

FELIPE DE BRITO BELLUCO

1 Introdução

O acesso à justiça e a celeridade processual têm sido questões que afetam a população brasileira há tempos.

A Constituição Federal de 1988 albergou o princípio do *acesso à justiça* em seu art. 5º, inc. XXXV, ao garantir que "a lei não excluirá da apreciação do Poder Judiciário lesão ou ameaça a direito". Por sua vez, assegura a celeridade da tramitação processual no inc. LXXVIII, dispondo que "a todos, no âmbito judicial e administrativo, são assegurados a razoável duração do processo e os meios que garantam a celeridade de sua tramitação".

O acesso à justiça, segundo Cappelletti (1988, p. 3), pode ser compreendido da seguinte forma:

> A expressão "acesso à justiça" é reconhecidamente de difícil definição, mas serve para determinar duas finalidades básicas do sistema jurídico – os sistemas pelo qual as pessoas podem reivindicar seus direitos e/ou resolver litígios sob os auspícios do Estado que, primeiro deve ser realmente acessível a todos; segundo, ele deve produzir resultados que sejam individual e socialmente justos.

Corolário da garantia do acesso à justiça está a celeridade da tramitação de seus processos que, nos termos do inc. LXXVII do art. 5º da Constituição Federal, "a todos, no âmbito judicial e administrativo, são assegurados a razoável duração do processo e os meios que garantam a celeridade de sua tramitação". Trata-se de garantia que transpõe a mera possibilidade de comparecer e peticionar em juízo, abrangendo também a garantia de uma tutela jurisdicional apropriada e efetiva.

Conforme lições de Kazuo Watanabe:[1]

> a celeridade é indispensável para o eficaz cumprimento da missão pacificadora do Poder Judiciário e do escopo de dirimir litígios, que justifica a própria jurisdição em mãos do Estado. Importa eliminar com a maior rapidez possível os conflitos envolvendo pessoas na sociedade, que constituem fermento de insatisfação individual e instabilidade social.

O acesso à justiça e a celeridade processual são princípios constitucionais garantidores, mandamentos nucleares e informadores de todo ordenamento jurídico e que impõem a seus operadores a implementação de mecanismos efetivos que assegurem sua força normativa.

Ao discorrer sobre a efetivação das normas e princípios constitucionais, Konrad Hesse (1991) afirma que estas devem ser revestidas de um mínimo de eficácia, sob pena de figurar "letra morta em papel". Para ele, a Constituição não configura apenas o "ser", como norma determinante, mas um "dever-ser", devendo incorporar a realidade jurídica e social do Estado ao seu conteúdo, conferindo-lhe força normativa.

Nesse sentido:

> A Constituição não configura, portanto, apenas expressão de um ser, mas também de um dever ser; ela significa mais do que simples reflexo das condições fáticas de sua vigência, particularmente as forças sociais e políticas [...]. Determinada pela realidade social e, ao mesmo tempo, determinante em relação a ela, não se pode definir como fundamental nem a pura normatividade, nem a simples eficácia das condições sócio-políticas e econômicas. A força condicionante da realidade e a normatividade da Constituição podem ser diferenciadas; elas não podem, todavia, ser definitivamente separadas ou confundidas [...]. A "Constituição real" e a "Constituição Jurídica" se condicionam mutuamente, mas não dependem, pura e simplesmente, uma da outra. (HESSE, 1991, p. 15)

Portanto, a partir das ideias neoconstitucionalistas de hermenêutica constitucional, torna-se necessário buscar garantir a máxima efetividade às normas constitucionais na atividade de interpretação. Em se tratando de garantias, mormente aquelas de natureza assecuratória, torna-se necessária a implementação dos meios necessários para sua efetivação, a fim de que não se torne vã promessa constitucional. Significa, no ponto, que o acesso à justiça e a celeridade da tramitação do processo exigem a implementação de meios de acesso e celerização processual.

Nesse sentido, Gilmar Ferreira Mendes e Paulo Gustavo Gonet Branco (2013, p. 393) lecionam:

> O reconhecimento de um direito subjetivo a um processo célere – ou com duração razoável – impõe ao Poder Público em geral e ao Poder Judiciário, em particular, a adoção de medidas destinadas a realizar esse objetivo. Nesse cenário, abre-se um campo institucional destinado ao planejamento, controle e fiscalização de políticas públicas de prestação jurisdicional que dizem respeito à própria legitimidade de intervenções estatais que importem, ao menos potencialmente, lesão ou ameaça a direitos fundamentais.

---

[1] WATANABE, Kazuo *et al.* Juizado Especial de Pequenas Causas: Lei 7.244, de 07 de novembro de 1984. São Paulo: Revista dos Tribunais, 1985. p. 109.

O acesso à justiça e a celeridade processual, de modo geral, têm sido temas de profundos estudos nas últimas décadas, na constante preocupação de garanti-los.

Busca-se a efetividade processual por meio de um processo que encontre um desejado equilíbrio entre justiça, acesso estabilidade e celeridade.

A morosidade do Poder Judiciário gera impacto a toda sociedade, desde as partes que litigam em processo jurisdicional até a pessoa que busca a execução de simples ato cartorário, como registro de documentos ou reconhecimento de firma.

Diversas soluções já foram propostas para contribuir com a diminuição da morosidade processual, como: a ampliação da estrutura do Poder Judiciário e das instituições essenciais ao funcionamento da Justiça, a contratação de servidores públicos e colaboradores, a celebração de convênios para a prestação de assistência jurídica voluntária. Entre as soluções, está a utilização da tecnologia da informação (TI), que permite acesso global, instantâneo e sem necessidade de deslocamento físico a dados e informações.

A tecnologia da informação atualmente faz parte do dia a dia das pessoas em suas mais diversas tarefas. A rede mundial de computadores, por sua vez, permite o acesso de todos, em qualquer local, às informações disponibilizadas, de modo célere e democrático.

Busca-se, pela TI e, especificamente, pelos sistemas informatizados do Poder Judiciário materializar as pretensões constitucionais do acesso à Justiça e da celeridade de seus processos, suprindo os anseios da sociedade que nele busca a efetiva tutela jurisdicional.

2 Sistemas de informação como instrumentos de efetivação constitucional e do papel do Conselho Nacional de Justiça na busca da concretização do acesso à justiça e celeridade processual

A morosidade processual é dos mais graves problemas que afligem o Judiciário brasileiro. Como uma ação judicial leva muito tempo para ser concluída, a litigiosidade contida cresce, gerando insatisfação e descrença da população na justiça.

É nesse cenário de busca de ampliação do acesso à jurisdição que se insere a informatização judicial como grande aliado do Poder Judiciário na busca de garantir amplo acesso à justiça e celeridade processual.

Por meio da utilização dos sistemas de informação, é possível reduzir de forma considerável as praxes burocráticas relacionadas à tramitação processual dos processos físicos, como utilização de papel e carimbo, exigência de numeração e protocolo físico de documentos, envio de correspondências via correios, utilização de oficiais do juízo para intimações, citações e outros atos de mero impulso processual e, de modo geral, boa parte dos expedientes suprimíveis pela utilização da TI representativos da lentidão administrativa nos processos físicos.

A internet, por exemplo, tem expandido as possibilidades de acesso à justiça, com sua utilização na tramitação de processos judiciais, comunicação de atos processuais, expedição de certidões e consultas processuais.

Não há como negar que o Poder Judiciário se encontra em constante processo de informatização.

As novas tendências do direito, com o advento da disciplina normativa neocons- titucional, reforçam a necessidade de reformulação tanto do direito material quanto do direito processual, buscando na tecnologia da informação mecanismo de efetivação normativa.

A legislação pátria avança a cada dia na busca de mecanismos que possam garantir o acesso à jurisdição e garantir a celeridade dos processos em tramitação, por meio da criação de processos virtuais, adesão a mecanismos eletrônicos para controlar a marcha processual, criação de cadastros virtuais, entre outros.

Exemplo disso é o Novo Código de Processo Civil (NCPC), que prevê expressa- mente a utilização de sistemas de informação para a prática de atos processuais. Outro exemplo é a Lei nº 11.419, de 2006, que disciplina o uso de meio eletrônico na trami- tação de processos judiciais, bem como a comunicação de atos e transmissão de peças processuais, nas searas civil, penal e trabalhista, bem como aos juizados especiais, em qualquer grau de jurisdição.

Por sua vez, princípio da eficiência administrativa prevista no art. 37, *caput*, da Constituição Federal impõe a toda a Administração Pública a necessária busca de meios que garantam a gestão administrativa eficiente de todos os poderes e em todos níveis da Federação.

Nessa esteira, insere-se a atribuição conferida pela Constituição Federal ao Con- selho Nacional de Justiça de, no exercício da atividade de controle da atuação admi- nistrativa do Poder Judiciário, zelar pela observância do art. 37 (CF/88, art. 103-A, §4º).

Considerando as atribuições do Conselho Nacional de Justiça, previstas no art. 103-B, §4º, da Constituição Federal, especialmente no que concerne ao controle da atuação administrativa e financeira e à coordenação do planejamento estratégico do Poder Judiciário, inclusive na área de tecnologia da informação, o CNJ tem consolidado uma verdadeira política de gestão dos sistemas eletrônicos nacionais, buscando assegurar aos jurisdicionados meios de acesso à justiça e garantia de um processamento célere, por meio disponibilização de sistemas de informação e unificação nacional dos sistemas utilizados pelos tribunais brasileiros.

Objetiva-se a incorporação de uma governança eletrônica do Poder Judiciário, buscando garantir um processo efetivo, assegurando-se a celeridade processual com a dispensa de formalidades desnecessárias, garantia de acessibilidade e diminuição das custas processuais.

Entre as diversas ações do Conselho, destaca-se a instituição do Comitê Gestor dos Cadastros Nacionais (CGCN) para gerir os cadastros por ele coordenados, bem como atualizá-los e aperfeiçoá-los, visando subsidiar a elaboração e o monitoramento de políticas judiciárias.

Entre as medidas executadas pelo Comitê, tem-se a deflagração de procedimento administrativo para implantação de uma calculadora de atualização monetária, conforme exigido pelo §3º do art. 509 do Novo Código de Processo Civil (NCPC). Esta opção de cálculo seria disponibilizada aos usuários por meio de ferramenta de uso facultativo no sítio eletrônico do CNJ.

O CGCN também desenvolveu a implantação do Sistema Nacional de Adoção e Acolhimento (SNA) com a finalidade consolidar dados de todas as comarcas das unidades da Federação referentes ao acolhimento institucional e familiar, à adoção e outras modalidades de colocação em família substituta, bem como sobre pretendentes nacionais e estrangeiros habilitados à adoção. Tal inovação decorre da necessidade de modernizar os cadastros e conterá funcionalidades de acesso específico para integrantes de outros órgãos de fora do Judiciário e, inclusive, os defensores públicos que atuam na seara de direitos da infância e da juventude.

Em meados de 2019 foi firmado um termo de cooperação técnica entre o CNJ, o Tribunal Superior Eleitoral (TSE) e o Tribunal Regional Eleitoral do Paraná (TRE-PR) destinado à conjugação de esforços para aperfeiçoamento, manutenção e integração entre o Cadastro Nacional de Condenados por Ato de Improbidade Administrativa e por Ato que implique Inelegibilidade (CNCIAI), administrado pelo CNJ, o Cadastro Nacional de Eleitores, gerido e administrado pelo TSE, e o Sistema de Informações de Óbitos e Direitos Políticos (Infodip), gerido pelo TSE e pelo TRE-PR.

Tem-se também o Cadastro Nacional de Condenados por Ato de Improbidade Administrativa (CNIA), criado pela Resolução-CNJ nº 44, de 20.11.2007, tendo por finalidade concentrar, em banco de dados próprio, as informações do Poder Judiciário sobre pessoas físicas e jurídicas definitivamente condenadas por atos de improbidade no Brasil.

Por sua vez, cita-se o Infodip, sistema que tem por objetivo dar maior eficiência às comunicações sobre suspensão e restabelecimento de direitos políticos, extinções de punibilidade, óbitos, conscrições e condenações por improbidade administrativa, além de outros previstos na Lei Complementar nº 64/90.

Por fim, e sem qualquer pretensão de esgotar o tema, tem-se o Cadastro Nacional de Eleitores, regulamentado pela Resolução/TSE nº 12.547, de 28.2.1986, que trata do alistamento eleitoral mediante processamento eletrônico de dados.

3 Conclusão

A informatização do Poder Judiciário é um caminho sem volta, e a tecnologia vem ocupando cada dia mais espaço no cotidiano social.

Cabe ao Estado, pela governança eletrônica, adaptar-se a este novo contexto, inclusive no âmbito do Poder Judiciário, valendo-se dos avanços tecnológicos e das ferramentas disponibilizadas pela informática com o fito de dinamizar seus processos e aproximar os jurisdicionados ao Poder Judiciário.

Em busca de uma consolidação da informatização judiciária, o CNJ, no exercício de seu papel de órgão controlador da Administração Pública do Poder Judiciário, tem desenvolvido diversas ações e atividades envolvendo sistemas de informação que fornecem a todos os seus operadores mecanismos que facilitam o exercício de suas atribuições e garantem a todos os jurisdicionados seu acesso.

O que se busca, ao fim, é conferir efetividade aos princípios constitucionais do acesso à justiça e da celeridade do processo, em cumprimento aos anseios constitucionais positivados, e tornando a atividade judicial mais célere, econômica e, consequentemente, justa.

Referências

CAPPELLETTI, Mauro; GARTH, Bryant. *Acesso à justiça*. Porto Alegre: Sergio Antonio Fabris, 1988.

HESSE, Konrad. *A força normativa da Constituição*. Porto Alegre: Sergio Antonio Fabris, 1991.

LAMACHIA, Claudio; FERREIRA, Antonio Oneildo; MONTEIRO, Valdetário Andrade (Org.). *CNJ e a efetivação da justiça*. Brasília: OAB, Conselho Federal, 2019.

MENDES, Gilmar Ferreira; BRANCO, Paulo Gustavo Gonet. *Curso de direito constitucional*. 8. ed. São Paulo: Saraiva, 2013.

WATANABE, Kazuo *et al*. Juizado Especial de Pequenas Causas: Lei 7.244, de 07 de novembro de 1984. São Paulo: Revista dos Tribunais, 1985.

Informação bibliográfica deste texto, conforme a NBR 6023:2018 da Associação Brasileira de Normas Técnicas (ABNT):

MONTEIRO, Valdetário Andrade; BELLUCO, Felipe de Brito. A utilização de sistemas de informação como mecanismos de democratização do acesso à justiça e garantia da celeridade processual. *In*: MORAES, Alexandre de; MENDONÇA, André Luiz de Almeida (Coord.). *Democracia e sistema de justiça*: obra em homenagem aos 10 anos do Ministro Dias Toffoli no Supremo Tribunal Federal. Belo Horizonte: Fórum, 2020. p. 659-664. ISBN 978-85-450-0718-0.

FAZER JUSTIÇA É POSSÍVEL?

VALTÉRCIO RONALDO DE OLIVEIRA

> *Procura reconciliar-te com teu adversário,*
> *enquanto caminha contigo para o tribunal.*
> *Senão o adversário te entregará ao juiz, o juiz te*
> *entregará ao oficial de justiça, e tu serás jogado*
> *na prisão. Em verdade eu te digo: dali não*
> *sairás, enquanto não pagares o último centavo*
>
> (Mt 5, 23-26)

Muitas indagações me consomem, como sempre povoaram e insistem em preencher a mente da humanidade. É a justiça algo palpável? Uma utopia? Algo possível de efetivar?

Sabe-se que, desde a remota Antiguidade, ao alvorecer das civilizações, na busca pelo equilíbrio nas relações intersociais por um convívio intrassocial mais pacífico e justo, surgiram regras de conduta que se basearam na equidade, no razoável.

A justiça é uma aspiração instintiva do ser humano, que busca encontrar a fórmula capaz de ser concretizada; e o direito é meio para consecução desse objetivo, na medida do possível. Assim, basicamente, a justiça tem o fim precípuo de ordenar as condutas humanas, fazendo surgir o bem e o equilíbrio nas relações sociais, consoante ditam normas, ou sistemas de normas, embasados em princípios éticos e morais.

Ocorre que as atividades humanas são múltiplas e não se pode ter um modelo de normas preestabelecidas que abarque tudo e todas as nuances da vida em grupo. É possível errar de várias maneiras e só se pode acertar de uma única forma. Sob tal ótica, a bondade é uma só, enquanto a maldade se multiplica.

Logo, percebeu-se que as leis não logravam ajustar-se ao ritmo de crescimento acelerado dos agrupamentos sociais e da evolução dos pensamentos de seus membros.

Muitos fatores contribuem para a alteração do comportamento social efetivo e decorrem de uma mudança significativa nas condições de vida de uma sociedade, que podem ser trazidas por migrações, catástrofes naturais ou sociais, guerras, mudanças geográficas ou políticas, inovações científicas, a exemplo.

Passou-se pela Lei de Talião, pelo Código de Hamurabi, pela lendária equanimidade do Rei Salomão, pelas guerras e conquistas, pelas Ordenações Filipinas e Manuelinas e outras tantas tentativas de regrar a justiça. Evocou-se a justiça divina. Invocou-se a justiça dos homens.

Disso resulta que, com a mudança de valores éticos, até mesmo usá-los como norte traz dificuldades à possibilidade da justiça, como uma realidade social em concreto. A sociedade contemporânea é imensamente complexa, trazendo as amarras de um mundo globalizado.

Por conseguinte, firmar a concepção de uma justiça ideal para todos se mostra pretensão irreal, pois fundeada numa única verdade concreta e na inteira certeza de sua solidez e confiança.

Fica inequívoco que, se a justiça é aparelhada pelo direito e se este é uma ciência eminentemente política, atrela-se à classe dominante, principalmente. Portanto, gera insatisfações populares ao longo do tempo. Diante disto, por vezes se conviverá bem com a ideia de justiça que mantém em bom ritmo a paz e o desenvolvimento, deixando-nos viver e produzir consoante os valores postos pela pequena classe dominante ou, por vezes, buscar-se-á fazer aparecer a justiça com uma face transformadora, atrelada aos valores éticos da maioria.

Porém, não se pode abandonar a perseguição de uma justiça possível, a cada etapa da evolução de uma sociedade, para garantir a paz e a harmonia em meio a tantos interesses desiguais.

Será a justiça uma quimera? Não creio. Mas constato que, em virtude das intensas evoluções que movimentam a sociedade, cada cidadão defenderá seu conceito de justiça, que lhe dará a razão e se contrapõe à pretensão do adverso, a justiça é e sempre deverá ser uma ideia inacabada, um compromisso valorativo, que se fará à mercê das ondas da vida em sociedade em dado momento histórico.

Assim, no Brasil de hoje o que traz a justiça em concreto é a visão do mundo do aplicador do direito, que, também, dependerá do contexto temporal, histórico, social e valorativo em que se insere e que lhe permite entender o que é certo e o que é errado.

Iniludivelmente, atravessamos uma quadra histórica difícil no Brasil, em que a onda de violência se espraia, causando a morte de inocentes; a corrupção resiste contra as investidas do poder constituído, surrupiando do povo investimentos em educação, saneamento básico, saúde, segurança pública e geração de emprego, formando um exército de pessoas que vivem em extremo grau de pobreza ou miserabilidade.

De outra banda, as instituições públicas são contestadas em todas as esferas de poder: Executivo, Legislativo e Judiciário, mormente através das redes sociais, de maneira virulenta. A honra e a dignidade de agentes públicos (ministros, desembargadores, juízes, membros do Ministério Público etc.) são atacadas de maneira perversa, reiterada e gratuita, muitas vezes.

Na atual quadra, em que tudo se publiciza com rapidez e incoerência, o Judiciário sofre inúmeros ataques na imprensa ou em rede, sob a basilar alegação de morosidade na entrega da prestação jurisdicional e no equívoco de decisões judiciais. Contudo, tudo fica mais grave quando a crítica parte de dentro do próprio Poder Judiciário, com magistrados questionando decisões proferidas por outros colegas. Na verdade, aqui e acolá, em algumas situações a crítica é procedente, mas o comedimento e o respeito devem imperar. Penso, ademais, que a crítica acadêmica é sempre bem-vinda e deve ser incentivada.

Entretanto, nesse rumo de pensar, necessários se fazem alguns esclarecimentos acerca da alegada morosidade, sem buscar fazer uma defesa propriamente dita, mas apresentando alguns dados que considero de relevante importância.

Em primeiro lugar, impõe-se registrar que impera em nosso país a litigiosidade por excelência. Nos mínimos desencontros entre pessoas, como exemplo, quando um som é ligado em decibéis mais altos, em vez de se tentar uma solução pacífica entre os vizinhos busca-se, de imediato, a interferência do Judiciário. Assim, abarrota-se os juízos com demandas de aventura, com o propósito de se locupletar indevidamente, ou até mesmo com ações que se alicerçam na mera busca por diversão, como num jogo de azar.

Pasmem! No Tribunal de Justiça da Bahia, um jurisdicionado moveu uma ação porque pedira a uma "baiana" um acarajé sem pimenta e vatapá. Esta, desavisadamente, diante de pedidos dos vários clientes, não prestou atenção e colocou as iguarias rejeitadas no acarajé. O pleito levado à justiça tange à diferença no preço do acarajé com e sem os referidos ingredientes e a danos morais, sendo a ré condenada no valor de R$1,57 pela diferença de preços com e sem as iguarias, e mais R$300,00, a título de danos morais.

Com efeito, ações similares são ajuizadas, constantemente, pelo país afora, sem o cidadão se dar conta do prejuízo que causa com o implemento do volume de ações, que se torna imenso, chegando ao patamar, atualmente, de cerca de oitenta e oito milhões de processos que tramitam na primeira instância e em grau de recurso, quer nos tribunais regionais, quer nos tribunais superiores.

Portanto, o primeiro pensamento a ser mudado é o de que o livre acesso à justiça, preconizado constitucionalmente, significa acionar o Judiciário por todo e qualquer ínfimo motivo e, depois, não permitir a efetivação das decisões proferidas e transitadas em julgado.

Em segundo lugar, temos a falta de estrutura que ocorre em alguns tribunais, em virtude da grave crise econômica que o país atravessa. Na Justiça Federal e na Justiça Especializada existe uma estrutura mais consolidada, em que pese a deficiência de servidores, em virtude da Emenda Constitucional nº 95/2016, que estabelece que somente poderá ser admitido outro servidor na hipótese de não se deixar pensionista. Some-se a esse fato as ausências de servidores em férias ou em licenças médicas ou legais. Consequentemente, a redução do número de servidores ativos sobrecarrega aqueles que estão em atividade, gerando uma diminuição no ritmo dos serviços destinados ao jurisdicionado.

Mutatis mutantis, é o que ocorre com os tribunais estaduais, em que, muita vez, o quadro é agravado pela carência de juízes e servidores. Além disso, por vezes inexistem estruturas físicas para acolhimento de partes, testemunhas, advogados, servidores e magistrados.

De outro tanto, mesmo com o advento do CPC de 2015, o antigo sistema recursal perdura a dilatar o tempo de duração do processo. Além disso, os prazos agora são contados somente considerando-se os dias úteis.

Ademais, nem sempre é cumprido o que reza o art. 5º, inc. LXXVIII, da Constituição Federal, que impõe a duração razoável do processo; isso, porque, no curso da fase cognitiva, a oportunidade de oferta das provas material, pericial e oral por vezes é dilatada, fazendo com que a instrução processual se arraste, lentamente, em virtude de pedido das partes para apresentação de documentos ou pela ausência de uma testemunha que não compareceu à audiência designada, produção de prova pericial, a exemplo.

Assim, por vezes o magistrado, na busca da verdade real, a fim de gerar seu convencimento e proferir a sentença com maior acuidade, visando fazer justiça, concede dilação de prazo às partes para produção de provas necessárias ao deslinde da causa.

De outro modo, a fase considerada como o tendão de Aquiles diz respeito ao processo de execução, por razões as mais diversas: porque o devedor litiga de má-fé; em razão de este não ter condições de quitar a dívida ou não oferecer bens à penhora; porque os bens não são encontrados, ou são inexistentes; em virtude de pedido de recuperação judicial, ou decretação de falência. Enfim, inúmeros são os motivos pelos quais a execução se arrasta, inclusive com oferecimento de embargos, além da interposição de recursos.

Pois bem. O anseio de igualar os desiguais tem relação íntima com o ideal de justiça que se forma na sociedade, como meio de alcançar a paz e harmonia social. Devemos, então, na inexorável evolução e movimentação das ideias, sob a ótica da mudança cultural, entender que o que vemos hoje como justiça possível, no futuro, pode mudar, pois os costumes sociais são modificados, alterando a legislação. Assim, o que era ilegal outrora, no momento pode não ser mais e, assim, sucessivamente.

A visão panorâmica do grave problema de hoje é similar ao historicamente vivenciado pelo ser humano quando buscou a justiça e a mão equilibrada da deusa, mostrando muitos aspectos relevantes.

A conscientização de todos sobre os direitos fundamentais que não devem nunca ser sonegados a pessoa alguma traz a consequente igualdade de direitos, muitas vezes afastada neste país continental em que existem diferentes regiões com culturas próprias ancestrais, em maioria imperando o egocentrismo e vigendo o poder econômico, fazendo desaparecer o senso igualitário entre os atores desnivelados – um de pleno império e outro hipossuficiente e, ainda hoje, por vezes, submetido à situação análoga à de trabalho escravo, ou mesmo à exploração do labor infantil, câncer social que insiste em perdurar nestas plagas, no século XXI.

Convém ressaltar que a Constituição Federal de 1988, que recentemente completou 30 anos, conferiu um extenso plexo de competências ao Poder Judiciário. Assim, complexidade do controle de constitucionalidade, estabilização das expectativas normativas, segurança jurídica, razoável duração do processo e respeito, proteção e promoção dos direitos fundamentais passaram a ser temas, não raras vezes conflitantes, mas igualmente confluentes e sensíveis para a justeza na prestação jurisdicional, fim último deste poder estatal. Os ditames da Lei Maior nem sempre são cumpridos à risca.

Daí porque comporta indagar: pode-se viver sem a justiça estatal? Cobrar caro pelo acesso ao Estado-Juiz é a solução? O cidadão brasileiro comum é capaz de exercer a justiça? A autocomposição é um bom caminho?

O equilíbrio de forças é utopia? Lidadores da justiça e jurisconsultos brasileiros de há muito estudam e comparam as soluções encontradas no mundo inteiro, entrelaçando sistemas e ramos do direito em busca do equilíbrio da balança que empunham como única arma. Com efeito, diante de tantas dificuldades, extrínsecas e intrínsecas, indaga-se: *fazer justiça é possível*?

Creio que sim. E a resposta é afirmativa, não só pelo comprometimento da maioria esmagadora de magistrados e servidores que se dedicam, diuturnamente, na busca incessante de entregar a prestação jurisdicional com presteza e celeridade. Também, em virtude dos deveres das partes, de seus procuradores e de todos aqueles que de qualquer forma participem do processo, em expor os fatos em juízo conforme a verdade, consoante o exposto no *caput* do art. 77 e inc. I, do Código de Processo Civil.

Nessa toada, os demais incisos trazem a obrigatoriedade de não se formular pretensão ou apresentar defesa quando cientes de que são destituídas de fundamento (inc. II); não produzir provas e não praticar atos inúteis ou desnecessários à declaração ou à defesa do direito (inc. III); cumprir com exatidão as decisões jurisdicionais, de natureza provisória, e não criar embaraços à sua efetivação (inc. IV); e não praticar inovação ilegal no estado de fato de bem ou direito litigioso (inc. VI). Já no §1º consta que, em ocorrendo as hipóteses dos dois últimos incisos, caberá ao juiz advertir qualquer dos indivíduos mencionados no *caput* do susodito artigo que sua conduta poderá ser punida como ato atentatório à dignidade da justiça.

Outrossim, o art. 79, do CPC vigente, estabelece que responde por perdas e danos o indivíduo que litigar de má-fé como autor, réu ou interveniente; enquanto isto, no art. 80 e incisos, do mesmo diploma legal, foram inseridas as hipóteses em que se configura o estado de litigância de má-fé, a exemplo de alterar a verdade dos fatos, usar do processo para conseguir objetivo ilegal, opuser resistência injustificada ao andamento do processo etc. Já no art. 81 do retrocitado diploma, assevera-se que o magistrado, de ofício ou a requerimento, condenará o litigante de má-fé ao pagamento de multa, além de indenizar a parte contrária pelos prejuízos que esta sofreu e arcar com os honorários advocatícios e com todas as despesas que efetuou.

Com efeito, todas essas inovações processuais deixam ver que as partes não se devem descurar da verdade, sob pena de sofrer as sanções previstas, o que torna mais ainda a *justiça possível*.

Porém, sem sombra de dúvida, os modos de autocomposição tornam não somente a justiça célere, mas conduzem à paz social tão almejada.

Nesse diapasão, a conciliação tem aparentado ser a melhor solução, desde que impeça a renúncia aos direitos basilares. A Justiça do Trabalho saiu à frente na utilização do princípio conciliador e tem se mostrado a expressão mais nítida de minorar o desequilíbrio de forças dos oponentes: capital e trabalho. Conciliar traria a mais rápida solução dos litígios e permitiria efetivar o pagamento de verbas alimentares, pois inequívoco que a premência do sobreviver mediante o suor do próprio corpo exige rápida definição dos direitos postulados.

Aliás, é bom frisar que a Justiça Especializada já nasceu com esse viés conciliador, na esteira do art. 764, *caput*, da CLT: "Os dissídios individuais ou coletivos submetidos à apreciação da Justiça do Trabalho serão sempre sujeitos à conciliação".

Porém, no §1º do dispositivo, o legislador foi mais adiante ao estabelecer: "Para os efeitos deste artigo, os juízes e Tribunais do Trabalho empregarão sempre os seus bons ofícios e persuasão no sentido de uma solução conciliatória dos conflitos". Ressalte-se que a Consolidação das Leis do Trabalho surgiu por meio do Decreto-Lei nº 5.452, de 1º.5.1943, sancionada pelo então Presidente Getúlio Vargas. Portanto, o diploma legal, embora vetusto, é atual em seu propósito.

A celeridade na prestação jurisdicional, o menor tempo de duração dos processos e a razoabilidade na prática dos atos processuais são objetivos que o norte cultural reinante ainda não permite sejam exercitados por quem apenas intenciona protelar o cumprimento de suas obrigações. O mau exemplo advindo de gestores públicos, que se desviam da conduta proba exigida dos agentes estatais, muito afetam a possibilidade de a justiça se concretizar, difundindo a ideia de locupletamento e até mesmo a eternização dos precatórios por falta de pagamento.

De tudo, torna-se necessário o implemento da cultura conciliadora para solução do litígio.

Nesse diapasão, o Conselho Nacional de Justiça, de composição plural e constantemente renovada, tem por primazia constitucional a condução do Poder Judiciário a um horizonte de possibilidades sociais pacificadoras, em que magistradas e magistrados, servidoras e servidores sejam reconhecidos pelos cidadãos como verdadeiros prestadores de serviços públicos de índole constitucional. Destarte, o CNJ editou a Resolução nº 125/2010, trazendo a lume a mediação e a conciliação com o intuito de entregar a prestação jurisdicional de modo mais célere e de acordo com o que entendem os próprios litigantes.

Além da conciliação, a mediação (Lei nº 13.140/2015) e a arbitragem (Lei nº 9.307/1996) são métodos alternativos de solução de conflitos. A mediação e a conciliação podem ser tentadas judicial ou extrajudicialmente. A arbitragem, por sua vez, exclui a possibilidade da via judicial, mas pode ser formalizado pelas partes em juízo o compromisso para aceitá-la.

Ressalte-se que o CPC em vigor, no art. 165, estabelece:

> Os tribunais criarão centros judiciários de solução consensual de conflitos, responsáveis pela realização de sessões e audiências de conciliação e mediação e pelo desenvolvimento de programas destinados a auxiliar, orientar e estimular a autocomposição.

Por sua vez, o *caput* do art. 334, do CPC, traça em seu bojo que o juiz designará audiência de conciliação ou de mediação com antecedência mínima de trinta dias, devendo o réu ser citado com vinte dias antecipadamente. O §1º registra que o conciliador ou mediador, onde houver, atuará, necessariamente, na respectiva audiência, observando o disposto no código processual, bem como as disposições da Lei de Organização Judiciária.

Por outro lado, dispõe que poderá haver mais de uma sessão destinada à conciliação e à mediação, embora não possa exceder dois meses da data da realização da primeira audiência, desde que necessárias à composição das partes (§2º). Vê-se, portanto, que o CPC impõe a primazia para a autocomposição do conflito.

Com efeito, a mediação seria orientada por princípios como o da imparcialidade do mediador, da igualdade entre as partes, da oralidade, da informalidade, da vontade das partes, da busca do senso comum, da confidencialidade e da boa-fé (art. 5º da lei própria). A atividade do mediador é técnica e não tem poder decisório. As partes podem escolher ou aceitar o auxílio dessas pessoas que as estimula a identificar ou desenvolver soluções consensuais para a controvérsia.

Transacionar, diretamente, com o apoio de servidores do Judiciário ou de pessoas com formação para tanto, até mesmo de voluntários, demandaria, apenas em casos mais difíceis, a interveniência de um magistrado. Neste intuito, alguns tribunais têm solicitado aos juízes aposentados que, como voluntários, se coloquem à disposição para atuarem como conciliadores ou mediadores, em face de sua experiência.

A arbitragem, por outra banda, depende de convenção entre as partes, fixada em cláusula compromissória específica e expressa, para ser aplicada ao caso concreto, sem interferência do Judiciário. Permite que um ou mais terceiros (sempre em número ímpar), os árbitros eleitos, que em geral têm grande conhecimento da matéria controvertida, decidam o conflito. As controvérsias seriam solvidas sob a condução de árbitros isentos de ânimo outro senão o solver a questão, atuando como juízes privados e cujas decisões têm a eficácia de uma sentença judicial, irrecorrível. Qualquer pessoa capaz pode ser árbitro e atuar como juiz de fato, desde que tenha a confiança das partes e, no exercício de suas funções ou em razão delas, fica equiparada aos funcionários públicos.

Todo o questionamento que persiste se depara com muralha, aparentemente intransponível, quando a criminalidade se insere no dia a dia da sociedade. Então, fazer a justiça integrativa, preventiva, acontecer em cada círculo social é a medida que mostra a face mais equilibrada, afinal.

No Brasil, essa ideia de integrar a prática da justiça no cotidiano dos cidadãos, já tão difundida em outros países que estão à nossa frente na busca pelo equilíbrio social, vem sendo implementada com o incentivo inigualável do Ministro Dias Toffoli, na condição de presidente do STF e do CNJ.

A ideia apaixona, pois tende a alterar, para sempre, os parâmetros de justiça concebidos pela sociedade brasileira, reduzindo, imensamente, a beligerância e a atuação fraudulenta, direcionando ao Judiciário apenas os casos em que se demonstre ineficaz a mediação sistêmico-integrativa preventivamente tentada.

A mediação sistêmico-integrativa propõe incluir as funções materna, paterna e de casal à mediação, visando à resolução pacífica de conflitos, e é exercida com a efetivação de atribuições necessárias à sobrevivência da criança. A função paterna, com atribuições de limite, direção e proteção, prepara o ser humano para a vivência no mundo, e a função casal, com as atribuições de sexualidade, afetividade e companheirismo, propiciaria o modelo de convivência que garantirá a sobrevivência da família. Deve ser proposta como política pública na educação, integrando família e escola nos princípios de solução pacífica de litígios e nos conceitos das necessidades de cada uma das fases de desenvolvimento, com a capacitação de professores para que trabalhem com os alunos e com os pais.

Tem-se que, com tal mediação, estar-se-á operando a reorganização básica do sistema, construindo regras de convivência, reempoderando os pais ao confirmar sua capacidade de representar o papel de responsáveis pelos filhos, com direito a respeito e satisfações, ao mesmo passo em que se fortalecem os filhos, como seres capazes de assumir e se comprometer com responsabilidades, quando são ouvidos e não julgados, buscando a solução dos problemas e não os culpados (como adolescentes infratores, adictos de drogas ou ligados ao tráfico).

Sentindo-se os jovens respeitados e acreditando que são dignos de respeito, lhes é mostrada a imagem positiva de serem os responsáveis pelo futuro da nação e são abraçados pela ideia de pertencimento e de integração a um sistema importante, que tem imensa força modificativa da sociedade brasileira. Melhorando a sua autoimagem, os jovens se fortalecem e não se deixam dominar por maus exemplos, como os de traficantes que fascinam ou amedrontam os enfraquecidos pela necessidade de integração a um grupo, sendo responsáveis por tragédias da humanidade, numa tendência autodestrutiva.

Nessa toada, consagra o art. 694, do CPC:

Nas ações de família, todos os esforços serão empreendidos para a solução consensual da controvérsia, devendo o juiz dispor do auxílio de profissionais de outras áreas de conhecimento para a mediação e conciliação.

De outro modo o legislador inseriu, no art. 696, do CPC, o seguinte: "A audiência de conciliação e mediação poderá dividir-se em tantas sessões quantas sejam necessárias para viabilizar a solução consensual, sem prejuízo de providências jurisdicionais para evitar o perecimento do direito", demonstrando, assim, a preocupação pela solução do litígio celeremente.

Por outro lado, nosso sistema legal e escolar tende a utilizar castigos e punições, como meio para forçar os cidadãos ou os alunos a obedecer às regras de conduta da sociedade. Contudo, esse sistema tem se mostrado precário e obsoleto. Daí porque o Conselho Nacional de Justiça, preocupado com tal situação, veio a editar a Resolução nº 225, de 31.5.2016, dispondo sobre a Política Nacional de justiça restaurativa no âmbito do Poder Judiciário.

Com isso, inaugura-se uma fase interessante da jurisdição brasileira, porquanto se prima por inverter o vetor do protagonismo na resolução dos conflitos sociais, ao possibilitar, para além de uma mera, malgrado nova, perspectiva de solução dos conflitos sociais, visando à reaproximação entre as vítimas e ofensores, em uma rota judiciária notabilizada pelo respeito integral ao jurisdicionado.

Se, como aponta Zygmunt Bauman, a sociedade atual tem sido marcada pela conectividade em detrimento ao relacionamento duradouro, a justiça restaurativa se apresenta como uma resistência a esta percepção de mundo, ao possibilitar uma nova chance à restauração do convívio mútuo, do andar junto e do se preocupar com o outro.[1]

Em verdade, a justiça restaurativa segue na contramão da justiça retributiva e foca nas necessidades e obrigações, baseada no reparo e na cura, considerando a interligação entre os seres humanos.

Howard Zehr firma o conceito de justiça restaurativa e a sua forma de abordar questões judiciais.[2] É uma ideia estruturada, que surgiu como forma diferente de abordar questões judiciais sem lançar mão de castigos. Ressalte-se que no contexto da justiça criminal o foco é o ofensor. Nessa circunstância, indaga-se: que leis foram quebradas? Quem fez isto? O que eles merecem?

Considerando a justiça restaurativa (JR), o foco passa a ser a vítima. Então, pergunta-se: quem sofreu o dano? Quais os danos causados? Quais são suas necessidades? De quem são essas obrigações? Quem está envolvido com eles? Quem precisa fazer parte do processo para buscar a solução?

Parte o festejado autor de três princípios: analisar os danos e analisar a justiça e injustiça, como forma de curar o problema trazendo relações saudáveis. Foca mais nas necessidades e obrigações, na necessidade de que essas pessoas recebam o que merecem, indagando quem são os infratores para que esses cidadãos sejam inseridos na solução. Deve-se considerar que vivemos juntos e o respeito deve recair sobre todos,

---

[1] BAUMAN, Zygmunt. *Tempos líquidos*. Rio de Janeiro: Zahar, 2007.

[2] ZEHR, Howard. *Justiça restaurativa*. São Paulo: Palas Athena, 2012.

bem como a responsabilidade, pois não só temos direitos, mas, também, obrigações. E o terceiro princípio é o das relações, para que se passe a ter consciência de que o meu comportamento é impactado pelos outros e impacta os outros, possibilitando que se tenha um entendimento relativo de justiça, em vez de um entendimento individualizado. Explica-se às pessoas as verdadeiras circunstâncias e quais são suas opções.

Assim, ao se investir esforços na organização da família e integrando os indivíduos como capazes de, efetivamente, exercer a justiça na comunidade, vai-se, aos poucos, alcançando o objetivo principal que é o empoderamento, o desenvolvimento da percepção de que as pessoas têm condições de resolver os próprios problemas, de que têm a solução para os conflitos e que não é o advogado, o juiz ou o promotor que é capaz de decidir o melhor para suas vidas.

Afastadas as perplexidades insolúveis para os pessimistas, a solução que me parece razoável, pois se afasta da frieza distante da norma pura e do formalismo dos conceitos jurídicos e valoriza os viveres e dramas pessoais, é buscar, sempre, atender a uma linha mediana entre a racionalidade e o senso comum, mudando o paradigma vigente para tornar possível a realização da justiça no equilíbrio entre os valores que a inspiram e a finalidade a que surge, mediante o implemento de meios que favoreçam a desjudicialização. Isto se consegue mediante a cultura de solução pacífica de conflitos e da autocomposição assistida, com a inserção do sentimento de igualdade reduzindo ao máximo a possibilidade de injustiça, ampliando o acesso à justiça por meio da adoção unânime e consensual dos princípios da liberdade e da equidade, tornando possível o amadurecimento da democracia.

Várias são as definições para a justiça restaurativa. Contudo, a *Law Commission of Canada* pontuou: "A justiça restaurativa refere-se a um processo de resolução de crimes e de conflitos que foca em reparar o dano às vítimas, responsabilizando os ofensores por suas ações e engajando a comunidade no processo de solução do conflito".

David Gustafson, da Fraser Region Community Justice Initiatives Association, de Langley, Colúmbia Britânica, conceituou a JR como "um rio de cura, um fluxo de pensamento que inclui as contribuições de vários afluentes. Essas contribuições incluem abordagens neotradicionais de resolução de disputas, tais como barganha e negociação".[3]

Nessa esteira, entendo que é fundamental que a JR não se restrinja a meio de autocomposição no Judiciário. Mas que seja conduzida para as escolas, em que poderá solucionar os conflitos entre alunos, alunos e professores, direção e professores ou alunos, trazendo os pais dos estudantes para se envolver com a educação e a formação dos seus filhos. Com isso, há o envolvimento de toda a comunidade, na busca de um meio ambiente escolar sadio, voltando-se, também, para a preparação dos alunos no sentido de adotarem uma política de conscientização de proteção à natureza.

Essa política pública traria enormes benefícios ao meio ambiente, tornando-se possível evitar o desmatamento das nossas florestas, não sendo necessário que, num futuro próximo, os agressores da natureza/ecologia sejam levados a juízo para celebrar a autocomposição, em virtude de seus atos nefastos. Torna-se necessário formar cidadãos ecológicos, na linha da cidadania ambiental, na esfera pública e privada, dando-se ênfase às obrigações e responsabilidades ecológicas em vez de aos direitos ambientais.

---

3   GUSTAFSON, David. A healing river metaphor. *YouTube*, 2017. Disponível em: https://www.youtube.com/watch?v=_GLsyk8cLY8. Acesso em: 23 set. 2019.

Nesse sentido, comungo inteiramente com a posição sempre lúcida de Zehr, ao mencionar que, no contexto da educação, os três "R" para a justiça restaurativa – respeito, responsabilidade e relacionamento – encontraram seu lugar ao lado dos três pilares tradicionais da educação – leitura, escrita e aritmética. A relevância da educação foi notada com clareza logo cedo no desenvolvimento da justiça restaurativa, no fato de que os três "R" de Zehr fundamentavam a educação cidadã lado a lado com os três fundamentos da educação tradicional na qual se baseia o mercado de trabalho.[4]

Certo é que, em Caxias do Sul, já se alcança resultado surpreendente, com medidas do TJ do Rio Grande do Sul, que conseguiu levar a JR para as escolas, obtendo a redução da violência em 50%. Buscou formar facilitadores (servidores, professores, psicólogos, membros da comunidade, psiquiatras, magistrados etc.), os quais fazem a intermediação entre vítima e ofensor, havendo o envolvimento da comunidade na solução do conflito, por meio de círculos de paz.

O facilitador motiva o encontro para que promova: a reparação do dano causado pelo delito; a satisfação das necessidades e preocupações da vítima; a criação de um espaço seguro para todos, em que se favoreça a responsabilização do infrator pelo dano causado e como consequência dele sua vontade de querer repará-lo ou compensá-lo. Nesse pensar, ressalto que temos muito a aprender com os aborígenes, que inspiraram o modo de operar da justiça restaurativa, conforme ocorre no Canadá. Entre nós, os índios também já mantinham essa conduta, com a prática dos círculos de paz em que eram dirimidos os conflitos da aldeia.

Entendo que a justiça restaurativa (JR) visa não somente a busca pelo respeito aos direitos fundamentais do cidadão, mas, também, a inclusão social, fazendo com que haja o reparo e a cura da vítima e a inserção do ofensor na comunidade. Nesse contexto, a justiça retributiva é monocultural e excludente, e a justiça restaurativa é culturalmente flexível, inclusiva, norteada pelo respeito às diferenças e tolerância. É através do diálogo comunitário face a face, reflexivo e respeitoso, que tocamos as vidas uns dos outros, sentimos a dor uns dos outros e encontramos um caminho que sirva para nós mesmos e para os outros.[5]

Enfim, *fazer justiça é possível*, e hoje estamos vivenciando a que nos é possível, cabendo-nos mudar de rota para os ajustes que já percebemos ser imperiosos. Até porque não resta dúvida de que violência gera violência e a construção de paz gera paz. Assim, como afirmou Gandhi, "seja a mudança que você quer no mundo".

Referências

BAUMAN, Zygmunt. *Tempos líquidos*. Rio de Janeiro: Zahar, 2007.

BELLO, Enzo; SALM, João. *Cidadania, justiça restaurativa e meio ambiente*: um diálogo entre Brasil, Estados Unidos, Canadá, França e Itália. Rio de Janeiro: Lumen Juris, 2016.

BITTENCOURT, Fabrício (Coord). *Justiça restaurativa*: horizontes a partir da Resolução CNJ 225. Brasília: CNJ, 2016.

---

4 ZEHR, Howard. *Justiça restaurativa*. São Paulo: Palas Athena, 2012.
5 PRANIS, Kay. *Processos circulares de construção de paz*. São Paulo: Palas Athena, 2010.

BRASIL. *Código de Processo Civil (CPC)*. Lei nº 13.105, de 16 de março de 2015. Brasília, 2015.

BRASIL. *Consolidação das Leis do Trabalho (CLT)*. Decreto-Lei nº 5.452, de 1º de maio de 1943. Brasília, 1943.

BRASIL. *Constituição Federal de 5 de outubro de 1988*. Brasília, 1988.

ELLIOT, Elizabeth M. *Segurança a cuidado*: justiça restaurativa e sociedades saudáveis. São Paulo: Palas Athena, 2018.

GUSTAFSON, David. A healing river metaphor. *YouTube*, 2017. Disponível em: https://www.youtube.com/watch?v=_GLsyk8cLY8. Acesso em: 23 set. 2019.

PRANIS, Kay. *Processos circulares de construção de paz*. São Paulo: Palas Athena, 2010.

TAKAHASHI, Bruno *et al*. *Manual de mediação e conciliação na Justiça Federal*. Brasília: Conselho da Justiça Federal, 2019.

ZEHR, Howard. *Justiça restaurativa*. São Paulo: Palas Athena, 2012.

Informação bibliográfica deste texto, conforme a NBR 6023:2018 da Associação Brasileira de Normas Técnicas (ABNT):

OLIVEIRA, Valtércio Ronaldo de. Fazer justiça é possível?. *In*: MORAES, Alexandre de; MENDONÇA, André Luiz de Almeida (Coord.). *Democracia e sistema de justiça*: obra em homenagem aos 10 anos do Ministro Dias Toffoli no Supremo Tribunal Federal. Belo Horizonte: Fórum, 2020. p. 665-675. ISBN 978-85-450-0718-0.

.

CORRUPÇÃO E SISTEMA DE JUSTIÇA PENAL: ALGUMAS NOTAS SOBRE A SUA NECESSIDADE E (IN)SUFICIÊNCIA

VANIR FRIDRICZEWSKI

Introdução

Corrupção. Este seguramente é um tema que, nos tempos atuais, centraliza e direciona muitas discussões. Redes sociais, academia, sistemas de justiça, parlamentos e órgãos de governo, organismos e corporações nacionais e internacionais, entre outros, são alguns dos foros nos quais o tema, com ou sem rigor científico, fomenta polêmicas de toda ordem. E um questionamento acompanha a maioria dos debates: que fenômeno é este e como combatê-lo adequadamente?

A esse questionamento algumas respostas podem ser apresentadas. Corrupção é sinônimo de desvio de recursos públicos, é um crime contra a Administração Pública, e o direito penal e o direito processual penal, mediante cominação e aplicação de sanções, são a solução para punir e prevenir este mal. São respostas breves, que talvez façam parte do senso comum, mas que seguramente não se mostram suficientes para a compreensão adequada deste fenômeno, o qual, muito embora na maioria das vezes se caracteriza pelo desvio ou apropriação de recursos públicos, em verdade atinge a sociedade ou a vida de um Estado em sua inteireza, e de diversas maneiras.

E essa afirmação já lança dúvidas sobre a suficiência ou adequação do sistema de justiça penal para o enfrentamento deste mal social.

Nas páginas que seguem, pois, partindo da análise das consequências da corrupção, procuraremos lançar ideias que permitam uma adequada compreensão sobre este fenômeno, buscando, a partir disso, construir algumas premissas quanto à suficiência, ou não, dos mecanismos inerentes ao sistema de justiça penal para o enfrentamento dele.

1 Compreensão do fenômeno corrupção a partir de suas consequências

A Convenção das Nações Unidas contra a Corrupção, em seu preâmbulo, registra a preocupação dos Estados-Partes com a gravidade dos problemas e com as ameaças decorrentes da corrupção para a estabilidade e a segurança das sociedades, ao enfraquecer as instituições e os valores da democracia, da ética e da justiça, e ao comprometer o desenvolvimento sustentável e o Estado de Direito.

Referida preocupação apresenta, por assim dizer, uma síntese das principais consequências negativas que a corrupção traz para uma sociedade e Estado. Trata-se, todavia, de compreensão mais recente sobre o tema, amparada em inúmeros estudos que colacionam achados científicos importantes, demonstrando o impacto negativo da corrupção em diversas ou na quase totalidade de aspectos da vida em sociedade.[1]

E destacamos que se trata de compreensão mais recente, porque até o fim da década de 1970 muitos estudos acreditavam que a corrução tinha uma elevada importância em países com sistemas burocráticos, pois através de atos corruptivos se aceleravam as negociações comerciais, bem como se criavam facilidades para o desenvolvimento de infraestrutura, possivelmente inexistente em países subdesenvolvidos, quando se afirmava, então, que a corrupção teria um caráter meramente transitório e com o fortalecimento das democracias ela deixaria de existir.[2]

Samuel Huntington, professor emérito de Harvard, era um dos estudiosos do tema e afirmava que a função da corrupção assim como suas causas são similares com as da violência, pois ambas são fomentadas pela modernização, ambas são sintomas da debilidade das instituições políticas e se constituem de um método pelo qual os indivíduos ou grupos se relacionam com o sistema político. Sustentava que como a política geral de camaradagem ou de clientela, a corrupção proporciona benefícios imediatos, específicos e concretos, a grupos que de outro modo se encontrariam marginalizados na sociedade. E, analisando a corrupção especificamente sobre seus impactos na economia, afirmava que quando provocada pela expansão da participação política ajuda a integrar novos grupos dentro do sistema.[3]

Da mesma forma, quando produzida pela expansão da regulamentação governamental, a corrupção pode estimular o desenvolvimento econômico, pois é possível que se converta em uma forma de contornar leis tradicionais ou regulamentações burocráticas que travam a expansão econômica. E como exemplo desse quadro citava os Estados Unidos, nas décadas de 1870 e 1880, em que a corrupção das casas legislativas dos municípios, e isso por parte de corporações industriais, empresas de serviços públicos ou de transporte ferroviário, acelerou o crescimento da economia norte-americana. Seu segundo exemplo, lamentavelmente, é o Brasil, afirmando que as altas taxas de desenvolvimento econômico registradas durante o governo de Kubitschek correspondiam em aparência a um índice similar de corrupção parlamentar, pois as empresas industriais comprovam a proteção e a ajuda dos legisladores rurais conservadores.

Sustentava, assim, que em termos de crescimento econômico, mais negativa que uma sociedade burocrática rígida, ultracentralizada e desonesta é aquela sociedade rígida, ultracentralizada e honesta, concluindo seu raciocínio com afirmação de que

---

[1] Algumas dessas questões tratadas neste tópico já foram abordadas por nós no seguinte estudo: FRIDRICZEWSKI, Vanir. Estado democrático de direito e corrupção pública: de que fenômeno estamos tratando? *In*: BARBUGIANI, Luiz Henrique Sormani. *Corrupção como fenômeno supralegal*. Curitiba: Juruá, 2017. p. 99-118.

[2] COSTA, Silvia Chaves Lima. A nova face da corrupção frente à tutela da ordem econômica. *In*: GÓMEZ DE LA TORRE, Ignacio Berdugo; SILVA BECHARA, Ana Elisa Liberatore (Org.). *Estudios sobre la corrupción*: una reflexión hispano brasileña. Salamanca: Universidad de Salamanca, 2013. p. 93-114.

[3] HUNTINGTON, Samuel. *El orden político en las sociedades en cambio*. 1. ed. 2. impr. Barcelona: Paidós, 2014.

nestas sociedades incorruptas e honestas, certo grau de corrupção atua como um benéfico lubrificante para facilitar o caminho para a modernização.[4]

Este entendimento, todavia, hoje é superado e recebe muitas críticas, como as desenvolvidas por Muriel Patino, a qual destaca que não podemos esquecer que os argumentos que defendem os supostos efeitos benéficos da corrupção possuem um sentido apenas parcial, não generalizado, pois ainda que pequenos atos de corrupção possam melhorar pontualmente o bem-estar de alguns indivíduos, não cabe dúvida de que existem numerosas formas mais adequadas de afrontar o problema subjacente da distribuição da renda do que a tolerância da corrupção, e que estes possíveis (e não certos) efeitos positivos parciais da corrupção se alcançam às custas de graves consequências negativas para a economia e os cidadãos em geral.[5]

Nessa linha é importante destacar que atualmente muitos estudos, inclusive baseados em evidências empíricas, apresentam uma compreensão diversa acerca dos impactos da corrupção sobre a economia e o desenvolvimento,[6] todos eles no sentido de um impacto negativo. É referido, neste sentido, que evidências empíricas sugerem um impacto negativo da corrupção sobre os níveis de investimento interno, sendo lógico, por isso, esperar um efeito nocivo da corrupção sobre o crescimento econômico. Também é afirmado que as evidências empíricas sugerem que a corrução, entre outras consequências, favorece gastos públicos excessivos e improdutivos, bem como a proliferação de "elefantes brancos", e assim esgota ou diminui recursos financeiros necessários para manter infraestrutura física, necessária, pois, para garantir o desenvolvimento econômico.[7]

Em sentido semelhante é referido que a corrupção, em grande medida, é um assunto econômico, afetando a competitividade da economia global e a eficiência dos projetos de investimento e de desenvolvimento do mundo inteiro,[8] a partir do que se apontam muitas consequências negativas que a corrupção produz na economia e em relação ao desenvolvimento, sendo destacado, por exemplo, que os países mais corruptos gastam relativamente pouco em operações e manutenção e possuem uma infraestrutura de qualidade inferior,[9] que a corrupção dos governos introduz um elemento adicional

---

[4] HUNTINGTON, Samuel. *El orden político en las sociedades en cambio*. 1. ed. 2. impr. Barcelona: Paidós, 2014. p. 63-74.

[5] PATINO, María Victoria Muriel. Aproximación macroeconómica al fenómeno de la corrupción. *In*: RODRÍGUEZ GARCÍA, Nicolás; CAPARRÓS, Eduardo A. Fabian. *La corrupción en un mundo globalizado*: análisis interdisciplinar. Salamanca: Ratio Legis, 2004. p. 27-39.

[6] Entre os estudos que concluem pelos efeitos negativos da corrupção para a economia e o desenvolvimento podem ser referidos: GÓMEZ DE LA TORRE, Ignacio Berdugo; CAPARRÓS, Eduardo A. Fabian. Corrupción y derecho penal: nuevos perfiles, nuevas respuestas. *Revista Brasileira de Ciências Criminais*, São Paulo, n. 81, p. 7-35, 2009; MAURO, Paolo. Los efectos de la corrupción sobre el crecimiento, la inversión y el gasto público: análisis comparativo de varios países. *In*: ELLIOTT, Kimberly Ann. *La corrupción en la economía global*. México: Limusa, 2001. p. 109-136; LAMBSDORFF, Johann Graf. Causes and consequences of corruption: what do we know from a cross-section of countries? *In*: ROSE-ACKERMAN, Susan (Ed.). *International Handbook on the Economics of Corruption*. Cheltenham, Northampton: Edward Elgar, 2006. p. 3-51.

[7] KAUFMANN, Daniel. Corrupción y reforma institucional: el poder de la evidencia empírica. *Revista Perspectivas – Departamento de Ingeniería Industrial, Universidad de Chile*, Santiago, v. 3, n. 2, p. 367-387, 2000.

[8] ROSE-ACKERMAN, Susan. Corrupción y economía global. *In*: CARBONELL, Miguel; VÁZQUEZ, Rodolfo. *Poder, derecho y corrupción*. México: Siglo Veintiuno Editores; Instituto Federal Electoral; Instituto Tecnológico Autónomo de México, 2003. p. 209-243.

[9] ROSE-ACKERMAN, Susan. *La corrupción y los gobiernos*: causas, consecuencias y reforma. Madrid: Siglo Veitiuno, 2001. p. 40.

de incerteza no clima de investimento e que um governo corrupto pode ter dificuldade em convencer os investidores em efetuar investimentos de capital, porque estes podem temer as expropriações e confiscos futuros, bem como sistemas de regulação *a posteriori*,[10] e, ainda, que altos índices de corrupção se associam a baixos níveis de investimento e crescimento e que a corrupção reduz a efetividade das políticas industriais e impulsiona as empresas a atuarem no setor não oficial, infringindo as leis fiscais, assim como altos índices de corrupção desanimam o investimento estrangeiro direto, sendo que um país é mais pobre em geral se os níveis de corrupção são elevados.[11]

Vito Tanzi também analisou os efeitos da corrupção sobre a economia e o desenvolvimento e, entre tantos efeitos negativos, destaca que a corrupção (a) reduz o investimento e, como consequência, reduz as taxas de crescimento econômico, sendo que esta redução no investimento se supõe que seja causada por altos custos e pela incerteza criada pela corrupção, (b) reduz a produtividade dos investimentos públicos e da infraestrutura de um país, (c) reduz os ingressos fiscais (tributos), principalmente pelo impacto que tem sobre a Administração Pública tributária e aduanas, e (d) reduz o investimento estrangeiro direto, pois a corrupção tem o mesmo efeito que um imposto e de fato funciona como um imposto, na medida em que o seu aumento e a sua imprevisibilidade são equivalentes aos aumentos dos valores dos impostos em relação às empresas, o que desincentiva o investimento.[12]

Um último apontamento sobre o tema advém das observações de Villoria Mendieta e Izquierdo Sánchez, os quais recordam que o Banco Mundial e outros pesquisadores têm estudado cientificamente os efeitos da corrupção e deixaram claro que este fenômeno afeta negativamente o crescimento e desenvolvimento, porque (a) aumenta o investimento público mas reduz a sua produtividade, (b) aumenta as despesas correntes ligadas às políticas improdutivas, aumentando o gasto público ineficiente, (c) reduz a qualidade da infraestrutura existente porque a sua rápida deterioração incentiva a repetição dos negócios ilícitos, (d) diminui as receitas do governo, o que favorece recursos ilícitos, contrabando e evasão fiscal, (e) age como um imposto arbitrário, especialmente quando a corrupção não é centralizada, (f) distorce os incentivos e produz uma seleção adversa, na medida em que os mais capacitados se envolvem em atividades de busca indevida de lucros e não propriamente atividades produtivas que se revertam em favor da coletividade, (g) reduz a capacidade do governo de impor controles regulamentares e inspeções para corrigir falhas de mercado, (h) distorce o papel do Estado como garante dos direitos de propriedade ou segurador da execução de contratos, (i) reduz a taxa de investimento e, portanto, o crescimento, (j) reduz os gastos com educação e saúde, e (k) reduz o investimento direto estrangeiro, pois a corrupção funciona como um imposto que onera ainda mais o investidor. A partir disso arrematam suas ideias afirmando, então, que a corrupção funciona como uma areia e não um lubrificante para a economia de um país e para as próprias empresas corruptoras.[13]

---

[10] ROSE-ACKERMAN, Susan. *La corrupción y los gobiernos*: causas, consecuencias y reforma. Madrid: Siglo Veitiuno, 2001. p. 43.

[11] ROSE-ACKERMAN, Susan. *La corrupción y los gobiernos*: causas, consecuencias y reforma. Madrid: Siglo Veitiuno, 2001. p. 3-4.

[12] TANZI, Vito. Corruption around the world: Causes, consequences, scope, and cures. *Staff Papers-International Monetary Fund*, Washington, v. 45, n. 4, p. 559-594, 1998.

[13] VILLORIA MENDIETA, Manuel; IZQUIERDO SÁNCHEZ, Agustín. Ética pública y buen gobierno (regenerando la democracia y luchando contra la corrupción desde el servicio público). Madrid: Dykinson, 2016. p. 291-293.

Destes poucos apanhados se observa que a corrupção, em verdade, traz consigo uma série de incertezas, as quais se projetam negativamente para o campo da economia e do desenvolvimento. E este estado de incerteza a ela inerente provoca, por assim dizer, uma série de reações que levam à diminuição de confiança no Estado em sua inteireza, assim como no sistema econômico, gerando uma crise de credibilidade que impacta negativamente o desenvolvimento de um país e com isso acaba por afetar a credibilidade das autoridades, com a consequente erosão da legitimidade do governo e das autoridades públicas.[14] E a falta ou diminuição de credibilidade conduz a mais incerteza, o que, por assim dizer, fomenta e retroalimenta um círculo vicioso que afeta a economia e o desenvolvimento de um país imerso em corrupção.

E todas essas incertezas geradas pela corrupção afetam o adequado funcionamento da Administração Pública e do Estado, especialmente pelo desvio de recursos públicos, o que, em última síntese, prejudica ou até inviabiliza muitas políticas públicas, impedindo ou dificultando a concretização dos direitos humanos e fundamentais. Por isso se pode afirmar que corrupção produz consequências negativas múltiplas, as quais atingem o campo da economia e do desenvolvimento, os direitos humanos e fundamentais e, por assim dizer, os próprios pilares do Estado Democrático de Direito.

Seus efeitos, portanto, não estão restritos ao campo do direito ou das ciências jurídicas, mas, ao contrário, atingem a sociedade e a vida de um Estado em sua inteireza, sendo a corrupção, pois, um problema político, econômico, social e jurídico e também um complexo problema para o direito penal, poliédrica em suas manifestações e plural em suas consequências, e não ignorar esta realidade é condicionante para uma luta eficaz ante ela, que não é simples e que não deve se limitar ao conteúdo de alguns tipos penais.[15]

Corrupção, portanto, é um fenômeno que ultrapassa o campo do direito penal e seus tipos, o que é intuitivo quanto à inaptidão ou insuficiência do sistema de justiça penal para enfrentamento desse mal social.

A melhor compreensão desse aspecto perpassa, no entanto, a análise de algumas funções do direito penal, alicerce do sistema de justiça penal, tema do próximo ponto.

2 Corrupção e funções do direito penal

Pensar em controle e combate de um fenômeno tão amplo e multifacetário como é a corrupção nos remete a um questionamento sobre as funções do direito penal e do próprio sistema de justiça penal, os quais, se não na totalidade dos Estados democráticos, na maioria, são colocados como importantes e talvez principais ferramentas para enfrentamento deste mal social.

E como passo preliminar para desenvolvimento do tópico é preciso, antes, lembrar dos próprios fins do direito em sua totalidade, que em essência é possibilitar

---

[14] POVEDA PERDOMO, Alberto. *La corrupción y el régimen*. 2. ed. Santafé de Bogotá: Ediciones Librería del Profesional, 2000. p. 68.

[15] GÓMEZ DE LA TORRE, Ignacio Berdugo. La respuesta penal internacional frente a la corrupción. Consecuencias sobre la legislación española. *Estudios de Deusto: Revista de la Universidad de Deusto*, Bilbao, v. 63, n. 1, p. 229-265, 2015.

a coexistência dos homens em sociedade,[16] observação essa que se compatibiliza com os apontamentos de Kant, o qual assinalou que o direito é um conjunto de condições segundo o qual o arbítrio de um pode conciliar-se com o arbítrio do outro, segundo uma lei geral de liberdade.[17] A conclusão, direta e simples, que daí decorre é que o direito penal, como parte ou ramo do direito, deve ou está determinado a, de certa forma, cumprir com parte desta tarefa ou finalidade de garantir a coexistência dos homens em sociedade.

Alguns aspectos a mais devem ser explorados quanto ao tema, especialmente em razão das discussões doutrinárias que o circundam.

A doutrina alemã, neste sentido, é um importante e indispensável ponto de partida para uma breve incursão na matéria. E a primeira observação que lançamos é de Welzel, o qual afirma que a missão do direito penal é proteger os valores elementares da vida comunitária, é proteger certos bens essenciais para a vida em comunidade, sendo que essa proteção é cumprida quando a lei penal proíbe e pune ações voltadas para a lesão desses bens, garantindo assim a validade de valores éticos e sociais de caráter positivo, como a vida, a saúde, a propriedade, entre outros. E prossegue afirmando que bem jurídico é um bem vital para a comunidade ou para o indivíduo, que por sua significância social é legalmente protegido, o qual pode ser referido, também, como qualquer *status* social desejável que a lei queira proteger de lesões. Conclui, então, que a missão do direito penal é a proteção dos bens jurídicos através da proteção dos valores básicos da ação ético-social.[18]

Já Otto assinala que com a cominação e a imposição de penas a comunidade deseja assegurar um desenvolvimento adequado dos indivíduos, protegendo as bases da comunidade por meio da garantia de certos bens elementares (bens jurídicos) contra agressões. Assim, a ordem jurídico-criminal realiza sua função de proteção por meio da obrigatoriedade de certos comportamentos e, é claro, da proteção de certos bens jurídicos contra agressões por meio do estabelecimento de proibições e mandamentos.[19]

Uma última observação que lançamos é de Roxin, segundo o qual a função do direito penal é garantir aos cidadãos uma existência pacífica, livre e socialmente segura, desde que esses objetivos não possam ser alcançados com outras medidas político-sociais que afetem em menor medida a liberdade dos cidadãos. E prossegue afirmando que os bens jurídicos, que são circunstâncias reais dadas ou propósitos necessários para uma vida segura e livre, e que podem ser particulares ou com um aspecto coletivo ou geral, são necessários para garantir esta existência pacífica. Assim, o direito penal teria a função de proteger os bens jurídicos, que, no entanto, não possuem uma validade natural infinita e, pelo contrário, estão sujeitos a mudanças nos fundamentos jurídico-constitucionais e nas relações sociais.[20]

---

[16] GOLDSCHMIDT, James; BARJA DE QUIROGA, Jacobo López. *Derecho, derecho penal y proceso*. Madrid: Marcial Pons, 2010. p. 141.

[17] KANT, Immanuel *et al*. *Introducción a la teoría del derecho*. Madrid: Marcial Pons, Ediciones Jurídicas y Sociales, 2005. p. 80.

[18] WELZEL, Hans. *Derecho penal alemán*. Parte general. Santiago: Editorial Jurídica de Chile, 1976. p. 11-21.

[19] OTTO, Harro. *Manual de derecho penal*: teoría general del derecho penal. 7. ed. Barcelona: Atelier, 2017. p. 27.

[20] ROXIN, Claus. *A proteção de bens jurídicos como função do direito penal*. 2. ed. Porto Alegre: Livraria do Advogado, 2009. p. 11-34.

Essa compreensão doutrinária, observada também em vários outros países,[21] precisa ser confrontada, por assim dizer, pela doutrina anglo-americana, que se centra em torno do princípio do dano (*harm principle*). Esta teoria constrói a justificação para a criminalização de condutas humanas em torno do conceito de dano presente a outros, encontrando ainda variações ou explicações para a inclusão do risco de causar danos a terceiros ou, ainda, de causar danos ao próprio autor da conduta.[22]

Sem ter a pretensão de esgotar a questão envolvendo ambas as teorias, na tentativa de combiná-las não se pode perder de vista que o dano pode ser definido como uma violação real ou potencial de interesses ou bens socialmente relevantes e reconhecidos pelas leis e pela Constituição, daí porque se afirma que tanto a ideia de bem jurídico como o princípio do dano mostram uma afinidade, pois basicamente procuram elaborar uma teoria de criminalização para distinguir as leis penais que se justificam daquelas que não se justificam.[23]

E o confronto dessas teorias com o fenômeno corrupção parece conduzir a algumas conclusões que talvez não sejam facilmente constatadas em outros ilícitos.

Tomamos como exemplo o crime de homicídio. Analisando-o sob o prisma da teoria do bem jurídico, parece certo afirmar que a norma penal contida no art. 121 do Código Penal objetiva tutelar, basicamente, o bem jurídico vida, o qual inclusive é merecedor de especial atenção pela Constituição (art. 5º, *caput*) e, por assim dizer, é o fundamento para a incidência ou concretização de outros direitos e garantais fundamentais assegurados pelo nosso regime jurídico-constitucional. E quando esse delito é praticado se caracteriza um dano concreto à vítima – e irreversível. Não parece equivocado falar, então, que essa norma penal tem como fim tanto proteger o bem jurídico vida como evitar que ocorram danos a esse bem, do que advém uma aparente confirmação da observação acima referida, no sentido de que tanto a ideia de bem jurídico como o princípio do dano mostram uma afinidade e, por assim dizer, se complementam.

Esta análise, todavia, se mostrará mais complexa quando realizada em relação ao fenômeno corrupção. E vários são os aspectos existentes para demonstrar ou explicitar essa complexidade. Primeiro porque o fenômeno corrupção, como antes apontado, produz consequências de toda ordem, sendo que algumas são observadas imediatamente, como exemplo no caso de apropriação indevida de recursos públicos, quando o desfalque financeiro é imediato. Mas outras somente são sentidas ao longo do tempo, especialmente quando a corrupção se torna sistêmica, como exemplo as consequências que atacam a

---

[21] Importa destacar que essa posição da doutrina alemã, com algumas variantes, é acompanhada, por exemplo, pela doutrina espanhola, argentina e brasileira. Nesse sentido podem ser feitas as seguintes referências: GÓMEZ DE LA TORRE, Ignacio Berdugo; PÉREZ CEPEDA, Ana Isabel. Derecho penal: concepto y funciones. *In*: GÓMEZ DE LA TORRE, Ignacio Berdugo; PÉREZ CEPEDA, Ana Isabel. *Lecciones y materiales para el estudio del derecho penal*. Madrid: Iustel, 2010. p. 15-42; GARCÍA-PABLOS DE MOLINA, Antonio. *Introducción al derecho penal*. Madrid: Ramón Areces, 2006. p. 43-56; 175-200; ZAFFARONI, Eugenio Raúl. *Tratado de derecho penal*: parte general. Buenos Aires: Ediar, 1980. p. 48-54; TOLEDO, Francisco de Assis. *Princípios básicos de direito penal*. 5. ed. São Paulo: Saraiva, 2001. p. 6-20; DOTTI, René Ariel. *Curso de direito penal*: parte geral. 3. ed. São Paulo: Revista dos Tribunais, 2010. p. 67-68.

[22] AMBOS, Kai. Bien jurídico y harm principle: bases teóricas para determinar la "función global" del derecho penal internacional: una segunda contribución para una teoría coherente del derecho penal internacional. *Revista de Derecho Penal y Criminología*, Madrid, n. 10, p. 343-378, 2013.

[23] AMBOS, Kai. Bien jurídico y harm principle: bases teóricas para determinar la "función global" del derecho penal internacional: una segunda contribución para una teoría coherente del derecho penal internacional. *Revista de Derecho Penal y Criminología*, Madrid, n. 10, p. 343-378, 2013. p. 343-378.

ordem econômica, social e institucional. Além disso, e especialmente quando decorrentes de uma corrupção sistêmica, essas consequências perduram ao longo do tempo e se retroalimentam de outros atos de natureza corruptiva e suas consequências imediatas e sentidas ao longo do tempo, formando uma espécie de círculo vicioso.

A segunda questão é decorrência do aspecto poliédrico das manifestações corruptivas. É que o fenômeno corrupção se manifesta, por exemplo, por meio de atos que representam ilícitos administrativos (*vide* art. 132 da Lei nº 8.112/90), atos de improbidade administrativa, diversos ilícitos penais (crime das Lei de Licitações – *v.g.* art. 96, crime de peculato – art. 312 do CP, crime de corrupção ativa e corrupção passiva – arts. 317 e 333 do CP), entre outros. E aqui há um aspecto de grande relevância e que se relaciona com as consequências tratadas no parágrafo anterior. É que esses delitos representam apenas fragmento do que seja esse fenômeno e, isoladamente considerados, não prospectam todas as consequências da corrupção antes analisadas.

Tomemos por exemplo o delito de peculato. Cuida-se de delito cujo objeto material é constituído de dinheiro, valor ou qualquer outro bem móvel pertencente à Administração Pública. Seu objeto jurídico tutelado, todavia, é a Administração Pública considerada em seu aspecto patrimonial e moral, tanto que se sustenta, inclusive, que por essa razão não é possível a aplicação do princípio da insignificância.[24] E, se analisado sob o prisma da teoria do dano, pode se afirmar que através dessa tipificação penal se objetiva evitar a ocorrência de dano à Administração Pública tanto sob o aspecto material como imaterial.

A prática de crimes de peculato, isoladamente considerados, trará a consequência imediata antes referida (desfalque dos cofres públicos). Mas isoladamente considerados dificilmente terão aptidão para lesar a ordem econômica, social, institucional e o próprio Estado Democrático de Direito. Essas consequências mais amplas da corrupção exsurgirão especialmente quando esse fenômeno se tornar sistêmico, avançando por diversas áreas do Estado mediante a materialização de ilícitos de várias naturezas, internalizando-se e fazendo parte do dia a dia da sociedade, quando então se observará a erosão dos valores democráticos da sociedade, o que desencadeará os já referidos círculos viciosos, de difícil rompimento e que invariavelmente conduzem ao aparecimento das consequências antes referidas.

Esses apontamentos nos levam à conclusão de que o sistema de justiça penal e o direito penal, muito embora indispensáveis em sociedades democráticas, são insuficientes para enfrentar um fenômeno tão amplo e multifacetado como é a corrupção, por conseguirem enfrentar ou abranger todos os aspectos desse fenômeno.

E essa insuficiência fica ainda mais evidenciada quando nos deparamos com um sistema de justiça penal lento e que apresenta pouca eficácia, como ocorre no Brasil, tema esse tratado no próximo tópico.

3 A eficácia do sistema de justiça penal brasileiro: breves apontamentos

O controle ou tentativa de controle da corrupção, especialmente no seu aspecto repressivo, objetiva a aplicação das penalidades previstas pelas normas de direito

---

[24] STJ. HC nº 310.458/SP. Rel. Min. Ribeiro Dantas. *DJe*, 26 out. 2016.

sancionador, assim como a recuperação de ativos, objetivos esses inclusive expressamente destacados pela Convenção das Nações Unidas contra a Corrupção.[25] E no nosso sistema de justiça penal, a exemplo do que ocorre na maioria dos países, o processo penal aparece como a ferramenta ou instrumento para a aplicação das normas penais.

Nesse sentido, tradicionalmente é apontado que o objetivo do processo penal é propiciar a solução adequada para o conflito de interesses entre o Estado e o infrator, através de uma sequência de atos que incluem a formulação da acusação, a produção de provas, o exercício do direito.[26] Com essas simples observações pode-se ventilar a ideia sobre a existência, no Brasil, de um processo penal objetivo que, em princípio, teria um desenvolvimento adequado para garantir uma prestação jurisdicional célere de acordo com o art. 5º da seção LXXVIII da Constituição, o qual, por conseguinte, tutelaria adequadamente os interesses dos acusados, das vítimas e da sociedade. A realidade, todavia, demonstra uma situação oposta. É que o processo penal brasileiro, forjado nos anos 40 do século XX, há tempos vem se mostrando moroso, complicado e extremamente formal, não se ajustando à alegada eficácia, o que frequentemente leva à impunidade.[27]

Além disso, e talvez esta seja uma das mais importantes observações sobre o processo penal brasileiro, estamos diante de um modelo processual nascido há mais de 50 anos, concebido com a ideia de processar fatos inerentes a uma criminalidade de natureza individual, muito presente naqueles tempos e em relação aos quais, via de regra, havia e ainda há uma maior facilidade para produzir evidências sobre o ilícito, geralmente limitado à autoria e à materialidade e que, via de regra, deixava traços perceptíveis a qualquer cidadão, como no caso de roubo, furto ou até homicídio, e que tinha como objetivo principal a aplicação de penalidades, especialmente as privativas de liberdade.

O atual cenário, no entanto, mudou completamente sem ter havido uma mudança do sistema de justiça penal, especialmente no processo penal. É que hoje convivemos com uma criminalidade de natureza econômica, e que, entre outros, se manifesta através de um fenômeno tão complexo como é a corrupção, ao passo que o processo penal brasileiro continua vocacionado ao julgamento de demandas de natureza individual, não estando adequado para o enfrentamento de macrocausas, que, via de regra, tem no aspecto econômico o seu principal pano de fundo.

Claro que houve muitos avanços e reformas – pontuais –, como com a instituição da colaboração premiada, a qual se revelou e ainda vem se revelando de grande valia no âmbito da Operação Lava-Jato, seja no aspecto de alavancagem investigativa, seja

---

[25] "Artigo 1º. Finalidade. A finalidade da presente Convenção é: a) Promover e fortalecer as medidas para prevenir e combater mais eficaz e eficientemente a corrupção; b) Promover, facilitar e apoiar a cooperação internacional e a assistência técnica na prevenção e na luta contra a corrupção, incluída a recuperação de ativos; [...]. Artigo 51. Disposição geral. A restituição de ativos de acordo com o presente Capítulo é um princípio fundamental da presente Convenção e os Estados Partes se prestarão à mais ampla cooperação e assistência entre si a esse respeito".

[26] Algumas dessas questões já foram abordadas por nós no seguinte estudo: FRIDRICZEWSKI, Vanir. Represión de la corrupción y recuperación de activos en Brasil: dilemas y retos. *In*: GÓMEZ DE LA TORRE, Ignacio Berdugo; CAPARRÓS, Eduardo A. Fabian; RODRÍGUEZ GARCÍA, Nicolás. *Recuperación de activos y decomiso*: reflexiones desde los sistemas penales iberoamericanos. Valencia: Tirant lo Blanch, 2017. p. 169-203.

[27] GRINOVER, Ada Pellegrini. A reforma do Código de Processo Penal. *Revista Brasileira de Ciências Criminais*, São Paulo, n. 31, p. 65-74, 2000.

na recuperação de ativos. A isso se pode somar, ainda, a instituição do art. 144-A do CPP pela Lei nº 12.694, de 2012, o qual prevê a alienação antecipada para preservação do valor dos bens sempre que estiverem sujeitos a qualquer grau de deterioração ou depreciação, ou quando houver dificuldade para sua manutenção.

Não obstante esses avanços, a aplicação de alguns desses institutos, como é o caso da alienação antecipada de bens, ainda se mostra tímida, o que talvez seja consequência da existência de doutrina sustentando sua inconstitucionalidade por aparente contradição com o princípio da não culpabilidade, com o argumento de que esta medida antes da certeza sobre a responsabilidade criminal (trânsito no tribunal da condenação) se traduz em uma antecipação não aceitável dos efeitos da sentença condenatória.[28]

Há um aspecto, todavia, que se sobrepõe a todas essas questões envolvendo institutos e modernidade – ou não – do sistema de justiça penal, e que infelizmente parece não ceder mesmo diante das últimas reformas do sistema de justiça brasileiro. É a morosidade do processo penal.

Várias ou inúmeras são as causas da morosidade, e entre elas se poderia apontar, exemplificativamente, problemas da legislação, falta ou inadequada estrutura dos órgãos de investigação e persecução penal, assim como do próprio Judiciário, elevado número de processos decorrente dos elevados índices de violência e de criminalidade como um todo, abuso do direito de defesa, entre outros. Esse é seguramente um tópico para muitos estudos, os quais provavelmente (ou certamente) conduziriam a conclusões, quanto às causas, que não desbordariam muito do aqui brevemente referido.

Um ponto, todavia, deve ser destacado. É que a morosidade geralmente está associada à impunidade, sendo referido, inclusive, ser ela causa gritante da impunidade[29] e que opera um efeito multiplicador nos fatores que ocasionam a corrupção.[30] E é por isso que, especificamente em relação à corrupção, afirma-se que na medida em que um agente público logra êxito na sua atividade delituosa, a constatação da sua impunidade, bem como da vantagem que vem a auferir passa a estimular outros funcionários públicos a praticarem o mesmo ilícito, e mais, cria a conivência entre os infratores, acentuando a dificuldade na investigação e punição dessas condutas.[31]

Parece haver, pois, um somatório de fatores que infelizmente tornam o sistema de justiça penal brasileiro pouco eficaz no combate da criminalidade, falta de eficácia essa que, na seara do combate à corrupção, acaba por resultar em baixos índices de recuperação de ativos e em mais impunidade, os quais retroalimentam o círculo vicioso da corrupção.

---

[28] LEITE, Larissa. *Medidas patrimoniais de urgência no processo penal*: implicações teóricas e práticas. Rio de Janeiro: Renovar, 2011. p. 196.

[29] TUCCI, Rogério Lauria. A impunidade no Brasil: de quem é a culpa? Como combatê-la? *Revista CEJ*, Brasília, v. 5, n. 15, p. 39-42, 2001.

[30] BRINDEIRO, Geraldo. O combate à corrupção e à criminalidade no Brasil: cruzadas e reformas. *Revista de Informação Legislativa*, Brasília, ano 30, n. 118, p. 325-332, 1993.

[31] COSTA, Silvia Chaves Lima. A nova face da corrupção frente à tutela da ordem econômica. *In*: GÓMEZ DE LA TORRE, Ignacio Berdugo; SILVA BECHARA, Ana Elisa Liberatore (Org.). *Estudios sobre la corrupción*: una reflexión hispano brasileña. Salamanca: Universidad de Salamanca, 2013. p. 93-114.

Conclusão

Como se pode observar das ideias aqui lançadas, a corrupção se apresenta como um fenômeno que transcende os restritos termos e tipos criminais previstos pelo direito penal, e que afeta o Estado Democrático de Direito em sua inteireza, tendo aptidão para atacar seriamente a economia e o desenvolvimento, bem como lesionar seus mais elementares pilares, como os direitos fundamentais consagrados na maioria dos ordenamentos constitucionais após longos processos de democratização. Por consequência, a batalha contra a corrupção não pode ser reservada somente a determinado segmento do ordenamento jurídico-constitucional, como exemplo o direito penal, nem a algum ou alguns poucos agentes ou instituições do Estado.

O direito penal, como *ultima ratio*, sempre foi, é, e continuará sendo indispensável para o combate da corrupção, assim como da criminalidade em geral. Mas *ultima ratio* passa longe de ser a única *ratio*. Um fenômeno complexo como a corrupção demanda um atuar do Estado – no plano interno e internacional – em sua inteireza, congregando e agregando a atuação das várias instituições republicanas com atribuição para combater o crime e proteger o Estado (por exemplo a Polícia, o Ministério Público, os Tribunais de Contas, os órgãos de controle, as Advocacia Pública, entre outros), as quais, muito embora sejam dotadas de especificidades, como ocorre no Brasil (por exemplo, algumas com mais autonomia orçamentária, como ocorre com o Ministério Público, outras com menos, como ocorre com a Polícia e as Advocacias Públicas), seguramente possuem elementos mínimos que são comuns a todas essas instituições, que é o compromisso e missão institucional de preservar a *res publica* e a democracia, fundamento este que permite ou, quiçá, imponha uma atuação coordenada e compartida dessas instituições nessa jornada.

Combater a corrupção, e com isso recuperar ativos, é tarefa que deve ser perseguida pelo Estado, tanto por meio do sistema de justiça penal, como e especialmente por outras vias, como a administrativa e cível. É tarefa que deve ser precipuamente desenvolvida pelos vários atores estatais, tendo como pilar fundamental o de que os instrumentos trazidos pelo Estado para tanto estão carimbados com a inafastável marca da juridicidade, pois regrados de maneira expressa e aparentemente exaustiva pelo legislador, o que nem poderia ser diferente, e isso como decorrência do Estado ou regime democrático de direito hoje instaurado no Brasil. E como consequência dessa juridicidade é estabelecida pelo legislador a atribuição ou competência dos diversos órgãos estatais para manusearem referidas ferramentas.

Assim, qualquer atuar desgarrado da juridicidade trará, implícita ou explicitamente, agressão aos pilares do Estado Democrático de Direito, como a própria corrupção o faz. Vários são os desafios para se alcançar melhores resultados nessa batalha e, com isso, reduzir a impunidade e quebrar o círculo vicioso da corrupção. É preciso, por exemplo, avançar nas reformas que modernizem o sistema de justiça penal, tornando-o mais célere e eficaz.

Além disso – e este é um ponto que também demanda uma grande evolução –, é necessário o fomento e desenvolvimento de uma cultura de integração e cooperação entre os vários atores com atribuição para combater da corrupção, permitindo, assim, que as várias ferramentas hoje existentes (sistema de justiça penal, ação judicial pela prática de ato de improbidade administrativa, acordo de leniência, controle externo, entre outros), sejam manuseadas de maneira coordenada, harmônica e com respeito à juridicidade, demonstrando uma verdadeira organização do Estado.

Aliado com reformas necessárias, este agir coordenado e harmônico das instituições estatais é um ingrediente indispensável para superar as falhas e imperfeições que marcam nossas ferramentas anticorrupção, como é o caso do sistema de justiça penal, permitindo, assim, avanços nessa que é uma batalha imprescindível para a afirmação do Estado Democrático de Direito: lutar contra a corrupção e controlá-la.

Referências

AMBOS, Kai. Bien jurídico y harm principle: bases teóricas para determinar la "función global" del derecho penal internacional: una segunda contribución para una teoría coherente del derecho penal internacional. *Revista de Derecho Penal y Criminologia*, Madrid, n. 10, p. 343-378, 2013.

BRINDEIRO, Geraldo. O combate à corrupção e à criminalidade no Brasil: cruzadas e reformas. *Revista de Informação Legislativa*, Brasília, ano 30, n. 118, p. 325-332, 1993.

COSTA, Silvia Chaves Lima. A nova face da corrupção frente à tutela da ordem econômica. *In*: GÓMEZ DE LA TORRE, Ignacio Berdugo; SILVA BECHARA, Ana Elisa Liberatore (Org.). *Estudios sobre la corrupción*: una reflexión hispano brasileña. Salamanca: Universidad de Salamanca, 2013.

DOTTI, René Ariel. *Curso de direito penal*: parte geral. 3. ed. São Paulo: Revista dos Tribunais, 2010.

FRIDRICZEWSKI, Vanir. Estado democrático de direito e corrupção pública: de que fenômeno estamos tratando? *In*: BARBUGIANI, Luiz Henrique Sormani. *Corrupção como fenômeno supralegal*. Curitiba: Juruá, 2017.

FRIDRICZEWSKI, Vanir. Represión de la corrupción y recuperación de activos en Brasil: dilemas y retos. *In*: GÓMEZ DE LA TORRE, Ignacio Berdugo; CAPARRÓS, Eduardo A. Fabian; RODRÍGUEZ GARCÍA, Nicolás. *Recuperación de activos y decomiso*: reflexiones desde los sistemas penales iberoamericanos. Valencia: Tirant lo Blanch, 2017.

GARCÍA-PABLOS DE MOLINA, Antonio. *Introducción al derecho penal*. Madrid: Ramón Areces, 2006.

GOLDSCHMIDT, James; BARJA DE QUIROGA, Jacobo López. *Derecho, derecho penal y proceso*. Madrid: Marcial Pons, 2010.

GÓMEZ DE LA TORRE, Ignacio Berdugo. La respuesta penal internacional frente a la corrupción. Consecuencias sobre la legislación española. *Estudios de Deusto: Revista de la Universidad de Deusto*, Bilbao, v. 63, n. 1, p. 229-265, 2015.

GÓMEZ DE LA TORRE, Ignacio Berdugo; CAPARRÓS, Eduardo A. Fabian. Corrupción y derecho penal: nuevos perfiles, nuevas respuestas. *Revista Brasileira de Ciências Criminais*, São Paulo, n. 81, p. 7-35, 2009.

GÓMEZ DE LA TORRE, Ignacio Berdugo; PÉREZ CEPEDA, Ana Isabel. Derecho penal: concepto y funciones. *In*: GÓMEZ DE LA TORRE, Ignacio Berdugo; PÉREZ CEPEDA, Ana Isabel. *Lecciones y materiales para el estudio del derecho penal*. Madrid: Iustel, 2010.

GRINOVER, Ada Pellegrini. A reforma do Código de Processo Penal. *Revista Brasileira de Ciências Criminais*, São Paulo, n. 31, p. 65-74, 2000.

HUNTINGTON, Samuel. *El orden político en las sociedades en cambio*. 1. ed. 2. impr. Barcelona: Paidós, 2014.

KANT, Immanuel *et al. Introducción a la teoría del derecho*. Madrid: Marcial Pons, Ediciones Jurídicas y Sociales, 2005.

KAUFMANN, Daniel. Corrupción y reforma institucional: el poder de la evidencia empírica. *Revista Perspectivas – Departamento de Ingeniería Industrial, Universidad de Chile*, Santiago, v. 3, n. 2, p. 367-387, 2000.

LAMBSDORFF, Johann Graf. Causes and consequences of corruption: what do we know from a cross-section of countries? *In*: ROSE-ACKERMAN, Susan (Ed.). *International Handbook on the Economics of Corruption.* Cheltenham, Northampton: Edward Elgar, 2006.

LEITE, Larissa. *Medidas patrimoniais de urgência no processo penal*: implicações teóricas e práticas. Rio de Janeiro: Renovar, 2011.

MAURO, Paolo. Los efectos de la corrupción sobre el crecimiento, la inversión y el gasto público: análisis comparativo de varios países. *In*: ELLIOTT, Kimberly Ann. *La corrupción en la economía global*. México: Limusa, 2001.

OTTO, Harro. *Manual de derecho penal*: teoría general del derecho penal. 7. ed. Barcelona: Atelier, 2017.

PATINO, María Victoria Muriel. Aproximación macroeconómica al fenómeno de la corrupción. *In*: RODRÍGUEZ GARCÍA, Nicolás; CAPARRÓS, Eduardo A. Fabian. *La corrupción en un mundo globalizado*: análisis interdisciplinar. Salamanca: Ratio Legis, 2004.

POVEDA PERDOMO, Alberto. *La corrupción y el régimen*. 2. ed. Santafé de Bogotá: Ediciones Librería del Profesional, 2000.

ROSE-ACKERMAN, Susan. Corrupción y economía global. *In*: CARBONELL, Miguel; VÁZQUEZ, Rodolfo. *Poder, derecho y corrupción*. México: Siglo Veintiuno Editores; Instituto Federal Electoral; Instituto Tecnológico Autónomo de México, 2003.

ROSE-ACKERMAN, Susan. *La corrupción y los gobiernos*: causas, consecuencias y reforma. Madrid: Siglo Veitiuno, 2001.

ROXIN, Claus. *A proteção de bens jurídicos como função do direito penal*. 2. ed. Porto Alegre: Livraria do Advogado, 2009.

TANZI, Vito. Corruption around the world: Causes, consequences, scope, and cures. *Staff Papers-International Monetary Fund*, Washington, v. 45, n. 4, p. 559-594, 1998.

TOLEDO, Francisco de Assis. *Princípios básicos de direito penal*. 5. ed. São Paulo: Saraiva, 2001.

TUCCI, Rogério Lauria. A impunidade no Brasil: de quem é a culpa? Como combatê-la? *Revista CEJ*, Brasília, v. 5, n. 15, p. 39-42, 2001.

VILLORIA MENDIETA, Manuel; IZQUIERDO SÁNCHEZ, Agustín. Ética pública y buen gobierno (regenerando la democracia y luchando contra la corrupción desde el servicio público). Madrid: Dykinson, 2016.

WELZEL, Hans. *Derecho penal alemán*. Parte general. Santiago: Editorial Jurídica de Chile, 1976.

ZAFFARONI, Eugenio Raúl. *Tratado de derecho penal*: parte general. Buenos Aires: Ediar, 1980.

Informação bibliográfica deste texto, conforme a NBR 6023:2018 da Associação Brasileira de Normas Técnicas (ABNT):

FRIDRICZEWSKI, Vanir. Corrupção e sistema de justiça penal: algumas notas sobre a sua necessidade e (in)suficiência. *In*: MORAES, Alexandre de; MENDONÇA, André Luiz de Almeida (Coord.). *Democracia e sistema de justiça*: obra em homenagem aos 10 anos do Ministro Dias Toffoli no Supremo Tribunal Federal. Belo Horizonte: Fórum, 2020. p. 677-689. ISBN 978-85-450-0718-0.

SOBRE OS AUTORES

Adriano Martins de Paiva
Advogado da União. Secretário-Adjunto da SGCT/AGU. Mestre em Ciência Política pela UnB.

Alexandre de Moraes
Ministro do Supremo Tribunal Federal. Doutor e Livre-Docente pela Universidade de São Paulo. Professor associado da FDUSP e titular pleno do Mackenzie. Foi Promotor de Justiça de São Paulo e membro da 1º Composição do Conselho Nacional de Justiça. Exerceu os cargos de Ministro de Estado da Justiça e Segurança Pública; Secretário Estadual de Segurança Pública do Estado de São Paulo; Secretário Estadual de Justiça do Estado de São Paulo e a titularidade das Secretarias Municipais de Transportes e Serviços da Capital do Estado de São Paulo.

Alexandre Freire
Assessor Especial da Presidência do Supremo Tribunal Federal.

Aloysio Corrêa da Veiga
Ministro do Tribunal Superior do Trabalho. Conselheiro do Conselho Nacional de Justiça. Membro da Academia Brasileira de Direito do Trabalho e da Academia Brasiliense. Membro Honorário do Instituto dos Advogados Brasileiros. Professor Honoris Causa da Universidade Católica de Petrópolis.

André Luiz de Almeida Mendonça
Doutor em Direito pela Universidade de Salamanca, Espanha. Advogado da União. Atual Advogado-Geral da União.

André Luiz Nogueira dos Santos
Chefe da Assessoria Processual da Presidência do Supremo Tribunal Federal.

Bruno Takahashi
Doutor e Mestre em Direito Processual Civil pela Universidade de São Paulo (USP). Membro do Comitê Gestor Nacional da Conciliação do CNJ. Juiz Federal da Justiça Federal da 3ª Região.

Carlos Vieira Von Adamek
Desembargador do Tribunal de Justiça do Estado de São Paulo. Especialista em Direito Processual Civil pela Escola Paulista da Magistratura. Secretário-Geral do Conselho Nacional de Justiça.

Claudio de Castro Panoeiro
Doctorando en Derecho en la Universidad de Salamanca – España, bajo la línea de investigación: Transparencia, buen gobierno y garantías de la actividad administrativa y tributaria – Programa de Estado de Derecho y Gobernanza Global bajo la dirección del Profesor Dr. Pedro-Tomás Nevado-Batalla Moreno. Master en Derecho por la Universidad de Salamanca – España. Licenciado en Derecho por la UFRJ – Brasil. Miembro de la Abogacía General de la Unión de Brasil. *E-mail*: cpanoeiro@gmail.com.

Consuelo Castro Rey
Abogada General del Estado-Directora del Servicio Jurídico del Estado desde el 29 de junio de 2018. Antes de ello, ha sido Abogada del Estado-Jefe en la Comunidad Autónoma de Galicia (desde el año 2007); Abogada del Estado-Jefe en la Abogacía del Estado en A Coruña (entre 2004 y 2007); Abogada del Estado-Jefe del Servicio Jurídico de la Agencia Estatal de la Administración Tributaria en Galicia (entre 1998 y 2004); Abogada del Estado en la Abogacía del Estado en A Coruña (entre 1992 y 1998) y Abogada del Estado en el Ministerio de Sanidad y Consumo (entre 1990 y 1992). Ingresó en el Cuerpo de Abogados del Estado en 1989 y es licenciada en Derecho por la Universidad Complutense de Madrid desde 1987. Es académica de número de la Real Academia Galega de Xurisprudencia e Lexislación y ostenta la Cruzo Distinguida de Segunda Clase y la Cruz Distinguida de Primera Clase de la Orden de San Raimundo de Peñafort así como la Cruz al Mérito de la Guardia Civil con distintivo blanco. Forma parte, en representación de España, del Grupo de Trabajo sobre derechos humanos y migración del Comité de Derechos Humanos del Consejo de Europa, del que ostenta la Vicepresidencia.

Daiane Nogueira Lira
Secretária-Geral da Presidência do Supremo Tribunal Federal. Advogada da União. Mestre em Direito.

Daldice Santana
Bacharel em Direito pela Universidade Federal da Bahia, com especializações em Direito Processual Civil pela mesma instituição, em Direito Administrativo pela Fundação Faculdade de Direito da Bahia, em Direito Público pela Pontifícia Universidade Católica de São Paulo e em Direito Constitucional aplicado pela Escola de Magistrados da Justiça Federal da 3ª Região. Desembargadora Federal do Tribunal Regional Federal da 3ª Região. Conselheira do Conselho Nacional de Justiça, no qual preside a Comissão Permanente de Acesso à Justiça e Cidadania.

Eduardo S. Toledo
Diretor-Geral do Supremo Tribunal Federal desde 2016.

Euro Sabino de Azevedo
Assessor da Presidência do Supremo Tribunal Federal. Especialista em Ordem Jurídica e Ministério Público (FESMDFT).

Felipe de Brito Belluco
Analista Judiciário – área judiciária – do Conselho Nacional de Justiça (CNJ). Pós-Graduado em Ciências Criminais. Bacharel em Administração.

Fernando Menezes de Almeida
Professor Titular da Faculdade de Direito da Universidade de São Paulo.

Flávio Luiz Yarshell
Professor Titular do Departamento de Direito Processual da Faculdade de Direito da Universidade de São Paulo. Advogado.

Frederico Augusto Leopoldino Koehler
Juiz Federal Instrutor no Superior Tribunal de Justiça. Mestre em Direito pela Universidade Federal de Pernambuco – UFPE. Professor Adjunto da Universidade Federal de Pernambuco – UFPE. Membro e Secretário-Geral Adjunto do Instituto Brasileiro de Direito Processual – IBDP. Membro e Secretário-Geral da Associação Norte-Nordeste de Professores de Processo – ANNEP.

Gabriel Chalita
Professor, escritor e advogado. Doutor em Comunicação e Semiótica e em Direito. Mestre em Sociologia Política e em Filosofia do Direito. Autor de vários livros e de diversas peças de teatro. Foi Secretário Municipal e Estadual da Educação de São Paulo e Presidente do Consed – Conselho Nacional dos Secretários de Educação. Foi Deputado Federal e Vereador por São Paulo. É professor na PUC-SP, no Mackenzie, no Ibmec e na Uninove. É membro da Academia Brasileira de Educação e da Academia Paulista de Letras.

Gilmar Ferreira Mendes
Ministro do Supremo Tribunal Federal. Graduado em Direito pela Universidade de Brasília (1978). Mestre em Direito pela Universidade de Brasília (1987). Mestre em Direito pela Universidade de Münster (1989). Doutor em Direito pela Universidade de Münster (1990).

Grégore Moreira de Moura
Procurador Federal da AGU. Mestre em Ciências Penais e Doutor em Direito Constitucional pela UFMG. Autor dos livros *Direito constitucional fraterno*, *Do princípio da coculpabilidade* e coautor do livro *Criminologia da não-cidade*, todos da Editora D'Plácido. Editor-Chefe da *Revista da Advocacia Pública Federal*, editada pela Anafe. Conselheiro Seccional da OAB-MG.

Henrique de Almeida Ávila
Atual Conselheiro do Conselho Nacional de Justiça. Mestre e Doutor em Direito Processual Civil pela Pontifícia Universidade Católica de São Paulo. Professor. Vice-Diretor do Instituto Brasileiro de Direito Processual.

Humberto Martins
Bacharel em Direito pela Universidade Federal de Alagoas (Ufal). Bacharel em Administração pelo Centro de Estudos Superiores de Maceió (Cesmac). Ministro do Superior Tribunal de Justiça. Atual Corregedor Nacional do Conselho Nacional de Justiça.

Ildegard Hevelyn de Oliveira Alencar
Assessora Especial da Presidência do Supremo Tribunal Federal. Mestre em Direito.

Ingrid Neves Reale
Especialista em Direito Eleitoral. Analista Judiciária do Tribunal Superior Eleitoral. Assessora de Gabinete de Ministro do TSE.

José Levi Mello do Amaral Júnior
Procurador-Geral da Fazenda Nacional. Professor Associado de Direito Constitucional da Faculdade de Direito do Largo de São Francisco, da Universidade de São Paulo. Livre-Docente (USP), Doutor (USP) e Mestre (UFRGS) em Direito do Estado. *E-mail*: jose.levi@usp.br.

José Mauricio Conti
Professor de Direito Financeiro na Faculdade de Direito da USP. Graduado em Direito e em Economia pela USP. Mestre, Doutor e Livre-Docente em Direito Financeiro pela USP. Juiz de Direito em São Paulo.

José Rogério Cruz e Tucci
Professor Titular e Ex-Diretor da Faculdade de Direito da Universidade de São Paulo. Membro da Academia Brasileira de Letras Jurídicas. Advogado.

Kazuo Watanabe
Doutor e Mestre em Direito Processual Civil pela Universidade de São Paulo (USP). Doutor *Honoris Causa* pela Universidade de Keio, no Japão. Desembargador aposentado do Tribunal de Justiça do Estado de São Paulo. Professor da USP.

Lucilene Rodrigues Santos
Procuradora da Fazenda Nacional. Especialista em Direito Tributário (PUC/Cogeae). Assessora Chefe do Núcleo de Recursos da Presidência do Supremo Tribunal Federal.

Luis Felipe Salomão
Ministro do Superior Tribunal de Justiça. Ministro substituto do Tribunal Superior Eleitoral.

Luís Roberto Barroso
Ministro do Supremo Tribunal Federal. Professor Titular da Universidade do Estado do Rio de Janeiro – UERJ. Mestre em Direito pela Yale Law School (1989). Doutor em Direito pela UERJ (1990). *Visiting Scholar* pela Harvard Law School ((2011). Professor do Centro Universitário de Brasília (Uniceub).

Luiz Edson Fachin
Ministro do Supremo Tribunal Federal.

Marcelo Kokke
Pós-Doutor em Direito Público-Ambiental pela Universidade de Santiago de Compostela – ES. Mestre e Doutor em Direito pela PUC-Rio. Especialista em processo constitucional. Pós-Graduado em Ecologia e Monitoramento Ambiental. Procurador Federal da Advocacia-Geral da União. Professor da Faculdade Dom Helder Câmara. Professor da Pós-Graduação da PUC Minas. Membro da Associação dos Professores de Direito Ambiental do Brasil. Membro da Academia Latino-Americana de Direito Ambiental. Membro do Instituto Brasileiro de Advocacia Pública.

Márcio Antonio Boscaro
Juiz de Direito do Tribunal de Justiça do Estado de São Paulo. Mestre em Direito Civil pela Faculdade de Direito da Universidade de São Paulo. Juiz Auxiliar da Presidência do Supremo Tribunal Federal.

Marco Aurélio Gastaldi Buzzi
Ministro do Superior Tribunal de Justiça. Mestre em Ciência Jurídica pela Universidade do Vale do Itajaí – Univali (Santa Catarina, Brasil). Mestrando em Sistemas Alternativos de Resolução de Conflitos pela Universidade Nacional de Lomas de Zamora – UNLZ (Buenos Aires, Argentina) e Especialista (Pós-Graduação) em Direito do Consumo pela Universidade de Coimbra (Portugal).

Maria Tereza Uille Gomes
Conselheira do Conselho Nacional de Justiça. Professora titular de Mestrado em Direito na Universidade Positivo. Doutora em Sociologia pela UFPR. Mestre em Educação pela PUCPR. Especialista em Direito Processual Penal e Direito Administrativo. Ex-Procuradora Geral de Justiça do Estado do Paraná.

Mariana Augusta dos Santos Zago
Doutora em Direito do Estado pela Faculdade de Direito da Universidade de São Paulo.

Mauro Luiz Campbell Marques
Ministro do Superior Tribunal de Justiça e do Tribunal Superior Eleitoral. Diretor da *Revista do STJ* (biênio 2018/2020). Presidente da Comissão de Juristas nomeada pela Presidência da Câmara dos Deputados para elaboração de anteprojeto de reforma da Lei de Improbidade Administrativa.

Og Fernandes
Ministro do Superior Tribunal de Justiça.

Otavio Luiz Rodrigues Jr.
Professor Associado (livre-docente) de Direito Civil da Faculdade de Direito da Universidade de São Paulo. Conselheiro Nacional do Ministério Público.

Paulo Henrique dos Santos Lucon
Professor Associado da Faculdade de Direito da Universidade de São Paulo. Livre-Docente, Doutor e Mestre em Direito Processual pela mesma instituição. Presidente do Instituto Brasileiro de Direito Processual. Advogado em São Paulo e Brasília.

Paulo Marcos de Farias
Juiz Auxiliar do Supremo Tribunal Federal.

Renato de Mello Jorge Silveira
Professor Titular da Faculdade de Direito da Universidade de São Paulo. Presidente do Instituto dos Advogados de São Paulo.

Richard Pae Kim
Doutor e Mestre em Direito pela USP. Pós-Doutor em Políticas Públicas pela Unicamp/SP. Professor do curso de Mestrado em Direito da Unimep/SP e dos cursos de Pós-Graduação da Escola Paulista da Magistratura – EPM e da Escola Judiciária Eleitoral Paulista – TRE/SP. Juiz de Direito/SP. Ex-Juiz Auxiliar e Instrutor de Gabinete no Supremo Tribunal Federal. Juiz Auxiliar da Presidência e Secretário Especial de Programas, Pesquisas e Gestão Estratégica do Conselho Nacional de Justiça.

Rita Dias Nolasco
Procuradora da Fazenda Nacional. Doutora em Direito pela Pontifícia Universidade Católica de São Paulo. Professora. Atual Diretora da Escola da AGU na 3ª Região. Cofundadora do Projeto Mulheres no Processo do IBDP. Diretora do Instituto Brasileiro de Direito Processual.

Rodrigo Capez
Mestre em Direito Processual Penal pela Faculdade de Direito da Universidade de São Paulo. Juiz Auxiliar da Presidência do Conselho Nacional de Justiça.

Rodrigo Falcão de Oliveira Andrade
Chefe de Gabinete no Superior Tribunal de Justiça. Pós-Graduado em Direito Público pela Escola Superior da Magistratura de Pernambuco – Esmape.

Rodrigo Figueiredo Paiva
Advogado da União. Mestre em Direito do Estado pela Universidade Gama Filho. Doutorando em Estado de Direito e Governança Global pela Universidade de Salamanca, Espanha. Exerce o cargo de Diretor do Departamento de Assuntos Extrajudiciais da Advocacia-Geral da União.

Sebastião Alves dos Reis Júnior

Bacharel em Direito pela Universidade de Brasília (1986). Pós-Graduado e Especialista em Direito Público pela PUC Minas (2004). Ministro do Superior Tribunal de Justiça (2011). Membro da Terceira Seção, da Sexta Turma, e da Comissão de Jurisprudência do Superior Tribunal de Justiça. Membro Suplente do Conselho da Justiça Federal, 2017. Vice-Presidente do Comitê Permanente da América Latina para Prevenção do Crime – Coplad.

Sebastião Botto de Barros Tojal

Professor da Faculdade de Direito da Universidade de São Paulo. Advogado.

Sergio Pinto Martins

Desembargador do TRT da 2ª Região. Diretor da Ejud-2. Professor titular da Faculdade de Direito da USP.

Sérgio Silveira Banhos

Ministro do Tribunal Superior Eleitoral. Subprocurador do Distrito Federal. Advogado. Mestre e Doutor em Direito do Estado pela Pontifícia Universidade Católica de São Paulo (PUC-SP). Mestre em Políticas Públicas pela Universidade de Sussex, Inglaterra.

Tarcisio Vieira de Carvalho Neto

Ministro do Tribunal Superior Eleitoral do Brasil. Doutor e Mestre em Direito do Estado pela Faculdade de Direito da Universidade de São Paulo – FD/USP. Professor Adjunto da Faculdade de Direito da Universidade de Brasília – FD/UnB. Subprocurador-Geral do Distrito Federal. Advogado.

Valdetário Andrade Monteiro

Conselheiro do Conselho Nacional de Justiça – CNJ. Presidente da Academia Cearense de Letras Jurídicas – ACLJUR. Ex-Presidente da OAB-CE por dois mandatos consecutivos (2010/2012-2013/2015). Advogado licenciado. Conselheiro Federal da OAB, tendo ocupado o cargo de Representante Institucional da OAB no CNJ (mandato: fev. 2016/set. 2017). Presidente da Comissão Nacional de Saúde Suplementar da OAB (mandato fev.2016/set. 2017). Presidente da Comissão Estadual de Saúde Suplementar e Direito Securitário da OAB-CE (mandato fev. 2016/set. 2017). Bacharel em Direito pela Faculdade de Direito da Universidade de Fortaleza – Unifor (1996). Especialista em Direito Empresarial pela Pontifícia Universidade Católica de São Paulo – PUC-SP (2002). Advogado empresarial, com especial atuação em Direito Privado. Presidente da Ordem dos Advogados do Brasil, Seccional Ceará – OAB/CE (mandato 2010/2012). Coordenador Nacional do Colégio de Presidentes da Ordem dos Advogados do Brasil (mandato 2014-2015). Presidente da Ordem dos Advogados do Brasil, Seccional Ceará – OAB/CE (mandato 2013/2015). Professor da disciplina de Processo Civil da Faculdade de Direito Christus, em Fortaleza – Ceará (2008-2010). Professor da Escola Superior de Advocacia – ESA/OAB-CE. Professor do Curso de Direito do Centro Universitário Estácio na disciplina de Direito Tributário e Financeiro, em Fortaleza – Ceará. Membro Titular do Instituto dos Advogados do Ceará – IAC. Membro da Academia Cearense de Letras Jurídicas, Cadeira 5, Patrono Gustavo Barroso. Membro da Academia Cearense de Direito, Cadeira 39, Patrona Auri Moura Costa. Membro da Academia Brasileira de Cultura Jurídica, Cadeira 11, Patrono Fran Martins. Membro Honorário da Academia Cearense de Literatura e Jornalismo do Estado do Ceará. Membro Honorário da Academia Cearense de Turismo. Presidente da Caixa de Assistência dos Advogados do Estado do Ceará – CAACE (mandato 2007/2009). Fundador e Presidente da Comissão de Estudos Tributários da OAB – Seccional Ceará (mandato 2000/2003). Presidente da Comissão de Acesso à Justiça da OAB – Seccional Ceará (mandato 2003/2006). Secretário-Geral Ordem dos Advogados do Brasil – Seccional Ceará (mandato 2004/2006). Presidente de dezenas de conclaves jurídicos nacionais e internacionais.

Valtércio Ronaldo de Oliveira
Conselheiro do Conselho Nacional de Justiça (biênio 2017-2019). Desembargador do Tribunal Regional do Trabalho da 5ª Região desde 2001, aprovado em concurso público para ingresso na Magistratura Trabalhista da 5ª Região e nomeado em 30.11.1987. Bacharel em Direito pela Federação das Escolas Superiores de Ilhéus e Itabuna (Fesp), atual Universidade Estadual de Santa Cruz (Uesc) – Ilhéus/BA (1981).

Vanir Fridriczewski
Advogado da União. Diretor do Departamento de Patrimônio e Probidade da Procuradoria-Geral da União. Doutorando em Estado de Direito e Governança Global pela Universidade de Salamanca – Espanha.

Esta obra foi composta em fonte Palatino Linotype, corpo 10
e impressa em papel Offset 75g (miolo) e Supremo 250g (capa)
pela Laser Plus Gráfica, em Belo Horizonte/MG.